敦煌石窟研究导论

（上卷）

沙武田 —— 主编

甘肃文化出版社
甘肃·兰州

图书在版编目（CIP）数据

敦煌石窟研究导论 / 沙武田主编. -- 兰州：甘肃文化出版社，2024.5
ISBN 978-7-5490-2852-8

Ⅰ.①敦… Ⅱ.①沙… Ⅲ.①敦煌石窟－研究 Ⅳ.①K879.214

中国国家版本馆CIP数据核字(2024)第067440号

敦煌石窟研究导论
DUNHUANG SHIKU YANJIU DAOLUN

沙武田｜主编

项目策划｜鄢军涛　周乾隆　贾　莉　甄惠娟
责任编辑｜张莎莎　王天芹　李　园　刘　燕　杜艳梅
封面设计｜马吉庆

出版发行｜甘肃文化出版社
网　　址｜http://www.gswenhua.cn
投稿邮箱｜gswenhuapress@163.com
地　　址｜兰州市城关区曹家巷1号｜730030（邮编）

营　　销｜贾　莉　王　俊
电　　话｜0931-2131306

设计制版｜兰州大雅文化艺术有限公司
印　　刷｜浙江经纬印业股份有限公司
开　　本｜787毫米×1092毫米　1/16
字　　数｜1500千
印　　张｜73.5
版　　次｜2024年5月第1版
印　　次｜2024年5月第1次
书　　号｜ISBN 978-7-5490-2852-8
定　　价｜428.00元（全2册）

版权所有　违者必究（举报电话：0931-2131306）
（图书如出现印装质量问题，请与我们联系）

总 序

　　1996年大学毕业后，我来到敦煌研究院考古所工作，从事敦煌石窟的研究近三十年。以前在莫高窟工作时，身处石窟之中，自由研究，总觉得敦煌石窟有研究不完的问题，这种经历是幸运和幸福的。到高校工作后，除了自己的科研工作之外，带领硕士、博士研究生和博士后研究人员从事敦煌石窟的研究成为我的主要工作，就没有了以前个人做研究的随意性，不能再自由漫步了。因为，时时要考虑带团队的问题，要给学生找题目，要让更多的青年学子从敦煌学的门外进入门内，对我来说既是压力，也是动力，教学相长。随着个人阅历的增长和对敦煌石窟认识的不断深入，加上教学的需要，面对数量繁多的敦煌石窟，经常有力不从心的感觉。因为教学和工作关系，时常思考如何使学生在最短的时间内全面、有效、准确地认识敦煌石窟，把握研究的基本脉络。

　　敦煌石窟的研究，已有一百余年的时间，涉及洞窟历史、考古、艺术、宗教等基本问题已大体明了，敦煌石窟的研究应该说进入了一个新的学术时代。除了与其关系紧密的中古史、敦煌学、石窟寺考古、艺术史之外，敦煌壁画在形象史学、丝绸之路、西北区域历史、名物学、女性史学、科技史、社会物质生活史，甚至医学等广泛的学术领域越来越受到重视。敦煌石窟壁画在历史学、考古学、艺术学、宗教学、民族学等诸多学科，发挥着其他文献资料不可替代的地位和作用。敦煌石窟也是当下弘扬中华优秀传统文化、加强民族文化自信、解读中华多民族文化融合和铸牢中华民族共同体意识的珍贵文化遗产。

　　大家可能都注意到研究敦煌石窟有一个较为特殊的现象，那就是研究者往往不局限在某个单一的学科，或某几个学科，而是广泛分布在各个学科,所以每次召开涉及敦煌石窟相关主题的学术会议,研究者总是来自不同的学科,学科交叉性突出。学术会议上每个人所讲的内容相互之间区别很大,每每有"跨界"感,甚至有"隔行如隔山"之叹,这其中一个因素是受现代学科划分过细过专所致,但也从一个侧面说明敦煌石窟研究的多学科属性。

所以,如何充分挖掘敦煌石窟所包含的丰富历史信息,尤其是在新的时代和学术背景下,基于敦煌学和其他学科教学科研发展的需要,针对高校教学的需求,编写一本能够全方位反映敦煌石窟基本历史信息和研究状况的著作,就显得很有必要了。

为保证质量,避免从书本再到书本的常规编撰手段,同时为了充分尊重专家学者已有的研究成果。结合个人研究方向,我们采取了针对性邀请、集体编撰的方式,邀请了在敦煌石窟及壁画图像各领域富有研究成就的老中青三代学者40余人,根据各自研究的专长和特色,按专题分门别类撰写相关章节内容。最后,由我来合并统稿。

我最初的设想是编写一本教材性质的"敦煌图像学导论",供学术界、大专院校本科生、研究生教学和科研使用,突出教材的性质,所以信息量要大,撰写尽可能符合教材规范,不是单纯的学术论文写作,也不是专题研究,强调综述和总结的特点。内容主要围绕敦煌石窟各专题基本的图像内容、时代艺术特征、历史和艺术价值、相应的学术研究简史、核心学术观点、最新的研究动态、研究存在的问题及对未来研究的思考,等等。

在敦煌研究院工作时,我拜读了从事敦煌石窟研究的贤哲著作,如段文杰、史苇湘、贺世哲、施萍婷、关友惠、李其琼、万庚育、梁尉英、刘玉权等,总是感慨先生们对洞窟壁画内容的了然于心,尤其惊叹先生们写作时运用历史、考古、艺术、宗教等方面文献的游刃有余。同时,也拜读了松本荣一、姜伯勤、巫鸿、韦陀、李玉珉、肥田路美、罗世平、李静杰等先生对敦煌石窟跨学科研究的系列精彩论述，更加深了我对敦煌石窟研究美好且任重道远前景的认识。

敦煌石窟是人类文化史上的奇迹，是学术研究的富矿，今天我们有幸站在巨人的肩膀上，在学术大繁荣和传统文化倍受重视的美好时代，如何使神秘而专业的敦煌石窟研究吸引更多优秀的青年学生投入其中，我们责无旁贷。

《敦煌石窟研究导论》是40余位敦煌石窟研究领域老中青三代学者智慧的结晶，是集体成果，作者群本身也是接力式的，一定程度上是在积极践行学术重在传承的不变规则。

敦煌石窟的研究成果汗牛充栋，如今面对数字时代的冲击更是日新月异。但无论如何，那些基础的知识、基本的方法、奠基性的论著、代表性的学者，都是需要掌握的。所以，我们集体编著这本导论，最朴素的想法就是希望本书能够成为青年学子和年轻学者前进路上的铺路石。如果能够达到这个目的，我相信所有参与的写作者都是欣慰的。

以上，是对《敦煌石窟研究导论》编写缘起、背景及目的的简要说明。

代为序。

沙武田
2024年1月

目 录

引论　敦煌石窟对历史研究的独特贡献
一、重构并复原大唐长安的历史影像 …… 2
二、以图像的方式记录并再现唐代吐蕃的历史 …… 5
三、丰富并扩充归义军历史研究的内涵 …… 9
四、重新认识并重写西夏艺术史 …… 11
五、从形象史学的角度还原丝路交往交流交融的珍贵历史 …… 15
六、构建中古时期敦煌地方完整而富有特色的民间信仰体系 …… 19
七、重新认识丝路南道佛国于阗的特色图像 …… 22

第一章　敦煌石窟与形象史学
一、作为形象史学研究对象的敦煌石窟 …… 26
二、敦煌石窟提升形象史学研究的必要性 …… 28
三、敦煌石窟对形象史学的特殊意义 …… 28
四、敦煌石窟是形象史学最佳的资料库 …… 30
五、敦煌石窟对形象史学研究方法和手段多样化的注解 …… 31
六、形象史学对敦煌石窟研究深度和广度的拓展 …… 34
七、形象史学提升敦煌石窟的历史地位 …… 36
八、提炼敦煌石窟更深层次的价值和意义 …… 37
附：敦煌石窟与艺术史学 …… 41

第二章　敦煌石窟考古导论
- 一、敦煌石窟考古概要……………………………………44
- 二、莫高窟佛塔遗址综述…………………………………53
- 三、敦煌石窟历代游人题记导读…………………………66
- 四、敦煌古代石刻资料概述………………………………78

第三章　敦煌石窟营造导论
- 一、关于敦煌石窟营造史文献……………………………93
- 二、敦煌石窟营造者………………………………………95
- 三、洞窟营造程序与时间…………………………………105
- 四、石窟群的形成及历史分期……………………………107
- 五、敦煌石窟的社会历史背景……………………………111

第四章　莫高窟洞窟编号问题导论
- 一、敦煌莫高窟现状与诸家编号的历史…………………118
- 二、对诸家记载石窟编号的文献及问题分析……………118
- 三、诸家石窟编号及对照关系出错原因分析……………141
- 四、重新编制诸家编号对照表的意义……………………142

第五章　早期洞窟图像与佛经传播关系导论
- 一、早期石窟功能与图像主题简述………………………144
- 二、佛经传译与早期洞窟图像之关系简述………………145
- 三、竺法护译经与敦煌佛教………………………………146
- 四、昙无谶译经与河西早期石窟…………………………148
- 五、北凉弥勒信仰的内涵…………………………………153
- 六、鸠摩罗什译经与图像传播之开展……………………155

第六章　十六国北朝和隋代洞窟导论
一、早期洞窟分期研究 ... 166
二、隋代洞窟研究导论 ... 180

第七章　唐前期洞窟导论
一、历史背景 ... 193
二、研究简史 ... 194
三、唐前期洞窟数量 ... 197
四、唐前期若干洞窟的年代 ... 199
五、唐前期壁画题材 ... 208
六、唐前期洞窟分期 ... 212
七、洞窟窟形 ... 222
八、洞窟壁画主题和布局特点 ... 228
九、唐前期洞窟壁画艺术成就 ... 238

第八章　中唐吐蕃时期洞窟导论
一、历史背景 ... 244
二、研究简史 ... 245
三、洞窟分期 ... 248
四、洞窟窟形 ... 250
五、洞窟造像内容与主要特点 ... 252
六、屏风画的使用和意义 ... 256
七、问题与思考 ... 259

第九章　归义军时期洞窟导论
一、历史背景 ... 267
二、研究简史 ... 268
三、洞窟分期 ... 274

四、洞窟窟型 275
　　五、洞窟图像及特点 277
　　六、对这一时期洞窟研究的问题与思考 279

第十章　沙州回鹘洞窟导论
　　一、相关历史背景 283
　　二、研究简史 284
　　三、关于沙州回鹘洞窟分期 287
　　四、沙州回鹘洞窟壁画题材概述 289
　　五、沙州回鹘洞窟壁画的图像学分析 289
　　六、沙州回鹘洞窟壁画所反映的历史与宗教现象 305
　　七、对敦煌回鹘洞窟研究的问题与思考 306

第十一章　西夏时期洞窟导论
　　一、历史背景 309
　　二、研究简史 310
　　三、洞窟分期 321
　　四、敦煌西夏石窟艺术的总体特征 322
　　五、西夏汉藏美术在中国艺术史上的地位、意义和贡献 342
　　六、敦煌西夏石窟研究的局限与挑战 344
　　七、敦煌西夏石窟研究的前景与展望 346

第十二章　敦煌石窟洞窟建筑形制导论
　　一、敦煌石窟建筑开凿与形制渊源 349
　　二、敦煌石窟建筑形制分类与石窟装饰及特征 350
　　三、窟檐建筑 357
　　四、窟前殿堂建筑 361
　　五、古代文献所记石窟建筑结构部位名称 364

六、问题与思考 ... 370

第十三章　敦煌石窟彩塑导论
　　一、洞窟彩塑的主体性 ... 374
　　二、敦煌洞窟彩塑造像题材 ... 375
　　三、敦煌洞窟彩塑的时代性 ... 399
　　四、敦煌石窟彩塑的技法 ... 421

第十四章　经变画导论
　　一、经变画定义 ... 426
　　二、经变画的起源与发展 ... 427
　　三、敦煌经变画 ... 430
　　四、敦煌经变画研究史 ... 460
　　附：西方净土变研究导论 ... 464

第十五章　尊像画、故事画、千佛画导论
　　一、敦煌石窟尊像画 ... 473
　　二、敦煌石窟佛传故事画 ... 485
　　三、敦煌石窟本生故事画 ... 495
　　四、敦煌石窟因缘故事画 ... 512
　　五、敦煌石窟千佛图像 ... 521

第十六章　敦煌观音图像导论
　　一、历史背景 ... 529
　　二、研究简史 ... 530
　　三、敦煌观音图像的分布 ... 535
　　四、敦煌观音图像的类型 ... 540
　　五、敦煌观音图像的信仰形态及功能 ... 545

六、观音图像的艺术特色···547
　　七、问题与思考···553

第十七章　敦煌佛教史传画导论
　　一、何为佛教史传画···557
　　二、研究简史···557
　　三、敦煌佛教史传画内容及分类···558
　　四、敦煌佛教传画在佛教传播史上的地位和意义·····························578

第十八章　敦煌石窟壁画图案导论
　　一、研究简史···579
　　二、敦煌洞窟图案的类型···580
　　三、敦煌洞窟各时期图案的主要特点·······································596
　　四、问题与思考···598

第十九章　敦煌壁画山水画导论
　　一、研究简史···602
　　二、北朝时期敦煌壁画山水画···604
　　三、隋代敦煌壁画山水画···606
　　四、唐前期敦煌壁画山水画···608
　　五、唐中后期至西夏前期敦煌壁画山水画···································611
　　六、西夏晚期敦煌壁画山水画···616
　　七、问题与思考···622

第二十章　敦煌石窟神僧图像导论
　　一、高僧写真像···624
　　二、刘萨诃图像···628

三、僧伽和尚图像 633
四、宝志和尚图像 635
五、行脚僧图像 637
六、布袋和尚图像 646

第二十一章　敦煌建筑图像导论
一、中国建筑历史研究的重要资料库 652
二、关于敦煌壁画建筑图像的研究简述 653
三、敦煌壁画中建筑图像的时代性 654
四、敦煌壁画中建筑图像分类 658
五、问题与思考 665

第二十二章　敦煌壁画社会生活图像导论
一、敦煌壁画饮食图像导论 668
二、敦煌古代游戏图像导论 698
三、敦煌壁画古代交通图像导论 716

第二十三章　敦煌壁画乐舞图像导论
一、敦煌乐舞概念的形成 737
二、敦煌乐舞的研究价值 741
三、敦煌乐舞的研究难点 748
四、敦煌乐舞研究的思考 751

第二十四章　敦煌壁画服饰图像导论
一、研究简史 753
二、佛陀服饰图像 754
三、佛弟子服饰图像 758

四、菩萨服饰图像 ·· 762

　　五、天王服饰图像 ·· 766

　　六、天人服饰图像 ·· 769

　　七、帝王服饰图像 ·· 771

　　八、官吏服饰图像 ·· 774

　　九、贵族妇女服饰图像 ·· 777

　　十、少数民族首领及贵族服饰图像 ···································· 779

　　十一、军戎服饰图像 ·· 782

　　十二、儿童服饰图像 ·· 783

　　十三、结语 ·· 783

第二十五章　敦煌密教图像导论

　　一、何为密教 ·· 785

　　二、研究简史 ·· 786

　　三、密教造像特征 ·· 787

　　四、敦煌密教图像的分类 ·· 787

　　五、敦煌密教图像的发展 ·· 788

　　六、敦煌晚期密教图像 ·· 805

第二十六章　敦煌石窟藏传图像导论

　　一、敦煌石窟藏传图像界定 ·· 809

　　二、吐蕃统治时期的敦煌石窟藏传图像 ································ 810

　　三、后弘期的敦煌石窟藏传图像 ······································ 821

　　四、莫高窟第465窟 ·· 828

第二十七章　敦煌石窟造像思想导论

　　一、敦煌石窟造像思想的重要性与必要性 ······························ 834

　　二、研究简史 ·· 835

三、敦煌洞窟的义理与思想……837
　　四、敦煌洞窟壁画的思想性阐释……841
　　五、作为仪式空间的敦煌石窟……862

第二十八章　敦煌石窟图像体用观导论
　　一、佛教体用观念的内涵……867
　　二、作为敦煌石窟图像研究方法的体用观……869
　　三、体用观在敦煌石窟图像研究中的应用……873

第二十九章　敦煌的世家大族与洞窟图像关系导论
　　一、敦煌世族的形成与演变……886
　　二、敦煌世族与石窟营造……889
　　三、敦煌的家窟……894
　　四、归义军政权与洞窟关系……906
　　五、敦煌粟特人家族功德窟……910
　　六、敦煌寺院与洞窟关系……918

第三十章　敦煌壁画造型技法导论
　　一、敦煌壁画中的绘画语言……921
　　二、石窟壁画地仗制作技法……922
　　三、敦煌壁画的构图布局……924
　　四、敦煌壁画的颜料组成与色彩……930
　　五、敦煌壁画的线描体系……934
　　六、敦煌壁画中六法的体现……937
　　七、敦煌彩塑造型艺术……941
　　附：敦煌的画工与画匠……949

第三十一章　敦煌藏经洞美术绘画品导论

  一、敦煌藏经洞绘画品导论 954
  二、敦煌版画导论 962
  三、敦煌工艺美术品导论 974
  四、藏经洞绘画及各类艺术品研究的意义 986

第三十二章　敦煌画稿导论

  一、研究专题的界定 989
  二、绘画史之画稿检讨 995
  三、敦煌画稿内容简介 1005
  四、敦煌画稿分类概况 1013

第三十三章　敦煌石窟中的丝路图像导论

  一、敦煌在丝绸之路上的地位 1019
  二、相关学术史 1020
  三、敦煌艺术中表现丝绸之路的图像 1021
  四、敦煌艺术中展现的丝路各民族的交流 1025
  五、敦煌丝路图像的意义 1037

第三十四章　敦煌丝路图像中的朝贡使者导论

  一、敦煌壁画中的诸蕃客使群像 1038
  二、客使图像的编纂传统 1040
  三、帝国形象的塑造与敦煌 1042
  四、长安客使图像在敦煌的本土化 1052
  五、敦煌壁画贡使群像的研究价值 1058

第三十五章　敦煌石窟供养人图像导论

  一、敦煌石窟供养人的滥觞 1061
  二、北朝时期东阳王元荣与建平公于义可能参与营建洞窟中供养人像 1063
  三、唐前期供养人的生动写真化发展 1071
  四、中唐吐蕃统治时期主流供养人的缺位与其他供养人的新特征 1080
  五、归义军政权时期敦煌石窟供养人与政权、宗教和家族的合一 1084
  六、西夏时期敦煌石窟的供养人像 1089
  七、元明清时期敦煌石窟的供养人像 1093
  八、敦煌数字供养人 1098

编后记 1099

插图目录

引论　敦煌石窟对历史研究的独特贡献

图 1　唐长安城平面示意图 ... 3
图 2　莫高窟初唐第 335 窟南壁西方净土变 ... 4
图 3　莫高窟初唐第 220 窟北壁药师经变 ... 4
图 4　莫高窟第 220 窟胡旋乐舞图线图（局部） ... 6
图 5　莫高窟中唐第 159 窟维摩诘经变吐蕃赞普礼佛图 ... 8
图 6　瓜州榆林窟第 25 窟弥勒经变婚嫁图 ... 8
图 7-1　莫高窟第 98 窟主室内景 ... 9
图 7-2　莫高窟第 98 窟平剖面图 ... 10
图 8　莫高窟第 98 窟甬道北壁张氏男供养人群像 ... 10
图 9　莫高窟第 98 窟内曹氏归义军诸节度押衙供养像 ... 10
图 10-1　莫高窟第 98 窟于阗国王李圣天供养像 ... 11
图 10-2　莫高窟第 98 窟于阗国王曹氏夫人供养像 ... 12
图 11　莫高窟第 464 窟前室内景 ... 13
图 12　莫高窟西夏第 465 窟北壁曼荼罗一铺 ... 14
图 13　莫高窟第 465 窟窟顶五方佛曼荼罗 ... 15
图 14　莫高窟第 45 窟观音经变胡商遇盗图 ... 16
图 15-1　莫高窟北周第 296 窟福田经变商队出行图 ... 17
图 15-2　莫高窟第 303 窟窟顶法华经变普门品商人遇盗图 ... 17
图 16　莫高窟隋代第 420 窟彩塑菩萨像衣裙联珠纹装饰 ... 18
图 17　莫高窟北凉第 268 窟窟顶平棋藻井 ... 19
图 18　莫高窟北凉第 275 窟阙形龛 ... 20
图 19　莫高窟第 5 号塔藻井 ... 20
图 20　莫高窟天王堂塔顶藻井 ... 21
图 21　莫高窟晚唐第 9 窟甬道顶于阗瑞像史迹画集 ... 23

图 22　榆林窟五代第 33 窟瑞像史迹画集 24

第一章　敦煌石窟与形象史学
　　图 1-1　莫高窟初唐第 375 窟主室北半部 29
　　图 1-2　莫高窟北凉第 272 窟主室空间 30
　　图 1-3-1　莫高窟第 194 窟龛下壁画现状 31
　　图 1-3-2　多光谱拍摄释读出来的莫高窟第 194 窟宋代壁画供养人像 31
　　图 1-4-1　莫高窟第 61 窟中心佛坛现状 33
　　图 1-4-2　洪一平教授团队复原的第 61 窟坛上数字虚拟彩塑造像 34
　　图 1-5-1　莫高窟第 220 窟药师变乐舞图（局部） 35
　　图 1-5-2　莫高窟第 220 窟药师变东侧乐舞图 35
　　图 1-5-3　莫高窟第 220 窟药师变西侧舞蹈线图 35
　　图 1-5-4　莫高窟第 220 窟药师变东侧舞蹈线图 35
　　图 1-5-5　莫高窟第 220 窟药师经变乐舞图 36
　　图 1-6　莫高窟盛唐第 217 窟南壁佛顶尊胜经变序品山水画面 38
　　图 1-7　莫高窟晚唐第 14 窟如意轮观音经变及下部菩萨立像 39
　　图 1-8　敦煌绢画Stein paining57 吐蕃赞普问疾图 40

第二章　敦煌石窟考古导论
　　图 2-1　《西域考古图记》中译本书影 45
　　图 2-2　《伯希和敦煌石窟图录》书影 46
　　图 2-3　奥登堡考察队测绘莫高窟南区崖面洞窟崖面全景图示 47
　　图 2-4　松本荣一《敦煌画研究》书影 48
　　图 2-5　石璋如《莫高窟形》书影 48
　　图 2-6-1　莫高窟初唐第 321 窟南壁经变画 49
　　图 2-6-2　莫高窟初唐第 321 窟南壁经变画说法图 49
　　图 2-7-1　莫高窟窟前考古现场 50
　　图 2-7-2　莫高窟窟前考古工作场景 50

图 2-8	莫高窟北区石窟群外景	51
图 2-9	俄国考察队拍摄莫高窟第143窟崖面及顶上土塔与现状对比	54
图 2-10-1	莫高窟天王堂塔	56
图 2-10-2	莫高窟天王堂塔线图	56
图 2-11-1	天王堂内门上榜题框	57
图 2-11-2	天王堂塔内台上残迹	57
图 2-11-3	天王堂细部	57
图 2-12	莫高窟大泉河东岸第17号塔	58
图 2-13-1	莫高窟成城湾华塔所在环境	58
图 2-13-2	莫高窟成城湾华塔现状	58
图 2-14-1	1914年拍摄的华塔照片	59
图 2-14-2	成城湾华塔图	59
图 2-15	莫高窟大泉河东岸第12号佛塔	60
图 2-16	莫高窟前第16号塔	61
图 2-17	慈氏塔	62
图 2-18	老君堂慈氏塔图	63
图 2-19	慈氏塔原在老君堂原景	63
图 2-20	道士塔	64
图 2-21-1	大泉河东岸塔林	65
图 2-21-2	莫高窟前大佛塔	65
图 2-22	莫高窟第335窟西壁外北侧长安二年题记	66
图 2-23	莫高窟第16窟前室西壁门北抄录《明心宝鉴》	67
图 2-24	莫高窟第454窟前室西壁"文字式花瓶"西藏降表文字制图	67
图 2-25	莫高窟第444窟西壁题记所在位置	68
图 2-26-1	莫高窟第454窟甬道南壁清乾隆十八年题记	69
图 2-26-2	莫高窟第78窟元至正九年、十三年题记	69
图 2-26-3	莫高窟第126窟元至元六年题记	70
图 2-26-4	莫高窟第454窟清乾隆元年、十三年题记	70

图 2-27　莫高窟第 9 窟回鹘文诗歌 ··· 71
图 2-28　莫高窟第 465 窟光谱成像技术条件下的藏文题记 ······················· 72
图 2-29　莫高窟第 285 窟西夏文题记 ··· 75
图 2-30　莫高窟第 232 窟光谱成像技术条件下的西夏文题记 ····················· 75
图 2-31-1　莫高窟第 152 窟东壁门南道教正乙弟子，光绪十五年经坛告示 ····· 76
图 2-31-2　莫高窟第 196 窟道教玄门弟子、僧人七斤子 ··························· 76
图 2-32　莫高窟第 225 窟光谱成像技术条件下的婆罗谜文题记 ·················· 77
图 2-33　莫高窟采石场遗址 ·· 82
图 2-34　莫高窟五个墩采石场遗址 ··· 82
图 2-35　采石场唐代题刻 ··· 82
图 2-36　北凉石塔 ·· 87
图 2-37　莫高窟第 224 窟佛龛保存石雕造像 ·· 91

第三章　敦煌石窟营造导论

图 3-1　《圣历碑》残件拓片 ··· 93
图 3-2　敦煌写本 P.4638、P.4640《阴处士碑》 ····································· 94
图 3-3　敦煌写本 P.3720《莫高窟记》 ··· 94
图 3-4　P.2991v《平诎子等十人宕泉建窟功德记》 ································· 96
图 3-5　莫高窟北周第 428 窟主室内部空间 ··· 97
图 3-6　莫高窟第 428 窟供养人像（局部） ··· 97
图 3-7　作为施主的莫高窟第 428 窟僧人供养像 ····································· 98
图 3-8　莫高窟五代第 98 窟内节度押衙供养群像 ···································· 98
图 3-9　莫高窟第 130 窟晋昌郡都督乐廷瓌供养像 ·································· 99
图 3-10　莫高窟第 130 窟都督夫人太原干氏供养像 ································ 99
图 3-11　莫高窟第 9 窟东壁门上李弘定、李弘谏兄弟供养像 ····················· 99
图 3-12-1　莫高窟第 85 窟甬道北壁翟法荣供养像 ································ 100
图 3-12-2　莫高窟第 85 窟甬道南壁归义军张氏家族等男供养像 ··············· 100
图 3-13　莫高窟第 98 窟于阗国王李圣天夫妇供养像 ····························· 100

图 3-14　莫高窟第 72 窟刘萨诃因缘变相修佛图 ································103
图 3-15　莫高窟第 72 窟刘萨诃因缘变相临摹佛像图 ····························104
图 3-16　敦煌写本 P.3405《营窟稿》 ···105
图 3-17　莫高窟第 386 窟主室东壁壁画 ···107
图 3-18　莫高窟北凉三窟所在崖面位置 ···108
图 3-19　莫高窟第 249 窟所在崖面位置图示 ·····································109
图 3-20　莫高窟初唐洞窟集中的崖面区域 ···110
图 3-21　莫高窟第 285 窟主室南壁五百强盗成佛因缘故事画（局部）········112
图 3-22　莫高窟北周第 296 窟福田经变 ··113
图 23　莫高窟中唐吐蕃时期第 237 窟唐风风格的经变画和屏风画 ··········114
图 3-24　莫高窟中唐的"报恩君亲窟"第 231 窟窟型 ···························115
图 3-25　莫高窟第 231 窟主室东壁门上窟主父母夫妇供养像 ················116
图 3-26　莫高窟第 147 窟主室西壁 ···117

第四章　莫高窟洞窟编号问题导论

图 4-1　1908 年伯希和考察队在莫高窟工作生活的照片 ·······················119
图 4-2　俄国人奥登堡考察团 ···120
图 4-3　奥登堡考察队测绘的莫高窟立面图（局部）·······························121
图 4-4　奥登堡考察队测绘的莫高窟洞窟平面图（局部）·······················121
图 4-5-1　莫高窟第 264 窟内彩塑现状 ···121
图 4-5-2　奥登堡考察队所拍摄的莫高窟第 264 窟龛内彩塑一铺 ···········121
图 4-6　洞窟各种编号牌 ···123
图 4-7-1　莫高窟第 243 窟西龛存张大千编号文字 ·······························124
图 4-7-2　张大千洞窟编号 ··125
图 4-8　史岩编号走向图示 ··128
图 4-9　史岩编号与伯张对照图 ···130
图 4-10　莫高窟总立面图 ··138
图 4-11　《敦煌莫高窟编号的考古文献研究》书影 ·······························142

第五章　早期洞窟图像与佛经传播关系导论

　　图 5-1　新疆焉耆明屋佛寺遗址《窟院修业僧图》（局部）　148
　　图 5-2　新疆焉耆明屋佛寺遗址《窟院修业僧图》传经写经名场面　148
　　图 5-3-1　天梯山石窟北凉壁画菩萨像　150
　　图 5-3-2　天梯山石窟外景　150
　　图 5-4　炳灵寺第 169 窟西秦佛像　151
　　图 5-5-1　金塔寺北凉彩塑菩萨像　151
　　图 5-5-2　金塔寺北凉泥塑飞天　151
　　图 5-6-1　承玄二年田弘石塔　152
　　图 5-6-2　程段儿石塔　152
　　图 5-7-1　北凉石窟塔上的佛经、八卦、图像　152
　　图 5-7-2　北凉石窟塔上的刻经和图像　152
　　图 5-8　高善穆石塔　153
　　图 5-9　莫高窟第 275 窟主尊交脚弥勒菩萨像　154
　　图 5-10　莫高窟北凉第 268 窟内景　157
　　图 5-11　莫高窟第 272 窟内景　159
　　图 5-12-1　莫高窟第 275 窟内景西壁　160
　　图 5-12-2　莫高窟第 275 窟内景　160
　　图 5-13　莫高窟第 275 窟南壁佛传画面　160
　　图 5-14　炳灵寺第 169 窟西方三圣像　162
　　图 5-15　炳灵寺第 169 窟西秦建弘元年题记　163
　　图 5-16　莫高窟北魏第 259 窟主尊二佛并坐像　163
　　图 5-17　云冈石窟第十二洞前室东壁下层二佛并坐像　163
　　图 5-18　龙门石窟古阳洞北壁二佛并坐像　165
　　图 5-19-1　麦积山第 133 窟北朝造像碑　165
　　图 5-19-2　麦积山第 133 窟北朝造像碑上的二佛并坐像　165

第六章　十六国北朝和隋代洞窟导论

　　图 6-1　1962 年宿白先生考察敦煌莫高窟 ⋯⋯⋯⋯⋯⋯⋯⋯⋯⋯⋯⋯⋯⋯⋯⋯⋯⋯⋯⋯ 167
　　图 6-2　《中国石窟寺研究》书影 ⋯⋯⋯⋯⋯⋯⋯⋯⋯⋯⋯⋯⋯⋯⋯⋯⋯⋯⋯⋯⋯⋯⋯⋯ 168
　　图 6-3-1　莫高窟第 285 窟大统纪年题记 ⋯⋯⋯⋯⋯⋯⋯⋯⋯⋯⋯⋯⋯⋯⋯⋯⋯⋯⋯⋯ 168
　　图 6-3-2　莫高窟西魏第 285 窟主室 ⋯⋯⋯⋯⋯⋯⋯⋯⋯⋯⋯⋯⋯⋯⋯⋯⋯⋯⋯⋯⋯⋯ 168
　　图 6-4　莫高窟第 285 窟北壁上部西魏风格说法图一铺 ⋯⋯⋯⋯⋯⋯⋯⋯⋯⋯⋯⋯⋯⋯ 171
　　图 6-5　现藏于美国克林富兰艺术博物馆的北凉石塔 ⋯⋯⋯⋯⋯⋯⋯⋯⋯⋯⋯⋯⋯⋯⋯ 172
　　图 6-6　莫高窟北凉第 275 窟菩萨像 ⋯⋯⋯⋯⋯⋯⋯⋯⋯⋯⋯⋯⋯⋯⋯⋯⋯⋯⋯⋯⋯⋯ 172
　　图 6-7　莫高窟第 251 窟中心塔柱 ⋯⋯⋯⋯⋯⋯⋯⋯⋯⋯⋯⋯⋯⋯⋯⋯⋯⋯⋯⋯⋯⋯⋯ 173
　　图 6-8　莫高窟第 259 窟主室 ⋯⋯⋯⋯⋯⋯⋯⋯⋯⋯⋯⋯⋯⋯⋯⋯⋯⋯⋯⋯⋯⋯⋯⋯⋯ 173
　　图 6-9　莫高窟第 288 窟窟形及壁画 ⋯⋯⋯⋯⋯⋯⋯⋯⋯⋯⋯⋯⋯⋯⋯⋯⋯⋯⋯⋯⋯⋯ 174
　　图 6-10　莫高窟第 249 窟主室 ⋯⋯⋯⋯⋯⋯⋯⋯⋯⋯⋯⋯⋯⋯⋯⋯⋯⋯⋯⋯⋯⋯⋯⋯⋯ 174
　　图 6-11　莫高窟第 461 窟西壁（左）及窟顶壁画（右）⋯⋯⋯⋯⋯⋯⋯⋯⋯⋯⋯⋯⋯⋯⋯ 176
　　图 6-12　莫高窟第 290 窟窟形及壁画 ⋯⋯⋯⋯⋯⋯⋯⋯⋯⋯⋯⋯⋯⋯⋯⋯⋯⋯⋯⋯⋯⋯ 176
　　图 6-13　莫高窟第 431 窟中心柱南向面上层龛两侧故事画 ⋯⋯⋯⋯⋯⋯⋯⋯⋯⋯⋯⋯⋯ 179
　　图 6-14　敦煌写经 P.2205 及尾题 ⋯⋯⋯⋯⋯⋯⋯⋯⋯⋯⋯⋯⋯⋯⋯⋯⋯⋯⋯⋯⋯⋯⋯⋯ 181
　　图 6-15　敦煌写经 P.2413 卷首及尾题 ⋯⋯⋯⋯⋯⋯⋯⋯⋯⋯⋯⋯⋯⋯⋯⋯⋯⋯⋯⋯⋯⋯ 182
　　图 6-16　敦煌写本 P.2005 沙州都督府图经"黄龙条" ⋯⋯⋯⋯⋯⋯⋯⋯⋯⋯⋯⋯⋯⋯⋯ 183
　　图 6-17　莫高窟第 427 窟窟形 ⋯⋯⋯⋯⋯⋯⋯⋯⋯⋯⋯⋯⋯⋯⋯⋯⋯⋯⋯⋯⋯⋯⋯⋯⋯ 184
　　图 6-18　莫高窟第 62 窟 ⋯⋯⋯⋯⋯⋯⋯⋯⋯⋯⋯⋯⋯⋯⋯⋯⋯⋯⋯⋯⋯⋯⋯⋯⋯⋯⋯⋯ 185
　　图 6-19　莫高窟第 281 窟供养人像 ⋯⋯⋯⋯⋯⋯⋯⋯⋯⋯⋯⋯⋯⋯⋯⋯⋯⋯⋯⋯⋯⋯⋯ 185
　　图 6-20　莫高窟第 390 窟窟形及壁画 ⋯⋯⋯⋯⋯⋯⋯⋯⋯⋯⋯⋯⋯⋯⋯⋯⋯⋯⋯⋯⋯⋯ 186
　　图 6-21　莫高窟第 292 窟窟形及彩塑 ⋯⋯⋯⋯⋯⋯⋯⋯⋯⋯⋯⋯⋯⋯⋯⋯⋯⋯⋯⋯⋯⋯ 186
　　图 6-22-1　莫高窟第 305 窟窟形透视图 ⋯⋯⋯⋯⋯⋯⋯⋯⋯⋯⋯⋯⋯⋯⋯⋯⋯⋯⋯⋯⋯ 187
　　图 6-22-2　莫高窟第 305 窟窟形 ⋯⋯⋯⋯⋯⋯⋯⋯⋯⋯⋯⋯⋯⋯⋯⋯⋯⋯⋯⋯⋯⋯⋯⋯ 187
　　图 6-23　莫高窟第 295 窟涅槃经变 ⋯⋯⋯⋯⋯⋯⋯⋯⋯⋯⋯⋯⋯⋯⋯⋯⋯⋯⋯⋯⋯⋯⋯ 188
　　图 6-24-1　莫高窟第 379 窟经变画 ⋯⋯⋯⋯⋯⋯⋯⋯⋯⋯⋯⋯⋯⋯⋯⋯⋯⋯⋯⋯⋯⋯⋯ 189
　　图 6-24-2　莫高窟第 379 窟说法图 ⋯⋯⋯⋯⋯⋯⋯⋯⋯⋯⋯⋯⋯⋯⋯⋯⋯⋯⋯⋯⋯⋯⋯ 189

图 6-25-1　莫高窟第 401 窟窟形及壁画 190
　　图 6-25-2　莫高窟第 401 窟彩塑与藻井壁画 190
　　图 6-25-3　莫高窟第 401 窟供养菩萨像 191

第七章　唐前期洞窟导论

　　图 7-1-1　莫高窟第 322 窟主室东壁门南药师佛一铺 200
　　图 7-2-1　莫高窟第 220 窟东壁及门上壁画 200
　　图 7-2-2　莫高窟第 220 窟主室 200
　　图 7-3　莫高窟第 431 窟初唐壁画十六观、未生怨画面 202
　　图 7-4-1　莫高窟第 386 南壁西部阿弥陀经变题记所在壁画 202
　　图 7-4-2　莫高窟第 386 窟北壁西部药师经变（局部）......202
　　图 7-5　莫高窟第 323 窟石佛浮江画面（中有通玄寺题记）......203
　　图 7-6　莫高窟第 335 窟垂拱题记 203
　　图 7-7　莫高窟第 123 窟主室内景 205
　　图 7-8　莫高窟第 205 窟西壁南侧施甘露观音 205
　　图 7-9　莫高窟第 211 窟西龛 206
　　图 7-10　莫高窟第 41 窟北壁千佛说法图 206
　　图 7-11　莫高窟第 166 窟东壁门北三佛 207
　　图 7-12　莫高窟第 180 窟龛南侧壁画 208
　　图 7-13　莫高窟第 185 窟西龛 208
　　图 7-14　莫高窟第 323 窟 210
　　图 7-15　莫高窟第 323 窟北壁壁画 210
　　图 7-16　莫高窟第 323 窟南壁壁画 210
　　图 7-17　莫高窟第 332 窟一佛五十菩萨图 211
　　图 7-18　莫高窟第 321 窟东壁十一面观音 212
　　图 7-19　莫高窟第 45 窟主室 218
　　图 7-20-1　莫高窟第 379 窟窟顶藻井 219
　　图 7-20-2　莫高窟第 379 窟南壁观无量寿经变（局部）......220

图 7-20-3　莫高窟第 379 窟西龛 ·· 220

图 7-20-4　莫高窟第 379 窟东壁门北壁画 ······································ 220

图 7-21　莫高窟第 201 窟主室西龛 ·· 221

图 7-22　莫高窟第 39 窟中心柱 ··· 222

图 7-23　榆林窟第 28 窟中心柱各向面 ·· 223

图 7-24　莫高窟第 45 窟覆斗顶窟透视图 ······································· 224

图 7-25-1　莫高窟第 96 窟北大像 ·· 225

图 7-25-2　莫高窟第 130 窟形制 ·· 225

图 7-26　1908 年莫高窟的北大像楼阁 ·· 225

图 7-27　莫高窟第 130 窟南大像 ·· 225

图 7-28　榆林窟第 6 窟大佛 ·· 226

图 7-29　莫高窟第 148 窟涅槃大佛窟 ·· 227

图 7-30　莫高窟第 329 窟东壁门上部说法图 ·································· 228

图 7-31　莫高窟第 321 窟东壁门北侧观音及胁侍菩萨像 ·················· 228

图 7-32　莫高窟第 333 窟东壁门两侧地藏像 ·································· 229

图 7-33　莫高窟第 329 窟佛龛及两侧的化生童子像 ························· 229

图 7-34　莫高窟第 375 窟西壁北侧乘象入胎图 ······························· 230

图 7-35　莫高窟第 375 窟西壁南侧逾城出家图 ······························· 230

图 7-36　莫高窟第 323 窟北壁西侧张骞出使西域图 ························· 230

图 7-37　莫高窟第 323 窟南壁西侧石佛浮江故事图 ························· 230

图 7-38　莫高窟第 45 窟北壁十六观 ··· 233

图 7-39　莫高窟第 329 窟东壁南侧说法图中的供养人像 ··················· 234

图 7-40　莫高窟第 130 窟都督夫人礼佛图 ····································· 234

图 7-41　莫高窟第 329 窟窟顶藻井（局部）·································· 235

图 7-42　莫高窟第 329 窟窟顶藻井 ·· 236

图 7-43　莫高窟第 103 窟西壁龛顶条带团花纹 ······························· 236

图 7-44　莫高窟第 45 窟主尊佛 ··· 237

图 7-45　莫高窟第 220 窟东壁北侧帝王图 ····································· 238

图 7-46　莫高窟第 46 窟北壁十六观中的侍女图 ······························ 238

图 7-47　莫高窟第 45 窟北壁十六观中的男装侍女图⋯⋯⋯⋯⋯⋯⋯⋯⋯⋯⋯⋯239
图 7-48　莫高窟第 45 窟观音经变中的青绿山水壁画⋯⋯⋯⋯⋯⋯⋯⋯⋯⋯⋯⋯240
图 7-49　莫高窟第 45 窟北壁观无量寿经变画中的佛寺⋯⋯⋯⋯⋯⋯⋯⋯⋯⋯⋯241
图 7-50　莫高窟第 103 窟东壁门南维摩诘像⋯⋯⋯⋯⋯⋯⋯⋯⋯⋯⋯⋯⋯⋯⋯242

第八章　中唐吐蕃时期洞窟导论

图 8-1　榆林窟第 25 窟平剖面图⋯⋯⋯⋯⋯⋯⋯⋯⋯⋯⋯⋯⋯⋯⋯⋯⋯⋯⋯⋯250
图 8-2-1　莫高窟第 158 窟透视图⋯⋯⋯⋯⋯⋯⋯⋯⋯⋯⋯⋯⋯⋯⋯⋯⋯⋯⋯250
图 8-2-2　莫高窟第 158 窟实测图⋯⋯⋯⋯⋯⋯⋯⋯⋯⋯⋯⋯⋯⋯⋯⋯⋯⋯⋯250
图 8-3　莫高窟第 365 窟窟形实测图⋯⋯⋯⋯⋯⋯⋯⋯⋯⋯⋯⋯⋯⋯⋯⋯⋯⋯251
图 8-4　莫高窟殿堂窟窟形图示⋯⋯⋯⋯⋯⋯⋯⋯⋯⋯⋯⋯⋯⋯⋯⋯⋯⋯⋯⋯251
图 8-5　莫高窟第 159 窟主室⋯⋯⋯⋯⋯⋯⋯⋯⋯⋯⋯⋯⋯⋯⋯⋯⋯⋯⋯⋯⋯251
图 8-6　莫高窟中唐第 200 窟主室⋯⋯⋯⋯⋯⋯⋯⋯⋯⋯⋯⋯⋯⋯⋯⋯⋯⋯⋯251
图 8-7　莫高窟第 361 窟实测图⋯⋯⋯⋯⋯⋯⋯⋯⋯⋯⋯⋯⋯⋯⋯⋯⋯⋯⋯⋯252
图 8-8　莫高窟第 361 窟主室⋯⋯⋯⋯⋯⋯⋯⋯⋯⋯⋯⋯⋯⋯⋯⋯⋯⋯⋯⋯⋯252
图 8-9　莫高窟第 159 窟主室各壁经变画布局面貌⋯⋯⋯⋯⋯⋯⋯⋯⋯⋯⋯⋯253
图 8-10　莫高窟第 154 窟南壁金光明最圣王经变画⋯⋯⋯⋯⋯⋯⋯⋯⋯⋯⋯⋯254
图 8-11　莫高窟第 158 窟窟顶十方净土之东南方净土⋯⋯⋯⋯⋯⋯⋯⋯⋯⋯⋯254
图 8-12　莫高窟第 158 窟密严经变画⋯⋯⋯⋯⋯⋯⋯⋯⋯⋯⋯⋯⋯⋯⋯⋯⋯254
图 8-13　莫高窟第 237 窟龛顶瑞像集⋯⋯⋯⋯⋯⋯⋯⋯⋯⋯⋯⋯⋯⋯⋯⋯⋯254
图 8-14　莫高窟第 231 窟龛顶瑞像集⋯⋯⋯⋯⋯⋯⋯⋯⋯⋯⋯⋯⋯⋯⋯⋯⋯255
图 8-15　莫高窟第 159 窟经变画及屏风画⋯⋯⋯⋯⋯⋯⋯⋯⋯⋯⋯⋯⋯⋯⋯256
图 8-16　莫高窟盛唐第 79 窟龛内屏风画⋯⋯⋯⋯⋯⋯⋯⋯⋯⋯⋯⋯⋯⋯⋯⋯257
图 8-17　莫高窟第 135 窟龛内屏风画⋯⋯⋯⋯⋯⋯⋯⋯⋯⋯⋯⋯⋯⋯⋯⋯⋯257
图 8-18　莫高窟第 112 窟龛内屏风画⋯⋯⋯⋯⋯⋯⋯⋯⋯⋯⋯⋯⋯⋯⋯⋯⋯258
图 8-19　榆林窟第 15 窟前室北壁库藏神天王像⋯⋯⋯⋯⋯⋯⋯⋯⋯⋯⋯⋯⋯259
图 8-20　榆林窟第 25 窟八大菩萨曼荼罗图像⋯⋯⋯⋯⋯⋯⋯⋯⋯⋯⋯⋯⋯⋯260
图 8-21　莫高窟第 93 窟龛内屏风画中的吐蕃装人物和"T"形框⋯⋯⋯⋯⋯⋯260

图 8-22　莫高窟第 251 窟中心柱西向面下方药叉北起第 2、3 身
　　　　　中间"T"形框 ·· 261
图 8-23-1　莫高窟第 154 窟各壁图像布局示意图 ························· 262
图 8-23-2　莫高窟第 154 窟平剖面图 ·· 263
图 8-24　莫高窟第 154 窟内经变画布局关系 ································· 263
图 8-25　莫高窟第 112 窟药师经变画 ·· 265
图 8-26　莫高窟第 147 窟内壁画 ·· 266

第九章　归义军时期洞窟导论

图 9-1　莫高窟第 156 窟张议潮统军出行图（局部） ···················· 270
图 9-2　莫高窟第 98 窟画像 ·· 270
图 9-3　莫高窟第 100 窟回鹘天公主出行图 ·································· 271
图 9-4　莫高窟第 61 窟五台山图 ·· 271
图 9-5　莫高窟第 454 窟供养人像 ·· 272
图 9-6　莫高窟第 61 窟于阗天公主像 ·· 272
图 9-7　莫高窟第 98 窟于阗国王像 ·· 274
图 9-8　莫高窟第 148 窟回鹘王子像 ·· 274
图 9-9　莫高窟第 17 窟洪䛒法师像 ·· 276
图 9-10　莫高窟第 220 窟西壁佛龛 ·· 277
图 9-11　莫高窟第 220 窟甬道新样文殊像 ···································· 278
图 9-12　莫高窟第 409 窟回鹘王供养像 ·· 278
图 9-13　莫高窟第 98 窟于阗王后供养像 ······································ 280

第十章　沙州回鹘洞窟导论

图 10-1　莫高窟第 409 窟主室东壁门南侧供养人像 ···················· 290
图 10-2　莫高窟第 409 窟主室东壁门北侧女供养人像 ················ 290
图 10-3-1　莫高窟第 194 窟主室南壁供养人像 ···························· 291
图 10-3-2　榆林窟第 39 窟前甬道北壁供养人像 ·························· 291

图 10-3-3　莫高窟第 418 窟供养人像分布图 ………………………………… 291

图 10-3-4　莫高窟第 310 窟供养人像分布图 ………………………………… 291

图 10-4　榆林窟第 39 窟回鹘文和汉文题记 ………………………………… 292

图 10-5-1　柏孜克里克石窟第 16 窟高昌回鹘男性供养人像 ……………… 293

图 10-5-2　柏孜克里克石窟第 20 窟高昌回鹘女性供养人像 ……………… 293

图 10-6　莫高窟第 61 窟归义军政权中的女性供养人像 …………………… 293

图 10-7-1　莫高窟第 307 窟主室南壁净土变 ………………………………… 294

图 10-7-2　莫高窟第 418 窟主室南壁净土变 ………………………………… 294

图 10-8　莫高窟第 306 窟主室西壁净土变 …………………………………… 295

图 10-9　莫高窟第 399 窟主室南壁净土变 …………………………………… 295

图 10-10　榆林窟第 39 窟主室南北壁简化式弥勒三会图 ………………… 295

图 10-11　莫高窟第 307 窟前室西壁门上部说法图 ………………………… 296

图 10-12　莫高窟第 310 窟主室南壁说法图 ………………………………… 296

图 10-13　莫高窟第 245 窟主室南壁说法图 ………………………………… 296

图 10-14　莫高窟第 245 窟药师像 …………………………………………… 297

图 10-15　榆林窟第 39 窟主室东壁定光佛授记图像 ……………………… 298

图 10-16　拉哈尔博物馆藏定光佛授记图像 ………………………………… 298

图 10-17　高昌回鹘柏孜克里克石窟第 20 窟定光佛授记图像 …………… 299

图 10-18　莫高窟第 97 窟十六罗汉像（局部）……………………………… 300

图 10-19　莫高窟第 306 窟甬道西壁行脚僧图像 …………………………… 301

图 10-20　莫高窟第 308 窟主室东壁白衣观音像 …………………………… 301

图 10-21　莫高窟第 237 窟执扇弥勒像 ……………………………………… 303

图 10-22　莫高窟第 207 窟藻井 ……………………………………………… 303

图 10-23　莫高窟第 97 窟西龛 ………………………………………………… 304

图 10-24　莫高窟第 309 窟甬道顶 …………………………………………… 304

第十一章　西夏时期洞窟导论

　　图 11-1　莫高窟第 307 窟净土变……324
　　图 11-2-1　莫高窟第 465 窟后室东壁北曼荼罗……326
　　图 11-2-2　莫高窟第 465 窟南壁西铺上乐六臂金刚像……327
　　图 11-3　榆林窟第 3 窟窟顶曼荼罗……327
　　图 11-4　榆林窟第 29 窟不动明王像……328
　　图 11-5　东千佛洞第 2 窟释迦牟尼灵鹫山演说般若图……328
　　图 11-6　榆林窟第 29 窟文殊变……328
　　图 11-7　夏鲁寺壁画……329
　　图 11-8　东千佛洞第 5 窟毗沙门天王和八大马王像……329
　　图 11-9　扎塘寺壁画中的说法图……330
　　图 11-10　东千佛洞第 2 窟施宝度母像……330
　　图 11-11　榆林窟第 4 窟北壁东侧文殊、弥勒对坐图……330
　　图 11-12　榆林窟第 3 窟西壁北侧文殊变……331
　　图 11-13　榆林窟第 3 窟西壁南侧普贤变……331
　　图 11-14　榆林窟第 29 窟东壁北侧药师经变画……332
　　图 11-15　榆林窟第 3 窟南壁中间观无量寿经变画……332
　　图 11-16　文殊山万佛洞弥勒上生经变画……333
　　图 11-17　山西高平开化寺弥勒上生经变画……333
　　图 11-18　榆林窟第 2 窟西壁北侧水月观音像……334
　　图 11-19　榆林窟第 2 窟西壁南侧水月观音像……334
　　图 11-20　东千佛洞第 7 窟涅槃经变线描图……334
　　图 11-21　榆林窟第 2 窟文殊与普贤祈愿图……335
　　图 11-22　西夏《弥勒上生经》版画主尊说法图（局部）……335
　　图 11-23　俄藏TK114《大方广佛华严经变相》……335
　　图 11-24　榆林窟第 29 窟国师像……337
　　图 11-25　文殊山前山万佛洞南壁窟门东侧国师像……337
　　图 11-26　榆林窟第 27 窟上师像……337

- 图 11-27　莫高窟第 464 窟国师像 ... 337
- 图 11-28　东千佛洞第 5 窟普贤变 ... 338
- 图 11-29　莫高窟第 464 窟窟顶五方佛像 ... 339
- 图 11-30　东千佛洞第 2 窟后室甬道顶卷草纹与趺坐佛 ... 340
- 图 11-31　东千佛洞第 7 窟甬道顶卷草装饰纹样 ... 340
- 图 11-32　东千佛洞第 4 窟后室中心柱 ... 341

第十二章　敦煌石窟洞窟建筑形制导论

- 图 12-1-1　莫高窟第 267~271 窟联合平面图 ... 351
- 图 12-1-2　莫高窟第 268 窟窟型建筑结构 ... 351
- 图 12-2　莫高窟第 285 窟平剖面图 ... 351
- 图 12-3　莫高窟北魏第 254 窟建筑形制 ... 351
- 图 12-4　和田丹丹乌里克佛寺遗址 ... 352
- 图 12-5　莫高窟西魏第 249 窟主室空间 ... 353
- 图 12-6　莫高窟北魏第 251 窟人字披顶木结构斗栱 ... 354
- 图 12-7　莫高窟隋代第 404 窟西龛龛楣（局部） ... 355
- 图 12-8　莫高窟中唐第 361 窟西龛 ... 356
- 图 12-9　莫高窟晚唐第 196 窟木构窟檐残状 ... 357
- 图 12-10　莫高窟第 427 窟曹氏重修窟檐 ... 357
- 图 12-11-1　莫高窟第 431 窟窟檐剖面图 ... 358
- 图 12-11-2　莫高窟第 431 窟窟檐 ... 359
- 图 12-12　莫高窟第 431 窟窟檐彩画临本 ... 361
- 图 12-13　莫高窟上寺现今面貌 ... 362
- 图 12-14　莫高窟下寺三清宫面貌 ... 362
- 图 12-15　莫高窟小牌坊夜景 ... 363
- 图 12-16　莫高窟隋代第 305 窟窟顶藻井 ... 367
- 图 12-17　莫高窟初唐第 329 窟窟顶藻井 ... 368
- 图 12-18　莫高窟盛唐第 384 窟主室内外 ... 369

图 12-19　莫高窟五代第 61 窟中心佛坛 ······ 370

图 12-20　莫高窟隋代第 303 窟须弥座中心柱 ······ 371

图 12-21　酒泉丁家闸五号墓墓室形制示意图 ······ 372

图 12-22　莫高窟第 432 窟面貌 ······ 373

图 12-23　伯希和考察团所拍莫高窟面貌 ······ 373

第十三章　敦煌石窟彩塑导论

图 13-1　莫高窟第 254 窟中心塔柱东面交脚佛像 ······ 376

图 13-2　莫高窟北魏第 259 窟主尊二佛并坐像 ······ 377

图 13-3　莫高窟第 46 窟北壁龛内七佛像 ······ 377

图 13-4　莫高窟第 158 窟佛涅槃像（局部） ······ 378

图 13-5　莫高窟第 248 窟中心塔柱东面向龛内结跏趺坐佛说法像 ······ 380

图 13-6　莫高窟第 419 窟西壁龛内趺坐佛像 ······ 381

图 13-7　莫高窟第 322 窟西壁龛内佛像 ······ 381

图 13-8　莫高窟第 328 窟西壁龛内佛像 ······ 381

图 13-9　莫高窟第 45 窟西壁龛内佛像 ······ 382

图 13-10　莫高窟第 196 窟中心佛坛上结跏趺坐佛像 ······ 382

图 13-11　莫高窟第 257 窟中心塔柱东面向龛内倚坐佛像 ······ 383

图 13-12　莫高窟第 423 窟西壁龛内倚坐佛像 ······ 383

图 13-13　莫高窟第 96 窟弥勒大像 ······ 384

图 13-14　莫高窟第 130 窟弥勒大像 ······ 384

图 13-15　莫高窟第 55 窟中心佛坛上倚坐弥勒佛像 ······ 385

图 13-16　莫高窟第 427 窟中心塔柱东面向立佛像 ······ 385

图 13-17　莫高窟第 332 窟中心塔柱东面佛立像 ······ 386

图 13-18　莫高窟第 158 窟南壁立佛像 ······ 386

图 13-19　莫高窟第 203 窟西壁龛内凉州瑞像 ······ 386

图 13-20　莫高窟隋代第 419 窟迦叶像 ······ 389

图 13-21　莫高窟盛唐第 45 窟迦叶像 ······ 389

图 13-22	莫高窟隋代第 419 窟阿难像	389
图 13-23	莫高窟盛唐第 45 窟阿难像	389
图 12-24	莫高窟第 275 窟交脚菩萨像	390
图 12-25	莫高窟第 275 窟北壁上层龛内交脚菩萨像	390
图 13-26	莫高窟第 254 窟南壁上层龛内交脚菩萨像	391
图 13-27	莫高窟第 259 窟思惟菩萨像	391
图 13-28	莫高窟第 257 窟思惟菩萨像	391
图 13-29	莫高窟第 417 窟龛外北侧思惟菩萨像	392
图 13-30	莫高窟第 244 窟弥勒菩萨像	392
图 13-31	莫高窟第 432 窟菩萨像	392
图 13-32	莫高窟第 290 窟中心柱南向西侧菩萨像	393
图 13-33	莫高窟第 194 窟西壁龛内南侧菩萨像	393
图 13-34	莫高窟第 159 窟西壁龛内南侧菩萨像	393
图 13-35	莫高窟第 159 窟西壁龛内北侧菩萨像	393
图 13-36	莫高窟第 205 窟坛上南侧菩萨像	394
图 13-37	莫高窟第 328 窟西壁龛内北侧菩萨像	394
图 13-38	莫高窟北魏第 257 窟天王像	395
图 13-39	莫高窟第 46 窟西壁北侧天王像	395
图 13-40	莫高窟第 205 窟坛上北侧天王像	396
图 13-41	莫高窟第 458 窟地鬼像	397
图 13-42	莫高窟第 304 窟西壁龛外龙首像	397
图 13-43	莫高窟第 419 窟西壁龛外龙首像	397
图 13-44	莫高窟第 423 窟西壁龛外龙首像	397
图 13-45	莫高窟第 297 窟羽人像	398
图 13-46	莫高窟第 285 窟西壁南侧龛内禅僧像	398
图 13-47	莫高窟北凉三窟崖面位置图	400
图 13-48	莫高窟第 272 窟内景	401
图 13-49	莫高窟第 275 窟内景	402

图 13-50　莫高窟第 257、259、254 窟崖面位置图 ———— 403
图 13-51　莫高窟第 259 窟内景 ———— 403
图 13-52　莫高窟第 254 窟洞窟前部 ———— 404
图 13-53　莫高窟第 248 窟洞窟内景 ———— 405
图 13-54　莫高窟第 428 窟洞窟全景 ———— 406
图 13-55　莫高窟第 290 窟中心塔柱东面塑像 ———— 406
图 13-56　莫高窟第 302 窟洞窟内景 ———— 408
图 13-57　莫高窟第 303 窟洞窟内景 ———— 408
图 13-58　莫高窟第 305 窟佛坛与塑像 ———— 408
图 13-59　莫高窟第 419 窟西壁龛 ———— 408
图 13-60　莫高窟第 420 窟西壁龛 ———— 409
图 13-61　莫高窟第 322 窟西壁龛内塑像 ———— 410
图 13-62　莫高窟第 329 窟西壁龛内塑像 ———— 411
图 13-63　莫高窟第 203 窟西壁凉州瑞像 ———— 411
图 13-64　莫高窟第 328 窟西壁龛内塑像 ———— 413
图 13-65　莫高窟第 130 窟彩塑大像 ———— 414
图 13-66　莫高窟第 27 窟西壁龛内塑像 ———— 414
图 13-67　莫高窟第 158 窟佛涅槃像 ———— 415
图 13-68　莫高窟第 365 窟西壁药师七佛像 ———— 416
图 13-69　莫高窟第 196 窟中心佛坛及塑像 ———— 417
图 13-70　莫高窟曹氏归义军时期第 427 窟木构窟檐建筑 ———— 419
图 13-71　莫高窟第 40 窟西壁塑像 ———— 419
图 13-72　莫高窟第 55 窟洞窟内景 ———— 419
图 13-73　莫高窟第 263 窟中心塔柱东面龛内西夏塑像 ———— 421
图 13-74　莫高窟第 248 窟中心柱东面影塑供养菩萨像 ———— 423
图 13-75　莫高窟第 27 窟西壁悬塑塑像 ———— 424

第十四章 经变画导论

图 14-1-1　旧金山亚洲艺术博物馆藏造像碑维摩诘经变 428
图 14-1-2　旧金山亚洲艺术博物馆藏造像碑维摩诘经变造像线图 429
图 14-2　莫高窟隋代第 302 窟人字披顶福田经变 431
图 14-3　西千佛洞北周第 12 窟劳度叉斗圣变 431
图 14-4　莫高窟五代第 61 窟佛传（局部） 432
图 14-5　莫高窟隋代第 417 窟窟顶人字披长者子流水济鱼 433
图 14-6　莫高窟第 394 窟东壁药师经变 434
图 14-7　莫高窟后部平顶中下侧药师经变 434
图 14-8　莫高窟第 433 窟窟顶东披药师经变 435
图 14-9　莫高窟第 436 窟人字披东披药师经变 435
图 14-10　莫高窟隋代第 417 窟后部平顶中上侧兜率天宫 436
图 14-11　莫高窟隋代第 62 窟弥勒下生经变 437
图 14-12　莫高窟盛唐第 148 窟南壁弥勒经变 438
图 14-13　莫高窟西魏第 285 窟主室东壁三铺说法图 439
图 14-14　莫高窟盛唐第 171 窟观无量寿经变 440
图 14-15　莫高窟隋代第 295 窟人字披西披涅槃经变 441
图 14-16　莫高窟隋代第 420 窟窟顶法华经变（局部） 441
图 14-17　莫高窟隋代第 276 窟龛两侧维摩诘、文殊立像 442
图 14-18　莫高窟初唐第 203 窟维摩诘文殊像 442
图 14-19-1　莫高窟盛唐第 217 窟龛顶金刚经变全图 444
图 14-19-2　莫高窟盛唐第 217 窟金刚经变洗足 444
图 14-20　莫高窟晚唐第 85 窟窟顶楞伽经变 445
图 14-21-1　莫高窟晚唐第 85 窟楞伽经变明镜喻 446
图 14-21-2　莫高窟晚唐第 85 窟楞伽经变尸毗王故事画面 447
图 14-21-3　莫高窟晚唐第 85 窟楞伽经变狩猎图 447
图 14-21-4　莫高窟晚唐第 85 窟楞伽经变陶师喻 447
图 14-22　莫高窟中唐第 158 窟东壁门南密严经变 448

图 14-23　莫高窟晚唐第 141 窟主室东壁门北思益梵天请问经变……448

图 14-24　藏经洞绢画 MG.26462 华严经变……449

图 14-25　莫高窟晚唐第 128 窟南壁天请问经变……450

图 14-26-1　莫高窟初唐第 321 窟十轮经变……451

图 14-26-2　莫高窟盛唐第 74 窟十轮经变……451

图 14-27　莫高窟第 321 窟十轮经变象王本生……452

图 14-28　莫高窟第 321 窟十轮经变榜题……452

图 14-29　莫高窟宋第 454 窟梵网经变……453

图 14-30-1　莫高窟五代第 72 窟劳度叉斗圣变榜题示意图……454

图 14-30-2　莫高窟晚唐第 196 窟西壁劳度叉斗圣变……454

图 14-31　莫高窟盛唐第 31 窟北壁报恩经变……455

图 14-32　甘肃省博物馆藏敦煌绢画报父母恩重经变……457

图 14-33　莫高窟晚唐第 85 窟壁画布局结构图示……457

图 14-34　莫高窟初唐第 320 窟南壁大方等陀罗尼经变……458

图 14-35　莫高窟西魏第 431 窟大方等陀罗尼十二梦王之第三（左）、第四（右）梦王……458

图 14-36　莫高窟第 217 窟南壁佛顶尊胜陀罗尼经变……459

图 14-37　莫高窟隋代第 393 窟西壁壁画……464

图 14-38　宝楼观……467

图 14-39　宝楼观……467

图 14-40　宝树观……467

图 14-41　四柱宝幢……467

图 14-42　敦煌莫高窟第 217 窟北壁观无量寿经变……470

第十五章　尊像画、故事画、千佛画导论

图 15-1　莫高窟北魏第 257 窟主室北壁立佛像……473

图 15-2　莫高窟北魏第 259 窟中心柱二佛并坐彩塑像……474

图 15-3-1　莫高窟隋代第 244 窟主室……475

图 15-3-2　莫高窟隋代第 244 窟说法图一铺 475
图 15-4　莫高窟西魏第 249 窟主室南北壁千佛中说法图 475
图 15-5　莫高窟初唐第 57 窟主室南北壁千佛中说法图 476
图 15-6　莫高窟晚唐第 107 窟龛内弟子像 477
图 15-7　莫高窟隋代第 412 窟西龛彩塑一铺 477
图 15-8　莫高窟五代第 6 窟西壁龛内十大弟子像 478
图 15-9　莫高窟北凉第 275 窟壁画飞天 479
图 15-10　莫高窟西魏第 285 窟壁画飞天 480
图 15-11　莫高窟隋代第 427 窟天宫飞天 480
图 15-12　莫高窟初唐第 320 窟飞天 481
图 15-13　莫高窟五代第 61 窟飞天 482
图 15-14　莫高窟五代第 6 窟甬道顶水月观音 482
图 15-15　莫高窟晚唐第 14 窟十一面观音画像 483
图 15-16　莫高窟西夏第 328 窟供养菩萨 484
图 15-17　莫高窟第 260 窟苦修像 486
图 15-18　莫高窟第 275 窟南壁东门遇老人 488
图 15-19　莫高窟第 431 窟中心柱南向面上层乘象入胎 488
图 15-20　莫高窟第 254 窟南壁降魔成道（局部）魔王三女 488
图 15-21　莫高窟第 263 窟北壁初转法轮 488
图 15-22　莫高窟北周第 290 窟佛传故事画 489
图 15-23　莫高窟初唐第 209 窟窟顶乘象入胎和逾城出家 489
图 15-24　莫高窟中唐第 158 窟佛涅槃像 490
图 15-25　莫高窟第 61 窟北壁下部（屏风画）村女献乳 492
图 15-26　榆林窟第 33 窟北壁西侧佛传故事画 493
图 15-27　莫高窟第 76 窟八塔变相（一） 494
图 15-28　莫高窟第 76 窟八塔变相（二） 494
图 15-29　莫高窟北凉第 275 窟北壁毗楞竭梨王本生故事画 498
图 15-30　莫高窟北凉第 275 窟尸毗王本生故事画 498

图 15-31　莫高窟北魏第 254 窟尸毗王本生故事画————————499
图 15-32　莫高窟北凉第 275 窟月光王本生故事画————————499
图 15-33　莫高窟北魏第 254 窟南壁萨埵太子本生故事画————————501
图 15-34　莫高窟北周第 428 窟东壁门南萨埵太子本生故事画————————501
图 15-35　莫高窟北魏第 257 窟九色鹿本生故事画————————504
图 15-36　莫高窟第 285 窟婆罗门施身闻偈品————————505
图 15-37　莫高窟第 428 窟东壁门北须达拏太子本生————————507
图 15-38　莫高窟第 428 窟独角仙人本生故事画————————507
图 15-39　莫高窟第 296 窟北壁须阇提太子本生故事画局部————————509
图 15-40　莫高窟第 296 窟窟顶南披善事太子本生故事画（局部）————————510
图 15-41　莫高窟第 302 窟睒子本生（一）————————511
图 15-42　莫高窟第 302 窟睒子本生（二）————————511
图 15-43　莫高窟第 302 窟窟顶壁画布局（局部）————————513
图 15-44　莫高窟北魏第 254 窟难陀出家因缘————————513
图 15-45　莫高窟北魏第 257 窟沙弥守戒自杀因缘（一）————————515
图 15-46　莫高窟北魏第 257 窟沙弥守戒自杀因缘（二）————————515
图 15-47　莫高窟北魏第 257 窟须摩提女因缘（一）————————516
图 15-48　莫高窟北魏第 257 窟须摩提女因缘（二）————————516
图 15-49　莫高窟北魏第 257 窟须摩提女因缘（三）————————516
图 15-50　莫高窟西魏第 285 窟南壁五百强盗成佛因缘————————518
图 15-51　莫高窟北周第 296 窟五百强盗成佛因缘（一）————————519
图 15-52　莫高窟北周第 296 窟五百强盗成佛因缘（二）————————519
图 15-53　莫高窟西魏第 285 窟化跋提长者姊因缘————————519
图 15-54　莫高窟第 121 窟甬道顶千佛变————————524
图 15-55　莫高窟隋代第 427 窟东壁千佛壁画————————524
图 15-56　莫高窟第 280 窟窟顶西披涅槃变与千佛图————————525
图 15-57　莫高窟盛唐第 79 窟千佛图————————526
图 15-58　莫高窟宋重修第 233 窟千佛图————————527

第十六章　敦煌观音图像导论

图 16-1　莫高窟初唐第 57 窟北壁正中阿弥陀说法图 536
图 16-2　莫高窟盛唐第 205 窟南壁药师说法图 536
图 16-3　莫高窟初唐第 332 窟东壁门上观音说法图 537
图 16-4　莫高窟初唐第 321 窟北壁无量寿经变 537
图 16-5　莫高窟初唐第 329 窟南壁阿弥陀经变 538
图 16-6　莫高窟盛唐第 171 窟北壁观无量寿经变 538
图 16-7　莫高窟初唐第 321 窟东壁门北十一面观音经变 538
图 16-8　莫高窟中唐第 358 窟东壁门北如意轮观音经变 538
图 16-9　莫高窟中唐第 384 窟南壁不空羂索观音经变 539
图 16-10　莫高窟中唐第 144 窟东壁门南千手千眼观音经变 539
图 16-11　莫高窟盛唐第 45 窟南壁观音经变 539
图 16-12　莫高窟盛唐第 217 窟西壁龛外北侧持莲观音 540
图 16-13　绢本 Ch.0091 杨枝观音 540
图 16-14　莫高窟盛唐第 66 窟龛外北侧榜题观音 541
图 16-15　莫高窟初唐第 57 窟南壁观音 541
图 16-16　莫高窟初唐第 334 窟东壁门北十一面观音 542
图 16-17　莫高窟中唐第 384 窟北壁如意轮观音 542
图 16-18　莫高窟晚唐第 192 窟东壁门北不空羂索观音 542
图 16-19　莫高窟元代第 3 窟北壁千手千眼观音 542
图 16-20　莫高窟宋代第 437 窟甬道顶八臂观音 543
图 16-21　集美博物馆藏纸本水月观音 543
图 16-22　莫高窟元代第 3 窟西壁龛外南侧白衣观音 544
图 16-23　莫高窟元代第 3 窟东壁门北侧散财观音 544
图 16-24　莫高窟盛唐第 205 窟西壁南侧甘露观音 545
图 16-25　莫高窟西魏第 285 窟东壁无量寿佛说法图 546
图 16-26　莫高窟初唐第 321 窟主室北壁阿弥陀经变 548
图 16-27　莫高窟中唐第 112 窟东壁主体中堂模式 548

图 16-28　Ch.xxiv.003 册子本插图观音经 548
图 16-29　莫高窟晚唐第 14 窟主室北壁的如意轮观音与千手千钵文殊经变 549
图 16-30　Ch.lv.0032 观音画像 550
图 16-31　莫高窟中唐第 172 窟东壁北侧上方观音 550
图 16-32　Ch.xviii.003 观音画像 551
图 16-33　后晋天福八年水月观音 551
图 16-34　榆林窟西夏第 2 窟西壁南侧水月观音 552
图 16-35　莫高窟元代第 3 窟西壁龛内北壁观音 552

第十七章　敦煌佛教史传画导论

图 17-1　莫高窟第 323 窟张骞出使西域图 559
图 17-2　莫高窟第 323 窟汉武帝甘泉宫拜金像 559
图 17-3　榆林窟西夏第 2 窟主室西壁门北水月观音图 560
图 17-4　榆林窟西夏第 2 窟唐僧取经图 561
图 17-5　榆林窟西夏第 3 窟唐僧取经图 561
图 17-6　榆林窟西夏第 29 窟类似取经图（局部） 562
图 17-7　东千佛洞西夏第 2 窟唐僧取经图 562
图 17-8　莫高窟第 72 窟分身瑞像 562
图 17-9　莫高窟第 72 窟凉州瑞像 563
图 17-10　莫高窟第 9 窟甬道顶牛头山释迦瑞像 563
图 17-11　莫高窟第 9 窟于阗八大护国天王 564
图 17-12　莫高窟中唐第 231 窟于阗媲摩城中雕檀瑞像 565
图 17-13　莫高窟第 72 窟观音授记成道瑞像 565
图 17-14　莫高窟中唐第 231 窟天竺白银弥勒瑞像 565
图 17-15　莫高窟中唐第 231 窟于阗坎城释迦瑞像 566
图 17-16　莫高窟中唐第 231 窟于阗海眼寺释迦瑞像 566
图 17-17　莫高窟第 72 窟海眼寺瑞像 567
图 17-18　莫高窟第 72 窟于阗浴佛瑞像 567
图 17-19　莫高窟第 98 窟于阗浴佛瑞像 567

图 17-20　莫高窟初唐第 323 窟康僧会江南弘法 568

图 17-21　莫高窟初唐第 323 窟幽州灭大火 568

图 17-22　莫高窟初唐第 323 窟佛图澄听铃辨吉凶 569

图 17-23　莫高窟初唐第 323 窟佛图澄河边洗肠 569

图 17-24　莫高窟初唐第 323 窟昙延法师 569

图 17-25　莫高窟第 395 窟宝志和尚画像 570

图 17-26　莫高窟第 72 窟刘萨诃因缘变相 570

图 17-27　黑水城出土凉州瑞像 571

图 17-28　莫高窟第 61 窟五台山圣迹图 573

图 17-29　莫高窟第 61 窟五台山圣迹图之大福圣寺 573

图 17-30　莫高窟第 9 窟甬道顶牛头山圣迹图 574

图 17-31　莫高窟第 237 窟泥婆罗水火池与弥勒头冠柜 574

图 17-32　莫高窟第 454 窟牛头山圣迹图 575

图 17-33　莫高窟宋代第 76 窟八塔变 576

图 17-34　榆林窟第 3 窟八塔变 576

图 17-35　东千佛洞第 5 窟八塔变 577

图 17-36　肃北五个庙第 1 窟八塔变 577

第十八章　敦煌石窟壁画图案导论

图 18-1　莫高窟北凉第 272 窟藻井 581

图 18-2　莫高窟西魏第 285 窟藻井 581

图 18-3　莫高窟隋代第 420 窟藻井 581

图 18-4　莫高窟隋代第 407 窟藻井 582

图 18-5　莫高窟初唐第 322 窟葡萄石榴藻井 583

图 18-6　莫高窟盛唐第 103 窟桃形瓣莲花纹藻井 583

图 18-7　莫高窟中唐第 201 窟石榴茶花纹藻井 584

图 18-8　莫高窟晚唐第 14 窟四方佛藻井 584

图 18-9　榆林窟西夏第 2 窟藻井 584

图 18-10　榆林窟西夏第 29 窟窟顶藻井 585

图 18-11　榆林窟西夏第 10 窟窟顶藻井 ⋯⋯⋯⋯⋯⋯⋯⋯⋯⋯⋯⋯⋯⋯⋯⋯⋯⋯⋯⋯ 586
图 18-12　莫高窟北凉第 268 窟套斗平棋 ⋯⋯⋯⋯⋯⋯⋯⋯⋯⋯⋯⋯⋯⋯⋯⋯⋯⋯⋯⋯ 586
图 18-13　莫高窟北魏第 251 窟套斗平棋 ⋯⋯⋯⋯⋯⋯⋯⋯⋯⋯⋯⋯⋯⋯⋯⋯⋯⋯⋯⋯ 587
图 18-14　莫高窟北周 428 窟莲花伎乐飞天纹平棋 ⋯⋯⋯⋯⋯⋯⋯⋯⋯⋯⋯⋯⋯⋯⋯⋯ 587
图 18-15　莫高窟中唐第 361 窟雁衔串珠团花纹平棋 ⋯⋯⋯⋯⋯⋯⋯⋯⋯⋯⋯⋯⋯⋯⋯ 588
图 18-16　莫高窟宋代第 263 窟团花纹平棋 ⋯⋯⋯⋯⋯⋯⋯⋯⋯⋯⋯⋯⋯⋯⋯⋯⋯⋯⋯ 588
图 18-17　莫高窟西夏第 408 窟窟顶平棋 ⋯⋯⋯⋯⋯⋯⋯⋯⋯⋯⋯⋯⋯⋯⋯⋯⋯⋯⋯⋯ 589
图 18-18　莫高窟北周第 296 窟忍冬莲花禽兽纹边饰 ⋯⋯⋯⋯⋯⋯⋯⋯⋯⋯⋯⋯⋯⋯⋯ 590
图 18-19　莫高窟隋代第 277 窟对马联珠纹边饰 ⋯⋯⋯⋯⋯⋯⋯⋯⋯⋯⋯⋯⋯⋯⋯⋯⋯ 591
图 18-20　莫高窟隋代第 427 窟伎乐童子缠枝莲荷纹边饰 ⋯⋯⋯⋯⋯⋯⋯⋯⋯⋯⋯⋯⋯ 591
图 18-21　莫高窟盛唐第 113 窟单枝石榴卷草纹边饰 ⋯⋯⋯⋯⋯⋯⋯⋯⋯⋯⋯⋯⋯⋯⋯ 591
图 18-22　莫高窟盛唐第 148 窟多枝石榴卷草纹边饰 ⋯⋯⋯⋯⋯⋯⋯⋯⋯⋯⋯⋯⋯⋯⋯ 591
图 18-23　榆林窟西夏第 3 窟禽兽花草纹边饰 ⋯⋯⋯⋯⋯⋯⋯⋯⋯⋯⋯⋯⋯⋯⋯⋯⋯⋯ 591
图 18-24　榆林窟西夏第 10 窟窟顶藻井多层边饰 ⋯⋯⋯⋯⋯⋯⋯⋯⋯⋯⋯⋯⋯⋯⋯⋯⋯ 592
图 18-25　莫高窟西魏第 285 窟西壁龛楣 ⋯⋯⋯⋯⋯⋯⋯⋯⋯⋯⋯⋯⋯⋯⋯⋯⋯⋯⋯⋯ 593
图 18-26　莫高窟西魏第 285 窟南壁龛楣 ⋯⋯⋯⋯⋯⋯⋯⋯⋯⋯⋯⋯⋯⋯⋯⋯⋯⋯⋯⋯ 593
图 18-27　莫高窟隋代第 407 窟西壁龛楣 ⋯⋯⋯⋯⋯⋯⋯⋯⋯⋯⋯⋯⋯⋯⋯⋯⋯⋯⋯⋯ 593
图 18-28　莫高窟隋代第 402 窟西壁龛楣 ⋯⋯⋯⋯⋯⋯⋯⋯⋯⋯⋯⋯⋯⋯⋯⋯⋯⋯⋯⋯ 593
图 18-29　莫高窟北魏第 257 窟佛背光 ⋯⋯⋯⋯⋯⋯⋯⋯⋯⋯⋯⋯⋯⋯⋯⋯⋯⋯⋯⋯⋯ 594
图 18-30　莫高窟隋代第 407 窟佛背光 ⋯⋯⋯⋯⋯⋯⋯⋯⋯⋯⋯⋯⋯⋯⋯⋯⋯⋯⋯⋯⋯ 594
图 18-31　莫高窟盛唐第 225 窟佛背光 ⋯⋯⋯⋯⋯⋯⋯⋯⋯⋯⋯⋯⋯⋯⋯⋯⋯⋯⋯⋯⋯ 595
图 18-32　莫高窟五代第 6 窟文殊菩萨背光 ⋯⋯⋯⋯⋯⋯⋯⋯⋯⋯⋯⋯⋯⋯⋯⋯⋯⋯⋯ 595
图 18-33　榆林窟西夏第 10 窟窟顶帷幔纹 ⋯⋯⋯⋯⋯⋯⋯⋯⋯⋯⋯⋯⋯⋯⋯⋯⋯⋯⋯⋯ 595
图 18-34　莫高窟唐代第 329 窟华盖 ⋯⋯⋯⋯⋯⋯⋯⋯⋯⋯⋯⋯⋯⋯⋯⋯⋯⋯⋯⋯⋯⋯ 596
图 18-35　莫高窟北周第 428 窟中心塔柱窟的人字披图案 ⋯⋯⋯⋯⋯⋯⋯⋯⋯⋯⋯⋯⋯ 597

第十九章　敦煌壁画山水画导论

图 19-1　东晋顾恺之《洛神赋图》卷（局部）⋯⋯⋯⋯⋯⋯⋯⋯⋯⋯⋯⋯⋯⋯⋯⋯⋯⋯ 604
图 19-2　莫高窟北魏第 257 窟沙弥受戒自杀故事画（局部）⋯⋯⋯⋯⋯⋯⋯⋯⋯⋯⋯⋯ 605

图 19-3　莫高窟北魏第 257 窟九色鹿故事画（局部）⋯⋯⋯⋯⋯⋯⋯⋯⋯⋯605

图 19-4　隋代展子虔《游春图》卷⋯⋯⋯⋯⋯⋯⋯⋯⋯⋯⋯⋯⋯⋯⋯⋯⋯606

图 19-5　莫高窟隋代第 303 窟山水画⋯⋯⋯⋯⋯⋯⋯⋯⋯⋯⋯⋯⋯⋯⋯⋯607

图 19-6　莫高窟隋代第 276 窟山水画⋯⋯⋯⋯⋯⋯⋯⋯⋯⋯⋯⋯⋯⋯⋯⋯607

图 19-7　唐李昭道《明皇幸蜀图》⋯⋯⋯⋯⋯⋯⋯⋯⋯⋯⋯⋯⋯⋯⋯⋯⋯609

图 19-8　莫高窟初唐第 209 窟山水画⋯⋯⋯⋯⋯⋯⋯⋯⋯⋯⋯⋯⋯⋯⋯⋯609

图 19-9　莫高窟盛唐第 217 窟山水画⋯⋯⋯⋯⋯⋯⋯⋯⋯⋯⋯⋯⋯⋯⋯⋯609

图 19-10　莫高窟五代第 61 窟五台山图（局部）⋯⋯⋯⋯⋯⋯⋯⋯⋯⋯⋯610

图 19-11　莫高窟盛唐第 323 窟山水画⋯⋯⋯⋯⋯⋯⋯⋯⋯⋯⋯⋯⋯⋯⋯610

图 19-12　莫高窟盛唐第 320 窟山水画⋯⋯⋯⋯⋯⋯⋯⋯⋯⋯⋯⋯⋯⋯⋯611

图 19-13　开元二十六年（738）李道坚墓壁画山水⋯⋯⋯⋯⋯⋯⋯⋯⋯⋯612

图 19-14　五代荆浩《匡庐图》⋯⋯⋯⋯⋯⋯⋯⋯⋯⋯⋯⋯⋯⋯⋯⋯⋯⋯613

图 19-15　五代宋初李成《晴峦萧寺图》⋯⋯⋯⋯⋯⋯⋯⋯⋯⋯⋯⋯⋯⋯613

图 19-16　宋初范宽《溪山行旅图》⋯⋯⋯⋯⋯⋯⋯⋯⋯⋯⋯⋯⋯⋯⋯⋯613

图 19-17　北宋郭熙《早春图》⋯⋯⋯⋯⋯⋯⋯⋯⋯⋯⋯⋯⋯⋯⋯⋯⋯⋯613

图 19-18　北宋惠崇《沙汀烟树图》⋯⋯⋯⋯⋯⋯⋯⋯⋯⋯⋯⋯⋯⋯⋯⋯613

图 19-19　北宋王希孟《千里江山图》（局部）⋯⋯⋯⋯⋯⋯⋯⋯⋯⋯⋯⋯614

图 19-20　莫高窟中唐第 112 窟山水画⋯⋯⋯⋯⋯⋯⋯⋯⋯⋯⋯⋯⋯⋯⋯615

图 19-21　金佚名《岷山雪霁图》⋯⋯⋯⋯⋯⋯⋯⋯⋯⋯⋯⋯⋯⋯⋯⋯⋯616

图 19-22　金武元直《赤壁图》⋯⋯⋯⋯⋯⋯⋯⋯⋯⋯⋯⋯⋯⋯⋯⋯⋯⋯617

图 19-23　南宋马远《踏歌图》⋯⋯⋯⋯⋯⋯⋯⋯⋯⋯⋯⋯⋯⋯⋯⋯⋯⋯617

图 19-24　榆林窟第 3 窟文殊变背景山水⋯⋯⋯⋯⋯⋯⋯⋯⋯⋯⋯⋯⋯⋯618

图 19-25　榆林窟第 3 窟普贤变背景山水⋯⋯⋯⋯⋯⋯⋯⋯⋯⋯⋯⋯⋯⋯618

图 19-26　榆林窟第 3 窟维摩诘经变山水画⋯⋯⋯⋯⋯⋯⋯⋯⋯⋯⋯⋯⋯619

图 19-27　榆林窟第 2 窟水月观音中湖石、竹子⋯⋯⋯⋯⋯⋯⋯⋯⋯⋯⋯619

图 19-28　榆林窟第 2 窟东壁的山⋯⋯⋯⋯⋯⋯⋯⋯⋯⋯⋯⋯⋯⋯⋯⋯⋯620

图 19-29　肃北五个庙第 1 窟普贤变背景山水⋯⋯⋯⋯⋯⋯⋯⋯⋯⋯⋯⋯620

图 19-30　肃北五个庙第 1 窟普贤变背景山水⋯⋯⋯⋯⋯⋯⋯⋯⋯⋯⋯⋯621

图 19-31　东千佛洞第 5 窟山水⋯⋯⋯⋯⋯⋯⋯⋯⋯⋯⋯⋯⋯⋯⋯⋯⋯⋯621

图 19-32　五代徐熙《雪竹图》 621
图 19-33　宋代范宽《雪景寒林图》 621

第二十章　敦煌石窟神僧图像导论

图 20-1　莫高窟第 217 窟主室东壁门北五代比丘洪認供养像 624
图 20-2　莫高窟隋代第 305 窟南壁东部下册供养人像 625
图 20-3　莫高窟晚唐第 196 窟僧人供养像 625
图 20-4　莫高窟第 17 窟洪䛒像 625
图 20-5　敦煌藏经洞纸本画P.4070 僧伽像 626
图 20-6　敦煌藏经洞白画Stein painting 163 高僧像 626
图 20-7　莫高窟第 443 窟高僧像龛 627
图 20-8-1　莫高窟第 72 窟西壁龛外北侧上栏刘萨诃禅定像 628
图 20-8-2　莫高窟第 72 窟刘萨诃禅定处 628
图 20-9　甘肃省博物馆藏唐代凉州瑞像 629
图 20-10　莫高窟五代宋第 61 窟凉州瑞像 629
图 20-11　莫高窟隋末唐初第 203 窟凉州瑞像 629
图 20-12　莫高窟晚唐五代第 72 窟主室内景 631
图 20-13　莫高窟晚唐五代第 72 窟南壁刘萨诃因缘变相 631
图 20-14　敦煌藏经洞绢画《刘萨诃因缘变相》残片 632
图 20-15-1　甘肃永昌圣容寺 633
图 20-15-2　甘肃永昌圣容寺凉州瑞像遗迹 633
图 20-16　莫高窟晚唐五代第 72 窟西壁佛龛南侧上栏僧伽像 633
图 20-17　重庆大足石篆山第 2 号龛志公和尚 635
图 20-18　中国国家图书馆藏西夏文佛经《梁皇宝忏图》 636
图 20-19　莫高窟第 395 窟甬道南壁志公画像 636
图 20-20　藏经洞绢画EO.1138 行脚僧图 637
图 20-21　EO.1141 行脚僧图 638
图 20-22　MG.17683 行脚僧图 639
图 20-23　Stein painting168 行脚僧图 639

图 20-24-1　莫高窟第 363 窟甬道南壁行脚僧画像⋯⋯⋯⋯⋯⋯⋯⋯⋯⋯⋯⋯⋯⋯ 640

图 20-24-2　莫高窟第 363 窟甬道北壁行脚僧画像⋯⋯⋯⋯⋯⋯⋯⋯⋯⋯⋯⋯⋯⋯ 640

图 20-25　东千佛洞第 2 窟右侧甬道上方布袋和尚像⋯⋯⋯⋯⋯⋯⋯⋯⋯⋯⋯⋯⋯ 646

图 20-26　东千佛洞第 2 窟左侧甬道上方布袋和尚像⋯⋯⋯⋯⋯⋯⋯⋯⋯⋯⋯⋯⋯ 647

图 20-27　文殊山万佛洞石窟布袋和尚像⋯⋯⋯⋯⋯⋯⋯⋯⋯⋯⋯⋯⋯⋯⋯⋯⋯⋯ 647

图 20-28　北宋崔白《布袋真仪图》摹本⋯⋯⋯⋯⋯⋯⋯⋯⋯⋯⋯⋯⋯⋯⋯⋯⋯⋯ 649

图 20-29　志丹城台第 2 窟前廊右（西）壁布袋和尚及其他造像组合⋯⋯⋯⋯⋯⋯ 649

图 28-30　志丹城台第 2 窟前廊左（东）壁布袋和尚像⋯⋯⋯⋯⋯⋯⋯⋯⋯⋯⋯⋯ 649

图 20-31　云岩寺第 3 窟前室布袋和尚像⋯⋯⋯⋯⋯⋯⋯⋯⋯⋯⋯⋯⋯⋯⋯⋯⋯⋯ 650

第二十一章　敦煌建筑图像导论

图 21-1　西方柱式三种⋯⋯⋯⋯⋯⋯⋯⋯⋯⋯⋯⋯⋯⋯⋯⋯⋯⋯⋯⋯⋯⋯⋯⋯⋯ 654

图 21-2　莫高窟隋代第 420 窟院落组合⋯⋯⋯⋯⋯⋯⋯⋯⋯⋯⋯⋯⋯⋯⋯⋯⋯⋯ 655

图 21-3　莫高窟初唐第 321 窟经变画中的建筑⋯⋯⋯⋯⋯⋯⋯⋯⋯⋯⋯⋯⋯⋯⋯ 655

图 21-4　莫高窟盛唐第 148 窟观无量寿经变中的建筑群⋯⋯⋯⋯⋯⋯⋯⋯⋯⋯⋯ 656

图 21-5　莫高窟中唐第 231 窟吐蕃壁画弯柱头及托木线图⋯⋯⋯⋯⋯⋯⋯⋯⋯⋯ 657

图 21-6　莫高窟晚唐第 12 窟经变画建筑群⋯⋯⋯⋯⋯⋯⋯⋯⋯⋯⋯⋯⋯⋯⋯⋯ 657

图 21-7　莫高窟五代第 61 窟主殿为弯柱覆钵塔形的经变画⋯⋯⋯⋯⋯⋯⋯⋯⋯⋯ 658

图 21-8　榆林窟西夏第 3 窟壁画中的花塔⋯⋯⋯⋯⋯⋯⋯⋯⋯⋯⋯⋯⋯⋯⋯⋯⋯ 658

图 21-9　莫高窟盛唐第 172 窟经变画建筑群⋯⋯⋯⋯⋯⋯⋯⋯⋯⋯⋯⋯⋯⋯⋯⋯ 659

图 21-10　莫高窟盛唐第 23 窟木构大塔⋯⋯⋯⋯⋯⋯⋯⋯⋯⋯⋯⋯⋯⋯⋯⋯⋯⋯ 660

图 21-11　莫高窟盛唐第 23 窟民居宅院⋯⋯⋯⋯⋯⋯⋯⋯⋯⋯⋯⋯⋯⋯⋯⋯⋯⋯ 661

图 21-12　莫高窟北魏第 257 窟树杈式斗栱⋯⋯⋯⋯⋯⋯⋯⋯⋯⋯⋯⋯⋯⋯⋯⋯⋯ 662

图 21-13　隋代斗拱一组⋯⋯⋯⋯⋯⋯⋯⋯⋯⋯⋯⋯⋯⋯⋯⋯⋯⋯⋯⋯⋯⋯⋯⋯⋯ 665

第二十二章　敦煌壁画社会生活图像导论

图 22-1　莫高窟五代第 61 窟犁耕图⋯⋯⋯⋯⋯⋯⋯⋯⋯⋯⋯⋯⋯⋯⋯⋯⋯⋯⋯⋯ 670

图 22-2　莫高窟第 23 窟耕作收获图⋯⋯⋯⋯⋯⋯⋯⋯⋯⋯⋯⋯⋯⋯⋯⋯⋯⋯⋯⋯ 671

图 22-3　莫高窟第 61 窟脱粒图⋯⋯⋯⋯⋯⋯⋯⋯⋯⋯⋯⋯⋯⋯⋯⋯⋯⋯⋯⋯⋯⋯ 671

图号	名称	页码
图 22-4	榆林窟第 25 窟播种脱粒图	672
图 22-5	榆林窟第 20 窟收割脱粒图	672
图 22-6	莫高窟第 169 窟耕作打碾脱粒图	673
图 22-7	莫高窟初唐第 321 窟南壁《宝雨经》中的牧牛与收割图	673
图 22-8	莫高窟盛唐第 445 窟一种七收图	673
图 22-9	榆林窟西夏第 3 窟踏碓舂米图	673
图 22-10	莫高窟第 465 窟踏碓、碾磨图	673
图 22-11	莫高窟第 61 窟畜圈图	673
图 22-12	莫高窟第 61 窟马坊扫除图	674
图 22-13	莫高窟第 108 窟马坊图	675
图 22-14	莫高窟第 98 窟打扫牲畜圈图	675
图 22-15	莫高窟第 302 窟桔槔汲水饮马图	675
图 22-16	莫高窟第 148 窟通道顶牧牛图	675
图 22-17	莫高窟第 146 窟挤奶图	675
图 22-18	莫高窟第 9 窟挤奶图	675
图 22-19	莫高窟第 61 窟北壁屏风牧女献乳糜图	676
图 22-20	莫高窟第 85 窟窟顶东披出猎归来图	677
图 22-21	莫高窟第 61 窟南壁出猎图（局部）	678
图 22-22	莫高窟第 61 窟南壁狩猎图（局部）	678
图 22-23	莫高窟五代第 61 窟骑马追逐射猎图	678
图 22-24	莫高窟第 321 窟南壁狩猎图	678
图 22-25	莫高窟第 296 窟窟顶南披善事太子入海本生故事画	679
图 22-26	莫高窟第 417 窟人字披西披捕鱼图	679
图 22-27	莫高窟第 296 窟窟顶北披宰杀煮肉图	679
图 22-28	莫高窟第 321 窟酿造图	680
图 22-29	莫高窟第 23 窟制作酥酪图	680
图 22-30	莫高窟第 61 窟南壁肉铺图	681
图 22-31	莫高窟第 85 窟肉铺图	681
图 22-32	莫高窟第 23 窟南壁炊爨图（一）	682

图 22-33	莫高窟第 23 窟南壁炊爨图（二）	682
图 22-34	莫高窟五代第 61 窟杠子揉面图	683
图 22-35	榆林窟第 3 窟酿酒图	684
图 22-36	莫高窟第 236 窟东壁斋僧图	684
图 22-37	莫高窟中唐第 154 窟斋僧图	684
图 22-38	莫高窟第 474 窟西龛北壁婚宴图	684
图 22-39	莫高窟第 113 窟婚宴图	685
图 22-40	莫高窟晚唐第 98 窟亭子宴饮图	685
图 22-41	莫高窟五代第 61 窟亭子宴饮图	685
图 22-42	莫高窟第 146 窟亭子宴饮图	685
图 22-43	莫高窟五代第 61 窟宫中饮食图	685
图 22-44	莫高窟第 360 窟露天野炊图	685
图 22-45	莫高窟五代第 61 窟五台山图中供养、还愿的蒸饼（一）	687
图 22-46	莫高窟五代第 61 窟五台山图中供养、还愿的蒸饼（二）	688
图 22-47	莫高窟五代第 61 窟五台山图中供养、还愿的蒸饼（三）	688
图 22-48	藏经洞出土绢画 MG.17655 降魔成道图蒸饼和大盘	688
图 22-49	莫高窟第 159 窟西龛内西壁斋僧图食品	688
图 22-50	莫高窟中唐第 236 窟包子图	688
图 22-51	莫高窟中唐第 154 窟斋僧图中的包子	688
图 22-52	莫高窟晚唐第 9 窟馓子图	688
图 22-53	吐鲁番出土的唐代馃子实物（一）	689
图 22-54	吐鲁番出土的唐代馃子实物（二）	689
图 22-55	吐鲁番出土的唐代馃子实物（三）	689
图 22-56	吐鲁番出土的唐代馃子实物（四）	689
图 22-57	莫高窟中唐第 154 窟斋僧图中的馓子和炒面	689
图 22-58	莫高窟中唐第 468 窟铛	690
图 22-59	莫高窟初唐第 96 窟锅、釜或镬	690
图 22-60	莫高窟北周第 296 窟锅、釜或镬	691
图 22-61	莫高窟北周第 296 窟锅、釜或镬线图	691

图 22-62　莫高窟盛唐第 23 窟釜或镬 691
图 22-63　莫高窟盛唐第 23 窟釜或镬线图 691
图 22-64　藏经洞出土绘画品中的三足锅釜 692
图 22-65　莫高窟五代第 61 窟盛放食物的碟子 692
图 22-66　藏经洞绢画中的碟子 692
图 22-67　莫高窟盛唐第 39 窟飞天所捧盛仙桃的盘 692
图 22-68　藏经洞出土绘画品中的三兽足盘 692
图 22-69　藏经洞出土纸本绘画品上三兽足盘 693
图 22-70　藏经洞绘画品菩萨所持琉璃盏 693
图 22-71　莫高窟盛唐第 45 窟"尽形供养"中盛食物的高足盘或豆（一） 694
图 22-72　莫高窟盛唐第 45 窟"尽形供养"中盛食物的高足盘或豆（二） 694
图 22-73　莫高窟中唐第 159 窟斋僧图中的侈口浅腹寰足碗（一） 694
图 22-74　莫高窟中唐第 159 窟斋僧图中的侈口浅腹寰足碗（二） 694
图 22-75　榆林窟中唐第 25 窟婚宴图中的酒杯 694
图 22-76　莫高窟盛唐第 116 窟婚宴图中的酒杯 694
图 22-77　莫高窟晚唐第 14 窟主室南壁壁画上的酒杯 695
图 22-78　毗沙门天王的眷属持杯图 695
图 22-79　莫高窟盛唐第 116 窟婚宴图中的酒杯 695
图 22-80　榆林窟西夏第 3 窟无执把胡瓶图 695
图 22-81　藏经洞出土纸画上的胡瓶 695
图 22-82　藏经洞出土的绘画品中的胡瓶 695
图 22-83　榆林窟中唐第 25 窟之尊、勺 696
图 22-84　莫高窟五代第 236 窟之尊、勺 696
图 22-85　藏经洞出土绘画品中的曲柄勺 696
图 22-86　藏经洞绢画中供养菩萨手持的莲纹金属盘 696
图 22-87　藏经洞绘画品中供养菩萨所持竹柳或用草编织的盛物器具 696
图 22-88　藏经洞绘画品中供养的四曲圈足盘 696
图 22-89　藏经洞出土绘画品中的高圈足长方形盘 697
图 22-90　莫高窟五代第 146 窟西壁洗浴图中之盆 697

图 22-91　莫高窟初唐第 321 窟的瓮············697

图 22-92　莫高窟北周第 290 窟装佳肴、甘露之瓮············697

图 22-93　藏经洞出土绢本画中的容器筥············697

图 22-94　莫高窟北周第 290 窟举象图············698

图 22-95　莫高窟北周第 290 窟相扑图············698

图 22-96　敦煌文献P.2002 相扑图············699

图 22-97　敦煌文献P.4524 降魔变文画卷狮牛斗图············699

图 22-98　莫高窟晚唐第 9 窟劳度叉斗圣变金翅鸟斗龙图············699

图 22-99　莫高窟西魏第 285 窟斗鸡图············699

图 22-100　莫高窟北周第 290 窟射箭图············700

图 22-101　莫高窟五代第 100 窟执球杖供奉官············701

图 22-102　莫高窟五代第 61 窟执球杖供奉官············701

图 22-103　榆林窟五代第 15 窟步打球图············702

图 22-104　莫高窟中唐第 361 窟橦技图············702

图 22-105　莫高窟晚唐第 156 窟橦技图············702

图 22-106　莫高窟西魏第 249 窟倒立图············703

图 22-107　莫高窟初唐第 220 窟叠罗汉图············703

图 22-108　莫高窟盛唐第 79 窟转盘子图············703

图 22-109　莫高窟中唐第 361 窟转盘、倒立、叠罗汉图············704

图 22-110　莫高窟初唐 323 窟佛图澄河边洗肠图············704

图 22-111　莫高窟北魏第 257 窟游泳图············704

图 22-112　莫高窟宋代第 454 窟弈棋············705

图 22-113　莫高窟晚唐第 9 窟骑竹马图············706

图 22-114　敦煌佛爷庙湾 36 号魏晋墓骑竹马图············707

图 22-115　莫高窟初唐第 323 窟骑牛童子图（一）············707

图 22-116　莫高窟初唐第 323 窟骑牛童子图（二）············707

图 22-117　莫高窟中唐第 112 窟七童子采花图············708

图 22-118　莫高窟盛唐第 23 窟聚沙成塔图············708

图 22-119　莫高窟盛唐第 79 窟童子嬉戏图············709

图 22-120	莫高窟北周第 290 窟飞天摇拨浪鼓图	710
图 22-121	莫高窟盛唐第 148 窟乐伎摇拨浪鼓图	711
图 22-122	莫高窟盛唐第 31 窟玩木偶图	711
图 22-123	莫高窟西魏第 249 窟大头仙人	712
图 22-124	莫高窟盛唐第 130 窟都督夫人礼佛图	712
图 22-125	敦煌文献S.5644 方角书	712
图 22-126	敦煌文献S.5648 四角诗图	712
图 22-127	敦煌文献S.3835 离合字诗图	714
图 22-128	敦煌文献P.3351v 十字诗图	714
图 22-129	敦煌文献S.376《某年正月廿四日尚书致邓法律书》	715
图 22-130	莫高窟隋代第 302 窟道路交通图景	719
图 22-131	莫高窟五代第 98 窟法华经变栈道与行人图	720
图 22-132	莫高窟五代第 61 窟五台山图中的道路交通图景	721
图 22-133	莫高窟盛唐第 148 窟涅槃经变中的独辀四驾马车	721
图 22-134	莫高窟隋代第 302 窟骆驼车	722
图 22-135	西千佛洞西魏第 7 窟供养人牛车	722
图 22-136	法华经三车图	723
图 22-137-1	莫高窟盛唐第 148 窟四轮宝幢车	724
图 22-137-2	榆林窟中唐第 25 窟四轮宝幢车	724
图 22-138	莫高窟晚唐第 156 窟小儿车	725
图 22-139	八抬六角豪华肩舆	725
图 22-140-1	莫高窟北周第 296 窟象舆	726
图 22-140-2	莫高窟晚唐第 386 窟象舆	727
图 22-140-3	莫高窟五代第 146 窟象舆	727
图 22-141	莫高窟晚唐第 138 窟马舆	727
图 22-142	莫高窟隋代第 420 窟河中小舟	728
图 22-143	莫高窟唐代第 31 窟沙船	730
图 22-144-1	莫高窟中唐第 468 窟双尾楼帆船	731
图 22-144-2	莫高窟五代第 98 窟双尾楼帆船	731

图 22-144-3　莫高窟宋代第 454 窟双尾楼帆船 731
图 22-145　莫高窟盛唐第 45 窟大帆船 732
图 22-146-1　榆林窟第 33 窟穹庐船 734
图 22-146-2　西千佛洞第 15 窟穹庐船 734

第二十三章　敦煌壁画乐舞图像导论

图 23-1　敦煌文献P.3808vp2《琵琶谱》 738
图 23-2　敦煌文献P.3501p1《大曲舞谱》 738
图 23-3　敦煌绢画MG.17673 观无量寿经变 739
图 23-4　敦煌文献P.2993v《白画草图》（局部） 740
图 23-5　莫高窟盛唐第 172 窟南壁观无量寿经变 740
图 23-6　榆林窟西夏第 3 窟东壁南侧五十一面千手千眼观音经变 742
图 23-7　榆林窟西夏第 10 窟窟顶西披下沿所绘嵇琴 743
图 23-8　东千佛洞西夏第 7 窟东壁药师经变所绘嵇琴 743
图 23-9　西千佛洞西魏第 9 窟西壁南侧所绘飞天伎乐 744
图 23-10　莫高窟晚唐第 156 窟主室南壁及东壁门南侧下部《张议潮统军出行图》 744
图 23-11　莫高窟晚唐第 156 窟《张议潮统军出行图》前部仪卫 745
图 23-12　莫高窟初唐第 220 窟北壁药师经变菩萨伎乐乐队 747
图 23-13　莫高窟初唐第 220 窟北壁药师经变舞伎 748
图 23-14　莫高窟五代第 146 窟南壁法华经变所绘《火宅喻品》 749
图 23-15　莫高窟五代第 61 窟东壁北侧维摩诘经变所绘《酒肆图》 750
图 23-16　莫高窟晚唐第 156 窟主室窟顶西披楞伽经变所绘《橦伎喻》 750

第二十四章　敦煌壁画服饰图像导论

图 24-1　莫高窟北凉第 272 窟的北壁中央释迦牟尼"半披式"袈裟 755
图 24-2　莫高窟第 248 窟中心柱通肩式袈裟释迦牟尼 755
图 24-3　莫高窟第 285 窟西壁中央佛陀服饰 756
图 24-4　莫高窟第 428 窟佛陀身着露胸通肩式佛衣 756

图号	标题	页码
图 24-5	莫高窟初唐第 321 窟东壁南侧释迦说法图	756
图 24-6	莫高窟第 322 窟中的佛着袒右式佛衣	757
图 24-7	莫高窟第 257 窟沙弥守戒自杀因缘故事画僧衣样式	759
图 24-8	莫高窟第 359 窟内着交领大袖衣的供养僧尼形象	760
图 24-9	莫高窟第 61 窟供养僧尼	760
图 24-10	莫高窟第 57 窟壁画中的菩萨形象	763
图 24-11	Stein panting15 纸本水月观音像	764
图 24-12	榆林窟第 3 窟西壁门北文殊变中的文殊菩萨	765
图 24-13	东千佛洞第 2 窟藏传密教观音	765
图 24-14	莫高窟西魏第 285 窟西壁龛外天王	766
图 24-15	莫高窟初唐第 322 窟主室西龛天王塑像	766
图 24-16	莫高窟中唐第 205 窟主室天王塑像	767
图 24-17	榆林窟中唐第 15 窟前室北壁北方多闻天王	767
图 24-18	莫高窟五代第 98 窟窟顶东北角北方毗沙门天王	768
图 24-19	莫高窟西魏第 249 窟说法图飞天	769
图 24-20	榆林窟第 15 窟前室顶南端飞天伎乐	770
图 24-21	莫高窟初唐第 334 窟西壁龛内天女	770
图 24-22	莫高窟西魏第 285 窟主室南壁国王与信士	771
图 24-23	莫高窟初唐第 323 窟南壁隋文帝	771
图 24-24	莫高窟第 220 窟东壁帝王礼佛图	772
图 24-25	莫高窟第 409 窟回鹘装供养人像	772
图 24-26	莫高窟五代第 98 窟于阗国王像	773
图 24-27	莫高窟西魏第 285 窟主室南壁大臣	774
图 24-28	莫高窟盛唐第 130 窟甬道北壁乐庭瓌和下属官员	775
图 24-29	莫高窟第 156 窟主室南壁张议潮出行图	776
图 24-30	榆林窟第 16 窟甬道节度使曹议金	776
图 24-31	莫高窟盛唐第 130 窟甬道南壁都督夫人礼佛图	777
图 24-32	莫高窟第 98 窟东壁曹议金家族贵妇服饰	777
图 24-33	榆林窟五代第 19 窟甬道浔阳翟氏	778

图 24-34　莫高窟元代第 462 窟女供养人画像 ⋯⋯⋯⋯⋯⋯⋯⋯⋯⋯⋯⋯⋯⋯⋯⋯⋯ 778
图 24-35　莫高窟初唐第 220 窟东壁各国王子服饰 ⋯⋯⋯⋯⋯⋯⋯⋯⋯⋯⋯⋯⋯⋯⋯ 779
图 24-36　莫高窟中唐第 159 窟吐蕃赞普服饰 ⋯⋯⋯⋯⋯⋯⋯⋯⋯⋯⋯⋯⋯⋯⋯⋯⋯ 780
图 24-37　榆林窟第 29 窟南壁贵妇 ⋯⋯⋯⋯⋯⋯⋯⋯⋯⋯⋯⋯⋯⋯⋯⋯⋯⋯⋯⋯⋯⋯ 780
图 24-38　榆林窟第 6 窟前室西壁蒙古贵族 ⋯⋯⋯⋯⋯⋯⋯⋯⋯⋯⋯⋯⋯⋯⋯⋯⋯⋯ 781
图 24-39　莫高窟西魏第 285 窟南壁军戎服饰 ⋯⋯⋯⋯⋯⋯⋯⋯⋯⋯⋯⋯⋯⋯⋯⋯⋯ 782
图 24-40　莫高窟初唐第 220 窟主室南壁化生童子 ⋯⋯⋯⋯⋯⋯⋯⋯⋯⋯⋯⋯⋯⋯⋯ 784

第二十五章　敦煌密教图像导论

图 25-1　敦煌佛爷庙湾西晋墓出土白象画像砖 ⋯⋯⋯⋯⋯⋯⋯⋯⋯⋯⋯⋯⋯⋯⋯⋯ 788
图 25-2　莫高窟第 285 窟西壁龛外密教造像 ⋯⋯⋯⋯⋯⋯⋯⋯⋯⋯⋯⋯⋯⋯⋯⋯⋯ 789
图 25-3　莫高窟第 284 窟窟顶西披多臂菩萨图像 ⋯⋯⋯⋯⋯⋯⋯⋯⋯⋯⋯⋯⋯⋯⋯ 789
图 25-4　莫高窟第 321 窟东壁门北侧十一面观音 ⋯⋯⋯⋯⋯⋯⋯⋯⋯⋯⋯⋯⋯⋯⋯ 791
图 25-5　莫高窟第 217 窟南壁佛顶尊胜陀罗尼经变 ⋯⋯⋯⋯⋯⋯⋯⋯⋯⋯⋯⋯⋯⋯ 793
图 25-6　莫高窟第 148 窟东壁门上千手千眼观音经变 ⋯⋯⋯⋯⋯⋯⋯⋯⋯⋯⋯⋯⋯ 795
图 25-7　莫高窟第 148 窟南壁龛如意轮观音经变 ⋯⋯⋯⋯⋯⋯⋯⋯⋯⋯⋯⋯⋯⋯⋯ 794
图 25-8　莫高窟第 148 窟北壁龛不空羂索观音经变 ⋯⋯⋯⋯⋯⋯⋯⋯⋯⋯⋯⋯⋯⋯ 795
图 25-9　榆林窟第 25 窟正壁毗卢遮那佛并八大菩萨曼荼罗 ⋯⋯⋯⋯⋯⋯⋯⋯⋯⋯ 797
图 25-10　榆林窟第 25 窟正壁北侧药师立佛 ⋯⋯⋯⋯⋯⋯⋯⋯⋯⋯⋯⋯⋯⋯⋯⋯⋯ 798
图 25-11　莫高窟第 361 窟东壁南侧千手千钵文殊经变 ⋯⋯⋯⋯⋯⋯⋯⋯⋯⋯⋯⋯ 798
图 25-12　莫高窟第 361 窟窟顶藻井 ⋯⋯⋯⋯⋯⋯⋯⋯⋯⋯⋯⋯⋯⋯⋯⋯⋯⋯⋯⋯ 798
图 25-13　莫高窟第 153 窟金光明最胜王经变 ⋯⋯⋯⋯⋯⋯⋯⋯⋯⋯⋯⋯⋯⋯⋯⋯ 799
图 25-14　莫高窟第 156 窟西壁龛顶金刚三昧曼荼罗 ⋯⋯⋯⋯⋯⋯⋯⋯⋯⋯⋯⋯⋯ 800
图 25-15　莫高窟第 14 窟北壁西侧金刚萨埵曼荼罗 ⋯⋯⋯⋯⋯⋯⋯⋯⋯⋯⋯⋯⋯⋯ 802
图 25-16　莫高窟第 14 窟窟顶 ⋯⋯⋯⋯⋯⋯⋯⋯⋯⋯⋯⋯⋯⋯⋯⋯⋯⋯⋯⋯⋯⋯⋯ 802
图 25-17　莫高窟第 161 窟主室 ⋯⋯⋯⋯⋯⋯⋯⋯⋯⋯⋯⋯⋯⋯⋯⋯⋯⋯⋯⋯⋯⋯⋯ 803
图 25-18　莫高窟第 98 窟天王图像 ⋯⋯⋯⋯⋯⋯⋯⋯⋯⋯⋯⋯⋯⋯⋯⋯⋯⋯⋯⋯⋯ 803
图 25-19　莫高窟第 205 窟甬道顶孔雀明王 ⋯⋯⋯⋯⋯⋯⋯⋯⋯⋯⋯⋯⋯⋯⋯⋯⋯ 804
图 25-20　莫高窟第 99 窟南壁千手千钵文殊经变 ⋯⋯⋯⋯⋯⋯⋯⋯⋯⋯⋯⋯⋯⋯⋯ 804

图 25-21　莫高窟"天王堂"外景 805
图 25-22　榆林窟第 2 窟西壁水月观音 806
图 25-23　莫高窟第 61 窟甬道炽盛光佛巡行图 806
图 25-24　榆林窟第 3 窟主室 807
图 25-25　榆林窟第 3 窟窟顶五方佛曼荼罗 807
图 25-26　莫高窟第 465 窟主室 808

第二十六章　敦煌石窟藏传图像导论

图 26-1　莫高窟第 158 窟涅槃经变赞普与部从像 811
图 26-2　莫高窟第 158 窟甬道北壁吐蕃装供养人像 811
图 26-3　莫高窟第 158 窟涅槃经变左一位置波罗风格菩萨像 812
图 26-4　莫高窟第 159 窟维摩诘经变吐蕃赞普及部从像 813
图 26-5　莫高窟第 156 窟龛顶东披金刚持菩萨 814
图 26-6　莫高窟第 161 窟窟顶西披观音菩萨 814
图 26-7　绢画Stein painting 50 大日如来与八大菩萨曼荼罗 815
图 26-8　绢画Stein painting 32 千手千眼观音曼荼罗 815
图 26-9　绢画EO.1131 不空羂索观音曼荼罗 816
图 26-10　绢画Stein painting 103 金刚手菩萨 817
图 26-11　绢画Stein painting 102 莲花手菩萨 817
图 26-12　绢画Stein painting 101 观音菩萨 817
图 26-13　绢画MG.17770 普贤菩萨 818
图 26-14　绢画Stein painting 57 维摩诘经变 818
图 26-15　榆林窟第 15 窟前室北壁天王像 819
图 26-16　榆林窟第 25 窟东壁卢舍那佛像 820
图 26-17　榆林窟第 29 窟南壁东侧国师像 821
图 26-18　榆林窟第 29 窟东壁南侧金刚手像 822
图 26-19　榆林窟第 3 窟窟顶金刚界五方佛 822
图 26-20　榆林窟第 3 窟东壁北铺十一面千手观音 823

图 26-21　榆林窟第 3 窟东壁南铺五十一面千手观音 ……………………………… 823
图 26-22　榆林窟第 3 窟南壁东铺顶髻尊胜佛母曼荼罗 …………………………… 824
图 26-23　榆林窟第 3 窟南壁西铺的恶趣清净曼荼罗 ……………………………… 824
图 26-24　榆林窟第 4 窟北壁东铺文殊弥勒对坐像 ………………………………… 824
图 26-25　榆林窟第 10 窟甬道北壁东侧大日如来像 ……………………………… 824
图 26-26　东千佛洞第 2 窟主室窟顶金刚界五方佛像 ……………………………… 825
图 26-27　东千佛洞第 2 窟南壁东铺十一面救八难观音菩萨像 …………………… 826
图 26-28　东千佛洞第 2 窟北壁东铺绿度母曼荼罗 ………………………………… 826
图 26-29　东千佛洞第 2 窟门壁南铺真实名文殊像 ………………………………… 826
图 26-30　东千佛洞第 2 窟门壁北铺顶髻尊胜佛母像 ……………………………… 826
图 26-31　东千佛洞第 2 窟中心柱南壁施宝度母像 ………………………………… 827
图 26-32　东千佛洞第 2 窟中心柱北壁施宝度母像 ………………………………… 827
图 26-33　莫高窟第 465 窟主室中央佛坛 …………………………………………… 828
图 26-34　莫高窟第 465 窟窟顶金刚界五方佛 ……………………………………… 828
图 26-35　莫高窟第 465 窟西壁中铺胜乐金刚曼荼罗 ……………………………… 829
图 26-36　莫高窟第 465 窟西壁南铺胜乐金刚曼荼罗 ……………………………… 829
图 26-37　莫高窟第 465 窟西壁北铺金刚亥母像 …………………………………… 829
图 26-38　莫高窟第 465 窟北壁中铺喜金刚曼荼罗 ………………………………… 829
图 26-39　莫高窟第 465 窟南壁中铺黑阎魔敌曼荼罗 ……………………………… 830
图 26-40　莫高窟第 465 窟南壁东铺大幻金刚曼荼罗 ……………………………… 831
图 26-41　莫高窟第 465 窟门壁北铺四臂大黑天像 ………………………………… 832
图 26-42　莫高窟第 465 窟门壁南铺宝帐怙主像 …………………………………… 833

第二十七章　敦煌石窟造像思想导论

图 27-1　莫高窟第 268 窟南北壁禅室 ………………………………………………… 837
图 27-2　莫高窟第 285 窟北壁禅室 …………………………………………………… 838
图 27-3　莫高窟第 249 窟西壁圆券龛 ………………………………………………… 839
图 27-4　莫高窟第 220 窟西壁龛 ……………………………………………………… 840

图 27-5	莫高窟第 156 窟西壁龛	840
图 27-6	莫高窟五代第 98 窟背屏图	841
图 27-7	莫高窟五代第 61 窟背屏图	841
图 27-8	莫高窟第 148 窟西壁涅槃台	843
图 27-9	莫高窟第 272 窟西壁龛内倚坐佛	844
图 27-10	莫高窟第 275 窟西壁龛内交脚弥勒	844
图 27-11	莫高窟第 275 窟北壁毗楞竭梨王本生	845
图 27-12	莫高窟第 275 窟虔阇尼婆梨王本生	845
图 27-13	莫高窟第 275 窟北壁尸毗王本生	845
图 27-14	莫高窟第 275 窟北壁月光王施头本生	845
图 27-15	莫高窟第 275 窟出游四门佛传图	846
图 27-16	莫高窟第 254 窟前部人字披、后部平顶图	846
图 27-17	莫高窟第 259 窟西壁释迦多宝并坐图	846
图 27-18	莫高窟第 296 窟西壁龛	847
图 27-19	莫高窟第 296 窟窟顶西披微妙比丘尼因缘（局部）	848
图 27-20	莫高窟第 296 窟窟顶东披善事太子入海品	848
图 27-21	莫高窟第 296 窟窟顶北披福田经变	848
图 27-22	莫高窟第 249 窟西壁龛内倚坐佛	848
图 27-23	莫高窟第 249 窟南壁说法图	848
图 27-24	莫高窟第 249 窟窟顶西披阿修罗、雷神、狩猎图等	849
图 27-25	莫高窟第 285 窟西壁三龛图像及禅定僧	849
图 27-26	莫高窟第 428 窟中心塔柱图	850
图 27-27	莫高窟第 428 窟西壁涅槃图像	851
图 27-28	莫高窟第 428 窟南壁前部卢舍那佛图像	852
图 27-29	莫高窟第 428 窟南壁前部降魔成道图像	853
图 27-30	莫高窟第 275 窟北壁上方弥勒造像	853
图 27-31	莫高窟第 302 窟窟顶前部东段下部睒子本生（局部）	854
图 27-32	莫高窟第 417 窟窟顶前部西披流水长者子故事	854
图 27-33	莫高窟第 302 窟南壁前部药师说法图	855

图 27-34　莫高窟第 62 窟北壁弥勒下生经变中的迦叶禅窟图像 855
图 27-35　莫高窟第 393 窟西壁净土经变 856
图 27-36　莫高窟第 420 窟窟顶西披涅槃经变和法华经变（局部） 857
图 27-37　莫高窟第 419 窟西壁龛外北侧维摩诘图像 857
图 27-38　莫高窟第 295 窟人字披西披涅槃图 858
图 27-39　莫高窟第 280 窟人字披东披涅槃图 858
图 27-40　莫高窟第 280 窟西壁龛内乘象入胎图像 859
图 27-41　莫高窟第 148 窟西壁涅槃像及南壁涅槃经变 859
图 27-42　莫高窟第 148 窟北壁不空羂索观音经变屏风画 860
图 27-43　莫高窟第 148 窟南壁如意轮观音屏风画 860
图 27-44　莫高窟第 217 窟南壁佛顶尊胜陀罗尼经变 861
图 27-45　莫高窟第 328 窟西夏简化版净土变 862
图 27-46　莫高窟第 281 窟西壁南侧禅修图 863
图 27-47　莫高窟第 172 窟北壁观无量寿经变 865
图 27-48　莫高窟第 285 窟西壁穿三衣比丘图像 865
图 27-49　莫高窟第 196 窟中心佛坛群像 865
图 27-50　莫高窟第 196 窟西壁劳度叉斗圣变 866

第二十八章　敦煌石窟图像体用观导论

图 28-1　莫高窟北凉第 275 窟主尊交脚弥勒菩萨像 871
图 28-2　莫高窟北魏第 259 窟主尊二佛并坐像 872
图 28-3　莫高窟西魏第 249 窟主室南壁千佛壁画 873
图 28-4　莫高窟初唐第 322 窟主室空间 873
图 28-5　莫高窟北凉第 272 窟主室南壁千佛画 874
图 28-6　莫高窟北魏第 254 窟主室内景 874
图 28-7　莫高窟北魏第 251 窟主室南壁与中心塔柱 875
图 28-8　莫高窟隋代第 427 窟主室南壁前部图像组合 876
图 28-9　莫高窟盛唐第 103 窟西佛龛 877
图 28-10　莫高窟盛唐第 103 窟东壁维摩诘经变 877

图 28-11　莫高窟第 103 窟东壁窟门南侧手持麈尾的维摩诘 ………… 879
图 28-12　莫高窟宋代第 76 窟主室 ………… 879
图 28-13　莫高窟宋代第 76 窟南壁观音经变 ………… 880
图 28-14　莫高窟宋代第 76 窟北壁十一面观音经变 ………… 881
图 28-15　莫高窟晚唐第 14 窟北壁观音经变 ………… 882
图 28-16　莫高窟晚唐第 14 窟窟内全景 ………… 884

第二十九章　敦煌的世家大族与洞窟图像关系导论

图 29-1　敦煌写本 P.2005《沙洲都督府图经·张芝墨池》 ………… 888
图 29-2　大唐伊吾郡司马上柱国《浔阳翟氏造窟功德碑》（正、背） ………… 890
图 29-3　莫高窟第 148 窟《大唐陇西李氏修功德记碑》 ………… 891
图 29-4　莫高窟第 148 窟《唐宗子陇西李氏再修功德记碑》 ………… 891
图 29-5　敦煌写本 P.4640《吴僧统碑铭》 ………… 892
图 29-6　敦煌写本 P.4660《沙洲释门索法律窟铭》 ………… 892
图 29-7　莫高窟第 62 窟北壁下部供养人像 ………… 896
图 29-8　莫高窟第 61 窟内景 ………… 908
图 29-9　莫高窟第 55 窟内景 ………… 909
图 29-10　莫高窟初唐第 322 窟主室内景 ………… 912
图 29-11　莫高窟中唐第 158 窟睡佛全景 ………… 913
图 29-12　莫高窟中唐第 359 窟全景 ………… 916
图 29-13　莫高窟隋代第 390 窟北壁说法图构图形式 ………… 917
图 29-14　敦煌写本 P.3720《莫高窟记》 ………… 918
图 29-15　莫高窟第 17 窟《洪辩告身碑》 ………… 919

第三十章　敦煌壁画造型技法导论

图 30-1　莫高窟晚唐第 12 窟主室北壁经变画 ………… 921
图 30-2　莫高窟晚唐第 12 窟主室南壁经变画 ………… 921
图 30-3　莫高窟盛唐第 66 窟藻井壁画脱落地仗外露 ………… 922
图 30-4　莫高窟中唐第 197 窟前室北侧力士残像 ………… 923

图30-5　莫高窟初唐第331窟龛顶变黑壁画⋯⋯923
图30-6　莫高窟大泉河风景⋯⋯924
图30-7　莫高窟十六国北凉第275窟佛本生故事画⋯⋯924
图30-8　莫高窟北魏第254窟降魔变⋯⋯925
图30-9　莫高窟北魏第257窟中心柱⋯⋯925
图30-10　莫高窟第257窟南北两壁上部阙形龛⋯⋯926
图30-11　莫高窟北周第296窟窟顶故事画⋯⋯927
图30-12　莫高窟初唐第329窟西龛及佛传故事画布局位置⋯⋯928
图30-13　莫高窟宋代第55窟南壁观经变⋯⋯929
图30-14　莫高窟隋代第276窟维摩诘画像（左）、文殊问疾图（右）⋯⋯931
图30-15　莫高窟中唐第159窟西龛龛内屏风画⋯⋯932
图30-16　莫高窟盛唐第172窟经变画及其中变黑的菩萨像⋯⋯933
图30-17　莫高窟西夏第3窟千手千眼观音变⋯⋯934
图30-18　榆林窟西夏第3窟西壁南侧普贤变（局部）⋯⋯935
图30-19　莫高窟盛唐第217窟山水画⋯⋯936
图30-20　莫高窟西魏第249窟窟顶狩猎图⋯⋯936
图30-21　莫高窟隋代第276窟西壁龛外北侧维摩诘像⋯⋯938
图30-22　莫高窟隋代第305窟窟顶壁画色彩⋯⋯938
图30-23　莫高窟初唐第328窟西龛内北侧菩萨像⋯⋯939
图30-24　莫高窟中唐第199窟经变画中的建筑画⋯⋯940
图30-25　莫高窟盛唐第205窟中心佛坛彩塑菩萨像（正、背）⋯⋯943
图30-26　莫高窟盛唐第158窟大型彩塑⋯⋯944
图30-27　莫高窟晚唐第196窟佛坛北侧彩塑一组⋯⋯948
图30-28　敦煌写本S.3929《董保德功德记》⋯⋯952

第三十一章　敦煌藏经洞美术绘画品导论

图31-1　绢画Stein painting6 树下说法图⋯⋯959
图31-2　绢画Stein painting47 引路菩萨⋯⋯960
图31-3　绢画MG.17659 千手千眼观音菩萨⋯⋯961

图 31-4 甘肃省博物馆藏绢画报父母恩重经变 ……………………………………… 962
图 31-5 《金刚般若波罗蜜经》扉画《祇树给孤独园图》 ……………………… 964
图 31-6 P.3024 净土变相版画 ……………………………………………………… 965
图 31-7 P.3954 佛像与佛塔印本（局部）………………………………………… 965
图 31-8 P.3880 游戏坐菩萨、禅定佛像印本 …………………………………… 966
图 31-9 P.4514-4 四十八愿阿弥陀佛版画 ……………………………………… 966
图 31-10 P.4514-3 圣观自在菩萨版画 …………………………………………… 968
图 31-11 P.4514-2 大圣文殊师利菩萨版画 ……………………………………… 968
图 31-12 P.4514-9 观音菩萨立像版画 …………………………………………… 969
图 31-13 P.4514-1 毗沙门天王版画 ……………………………………………… 970
图 31-14 SP.248 圣观自在菩萨千转灭罪陀罗尼 ………………………………… 971
图 31-15 Stein painting249 太平兴国五年《大随求陀罗尼轮》………………… 973
图 31-16 Ch.00260 凉州瑞像刺绣 ………………………………………………… 974
图 31-17 MG.17761 木雕天王力士像 ……………………………………………… 977
图 31-18 MG.17762 木雕天王力士像 ……………………………………………… 977
图 31-19 佛塔剪纸 …………………………………………………………………… 979
图 31-20 对鹿拜塔剪纸 ……………………………………………………………… 979
图 31-21 群塔对鹿剪纸 ……………………………………………………………… 980
图 31-22 忍冬、火焰纹背光剪纸花样 ……………………………………………… 980
图 31-23 持幡菩萨立像剪纸 ………………………………………………………… 981
图 31-24 镂空水涡纹背光菩萨立像剪纸（一）…………………………………… 981
图 31-25 镂空水涡纹背光菩萨立像剪纸（二）…………………………………… 981
图 31-26 镂空持幡菩萨像剪纸 ……………………………………………………… 982
图 31-27 彩绘佛塔剪纸 ……………………………………………………………… 982
图 31-28 MG.17781 彩绘五佛宝冠剪纸 …………………………………………… 983
图 31-29 P.4518-7 彩绘五佛宝冠剪纸 …………………………………………… 984
图 31-30 MG.17697 彩绘引路菩萨立像剪纸幡 …………………………………… 984
图 31-31 EO.1398 彩绘引路菩萨立像剪纸幡 …………………………………… 985

第三十二章 敦煌画稿导论

图 32-1　莫高窟晚唐第 14 窟窟内全景 990
图 32-2　莫高窟隋代第 302 窟福田经变中画匠画壁和工人建塔场景 990
图 32-3　敦煌藏经洞出土P.4517 粉本刺孔 993
图 32-4　P.t.1293 劳度叉斗圣变白描粉本 993
图 32-5　《敦煌白画》弁言 994
图 32-6　敦煌绢画Stein Painting 26 行道天王图 996
图 32-7　台北"故宫博物院"藏《明皇幸蜀图》 997
图 32-8　敦煌绢画Stein Painting15 水月观音像 999
图 32-9　P.2868 药师经变画底稿（正、背） 1006
图 32-10　P.3998 金光明最胜王经变画底稿 1007
图 32-11　P.2002 人物画画稿集 1008
图 32-12　P.3905 手印画稿集 1010
图 32-13　莫高窟晚唐第 9 窟中心柱背向面嵩山神送柱图 1012
图 32-14　P.3939 说法图白描稿 1014
图 32-15　Stein painting172 坛城样图 1015
图 32-16　P.2824 三界九地图解样 1016
图 32-17　P.4517 刺孔画稿 1017
图 32-18　P.2012 坛城示意图稿 1018

第三十三章 敦煌石窟中的丝路图像导论

图 33-1　《丝绸之路研究集刊》书影 1020
图 33-2　莫高窟初唐第 323 窟张骞出使西域图 1021
图 33-3　莫高窟北周第 296 窟福田经变中的丝路行旅图 1022
图 33-4　莫高窟隋代第 303 窟窟顶人字披观音经变 1023
图 33-5　莫高窟隋代第 303 窟观音变中的商人遇盗图 1023
图 33-6　莫高窟盛唐第 45 窟南壁胡商遇盗图 1024
图 33-7　莫高窟五代第 61 窟五台山图中毛驴远行驮运的场景 1024
图 33-8　莫高窟初唐第 220 窟东壁南侧"藩王使臣问疾图" 1025

图 33-9　莫高窟中唐第158窟涅槃经变中各国王子举哀图⋯⋯⋯⋯⋯⋯⋯⋯⋯1026

图 33-10　1908年伯希和拍摄莫高窟第158窟各国王子举哀图⋯⋯⋯⋯⋯⋯⋯1026

图 33-11　莫高窟第121窟甬道五代重绘天公主供养像⋯⋯⋯⋯⋯⋯⋯⋯⋯⋯1027

图 33-12　莫高窟五代第61窟回鹘天公主供养像⋯⋯⋯⋯⋯⋯⋯⋯⋯⋯⋯⋯1027

图 33-13　莫高窟五代第98窟于阗国王李圣天供养像⋯⋯⋯⋯⋯⋯⋯⋯⋯⋯1028

图 33-14　莫高窟五代第98窟李圣天曹氏夫人供养像⋯⋯⋯⋯⋯⋯⋯⋯⋯⋯1028

图 33-15　敦煌绢画《地藏菩萨及侍从图》⋯⋯⋯⋯⋯⋯⋯⋯⋯⋯⋯⋯⋯⋯1029

图 33-16　莫高窟中唐第154窟于阗史迹故事图（上部、下部）⋯⋯⋯⋯⋯1030

图 33-17　莫高窟中唐第237窟龛顶的舍利弗与毗沙门天王决海故事画⋯⋯1033

图 33-18　莫高窟中唐第231窟龛顶的瑞像集⋯⋯⋯⋯⋯⋯⋯⋯⋯⋯⋯⋯⋯1034

图 33-19　莫高窟中唐第237窟龛顶的瑞像集线图⋯⋯⋯⋯⋯⋯⋯⋯⋯⋯⋯1034

图 33-20　莫高窟晚唐第9窟通道顶瑞像集⋯⋯⋯⋯⋯⋯⋯⋯⋯⋯⋯⋯⋯⋯1035

图 33-21　榆林窟五代第32窟普贤变⋯⋯⋯⋯⋯⋯⋯⋯⋯⋯⋯⋯⋯⋯⋯⋯1036

第三十四章　敦煌丝路图像中的朝贡使者导论

图 34-1　敦煌莫高窟第220窟东壁维摩诘经变⋯⋯⋯⋯⋯⋯⋯⋯⋯⋯⋯⋯1039

图 34-2-1　莫高窟盛唐第103窟东壁维摩诘与法书屏风⋯⋯⋯⋯⋯⋯⋯⋯1044

图 34-2-2　莫高窟初唐第332窟北壁维摩诘与法书屏风线图⋯⋯⋯⋯⋯⋯1044

图 34-2-3　莫高窟初唐第220窟东壁维摩诘与法书屏风⋯⋯⋯⋯⋯⋯⋯⋯1044

图 34-2-4　莫高窟初唐第335窟北壁维摩诘与法书屏风⋯⋯⋯⋯⋯⋯⋯⋯1044

图 34-3　莫高窟初唐第341窟西壁流苏帐与法书屏风⋯⋯⋯⋯⋯⋯⋯⋯⋯1045

图 34-4　莫高窟初唐第334窟西壁格子团花屏风⋯⋯⋯⋯⋯⋯⋯⋯⋯⋯⋯1045

图 34-5　莫高窟初唐第220窟东壁窟门对坐式⋯⋯⋯⋯⋯⋯⋯⋯⋯⋯⋯⋯1046

图 34-6　莫高窟盛唐第103窟东壁窟门对坐式⋯⋯⋯⋯⋯⋯⋯⋯⋯⋯⋯⋯1046

图 34-7　莫高窟初唐第332窟北壁完整壁面式⋯⋯⋯⋯⋯⋯⋯⋯⋯⋯⋯⋯1047

图 34-8　莫高窟初唐第335窟北壁完整壁面式⋯⋯⋯⋯⋯⋯⋯⋯⋯⋯⋯⋯1047

图 34-9-1　辽宁本《洛神赋图》中的曹植⋯⋯⋯⋯⋯⋯⋯⋯⋯⋯⋯⋯⋯⋯1048

图 34-9-2　莫高窟第220窟维摩诘经变中的中原帝王⋯⋯⋯⋯⋯⋯⋯⋯⋯1048

图 34-9-3　台北"故宫博物院"藏传唐本《职贡图》中的虏国（东魏）使⋯⋯1048

图 34-9-4 《历代帝王图》后周武帝 ... 1048
图 34-10-1 莫高窟盛唐第 103 窟东壁朝贡者群像 ... 1048
图 34-10-2 莫高窟初唐第 220 窟东壁朝贡者群像 ... 1048
图 34-10-3 莫高窟初唐第 332 窟北壁朝贡者群像 ... 1048
图 34-10-4 莫高窟初唐第 335 窟北壁朝贡者群像 ... 1048
图 34-11-1 莫高窟大历第 194 窟维摩诘与团花屏风 ... 1049
图 34-11-2 莫高窟中唐第 237 窟维摩诘与团花屏风 ... 1049
图 34-11-3 莫高窟晚唐第 156 窟维摩诘与团花屏风 ... 1050
图 34-11-4 莫高窟晚唐Ch.00144 维摩诘与团花屏风 ... 1050
图 34-12-1 莫高窟大历第 194 窟南壁客使四方列位线图 ... 1050
图 34-12-2 莫高窟中唐第 237 窟东壁客使四方列位 ... 1051
图 34-12-3 莫高窟晚唐第 85 窟东壁客使四方列位 ... 1051
图 34-12-4 莫高窟晚唐第 156 窟东壁客使四方列位 ... 1051
图 34-13 莫高窟第 237 东壁门南维摩诘与吐蕃赞普率诸蕃客使 ... 1053
图 34-14 英藏敦煌中唐绢画Ch.00350（局部） ... 1053
图 34-15 法藏敦煌中唐纸画MA.6277（局部） ... 1053
图 34-16 莫高窟中唐第 237 东壁门北中原帝王 ... 1054
图 34-17 英藏敦煌中唐纸画Ch.0054（局部） ... 1054
图 34-18 莫高窟盛唐第 323 南壁东侧隋文帝祈雨图 ... 1054
图 34-19-1 龙门石窟宾阳中洞东壁窟口北侧孝文皇帝礼佛仪仗图 ... 1055
图 34-19-2 龙门石窟宾阳中洞东壁窟口南侧文昭皇太后礼佛仪仗图 ... 1055
图 34-20 美国克利夫兰艺术博物馆藏蛮王礼佛图（局部） ... 1055
图 34-21 台北"故宫博物院"藏传大理国张胜温画《梵像》利贞皇帝礼佛图 ... 1056
图 34-22 莫高窟晚唐第 9 窟北壁吐蕃与回鹘人物率诸蕃客使 ... 1057
图 34-23 莫高窟初唐第 220 窟中原帝王与文武百官身后的异国人物 ... 1059

第三十五章　敦煌石窟供养人图像导论

图 35-1 莫高窟北凉第 268 窟西壁龛下部供养人像 ... 1061
图 35-2 莫高窟北凉第 275 窟北壁供养人像 ... 1062

图 35-3　莫高窟西魏第 285 窟北壁说法图及供养人像…………………………1063

图 35-4　莫高窟西魏第 285 窟北壁中部自西向东第二铺说法图及部分
　　　　　供养人像……………………………………………………………1063

图 35-5　莫高窟第 285 窟覆斗顶东披南朝风格壁画…………………………1065

图 35-6-1　莫高窟第 249 窟覆斗顶东披壁画……………………………………1065

图 35-6-2　河北湾漳壁画墓甬道入口处上方图像………………………………1065

图 35-6-3　山西忻州九原岗北朝壁画墓图像……………………………………1066

图 35-7　莫高窟第 249 窟南北壁说法图及供养人像…………………………1067

图 35-8　莫高窟北周第 428 窟东、南、北壁壁画及下层供养人像…………1068

图 35-9　莫高窟北周第 296 窟东壁门北侧千佛图像、供养人像及下方
　　　　　力士（局部）…………………………………………………………1069

图 35-10　莫高窟隋代第 303 窟南壁千佛图像、供养人像及下方
　　　　　　山林风景（局部）…………………………………………………1070

图 35-11　莫高窟隋代第 298 窟西壁佛龛及下方供养人像……………………1070

图 35-12　莫高窟初唐第 329 窟东壁壁画及下方供养人像……………………1071

图 35-13　莫高窟初唐第 329 窟东壁下部男、女供养人像……………………1072

图 35-14　莫高窟第 431 窟西壁下部牵牛、驯马供养人像……………………1072

图 35-15　莫高窟第 220 窟翟家窟重层甬道……………………………………1073

图 35-16　莫高窟第 220 窟甬道南壁龛内西壁吐蕃装供养人像………………1074

图 35-17　莫高窟第 220 窟甬道南壁佛龛及两侧中唐供养人像………………1074

图 35-18　莫高窟第 220 窟甬道南壁龛下晚唐供养人像………………………1075

图 35-19　莫高窟第 220 窟甬道北壁下方五代供养人像………………………1075

图 35-20　莫高窟盛唐第 130 窟甬道两壁乐庭瓌夫妇供养像（现状）………1076

图 35-21　莫高窟盛唐第 130 窟甬道两壁乐庭瓌夫妇供养像…………………1077

图 35-22　莫高窟中唐第 159 窟东壁维摩诘经变诸王听法图…………………1078

图 35-23　莫高窟中唐第 231 窟东壁门上阴伯伦夫妇供养像…………………1080

图 35-24　莫高窟晚唐第 9 窟东壁门上供养人像………………………………1081

图 35-25　莫高窟晚唐第 12 窟东壁门上索奉珍夫妇供养像……………………1081

图 35-26　莫高窟中唐 231 窟西壁龛内南北壁东下角僧人及侍从供养像……1082

图 35-27　莫高窟中唐第 361 窟北壁下部僧人及侍从供养像 ……………………… 1082

图 35-28　莫高窟中唐第 159 窟佛龛下供养人像 …………………………………… 1083

图 35-29　莫高窟中唐第 359 窟北壁男性供养像 …………………………………… 1083

图 35-30　莫高窟中唐第 359 窟南壁女性供养像 …………………………………… 1084

图 35-31　莫高窟晚唐第 156 窟张议潮出行图 ……………………………………… 1085

图 35-32　莫高窟五代第 98 窟曹议金夫人回鹘天公主出行图长卷 ……………… 1086

图 35-33　莫高窟晚唐第 156 窟甬道南北两壁供养人像 ………………………… 1086

图 35-34　莫高窟晚唐第 196 窟甬道南北两壁供养人像 ………………………… 1087

图 35-35　莫高窟五代第 98 窟主室东壁门南侧于阗王供养像 …………………… 1088

图 35-36　莫高窟第 98 窟供养人画像方位朝向示意图 …………………………… 1089

图 35-37　莫高窟第 61 窟南壁西夏绘炽盛光佛出行图 …………………………… 1090

图 35-38　莫高窟第 61 窟北壁西夏绘炽盛光佛回归图 …………………………… 1091

图 35-39　莫高窟第 61 窟北壁供养人"助缘僧"队列 …………………………… 1091

图 35-40　榆林窟西夏第 3 窟甬道南北壁中部西夏供养人像 …………………… 1092

图 35-41　榆林窟西夏第 29 窟西壁门南侧国师及男性供养像 …………………… 1093

图 35-42　榆林窟西夏第 29 窟西壁门南侧粘贴儿童供养像 ……………………… 1093

图 35-43　榆林窟西夏第 29 窟西壁门北侧比丘尼及女性供养像 ………………… 1094

图 35-44　莫高窟第 332 窟甬道北壁元代绘男性供养像 ………………………… 1094

图 35-45　榆林窟西夏第 3 窟甬道北壁下层男性供养像 ………………………… 1095

图 35-46　莫高窟第 332 窟甬道南壁元代绘女性供养像 ………………………… 1095

图 35-47　榆林窟第 4 窟西壁门南侧元代绘女性供养像 ………………………… 1095

图 35-48　榆林窟第 6 窟明窗前室西壁门南北两壁下方元代绘男女供养人
　　　　　对坐像 ……………………………………………………………………… 1095

图 35-49　敦煌石窟文物保护研究陈列中心藏六字真言碑 ……………………… 1097

插图使用说明

本书所用图版，由各章节作者提供。具体情况如下：

1.敦煌藏经洞绢画、纸本画、麻布画采自《西域美术》（日本讲谈社出版）、《敦煌：纪念敦煌藏经洞发现一百周年》《俄藏敦煌艺术品》（第一、二册）。

2.敦煌文献主要采自"国际敦煌项目"（简称：IDP）、法国国家图书馆网站、中国国家图书馆网站。

3.敦煌洞窟壁画和彩塑照片主要采自敦煌研究院编辑出版的画册。如《中国石窟·敦煌莫高窟》（全5卷）、《中国石窟·安西榆林窟》、《敦煌石窟艺术》（全22卷，江苏美术出版社）、《敦煌石窟全集》（全26本，香港商务印书馆）、《中国美术全集·敦煌壁画》各卷、《中国美术全集·雕塑编·敦煌彩塑》各卷、《中国壁画全集·敦煌》各卷、《中国敦煌壁画全集》（全11册）、《中国石窟雕塑全集·敦煌》各卷，以及敦煌研究院编辑出版的展览图册等。

4.莫高窟外景和洞窟老照片主要采自《西域考古图记》（斯坦因著，中国社会科学院考古考古研究所主持翻译）、《伯希和：敦煌石窟图录》（全六卷）、《俄藏敦煌艺术品》（第3—6册，俄罗斯艾尔米塔什博物馆编）、《莫高窟形》（石璋如）、《观象敦煌：罗氏档案中的莫高窟与榆林窟石窟照片》（英文版，全9册）、敦煌研究院档案馆老照片，等等。

5.另有部分非洞窟彩塑壁画图版为各章节作者拍摄或提供，还有部分图版为相应章节作者向敦煌研究院申请获得。

考虑到本书使用图版数量大及随文插图的美观性，加之其教材属性，为节省篇幅、方便读者阅读，未一一注明各图版出处。

特此说明。

本书编委会

编写分工

引　论　敦煌石窟对历史研究的独特贡献（沙武田）

第一章　敦煌石窟与形象史学（沙武田）

　　　　附：敦煌石窟与艺术史学（朱已祥）

第二章　敦煌石窟考古导论

　　　　一、敦煌石窟考古概要（张景峰）

　　　　二、莫高窟佛塔遗迹综述（吴家璇）

　　　　三、敦煌石窟历代游人题记导读（李国）

　　　　四、敦煌石刻资料概述（吴家璇）

第三章　敦煌石窟营建导论（马德）

第四章　莫高窟洞窟编号问题导论（张宝洲）

第五章　早期洞窟图像与佛经传播关系导论（崔中慧）

第六章　十六国北朝和隋代洞窟导论（王惠民）

第七章　唐前期洞窟研究导论（王惠民主笔，马丽协助）

第八章　中唐吐蕃时期洞窟导论（沙武田）

第九章　归义军时期洞窟导论（杨冰华）

第十章　沙州回鹘洞窟导论（刘人铭）

第十一章　西夏时期洞窟导论（李晓凤、沙武田）

第十二章　敦煌石窟洞窟建筑形制导论（孙毅华、马德）

第十三章　敦煌石窟彩塑导论（张景峰、顾淑彦）

第十四章　经变画导论（王惠民）

　　　　　附：西方净土变导论（大西磨希子）

第十五章　尊像画、故事画、千佛画导论
　　一、敦煌石窟尊像画（王惠民）
　　二、敦煌石窟佛传故事画（高海燕）
　　三、敦煌石窟本生故事画（顾淑彦）
　　四、敦煌石窟因缘故事画（顾淑彦）
　　五、敦煌石窟千佛图像（梁晓鹏）

第十六章　敦煌观音图像导论（史忠平）

第十七章　敦煌佛教史传画导论（吴雪梅）

第十八章　敦煌石窟壁画图案导论（王胜泽）

第十九章　敦煌石窟壁画山水画导论（王胜泽）

第二十章　敦煌石窟神僧图像导论
　　一、高僧写真像（张善庆）
　　二、刘萨诃图像（张善庆）
　　三、僧伽和尚图像（张善庆）
　　四、宝志和尚图像（张善庆）
　　五、行脚僧图像（王惠民）
　　六、布袋和尚图像（石建刚）

第二十一章　敦煌建筑图像导论（孙毅华）

第二十二章　敦煌壁画社会生活图像导论
　　一、敦煌饮食图像导论（高启安）
　　二、敦煌古代游戏图像导论（胡同庆）
　　三、敦煌壁画古代交通图像导论（马德）

第二十三章　敦煌壁画音乐舞蹈图像导论（朱晓峰）

第二十四章　敦煌壁画服饰图像导论（吴雪梅整理）

  一、研究简史（崔岩、杨婧嫱）

  二、佛陀服饰图像（伏宓）

  三、佛弟子服饰图像（伏宓）

  四、菩萨服饰图像（曹雅妮）

  五、天王服饰图像（崔岩、杨婧嫱）

  六、帝王服饰图像（崔岩、杨婧嫱）

  七、天人服饰图（崔岩、杨婧嫱）

  八、官吏服饰图像（崔岩、杨婧嫱）

  九、贵族妇女服饰图像（崔岩、杨婧嫱）

  十、少数民族首领及贵族服饰图像（崔岩、杨婧嫱）

  十一、军戎服饰图像（崔岩、杨婧嫱）

  十二、儿童服饰图像（崔岩、杨婧嫱）

第二十五章　敦煌密教图像导论（陈凯源）

第二十六章　敦煌石窟藏传佛教图像导论（房子超）

第二十七章　敦煌石窟造像思想导论（焦树峰）

第二十八章　敦煌石窟体用观导论（于向东）

第二十九章　敦煌的世家大族与洞窟图像关系导论

  一、敦煌世族的形成与演变（马德）

  二、敦煌世族与石窟营造（马德）

  三、敦煌的家窟（张景峰）

四、归义军政权与洞窟关系（张景峰、顾淑彦）

　　五、敦煌粟特人家族功德窟（沙武田、梁红）

　　六、敦煌寺院与洞窟关系（张景峰）

第三十章　敦煌壁画造型技法导论（吴荣鉴）

　　附：敦煌的画工与画匠（马德）

第三十一章　敦煌藏经洞美术绘画品导论

　　一、敦煌藏经洞绘画品导论（马德）

　　二、敦煌版画导论（邰惠莉）

　　三、敦煌工艺美术品导论（李茹）

　　四、藏经洞中绘画及各类艺术品研究的意义（李茹）

第三十二章　敦煌画稿导论（沙武田）

第三十三章　敦煌石窟中的丝路图像导论（陈粟裕）

第三十四章　敦煌丝路图像中的朝贡使者导论（李昀）

第三十五章　敦煌石窟供养人图像导论（魏健鹏）

编写组成员（按姓氏笔划）

马　德　敦煌研究院研究员

马　丽　甘肃简牍博物馆馆员

大西磨希子　日本佛教大学教授

于向东　东南大学艺术学院教授

王惠民　敦煌研究院研究员

王胜泽　宁夏大学美术学院教授

史忠平　西北师范大学美术学院教授

石建刚　西北工业大学文化遗产研究院副教授

孙毅华　敦煌研究院副研究员

朱晓峰　敦煌研究院研究员

朱己祥　四川大学哲学系副研究员（专职科研）

李　国　敦煌研究院研究员

李　茹　敦煌研究院副研究员

李　昀　陕西师范大学历史文化学院师资博士后

李晓凤　西北民族大学历史文化学院讲师

伏　宓　兰州市博物馆馆员

刘人铭　四川大学历史文化学院博士研究生

沙武田　陕西师范大学历史文化学院教授、敦煌研究院丝绸之路与敦煌研究中心特聘研究员

张宝洲　西安美术学院教授、陕西师范大学人文科学高等研究院兼职研究员

张景峰　兰州大学历史文化学院教授

张善庆　兰州大学敦煌学研究所教授

吴荣鉴　敦煌研究院副研究员

吴雪梅　陕西师范大学历史文化学院讲师

吴家璇　浙江大学汉藏佛教美术研究中心博士研究生

邰惠莉　敦煌研究院研究员
陈粟裕　中国社科院世界宗教研究所副研究员
陈凯源　陕西师范大学历史文化学院博士研究生
杨冰华　内蒙古师范大学民族学人类学学院讲师
杨婧嫱　北京服装学院博士研究生
房子超　西藏民族大学民族研究院讲师
胡同庆　敦煌研究院副研究员
高启安　兰州财经大学敦煌文化研究所教授
高海燕　西南大学历史文化学院副教授
顾淑彦　兰州大学图书馆副研究馆员
梁晓鹏　青岛科技大学教授、青岛恒星科技学院教授
梁　红　陕西师范大学宗教研究中心副研究员
曹雅妮　兰州财经大学副教授
崔中慧　香港大学佛学研究中心荣誉助理教授、香港珠海学院佛学研究中心客座副教授
崔　岩　北京服装学院副研究员
焦树峰　陕西师范大学历史文化学院博士研究生
魏健鹏　敦煌研究院考古研究所副研究馆员

引论　敦煌石窟对历史研究的独特贡献

敦煌石窟是人类文化遗产，是珍贵的历史文化宝藏，包罗万象，集历史、考古、宗教、艺术为一体，无疑是学术研究的宝库和富矿。随着百年来"敦煌学"的发展，尤其是改革开放以来，敦煌学日新月异，敦煌石窟研究的新成果同样层出不穷，可谓汗牛充栋。若粗略回顾学术史，检索相关论著索引，经常有敦煌石窟研究似已无死角的感慨，这当然能够说明今天学术之繁荣。但冷静下来一想，尤其是进入洞窟，面对窟内内容丰富而又繁杂的壁画时，则又会觉得问题重重，困惑颇多，其中有个人知识欠缺的一面，但也不得不承认敦煌石窟中很多的问题还处在初级认识阶段，大多数问题只知其然却不知其所以然，有些问题则全然无解，之所以如此，归结起来还是说明学术研究还不够深入，从某种程度而言这些研究是严重不足的。所以，我个人以为，从真正学术研究的角度来看，敦煌石窟的研究永远在路上，且在前半段路程中，所以未来的路任重道远，距离"敦煌学高地"建设的目标就更加遥远，仍需学界多方持续，共同努力。

当然，之所以这么讲只是在陈述一个客观的学术史事实，断不能否定敦煌石窟研究对学术的独特贡献。无论如何，敦煌石窟庞杂的内容和自身所蕴含着的丰富历史价值，注定了其在历史研究过程中的独特贡献。综观敦煌学学术史，若集中在敦煌石窟的研究方面，敦煌石窟在佛教考古、西北地方历史，尤其是河西走廊的历史、丝绸之路文化交流、中国绘画史、中古社会物质生活史（包括建筑、服饰、交通、饮食、音乐、舞蹈、科学技术，等等）、西北民族史、中古佛教史等方面的学术贡献是明显的，可以毫不夸张地说，学术界对任何一个洞窟或任何一幅壁画，从不同视角或问题意识下的阐释、解读，总是不同程度地彰显相应洞窟或壁画的历史价值和学术价值。

仔细梳理发现，对敦煌石窟及其学术研究而言，尤其在以下几个方面有其独特的新贡献，有其他历史文献和考古遗存所不具备的历史和学术含金量，甚至可以说完全改写了之前学术界的普遍认识，改写了历史。

一、重构并复原大唐长安的历史影像

敦煌石窟群唐代洞窟数量丰富,分为初唐、盛唐、中唐(吐蕃期)、晚唐(张氏归义军)四个时期,尤其是唐前期洞窟中绘制的壁画,是以各类经变画为主体,基本上涵盖了敦煌经变画的主体题材和内容,可以说是唐代经变画之大全。

唐长安城内外寺院林立(图1),有学者统计,先后出现过大大小小的寺院多达220余所[1],如荐福寺、千福寺、慈恩寺、西明寺、青龙寺、安国寺、大云寺、开元寺、龙兴寺、实际寺、昭成寺、胜光寺、化度寺,等等。根据唐人文献张彦远《历代名画记》、段成式《寺塔记》,以及其他唐宋文献的记载,长安的寺院大多都会同时期活跃于两京地区的名家画作。按当时的习俗,大画家在公共空间诸如寺院等地方画壁画,是他们的艺术水平被社会大众认识、接受和承认的重要方式方法,像在唐长安名噪一时的吴道子、阎立本、杨廷光、韩干、王维、尉迟乙僧、张孝师、尹琳、张萱、周昉、刘整、郑法轮、杨乔仙等人在京城的寺院中均留下了他们的丹青墨迹。吴道子在各个寺院的画壁往往是由他起样,然后由弟子刘整等人成色,流水作业。[2]但遗憾的是这些曾经冠绝一时的画作,早已湮灭在历史的尘埃当中,我们今天已经很难在长安的遗迹和遗址中领略大唐长安的色彩流光,那个时代艺术和审美的时尚,是无法在长安的故土上看到了。

不仅仅是长安——甚至可以说全国各地同类作品的历史缺失,却在敦煌唐代洞窟中有完美的留存。当然,我们也必须要认识到,保存在敦煌洞窟中的壁画题材内容,只是长安洛阳两京地区,或者说中原内地寺院壁画的一部分,在壁画数量、规模、艺术水准等方面,相互之间有明显的差距。敦煌洞窟壁画的绘制,唐代经变画的大规模出现,成为这一时期繁华的历史景象。大型整壁经变画的绘制,经变画的规模、结构、画面人物风格,包括绘画中的建筑、音乐、舞蹈等世俗生活场景,弥漫着浓厚的长安气息,可以认为是唐风的代表作(图2),其粉本画稿必然来自长安、洛阳两京地区,因此可以认为敦煌唐代洞窟中的大型经变画,其实是长安同类作品在敦煌的真实再现,完全可以理解为长安影像

---

[1] 孙昌武:《唐长安佛寺考》,《唐研究》第二卷,北京大学出版社,1996年,第1—50页。另见介永强:《〈唐长安佛寺考〉若干问题辩证》,《中国历史地理论丛》2010年第4期,第151—156页;介永强:《〈唐长安佛寺考〉补苴》,《中国历史地理论丛》2009年第3期,第130—136页;介永强:《隋唐佛教文化史论》,社会科学文献出版社,2020年,第8—27页。

[2] 参见〔唐〕张彦远:《历代名画记》,人民美术出版社,1964年;〔唐〕段成式:《寺塔记》,人民美术出版社,1964年。〔日〕小野胜年:《中国隋唐长安·寺院史料集成》(二卷),东京法藏馆,1989年;龚国强:《隋唐长安城佛寺研究》,文物出版社,2006年。

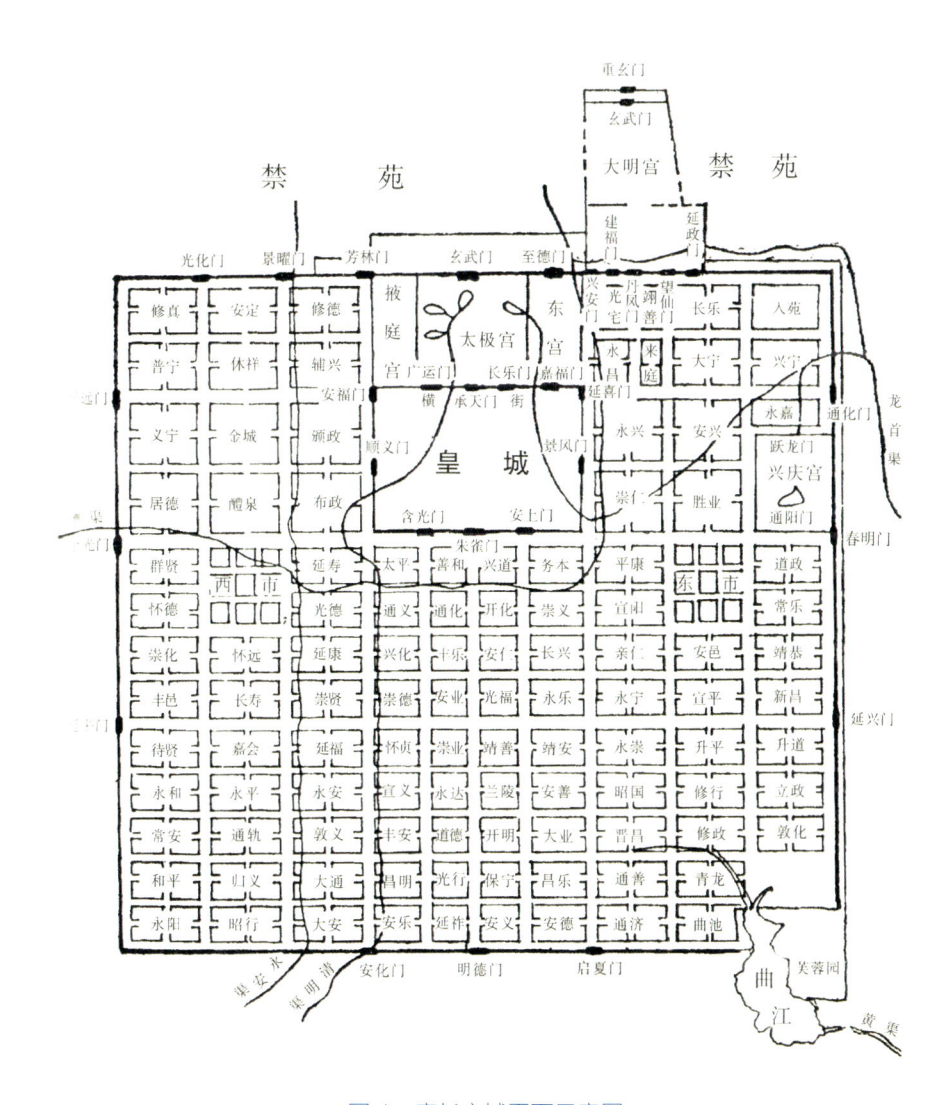

图 1　唐长安城平面示意图

的再现。因此解读、研究、阐释敦煌洞窟唐代壁画的历史文化含义，是重构和复原唐长安社会物质性等方面所不可替代的考古资料，是大唐长安影像的真实记忆。

这方面以莫高窟初唐贞观十六年（642）建成的"翟家窟"第 220 窟为代表，其中北壁大型药师七佛变中的大型胡旋乐舞画面（图 3），以两侧二幅大型的"灯轮"和中间的"灯楼"为代表（图 4）。这正是张说在《踏歌词》中所描述的唐长安豪华建筑花萼楼在正月

---

① 马化龙：《莫高窟 220 窟〈维摩诘经变〉与长安画风初探》，载《敦煌吐鲁番学研究论集》，书目文献出版社，1996 年，第 509—516 页；另见《中国敦煌学百年文库·艺术卷》3，甘肃文化出版社，1999 年，第 117—121 页。

图2 莫高窟初唐第335窟南壁西方净土变

图3 莫高窟初唐第220窟北壁药师经变

十五夜的情景,"西域灯轮千影合,东华金阙万重开",两种不同风格和文化背景的灯同时出现在长安的大型乐舞盛会上[1]。也可以认为是张鷟在《朝野佥载》卷三所记述唐长安城在先天二年正月十五、十六夜晚欢乐之盛况,有规模最大的燃灯舞会,"于京师安福门外作灯轮高二十丈,衣以锦绮,饰以金玉,燃灯五万盏,簇之如花树。宫女千数,衣绮罗,曳锦绣,耀珠翠,施香粉,一花冠,一巾帔,皆万钱。装束一妓女,皆至三百贯。妙简长安、万年少女妇千余人,衣服、花钗、媚子亦称是,于灯轮下踏歌三日夜,欢乐之极,未始有之"[2]。另外,在其他洞窟如第217窟观经变中的建筑画,可理解为唐长安大型寺观或殿堂建筑的缩影,第217、103二窟尊胜经变中大型的青绿山水画,极有可能是李思训、李昭道父子等在长安大明宫大同殿等处所绘大型山水画的局部影像。

敦煌唐代洞窟壁画维摩诘经变中的各国王子礼佛图和涅槃经变中的各国王子举哀图,其图本极有可能来源于以阎立本《职贡图》为代表的,当时在长安出现并流行的各类《王会图》《职贡图》。因此,敦煌壁画中各国王子礼佛图和各国王子举哀图,可以认为是大唐长安最具国际性的标志性历史事件"万国来会""万国来朝""万国衣冠拜冕旒"的形象反

---

[1] 沙武田:《一幅珍贵的唐长安夜间乐舞图——以莫高窟第220窟舞蹈图中灯为中心的解读》,《敦煌研究》2015年第5期,第34—44页。
[2] 〔唐〕张鷟撰,赵守俨点校:《朝野佥载》,中华书局,1979年,第69页。

映[1]，是丝路盛景在长安城最集中的图像记录，也是长安的盛世影像，甚为珍贵。

敦煌壁画对唐长安社会物质生活的图像记忆，内涵丰富，涉及面广，不一而足，但客观地说，这方面的研究还存在很多的空白点，未来的路任重而道远。

二、以图像的方式记录并再现唐代吐蕃的历史

对于唐代吐蕃历史的认识和研究，主要利用的是汉文传统典籍文献、敦煌本土社会历史文书、敦煌藏文写经、新疆出土吐蕃木牍、后弘期成书的系列吐蕃历史文献，这方面学术界已有丰富的研究成果。但敦煌在吐蕃统治阶段（786—848），莫高窟、榆林窟的佛教洞窟营建没有受到影响，因此在吐蕃统治短短的60多年时间里，留下洞窟近60窟，接近一年一窟的速度，洞窟均为中小型窟，且壁画内容一反之前整壁一铺经变画的形式而变为一壁多铺经变画，形成典型的"一窟之中宛然三界，方丈室内化尽十方"[2]的佛国世界，洞窟壁画题材更加丰富，内容更加广泛。[3]虽然吐蕃时期的洞窟功德主以汉人世家大族居多，但其中也有吐蕃统治者和吐蕃人参与的事实，如榆林窟第25、15窟有可能是以吐蕃大相尚乞心儿为功德主[4]，莫高窟第93窟也是属于吐蕃人的功德窟[5]，莫高窟第159窟有可能是后来和张议潮、安景旻等三支力量一起推翻了吐蕃统治率领退浑、通颊的"部落使"阎英达的功德窟[6]，莫高窟第361窟也是吐蕃上层统治者的功德窟[7]，莫高窟第158窟则属吐蕃统治者参与下的涅槃大窟[8]。所以在这些洞窟中出现以传统的唐风为主体的各类经变画，一方面，反映了当时唐地流行绘画影响力之大，同时也说

---

① 李昀：《万国衣冠拜冕旒——敦煌壁画中的进贡者形象》，载中山大学艺术史研究中心编《艺术史研究》第十九辑，中山大学出版社，2017年，第169—206页。
② 参见［日］藤枝晃：《敦煌千佛洞の中兴》，《东方学报（京都）》第35卷，1965年，京都；荣新江：《敦煌写本〈敕河西节度兵部尚书张公德政之碑〉校考》，载《周一良先生八十生日纪念论文集》，中国社会科学出版社，1993年；马德：《敦煌莫高窟史研究》附录"莫高窟史料小辑"7录文，甘肃教育出版社，1996年，第302页。
③ 对敦煌吐蕃期洞窟研究，可参考沙武田《吐蕃统治时期敦煌石窟研究》，中国社会科学出版社，2013年。
④ 沙武田：《榆林窟第25窟——敦煌图像中的唐蕃关系》，商务印书馆，2016年。
⑤ 沙武田、赵蓉：《吐蕃人与敦煌石窟营建——以莫高窟第93窟为中心》，《藏学学刊》第七辑，四川大学出版社，2011年，第26—48页。
⑥ 梁红、沙武田：《张议潮的政治联盟窟——莫高窟第156窟营建史再探》，《敦煌研究》2022年第6期，第23—34页。
⑦ 赵晓星：《梵殊室严：敦煌莫高窟第361窟研究》，甘肃人民美术出版社，2017年，第207—230页。
⑧ 沙武田：《敦煌莫高窟第158窟与粟特人关系试考》，《艺术设计研究》2010年第1、2期，第16—22、29—36页。

图 4　莫高窟第 220 窟胡旋乐舞图线图（局部）（谢成水绘）

明吐蕃统治者在向唐人全面学习的过程中，特别是佛教艺术方面也全面接受了长安洛阳等地流行的大型经变画的事实。文献记载，吐蕃就曾于长庆四年（824）向唐求五台山图，之前文成公主和金城公主入藏均带去包括佛像、佛画在内的汉地艺术品，而吐蕃在占领陇右和河西各地后肯定也在这些地方的寺院中看到数量丰富、艺术水平高超的经变画艺术。吐蕃占领敦煌后，之所以第一时间邀请当时已经 70 余岁高龄的汉地名僧昙旷前往逻些供赞普问法，在昙旷无法前往的情况下，又请敦煌僧人摩诃衍前往逻些弘扬汉地佛教。这一系列举动均说明吐蕃境内存在数量可观的唐风佛教绘画和雕塑艺术品的可能性。

另一方面，至今仍清晰而完好地保存在敦煌洞窟壁画中数量丰富的吐蕃装供养人，以莫高窟第 359、158、361 等窟为代表，尤其是第 359 窟中粟特石姓一个家族四代 77 口人中的

男性几乎全是吐蕃着装,且有不同的服饰和帽式,实是完整记录吐蕃服饰的影像史料。①这一时期洞窟维摩诘经变中出现的吐蕃赞普礼佛图,其中以莫高窟第159窟吐蕃赞普服饰为例:赞普头戴红色朝霞冠,平顶,上系红抹额,脑后结系,露出向下垂的头巾角,冠帽与头

---

① 沙武田:《莫高窟吐蕃期洞窟第359窟供养人画像研究——兼谈粟特九姓胡人对吐蕃统治敦煌的态度》,《敦煌研究》2010年第5期,第12—24页。沙武田:《敦煌的粟特胡人画像——莫高窟第359窟主室东壁门上新释读一身石姓男供养像札记》,载樊锦诗、荣新江、林世田主编《敦煌文献、考古、艺术综合研究——纪念向达教授诞辰110周年国际学术研讨会论文集》,中华书局,2011年,第262—276页。沙武田:《吐蕃统治下敦煌的一个粟特人家族——以莫高窟第359窟供养人画像为中心》,载荣新江、罗丰主编《粟特人在中国:考古发现与出土文献的新印证》,科学出版社,2016年,第436—565页。

图 5　莫高窟中唐第 159 窟维摩诘经变吐蕃赞普礼佛图

图 6　瓜州榆林窟第 25 窟弥勒经变婚嫁图

发相交处有一道白边，似是露出帽子的内衬。耳两侧束髻，红色发绳交叉固定。颈戴红色圆珠链饰。身穿白色左衽翻领袍，领口内露出深色交领襦衫，肩披灰黄色大虫皮（虎皮或豹皮）云肩，长袖几乎垂到地面，袖端饰虎皮袖缘。腰系革带，上有间隔的红色銙状小环。袍身侧面从髋部即可看到开衩，从开衩处可见内穿的深色上襦，下着的绿色红缘重裙，以及重裙里面穿的白色裤子，足蹬乌皮靴。左后腰佩短刀，刀柄上方可以看到翻领处有一红绳打结，左端隐于翻领内，右端似绕到背后，应属典型的吐蕃赞普礼服（图 5）。如此完整地描述吐蕃最高统治者赞普及其出行和前后随侍的场面，只能出现在吐蕃本土或其统治区域。所以，敦煌石窟中的几幅赞普画像，对我们今天了解、想象、复原文献中有大量记录的吐蕃统治阶层尤其是历代赞普的形象，实是一手考古史料，当然更是研究吐蕃历史文化的珍贵影像。这样的作品即使吐蕃本土也没有留存下来，因此其价值之高，不言而喻。

至于敦煌壁画以其独特绘画语言所记录下来涉及唐蕃关系方方面面的内容，同样是敦煌壁画独到的历史贡献。如榆林窟第25窟弥勒经变中唐蕃联姻的场面（图6），莫高窟第158窟涅槃经变中吐蕃赞普和唐朝皇帝并列的画面，还有这一时期维摩诘经变中中原帝王和吐蕃赞普对应出现的画面，第154窟金光明经变中驱赶大象的吐蕃人和唐人，等等。这些都是唐蕃关系的重要图像遗存。

三、丰富并扩充归义军历史研究的内涵

对归义军历史的研究，正史所记寥寥无几，至为简略，然而，藏经洞保存有非常丰富的归义军史料文献，所以经过学术界一个多世纪的努力，对归义军的历史有了全面而准确的认识，以荣新江《归义军史研究》[1]为代表，另有以郑炳林为代表的兰州大学敦煌学研究所团队对归义军历史全方位的研究成果[2]，还有杨宝玉、吴丽娱《归义军政权与中央关系研究》[3]，等等。通过对敦煌资料的爬梳，一部完整而清晰的归义军历史呈现在世人的面前。唐末、五代、宋初，处在河西走廊西端一个西北地方小政权的历史被清晰地构建起来，是敦煌学对历史研究重大贡献的一个典范。

在归义军历史的构建过程中，除了藏经洞的写本文献之外，敦煌石窟壁画图像资料是构建归义军历史的重要宝库。那些洞窟中成组成群频繁出现的张氏、曹氏以及其他世家大族男女供养人画像，包括寺院僧人群体供养像，以莫高窟第

图 7-1 莫高窟第 98 窟主室内景

---

[1] 荣新江：《归义军史研究——唐宋时代敦煌历史考索》，上海古籍出版社，1996年。
[2] 参见兰州大学敦煌学研究所、郑炳林主编《敦煌归义军史专题研究》《敦煌归义军史专题研究续编》《敦煌归义军史专题研究三编》《敦煌归义军史专题研究四编》等。
[3] 杨宝玉、吴丽娱：《归义军政权与中央关系研究》，中国社会科学出版社，2015年。

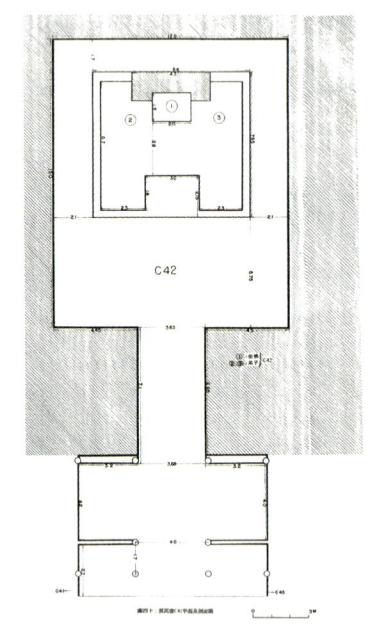

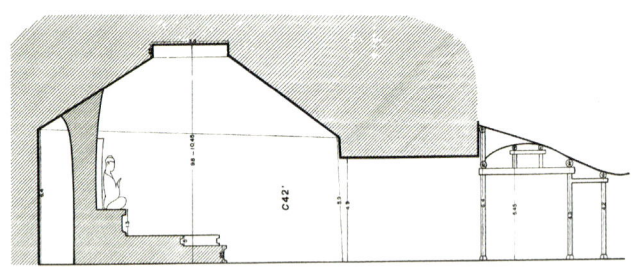

图 7-2　莫高窟第 98 窟平剖面图（石璋如测绘）

图 8　莫高窟第 98 窟甬道北壁张氏男供养人群像

图 9　莫高窟第 98 窟内曹氏归义军诸节度押衙供养像

98窟为代表（图7），在这个洞窟中几乎画入了当时曹氏归义军政权建立之初和归义军有关系的方方面面的社会群体。这里有张氏家族男性群体像（图8），也有曹氏家族男性群体像，有归义军衙署各级官员群体像——其中有为数众多的归义军节度押衙类群体（图9），有瓜沙两地各大寺院的僧人群体像，甚至出现了和归义军有联姻的于阗国王、王后像（图10），还有同归义军联姻的甘州回鹘人的供养像，这样的洞窟可以说是曹氏归义军的政治联盟窟。通过洞窟营建拉拢瓜沙各界力量，稳定归义军政权，这些人物画像一并画入洞窟留存至今，可以认为是中古历史中极具形象史学特色的文化遗存，在历史研究中极为少见。

另外，归义军时期超大型洞窟的频繁营建，真人大小供养画像的成群反复被绘制，大规模出行图被绘制在佛教洞窟中,包括大型的五台山地理地图被绘制在曹元忠的功德窟"文殊堂"第61窟中,以及在洞窟中大面积集中绘制反映于阗建国和佛国于阗的瑞像和史迹画,甚至在维摩诘经变中选择以超大规模出现各国王子礼佛的场景,都在说明归义军地方依托佛教维护地方政权统治的手段和方法,同时也在强调归义军作为地方小政权背景下独立求生存的艰辛,以及因此而与中原五代、宋、辽和于阗、甘州回鹘、西州回鹘之间周旋的曲折历史画面。

归义军时期大窟的频繁出现,真人大小供养人画像群体不断地展示,窟顶藻井井心开始使用团龙团凤的龙凤图案,且往往以四龙、五龙的独特形式呈现,加上龙王礼佛图像的开始流行,文殊信仰的不断提升,对以大型巨幅凉州瑞像为代表的地方保护神的反复出现,均在强调归义军地方王权意识的加强,是和敦煌藏经洞写本文书中不断出现曹议金、曹元忠、曹延禄、曹宗寿、曹贤顺等节度使先后出现"曹大王""拓西大王""瓜沙州大王""沙州敦煌回鹘郡王"等称号相一致,是归义军最后发展成为西北独立的一个地方小政权的图像遗存。因此,从这个意义上来讲,敦煌洞窟及其壁画的研究,实是归义军历史内涵延展的重要推手。

图 10-1 莫高窟第 98 窟于阗国王李圣天供养像

四、重新认识并重写西夏艺术史

元代不修西夏史,同样,画史文献中也完全没有西夏绘画的踪影,所以长期以来对西夏艺术史的认识起源于 1909 年俄国科兹洛夫探险队黑水城绘画品的发现。20 世纪 60 年代敦煌西夏洞窟的调查揭示,以及 20 世纪后半期宁夏、甘肃、内蒙古境内西夏文物考古的陆续发现,在这些文物考古资料认识和研究的基础上,陆续出版了韩小忙、孙昌盛、陈悦新《西夏美术史》[1]、汤晓芳、陈育宁《西夏艺术史》[2]。但由于长期以来西夏学界对敦煌石窟西夏洞窟的真实面貌了解有局限,没有人有条件专门调查西夏洞窟;而敦煌学界对西夏洞窟的研究进展并不理想,至少可以说在《西夏艺术史》出版后,敦煌学界仍然停留在 20 世

---

[1] 韩小忙、孙昌盛、陈悦新:《西夏美术史》,文物出版社,2001 年。
[2] 汤晓芳、陈育宁:《西夏艺术史》,上海三联书店,2010 年。

图 10-2　莫高窟第 98 窟于阗国王曹氏夫人供养像

纪后期敦煌研究院以刘玉权为主力的研究状况，势单力薄，后续的研究没有跟上，更加不理想的是，以刘先生为核心力量的研究仍然停留在莫高窟汉传洞窟[1]，对西夏时期藏传图像的传播和影响认识严重不足，所以整体对西夏石窟的研究可以说还停留在洞窟表象的认识，没有深入其中的堂奥。

真正意义上揭开西夏艺术史神秘而又深厚面貌的，是以谢继胜团队为代表的藏传艺术史学者对黑水城唐卡、莫高窟第 465 窟[2]、瓜州榆林窟第 3 窟[3]和瓜州东千佛洞第 2、5 窟的研究[4]。这些研究着力解决的是西夏时期以藏传佛教图像为代表，同时又融合汉传图像的汉藏融合、显密圆融的西夏艺术史，这种受到宋、辽、金和回鹘、西藏，甚至东印度波罗艺术影响的西夏艺术，才是真正意义上的西夏艺术的精神和面貌。[5]

---

[1] 刘玉权：《敦煌莫高窟、安西榆林窟西夏洞窟分期》，载敦煌文物研究所编《敦煌研究文集》，甘肃人民出版社，1982 年，第 273—318 页。

[2] 谢继胜：《关于敦煌第 465 窟断代的几个问题》，《中国藏学》2000 年第 3、4 期，第 75—92 页、第 75—90 页；《莫高窟第 465 窟壁画绘于西夏考》，《中国藏学》2003 年第 2 期，第 69—79 页；《敦煌莫高窟第 465 窟壁画双身图像辨识》，《敦煌研究》2001 年第 3 期，第 1—11 页；《西夏藏传绘画——黑水城出土西夏唐卡研究》，河北教育出版社，2002 年。阮丽：《敦煌石窟曼荼罗图像研究》，中央美术学院博士学位论文，2012 年。

[3] 贾维维：《榆林窟第三窟壁画与文本研究》，浙江大学出版社，2020 年。

[4] 常红红：《甘肃瓜州东千佛洞第五窟研究》，首都师范大学硕士学位论文，2011 年；常红红：《瓜州东千佛洞第二窟研究》，首都师范大学博士学位论文，2015 年。

[5] 谢继胜主编：《藏传佛教艺术发展史》，上海书画出版社，2010 年。

图 11　莫高窟第 464 窟前室内景

近年来，"敦煌西夏石窟研究"大项目课题组在诸多成员共同的努力下，分别就莫高窟、榆林窟、东千佛洞、五个庙西夏洞窟展开专题的调查和研究。在来自不同学术背景研究者的共同探讨下，首次对西夏佛教艺术史有了全面而完全不同的认识，看到了以莫高窟汉传洞窟为主的走向极简化的西夏经变画出现的历史背景和其变化原因[1]；看到了以莫高窟汉传洞窟为主的西夏时期沙州地方集体官方营建洞窟的可能性[2]；看到了以莫高窟第61窟甬道为主的西夏仪式性佛教洞窟和图像关系[3]；看到了以第464窟为代表的两次重修时形成的集礼佛、藏经、瘗埋为一体的华严架构下的一个西夏洞窟（图11）[4]，重新认识和解读之前统一以"供养菩萨"命名的实属华严海会菩萨的西夏佛教图像[5]；看到了在唐宋净土、华严、法华等传统思想架构下的汉藏共存、显密互动下的榆林窟第3窟、第4窟和

---

[1] 沙武田：《读图的厚背景和被表象误导的历史图像——重新认识敦煌西夏石窟艺术史之面貌及其内涵》，载《丝绸之路研究集刊》第五辑，商务印书馆，2020年，第287—314页。

[2] 沙武田：《敦煌西夏石窟营建史构建》，《西夏研究》2018年第1期，第3—16页；沙武田：《西夏时期莫高窟的营建——以供养人缺失现象为中心》，《西夏学》第十五辑，甘肃人民出版社，2018年，第101—127页。

[3] 沙武田：《西夏仪式佛教的图像——莫高窟第61窟甬道炽盛光佛巡行图的几点思考》，《四川文物》2020年第3期，第92—111页。

[4] 沙武田：《礼佛窟、藏经窟、瘗窟——莫高窟第464窟营建史考论》（上），《故宫博物院院刊》2021年第7期，第24—38页；沙武田：《礼佛窟、藏经窟、瘗窟——莫高窟第464窟营建史考论》（下），《故宫博物院院刊》2021年第8期，第39—50页。

[5] 李志军：《敦煌西夏石窟造像思想研究》，陕西师范大学博士学位论文，2021年。

图 12　莫高窟西夏第 465 窟北壁曼荼罗一铺

东千佛洞第 2、5、7 窟西夏多元艺术史面貌；也看到了以西夏佛教经版画为代表的受到宋金版画影响的另一条西夏佛教艺术面貌即西夏版画艺术；同时还看到了受这一时期版画影响下的榆林窟第 2 窟一处以文殊为主尊的西夏时期的"文殊堂"，而整体上重新认知受到西夏"官方佛教"和"地方佛教"两大系统双重背景影响下的西夏佛教对敦煌石窟的深刻影响[1]，进而深入到西夏佛教历史面貌新认识的本质。

尤其是把莫高窟第 465 窟判定为西夏时期藏传密教曼荼罗从雪域高原移植到丝路敦煌，强调八大尸林所体现出来的藏传佛教特有的密法与修行观念（图 12），同时又加入受汉地佛教影响的窟顶全新的七佛系统（图 13），成为这一时期"神系重构"的典范[2]，这让我们看到西夏佛教建构全新佛教体系的尝试，以及对佛法修持的努力。

研究敦煌西夏石窟艺术的同时，必须要和以黑水城西夏文献为主所揭示出来的全新的西夏佛教历史、佛教思想、佛教特征相结合，尤其要看到西夏时期以皇室为代表的大规模的佛教活动背后的佛教历史，以及西夏人重视佛教实践的观念，诸如西夏佛教对仪式、修行、念咒、礼忏、护摩、烧施等佛教实践的重视，需要结合黑水城文献中大量从藏文翻译而来的要门、陀罗尼、真言。通过这一时期新译密续的文本，就可以理解敦煌西夏洞窟富于变

---

[1] [俄]索罗宁：《西夏佛教之"系统性"初探》，《世界宗教研究》2013 年第 4 期，第 22—38 页；[俄]索罗宁：《〈金刚般若经颂科次纂要义解略记〉序及西夏汉藏佛教的一面》，《中国藏学》2016 年第 2 期，第 93—102 页。

[2] 廖旸：《从黑水城星曜曼荼罗看汉藏夏之间的文化勾连》，《敦煌研究》2018 年第 4 期，第 31—44 页；《11—15 世纪佛教艺术中的神系重构》，载沈卫荣主编《大喜乐与大圆满：庆祝谈锡永先生八十华诞汉藏佛学研究论集》，中国藏学出版社，2014 年，第 410—440 页。

图 13　莫高窟第 465 窟窟顶五方佛曼荼罗

化和思想深邃的真正内涵。[1]

以上这些都是近年来我们从事西夏石窟研究的新收获和新发现,无疑是敦煌石窟对西夏艺术史的重要贡献,也是重写西夏艺术史的根本前提和学术基础。

总体而言,把西夏艺术史置于宋、辽、金、西夏等多元艺术体系中思考,重新认识11—13世纪多民族艺术交往交流交融的历史[2],在这个问题上敦煌石窟地位重要,因此不能忽视敦煌石窟在西夏历史文化研究中不可或缺的贡献和意义。

五、从形象史学的角度还原丝路交往交流交融的珍贵历史

对丝绸之路历史上多民族交往交流交融漫长而有趣的历史的探讨,是丝路研究永恒的主题。丝路文明最引人入迷之所在,即不同国家、不同地区、不同人种、不同民族、不同文化的交往交流交融,究其核心和基础则是人们的物质往来和交换。

---

[1] 沈卫荣、侯浩然:《文本与历史:藏传佛教历史叙事的形成和汉藏佛学研究的建构》,中国藏学出版社、北京大学出版社,2016年;沈卫荣:《西夏佛教文献与历史研究》,甘肃文化出版社,2018年。
[2] 相关问题谢继胜教授及其团队有诸多论述,可供参考,在此不一一罗列。

图 14　莫高窟第 45 窟观音经变胡商遇盗图（上壁画，下线图；关友惠绘）

比方说作为历史时期丝绸之路上最具影响力的丝绸贸易，且往往是以中国汉地所生产的品种丰富、样式变化多端的各类丝织品为代表。对于丝路上的丝绸贸易，传统典籍文献、敦煌吐鲁番文书均有丰富的记载。唐代诗人张籍在《凉州词》中所描述的"无数铃声遥过碛，应驮白练到安西"，是丝绸商品大规模流通的记录，但是这些均是文本中的丝绸形象，不具有历史形象感。作为历史长河中的最普通、最常见的物质，或者说丝路商品，我们更希望基于考古资料能够看到实物，因此丝路上大量丝织品的残片，或如敦煌藏经洞及北区洞窟发现的丝织物，包括吐鲁番、青海、河西走廊各地的吐蕃、吐谷浑大墓中出土的精美丝绸衣物就显得极为珍贵，但是考古发现的丝织物均是丝绸加工的物品或其残件，我们还是无

图 15-1　莫高窟北周第 296 窟福田经变商队出行图　　图 15-2　莫高窟第 303 窟窟顶法华经变普门品商人遇盗图

法看到作为商品的丝路贸易中丝织品的形象特征。

　　幸好有敦煌壁画可以帮助我们揭开历史之谜。以莫高窟第 45 窟观音经变中胡商遇盗图为代表的壁画画面中,我们就可以看到商人所携带的丝绢商品形象,是一小卷一小卷,十卷左右捆在一起包装(图 14)。在莫高窟第 217、103 二窟尊胜经变表现佛陀波利传法图中,也看到了完全一样的丝绸商品图像。这是以唐代皇帝给佛陀波利作为物质奖励品的形式呈现出来的,也是佛典文献所记"敕施僧绢三十匹"的图像表现。同类丝绢商品,在敦煌壁画报恩经变表现善友太子从大海取回的摩尼珠雨宝图中可以看到,在敦煌壁画弥勒经变见宝生厌的画面中可以看到,在金刚经变施七宝画面中也有出现。可以说,作为丝路贸易商品的绢、帛、练等丝绸商品,在敦煌壁画中有珍贵的图像留存,是活生生的丝路影像。[1]

　　另外,有关丝绸之路上行进的胡商、商队,也在敦煌洞窟壁画中有十分形象的记录,这一点学者们很早就注意到以莫高窟第 45 窟胡商遇盗图为代表的图像,还有莫高窟第 296、302 窟福田经变中出现的胡汉商队出行的场面(图 15)。但是我们特别注意到的一个现象,在这些丝路商队的画面中,其中的运输队伍,并不是像日常印象、教科书或常见宣传材料中所描述的那样,丝路上是以骆驼为主要的运输方式,而在敦煌壁画中我们看到了大量毛驴运输的场面,甚至在第 45 等窟壁画中的胡商队伍中就根本没有骆驼。这一现象是和敦煌吐鲁番过所文书中所记商队大量使用毛驴运输的史实相一致,也和我们在近现代相关记录

---

[1] 沙武田:《丝绸之路绢帛图像考——以敦煌画和唐墓骆驼俑为中心》,《考古学研究》第十一辑,北京大学出版社,2019 年,第 199—221 页。

图16　莫高窟隋代第420窟彩塑菩萨像衣裙联珠纹装饰

所反映出来在中亚西域各地以驴子运输的事实相符合。根据敦煌壁画，结合相关史料文献，我们发现丝路上商队运输并不是骆驼的专利，而其中毛驴有重要的贡献，其实这也正是丝路商队运输的真实历史。[1]

莫高窟隋代洞窟中大量随处可见的各式联珠纹图案，看似简单的一种波斯萨珊风格的纹样，其出现在佛衣上、菩萨的衣裙上（图16）、佛龛的边饰中，抛开本来严肃而严格的佛教规制，把联珠猪头纹画在佛的僧祇支上面[2]，把血腥的联珠狩猎纹绘制于慈悲的菩萨长裙

[1] 沙武田：《丝绸之路交通贸易图像——以敦煌画商人遇盗图为中心》，载《丝绸之路研究集刊》第一辑，商务印书馆，2017年，第122—155页。
[2] [意] Matteo Compareti: The Wild Boar Head Motif among the Paintings in Cave 420 at Dunhuang, 载《丝绸之路研究集刊》第六辑，商务印书馆，2021年，第280—298页。

上面,显然设计者和绘画者并没有过多考虑佛教的戒律和规范,只是对新传入丝路图样表现出强烈的热情。这一点正是我们看到隋代丝路"商侣相望,不绝于道"盛况下,带来的文化艺术的传播和交流新气象。

诸如此类的历史、图像和问题,是敦煌石窟展现给我们的一部客观而形象的丝路影像,是认识和研究丝路宝贵的考古形象材料,是丝路研究的重要方向,有独特的研究旨趣。

六、构建中古时期敦煌地方完整而富有特色的民间信仰体系

一部完整的敦煌石窟营建史是敦煌一千多年地方信仰最真切的记录和最形象的记忆,其中不同时期洞窟壁画题材内容的变化,都是敦煌民众信仰历史变化的真实轨迹,所以说洞窟壁画将丝路重镇"华戎所交一都会"的敦煌一千余年时间内丰富而多元的民间信仰,以有形的历史给予最真实客观的影像记录,是历史最珍贵的信仰史资料,是其他任何地方所没有的历史记忆。从这个角度而言,在中古史研究中,敦煌是一个最可行的历史观察点,是建构中古信仰最可靠的依托、证据和链条。正因为有敦煌一手资料的支撑,使得我们今天理解和阐释中古史相关问题时有了切入点,历史的可信度也相应增加。

当最早的敦煌洞窟北凉第268、272、275窟营建之初,敦煌人首次以石窟、洞窟彩塑和壁画的方式尝试表达他们所理解并信仰的佛教时,并没有全盘地接受沿丝路而来的犍陀罗地区和西域地区已经非常发达的佛教艺术,而是有所选择并取舍,在窟顶设计成为当时汉晋墓葬中表示"天",并和中国人自春秋战国以来已有的"三圆三方"宇宙观念相结合的覆斗顶方圆结合的藻井形式(图17),同时出现了汉晋时期在墓葬中大量出现表现天宫的阙形龛建筑(图18)。我们看到敦煌人对佛教理解的本地化,在佛教洞窟空间中加入和当地墓葬

图17 莫高窟北凉第268窟窟顶平棋藻井

图 18　莫高窟北凉第 275 窟阙形龛

图 19　莫高窟第 5 号塔藻井

升天观念密切相关的因素。到了西魏第249、285二窟，窟顶的天图像更是无比复杂，但仔细一梳理全部来自汉晋传统的墓葬图像系统，再结合表现"三圆三方"宇宙观念的藻井，是功德主和信众对佛教往生净土观念与传统的墓葬升天思想相结合的最普通的信仰需求的图像表达。如果再仔细观察还可以发现，这种往生佛国净土世界、升天成仙的思想观念一直伴随着洞窟营建的始终，以至于到了西夏时期人们在重新利用第285窟的小龛作为瘗埋僧人骨灰舍利时，其主要考虑的仍然是窟顶天图像的再利用。再到元代的莫高窟第5号塔顶的藻井（图19），以极具动感和旋转感的绘画方式，对信仰者观念中的天国世界作出最具艺术性的表现。这种极具想象力的图像表达，着实让人佩服古人对宇宙空间理解并形象化表达手法之高超，表明一千多年来人们的思想观念并没有发生根本性的改变，对那个未知的天国世界的想象和认知也没有表现出太大的区别。这实在是一个地方近2000年内，在信仰层面与思想观念上一脉相承的形象历史。

当然，有变化不大的思想观念，但也有变化极大的图像样式，单就千佛而言，从早期十六国北朝以服务于禅观为主的表现过去、现在、未来的"三世三千佛"，到隋唐时期以四方、十方观念为主的小千佛，再到晚唐五代宋时期流行的以《佛说佛名经》为主的千佛，往往和佛教礼忏发生关联，不过总体上表现大乘佛国世

图 20　莫高窟天王堂塔顶藻井

界的观念是千佛绘画的主体思想线索。[1]但到了曹氏归义军晚期大量流行的千佛变,则是受到了传自辽朝流行的 1052 年末法思潮的影响,是对佛法危难的图像表述,希望教示人们对法灭的警示,从这一点可以看到敦煌地方佛教信仰变化的另一面。[2]

还有像唐宋时期突出建筑空间感、极力表现天国世界美妙的各类大型经变画,到了归义军晚期和西夏早期,却完全走向简化的路线,甚至简化到经变画中不出现任何建筑空间和天国世界情景的描述,只以主尊佛环绕四周的供养菩萨,最多有几身化生童子。这样的图像变化的轨迹,只有在敦煌可以看到,是一个地方经一千多年时间在以绘画表现佛教信仰思想和观念时所发生的有趣现象。

到了归义军晚期和西夏时期,随着佛教信仰的多元化现象,以及新的丝路求法热潮的

---

[1] 贺世哲:《敦煌图像研究——十六国北朝卷》,甘肃教育出版社,2006 年。梁晓鹏:《敦煌莫高窟千佛图像研究》,民族出版社,2006 年。

[2] 梁尉英:《敦煌石窟贤劫千佛变相》,《1994 年敦煌学国际研讨会文集·石窟考古卷》,甘肃民族出版社,2000 年,第 26—53 页;梁尉英:《略论敦煌晚唐艺术的世俗化》,载敦煌研究院编《敦煌石窟艺术·莫高窟第 9、12 窟》,江苏美术出版社,1999 年,第 10—34 页。沙武田:《敦煌藏经洞封闭原因再探》,《中国史研究》2006 年第 3 期,第 61—73 页。

出现，从印度来华的译经僧如法天、施护、天息灾等不仅给这一时期新译密续的传入和传播提供了新鲜的血液。更甚者，在他们当中的一些人路经敦煌时曾经驻足这个丝路汇聚地，因此莫高窟出现了像天王堂、第76窟八塔变等明显受到印度波罗艺术新题材新图样影响的图像（图20）。从这一点来看，又是敦煌作为丝路前沿地对新的佛教艺术的敏锐与接受，这一点正是这个地方信仰持续变化的特有历史动因。

洞窟中供养人画像的设计和不断绘制，不仅把一个地方从十六国北朝以来的地方统治者、高僧大德、普通民众、下层官吏、低层僧众，尤其是在历史时期不易抛头露面的大量女性形象，十分形象而逼真地绘制在不同时期的不同洞窟中，其音容笑貌、婀娜体态可以保存千百年甚至更长的时间，这也是敦煌石窟对地方历史和地方信仰的重大贡献，是历史最真实人群的鲜活历史。这些历史形象不仅弥补了其他地方文字文献所未记载的缺憾，而且充实并丰富了敦煌的历史，如同一部部彩色电影胶片，有声有色。

所以说，建构中古时期一个地方的历史信仰，敦煌有最完整的图像遗存，研究的空间很大，但目前学术界还没有一部完整的敦煌地方信仰史著作，故这个问题的研究大有可为。

七、重新认识丝路南道佛国于阗的特色图像

古代于阗是丝路南道上重要的佛教都会，是大乘佛教的学术与传播中心，是佛教传入内地的重要中转站，有关于阗佛教和汉地的关系，国际学术史多有关注。对于丝路南道大国佛国于阗的佛教，汉文典籍文献、敦煌汉文和藏文文献、佛典中均有较多的记载。对于阗佛教图像的认识，除了和田地区在丹丹乌里克、达玛沟喀拉墩佛寺、热瓦克佛寺、杜瓦佛塔、巴拉瓦斯特遗址、亚依拉克遗址、约特干遗址、尼雅遗址等处发现的残破的寺院、佛塔、雕塑、壁画之外，在敦煌石窟唐五代宋时期的壁画中保存完好、数量丰富，且颇为集中的来自于阗的瑞像、史迹画，榜题文字也保存完好，在藏经洞还有这些瑞像史迹画榜题抄本留存。分别有佛瑞像、菩萨瑞像、神王像、圣迹图、传说故事画几类。其中，佛像类有于阗勃伽夷城瑞像、于阗故城瑞像、于阗媲摩城瑞像、于阗坎城瑞像、于阗海眼寺释迦圣容瑞像、释迦牟尼真容从王舍城腾空住海眼寺瑞像图、迦叶佛从舍卫国腾空于固城住瑞像、微波施佛从舍卫城腾空来在于阗住瑞像、结迦宋佛亦从舍卫国来在固城住瑞像、释迦牟尼佛从舍卫国腾空于固城住瑞像、伽你迦牟尼佛从舍卫国来在固城住瑞像、于阗玉河浴佛瑞像、于阗石佛瑞像、朱俱半国佛腾空于奴越寺住瑞像、牛头山像从耆山履空而来瑞像、弥勒佛随释迦牟尼现瑞像；菩萨像类有虚空藏菩萨于西玉河萨迦耶倦寺住瑞像、虚空藏菩萨守护于阗瑞像、弥勒菩萨随释迦牟尼佛来住汉城瑞像、如意轮菩萨手掌日月瑞像、文殊菩萨来降于阗国瑞像、普贤菩萨来降于阗国瑞像、大势至菩萨来降于阗国瑞像、妙吉祥菩萨守护

图 21　莫高窟晚唐第 9 窟甬道顶于阗瑞像史迹画集

图 22　榆林窟五代第 33 窟瑞像史迹画集

于阗瑞像、金刚手菩萨守护于阗国瑞像等 10 余种；神王类主要是指守护于阗的八大神（图 21），还有于阗牛头山圣迹图、毗沙门天王与舍利弗决海建于阗国的故事画。这些图像从莫高窟盛唐洞窟出现，中唐吐蕃时期流行，到晚唐五代宋归义军时期成为洞窟中的一类常见题材（图 22）。[1]

以上大量而完整的于阗瑞像、史迹画出现在敦煌的洞窟壁画中，不仅仅反映丝路上敦煌和于阗交流的密切关系。敦煌人能够全盘接受这些来自于阗且全部是表现佛法守护于阗的富有浓厚地方特色的一类图像，则似乎说明作为丝路"华戎所交一都会"的敦煌对于阗佛教的态度，以及敦煌地区特有的丝路融通精神。

对我们今天从人类文明交往交流交融的视角观察丝路文化艺术的交流，敦煌洞窟壁画中出现和留存的丰富而完整的于阗瑞像史迹画，是我们重新认识丝路南道佛国于阗佛教的重要图像资料。截至目前，虽然在古于阗地区发现的众多的佛寺、佛塔遗址中并没有看到和敦煌洞窟壁画于阗瑞像史迹画相似的遗存，但是我们有充足的理由相信，出现在敦煌的

---

[1] 敦煌研究院编，孙修身主编：《敦煌石窟全集 12·佛教东传故事画卷》，上海人民出版社，2000 年，第 67—118 页。

这些瑞像史迹画，其原本的图像粉本应该是出现于于阗本地的佛教寺院中的内容，经丝路而传入敦煌地区并被敦煌人所热爱，不过其传播路线有直接或间接传入的情形。所以，敦煌的这些于阗瑞像史迹画是重新认识丝路南道佛国于阗佛教信仰的珍贵资料，张广达、荣新江、孙修身、张小刚、朱丽双等已有相关的研究，已经揭示出诸多鲜为人知且饶有趣味的于阗佛教历史的侧影。[1] 不过，如何把这些敦煌的于阗图像恢复到于阗本土的寺院空间或信仰体系当中，其实是另一个艰巨的学术课题和学术使命。

以上，我们从七个不同的方面，简单梳理了敦煌石窟对中古历史研究的独特贡献。事实上，这只是敦煌石窟学术意义的一个缩影，考虑到敦煌石窟中海量的历史信息及敦煌石窟对于历史研究所特有的贡献和意义，可以从形象史学、影像史学、以图证史、石窟皆史、考古材料的史学阐释等新的历史学理论、方法、手段、视角出发，其学术地位和历史研究的旨趣显然非简单论述所能够体现出来，还需学者们从各自不同的领域出发，进行归纳总结，方可勾勒出敦煌石窟的历史地位、学术地位和学术意义。并以此为指引，在各自的学科领域和学术方向上奋力前行，勇担历史重担，勇攀学术高峰，只有如此，"敦煌学高地建设"的时代任务和学术目标方可达到。

总体而言，敦煌石窟在诸多方面的研究才刚刚开始，洞窟中有太多的问题仍然是学术的珠峰，要真正完全揭开这些历史的谜团，研究的路还很长，可谓任重而道远。对真正有志于敦煌石窟研究的青年学生而言，敦煌石窟研究中的学术富矿及其学术魅力是无穷的。

---

[1] 张广达、荣新江：《于阗史丛考》，上海书店，1993年；陈粟裕：《从于阗到敦煌——以唐宋时期图像的东传为中心》，方志出版社，2014年，第106—194页；荣新江、朱丽双：《于阗与敦煌》，甘肃教育出版社，2013年，第243—318页；张小刚：《敦煌佛教感通画研究》，甘肃教育出版社，2015年，第125—210页。

第一章 敦煌石窟与形象史学

一、作为形象史学研究对象的敦煌石窟

面对被誉为"世界艺术长廊"的敦煌石窟群和百年来敦煌学界丰富的学术成果,来谈对"形象史学"的思考,表面上看是不缺少资料的支撑。然而,研究内容过于丰富,使得对此问题的梳理有较大困难,有千头万绪的感觉,似乎敦煌洞窟中任何一幅壁画拿来都是形象史学盛宴中一道色香味俱全的美味。而类似的和完全相同的研究理论、思想与方法被学术界广泛运用,也使得"历史回头看式"的方法论总结显得有些苍白。但为了推动学术研究,理论与方法的凝练总是有必要的。

"形象史学"作为新兴的历史学研究方法论和全新的历史观察视角[1],其最基本的前提是作为研究对象即人类历史进程中"形象"资料的客观存在及其丰富性。人类历史是过去式,发生即历史,历史时期的人和我们今天一样要生产生活,有衣食住行,有你来我往,有政治、经济、艺术、文化、宗教……人类的任何行为都是历史"影像"。我们今天可以用高科技留住日常生活中任何细微的画面,古代人们的历史画面则是通过各类文字文献、考古遗存、各种形式的图像等载体片段式记载了下来。文字文献即典籍史料,是传统史学的核心材料。形象史学的任务,即是通过对这些碎片式的考古遗存、不完整的图像做分析研究,以阐释相关的历史问题,以求尽可能复原历史的真实。而形象史学在庞杂的考古遗存及各类图像资料中,敦煌石窟最具代表性。因此,敦煌石窟既具备历史考古遗存的特征,又拥有大量的图像资料,可以说是形象史学研究的富矿。

敦煌石窟是对中古时期一千余年间历代敦煌人宗教信仰活动的图像记载,从十六国北朝(北魏、西魏、北周)以来,历经隋、唐(初唐、盛唐、吐蕃时期、晚唐归义军时期)、五代宋(曹氏归义军时期)、沙州回鹘、西夏、元、明、清、民国,没有中断,因此至少可以说是

---

[1] 有关形象史学的讨论,参见张号:《从历史图像学到形象史学》,载《形象史学研究》,人民出版社,2013年;刘中玉:《形象史学:文化史研究的新方向》,《河北学刊》2014年第1期,第19—22页;郑岩:《从图像、史境到形象史学》,《中国社会科学报》2014年9月12日,第A06版。

一部完整的敦煌区域"形象的历史"[1]，是敦煌区域历史的形象记忆，其具体的存在形式即是洞窟、彩塑、壁画、纸画、绢画、麻布画、木雕、模印等，这些都是形象史学面对的课题。

纵观人类历史文化遗存，没有第二个像敦煌一样，在一千多年时间里没有间断经营。作为地方信仰的宗教中心，不同时期营建新洞窟的同时，又积极地维修、管理历史时期的旧洞窟，使得一个地方宗教信仰的历史脉络绵延有续。这种延续最终是通过形象历史的形式呈现出来，有极强的"可视性"，是"看得见的历史"。这与故纸堆字里行间的历史相辅相成，但呈现方式有本质的区别，其呈现出来的历史画面感也有天壤之别，一个是直接的和具象的，一个是间接的和抽象的。因此，今天我们在敦煌看到的每一所洞窟是不同历史时期的一段历史镜像，任何一幅壁画也是不同历史时期的历史画面和历史记忆，无疑都是形象史学最青睐的对象。

对于敦煌石窟而言，今天的任何研究，或从洞窟整体出发，或从单幅壁画出发；或针对一类图像的讨论，或抓住一个画面分析；或集中于同一时代的洞窟壁画，或观察不同时期的图像；或着眼于壁画艺术风格，或着眼于壁画的内容；或研究整体画面的题材来源，或研究画面中人物情景组合的历史叙事；或关注画面中较大的场景，或关注画面中细小的单元；或出于宗教信仰的需求，或本着学术研究的精神；或以最传统的手段阅读，或以最现代的技术提取；或仅仅是一般的参观，或完全出于学术的钻研……各取所需，命题不一样，问题取向完全不同。正所谓五花八门，不一而足。但有一点是不变的，即均需从洞窟、从壁画出发，即均是对有形的、可视的、可见的历史的阐释和解读。

面对敦煌石窟，任何个人的、集体的主观行为（以学术研究为主），有三点认识和意义始终是不变的：

第一，面对丰富的敦煌石窟历史文化遗产，只有通过研究、解读、欣赏、临摹、拍摄、参观、保护等人的客观行为，才能体现其历史和现实的双重价值与意义。

第二，所有的研究、解读、欣赏、临摹、拍摄、参观、保护都是基于石窟及其中的壁画，是面对历史实物的主观行为。

第三，任何研究、解读、欣赏、临摹、拍摄、参观、保护的主观行为，都可以理解为"形象史学"范畴，即把敦煌洞窟壁画作为一类珍贵的历史图像，甚至可以说是珍贵的"历史文献"，把其作为特定历史的图像留存，以图证史，以图说史，追寻图像背后的历史。

要实现上述三点认识和意义，其核心前提是把敦煌石窟作为"形象史学"宝贵资料的

---

[1] 段文杰：《形象的历史——谈敦煌壁画的历史价值》，《敦煌学辑刊》第1辑，1980年，第4—17页；载《敦煌石窟艺术论集》，甘肃人民出版社，1988年，第108—134页；另载《段文杰敦煌石窟艺术论文集》，甘肃人民出版社，1994年，第108—134页；又载《敦煌石窟艺术研究》，甘肃人民出版社，2007年，第269—293页。

基本定位。这也符合敦煌洞窟资料的"画面性""可视性"等基本特性。

二、敦煌石窟提升形象史学研究的必要性

形象史学立足于丰富的考古形象资料和各类形式的有形资料，通过形象史学特有的研究理路与方法，即对图形的全面综合分析解读，对特定的历史问题作出全新的观察，对传统的历史学、文献学研究所无法触及的命题往往有意想不到的收获。比如，被学术界讨论了几十年的长沙马王堆帛画，一幅墓葬帛画可以对一个传统的史学命题即墓葬生死观提出广阔的讨论空间。[1]唐长安大明宫考古遗址的揭示，结合丰富的唐代文献资料，基本可以复原作为当时世界权力中心的特有建筑格局与样式的功能。[2]但是大量的考古墓葬、遗址形象资料所揭示出来的往往也仅仅是一个专题式的历史命题，而敦煌石窟则完全不一样，敦煌壁画被认为是中古社会的"形象历史"，包罗万象，其中不仅仅是不同历史时期的艺术呈现，更重要的是壁画中记载下来的百科全书式的历史画面。这里有历史时期人们现实社会生活真实的衣食住行的景象，有丰富的不同阶层人们生产生活的形象史料，是包罗万象式的形象史学。[3]

因此，敦煌石窟有非常丰富的形象史料，是形象史学研究的前沿阵地，有排头兵式的地位和意义。敦煌的洞窟与壁画所具有的考古一手资料特性，画面的历史真实性和形象性，画面记载强调日常生活细节的特性，都可以为形象史学研究的必要性和意义做完美的注解。

三、敦煌石窟对形象史学的特殊意义

历史学的任务是解释人类漫长历史中的基本现象和规律，其基本的精神是追求历史的客观与真实。有文字记载的人类历史是非常有限的，时间越久远，历史越模糊。即使是有文字记载的历史，文字当中的历史有"历史书写"[4]所可能暗含的各种各样的疑惑与问题，

---

[1] [美]巫鸿著，邓岩、王睿编，邓岩等译：《礼仪中的美术——巫鸿中国古代美术史文编》，生活·读书·新知三联书店，2005年，第101—122页。
[2] 杜文玉：《唐大明宫研究》，中国社会科学出版社，2015年。
[3] 参考敦煌研究院编，(香港)商务印书馆出版的26卷本《敦煌石窟全集》，其中包括建筑画卷、服饰画卷、交通画卷、民俗画卷、科学技术画卷、音乐画卷、舞蹈画卷、洞窟画卷、飞天画卷、图案画卷及各类经变画卷。
[4] "历史书写"成为今天史学研究的一个时髦的命题，学术界从不同的视角对这一命题作过阐释。我们在这里强调的是文字书写中的主观和感情因素对历史事实的左右，从而造成不真实历史的客观存在。

图 1-1　莫高窟初唐第 375 窟主室北半部（下层供养人一圈）

像正史中的人物传记，当权者的态度、作者的好恶、当下的社会价值取向等等，都有可能影响对一个历史人物记载的取舍、评价、态度。

　　敦煌壁画中的人物总体上是为了解释佛经语言文字和义理思想，是绘画语言的需要，因此敦煌壁画中的人物、场景是借用来的历史画面，没有过多的规范和约束，只注重画面情节故事的表达，反而使得其中的人物与情景更显真实。另外，正史和大多的文字文献所记载的历史，往往是国家、政治、帝王将相的历史，总之是较为宏观的历史，至少是关注度较高的历史事件、场景和人物，但敦煌壁画在绘制之初是没有这些需求和价值取向的。只要能够表达佛教思想，能够达到佛教供养功德目的，都可以入画。进入洞窟中的功德主和供养人，包括家族男女老少（图 1-1），没有过多的社会地位的限制，不存在性别歧视。这样的形象史学，可以达到历史求真的基本要求，因此必然是形象史学最值得关注的对象。因此，从这个角度来讲，敦煌石窟可以大大提升形象史学研究的意义。

四、敦煌石窟是形象史学最佳的资料库

可以说,没有任何一处遗址能够留下像敦煌石窟如此丰富的形象史料,即使是规模庞大的云冈石窟、龙门石窟、大足石窟,因为这些石窟群使用具有艺术画面表达制约性的雕刻技法,加上这些石窟时代较敦煌要更为集中,其各自的历史延续时间有限,远不如敦煌的丰富。至于数量庞大的历代墓葬考古形象资料,虽然其总数量让人惊叹,但是同时期、同区域的墓葬往往大同小异,加上历史和人为的破坏,其中多有残毁,保存往往是不理想的,要想恢复原貌并不容易。即使是经科学考古发掘者,也很少有能够原址保存下来的,因此仍无法见到其原本的面貌,其中的各类器物等陪葬品经考古提取进入博物馆后,原本的信息多半不见了,加上考古报告的撰写,基本上是以出土物的种类分门别类式地描述与介绍,打乱了相互之间在墓葬这一特定空间内原本的组合关系。这些行为和做法都使得对墓葬形象资料的信息提取大打折扣,使得墓葬形象史学的研究总是不尽如人意。而敦煌的洞窟则完全不同,即使是最早的北凉三窟(图 1-2),今天进去的面貌和一千多年前差别也不大,基本上是原汁原味的画面,建筑空间结构也未改变。另外像博物馆的藏品,虽然内容丰富,

图 1-2 莫高窟北凉第 272 窟主室空间

图 1-3-1　莫高窟第 194 窟龛下壁画现状

图 1-3-2　多光谱拍摄释读出来的莫高窟第 194 窟宋代壁画供养人像（柴勃隆摄）

但多数仅有实物或图像本身，没有原本使用的场合等基本信息，何况大多数的藏品连来源地、时代、用途等基本信息也缺失了，要研究起来谈何容易。要在博物馆内找到像敦煌洞窟壁画如此保留完整历史信息的资料，几乎不大可能。因此，整体而言，可以认为敦煌石窟是形象史学最佳的资料库。

五、敦煌石窟对形象史学研究方法和手段多样化的注解

近年来随着博物馆数字技术的发展，很多的藏品、展品都可以在相关的网站高清晰浏览，甚至有的还可以无偿下载和使用。"数字敦煌"项目也已公布了 30 个洞窟可在网上任意角度自由浏览，这是敦煌石窟研究革命性的事件。文化遗产的数字化和互联网技术结合，给形象史学研究提供更加广阔的空间，大大减少了图像获取难度，使得形象资料调查工作由之前实地现场的考察直接简化为随时随地的网络获取或浏览，研究工作手段更加便捷。同时，高清晰图像资料，也往往使之前用肉眼在现场无法看到或无法看清楚的内容和细节有了被清晰看见的可能，诸如敦煌大窟窟顶和四壁上部的内容，在洞窟中很难看清楚，而通过数字图片则可以解决这些困难。另外，像多光谱拍摄技术的运用，不仅可以看到变色之前的内容（图 1-3），可以恢复由于时间久远而漫漶不清或掉色的文字，也可以把残损的内容作虚拟复原，甚至通过数字技术结合学术研究成果，可以虚拟复原现在完全不存在的洞窟彩塑群（图 1-4）。这些都是新时代背景下敦煌石窟研究新的研究方法与手段的运用，而这些也同样是形象史学在新时代的美好前景。

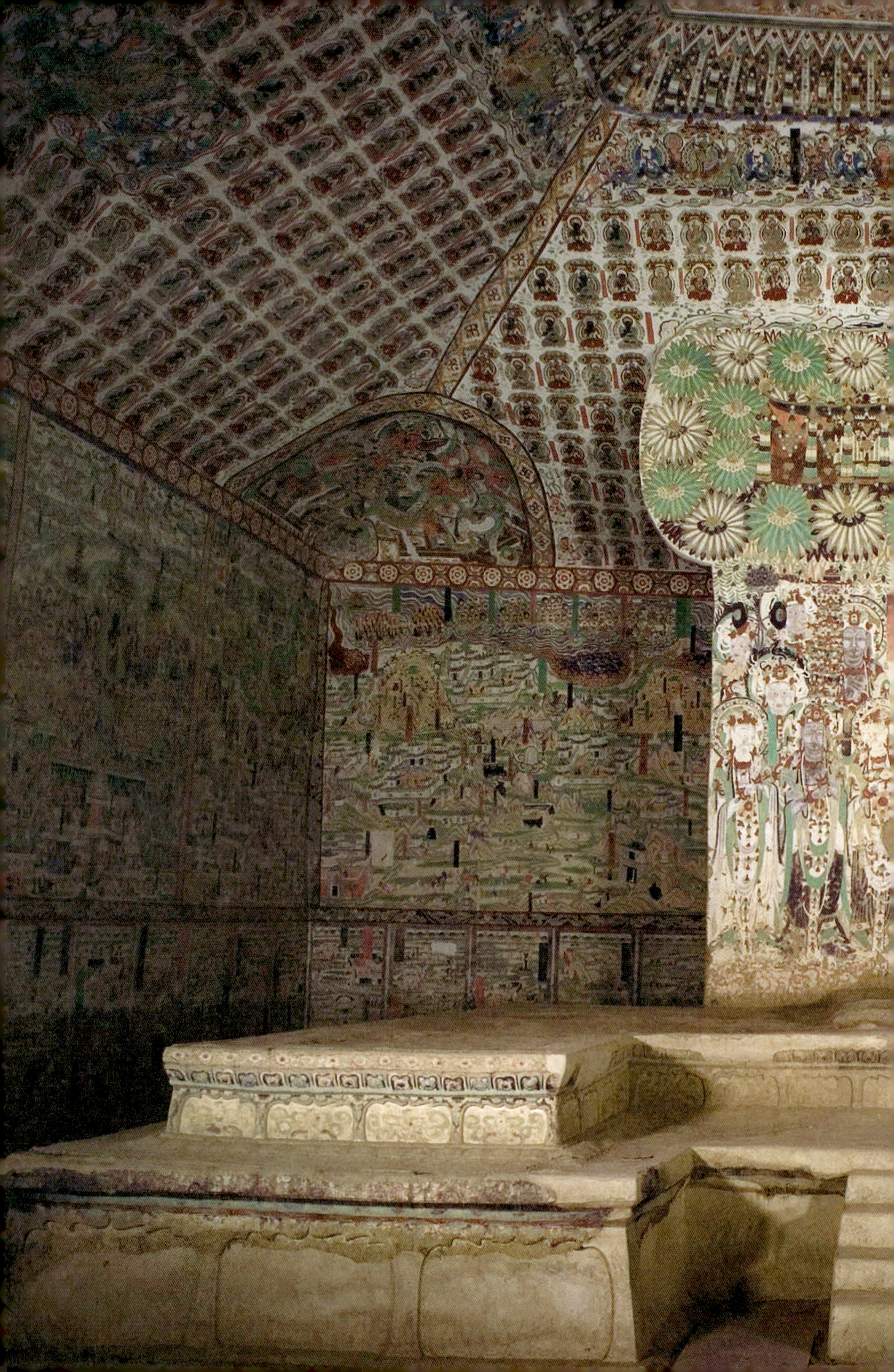

图 1-4-1　莫高窟第 61 窟中心佛坛现状

图 1-4-2　洪一平教授团队复原的第 61 窟坛上数字虚拟彩塑造像

六、形象史学对敦煌石窟研究深度和广度的拓展

百年来学术界对敦煌石窟的研究，从较宏观的层面上观察，主要是从考古学、历史学、美术学、宗教学、文献学诸多学科的运用，基本的研究思路和方法是把敦煌石窟相关的图像、画面楔入特定的研究命题当中，这些研究必然是把敦煌图像资料作为历史整体证据链条中的一环。这种研究固然必要也重要，但是往往容易把敦煌石窟融入历史的汪洋大海之中，虽然能够体现出其重要的历史价值，但是不能凸显其个性的光芒，对整体观察敦煌石窟在学术研究中的深度和广度仍然是不够的。若从形象史学的角度出发，立足于敦煌图像本身，即把敦煌石窟作为切入点，对敦煌石窟形象史料做针对式的研究，可能往往有意想不到的结果产生。如莫高窟第 220 窟"翟家窟"底层初唐的壁画，是 20 世纪 40 年代剥出来的"考古新发现"，其中主室北壁七佛药师经变中大型的乐舞场景（图 1-5），是目前所知考古资料中最具艺术画面感的"胡旋舞"形象资料，为历史时期颇具胡风的一类舞蹈作出了最好的图像注解。但这还远远不够，仔细观察画面，其中有三处大型灯景设备，中间水池中立一大型方形木结构"灯楼"，两侧二高大的金属质"灯轮"，这让人联系到唐代在两京地区常常出现于上元日大型集体活动时的各类灯具。其中，有唐代诗人在诗歌中描述的长安城上元夜皇室大型灯会中的豪华灯具。如著名的唐代宰相兼诗人张说在《十五日夜御前口号踏歌词二首》中是如此描述这一盛况的：

图1-5-1 莫高窟第220窟药师变乐舞图（局部）　图1-5-2 莫高窟第220窟药师变东侧乐舞图

图1-5-3 莫高窟第220窟药师变西侧舞蹈线图　图1-5-4 莫高窟第220窟药师变东侧舞蹈线图

> 花萼楼前雨露新，长安城里太平人。
> 龙衔火树千重焰，鸡踏莲花万岁春。
> 帝宫三五戏春台，行雨流风莫妒来。
> 西域灯轮千影合，东华金阙万重开。

非常巧合的是，诗人笔下两种长安城里最豪华的灯具"西域灯轮"和"东华金阙"，正是莫高窟第220窟贞观十六年壁画中的场景，敦煌洞窟中的形象史料还原了一千多年前历史最精彩的"影像"。[1] 本着这样的研究思路，挖掘敦煌石窟中更多的形象史学，必然会给敦煌石窟研究带来完全不一样的历史景观。

---

[1] 沙武田：《一幅珍贵的唐长安夜间乐舞图——以莫高窟第220窟舞蹈图中灯为中心的解读》，《敦煌研究》2015年第5期，第34—44页。

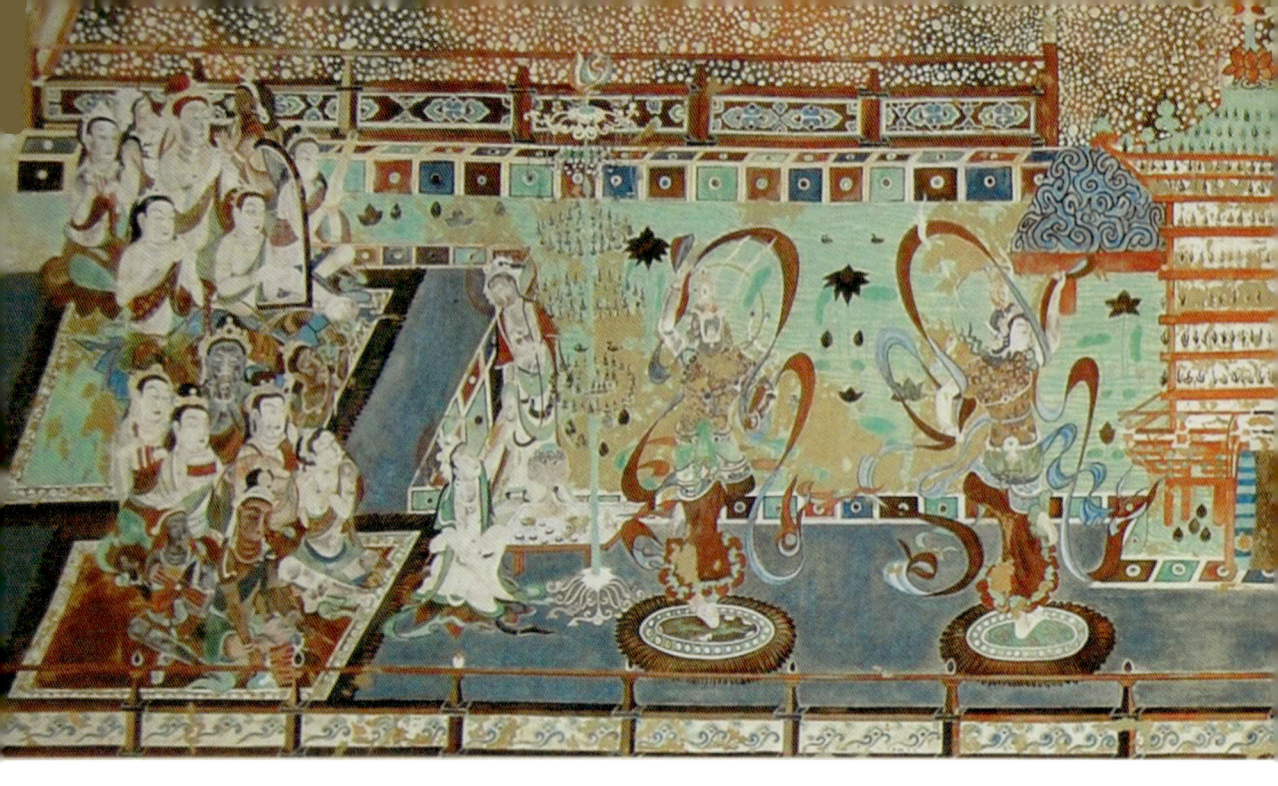

图 1-5-5　莫高窟第 220 窟药师经变乐舞图

七、形象史学提升敦煌石窟的历史地位

　　今天的敦煌成为了艺术的殿堂、文化的圣地，是丝绸之路上最耀眼的明珠。从历史客观态度来讲，敦煌石窟在历史时期仅仅是敦煌当地人的宗教中心，是他们崇佛拜佛所在，也应当是敦煌人的精神寄托地，是敦煌的公共文化中心。但历史发展到今天，石窟曾经具备的宗教、信仰、礼仪功能逐渐消失了，替代而来的是历史的、文化的、艺术的新时代意义。敦煌石窟成为今天阅读历史、观察历史、弘扬传统文化、理解古代艺术精神的"历史教科书"，但这部"史书"更偏重有形的、可视的形象历史。而对于今天的普通大众而言，在这个网络信息时代，敦煌保存下来的这些丰富的形象历史（画面），更容易被接受和消化，也更容易被传播。漫长历史时期人们的衣食住行作为定格的画面被永久保存在了洞窟壁画中，其呈现出来的正是形象的历史。这一点也应该是敦煌独特的历史地位所在。而若从严肃的形象史学研究视角而言，对敦煌石窟历史地位的诠释，可以举出太多的事例，除了模式化了的主尊佛、菩萨、弟子、天人众等图像外，洞窟中通过时人生活场景表达佛经经义的画面，均是真实历史的形象记忆。单就唐代而言，我们可以从历代画史资料记载可知，以长安洛阳两京地区为例，那个时代的寺观壁画盛极一时，且均是名家名画。唐张彦远《历代名画记》虽然用了大量的笔墨记载两京地区寺观中珍贵的画作，但张彦远的笔触过于简略，他看重的是绘画作者身份的交代，对他认为时人耳熟能详的各类绘画，总是一笔带过，

仅提供名称，不交代任何画面细节，因此我们无法从他的文字记载中了解更多的画面信息。更为可惜的是，这些名家高手所作，到今天早已消失在历史的尘埃中。但是如果把关注的目光移到同时期的敦煌，长安、洛阳两京地区名家高手在寺观遗留下来的丹青妙笔，其粉本被时人传模移写，传到了敦煌，被敦煌人留在石窟当中，一直保存了下来，直到今天仍新鲜如初，其代表即是莫高窟唐代洞窟中丰富多样的经变画，像第220、103窟"吴家样"风格的大幅净土变，像第217、103窟作为新的粉本画样的佛顶尊胜陀罗尼经变，其中的青绿山水画（图1-6），大概是唐长安最时尚的艺术粉本。至于那些一直以来被人们视为佛教神秘仪轨的正宗唐密图像，在长安等地曾经吸引过许多人投身其中，但现在想在长安找到一幅正宗的图像都是困难的事情，不过长安城里以"开元三大士"为代表的秘密图像，今天却可以在敦煌的部分洞窟中看到其原来的面貌（图1-7）。因此，可以说，有了敦煌历史才显得更加精彩，更加有画面感；也可以说，敦煌石窟的历史地位被丰富的洞窟壁画赋予其他任何历史遗存无法替代的地位和意义。

八、提炼敦煌石窟更深层次的价值和意义

以上讨论中对敦煌石窟与形象史学关系的叙述，多停留在石窟中可见的历史常识。事实上敦煌石窟还有更多特有的历史命题，即区域史、民族史、边地情怀、传统文化、人文关怀、丝路现象等更深层的内容可供挖掘，可以在敦煌石窟与形象史学关系命题中得到延展。

图 1-6 莫高窟盛唐第 217 窟南壁佛顶尊胜经变序品山水画面

面对敦煌石窟,即使是普通的观光客也会发问:为什么在敦煌这么一个小小的绿洲,能够留存下来如此多历史延续完备、精美绝伦的石窟壁画艺术?难道仅仅是佛教信仰的力量?显然用单纯的佛教信仰来解释这一历史疑问是不会有完美的答案。事实上作为处在两关边地的敦煌人把对传统文化的守护,对汉文明的衷情,对丝路文化交流融通所带来的文化多元性给他们生活带来的巨大影响力,对绿洲文明特有的人文情怀,都是通过石窟壁画的形式表达了出来。最后,形成敦煌地方传统的"历史书写",成为敦煌形象历史的文化脉络。在不同的历史时期,前代众多的洞窟与壁画,不仅仅受到后代人们的膜拜,更是他们缅怀历史,用来理解传统文化的时代"影像"。像吐蕃统治时期的敦煌人,作为"落蕃人""落蕃官"的唐代子民,在吐蕃统治下为了表达特有的"家国情怀",把对唐王朝的怀念和记忆情怀均融入洞窟壁画中来。[①] 而在吐蕃时期融入的吐蕃特色的全新图像,像洞窟中的八大菩萨曼陀罗、吐蕃赞普问疾图(图 1-8)等,则成为今天研究吐蕃形象历史最丰富的资料。相类似的情形,也出现在回鹘和西夏时期的洞窟壁画中。

通过对敦煌石窟与形象史学关系命题的梳理,可见敦煌石窟是具体的历史存在,形象史学是抽象的方法论。作为国际"显学"的"敦煌学",在命名之初,即给传统的学术划分带来了挑战,"以地名学"是不符合科学意义上学科划分的规矩,但是因为敦煌材料的复杂

[①] 沙武田:《传统保持 文化守护——敦煌吐蕃期洞窟"重构"现象原因再探》,载《中古中国研究》第一卷,中西书局,2017 年,第 233-276 页。

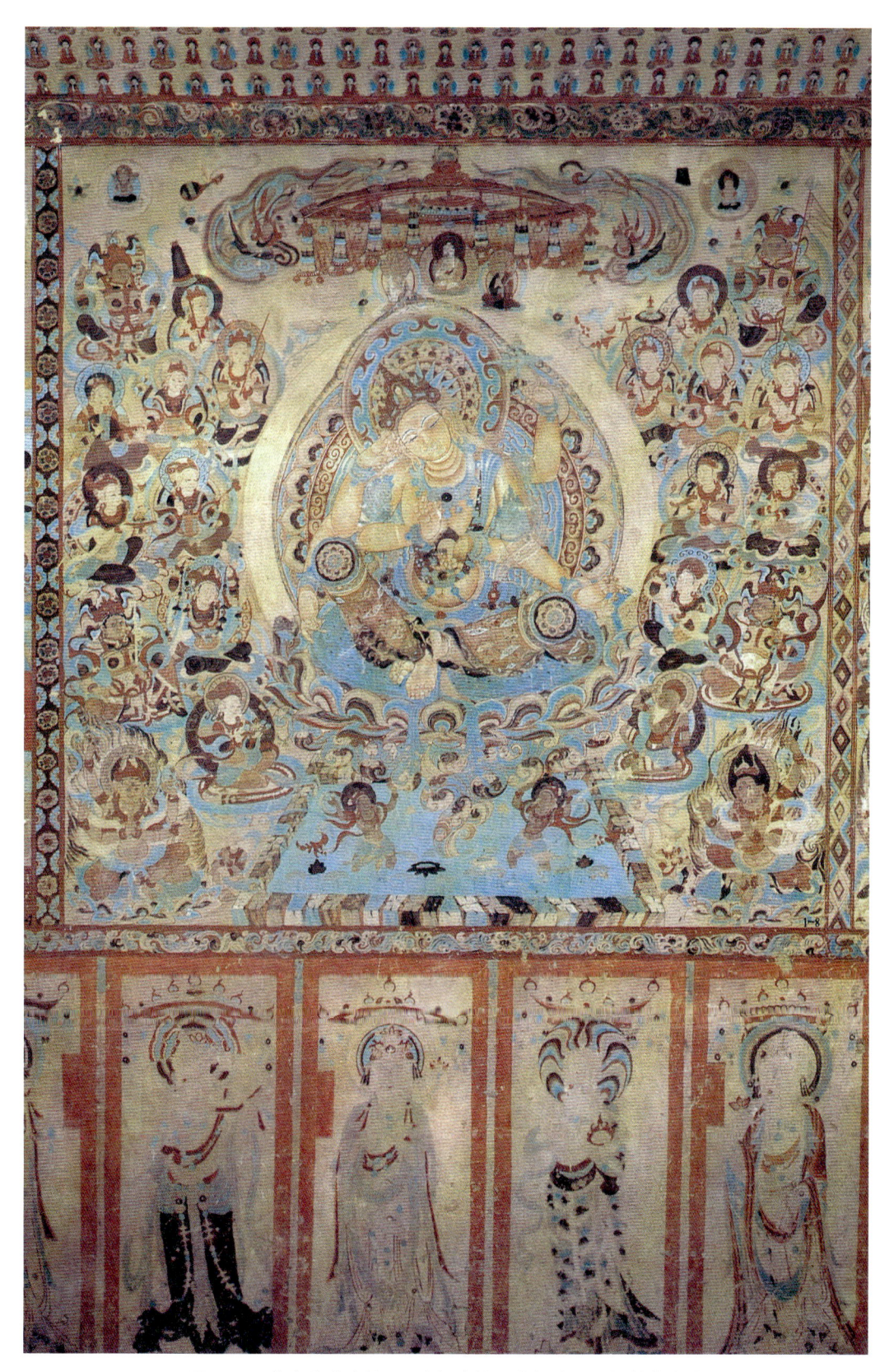

图 1-7　莫高窟晚唐第 14 窟如意轮观音经变及下部菩萨立像

图1-8 敦煌绢画Stein paining57 吐蕃赞普问疾图

性、丰富性、多元性，很难用简单的学科划分把敦煌所包括的研究内容和研究对象囊括其中。因此，学者们创造性地运用了"敦煌学"这样一个名称，看似不合学科规范，但却是命题本身的灵魂所在。形象史学是大历史研究的分支，强调材料运用的图像性、可视性，有传统文献史料研究无法替代的作用，是历史学发展的必然路径。今天新时代数字技术、摄影技术、网络信息技术的巨大冲击，使得传统的典籍文献无所遁形，加上人们对这些技术的过度依赖，和新时代人们对有形历史的青睐，当然也包括视觉历史本身的形象性、说服力、感染力，给形象史学提供了巨大的研究空间。那么敦煌石窟以其特有的形象历史，结合形象史学对形象历史的独特关怀，二者的结合必然给历史学研究带来无限生机。

附：敦煌石窟与艺术史学

关于敦煌石窟艺术史的研究，学界关注的内容和视角已全面开花、逐项深入，并卓有成效地构建了以朝代史为框架的敦煌石窟线性历史，既涉及窟内壁画、雕塑和石窟建筑，又结合敦煌出土绢画、纸画和文书，探讨了遗存背后的历史背景、宗教思想、礼仪功能、审美功能和社会民俗等方方面面。

（一）研究情况的回顾

敦煌石窟艺术史在民国时期已备受海内外关注[1]，其系统研究的理论奠基人为常书鸿先生。常先生对敦煌石窟艺术的研究对象、内容、源流和分期，以及研究方法和意义等理论问题卓有创见。他认为敦煌是冲洗外来文化的"第一站"，最早提出敦煌石窟艺术的"系统说"观点，即以莫高窟为重点，将榆林窟、西千佛洞作为一个系统看待。同时，提出敦煌石窟艺术中雕塑、建筑、壁画"三位一体"见解。[2]段文杰先生对敦煌石窟艺术各重要时期进行了开拓性研究。段先生强调要根据艺术风格的变化，来探索艺术史的内在进程，提出敦煌石窟艺术分期须采用多重标尺，含政治、宗教、世俗生活、中原文化、外来文化等因素。他倡导多方面分析敦煌艺术的鲜明个性，含造型、构图、线描、赋彩、传神等维度。[3]史苇湘先生立足于马克思主义历史唯物论，他在审视敦煌石窟艺术不同时期，所表现的审美情趣及风格差异时，承认权力者意志、信众心理等影响，强调政治、经济、军事等外部环境作用。

新中国成立以后，敦煌石窟艺术史的研究队伍日益壮大。其中，美术史研究者通常以形式论和样式论为核心。形式论（即图像学）将敦煌石窟的雕塑、壁画和绢画等图像，与历史和出土文献材料对比考证，以界定出图像的名称和内容，进而梳理该图像的历史演变，考察其在整体建筑和环境中的组合关系。样式论（即风格学）聚焦于雕塑、壁画等作品的

---

[1] [日]松本荣一著，林保尧等译：《敦煌画研究》，浙江大学出版社，2019年。

[2] 穆纪光：《常书鸿的敦煌艺术史观》，《甘肃社会科学》2009年第5期，第20—24页；敦煌研究院编：《常书鸿文集》，甘肃民族出版社，2003年。

[3] 穆纪光：《段文杰对敦煌艺术史研究的贡献》，《敦煌研究》2011年第3期，第26—27页；段文杰：《敦煌石窟艺术研究》，甘肃人民出版社，2007年。

细部特征，含造型、构图、线条和色彩等因素，以界定出不同的艺术风格和流派，进而追溯该风格和流派的历史源流。诸多学者从各类图像、典型洞窟入手，对敦煌石窟的某一洞窟、某一塑像、某一经变等，进行具体的专题性考证，研究成果数量大幅增加。[1]这类研究是敦煌石窟艺术史研究的基础部分，多数成果均为严密科学的实证研究，既阐发了诸多全新的学术论题，又为开展跨学科综合研究提供了重要资料。

（二）艺术哲学的介入

随着艺术哲学的深入发展，实证性的考证研究趋向已有所转变。

艺术哲学是关于艺术史写作和研究方法的基本理论，所涉均为艺术史研究中的根本性理论问题，如艺术的起源和发展规律，艺术品与作者、观者的关系等。如瓦萨里的"循环论"关注艺术史的纵向叙述，沃尔夫林关注作品内部的形式规律。潘诺夫斯基提出图像学"三阶段"学说，着重考察作品的母体、象征和寓意，及其在整个文化体系中的意义。卡西尔的符号学理论强调作品意义的阐释，讨论作品与观者的关系。布列逊则把观者的视觉系统，置于复杂的社会语境，置于人所构建的符号网络。整体而言，艺术哲学逐渐注意"观看"艺术品的方法，注意对艺术品的符号认定，注意对处于符号环境中"观者"的解释。[2]

西方艺术史论从传记式书写方法，到探索艺术品的纵向变化规律，再到重视艺术品的观看方法，乃至作者及观者对于艺术品作为符号的体认。此种趋势对中国艺术史学界也产生重要影响，艺术史论的跨学科综合研究亦为大势所趋。在以视觉图像为中心的当今时代，敦煌石窟作为以图像为中心的典型艺术，理应回应这一时代的文化走向，将实证研究与其他新方法结合起来。[3]

从学科互动角度而言，敦煌石窟艺术史的研究，必须与历史学、宗教学和考古学紧密结合。历史学以各类文献为主，着眼于敦煌石窟的历史，关注石窟的修建和使用，强调整体过程中"人"的作用，为艺术史的研究提供了史学基础。宗教学聚焦于敦煌石窟的佛教史和义理文化，为艺术史的研究提供了宏观背景和观念维度。考古学基于敦煌石窟的客观遗存，侧重于类型学和统计学方法，为艺术史的研究提供了科学证据。从研究方法层面而言，敦煌石窟艺术已初步形成"图像志研究→考古学研究→社会学研究→哲学美学研究"的结构性雏形，尤以实证性的考古学研究为主导。

---

[1] 沙武田：《敦煌画稿研究》，中央编译出版社，2007年；张小刚：《敦煌佛教感通画研究》，甘肃教育出版社，2015年；米德昉：《敦煌莫高窟第100窟研究》，甘肃教育出版社，2016年。
[2] 穆纪光：《敦煌艺术史的符号学视看方式》，《甘肃社会科学》2013年第2期，第83—87页。
[3] 宁强：《敦煌石窟艺术——社会史与风格学的研究》，文物出版社，2020年。

(三)综合研究的趋势

敦煌石窟艺术已发展成为庞大的跨学科交叉研究领域,用多学科方法进行综合研究已成必然趋势。一方面,敦煌石窟艺术的深入研究,须将美术史学与历史学、考古学等学科高度结合。如李静杰先生根据长期的佛教物质文化研究实践,主张先根据考古类型学进行形式划分,基于图像形态差异划分为若干类型,尔后在此基础上进行美术史样式分析,根据图像细部特征讨论风格演化问题,达成形式与样式研究的有机统一。[1] 如他将敦煌莫高窟北朝隋代洞窟视作整体进行考察,先将窟内图像分为西域文化因素主导下的图像、中原文化因素主导下的图像两类,然后厘清两类图像中的各种构成情况,进而逐条分析图像组合的内涵。[2]

另一方面,从"空间"综合体角度,发掘敦煌石窟的视觉资料也是重要方向。如巫鸿先生将敦煌石窟看成一体化设计的整体,主张从观者的实际经验出发,去理解洞窟的构成和历史意义。首先,以单个洞窟为基本单位,对建筑、雕塑、壁画、题记、碑刻及建造过程和礼仪功能进行考察。其次,考虑窟与窟之间的关系以及洞窟的组合,分析石窟整体在特定历史时期内的构成。再次,在对多个石窟进行综合研究基础上,确定一系列的"原创窟"(含特殊窟与模式窟)。同时,关注重修和重绘现象,发掘洞窟的变化和持续的生命。[3] 在这一过程中,对空间经验的重构只是探知往昔的手段,最终目的仍是建构和讲述石窟历史。

总之,综合研究会带动产生新问题,可极大推动现有材料的再发掘。敦煌石窟艺术不应再是一个固定的文化符号,它不仅有消逝的历史内容,还有可以被研究者激活,"再生"出当代的内涵。[4]

---

[1] 李静杰:《汉唐美术史研究离不开考古的深入》,《中国美术报》2016年3月28日,A18版。

[2] 李静杰:《敦煌莫高窟北朝隋代洞窟图像构成试论》,载云冈石窟研究院编《2005年云冈国际学术研讨会论文集》,文物出版社,2006年,第365—392页。

[3] [美]巫鸿:《"石窟研究"美术史方法论提案——以敦煌莫高窟为例》,《文艺研究》2020年第12期,第137—146页;[美]巫鸿:《空间的敦煌:走近莫高窟》,生活·读书·新知三联书店,2022年。

[4] 穆纪光:《艺术的再生:敦煌艺术史研究的一个重要命题》,《西北师大学报》(社会科学版)2009年第1期,第29—33页。

第二章 敦煌石窟考古导论

一、敦煌石窟考古概要

敦煌石窟考古研究始于藏经洞的发现。1900年,在敦煌莫高窟的一个洞窟中,发现了5万余件从十六国到北宋时期的经卷和文书,这个洞窟就是著名的藏经洞,现编号为第17窟。从此,以整理和研究敦煌文献为开端,逐渐形成了一门国际性的学科——敦煌学。由于藏经洞的发现,引导人们重新认识、发现并研究敦煌石窟。

藏经洞发现后,一些西方学者和探险家接踵而至,他们不仅对敦煌石窟及藏经洞的文物进行劫掠,还以考古学的方法对洞窟做了编号、测绘、照相、文字记录,公布了敦煌石窟的部分照片和资料。

1907年,英国人斯坦因不仅从王道士手中骗购了大量藏经洞的文物,还对敦煌进行了调查,对莫高窟的建筑、雕塑以及壁画进行了考古调查,于1921年出版了《西域考古图记》(图2-1)、《千佛洞》两部著作,刊布了莫高窟壁画以及藏经洞所出的绢画等文献的照片和资料,以及榆林窟壁画照片。[1]

1908年,法国人伯希和到达敦煌莫高窟,在得到王道士同意后,进入藏经洞中亲自挑选了大量的敦煌文书,除骗走大量的文物外,还对敦煌莫高窟进行了全面调查,对莫高窟大部分石窟做了记录。不仅对一些洞窟的年代和壁画内容作了考证,抄录了其中残存的题记,还拍摄了大量的照片,更重要的是首次对石窟进行了编号,于1920至1924年出版了《敦煌石窟图录》1—6册(图2-2)。[2] 这是近代最早以科学的方法对敦煌石窟进行编号和内容记录的考察活动。

---

[1] Serindia—Detailed Repaot of explorations in Central Asian and Weastermost China, by Aurel Stein, K.C.I.E. By arrangment with Oxford University Press, London, First Edition:Oxford 1921. reprint:Delhi, 1980.中译本《西域考古图记》(又译作《赛林迪亚——在中亚和中国西垂考察的详细报告》),中国社会科学院考古研究所组织翻译,广西师范大学出版社,1996年。斯坦因编:《千佛洞》(1—3),即《千佛洞——中国西部边境敦煌石窟寺所获之古代佛教绘画》,伦敦,1921年。

[2] Les Grottes de Touen—houang: Carnet de Notes Paul Pelliot, Inscriptions et Peintures murale, Ⅰ-Ⅵ,Paris, 1921—1924.1989年由史苇湘先生组织编辑,甘肃文化出版社再版了此书图录。另见伯希和著,耿升、唐健宾译:《伯希和敦煌石窟笔记》,甘肃人民出版社,1993年。

1914 至 1915 年，俄国人奥登堡带领俄国考察团第二次到敦煌，在伯希和调查的基础上，对莫高窟作了全面、系统、详尽的综合性考察。除了对伯希和的测绘作了补充修改，新编、增编了一些洞窟编号外，还逐窟进行了拍摄、测绘和记录，对重点洞窟作了临摹。在测绘出南区洞窟单个洞窟平、立面图基础上，最后拼合出了总平面图和总立面图（图 2-3），形象地记录了莫高窟当年的真实情况，出版了《俄藏敦煌艺术品》1—6 册[1]。可惜，此成果出版较晚。

1924 年，美国人华尔纳来到敦煌莫高窟及榆林窟考察，除在莫高窟劫走大量的壁画和塑像之外，并有《在中国漫长的丝路古道上》《万佛峡——一所九、十世纪石窟佛教壁画研究》两部著作。[2]

图 2-1 《西域考古图记》中译本书影

斯坦因、伯希和的报告出版，特别是伯希和《敦煌石窟图录》出版后，很快被学术界加以利用，国外的一些学者立即利用这些资料开始对敦煌石窟进行研究，最著名的就是日本学者松本荣一的《敦煌画研究》（图 2-4），对壁画内容、图像的特点以及依据的佛经进行了考证[3]。上原方太郎的《新西域记》，堪称这一时期石窟艺术研究的代表[4]。《敦煌画研究》是对《伯希和图录》利用最多的学者，但松本荣一没有对莫高窟进行过实地调查。另外，还有相当多研究成果利用了《伯希和图录》来研究敦煌石窟。

与此同时，国内的一些学者也开始了对敦煌石窟进行调查和记录工作。1926 年陈万里发表《西行日记》[5]，1931 年贺昌群发表《敦煌佛教艺术之系统》[6]，这些都是我国学人开始调查、研究敦煌石窟的开创之作。常书鸿先生在法国的塞纳河畔看到伯希和《敦煌石窟图录》和吉美博物馆展出的伯希和在莫高窟所获的文物及艺术品之后，毅然回国，从事敦

---

[1] 上海古籍出版社、俄罗斯艾尔米塔什博物馆编：《俄藏敦煌艺术品》第 1—6 卷，上海古籍出版社，1997—2005 年。
[2] [美] 华尔纳著，姜洪源、魏宏举译：《在中国漫长的丝路古道上》，新疆人民出版社，2001 年；华尔纳：《万佛峡——一所九十世纪石窟佛教壁画研究》，哈佛大学出版社，1938 年。
[3] [日] 松本荣一：《敦煌画研究》，东方文化学院东京研究所刊行，1937 年。
[4] [日] 上原方太郎：《新西域记》上、下卷，东京有光社，1937 年。
[5] 陈万里：《西行日记》，北平朴社出版，1926 年。
[6] 贺昌群：《敦煌佛教艺术之系统》，《东方杂志》1931 年第 28 期，第 17 页；贺昌群：《贺昌群文集》第一卷，商务印书馆，2003 年。

MISSION PELLIOT EN ASIE CENTRALE

LES GROTTES
DE TOUEN-HOUANG
Peintures et Sculptures bouddhiques des époques des Wei, des T'ang et des Song
PAR
PAUL PELLIOT

GROTTES 1 A 182

PARIS
LIBRAIRIE PAUL GEUTHNER
13, RUE JACOB (VI°)
1914

图 2-2 《伯希和敦煌石窟图录》书影

煌石窟的保护研究事业。[1]

  1941 至 1943 年，张大千、谢稚柳到敦煌莫高窟进行壁画临摹，对洞窟进行了调查，并进行了逐一编号。两人的调查记录均有出版，体现在张大千《张大千先生遗著漠高窟记》[2]谢稚柳《敦煌艺术叙录》[3]两部著作中。1942 年向达先生和夏鼐先生到敦煌莫高窟考察，发表《敦煌佛教艺术之渊源及其在中国艺术史上的地位》[4]《瓜沙谈往》《莫高、榆林二窟杂考》等文章。[5]同年，以王子云为团长的"西北艺术文物考察团"到敦煌，对莫高窟进行了拍照和调查，发表了《敦煌莫高窟现存佛窟概况调查》等调查报告[6]。1942 年，劳榦和石璋如到达莫高窟，进行了考古调查。石璋如在莫高窟拍摄了莫高窟 311 个洞窟共计照片 441 张照片，最后出版《莫高窟形》一书（图 2-5）[7]。1943 至 1944 年，史岩调查敦煌莫高窟，对莫高窟进行了编号，对莫高窟 100 多个洞窟的供养人题记进行了抄录，之后出版了《敦煌石窟画像题识》[8]。1944 至 1946 年，李浴在莫高

---

[1] 常书鸿：《莫高窟檐角的铁马响丁当》，载敦煌研究院编《常书鸿文集》，甘肃民族出版社，2004 年，第 463 页。
[2] 张大千：《张大千先生遗著漠高窟记》，台北"故宫博物院"，1985 年。
[3] 谢稚柳：《敦煌艺术叙录》，古典文学出版社，1957 年。
[4] 向达：《敦煌佛教艺术之渊源及其在中国艺术史上之地位》，《敦煌学辑刊》1981 年第 2 期。此文是整理的 1944 年向达在兰州的讲演稿。
[5] 向达：《唐代长安与西域文明》，生活·读书·新知三联书店，1957 年。
[6] 何正璜：《敦煌莫高窟现存佛窟概况调查》，《说文月刊》1943 年第 3 期，第 10 页。
[7] 石璋如：《莫高窟形》（共三册），台北"中研院"历史语言研究所，1996 年。
[8] 史岩：《敦煌石室画像题识》，比较文化研究所、敦煌艺术研究所、华西大学博物馆联合出版，1947 年。

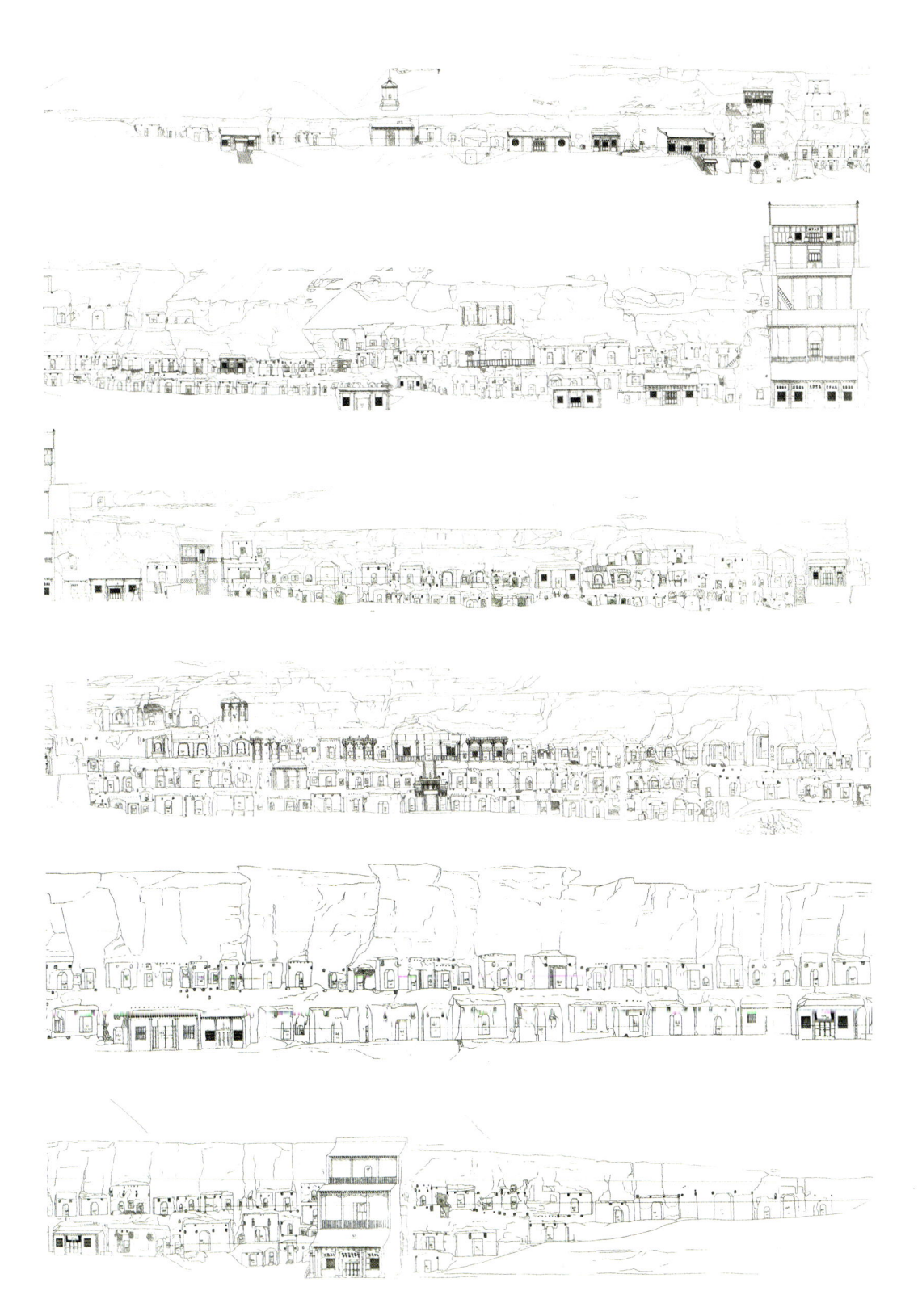

图 2-3　奥登堡考察队测绘莫高窟南区崖面洞窟崖面全景图示

窟调查，发表《莫高窟各窟内容之调查》一文[1]。

1944年，敦煌艺术研究所成立标志着敦煌石窟研究工作开始全面兴起。在当时条件极为艰苦的条件下，敦煌艺术研究所不仅做了大量的保护和临摹工作，而且开始对敦煌石窟进行了一次全面的清理、调查和编号工作，刊布了一些资料，为敦煌石窟研究的全面发展奠定了基础。

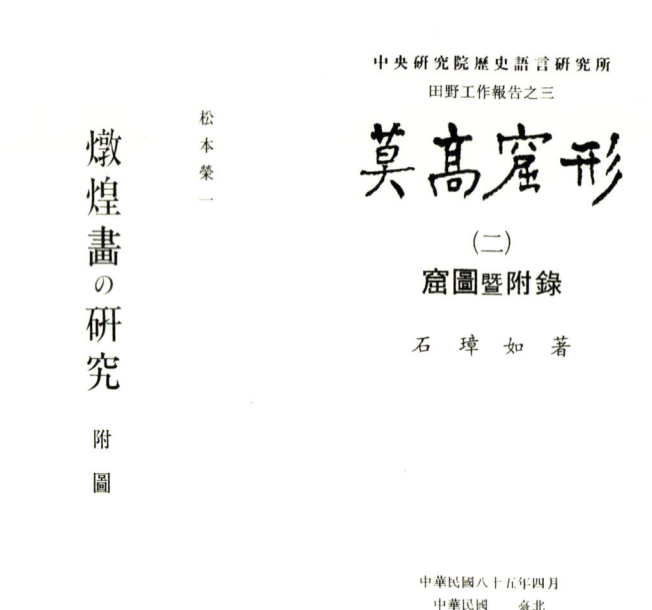

图2-4 松本荣一《敦煌画研究》书影　图2-5 石璋如《莫高窟形》书影

新中国成立后，敦煌艺术研究所更名为敦煌文物研究所，敦煌石窟艺术的研究也进入了一个全新的时期。考古调查是一项长期的基础性工作，敦煌文物研究所一直有序组织对敦煌石窟的调查，并发表了一些调查报告，公布了一些新发现的洞窟内容及壁画资料：有《西千佛洞的初步勘查》[2]，《敦煌千佛洞新发现的洞窟内容调查》[3]，敦煌文物研究所《敦煌石窟勘察报告》《对〈敦煌石窟勘查报告〉的补充意见》[4]，史岩《酒泉文殊山的石窟寺院遗迹》[5]，敦煌文物研究所《安西榆林窟勘察报告》[6]，敦煌文物研究所《敦煌莫高窟窟前建筑遗址发掘简记》[7]，敦煌文物研究所《莫高窟第220窟新发现的复壁壁画》[8]。改革

---

[1] 未刊稿，藏于敦煌研究院资料中心。
[2] 敦煌文物研究所：《西千佛洞的初步勘查》，《文物》1953年第5、6期，第122—128页。
[3] 敦煌文物研究所：《敦煌千佛洞新发现的洞窟内容调查》，《文物》1953年第12期，第72—73页。
[4] 赵正之、莫宗江、宿白、余鸣谦、陈明达：《敦煌石窟勘察报告》，《文物》1955年第2期，第39—70页；敦煌文物研究所：《对〈敦煌石窟勘查报告〉的补充意见》，《文物》1955年第2期，第71—75页。
[5] 史岩：《酒泉文殊山的石窟寺院遗迹》，《文物》1956年第7期，第53—59页。
[6] 敦煌文物研究所：《安西榆林窟勘察报告》，《文物参考资料》1956年第10期，第9—22页。
[7] 潘玉闪、马世长：《敦煌莫高窟窟前建筑遗址发掘简记》，《文物》1978年第12期，第47—59页。
[8] 关友惠、施娉婷、段文杰：《莫高窟第220窟新发现的复壁壁画》，《文物》1978年第12期，第41—47页。

图 2-6-1　莫高窟初唐第 321 窟南壁经变画　　图 2-6-2　莫高窟初唐第 321 窟南壁经变画说法图

开放后,考古调查是一项基础性工作,从 20 世纪七八十年代开始,在前人研究的基础上,敦煌研究院出版《敦煌莫高窟内容总录》[1]《敦煌石窟内容总录》[2]《敦煌莫高窟供养人题记》[3]三部研究成果,为学术界研究敦煌石窟提供了最权威和实用的基础资料,也成为敦煌石窟研究必备的工具书。经过几代人的研究,敦煌石窟的绝大数内容已经被考证出来,迄今为止,新考证出来的内容有:独角仙人本生[4]、须摩提女因缘[5]、微妙比丘尼因缘[6]、贤愚经变[7]、福田经变[8]、目连变[9]、第 85 窟中心佛坛上的金刚经变说法图[10]、第 454、456 窟北壁和榆林窟第 32 窟正壁经变画的重新考定[11]、

---

[1] 敦煌文物研究所编:《敦煌莫高窟内容总录》,文物出版社,1982 年。
[2] 敦煌研究院编:《敦煌石窟内容总录》,文物出版社,1996 年。
[3] 敦煌研究院编:《敦煌莫高窟供养人题记》,文物出版社,1986 年。
[4] 樊锦诗、马世长:《莫高窟北朝洞窟北生因缘故事补考》,《敦煌研究》1986 年第 1 期,第 32—43 页。
[5] 马世长:《敦煌莫高窟北朝本生、因缘故事画》,载《中国佛教石窟考古文集》,觉风佛教文化艺术基金会,2002 年。
[6] 史苇湘:《微妙比丘尼变初探》,《敦煌学辑刊》第 1 辑,1980 年,第 69—73 页。
[7] 史苇湘:《关于敦煌莫高窟内容总录(六)·别具一格的贤愚经变》,载敦煌文物研究所编《敦煌石窟内容总录》,文物出版社,1982 年。
[8] 史苇湘:《敦煌莫高窟中的〈福田经变〉壁画》,《文物》1980 年第 9 期,第 44—49 页。
[9] 樊锦诗、梅林:《榆林窟第 19 窟目连变相考释》,载敦煌研究院编《段文杰敦煌研究五十年纪念文集》,世界图书出版社,1990 年。
[10] 张景峰:《敦煌莫高窟第 85 窟与塑绘结合的金刚经变》,《敦煌学辑刊》2007 年第 4 期,第 273—278 页。
[11] 1987 年,霍熙亮先生考定为梵网变,参见霍熙亮:《敦煌石窟的梵网经变》,载段文杰主编《1987 年敦煌石窟国际讨论会论文集·石窟考古编》,辽宁美术出版社,1992 年。

图 2-7-1　莫高窟窟前考古现场

图 2-7-2　莫高窟窟前考古工作场景

第 321 窟南壁十轮经变的重新考释（图 2-6）[1]、对第 217 窟南壁佛顶尊胜陀罗尼经变的考释[2]、西壁龛内顶部金刚经变的考释[3]，等等。

从 20 世纪 60 年代开始，敦煌文物研究所对莫高窟窟前殿堂遗址进行了几次较大规模的考古发掘（图 2-7）。1963 年 7 月至 1966 年上半年，1979 年 7 月至 10 月底和 1980 年 4 月至 6 月，这两次考古发掘的成果已经以考古报告形式出版[4]。另外，1999 年 6 月至 7 月，敦煌研究院对莫高窟第 66 至 78 窟窟前遗迹进行了发掘，发现了第 72 至 76 窟窟前殿堂建筑遗址[5]。1999 年 10 月，敦煌研究院对莫高窟第 96 窟及其窟前殿堂遗址进行了发掘[6]。1988 年至 1995 年，敦煌研究院彭金章主持了敦煌莫高窟北区的发掘，不仅是敦煌莫高窟北区石窟第一次全面的展示与研究（图 2-8），更重要的是有助于进一步探明敦煌莫高窟的性质、功能以及营建史。此次发掘的成果主要见大型考古报告彭金章、王建军《敦煌莫高窟北区石窟》[7]。1998 年，敦煌研究院对莫高窟下寺（三清宫）进行了发

---

[1] 1983 年，史苇湘考定为宝雨经变，参见史苇湘：《敦煌莫高窟的宝雨经变》，载敦煌文物研究所编《1983 年全国敦煌学术讨论会文集·石窟艺术编（上）》，甘肃人民出版社，1985 年。2004 年，王惠民将其考定为十轮经变，见王惠民：《敦煌 321 窟、74 窟十轮经变考释》，《艺术史研究》第六辑，2004 年。

[2] 此铺经变画原定为法华经变，2004 年日本学者下野玲子将其考释为佛顶尊胜陀罗尼经变，参考下野玲子：《敦煌莫高窟第 217 窟南壁经变新解释》，《美术史》第 157 号，2004 年。

[3] 此铺壁画内容原定为佛传，2008 年，日本学者考释为金刚经变，参见西林孝浩：《第 217 窟小考》，载朝日新闻社《朝日敦煌研究员派遣制度纪念志》，2008 年。

[4] 潘玉闪、马世长：《莫高窟窟前殿堂遗址》，文物出版社，1985 年。

[5] 沙武田：《敦煌莫高窟第 72—76 窟窟前殿堂遗址发掘报告》，《考古学报》2002 年第 4 期，493—531 页。

[6] 此次发掘的考古报告没有发表，内容参见彭金章、王建军、郭俊叶：《敦煌莫高窟"九层楼"考古新发现》，载敦煌研究院主编《2000 年敦煌学国际学术讨论会论文提要集》，敦煌，2000 年。

[7] 彭金章、王建军：《敦煌莫高窟北区石窟》第一卷，文物出版社，2000 年；彭金章、王建军：《敦煌莫高窟北区石窟》第二、三卷，文物出版社，2004 年。

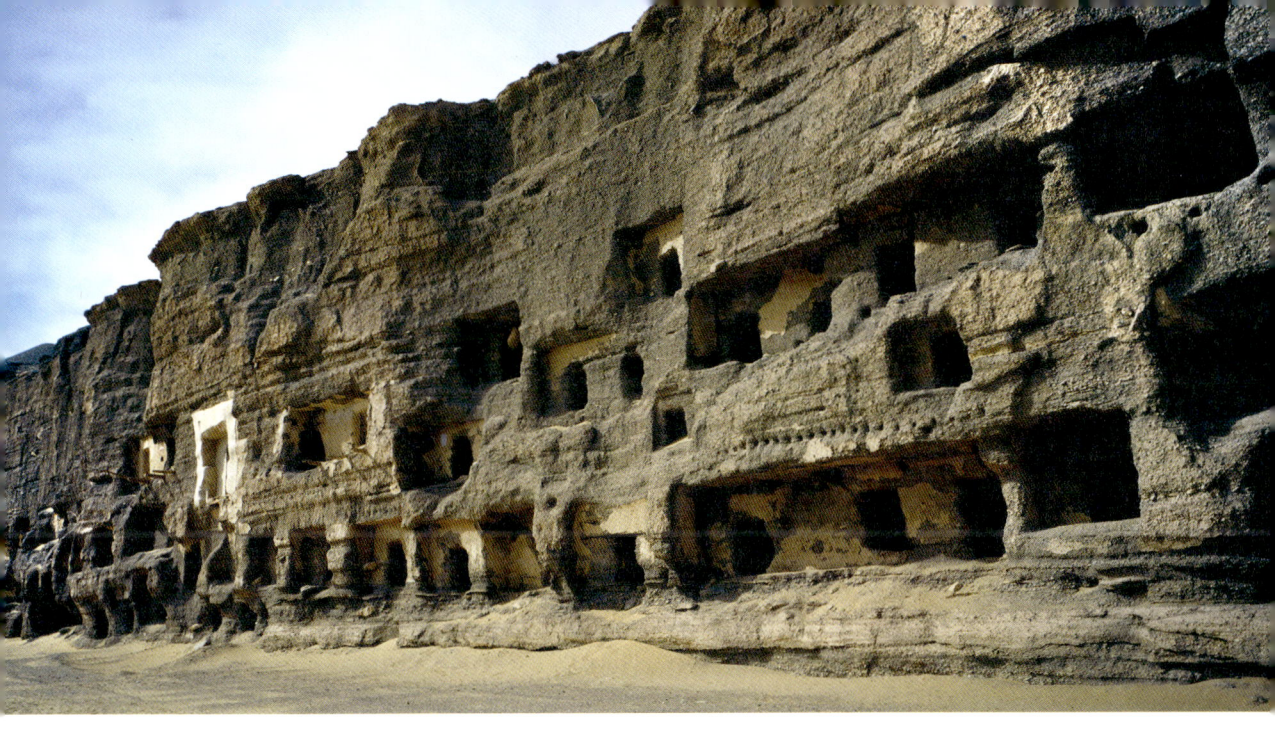

图 2-8 莫高窟北区石窟群外景

掘[1]。2001 年 7 月至 9 月，敦煌研究院对莫高窟上寺和中寺进行了发掘，获得一批珍贵资料[2]。2002 年 7 月，敦煌研究院对莫高窟第 476、365 窟进行了清理工作[3]。2004 年 3 月至 5 月，为配合莫高窟第 130 窟窟顶加固工程，敦煌研究院组织考古专业人员对第 130 窟顶进行了发掘，对莫高窟第 161 窟顶上的土塔进行了发掘，并在第 130 窟顶上发现一座佛堂[4]。2013 年 7 月，敦煌研究院对西千佛洞未编号洞窟和崖顶遗迹等地点进行了抢救性清理和发掘工作[5]。2018 年 7 月，敦煌研究院还对瓜州东千佛洞第 5 窟的佛台遗址进行了考古清理[6]。

石窟的考古分期与断代工作也是敦煌石窟考古的一项重要工作。从 20 世纪六七十年代开始，以樊锦诗、马世长、关友惠、刘玉权、赵青兰等先生为代表，对敦煌莫高窟各个时期洞窟进行了分期研究。目前完成了莫高窟北朝洞窟[7]，莫高窟隋代洞窟[8]，莫高窟唐代前

---

[1] 此次发掘报告正在整理中。
[2] 蔡伟堂、郭俊叶、张小刚：《敦煌莫高窟上寺中寺发掘简报》，《敦煌研究》2002 年第 1 期，第 18—25 页。
[3] 张小刚、王建军：《莫高窟第 476 窟考古清理简报》，《敦煌研究》2004 年第 3 期，第 93—103 页。
[4] 参与此次发掘的人员有 张小刚、张景峰，发掘报告正在整理中。
[5] 敦煌研究院考古研究所：《敦煌西千佛洞未编号洞窟清理简报》，《敦煌研究》2016 年第 6 期，第 29—35 页。
[6] 敦煌研究院考古研究所：《瓜州东千佛洞第 5 窟佛台遗迹考古清理简报》，《敦煌研究》2020 年第 1 期，第 23—31 页。
[7] 樊锦诗、马世长、关友惠：《敦煌莫高窟北朝洞窟的分期》，载敦煌文物研究所编《敦煌研究文集》，甘肃人民出版社，1982 年。
[8] 樊锦诗、关友惠、刘玉权：《莫高窟隋代石窟的分期》，载敦煌文物研究所编《中国石窟·敦煌莫高窟》第 2 卷，文物出版社，1984 年。

期洞窟[1]，莫高窟吐蕃占领时期洞窟[2]，莫高窟及榆林窟西夏以及沙州回鹘[3]等时代洞窟的分期排年工作。

石窟考古报告是运用现代考古学的科学方法，对一个洞窟或几个洞窟的信息最全面、最完整、最直接地反映和公布，是研究石窟的第一手资料。目前敦煌石窟的第一部考古报告《敦煌石窟全集第一卷莫高窟第266—275窟考古报告》已经于2011年出版[4]。期待更多的考古报告出版。

图版资料是进行敦煌石窟考古研究的重要工具，因此敦煌石窟图版资料的出版也是我们研究敦煌石窟的必要手段。改革开放后，由敦煌文物研究所编著（敦煌研究院前身）陆续出版的图版画册有《敦煌彩塑》[5]《敦煌的艺术宝藏》[6]《中国石窟·敦煌莫高窟》（全五卷）[7]、《中国美术全集·敦煌雕塑》[8]《中国美术全集·敦煌壁画》[9]《敦煌》[10]《中国石窟·安西榆林窟》[11]《中国石窟壁画全集·敦煌》[12]《敦煌石窟艺术》（共22册）[13]、《中国石窟雕塑全集·敦煌》[14]《敦煌石窟全集》（共26册）[15]。这些都成为研究敦煌石窟考古与艺术必备的参考书。

---

[1] 樊锦诗、刘玉权：《敦煌莫高窟唐前期洞窟分期》，载敦煌研究院编《敦煌研究文集·敦煌石窟考古篇》，甘肃民族出版社，2000年。

[2] 樊锦诗、赵青兰：《吐蕃占领时期莫高窟洞窟的分期研究》，载敦煌研究院编《敦煌研究文集·敦煌石窟考古篇》，甘肃民族出版社，2000年。

[3] 刘玉权：《敦煌莫高窟、安西榆林窟西夏洞窟分期》，载敦煌文物研究所编《敦煌研究文集》，甘肃人民出版社，1982年；刘玉权：《关于沙州回鹘洞窟的划分》，载敦煌研究院编《1987年敦煌石窟国际讨论会文集·石窟考古编》，辽宁美术出版社，1990年。

[4] 敦煌研究院编，樊锦诗、蔡伟堂、黄文昆编著：《敦煌石窟第一卷：莫高窟第266—275窟考古报告》，文物出版社，2011年。

[5] 敦煌文物研究所：《敦煌彩塑（366—1911年）》，中国古典艺术出版社，1957年；敦煌文物研究所：《敦煌彩塑》，人民美术出版社，1960年；敦煌文物研究所编：《敦煌彩塑》，中国古典艺术出版社，1965年；敦煌文物研究所：《敦煌彩塑》，文物出版社，1978年。

[6] 敦煌文物研究所编：《敦煌的艺术宝藏》，文物出版社、生活·读书·新知三联书店，1980年。

[7] 敦煌文物研究所：《中国石窟·敦煌莫高窟》全五卷，文物出版社，1982—1987年。

[8] 中国美术全集编辑委员会：《中国美术全集·雕塑编七·敦煌雕塑》，上海人民美术出版社，1989年。

[9] 中国美术全集编辑委员会：《中国美术全集·绘画编十四·敦煌壁画》，上海人民美术出版社，1985年；《中国美术全集·绘画编十五·敦煌壁画》，上海人民美术出版社，1985年。

[10] 敦煌研究院编：《敦煌》，江苏美术出版社、甘肃人民出版社，1990年。

[11] 敦煌研究院：《中国石窟·安西榆林窟》，文物出版社，1990年。

[12] 中国壁画全集编辑委员会：《中国美术分类全集·中国壁画全集·敦煌》第10卷，辽宁美术出版社、天津人民美术出版社，1989—1998年。

[13] 敦煌研究院、江苏美术出版社：《敦煌石窟艺术》（全二十二册），江苏美术出版社，1993—1997年。

[14] 中国石窟雕塑全集编辑委员会：《中国美术分类全集·中国石窟雕塑全集·敦煌》第1卷，重庆出版社，2001年。

[15] 敦煌研究院：《敦煌石窟全集》第1—26卷，（香港）商务印书馆，1999—2005年。

另外，1998年出版的《敦煌学大辞典》[1]，以及2019年出版的《敦煌艺术大辞典》[2]也是研究敦煌石窟考古必备的工具书。

二、莫高窟佛塔遗址综述

佛塔，作为一种佛教纪念性建筑物，是随着佛教由印度传入中国的。在佛教传入中国之前，中国没有塔这种建筑形式。汉字中也原本没有"塔"字。"塔"字出现于魏晋时期，通行大约至隋唐以后，是完全的佛教产物。在此之前，佛经中的佛塔都是采用音译，如窣堵波、苏偷婆等。

佛塔最早出现主要是为了供养和安置舍利、高僧遗骨等物，后来也可供奉经卷和各种法物。佛塔依有无舍利分为两种，"有舍利者为塔，无舍利者为支提"。佛陀涅槃后，肉身被荼毗。传说舍利被分为八份，分得舍利的国王或者部族将舍利供养在八塔中。但是在不同文献中也有"十塔""十一塔"的记载。在佛经中还记载有以佛牙、佛发、佛爪而起的塔。无舍利者谓支提，"支提……聚积之义，以积聚土石而成之也；又谓世尊无量之福德积，聚于此也"。可见，佛塔是为佛传所述圣迹的纪念性建筑，纪念佛本行，佛陀足迹或佛陀神变处。

塔随佛教传入中国，演变成为我国古代建筑艺术中的一种新的建筑类型。造塔、敬塔、拜塔被佛教徒认为是获得福报的大功德之一，历代佛教徒基于虔诚的信仰和求福报的心愿，往往都是不惜重金，大量建造佛塔。

敦煌是佛教由西向东传入中原的重镇，在魏晋南北朝时期，敦煌地区已经是"多有塔寺"，隋代更有皇帝颁建的"舍利塔"。如今，隋代之前的古塔已无从考证，莫高窟周围现存的古塔，大多被认定为宋元时期的古塔，还有几座是清代、民国初的喇嘛塔和道士塔。

塔是佛教寺院的重要组成部分，往往与寺院共同组成事佛礼佛的建筑单元。莫高窟北朝流行的中心塔柱窟就是一个佛塔与石窟寺结合的典范，这种受印度石窟影响形成的具有敦煌特色的塔庙窟，自北魏出现一直延续到晚唐时期。佛塔形象还大量保存于敦煌壁画中，在莫高窟历代的壁画中，出现的各式各样数百座佛塔的形象，是今天了解和研究中国古代佛塔的珍贵资料。

现在，莫高窟周围还保存有二十余座不同朝代的佛塔遗迹，这些佛塔与莫高窟的洞窟一样都是重要的历史文化遗存，莫高窟附近的佛塔遗迹分布如下：

鸣沙山断崖的山顶上现存几座塔遗迹，从南到北有第143窟窟顶部佛塔遗迹、第161

---

[1] 季羡林主编：《敦煌学大辞典》，上海辞书出版社，1998年。
[2] 敦煌研究院编，樊锦诗主编：《敦煌艺术大辞典》，上海辞书出版社，2019年。

窟顶部佛塔遗迹、南区与北区交界处的残塔及天王堂。

　　大泉河西岸窟前的佛塔，现存有下寺南边编号为第一号塔，也是莫高窟现存规模最大的一座佛塔。据记载窟前原来还有一座天禧塔，一座千像塔，现在已不存在了。另外还有一座从三危山里搬来的慈氏塔。

　　大泉河东岸的塔群，这是莫高窟古塔较为集中的区域，总共有十六座古塔。

　　从莫高窟前的大泉河逆流而上，约2千米的成城湾山岗上，现存有两座佛塔，其中有一座华塔保存较完好。在距莫高窟20千米的三危山老君堂附近，现存一座佛塔，塔内有壁画。

　　莫高窟周围现存的二十多处佛塔遗迹中，比较重要的有壁画内容的佛塔遗迹有大泉河东岸的12号、16号、17号佛塔，天王堂塔，慈氏塔及位于成城湾的华塔，其他多数为喇嘛塔。这些佛塔按照塔的建筑形式可以分为四方形土塔、八方形土塔、华塔、覆钵式塔等几种，以下按照建筑类型来介绍较为重要的古塔。

图 2-9 俄国考察队拍摄莫高窟第143窟崖面及顶上土塔与现状对比

1. 八方形土塔

在莫高窟南区第143窟窟顶正上方，建有一座八方形土塔（图2-9），塔身用土坯砌筑而成，塔的上部为叠涩四重塔檐，顶部为攒尖式塔顶。塔身东面开圆券形门，塔室内存有壁画。有学者认为这座塔与下面的第143窟有一定的关联。王惠民认为这种建窟形式是古人当时把土塔与处于同一中柱线下方的洞窟，作为一个整体来营建的。[1]孙毅华、孙儒僴认为第143窟上方的"塔的建造用意，可能是中心塔柱窟的另一种表现形式，将窟内的塔柱移至窟顶建塔，使窟室有宽敞的空间，窟室前再建造木构窟檐，形成由前堂、后殿和塔组成的一组寺院布局"[2]。沙武田认为在莫高窟崖面上，处在同一条垂直线上的崖上土塔与崖面洞窟的组合，形成了非常特殊的洞窟与塔刹组成的整体建筑关系。[3]赵晓星认为莫高窟这种塔、窟垂直组合的新形式，应是受吐蕃本土的影响，建筑形式最初可能来源于印度，并带有吐蕃桑耶寺的"三样式"特征，或可定名为宝楼阁式石窟建筑。[4]

2. 四方形土塔

莫高窟现存古塔中，有两座四方形土塔，即天王堂和17号塔。

天王堂，位于莫高窟南区北端与北区交接处的鸣沙山崖顶。较平坦的戈壁滩上，矗立着一座四方形单檐亭阁式土塔，通高约十米。由塔座、塔身、塔刹三部分组成（图2-10、图2-11）。塔基座部分用青砖砌筑，塔身由土坯间加木梁作壁带建成。整个塔体由下向上渐内收，塔身檐口用土坯层层叠涩向下渐收出短檐，上部为四角攒尖式塔顶。塔刹为一根木刹贯穿。塔东向中间开一门，塔室内平面呈方形，顶部为穹窿形。塔室的西壁、南壁和北壁建有凹字形双层佛坛，佛坛基部以浮塑覆莲瓣装饰，佛坛上原来的塑像均已损毁，现存大量莲座和塑像残块，西壁主尊位置莲花座保存较完整。塔内西壁主尊位置左右两侧各绘一大一小立菩萨像，南壁从西向东依次绘三身菩萨立像、二身天王立像，北壁从西向东依次绘四身菩萨立像及二身天王立像，东壁门南侧绘男供养人像二身，门北侧绘二身女供养人画像。四壁上部一周绘十方佛说法图。穹窿形顶部圆圈图案中心内绘大日如来坐于莲花上，

---

[1] 王惠民：《独煞神与独煞神堂考》，《敦煌研究》1995年第1期，第128—134页。
[2] 孙毅华、孙儒僴主编：《敦煌石窟全集·石窟建筑卷》22，（香港）商务印书馆，2003年，第239—240页。
[3] 沙武田：《敦煌吐蕃译经三藏法师法成功德窟考》，载敦煌研究院编《敦煌吐蕃文化学术研讨会论文集》，甘肃民族出版社，2009年，第161页。
[4] 赵晓星：《莫高窟吐蕃时期塔、窟垂直组合形式探析——吐蕃统治敦煌时期的密教研究之五》，《中国藏学》2012年第3期，第94—98页。

围绕一周绘二十身小坐佛,在四披的位置分别绘了金刚交杵、揭磨杵、火焰纹宝珠、大莲花分别象征四方佛,于中心的大日如来像共同组成五方佛。再向下沿圆圈顶一周绘有六身三面多臂大菩萨坐像,每个大菩萨坐像周围绘四身小菩萨坐像。

对天王堂关注研究的学者较多,主要有早年斯坦因、奥登堡,曾拍有此塔的照片。后来石璋如、谢稚柳等记录了天王堂的情况。[1] 近年有学者对此塔开展相关研究,寇甲、赵晓星对塔内壁画研究,认为天王堂可能建成于吐蕃时期,后经曹延禄时期重修。[2] 沙武田通过对塔内东壁门上的题记和门两侧供养人题记研究,认为此塔不是天王堂,是□□寺,很可能是曹延禄的一个功德窟。[3] 阮丽对塔内壁画做了系统性研究考证,认为这些壁画是依据法贤译《佛说瑜伽大教王经》的同本梵文原典《幻化网大怛特罗王》绘制的,并且推断天王堂的修建与曹延禄时期北印度僧人天息灾和施护途经敦煌时,被滞留沙州数月这一事件有关。[4] 郭俊叶通过对塔内东壁门上的功德题记以及门两侧供养人题记的进一步识读和研究,认为此塔不是天王

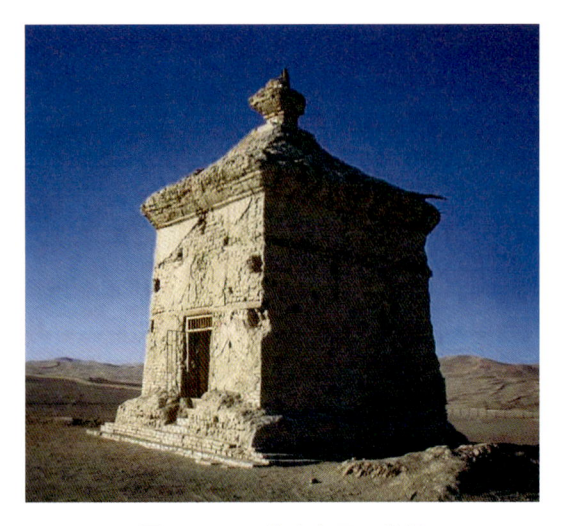

图 2-10-1 莫高窟天王堂塔

图 2-10-2 莫高窟天王堂塔线图(孙儒僩绘)

---

[1] 石璋如:《莫高窟形》,台北"中研院"历史语言研究所田野工作报告之三,1996年;宿白:《敦煌莫高窟密教遗迹札记》,《中国石窟寺研究》,文物出版社,1996年;敦煌研究院:《敦煌莫高窟供养人题记》,文物出版社,1986年;贺世哲:《从供养人题记看莫高窟部分洞窟的营建年代》,载敦煌研究院《敦煌莫高窟供养人题记》,文物出版社,1986年。

[2] 寇甲、赵晓星:《莫高窟"天王堂"初探—吐蕃统治敦煌时期的密教研究》,《兰州大学学报》(社会科学版)2007年第2期,第55—68页。

[3] 沙武田:《莫高窟天王堂质疑》,《敦煌研究》2004年第2期,第23—27页。

[4] 阮丽:《莫高窟天王堂图像辨识》,《敦煌研究》2013年第5期,第40—50页。

图 2-11-1　天王堂内门上榜题框 　　　　图 2-11-2　天王堂塔内台上残迹

图 2-11-3　天王堂细部

室,而是涅槃寺,推断此塔修建年代是归义军节度使曹延禄自称敦煌王的时期[1]。

第 17 号佛塔位于大泉河东岸,是一座四方形单层土塔(图 2-12),塔室内东西长 1.85 米,南北长 1.92 米。塔身上部建有屋檐,顶部为攒尖式塔顶,北壁开一圆券形门,塔室内平面呈方形,顶部为穹窿形,顶上绘圆形华盖,中心为交杵井心,出于十瓣莲花之中,向外有七层同心圆,从内向外每层图案分别为连珠纹、方格纹、半团花、回形纹、花鬘纹、璎珞帷幔。四披中间、由华盖和角券界定的倒梯形画面内画一佛二菩萨说法图一铺。四个角券

[1] 郭俊叶:《于阗皇室与敦煌涅槃寺》,载《敦煌吐鲁番研究》第十八卷,上海古籍出版社,2018 年,第 399—424 页。

图 2-12 莫高窟大泉河东岸第 17 号塔

内各绘三火焰宝珠于双重莲台之上。以上绘画风格与归义军晚期壁画风格接近。正壁即南壁，中部绘一佛二菩萨像。佛像持禅定印，盘腿坐于莲座及须弥座上，肉髻高耸似塔，上有宝珠，竖长尖券双层背屏。菩萨头戴五佛冠，圆形头光，莲花座。背屏两侧上部各绘一身附会佛。东、西壁与南壁类似，绘一佛二菩萨像，上有折枝花叶。东、西壁顶部均有两梁孔，位置相对。北壁门两侧各绘一花柱，门上为一方土红底榜题框，似应有发愿文，然字迹模糊不清，仅见近代游人题记。塔室北壁门两侧和东西壁北侧下部各绘一排供养人，从门口向正壁方向站立，供养人高度与佛坛高度相同。

3. 华塔

成城湾土塔，即成城湾华塔。此塔位于大泉河上游距莫高窟约 2.5 公里河谷南岸的山岗上，这个地方被称为成城湾（图 2-13）。成城湾现存一座古代土堡和两座土塔，华塔位于古堡北面的小山岗上，另外一座小土塔位于土堡的西面，塔身残损严重。华塔塔身由土坯砌成，是一座正八边形单层土塔，塔高约 9 米。塔基最下部为简单的基台，基台建有两层须弥座。塔身正西面开圆券门，正东、正南和正北三面，各建了一个像假门似的圆券形浅龛，每个龛内的两侧为束莲形八棱柱，上面有浮塑三叶形门楣。龛外两侧有浮塑二龙戏珠图，龛外周围有各种浮塑装饰纹样。根据俄国人 1914 年拍摄的照片显示（图 2-14），塔身的四

图 2-13-1 莫高窟成城湾华塔所在环境 　　　　图 2-13-2 莫高窟成城湾华塔现状

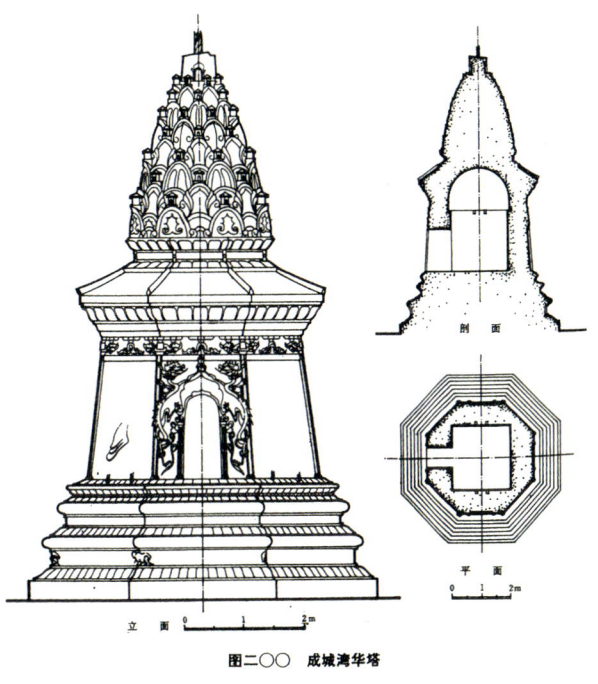

图 2-14-1　1914 年拍摄的华塔照片　　图 2-14-2　成城湾华塔图（萧默绘）

斜面贴壁各浮塑一身天王像，现已损毁。塔身各角作八棱柱，覆莲柱础，柱间用仿木结构隐塑出额枋、大斗、翼形栱以及补间的卷草形人字栱。塔身上部是叠涩出挑的塔檐，然后是凹曲坡屋面。其上再建仰覆莲须弥座，承托巨大的圆锥形七层宝装莲瓣组成的塔顶。在每个莲瓣尖上有一单层小方塔，莲瓣上下交错，逐层收小，至顶尖在四方形基座上立一较大的单层小方室穹隆顶方塔，塔上留存的木柱就是全塔的塔刹。塔内有小方室，穹窿顶，室内烟熏严重，但能看到原有壁画，不开门的三面各绘经变一铺，顶部绘华盖，中心是盘龙图案，周围绘卷幔、团花、卷草纹及垂幔，在华盖和经变画之间是流云千佛及垂幛垂铃。

华塔塔顶造型尤为独特，最引人注目，关于这种塔顶形式，萧默认为可能与《华严经》中所谓的"莲花藏世界"有关。他认为塑有多重莲瓣和小方塔的锥形顶就是"莲花藏世界"的主体表现。把石窟壁画中一座座小城改成了一个个小塔，土塔最高处的较大方塔就是"毗卢如来"的住所了。这个塔顶象征"莲花藏世界"[1]。关于华塔的建造时代，专家们根据塔的造型、装饰纹样和室内壁画风格，有专家推断为宋代修建；有学者认为建于五代或北宋时期，萧默认为此塔与慈氏塔风格相近，推断为 960—1000 年前后；也有学者认为

---

[1] 萧默：《敦煌建筑研究》，文物出版社，1989 年，第 303—311 页。

此塔为西夏时期所建。

该塔于2007年进行了维修加固,根据施工中发现的各部位的彩绘形式,专家制作了一个"华塔彩绘局部复原图",使之成为一座真正意义的"花塔"。整座塔在造型古朴厚实的基础上,用凹曲分明,层层收分及仿木结构的斗栱、卷草纹和飞龙、莲瓣等装饰,浑厚中透出灵秀、此塔造型浑厚朴实,表面泥壁精美细致,是莫高窟附近现存古代佛塔中的精品。

4. 窣堵坡式土塔

在莫高窟现存的古代佛塔中,窣堵坡式土塔有两座,分别是位于大泉河东岸土岗上的第12号塔和第16号塔。

第12号塔(图2-15),塔体规模不大,塔身为四方形,西面开方形小门塔。塔室平面呈方形,东壁下部有一佛坛,坛上残存真人大小僧人塑像一身,盘腿而坐,双手(已毁)合十于胸前,着通肩式袈裟。头部(已毁)后墙上绘有土红色头光。塑像后面两侧各绘有一身人物立像,北侧人物损毁严重,南侧人物半侧面向塑像立,双手合于胸前,头顶有一圆形发髻,发带垂肩,着三层窄袖长衫。头光上部绘一佛、二菩萨立像(北侧已毁)。北壁绘一人物坐像,盘腿而坐,着袈裟,盖右肩,有土红色头光,似为僧人,然而头部有土红和黑色涂改痕迹。坐像两侧各绘一侍者,西侧已毁,东侧上半身已毁,下半身可见窄袖石绿色长衫及土红色腰带、垂巾。南壁绘一人物坐像,损毁严重,隐约可见盘腿而坐,有浅色头光,土红色边缘,两侧各一侍者,西侧有发髻,东侧着黑色长衫。西壁门上绘一铺斜倚人物,有头光,左手搭于左膝上。以上人物形象均绘在黑色粗框及土红色细框内。南、北壁细框内更

图2-15 莫高窟大泉河东岸第12号佛塔

图 2-16　莫高窟前第 16 号塔

是绘有垂角幔帐，仿佛处于室内或帐内。四壁以抛物线形收缩，平滑过渡为四披，上绘双层垂幔。藻井内绘有八瓣团花，外围有菱形花卉纹样。根据一位美国学者John Huntington的文章中的照片得知，1982年这位美国学者来莫高窟参观时，此塔内有一身双手合十的僧人坐像，他在文章中提到塔室内僧人塑像及壁画与洪䇇高僧的影窟藏经洞的配置相似。

　　第16号佛塔，是大泉河东岸塔群中塔体规模最大的一座土塔，塔体形状很像一个蒙古包（图2-16），塔身西壁开圆拱形门。塔室内平面呈正方形，边长3.9米。顶部为穹窿形，东壁开一明窗。塔室内壁画保存较完整，穹窿形顶上绘圆形华盖，中心为八瓣莲花，花心处墨线绘有坐佛一尊，头朝东。往外宽窄间隔有六层同心圆，从内向外每层图案分别为连珠纹、旋涡纹、连珠纹、八龙相逐、方格纹、璎珞帷幔。华盖下白色背景，东西南北各绘一坐佛。东面佛左手禅定印、右手触地印（菩提瑞像）；北面佛左手禅定印、右手抬起，食指指向自己头部；南面佛损毁严重，左手禅定印，右手已毁；西面佛双手禅定印。坐佛圆形头光背光，坐于莲座，沐浴于折枝花叶之中。四角券有土红色边框绘半团花纹，内各绘一天王，大都损毁严重，唯有西北角持塔天王可辨。四壁白色背景，南、东、西三壁与穹顶交接处绘有土红色分界线和璎珞帷幔，东壁顶部残存部分墨线祥云图案，中有供灯。东壁明窗打破部分垂幔底部。两侧各绘一菩萨坐像，北侧菩萨一手拿金刚铃，一手执金刚杵，北侧菩萨手持花朵。南壁绘菩萨立像四身，北壁绘菩萨立像四身，均朝向门口而立，双脚各踏一莲花。莲花花鬘由东侧第一、二身菩萨之间地面长出，蔓延整壁，各菩萨之间亦长出长茎莲花。西壁门北侧绘文殊菩萨，手持如意，头戴三层宝冠，璎珞垂挑，骑狮，两侧各有一侍者，手持供宝（左侧上身已毁）。门南侧绘普贤菩萨，戴三层宝冠，上绘五佛，璎珞垂挑，手持莲花柄上有经卷，骑六牙白象（象左侧已毁），两侧各有一胁侍菩萨，手持供宝。郭俊叶通过对塔内壁画考察研究，认为此塔属于西夏时期所建。

5. 八边形土心木廊式塔

慈氏塔（图2-17），是供奉弥勒之塔，此塔为土木结构八边形小型单层塔，塔身用土坯砌筑，塔身外有木檐一周，八边形檐柱八根，柱上有斗拱，檐下有木椽一周，上有八角攒尖塔顶及宝瓶形塔刹，塔高约5米。塔身正面向西开一门，门之上浮塑双龙戏珠图案，双龙正上方门额上有墨书"慈氏之塔"，"慈氏"即弥勒。塔室内呈方形小室，正壁绘弥勒菩萨结跏趺坐于八面金刚莲花宝座上，着菩萨装，身后有圆形头光和背光，头戴筒形化佛宝冠，双手持一方形长柄扇。弥勒菩萨上部左右各绘一身飞天乘云而下，双手托花盘胡跪于莲花之上。莲花宝两侧各绘一着宽袖袍服侍者。左右两侧画文殊和普贤菩萨像，八边形塔身外面各绘有天王像一身，四边各有天王塑像一身，塔基一周镶有龙砖和凤砖。此塔小巧玲珑，形

图 2-17 慈氏塔

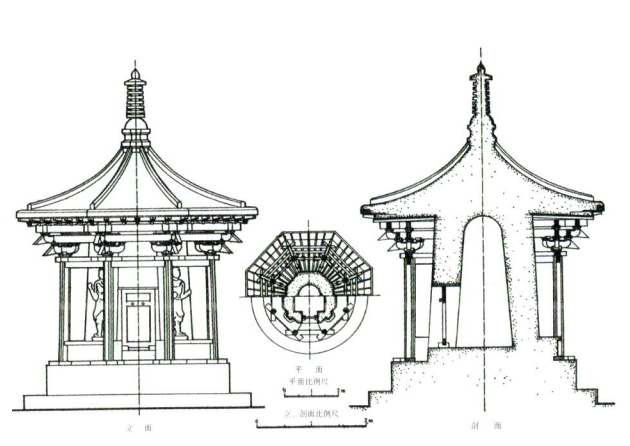

图 2-18　老君堂慈氏塔图（萧默绘）　　　　　图 2-19　慈氏塔原在老君堂原景

制古朴，比例适度，是敦煌地区保存较完好的古建筑实物之一（图 2-18）。此塔原本建在距离莫高窟 15 千米三危山中的老君堂附近（图 2-19），为了便于保护文物，敦煌文物研究所于 1981 年把慈氏塔整体搬迁到莫高窟前的园林中，如此不但有利于保护，也便于鉴赏研究。如今参观莫高窟的观众路过美术馆前的小广场时，就可以看到绿树园林之中这座古色古香、庄重典雅的古建小品。

这座慈氏塔在不同的年代，不同的著作中，有多种名称，陈明达在《敦煌石窟勘察报告》中称"敦煌老君堂慈氏之塔"，萧默在《敦煌建筑研究》中称为"老君堂慈氏塔"，孙毅华在《敦煌石窟全集·石窟建筑卷》中，称为"三危山慈氏塔"，现在人们习惯称此塔为"莫高窟慈氏塔"，总之不同的名称反映了慈氏塔所在的位置或变迁，都是以地名或山名来命名，其实这几个不同的塔名，所指的是同一座塔[1]。

关于慈氏塔的建造年代，并没有详细的记载。有学者推断为宋代，也有学者认为建于西夏时期。萧默依据塔内塔外的壁画及塑像风格，认为此塔为北宋作品而非西夏时期，他认为西夏早期窟顶中心的团龙大多数是浮塑贴金的，而此塔是画出的，西夏壁画颜色为青绿色，而此塔仍以暖红色为主调，这些都是北宋壁画的风格，因此推断此塔为北宋作品。时间大致定为 1000 年前后，是北宋最早的一座塔。郭祐孟认为慈氏塔建成年代为西夏攻占沙州以后，时间大致是 1140—1193 年的后半期。郭俊叶也认为慈氏塔为西夏时期所建[2]。不

---

[1] 陈明达：《敦煌石窟勘察报告》，《文物参考资料》1955 年第 2 期，第 39—70 页；萧默：《敦煌建筑研究》，文物出版社，1989 年；孙毅华、孙儒僩主编：《敦煌石窟全集·石窟建筑卷》22，（香港）商务印书馆，2003 年。

[2] 郭俊叶：《敦煌执扇弥勒菩萨考》，载《纪念莫高窟创建 1650 周年国际学术研讨会论文集》，2016 年，第 335—352 页。

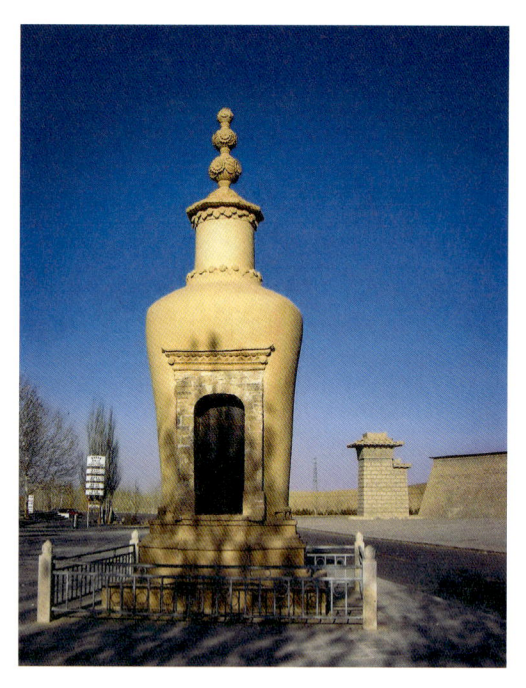

图 2-20　道士塔

同学者推测此塔的建造年代相差百余年,但大多数学者认为其建筑年代为北宋。

关于慈氏塔的研究,1955 年,陈明达在《敦煌石窟勘察报告》中介绍了敦煌老君堂慈氏之塔的基本情况,并提供了一些塔的外形尺寸,对塔内的壁画及塑像进行了描述,这是较早对外刊布的慈氏塔资料。[1] 郭祐孟在《敦煌莫高窟附近的佛塔》中,认为慈氏塔中的弥勒菩萨与肃北五个庙石窟及玉门昌马石窟中的弥勒菩萨造型相似。[2] 近年来,台湾释性真的硕士论文《敦煌莫高窟"慈氏之塔"之探究》一文中,较为详细地探讨了慈氏塔的建筑风格、结构比例、建筑的构件源流、壁画塑像内容等,并对塔各部位的尺寸进行了测量,对比了慈氏塔迁移前后的变化。其认为慈氏塔虽然是一种造型、空间及视觉艺术,但蕴含着深厚的佛教文化意义。[3]

慈氏塔的外观像一个亭子,这种建筑形制,大约出现在南北朝,隋唐时期已经比较多见,记载很多。但那时的亭子一座也没有留下来,现存的亭子大多是明清时期的,以亭子而论,慈氏塔是宋代唯一的遗物,也可称得上最早的实例。应县木塔建于辽清宁二年(1056),以前曾被学者认为是国内最早的木塔实例。莫高窟慈氏塔的建造更早于应县木塔,此塔与莫高窟宋代窟檐相似,比中原地区出现的佛塔建筑还要早很多,所以慈氏塔在建筑史上占有一定地位,对中国古建筑的研究具有重要的意义。

6. 宝瓶式土塔

宝瓶式塔是以藏经洞的发现者王圆箓的墓塔为代表的道士塔(图 2-20),此塔位于大泉河东岸。这座塔是王圆箓去世后,其徒弟们于 1931 年为他修建的纪念塔。此塔的塔基为方形,塔基上筑有八边形十一重塔座,塔身的形状像个宝瓶,塔刹是由三个宝瓶组成的刹顶。塔身南面镶嵌有一方王道士的徒子徒孙为其立的木制功德碑。

---

[1] 陈明达:《敦煌石窟勘察报告》,《文物参考资料》1955 年第 2 期,第 39—70 页。
[2] 郭祐孟:《敦煌莫高窟附近的佛塔》,《圆光佛学学报》2007 年第 11 期。
[3] 释性真:《敦煌莫高窟"慈氏之塔"之探究》,圆光佛学研究所硕士论文,2017 年。

此外，莫高窟还有两座功德塔，一座是天禧塔，一座是千像塔。

天禧塔建于宋代，据记载是北宋天禧三年（1019）三月，沙州永安、龙兴、金光明、报恩、灵图、三界、莲台、大乘、圣光等二十五寺法律录事等社众，齐心合力，共同建造的一座功德塔。据传，此塔在1941年被马步芳军队在莫高窟附近"掘宝"时拆毁，当时于塔内发现了一座有宋天禧三年题记的一小木塔。后来这座小木塔曾流散在武威一带，现藏在甘肃省博物馆。

千像塔是清末道士王圆箓主持修建的一座塔。千像塔位于下寺东南面的果园中，是一座两层六边形砖塔，塔建成后，王圆箓让人把莫高窟洞窟内原来残损不全的塑像收集起来，集中存放瘗埋在塔内供养。为了妥善保护塔内塑像，敦煌文物研究所于1951年将千像塔拆除，塔内存留下来的塑像及残片均转移到个别洞窟和文物库房内保存。

塔按性质来分，有佛教塔和非佛教塔。莫高窟周围现存的古塔，除了王道士的墓塔属于非佛教的塔，其他的均为佛塔。佛塔在历史上基本功能是瘗埋收藏佛舍利和高僧的灵骨，另外也有其他功能，如作为标志性建筑等。就莫高窟周围的古塔按用途来分，大泉河东岸塔群的这些古塔中，除以上介绍的第12、16、17号塔外，其他多数为瘗埋僧人灵骨的塔，大多为喇嘛塔的形制（图2-21）。喇嘛塔藏语"噶当觉顿"，为盛行于11世纪中期以后的噶当教派所用，所以也称为噶当塔，关于这些噶当塔的时代一般认为是西夏或元代所建。建在莫高窟崖顶上南北两端的古塔则兼有指引目标的作用。这些历代佛教徒所建各式各样的佛塔，与莫高窟南区北区各朝代数以百计各种形制的礼佛窟、禅窟、僧房窟等形成了规模宏大的石窟寺，使莫高窟成为历史上敦煌地区宗教功能齐全完整的佛教活动中心，也成了丝绸之路上一个重要的佛教圣地。

图 2-21-1　大泉河东岸塔林　　　　　　图 2-21-2　莫高窟前大佛塔

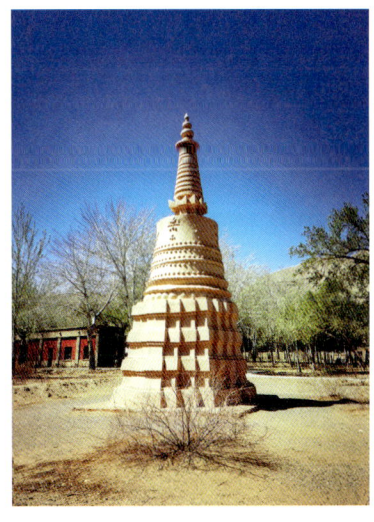

三、敦煌石窟历代游人题记导读

(一) 国内外相关研究的学术史梳理及研究动态

敦煌石窟中不仅保存有闻名于世的古代精美的壁画和彩塑，还留存有功德记、发愿文、题名、题梁、榜书、供养人题记等大量各类题记资料，同时也不乏数量众多的汉文、吐蕃文、回鹘文、西夏文、蒙古文和粟特文、于阗文等多语种游人题记。

据洞窟调查资料，敦煌石窟中的游人题记从时代来看，唐、五代、宋、元、明、清以及民国和近现代皆有。最早的游人题记应为莫高窟第335窟则天武后长安二年（702）[1]（图2-22），最晚者为第148窟等近现代游人的随意刻画；从留题者的身份职业来看，有普通信众、僧徒、道士、儒生、官员、军士、工匠等；按族属则有汉和吐蕃、回鹘、西夏、蒙古等少数民族语言文字题记；从地域来源看，主要有来自今北京、上海、江苏、浙江、河南、河北、山东、山西、湖南、湖北、江西、安徽、云南、四川、重庆、陕西、甘肃、宁夏、青海、新疆等地的信众；从题写内容来看，涉及广泛而庞杂，如抄录有处世经典《明心宝鉴》的师生对话（图2-23）；政论史书《贞观政要》的君臣问答；玄奘法师至印度取经回长安后译经、论千余卷，太宗作序表彰其事的《大唐三藏圣教序》；表达形式独具、内容特

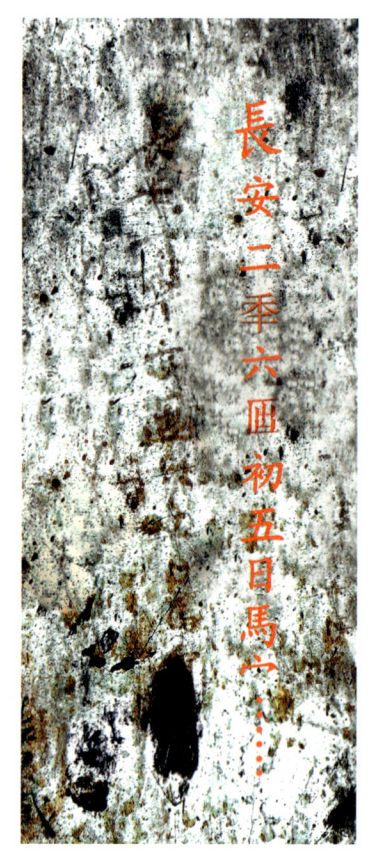

图2-22 莫高窟第335窟西壁外北侧长安二年题记

---

[1] 有关唐代纪年的游人题记出现在莫高窟第130、148、335窟和第427、432、464窟。第130窟主室东壁"浙江东道弟子张□／□魏博弟子石弘载／□咸通七年三月廿八日□□／□□□□耳"题记，在《敦煌艺术叙录》《张大千先生遗著漠高窟记》《敦煌莫高窟供养人题记》等著作中多有记载，录文内容大致相同，可惜这条题记已残毁，现仅为书载记录。第427窟"贞观癸未三年"和第432窟"□（贞）观廿二年"题记据专家学者研究，系为西夏"贞观"年号。第464窟"唐太宗元年"题记系后人所为。调查显示，截至目前，莫高窟所能见到最早的游人题记当为第335窟西壁龛外北侧观音像前下方"长安二年六匭初五日马□……"题记。但沙武田著《榆林窟第25窟——敦煌图像中的唐蕃关系》一书认为还不好确定该题记是否属游人题记，"因为第335窟有好几条类似的题记，但非游人所题，而是与建窟有关的纪年题记，似可证此条也非一般游人题记"。

图 2-23　莫高窟第 16 窟前室西壁门北抄录《明心宝鉴》

清净法门

如来万寿若恒沙
丈六金身九品花
无相门中真法主
色空天上是仙家
佛法僧三宝众生量
福田若人恭敬者福寿

广增延

佛家

酒泉……

州城不满
六一封疆未及三
今也陛下封疆有千千余座
足尚知足知足者尝
有万々封余里犹且不足
疆常意移夫天发杀
发转杀机斗地

辨寇遣史纳贡事臣知闻
西藏河国臣哈陈
平章奏为情
三皇立基五帝禅宗
中国有主岂非夷狄无
君乎天下者天下也一人之
虽软弱小邦
偏远臣

西藏降表

图 2-24　莫高窟第 454 窟前室西壁"文字式花瓶"西藏降表文字制图（王海彬制）

殊、极其珍贵的地方政权给中央政府的考古文献实物资料《西藏降表》(图 2-24);晚唐地仗底层题壁童蒙读物《千字文》、古代诗词以及占主体人群的佛僧道俗普通信众朝圣、进香、讽经、许愿、求佛、巡礼,等等。

敦煌石窟现存数量众多的历代游人留题,我们不应把它视作是一种简单的墨书和刻画,这些题记具有真实性、片段性和研究性,其中有些具有较高的历史价值和宗教文化价值。

1.汉文题记研究

最早对敦煌石窟游人题记进行调查的是 1908 年来莫高窟的法国著名汉学家、探险家伯希和,他的《伯希和敦煌石窟笔记》著作中抄录了部分游人题记,说明伯希和一开始就注意到其重要性和研究价值。1943 年,史岩对莫高窟的功德记、发愿文、题名、题梁、榜书等进行了调查和记录,其中也记载了部分游人题记。此后谢稚柳、张大千、向达、阎文儒、罗寄梅等在考察莫高窟、榆林窟时,对敦煌石窟中的游人题记也有部分记录。在这些调查基础上,敦煌研究院集体编著的《敦煌莫高窟供养人题记》一书对莫高窟游人题记做了较为全面的整理与校录,并以"游人漫题"专列于各窟题记之末。最新出版的徐自强等编著的《敦煌莫高窟题记汇编》,以诸家抄录、公布的题记为基础,对敦煌莫高窟的题记重新做了汇集发表。除莫高窟外,张伯元也编著了《安西榆林窟》一书,并对榆林窟游人题记进

图 2-25 莫高窟第 444 窟西壁题记所在位置

图 2-26-1　莫高窟第 454 窟甬道南壁清乾隆十八年题记　　图 2-26-2　莫高窟第 78 窟元至正九年、十三年题记

行了收录。以上，主要是对敦煌石窟游人题记的早期调查、记录成果。

对于这些汉文题记，很早就引起学者们研究时的重视。刘玉权《西夏时期的瓜、沙二州》、孙修身《西夏占据沙州时间之我见》、罗华庆《莫高窟第 444 窟龛南后柱题记考辨》、陈玮《敦煌莫高窟题记所见西夏归义人研究》四位学者以莫高窟第 444 窟主室西壁龛内南后柱上一则"環慶□德□（塞）歸義人范潤□（斐）阿朶／巡禮此寺上報四恩有三法界衆生／同成佛道辛巳七月十三日范潤記"的汉文题记（图 2-25）作为个案，结合史乘资料进行了专题研究。李国《敦煌莫高窟〈西藏降表〉题识考论》，对莫高窟第 454 窟前室门南西壁裸露墙面上一对用行草书体墨写的、游人题记性质的图形"文字式花瓶"，其文字内容为奏章抄本的一篇"降表"文献进行了破译解析。公维章《元明清时期的敦煌佛教》，利用元、清两代的部分游人题记（图 2-26）探讨了当时敦煌佛教的发展状况；徐自强《敦煌莫高窟题记研究》根据其多年整理伯希和敦煌石窟笔记照片资料的经验，对莫高窟题记进行了较为全面的整理与分析。类似的研究还有陆离《安西榆林窟第 19 窟大礼平定四年题记考》、陈光文《敦煌莫高窟第 237 窟北元时期汉文游人题记考释》等。陈光文、郑炳林《蒙、元时期敦煌行政体系述论》、陈光文《莫高窟、榆林窟元代汉文游人题记史料价值述论》、陈光文、郑炳林《莫高窟、榆林窟明代游人题记研究》、李国、李博雅《瓜州榆林窟道教遗存

图 2-26-3　莫高窟第 126 窟元至元六年题记

图 2-26-4　莫高窟第 454 窟清乾隆元年、十三年题记

考论》，李国、王海彬《敦煌石窟研究的新视角——以莫高窟儒、释、道游人题记为中心的考察》，张先堂、李国《敦煌莫高窟清代题壁纪游诗研究》，陈光文《敦煌莫高窟清代游人题记研究》，李博雅《清代释道信众联袂参拜敦煌佛窟事迹考论》，段鹏《莫高窟所见清代敦煌四月八行事探析》，等等。诸家多利用其本人考察所得和现已公布的资料，对敦煌莫高窟、瓜州榆林窟唐、五代、宋、元、明、清民国时期游人题记做了梳理研究。

王力平教授利用《伯希和敦煌石窟笔记》与《敦煌莫高窟供养人题记》，统计出唐五代至民国年间各类游人在敦煌莫高窟留下的汉文游人题记"总数量约近 250 条，字数大约 5000 字"的结论，并阐明了游人题记的价值[1]。

不过非常遗憾的是，敦煌石窟群中的历代游人题记远远不止这"约近 250 条"。据我们初步调查，敦煌石窟群各窟内的历代游人题记当在 5000 条以上，目前学界所见到的敦煌

---

[1] 王力平：《莫高窟汉文游人题记史料价值探析》，《敦煌学辑刊》2014 年第 3 期，第 43—59 页。

石窟游人题记仅为历代游人题记的二十分之一还不到。

可以说，敦煌石窟中的历代游人题记，虽不能与数量众多的榜书题记、供养人题记相提并论，但它所包含的丰富的历史信息，具有重要的考古文献史料价值、石窟营建史研究参考价值和历史文化研究价值。

2.回鹘蒙文题记研究

对敦煌石窟中的回鹘文、蒙古文、回鹘式蒙古文和八思巴蒙文题记初步的研究，主要有20世纪80年代末期敦煌研究院考古研究所与内蒙古师范大学蒙古语言文学系联合对敦煌石窟的531个洞窟进行了学术考察，在其形成的《敦煌石窟回鹘蒙文题记考察报告》中明确指出："敦煌石窟中数量众多的各种文字的题记，具有很高的历史价值。"[1] 通过这次考察，发现了回鹘蒙文题记50处28条(图2-27)。

经前贤对敦煌石窟中回鹘文的译释，我们可以看出，从时代上来看，最早为莫高窟第144窟甬道北壁元至治三年(1323)，最晚为莫高窟第237窟甬道北壁清乾隆二十三年(1758)。从题记的年代

图2-27 莫高窟第9窟回鹘文诗歌(多光谱图)

和有关内容上看，整个蒙元时期，甚至一直到清代，蒙古人都曾在敦煌、瓜州一带活动。这与有关史乘文献记载完全一致。特别是礼佛活动很频繁。从题记反映的社会成员、人名职位看，当时社会各阶层人员都有，如有君王"汗""皇子"、使臣、地方或军队长官达鲁花赤和佛教徒喇嘛、法师，还有巫师、占卜师等。从题记遗存的地名来看，主要是河西走廊的州府，如永昌府、肃州、瓜州、沙州和腾格里沙漠等。同时也出现了莫高窟和榆林

---

[1] 敦煌研究院、内蒙古师范大学：《敦煌石窟回鹘蒙文题记考察报告》，《敦煌研究》1990年第4期，第1—19页。

图 2-28 莫高窟第 465 窟光谱成像技术条件下的藏文题记

窟当时的称呼。尤其是称莫高窟为"圣宫",在西夏文译释中亦有与此相同的称谓。

再有松井太、荒川慎太郎编《敦煌石窟多言语资料集成》;包乌云《敦煌石窟回鹘蒙文题记的内容及其书写格式》;哈斯额尔敦、嘎日迪、梁尉英《敦煌莫高窟元代回鹘蒙文〈图勒黑图古思题记〉释读》;牛汝极《敦煌榆林千佛洞第 12 窟回鹘文题记》;杨富学《榆林窟回鹘文威武西宁王题记研究》;松井太著,张铁山、李刚译《榆林石窟回鹘文题记重考》;松井太、荒川慎太郎《敦煌諸石窟のウイグル語題記銘文に關する箚記》以及乌云博士以蒙文发表的《敦煌石窟回鹘式蒙古文题记及其研究》《敦煌石窟蒙文榜题综合研究》《敦煌石窟回鹘蒙古文榜题字法、书写法规则》等调查研究和论文,都是不可多得的回鹘蒙古文学术研究的成果。

可以说,这些敦煌石窟中回鹘蒙文题记,是研究当时蒙古语言的珍贵资料,它既丰富了敦煌吐鲁番学的内容,也丰富了蒙古学、阿尔泰学的内容。

3.藏文题记研究

在吐蕃统治敦煌七十余年的时间里,敦煌乃至河西地区留下了大量丰富的吐蕃文化遗存,其中敦煌石窟群内外的藏文题记,就最能反映敦煌吐蕃文化的特征,亦是其不可或缺的一部分。一个多世纪以来,学术界通过对石窟中藏文题记的释读和分析,极大地帮助了洞窟开凿年代、壁画内容及供养人的鉴别,对吐蕃在敦煌的历史变迁以及莫高窟的营造史等问题研究上都具有重要的史料价值,对敦煌学有重要的助推意义。

莫高窟第 365 窟七佛堂,是中唐代表洞窟之一,因有建窟时留下的汉藏文题记而长期为学界所重。马世长《关于敦煌藏经洞的几个问题》一文,在论及敦煌莫高窟藏经洞与第 16 窟、365 窟之间的关系时,根据第 365 窟汉藏文题记,通过其位置与壁画等内容分析,认为以上三个洞窟皆由高僧洪䇶所建[①]。黄文焕的《跋敦煌 365 窟藏文题记》详细介绍了 365 窟藏文题记的基本信息,并将题记原文翻译成汉文,且对题记书写人的名字和署名进行分析,认为他们既非汉人也非吐蕃人,应是其他民族,故推断其他民族与此窟的兴建可能有

---

① 马世长:《关于敦煌藏经洞的几个问题》,《文物》1978 年 12 期,第 23—24 页。

直接关系[1]。21世纪以来，藏学界的史学家、古文献专家们又对莫高窟第365窟有了较高的关注。高瑞、公保措以藏文发表的《敦煌第365号洞窟及其相关问题研究》，对目前敦煌研究者们认定的第365窟修凿者提出质疑，认为法藏敦煌藏文文献P.T.999内容、时间、任务都与此窟题记有一定的渊源。[2]德吉卓玛《敦煌吐蕃佛寺隆福寺及藏经洞之探究》一文就是在高瑞教授启迪下完成的一项研究成果。德吉卓玛将P.T.999中所记载的"དགུང་ཕུན་ཚོགས"译为"隆福寺"，并依据365窟藏文题记，认为莫高窟第366、365、16窟是一个整体性的石窟建筑，这组俗称"三层楼"的石窟群，即为敦煌藏文文献P.T.999中所记载的"隆福寺"，皆由洪䛒所造。[3]

学术界对第465窟主室甬道西侧藏文题记的译释关注和研究则较为集中（图2-28）。目前有代表性的释译有三个，一是金维诺先生为代表的释译"蕃二十五年全窟建成"；二是黄布凡教授释定的"蕃年二十五信奉特殊全部修建（或塑造）"[4]；三是勘措吉博士新译定的"腊月二十五日全部（完整）尸林建成（绘成）或竣工"。

杨雄在《敦煌藏传密教艺术的珍贵遗存》中引证部分学者的意见，认为第465窟的藏文题记并非建窟题记，而是游人题记，不能作为唐代建窟的根据[5]。据此，霍巍发表了《敦煌莫高窟第465窟建窟史迹再探》一文，通过对第465窟藏文题记在石窟中的位置、书写方式、文字内容等方面的考察分析，认为其与一般后人的游记性质的文字题记不同，应是建窟者或工匠在凿窟竣工后留下的题记。[6]

我们以为，根据第465窟的藏文题记将其始建年代推定为吐蕃窟的可能性是有的。勘措吉博士《莫高窟第465窟藏文题记再释读》对这则藏文题记做了较为全新的译释判读，值得高度重视。她提出了藏文题记中的 བོད་ལོ་ཉི་ཤུ "bod lo nyi shu lnga（蕃二十年）"不能直接定其为年代，藏文纪年的写法中从来没有出现过བོད་ལོ（bod lo）的纪年形式，藏历多以"马年、羊年、狗年"这样的形式纪年。故认为，该题记应为表示月份日期，བོད་ལོ་ཉི་ཤུ་ལྔ་དུར་ཁྲོད་ཆ་ཚང་བཞེངས（bod lo nyi shu lnga dur khrod cha tshang bzhengs）应翻译为："腊月二十五日全部（完整）尸林建成（绘成）或竣工"。

勘措吉重释新译中补充的"དུར་ཁྲོད（dur khrod）"一词极其重要，这是前人辨译解读丢掉

---

[1] 黄文焕：《跋莫高窟365窟藏文题记》，《文物》1980年第7期，第47—49页。
[2] 高瑞、公保措：《敦煌第365号洞窟及其相关问题研究》，《中国藏学》（藏文版）2009年第3期，第41—49页。
[3] 德吉卓玛：《敦煌吐蕃佛寺隆福寺及藏经洞之探究》，《西藏研究》2018年第4期，第47—54页。
[4] 霍巍：《敦煌莫高窟第465窟建窟史迹再探》，《中国藏学》2009年3期，第190页。
[5] 杨雄：《敦煌石窟艺术：莫高窟第465窟》，江苏美术出版社，1996年，第13—14页。
[6] 霍巍：《敦煌莫高窟第465窟建窟史迹再探》，《中国藏学》2009年3期，第187—194页。

或忽略的一个词。དུར་ཁྲོད་ཆ་ཚང་（dur khrod cha tshang），也叫 དུར་ཁྲོད་བརྒྱད་（dur khrod brkyad），就是指的八大尸林（寒林）。

此外，勘措吉博士还对莫高窟第75、57窟的藏文题记进行了个案研究。她在《莫高窟第75窟藏文题记考》一文中对莫高窟第75窟的初建和重修过程进行了考证，并对西壁佛龛下的二行墨书藏文题记进行释录。[1]《敦煌莫高窟第57窟藏文题记考释》首次对莫高窟第57窟甬道南壁的藏文题记进行了翻译，指出题记中愿文的发愿对象为吐蕃赞普赤祖德赞，且愿文中还出现了"沙州"二字。[2]

榆林窟第25窟是吐蕃统治敦煌时期最为重要的石窟之一，是敦煌唐吐蕃壁画的代表作。早在20世纪70年代，段文杰在《榆林窟第25窟壁画艺术探讨》一文中，对榆林窟第25窟进行专题研究，根据藏文题记、壁画内容和风格推定此窟为（776—781）年间的吐蕃窟[3]。21世纪以来，学者们对榆林窟第25窟又进行了较为集中、深入的研究，谢继胜、黄维忠的《榆林窟第25窟壁画藏文题记释读》着重对榆林窟第25窟北壁《弥勒变》左下角的这则藏文题记进行了分析，认为该藏文题记为壁画供养人题记，全文意思为："曹氏幼弟施画此铺圣图，此乃回向'尚希'功德，甚佳！"据此，考定此窟为题记中的曹氏承建，而"尚希"有可能是《拔协》中所记载的"桑喜"（vbav/sang-shi）或汉文"尚书"的音译，进而判定该窟建造于吐蕃统治敦煌时期，时间当在9世纪上半叶。[4] 陆离针对榆林窟第25窟的藏文题记提出了与谢继胜、黄维忠两位的释读有不同见解，他认为藏文题记中"尚书"和藏文史籍中"桑喜"的写法并不相同，两者不能等同。[5] 日人今枝由郎所撰写的《敦煌莫高窟和榆林窟中的T形题记框》从榆林窟25窟内的"T"型题记框为切入点，并与莫高窟中发现的其他"T"型题记框进行比对，认为这些"T"型题记框可作为洞窟断代的可靠依据。另外，还判定榆林窟第25窟开凿于821年或822年，且该窟三面壁面壁画的绘制有年代的先后差异，东壁以藏式风格绘制的，其余诸壁以汉地的风格绘制而成。

沙武田的专著《榆林窟第25窟——敦煌图像中的唐蕃关系》深入探讨了榆林窟第25窟的藏文题记的史料价值，认为25窟的藏文题记是推断该铺经变画的功德关系和洞窟营

---

[1] 勘措吉:《莫高窟第75窟藏文题记考》，载敦煌研究院编《敦煌吐蕃文化学术研讨会论文集》，甘肃民族出版社，2009年12月，第191—194页。
[2] 勘措吉:《敦煌莫高窟第57窟藏文题记考释》，载范鹏主编《敦煌哲学》，甘肃人民出版社，2013年，第253—258页。
[3] 段文杰:《榆林窟第25窟壁画艺术探讨》，《敦煌研究》1987年第4期，第1—7页，105—107页，111—113页；段文杰:《敦煌石窟艺术·榆林窟第二五窟》，江苏美术出版社，1993年，第11页；段文杰:《榆林窟的壁画艺术》，载《中国石窟·安西榆林窟》，文物出版社，1997年，第162—166页。
[4] 谢继胜、黄维忠:《榆林窟第25窟壁画藏文题记释读》，《文物》2007年第4期，第70—78页。
[5] 陆离:《关于榆林窟第25窟壁画藏文题记释读的两个问题》，《西北民族大学学报》2010年第4期，第54—57页。

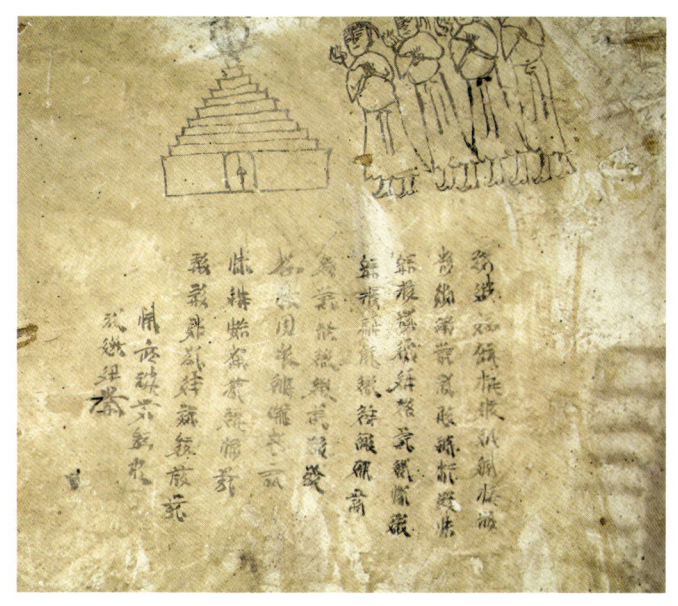

图2-29　莫高窟第285窟西夏文题记

图2-30　莫高窟第232窟光谱成像技术条件下的西夏文题记

建时代的有力佐证。他还邀请巴桑旺堆先生将题记内容翻译为："（曹德君？）作圣者一铺，此为（上师？）功德之祈愿！"，并与谢继胜、黄维忠的此题记译文和今枝由朗的译文等三种译文进行对比分析，认为该藏文题记的书写时间不会与洞窟的营建时代一致，而应晚于洞窟最终建成的时间，即属后人的补写。

4.西夏文题记研究

敦煌石窟中保存有为数甚多的西夏时期题记，包括西夏文题记和汉文题记，这些题记对研究西夏王朝的历史、语言、宗教信仰以及西夏统治瓜沙时期的历史，都具有较高的学术价值。法人伯希和曾于20世纪初对敦煌莫高窟进行调查，发现在莫高窟的43个洞窟中遗存有西夏文题记，并有遴选抄录。[1] 20世纪60年代，中国社会科学院民族研究所和敦煌文物研究所联合，共同对敦煌莫高窟和瓜州榆林窟中的西夏洞窟进行了系统考察，其中王静如、史金波、白滨、陈炳应等学者对西夏题记进行了搜寻与抄录。据调查统计，单就西夏统治瓜沙一个多世纪的时间里，莫高窟、榆林窟的38个洞窟中留存下来的各类西夏文题记就达100余处（图2-29），计235行，1300余字。[2] 史金波、白滨发表的《莫高窟、榆林窟西夏文题记研究》，王静如发表的《新见西夏文石刻和敦煌安西洞窟夏汉文题记考释》等学术论文和陈炳应所著《西夏文物研究》，分别公布了各自所抄录的西夏文、汉文题记，并进

---
① [法]伯希和著，耿昇、唐健宾译：《伯希和敦煌石窟笔记》，甘肃人民出版社，1993年。
② 史金波、白滨：《莫高窟榆林窟西夏文题记研究》，《考古学报》1982年第3期，第368页。

行了相应的整理和译释,因为这些题记中的西夏纪年,亦有反映西夏时期瓜沙地区历史的相关记载,显得颇为重要。

21世纪以来,日本西夏文专家荒川慎太郎、佐藤贵保又先后对莫高窟、榆林窟和东千佛洞的西夏文题记进行了较为全面的搜寻、考释,并取得了新收获[1]。

陈光文《敦煌莫高窟第297窟甬道南壁西夏文题记译释——兼论西夏统治敦煌的时间问题》,根据前贤调查资料,对莫高窟第297窟甬道南壁两行西夏文题记进行了重新译释,同时结合该题记对西夏统治敦煌的时间进行了探讨。

近期,李国、沙武田《敦煌石窟西夏时期汉文题记辑录——兼谈西夏占领瓜沙的时间问题》一文,利用现代高清数字彩色图像处理技术与多光谱摄影技术,对这一时期的各类西夏时期的汉文书写题记进行了集中调查,或纠正前人的辑录缺误,或补充新材料,对学界的研究使用具有一定的参考价值。

通过对敦煌石窟群中西夏文题记的初步抄录、翻译和解读研究,学界认为,这些题记是研究西夏社会各方面极其珍贵的资料(图2-30),不仅给学者们提供了史籍没有记载的

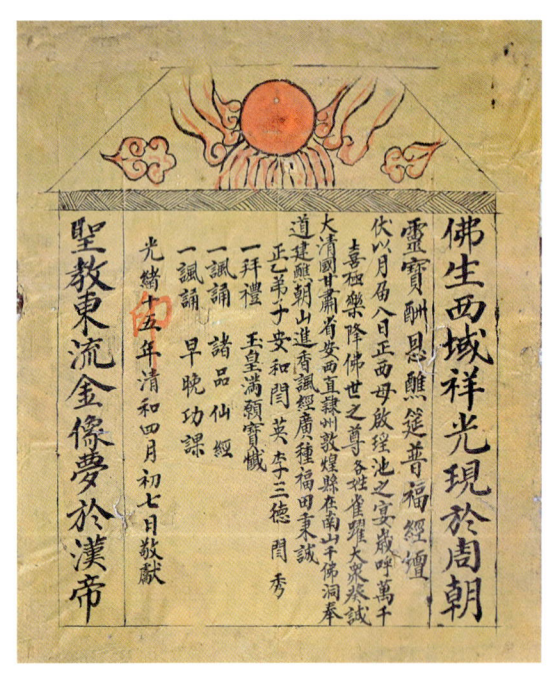

图2-31-1 莫高窟第152窟东壁门南道教正乙弟子、光绪十五年经坛告示

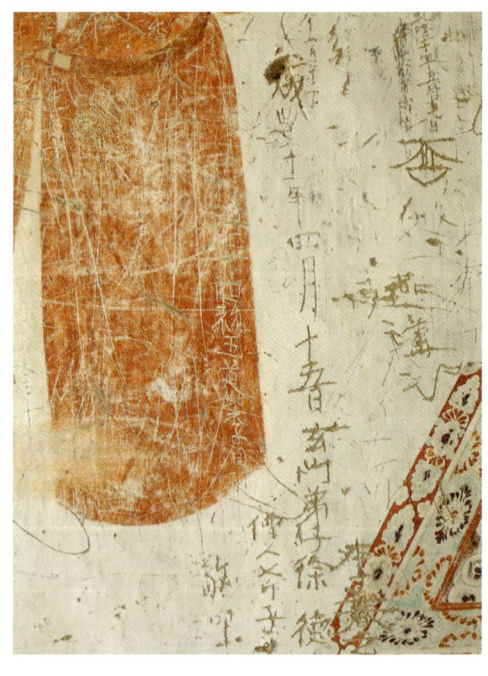

图2-31-2 莫高窟第196窟道教玄门弟子、僧人七斤子(咸丰十一年)

---

[1] [日]荒川慎太郎:《莫高窟・榆林窟・东千仏洞西夏文題記訳注》,载《西夏時代の河西地域における歴史・言語・文化の諸相に関する研究》,东京:日本学术振兴会,2010年,第45—106页。

图 2-32　莫高窟第 225 窟光谱成像技术条件下的婆罗谜文题记

部分重要资料,而且可为解决西夏历史的某些重要环节提供重要线索。

(二) 游人题记的历史文化、宗教史学价值

1. 学术价值

敦煌石窟在敦煌学、考古学、艺术史学、文献学等领域有着极其重要的研究价值,敦煌石窟中的历代游人题记,是敦煌学、考古文献学、佛教史、道教史 (图 2-31)、河西史地、丝路文化研究和民族学等众多学科得以借鉴的重要文献资料。全面系统、科学规范、准确完整地调查、抄录历代游人题记,将会为学术界研究之需提供考古第一手精准资料,有极强的应用价值。

2. 历史价值

历代游人题记有补宋元明清以来敦煌地区宗教发展史、莫高窟兴衰史,以及西北地区边疆政治及域外探险家活动等众多问题的研究,具有很高的历史文化研究参考价值。全面解读敦煌石窟历代游人题记中所包含着的丰富的历史信息,必将对认识敦煌的历史地位、河西走廊在历史时期的战略地位、各民族文化交流关系等中古历史问题具有重要的启示意义。

3.宗教文化价值

敦煌石窟中遗留下来的历代游人题记资料无疑是一个各时代信息资源的宝库。全面系统地调查整理和研究历代游人题记,可梳理其所反映的民间信仰、乡土情结、宗教态度、个人意识等问题,并对相关的社会文化背景进行深入研究,是对这一专题不可忽视的宗教文化价值所在。

(三)推进研究的几点思路与展望

从敦煌学研究伊始至今,已有一百二十多年的时间,针对敦煌石窟中多语言题记的研究,尤其是专题性的学术研究,目前仍然显得比较薄弱,至此,拟提出以下四点想法:

第一,对敦煌乃至河西石窟群中的多语言题记进行全面、系统的辑录与整理,并进行分类、定名、分体例研究,最终编纂出准确全面的《敦煌石窟多语言资料集成》工具书,以便给研究者提供便利。

第二,在辑录及研究过程中,尽可能将吐蕃文、回鹘文、西夏文、蒙古文等多语种题记相对应转写成拉丁文,并准确地翻译成汉文,以便于国内外学术界的学者研究。

第三,充分利用敦煌石窟内容,藏经洞以及莫高窟北区出土的多语言文献(图2-32),结合各时代相关史料记载,对石窟各类题记进行释读,探索石窟题记本身所具有的学术价值。

第四,对于漫漶不清、褪色严重的石窟题记,尽可能采取数字成像技术系统应用高清数字摄影、透视虚拟等多种技术,对壁题文字遗存进行全方位数据采集,全面展示数字成像技术在文物领域的切实应用。

四、敦煌古代石刻资料概述

(一)敦煌古代石刻概述

石刻是人类文明发展史上重要的物质文化遗存。将文字、图像刻写在天然摩崖石壁或者人工雕凿的碑碣上的表现形式即为古代石刻艺术。从历史坐标上看,远自先秦时期,近到明清,敦煌石刻文物不绝于书。据考古发现,先秦时期便有羌、乌孙等民族在敦煌地区活动,自汉武帝建郡,丝绸之路通行,敦煌便以丝路重地的地理位置长期活跃在西北地区,因而有不少见证人类历史发展的石刻存留于此。

现存敦煌古代石刻资料有三种:一是保存于古敦煌郡内的石刻实物;二是见于各种历史文献的石刻著录;三是保存于国内外的石刻拓本。敦煌古代石刻经历史变迁、自然腐蚀、人为破坏等因素的影响,存世数量不多,但是艺术题材多样,内容丰富,包括岩画、摩崖石刻、碑刻、石塔、石雕以及一些石质建筑。其中，以碑刻数量尤甚。人们习惯将专门研究石刻上文字的学科称作碑铭学，而在中国古代则将之归为"金石学"，自宋代起石刻的研究逐步成为体系，留下大量石刻拓本及相关著录。敦煌古代石刻为河西史地、佛教史、莫高窟营建史、地方人物等历史研究提供了重要的资料，同样为文学、宗教、经济社会、边防军事和书法研究方面提供了重要资料。

石刻有其自身的特性。即每一种（件）石刻都出现在特定时代，是时代的产物；每一种（件）石刻都有不同的功能，被赋予特定形制和内容，每一种（件）石刻都立于敦煌这一特定的地点，具有地区特色。因此本节将会把敦煌的石刻按照不同类型，以时间为纵向切入，阐述敦煌古代石刻的发展脉络。

敦煌古代石刻遗存具有重要的历史、艺术和文化价值，这些文物是研究敦煌历史、文化、艺术及丝绸之路历史的珍贵资料，也是敦煌学研究的重要组成部分。充分认识敦煌石刻文物的价值，对我们进一步做好敦煌石刻文物的保护研究工作具有非常重要的现实意义。

（二）敦煌古代石刻的著录及研究

自徐松《西域水道记》卷三中对敦煌碑刻的记载和拓录伊始，敦煌古代石刻的研究发展至今已有百余年历史。敦煌早期石刻研究主要以摘录和校勘为主。徐松于嘉庆年间考察了敦煌莫高窟，详细记录了当时莫高窟内碑碣的保存状况，如《李君莫高窟佛龛碑》《大唐陇西李府君修功德碑》《唐宗子陇西李氏再修功德记》，并且拓录了碑文。清光绪二十八年（1902），叶昌炽以翰林编修出任甘肃学政，考察西北各地碑文及拓片，转录有《索公勋纪德碑》《杨公碑》《李大宾造像碑》等，总结中国金石学中石刻的部分研究成果。

敦煌石刻论述和研究多限于具有铭文的各种石刻资料，但是对于石刻的形制纹饰图案及功用缺乏深入探讨。对敦煌石刻集中的整理和总结代表作为专著《敦煌古代石刻艺术》[1]，全面介绍了敦煌地区现存石刻及研究成果。对于这一时期石刻的专题性研究较多，在以下详细列出：

敦煌地区的岩画的艺术概况、民族族属及断代问题，岳邦湖[2]、唐晓军[3]、盖山林[4]等学者有相关研究。敦煌地区现存的两处摩崖石刻，孙毅华考证著录了敦煌莫高窟附近五个墩摩崖石刻，就石刻年代及与附近采石场联系进行说明，并结合敦煌碑刻记载对采石场进一步进行了探讨。[5] 吴浩军、李春元考释了肃北大黑沟摩崖石刻，对刻写年代及悬泉府问题做

---

[1] 吴军、刘艳燕：《敦煌古代石刻艺术》，甘肃人民出版社，2015年。
[2] 岳邦湖：《岩画及墓葬壁画》，敦煌文艺出版社，2003年。
[3] 唐晓军：《甘肃古代石刻艺术》，民族出版社，2007年。
[4] 盖山林：《岩画上的历史画卷——中国岩画》，生活·读书·新知上海三联书店，1997年。
[5] 孙毅华：《莫高窟新发现摩崖石刻》，《敦煌研究》1999年第3期，5—7页。

了探讨，具有首开先河之意义。[1]

关于敦煌地区石碑，著录和校勘是研究之基本，罗振玉编著的《西陲石刻录》，收录汉代至元代碑刻十五通，有关敦煌的石刻八篇，内容翔实，可供与其他碑录校勘。张维编《陇右金石录》《陇右金石补录》，所录或系前书未载者，或订补前书误载者，除载录碑文外，都详加按语，考证翔实。此外，还有陈万里、杨灿、马德等的研究。

石碑背后历史和内涵的研究，多为单个石碑的专题研究，比较具有代表性的是陈菊霞对《翟直碑》的研究，指出敦煌翟氏有浔阳和上蔡两个不同的支系，并对推迟立碑的历史背景进行考证。郑炳林《〈索勋纪德碑〉研究》一文中，对碑主索勋及其先辈事迹、索勋出任瓜州的时间、背景、唐代瓜州水系、索勋修建寺庙、碑文作者等问题都进行了详细的探讨。还有阎文儒、李永宁、敖特根等对具有代表性的《六字真言碑》的研究等。

关于敦煌地区的石塔研究，集大成者的是殷光明的《北凉石塔研究》[2]，具有代表性和全面性。关于石塔的分期，宿白判定敦煌的五座塔均属北凉时期[3]。古正美、殷光明等学者又对北凉石塔这个提法提出意见或作出补充。殷光明认为佛塔的刻像是依据《千佛因缘经》，属于三世佛系列中的过去七佛，交脚菩萨像是三世佛系列中的未来佛弥勒，所刻经文为《佛说十二因缘经》。另有其借助佛塔易经八卦说明七佛与弥勒造像题材与佛教思想关系密切，研究翔实，面面俱到，堪称典范。

（三）敦煌古代石刻的类型与内容

敦煌是古丝绸之路上的贸易中心，也是中西文化交流的荟萃之地。敦煌境内遗存的古代石刻真实记录了敦煌先民们不同历史时期的生产生活、活动轨迹、重大历史事件、历史人物、宗教信仰及石窟营建等活动。这些遗存下来的古代石刻主要分为岩画、摩崖石刻、石碑、石塔、石雕造像及其他石刻等几大部分。

1. 岩画

岩画是刻画在岩穴、石崖壁面上的彩画、线刻和浮雕的总称。古代先民早在没有文字的时代就是用图像和符号来记录事件、表达思想感情。古敦煌郡地域广阔，东接酒泉郡，北邻匈奴，西接伊吾、楼兰，南与羌人为邻。郡境相当于今天的敦煌市、瓜州县、肃北蒙古族自治县、阿克塞哈萨克族自治县的全境以及玉门市的一部分。学界将分布在古敦煌郡境内遗存下来的这些岩画统称为"敦煌岩画"。

---

[1] 吴浩军、李春元：《肃北大黑沟摩崖石刻考释》，《敦煌研究》2009 年第 4 期，第 80—82 页。
[2] 殷光明：《北凉石塔研究》，觉风佛教艺术文化基金会，2000 年。
[3] 宿白：《凉州石窟遗迹和"凉州模式"》，《考古学报》1986 年 4 期，第 435—447 页。

敦煌岩画主要包括分布在河西走廊南侧的祁连山区岩画和分布在河西走廊北侧的北山地区马鬃山区岩画。祁连山区岩画包括：边墙沟岩画、大黑沟岩画、灰湾子岩画、七个驴岩画等。马鬃山区岩画包括今肃北蒙古族自治县马鬃山境内的岩画和今嘉峪关市境内的黑山岩画等。敦煌境内保存下来的岩画多为古代游牧民族的历史遗迹。岩画大多分布在地势陡峭、怪石林立的峡谷中，主要内容有动物、狩猎、放牧、舞蹈、祭祀，等等。这些岩画反映了游牧民族以农牧业为主的生活方式及他们狩猎的场景。对我们研究古代河西走廊地区少数民族的历史文化，社会生活和生活方式都提供了重要的形象资料。

2. 摩崖石刻

在山崖上直接刻写的摩崖石刻是最原始的石刻艺术之一，它与原始时代的岩画十分相似。摩崖石刻起源于远古时代的一种记事方式，盛行于北朝时期，直至隋唐以及宋元以后连绵不断。摩崖石刻，有广义和狭义之分。广义的摩崖石刻是指人们在天然的石壁上摹刻的所有内容，包括上面提及的各类文字石刻、石刻造像，岩画作为一种特殊的石刻也可归入摩崖石刻。狭义的摩崖石刻则专指文字石刻，即利用天然的石壁刻文记事。在古敦煌郡境内也有摩崖石刻留存，现已发现的有两处，分别是肃北大黑沟摩崖石刻和莫高窟附近的三危山摩崖石刻。

大黑沟摩崖石刻位于今肃北蒙古自治县城东约40千米的祁连山脉中，大黑沟绵延3.5公里，中段山崖多由黑色变质岩构成，山石表面相对平整，之前在这个沟里发现有大量古代岩画，据统计岩画共有190多幅，画面大部分刻画在避风向阳的山坳、陡峭的花岗岩和石灰岩上，画面内容以射猎、放牧、练武、骑马作战等场面为主，图中动物有梅花鹿、大角羊、野牛和野骆驼、大象、老虎等。2013年5月，大黑沟岩画被列为第七批全国重点文物保护单位。大黑沟摩崖石刻是指在这些岩画中间有一处石刻文字，位于山沟的底部，其中部分文字已被从山崖上滑落的泥土掩埋，后经考古人员清理才看到完整的石刻。吴浩军、李春元等到实地勘察考证，确认石刻文字从右至左共有5行字。这些石刻文字面宽26厘米，高48厘米，行距3厘米，每字大小略有差异，约3厘米见方。书体介于隶楷之间，而近于隶书，笔锋苍劲有力，风格朴厚古茂，颇具魏碑风格。另外，在此摩崖石刻以北约50米处的岩画中还发现有一处刻着"开皇二十年六月"的题记。唐代敦煌曾设置三所军府，悬泉府为其中之一。悬泉府是当时瓜、沙地区的一处机构齐备、官兵众多的重要军府。大黑沟摩崖石刻的题记反映了当时任悬泉府主帅的张思直因某种原因，或出于某个目的，专门书写了相关文字，并派人把这段文字镌刻在此处的崖壁上。[1]这块石刻题记描述了大黑沟的地理形势和水草丰茂的情况。根据题记可以判断，这段文字的刻写者或亲临现场的主持是

---

[1] 吴浩军、李春元：《肃北大黑沟摩崖石刻考释》，《敦煌研究》2009年第4期，第80—82页。

图 2-33　莫高窟采石场遗址

图 2-34　莫高窟五个墩采石场遗址　　　　图 2-35　采石场唐代题刻

张思直手下一个名叫"经爽"的随从，当时这一带由驻石包城的官员直接管辖，镌刻的目的可能就是为了流芳百世。根据石刻文字书体和唐代瓜沙地区军府的设置情况，以及石刻题记中关于悬泉府的记载，当时的大黑沟一带水草丰美，很有可能是悬泉府的官营牧场，沟口东侧台地上的建筑遗址即其管理机构的所在地，据推测该摩崖石刻的刻写时间是在初唐，至晚在吐蕃侵占瓜、沙二州之前。

　　三危山摩崖石刻，在莫高窟东南约 2 公里大泉河东岸的一个小山包上，有一个古代采石场遗址，向西约 150 米处有五座烽燧，俗称五烽墩（图 2-33、图 2-34）。因为采石场遗址就靠近五烽墩，所以把这个采石场称为五烽墩采石场。摩崖石刻就位于这个采石场的崖壁上，此处的崖体由上层的砂砾岩层和下层的细砂岩层构成，现存的几处摩崖石刻均镌刻在细砂岩层。孙毅华对这处摩崖石刻调查研究，发现这两处石刻题记的字体遒劲、圆润，刀法娴熟，不像是乱写乱画之辈的随意之作，而应是专门从事刻字的石匠在此开采石料时留下的痕迹。[1]这两处摩崖石刻题记均位于采石场的西段。第一处石刻题记高40厘米，宽18厘米，每个字约7厘米见方。第二处石刻题记高20厘米，宽23厘米，每个字约5厘米见方。根据摩崖石刻上的题记，此处石刻镌刻于初唐时期，题记为山西蒲州的石匠所刻，说明初唐时期在敦煌的手工业者有来自不同地方的人。古代敦煌作为丝绸之路上重要的经济贸易中心，不仅汇集了各地乃至各国的商人，而且也聚集了来自各地的从事手工业的能工巧匠，他们也是敦煌佛教艺术的创造者之一。此外，吴军在考察采石场遗址时，在采石场东段崖壁上看到另外两处摩崖石刻题记。第一处题记高25厘米，宽15厘米，每字约3厘米见方。旁边第二处题记高22厘米，宽15厘米，每字约2厘米见方，字迹较为模糊，但能够辨认出部分文字（图2-35）。摩崖石刻题记中所记载的部分信息，也证明了摩崖石刻所在的崖面曾是莫高窟唐代和元代部分碑刻的石料来源地，莫高窟现存的细砂岩材质的石碑就出自这片采石场。

3.石碑

古代碑刻艺术，是我国古代石刻艺术的重要组成部分。敦煌古代石刻中石碑保存数量最多，现存石碑共十六件，年代自汉至明清，是不可多得的珍贵文物。

表2-1　敦煌古代石刻一览表

碑名	年代	收藏地点
《裴岑纪功碑》	汉顺帝永和二年（137）	新疆维吾尔自治区博物馆
《乐生碑》	西晋	北京大学
《翟直碑》（《大唐伊吾郡司马上柱国浔阳翟府君修功德碑》）	唐代	敦煌研究院
《圣历碑》（《李克让修莫高窟佛龛碑》）	武周圣历元年（698）	敦煌研究院
《大历碑》（《大唐陇西李府君修功德碑》）	唐大历十一年（776）	莫高窟第148窟

---

[1] 孙毅华：《莫高窟新发现摩崖石刻》，《敦煌研究》1999年第3期，第5—7页。

续表

碑名	年代	收藏地点
《乾宁碑》(《唐宗子陇西李氏再修功德记》)	唐昭宗乾宁元年（894）	莫高窟第 148 窟
《大唐都督杨公纪德颂》	唐代	敦煌市博物馆
《苦峪城碑》	唐代	不详
《洪辩碑》	晚唐	莫高窟第 17 窟
《索勋纪德碑（大唐河西道归义军节度索公纪德之碑）》	晚唐	敦煌市博物馆
《莫高窟六字真言碑》	元代	敦煌研究院
《重修皇庆寺记碑》	元代	敦煌研究院
《青墩峡碑》	清雍正十一年（1733）	青墩峡东北 300 米
《崇教寺碑》	清代嘉庆年间	敦煌市博物馆
《敦煌千佛洞千相塔记碑》	大清宣统二年（1910）	敦煌研究院
《重修千佛洞九层楼碑记》	民国二十五年（1936）	敦煌研究院

汉代经济文化繁荣昌盛，汉武帝雄才大略，在敦煌置郡，敦煌正式归中原统辖。汉代的碑刻之风影响至敦煌，现存汉代碑刻《裴岑纪功碑》一件。该碑于东汉顺帝永和二年（137）刻，清雍正七年（1729），宁远大将军岳钟琪得，后又迁往巴里坤城外。清代纪晓岚详细记述了此碑的发现经过及保存状况。民国时期杨灿记录介绍了此碑的基本情况。潜心对该碑的出土地点、碑文所记事迹进行了考释。[1] 此后，又有崇民[2]、马雍[3]、熊明祥[4]、周述政[5]、黎人忠等学者进行了研究。

---

[1] 潜心：《裴岑纪功碑文考》，《敦煌研究》1986 年第 4 期，第 101 页。
[2] 崇民：《裴岑纪功碑没有移置敦煌及其他》，《敦煌研究》1989 年第 1 期，第 64—65 页。
[3] 马雍：《新疆巴里坤、哈密汉唐石刻丛考》，载《西域史地文物丛考》，文物出版社，1990 年。
[4] 熊明祥：《龚自珍跋宋拓本〈裴岑纪功碑〉考辩》，《佳木斯教育学院学报》2013 年第 7 期，第 134—135 页。
[5] 熊明祥、周述政：《〈裴岑纪功碑〉移至敦煌错误说探析》，《华章》2011 年第 25 期，第 83—84 页。

关于裴岑立碑的历史背景，根据马雍考订，安帝永初元年（107）汉朝再次放弃西域以后，这支以呼衍王为首的北匈奴遂乘虚而入，重新控制西域，并调动西域各国军队连连侵犯河西四郡，如此达十余年之久。碑中的裴岑为东汉顺帝时云中（今山西大同）人，曾任敦煌太守。其碑文记载的是东汉永和二年（137），敦煌太守裴岑率兵3000人出击北匈奴呼衍王部于伊吾北，斩杀呼衍王，这次战役是汉王朝40年来在这一地区取得的一次重大军事胜利，故碑文云"除西域之灾，蠲四郡之害"。《裴岑纪功碑》碑文保存完整，字迹精美，故自发现以来，拓本流传甚广。陕西省岐山县博物馆藏有《汉敦煌太守裴岑纪功碑》拓本一件，系民国年间岐山名士孟继圣先生旧藏。另外，四川省岳池县文管所、西安碑林中也藏有拓片。

裴岑征讨呼衍王一事未被《后汉书》记载。故《潜研堂金石文》在跋尾中称："当是时，呼衍王之势日涨，岑能以部兵伴之，克敌全师，可为不世之奇迹矣，而汉书不著其事，盖其时期多秕政，妨功害能者众，而边郡文薄壅于上闻故也。"幸而此碑保存至今，得以补史文之缺。

魏晋南北朝时期，是中国石刻史继续发展期，记载主人生平的新石刻形式墓志产生并形成定制，成为我国石刻文字资料主要载体之一。另外，佛教的传入后，逐渐与广大群众结合并向上层靠拢，得到当地政权的支持，直至唐朝，佛教文化处处开花，中国石刻发展出另一个高峰。同样在敦煌，自汉以来，历代王朝不断派官员从内地移民到包括敦煌在内的河西地区，敦煌地区逐渐形成了索氏、李氏、翟氏等豪强大族。豪强大族在佛教盛行之时借助自己财力纷纷开窟造像，部分碑刻记载了敦煌当地世家大族造窟功德主在莫高窟开窟造像的事迹。这种功德碑在敦煌地区保存数量较多，具有重要的历史价值。代表有《翟直碑》（《大唐伊吾郡司马上柱国浔阳翟府君修功德碑》）、《圣历碑》（《李克让修莫高窟佛龛碑》）、《大历碑》（《大唐陇西李府君修功德碑》）、《乾宁碑》（《唐宗子陇西李氏再修功记》）等。

《翟直碑》全名《大唐伊吾郡司马上柱国浔阳翟府君修功德碑》，为唐代碑刻，该碑是以翟通父子为代表的翟氏家族营建莫高窟第220窟的造窟功德碑。关于此碑的定名，史苇湘将此碑定名为《浔阳翟氏造像碑》[1]；马德定名为《浔阳翟氏修功德碑记》[2]；陈菊霞参考敦煌文献相关碑抄文的碑额题记及书写规律，补充完整了碑额阙文，并定名为《大唐伊吾郡司马上柱国浔阳翟府君修功德碑》[3]。因该碑是以翟直的名义而立，故简称《翟直碑》。

《翟直碑》碑阳为功德记，主要由两部分构成。第一部分（第3—11行）序列了立碑者翟直一族的世系关系。通过辨析可知，敦煌浔阳翟氏家族和上蔡翟氏家族本为同一大家族。他们自称的"浔阳"郡望和"上蔡"郡望都非实望，而纯属附会和冒引。他们原本是丁零人，

---

① 史苇湘：《世族与石窟》，载敦煌文物研究所编《敦煌研究文集》，甘肃人民出版社，1982年。
② 马德：《敦煌莫高窟史研究》，甘肃教育出版社，1996年。
③ 陈菊霞：《敦煌翟氏研究》，民族出版社，2012年。

后与鲜卑人融合构成乞伏鲜卑部落，建立西秦政权后成为西秦政权的核心力量。随着翟氏政治势力的增强，他们逐渐发展为陇西当地的"大家"。北朝时期，一位陇西翟氏因"从官流沙"而子孙世居敦煌。第二部分记述了以翟直为主的翟氏家族兴建莫高窟第220窟的主要功德事迹[1]。

《翟直碑》碑阴为第220窟的供养人画像及题记，分上下四排。第一排为佛像画；第二、三排主要是翟直的兄弟辈。他们是：堂兄昭武校尉、金城将军、上柱国英□、□骑将军武威洪池府果毅都尉……弟陪戎校尉、上柱国……第四排是翟直的子侄辈，他们是日新、日信、日幸、日均、日进等人。从供养人题记来看，时至初唐，已有不少翟氏在军界担任重要职位，这也预示着翟氏家族的稳步兴起和在敦煌的重要地位。依据莫高窟第220窟甬道南壁的《检家谱》所记载，第220窟完工于龙朔二年（662），但作为第220窟的造窟功德碑——《翟直碑》的撰立却相对很晚，学界一致认为是天宝十三载（754）撰立。立碑者由《翟直碑》碑文第一行"嗣子□□□□□（浔）阳郡景从公撰"可知《翟直碑》是翟景从撰写的。碑文的第二行曰"……府君□其门矣。公讳直"，可知《翟直碑》是翟景从以其父翟直的名义撰写的。此外在碑阳右侧壁下方有"母南阳张氏"的供养人题记，"南阳张氏"为翟直夫人。此题记表明，翟氏自唐初就与张氏家族联姻，这种姻亲关系的延续，使翟氏家族在归义军时期的地位更加显赫，成为敦煌的大姓豪族之一。

翟氏家族非常崇信佛教，热衷于石窟的营建活动，早在北周大成元年（579），翟通的父亲翟迁就曾在莫高窟开窟建圣容立像，唐代翟氏家族又在莫高窟开凿了第220、85窟。此外，在五代、宋时期，翟氏又重修过这两个洞窟。《翟直碑》中所记述的翟氏家族在莫高窟营建的第220窟，规模宏大、内容丰富、壁画精美，为初唐时期莫高窟的代表性洞窟之一。

《翟直碑》等修窟功德碑的出现是唐朝碑刻的重大发展和特色，为研究这一时期敦煌的历史、宗教仪轨和世家大族以及莫高窟的营建史提供了重要资料。

中唐时期，吐蕃占领了敦煌，至归义军时期，敦煌地区回归汉人统治，这一时期保存有《洪䛒碑》和《索勋纪德碑》(《大唐河西道归义军节度索公纪德之碑》)。《洪䛒碑》为唐代碑刻，此碑原立于莫高窟第17窟，包括洪䛒的告身、诏书和信物名牒等三部分内容。此碑是在洪䛒圆寂之后由其门人弟子及家族人所立，所以碑刻时间应与建窟同时。洪䛒去世在咸通三年（862），石碑用于纪念洪䛒。

---

[1] 第220窟的《检家谱》也明确表明第220窟由翟通开始组织兴建。从《翟直碑》记载可知，第220窟的创建者有三人，即"敦煌郡博士"翟通、"汉司空十□代"翟某和大云寺僧道弘。然而，未到竣工，翟通便于"唐□三载正月廿五日"去世，另一功德主"汉司空十□代"也在建工期间去世。鉴于此，翟通之子、时摄伊吾郡司马的翟直义不容辞地挑起重任，与翟氏家族成员共同完成了营建莫高窟第220窟的大业。

宋朝文化繁荣，碑刻数量增多，但是敦煌地区处于西夏控制下，保存的碑文较少。元代敦煌保存有《莫高窟六字真言碑》《重修皇庆寺记碑》，其中，《六字真言碑》又称《元代速来蛮刻石》，因观音像上方及左右方刻汉、梵、蒙、藏、西夏、八思巴等六种文字。其音均为"唵、嘛、呢、叭、咪、吽"六个字，即所谓的六字真言而得名，碑中功德主速来蛮西宁王名见《元史·宗室表》，顾未著其妃子及子之名。此碑题名适可以补史之缺，金石文字有益于史。敦煌地区元代遗物甚少，保存较为完整的《莫高窟六字真言碑》对研究元代的历史及元代敦煌地区的佛教发展情况都具有重要的史料价值。《莫高窟六字真言碑》中的观音尊像对研究敦煌石窟中藏传密教中的四臂观音信仰在当时敦煌地区的广为流传，提供了有力的证据。此碑亦彰显了元代河西地区多民族崇信佛教、民族团结的历史事实，是研究佛教史、民族关系史的珍贵资料。

敦煌地区在明朝时被孤悬关外，至清朝重新归中央管理。这一时期敦煌同样有碑刻保存下来，如《敦煌千佛洞千相塔记碑》《崇教寺碑》《重修千佛洞九层楼记》，多为关于敦煌地区佛教信仰、礼佛习俗和莫高窟周围建筑的记载。

4. 石塔

敦煌地区保存下来的石塔主要有北凉石塔和北魏石塔两大类。北凉（397—439）是5世纪初割据河西走廊的政权，盛行佛教。北方佛教重禅行，北凉流行小乘佛教，盛行弥勒和佛塔崇拜。小乘佛教主张修行者求得自身解脱以"独善"，通过累世修行，寂坐禅定以绝灭尘世杂念，而禅行需入塔观像。因而敦煌地区的北凉石造像塔，

图 2-36 北凉石塔

皆为一般佛教信徒功德建造。我国目前已知发现属于北凉时期河西走廊及新疆吐鲁番地区的石塔共有十四座,学术界称其为"北凉石塔"。在这十四座石塔中,敦煌地区发现残存的石塔共有五座(图 2–36),分别为□吉德塔、索阿后石塔、岷州庙石塔、沙山石塔、王□坚石塔。其中,□吉德石塔和索阿后石塔保存有明确纪年题记。敦煌现存的五座北凉石塔,虽然现在难以肯定其所在的北凉佛寺的具体位置,但五塔的出土说明敦煌古代实有北凉佛寺存在。关于敦煌北凉石塔的具体出土年代,亦没有准确的史料记载,这五座北凉石塔都已是传世文物。

敦煌地区北凉时期的石塔具有一些特征,造型源于印度犍陀罗供养塔,敦煌地区的北凉石塔由塔刹、塔身、基座三部分组成,完整的塔体高度在 25 厘米至 100 厘米之间,以 40 厘米至 50 厘米居多。塔通体由八角形塔基、圆柱形塔身、覆钵形塔肩、塔颈、相轮、塔盖六个部分组成。塔基下多有榫头,说明塔基下原有塔座。塔基上每面有一雕或线刻像,每像上方刻八卦符号,圆柱形塔身刻造塔施主的发愿文和《增一阿含经》中一段经文。覆钵形塔肩周开八个圆拱形龛,龛内浮雕或线刻七佛一菩萨,佛像皆为结跏趺坐,着通肩、袒右肩,结禅定印;塔肩上部饰覆莲瓣。再上为短塔颈,颈上为一至七层相轮,各塔层数不同,均为单数。石塔顶部为半球形宝盖。

敦煌地区北凉石塔中保存最大的一座为岷州庙石塔,此塔现存上、中、下三部分,雕凿于北凉时期,残高 96 厘米、直径约 48 厘米,现藏于敦煌研究院。该塔是 1943 年由向达在敦煌岷州坊的一座庙里发现的。据《甘肃通志金石志》卷三记载,此塔是在清雍正年间(1723—1735)发现于敦煌党河淤泥之中,因河水暴涨而被冲出水面,后存在岷州坊的一座庙里,岷州庙在现敦煌城西南之沙洲故城内,今已荡然无存。向达发现此塔后,非常重视,做了相关研究[1]。此后,王毅又作了补充说明[2]。由于该塔残损严重,塔的一面和上、下部的大部分残佚,下部的塔基形状情况不明。

除了岷州庙塔外,1944 年西北考察团在敦煌考察时,向达见到王□坚石塔拓本,王□坚石塔又称为三危山塔,现藏于敦煌市博物馆。此塔通高 36 厘米,底径 12.7 厘米。为青黑色砂岩,塔底有榫,高 1 厘米,有一面残损严重。下面八角形塔基高 7 厘米,刻神王像 8 身,刻像的左上角刻八卦符号。刻像现存 4 身保存较完整,其余残损。此塔是 1928—1929 年发现于敦煌三危山老君堂,后被当时敦煌人埋于三危山王母宫,埋藏之前,敦煌乡绅任子宜将石塔塔基线刻像和塔腹文字拓印保存,1981 年此塔又在三危山王母宫被发现,可惜的是此塔再次出土时发愿文完全剥落,经文及刻像也有残损。所幸的是敦煌研究院藏有一份石

---

[1] 向达:《记敦煌出六朝婆罗谜字因缘经经幢残石》,《现代佛学》1963 年第 1 期,第 34 页。
[2] 王毅:《北凉石塔》,载《文物资料丛刊(1)》,文物出版社,1977 年。

塔拓本，经核对这份拓本正是20世纪40年代向达所见的那份拓本。该拓本一共四张，其中一张拓本上有任子宜的两方印记。向达还在任子宜手中见到过一些敦煌藏经洞出土的遗书和此塔拓片。经历了半个多世纪后，这些拓片失而复得，实为不易。拓本补校了石塔缺损的经文、发愿文和线刻像，对此石塔的研究具有重要的参考作用。

石塔中的内容是北凉石塔研究的重要内容，每处佛教造像题材，都是依据佛经创作的。汉译诸经过去七佛译名不一，北凉石塔七佛造像与这一时期的一些杂密经典中的七佛译名相同。七佛译名出自当时的杂密经典，早期杂教在西晋时期就已经传入敦煌地区了。西晋时期，竺法护翻译了《佛说决定总持经》《密迹金刚力士经》等多部陀罗尼密典，对敦煌佛教产生了一定的影响力。北凉时期，不仅有"大咒师"昙无谶等精通咒术的密教僧人，而且有许多杂密经典的翻译与弘传。昙无谶等杂密僧人常施咒术以解脱现实苦难，其神异令民间信众极为敬仰。昙无谶译《金光明经》《大方等大集经》与法众译《大方等陀罗尼经》等杂密经典又在当时迅速流传，其渲染的佛教神异色彩把敦煌民众固定在对神异的向往里。民间杂密信仰在当时的敦煌极为流行。敦煌遗书中也发现不少北凉时期的《金光明经》写本、《大方等陀罗尼经》写本，为北凉石塔七佛造像题名的出处提供了可靠依据。七佛一菩萨并列的造像组合，源于犍陀罗艺术。据日本粟田功《犍陀罗艺术》中的图录可知，虽然犍陀罗艺术中过去七佛与弥勒菩萨造像有立、坐之异，但是这种并列的组合造像是固定的。七佛一弥勒造像，来源于犍陀罗艺术，尤其是直接受了坐姿七佛与弥勒菩萨的造像影响。

北凉石塔的七佛与弥勒造像，是我国现知这类题材和组合形式中最早的有确切纪年和造像题名的造像。北凉石塔七佛与弥勒的组合造像，在北凉发展、成熟后，成为当时极为盛行的题材之一。至439年，北魏灭北凉之后的整个北朝时期，均为当时我国佛教造像艺术中的主要题材之一。它不仅为我国这类题材造像的研究提供了重要资料，而且为研究我国现存同类单身造像题材提供了重要资料，为北凉石窟中交脚菩萨像的定名提供了旁证。

敦煌石塔除了北凉石塔外，还有两座北魏时期的石塔,北魏石塔的造型一改北凉石塔的覆钵形塔体，出现了一种融合了中原汉式木构建筑中的斗拱、飞檐等元素的多级楼阁式石塔。具有鲜明的北魏时期石塔的典型风格。分别是大佛寺北魏石塔和大庙北魏石塔。

大佛寺北魏石塔，为灰色砂岩雕刻，塔身高58厘米，呈正方形，底边每边长为18厘米，塔顶边长为12厘米，从下到上逐渐削减缩小，按垂直八度收缩。其形制是采用中国传统的楼阁式建筑形式，共分为五层，雕刻有仿木结构飞檐。每层四面各有一个圆拱形浅龛，每个佛龛内雕刻有一佛二胁侍菩萨像，共计有佛像20尊、胁侍菩萨等60尊，佛像和胁侍菩萨像均为浅浮雕。整座塔身设计严谨，布局合理，雕刻刀法圆润，线条流畅。由于此塔被收藏前流落荒野，塔身表面风化破损严重。此塔为国家一级文物，现藏于敦煌市博物馆。

大庙北魏石塔，发现于1951年。敦煌三危乡大庙村的农民在掏井的过程中偶然发现此塔，也不知是何人何时丢弃于水井，后被移交于敦煌市博物馆收藏。这座残塔为四方形，原本应该是四面多级楼阁式石塔，现仅存塔身的其中一层的部分。现残高19厘米，边长18厘米。从残存的部分可以看出该石塔为黑色花岗岩材质，石质坚硬，刻工细致。现存较完整的一面，开有一大四小共五个圆拱尖楣龛，每个龛内镌刻一结跏趺坐禅定印佛像。从残存塔身的楼阁式建筑可以看出，此塔原来每层应雕刻有仿木结构飞檐。关于这两座北魏石塔，因为破损严重，石塔镌刻字迹也已模糊不清，荣恩奇曾对大佛寺北魏石塔经刻内容进行过考证，其他相关研究资料很少。

5. 石雕造像

敦煌石窟开凿在砂砾岩上，这种岩石不能进行雕刻，所以敦煌石窟中的塑像主要以泥塑为主，但也保存有极少部分的石雕塑像。敦煌研究院收藏的两组石雕，一组在陈列中心文物库房，有托塔天王石雕立像一身、菩萨石雕立像一身、石雕头像两件；另一组保存在莫高窟第224窟，有石雕倚坐佛像一身，天王像一身，北弟子像一身（图2-37）。1982年和1993年再版的《敦煌莫高窟内容总录》对这组石雕造像的年代及来源附加了简略的备注说明，并把这组石雕塑像年代定为晚唐。[1] 近年，吴军、罗瑶对这组石雕塑像的来源及造像特征、年代问题进行了考证，认为这组石雕造像是敦煌当地就地取材铸造的，推断石雕造像的年代应为五代至宋时期，是曹氏归义军时期的佛教艺术作品。[2] 此外，在法国吉美博物馆还收藏了一件敦煌石雕塑像。这尊石雕弟子像，高约50公分，身体直立，双手抱于胸前，面型圆润。在袈裟和头光上还残存部分石绿颜色。赵声良认为，从造像特征来看这尊石雕弟子为五代以后的造像，结合对比敦煌研究院藏的石雕像，可以看出吉美博物馆藏的这身石雕比丘像与敦煌研究院藏的石雕像风格非常接近，可能都是由岷州庙搬入莫高窟的。由于伯希和笔记中对这身石雕弟子像的来源未曾记录，关于这一身石雕造像的来源，有待学者进一步考证。

6. 其他石刻

敦煌古代石刻除上述几种类型外，还遗存有一些石质建筑构件及石经板等。敦煌莫高窟窟前殿堂遗址的几次清理发掘中，发现的石柱础有数十块，其中，大多数是利用自然石或残磨盘石充当柱础，部分石柱础是经过雕刻成形，有10块柱础雕刻有莲花图案。

---

[1] 敦煌文物研究所整理：《敦煌莫高窟内容总录》，文物出版社，1982年。
[2] 吴军、罗瑶：《敦煌研究院藏两组石雕造像的来源及相关问题》，《敦煌研究》2008年第1期，第14—20页。

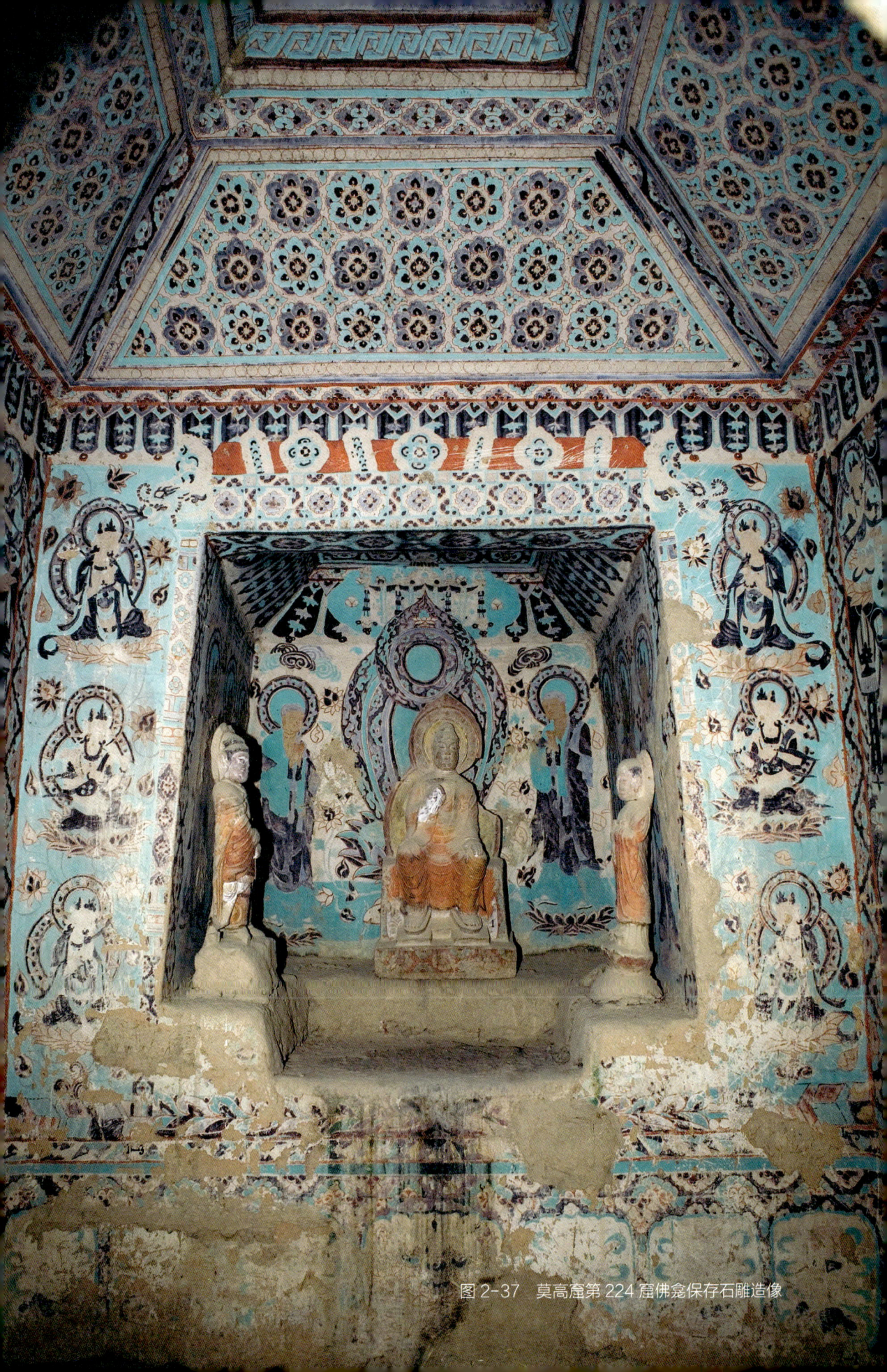

图 2-37 莫高窟第 224 窟佛龛保存石雕造像

20世纪60年代窟前清理发掘时，第61窟前呈现下层的宋代殿堂遗址和上层的元代殿堂遗址。此窟的殿堂遗址内共发现6个石质柱础，分别位于殿堂西南、西北、东南、东北部和门槛南侧、门槛北侧。其中，只有位于殿堂东北部的4号柱础是做工较为讲究的覆莲柱础，其他几个柱础为残磨盘石或纹饰模糊的圆形石柱础。4号覆莲式柱础直径75厘米，厚70厘米，上面雕刻有清晰的八瓣莲花纹饰。这些石柱础原来均保存在莫高窟南区的窟区内，2014年文物保护陈列中心将这些柱础集中保存于上中寺的敦煌研究院院史陈列馆中。

石门砧是建筑大门的一种构件，也称为"门枕石"，简称"门枕"俗称"门墩"。在莫高窟的第130窟和第96窟的窟前殿堂遗址清理发掘工作中，发现有石门砧。目前，其他洞窟窟前殿堂遗址清理发掘工作中未见有石门砧。这些都是敦煌地区古代建筑石构件的实物资料。

敦煌研究院陈列中心还收藏有一件六字真言石经板，形似长方形，已残损，只剩其中一部分，四周参差不齐，石板正面磨平，为青黑色，字体工整、此石经板为征集文物，年代和发现地点不详。此外，敦煌市博物馆藏有一件藏文石经板和一件藏文刻经石块，均阴刻古藏文六字真言，字迹规整、线条流畅、为青黑色，石质色泽和刻线均与敦煌研究院藏石经板相似。可见，汉藏佛教在敦煌的交流和融通的情况。

第三章　敦煌石窟营造导论

一、关于敦煌石窟营造史文献

对于敦煌石窟营造而言，洞窟供养人题记和洞窟功德记、发愿文是记载洞窟营造史的核心史料文献，这一部分主要收录于《敦煌石窟供养人题记》[1]。另外一部分记载石窟营造的文献，主要是出自藏经洞窟写本文书，包括碑铭记赞类。郑炳林有集大成之辑释和研究[2]，主要包括：P.2551《大唐李君莫高窟修佛龛碑》(698年立，碑存敦煌研究院，又称《圣历碑》(图3-1)，S.1523+上博40《李庭光莫高窟灵岩佛龛碑》(约715年前后)，P.3608《唐陇西李氏修功德记》(776年，碑存莫高窟，又名《大历碑》)，P.4640《大蕃沙州释门教授洪修功德记》(约834年，即《吴僧统碑》)，P.4638、P.4640《大蕃故敦煌郡阴处士公修功德记》(839年，即《阴处士碑》(图3-2))，P.3720v《莫高窟记》(图3-3)(865年，莫高窟156窟前室有墨书题记)，P.4640《翟家碑》(约867年)，S.530、P.2021、P.4640《沙州释门索法律窟铭》(约872年前后)，P.2762等《敕河西节度兵部尚书张公德政之碑》(约882年，即《张淮

图3-1 《圣历碑》残件拓片

---

[1] 敦煌研究院编：《敦煌莫高窟供养人题记》，文物出版社，1986年。
[2] 郑炳林、郑怡楠辑释：《敦煌碑铭赞辑释》(增订本，全三卷)，上海古籍出版社，2019年。

图 3-2　敦煌写本 P.4638、P.4640《阴处士碑》

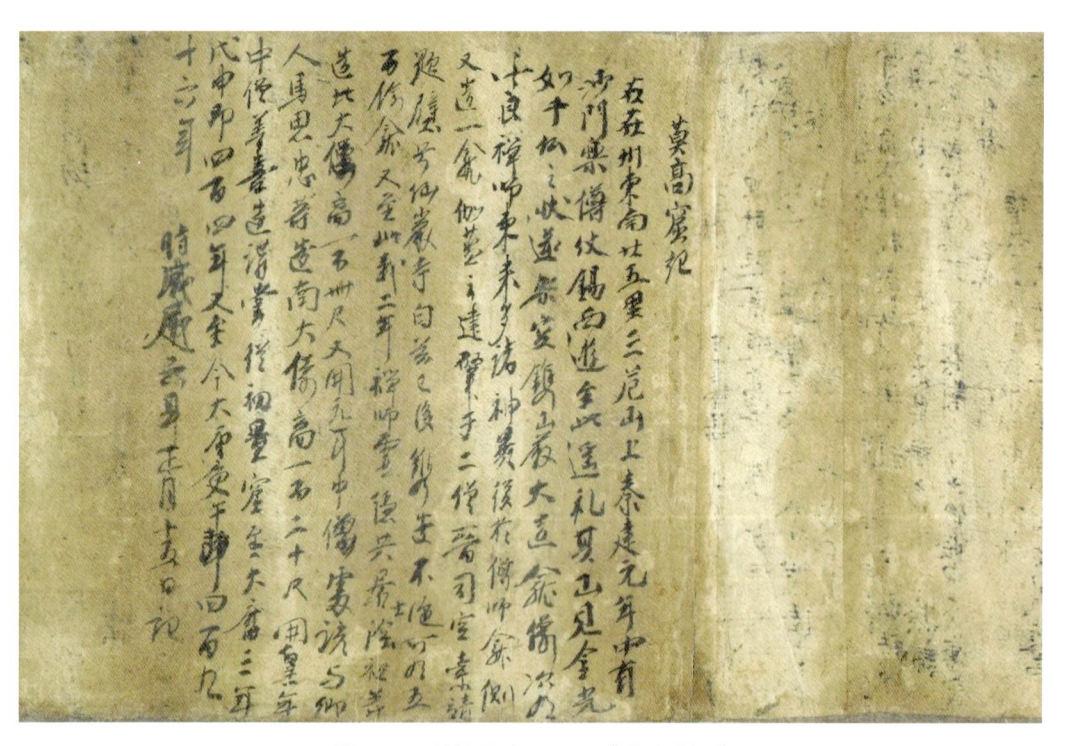

图 3-3　敦煌写本 P.3720《莫高窟记》

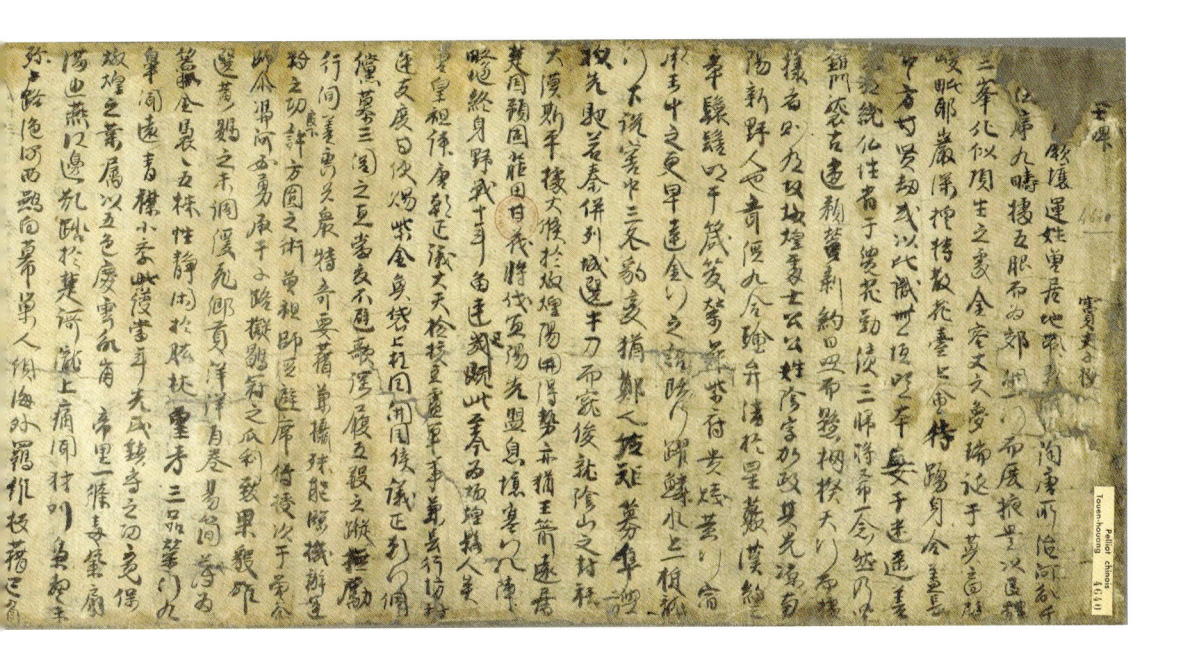

深碑》)、P.3720v《张淮深功德记》(约888年前后)、P.4640《陇西李氏再修功德记》(894年,碑存莫高窟,亦即《乾宁碑》)、S.2113v《马德胜宕泉创修功德记》(896年)、S.3905《金光明寺造窟上梁文》(901年)、P.2991v《平诎子等十人宕泉建窟功德记》(图3-4)(约911年)、P.3262、P.3781《河西节度使建大窟发愿文、功德记》(约915—918年前后)、P.3302v《河西都僧统宕泉建窟上梁文》(933年)、P.3457《河西节度使司空造大窟功德记》(约943年前后)、DY.0322《腊八燃灯分配窟龛名数》(951年)、CH.00207《重修北大像记》(966年)等。

另外,散见于敦煌唐宋人的传记类文书中,也有一些文献涉及洞窟营造,如有P.2913《张淮深墓志铭》、P.4615《李明振墓志铭》、P.4660《康通信邈真赞》、P.3541《张善才邈真赞》、S.2614、P.2669《僧尼籍》等,还包括莫高窟上各类佛教行事的活动记录,如《岁首窟上燃灯文》(P.3263、P.3461、S.4625、P.3497等),以及散见于官历、寺历和其他各处的关于斋会、写经、网雁、堆沙以及莫高窟日常的管理、维修活动的记录,关于莫高窟上社会政治活动的记录,均可作为洞窟营造史料文献对待。

二、敦煌石窟营造者

敦煌石窟现存的近800座佛窟,经历了4到14世纪千余年的营造过程。洞窟营造者们由窟主、施主和工匠三方面的力量组成,窟主即石窟的主人;施主是出钱出力帮助窟主建窟的人;而工匠则是石窟营造的具体操作者,按照实际需要可分为石匠(打窟人)、泥匠、

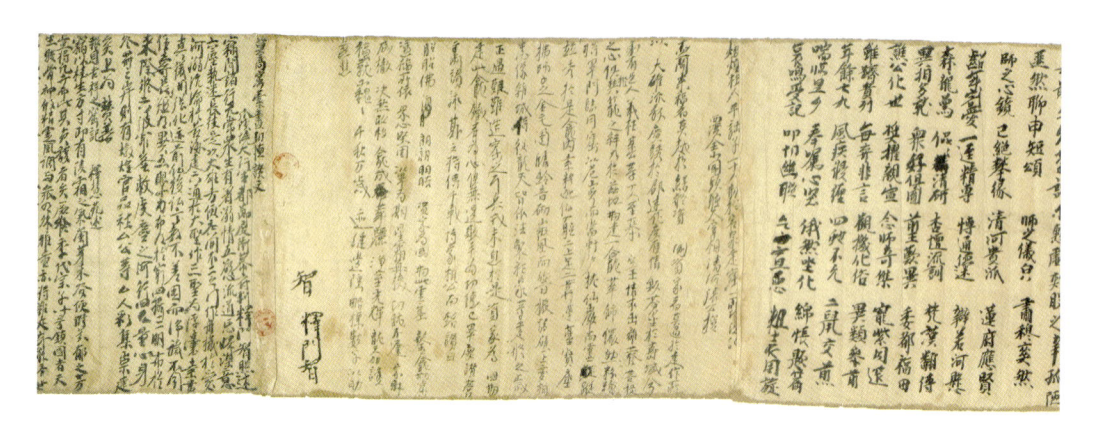

图 3-4　P.2991v《平诎子等十人宕泉建窟功德记》

塑匠、画匠、木匠等。但洞窟上只记录窟主与施主，他们中包括官宦、高僧和中下层的僧俗百姓等各个阶层和各类职业的人们。而窟施主与工匠之间是一种役使和雇佣关系，洞窟上一般不反映工匠情况。当然，这里不包括由工匠们自己为窟主或施主的洞窟。

（一）窟主与施主[①]

窟主是洞窟营造的主持者和洞窟的所有者。一个洞窟的窟主，有一个人、一家人的，也有几个人、几家人的；许多洞窟又分别有初建时的窟主，和后来维修、重修的窟主。施主主要是指洞窟营造活动的支持者、参与者，也同样有一个人、一家人或几个人、几家人的；也包括初建时的施主和重修时的施主。在敦煌石窟营造史上，许多洞窟的营造任务，需要由几个人或几家人共同来承担，因此就出现了窟主和施主间不可分割的关系：一个洞窟中，既有窟主，又有施主；同一个人，既是这个洞窟的窟主，又是另一个或几个洞窟的施主。

1. 官宦窟主与僚属施主

这里的官宦，指古代敦煌地区高层统治者；僚属则指中下层的官吏和僧尼。历史上，每一位造窟的敦煌地区的最高层统治者，总是有许多下属幕僚、僧侣以及普通百姓作施主，给以人力、物力和财力等方面的支援。不仅如此，也可能是他的这个洞窟从开凿到完成，全由施主和工匠们操持。这是由他们的权势和地位决定的。如早期石窟中，如北周时瓜州刺史、建平公于义所造莫高窟第428窟内（图3-5），绘制了1200多名敦煌及河西地区的僧人（图3-6），他们都是该窟的施主（图3-7）；当时于义与其史于实同在河西各霸一方，他们要借助僧侣集团来维护自己的统治，而僧侣集团也要依靠统治者以求得其保存和发展。

[①] 本部分主要参考马德：《敦煌莫高窟史研究》，甘肃教育出版社，1996年，第161—169页。

晚期的张、曹归义军时期，几乎每一任节度使都要营造属于自己的大窟，而他们在营造中，主要还是依靠施主们的力量。如曹氏归义军政权的开山鼻祖曹议金营造的第98窟内，除了本家族及其姻亲外，还绘有200多名幕僚和中上层僧尼施主的供养像（图3-8）。

2. 庶民窟主与官宦施主

在莫高窟营造史上，无论何时，也不论谁造窟，敦煌地区的最高统治者都是当然的"施主"，他们被绘在洞窟的主要供养人像位置；一般人需要出钱出力才能取得施主资格，而这类官宦施主们很少出资出力或者根本不用出资出力，就是洞窟内比窟主还重要的施主。这种现象给人的印象之一是：似乎这些天国的诸佛菩萨等，也需要像现实世界中的众人一样来接受人僧统治者管辖；或是因为这方天国、这片净土和这群神仙都处在他们统辖的地盘上？如莫高窟南大像第130窟营造于开元、天宝时期，窟主为僧处谚与乡人马思忠，但在高达6米的甬道两壁，所绘首席供养人是晋昌郡都督乐廷瓌（图3-9）及其夫人太原王氏（图3-10）。又如张、曹归义军时代的第一位节度使，

图3-5　莫高窟北周第428窟主室内部空间

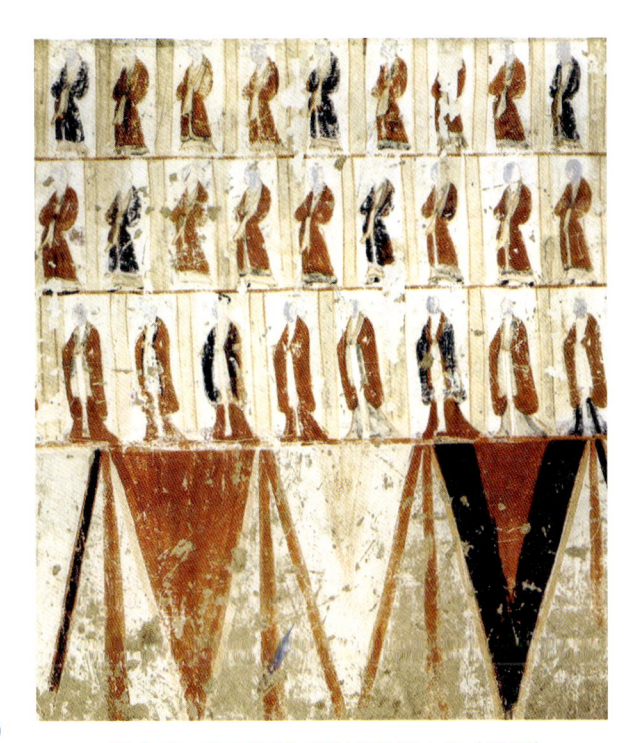

图3-6　莫高窟第428窟供养人像（局部）

除了在自己营造的大窟内充首席供养人外，同时又在各自的任期内和任期后，亦作为首席供养人出现于他人营造之大窟。因此，这一时代所初建或重修的大窟，都绘有已故和现任节度使的供养像。如翟和尚法荣造的莫高窟第85窟之官宦"施主"，先有张氏叔侄，后有曹氏父子，翟氏家族根据需要先后两次绘制此首席供养像。莫高窟第9窟，在甬道南北两

壁，首席供养像分别为索勋、张承奉，次位则分别为执掌瓜沙二州军政大权的李弘定、李弘谏兄弟（图11），这里反映的是当时张氏归义军政权内部的张、索、李三足鼎立的局面。莫高窟第108窟，窟主张怀庆系曹议金的妹夫，甬道绘有已故曹议金、新执政者曹元德及其夫人们的供养像；这是由统治者亲属营造的大窟，在施主问题上有与一般民众窟不同的意义，但曹氏出资的可能性也不大。

3.僧俗分别为窟施主及其演变

敦煌石窟的洞窟，除官宦窟外，一般都是以家族为单位营造的。一个家族之中，参与营造者有僧有俗，这里就有一个谁为窟主谁为施主的问题。僧尼造窟是莫高窟营造史上比较普遍的现象。

图3-7　作为施主的莫高窟第428窟僧人供养像

图3-8　莫高窟五代第98窟内节度押衙供养群像

这里主要指那些高僧大德，他们营造大窟所依赖的，无外乎自己的声望和经济实力。他们的声望来自两个方面：一是自己本人的品行、造诣和成就，二是自己出身的"豪门"；而经济实力则主要依靠其家族。营造大窟是对高僧本人成就地位的庆祝和纪念，也是其家族的荣耀。以莫高窟第85窟为例，荣任河西都僧统的翟法荣和尚，在担任敦煌县尉的弟弟翟承庆及侄怀光、怀恩的支持下营造此大窟，甬道北壁的供养人画像依次为法荣、承庆、怀光和怀恩，法荣为窟主，承庆等为施主（图3-12）。法荣死后，第85窟以"翟家窟"的俗名著称于莫高窟史上；从五代时期所绘供养人像看，第85窟在法荣死后由翟氏后人中的僧尼和俗众共同管理；但从窟名看已与世俗家窟无别；洞窟是家庙，世袭相承，窟主当然要是翟氏子

图 3-9　莫高窟第 130 窟晋昌郡都督乐廷瓌供养像（段文杰临）

图 3-10　莫高窟第 130 窟都督夫人太原王氏供养像（段文杰临）

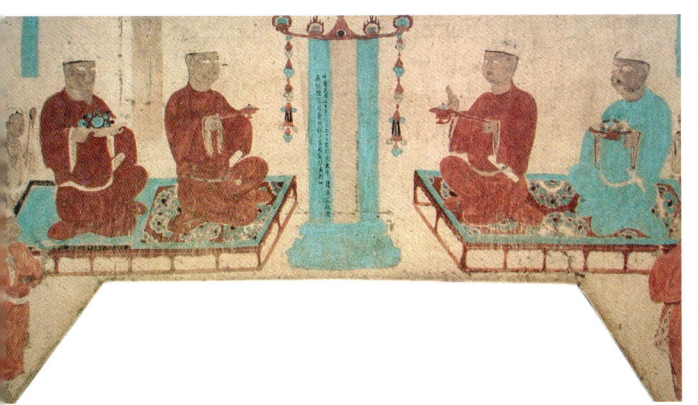

图 3-11　莫高窟第 9 窟东壁门上李弘定、李弘谏兄弟供养像

图 3-12-1　莫高窟第 85 窟甬道北壁
翟法荣供养像

图 3-12-2　莫高窟第 85 窟甬道南壁
归义军张氏家族等男供养像

图 3-13　莫高窟第 98 窟于阗国王李圣天夫妇供养像

孙中可传宗接代的俗家弟子，而翟氏子孙中的僧尼们则是以施主的身份从事其管理事务。这类窟主与施主因传承而易位的洞窟，在莫高窟还有许多。那些佛窟在初建成时僧俗共为窟主，如营造北大像的灵隐禅师与阴祖，营造南大像的处谚和尚与马思忠，他们应该分别属于同一家族；而大像后来的窟主只是俗家，如南大像在后代重修时还由"窟家"供给建筑材料；窟家即窟主。僧俗共为施主者，主要反映在洞窟的重修活动中。一个中小型洞窟的重修中，中下层的僧俗民众自愿结合起来共同施作；这些营修前代窟龛的施主们，有的是同一个家族的僧俗，他们具备不联合其他家族而独立营造的能力；有的是不同家族的僧俗联合营造。被重修的窟龛的窟主们已不复存在，重修者们均以施主身份出现，没有继承或传承问题，在管理上也比较松，所以过一段时间大家又结社重修。有的窟龛仅在曹氏时期就经过两次或三次重修。

4. 初建窟施主与重修窟施主

就一般洞窟来讲，初建者是窟主，后来的重修者是施主。如曹氏归义军时代广大庶民对莫高窟所有洞窟的大规模重修，不论团体或家族，所修旧窟早已无窟主存在，但对庶民百姓来讲，重修者们则是窟主身份，佛窟的作用和功能在这里也是因人而异的。如莫高窟第98窟的东壁窟北京时间南侧，十几年后，又涂去原绘供养人像而绘上了于阗国王李圣天的供养像，其题名曰"大朝大宝于阗国大圣大明天子……（李圣天）即是窟主"（图3-13），就是说，李圣天也是第98窟窟主。李圣天是曹议金的女婿，当时被后晋王朝新加封为于阗国王，他自己并没有，也不可能到莫高窟来重修第98窟。这身莫高窟最大的供养人画像，明显是曹氏统治者家族专门重修所为。因为对曹氏统治集团来讲，主要还是政治上的需要。在这方面，窟主和施主的作用显然是不一样的。

（二）工匠[1]

敦煌古代工匠是敦煌石窟艺术的创造者，敦煌石窟留下了包括艺术品和文献在内的让子孙后代取之不尽、用之不竭的文化财富。几乎是每一个看到或了解敦煌石窟艺术的人，都会对创造它的这些艺术家们产生无比的崇敬和怀念。但由于历史原因，古代文献中没有敦煌工匠的专门记载，我们只是从一些零星的资料中，窥知敦煌古代工匠的一些情况。

1. 工匠类别

古代敦煌的工匠，大体可分为三大类：

第一类是与社会生产及人们生活直接相关的、为人们提供劳动工具和食、衣、住、行需要服务的各行业工匠，如石匠、铁匠、木匠、索匠、褐袋匠、罗筋匠、染布匠、瓮匠、帽子匠、皮匠、鞋匠、皱文匠、金银匠、玉匠、毡匠、桑匠、泥匠、灰匠、鞍匠、弓匠、箭匠、胡禄（箭袋）匠，等等。

第二类是从事文化艺术活动的，也是最具敦煌特色的工匠，如画匠、塑匠、打窟人、纸匠、笔匠，等等。

第三类是一些专门从事各种行业劳动的家、户，如制作武器的弩家、榨油的梁户、酿酒

---

[1] 本部分主要参考马德：《敦煌工匠史料辑录》，甘肃人民出版社，1997年，第48—67页；马德：《敦煌古代工匠研究》，文物出版社，2018年。

的酒户等。这些人不同于一般工匠的是，以一家一户为生产单位从事手工业生产，类似我们今天的各类专业户。另外，还有一部分僧侣从事工匠的劳动，一部分官家、贵族子弟或已在军政部门为官者也从事工匠劳作。

2. 工匠级别

敦煌古代各个行业的工匠们，按技术分都料、博士、师、匠、生等级别。

都料，是工匠中技术级别最高者，也是本行业工程的规划、指挥者，他们除了具备本行业的设计、规划及组织施工的才能以外，作为高级工匠，一般都具有本专业过硬的、高于其他级别工匠的技术，经常亲自参与施工造作。不过，都料级工匠并不是每个行业都有，文献中有铁匠都料、木匠都料、塑匠（含泥匠）都料、画匠都料、金银行都料、纸匠都料、弓行都料、毡匠都料，等等。但在其他行业，如石匠、灰匠、皮匠、瓮匠、箭匠、桑匠、洗匠、染布匠、帽子匠、鞍匠、索匠、罗筋匠等，均未见到有关都料的记载。而前者均为工程最大、规模大，或者是技术要求高的行业，或是艺术家的行业；后者一般为不需要进行设计或规划的手工业劳动。

博士，是具备过硬的专业技术、可以从事高难度技术劳动并可独立完成所承担的每一项工程的施工任务的工匠，在各行各业都有。博士之名在开始使用时只是一般雇匠的俗称，有似于我们今天所谓的"把式"。

一般被称作匠者，当为能独立从事一般技术性劳动者，在工匠队伍中占多数。匠和博士两级工匠，是敦煌工匠队伍中的基本力量。工匠的最低一级，是作为学徒的"生"。

3. 敦煌工匠的特色

古代敦煌细致的社会分工、发达的手工业、进步的技术等，使我们进一步加深了对劳动创造历史、发展历史的认识。古代敦煌的工匠队伍，是建立在本地资源、本地需要的基础上的一支庞大的手工业劳动者群体。金、玉资源的丰富，使金银匠、玉匠队伍应运而生并扩大为行会作坊；作为丝绸之路上的重镇，又有技术全面、工艺先进的纺织业队伍；作为牧业基地，各类皮货加工业也很发达；完整的弓箭制造行业提供了大漠战争所需大量远距离杀伤武器，文化的发达又使敦煌有较大规模的造纸业。而作为四维八荒景仰的佛都圣域，敦煌的振兴和辉煌千年的石窟营造业，造就了一代又一代的工种齐全、技术高超的石窟营造队伍，这就是古代敦煌工匠最大的地方特色。在有关敦煌石窟营造的碑、铭、记、赞文书中，几乎都要对从事石窟营造的"良工""巧匠"们作描述。在敦煌石窟各个时代的壁画中，有大量反映古代工匠们劳作的画面，如房屋（塔、庙）建造、钉马掌、凿石磨、制陶、酿酒、打铁、纺线、织布、制皮、做靴等，这些都生动地表现了敦煌地方古代手工业劳动的具体情景。10世纪前期建成的莫高窟第72窟还绘有"修佛图"（图3–14）和"临摹佛像图"（图3–15），我们从中可以直接了解到敦煌古代的塑匠、画匠们从事敦煌石窟艺术创造活动的情景。另

图 3-14　莫高窟第 72 窟刘萨诃因缘变相修佛图

外，在 10 世纪的石窟壁画中，出现了较多工匠的供养像及题名，这是敦煌几十代千千万万工匠之中，极少数为我们留下的他们自己的姓名和形象。

4. 工匠生活待遇与社会地位

从文献记载看，敦煌古代工匠大体为官府、寺院、个体三类。属于官府和寺院的工匠，他们的工匠身份基本上是世袭的，属于奴隶或农奴性质的被役使者，没有人身自由。他们所从事的技术劳动，实际上就是一种"常役"。包括都料、博士等高级工匠在内的所有工匠，都受官府的控制。这类工匠可以根据需要互相派遣和役使，并由役使一方提供饮食和适当的报酬。也有一部分官府匠人，他们在从事手工业的同时，还耕种一部分官府分给的土地。而第三类工匠是平民身份的手工业劳动者，他们有一定的土地、财产和庄园，也不受官府或寺院的管辖，属于自由民；他们也常为官府和寺院有偿使役，即赚取雇价，并受到一定尊崇。另外，平民中取得"匠人"以上资格者可免除部分徭役，可能这是由官府或寺院给予的部分特权。不过，也有可能是因为平时工匠们，特别是高级工匠任务繁重所致。而工匠平常被官府或寺院所役使时，一般是由官府或寺院按定量供给饮食。但这并不是官府或寺院对所役使工匠们的关心，而是为增加工匠的劳动时间、最大限度地提高工匠的劳动

图 3-15　莫高窟第 72 窟刘萨诃因缘变相临摹佛像图

效率。因为我们从有关的文献记载得知，平时供给工匠的主食，各类工种、各个季节的标准都是一样的，根本没有考虑劳动强度的大小或劳动时间的长短，而且多一顿也不供给。工匠在这里属于服役的劳工待遇。我们在敦煌壁画中各时代的建筑施工图中可以看到，参与建造施工的工匠，基本上都是赤身露体，这里固然说明天气炎热和劳作的苦累，但最主要的还是工匠们的贫穷。唐朝时期，有一位名叫张廷珪的官员，在给皇帝的一份《谏表》中曾这样描述："通什工匠，率多贫窭，朝驱暮役，劳筋苦骨，箪食标饮，晨饮星饭，饥渴所致，疾病交集。"敦煌工匠也不例外。即使是高级工匠，也同样如此。敦煌文书《塑匠都料赵僧子典儿契》告诉我们：赵僧子是一位收入微薄的高级匠师，因遭遇自然灾害，家中生活困难，不得已只好将亲生儿子典与他人。他出身卑微，没有官府授予的头衔，由此造成生活上的贫困，因而在他自己亲手营造的大量洞窟上，却没有属于自己的方寸之地。敦煌文献《王梵志诗》上一针见血地指出："工匠莫学巧，巧即他人使。身是自来奴，妻是官家婢。"赵僧子就是这样一位家境贫寒的能工巧匠。当然，工匠中也有像画行都料董保德等那样的"家资丰足"者，包括所有的在洞窟上作为供养人有画像和题名者，他们一般都是在官府担任一定职务的高级工匠，或者是出身于贵族和官僚家庭的工匠，但是数量极少。而绝大多数的工匠都是贫苦劳动者，绝不可能以窟主或施主的身份作为供养人在窟内画像和题写姓名。耐人寻味的是，不光是赵僧子，我们在文献中没有发现其他的塑匠都料，更没能见到塑匠都料被委任归义军官府小吏的记载。因为塑匠平常需要从事一般泥匠泥火炉一类的活计，故塑匠的社会地位及生活待遇可能与普通泥匠是一样的，他们没有资格入归义军政府为官。这就有了赵僧子的悲剧，有了塑匠都料与其他行业都料们的天壤之别。而 9、10 世纪敦煌官府和寺院文书中有关看望和"屈"（即招待）工匠的记述，也并不是说明他们关心工匠的生活，而是"关心"工匠为他们所从事的劳动。当然，工匠有固定的职业，也使得这种贫穷的生活比较稳定。同时，当时的僧侣及一部分官家、贵族子弟或军政官员亲自操作工匠活计的事实向我们说明，写经、绘画（包括石窟营造）当时是在一种神圣的信念支配下的艺术活动。从某种意义上讲，对宗教的信仰，对艺术追求，可以抹去人们之间高贵与卑贱的界线，可以把官吏与百姓、贵族与平民拴在一条绳上。这里面固然也有包括佛教在内的宗教所谓平等观念的影响，但对古代敦煌人来说，艺术创造的神圣、伟大和崇高更是能让所有人慑服的活动。

三、洞窟营造程序与时间

（一）营造程序

一个洞窟从始建到完成，一般需要经过整修崖面、凿窟、绘制壁画塑像、修造并装饰窟檐或殿堂等程序。敦煌文书中有一篇《营窟稿》（P.3405）[图 3-16]，内容为庆赞佛窟落成的一些提纲挈领性的词语，特别是它对佛窟营造过程的具体的描述，是佛窟营造记赞文书的文范：

> 创兹灵窟，缔构初成。选上胜之幽岩，募良工而镌凿。檐楹眺望，以月路（露）而辉鲜；门枕清流，共林花（而）发彩。龛中塑像，模仪以毫相同真；侍从龙天，亦威光而恒赫。往来瞻仰，炉烟生百和之香；童野仙花，时见祇园之萼。既虔诚而建窟，乃福荐于千龄；长幼合家，必延寿于南岳。请僧设供，庆赞于兹，长将松柏以齐眉，用比丘山而保寿。

按照《营窟稿》所记，"选上胜之幽岩"即选择造窟崖面，确定该窟在崖面上的位置，这是佛窟营造工程的第一步工作。当然，从莫高窟崖面实况来看，当年营造的洞窟除少数

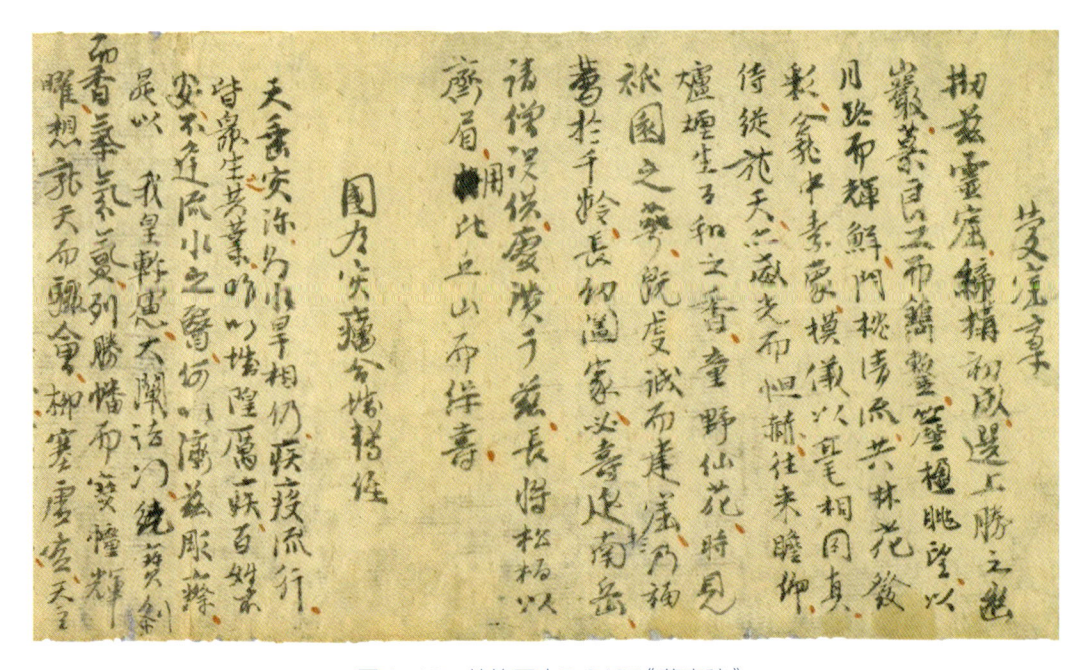

图 3-16 敦煌写本 P.3405《营窟稿》

外，绝大多数都是一个挨一个地建，似乎并没有要特别进行选择的必要。"募良工而镌錾"，雇请工匠开凿石窟；但崖面原貌不是很整齐，凿窟前还需要进行整修，也属于"良工"们的任务。"龛中塑像，模仪以毫相同真；侍从龙天，亦威光而恒赫"，这是对洞馆内塑像与壁画内容的描述和赞颂，这里应该理解成对佛窟内整个壁画内容的叙述和赞颂的提示。在佛窟中，塑像和壁画的具体内容、数量多少以及规模大小都是不同的，在佛窟营造文书中不论碑铭还是赞记，对窟内塑、画内容的描述和赞颂是最主要的内容，表现得最详细、最具体、最生动，所占篇幅相对来讲也最大，所以这里的描述只能是提示性的。"檐楹眺望，以月露而辉鲜；门枕清流，共林花而发彩"，这是对建成后的佛窟外貌的描述，清流指窟前的大泉溪水，这里把建成的某一洞窟与整个莫高窟的环境联系在一起进行描绘。当然，这里也包括了修建洞窟窟前木构窟檐的内容。文书和其余部分，是有关佛窟造成后的一系列庆祝活动及对美好未来的祝愿和向往的描述。

（二）营造一窟所需时间

对一座佛窟营造所需的时间多少，我们也是通过营造过程的这几个阶段来统计。

整修崖面与凿窟时间，据文献中保存的一些间接和零星的记载可知，一个大型洞窟的开凿，一般需要一年到三年的时间；小型窟龛所需时间会短一些；而高达数十米的大像窟，需花上四五年时间才可凿出。如莫高窟第130窟南大像，动工于唐开元九年，而开元十三年的发愿文幡已经被裹在窟内崖体与泥皮地伏的夹缝中，证明当时已开凿完毕。就是说，130窟只用了四年时间就已凿出。第94窟营造于9世纪后期，据云"三载功充"，这里包括了从开凿到绘塑等全部工程完工的时间。不过绘塑与修建窟檐的时间应该是在几个月内的事，所以推测它的开凿所花时间应在两年半左右。第98窟，建成于10世纪前期。记载其开凿的文献中有云："不延期岁，化成宝宫。"就是说，第98窟的开凿时间只用了一年。

壁画与塑像的绘制时间，文献中所反映的也就是三个月到半年时间；当然，这里指的是一次性的绘制，不包括由很多施主陆陆续续绘制一窟和前后几次重新绘制一窟的时间。

莫高窟早期和前期一些洞窟，是先由僧人们凿好后，再分别由许多施主们根据自己的需要而出资雇请画匠绘制。如建于7世纪初期的第302窟，这样绘完整个一座洞窟壁画所需要的时间就不能按一般情况去计算。有一些洞窟内壁画的绘制，经历了几个朝代、几个时代的几百年时间才完成，壁面上所反映的时代风格特点十分明显。形成这种情况的客观原因是多方面的，或是社会动荡、变迁，或是窟主几易其人，或是中途废弃，等等。如第386窟，窟内现存隋末至唐代中期200年间的壁画（图3-17）；第205、216等窟亦是如此。这种情况说明不了一座窟内壁画绘制所需时间问题。而第130窟内壁画的完成时间，根据甬道的供养人像推算，应在唐天宝末年。这就是说，从开元十三年算起，壁画绘制花了三十年时间。如果这三十年是一个连续运作过程，那么对第130这样的大窟来说，也不是没有可能。瓜州榆林窟第20窟（副监使窟），是一座营造于10世纪中期的中型洞窟，其壁一至今留有画工题识云："康熙五年岁次戊子三月十五日沙州押衙今狐信延下手画副监使窟，至五月三十日□事此窟周□。"这是所有敦

图 3-17　莫高窟第 386 窟主室东壁壁画

煌石窟的洞窟中唯一一条具体画窟时间的记载。一位画匠在两个半月内完成一座洞窟内的全部壁画。同莫高窟第108窟一样，这条记载呈现的时间在佛窟壁画绘制所用时间方面带有普遍性。一座洞窟的营造过程中，修建窟檐所用的时间是最少的，我们从现存的窟檐题梁中可以看到，其营造时间的某年某月某日写得十分详细和具体；这些窟檐也就是在一天之内建成的，加上营建前后的备料和妆绘，最多有一个月时间就足够了；文书中所谓"施工才经半月，楼成上接天河"，即为我们提供了这方面的资料。

在敦煌石窟营造史上，一般说来，一座洞窟营造时间的长短，由于受到洞窟规模大小、窟主的财力和势力、社会变迁等方面条件的制约，也就各不相同。莫高窟的窟主有官宦、高僧、大族、庶民百姓等各个阶层的各类人物；有一些洞窟要在几百年间、经历几个朝代才能建成。这些情况还需要作具体的探讨。

四、石窟群的形成及历史分期[①]

（一）关于莫高窟崖面利用

石窟群的形成过程是全面了解石窟营造的重要一环。以敦煌莫高窟为例，它并不是一开始就有这样大的规模，而是经历了十多个朝代的一千多年时间才形成的；最少也经历了五百多年时间才有今天的规模。而在今天已经看不到石窟开凿前或开凿过程中的面貌的情况下，要较好地理解这一问题，就需要一种新的方法，这就是考古学上所谓的"崖面利用"。

---

① 本部分主要参考马德：《敦煌石窟营造史导论》，台北新文丰出版公司，2003年，第153—212页。

崖面利用，换言之，即是对可以用来开凿石窟的整片崖面的利用。在可以利用的崖面上的洞窟，一开始一般都是悬空开凿，因为受到地面与洞窟的交通和劳动条件等因素的影响，所以每一个时期所凿洞窟相对比较集中，后来者以先开洞窟为中心向崖面的左、右两边或上、下扩展，在崖面上形成一个个"时代区域"。所有洞窟在崖面上按时代顺序排列组合，显得很有规律。当然，崖面上也有一些以后时代里"穿缝插针"的洞窟，那是在窟群崖面（可使用崖面）达到饱和状态后出现的情况。而且，它与原时代崖面上洞窟的排列组合显得格格不入，有些甚至是在破坏了先前朝代崖面的前提下进行的。

敦煌石窟的各石窟群所处崖面一般就是这样的崖面上。特别是莫高窟，一个个"时代区域"和各个营造时期（特别是早期、前期）的洞窟，在崖面上按时代顺序排列得十分有规律。早在10世纪中期，由敦煌僧团发布的在莫高窟"遍窟燃灯"的榜文，将崖面划分为10个燃灯区域，这10个区域就在一定程度上体现着莫高窟崖面上的时代性。

（二）莫高窟窟群崖面所展示的演变过程

从366年开始，两位创窟的和尚乐僔和法良建成第268窟和第272窟，以后的50多年时间里，只有这两个洞窟孤悬于莫高窟崖面上。

421—433年间，北凉占据了敦煌，莫高窟也第一次正式开始大规模的营造。这次营造活动的内容，包括第268、272窟的改建和第275窟的新建，以及三个洞窟按各自的功能统一计划和安排绘制了壁画和塑像。这样，莫高窟崖壁上首次出现了一组可供僧侣们禅修、朝拜与进行大众佛教活动的独具特色而又有一定规模的佛教建筑整体（图3-18）。

北朝时期，莫高窟所营造的洞窟，在崖面上以十六国时代的三个洞窟为中心向南北两边扩展延伸，南面接第268窟向南至第246窟，其中第256窟为后

图3-18 莫高窟北凉三窟所在崖面位置

图 3-19　莫高窟第 249 窟所在崖面位置图示

代扩建（图 3-19）；北面接第 275 窟向北，分上下两层，上层从第 454 窟周围开始至第 428 窟，下层第 285 窟开始至第 305 窟（该层为现存崖面上的一个夹层，北至第 321 窟，南至第 65 窟），这三条线上的洞窟加起来共有 50 多座。另外，这些洞窟都是悬空开凿。当时，莫高窟曾有过在崖面的最底层营造洞窟的尝试，例如第 487、488、489 诸窟，与北凉、北魏窟在同一垂直面上，低于现在的地面五米左右，洞窟地面可能与当时的大泉河床底面平行，因其无法解除洪水和积冰给其带来的危害，不久这些洞窟被废弃不用。以后也未曾再于这一平面营造过洞窟。

隋代的莫高窟崖面，是在先前朝代窟群崖面的基础上向南北两头拓展。当时莫高窟崖面上的洞窟是上下两层，上层第 248 窟至第 428 窟一段，下层第 285 窟至第 305 窟一段。隋代开始，上层接第 428 窟向北，营造了第 427 窟至第 376 窟一段，接第 248 窟向南营建了第 246、244、242 诸窟；下层即现在崖面上的夹层，接第 305 窟向北营造了第 306 窟至第 317 窟一段，接第 285 窟向南修建了第 282 窟至第 64 窟一段。经过隋代的营造，莫高窟窟群崖面已较完整而又颇具规模，上下两层洞窟悬空开凿在 600 多米长的崖面上，上层南起第 242 窟，北至第 376 窟，下层南起第 64 窟，北至第 317 窟，共计窟龛大小约 140 处。同今天密密麻麻如同蜂窝似的崖面比起来，当时崖面上的景致则独具一格，这种情况在敦煌周围其他一些小型石窟群中至今还可看到。

唐代从 642 年开始，由于最早营造的第 220 窟率先在远离最早的洞窟 140 米的崖面上凿建，打乱了崖面的发展规律（图 3-20）。但经过二百多年的营造，至少到 9 世纪中期时，

图 3-20 莫高窟初唐洞窟集中的崖面区域

莫高窟南区近千米长的窟群崖面的洞窟已经达到饱和状态。所以我们说，莫高窟群崖面早在唐代就已形成了今天的规模。至于后来数百年间的继续营造，除了重修前代窟龛外，新建的为数不多的佛窟也没有突破唐代崖面的范围。

（三）莫高窟的历史分期

莫高窟所经历的 4 到 14 世纪的 1000 多年的历史中，敦煌地区大部分时间属于中原王朝统辖，也有一部分时间分别为河西地方政权、本地割据小王国和民族政权管辖。所以，对莫高窟营造历史的分期和断代，就不能完全以中原王朝改朝换代的时间为根据，而是要根据敦煌当地的历史归属、莫高窟崖面上的时代区域、各个时代的艺术风格以及社会政治经济的直接影响等因素来综合考察。这是因为，改朝换代只是发生在一瞬间的事。比如，一个洞窟正在开凿过程中，或者一个画家正在洞窟里作画期间，突然间后一个王朝代替了前一个王朝，那么这个正在开凿的洞窟或者这一幅正在绘制中的画，应该算是属哪个朝代呢？一般地说都应算前一个朝代。从崖面上的位置和艺术上的风格讲也应属前代。我们在这里也使用中原王朝的名号作为莫高窟和敦煌艺术的断代，这是因为当时的敦煌以及莫高窟属于中原王朝所统辖。

莫高窟 1000 多年的营造历史，以 8 世纪后期吐蕃占领敦煌时期为界线，可分为前后两个时期。前期包括敦煌历史的十六国（前凉、前秦、后凉、西凉、北凉）、北朝（北魏、西魏、北周）、隋、唐朝前期；后期包括吐蕃时期、张氏归义军时期、曹氏归义军时期，以及各民族政权时期：

前期

一、十六国时期（366—439）

1.前凉、前秦、后凉、西凉时期（366—421）

2. 北凉时期（421—439）

二、北朝时期（439—589）

1. 北魏前期（439—499）

2. 北魏后期（500—534）

3. 西魏时期（535—555）

4. 北周时期（555—581）

三、隋朝时期（581—618）

四、唐朝前期（618—767）

五、吐蕃时期（768—850）

六、张氏归义军时期（851—914，附西汉金山国时期）

七、曹氏归义军时期（914—1036）

1. 前期（914—944）

2. 中期（944—1002）

3. 后期（回鹘时期 1002—1036）

八、各民族政权时期（1036—1388）

1. 西夏时期（1036—1227）

2. 元朝时期（包括北元时期，1227—1388）

附带说明：一、北周之前为早期，各民族政权时代为晚期；二、按敦煌地区及莫高窟崖面情况，北周、隋之交 581 年应为 589 年，隋、唐之交 618 年应为 640 年。

五、敦煌石窟的社会历史背景

敦煌石窟是社会化了的佛教活动场所，它通过对 4 至 14 世纪敦煌地区佛教活动的记载，反映了敦煌乃至整个中国古代的社会历史背景，体现了中华民族的精神和传统。[1]

（一）佛窟营造是历史上一项社会活动

敦煌石窟（以莫高窟为例）最早是因僧人们修行之需而建，最初只是部分僧侣修行的场所，文献中记载为乐僔、法良创窟。大概是北凉占领敦煌的 421 年至 433 年间，北凉王沮渠蒙逊统治时期，有计划、有组织地一次性建成了在内容和形式上都成体系的莫高窟一组洞窟；525—576 年间，先后坐镇敦煌的北魏宗室东阳王元荣和北周宗室建平公于义各建造

---

[1] 本部分主要参考马德、王祥伟：《中古敦煌佛教社会化论略》，中国社会科学出版社，2011 年，第 74—82 页。

一大窟;史称"君臣缔构而兴隆"。从元荣、于义等倡导并身体力行开始,"尔后合州黎庶,造作相仍",一千年间,上至王公贵族,下至平民百姓,都投身于敦煌石窟群的营造,佛窟营造成为中古时期敦煌社会生活的一项重要内容。这种情况在9、10世纪的瓜沙归义军时代更为突出。

根据文献记载,佛窟的名称前多冠以窟主之姓而称某某家窟,包括僧侣窟也是如此,官宦所建窟更是家窟。在中国古代社会中,家庭是社会的组成部分,一个官宦或贵族家庭就是一个社会的缩写,作为家窟的佛教石窟也是这个社会的一部分。在一般佛窟的营造过程中,窟主与施主间的相互协作关系也体现了当时这种社会化的特征。

(二)石窟艺术的内容反映了当时的社会需要与社会现状

5世纪前期,北凉王沮渠蒙逊在所占领的地区大造佛像,敦煌石现存的他统治时期所建一组洞窟,也被佛教史籍记为他"敬佛"的事迹之一。沮渠氏所谓的"敬佛",完全是一种需要,为此目的不惜一切,甚至留下许多贻笑千古的丑闻;而目的达不到时又砸佛像毁佛法。但他是一方君主,他的一举一动牵动着整个社会。

莫高窟第285窟被认定为当时的东阳王元荣所建大窟,其中理由之一是该窟南壁所绘

图3-21 莫高窟第285窟主室南壁五百强盗成佛因缘故事画(局部)

图 3-22　莫高窟北周第 296 窟福田经变

"五百强盗成佛故事"(图 21)。这个故事反映了这样一个历史事件：当时敦煌以东的河西一带曾发生农民武装暴动，并一度截断了敦煌与中原的通道，元荣在他的写经题记中多次提及此事。而《五百强盗成佛故事》在壁画中出现，正是元荣个人的意图。

北周、隋初，出现了倡导社会公益事业的三阶教，当时敦煌莫高窟第 296、302 窟壁画中绘制的《福田经变》(图 3-22)，就是反映与社会公益事业有关的内容。

中国历史上本来没有女皇帝，但唐朝时期出了一个武则天，她当皇帝前造舆论，说自己是弥勒降生。所以，在武则天当皇帝时期莫高窟就出现了弥勒大像，第 96 窟北大像、第 130 窟南大像均是这一历史阶段的反映。

唐代中期吐蕃人占领敦煌时，敦煌集中了大量的唐人，他们为了保存唐朝汉民族文化，利用吐蕃占领者们对佛教的信仰而大量建造佛窟。我们在这一埋藏的洞窟中见不到反映吐蕃文化的痕迹，尽管也有吐蕃王听法的壁画，但都是出自唐人之手，石窟营造者都是唐人，所有的艺术作品都是唐风(图 3-23)，这就很好地保存了唐文化。到 9 世纪时，敦煌最先归唐，唐朝大使在看到敦煌时曾感叹不已。在一个洞窟内绘了十几幅大幅经变画，即所谓"方丈室内，化尽十方；一窟之中，宛然三界"，是从吐蕃时期开始出现的，归义军时代更盛，它反映了人们各种各样的需求。

9、10 世纪的张、曹归义军时期，每一任节度使都要修建大窟，名为崇敬佛法的"功德窟"，实际上是个人历史功绩的纪念堂，当然也反映当时的历史与社会现实。代表性的佛窟有莫高窟第 156、94、98、100、454 等窟。

图 23　莫高窟中唐吐蕃时期第 237 窟唐风风格的经变画和屏风画

敦煌阴氏是敦煌历史上的名门望族，从西魏到唐末，在莫高窟建造了许多名窟，包括武则天时期的弥勒大像。他们因家族与社会需要修建佛窟，并挖空心思地为自己背叛祖宗的行为开脱和辩解。敦煌的大族们就是利用营造佛窟，记录下了他们自己的历史。

（三）敦煌石窟在历史上的社会作用

社会需要的事物，要对社会起作用。敦煌石窟艺术之所以历经千年经久不衰，就是它在敦煌的历史上，确实起到了稳定社会、使人们安居乐业的作用。比如壁画上描写一种丰收的场景，它是现实的写真，也是人们对美好生活的向往。而这正是社会作用的体现。

敦煌佛教石窟艺术作为一种民族的意识形态，它有强大的号召力和凝聚力。如莫高窟第428窟1200多名来自河西全境的僧侣像。第148窟在抗蕃战争中曾起到过振奋民族精神的作用，第98窟曾使曹氏集团成功地完成了政权的交接与过渡，等等。通过艺术的形式提倡佛教信仰，其目的是让人们关心社会、服务社会。

10世纪时，佛教在当时受到普遍信仰，敦煌石窟起到了曹氏归义军联系周围各民族政权的桥梁和纽带作用，同时促进了敦煌地区的社会稳定和繁荣。曹氏诸大窟中的各族王公贵族的供养群像，就是这一社会作用的历史见证。

（四）敦煌石窟艺术的表现形式显示了当时中国社会的特色

这里先举一例：莫高窟北魏与西魏时代的洞窟中，都画有美人，北魏的胖，西魏的瘦。这是当时的一种社会意识，壁画所依据的佛教经典中并没有这方面的特别说明。

敦煌石窟艺术反映了佛教的中国化，即中国人对外来文化的包容、吸收和改造。如佛教的尊神及各类人物的中国风貌，佛教建筑及人物的服饰各方面的中国形式等，更主要也更能说明问题的，是佛窟中通过这些形式所表现的中国人的民族气质与民族精神。

历史上，中国以孝治国，孝为立国之本。佛教是不讲孝的，但在中国的佛经中出现了孝经，即报恩经、报父母恩重经之类，系

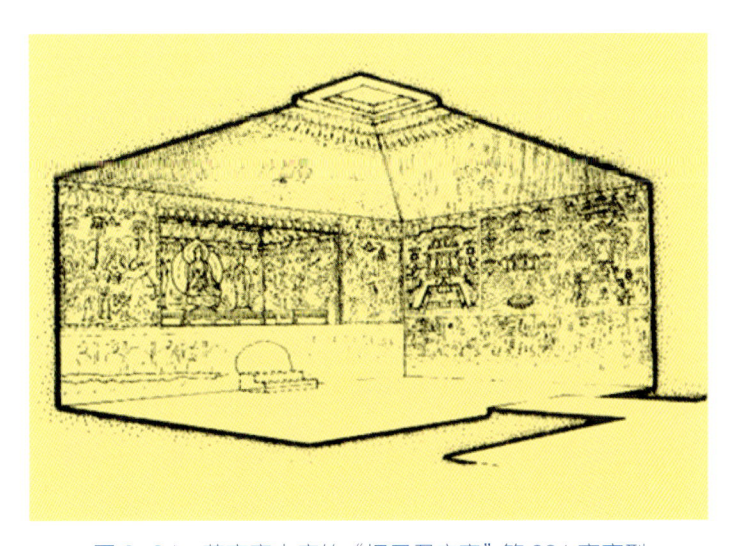

图3-24 莫高窟中唐的"报恩君亲窟"第231窟窟型

图 3-25 莫高窟第 231 窟主室东壁门上窟主父母夫妇供养像

中国僧人从其他佛经中选辑而来,因此被称为伪经。而这些表现孝道思想的伪经,同其他的真经一样制作为巨幅经变并列于敦煌石窟的壁面上,如《报恩经》,它最早出现是在唐与吐蕃争夺敦煌战争之际,旨在激励唐人抗蕃,表现中国人"战阵无勇非孝也"的古训。在许多大窟中,《报恩经变》往往处于第一、二幅的位置。莫高窟还有"报恩吉祥窟""报恩君亲窟"等窟名(图 3-24),更是中国古代孝道的直接体现(图 3-25)。

敦煌石窟艺术在制作方面,从石窟的建筑形制,如帐形窟、龛,到塑像的排列、天像图和经变画的构图等,都受到中国古代礼法制度的制约,这是佛教中国化的内涵的深层体现。

(五)佛教信仰与石窟艺术创造不同的社会因素

佛教信仰是人们的一种精神追求,从历史上看,不管人们的物质生活是贫穷还是富有,都需要一种精神支柱,即一种信仰。而佛教这一关于社会和人生的哲学的理论,一开始就建立在人们这种需求的基础上,并且随着历史与社会的进步不断发展和完善,因而成为延续几千年并有亿万信众的世界三大宗教之一。

佛教石窟艺术是佛教信仰的一种手段和表现佛教理论的一种形式,但它同时又是一笔文化财产。因此,使用这种手段和形式,进行石窟艺术的创造,需要一定的经济基础作后盾。特别是敦煌石窟艺术,是一种综合性的文化,其规模和水平并不能完全反映出人们对佛教的信仰程度,而更多的是比较明确地反映了敦煌的历史与社会生活,反映人与社会需要的程度,反映社会经济发展的程度。社会动荡、经济萧条时,人们关注的是如何生存、如何尽快地安定和繁荣，石窟营造和艺术创造自然不会景气；而当社会安定、经济繁荣时，人们又需要更多精神上的追求。当然，在每个时期，人与人之间有区别，统治者阶层在任何时候都不存在生存问题，当他们需要的时候，可以动用权力和势力，强行执行与现实不符的措施，如莫高窟第98窟的规模与当时的社会状况似乎并不十分协调，但却全面、生动地反映了统治者的需求；同时期由百姓们联合营造的莫高窟第147窟（图3-26），规模很小，而且在营造记述中直言不讳地道出了当时社会的凋敝。

图 3-26　莫高窟第 147 窟主室西壁

第四章　莫高窟洞窟编号问题导论

一、敦煌莫高窟现状与诸家编号的历史

敦煌莫高窟的石窟群分南、北两个区域：南区石窟群是壁画、塑像主要集中区；北区是僧人的生活区，包括僧房窟、禅窟和瘗窟（埋葬僧人的洞窟）。敦煌研究院的洞窟编号也分为南、北两个区域。2005年敦煌研究院对南区统计编号为524个（包括"附窟"和北区5个有壁画、塑像内容的石窟），北区编号243个，南北石窟总数767个。[1] 这里主要介绍南区的石窟编号历史，以及诸家编号对照关系中所存在的问题。

在莫高窟百年的考察历史中，对石窟进行的重要编号共有8次，编号者依次为：斯坦因、伯希和、奥登堡、周炳南、高良佐、张大千、史岩和敦煌研究院。在这些编号中，斯坦因仅编号20个，研究者鲜有关注。周炳南（又称官厅编号）、高良佐编号因为欠缺科学的考古方法（缺少与编号相对应的崖面立面图），致使多数编号不能与石窟对应，因无法被研究者使用最终沦为废号。在莫高窟石窟考察、研究的历史中，经常被提及并且使用的编号主要有五家：伯希和、奥登堡、张大千、史岩与敦煌研究院。

二、对诸家记载石窟编号的文献及问题分析

（一）伯希和编号的文献资料

1908年2月至5月间，法国历史、考古学家伯希和到达莫高窟对石窟群进行考察（图4-1），并做石窟编号（"P"编号）。

伯希和石窟考察成果分三部分记载：一为莫高窟外立面"立面石窟分布示意图"（下称"立面图"）[2]，二为《伯希和中亚之行·敦煌石窟》（下称《图集》）[3]，三为记录石

---

[1] 统计数据来自蔡伟堂：《重订莫高窟各家编号对照表说明——兼谈莫高窟各家编号对照表》，《敦煌研究》2005年第6期，第1—30页。

[2] 此图附录在伯希和《中亚之行·敦煌石窟》中。

[3] [法]伯希和：《中亚之行·敦煌石窟》(1—6卷)，巴黎保罗·格特纳书店发行，1914—1924年。汉语版由甘肃五凉古籍整理中心整理，甘肃文化出版社出版，1997年。

图 4-1　1908 年伯希和考察队在莫高窟工作生活的照片

窟内容的《伯希和敦煌石室笔记》(下称《笔记》)[1]。

"P"编号的三份资料分别由三人在现场完成,"立面图"与《图集》分别由两个人完成,《笔记》是对考察现场的记录,由伯希和本人完成。三人的记录因为没有最终做统一整理勘对便匆匆离去。因此,三份资料在编号上不能统一对应,编号间遗漏、相互错位、错编的现象十分严重。

其中一些问题非常明显:统计"立面图"中所标的石窟编号总计为 369 个(包括附窟号),而《笔记》中的石窟内容记录总计却是 392 个窟,两份资料之间相差 23 个窟号;石窟的主编号遗漏现象严重:P51、P53、P75、P96、P118、P120、P133、P137、P171 等主窟编号均被遗漏;《笔记》南区编号到"P170c",《图集》编号错位至"P171c"号;延至石窟北区有壁画、塑像内容的接续编号是P181 与P182,南、北两区之间有 10 个编号遗漏(P171—P180)。

深究编号体例,其中的"附窟号"非常混乱,"P"编号采用阿拉伯数字作为主号,主编号之间所遗漏的石窟则采用拉丁字母、法语数字bis、ter、quar进行两个层级的"附号"进行补编。其中,拉丁字母大小写的混用、众多"附号"之间的顺序号缺失现象严重,并且"附窟号"数量多于"主编号",甚至"P"编号总数到底有多少都难以统计。[2] "附窟号"造成最混乱的编号段有四处:第一处是P50—P53(加"附窟号"共有 19 个窟);第二处是P118(加"附窟号"共有 31 个);第三处是P120,(加"附窟号"共有 32 个);第四处是"藏经洞"之北的P165—P171,这一区域在"立面图"中许多石窟仅画出窟位,未做编号。后来的研究者在缺乏资料的情况下凭借猜测进行补号,结果越补后续问题越多。

---

[1] [法]伯希和:《敦煌石窟笔记》(1—6 卷),1981—1992 由巴黎法兰西学院亚洲研究所中亚和高地亚洲研究中心出版。汉译本耿昇、唐健宾译:《伯希和敦煌石窟笔记》,甘肃人民出版社,1993 年、2007 年。

[2] 段文杰统计总数为 328,参见《敦煌石窟内容总录·前言》,文物出版社,1996 年,第 1 页;徐自强统计总数为 402 号,参见《新订敦煌莫高窟诸家编号对照表说明》,载《敦煌吐鲁番研究》第二卷,北京大学出版社,1997 年,第 149 页。

伯希和考察资料发表延续滞后也是造成"P"编号混乱的另一原因。全部考察资料整理发表历经八十余年：《图集》法文版于1920—1924年在巴黎出版；《笔记》经过四代专家几十年的整理，法文版从1981年开始出版，直到1992年全部出齐；汉译本《笔记》1993年出第一版（1—5卷），2007年12月再版，补齐了《笔记》第6卷的内容。因为资料刊布的滞后，研究者们仅凭"立面图"与《图集》对"P"编号进行订正，许多工作只在猜测中进行。

图 4-2　俄国人奥登堡考察团

由于上述原因，"P"编号则不是"一窟一号"而是"一窟三号"。

（二）奥登堡编号的文献资料

1914年8月至1915年1月间，俄罗斯历史、考古学家奥登堡到敦煌莫高窟进行考察（图4-2），并做石窟编号（"O"编号）。

奥登堡的莫高窟考察资料出版时间很晚，其规模和学术价值百年来一直不为人所知。在1997年开始系统整理、2005年全部出齐的六卷本《俄藏敦煌艺术品》中，莫高窟的石窟考察资料刊布在Ⅲ—Ⅵ卷中。[1]

按石窟编号问题而论，考察资料应分为五个部分：1.立面测绘图（立）（图4-3）；[2] 2.平面测绘图（平）（图4-4）；[3] 3.考察队拍摄的石窟内容照片（图4-5）；[4] 4.石窟考察的文字记录《敦煌千佛洞石窟叙录》（下称《叙录》）；[5] 5.为《叙录》所作的《目录》。[6]

---

[1]《俄藏敦煌艺术品》共Ⅵ卷，上海古籍出版社，1997年出版第Ⅰ卷，1998年出版第Ⅱ卷，2000年出版第Ⅲ、Ⅳ卷，2002年出版第Ⅴ卷，2005年出版第Ⅵ卷。

[2]《俄藏敦煌艺术品》Ⅴ卷：立面测绘图（彩色），第33—45页；立面测绘图（主题放大）第46—75页；立面测绘草图，第76—86页。

[3] 参见《俄藏敦煌艺术品》Ⅴ卷：平面测绘图，第91—145页；平面测绘草图，第146—160页。

[4] 参见《俄藏敦煌艺术品》Ⅲ—Ⅳ卷。

[5] 参见《俄藏敦煌艺术品》Ⅵ卷，为奥登堡考察之主要内容记录资料。

[6] 参见《俄藏敦煌艺术品》Ⅵ卷，为《敦煌千佛洞石窟叙录》各卷卷首之目录。因为《目录》与所指向《叙录》内容之间存在编号相异现象，故在分析中专项提出。

图 4-3　奥登堡考察队测绘的莫高窟立面图（局部）

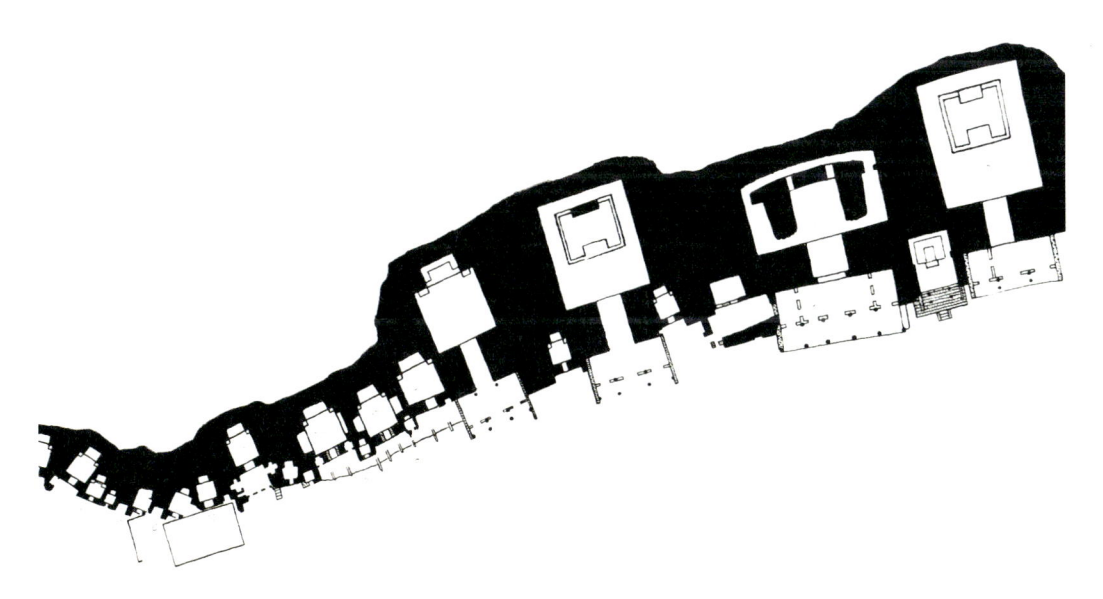

图 4-4　奥登堡考察队测绘的莫高窟洞窟平面图（局部）

图 4-5-1　莫高窟第 264 窟内彩塑现状 　　图 4-5-2　奥登堡考察队所拍摄的莫高窟第 264 窟龛内彩塑一铺

奥登堡考察队在考古测绘、摄影、文字记录和壁画临摹等方面做得较为完整而规范，在当时可称最完整和重要的莫高窟研究资料。[1]由于奥登堡的石窟编号十分混乱，为这份资料留下了遗憾。以下对其原因做一简要说明和分析。

奥登堡当时出于对伯希和学术造诣的信任，考察开始就"决定保留伯希和的编号，按他的提纲补充他漏登的编号，只对他走后才打开的开头的三洞窟用大写的A、B、C标上记号"[2]。奥登堡的这一决定是出于对伯希和学术成果的尊重，他希望在"P"编号的基础上对伯希和考察材料做进一步的补充和完善。由于事先无法预料伯希和在编号中存在的问题，按图索骥，工作进行到中途发现问题却为时已晚。已经几近过半的繁重工作不可能半途而废再重新开始，只能继续坚持。结果事与愿违，反倒留下了比伯希和编号更多的麻烦。

当时手中掌握材料不全是奥登堡陷入编号误区的重要原因。1914年伯希和的考察资料（包括《图集》在内）均未出版，当时的考察依据只有伯希和留在莫高窟崖面现场刻写的编号（据说奥登堡来敦煌之前与伯希和有过谋面，可能还有伯希和提供的石窟"立面图"）。被动的编号使奥登堡顾此失彼，其中空号、重复号、漏编号现象严重：

1. 空号现象

在《俄藏敦煌艺术品》第Ⅵ卷附有奥登堡的一篇研究性论文《千佛洞的壁画和塑像》，在所研究"宋代"石窟涉及58个窟号中，有15个编号在他的正式编号记录《叙录》中不存在：O21（N）、O30c、O33b、O33c、O34B、O51？、O66t、O75i、O75k、O121t、O135t、O160n、O709、084B、O130t。[3]

2. 重复编号现象

两次出现"O136bis"（《叙录》第228页、230页）；两次出现"O136f"（《叙录》第232页、233页，立面图）。特别是编号"O75"（D214），与"P75e"对照关系重复[4]，其中主编号"O118"竟重复了六次。

3. 编号遗漏现象

由于被动跟从伯希和编号，自己编号难以顾及，主编号O51、O53、O65、O68、O75、O96、O111、O133、O171遗漏。

---

[1] 樊锦诗、蔡伟堂：《奥登堡敦煌莫高窟资料的价值》，载敦煌研究院编《2000年敦煌学国际学术讨论会文集·石窟考古卷》，甘肃民族出版社，2003年，第326—339页。
[2] 参见《俄藏敦煌艺术品·代序》Ⅵ卷，第10页。
[3] 参见《俄藏敦煌艺术品》Ⅵ卷，第24页。
[4] 参见《俄藏敦煌艺术品·叙录》Ⅵ卷，第119页。

图 4-6　洞窟各种编号牌

4. "附窟号"中缺失顺序号

O50a、O53a、O137j、O161a、O161b、O161c,其中"O118"编号系列最乱,导致"附窟号"的顺序无法统计。

奥登堡考察队绘制了极为精确、具有绘画艺术与考古价值的立面图,并且系统地拍摄了莫高窟内容的照片,同时又使用科学的考古学方法对石窟的内容进行描述性的记录,但是混乱的编号使其不能成为完整的考察资料。

奥登堡的五份石窟考察资料在编号上无法统一、不能完全对应,所以"O"编号是"一窟五号"的问题。

(三)张大千编号的文献资料

1941年6月至1943年5月间,画家张大千(1899—1983)、谢稚柳到敦煌莫高窟进行壁画临摹和考察,并做石窟编号("C"编号)(图4-6)。

张大千最初的石窟考察资料可分为两部分:一为《张大千先生遗著漠高窟记》(下称《漠高窟记》),二为谢稚柳《敦煌艺术叙录》。[1]

张大千的编号方法是直接将编号书写在洞窟入口处等位置(图4-7),目的是"便利自己工作上的查考",又可"方便后人游览或考查的索引"。[2] 由于方便易行,这一编号后来

---

[1] 张大千:《张大千先生遗著漠高窟记》,台北"故宫博物院",1985年;另载《中国西北文献丛书续编·敦煌学》,甘肃文化出版社,1999年。谢稚柳:《敦煌艺术叙录》,上海出版公司出版,1955年第1版,1957年上海古典文学出版社再版,1996年上海古籍出版社再次影印出版。

[2] 谢家孝:《张大千的世界》,台北《征信新闻报》1968年,第64页。

被很多考察者加以运用，使其成为在学界影响很大的"C"编号。

"C"编号初始只有崖面编号与上述两部记录，由于缺少与之对应的立面图和摄影资料，属于不完善的石窟编号。随后在1941—1946年期间，多位考察者采用"C"编号考察，同时也为编号增加了重要的内容：

1942年王子云先生首先使用"C"编号进行考察，并且做了全景式崖面写生，绘制了《千佛洞全景写生图卷》，使"C"编号具有了可与崖面窟群相对应的立面图。[1]

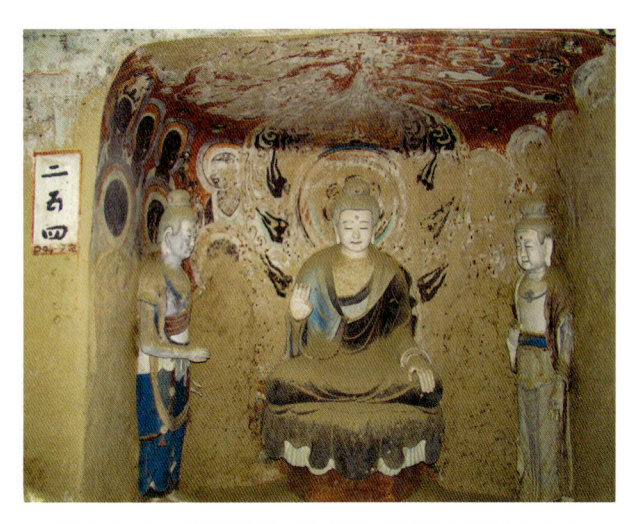

图4-7-1 莫高窟第243窟西龛存张大千编号文字

1942年，石璋如使用"C"编号做了石窟立面图与平面测绘图、拍摄了石窟中的照片并做窟形与内容的文字记录，同时对一些"耳洞"编号进行了修订。[2]

1942年至1944年间，向达与夏鼐使用"C"编号对莫高窟作了全面考察，对石窟的研究现状、研究方法以及编号问题提出了设想与建议。

1943年，史岩使用"C"编号对石窟现场遗存状况和石窟内容作了详尽的考察记录。[3]

1944年，李浴使用"C"编号对石窟中的壁画、塑像做了全面的统计与文字记录，同时做了与"P"编号的对照整理。[4]

以上的陆续工作使"C"编号成为完整的石窟考古资料，应该说"C"编号是集体参与完成的成果。但是编号中也存在一些问题：

---

[1] 王子云以水彩工具绘制的《千佛洞全景写生图卷》完成于1942年，是一份非常重要的实录资料。1992年作为附图首次刊布在《从长安到雅典——中外美术考古记》的《图版·中国编》中，随后又有几次刊布。出版物均按一般美术作品对待，编号或被删除或者模糊不清。编号标注清晰的图卷可参见张宝洲《敦煌莫高窟编号的考古文献研究》第1册，甘肃文化出版社，2020年第235—243页。

[2] 石璋如：《莫高窟形》（全三册），台北"中研院"历史语言研究所《田野工作报告之三》，1996年。

[3] 史岩：《千佛洞初步踏查纪略》（手稿影印本），载《中国西北文献丛书续编·敦煌学》（第20册），甘肃文化出版社，1999年。

[4] 两份资料均按"C"编号完成。李浴：《莫高窟各窟内容之调查》（手稿影印本），载《中国西北文献丛书续编·敦煌学》（第19册），甘肃文化出版社，1999年；李浴：《敦煌壁画内容调查报告》（手稿影印本），载《中国西北文献丛书续编·敦煌学》（第21册），甘肃文化出版社，1999年。

"C"号的初编同样存在过多的"附窟"编号,有关这一问题石璋如、史岩在20世纪40年代就已经指出。[1]附窟编号被称为"耳洞"(位于主编号两侧的小洞窟被称为"南""北"耳洞),后来的研究者们常常将"耳洞"按不重要的从属洞窟对待,随意进行简化或者擅自替换、改动(采用大写拉丁字母A、B,或者用"耳""+""⊕"等符号进行替换)。这种做法致使一些附窟编号所指石窟位置到底位于主编号的南侧还是北侧已无法分辨。仅举一例:C199(D404)、C200(D407)、C201(D409)、C202(D411),在这四个主编号之间包含了四个"耳洞",由于对"耳洞"进行改动,造成原"附窟"号与主编号的依附关系产生混乱。

主编号"C"按顺序有309个,因为"耳洞"缘故,编号的总数无法具体统计,甚至张大千本人也无准确数字:

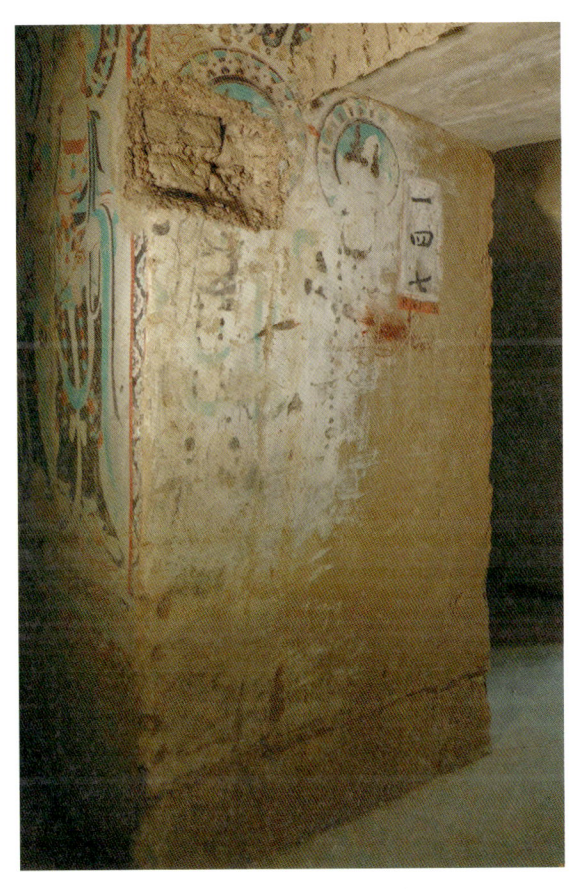

图4-7-2 张大千洞窟编号

"窟凡三层,自南至北,共三百有九窟,其附于大窟者为耳洞。又得二百二十五及三百零五诸窟……"[2]所言"二百二十五及三百零五诸窟"不知为何含义。有些洞窟被张大千忽略,由谢稚柳当时补编,随后史岩、石璋如、李浴等考察者又进行补编,大约有160个窟号。

"C"编号产生于1941—1946年之间。整合上述六家成果,凡以"C"编号进行考察的诸家均应列入这一编号的范畴,所以"C"编号应该是"一窟六号"的问题。

(四)史岩编号的文献资料

1943年5月至1944年5月间,美术史论家史岩(1904—1994)应常书鸿筹备成立"敦煌艺术研究所"之邀来到莫高窟做石窟考察,并做石窟编号("S"编号),同时做诸家编号

---

[1] 石璋如:《莫高窟形·编辑说明》,第1页;史岩:《敦煌石窟群之编号问题》,载《中国西北文献丛书续编·敦煌学》(第22册),甘肃文化出版社,1999年,第396—370页。
[2] 张大千:《张大千先生遗著漠高窟记·自序》,第1页。

对照表。

史岩莫高窟考察资料按石窟编号可分为五个部分:《千佛洞初步踏查纪略》(下称《踏查》)[1]、《敦煌石窟群之编号问题》(下称《问题》)[2]、"诸家编号对照表"[3]"莫高窟群立面图——及新编窟号"[4]、《敦煌石室画像题识》[5]。

《踏查》中首先采用"C"编号对所有石窟做了实地考察,记录做到"C302 耳洞"。在随后的《问题》中,史岩首次专门关注到了编号问题,对先前"P""C"编号中所存在的问题进行了分析与研究,并且提出了自己"段层之分""经纬式编号顺序""窟分母子""入号准则"与"番号格式"的编号方法。南区的崖面分为八个段位,并设定了一个公式:000.00/00.00(母窟·子窟/段位·层位)。[6]在"诸家编号对照表"中使用"S"编号做了与"P""C"编号的对照表。在"莫高窟群立面图——及新编窟号"中,以"S"为本号绘制了"莫高窟群立面图——及新编窟号"。立面图分"大南段"与"大北段"两部分,石窟总编号为S589。"南大段"(有壁画、塑像内容的南区)编号至"S420"(图 4-8)。《敦煌石室画像题识》是史岩当时在莫高窟所做的主要工作,他按"S"编号对 106 个石窟中供养人题记做了抄录。受历史的局限,史岩的石窟编号也存在一些问题需要作以分析:

史岩的"S"编号是一个未竟的工作,多数编号是没有内容记录的空号。在所编631个窟号中(包括附窟号),只有106个编号记录了供养人题记,仅占总量的六分之一。1943年,史岩初到莫高窟为了熟悉石窟内容,首先以"C"编号为准,严谨而认真地进行了石窟内容的调查和记录(《踏查》),但是最终未按计划将《踏查》的记录内容转到"S"编号中。[7]工作未完成便离开敦煌,等于"将自己的庄稼种到了别人的地里"。

在莫高窟石窟考古历史中,史岩首次专门关注诸家编号之间的对照关系,并提到学术层面进行深入分析。[8]在编出以"S"为主号的"诸家编号对照表"之前,已经在《踏查》中列出了"C"与"P"编号的对照关系。

---

[1] 史岩:《千佛洞初步踏查纪略》(手稿影印本),载《中国西北文献丛书续编·敦煌学》(第20册),甘肃文化出版社,1999年。

[2] 史岩:《敦煌石窟群之编号问题》(手稿影印本),载《中国西北文献丛书续编·敦煌学》(第22册),甘肃文化出版社,1999年。

[3] 《敦煌石窟群之编号问题·附录》。

[4] 《敦煌石室画像题识·附录》。

[5] 史岩:《敦煌石室画像题识》,比较文化研究所、敦煌艺术研究所、华西大学博物馆联合出版,1947年。

[6] 这一分式所含内容被规定为:"斜线左示窟号,点前为母窟;点后为子窟,无子窟作零,有子窟则续前数号之。斜线右示位置,点前为段;点后为层。"史岩《敦煌石窟群之编号问题》,第425页。

[7] 史岩:《千佛洞初步踏查纪略》,第3页。

[8] 周炳南、高良佐之前曾做过自编号与"P"号的对照关系,最终因编号的不科学被同时废弃。

在与"C"编号的对照关系中,由于史岩当时未能了解张大千、谢稚柳的石窟内容记录内容,仅凭崖面上书写的"C"编号对"耳洞"提出了武断和不切实际的修改建议。在此仅举一例:在对C211—C213之间存在的四个"耳洞"进行建议性修改,就很不实际。在这一组编号中,张、谢的文字记录与崖面编号本身就存在矛盾,特别是"C211北耳"(D424),文字记录与崖面关系问题很大。史岩不明真相,因此"易号"结果适得其反。[1]

在与"P"编号的对照关系中,史岩虽然指出了"P"编号中的漏编、编列过滥、立面图号数与《图集》号数不相符等问题(图4-9),但最终还是因为"P"编号过于错乱而无法进行,"诸家编号对照表"勉强做到S213.00/P118r-C230,最终放弃。[3]

由于当时资料缺失的现状,史岩的诸家编号对照中出现了一些"错编模式"。对照关系往往一窟出错连锁随后数窟错编,例如在《踏查》中"P126—P133"与"C89—C93"编号的对照中,连锁殃及十个编号错编。[4]

虽然《踏查》与《问题》出版时间较晚(1999年),但是手稿资料1944年完成后收藏在敦煌研究院,一直被内部研究使用。1951年敦煌文物研究所发表的《敦煌千佛洞各家编号对照表》应该是依据史岩的编号对照关系所编纂,其中的"错编模式"公开化并得以流传。典型事例为伯希和编号P165的"附窟"系列,牵涉六个石窟。因为伯希和当年考察期间未在立面图中进行石窟编号,各家凭猜测进行补编。史岩将六个石窟均补编为"P166"的附窟:P166b(D359)、P166A(D360)、P165B(D361)、P—(D362)、P165A(D363)、P—(D364),其中存在字母大小写混用。这一问题直到1992年伯希和《笔记》法文版出版后才得以明确,实则此六窟应为"P165"的附窟。[5]

"S"编号大多数因仅有空号缺失内容而失去了实际意义。他所列的公式过于繁琐,对于实地考察的研究者并不实用,甚至连史岩本人在撰写建立自己编号理论的文章《莫高窟群之编号问题》中进行编号举例时,都采用张大千的"C"编号。与之相比,张大千的"C"编号显得方便易行。

"S"编号工作有条不紊,五份资料形成一个统一的系统,未出现自身编号混乱的问题。

---

① 这一组石窟牵涉六个编号,即现今所采用的D424—D429窟。
② 张宝洲:《敦煌莫高窟编号的考古文献研究》第7册,甘肃文化出版社,2020年,1806—1809页。
③ 对照关系终止于"P118"附窟,这是伯希和编号最乱的号段。
④ 张宝洲:《敦煌莫高窟编号的考古文献研究》第5册,甘肃文化出版社,2020年,第1292页。
⑤ 张宝洲:《敦煌莫高窟编号的考古文献研究》第5册,甘肃文化出版社,2020年,第1587页。

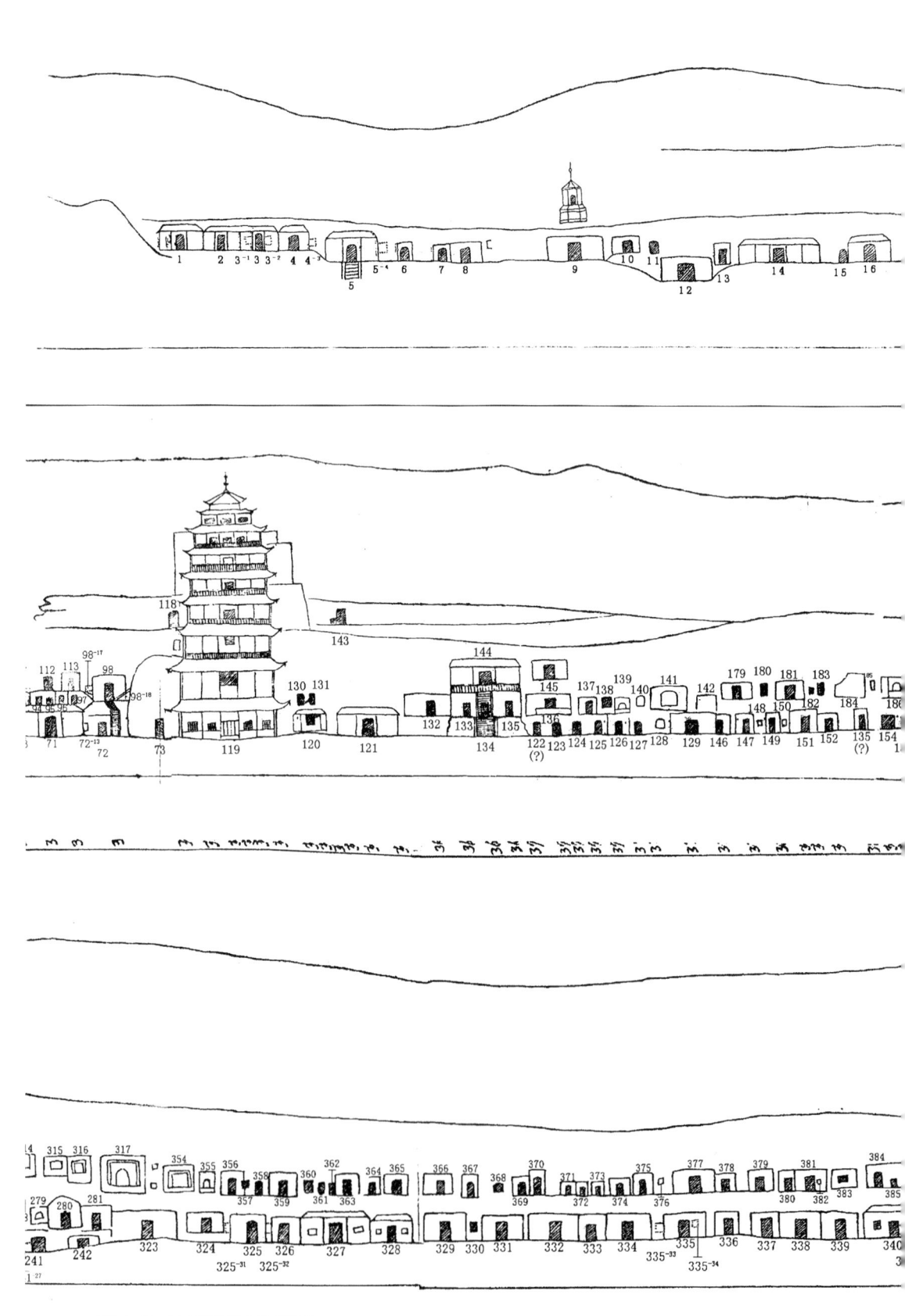

图 4-8　史岩编号走向图示

第四章 莫高窟洞窟编号问题导论　129

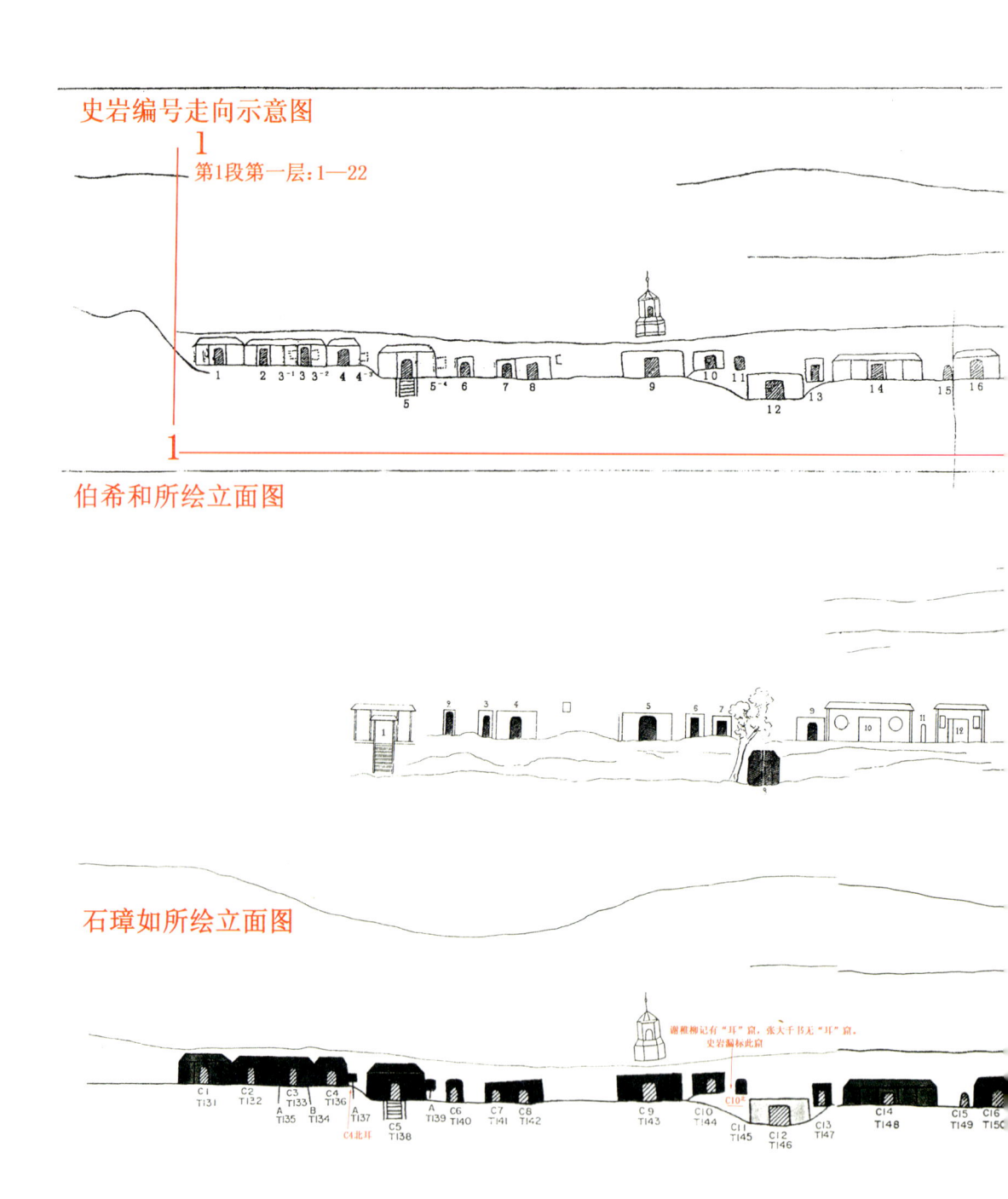

图 4-9　史岩编号与伯张对照图

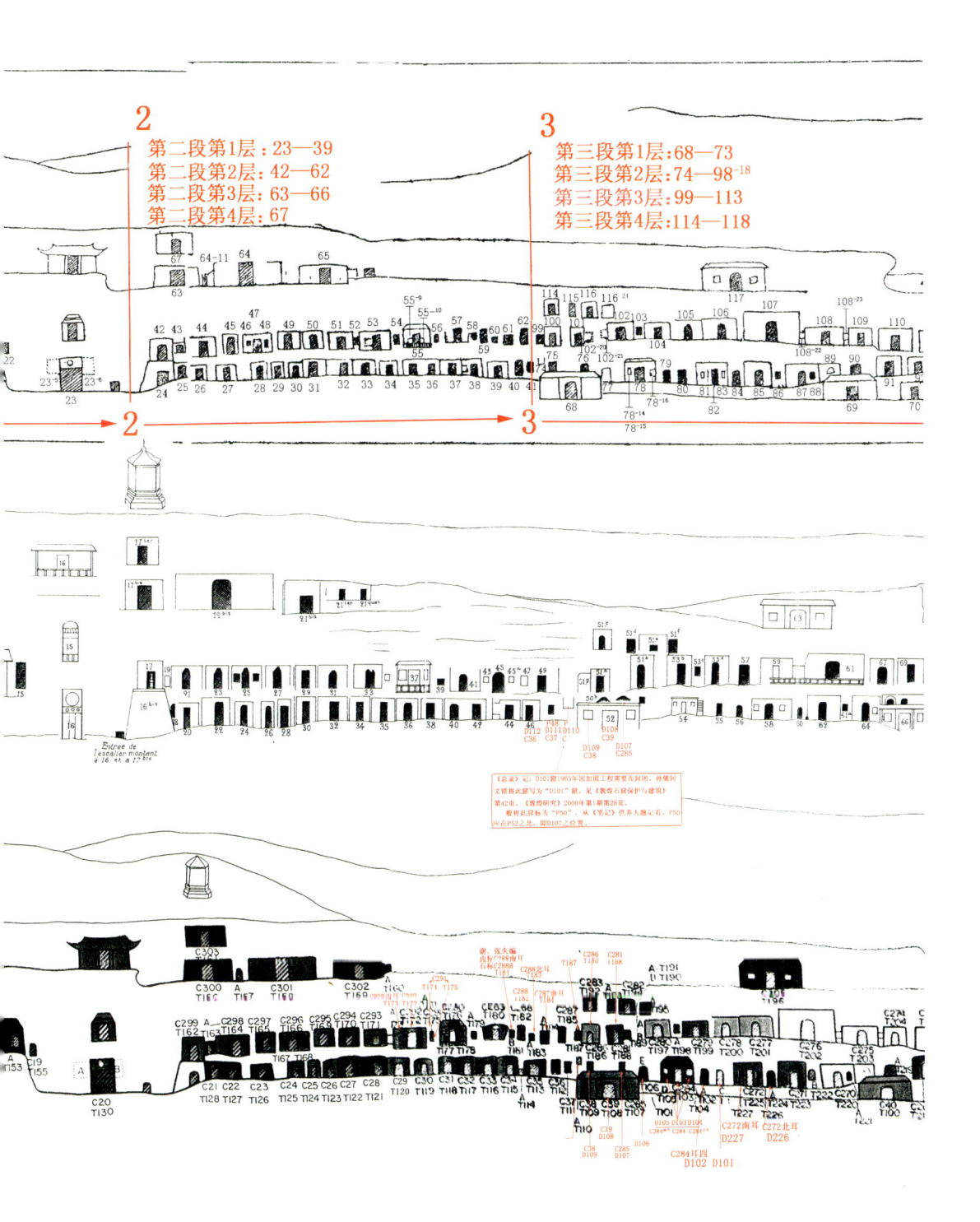

第四章　莫高窟洞窟编号问题导论　　*131*

2
第二段第1层：23—39
第二段第2层：42—62
第二段第3层：63—66
第二段第4层：67

3
第三段第1层：68—73
第三段第2层：74—98-18
第三段第3层：99—113
第三段第4层：114—118

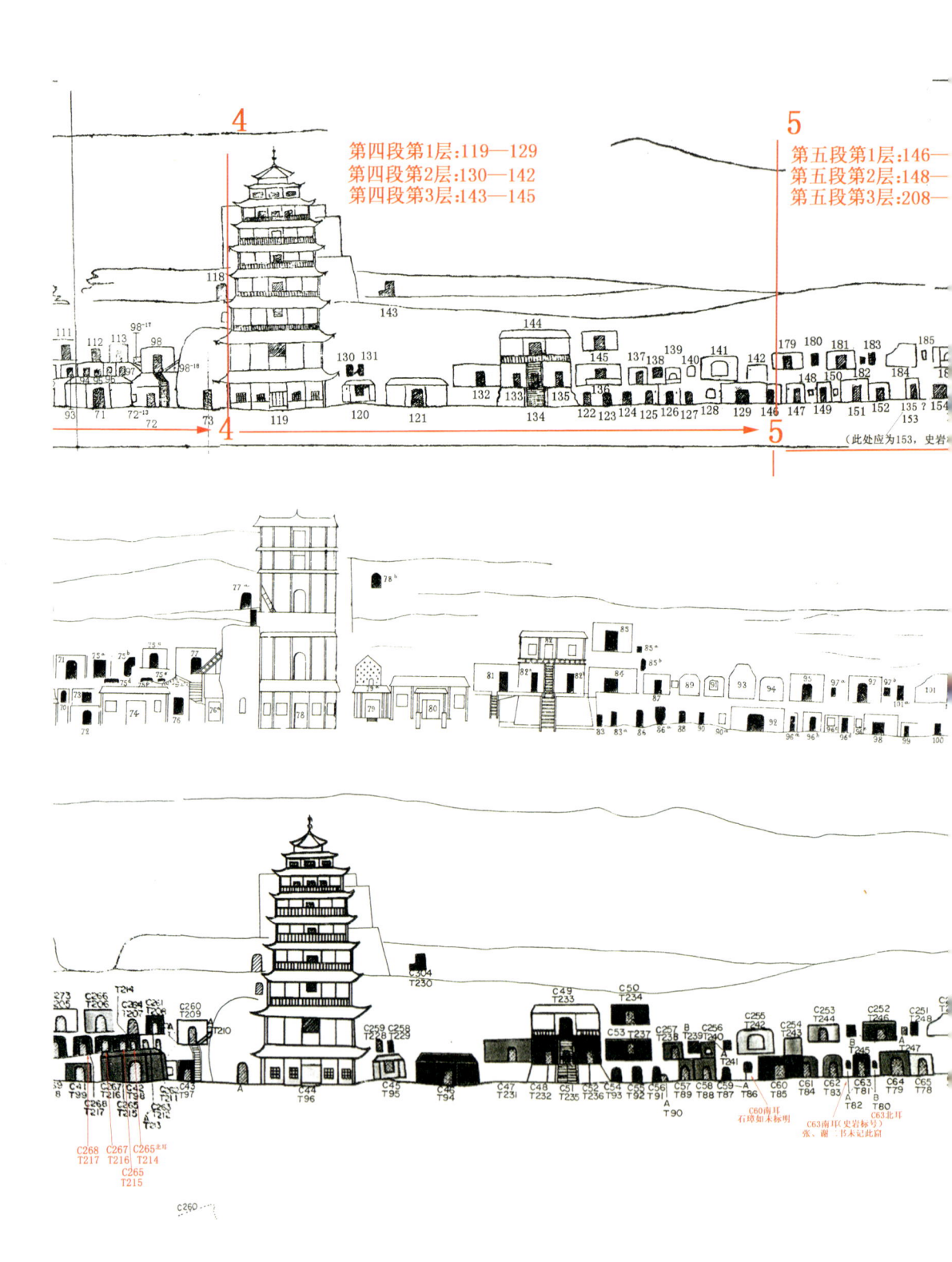

第四段第1层：119—129
第四段第2层：130—142
第四段第3层：143—145

第五段第1层：146—
第五段第2层：148—
第五段第3层：208—

（此处应为153，史岩

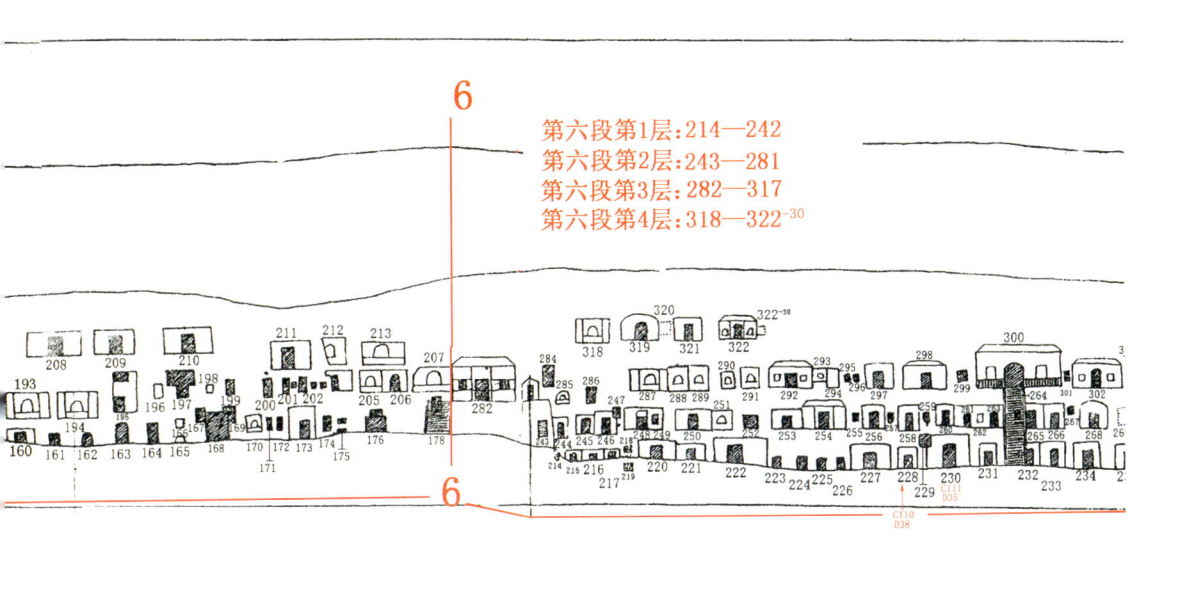

第四章 莫高窟洞窟编号问题导论　133

第六段第1层：214—242
第六段第2层：243—281
第六段第3层：282—317
第六段第4层：318—322[30]

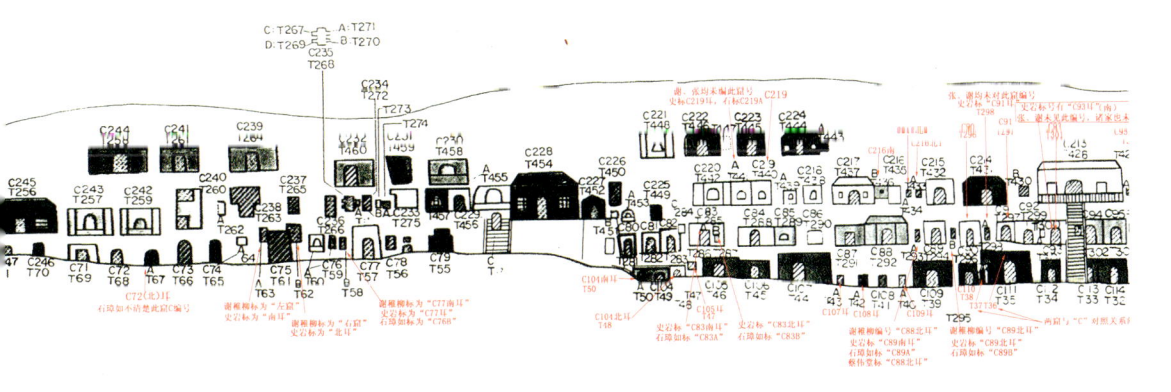

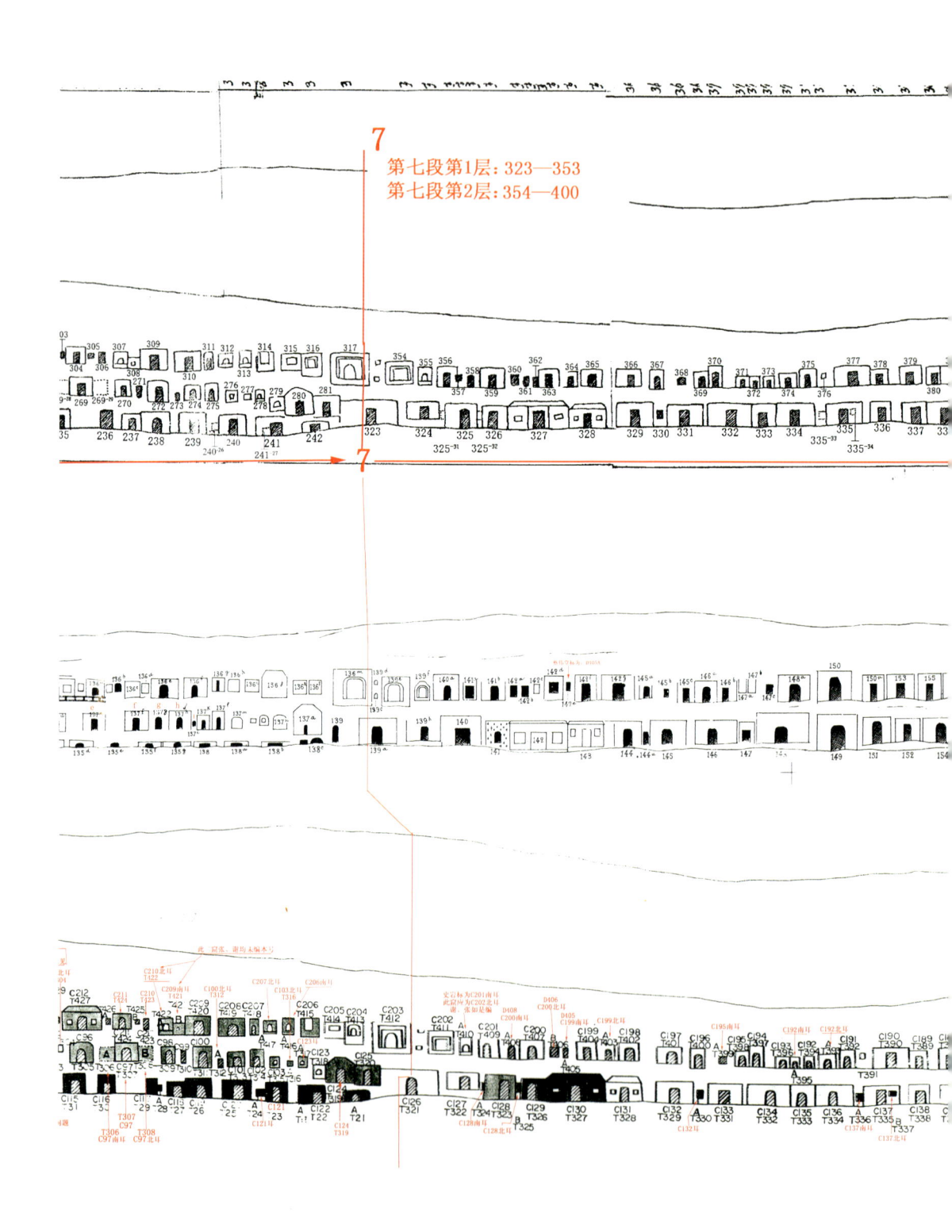

第七段第1层：323—353
第七段第2层：354—400

第四章 莫高窟洞窟编号问题导论　135

第八段第1层：401—412
第八段第2层：413—419
第八段第3层：420

（五）敦煌研究院编号的文献资料

1944年1月1日"国立敦煌艺术研究所"成立。[1]常书鸿（1904—1994）作为研究所筹建委员会副主任主持工作，1947年主持石窟重新编号工作，编出"A"编号（后来"D"编号雏形）。[2]

1982年至2005年，敦煌研究院延续"敦煌艺术研究所"的编号，对莫高窟窟群进行全面的调查和文献整理。南区在原有493个编号基础上又补充了31个窟号，并对北区做了统一编号。最终完成了莫高窟全部的编号工作，同时做诸家编号对照表。这项工作的完成标志着莫高窟的全部石窟有了编号，历经近百年的编号历史最终完成。南区编号简称为"D"编号，北区编号简称为"B"编号。[3]

敦煌研究院的莫高窟编号（"D"）为官方编号，肇始于20世纪40年代"敦煌艺术研究所"建立时期。石窟编号贯穿于从"研究所"到"研究院"漫长的历史过程，"D"编号的编制可分为两个阶段：第一阶段从1947年至1963年；第二阶段从1982年至2005年。[4]

1. 第一阶段"D"编号与诸家编号对照表

本阶段编号开始于1947年，相关的重要资料有三份：《敦煌千佛洞各家窟号对照表》（1951）[5]、阎文儒《洞窟内容说明》（1961）[6]、孙儒僩用"D"对崖面石窟分布所绘制的《莫高窟总立面图》（1958）（图4-10）[7]。

编号工作于1951年完成并发表了《敦煌千佛洞各家窟号对照表》。[8]表中简称"A"编

---

[1] 关于敦煌艺术研究所的成立日期诸家说法不一：常书鸿为"1949年秋"，参见《常书鸿文集》，甘肃民族出版社，2004年，第477页；有的定为"1944年2月"，参见《敦煌学大辞典》，上海辞书出版社，第880页；卢秀文：《敦煌学编年》（二），《敦煌研究》1989年第1期；《敦煌研究院大事记》，《敦煌研究》1994年第2期。本文成立日期采用向达之说，参见向达：《记第二次从敦煌归来》，载荣新江《向达先生敦煌遗墨》，中华书局，2010年，第327页。随后研究所经历了两次更名：1950年7月1日起，更名为"敦煌文物研究所"，1984年8月研究所扩建，更名为"敦煌研究院"。

[2] 敦煌研究院编号简称经历几次变化：石璋如用"T"，敦煌艺术研究所时用"A"（当时简称为"A"，即"ART INSTITUTE、艺术研究所编号"之缩写），后改为"D"。以下统一以"D"代表敦煌研究院编号。

[3] 蔡伟堂：《重订莫高窟各家编号对照表说明——兼谈莫高窟各家编号对照表》，《敦煌研究》2005年第6期；彭金章、王建军、敦煌研究院：《敦煌北区石窟》（三卷），文物出版社，2000—2004年。

[4] 划分标准：第一个阶段以"D"编号开始编制到1963年崖面大规模加固；第二个阶段以1982年《敦煌莫高窟内容总录》出版到2005年《重订莫高窟各家对照表》发表。

[5] 敦煌文物研究所：《敦煌千佛洞各家编号对照表》，《文物参考资料》1951年2卷5期，第229—230页。

[6] 阎文儒：《洞窟内容说明》（手稿影印本），载《中国西北文献丛书续编·敦煌学》（第22册），甘肃文化出版社，1999年。

[7] 敦煌文物研究所编：《中国石窟·敦煌莫高窟》第1卷，文物出版社，1982年。

[8] 2018年敦煌文化艺术博览会上展出了一张1948年"敦煌艺术展"的报纸，其中刊登了《莫高窟各家编号对照表》，内容与编排方法完全相同，应该是本表的完成与最初刊布的时间。

出469个窟号,这是后来"D"编号的雏形。表中同时列出与"P""C"编号的对照关系,这份资料仅为表格无内容辑录,但是影响很大,成为当时研究石窟艺术的主要检索资料。出于当时条件的限制,表中的诸家编号对照关系讹误很多。[1]

阎文儒的《洞窟内容说明》(下称《说明》)是第一份用"D"编号进行石窟内容辑录的资料。阎文儒于1944年曾跟随夏鼐、向达在莫高窟进行过考察,《说明》应该是当时敦煌艺术研究所初期考察研究的接续。本资料所录内容不是石窟考察的第一手资料,而是对李浴《莫高窟各窟内容之调查》的抄录。此前李浴用"C"编号对莫高窟内容做了全面的普查,属于研究所初期的调查成果。阎文儒在《说明》中将其资料转录到研究所的编号中,辑录了466个石窟的内容。这一资料填补了"D"编号有号无实的空白。现在来看其中在编号的转换过程中存在很多问题,错编号大约有100个。但是作为"D"编号第一个"总录"性质的资料,应该给予重视。此书写作时间为1961年[2],作为手稿藏在敦煌研究院资料室,直到1999年才得以影印出版。[3]

1958年孙儒僩绘制了研究所编号的《莫高窟总立面图》。在此之前曾有常书鸿绘制的"立面图"[4],图中以研究所编号为本号,绘出460个窟位,同时列出"C"与"P"编号的对照关系,但是鲜有流传、影响不大。流传广泛、运用率高的还是《莫高窟总立面图》。图中完整绘出493个窟位,此图是至今仍在沿用的"D"编号立面图。

敦煌研究院初期的编号工作就此告一段落。其中遗留的问题是:莫高窟"D"编号由于阎文儒《说明》中一些编号与1982年出版的《敦煌莫高窟内容总录》不能完全对应,存在较多的错编之处,因此"D"编号仍然存在"一窟两号"的问题。

2.第二阶段"D"编号与诸家编号对照表

本阶段为"D"编号最终定型时期,相关的资料有五份:《敦煌莫高窟内容总录》(1982年)、《敦煌莫高窟供养人题记》(1986年)、《敦煌石窟内容总录》(1996年)、《敦煌莫高窟北区石窟》(2000—2004年)、《重订莫高窟各家编号对照表》(2005年)。

1982年"敦煌文物研究所"以"D"编号为标准,对以前的研究成果做了全面汇总。在吸收先前研究成果的基础上编纂完成了《敦煌莫高窟内容总录》,书中对493个石窟做

---

[1] 张宝洲:《敦煌莫高窟编号的考古文献研究》第1册,甘肃文化出版社,2020年,第390—404页。
[2] 敦煌研究院编,樊锦诗、蔡伟堂、黄文昆编著:《敦煌石窟全集·莫高窟第266~275窟考古报告》第一卷,文物出版社,2011年,第302页。
[3] 阎文儒:《洞窟内容说明》(手稿影印本),载《中国西北文献丛书续编·敦煌学》(第22册),甘肃文化出版社,1999年。
[4] 2015年5月18日至9月30日在浙江大学举办了"从敦煌到犍轩——浙江大学新获丝绸之路研究外文文献展",其中展出了一幅莫高窟立面图,据说由常书鸿先生绘制。

南区

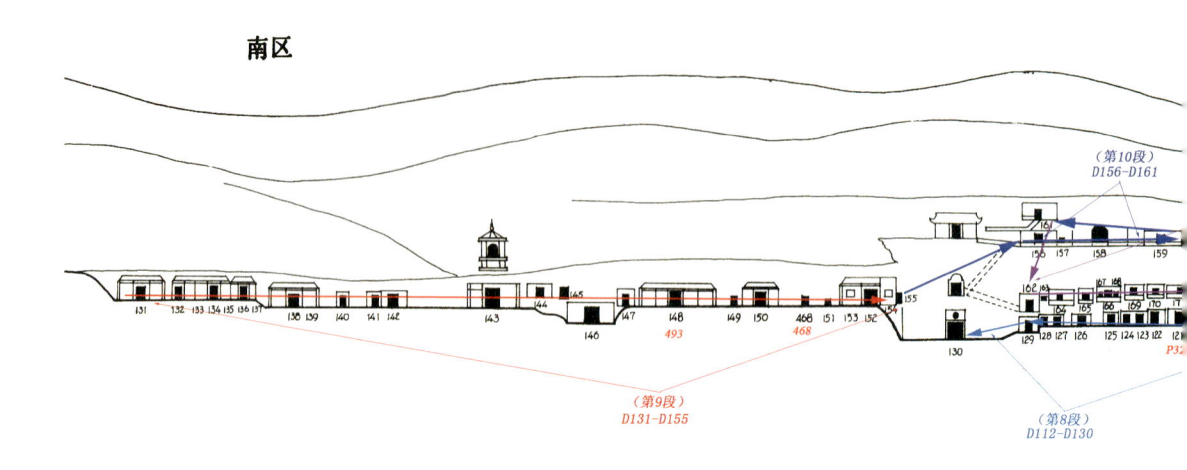

（第10段）
D156—D161

（第9段）
D131—D155

（第8段）
D112—D130

敦研院石窟编号D461—D493窟的位置及发现时间（发现时间采自《总录》）

D461—D465，位于窟群北区
D466，位于D47窟下方1948年发现
D467，位于D54窟下方1946年发现
D468，位于D150与151之间，1948年7月发现
D469，位于D53窟北壁，1952年发现
D470—D475，位于D93窟之南，其中D471—D475发现于1953年。（《文物》1953年12月期，第72页。）
D476，位于"三层楼二层北侧"。（《文物》1953年12月期，第72页。）
D477，位于D276窟南侧。

D478—D484，位于D56-D60下方，其中D478、D479、D483于1957年发现
D485，"即486窟，窟号编重"。位于D83与D84窟之下方。
D487，位于D467窟下。
D488，位于D467窟北侧。
D489，位于D481窟下。
D490，位于D29窟前室西壁门南。
D491，位于D321窟前走廊下，1965年发现，其中残存三身塑像被取出另
（《敦煌研究》2000年第1期28页。）

（第20段）（D461—D465位于窟群北区）
D451—D460

（第15段）
D276—D301

（第16段）
D302—D326

（第4段）
D55—D64

（第3段）
D21—D54

（467位于54窟南侧，468位于150与151之间）

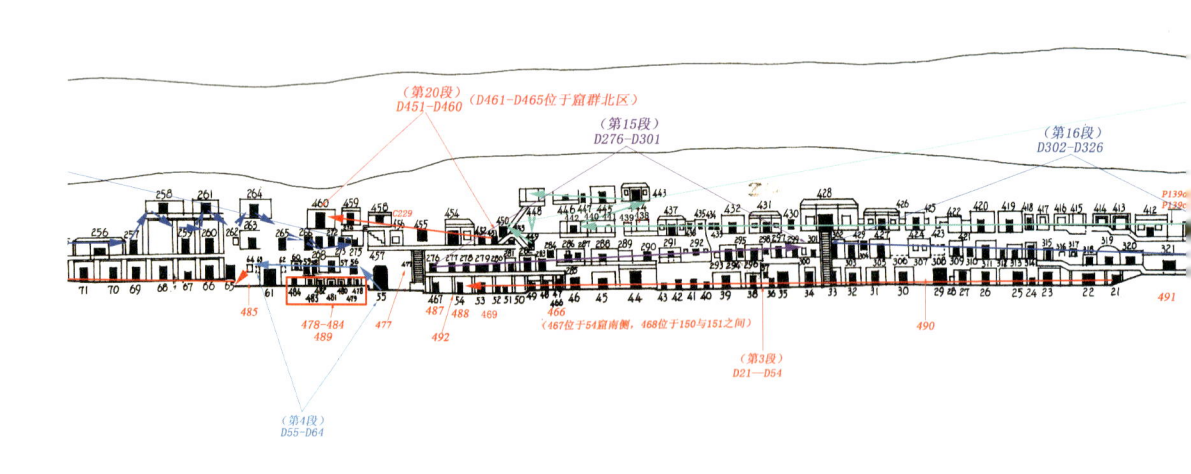

图4-10　莫高窟总立面图（1958年，孙儒僩绘）

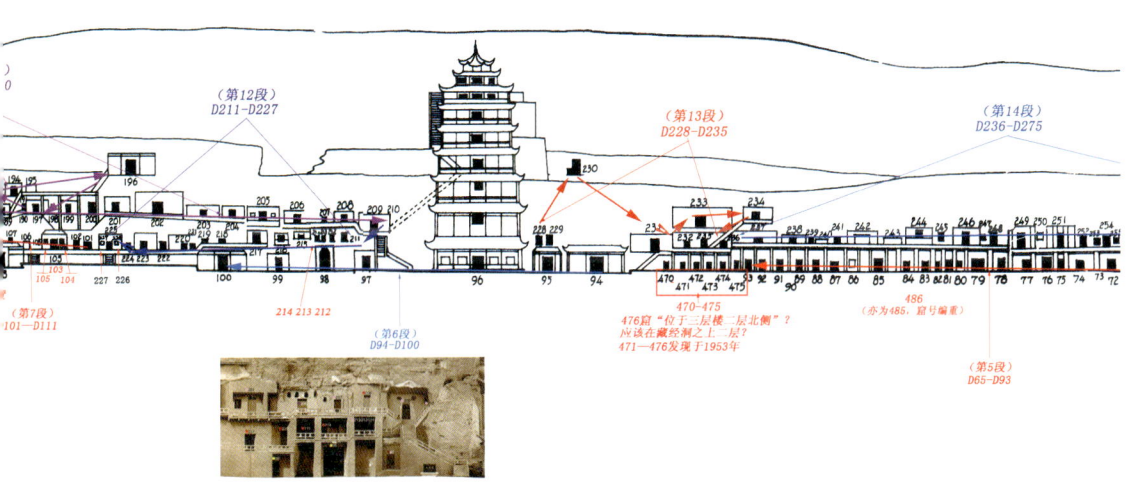

第四章　莫高窟洞窟编号问题导论　　139

（第12段）
D211–D227

（第13段）
D228–D235

（第14段）
D236–D275

（第7段）
D101–D111

（第6段）
D94–D100

476窟"位于三层楼二层北侧"？
应该在藏经洞之上二层？
471—476发现于1953年

486
（亦为485，窟号编重）

（第5段）
D65–D93

，位于D54窟外南侧。
位于D148窟右下侧，80年代进行加固工程时发现，后被封闭。（《敦煌研究》2000年第1期28页。）
1979—1980年第二次发掘时发现。潘玉闪、马世长《莫高窟窟前殿堂遗址》，1985年，第3页。

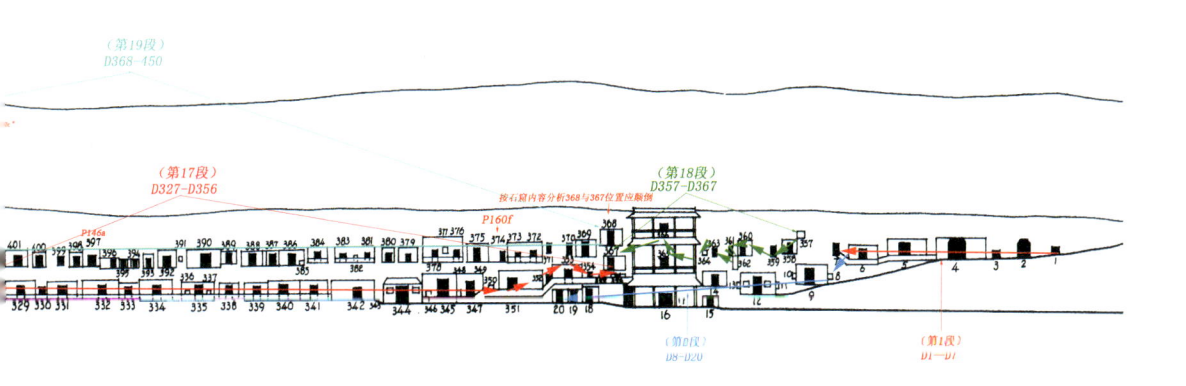

（第19段）
D368–450

（第17段）
D327–D356

（第18段）
D357–D367

（第2段）
D8–D20

（第1段）
D1–D7

了内容辑录，形成了第一份石窟内容资料完整的资料。

《敦煌莫高窟供养人题记》是1986年研究所更名"敦煌研究院"后的重要研究成果。书中按"D"编号对石窟群中供养人题记做了全面调查和集中汇录，与《敦煌莫高窟内容总录》形成了完整的石窟研究资料。由于诸家编号不确切、许多实地供养人题记漫漶的缘故，一些题记是对以往文献记录的转抄，因此存在错录现象，特别是伯希和《笔记》中的题记出现一些混乱，例如D185、D186、D191等窟。

《敦煌石窟内容总录》是1996年敦煌研究院在原《敦煌莫高窟内容总录》基础上进行修订的成果。书中修订了莫高窟辑录的内容，又增添了西千佛洞、安西榆林窟、安西东千佛洞、肃北五个庙石窟群的"内容总录"。应该注意的是在"莫高窟内容总录"各"D"编号条目中，又增加了与"C""P"编号的对照关系，对照号基本上是对1951年《敦煌千佛洞各家窟号对照表》的"移植"。由于编纂时间仓促，其中错讹之处很多。[①]

《敦煌莫高窟北区石窟》共三卷，2000—2004年全部出版，这是一项对莫高窟北区重大考古研究成果，工作开始于1988年6月，直到1995年11月结束。此成果标志着莫高窟的全部石窟均有了编号，编号工程彻底完成。[②]自1907年斯坦因试图对莫高窟做编号算起，到彻底查清莫高窟总计约767个石窟，编号工程经历了近百年的历史。

2005年发表了《重订莫高窟各家编号对照表》（下称《对照表》），本表的编制是为配合奥登堡1914年莫高窟考察资料的整理出版而作，奥登堡的考察资料首次发表，"O"编号被列入诸家编号对照之中。《对照表》分别在两处发表：首次作为"附录"发表在《俄藏敦煌艺术品》Ⅵ卷中，内容分为《莫高窟各家编号对照及洞窟时代表》和《奥登堡与敦煌研究所编号对照表》两部分。第一表中以"D"为本号，列出斯坦因、伯希和（P）、奥登堡（O）的编号对照关系；第二表中以"O"编号为本号，列出P、D编号对照关系。

第二次作为完整、系统的对照表于2005年发表[③]，其中包括三个对照表：《莫高窟各家编号对照及洞窟时代表》《莫高窟南区敦编遗漏洞窟补号及各家编号对照表》《敦煌研究院与史岩莫高窟北区洞窟编号对照表》。三表均以"D"编号为本号，同时列出斯、P、O、C、S（史岩）五家编号对照关系。

《对照表》是在全面掌握了百年研究莫高窟资料的基础上整理完成的，与先前的诸家编号对照表相比，资料更全、更新，因此可信度更高，是一份完整的莫高窟诸家编号对照关系

---

① 张宝洲：《敦煌莫高窟编号的考古文献研究》第1册，附录"《对照》与《总录》错讹勘误表"。
② 彭金章、王建军编：《敦煌莫高窟北区石窟》（三卷），文物出版社，2000—2004年。
③ 蔡伟堂：《重订莫高窟各家编号对照表说明——兼谈莫高窟各家编号及其对照表》，《敦煌研究》2005年第6期，第1—30页。

的参考资料。

除上述重要资料外,还有一篇有关南区洞窟补编的资料《关于敦煌莫高窟南区洞窟补编窟号的说明》,完全按《总录》体例对南区遗漏的33个石窟的时代、形制、内容等作了补充性的辑录,并附有编号对照表。[1]

三、诸家石窟编号及对照关系出错原因分析

(一)诸家编号问题

以上所论述的五家编号资料,其中最应该关注的是以往诸家编号是"一窟数号",而不是"一窟一号"的问题。

1944年"国立敦煌艺术研究所"成立以前,莫高窟的各种考察活动基本上都是个人行为,或者是某一团体的单独活动。各家对石窟进行编号只是为了便于考察记录,编号本身的重要性并没有引起考察者的重视。因此,编号中存在着很大的随意性,加之考察之后记录资料全部随身带走,各考察队之间的信息基本上是相互隔离的。

出现"一窟数号"的原因之一是考察过程各有分工,考察记录由分工者独立完成,最后未做统一整理,有关这一问题最为典型的是"P"编号;原因之二是一家编号被以后考察者们采用,难免其中夹杂一些编号进行改动的现象,"C"编号最为典型。

(二)诸家编号对照表问题

上述"一窟数号"的问题一直未被后来的编号对照编纂者察觉,"一窟一号"的对照观念约定俗成,成为编制"对照表"的模式,最终导致"诸家编号对照表"的编制流于形式,不能真正起到实际的"对照"作用。"编号对照表"中所对照的编号如果不能承载具体的文献内容,等于无用之表,仅举一例:在"D47"与"O"编号的对照中,奥登堡的立面图、平面图、文字记录分别显示在三个编号中(O120bis、120e、120e bis),如果仅用一号对应,则可能差之毫厘,谬以千里。

在莫高窟诸家编号的研究中,做"诸家编号对照表"者起码有二十家左右。编号的对照关系均采用"一窟一号"的方法编制,因此对照表往往陷于空泛而不可使用。所以,改变编号对照理念和方法应该是最关键的问题。

21世纪是莫高窟石窟宏观研究的新阶段,莫高窟考察历史文献均得以发表,全部汇聚一堂,公之于众:1985年,张大千《张大千先生遗著漠高窟记》出版;1996年,石璋如《莫

---

[1] 樊锦诗、蔡伟堂:《关于敦煌莫高窟南区洞窟补编窟号的说明》,《敦煌研究》2007年第2期,第44—50页。

高窟形》出版；1999年甘肃文化出版社出版《中国西北文献丛书续编·敦煌学》，其中刊载了史岩、李浴、阎文儒文献的手稿影印资料；2005年奥登堡的莫高窟考察资料全部翻译出版；2007年伯希和《敦煌石窟笔记》汉译本全部公开出版。至此，研究者看到了莫高窟考察历史的完整面貌，走出了研究凭猜度进行的误区。

四、重新编制诸家编号对照表的意义

由于莫高窟诸家编号中的问题以及编号对照表编制处在"一窟一号"误区之中，以往的结果已不能适应研究者的需求，甚至许多对照关系反而起到误导的作用。因此，采取新的方法重新整理诸家编号的资料，并且建立新的诸家编号对照检索平台非常必要。在这一检索平台上对莫高窟考古、石窟内容研究的资料进行系统整合，形成有序的历史链接序列。达到盘活考古资料，使其成为便于研究者查询、研究的新系统。

莫高窟石窟群诸家编号和编号对照表制定的历史充满艰辛，从侧面反映出了敦煌莫高窟从发现到研究的不断深入，所走过的道路是蹉跎而曲折的。由于篇幅限制，仅做了概述性的说明与分析，若深入了解莫高窟诸家编号问题，可参见张宝洲《敦煌莫高窟编号的考古文献研究》(图4-11)，由甘肃文化出版社2020年出版。

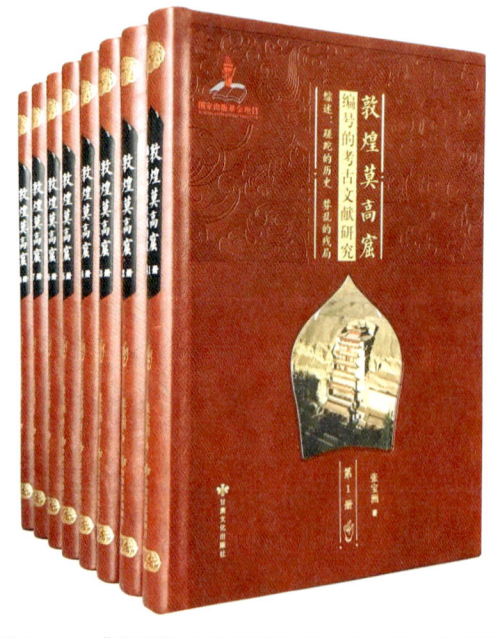

图4-11 《敦煌莫高窟编号的考古文献研究》书影

第五章　早期洞窟图像与佛经传播关系导论

　　佛教石窟艺术的发展和经典传译联系紧密。初入门了解敦煌学，多被敦煌的壁画或雕塑、建筑等图像美感所吸引，较容易忽略石窟营建之前所依据经典而建构的内涵。想了解石窟为什么营建？设计的原创概念是什么？就需要从佛教历史背景、图像、经典等来了解。以往研究的方向多半着重于石窟艺术，较少从佛经翻译、译经僧人、流行经典和图像之间的关联性来探讨。本章试从这个角度出发，缘于在教学的过程中，发现多数佛教艺术的初学者，由于对佛教历史还不太熟悉，较易忽略经典译出的年代与图像产生时间的关系，导致在辨识佛教壁画的主题或断代时容易陷入迷惑。鉴于此，本章从早期佛经翻译与石窟营建的关系，梳理6世纪前河西主要译经僧人年代、主要影响石窟图像的经典年代、敦煌与相关的早期石窟营建年代，并参照相关文物及文献，建立一个宏观学习敦煌佛教石窟艺术史（早期）的年表。年表列出了相关石窟文物遗迹，佛教经典、相关译经僧人、石窟图像主题产生的时代。参照的石窟包括有印度佛教石窟、中亚石窟，以及中国新疆、甘肃河西走廊、山西云冈、河南龙门石窟等，希望提供简易宏观的角度学习敦煌艺术。

　　了解和研究早期石窟，需着重认识石窟原始的禅修禅观功能，某些题材和佛经的相关内容，会反映在石窟建筑与壁画主题的设计上。研究敦煌北朝石窟与河西地区早期石窟，需在时间（历史脉络）与空间（地理）有多维度的思考，向西需参照新疆地区的早期石窟，例如吐峪沟石窟、克孜尔石窟等；向东则需考察炳灵寺石窟、麦积山石窟、张掖天梯山石窟、金塔寺石窟、马蹄寺石窟、庆阳北石窟寺、王母宫石窟等，从相近年代的石窟内涵比较其彼此之间的差异。由于大多早期石窟并没有明确纪年，对于石窟图像的解读，还需参考相关僧人与翻译的佛经，以及僧人在不同区域之间的游方行脚，会将某些经典、禅法与图像在不同的地区传播，所以长安与敦煌，南方及北方的文化交流，以及敦煌与丝路的文化交流都是需要关注的。

一、早期石窟功能与图像主题简述

佛教石窟寺院的创建,最初是为了禅修与僧人生活的实用目的而营建的。所以重返历史时空的原点,从敦煌当时的佛教发展历史背景、禅僧、佛教经典与图像的关系来探讨。敦煌石窟营建始于前秦366年的僧人乐僔和法良,在此之前,佛教在中国已经传布奠基至少二百余年,十六国时期开始逐渐兴盛,这些北朝早期至隋代之前的石窟,其功能主要是提供僧人修行、礼拜、禅观与禅修,[1]也可供信徒礼拜、供养三宝、祈福做功德,所以石窟兴建所设计的空间、内容题材,与禅修、僧团生活、佛教礼忏仪式、佛教信徒礼拜内涵有关。

佛教初传时期,主要弘法活动与初期的信仰均仰赖经典翻译,两晋南北朝时期活动于敦煌及河西地区弘传佛教的高僧不少,有的高僧专事佛经翻译,有的高僧除了译经也禅修,有的领众专习禅业。[2]随着各个时代翻译与流行的经典增加,石窟内容设计也与时俱进,但都主要依据石窟的功能及礼忏仪式或信徒供养目的而设计。

根据《李克让修莫高窟佛龛碑》的记载,莫高窟营建始于前秦366年[3],发展历史达千余年。石窟的年代与中原朝代纪年略有差别,主要是以敦煌本地的实际情况来定。[4]敦煌现存早期洞窟是指北朝时期所开凿的洞窟[5],共有36个洞窟,大致区分四个阶段[6]:(1)十六国的北凉(401—439);(2)北魏(439—534);(3)西魏(535—556);(4)北周(557—581)。[7]在这批早期石窟中,壁画与彩塑常见的主题有:佛说法图[8]、十方三世佛[9]、禅修与

---

[1] 刘永增:《敦煌石窟中与禅观相关的几个问题》,载王亨通、颜廷亮编《炳灵与石窟学术研讨会论文集》,甘肃人民出版社,2003年,第261—269页。贺世哲:《敦煌莫高窟北朝石窟与禅观》,载敦煌文物研究所编《敦煌研究文集》,甘肃人民出版社,1982年,第122—143页。

[2] 屈直敏:《敦煌高僧》,民族出版社,2004年。

[3] 赵声良:《汉晋文化与敦煌早期艺术——敦煌北凉北魏壁画艺术风格》,载中国敦煌壁画全集编辑委员会编《中国敦煌壁画全集1:敦煌北凉·北魏》,天津人民美术出版社,2006年,第1—16页。

[4] 赵声良:《十六国北朝的敦煌石窟艺术(四)》,《艺术品》2016年第2期,第48—61页。赵声良:《十六国北朝的敦煌石窟艺术(二)》,《艺术品》2015年第12期,第24—37页。

[5] 宿白:《中国佛教石窟寺遗迹:3至8世纪中国佛教考古学》,文物出版社,2010年,第52页。

[6] 赵声良:《十六国北朝的敦煌石窟艺术》,载《敦煌石窟艺术简史》,中国青年出版社,2016年,第42—55页。

[7] 王惠民:《敦煌早期洞窟分期及存在的问题》,《石河子大学学报》(哲学社会科学版)2015年第6期,第1—12页。其中,第7页表二是宿白分期、樊锦诗等早期洞窟分期对照表,此表所列宿白定早期石窟有32个,樊锦诗等定早期石窟共36个。

[8] 贺世哲:《莫高窟北朝五佛造像试释》,《敦煌研究》1995年第3期,第117—124页。

[9] 贺世哲:《敦煌北朝洞窟中之十方佛造像新探》,载敦煌研究院编《段文杰敦煌研究五十年纪念文集》,世界图书出版公司,1996年。

禅观念佛、佛本生故事、佛本行故事（佛传故事）、戒律、譬喻因缘故事[1]、弥勒信仰、净土信仰、法华思想[2]、涅槃思想[3]、佛本生故事、佛传故事、神仙题材、戒律等，除了佛教的信仰与思想之外，还混合了道教神仙题材（例如，第249与第285窟的神仙题材）[4]，以及印度教神祇，反映了敦煌在丝路上多元文化与民族交融的特点。

二、佛经传译与早期洞窟图像之关系简述

佛教传入中国最初主要活动是佛经翻译，随着经典教义逐渐普及，以及信徒日益增加，带动石窟寺院及壁画雕塑等工艺活动兴盛。在敦煌藏经洞以及新疆吐鲁番地区出土文献中，大量的佛经写本反映了佛经的翻译、传抄与石窟寺院有密切的关系。

从早期佛像地理分布中可以看到，佛教的传布有两种模式，一是依赖佛经翻译传教；二是佛像传播，而民间传布佛像的数量与分布地域的影响更广。[5]汉晋时期虽为佛教发展的萌芽期，佛教寺院在全国各地南北（包括敦煌）已至少有二十六处寺院[6]，有些早期的寺院（石窟）也是当时佛经翻译的主要场所，佛经的抄写工作也在石窟进行。

初期佛经翻译多为小规模零星传译[7]，译场组织自汉晋以来经历数百年，到了隋唐时期发展才较为完备。在佛教还未普及、寺院数量较少的初期，经典与图像的产生是否都是由译场中少数几个人在做？在初期阶段，有没有可能写经生也参与图绘造像？同时，经典与图像之间，一般学界认为是经典先于图像产生，但在汉晋佛像分布地理研究方面，何志国发现，南方的早期佛像发现比北方多，而且民间图像的传播也许早于经典传播。[8]另外，在研究不同地区的北朝弥勒图像和经典之间的关系时，李玉珉也指出："南北朝弥

---

[1] 例如第275窟北壁，学者一般认为根据《贤愚经》的故事所描绘。《贤愚经》全称《贤愚因缘经》，十三卷，元魏慧觉等翻译。参见赵秀荣：《试论莫高窟275窟北壁故事画的佛经依据——附275窟等年代再探讨》，《敦煌研究》1991年第3期，第13—27页；刘永增：《〈贤愚经〉的集成年代与敦煌莫高窟第275窟的开凿》，《敦煌研究》2001年第4期，第70—74页。
[2] 张元林：《北朝—隋时期敦煌法华图像研究》，甘肃教育出版社，2017年。
[3] 赖文英：《泾川王母宫石窟造像思想探析》，《敦煌学辑刊》2011年第2期，第148页。敦俊叶：《敦煌莫高窟第454窟研究》，甘肃教育出版社，2016年。
[4] 段文杰：《敦煌石窟研究国际讨论会文集：石窟考古编》，辽宁美术出版社，1990年。贺世哲：《敦煌莫高窟第285窟西壁内容考释（摘要）》，《敦煌研究》1988年第2期，第54—56页。
[5] 何志国：《汉晋佛像综合研究》，上海人民出版社，2017年，第331页。
[6] 颜尚文：《后汉三国西晋时代佛教寺院之分布》，《历史学报》1985年第13期，第36页。
[7] 释僧祐：《出三藏记集》卷九，贤愚经记第二十（CBETA 2021.Q3, T55, no. 2145, pp. 67c9-68a1）。
[8] 何志国：《汉晋佛像综合研究》，上海人民出版社，2017年，第331页。

勒图像类型中，可以找到经典依据的却寥寥无几。"显然，佛教造像、石窟寺院的壁画和建筑，有可能是经典翻译之后才陆续展开，但也有可能是画稿图样先流传。[1]然而，由于实际上早期画稿图样均已湮灭，加上文献佐证不足，还有待研究。

三、竺法护译经与敦煌佛教

汉晋时期的河西走廊已是僧人游方往来频繁之地。由几位早期活跃的佛经翻译高僧在敦煌与中原的足迹，以及敦煌与西域的交流，可以了解佛经翻译与敦煌石窟或图像艺术产生的关系。根据佛教史料所载，两晋南北朝时期在敦煌与河西地区活跃的译经弘法僧人，包括竺法护、竺法乘、昙无谶、竺佛念[2]、鸠摩罗什、昙摩蜱、昙摩蜜多、释道法、释法颖、释慧远等。[3]其中，竺法护一生往来长安、洛阳、酒泉、敦煌各地，随迹游方并翻译佛经，他的足迹与传布佛教的模式，影响深远。

竺法护（Dharmarakṣa，约236—313）[4]，其先世月支人，本姓支，又称支法护，[5]八岁依竺高座出家，从师姓竺，时人称"敦煌菩萨"。竺法护一生致力于佛经翻译，自西晋武帝泰始元年（265）携带大批胡本佛经来汉地，从266年开始译经，284年抵达敦煌，沿路传译往来于酒泉、敦煌、长安、洛阳等地，立寺延学，终生译写不倦。现《大正藏》收录竺法护翻译的佛经有93部、195卷，其中《鹿母经》和《佛说普门品经》各有两个译本，有可能是草稿本和定稿本同时流传了下来，所以竺法护的译经，在《大正藏》实际收录91部、193卷。[6]其译作涵盖重要的大乘部类，如《法华》《般若》《大集》《宝积》《华严》，还有一些《本生》《阿含》类的佛经，是鸠摩罗什大师之前翻译佛经最多的一位。[7]其中，《正法华经》《光赞经》《文殊师利净律经》《首楞严经》《如来大哀经》《诸佛要集经》《圣法印经》《普曜经》等，奠定了早期大乘佛教经典在中国流传与弘扬的基础。

---

[1] 李玉珉：《南北朝弥勒图像与信仰》，《故宫学术季刊》2012年第2期，第1—101页。
[2] 竺佛念，又称佛念。生卒年不详（约365—384），凉州（今甘肃武威）沙门，晋代著名译师之一，卒于长安。慧皎称"自世高、支谦以后，莫逾于念，在苻、姚二代，为译人之宗"。
[3] 杜斗城：《河西佛教史》，中国社会科学出版社，2009年，第29页；屈直敏：《敦煌高僧》，民族出版社，2004年，第59—82页。
[4] 顾伟康根据《祐录》及《高僧传》所载数据重新排年，推论竺法护生卒年约在236—313年。顾伟康：《法护行迹考（如是我闻顾伟康佛学论文自选集）》，宗教文化出版社，2016年，第367页。
[5] 王惠民：《竺法护"世居敦煌"辨析》，《兰州大学学报》（社会科学版）2008年第4期，第26—30页；王惠民：《敦煌佛教与石窟营建》，甘肃教育出版社，2017年，第172页。
[6] 李尚全：《竺法护传略》，甘肃人民出版社，2011年，第74页。
[7] 汤用彤：《汉魏两晋南北朝佛教史》，北京大学出版社，2011年，第128—129页。

根据僧祐《出三藏记集》所载，查考竺法护于266年至308年翻译佛经，其间约有十余年岁月（273—283）没有翻译佛经的记录，或许在西域游学。[1]

284年，竺法护在敦煌翻译出重要的禅观经典《修行地道经》[2]和《阿惟越致遮经》[3]。《修行地道经》有七卷三十品，内容介绍修行禅观次第，结合瑜伽观行之要义，是竺法护译出重要的大乘禅观经典。竺法护于敦煌的阶段，虽然还未见有任何文献记载他和弟子关于营建石窟或造像壁画之图像产生，但竺法护在敦煌时译出的《修行地道经》势必对他的弘化禅观有一定的影响。

286至304年间，竺法护在长安与洛阳，286年于长安翻译出了《正法华经》，由其弟子聂承远笔受。[4] 406年，鸠摩罗什重译为《妙法莲华经》，鸠摩罗什大师在竺法护的基础上，更进一步让法华优美的文学和义理普及大众，也影响了法华造像的流行，可以说竺法护的译本奠定后来法华图像发展的契机，而一百多年后，鸠摩罗什大师的译本对法华图像的广传产生了主要推动力。另外，竺法护在四世纪初翻译出《佛说弥勒下生经》和《弥勒菩萨所问本愿经》各一卷的弥勒系经典，除了奠定中国早期弥勒信仰的基础，也奠定了鸠摩罗什大师重译弥勒经典的基础。

竺法护和弟子竺法乘在敦煌译经及立寺延学，也奠定了敦煌早期大乘佛教经典在中国流传与弘扬的基础。其弟子竺法乘不但立足敦煌，也开始向西弘传佛法，慧皎在《高僧传》卷4赞美竺法乘："乘（竺法乘）后西到敦煌，立寺延学，忘身为道，诲而不倦。使夫豺狼革心，戎狄知礼，大化西行，乘之力也。后终于所住。"

竺法乘年幼入道，八岁即依止竺法护为师，天赋聪颖明察玄鉴，辅佐竺法护向西弘扬佛法而能使得"豺狼革心，戎狄知礼"。竺法护和其弟子的影响，可以从竺法护译经相关的考古文物遗迹来考证。现存的敦煌与吐鲁番出土的佛教写经，最珍贵的遗存是从吐峪沟出土。现存世界上纪年最早之296年的汉文写经残片《诸佛要集经》，即是竺法护所翻译的经典之一。当时的佛经翻译工作还未得官方支持，多赖信徒资助，译场组织尚未完备，这些早期佛经的传译抄写工作很可能都是在石窟进行。现存于大英博物馆斯坦因藏品中，有一组壁画残件《窟院修业僧图》，出自新疆焉耆明屋佛寺遗址。描绘有比丘在石窟写经（图5-1），也有高僧传经与弟子写经的场景，高僧坐在椅子上，手执笔与经卷，弟子个个恭敬地

---

[1] [日]河野训：《竺法护の経典訳出年等再考》，《仏教文化》1989年第25期，第44—67页。
[2] 《修行地道经》，竺法护翻译有七卷三十品，之前另一译本是安世高所译的二卷本的地道经，《出三藏记集》卷二："地道经，安世高出大地道二卷，竺法护出修行地道七卷。右一经，二人异出。"
[3] 《出三藏记集》卷二："阿惟越致遮经四卷（太康五年十月十四日出）"（CBETA 2021.Q3, T55, no. 2145, p. 7c2）。
[4] 姜亮夫：《莫高窟年表》，上海古籍出版社，1985年。

图 5-1　新疆焉耆明屋佛寺遗址
《窟院修业僧图》（局部）

图 5-2　新疆焉耆明屋佛寺遗址
《窟院修业僧图》传经写经名场面

跪在地上或双手合十，虔诚笔录经文，虽然壁画年代大约是 8—9 世纪，但却如实记录了在早期石窟寺院正进行的一场小规模的佛经传译画面（图 5-2）。

四、昙无谶译经与河西早期石窟

在竺法护的基础之上，五胡十六国时对河西地区佛教及石窟艺术兴起影响最大的是高僧昙无谶，中天竺人。根据《高僧传》与《出三藏记集》记载，北凉王沮渠蒙逊积极护持推动佛教发展，听闻高僧昙无谶的名气，于是请他来协助国事并负责佛经翻译。[1] 昙无谶先抵敦煌[2]，于北凉玄始元年（412）抵凉州（姑臧），凉州是当时除了长安后秦鸠摩罗什教团之

---

[1] 杜斗城：《北凉佛教研究》，新文丰出版公司，1998 年，第 3 页。任继愈选编，李富华校注：《佛教经籍选编》，中国社会科学出版社，1985 年，第 52 页。
[2] 僧祐撰：《出三藏记集》卷八："天竺沙门昙摩谶者，中天竺人婆罗门种，大怀秀拔，领鉴明邃，机辩清胜，内外兼综，将乘运流化，先至敦煌，停止数载。"

外的重要佛经翻译中心。[1] 昙无谶学习汉语三年后,开始翻译经典,421年开始翻译《大般涅槃经》,由慧嵩、道朗等担任"笔受"。[2] 据僧祐《出三藏记集》记载,昙无谶译经11部117卷[3],包括重要的《大般涅槃经》[4]。从昙无谶译场所出的几部卷帙浩大的经典可以看出当时译场颇具规模,已经和竺法护时期迥然不同。

北凉国家佛经译场的规模究竟有多大?可由当时翻译重要的经典略探一二。北凉翻译的《大般涅槃经》有四十卷[5],而北凉时期翻译出的另一部卷帙浩大的是《阿毗昙毗婆沙论》,根据《出三藏记集》[6]与《高僧传》记载,沮渠牧犍时期(433—439)佛经翻译中心位于凉州[7],那时的译场是位于姑臧城内苑的闲豫宫。437年,天竺沙门浮陀跋摩译出《阿毗昙毗婆沙论》一百卷,浮陀跋摩负责"传译理昧",由凉州僧人道泰笔受,释道挺作序,沙门慧嵩、道朗等三百余人考文评义。可见,当时的北凉非常支持佛教发展。[8] 439年北凉被北魏所灭,因时局动乱,这些佛经散佚了四十卷。

北凉佛教兴盛表现在佛经翻译与兴建佛教石窟、石塔与造像等方面。[9] 根据文献记载,沮渠蒙逊为其母亲于山寺造丈六佛像,以及在凉州及河西地区造像与兴建石窟等。《集神州三宝感通录》卷2记载:"于州南百里连崖绵亘东西不测,就而斲窟安设尊仪。或石或塑,千变万化,有礼敬者惊眩心目"[10],说明当时已经有佛教石窟营建的工匠团队。

虽然北凉时期开凿的石窟或造像皆无纪年可以证明,但现在学者根据北凉在河西走廊活跃的地理位置,从石窟形制、雕塑或壁画风格来断代,逐一考察出北凉的石窟遗迹。包括

---

[1] 陆庆夫:《五凉佛教及其东传》,《敦煌学辑刊》1994年第1期,第12页。
[2] 参见《高僧传》卷二(CBETA 2021.Q3, T50, no. 2059, p. 336a19–b2)。
[3] 杜斗城:《北凉佛教研究》,新文丰出版公司,1998年。昙无谶时期译经数量各经录记载不一,杜斗城统计,昙无谶时期前后总共翻译19部佛经计131卷。另《大唐内典录》则作24部,151卷;《开元释教录》记载北凉共译出82部,311卷。重要的经典除了《大般涅槃经》之外,还有《悲华经》《优婆塞戒经》《佛所行赞》《大方广三戒经》《佛说腹中女听经》《金光明经》《菩萨戒本》《菩萨地持经》《佛说文陀竭王经》等经典。
[4] [唐]道宣编:《大唐内典录》,卷3(CBETA, T55, no. 2149, p. 256, a26–b1)。
[5] 北凉译的四十卷、十三品的《大般涅槃经》,世称北本涅槃经,南方则有慧严等依法显所译六卷《泥洹经》而再治之三十六卷、二十五品之《大般涅槃经》为南本涅槃经,当时的涅槃系经典影响了涅槃学的兴起以及北魏涅槃图像的产生。
[6] 僧祐撰:《出三藏记集》卷2:"阿毗昙毗婆沙六十卷(丁丑岁四月出至己卯岁七月讫),右一部,凡六十卷,晋安帝时,凉州沙门释道泰共西域沙门浮陀跋摩,于凉州城内苑闲豫宫寺译出,初出一百卷,寻值凉王大沮渠国乱亡,散失经文四十卷,所余六十卷传至京师。"(CBETA, T55, no. 2145, p. 11, b27–c5)。
[7] 张学荣、何静珍:《论凉州佛教及沮渠蒙逊的崇佛尊儒》,《敦煌研究》1994年第2期,第102页。
[8] [南朝梁]慧皎撰:《高僧传》卷三(CBETA, T50, no. 2059, p. 339, a20–25)。
[9] 董玉祥、杜斗城:《北凉佛教与河西诸石窟的关系》,《敦煌研究》1986年第1期,第95页。
[10] 《集神州三宝感通录》卷二(CBETA 2021.Q3, T52, no. 2106, pp. 417c27–418a26)。

图 5-3-1　天梯山石窟北凉壁画菩萨像

图 5-3-2　天梯山石窟外景

被尊为石窟鼻祖的武威天梯山石窟第1、4两窟最底层壁画的风格（图5-3），和永靖炳灵寺西秦时期的169窟风格类似（图5-4）。[1] 玉门昌马石窟的第4窟，酒泉文殊山石窟的千佛、万佛二洞，及肃南马蹄寺窟群中的金塔寺东窟和西窟（图5-5），千佛洞第1、2、4、8等窟。[2] 这些早期石窟有一共同特点就是以中心柱窟为主，其塑像或壁画与敦煌早期风格有许多类似。[3]

研究北凉佛教遗迹图像，还需参考有纪年的文物遗存，包括一批北凉石塔和敦煌吐鲁番出土的写经与石刻等文献。现存十四座北凉石塔（图5-6），其中七座有明确纪年。[4] 其出土地点皆分布于河西走廊几个重要的城市，包括武威一塔、酒泉六塔、敦煌五塔、吐鲁番二塔。[5] 石塔图像主要有七佛及弥勒，还刻有神王和易经八卦（图5-7），反映了中国传统文化与印度佛教文化的融合。[6] 特别值得注意的是石塔上刻经与写经之间的关系，这十四座石塔中，有七座石

---

[1] 张学荣:《武威天梯山石窟》，文物出版社，2000年。

[2] 暨远志:《武威天梯山早期石窟分期试论》，《敦煌研究》1997年第1期，第44—58页；暨远志:《张掖地区早期石窟分期试论》，《敦煌研究》1996年第4期，第27—40页；暨远志:《酒泉地区早期石窟分期试论》，《敦煌研究》1996年第1期，第59—75页。姚桂兰主编:《马蹄寺石窟》，甘肃人民美术出版社，2019年，第3页。董玉祥、杜斗城:《北凉佛教与河西诸石窟的关系》，《敦煌研究》1986年第1期，第95页。

[3] 董玉祥、杜斗城:《北凉佛教与河西诸石窟的关系》，《敦煌研究》1986年第1期，第94页。

[4] 崔中慧:《北凉石塔刻经与写经生》，载《丝绸之路研究集刊》第一辑，商务印书馆，2017年，第191—199页。

[5] 张宝玺:《北凉石塔艺术》，上海辞书出版社，2006年，第13—20页。

[6] 王惠民:《敦煌佛教与石窟营建》，甘肃教育出版社，2017年。

塔刻有《增壹阿含经·结禁品》，以及供养者的发愿文。日本学者桐谷征一指出此批石塔是现存石刻佛经的滥觞。[1]其刻经与北凉时期的官方写经生有密切关系，通过研究敦煌与吐鲁番有北凉纪年的写本残卷书法，这些相近年代而有地缘关系的文物，说明了北凉译场与北凉石塔刻经书法风格是典型的"北凉体"。[2]北凉石塔的书法除了和北凉官方写经有关系，也有粟特写经生参与。[3]

这些刻有佛经的北凉石塔一般只有40厘米高度（图5-8），但其中以岷州庙石塔体积最大，高度有93厘米。[4]岷州庙石塔是现存最早的双语刻经石塔，刻有汉文与婆罗米文字。[5]殷光明

图5-4　炳灵寺第169窟西秦佛像

图5-5-1　金塔寺北凉彩塑菩萨像

图5-5-2　金塔寺北凉泥塑飞天

---

[1] [日]桐谷征一：《中国における石刻经の滥觞——北凉石塔》，《东アジア仏教の诸问题：圣严博士古稀记念论集》，山喜房佛书林，2001年，第151—184、209页。

[2] 崔中慧：《北凉石塔刻经与写经生》，载《丝绸之路研究集刊》第1辑，商务印书馆，2017年，第191—199页。

[3] 崔中慧：《北凉白双且石塔及相关问题探讨》，第二届华梵佛教艺术会议论文，2020年。

[4] [清]李迪：《甘肃通志·金石志》卷三记载，此塔"为清雍正时，党河水暴发得之，同时又得石狮二，托塔天王石像一，四尺高，石佛二，今俱完好，存岷州庙"。

[5] 崔中慧：《敦煌岷州庙石塔》，2019第二十二届亚洲佛教艺术研习营，2019年。

图 5-6-1　承玄二年田弘石塔 　　　　　　　图 5-6-2　程段儿石塔

图 5-7-1　北凉石窟塔上的佛经、八卦、图像 　　图 5-7-2　北凉石窟塔上的刻经和图像

曾研究过这批石塔，认为岷州庙石塔刻于北凉沮渠牧犍时期（433—439）。[1]这也说明：5世纪上半期的河西地区是个多民族文化共存的多元社会。河西地区在汉代以来受到丝路东西交流而深植多元文化底蕴，[2]五胡十六国时期，敦煌、酒泉与凉州都是重要的佛教中心。前面提到，北凉相关的石窟与造像遗迹反映了北凉应有石窟营建的工匠团队，而北凉石塔又是刻经与图像结合的佛塔。我们可以推断，如果北凉石塔的制作和宫廷写经生有关，有可能早期写经坊的写经生或工匠也参与了石窟营建，例如壁画的图绘或于石窟壁上写经或在石窟壁面书写榜题等[3]。

图 5-8　高善穆石塔

五、北凉弥勒信仰的内涵

北凉的佛教主要是弥勒信仰，这可以从北凉有纪年的石塔、写经残片与相关石窟中观察得到。现存的北凉石塔，除了田弘石塔残缺，其余石塔均镌刻有弥勒菩萨。[4]现存有纪年西秦建弘元年（420）的炳灵寺第169窟，亦有一弥勒菩萨立像与一交脚弥勒菩萨。敦煌早期石窟的第275窟，正壁主尊是弥勒菩萨（图5-9），新疆克孜尔石窟有多个洞窟绘有弥勒菩萨。[5]同时，吐鲁番出土的写经残卷也有题记与弥勒信仰有关。

弥勒信仰的图像表现有三类，一类是弥勒菩萨上升兜率天；一类是描绘弥勒下生阎浮

---

[1] 殷光明：《北凉石塔研究》，觉风佛教艺术文化基金会，1999年，第91页。
[2] 《正史佛教资料类编》卷一："凉州自张轨后，世信佛教。敦煌地接西域，道俗交得其旧式，村坞相属，多有塔寺。"（CBETA, ZS01, no. 1, p. 6a10-11）
[3] 崔中慧：《佛教初期写经坊设置蠡测》，《台大佛学研究》第32期，第99—134页。
[4] 魏文斌：《麦积山石窟初期洞窟调查与研究》，甘肃教育出版社，2017年。
[5] 克孜尔石窟第17、38、92、173窟，库木吐拉石窟第14、43、46窟，克孜尔朵哈第14窟均绘有弥勒菩萨。

图 5-9 莫高窟第 275 窟主尊交脚弥勒菩萨像

提成佛时的弥勒净土；还有礼拜弥勒求决疑或求戒律。这可追溯到竺法护的佛经翻译，竺法护翻译的弥勒经典有二：T.349《弥勒菩萨所问本愿经》及T.453《佛说弥勒下生成佛经》。随后，于四至五世纪影响弥勒信仰与图像产生的经典包括有六部，又称弥勒菩萨六部经。[1]六部为：《佛说观弥勒菩萨上生兜率天经》，沮渠京声译；弥勒下生经，鸠摩罗什译；《弥勒来时经》，译者不详；《佛说弥勒下生成佛经》，竺法护译；《弥勒下生成佛经》，义净译；《弥勒大成佛经》，鸠摩罗什译。

北凉昙无谶所翻译的经典中有《优婆塞戒经》，在吐鲁番出土的佛经写卷中有一件427年的《优婆塞戒经》残片，其发愿文反映了祈愿未来、值遇弥勒：

> 岁在丁卯夏四月廿三日，河西王世子抚军将军录尚书事大且渠兴国，与诸优婆塞等五百余人，共于都城之内，请天竺法师昙摩谶，译此在家菩萨戒，至秋七月廿三日都讫，秦沙门道养笔受。愿此功德令国祚无穷，将来之世，值遇弥勒。[2]

弥勒信仰也与求受戒律有关，这与佛教僧团发展的实际需要有关系，当时由于汉地出家、在家众的授戒轨范还未完备，据《高僧传》记载，曾有凉州僧人智严，出家后持戒，积年禅观，但因为不能确定自己是否"得戒"，因此而泛海远赴印度想求证修行高僧，遇见道行很高的罗汉比丘。罗汉不敢判决，于是入定往兜率天宫求见弥勒，弥勒菩萨告诉他已"得戒"，于是智严才放心地步行返国，途中经过罽宾，无疾而化。[3]由此可知，弥勒信仰在当时除了信徒求生兜率天，同时与面见弥勒请教决疑是否已得戒有关。[4]

以上由僧人为了求请弥勒决疑而不畏艰难远赴天竺，以及译场之笔受道养在卷尾的发愿文等，都反映敦煌早期佛教主要以弥勒信仰为主。

六、鸠摩罗什译经与图像传播之开展

鸠摩罗什（344—413）出生于龟兹，佛教史上四大译师之一，三论宗之祖。于前秦建元二十年（384）被吕光、吕纂软禁在凉州17年。后秦弘始三年（401），姚兴攻灭后凉，请鸠摩罗什赴长安并尊其为国师。鸠摩罗什自402年起于西明阁和逍遥园开始译经，依据南朝

---

[1] 又称弥勒菩萨六部经。指叙述弥勒菩萨上生兜率天，及自兜率天下生阎浮提成佛时，其国土、时节、种族、出家、成道、转法轮等事之六部经典。皆收于大正藏第十四册。
[2] [日]井ノ口泰淳：《西域出土佛典の研究——〈西域考古图谱〉の汉文佛典》，京都：法藏馆，1980年。
[3] 《高僧传》卷三："严昔未出家时，尝受五戒有所亏犯。后入道受具足，常疑不得戒。每以为惧，积年禅观而不能自了，遂更泛海重到天竺咨诸明达，值罗汉比丘具以事问罗汉，不敢判决。乃为严入定往兜率宫咨弥勒，弥勒答云：得戒。严大喜，于是步归至罽宾，无疾而化，时年七十八。"（CBETA 2021.Q3, T50, no. 2059, p. 339c5-12）
[4] 李玉珉：《南北朝弥勒图像与信仰》，《故宫学术季刊》2012年第2期，第1—101页。

梁代僧祐《出三藏记集》记载，鸠摩罗什译经论共三十五部[1]，主要有《金刚经》《阿弥陀经》《坐禅三昧经》《法华经》《摩诃般若波罗蜜经》《维摩经》《大智度论》一百卷、《中论》等。

由于鸠摩罗什译文辞藻优美，词义通俗易懂，其译经对于佛教深入民间与教义图像化有很大影响，在他的译本出来之后，常见于造像与壁画的经典有《阿弥陀经》《坐禅三昧经》《妙法莲华经》《维摩诘经》《佛说弥勒大成佛经》等，尤其是《思惟略要法》成为当时重要的禅修指导。这些流传较广的佛经，也是十六国与北魏时期石窟禅观内容的主要根据。

以下选择早期三个主题简述如下：禅修、净土、法华，略见鸠摩罗什译经对石窟与图像兴起的影响。

（一）禅修与念佛三昧

禅修是早期佛教石窟的基本功能，敦煌莫高窟第268、272、275三窟被学界基本上认为是北朝最早的石窟[2]，为北凉三窟[3]。这三窟形制功能与内容风格各有不同，三窟的主尊也不同，设计与营建时间并非一次完成。[4] 由雕塑设计与石窟壁画及空间整体的设计，可以观察其工艺水平已达到某种程度的成熟，反映在此之前敦煌的佛教壁画与雕塑工艺已经有所发展。

第268窟是一个典型源于印度毗诃罗式禅修窟，南北壁各有两个小禅修窟（图5—10），南壁为第267、269窟，北壁为第270、271窟。第268窟所设计的小禅室，沿袭了印度佛教石窟建筑毗诃罗窟传统。这类石窟，许多是阿育王时期开始大兴佛教石窟寺院时，利用天然巨岩打造石窟寺供僧人修行使用。在印度西部德干高原马哈拉斯特拉地区，至今仍保存有一千余座僧人禅修的毗诃罗窟[5]，年代从前2—3世纪一直绵延至11世纪。例如，建于前2世纪的巴贾石窟、贝德萨石窟、卡尔拉石窟等，以及阿姜陀石窟均保存有这类禅修窟。（参见年表）佛教经由丝绸之路传播，中亚及新疆地区保存了大量的佛教石窟遗迹，如新疆的克孜尔石窟中就有早期的毗诃罗窟，以及库车苏巴什石窟第5窟，这些石窟的内容设计和

---

[1] 鸠摩罗什译经总数所载不一，《出三藏记集》中记载为35部，294卷；开元释教录则谓74部，384卷。
[2] 王惠民：《敦煌早期洞窟分期及存在的问题》，《石河子大学学报》（哲学社会科学版）2015年第6期，第5—7页。王惠民指出在石窟断代方面仍存在一些问题，例如第275窟，学界对于其断代也有新的推论，认为是北魏时期的。
[3] 敦煌研究院编：《莫高窟第266—275窟考古报告》，文物出版社，2011年。
[4] 赵声良：《敦煌北朝石窟形制诸问题》，《敦煌研究》2006年第5期，第1—15页。
[5] 印度佛教石窟依其性质与功能，可基本上区分为毗诃罗窟也就是僧房窟，与支提窟或称塔庙窟，窟内有供礼拜的佛塔。

布局与莫高第268窟类似。

以下简介早期几部禅修经典的传译，以及其与敦煌早期石窟的禅修和禅观的关系。

禅修有赖于经典传承与师承指导，自东汉以降即有安世高等传译禅修相关经典，之后有几位翻译佛经的高僧，陆续将禅观与禅修经典翻译为汉文。如：竺法护翻译的《修行地道经》；鸠摩罗什翻译的《坐禅三昧经》《禅秘要法经》《菩萨诃色欲法经》《禅法要解》《思惟略要法》等禅经；北凉时期沮渠京声翻译的《治禅病秘要法》；东晋佛陀跋陀罗翻译的《佛说观佛三昧海经》、刘宋昙摩蜜多翻译的《五门禅经要用法》，等等。

五世纪初，曾于敦煌传弘佛教与禅修的还有罽宾国译经禅僧昙摩蜜多（法秀，356—442），幼年出家，

图5-10 莫高窟北凉第268窟内景

有弘化佛法之志。他由龟兹到敦煌以及凉州，《高僧传》记载他在敦煌时"学徒济济，禅业甚盛"。[2] 刘宋元嘉元年（424）昙摩蜜多游方至蜀地、荆州长沙寺，后又至建业，住中兴寺、祇洹寺等。于祇洹寺译出《五门禅经要用法》[3]《观普贤菩萨行法经》《观虚空藏菩萨经》各一卷，[4] 以及已佚失的《禅法要》。旋赴鄮县建立塔寺，再返定林下寺，建定林上寺，并译出《禅秘要经》三卷。禅师出身罽宾，所译禅经在某种程度上反映了西北印度及西域一带

---

① 贺世哲：《敦煌图像研究》（十六国北朝卷），甘肃教育出版社，2006年，第10页。
② 昙摩蜜多（356—442）：意译法秀，迦湿弥罗国僧人，翻译佛经现存大正藏有六部，皆为短小，仅有一卷之经典。
③ 此《五门禅经要用法》也是大乘禅法之一，其中的不净观法也与弥勒信仰有关。《五门禅经要用法》："不净观法……行者志求大乘，若命终随意所欲生诸佛前。若不尔者，必生兜率天，得见弥勒，定无有疑也。"（CBETA 2021.Q3, T15, no. 619, p. 332c23–25）。
④ 《佛光大辞典》，北京图书馆出版社，1989年，第6237页。

的禅法面貌。例如《五门禅经要用法》:"若极其身者,当观白骨,亦可入初禅。行者志求大乘,若命终随意所欲生诸佛前。若不尔者,必生兜率天得见弥勒,定无有疑也。"由其所翻译之经典,可见敦煌早期石窟的禅观与弥勒信仰有关[1],而且此禅观也是大小乘通习之法。[2]

这些5世纪前从龟兹传入汉地的禅观经典,和来自盛行的部派佛教的西北印度的禅师传承有密切关系,其中西北印度新兴的"念佛三昧"禅法盛行于克孜尔石窟。那么,这些是如何反映在敦煌早期石窟的?[3]敦煌早期石窟的禅观念佛三昧法又是什么?根据学者的研究,当时的念佛三昧以"三世佛""本生""因缘""佛传"等围绕着释迦牟尼的故事为主,这是说一切有部修行的"念佛三昧"佛陀观。[4]石窟中的主尊弥勒,是禅观念佛时主要观行的对象。5世纪初有一部重要的《佛说观佛三昧海经》,是佛陀跋陀罗(梵语:Buddhabhadra,359—429年)所翻译,其中一段是关于念佛三昧与见弥勒,《佛说观佛三昧海经》卷十:

> 释迦牟尼佛身长丈六,放紫金光住行者前,弥勒世尊身长十六丈。如是诸佛各入普现色身三昧现其人前,令其行者心得欢喜,以欢喜故是诸化佛各申右手摩行者顶。见七佛已见于弥勒,见弥勒已,贤劫菩萨一一次第,逮及楼至,各放光明住行者前。时千菩萨各各赞叹念佛三昧,及为行者说诸菩萨性、说诸菩萨解脱、说诸菩萨慧,是名因观像心得念佛三昧。

而鸠摩罗什之《思惟略要法》也成为当时重要的禅修指导,是十六国与北魏时期石窟禅观内容的主要根据。如其陈述,观修次第依序为:观佛像(观佛之色身),生身观(观佛出生至涅槃),法身观(观佛本生事迹,其往昔之菩萨行),观十方佛。进行佛色身观、生身观乃至法身观,禅观的观行反映在石窟整体的布局,内容及结构次第严谨。鸠摩罗什等禅师所传禅修经典的影响,在石窟呈现的主题有:禅观、弥勒信仰、本生故事、佛传故事等。[5]

第272窟方形覆斗顶窟(图5-11),以表现三世佛观的设计,西壁主要是彩塑坐佛,南北两壁绘有两铺佛说法图,周围画有千佛,整体的图像设计具有观过去、现在、未来三世佛的含义。

---

[1] [东晋]佛陀跋陀罗译:《佛说观佛三昧海经》卷一〇(CBETA 2021.Q3, T15, no. 643, p. 693c13–21)。
[2] 释圣凯:《晋宋时代的禅经译出与禅法传播》,《闽南佛学》2009年第6辑。
[3] 赖鹏举:《敦煌石窟造像思想研究》,文物出版社,2009年,第15页。
[4] 于亮:《克孜尔石窟壁画题材研究》,南京艺术学院博士学位论文,2013年。
[5] 于向东:《莫高窟第275窟图像与禅观》,载韩丛耀编《中华图像文化史:佛教图像卷》(上),中国摄影出版社,2017年。

图 5-11　莫高窟第 272 窟内景

第 275 窟是一纵长方形盝顶窟（图 5-12），窟内正壁主尊为交脚弥勒菩萨，两侧彩绘胁侍菩萨、供养菩萨及飞天等。南北二壁分别有上中下三段，上层阙形龛内也有交脚弥勒菩萨，上层外侧各开一个圆拱形龛，内塑一思惟菩萨。南壁中层壁画绘有佛传故事的出游四门，北壁中层绘本生故事。[1]

第 275 窟南壁为佛传图像（图 5-13），与"生身观"有关；北壁本生图像则为"法身观"。观佛陀一生的传记是念佛三昧的"生身观"，佛传情节内容依南北传佛教经典而有不同。南传系统重视四相成道：诞生、成道、初转法轮、入涅槃。[2] 北传系统的佛传描绘除了八相成道还有更多细节，尤其是犍陀罗地区所见的石刻佛传情节丰富。

本生因缘故事绘画除了第 275 窟外，还多见于北魏石窟，例如第 254、257 窟。第 275 窟的本生故事包括：毗楞竭梨王身钉千钉求法、虔阇尼婆梨王剜身燃千灯求法、月光

---

[1] 董玉祥、杜斗城：《北凉佛教与河西诸石窟的关系》，《敦煌研究》1986 年第 1 期，第 90—98 页。
[2] 释慈怡《佛光大辞典》，北传系统关于佛传的经典有十余种，内容情节详细。例如，自东汉以来有竺大力、康孟详合译的《修行本起经》二卷等。南传佛教有关佛传之典籍有《律藏大品》《大般涅槃经》《本生经佛传》、《花鬘庄严事》，原文已佚，存缅甸译本。

图 5-12-1　莫高窟第 275 窟内景西壁 　　　　图 5-12-2　莫高窟第 275 窟内景

图 5-13　莫高窟第 275 窟南壁佛传画面

王施头、快目王施眼、尸毗王割肉救鸽等。这些故事有一共同经典来源，来自于445年前后凉州沙门慧觉等在高昌译出的《贤愚经》。[1] 从第275窟壁画主题与正壁弥勒菩萨所呈现的整体设计来看，体现了北凉至北魏盛行的弥勒信仰，也就是传自西北印度（犍陀罗）的"因观像心得念佛三昧"的内涵。

（二）弥勒与弥陀净土信仰

现存最早的有西秦建弘元年（420）的炳灵寺第169窟，壁画有一弥勒菩萨立像与一交脚弥勒菩萨。敦煌早期石窟的第275窟，主尊是弥勒菩萨。关于弥勒下生的经典虽然有竺法护翻译的《佛说弥勒下生成佛经》，但是弥勒下生净土图像直到鸠摩罗什译出的《佛说弥勒大成佛经》后，才开始出现弥勒净土经变图像石刻。现存一件最早的弥勒经变图像，是1954年出土于四川成都万佛寺的南朝浮雕弥勒经变，[2] 年代是南朝梁（502—557），其雕工细致且构图成熟。[3]

关于西方弥陀净土的经典与净土图像的产生，主要有曹魏天竺三藏康僧铠译《佛说无量寿经》[4]、鸠摩罗什译《佛说阿弥陀经》1卷、南朝宋畺良耶舍译《观无量寿经》。畺良耶舍是西域来的译经禅僧，三藏兼明，元嘉元年（424）赴建业，颇受文帝赞赏，并使居钟山道林精舍，译有《观无量寿经》一卷、《观药王药上二菩萨经》一卷。他翻译的《观无量寿经》对后世净土宗具有深远的影响，也是石窟净土经变描绘十六观所依据的经典。[5] 敦煌北魏石窟已出现了简单的西方净土图像[6]，在炳灵寺第169窟保存有纪年最早的西方三圣像（图5–14）。此外，炳灵寺第169窟也有维摩诘像壁画、法华二佛并坐像；敦煌北魏石窟的法华造像二佛并坐，以及学者推测为法华窟的第285窟。这些都说明鸠摩罗什大师翻译的佛经，是被一般大众更容易接受并理解的佛法，推动了佛教图像的普及化。

---

[1] 刘永增：《〈贤愚经〉的集成年代与敦煌莫高窟第275窟的开凿》，《敦煌研究》2001年第4期，第70—74页。刘永增根据经求及考古与文献资料推测《贤愚经》集经的年代应当是420年或435年。赵秀荣：《试论莫高窟275窟北壁故事画的佛经依据——附275窟等年代再探讨》，《敦煌研究》1991年第3期，第13—27、121页。赵秀荣根据275窟北壁本生故事的顺序，符合《贤愚经》的内容，推测此窟的年代应为北魏。

[2] 此于画史《历代名画记》卷八有记载。赵声良：《成都南朝浮雕弥勒经变与法华经变考论》，《敦煌研究》2001年第1期，第35页。

[3] 此浮雕于四川省成都市万佛寺遗址出土，现在收藏于四川省博物馆。

[4] 《佛光大辞典》，第5119页。本经之汉译本极多，古来即有"五存七缺"等十二种译本，亡佚本之一是同时代昙摩蜜多《观无量寿佛经》异译本1卷。

[5] 《佛光大辞典》，第6967页。南朝刘宋畺良耶舍译，又称观无量寿经、无量寿佛经、无量寿观经、十六观经，略称观经。

[6] 王惠民：《敦煌西方净土信仰资料与净土图像研究史》，《敦煌研究》2001年第3期，第19页。

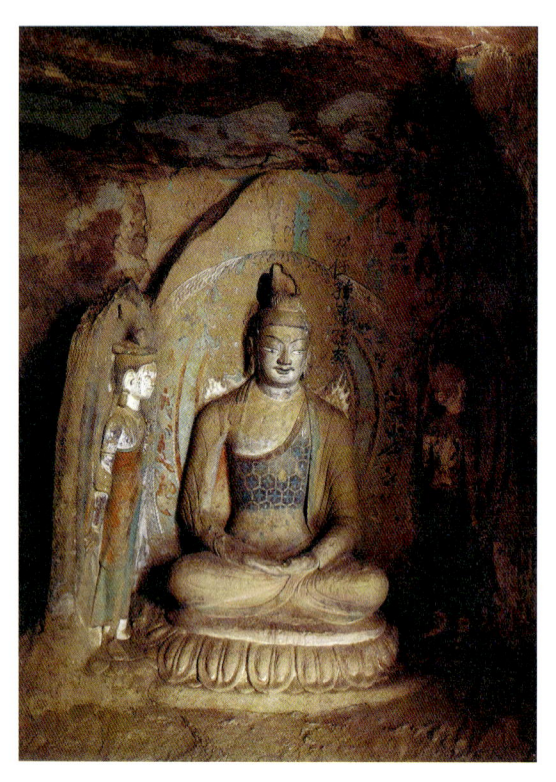

图 5-14 炳灵寺第 169 窟西方三圣像

(三)法华经与法华图像

法华经传入汉地最早的翻译是三国吴支谦节译的《佛以三车唤经》一卷,今已亡佚。现存完整的汉译本共有三种,按时代先后分别为:西晋竺法护译《正法华经》10 卷 27 品(T.263)、姚秦鸠摩罗什译《妙法莲华经》7 卷 28 品(T.262)、隋阇那崛多共笈多译《添品妙法莲华经》8 卷 27 品(T.264),其中以竺法护和鸠摩罗什本最受重视。

在迄今考古发现的佛典写本中,《法华经》的数量最多,达四十余种,主要来自尼泊尔、克什米尔、中国新疆和西藏等地。学者们多角度比较诸梵古写本,已基本确定该经大体以两个体系流传:一是吉尔吉特—尼泊尔写本系统,二是中亚写本(又称新疆写本或喀什写本)系统,而现存的汉译本恰与中亚写本同源。[1] 现存敦煌藏经洞出土的汉文佛经写卷中,以依据鸠摩罗什翻译的《妙法莲华经》版本抄写的遗存最多。

石窟图像中,早期表现法华核心义理图像是以释迦、多宝佛二佛并坐为题材,描绘法华经见宝塔品。在现存的石窟遗存中,甘肃永靖炳灵寺第 169 窟西秦石窟内的壁画和造像,共有三幅壁画和一铺造像[2],炳灵寺还保存有西秦建弘元年(420)的墨书题记(图 5-15)。此外,敦煌北魏石窟中大量出现法华二佛并坐题材(图 5-16)。这些法华题材还大量出现在云冈(图 5-17)、龙门(图 5-18)、麦积山(图 5-19)等石窟。这说明法华题材在 5 世纪初以后是石窟艺术流行的题材,[3] 也是受了鸠摩罗什大师翻译的法华经的影响。

---

[1] 朱庆之:《汉译佛经梵汉对比分析语料库》,http://ckc.eduhk.hk:8080/lotus/intro。
[2] 张宝玺:《〈法华经〉的翻译与释迦多宝佛造像》,《佛学研究》1994 年第 3 期,第 142—143 页。
[3] 张元林:《北朝—隋时期敦煌法华图像研究》,甘肃教育出版社,2017 年。

图 5-15　炳灵寺第 169 窟西秦建弘元年题记　　图 5-16　莫高窟北魏第 259 窟主尊二佛并坐像

图 5-17　云冈石窟第十二洞前室东壁下层二佛并坐像

附表　敦煌早期石窟与相关传教僧人及其他石窟历史年表（制表：崔中慧、宋佩怡）

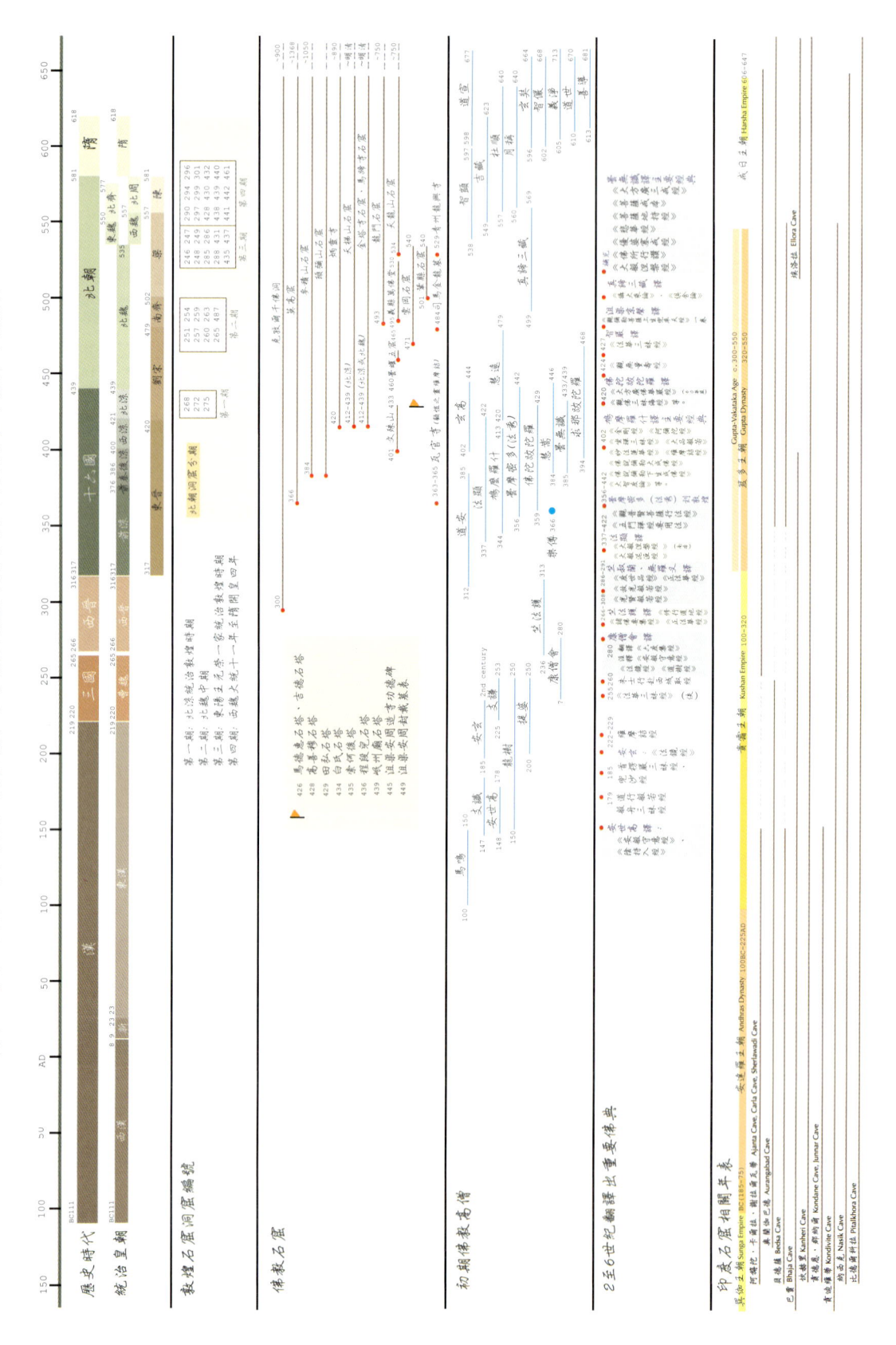

图 5-18 龙门石窟古阳洞北壁二佛并坐像

图 5-19-1 麦积山第 133 窟北朝造像碑

图 5-19-2 麦积山第 133 窟北朝造像碑上的二佛并坐像

第六章 十六国北朝和隋代洞窟导论

一、早期洞窟分期研究

原立于莫高窟第 332 窟前室南侧的《李克让修莫高窟佛龛碑》记载莫高窟第一个洞窟开凿于前秦建元二年（366），一般把隋代之前的敦煌石窟称为早期洞窟，莫高窟早期洞窟共有 36 个，西千佛洞也有 8 个早期洞窟（北魏：第 7、21、22 窟；西魏：第 9 窟；北周：第 8、11、12、13 窟）。学术界将早期洞窟分为 4 期，通常称十六国期、北魏期、西魏期、北周期，但在分期研究上，各期的分界与朝代更替略有区别，所谓北魏窟、西魏窟是以北魏后期孝文帝改革为分界的，准确地应该称元魏早期窟、元魏晚期窟。

有具体开凿年代的洞窟是分期研究的重要标尺，但纪年窟数量有限，如早期 36 个洞窟中，仅第 285 窟有西魏大统四年、五年（538、539）开窟纪年。学者更多地要按洞窟形制、画塑题材与风格、历史背景等具体资料进行分期研究，排列出各窟时代的大致前后，从而为进一步的研究工作提供较为准确的时代依据。

关于敦煌洞窟分期，夏鼐、宿白在 20 世纪五六十年代曾有提及。1951 年，夏鼐发表《漫谈敦煌千佛洞和考古学》一文，提出："除了要掌握客观的现实，注意现实中的联系性以外，我们自然还要用分析的方法去研究。好几个洞子有修洞年代的题记。我们可以根据这些年代确定的洞子作为标准，将每一时代的特点提出来。千佛洞一共有四百多洞窟，从西魏到元朝一千多年，代有兴筑。我们要用比较法，将没有纪年题记的洞子，也都归入一定的时代中去，然后分析每一时代的特征。譬如洞窟的构造，神龛的形制（即龛外傍柱及拱额的形式），藻井的装饰，塑像的题材、姿态、服饰及作风，宝座及背光，壁画的题材、布置、作风及所用的颜等，都可以作分析研究。然后再综合起来，由历史的观点，看他们嬗变的痕迹。"[1] 1962 年，宿白（图 6-1）在敦煌文物研究所作了《敦煌七讲》的学术报告，第二讲《石窟寺考古学简介》对洞窟分期研究提出了具体的方法[2]。

---

[1] 夏鼐：《漫谈敦煌千佛洞和考古学》，《文物参考资料》1951 年第 5 期，第 73 页。
[2] 未刊，此据敦煌文物研究所 1962 年油印本。

敦煌石窟自 366 年乐僔在莫高窟开窟至 1372 年,历时近一千年,敦煌石窟包括今莫高窟、榆林窟、东千佛洞、西千佛洞、五个庙等石窟,其中莫高窟就有窟龛 492 个,壁画 4 万多平方米,塑像 2000 多身。敦煌石窟按朝代可分为十六国(统治敦煌一带的是前凉、前秦、后凉、西凉、北凉)、北魏、西魏、北周、隋、唐、五代、宋、沙州回鹘、西夏、元等

图 6-1　1962 年宿白先生考察敦煌莫高窟

11 个时期。敦煌石窟分期主要按早期、隋代、唐前期、吐蕃、归义军、西夏等六个时期进行分期,到目前为止,除归义军时期(包括晚唐、五代、宋)的洞窟分期工作尚未开展外,其余五个时期都进行了分期(沙州回鹘洞窟大约可以与西夏洞窟合并进行分期,而元代洞窟数量很少,可不分期)。

宿白是敦煌早期洞窟分期的开创者,有多篇论文问世。1981 年,樊锦诗、马世长、关友惠发表《敦煌莫高窟北朝洞窟的分期》一文,对莫高窟早期洞窟进行了分期,此分期是目前被学术界广泛接受的一种观点。[1] 而后有两篇硕士学位论文涉及早期洞窟分期:李崇峰《敦煌莫高窟北朝晚期洞窟的分期与研究》、赵青兰《莫高窟中心塔柱窟的分期研究》(均为北京大学考古系 1987 年硕士毕业论文)。[2]

本节拟对几十年来的敦煌早期洞窟分期研究的成果与方法进行总结,分析敦煌早期洞窟分期研究存在的问题,冀有助于对敦煌早期洞窟作进一步的深入研究,并有助于整个敦煌石窟乃至全国石窟的分期研究。

(一)宿白的早期洞窟分期研究

宿白是中国石窟考古的开创者,对新疆石窟、河西石窟、云冈石窟、龙门石窟等石窟都进行过深入研究,主要成果汇集在文物出版社 1996 年出版的个人文集《中国石窟寺研究》一书中(图 6-2)。在敦煌石窟研究方面,他曾在 1951、1962、1965、1981 年到敦煌考察,

---

[1] 敦煌文物研究所编:《中国石窟·敦煌莫高窟》第一卷,文物出版社,1981 年。
[2] 敦煌研究院编:《敦煌研究文集·敦煌石窟考古篇》,甘肃民族出版社,2000 年。

图 6-2 《中国石窟寺研究》书影

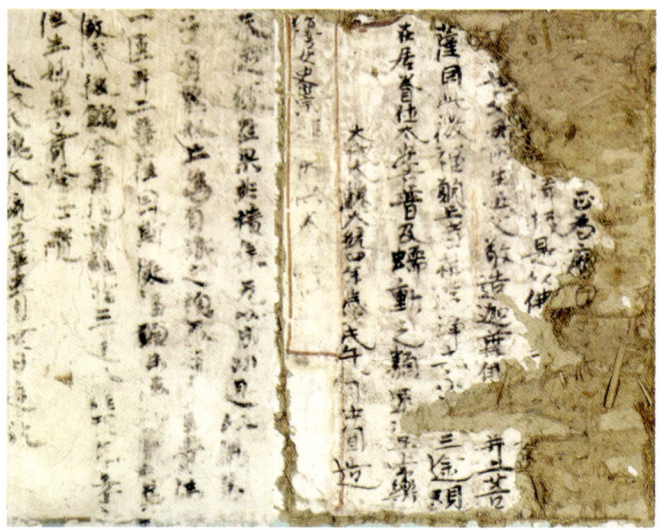

图 6-3-1 莫高窟第 285 窟大统纪年题记

图 6-3-2 莫高窟西魏第 285 窟主室

有多篇论文问世。1962年，他在敦煌文物研究所的讲演稿《敦煌七讲》也是在敦煌学界和佛教考古界广泛流传的一部未刊稿，文中以有大统纪年的第285窟为标准窟（图6-3），提出大统前、大统、大统后三期，并提出或可分作四期："如果是四期，那就必须在比大统洞早的那一期里，找出先后两种不同的组合，否则不能分两期。"宿白关于敦煌石窟分期的已刊论文主要有《参观敦煌第285号窟札记》《敦煌莫高窟早期洞窟杂考》《莫高窟现存早期洞窟的年代问题》三篇[1]。

宿白将莫高窟早期洞窟分为三期。1951年，宿白到敦煌考察，而后于1956年发表《参观敦煌第285号窟札记》，文分六节，第五节"从第285号窟说到敦煌魏洞的分期问题"中将早期洞窟分为三期。"可以将敦煌魏窟（包括北魏、西魏和北周）归纳为三期：和第285窟相近的各窟如上面所列的第263号、第249号、第248号、第288号四窟以及第431号窟等共约十一二窟，属于中期；早于285号窟的如第259号、第275号、第272号、第257号等六七个窟，属于早期；晚于第285号窟的如第432号、第428号、第296号共约十个窟，属于晚期。晚期的下限是隋初。中期的下限约在大统十二年（546）瓜州人张保率众在州起义前后。如果初、中期的分界，可以根据菩萨服饰改变为'褒衣博带'和统治者们戴上了'笼冠'这二点（当然不是凡是中期窟都如此），那么，从这样的衣着在北方是自北魏孝文帝太和十年（486）制定冕服制度左右才开始的这个事实来判定，就该在孝文帝太和十年左右了。至于初期的上限，我们估计大约和大同云冈第一期接近。"[2]此文列出十四五个洞窟，没有列出全部分期洞窟，如第三期洞窟是："晚于第285号窟的如第432号、第428号、第296号共约十个窟，属于晚期。"只列出3个洞窟，其余大部分第三期洞窟有哪些，没有交代。1978年发表的《敦煌莫高窟早期洞窟杂考》一文列出较多洞窟，1989年发表的《莫高窟现存早期洞窟的年代问题》一文将第268、272、275窟从他此前的第一期洞窟中单独列出，认为是最早一批洞窟（见表6-1）。

---

[1] 宿白《参观敦煌第285号窟札记》《敦煌莫高窟早期洞窟杂考》《莫高窟现存早期洞窟的年代问题》此三文分别发表在《文物参考资料》1956年第2期、《大公报在港复刊三十周年纪念文集》上册（1978年）、香港中文大学《中国文化研究所学报》第20卷（1989年），均收录在宿白《中国石窟寺研究》中，文物出版社，1996年。引者按：文集将《参观敦煌第285号窟札记》在目录中名《参观敦煌莫高窟第285号窟札记》，正文标题《参观敦煌莫高窟第285号窟札记》。

[2] 宿白：《从第285号窟说到敦煌魏洞的分期问题》，《文物参考资料》1956年第2期。另见宿白：《中国石窟寺研究》，文物出版社，1996年，第212页。

续表

表 6-1 宿白关于敦煌早期洞窟分期

	1956 年《札记》	1978 年《杂考》	1989 年《年代问题》
第一期	272、275、257、259 窟。	251、254、257、259、268、272、275 窟。	268、272、275 窟。
第二期	248、249、263、285、286、287、288、431 窟。	246、249、263、265、285、431、432、435、437 窟。	
第三期	296、428、432 窟。	290、294、296、299、301、428、430、438—442 窟。	

注：莫高窟第 432 窟为中心塔柱窟，现存表层壁画为宋代重绘，中心柱上的雕刻为早期原作。宿白始在《札记》中将第 432 窟列入第三期窟，但后来在《杂考》中列入第二期窟。

关于最早的一组洞窟的年代上限，宿白自己有不同的观点。在前揭 1956 年发表的《参观敦煌第 285 号窟札记》中提出："至于初期的上限，我们估计大约和大同云冈第一期接近。"三十年后，他又往后推至云冈第二期。

1989 年，宿白发表《莫高窟现存早期洞窟的年代问题》（这里的"早期洞窟"是指莫高窟最早的一组洞窟），承认《敦煌莫高窟北朝洞窟的分期》一文提出的第 268、272、275 窟为最早一组洞窟，但在时代上却将这组洞窟从前述云冈第一期往后推至云冈第二期："莫高窟这组现存最早洞窟的许多特征都和云冈第二期石窟相似。""云冈中部和东部的主要石窟，主要即第 7、8 窟，第 9、10 窟，第 11、12、13 窟，第 1、2 窟，第 3 窟，属第二期，年代约在北魏孝文帝都于平城的时期，即 471—494 年。""莫高窟这组现存最早洞窟可以和云冈相比的，不是云冈第一期窟，最早只能对比到第二期的第 7、8 窟；比较合适的应是第二期的第 9、10 窟和第 11、12、13 窟，即云冈中部偏西俗称'五花洞'的五个洞窟。""莫高窟现存这组最早洞窟年代的上下限是：从接近太和八年（484）和太和十一年（487）起，至太和十八年（494）迁洛阳以后不久。"[1] 这样的话，距离前秦建元二年（366）乐僔建窟已约 120 年了。宿白的分期没有列出全部窟号，上述文章只能认为是他对敦煌石窟分期研究的初步构想，一些结论也是前后有所区别，如前述关于第一期洞窟的年代。

莫高窟第一、二期洞窟有一些因素与云冈石窟相似，宿白在《莫高窟现存早期洞窟的年代问题》中提出："如何判断谁影响谁呢？就要考虑双方的历史背景……平城、敦煌两地

---

[1] 香港中文大学：《中国文化研究所学报》第二十卷，1989 年。另见宿白：《中国石窟寺研究》，文物出版社，1996 年，第 271、274、277 页。

在石窟方面的相似或接近，我们认为只能是云冈影响了莫高，即都城影响了地方，而不可能是相反……既然可以判断施以影响的是云冈，那么，即可根据云冈有关石窟的年代推测莫高窟这组现存早期洞窟的具体年代了。"[1]

（二）樊锦诗等学者的早期洞窟分期研究

1957—1959年，中国古典艺术出版社出版了一套敦煌文物研究所编撰的敦煌艺术分类画册，计划出版包括敦煌建筑（1.孙儒僩，因作者1957年被打成右派，未出版）、敦煌彩塑（2.孙纪元，1958年）、敦煌图案（3.欧阳琳，1957年）、榆林窟（4.段文杰，1957年）、北魏（5.李承仙，1958年，实际上内容分为北魏、西魏）、隋（6.霍熙亮，1958年）、初唐（7.署名敦煌文物研究所[2]，1958年）、盛唐（8.署名敦煌文物研究所，1959年）、中唐（9.署名敦煌文物研究所，1958年）、晚唐（10.署名敦煌文物研究所，1958年）、五代（11.李承仙，1959年）、宋（12.冯仲年，1958年）、西夏元（13.万庚育，1958年）共13个专题。第一册因故没有出版，一共出版12册，共刊布壁画和塑像图版270余幅，发表论文约5万字，较为全面地介绍了敦煌石窟艺术，代表了当时敦煌文物研究所的学术水平。李承仙在北魏分册的简介《敦煌北魏的壁画》一文中指出："第1图是第257窟（引者按：系第275窟之误）可能修建于前秦时代的壁画，作风古朴。"则提出第275窟为十六国洞窟之观点。由于第285窟有西魏大统四年、大统五年（538、539）纪年，这套丛书在论及该窟时都定为西魏窟（图6-4）。孙纪元在彩塑分册的简介中提出敦煌石窟可能存在北周洞窟："隋代享祚极短，而造像特多，风格也极不一致，其中可能有北周作品在

图6-4 莫高窟第285窟北壁上部西魏风格说法图一铺

---

[1] 香港中文大学：《中国文化研究所学报》第二十卷，1989年。另见宿白：《中国石窟寺研究》，文物出版社，1996年，第275页。
[2] 初唐分册、盛唐分册、中唐分册、晚唐分册的作者在出版时署敦煌文物研究所，经向关友惠、孙儒僩等先生咨询，得知作者分别是李其琼、史苇湘、李其琼、关友惠，当时因政治运动牵连，没有署名。

图 6-5　现藏于美国克林富兰艺术博物馆的北凉石塔

图 6-6　莫高窟北凉第 275 窟菩萨像

内。"从这套丛书的书名、内容看,早在 20 世纪 50 年代末,敦煌文物研究所的学者已经将敦煌石窟分为十六国、北魏、西魏、北周、隋、初唐、盛唐、中唐、晚唐、五代、宋、西夏、元十三个时期。

1981 年,樊锦诗、马世长、关友惠发表《敦煌莫高窟北朝洞窟的分期》,将早期 36 个洞窟分为四期,在学术界影响很大,我们进行重点介绍。

1. 第一期

有 3 个洞窟:第 268、272、275 窟。

这一期三个洞窟的窟形、画塑题材都不一样,具有初创时期的特点,学者一致认为这一组洞窟是莫高窟最早的洞窟,但具体时代则有较大差别,有的认为是北凉时期,有的认为是北魏时期。在洞窟本身没有具体年代、洞窟以外没有太多可以参照的资料等情况下,上述观点具有很大的推测性。此三窟与西秦建弘元年(420)前后建造的炳灵寺第 169 窟及在今吐鲁番、敦煌、酒泉、武威等地发现的 14 座北凉石塔相比(图 6-5),既有相似性,也存在着许多区别。由于北凉时期佛教兴盛,《敦煌莫高窟北朝洞窟的分期》一文将此三窟比定为北凉时期开凿,习称"北凉三窟"(确切的提法应该是"第一期窟")(图 6-6)。

对于第一期，宿白的分期和樊锦诗等的分期相差约50年，《莫高窟第266—275窟考古报告》一书主要是第一期窟的考古报告，文字记录完整，图版清晰，为进一步研究提供了完整的资料。该书第七章《结语》中指出早期三窟的年代主要有北魏说、北凉说、西凉说："第268、272、275三窟，尽管具备一系列共同特征，大体归属同期，它们之间的差异也是难以忽略的，甚至一窟之中呈现不同的面貌，某些因素已经导致对年代早晚的不同判断，至少没有充分理由断定三个洞窟是一次完成的。因此，对于第一期时代的认识，在学术上的复杂性显而易见，以上三种说法的主要论述中都还没有触及相关的问题。"[1]

图6-7　莫高窟第251窟中心塔柱

2.第二期

有8个洞窟。以分期序列排列的第二期洞窟是第259、254、251（图6-7）、257、263、260窟共6个洞窟。另外，始建年代在第二期，但后代重修的洞窟有第487窟（禅窟）、265窟（中心塔柱窟），这两个洞窟可供分期的因素不多，但洞窟形制、少量现存因素与第二期窟一致。

图6-8　莫高窟第259窟主室

---

[1] 敦煌研究院编：《敦煌石窟全集》第一卷《莫高窟第266、268、272、275窟》，文物出版社，2006年，第254页。

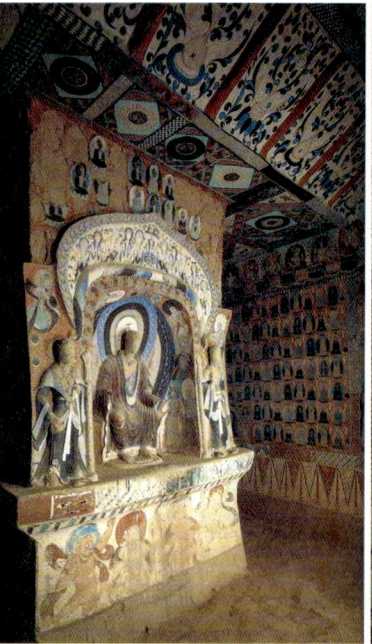

图 6-9　莫高窟第 288 窟窟形及壁画　　　　　　　　　图 6-10　莫高窟第 249 窟主室

第二期窟最大的特点是除第 487 窟为禅窟外，其余 7 个洞窟均为中心塔柱窟（第 259 窟正壁为半个中心塔柱，为异形中心塔柱窟）(图 6-8)。

第二期洞窟无具体年代，《敦煌莫高窟北朝洞窟的分期》一文推定的年代是："相当于北魏中期，大约在 465 至 500 年。"习称"北魏窟"，但北魏结束于 534 年，既然这组洞窟开凿于 5 世纪下半叶，则更准确的应该称之为北魏中期窟或元魏早期窟。

3. 第三期

有 10 个洞窟。即第 437、435、431、248、288(图 6-9)、249(图 10)、285 窟，另外还有塑像不存、表层为宋代壁画的第 246 窟，还包括附属于第 246 窟的 247 窟、附属于第 285 窟的 286 窟，此二个小龛均为人字披顶，平面方形。在这 10 个洞窟中，有 9 个洞窟与宿白第二期相同，只有第 247 窟宿白未提及。宿白还认为第 263、265、432 窟为第二期（相当于樊锦诗等《敦煌莫高窟北朝洞窟的分期》的第三期），而《敦煌莫高窟北朝洞窟的分期》将第 263、265 窟归于第二期，第 432 窟归于第四期。

石窟分期上，第三期窟的下限不按 534 年北魏分裂为标志，而是按敦煌实际历史发展为界标，《敦煌莫高窟北朝洞窟的分期》的下限是 545 年前后，前揭宿白《参观敦煌第 285 号窟札记》也认为："中期的下限约在大统十二年（546）瓜州人张保率众在州起义前后。"

龙门石窟在这一时期开窟甚多，北魏造像碑也遗存很多，值得比较研究。但敦煌第三期洞窟题材的丰富性、风格的多样性是其他石窟、造像碑无法比拟的。

4. 第四期

有 15 个洞窟。即第 432、461（图 6-11）、438、439、440、441、428、430、290（图 6-12）、442、294、296、297、299、301 窟。宿白《敦煌莫高窟早期洞窟杂考》列出的第三期 12 个洞窟全部在内（但没有第 297 窟、位于北区的第 461 窟；另外，第 432 窟列入第二期）。由此可见，宿白的第二、三期与《敦煌莫高窟北朝洞窟的分期》的第三、四期高度一致。

宿白将早期洞窟分为三期，后来又从第一期中单独列出第 268、272、275 窟作为最早一组洞窟加以研究，则可以认为第一期剩余的洞窟为稍晚的一组洞窟。这样，宿白实际上将早期洞窟分为四期，在洞窟号上与《敦煌莫高窟北朝洞窟的分期》高度一致，这也说明二家分期研究的结论基本是一致的。

表 6-2　宿白分期、樊锦诗等早期洞窟分期对照表

宿白		樊锦诗等		备注
第一期A	268、272、275 窟。共 3 窟。	第一期	268、272、275 窟。共 3 窟。	
第一期B	251、254、257、259 窟。共 4 窟。	第二期	251、254、257、259、260、263、265、487 窟。共 8 窟。	宿白将 263、265 窟归于宿氏第二期，缺 260、487 窟。
第二期	246、248、249、263、265、285、286、287、288、431、432、435、437 窟。共 13 窟。	第三期	246、247、248、249、285、286、288、431、435、437 窟。共 10 窟。	宿白缺 247 窟，多 263、265、287 窟。樊锦诗等将 263、265 窟归于第二期，缺 287 窟。
第三期	290、294、296、299、301、428、430、438、439、440、441、442 窟。共 12 窟。	第四期	290、294、296、297、299、301、428、430、432、438、439、440、441、442、461 窟。共 15 窟。	宿白缺 297、461 窟，余同。宿白将 432 窟或列入宿氏二期或列入宿氏三期，此暂从宿氏二期。

（三）早期洞窟分期研究方法

敦煌莫高窟早期 36 个洞窟中，只有第 285 窟有具体纪年，其余洞窟的年代需要通过对洞窟内的绘塑题材与风格、洞窟以外的佛教造像、敦煌历史等多种资料来进行分析，排列出大致前后序列。《敦煌莫高窟北朝洞窟的分期》将洞窟分为四个时期，资料调查工作做得相当仔细，从洞窟形制、画塑题材、艺术风格等多方面进行排序，所得的结论基本上都成立，是敦煌石窟分期研究中做得最好的一例，堪为经典之作。在宿白系列论文和《敦煌莫高窟北朝洞窟的分期》一文的基础上，我们将石窟分期研究的方法归纳为以下几点：

图 6-11　莫高窟第 461 窟西壁（左）及窟顶壁画（右）

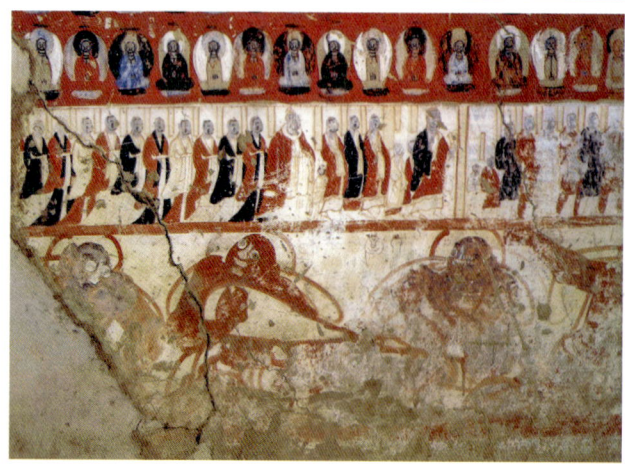

图 6-12　莫高窟第 290 窟窟形及壁画

1. 立足分期洞窟，完整收集资料，进行分类排比

《敦煌莫高窟北朝洞窟的分期》一文指出："我们探讨这批北朝洞窟的分期，是通过对洞窟的形制、塑像、壁画、装饰图案等项进行分类排比，从中分析它们各自在内容和表现形式上的差异、变化，以及它们之间的共存关系，以探求其发展和演变的过程。"遗憾的是，此文只是分期研究的纲要和结论，我们没有见到塑像、壁画、装饰图案等项的分类排列表。资料排列是石窟分期的核心，这些资料应该完整发表。

2. 收集分期洞窟之外的相关资料，进行比较，提高分期的可靠程度

《敦煌莫高窟北朝洞窟的分期》一文指出："为了判定第一期石窟的时代，显然还需要将本期洞窟的若干特点去和已知有较明确年代的材料进行比较，例如和云冈石窟的第一期作比较，同时也和炳灵寺、新疆等地文物对照比较。"在第一期洞窟分期中，在窟形、塑像风格、飞天形象等方面与云冈石窟早期洞窟同类题材进行了比较；在供养人服饰方面与炳灵寺建弘元年（420）前后、北凉石塔、新疆墓葬中承平十三年（455）沮渠封戴墓的供养人服饰进行了比较。遗憾的是，这一必须要做的工作在后面北朝三期洞窟分期中被忽略，后面三期完全没有与莫高窟以外的相关资料进行比较[1]，即没有注意到与河西诸石窟、中原地区石窟以及敦煌市博物馆、酒泉市博物馆、甘肃省博物馆收藏的单体造像和造像碑中的北朝造像等资料进行比较。

宿白在这方面则有分析，如他在1978年发表的《敦煌莫高窟早期洞窟杂考》一文在论及北周窟时就把敦煌石窟与响堂山石窟、麦积山石窟进行比较："莫高窟原定的后期魏窟如第428、430、438、442等窟和原定早于第302窟、305窟的隋窟如第290、294、296、299、301等窟，造像头大身短，面部方圆而平，与其前的清瘦体态迥然有别，褒衣博带式的服饰也逐渐消失，取代的是多层次的衣摆宽大的大衣，这种佛像在中原，无论河北的响堂和甘肃的麦积，都属于齐、周时期的作品，因而，有理由怀疑上述诸窟是北周窟。"[2]

敦煌以外的十六国至北周期间的佛教石窟、造像碑、单尊像很多，尽可能多地收集这些资料，比较与敦煌早期洞窟的异同并分析其原因，是需要重视的一个研究方法。特别是位于河西走廊的武威地区天梯山石窟（现存18窟），张掖地区金塔寺石窟（现存2窟）、下观音洞（现存1窟）、马蹄寺千佛洞（现存北朝5窟）、童子坝石窟（现存3窟），酒泉地区

---

[1] 后面三期唯一与分期洞窟之外进行比较的是：第三期285窟女供养人像服饰与顾恺之（348—409）《洛神赋图》的女神服饰进行比较。而285窟建于538年，时间跨度有150年左右，世俗服饰与女神服饰是否可以比较也值得再思考。

[2] 宿白：《敦煌莫高窟北朝洞窟的分期》，载《大公报在港复刊三十周年纪念文集》上册，1978年。另见宿白：《中国石窟寺研究》，文物出版社，1996年，第219页。

文殊山石窟（北朝洞窟10余窟）、昌马石窟（现存11窟）等石窟，存在大量十六国、北朝时期石窟。敦煌早期洞窟分期研究没有将敦煌石窟与其他北朝石窟，特别是河西石窟进行比较研究，这是很大的缺陷。

3.洞窟的分布是分期的一个参考

莫高窟开窟一般从崖面中部向两侧延伸，某期洞窟左右可能是上一期洞窟。如《敦煌莫高窟北朝洞窟的分期》一文在分析第四期时指出："就洞窟位置看，许多第四期洞窟同第三期洞窟比邻，第四期的第294、296、297、299、301诸窟，与开皇纪年洞第302、305窟南北连接。"云冈石窟更加规整，早期窟为相连的"昙曜五窟"（16—20窟）；第二期主要是1—3窟，5—13窟；第三期主要是4、14、15窟[1]。

莫高窟是否存有十六国时期洞窟，是学者非常感兴趣的一个议题，由于资料匮乏，目前只有一些推论。但学术界公认268—275窟这一组洞窟为敦煌最早的洞窟，从崖面分布看，这组洞窟正位于崖面的中央地段，向南是第二期、第三期洞窟，向北崖面有一个地震造成的大缺口，紧邻275窟北侧的是456窟，底层露出隋或北周千佛画。最新对早期三窟进行了碳十四测定，年代约在430—540年之间，其中268窟窟顶西侧裂缝地仗草屑（BA05583）年代最早，可能是330—440年之间。[2] 由此推测，268窟为乐僔、法良窟的可能性是存在的，268—275窟为十六国时期洞窟也是有可能的。贺世哲考察268窟时发现该窟包括三层，外表为隋画，中间是北凉画，最底层是素壁，他推测："这一组专供禅僧坐禅修行的洞窟有一段时间仅涂成白色的素壁，没有绘画，其时代可能正与乐僔、法良的时代相当。他们都是从东边来的禅僧，编为第267至271号的洞窟，或许就是他们哪一位当年用过的禅窟。"[3]

4.历史资料是石窟研究的重要参考

早期36个洞窟中，虽然只有285窟有具体纪年，但还有一些洞窟的年代可以根据历史资料来判定，如北周瓜州刺史李贤（562—564年，任瓜州刺史）、北周瓜州刺史建平公于义（565—576年任瓜州刺史）在莫高窟都有开窟资料可循，他们当瓜州刺史的时间也大致可考，目前一般把他们的功德窟比定为290窟、428窟。[4]

---

[1] 宿白：《云冈石窟分期试论》，《考古学报》1978年第1期，第27—37页。另见宿白：《中国石窟与研究》，文物出版社，1996年，第76—88页。

[2] 敦煌研究院编：《敦煌石窟全集》第一卷《本卷洞窟碳十四年代测定报告》，文物出版社，2011年，第338—339页。

[3] 贺世哲：《从供养人题记看莫高窟部分洞窟的营建年代》，载敦煌研究院编《敦煌莫高窟供养人题记》，文物出版社，1986年，第197页。

[4] 贺世哲：《从供养人题记看莫高窟部分洞窟的营建年代》，载敦煌文物研究所《敦煌莫高窟供养人题记》，文物出版社，1986年，第199页。

另外，一些壁画题材对判定洞窟年代也有参考价值，如有学者认为275窟北壁本生故事画的排列次序与《贤愚经》颇为一致，而《贤愚经》译于445年，时值北魏，所以275窟可能是北魏窟。[1]

5. 莫高窟石窟分期应扩展为敦煌石窟分期

早期分期的范围仅限莫高窟洞窟，实际上，敦煌石窟群包括莫高窟周边的西千佛洞、东千佛洞、榆林窟、五个庙石窟等，其中西千佛洞、五个庙石窟有若干北朝石窟，应该合并分期。数量上的增加可以使分期更加准确，遗憾的是，在早期洞窟、隋代洞窟、唐前期洞窟、吐蕃洞窟分期中均未涉及莫高窟以外的洞窟。

五个庙石窟现在已经编号的6个洞窟都始建于北周。[2] 西千佛洞22个洞窟中，有8个洞窟属于北朝时期，占三分之一：第9窟为西魏窟，第7、21、22窟为北魏窟（21、22窟在南湖店），第8、11、12、13窟为北周窟[3]。

6. 单一题材不能用于分期

并不是所有洞窟资料都可以用来排年，只有达到一定数量的同类才可以用来分期，如431窟中心柱南面上层龛两侧绘乘象入胎、逾城出家（图6-13[4]），在早期洞窟中仅此一处，在题材上是无法归类排年的。《敦煌莫高窟北朝洞窟的分期》把431窟归于第三期，但在叙述第二期时误将这一题材列入第二期，也未说明原因。

图6-13 莫高窟第431窟中心柱南向面上层龛两侧故事画

---

[1] 赵秀荣：《试论莫高窟第275窟北壁故事画的佛经依据——附275窟等年代再探讨》，《敦煌研究》1991年第3期，第13—27页。按：方广锠、杜斗城、刘永增等学者都认为该经译于435年，而非传统的445年，也就是北凉晚期了。诸家观点参见贺世哲《敦煌图像研究》的评述，甘肃教育出版社，2006年，第38—39页。
[2] 王惠民：《肃北五个庙石窟内容总录》，《敦煌研究》1994年第1期，第30—33页。
[3] 霍熙亮：《榆林窟、西千佛洞内容总录》，载《中国石窟·安西榆林窟》，文物出版社，1997年，第264—268页。
[4] 此图像已有学者提出新的解读，参见马兆民：《莫高窟第431窟中的"乾基罗"和"茂持罗"——乾基罗、茂持罗与乘象入胎、夜半逾城图像的对比分析研究》，《敦煌研究》2018年第4期，第58—66页。

7.艺术风格是石窟分期的重要参考

不同时代有不同的艺术风格，各时代石窟的艺术风格特征、来源、演变是石窟分期的重要参考。另外，通过石窟分期可以加深对石窟艺术时代风格的理解。

敦煌石窟早期艺术的来源存在"东来说""西来说"等观点。北凉时期河西地区佛教兴盛，石窟也有开凿，敦煌早期石窟中存在与云冈类似的因素，就有两种可能：第一如宿白所言，来自云冈的影响；第二可能就是北凉佛教艺术，敦煌早期石窟或许有北凉石窟，《敦煌莫高窟北朝洞窟的分期》即持后一观点。

石窟分期研究除需要具备考古学知识外，还涉及史学、宗教、美术、摄影、测绘等多个领域，工作量大，往往要依靠强大的团队力量来进行，这是石窟考古的难点。在具体工作过程中，由于石窟考古所包含的信息量比较大，只有在掌握大量资料基础上才能得出较符合客观事实的结论，稍有不慎，结论大不一样。比如，在北凉石塔与早期三窟的关系研究上，虽论者甚多，但至今仍无法得出令人信服的结论。

本文主要考察了敦煌早期洞窟的分期研究，这些研究主要集中在20世纪七八十年代。这之后，早期洞窟分期研究主要集中在早期三窟年代研究，而没有进一步展开对全部早期洞窟进行深入和拓展性的研究。由此可见，敦煌早期洞窟分期研究尚处于筚路蓝缕阶段，在资料上、方法上还有待进一步完善、加强。

二、隋代洞窟研究导论

隋文帝在尼寺里长大，自幼深受佛教思想的熏陶，建立隋朝后，便下诏弘佛，《隋书》卷三二《经籍志》记载："开皇元年，高祖普诏天下，任听出家，仍令计口出钱，营造经像。而京师及并州、相州、洛州等诸大都邑之处，并官写《一切经》，置于寺内；而又别写，藏于秘阁。天下之人，从风而靡，竞相景慕，民间佛经多于六经数十百倍。"

敦煌是隋代经营西域的重要一站，《隋书》卷六七《裴矩传》记载裴矩撰《西域图记》三卷，记录四十四国风土人情，《西域图记》今失传，《裴矩传》收录《西域图记》"序"，云前往西域的道路是："发自敦煌，至于西海，凡为三道，各有襟带……总凑敦煌，是其咽喉之地。"

在此历史与佛教背景之下，敦煌莫高窟、西千佛洞在隋代新建洞窟甚多，现存约110个，是中国隋时期佛教造像最多、最集中的一处石窟。

（一）隋代敦煌佛教

1.隋代写经

唐代道世《法苑珠林》卷一百将隋代佛教总结为：

隋高祖文皇帝。开皇三年，周朝废寺咸乃兴立之。名山之下各为立寺。一百余州立舍利塔。度僧尼二十三万人，立寺三千七百九十二所，写经四十六藏一十三万二千八十六卷，修故经三千八百五十三部，造像十万六千五百八十区，自余别造，不可具知之矣。

隋炀帝。为孝文皇帝、献皇后长安造二禅定并二木塔，并立别寺一十所，官供十年。修故经六百一十二藏二万九千一百七十二部，治故像十万一千区，造新像三千八百五十区，度僧六千二百人。

右隋代二君四十七年（王惠民按：法琳《辩正论》卷三、道宣《释迦方志》卷下均作"三十七年"，是）。寺有三千九百八十五所，度僧尼二十三万六千二百人，译经八十二部。

虽然上述统计数字不可信，如记载隋文帝"修故经三千八百五十三部"，而隋炀帝"修故经六百一十二藏二万九千一百七十二部"，数量悬殊；又如统计隋文帝时写经四十六藏，却没有统计隋炀帝时写经数量，但隋代智顗一人就写经十五藏，推测隋文帝一朝写经不止四十六藏）。这些情况多少反映了隋代佛教之盛。

敦煌藏经洞写经多数是敦煌本土信徒的供养经，隋代写经也不例外，比较著名的当地写经可举大业四年（608）敦煌郡大黄府旅帅王海为亡母写《涅槃经》《法华经》《方广经》三部为例，现存《涅槃经》卷八（P.2205）、卷三三（P.2117）和《法华经》卷三（S.2914），其中2件《涅槃经》写经题记基本相同，P.2205尾题（图6-14）："大业四年四月十五日，

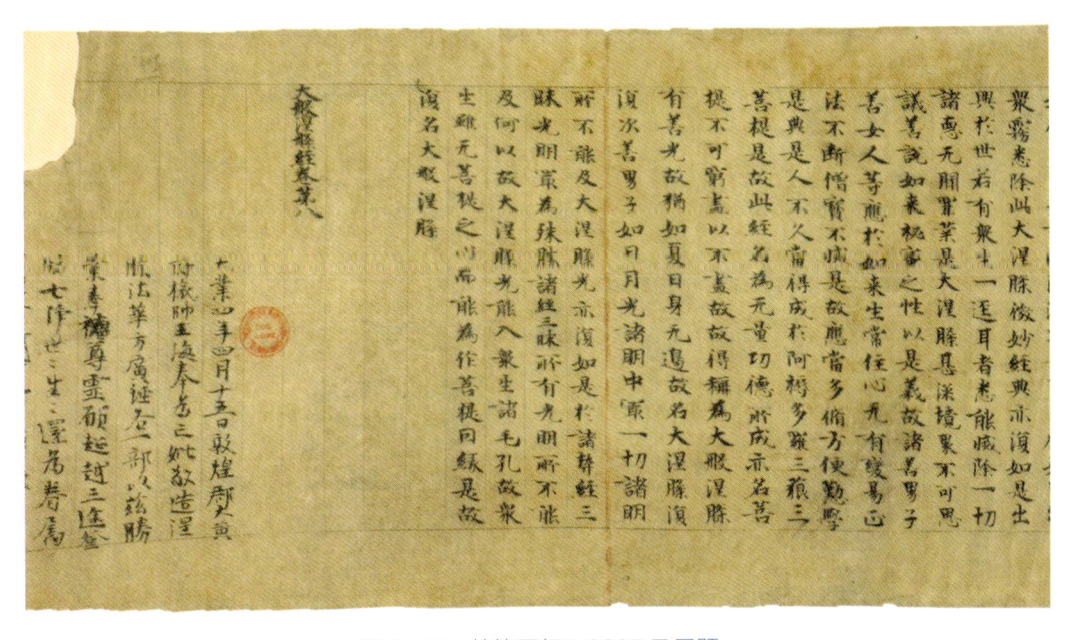

图6-14　敦煌写经P.2205及尾题

敦煌郡大黄府旅帅王海，奉为亡妣敬造《涅槃》《法华》《方广》经（P.2117无'经'字）各一部，以兹胜善，奉福尊灵，仰愿超越三途，登临七净，世世生生，还为眷属，六道含识，皆沾愿海。"也有少量写经是从中原等地流入的，甚至有宫廷写经。

瓜州崇教寺善藏写经。S.2048《摄论章》尾题："仁寿元年八月廿八日，瓜州崇教寺沙弥善藏在京辩才寺写《摄论疏》，流通末代。《摄论章》卷第一。比字校竟。"善藏在大业二年（606）还为亡母写过一部《大般涅槃经》，现存卷十二、卷十六。卷十二见于日本国会图书馆（分类号为WB.32-14），题记："大隋大业二年岁次丙寅，比丘释善藏奉为亡妣张夫人敬造。"卷十六见于S.2598，题记："维大隋大业二年岁次丙寅，比丘释善藏奉为亡妣张夫人敬造此经，流通供养。伏维霜露之感，凄怆莫追；蓼莪之慕，终天无已。敢籍大悲，用申罔极。唯愿二字之善，仰福幽灵；半偈之功，奉资神路。法声不朽，鱼岭恒传；劫火虽燎，龙宫斯在。六道四生，普同胜业。"

一些隋代宫廷写经流传到敦煌，殊堪注意。如S.4020《思益经》尾题共5行56字，可分两段，为："大隋开皇八年岁次戊申（588）四月八日，秦王妃崔为法界众生敬造《杂阿含》等五百卷，流通供养。""员外散骑常侍吴国华监，襄州政定沙门慧旷校。"慧旷是隋代高僧，襄州人，《续高僧传》卷十《慧旷传》云其："律行严精，义门综博，道俗具瞻，纲维是奇。"秦王即杨俊（571—600），为高祖第三子。

开皇九年四月八日文献独狐皇后（553—602）为法界众生敬造《一切经》。敦煌遗书今存5号：《大楼炭经》（P.2413，天津艺术博物馆藏）、《佛说甚深大回向经》（S.2154）、《持世经》（上海博物馆藏）、《佛说月灯三昧经》（日本京都博物馆藏）、《太子慕魄经》（浙江博物馆藏）等，题记均为："大隋开皇九年四月八日，皇后为法界众生敬造《一切经》，流通供养。"（图6-15）《隋书》卷三二《经籍志》记载："开皇元年，高祖普诏天下，任听出家，仍

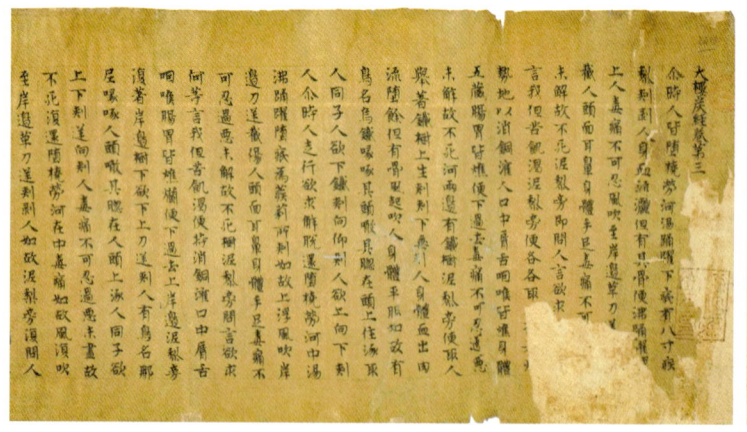

图6-15　敦煌写经P.2413卷首及尾题

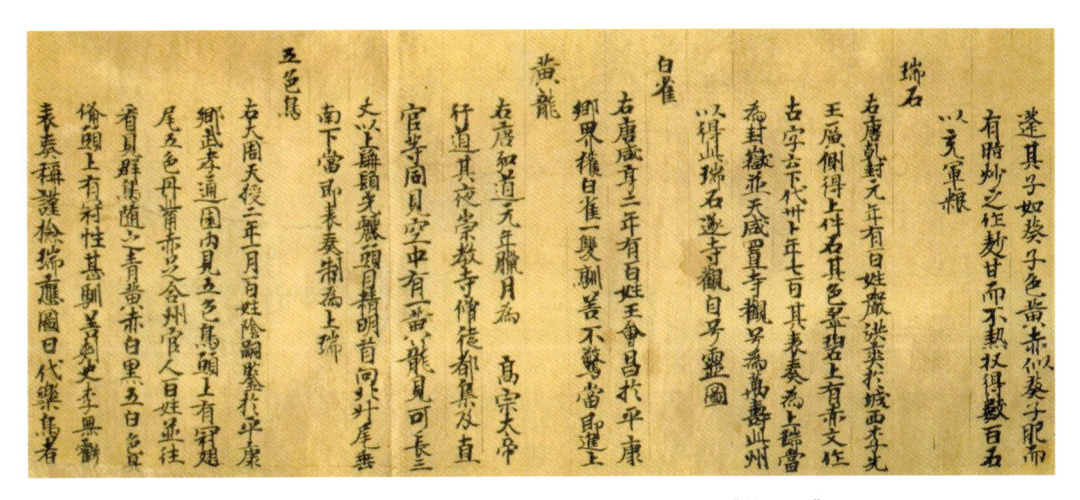

图6-16 敦煌写本P.2005沙州都督府图经"黄龙条"

令计口出钱,营造经像。而京师及并州、相州、洛州等诸大都邑之处,并官写《一切经》,置于寺内,而又别写,藏于秘阁。天下之人,从风而靡,竞相景慕,民间佛经多于六经数十百倍。"从隋代佛教史、隋代对敦煌的重视看,似乎隋代敦煌寺院藏有一套文献皇后写的《一切经》。还有一些隋代风格的写经不能判断是当地写经,还是从中原传到敦煌的,这些隋代写经显示了隋代敦煌佛教的兴盛。

2. 崇教寺舍利塔

隋代分别在仁寿元年(601)、二年、四年三次在全国三十、五十三、三十州建舍利塔一座,第一次三十个州中就有瓜州,这是敦煌佛教史上的一件大事。

唐代道宣《广弘明集》卷十七收录第一次建舍利塔的《隋国立舍利塔诏》,提到第一次建舍利塔的三十个州,其中第二十四个州是瓜州(即敦煌)。道宣《续高僧传》卷二六《智嶷传》记载:"仁寿置塔,敕诏送舍利于瓜州崇教寺,初达定基,黄龙出现于州侧大池,牙角身尾,合境通瞻,具表上闻。"原立于莫高窟第332窟的《李君莫高窟佛龛碑》明确提到崇教寺在莫高窟,该碑两面镌字,1921年被流窜来的白俄残部折断,残碑现存敦煌研究院陈列中心,馆藏号Z1101号。幸此前有金石学家徐松(1781—1848)等做了拓片与录文,碑文又见P.2551。崇教寺至初唐晚期仍存,成书于武则天时期的P.2005、P.2695《沙州都督府图经》"祥瑞"条载:"黄龙。右唐弘道元年(683)腊月,为高宗大帝行道。其夜,崇教寺僧徒都集,及直官等,同见空中有一黄龙见,可长三丈以上,髯须光丽,头目精明,首向北升,尾垂南下。当即表奏,制为上瑞。"(图6-16)相同的是,前揭《续高僧传》卷二六《智嶷传》也记载敦煌仁寿元年安置舍利时,也是黄龙呈现。该寺后来不见其名,约在开元、天宝年间,寺额改称,其名遂湮。

崇教寺舍利塔今在何处？笔者觉得可能安置在第427窟（图6-17）。此窟为中心塔柱窟，主室塔柱前有一个方形遗址，尚未进行发掘。由于面积较大，除了考虑塔前燃灯功能外，也可安置舍利。北京房山云居寺第6窟为中心塔柱窟，塔柱前安置舍利，明代开启后又予埋葬，清代再次开启。据此，第427窟很有可能就是隋代安置舍利的地方。

（二）隋代洞窟的营建

莫高窟隋代洞窟数量，各家说法不一。段文杰《融合中西成一家——莫高窟隋代壁画研究》一文云："短短的30余年间，在莫高窟一地就建造了近70个洞窟，是建窟比例数字最高的朝代。"[1] 樊锦诗、关友惠、马世长在《莫高窟隋代石窟分期》一文指出："我们分期工作的对象，主要是壁画和塑像保存完好的八十个隋代石窟。对于因后代改建或残破太甚而面目不清的二十一个石窟，则不予分期。"[2] 如果加上后代改建或残破太甚而面目不清的，敦煌隋代洞窟约有110个，其中有3个洞窟有纪年，它们对于判定其他洞窟的时代具有重要的标尺作用：

　　第302窟　开皇四年（584）
　　第305窟　开皇四年（584）
　　第282窟　大业九年（613）

还有一些洞窟的供养人题记比较重要，是研究隋代历史与文化的重要资料，如第62窟（图6-18）。东壁、南壁、西壁南侧被五代修建第61窟时凿毁。西壁北侧、北壁、东壁门北存有一组男女供养人像，图像清楚，题记保存较完整，共19条。第一身为引导僧普济（题"比丘普济供养"），后面是亡祖成天赐、亡父成僧奴、三位亡兄、成陀罗本人（题"信士成

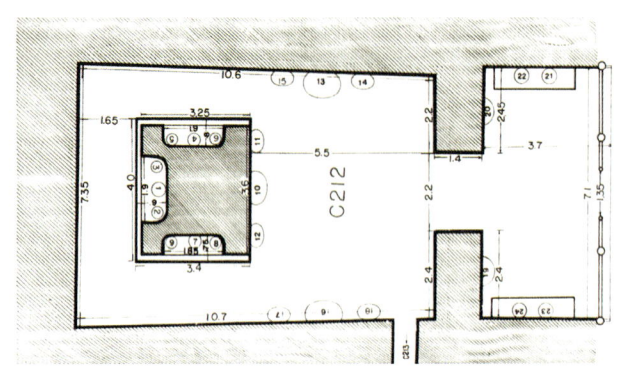

图6-17　莫高窟第427窟窟形

---

[1] 段文杰主编：《中国壁画全集·敦煌17·隋》，天津人民美术出版社，1991年，第2页。另见段文杰：《敦文杰敦煌石窟艺术论文集》，甘肃人民出版社，1994年，第344页。
[2] 敦煌文物研究所编：《中国石窟·敦煌莫高窟》第2卷，文物出版社，1984年，第171页。

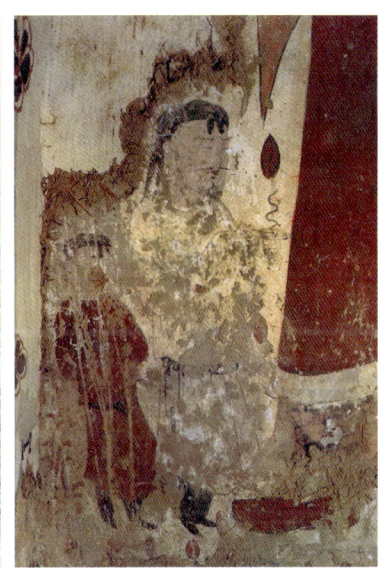

图 6-18　莫高窟第 62 窟　　　　　图 6-19　莫高窟第 281 窟供养人像

陀罗供养")、弟文达、亡母、妻女等。[1] 从供养人题名看,是成氏家族开凿的,属于家族窟。

第281窟(图6-19)。现存外表壁画为宋或西夏重绘,底层露出隋代壁画,其中南壁西起隋画男供养人三身,榜题分别是:"亡父□大都督……王……""大都督王文通供养""□息善生供时"。[2]

第390窟(图6-20)。洞窟较大,画塑题材也比较奇特。该窟隋画供养人像很多,五代在隋供养人下方也画有大量供养人。北壁西起第三身供养人是一主四从,题名:"□□□□幽州总管府长史□□□□□□供养",《敦煌莫高窟供养人题记》录作"□□□□(大觉修明)幽州总管府长史……供养",但"大觉修明"不好理解。幽州总管府原为北齐东北道行台,577年北周灭北齐,改为幽州总管府。隋大业元年(605)正月"废诸州总管府",大业二年(607)四月"改州为郡"。618年唐代立国,改郡为州。幽州是北方重要的军事重镇,主要防御突厥入侵。但敦煌与幽州距离较远,这条"幽州总管府长史"题记值得重视。很可能是,北周瓜州刺史李贤有子李询、李崇,《隋书》记载李崇开皇三年任幽州总管,第390窟或许与李家存在关联,考虑到李贤有弟李穆(510—586),李穆后代在初唐时期开凿了第331窟、332窟,这位"幽州总管府长史"极有可能是当过幽州总管的李崇[3]。

---

① 敦煌研究院编:《敦煌莫高窟供养人题记》,文物出版社,1986年,第25—27页。
② 敦煌研究院编:《敦煌莫高窟供养人题记》,文物出版社,1986年,第114页。
③ 王惠民:《莫高窟第390窟"幽州总管府长史"题记考》,载敦煌研究院编《2014敦煌论坛:敦煌石窟研究国际学术研讨会论文集》,甘肃教育出版社,2016年。

图 6-20 莫高窟第 390 窟窟形及壁画

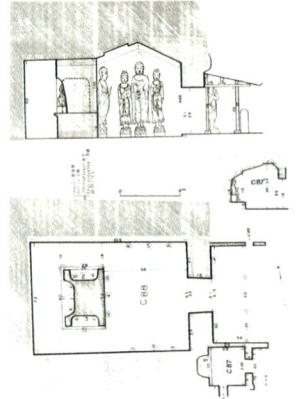

图 6-21 莫高窟第 292 窟窟形及彩塑

第 292(图 6-21)、427 窟。均为中心塔柱窟,大小相同,均在中心柱东向面、南壁前部、北壁前部各塑立佛一铺,组成三佛造像,两窟虽然相距略远,但明显存在关联,似可称"双窟"。前揭《广弘明集》和《续高僧传》记载隋代仁寿元年(601)曾在敦煌崇教寺建舍利塔,又据元代觉岸《释氏稽古略》记载,隋文帝于开皇十三年(593)曾诏令:"于诸州名山之下,各置僧寺一所,并赐庄田。"也许崇教寺即在开皇十三年敕建之官寺,那么,八年后,在崇教寺安置敕颁之舍利,顺理成章。可能此两窟与舍利供养有关,也可能与崇教寺有关。两窟中心柱所绘传法高僧图也许还有礼拜舍利的含义。[1]

(三)隋代洞窟分期

1984 年,樊锦诗、关友惠、刘玉权发表《莫高窟隋代石窟分期》一文,将隋代 80 个洞窟(文章称 80 窟,实际上提到的有 81 个窟)分为三期[2]。2004 年,韩国学者梁银景出版博士论文《隋代佛教窟龛研究》,其中第二章《莫高窟隋代洞窟的分期与特点》在前文基础上

---

[1] 王惠民:《祖师传承及其在中国的流行》,载龙门石窟研究院编《2004 年龙门石窟国际学术研讨会文集》,河南人民出版社,2006 年,第 638—646 页。
[2] 敦煌文物研究所编:《中国石窟·敦煌莫高窟》第 2 卷,文物出版社,1984 年,第 171—186 页。

对莫高窟隋代77个洞窟进行了考察。梁银景也是按三个时期进行分析,其中第一、第二期洞窟数量与《莫高窟隋代石窟分期》完全一致,而第三期洞窟略有增减。《莫高窟隋代石窟分期》的主要结论是:

第一期窟:7个。第250、266、302、303、304、305(图6-22)、309窟;另外改绘北朝第268窟。"莫高窟隋代第一期石窟这段的时代大致相当于隋灭陈以前的时期,其下限应为开皇九年(589)或略晚些。"7个洞窟中的6个洞窟(第250、266、302、303、304、305窟)都属于小窟,画塑较为完整。

第二期窟:34个。第253、262、274、292、293、295(图

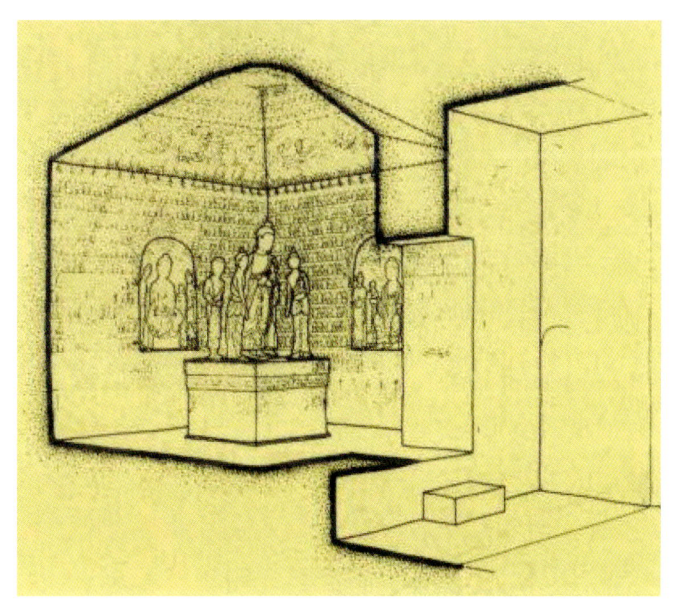

图6-22-1　莫高窟第305窟窟形透视图

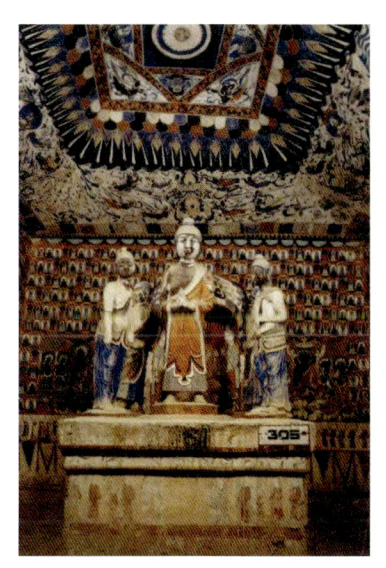

图6-22-2　莫高窟第305窟窟形

---

① 敦煌文物研究所整理:《敦煌莫高窟内容总录》,文物出版社,2004年,第81—100页。

23)、312、315、402—407、410—414、416—423、425、427、429、433、434、436窟。"第二期大致应在隋开皇九年（589）至大业九年（613）略后的这段时间里。"

虽然文章说总数有34个窟，但只列出上述33个窟，遗漏了一个洞窟。其中第429窟在第三期中也提到，由于周围均为第二期窟，似乎归二期比较合适（前揭梁银景《隋代佛教窟龛研究》一书将429窟归于第三期，也未提到《莫高窟隋代石窟分期》遗漏了哪一个洞窟）。暂将第429窟归于第二期，以凑够34个洞窟数量。

还有几个洞窟可能需要归入第二期。第415窟存部分隋画，未纳入分期，考虑周围都是第二期窟，该窟可归于第二期。第408窟表层壁画为西夏重绘，四壁底层露出部分隋画千佛，第409窟原为隋窟，五代重修，表层壁画为回鹘重绘，东壁门北露出部分五代画供养人像痕迹，二窟未纳入分期，从窟形和周围均为第二期窟（第402—407窟、第410—414窟）看，也可归于第二期。第424窟属于第423窟前室一小龛，窟顶西披存隋画三角垂幔部分，西壁壁前存隋塑一铺三身痕迹，西壁画十弟子（存头部）。南壁毁，北壁东侧毁，西侧存隋画部分（模糊），也当属于第二期。

第三期窟：39个。第56、58、59、63、64、244、255、276—281、283、284、298、313、

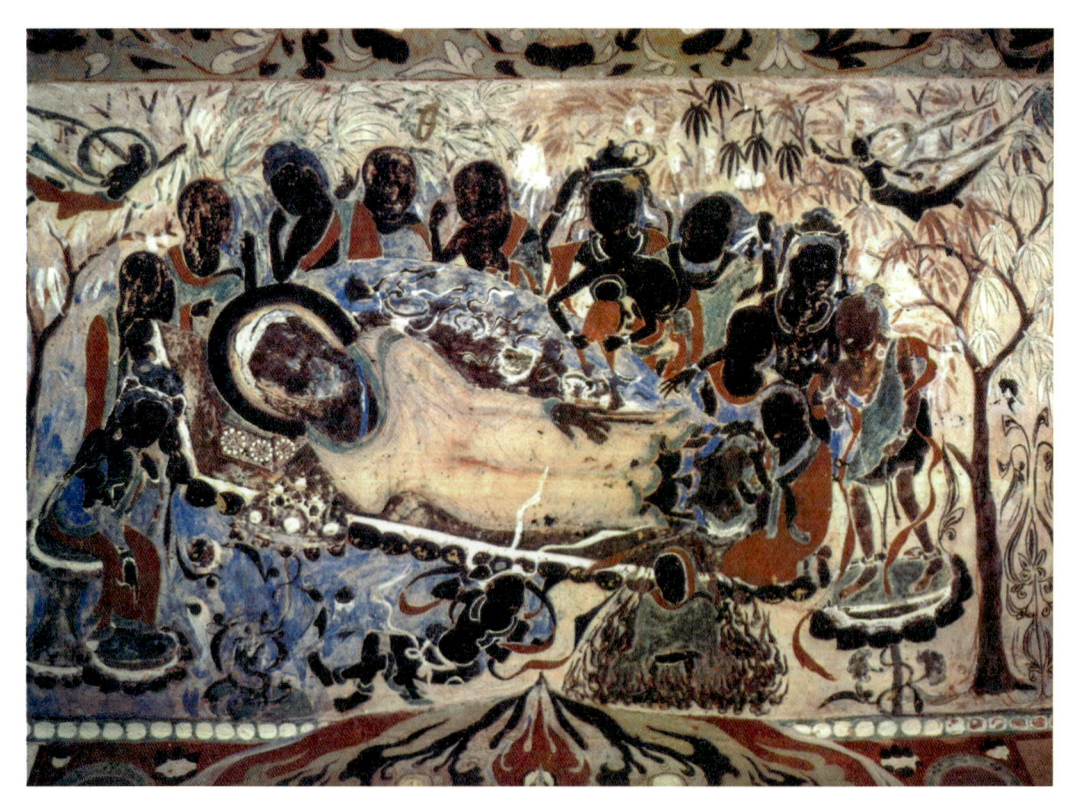

图6-23 莫高窟第295窟涅槃经变

图 6-24-1　莫高窟第 379 窟经变画

314、317、318、362（此为五代窟，《莫高窟隋代石窟分期》窟号有误，梁银景同误。据后文，应是 62 窟）、379（图 6-24）、383、388—401、429 窟。"第三期石窟的年代，大致应在隋末唐初，也就是隋大业九年以后的隋代末期至唐初武德年间。"

虽然文章说总数有 39 个窟，但文章只列出 38 个窟，其中第 429 窟与第二期重复，若第 429 窟归第二期的话，则这一期提到的洞窟只有 37 个（包括误为第 362 窟的第 62 窟）。除"第 362 窟"即第 62 窟外，可能遗漏的洞窟大约是第 282、380、426 窟，因为在分析第三期壁画时提到这几个窟，尤其是第 282 窟有大业纪年，肯定属于第三期。

另外，第 311 窟可能属于隋代晚期，这是

图 6-24-2　莫高窟第 379 窟说法图

个较为完整的隋窟,风格与第 401 窟较为一致,樊氏分期遗漏,梁银景即归入第三期。即樊氏分期提到有 39 窟,列出 38 个洞窟,由于第 362 窟是五代洞窟(即第 62 窟笔误),第 429 窟与第二期重复,如将第 429 窟列入第二期,则第三期列出的洞窟只有 36 个。如果加上笔误一窟(第 62 窟)、文中提及 3 窟(第 282、380、426 窟)、风格为第三期的第 311 窟,第三期洞窟总数有 41 个。

图 6-25-1 莫高窟第 401 窟窟形及壁画

图 6-25-2 莫高窟第 401 窟彩塑与藻井壁画

纳入第三期的第391窟为第390窟与第392窟之间的一个小龛，现存壁画为五代所绘，无任何隋代画塑痕迹（人字披顶、圆券龛并非隋代特有，可不纳入分期）。第400窟除了龛形（双层龛）、崖面位置（附近为隋窟）可推测为隋窟外，表层壁画全为西夏所绘，龛内塑像全为清代重修，无任何隋代画塑痕迹。

梁银景列出43个洞窟："第三期洞窟年代为隋大业九年至唐初武德年间，即613—626年。属于本期的洞窟有第56、58、59、62、63、64、244、255、276、277、278、279、280、281、282、283、284、298、311、313、314、317、318、362（此为五代窟，沿袭《莫高窟隋代石窟分期》之第62窟的误笔）、379、380、383、388、389、390、391、392、393、394、395、396、397、398、399、400、401、426、429窟。"其中，第362窟是

图6-25-3 莫高窟第401窟供养菩萨像

沿袭樊氏分期的笔误；第429窟樊氏分期在第二期、第三期均提到，梁银景归于第三期；新增了第62、282、311、380、426窟（第282、380、426窟在樊氏分期中是提到的，只是列表时遗漏），第311窟是个较为完整的隋窟，绘塑较为完整，风格与第401窟（图6-25）较为一致，樊氏分期遗漏，梁银景归入第三期。总体上看，梁银景《隋代佛教窟龛研究》第二章《莫高窟隋代洞窟的分期与特点》几乎完全沿袭了樊氏分期的观点。

（四）隋窟研究的几个问题

1. 莫高窟隋窟总数问题

莫高窟未列入分期的隋窟还有20个左右，少数属于被遗漏，多数因为不完整，如：

第408、409窟的窟形、崖面位置等与第400窟类似，可考虑纳入分期。

第243窟龛内壁画均为隋画，龛内西壁隋画火焰纹背光，龛顶火焰纹两侧各

---

① 敦煌文物研究所整理：《敦煌莫高窟内容总录》，文物出版社，2004年，第98页。

画飞天四身，南侧与南壁画弟子四身、菩萨一身，北侧与北壁画弟子四身、菩萨一身。

第415窟窟顶底层露出隋代藻井、千佛。

第424窟实际上是第423窟前室一龛，存若干隋画（已见前述）。

第306、307、308窟为一组，第307窟北壁、东壁门北存隋画供养人，北壁存隋画千佛一角。第306、308窟则没有隋代痕迹，估计也是隋窟。

第289、310、376、408、415、451、453、455、456、457窟仅残存或从晚期覆盖壁画层下露出少量隋代壁画，可作为分期参考。

这些残破洞窟虽然难以用作排年，但应该列出窟号，体现隋窟的规模，作为分期的一个背景材料。

2.周边隋代石窟应纳入隋窟分期

敦煌石窟中，对莫高窟的早期、隋代、唐前期洞窟进行了分期，存在的共同问题是，没有把周边相关联的石窟一并进行分期。如西千佛洞有北朝、隋、唐前期洞窟，榆林窟有唐前期洞窟，这些洞窟艺术风格是相同的，应该合并进行分期。

西千佛洞有6个洞窟存有隋代画塑：H4（C3、D3）、H9（C6、D7）、H10（C7、D8）、H11（C8、D9）、H12（C9、D10）、H15（C12、D15）等窟还存有隋画痕迹，但数量很少。其中，H9窟东壁南侧隋画说法图比较完整、H10窟正壁（北壁）龛内倚坐佛是此石窟中保存下来的唯一隋代塑像。[1]

3.敦煌以外地区的隋代造像是研究敦煌隋代造像的重要参考

在现存佛教造像方面，收藏在各博物馆的隋代佛教造像很多。[2] 在各石窟中，庆阳北石窟寺295个洞窟中，学者比定的隋窟有63个，但都没有纪年。[3] 这些隋代造像是敦煌隋窟研究的重要参考，应进行比较研究，这项工作需要进一步加强。

---

[1] H指霍熙亮先生编号，为现在普遍使用编号，霍熙亮：《西千佛洞内容总录》，载《中国石窟·安西榆林窟》，文物出版社，1997年。C指张大千编号，D指敦煌研究院早年内部洞窟档案编号（未发表）。樊锦诗、蔡伟堂：《敦煌西千佛洞各家编号说明》，《敦煌研究》2007年第4期。

[2] 李冠霖：《隋代单体佛教造像研究》，台北艺术大学硕士学位论文，2006年，第62—92页；阮丽：《隋代佛像的分类与造型》，中央民族大学硕士学位论文，2006年，第9—52页。

[3] 甘肃省文物工作队、庆阳北石窟寺文管所：《庆阳北石窟寺》，文物出版社，1985年，第49页。

第七章　唐前期洞窟导论

　　唐代的敦煌石窟一般分为初唐、盛唐、中唐、晚唐等四个阶段，这样的分期可能受到唐诗分期的启发，明代高棅编《唐诗品汇》把唐诗分为初、盛、中、晚四个时期：从高祖武德元年（618）至武周政权结束的长安四年（704），共86年，是为初唐；从中宗神龙元年（705）至杜甫卒年即代宗大历五年（770），共65年，是为盛唐；从大历五年至文宗大和年号结束之年即大和九年（835），共64年，是为中唐；以后的836—907年为晚唐，共71年。敦煌石窟的营建有一些区域历史特点，一般是：自618年建国至705年武周政权结束为初唐（与唐诗分期一致）；自705年中宗即位至786年吐蕃占领敦煌为盛唐（有时将初唐、盛唐合称唐前期）；吐蕃占领时期为中唐（786—848年，也称蕃占时期）；848年张议潮起义至910年张承奉建立金山国为晚唐（也称张氏归义军时期）。

一、历史背景

　　隋大业十三年（617）李轨在武威举兵自称凉王。武德元年（618）唐朝建立，619年唐灭李轨在敦煌置瓜州，将河西纳入唐廷版图。武德五年（622）瓜州王乾斩反唐的贺拔行威后归顺唐朝，瓜州改名西沙州（633年改西沙州为沙州）[1]。武德六年（623）沙州人张护、李通反同年被瓜州长史赵孝伦击败。至此，敦煌地区的动乱基本平息。但敦煌以西、北、南，分别为漠北、突厥汗国及吐谷浑。所以武德末、贞观初，唐朝关闭西北关津，玄奘西行求法时只能从瓜州、敦煌间偷渡出去[2]。贞观四年（630）唐朝出兵漠北后设置伊州。贞观九年（635）唐朝击败吐谷浑，河西走廊环境相对稳定。贞观十四年（640），唐太宗出兵高昌并设西州，在天山北设庭州，行政建置均与内地州县相同，又在西州交河县设安西都护府管理西域。贞观十八年（644），唐出兵讨焉耆。贞观二十二年（648）进攻龟兹，经过

---

[1] [唐]李吉甫撰，贺次君点校：《元和郡县图志》："隋末丧乱，陷于寇贼，武德二年（619）平定，置瓜州，五年（622）改为沙州。"卷四〇，中华书局，1983年。
[2] [唐]惠立、彦悰著，孙毓棠、谢方点校：《大慈恩寺三藏法师传》，中华书局，1983年，第12—17页。

反复争夺，唐朝最终在显庆二年（657）打败阿史那贺鲁，西域的主权归属唐朝。显庆三年（658），唐朝迁安西都护府于龟兹，并设龟兹、于阗、焉耆、疏勒四镇守西域广大地区。[1]自龙朔二年（662）始，吐蕃和唐朝争夺西域的控制权。直到长寿元年（692），王孝杰率军收复四镇。[2]自692年到786年的百年间，敦煌的社会环境较为稳定。

从618到624年，唐朝颁布均田与租庸调法以后，开始对敦煌进行有效的治理。这一阶段稳定的政治环境在莫高窟艺术上也有明显的反映，如莫高窟第203窟的凉州瑞像龛就是该时代的产物。在商业繁荣、文化昌盛的社会背景下，当地大家族翟氏、李氏、阴氏开始开凿"家窟"。敦煌当地的官员是石窟的重要供养人，如沙州刺史李庭光就曾开窟造像并立有《莫高窟灵岩佛窟之碑》[3]。武周时代不仅组织抄写佛经，而且下令全国各地造弥勒大像。敦煌当地的寺院有洞窟题记记载的龙兴寺、大云寺、普光寺、金光明寺等，后期的十六大寺多半是前期延续下来的。敦煌寺院里还有许多高僧，玄奘西游时曾在河西讲学，昙旷在敦煌撰写了不少有关大乘教思想的著作，对敦煌的佛教有很大的影响。[4]在这样的政治、宗教文化环境下，敦煌创造了灿烂的佛教艺术。[5]

二、研究简史

就敦煌石窟的研究而言，由于敦煌唐代石窟数量多，且内容较为丰富，相比于其他各时期的洞窟研究而言，唐前期的敦煌石窟研究资料较为丰富。对这一时期石窟艺术的总体概括，段文杰[6]、史苇湘[7]、马德[8]、郑炳林、沙武田[9]、赵声良[10]和王惠民[11]等学者均有较为宏观的系统性叙述。

---

[1] 荣新江：《新出吐鲁番文书所见西域史事二题》，载《敦煌吐鲁番文献研究论集》1990年，第339—354页。
[2] 王小甫：《唐吐蕃大食政治关系史》，北京大学出版社，1992年，第162—180页。
[3] S.1523+上海博物馆藏40号缀合写本，见马德：《敦煌莫高窟史研究》，甘肃教育出版社，1996年，第80—85页。
[4] 段文杰：《唐代前期的敦煌艺术》，《文艺研究》1983年第3期，第94页；又载《中国石窟·敦煌莫高窟》第3卷，文物出版社，1985年，第161—176页。
[5] 王惠民：《敦煌佛教与石窟营建》，甘肃教育出版社，2017年，第363页。
[6] 段文杰：《敦煌石窟艺术论集》，甘肃人民出版社，1988年，第168—195页；段文杰：《敦煌石窟艺术研究》，甘肃人民出版社，2007年，第53—77、222—250页。
[7] 史苇湘：《敦煌历史与莫高窟艺术研究》，甘肃教育出版社，2002年，第351—438页。
[8] 马德：《敦煌莫高窟史研究》，甘肃教育出版社，1996年，第76—90页。
[9] 郑炳林、沙武田编著：《敦煌石窟艺术概论》，甘肃文化出版社，2005年，第254—262页。
[10] 赵声良：《敦煌艺术总论》，甘肃教育出版社，2013年，第73—83页；赵声良：《敦煌石窟艺术简史》，中国青年出版社，2019年，第130—173页。
[11] 王惠民：《敦煌佛教与石窟营建》，甘肃教育出版社，2017年，第351—399页。

洞窟形制历来是石窟艺术研究的一个重要方面，前期学界对于敦煌石窟的洞窟形制研究取得了丰硕的成果。阎文儒对莫高窟北魏至宋初的石窟构造作出了分析，并与印度的石窟构造进行对比。[1]萧默将莫高窟的洞窟形制划分为六种类型，此划分方法在之后的很长一段时间内被研究敦煌石窟的学者所使用。[2]樊锦诗用考古类型学方法对洞窟形制进行阐述[3]，赵青兰对中心塔柱窟做专门的研究[4]，王洁[5]、戴春阳[6]对覆斗顶窟形式进行考古学的分析。萧默对莫高窟的洞窟建筑形制做了比较系统的研究[7]。石璋如公布了最为详细、最系统的敦煌洞窟平、剖面图录[8]。以及敦煌研究院主编的《敦煌石窟全集·石窟建筑卷》[9]和《敦煌石窟全集·建筑画卷》[10]对敦煌石窟的营建以及代表性的石窟形制和建筑图像都做了系统性的解读和分析。石窟建筑艺术方面的研究也是石窟艺术研究的一个重点，代表学者主要有萧默[11]、宁强[12]、孙儒僩[13]、娄捷[14]、张艳方[15]、王洁[16]等。

造像的研究以时代特点为核心，主要是唐文化的影响及表现。阎文儒依据彩塑衣饰、面貌、比例等艺术风格的表现形式将莫高窟塑像分为六个时期。[17]敦煌文物研究所编《敦煌莫高窟概述》也将其分为六个时期介绍艺术风格。段文杰对唐前期彩塑的源流传承和艺术特点进行分析。[18]郎绍君对莫高窟唐代彩塑造像特征和艺术风格也做有研

---

[1] 阎文儒：《莫高窟的石窟构造及其塑像》，《文物参考资料》1951年第4期，第140—196页。
[2] 萧默：《莫高窟的洞窟形制》，载敦煌文物研究所编《中国石窟·敦煌莫高窟》第2卷，文物出版社，1984年10月，第187—199页；后录于《敦煌建筑研究》，文物出版社，1989年，第33—60页。
[3] 樊锦诗：《唐代前期莫高窟的洞窟形制和题材布局——敦煌莫高窟唐代洞窟研究之一》，《敦煌研究》1988年第2期，第1页。
[4] 赵青兰：《莫高窟中心塔柱窟的分期研究》，载敦煌研究院编《敦煌研究文集·敦煌石窟考古篇》，甘肃民族出版社，2000年，第211—256页。
[5] 王洁：《敦煌早期覆斗顶窟形式初探》，《敦煌研究》2008年第3期，第19—24页。
[6] 戴春阳：《敦煌石窟覆斗顶的考古学观察（上、下）》，《敦煌研究》2013年第2、4期，第10—27、12—24页。
[7] 萧默：《敦煌建筑研究》，文物出版社，1989年。
[8] 石璋如：《莫高窟形》（一、二、三册），台北"中研院"历史语言研究所，1996年。
[9] 孙毅华、孙儒僩：《石窟建筑卷》，载敦煌研究院主编《敦煌石窟全集》，商务印书馆，2003年。
[10] 孙毅华、孙儒僩：《建筑画卷》，载敦煌研究院编《敦煌石窟全集》，商务印书馆，2003年。
[11] 萧默：《敦煌壁画中的唐代建筑》，《中华文化画报》2008年第4期，第20—27页。
[12] 宁强：《论敦煌石窟艺术的基本结构》，《新美术》1986年第2期，第54—56页。
[13] 孙儒僩：《敦煌莫高窟的建筑艺术》，《敦煌研究》1993年第4期，第19—25页。
[14] 娄捷：《试论敦煌石窟艺术的空间构成》，《敦煌研究》1999年第4期，第164—173页。
[15] 张艳方：《敦煌早中期石窟建筑的艺术特色与审美价值》，兰州大学硕士学位论文，2011年，第2—33页。
[16] 王洁：《莫高窟早期建筑图像的记号解读》，《敦煌研究》2009年第5期，第40—47页。
[17] 阎文儒：《莫高窟的石窟构造及其彩塑》，《文物参考资料》1951年第5期，第153—178页。
[18] 段文杰：《唐代前期的敦煌艺术》，《文艺研究》1983年第3期，第92—109页。

究。[1]美国学者玛丽琳·爱姆·丽艾将初唐造像分为三期，总结出初唐三个阶段的变化规律。[2]对造像进行细节性的研究，如李敏分析菩萨头冠、璎珞的发展演变及类型等方面。[3]

经变画的研究前期主要是对壁画经变内容的阐述，如山崎淑子对莫高窟第329、331窟的大幅经变中的建筑进行对比梳理。[4]施萍婷分析了敦煌经变画的意义和内涵，并以敦煌壁画经变画的代表作为例，通过对照佛经及相关文献，指出各类经变画的特征与辨识的依据，着重分析了内容较丰富的经变的画面特征。[5]林硕对莫高窟唐代壁画的构图形式与其佛教内容之间的关系进行了梳理和分析，分别对佛教故事画、佛教经变画、供养人物画、装饰案画等莫高窟壁画主题的构成形式进行了分类研究。[6]经变画的研究在后期具体到图像样式及社会历史等方面。如乐舞方面的研究，主要有朱晓峰对唐代莫高窟壁画音乐图像的基本问题分别进行阐述，证明莫高窟壁画音乐图像是对唐代音乐史的真实反映。[7]沙武田认为敦煌莫高窟第220窟药师七佛变中的大型乐舞场景正是长安城上元夜燃灯的再现，也可以认为是唐长安、洛阳两京地区各类大型夜间乐舞场景的描绘。[8]如唐代盛行维摩诘经变的研究，赵燕林认为莫高窟唐代壁画中的《维摩诘经变》中问疾图中的帝王像，是唐一代历史变迁的写真。[9]贺世哲提出这些藩王使臣服饰各异，实际上是古代画工对当时来唐朝朝贡的各少数民族与外国使臣的写实。[10]吴翔宇认为藩王使臣问疾图中的藩王，实际是唐朝时期往来于丝绸之路上的中国西部一些少数民族首领和外国使臣的真实写照。[11]另外，经变中的山水画作受到李思训山水画风格的影响。[12]王雨认为敦煌建筑画中的"凹"形佛

---

[1] 郎绍君：《唐风论纲——从莫高窟窟看唐代美术风格》，《敦煌研究》1988年第3期，第70—74页。

[2] 玛丽琳·爱姆·丽艾著，台建群译：《618—642年敦煌石窟初唐佛教塑像的风格形成》，《敦煌研究》1988年第2期，第72—74页。

[3] 李敏：《莫高窟唐代前期艺术中的菩萨头冠》，《敦煌研究》2004年第6期，第42—50页；李敏：《敦煌莫高窟唐代前期菩萨璎珞》，《敦煌研究》2006年第1期，第54—61页。

[4] 山崎淑子：《初唐敦煌莫高窟大幅净土变之建筑图——试论贞观时期和武则天时期莫高窟的某些特点》，《西北民族研究》2000年第1期，第66—75页。

[5] 施萍婷：《新定〈阿弥陀经变〉——莫高窟第225窟南壁龛顶壁画重读记》，《敦煌研究》2007年第4期，第29—33页；施萍婷：《敦煌经变画》，《敦煌研究》2011年第5期，第一—13页。

[6] 林硕：《敦煌莫高窟唐代壁画构图研究》，山东大学硕士学位论文，2012年，第20—30页。

[7] 朱晓峰：《唐代莫高窟壁画音乐图像研究》，兰州大学博士学位论文，2015年，第108—224页。

[8] 沙武田：《一幅珍贵的唐长安夜间乐舞图——以莫高窟第220窟药师经变乐舞图中灯为中心的解读》，《敦煌研究》，2015年第5期，第34—44页。

[9] 赵燕林：《莫高窟唐代〈维摩诘经变〉中的帝王像及其冕服研究》，《敦煌学辑刊》2020年第1期，第135-148页。

[10] 贺世哲：《敦煌莫高窟壁画中的〈维摩诘经变〉》，《敦煌研究》1982年第2期，第62页。

[11] 吴翔宇：《敦煌石窟维摩诘经变"藩王使臣问疾图"研究》，西北师范大学硕士学位论文，2017年，第32—52页。

[12] 赵声良：《从敦煌壁画看唐代青绿山水》，《故宫博物院院刊》2018年第5期，第6—14页。

寺建筑，反映唐长安地区曾一度盛行平面呈"凹"形的佛寺建筑。[1]马丽通过对第45窟的窟形及壁画题材分析，认为以第45窟为代表的盛唐敦煌石窟具有长安普遍流行的绘、塑样式。[2]

装饰方面的研究集大成者为常莎娜主编的《中国敦煌历代装饰图案》[3]，对于每类敦煌图案，用简明扼要的文字进行了历史文化、艺术特征、装饰效果等方面的介绍，每幅图案都注明了所处洞窟窟号与朝代。具体的装饰图案和艺术研究多为藻井和背光装饰纹样方面。唐前期的主要纹饰有宝相花纹[4]、对叶形纹[5]、团花纹[6]，以及卷草纹、联珠纹、葡萄石榴花图案等[7]，这些纹饰在唐代的金银器以及铜镜上都能看到。

三、唐前期洞窟数量

唐前期约170年（618—786），莫高窟现存洞窟有120个左右，各家统计数量略有不同，史苇湘认为有124个洞窟，他在《关于敦煌莫高窟内容总录》一文中列出初唐44个洞窟、盛唐80个洞窟[8]，在《唐代敦煌石窟分期与莫高窟初唐艺术》（下称《史氏分期》）一文也云初唐有44个洞窟，但仅列出37个洞窟[9]。段文杰《唐代前期的莫高窟艺术》一文云有127个洞窟，但无具体窟号[10]。樊锦诗、刘玉权《敦煌莫高窟唐前期洞窟分期》（后文略称《樊氏分期》）一文指出唐前期有136个洞窟："我们以前人的研究成果为起点，上承莫高窟隋代洞窟的分期，以纪年洞窟为标尺，对唐代前期136个洞窟的形制、塑像与壁画的题材

---

① 王雨：《敦煌建筑画卷中的大唐长安影像——以大明宫含元殿建筑形制为例》，《敦煌研究》2018年第3期，第71—78页。

② 马丽：《敦煌莫高窟第45窟与长安样式》，陕西师范大学硕士学位论文，2017年，第45—69页。

③ 常莎娜：《中国敦煌历代装饰图案》，清华大学出版社，2004年。

④ 陈振旺、樊锦诗：《盛世华章——初唐后期和盛唐前期莫高窟藻井图案》，《艺术设计研究》2019年第1期，第16—23页。

⑤ 高曼娜：《敦煌莫高窟唐前期藻井宝相花中对叶形纹样分析》，《佛学研究》2021年第1期，第292—303页。

⑥ 张春佳：《敦煌莫高窟唐代团花纹样形式语言演变特征研究》，北京服装学院博士学位论文，2017年，第18—198页。

⑦ 陈振旺：《隋及唐前期莫高窟藻井图案研究》，兰州大学博士学位论文，2018年；陈振旺：《莫高窟隋唐图案的历史演变和文化交流》，《深圳大学学报》（人文社会科学版）2015年第6期，第144—150页。

⑧ 敦煌文物研究所编：《敦煌莫高窟内容总录》，文物出版社，1982年，第180—181页。其中，《汗尘迷净土、梦幻寄丹青：论敦煌莫高窟盛唐壁画》一文上说盛唐有81个洞窟，存在一窟之差。中国壁画全集编辑委员会编：《中国壁画全集·敦煌6·盛唐》，天津人民美术出版社，1989年，第5页。

⑨ 史苇湘：《敦煌历史与莫高窟艺术研究》，甘肃教育出版社，2002年，第265页。

⑩ 段文杰：《唐代前期的莫高窟艺术》，《文艺研究》1983年第3期；另见段文杰：《段文杰敦煌石窟艺术论文集》，甘肃人民出版社，1994年，第170页。

布局、塑像与壁画中佛和菩萨的形象以及供养人等内容进行了排比分析，来探讨唐前期洞窟演变发展的规律。"但该文实际列入分期的洞窟是118个（新开且完工80窟、新开未完工38窟、续修10或11窟），即第一期新开12窟、续修1窟、未完工2窟；第二期新开21窟、续修3窟、未完工5窟；第三期新开34窟、续修5窟（按：只列出4个洞窟，本文只能按4个洞窟统计）、未完工10窟；第四期新开13窟、续修2窟、未完工21窟。不知为何不列出全部列入分期的136个洞窟（即使将续修洞窟当2个或3个洞窟，也只有128个洞窟）[1]。

另外，马德在《敦煌莫高窟史研究》第三章第三节"唐代前期的营造"中提到："唐朝实际有效地控制敦煌和唐朝的文化渗透到敦煌，要到640年占领高昌以后。所以，莫高窟的唐朝时代，当从640年算起。""640年至767年的近130年间，莫高窟崖面上共营造了150多个洞窟。"此处未列具体窟号，在该书《附表三：敦煌莫高窟历代洞窟营造统计表》中列出137个窟号，而不是"150多个洞窟"，不知为何少列近20个洞窟[2]。由于他将618—640年之间的初唐22年历史归于隋代，因此他将这一时期开凿的洞窟列入隋窟，如57、283窟，但史苇湘、樊锦诗等学者都将57、283窟判定为初唐洞窟。他所创说的"唐朝实际有效地控制敦煌……要到640年占领高昌以后"这一观点未见其他学者引用，学术界通常以唐朝建立之年即618年为敦煌石窟的隋唐分界时间。

表7-1 敦煌莫高窟唐前期洞窟诸家统计表

三家相同窟：104窟	樊锦诗：+14窟	史苇湘：+20窟	马德：+33窟
23、26、31、32、33、39、41、42、44、45、46、47、48、49、50、51、52、66、68、71、74、75、77、79、91、96、103、109、113、115、116、117、119、120、121、122、123、124、125、126、129、130、148、162、164、165、166、170、171、172、175、176、180、182、185、194、199、202、203、204、205、208、209、210、	43、57、60、169、179、188、206、242、283、287、381、384、386、387窟。	28、34、43、57、60、80、101、242、244、280、283、287、381、384、386、387、390、482、484、490窟。按：一、其中有10个洞窟与樊氏分期相同。	27、28、29、30、34、35、38、80、84、87、88、89、101、118、179、188、206、207、324、326、327、330、344、345、346、347、353、450、482、483、484、490、492窟。按：一、只有179、188、206窟与樊氏分期相同。此3窟不见史氏分期。

---

[1] 敦煌研究院编：《敦煌研究文集·敦煌石窟考古篇》，甘肃民族出版社，2000年。
[2] 马德：《敦煌莫高窟史研究》，甘肃教育出版社，1996年，第76、78、366-367页。

续表

三家相同窟：104窟	樊锦诗：+14窟	史苇湘：+20窟	马德：+33窟
211、212、213、214、215、216、217、218、219、220、225、264、319、320、321、322、323、328、329、331、332、333、334、335、338、339、340、341、342、371、372、373、374、375、444、445、446、448、458、460窟。		二、樊氏分期的169、179、188、206窟未列入。三、比樊氏分期多出28、34、80、101、244、280、390、482、484、490窟等10个洞窟。	二、只有28、34、80、101、482、484、490窟与史氏分期相同。三、比樊氏分期、史氏分期多出23个洞窟。四、缺史、樊二家的唐前期窟14个（括号内表示马文判断的时代）：43（吐蕃）、57（隋）、60（隋）、169（张氏归义军）、242（隋）、244（隋）、280（隋）、283（隋）、287（西魏）、381（隋）、384（隋）、386（隋）、387（隋）、390（隋）窟。

四、唐前期若干洞窟的年代

北朝和隋代100多个洞窟中，大致年代可考的只有五六个洞窟。唐前期洞窟也有100多个洞窟，大约有20个洞窟的年代大致可考，数量较多。

（一）第322窟"龙年"题记

第322窟为初唐早期洞窟，东壁门南画药师佛立像并二菩萨（图7-1），下方有一方榜题，约8行，多数漫漶，今存约10字，第4行前二字是"龙年"，用龙等来纪年在汉地并不流行，而是突厥等少数民族的纪年法[1]。龙年即辰年，初唐的辰年有武德三年庚辰岁（620）、贞观六年壬辰岁（632）、贞观十八年甲辰岁（644），由于第220窟建造于贞观十八年前后，第322窟风格显然早于第220窟，所以如果"龙年"记载不误，则第322窟建造于620年或632年的可能性较大。第322窟很可能与632年铁勒部首领何力率突厥统治下的铁勒部落千余家至敦煌请降有关[2]。

---

[1] 岑仲勉：《隋唐史》，中华书局，1982年，第22页。
[2] 王惠民：《敦煌莫高窟第322窟"龙年"题记试释》，载《敦煌历史与佛教文化》，甘肃文化出版社，2020年，第50页。

图 7-1-1　莫高窟第 322 窟主室东壁门南药师佛一铺

图 7-2-1　莫高窟第 220 窟东壁及门上壁画

图 7-2-2　莫高窟第 220 窟主室

(二) 第220窟贞观十六年 (642) 题记

主室西壁龛下有初唐建窟之初写的"翟家窟"三字。主室东壁门上有一方建窟之际写的发愿文："弟子昭武校尉柏堡镇将……工……玄迈敬造释迦……铺，□（庄）严功毕。谨申诵……大师释迦如来弥勒化及……□含识众□□台尊容……福冢□三空……□□有情，共登净……四月十日……贞观十有六年敬造奉。"（图7-2），北壁药师经变中的灯楼上有"贞观十六年岁次壬寅奉为天云寺律师道弘法师□奉□"，说明东壁、北壁壁画绘于贞观十六年。

1963年，敦煌研究院在第220窟附近的98窟前面发掘出《大唐伊吾郡司马上柱国浔阳翟府君修功德碑记》(《翟氏碑》) 残碑，正面为功德记，背面为佛像、供养人像与题名，或许五代翟奉达检视的"家谱"就是这个功德碑。立碑时间较晚，碑记正文首行提到"……汉置敦煌，至今甲午八……"西汉置敦煌郡有不同说法，年代相差不多，以元鼎六年（前111）置郡计算，至唐前期刚好800多年，唐前期的甲午岁有634、694、754年，其中634年不够800年之数，碑文没有武周新字则非694年。碑文称敦煌为敦煌郡，而非沙州，又称"年"为"载"，这都符合天宝年间史实，《新唐书》《唐大诏令集》等史料记载天宝元年（742）改州为郡，刺史为太守。天宝三载（744）改年为载，乾元元年（758）又改载为年，因此只有天宝十三载（754）甲午岁符合碑文内容，学者一致认为立碑时间在天宝十三年（754）。[1]

(三) 第432窟贞观廿二年 (648) 题记

第432窟为北周原建，原壁画现为西夏（或宋）壁画所覆盖，但在前室窟顶露出北周壁画层，空白处有"……贞观廿二年正月……阴义本兄义□（全）"题记。相邻的第431窟为西魏洞窟，主室四壁下部及中心塔柱四周下部为初唐壁画，其中北壁、西壁、南壁的"未生怨""十六观"情节是敦煌观无量寿佛经变中最早的（图7-3）。有可能第431窟、第432窟在贞观廿二年同时重修，或许第431窟的观无量寿佛经变就绘于是年[2]。

(四) 第386窟上元二年 (675) 题记

第386窟开凿于初唐，但并没有完工，只画了窟顶，而后约在高宗时期绘西壁佛龛，菩

---

[1] 陈菊霞：《"大唐伊吾郡司马上柱国浔阳翟府君修功德碑记"考释》，《敦煌研究》2003年第2期，第11—12页。
[2] 贺世哲：《从供养人题记看莫高窟部分洞窟的营建年代》，载敦煌研究院编《敦煌莫高窟供养人题记》，文物出版社，1986年，第201页。

图 7-3　莫高窟第 431 窟初唐壁画十六观、未生怨画面

图 7-4-1　莫高窟第 386 南壁西部阿弥陀经变题记所在壁画

图 7-4-2　莫高窟第 386 窟北壁西部药师经变（局部）

占期间完成东、南、北壁壁画。主室南壁西侧蕃占期间壁画起甲脱落，露出底层一方题记："上元二年七月十一七绘记"（图7-4），其中"七月十一七"应为"七月十一日"之笔误。唐前期有二个"上元"年号，一般认为是高宗上元二年（675），而非肃宗上元二年（761）。龛内塑一佛二弟子四菩萨，壁画8身弟子，龛顶壁画毁大部，塑像身躯修长、胸部扁平，壁画中的弟子像入神沉思而有脱俗之态，卷草祥云等边饰舒展雅逸，正是高宗朝艺术特征，所以樊氏分期将龛内画塑作为第二期的代表作品之一。上元二年题记可能是画工绘塑龛内之后，因故停工而信手题于南壁。

图7-5 莫高窟第323窟石佛浮江画面（中有通玄寺题记）

图7-6 莫高窟第335窟垂拱题记

（五）第323窟年代

第323窟南壁石佛浮江故事中，打捞浮江石佛画面的榜题提到："迎向通玄寺供养，迄至于今。"（图7-5）榜题提到的通玄寺，可帮助我们推定建窟时代，唐陆广微《吴地记》记载："中宗载初元年（689），则天皇后遣使送珊瑚、镜一面，钵一副，宣赐供养，兼改通元（玄）寺为重云寺。开开五年改开元寺，兼赐金鱼、字额。"榜题中仍写为通玄寺，推测这幅故事画的粉本产生于改名重云寺之前，洞窟年代或当在此前后。

（六）第335窟垂拱二年（686）、长安二年（702）题记

第335窟主室东壁门上壁画阿弥陀佛一铺五身像，发愿文是："垂拱二年五月十七日净信优婆夷高奉为亡夫及男女见在眷属等普为法界含生敬造阿弥陀二菩萨兼阿难迦叶像一铺（图7-6）。"北壁维摩诘经变下方有当时的发愿文，存部分文字，发愿文中使用武周新字，末署"张思艺敬造"。20世纪40年代向达考察时，记录"张思艺姓名上尚隐约可见圣历二

字"[1]。主室西壁龛外北侧观音像下有"长安二年二月廿日"题记,可见第335窟修建时间前后至少长达17年。

(七)西千佛洞H9[2]如意元年(692)题记

该窟为中心柱窟,坐北向南,南北进深6.4米、东西宽5.2米,始建于西魏,而后北周、隋、初唐等重修,南壁门东侧初唐画一佛二菩萨说法图,形象俊秀,笔墨流畅,画风清丽,可列初唐名品,说法图右侧近门处有朱书"如意元年五月"题记,现今只剩下"如意元年"4字,其中"年"字使用武周新字[3]。说法图下方中央有发愿文(现漫漶),从位置看,这条纪年似乎是画工随意书写,但这铺说法图的风格却是这一时期的。

(八)延载二年(695)建成第96窟(即北大像)

据莫高窟第156窟前室北壁《莫高窟记》(底稿见P.3720),第96窟(北大像)是禅师灵隐和居士阴祖在延载二年建造的。载初元年(690)七月,薛怀义、僧法明等十个和尚造《大云经疏》,武则天遂下令全国建造大云寺,第96窟或即敦煌的大云寺窟。若是,则当始建于敕各州建大云寺之年即690年顷,经五六年的建造,而于695年完工。第96窟原来的壁画全失,塑像也经后人多次改动,已非原貌。

(九)第123窟天册万岁三年(697)题记

第123窟主室西壁龛下有发愿文,今漫漶(图7-7),20世纪40年代向达考察时,记录"窟内佛龛下发愿文已漫漶,文末'万岁三年'诸字尚可识"[4]。按:若向达记录无误,则此万岁三年就是天册万岁三年,当时中原已经改年号为神功元年即697年。南壁弥勒三会之东侧一倚坐佛戴宝冠,正是这一时期的造像特点,向达记录较可信。

(十)圣历元年(698)建成第332窟

第332窟为唐代少数中心柱窟之一,窟内前室原立有功德碑《李君莫高窟佛龛碑》(《圣历碑》),20世纪20年代为流亡来的俄军士兵折断,今部分残片存敦煌研究院陈列中心。碑文记载:"圣历元年(698)五月十四日修葺功毕。"

---

[1] 向达:《西征小记》,载《唐代长安与西域文明》,读书·生活·新知三联书店,1987年,第361页。
[2] H表示霍熙亮先生编号,张大千编为第6窟,敦煌研究院旧编第7窟。
[3] 敦煌文物研究所:《西千佛洞的初步勘查》,《文物参考资料》1953年第1期。史苇湘:《敦煌莫高窟大事年表》(三)"692年"条,《中国石窟·敦煌莫高窟》第3卷,文物出版社,1987年,第243页、246页。
[4] 向达:《西征小记》,载《唐代长安与西域文明》,读书·生活·新知三联书店,1987年,第361页。

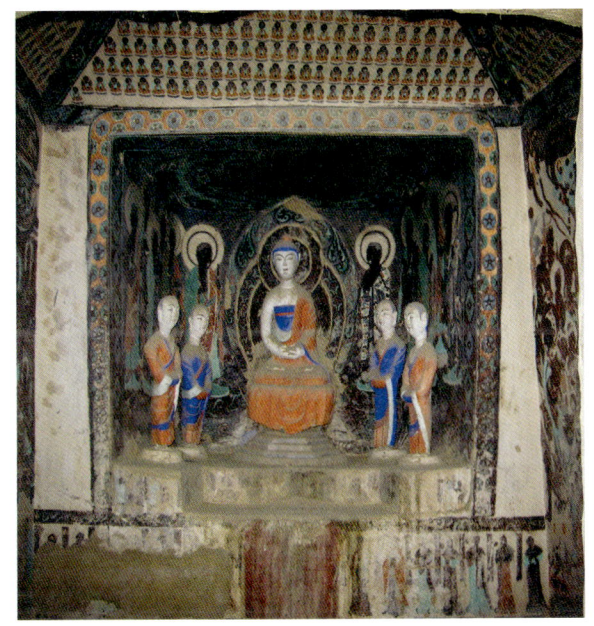

图 7-7　莫高窟第 123 窟主室内景　　图 7-8　莫高窟第 205 窟西壁南侧施甘露观音

(十一) 第 331 窟供养人题记

第 331 窟紧邻第 332 窟,《圣历碑》云第 332 窟修在其父亲李达的功德窟旁, 从位置和供养人题记看, 可能是今天的第 331 窟。

(十二) 第 205 窟圣历题记

第 205 窟西壁南侧一身观音正倾泻手中净瓶中的甘露给下方的一穿世俗服饰的女子, 女子身后站立一身更小的男装侍从 (女侍从), 侧身, 双手合十, 与头齐平 (而不是通常所见的胸前)。观音身后有三行文字痕迹 (图 7-8), 北起第一行隐约可见 "圣历" 诸字。[①]

(十三) 第 211 窟长安二年 (702) 题记

该窟平面方形, 进深、宽均为 2.3 米, 覆斗形顶, 西壁开敞口龛。西壁龛下原有发愿文, 后王道士塑玄奘像, 又在龛前砌泥台, 安置二弟子像, 发愿文遂毁或遮挡 (图 7-9)。伯希和

---

① 王惠民:《莫高窟第 205 窟施宝观音与施甘露观音图像考释》,《敦煌学辑刊》2010 年第 1 期, 第 58—60 页。

图 7-9　莫高窟第 211 窟西龛 　　　　图 7-10　莫高窟第 41 窟北壁千佛说法图

记录龛下发愿文"长安二年五"[1]。可知此窟建成于长安二年。

(十四) 第 41 窟开元十四年 (726) 画工题记

主室北壁千佛下露出一方题记："开元十四年五月十一日□□"(图 7-10),可知该窟壁画绘制年代在 726 年。

(十五) 第 217 窟窟主与年代

第 217 窟修建于盛唐早期,五代重修。主室西壁北侧像台南向面西起第四身题名"……品子嗣玉……男嗣玉",之前推测此"嗣玉"为敦煌文献中记载的 8 世纪初期的"阴嗣玉"而定为阴家窟,贺世哲推测第 217 窟建成时间"大约在中宗神龙年 (705—706) 之前"[2]。最新研究显示此"嗣玉"不是"阴嗣玉",更可能是"刘嗣玉",则第 217 窟可能是刘家窟。第 217 窟前室西壁门上中央残存盛唐画供养香炉,北侧盛唐画男供养人一身、侍从一身,题记模糊,伯希和记录为"男清信□刘承化一心供养",南侧盛唐画女供养人一身(似有侍从,模糊)。主室龛下北侧南起第一身盛唐男供养人像题记今模糊,伯希和记录为"上柱国刘怀念……"。第 217 窟经五代重修,甬道南壁西起五代画男供养人二身,西起第一身题"亡祖父前节度押衙银青光禄大夫检校国子祭酒□察□□刘□朝一心供养"。甬道北壁西起五代画男供养人二身,西起第一身题"男□□□□度押□银青光……察兼御史中丞刘……",第二身题"男节度……兵马使银青光禄大夫检校太子宾客兼试殿中监刘怀德再绘□□□□"。又,第 217 窟主室东壁门北有五代时期画的一身比丘供养像,题记完整:"应管内释门都僧政京城内外临坛供奉大德毗尼藏主阐扬三教大法师赐紫沙门洪认一心供养。"

---

[1] 伯希和著,耿昇译:《伯希和敦煌石窟笔记》,甘肃人民出版社,1993 年,第 151 页。
[2] 贺世哲:《从供养人题记看莫高窟部分洞窟的营建年代》,载《敦煌莫高窟供养人题记》,文物出版社,1986 年,第 204 页。

学者考证此弘忍俗姓刘。上述资料显示第217窟为刘家窟，此说应当可靠。[1]

(十六) 第166窟开元廿年（732）行客王奉仙题记

第166窟主室壁画杂乱无章，显然是开凿后未完工而废弃，而后有人陆续画了一些壁画，东壁北侧有一小方盛唐画三佛立像（多宝佛、药师佛、阿弥陀佛），高、宽均为0.5米（不含下方榜题），三佛均作说法手印，均有题名，北起："南无多宝佛""南无药师佛""南无阿弥陀佛"，多宝佛下题有"行客王奉仙一心供养"，其余二佛下方题名漫漶（图11）。吐鲁番文书中，有3件文书与王奉仙有关，其中提到开元廿年三月与驮主徐忠送军需到安西都护府，八月到达，返回时因病后行，因没有带过所（通行证）而被官府扣留，这些文件就是审理王奉仙的档案。第166窟的供养像可能是王奉仙前往西域途中来莫高窟画的[2]。

(十七) 开元九年（721）始建第130窟

P.3721《瓜沙两郡大事记》记载："辛酉，开元九年。僧处该（据《莫高窟记》，应为处谚）与乡人百姓马思忠等，发心造南大像，弥勒高一百二十尺。"《莫高窟记》所记载内容相同："开元年中，僧处谚与乡人马思忠等造南大像，高一百廿尺。"开元九年大约是南大像始建之年，因为1965年10月，敦煌文物研究所在加固第130窟时，在南壁盛唐壁画下部发现一孔穴，内有丝织物，其中一件是纪年幡，墨书文字是："开元十三年七月十四日，康优婆姨造播（幡）一口，为己身患眼。若得损日，还造播（幡）一口，保（报）佛慈恩。故告。"[3] 发愿文的具体纪年证明此孔穴外的盛唐壁画在开元十三年之后绘制，则开元九年不是南大

图 7-11　莫高窟第 166 窟东壁门北三佛

---

[1] 陈菊霞、曾俊琴：《莫高窟第217窟东壁供养人洪认生平考》，《敦煌研究》2018年第4期，第47—50页。陈菊霞：《敦煌莫高窟第217窟营建家族新探》，《故宫博物院院刊》2020年第8期，第47—48页。
[2] 王惠民：《读莫高窟供养人题记札记》，《文献》1994年第3期，第270页。
[3] 樊锦诗、马世长：《莫高窟发现的唐代丝织物及其他》，《文物》1972年第12期，第55页。

图 7-12　莫高窟第 180 窟龛南侧壁画

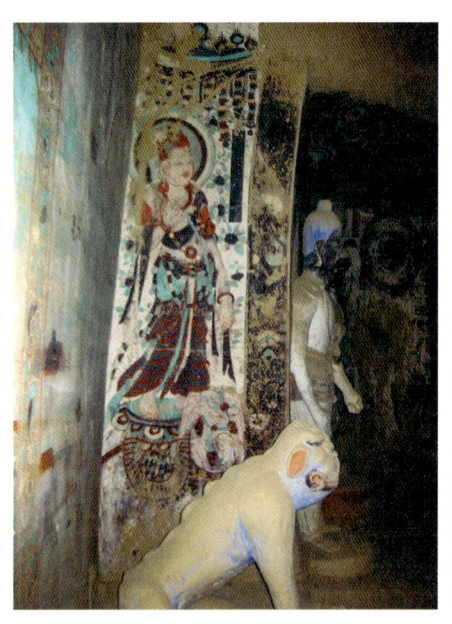

图 7-13　莫高窟第 185 窟西龛

像完工时间。

(十八) 第 180 窟天宝七载 (748) 题记

主室西壁龛外南、北侧各画菩萨一身，南侧题记："清信佛弟子张承庆为身染患，发心造二菩萨，天宝七载五月十三日毕功。"(图 7-12) 此项画的壁画还包括藻井、龛内壁画。至于南、北、东壁壁画均为蕃占期间补绘。

(十九) 第 185 窟天宝八载 (749) 题记

主室西壁龛外北侧题记："天宝八载四月廿五日书人宋承嗣作已之也。"(图 7-13)

(二十) 大历十一年 (776) 第 148 窟建成

该窟前室南厢今存大历十一年 (776) 立的功德碑，知为敦煌豪族李太宾所建。

五、唐前期壁画题材

唐前期敦煌壁画特点是通壁大画的流行和中原粉本的传来。唐以前的洞窟多千佛题材，唐前期虽然也流行千佛题材，但多数位于窟顶，四壁多通壁一铺经变，重复者少，如 220 窟主室西壁开龛，东、南、北三壁壁画题材即是通壁一铺经变，也在此后其他洞窟中不见同类，有一种粉本专用的感觉。唐前期敦煌与中原关系密切，如689年开始流行的武周新字，在691年敦煌灵修寺比丘尼善信写《法华经》的写经题记中就使用了（S.2157）。中原新出现的佛教壁画题材有的很快就传入敦煌，如217窟南壁的尊胜经变、西壁龛顶的金刚经变，321窟南壁的十轮经变、东壁门北的十一面观音像等。在艺术风格上也可以看出浓厚的中原影响，宿白《张彦远和〈历代名画记〉》一书中指出："敦煌壁画的粉本多是直接或间接出自唐两京，不能不使我们注意到莫高窟的一些经变画在盛唐壁画中的发展变化与吴道子的新创意的某种联系[1]。"

唐前期最主要的题材是经变画，有18种118铺。

有"未生怨""十六观"画面的观无量寿经变23铺：初唐第209、431窟；盛唐第45、66、103、113、116、120、122、148、171（3铺）、172（2铺）、176、194、208、215、217、218、320、446窟。

没有"未生怨"的西方净土经变（据《阿弥陀经》，或据《无量寿经》，或据《观无量寿佛经》绘制）18铺：初唐第71、78、123、124、205（南壁）、205（北壁）、211、220、321、329、331、334、335、340、341、372窟；盛唐第44、445窟。

弥勒经变25铺：初唐第71、78、123、124、329、331、334、338、340、341、372窟；盛唐第23、33、91、109、113、116、148、180、208、215、218、387、445、446窟。

维摩诘经变13铺：初唐第68、203、206、220、242、322、332、334、335、341、342窟；盛唐103、194窟。

涅槃经变7铺：初唐第332窟；盛唐第39、46、120、130、148、225窟。

法华经变7铺：初唐5铺：第202、331、335、340、341窟；盛唐第23、31窟。

观音经变5铺：初唐第205窟；盛唐第45、126、217、444窟。

佛顶尊胜陀罗尼经变4铺：盛唐第23、31、103、217窟。

药师经变2铺：初唐第220窟；盛唐第148窟。

报恩经变2铺：盛唐第31、148窟。

金刚经变2铺：盛唐第31、217窟。

十轮经变2铺：盛唐第74、321窟。

天请问经变1铺：盛唐第148窟。

华严经变1铺：盛唐第44窟。

劳度叉斗圣变1铺：初唐第335窟。

大方等陀罗尼经变1铺：盛唐320窟。

---

[1] 宿白：《张彦远和〈历代名画记〉》，文物出版社，2008年，第64—65页。

图 7-14　莫高窟第 323 窟

图 7-15　莫高窟第 323 窟北壁壁画

图 7-16　莫高窟第 323 窟南壁壁画

千手千眼观音经变 2 铺：盛唐第 79、148 窟。

如意轮观音经变 1 铺：盛唐第 148 窟。

不空绢羂索观音经变 1 铺：盛唐第 148 窟。

唐前期经变画主要是西方净土变、弥勒经变、维摩诘经变、涅槃经变、法华经变，其余数量不足 5 铺。唐前期经变画都是通壁一铺的大画，占了窟内主要壁面，成为窟内主要表现内容，但从数量看，唐前期经变画的题材种类并不多。学术界对上述经变画都做了初步的调查研究。[①]

经变画以外的佛教题材则较为丰富。第 323 窟是宣传佛教戒律与佛教史迹的洞窟（图 7-14）。北壁西起画张骞出使西域、释迦晒衣石、佛图澄事迹 3 则（听铃占凶吉、灭幽州火、洗肠）、阿育王拜塔、康僧会事迹 4 则（康僧会建业〈南京〉、舍利放光、建造建初寺、皇帝孙皓礼康僧会）等五组佛教史迹画（图 7-15）。南壁西起画石佛浮江、杨都出金像、昙延事迹等三组佛教史迹画（图 7-16）。东壁画《涅槃经》（也有可能是《梵网经》，经文内容相同）中的戒律画多幅。[②] 第 323 窟西壁塑像已毁，现存假山也经清代涂色，可能创

[①] 王惠民：《敦煌经变画的研究成果与研究方法》，《敦煌学辑刊》2004 年第 2 期，第 69 页。
[②] 关于此窟壁画内容的考证，参见马世长：《敦煌莫高窟第 323 窟佛教感应故事画》，《敦煌研究》总第 1 期 1982 年，第 80—95 页。孙修身：《莫高窟佛教史迹故事画》（一），载敦煌文物研究所编《敦煌研究文集》，甘肃人民出版社，1982 年，第 334—347 页。

建时塑造凉州瑞像,这是初唐起在敦煌比较流行的题材。

一佛五十菩萨图虽然属于西方净土信仰,但似乎也可以归于佛教传播史上的瑞像图像。唐前期在龙门石窟、四川石窟也普遍流行,莫高窟第332、23、171窟各有一铺(图7-17)。图像特征是:从主尊佛的佛座下蔓生出莲茎(或树状莲树),分枝上坐着许多菩萨,具数有五十,故称一佛五十菩萨,或加上二大菩萨而称一佛五十二菩萨。一些造像的菩萨数目因壁面等原因而略有增减,但保存最主要的特征:菩萨数目多(五十身左右),均坐在莲茎相连的莲花上(非立姿)。五十菩萨是生活在西方净土世界的菩萨,表示西方世界的成人。九品往生的形象是化生童子,表示刚刚在西方世界诞生。在敦煌莫高窟第171窟一佛五十菩萨图中,就穿插着许多化

图 7-17 莫高窟第 332 窟一佛五十菩萨图

生。佛经中并没有关于一佛五十菩萨图的记载,关于一佛五十菩萨图的文献资料主要有三条:一是道宣(596—667)《集神州三宝感通录》,二是道宣《续高僧传·慧海(541—609)传》,三是四川梓潼卧龙山贞观八年(634)所刻《阿弥陀佛并五十二菩萨传》碑文。从这些文献的记载看,一佛五十菩萨图当是信仰西方净土的僧人们在禅定时所感悟到的一种关于西方净土世界景观的瑞相[1]。

初唐开始出现密教图像,较早的密教图像资料有两条:一是山西省长治县贞观十二年(638)《阿弥陀佛十二臂观音四面造像碑》[2];二是道宣龙朔元年(661)编集《集古今佛道论衡》4卷,又于麟德元年(664)在卷四上加《续附》,《续附》均为龙朔元年(661)京师西华观道士郭行真舍道归佛造经像之愿文,共16篇,这些经像是"金铜佛五躯,十一面观音像二躯并诸大乘经"。郭行真造十一面观音像可能与玄奘翻译《十一面观音经》有关,玄奘在当时僧俗间地位显赫,656年翻译《十一面观音经》,此后不久即有郭行真造像。

---

① 王惠民:《一佛五十菩萨图源流考》,载兰州大学敦煌学研究所编《麦积山石窟艺术文化论文集》(上册),兰州大学出版社,2004年,第540页。
② 颜娟英:《唐代十一面观音图像与信仰》,《佛学研究中心学报》2006年第11期。

敦煌密教图像在高宗朝就出现在敦煌壁画中。武则天执政时期，除密典翻译、密法传授、密僧修持等文献记载外，敦煌和敦煌以外地区有一批武则天时期的密教图像。因为这些密教图像流行于开元三大士之前，又与武则天关系密切，将这些图像与文献记载相印证，有助于我们对初唐佛教发展、武则天个人佛教信仰与政治关系等问题的全面认识。武则天时期的密教图像，主要是千手千眼观音和十一面观音（图 7-18），还有四臂观音、八臂观音等。武则天时期密教图像的特点，是以观音为主，观音虽多首多臂，但面相仍相当亲切自然，威猛怖畏的形象大约在开元三大士之后才流行。盛唐晚期开凿的第 148 窟有不空羂索观音经变、如意轮观音经变、千手千眼观音经变等密教题材，此后直到元代，密教图像是敦煌石窟的重要题材之一。

图 7-18　莫高窟第 321 窟东壁十一面观音

六、唐前期洞窟分期

唐前期洞窟粗分则是初唐、盛唐，细分则有史苇湘 6 期说、樊锦诗等的 4 期说。又，段文杰将初唐分为 3 期，盛唐洞窟分期未论及。另外，1950 年水野清一在《佛教艺术》（日本）总第 9 号发表《唐代佛教雕刻》（按：内容与标题不符，实际上只是介绍唐前期佛教雕刻，下限为开元天宝时期，即不包括唐后期佛教雕刻），该文将唐前期佛教雕刻分为 4 期：贞观永徽期（630—660）、咸亨上元期（660—685）、武则天期（685—705）、开元天宝期（705—755）。该文虽未及敦煌石窟资料，但他的分类法可作敦煌唐前期洞窟分期的一个参考。

下面讨论史氏、段氏、樊氏三家分期的异同，通过对他们的研究方法的考察，或许对今后理解唐前期敦煌石窟有所启发。

（一）史氏初唐分期

史氏分期将唐前期 124 个洞窟分为六期：初唐 3 期（共 44 窟）、盛唐 3 期（共 80 窟）。文中提到："初唐石窟制作宏伟，形制多样，粗略统计分析可以分为武德（618—626）、贞观

（627—649）、武周（650—704）三期[1]。"

关于史氏分期，有以下几个问题需要讨论。

1.武周时期开始时间。高宗（628—683）在贞观二十三年（649）即位，次年改元永徽。675年武后摄政，683年高宗卒，690年武则天称帝，705年武则天卒。史氏分期将高宗即位（649）之后即称武周时期，这大约是略称，全称应该是高宗、武周时期。705年，武周政权的结束是中国历史的一个大事件，前揭唐诗的初唐、盛唐分期就是以此年为界，敦煌学界也基本上遵循这样的分期。

2.初唐洞窟数量。史氏分期并没有提到完整的各期洞窟数量与各期洞窟号码，也没有提到西千佛洞和榆林窟的初唐洞窟，只是笼统提到莫高窟37个初唐洞窟："从唐初到武则天时期，敦煌佛教十分兴盛，从618年到704年的86年间，莫高窟建造了不少石窟……保留至今的还有第57、68、71、77、96、202、203、204、205、209、210、211、212、213、242、283、287、328、321、322、331、332、333、334、335、339、340、341、342、373、375、371、372、381、386、448、431等窟。"文章结尾提到："莫高窟现存的44个初唐石窟，是研究我国7世纪佛教美术史的重要实物资料。"初唐44窟说来源于他的《关于敦煌莫高窟内容总录》，除前面提到的37窟外，还有60、220、244、280、328、329、338、390窟，如果除去431窟，恰合44窟之数[2]。220窟建于贞观年间，却不在37个洞窟之列，显示存在问题，出现上述误差很可能是后人出版史先生论文集时录入时的漏录，初唐有44个洞窟应该是他的原意。

3.关于初唐第一期洞窟的数量。史先生自己也有不同的说法，史氏分期把203、244、390窟列为初唐第一期，但其中244、390窟不见前面37个洞窟之列。他在《关于敦煌莫高窟内容总录》中提道："第57、203、209、322窟是一批十分宝贵的武德至贞观初年的洞窟。"按照内容，这几个洞窟也是初唐第一期洞窟，如果与史氏分期的第一期203、244、390窟三个洞窟合并的话，史先生的初唐第一期就有57、203、209、244、322、390等6个洞窟，而不是史氏分期所说的3个洞窟或史氏在《关于敦煌莫高窟内容总录》所说的4个洞窟。可见他对洞窟分期存在极大随意性。

4.史氏分期在叙述初唐第二期洞窟时只提到第20窟（按：20窟为晚唐窟，应该是指220窟）、278窟（按：278窟一般认为是隋窟，似乎指287窟），也不在37个初唐窟之列。如果是220、287窟则在44窟之列。

5.史氏分期在叙述第三期即武周时期洞窟时，提到205、321、322（引者按：可能是323

---

[1] 史苇湘：《敦煌历史与莫高窟艺术研究》，甘肃教育出版社，2002年，第259页。
[2] 敦煌文物研究所整理：《敦煌莫高窟内容总录》，文物出版社，1982年，第180页。

窟之误)、329、334窟。但他在《汗尘迷净土、梦幻寄丹青：论敦煌莫高窟盛唐壁画》一文中又把205窟作为盛唐窟第一期窟："莫高窟在8世纪70余年间开凿的、至今尚存的81窟，并非同一模式，毫无变化。从窟型、题材、技法、风格等丰富多样的表现来看，可以分为三段。第一段：神龙（705）—太极（712）包括中宗李显、睿宗李旦统治的年代，这一时期开凿的石窟以217、215、205（窟顶与南壁）窟等为代表。"[1] 另外，322窟的风格应该属于初唐早期，不可能是武周洞窟，他自己在《关于敦煌莫高窟内容总录》中也称322窟为初唐早期洞窟："第57、203、209、322窟是一批十分宝贵的武德至贞观初年的洞窟。"可见史氏分期将322窟列为武周窟当误，很有可能是323窟的笔误。

（二）段氏初唐分期

段文杰在《创新以代雄：敦煌石窟初唐壁画概况》一文中也认为初唐有44个洞窟，但没有列出全部窟号，只列出21个有代表性的洞窟，他也是将初唐洞窟分为三期："在228个唐窟中，初唐窟共44个，如果按时间先后排列，大体可分为三期：一、武德期，主要指未受中原影响、仍然保持隋末余风的洞窟，如390、392、244、314等窟；二、贞观期，指唐太宗定河西平高昌之后的洞窟，如203、209、205、57、322、71、220、431等窟；三、武周期，指武则天执政时期的洞窟，如335、329、331、321、334、332、323、378、328等窟。"[2]

段氏与史氏二家初唐洞窟分期存在很大不同：

（1）段先生的第一期有390、392、244、314窟等4个洞窟，史先生在论及初唐各期窟时没有提到314、392窟，一般把314、392窟归于隋代晚期。[3]

（2）段先生把203窟归于第二期，史先生则归于第一期。

（3）段先生提到的初唐第二期8个洞窟，史先生均未提到。

（4）段先生把205窟列为第二期，史先生有时列为初唐第三期，有时列为盛唐第一期（见前文），由于205窟有"圣历"题记，定为初唐第三期比较合适。[4]

（5）史先生认为"第57、203、209、322窟是一批十分宝贵的武德至贞观初年的洞窟。"即相当于第一期，段先生则归于第二期。

（6）史先生认为323窟是盛唐窟，段先生归于初唐第三期。但一般学者都认为属于武

---

[1] 中国壁画全集编辑委员会编：《中国壁画全集·敦煌6·盛唐》，天津人民美术出版社，1989年，第5页。

[2] 中国壁画全集编辑委员会编：《中国壁画全集·敦煌5·初唐》，辽宁美术出版社，1989年，第3页。

[3] 樊锦诗、关友惠、刘玉权：《莫高窟隋代石窟分期》，载《中国石窟·敦煌莫高窟》第2卷，文物出版社，1984年，第179、182—183页。

[4] 关于这条题记辨识，参见王惠民：《莫高窟第205窟施宝观音与施甘露观音图像考释》，《敦煌学辑刊》2010年第1期，第59页。

周时期洞窟[1]。

(三) 史氏盛唐分期

关于盛唐洞窟，段先生没有专文。史苇湘在《汗尘迷净土　梦幻寄丹青：论敦煌莫高窟盛唐壁画》一文中提到："盛唐76年中虽仅存81个洞窟，按后代重修诸窟推测，实不止此数。""从窟型、题材、技法、风格等丰富多样的表现来看，可以分为三段。"即将盛唐洞窟分为"神龙（705）—太极（712）""开元（713）—天宝（755）""至德（756）—建中二年（781）"等三期。[2] 此文未完整列出81个盛唐洞窟，在《关于敦煌莫高窟内容总录》一文中列出80个盛唐洞窟，如果我们试着加上属于盛唐的第43窟，可得81窟之数。这81个洞窟是：第23、26、28、31、32、33、34、39、41、42、43、44、45、46、47、48、49、50、51、52、66、74、75、79、80、91、101、103、109、113、115、116、117、119、120、121、122、123、124、125、126、129、130、148、162、164、165、166、170、171、172、175、176、180、182、185、194、199、208、214、215、216、217、218、219、225、264、319、320、323、374、384、387、444、445、446、458、460、482、484、490窟。

史先生把唐前期分为六期，但初唐第一期和盛唐第一期都很短，洞窟数量也少，如初唐第一期只有第203、244、390窟等3个洞窟，盛唐第一期也是第205、215、217窟等3个洞窟，并且他在《唐代敦煌石窟分期与莫高窟初唐艺术》中一文中把第205窟列为初唐第三期即武周时期的洞窟，而《汗尘迷净土　梦幻寄丹青：论敦煌莫高窟盛唐壁画》又归于盛唐第一期。如果按文章发表先后看，他大约认为205窟属于初唐第三期。这样，盛唐第一期只剩下2个洞窟。因为数量较少，不足以代表一个阶段的风格。

(四) 樊氏唐前期洞窟分期

樊氏分期将唐前期118个洞窟分为四期，大致属于初唐早期、初唐晚期、盛唐早期、盛唐晚期。在时间上大致是将史苇湘分期的初唐一、二期合并，盛唐一、二期合并。樊氏分期的唐前期四期是：

第一期，"当在唐高祖、太宗、高宗初期这个时期"。新开洞窟14个。完成的有12个：第57、60、203、204、206、209、283、287、322、373、375、381窟，未完工的有2个：第329、386窟。另外，续修隋代第401窟。（按：第一期有几个洞窟的年代需要斟酌。）

---

① 贺世哲：《从供养人题记看莫高窟部分洞窟的营建年代》，载敦煌研究院编《敦煌莫高窟供养人题记》，文物出版社，1986年，第202页。
② 中国壁画全集编辑委员会编：《中国壁画全集·敦煌6·盛唐》，天津人民美术出版社，1989年，第3、5、6页。

1. 第244、390窟。樊氏分期将史苇湘初唐第一期窟中的第244、390窟归于隋代第三期，但多数学者将此两窟归于初唐武德窟。

2. 第220窟。樊氏分期的第一期"当在唐高祖、太宗、高宗初期这个时期"。而第220窟有贞观纪年，却归于第二期，此窟虽为贞观年间修建，但与稍早的第57、322等窟存在明显的不同，在时间上归于第一期，但画风上更接近第二期。

3. 第431窟。第431窟为西魏窟，初唐补画有一铺完整的观无量寿佛经变，樊氏分期归于第二期。但该窟南侧的第432窟前室顶部有贞观廿二年（648）纪年："贞观廿二年正月……阴义本、兄义全。"有学者认为第431窟画风属于初唐早期，第432窟贞观题记可能是画工在画第431窟时题写的，则第431窟初唐壁画可能绘于贞观廿二年顷，第431窟重修时间可能在第一期。①

第二期，"以第220、386、335、96、332等窟为代表的第二期洞窟，应修于太宗以后，主要在高宗至武则天时期"。新开洞窟26个。完成的有21个：第68、71、75、77、210、211、220、242、321、331、332、333、334、335、338、339、340、341、342、371、372窟，未完工的有5个：96、202、205、387、448窟。其中，第211窟在史先生分期中列为初唐晚期窟。另外，续修北魏（应为西魏）第431窟和第一期的第329、386窟。

按：此将第333窟列入完工窟，但第三期又提到续修。又将第96窟列入未完工窟，原因不明，详后文。第78窟未列入分期，该窟东壁、南壁、北壁均有被近代好事者剥出较大面积的初唐壁画，窟形与内容接近第71窟，似可归入第二期。

樊氏分期将第329窟判定为第一期始建、第二期续修，但全窟风格统一，未见重修痕迹，史氏、段氏均归于武周时期窟。第329窟北侧第331窟为第二期窟（第330窟为一小龛，所以第329窟紧邻第331窟），南侧第328窟为第三期窟，第329窟并没有特别之处，从壁画题材与风格、崖面位置等考虑，该窟与第一期没有关系，当属第二期窟。

一批未列入分期的盛唐洞窟可能要提前到初唐晚期窟，如第80、83窟等，这些洞窟的初唐晚期特征比较明显。第69窟原定为中唐窟，现存表层壁画为西夏重修，北壁露出部分原建时壁画，残损严重，但西壁敞口龛内塑像一铺五身（一佛二弟子二菩萨初唐特征明显）。

第三期，"大致在中宗、睿宗、玄宗前期开元时期（705—749年）"。新开洞窟44个。完成的有第34个：39、41、42、43、48、49、50、51、52、66、103（按：印刷成108窟，误）、109、116、119、120、122、123、124、125、130、208、213、214、215、217、219、319、323、328、374、444、445、446、458窟。未完成的有10个：45、46、117、121、212、216、218、

---

① 贺世哲：《从供养人题记看莫高窟部分洞窟的营建年代》，载敦煌研究院编《敦煌莫高窟供养人题记》，文物出版社，1986年，第201页。

225、320、384窟。另外,续修前代洞窟5个:第96、205、333、387窟(按:这里只记录4个洞窟,漏掉一窟)。

1. 关于盛唐早期与盛唐晚期的界线

史氏盛唐分期的第二、第三期以天宝年号结束(755年)为界,樊氏盛唐前期与后期的分期则以749年为界。我们知道,玄宗(685—762)在位时间比较长(712—756),开元年号使用至开元廿九年,历时29年(713—741),742年为天宝元年,此年号使用至天宝十五载(756年,按:天宝三年至乾元元年改"年"为"载",744—758年,事见《唐大诏令集》卷四、卷九)。分期将有天宝七载(748)、天宝八载(749)纪年的第180、185窟作为分界,而将此二窟归于第四期,则第三期应该在748年之前比较合适。

2. 关于第323窟年代问题

樊氏分期将第323窟划在第三期即盛唐早期,但此窟一般认为开凿于7世纪八九十年代,属于武周洞窟,已见前述。

3. 关于第123窟年代问题

前面提到20世纪40年代向达考察时,记录第123窟"窟内佛龛下发愿文已漫漶,文末'万岁三年'诸字尚可识"。若向达记录无误,则此万岁三年就是天册万岁三年,当时中原已经改年号为神功元年即697年。从造像风格看,向达记录较可信。若此,将此窟及其周围的第119、120、122、124、125窟划到第二期比较合适。

4. 关于第96窟重修问题

樊氏分期列入第二期未完工窟、第三期续修,不知依据何在。敦煌资料中最早的维修资料是中和二年(882)前后重修。S.3329＋S.11564＋P.2762＋S.6161＋S.6973《敕河西节度兵部尚书张公德政之碑》记载晚唐敦煌第二任归义军节度使张淮深"乃见宕泉北大像,建立多年,栋梁摧毁",而予维修。宋初曹元忠夫妇又出资维修。第96窟现存建筑为民国时期新建,塑像也经民国彩绘,壁画片甲不存,此窟只能按文献记载归于第二期,没有可供分期的图像资料。樊氏分期认为第96窟第三期续修,但未提出证据,由于武周时期佛教盛行,第96窟应该第二期即已完工。

5. 关于第333窟续修问题

第333窟在第二期叙述中归于完成窟,但在第三期续修前代洞窟中又说第三期续修了前代的第333窟。(按:该窟窟顶壁画与四壁壁画的风格确有区别,窟顶、东壁门上千佛的年代似乎较早,可能属于第二期,而四壁壁画疏朗明快,属于第三期。即第333窟属于第二期未完成、第三期续修窟。)

还有一些洞窟可以归入第三期,如第353窟为三龛窟,表层壁画为西夏重修,诸龛的龛沿露出盛唐画花卉、华盖等,窟形与第225窟一样,约与第225窟同时修建。

图 7-19　莫高窟第 45 窟主室

第四期,"其上限早不过天宝,下限当晚不过沙州陷蕃的建中二年(781)"。新开洞窟 34 个。完成的只有 13 个:第 23、31、33、74、79(印刷成第 29 窟,误)、113、148、162、165、171、172、182、194 窟。未完成的多达 21 个:第 26、32、44、47、91、115、126、129、164、166、169、170、175、176、179、180、185、188、199、264、460 窟。另外,续修前代洞窟 2 个:第 45、320 窟。

第四期分期也存在一些困惑。

1. 关于第 166 窟年代。分期将第 166 窟分入第四期,但因为东壁北侧有行客王奉仙造像并题记,有学者认为此王奉仙即开元廿年(732)送军需到西域都护府的王奉仙,王奉仙造像属于任意图绘,说明此时该窟已经废弃,该窟修建的时间可能要提前到盛唐早期。

2. 第四期续修了第 45、320 窟,但哪一部分是前代的、哪一部分是后代的,在第三期、第四期排年资料中均没有交代。从风格看,第 45 窟窟顶藻井与四披年代较早(图 7-19),可能是第三期绘制,南北壁、东壁南侧、西壁龛内绘塑可能属于第四期。

上述 4 期洞窟总数约 110 个,与隋窟数量相当,但唐前期洞窟的窟形要比隋窟大,内容也丰富得多。有 10 多个洞窟有开窟纪年,约占此期洞窟总数 15%,其中,第 220、332、335 窟等洞窟的开窟纪年是唐前期洞窟石窟研究的重要材料。

(五)唐前期洞窟分期的一点思考

三家对唐前期洞窟的分期研究,为今后进一步对其他时代的敦煌石窟及其他地区的石窟之分期研究提供了宝贵经验。

1. 对相关洞窟的充分熟悉是分期研究的先决条件

敦煌唐前期洞窟多达 120 个以上,洞窟内容十分丰富,要做好分期工作,非一日之功,需要对洞窟非常熟悉,反复考察比较,烂熟于心中,上述对敦煌石窟进行时代梳理与分期的学者都是在敦煌工作多年的学者,外来学者在较短的时间内是无法完成对洞窟的调查、

图 7-20-1　莫高窟第 379 窟窟顶藻井

分析的。如第 87 窟未纳入分期，但该窟西壁龛顶盛唐画棋格团花三排二十四方，龛顶西披、南、北披盛唐画联珠纹、棋格团花一排，龛外上方盛唐画花卉边饰，龛内盛唐塑像一铺七身（存六身，失北壁一身天王），该窟的窟形、画塑具有盛唐早期特征。如第 379 窟为隋晚期窟，未完工，初唐晚期、中唐续修，西壁双层龛，初唐晚期绘内层龛和东壁门北一身菩萨立像，内层龛西壁至龛顶画团花火焰纹背光，龛顶两侧各画赴会佛一身、飞天一身，背光两侧浮塑彩绘塑像头光，龛内南北壁各画弟子一身，内侧龛沿画团花（图 7-20）。数量较多，可纳入初唐艺术分析与分期，诸家在讨论唐前期艺术与唐前期分期时均忽略了此窟。

2. 必须列出全部相关洞窟，这是一个常识

在唐前期洞窟分期中，樊氏分期注意资料的完整，列出了全部排年洞窟。而史氏分期、段氏分期则没有列出全部洞窟，只是提到一些代表性洞窟，数量不足半数，显然这属于艺术研究领域的时代分析，不是考古学意义上的石窟分期。

需要强调的是，一些洞窟不能纳入分期，如樊氏分期将 96 窟纳入分期，云第二期开凿、第三期续修，但此窟壁画荡然无存，塑像也经后代重修而面目全非，没有任何画塑可用来分期，至于第三期续修该窟，也没有交代依据。

图 7-20-2　莫高窟第 379 窟南壁观无量寿经变（局部）

图 7-20-3　莫高窟第 379 窟西龛

图 7-20-4　莫高窟第 379 窟东壁门北壁画

3.西千佛洞、榆林窟同属于敦煌石窟

这两处石窟存在少量唐前期洞窟，由于数量少、内容与莫高窟一致，无法进行单独分期，应该一并进行分期，但诸家均未注意这一问题，尤其是榆林窟，全部 43 个洞窟中，有 20 个是唐窟，多数文章径称"唐窟"，应与莫高窟唐窟合并进行分期。

4.艺术风格的分析对石窟分期具有重要意义

史先生、段先生的分期实际上是艺术层面的阶段性论述，着重考察不同阶段的石窟艺术特点，从艺术的角度探讨石窟年代对于石窟分期具有重要参考价值。樊氏分期属于类型学研究，相比之下显得更加客观、科学，但缺乏艺术风格演变的关注，比如没有将唐前期洞窟中丰富的图案资料纳入分期参考。今后如果将两者结合起来，将会大大有助于分期的完整性。

5. 应该重视石窟本身具有的历史与佛教史信息知识

如前揭第123、323窟通过保存在石窟中的题记、画塑风格等，基本可以肯定为武周时期洞窟，学者考证也较多。樊氏分期似乎没有注意到这些已有的研究成果，也不注重艺术风格分析等，把这些洞窟排到第三期。

6. 一些洞窟的重修问题

个别学者在讨论唐前期洞窟重修问题时，提出一些唐前期洞窟未完工，蕃占时期续修的原因是战乱而停止修窟等。①多数洞窟可能属于这种情况，如《敦煌石窟内容总录》把第201窟列为中唐洞窟，正文记"盛唐画背光"，该窟塑像全失，但背光确实是盛唐风格，可见该窟应为盛唐晚期开凿未完工窟（图7-21）。少数洞窟可能与战乱无关，如第386窟是第一期始修、第二期续修，但仍未完工，第三期未修，又作何解？又，第二期未完工的第202、205、448窟在盛唐时期也未见续修。盛唐未完成洞窟的原因很多，除了战争因素外，可能还与当时的宗教政策、窟主个人情况（经济实力、亡故、离开）有关。

关于唐前期洞窟分期问题，段氏分期、史氏分期主要是从艺术角度的判断，而樊氏分期是从石窟考古角度进行排年，相对科学规范，最值得重视，但樊氏分期没有重视历史背景、石窟营建等资料，一些洞窟的年代也需要重新斟酌。

最为遗憾的是，樊氏分期附记提到："此稿为1983年完成，因时久，图表及图像序列等资料已找不到。"例如第四期："观无量寿经变，共10铺，分为四型。"但除第148窟外，其余9铺没有窟号，"分为四型"也已不存，"图表及图像排队序列等资料"是分期研究的重要数据，需要今后补充。

在樊氏分期基础上继续完善唐前期洞窟分期，是敦煌唐前期洞窟研究的重要一环，由于资料的灭失，大大增加了唐前期洞窟分期的工作量，我们希望《敦煌莫高窟唐前期洞窟分期》一文的作者或者后人能在此文基础上继续进行这项工作。

图7-21 莫高窟第201窟主室西龛

---

① 沙武田对这类洞窟有详细调查，见沙武田：《莫高窟盛唐未完工、中唐补绘洞窟之初探》，《敦煌研究》2002年第3期，第14—18页。

七、洞窟窟形

莫高窟初唐洞窟 47 个，人字坡顶洞窟 2 个，前人字坡顶西壁设佛坛的洞窟 1 个，前人字坡顶后平顶有中心柱的洞窟 2 个，覆斗形顶洞窟 40 个，覆斗形顶有中心佛坛的洞窟 1 个，大佛窟 1 个。盛唐洞窟 98 个，包括人字坡顶洞窟 1 个，前人字坡后平顶有中心柱的洞窟 2 个，覆斗形顶洞窟 90 个，覆斗顶大佛窟 1 个，拱形顶窟（涅槃窟）1 个，纵向盝形顶窟 1 个，圆券龛 1 个，顶毁窟 1 个[1]。敦煌唐前期洞窟形制，大概有以下几类情形。[2]

（一）中心柱窟

中心柱窟是北朝的主要窟形，到唐代数量逐渐减少。初唐莫高窟第 332 窟在洞窟结构上与隋代第 427 窟非常相似，中心柱四面均不开龛，而在正面造三尊立像，在南北壁也各造三尊像，与正面的佛像一起构成三世佛的格局。此外，在盛唐时期莫高窟第 39、44 窟的中心柱窟较为特别（图 7-22）。窟顶前部为人字披顶，后部为平顶，但中心柱仅在正面开一龛，其余三面不开龛，鉴于此，亦被称为"中心龛柱"。第 39 窟还在南、西、北三壁分别开龛，而西壁龛内为涅槃像。第 44 窟则在南北壁各开二龛，这也是唐代石窟建造者创造力的体现。

榆林窟第 17、28、39 窟均为中心柱窟（图 7-23）。第 17、28 窟内尚可见初唐壁画，第 39 窟的壁画虽在回鹘时期重绘，但在洞窟结构、塑像等方面与第 17 窟完全一致，应当是同时营建的。此三窟的主室平面均为方形，中心建方柱，方柱有高 1 米左右的台座，柱的四面开龛造像，

图 7-22　莫高窟第 39 窟中心柱

---

[1] 杨赫赫：《敦煌莫高窟石窟窟顶形制演变研究》，兰州大学硕士学位论文，2017 年，第 21 页。
[2] 萧默：《敦煌建筑研究》，文物出版社，1989 年，第 33—60 页。

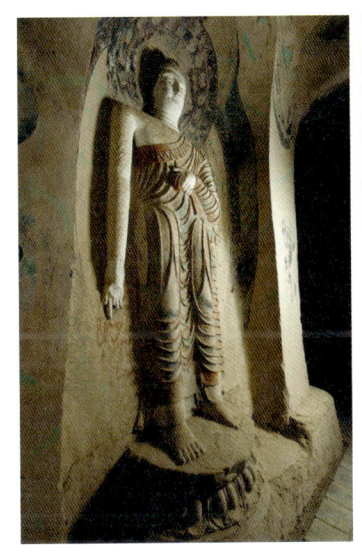

图 7-23　榆林窟第 28 窟中心柱各向面

正面与两侧面龛内为坐佛,后面则为立佛。窟顶从中心柱四边向四壁倾斜的斜披,与莫高窟中心柱窟的人字披顶和平顶不同。榆林窟中心柱窟也仅有此三例。总的来说,唐代以后随着覆斗顶窟形的流行,中心柱窟就大大地减少了[1]。

(二) 覆斗顶窟

在唐王朝统治敦煌的近 300 年间所开凿的洞窟占莫高窟所凿洞窟总数的一半以上,大部分洞窟均为覆斗顶殿堂式建筑形制,覆斗顶洞窟占唐代开凿洞窟的 85% 以上[2]。

覆斗顶窟(或称"覆斗顶形窟")因其窟顶从四壁向中央形成一个斜披,在窟顶正中则构成一个较小的四方形,整个窟顶像一个倒扣下来的斗而得名。覆斗顶的中央为藻井,藻井内往往有三层套叠的方格。每一层旋转 45 度角,并向内缩小,三层叠进,也称叠涩式藻井[3]。唐前期的覆斗顶窟主要是在洞窟正面或正面与两侧面开龛,在龛内造佛像的洞窟(图 7-24)。

除少数如第 57、322 窟等还保留隋代双层龛外,其余覆斗顶窟一律都是单龛。在单龛的洞窟里,除第 205 窟将塑像显于中心佛床上而外,其余单龛洞窟一律是西面开龛,像设正壁[4]。敞口龛取代双层龛是因为洞窟多尊造像的缘故,如第 331 窟为一佛二弟子四菩萨二

---

[1] 赵声良:《敦煌石窟艺术总论》,甘肃教育出版社,2013 年,第 113 页。
[2] 杨赫赫:《敦煌莫高窟石窟窟顶形制演变研究》,兰州大学硕士学位论文,2017 年,第 42 页。
[3] 赵声良:《敦煌石窟艺术总论》,甘肃教育出版社,2013 年,第 121 页。
[4] 段文杰:《唐代前期的敦煌艺术》,《文艺研究》1983 年第 3 期,第 94 页。

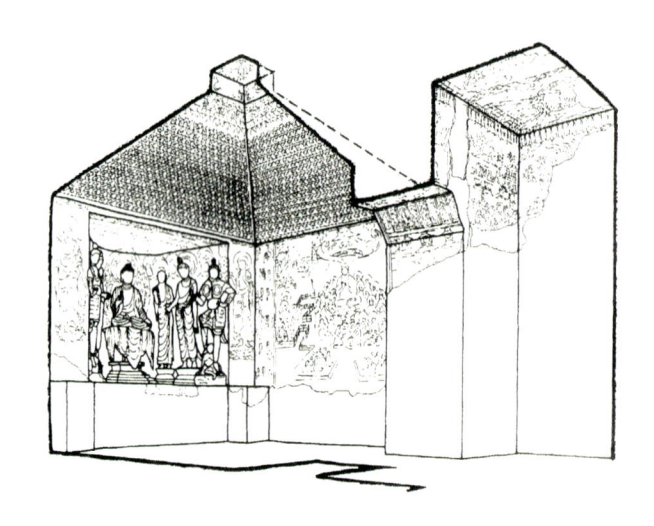

图 7-24　莫高窟第 45 窟覆斗顶窟透视图

天王的九身造像。较多的覆斗顶窟都在正面开一敞口龛，龛外两侧的西壁与南北壁接连处建一与龛檐齐高的台，用来安置天王或力士塑像。以第 45、328、217 窟等的窟形从初唐流行到盛唐。还有少数较为特别的覆斗顶窟，如第 46 窟的三壁三龛与隋代的形制却不同，南壁龛内为涅槃像，北壁龛内塑七佛。第 209 窟不开龛，而在正壁靠墙设佛坛。

（三）大像窟

莫高窟第 96、130 窟和榆林窟第 6 窟为大像窟，洞窟形制因大佛的营建而形成自身的特点。莫高窟第 96 窟为北大像，俗称九层楼；在第 130 窟前发现规模较大的殿堂遗址，表明当初营建大佛之后，在窟前同时修建了佛寺殿堂，与洞窟相连，为前殿后窟的结构。除东壁下部开门外，在靠近大佛头部和腹部的位置各开一个明窗，窟顶为覆斗顶（图 7-25）。据《莫高窟记》记载，北大像是延载二年（695）由灵隐禅师与居士阴祖所建[1]。武周时期"敕两京诸州造大云寺，藏《大云经》"。有的学者认为莫高窟第 96 窟可能就是当时的敦煌大云寺[2]。窟内的大佛高 35.5 米，窟檐历代重修，唐代建为四层重檐，五代重修为五层，清朝末年（1898）改为七层（图 7-26），1928—1935 年间改为九层。第 130 窟内有高 26 米的大佛，俗称南大像（图 7-27）。在第 130 窟顶部壁画地仗与崖体之夹缝间发现书写有"开元十三年"题记，证明该窟在开元十三年（725）尚未开始绘制壁画。根据甬道北壁的晋昌郡太守乐廷瓌供养像，可推知该窟的建成时间当在唐代设置晋昌郡的天宝元年（742）至乾元元年（758）间[3]。南大像的建成，也是开元、天宝时期国力强盛、社会稳定、经济繁荣的象征。榆

---

[1] 贺世哲：《从供养人题记看莫高窟部分洞窟的营建年代》，载敦煌研究院编《敦煌莫高窟供养人题记》，文物出版社，1986 年，第 202 页。

[2] 贺世哲：《从供养人题记看莫高窟部分洞窟的营建年代》，载敦煌研究院编《敦煌莫高窟供养人题记》，文物出版社，1986 年，第 203 页。

[3] 贺世哲：《从供养人题记看莫高窟部分洞窟的营建年代》，载敦煌研究院编《敦煌莫高窟供养人题记》，文物出版社，1986 年，第 204 页。

图 7-25-1　莫高窟第 96 窟北大像 　　　　　图 7-25-2　莫高窟第 130 窟形制

图 7-26　1908 年莫高窟的北大像楼阁 　　　图 7-27　莫高窟第 130 窟南大像

图 7-28　榆林窟第 6 窟大佛

林窟第 6 窟内有高 24.7 米的大佛像，窟顶为穹隆顶，大佛窟的下部开门，上部接近大佛胸部的地方开明窗（图 7-28）。大佛窟前现在仍有小型院落与洞窟相连。开凿年代不详，但从大佛的风格以及大佛流行的时代以及榆林窟时代最早的洞窟营建于唐前期来看，推测为初唐营建。

（四）涅槃窟

涅槃窟是指塑造涅槃佛像的洞窟，结构相对比较简单。唐前期的涅槃窟仅有一例，为盛唐后期营建的第 148 窟。此窟平面为长方形，洞窟西侧设高约 1 米的佛床，上有长达 14.5 米的涅槃佛像。窟顶为券顶，洞窟南北两壁各开一深龛，龛顶为盝顶形，配合涅槃佛像而形成三世佛的结构（图 7-29）。涅槃佛像与通常的立佛或坐佛不同，通常由于佛是横卧的缘故，洞形也相应作一些变化形成特殊的窟形。第 148 窟前室南侧保存有《大唐陇西李氏莫高窟修功德记》，碑文记载此碑建于大历十一年（776），因此，本窟应开凿于776 年之前。

图 7-29　莫高窟第 148 窟涅槃大佛窟

八、洞窟壁画主题和布局特点

唐前期的壁画题材主要有佛像画、故事画、经变画、供养人像和装饰图案画等。由于通壁大幅经变画的出现和盛行，相比其他题材，窟内的经变画不仅画幅大且题材丰富，是壁画中最吸引人的部分。

（一）佛像画

说法图是北朝以来传统的佛像图像。初唐第57、322窟等在南北两壁主要位置绘制说法图，弟子和胁侍菩萨众多且人物性格表情刻画细腻。受经变画场景描绘的影响，部分说法图还有意表现背景中水池、树木等。第334窟在西壁龛顶画说法图，而第322、329窟（图7-30）等均在洞壁上部或门两侧画说法图。大部分洞窟在龛顶和东壁门上部画说法图是因通铺绘制经变画的缘故。有的说法图特征明确，如第322窟南壁东侧的说法图，中央的佛像一手托钵，一手持禅杖，可知为药师佛，根据特征可以判定为阿弥陀佛或者药师佛等的身份。

菩萨像除了在说法图中作为佛的胁侍外，也往往在壁画下部画出一列供养菩萨，如第209、323、401窟等均在南北两壁画出菩萨行列。而在第323窟画的形象尤其高大。初唐时

图7-30　莫高窟第329窟东壁门上部说法图

图7-31　莫高窟第321窟东壁门北侧观音及胁侍菩萨像

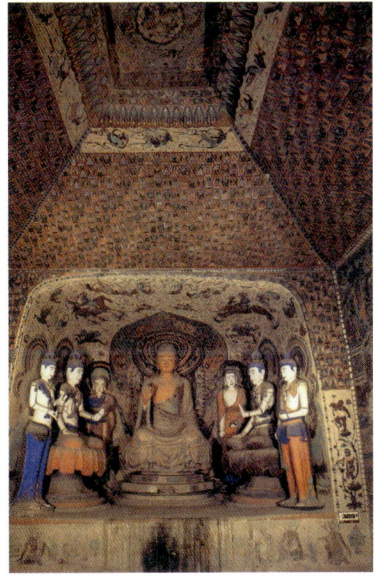

图 7-32　莫高窟第 333 窟东壁门两侧地藏像　　　　　　　　　　　　　图 7-33　莫高窟第 329 窟佛龛及两侧的化生童子像

期的洞窟在佛龛两侧以及东壁门两侧画出单尊菩萨像，形体较大，如第 57、66、217、335 窟均在佛龛两侧画出形体高大的胁侍菩萨像。到开元天宝时期，观音普门品成了独立的观音经变[1]，单身菩萨像日益增多，如第 321 窟东壁门北侧观音像的两侧又画 2 身胁侍菩萨（图 7-31）。地藏信仰开始于北凉，而地藏图像出现于初唐。敦煌的地藏图像始见初唐，有 3 身。在唐前期只出现普通僧人形象的地藏图像，如初唐第 333 窟东壁门南、门北各画一身地藏立像，原称弟子，但均有一手托宝珠，可以确定为地藏像（图 7-32）。第 194、205 窟的地藏也是比丘的形象，盛唐有 11 身。而后来颇流行的披帽像、配六道像、配十王像尚未出现。[2]

天人的形象表现得较多，通常在佛龛顶或说法图、经变画的上部表现飞行于天空的天人形象，如第 321 窟还将龛顶绘成蓝底色天空，画出众多的天人或飞或立。但如隋代洞窟那样沿着四壁上部绕窟一周的飞天形象逐渐减少，如第 329 窟佛龛两侧各绘出两个化生童子，分别踩着莲花，手攀莲茎，似在游戏（图 7-33）。壁画与卷轴画相比，更多地是表现了一定群体的审美意识[3]。韩幹在宝应寺所画释梵天女，"悉齐公妓小小等写真也"[4]，这些史料都足以说明当时人物画的写实化特征[5]，不论是画小孩形象还是壁画中的释梵天女，都表

---

① 段文杰：《唐代前期的敦煌艺术》，《文艺研究》1983 年第 3 期，第 96 页。
② 王惠民：《唐前期敦煌地藏图像考察》，《敦煌研究》2005 年第 3 期，第 19 页。
③ 商彤流：《太原唐墓壁画之"树下老人"》，《上海文博论丛》2006 年第 3 期，第 22 页。
④〔唐〕段成式：《寺塔记》，人民美术出版社，1964 年，第 12 页。
⑤ 段文杰：《唐代前期的莫高窟艺术》，载《中国石窟·敦煌莫高窟》第 3 卷，文物出版社，2015 年，第 172 页。

明唐代的绘画偏向于世俗化。

(二) 故事画

这一时期的佛传故事画延续隋代的做法，在佛龛或背光两侧对称画出佛传故事"乘象入胎"与"逾城出家"两个情节。如第329窟龛顶北侧的"乘象入胎"，南侧的"逾城出家"，画面中人物众多。同样在第375窟西壁北侧为"乘象入胎"(图7-34)、南侧为"逾城出家"(图7-35)这一题材仅见初唐少数洞窟，盛唐以后很少出现。

除了传统的佛传故事画外，这一时期还出现了佛教史迹画。故事取材于佛教感应传说，包括古代被称为"感通故事""感应故事""圣迹故事"的内容等，主要是宣传佛教有道高

图 7-34　莫高窟第 375 窟西壁北侧乘象入胎图　图 7-35　莫高窟第 375 窟西壁南侧逾城出家图

图 7-36　莫高窟第 323 窟北壁西侧张骞出使西域图　图 7-37　莫高窟第 323 窟南壁西侧石佛浮江故事图

僧通灵的故事。虽然大多是传说，但是因其与佛教发展的历史相关，因此被称为佛教史迹画。第323窟比较集中地在南北两壁绘制了多幅佛教史迹画，如北壁的张骞出使西域图（图7-36）、东壁的佛图澄神异故事、南壁石佛浮江故事（图7-37），以及北壁的三国康僧会在吴国的神异故事、扬都出金像故事、隋朝昙延法师为隋文帝祈雨的故事等。

(三) 经变画

唐代以后，经变画成为壁画中最重要的内容，往往在洞窟的南北两壁及东壁整壁画经变画，如涅槃经变、维摩诘经变、弥勒经变、药师经变、法华经变等，虽然在隋朝就已经出现，但所表现的情节故事大大增加。另有不少新出现的经变，如观无量寿经变、天请问经变、报恩经变、劳度叉斗圣变、十轮经变等。

表7-2 唐前期经变画统计表

序号	经变画	数量	初唐	盛唐	备注
1	西方净土经变	23铺	第209、431窟	第45、66、103、113、116、120、122、148、171(3铺)、172(2铺)、176、194、208、215、217、218、320、446窟	有"未生怨""十六观"画面的观无量寿经变
		18铺	第71、78、123、124、205(北壁)、211、220、321、329、331、334、335、340、341、372窟	第44、205(南壁)、445窟	无"未生怨"的西方净土经变（依据《阿弥陀经》或《无量寿经》或《观无量寿佛经》所绘）
2	弥勒经变	25铺	第71、78、123、124、329、331、334、338、340、341、372窟	第233、391、109、113、116、148、180、208、215、218、387、445、446窟	
3	维摩诘经变	13铺	第68、203、206、220、242、322、332、334、335、341、342窟	第103、194窟	

续表

序号	经变画	数量	初唐	盛唐	备注
4	涅槃经变	7铺	第332窟	第39、46、120、130、148、225窟	
5	法华经变	7铺	第202、331、335、340、341窟	第23、31窟	
6	观音经变	5铺	第205窟	第45、126、217、444窟	
7	佛顶尊胜陀罗尼经变	4铺		第23、31、103、217窟	
8	药师经变	2铺	第220窟	第148窟	
9	报恩经变	2铺		第31、148窟	
10	金刚经变	2铺		第31、217窟	
11	十轮经变	2铺		第74、321窟	
12	天请问经变	1铺		第148窟	
13	华严经变	1铺		第44窟	
14	劳度叉斗圣变	1铺	第335窟		
15	如意轮观音经变	1铺		第148窟	
16	千手千眼观音经变	2铺		第79、148窟	
17	不空羂索观音经变	1铺		第148窟	

自贞观十六年（642）题记的第220窟开始，唐代西方净土一改此前在中央绘树下说法图并在四周环绕千佛的形式，而利用整幅壁面来表现西方净土的壮观。在洞窟南北两壁画弥勒变、阿弥陀变、观无量寿变、药师变等巨型经变，东壁利用门洞自然分开的壁画维摩变等双主体经变。窟顶画华盖式藻井，地面铺莲花砖。整个洞窟形成一个"净土世界"，与当时两京寺观中的"净土院""菩提院""净土堂"的性质相同，与中原佛教艺术有密切的关系。

唐前期西方净土变的外围还增加了"十六观"和"未生怨"，来对《观无量寿经》进行详尽说明。其他变相图中也能看到这种对经典进行说明性表现的倾向，变相图的性质发生了改变[1]。在莫高窟第45（图7-38）、171、148窟等都出现依照经典内容而画的十六观，但第45窟北壁和第148窟东壁场景被简化。第172、320窟的十六观皆有无法从《观无量寿经》中找到依据的特殊图像（宝池中的球体和插有莲花的宝瓶）。第329窟龛顶图中没有第七观，

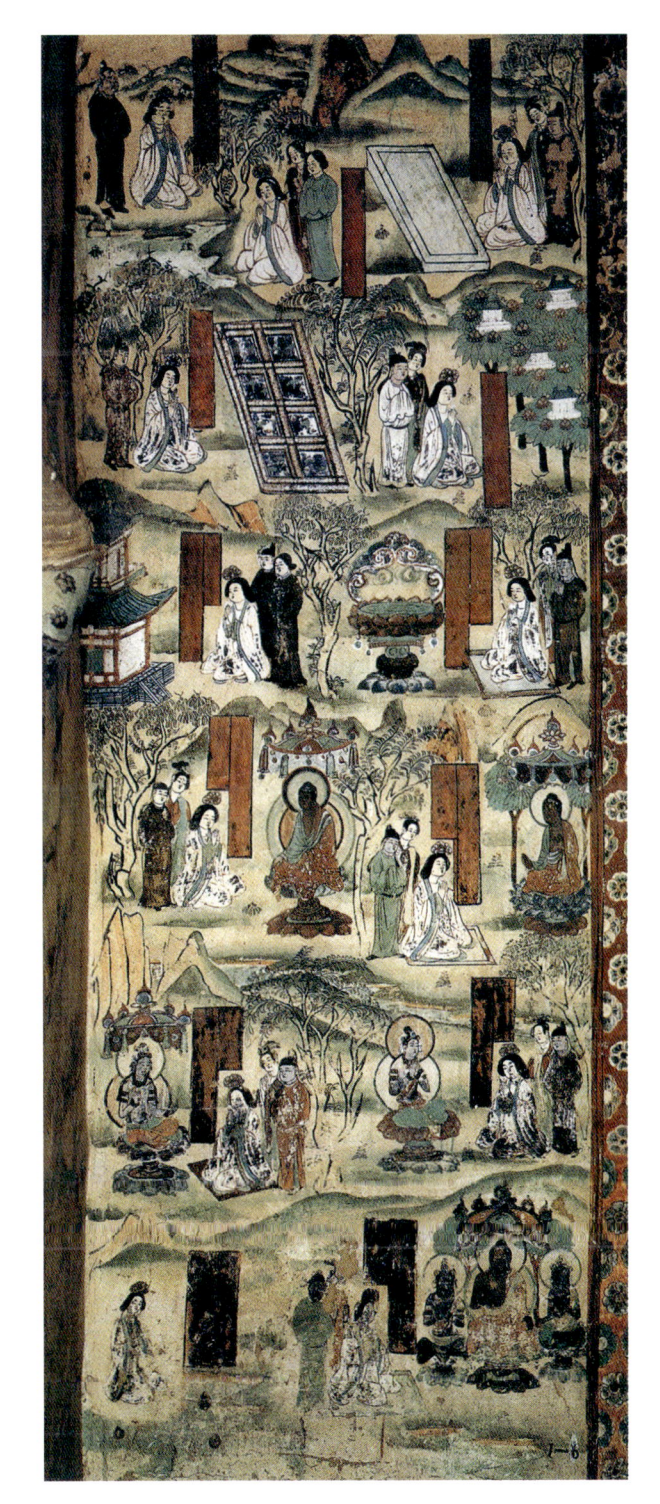

图7-38 莫高窟第45窟北壁十六观

---

[1] [日]八木春生著，姚瑶译：《初唐至盛唐时期敦煌莫高窟西方净土变的发展》，《敦煌研究》2017年第1期，第36页。

图 7-39 莫高窟第 329 窟东壁南侧说法图中的供养人像　　图 7-40 莫高窟第 130 窟都督夫人礼佛图（段文杰临）

而第二观内容则多次出现[1]。同样右侧未生怨图中有内容不明处[2]。第 103 窟北壁的十六观图像重复出现了宝池、佛、菩萨的图像[3]。由此可认为，这两窟使用了不同于上述几窟的十六观粉本[4]。以长安佛教美术为中心的外部影响与敦煌莫高窟的自立性发展交叉演变，同时西方净土变等各种变相图的制作目的也在变化着，这便是敦煌莫高窟唐前期诸窟的最大特征[5]。

（四）供养人像

供养人画像在唐以前都画得很小，初唐的供养人多画在四壁的下部，人像比前朝略大，而由于后代重绘得较多，保存下来的初唐的供养人较少。唐初供养人像多排列在洞窟四壁下方，一主数仆。盛唐时期发展到甬道两侧，形象日益增大，画像中有王公大臣、地方官吏、贵族妇女、僧侣居士、侍从奴婢、寺户等各类人物。[6]

---

[1] [日]大西磨希子：《西方净土变の研究》，中央公论美术出版，2007 年，第 117—121 页。
[2] [日]《敦煌石窟全集·阿弥陀经画卷》5，商务印书馆，2002 年，第 126 页。
[3] [日]大西磨希子：《西方净土变の研究》，中央公论美术出版，2007 年，第 313—314 页。
[4] [日]大西磨希子：《西方净土变の研究》，中央公论美术出版，2007 年，第 123—130 页。
[5] [日]八木春生著，姚瑶译：《初唐至盛唐时期敦煌莫高窟西方净土变的发展》，《敦煌研究》2017 年第 1 期，第 53 页。
[6] 段文杰：《唐代前期的敦煌艺术》，《文艺研究》1983 年第 3 期，第 102 页。

从初唐时期的第 329（图 7-39）、334、431 窟等，可见当时供养人的肖像画艺术特征。盛唐开始出现较大的供养人画像，如开元年间的第 130 窟在甬道南北两壁分别画出晋昌郡都督乐庭瓌全家的供养像，两壁的主要人物形象都超过 2 米。其中北壁的乐庭瓌头戴幞头，着蓝色圆领长袍，手持长柄香炉向佛而立，后面有曲柄伞盖；身后的三子依旧是圆领长袍，双手合十。这种形象与唐墓壁画的典型唐代人物形象特征极为吻合，皆为头戴黑色细纱幞头，着圆领长袍，束黑色革带，足蹬黑靴。人物形象皆膀大腰圆，腹肚微凸，武威强壮。南壁的都督夫人礼佛图中（图 7-40），夫人梳高发髻，头上插花，穿着碧衫红裙，身后跟随二女，三人都体现出唐人以丰腴为美的特点。此窟的全家供养显示氏族门庭和宗族谱系的性质，其中有着男装者，与《虢国夫人出行图》中的宫廷侍婢一样。唐代供养人画像，已经在程式化中表现了个性，描绘了人物活动的环境，取得了前所未有的成就。

（五）装饰图案

装饰图案多用于窟顶藻井和佛光以及龛沿等方面。唐前期莫高窟藻井装饰可分为五类，分别为双龙莲花、平瓣大莲花、葡萄石榴、石榴莲花和宝相花藻井[1]。初唐的部分洞窟中，藻井的形式继承了隋代的样式，如第 329 窟的藻井（图 7-41）以莲花为中心，周围绘有四个围绕莲花的飞天藻井，与隋代的藻井结构较为相似。随后在藻井外沿绘飞天装饰带的样式在初唐较为流行。盛唐时期的藻井中心往往被一朵大花填满，通常被称为团花或宝相花。根据宝相花花朵结构关系，可分为三型：瓣式宝相花、团式宝相花和花朵式宝相花（盛唐后期出现）；根据花瓣和花心的关系，其中团式宝相花又可分为

图 7-41 莫高窟第 329 窟窟顶藻井（局部）

---

[1] 陈振旺：《繁花似锦——初唐前期莫高窟藻井图案探微》，《敦煌学辑刊》2019 年第 2 期，第 136 页；陈振旺、樊锦诗：《唐代莫高窟宝相花嬗变探微》，《南京艺术学院学报》（美术与设计版）2019 年第 2 期，第 2 页。

空地式宝相花和满地式宝相花两种类型[1]。周边的纹饰除了卷草纹外，还用半团花和团花纹。除藻井中央的莲花外，四边的边饰也多以卷草纹、半团花纹装饰，并以垂角纹、垂铃纹以及帷幔图案象征华盖。而第66窟龛顶的华盖中央为圆形图案，外围为椭圆形，椭圆形周边有布幔与垂铃（图7-42）。如第320窟的藻井中心为团花，外沿依次为半团花、菱格纹、半团花纹、垂鳞纹、垂角纹以及垂铃纹。也有联珠纹与菱格纹等几何纹样，联珠纹承隋遗风，主要流行于初唐，盛唐以后减少。盛唐的一些洞窟佛龛为盝顶形，龛顶中央为长方形平顶，平顶则画出平棋图案，如第79窟平棋构成每一方格内绘一朵莲花。方格、菱格、鳞片纹、三角形及垂角纹则一直作为藻井装饰的要素而存在，以第209、322、373窟等的藻井具有代表性。第332、340窟等以桃形莲瓣组合成

图7-42 莫高窟第329窟窟顶藻井

图7-43 莫高窟第103窟西壁龛顶条带团花纹

---

[1] 陈振旺：《隋及唐前期莫高窟藻井图案研究》，兰州大学博士学位论文，2018年，第109页。

图 7-44　莫高窟第 45 窟主尊佛

团花,初唐纹饰以"S"形连续而变化丰富的卷草纹样为主。盛唐时期在条形边饰中以团花和半团花连续的团花纹为主(图7-43)。

历代佛光都离不开火焰纹,但唐代的佛光却是以团花和卷草纹为主,第217、225、444窟龛内的头光最为典型。如第45窟在龛壁上配合圆塑的造像而绘出圆形头光(图7-44),头光中心绘以华丽的团花、卷草等纹饰,边缘绘以火焰纹,团花的静态与火焰的动态形成对比。甚至在第320窟北壁经变画的主尊佛像的背光中,用方胜纹作为背光的边缘,以卷云纹作为头光的外缘。这样的头光在第217、148、445窟内都可以看到。

九、唐前期洞窟壁画艺术成就

唐代是中国绘画艺术发展的一个高峰期,不论是人物画、山水画还是建筑画,都达到了较高的水平。唐代的画家大多在寺院画壁画,画家吴道子曾在长安洛阳等地的寺院内画了300多幅壁画。可惜当时的作品今天已基本无存,但敦煌大量的石窟壁画,为我们认识唐代的绘画提供了丰富的参考资料。

图7-45 莫高窟第220窟东壁北侧帝王图

图7-46 莫高窟第46窟北壁十六观中的侍女图

(一)人物画

初唐莫高窟第220(图7-45)、332、335窟等的维摩诘经变中,都画出了帝王图与各国王子图。在敦煌初唐壁画中出现帝王图的同时,也出现各国人物形象,这不是偶然。阎立德和阎立本共同制作了《职贡》和《卤薄》等图,他们绘出帝王图、职贡图后,粉本就会流传于各地,以至远在敦煌的佛教石窟也可以看见当时在长安一带深受推崇的阎氏兄弟的画风[1]。

在一些家族窟中,如第329、334、431窟等中可见当时的人

图7-47 莫高窟第45窟北壁十六观中的男装侍女图

像头戴黑色细纱幞头,着圆领长袍,束黑色革带,足蹬黑靴。此类人物形象为典型的唐墓壁画人物特征。女性图像较为丰富,如第45窟北壁十六观中核心人物韦提希夫人的侍从,既有扎垂环髻、着长袍、束黑色革带、穿乌皮靴的侍女(图7-46),也有戴幞头、着圆领窄袖男装、束革带、穿乌皮靴的男装女侍和身着襦裙、疑似开屏高髻的贵妇仕女组成的"男女二侍"(图7-47)。不论扎发髻、着长袍还是戴幞头、着长袍的女性形象,都是唐代的风气。[2] 第130窟的都督夫人礼佛图,也是唐代绮罗人物的造型风格。

(二)山水画

敦煌唐代前期如第103、148、172、217窟等的壁画中,作为故事画或经变画的背景就有大量的山水画,其中如第103、217窟内的壁画山水已具有独立的意义了。初唐第209窟南壁西侧、西壁和北壁西侧的故事画,都采用纵向布局的形式,作为故事画背景的山水景

---

[1] 赵声良:《敦煌石窟艺术简史》,中国青年出版社,2019年,第150页。
[2] 李丽:《唐代女子着装初探》,《聊城大学学报》(哲学社会科学版)2008年第2期,第308—309页;李蓉:《唐代前期妇女服饰开放风气》,《中国典籍与文化》1995年第1期,第120—127页;王玲:《唐风与大唐女服》,《中州学刊》2002年第5期,第95—98页;王巧玲:《唐代妇女日常服饰与对外文化交流》,《浙江万里学院学报》2008年第1期,第43—45页。

图 7-48　莫高窟第 45 窟观音经变中的青绿山水壁画

物画得很大。盛唐早期艺术袭承初唐开始萌变，以整壁青绿山水作为经变背景，比初唐有了显著的进步。莫高窟第 45 窟青绿山水重点表现在南北两壁整铺经变画中，北壁观经变之十六观出现翠绿的山坡背景，其中山峰、水池、宝楼以青绿色为主。此外，南壁观音经变之观音救诸难中，不论是在人物身侧或身后，都能见到由石青颜料绘制的渐变山水（图 7-48）。山的渲染使用阶梯渐变技法，突出山头重色，将石青色从山头渐次淡化，山底着以裸色，其方法与唐青绿山水画的渲染罩色十分相近，较明显地脱离了"人大于山"的古老传统，形成了"山头不得一样，树头不得一般"[3]的新派画风[2]。

《历代名画记》记载："由是山水之变，始于吴，成于二李。"[3] 李思训、李昭道是皇室的青绿之家，借助于皇权，使得青绿山水以院体画的形式占据了画坛正统地位[4]。另有阎立德、阎立本兄弟二人除人物外，亦擅青绿山水。由此可知，青绿山水曾流行于隋唐宫廷

① 何志明、潘运告编著：《唐五代画论》，湖南美术出版社，1997 年，第 121 页。
② 史苇湘：《敦煌历史与莫高窟艺术研究》，甘肃教育出版社，2002 年，第 271—272 页。
③〔唐〕张彦远：《历代名画记》卷一，人民美术出版社，1964 年，第 16 页。
④ 吴秋野：《青绿山水的产生与佛教文化及异域文化》，《美术观察》2004 年第 11 期，第 85 页。

中。唐代寺院墙壁上也有大师绘制的山水。万安寺"屋门外北壁，李昭道画山水"①，赵景公寺"三阶院西廊下，范长寿画西方变及十六对事。宝池尤妙绝，帝视之，绝水入浮壁"②。寺院不仅具有传教、修行的作用，还具备文化功能，名师的墨宝亦是临摹的对象。李思训、李昭道父子以青绿山水而著名，长安一带流行的山水画也自然影响到了敦煌。

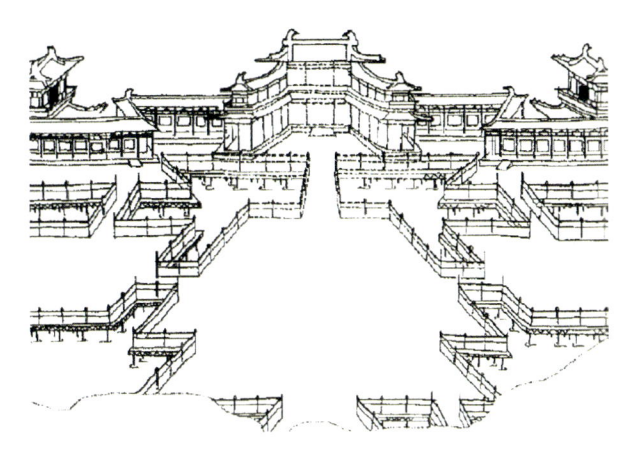

图 7-49　莫高窟第 45 窟北壁观无量寿经变画中的佛寺（萧默绘）

（三）建筑

敦煌初唐时期的第 205、321、338、341、68 窟，及盛唐时期的第 45、217、225 窟的西方净土变中，都有呈"凹"形的建筑模式。如第 45 窟北壁观经变中阿弥陀佛身后的建筑是一座两层殿堂，左右斜出呈"八"字形的两层廊道，其左右又有单层廊，佛殿后面的回廊折形成了一个"凹"形后又各朝东西折延伸出去，建筑群前也是水池和平台，总体呈倒"凹"形的建筑画样式（图 7-49）。初唐、盛唐壁画的西方净土变中还多见有一种寺院建筑组合，即中间大殿左右各有一座小殿，三殿平面组成"凹"形。由此可见，这种两侧配置阁楼建筑、总体呈"凹"形的建筑画模式，在唐代是非常流行的。

唐太宗时期，长安城以大兴宫为太极宫，之后修建的大明宫和兴庆宫，掀起了中国宫殿建筑的又一次高峰。关于太极宫的内部布局，因为没有完善的考古资料，根据《唐六典》等文献加以推测，基本采取的是主轴对称的布局，其平面布局也是"凹"字形，左右凸出来的阙楼是东汉魏晋坞壁阙与北魏时期"夹建两观"的发展演变③。萧默先生依据敦煌石窟第 217 窟及第 225 窟的经变画认为，初唐时期伽蓝的中心为二层的阁楼建筑，两侧安置二层楼阁的可能性很高④。整组建筑呈"凹"字形，正是隋唐以后宫

---

① 〔唐〕张彦远：《历代名画记》卷三，人民美术出版社，1996 年，第 54 页。
② 〔唐〕段成式：《寺塔记》，人民美术出版社，1964 年，第 8 页。
③ 萧默：《五凤楼名实考——兼谈宫阙形制的历史演变》，《故宫博物院院刊》1984 年第 1 期，第 81—84 页；另见氏著：《敦煌建筑研究》，文物出版社，1989 年，第 95—120 页。
④ 萧默：《莫高窟壁画所见寺院建筑》，载敦煌研究所编《中国石窟·敦煌莫高窟》第 4 卷，文物出版社，1982 年，第 196 页。

阙的通例[1]。从佛寺考古资料中可以看到，大量平面呈"凹"形的佛寺建筑平面图，敦煌壁画中建筑图像却展现了一个立体的建筑历史影像让我们了解到，唐长安地区曾一度盛行平面呈"凹"形的佛寺建筑。中原地区"凹"形的佛寺建筑应建于龙朔三年（663）之后，也就是大明宫含元殿建成之后。敦煌壁画中出现平面呈"凹"形佛寺建筑的洞窟，其壁画绘制年代也应晚于龙朔三年（663）[2]。

（四）经变画

经变画是唐代佛教壁画中最为重要的题材，同时也在绘画艺术上取得的成就最高。经变画从根本上改变了此前的佛教艺术中以一图一

图7-50 莫高窟第103窟东壁门南维摩诘像

景或连续性画面来叙述佛教内容的形式，形成一个宏大的画面来展示佛国世界，其中或以相关内容展开连续的情节（如涅槃经变），或以佛说法的场面为中心，在周围展开相关内容（如弥勒经变）。宏大空间的构建是经变画的最主要特色，也是中国式佛教艺术特色。

经变画从构成上来看，可以分为两类，一类是叙事性经变，一类是净土图式经变。叙事性经变画按一定的发展顺序表现经变主题，以连续的画面来图解经典的内容，但与北朝以来的长卷式故事画有所不同，整壁以山水景物为背景营造一个完整的场景，在这

---

[1] 萧默主编：《中国建筑艺术史》（上、下），文物出版社，1999年，第321页。
[2] 王雨：《敦煌建筑画卷中的大唐长安影像——以大明宫含元殿建筑形制为例》，《敦煌研究》2018年第3期，第71—78页。

样一个大山水场景中展示佛经内容,如第148窟的涅槃经变为其代表。第103窟为盛唐早期窟,全窟壁画线条流畅,色彩艳丽,充满轻快灵动之韵感。该窟东壁门南维摩诘像以线描为主(图7-50),石守谦认为有吴道子(吴道玄)之风,代表了8世纪中国绘画的成就。[1]

总之,唐前期的经变画,通过建筑、山水以及人物组合等多种方式来展现佛国世界,融合了人物画、山水画以及建筑画等多方面的成就,把中国绘画的空间表现手法推向高峰。

隋唐时期文化空前繁荣,敦煌作为丝绸之路上的重镇,敦煌石窟不论是彩塑还是壁画都取得了辉煌的成就,留下了大量的经典名作。敦煌壁画包含了精美的人物画、建筑画、山水画以及装饰图案画,反映了隋唐时期中国艺术的高度成就[2]。由于长安、洛阳一带隋唐时期营建的大大小小的寺院今天大多不存,使阎立本、李思训、吴道子等画家的重要作品无一流传下来,仅有极少数临摹本传世,因此,这一时期敦煌艺术便成为隋唐美术史的重要依据。

---

[1] 石守谦:《风格与世变——中国绘画十论》,北京大学出版社,2008年,第28页。
[2] 赵声良:《敦煌石窟艺术简史》,中国青年出版社,2019年,第30页。

第八章　中唐吐蕃时期洞窟导论

一、历史背景

敦煌石窟的中唐期洞窟，指的是吐蕃统治时期营建的洞窟，也包括这一时期补绘前期未完工的洞窟壁画，具体时间是沙州陷蕃的唐德宗贞元二年[1]（786）至宣宗大中二年（848）张议潮起义推翻吐蕃统治，这是莫高窟中唐期洞窟的基本时间坐标。瓜州陷于吐蕃是在唐代宗大历十一年[2]（776），比沙州陷蕃早了十年，因此，榆林窟中唐期洞窟的时间略早于莫高窟。

敦煌石窟之所以出现中唐吐蕃期洞窟，是和"安史之乱"（唐天宝十四载，755）后吐蕃趁唐王朝将河西、陇右及安西四镇的精兵东调平叛而占领河西陇右的历史背景密切相关。唐代宗广德二年（764），吐蕃陷凉州，然后依次于永泰二年（766）、大历元年（766）、大历十一年（776）由东而西攻克甘州、肃州、瓜州[3]。在河西诸州中最后陷于吐蕃的是沙州，河西节度使杨志烈死后，杨休明继任河西节度使，并于大历元年（766）徙镇沙州，开始了长期的抗蕃斗争。后杨休明死，有沙州刺史周鼎，据《新唐书》卷二一六《吐蕃传》记，大约于大历十二年（777）的九、十月间，周鼎因在吐蕃围沙州时欲弃城东奔而被都知兵马使阎朝所杀，此后阎朝领州人保城抵抗，又坚持了十年，在粮械皆竭的情况下，以"勿徙它境"为条件而开城降蕃，其时应在唐德宗贞元二年（786）[4]。也就是说，阎朝抗蕃是从大历十二年（777）起至贞元二年（786），在此前又有周鼎守城的一年，共计为十一年，正是《新唐书·吐蕃传》所记"自攻城至是凡十一年"。

吐蕃对河西的战争和沙州被吐蕃人围困长达十一年，使得敦煌石窟的营建受到很大影响，因此我们在洞窟中可以较为容易地判断吐蕃占领前后，即盛唐和中唐两个时间段的壁画艺术。

---

[1] 陈国灿：《唐朝吐蕃陷落沙州城的时间问题》，《敦煌学辑刊》1985年第1期，第1—7页；邓文宽：《三篇敦煌邈真赞研究——兼论吐蕃统治末期的敦煌僧官》，载中国文物研究所编《出土文献研究》第4辑，中华书局，1998年，第81—87页。

[2] 〔唐〕李吉甫：《元和郡县图志》卷四〇"陇右道下"，中华书局，1983年，第1027页。

[3] 参见〔唐〕李吉甫《元和郡县图志》卷四〇"陇右道下"，第1021、1023、1027页。

[4] 陈国灿：《唐朝吐蕃陷落沙州城的时间问题》，《敦煌学辑刊》1985年第1期，第1—7页。

由于吐蕃统治者信仰佛教，同时吐蕃佛教界又积极地向唐代汉地佛教学习，加上敦煌是吐蕃人心目中的"善国神乡"，吐蕃占领敦煌后曾邀请汉地名僧、从长安西明寺来到敦煌的昙旷前往逻些（今拉萨）面见赞普（赤松德赞，742—797），但因其时昙旷年事已高，无法远行，最后写成答吐蕃赞普的《大乘二十二问》[1]。而敦煌本地另一高僧摩诃衍则奉命进入吐蕃，在藏地传播汉地佛教和禅法，后因受到以莲花戒为首的印度僧人的阻挠，发生了藏传佛教史上著名的"吐蕃僧诤"[2]，包括吐蕃在敦煌大量的抄经活动[3]，这些都是敦煌石窟在吐蕃统治时期能够依然兴盛的重要历史原因。

另一方面，吐蕃统治时期，瓜沙地区的佛寺得到进一步发展。据统计，这一时期仅在沙州一地就有寺院14所，僧尼数量多达382人，寺院的寺户人口空前增长，最多时约达2000人[4]，寺院经济达到历史新的高度。同时，敦煌的世家大族在外族的统治下往往选择通过遁入空门以表明其政治立场，也有的通过积极参与到佛窟的营建中来表达对传统的保持与对汉文化的守护[5]，以成作于951年的敦煌写本《腊八燃灯分配窟龛名数》所记"第二层，阴家窟"[6]即"额号报恩君亲窟"的莫高窟第231窟为代表，窟主"阴处士"嘉政的事例颇能说明问题[7]。

所以，总体而言，吐蕃统治时期，因为其独特的历史背景，使得敦煌石窟的营建也进入到一个较为特殊的时期，洞窟中出现的一些新的现象和元素，有着较为鲜明的时代特色。

二、研究简史

就敦煌石窟的研究史现状而言，相比较其他各时期的洞窟研究，学术界对吐蕃统治时期（即中唐）敦煌石窟的研究显得相当薄弱，研究成果较少，内容单一，均是单篇文章的研究，或散见于相关专著的部分章节中。对这一阶段石窟集中的专题性研究成果代表作为

---

[1] 敦煌写本P.2690、P.2287、S.2674，相关研究见［美］巴宙：《大乘二十二问之研究》，《中华佛学学报》1988年第2期，第65—108页；［日］上山大峻：《敦煌佛教的研究》，法藏馆，1990年，第57—61页。
[2] ［法］藏密微著，耿昇译：《吐蕃僧诤记》，甘肃人民出版社，1984年。
[3] 张延清：《吐蕃敦煌抄经研究》，民族出版社，2016年。
[4] ［日］布目潮沨、栗原益男：《中国历史》（四），讲谈社，1974年，第200—201页；姜伯勤：《唐五代敦煌寺户制度》，中华书局，1987年，第41—44页。
[5] 沙武田：《传统保持 文化守护——敦煌吐蕃期洞窟"重构"现象原因再探》，载余欣主编《中古中国研究》（第一卷），中西书局，2017年，第233—276页。
[6] 马德：《敦煌莫高窟史研究》，甘肃教育出版社，1996年，第147页。
[7] 参见敦煌写本P.4640《阴处士碑》，载郑炳林、郑怡楠辑释：《敦煌碑铭赞辑释》（增订本），上海古籍出版社，2019年，第213—225页；王中旭：《阴嘉政窟：敦煌吐蕃时期的家窟艺术与望族信仰》，民族出版社，2014年。

《吐蕃统治时期敦煌石窟研究》专著,对这一时期的洞窟有全面的研究,内容包括上篇"综合研究",中篇"石窟营建研究",下篇"个案研究——石窟图像解析",涵盖了这一时期洞窟各方面的问题,有集大成之意义[1]。对于这一时期单窟的研究,代表作有王中旭对莫高窟第231窟的研究[2]、赵晓星对莫高窟第361窟的研究[3]、沙武田和赖文英对榆林窟第25窟的研究[4]。

对这一时期洞窟艺术的总体概况,阎文儒[5]、段文杰[6]、李其琼[7]等有较为宏观的介绍与说明。

对于这一时期洞窟营建史的研究,最有代表意义的仍是贺世哲《从供养人题记看莫高窟部分洞窟的营建年代》大作[8],以单个洞窟为主,分别就莫高窟第201、365、158、231窟的营建年代作了较为详细的考证。马德《敦煌莫高窟史研究》[9]以藏经洞洞窟营建写本为资料,涉及中唐部分洞窟的营建历史,同时就新发现的P.2991两件写本《莫高窟塑画功德赞文》和《报恩吉祥之窟记》与莫高窟的关系作了说明,又就дX.6065《乘恩等重修莫高窟弥勒像帖》作了研究。

吐蕃期洞窟营建,学术界最关心的问题是否有吐蕃人的功德窟。据我们考证,莫高窟第161窟有可能是著名的敦煌吐蕃译经三藏法师法成在莫高窟营建的功德窟[10];莫高窟第158窟的窟主虽然是粟特安氏家族[11],但吐蕃人参与的可能性很大[12];莫高窟第93

---

[1] 沙武田:《吐蕃统治时期敦煌石窟研究》,中国社会科学出版社,2013年。

[2] 王中旭:《阴嘉政窟:敦煌吐蕃时期的家窟艺术与望族信仰》,民族出版社,2014年。

[3] 赵晓星:《梵宫殊严——敦煌莫高窟第361窟研究》,甘肃人民美术出版社,2017年。

[4] 沙武田:《榆林窟第25窟——敦煌图像中的唐蕃关系》,商务印书馆,2017年;赖文英:《唐代华严法界救度思想的开展——兼论榆林窟第25窟卢舍那佛与药师、地藏的组合》,《敦煌学辑刊》2013年第1期,第119—129页。

[5] 阎文儒:《中晚唐的石窟艺术》,《敦煌研究》1983年总第3期,第10—25页。

[6] 段文杰:《唐代后期的莫高窟艺术》,载敦煌文物研究所编:《中国石窟·敦煌莫高窟》第4卷,文物出版社,1987年;又载《段文杰敦煌艺术论文集》,甘肃人民出版社,1994年,第196—207页。

[7] 李其琼:《论吐蕃时期的敦煌壁画艺术》,《敦煌研究》1998年第2期,第1—19页。

[8] 贺世哲:《从供养人题记看莫高窟部分洞窟的营建时代》,载敦煌研究院编《莫高窟供养人题记》,文物出版社,1986年,第194—236页;另载敦煌研究院编《敦煌研究文集·敦煌石窟考古篇》,甘肃民族出版社,2000年,第360—453页;又载贺世哲《敦煌石窟论稿》,甘肃民族出版社,2004年,第496—593页。

[9] 马德:《敦煌莫高窟史研究》,甘肃教育出版社,1996年;马德:《敦煌石窟营造史稿》,台北新文丰出版公司,2002年。

[10] 沙武田:《敦煌吐蕃译经三藏法师法成功德窟考》,《中国藏学》2008年第3期,第40—47页;另载敦煌研究院编《敦煌吐蕃文化学术研讨会论文集》,甘肃民族出版社,2009年,第156—165页。

[11] 沙武田:《敦煌莫高窟第158窟与粟特人关系试考》(上、下),《艺术设计研究》2010年第1、2期,第16—22、29—36页。

[12] 沙武田:《唐·吐蕃·粟特在敦煌的互动——以莫高窟第158窟为中心》,《敦煌研究》2020年第3期,第14—26页。

窟作为吐蕃人的功德窟，基本上没有问题[1]。瓜州榆林窟第25窟和第15窟作为双窟，功德主应该均为吐蕃人[2]。吐蕃人之外，吐蕃统治下的粟特人对洞窟的营建也是这一时期洞窟营建的一个重要现象，除前述第158窟之外，莫高窟第359窟则是粟特石氏家族的功德窟[3]。

对这一时期洞窟造像思想的研究，以郭祐孟莫高窟第161、360、361窟的研究最有代表性[4]。另有赖文英对中唐敦煌石窟造像涅槃思想的研究[5]，还有她从不同的思路与角度出发，对榆林窟第25窟卢舍那佛的思想性的探讨[6]，以及赖鹏举对榆林窟第25窟密法"毗卢遮那"与佛顶尊胜系造像形成关系的研究[7]，堪称典范。

对于这一时期洞窟壁画画风的探讨，其核心点是藏传艺术的传入及其表现，其中以波罗艺术为代表。这方面分别有法国学者海瑟·噶尔美（Karmay Heather）[8]，以及张亚莎[9]、谢继胜[10]、于小冬[11]等人的研究。

供养人图像与服饰研究也是这一时期的重要论题，其中供养人画像，以沙武田[12]、白天

---

[1] 沙武田、赵蓉：《吐蕃人与敦煌石窟营建——以莫高窟第93窟为中心》，载四川大学中国藏学研究所编《藏学学刊》第七辑，四川大学出版社，2011年。

[2] 沙武田：《榆林窟第25窟——敦煌图像中的唐蕃关系》，商务印书馆，2017年。

[3] 沙武田：《莫高窟第359窟供养人画像再研究——兼谈粟特九姓胡人对吐蕃统治的态度》，《敦煌研究》2010年第5期，第12—24页；修订版另收入《中国美术研究所度报告2010》，人民美术出版社，2011年，第3—25页；沙武田：《敦煌的粟特胡人画像——莫高窟第359窟主室东壁门上新释读一身石姓男供养像札记》，载樊锦诗、荣新江、林世田主编《敦煌文献、考古、艺术综合研究——纪念向达教授诞辰110周年国际学术研讨会论文集》，中华书局，2011年，第262—276页。

[4] 郭祐孟：《晚唐观音法门的开展——以敦煌莫高窟161窟为中心的探讨》，《圆光佛学学报》2003年第8期；《敦煌吐蕃时期洞窟的图像结构：以莫高窟360和361窟为题》，载敦煌研究院编《敦煌吐蕃文化学术研讨会论文集》，甘肃民族出版社，2009年，第126—145页。

[5] 赖文英：《中唐敦煌石窟造像的涅槃思想》，《敦煌学辑刊》2007年第1期，第64—70页。

[6] 赖文英：《唐代窟西榆林窟25窟之卢舍那佛》，《圆光佛学学报》1999年第4期。

[7] 赖鹏举：《中唐榆林窟25窟密法"毗卢遮那"与佛顶尊胜系造像的形成》，《中国藏学》2007年第4期，第18—23页；另见赖鹏举：《敦煌石窟造像思想研究》，文物出版社，2009年，第249—260页。

[8] ［法］海瑟·噶尔美著：《早期汉藏艺术》，中文本见熊文彬译本，河北教育出版社，2001年。

[9] 张亚莎：《印度·卫藏·敦煌的波罗－中亚艺术风格论》，《敦煌研究》2002年第3期，第1—8页。

[10] 谢继胜：《西夏藏传绘画——黑水城出土西夏唐卡研究》，河北教育出版社，2002年，第202—211页；谢继胜：《榆林窟15窟天王像与吐蕃天王图像演变分析》，《装饰》2008年第6期，第54—59页；谢继胜、赵媛：《莫高窟吐蕃样式壁画与绢画的初步分析》，《西北民族大学学报》（哲学社会科学版）2010年第4期，第64—73页。

[11] 于小冬：《藏传佛教绘画史》，江苏美术出版社，2006年。

[12] 沙武田：《吐蕃统治时期敦煌石窟供养人画像考察》，《中国藏学》2003年第2期，第80—93页；另见郑炳林、沙武田编著：《敦煌石窟艺术概论》，甘肃文化出版社，2005年，第322—337页。

佑[1]、王中旭[2]研究为代表。吐蕃服饰方面，因为敦煌石窟壁画中保存有较为完好的吐蕃时期的吐蕃装、赞普礼佛图，因此显得十分重要，是难得的吐蕃服饰资料。早年国外学者利用敦煌图像资料，如莫高窟第237、159、360窟等维摩诘经变中的吐蕃赞普礼佛图，第158窟各国王子举哀图中吐蕃赞普像，以及如第225窟的吐蕃装供养人像资料，对吐蕃服饰（主要是吐蕃王室的服饰）进行了较多的研究，代表人物有德金·桑姆（Dejin Zangmo）[3]、休·黎吉生（H.E.Richardson）[4]、海瑟·噶尔美（Karmay Heather）[5]、艾米·海勒博士（Dr. Amy Heller）[6]、杨清凡[7]、谢静[8]等。

经变画是吐蕃期洞窟壁画的主体，单独针对吐蕃期经变画研究者并不多，基本上包括在对敦煌石窟各类经变画研究当中作为经变画整体进行的研究，因此吐蕃时代不明显（本部分详细参见王惠民先生主笔经变画章节）。

三、洞窟分期

对于中唐莫高窟洞窟的分期，1982年，史苇湘总结敦煌文物研究所的集体成果，在《关于莫高窟内容总录》一文中，从较为宏观的角度把以下洞窟划入中唐时期：

第21、92、93、112、133、134、135、153、154、155、157、158、159、179、186、188、191、197、200、201、202、222、231、236、237、238、240、258、357、358、359、360、361、365、369、370、447、469、471、472、474、475、479窟，共计43窟[9]。

---

[1] 白大佑、沙武田：《敦煌莫高窟第231窟阴伯伦夫妇供养像解析》，《敦煌研究》2006年第2期，第6—10页。

[2] 王中旭：《敦煌吐蕃时期〈阴嘉政父母供养像〉研究》，《国家博物馆馆刊》2012年第3期。

[3] 德金·桑姆：《敦煌壁画中的吐蕃王室服饰》，《西藏评论》1978年2—3月号。

[4] [英]休·黎吉生：《再论古代吐蕃人的服饰》，《西藏评论》1975年5—6月号。

[5] [法]海瑟·噶尔美著：《7—11世纪吐蕃人的服饰》，刊于A.麦克·唐纳、Y.伊玛迪编：《西藏艺术》，巴黎，1977年，第72页；台建群译文见《敦煌研究》1994年第4期，胡文和译文见《西藏研究》1985年第3期。

[6] [瑞士]阿米·海勒著，杨清凡译：《拉萨大昭寺藏银瓶——吐蕃帝国（7世纪至9世纪）银器及服饰考察》，载四川大学中国藏学研究所编《藏学学刊》第三辑"吐蕃与丝绸之路研究专辑"，四川大学出版社，2004年，第194—223页。

[7] 杨清凡：《藏族服饰史》，青海人民出版社，2003年，第54页；杨清凡：《从服饰图例试析吐蕃与粟特关系》（上），《西藏研究》2001年第3期。

[8] 谢静：《敦煌石窟中的少数民族服饰研究》，兰州大学敦煌学研究所博士学位论文，2007年；谢静：《敦煌莫高窟吐蕃赞普礼佛图中吐蕃族服饰初探——以第159窟、第231窟、第360窟为中心》，《敦煌学辑刊》2007年第2期，第65—73页。

[9] 史苇湘：《关于莫高窟内容总录》，载敦煌文物研究所编《敦煌莫高窟内容总录》，文物出版社，1982年；另见敦煌研究院编《敦煌石窟内容总录》，文物出版社，1996年，第232页。

后来，樊锦诗、赵青兰以考古学方法对莫高窟中唐吐蕃统治时期洞窟进行了专门的分期[1]。此分期为研究莫高窟中唐洞窟提供了较为科学的依据，恰当地把握了此期洞窟及造像发展变化的脉络，提出了更为具体的洞窟营建分期意见和具体的洞窟号。两位先生所列"吐蕃统治时期莫高窟洞窟分期表"如下：

表 8-1 吐蕃统治时期莫高窟洞窟分期表

		典型洞窟	插入洞窟	纪年窟	年代
早期		93、111、112、132、133、150、154、181、183、184、190、191、193、197、198、200、201、222、447、470、472、473、474、475	81、151、155、224		8世纪80年代到8、9世纪之际
晚期	前段	143、144、141、145、147、157、158、159、160、231、232、237、238、240、360、369、468	136、142、235（实为234）、363、367、368	365、231	9世纪初至839年左右
	后段	7、358、359、361			9世纪40年代

上表所列共计有56个洞窟，比史苇湘分期增加了13个洞窟。但两家意见的洞窟号略有不同，其中史先生所列窟号中有17个洞窟没有出现在后者的分期表中，具体洞窟有第7、21、92、134、135、179、186、188、202、236、240、258、357、370、469、471、479窟，但据我们实地考察，这些洞窟的吐蕃艺术特色还是比较明显的。因此，王惠民总结认为莫高窟中唐吐蕃期洞窟多达74窟之多，是可以参考的分期意见[2]。

按照我们的意见，把第161、144窟可归入吐蕃晚期、晚唐初期的洞窟，对研究中唐洞窟有重要的参考价值。

另有一部分是属于盛唐时期没有完工的洞窟，大概由于洞窟在具体营建过程中，正值沙州与吐蕃进行艰苦的战争，受人力、物力、财力的限制，因此使得洞窟的营建半途而废，最终在中唐吐蕃统治时期经人补绘而成。此类洞窟的营建无疑是在盛唐时期，因此只能算

---

[1] 樊锦诗、赵青兰：《吐蕃占领时期莫高窟洞窟分期研究》，载敦煌研究院编《敦煌研究文集·敦煌石窟考古篇》，甘肃民族出版社，2000年，第182—210页。

[2] 王惠民：《敦煌佛教与石窟营建》，甘肃教育出版社，2013年，第335页。

作中唐补绘部分壁画的洞窟[1]。

除莫高窟以外,属于中唐吐蕃期的洞窟另有瓜州榆林窟第15、25窟,敦煌西千佛洞第15窟。

四、洞窟窟形

敦煌吐蕃期洞窟形制大概有以下几类情形[2]:

一是以榆林窟第25窟为代表的中心佛坛窟,主室为中心佛坛,有一面披顶前室,外接长长的前甬道(图8-1)。榆林窟中唐第15窟即为此类形制。中心佛坛窟在莫高窟最早见于莫高窟隋代第305窟,次有盛唐第205窟,在莫高窟中唐洞窟中仅第234窟为此类洞窟。发展到晚唐五代宋归义军时期,大量流行中心佛坛窟。

二是以莫高窟第158窟为代表的涅槃大像窟,盝顶,西壁设长方形佛坛(图8-2)。此类形制与盛唐同类洞窟第148窟有一定的关联,又有所区别。第148窟顶为券顶,南北两壁又设二盝顶龛,前室又为人字披顶三开间四柱式结构。涅槃大像窟虽然形制独特,但明显受到洞窟造像的规范与制约。

三是以莫高窟第365窟为代表的"七佛窟",横券顶,西壁设佛坛(图8-3)。形制略同

图8-1 榆林窟第25窟平剖面图　　图8-2-1 莫高窟第158窟透视图　　图8-2-2 莫高窟第158窟实测图

---

[1] 沙武田:《吐蕃统治时期敦煌石窟研究》,中国社会科学出版社,2013年,第184—205页。
[2] 萧默:《敦煌建筑研究》,文物出版社,1989年,第33—60页。

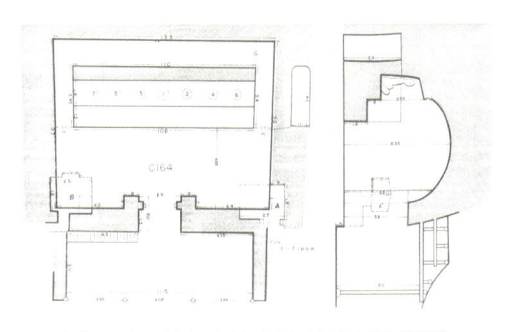

图 8-3 莫高窟第 365 窟窟形实测图

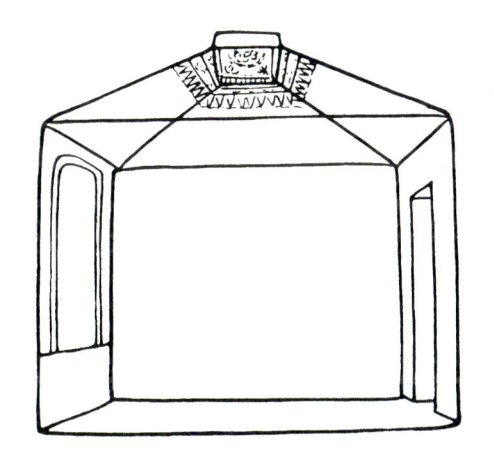

图 8-4 莫高窟殿堂窟窟形图示

图 8-5 莫高窟第 159 窟主室

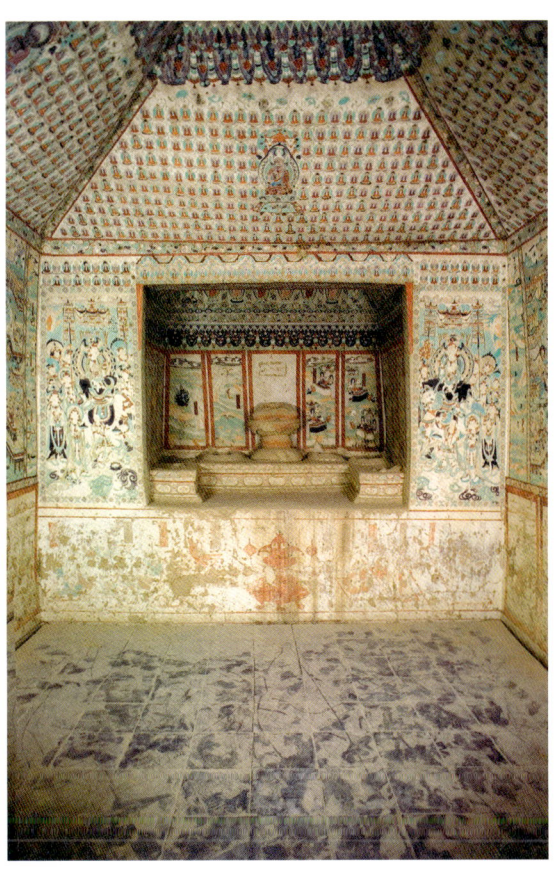

图 8-6 莫高窟中唐第 200 窟主室

第148窟，仍属造像规范下的独特窟形。

四是中唐吐蕃统治时期洞窟的主体常见形制，即覆斗顶西壁开龛方形主室殿堂窟（图8-4）。此类洞窟构成了莫高窟中唐洞窟的基本形制，以第159（图8-5）、200（图8-6）、231、237、358、359窟等为代表。洞窟有敞口前室，并多有窟檐类木构建筑[1]。西龛多为盝顶形，

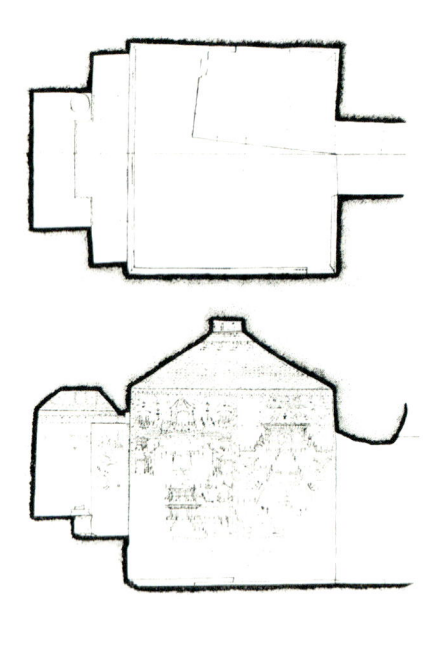

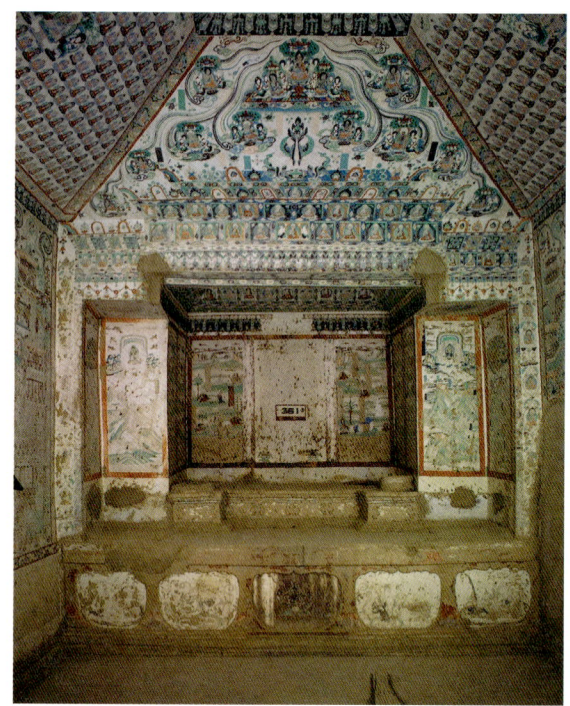

图 8-7　莫高窟第 361 窟实测图　　　　图 8-8　莫高窟第 361 窟主室

部分仍延续初唐与盛唐流行的平顶敞口形式（如第 154 窟）；个别洞窟龛形更为独特，如第 361 窟（图 8-7）被称为"帐扉"形龛（图 8-8）[2]。另有部分以绘塑结合形式构成典型的帐形龛窟，如第 358、359、361 窟等。这些洞窟均为中小型洞窟。

总体而言，莫高窟中唐洞窟延续了前期初唐、盛唐殿堂窟的基本形制特点，略作变化，以更加规则和考究的形式出现。

五、洞窟造像内容与主要特点

吐蕃对河西的占领以及因此而对丝路贸易严重的影响，使得敦煌的经济状况远不如前，因此这一时期洞窟的营建呈现小规模化。就吐蕃占领时期的艺术风格而言，初盛唐那些"满壁风动"的大场面绘画已极难见到，红绿相间的艳丽色彩也不多见，整个洞窟壁画所表现出来的拘谨、清淡氛围与当时的历史时代是相一致的。可以说，吐蕃占领时期的敦煌石

---

[1] 沙武田：《关于莫高窟窟檐与窟前殿堂建筑的时代问题》，《考古与文物》2003 年第 1 期，第 56—61 页。
[2] 参见敦煌研究院编：《敦煌石窟内容总录》，文物出版社，1996 年，第 147 页。

窟艺术，与前期十六国北朝隋代，特别是初唐、盛唐洞窟艺术相比，已经发生了十分明显的变化。

经变画的大量出现，是吐蕃统治时期敦煌石窟艺术最基本的内容和特征（图8-9）。集中表现在同一洞窟之内（或在洞窟同一壁面）布局更多的经变画，如莫高窟第231窟，南北两壁对称布局3铺经变画，分别为：南壁——观无量寿经变、法华经变、天请问经变；北壁——药师经变、华严经变、弥勒经变；西壁龛两侧

图8-9 莫高窟第159窟主室各壁经变画布局面貌

又对称画文殊变、普贤变；东壁门两侧画维摩诘经变、报恩经变。甬道顶画千手千眼观音经变一铺。如果考虑到洞窟前室可能的经变画的存在，一窟内至少有11铺经变画。此现象在中唐吐蕃以前没有出现，因为在之前相同空间大小的洞窟内，经变画布局特征是通壁一铺，如同初唐第220窟，南北壁分别画无量寿经变、药师经变各一铺，东壁门两侧画维摩诘经变，龛两侧对称文殊变、普贤变，一窟内仅有5铺经变画。因此，一窟内大量经变画的出现，无疑反映出吐蕃统治时期洞窟营建思想的变化[1]。正如敦煌藏经洞写本S.3939＋S.6161＋S.6973＋S.11564＋P.2762《张淮深碑》记：

> 四壁涂诸经变一十六铺，参罗万象，表化迹之多门；摄相归真，总三身而无异。方丈室内，化尽十方；一窟之内，宛然三界。[2]

集中体现了这一时期洞窟主题思想的多样化特征。

经变画的大量出现，毫无疑问会有诸多新图像的涌现。如金光明最胜王经变，最早出

---

[1] 李丽：《中晚唐时期敦煌经变画大增的原因》，兰州大学敦煌学研究所硕士学位论文，2001年。
[2] [日]藤枝晃：《敦煌千佛洞的中兴》，《东方学报》第35卷，1965年，京都；荣新江：《敦煌写本〈敕河西节度兵部尚书张公德政之碑〉校考》，载《周一良先生八十生日纪念论文集》，中国社会科学出版社，1993年；另见马德《敦煌莫高窟史研究》附录"莫高窟史料小辑"（七）录文，第302页。

图 8-10　莫高窟第 154 窟南壁金光明最圣王经变画

图 8-11　莫高窟第 158 窟窟顶十方净土之东南方净土

图 8-12　莫高窟第 158 窟密严经变画

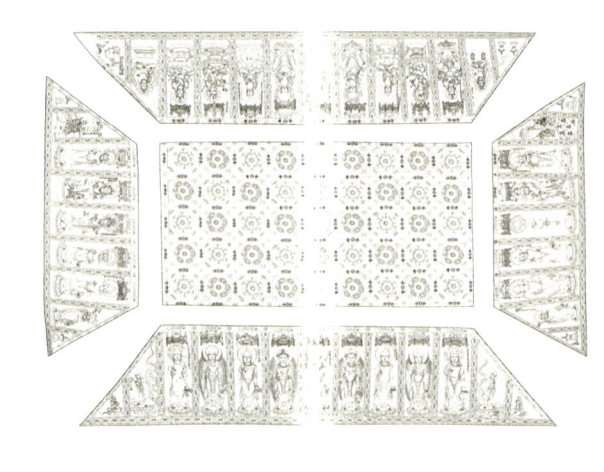

图 8-13　莫高窟第 237 窟龛顶瑞像集（吴晓慧绘）

现于莫高窟第 154 窟（图 8-10）。另有思益梵天请问经变（第 44 窟）、楞伽经变（第 186 窟）、十方净土变（第 158 窟）（图 8-11）、报父母恩重经变（第 236 窟）、卢舍那并八大菩萨曼荼罗（榆林窟第 25 窟）、密严经变（第 158 窟）（图 8-12）等[1]。同为密教图像，另有千手千钵文殊菩萨变相，最早见于第 238、258、361 窟等。这些全新图像在吐蕃统治时期洞窟壁画中

---

[1] 萧亦亨：《敦煌之思益梵天所问经变研究》，台南艺术大学艺术史与艺术评论研究所硕士学位论文，2009 年，第 125—132 页；王惠民：《敦煌若干经变画辨识》，《敦煌研究》2010 年第 2 期，第 1—5 页。

图 8-14　莫高窟第 231 窟龛顶瑞像集

出现,有着深刻的意义。比如,金光明最胜王经变画的出现就是因为当时敦煌人在吐蕃统治下,社会发生了较大的变化,在敦煌的汉人处于吐蕃政权的压力下"护国"无门,而金光明最胜王经变集中反映"护世护法""护国"的强烈思想,自然而然就成了人们信仰的主要经典之一[1]。

经变画以外,大量的佛教史迹画与瑞像图的出现,构成吐蕃统治时期敦煌石窟又一重要内容。如莫高窟第 231、237 窟龛内盝顶四披的图像(图 8-13),均是以小像、单尊像或简单造像组合出现,第 231 窟多达 40 幅之多(图 8-14)。这些造像有天竺、尼泊罗、犍陀罗、于阗、凉州、张掖等广大地区的瑞像图和佛教史迹画,其中以于阗瑞像居多,集中反映与于阗有关的建国历史传说和于阗守护神[2]。

而屏风画与经变画的结合,是这一时期单铺经变画的艺术表现新形式。另如供养人画

---

[1] 沙武田:《金光明最胜王经变首次出现于敦煌吐蕃期洞窟的原因》,《兰州大学学报》(哲学社会科学版)2006 年第 3 期,第 32—39 页。
[2] 孙修身:《敦煌石窟全集·佛教东传故事画卷》,商务印书馆,1999 年;张小刚:《敦煌感通画研究》,甘肃教育出版社,2010 年。

像的变化[1],等等,都是此一阶段敦煌石窟的主要艺术特征。

六、屏风画的使用和意义

屏风画的大量出现,是吐蕃期洞窟"重构"敦煌石窟历史的又一重要内容,因为作为一类新现象与新因素,其流行的最早时代即是中唐吐蕃统治时期,构成这一时期洞窟的一大特色(图8-15)。赵青兰对莫高窟吐蕃统治时期洞窟龛内屏风画作过专题研究[2],可供参考。

(一)与前期屏风画的比较

到了吐蕃期洞窟中,屏风画较盛唐洞窟中初现时发生了较大的变化,主要表现在以下几个方面:

(1)盛唐屏风画数量极其有限,并没有形成一种普遍流行的题材与样式,而到了中唐吐

图8-15 莫高窟第159窟经变画及屏风画

---

[1] 沙武田:《吐蕃统治时期敦煌石窟供养人画像考察》,《中国藏学》2003年第2期,第80—93页;另见郑炳林、沙武田编著:《敦煌石窟艺术概论》,甘肃文化出版社,2005年,第322—337页。
[2] 赵青兰:《莫高窟吐蕃时期洞窟龛内屏风画研究》,《敦煌研究》1994年第3期,第49—61页。

蕃期洞窟中，则大量流行，形成这一时期洞窟壁画结构布局的一大特征。

（2）盛唐屏风画仅见于西龛内，起到对主尊彩塑的搭配作用（图8-16），而在中唐洞窟中，除西龛内常见屏风画外，洞窟各壁经变画下与经变画密切关联的屏风画同样非常流行。

图 8-16　莫高窟盛唐第 79 窟龛内屏风画

（3）盛唐龛内屏风画所绘画题材均为人物画，代表即为配合主尊的弟子与菩萨像，而到了中唐吐蕃统治时期，按照赵青兰统计[①]，龛内屏风画有两大类题材，一类即为继承前期形式的"胁侍像屏风画"，此类数量并不多，仅见有莫高窟第134、135、153、155、226、447窟（图8-17）等。另一类"故事山水屏风画"表现在多达22所洞窟中，其中的故事题材分属不同的经变，主要有药师经变、报恩经变、弥勒经变、佛传、观音经变、金光明最胜王经变、观无量寿经变、戒律画、文殊与五台山、普贤与峨眉山、转轮圣王等故事画。

图 8-17　莫高窟第 135 窟龛内屏风画

（4）各壁屏风画均位于其上相应经变画下面，是对相应经变画内容作进一步的图像诠释。

（二）龛内屏风画与经变屏风画的联系与区别

毫无疑问，吐蕃期洞窟中各壁屏风画是在龛内屏风画影响下的产物。龛内屏风画是对主尊性格的诠释，"实际上它与龛内塑像一起组合形成了一种特殊形式的、绘塑结合的完

[①] 赵青兰：《莫高窟吐蕃时期洞窟龛内屏风画研究》，《敦煌研究》1994年第3期，第49—61页。

整经变，龛内塑像为经变的主体，即主尊及其胁侍诸像，而龛内屏风画则是为了进一步说明与主尊有关的故事内容与情节，起着补充说明的功能。"[1]如此，可按照龛内屏风画的内容不同来区分主尊的身份关系，如那些屏风画主体表现药师经变中"十二大愿"与"九横死"，主尊无疑即是药师佛。同理，如果屏风画表现的是"弥勒世界诸事"情节，那么主尊为弥勒佛的可能性就更大一些。以此类推，便可大体判断主尊的属性。当然，对此仍要与洞窟所有内容统一考察方可更加准确定性。如莫高窟第112窟龛内屏风画（图8-18）虽然以反映弥勒故事为主，但是考虑到主尊的坐姿、洞窟龛内其他三十三身过去佛造像，有学者就认为彩塑主尊并非弥勒佛，而是释迦佛，共同构成三世佛系列[2]。

图 8-18　莫高窟第 112 窟龛内屏风画

无论如何，作为洞窟设计者而言，西龛内屏风画即是他们在"重构"洞窟壁画布局时所开创的又一法则，意在更加清楚地阐释洞窟主尊的身份，从而更进一步说明洞窟的功能与思想。

（三）屏风画"重构"的意义

图像存在的空间环境往往对图像本身的文本选择有很重要的影响意义，因为空间要与图像相互妥协，最终完美地表现出来，形成特定的图像空间环境。屏风画大量流行于吐蕃期洞窟中，这种独特的壁画结构布局法则，在吐蕃期洞窟中的出现，是有其深刻的含义的。李其琼先生认为，屏风画在吐蕃期洞窟中的出现有两重作用，一是经变画的组成部分，二是为补充和扩大经变内容提供了画壁[3]。

的确，屏风画作为当时洞窟壁画"重构"之一的重要因素，明显是受到当时洞窟本身的空间关系和经变画布局"重构"特性所决定的。我们知道吐蕃期洞窟均为中小型洞窟，但当时的设计者和营建者要在有限的空间内布局大量的经变画，原本一壁一铺经变画的格

---

[1] 赵青兰：《莫高窟吐蕃时期洞窟龛内屏风画研究》，《敦煌研究》1994 年第 3 期，第 57 页。
[2] 梅林：《莫高窟一一二窟图像考论》，载敦煌研究院编《敦煌美术全集·莫高窟第 112 窟》，江苏美术出版社，1995 年，第 10 页。
[3] 李其琼：《论吐蕃时期的敦煌壁画艺术》，《敦煌研究》1998 年第 2 期，第 12 页。

局却要变为二三铺或更多,在这种情形下龛内屏风画就具有不可忽视的启示作用,人们为了节省出空间以布局更多的经变画,把本应画在经变画两侧以条幅式出现的故事画情节内容,便以屏风画的形式进行布局,"重构"了洞窟壁画的布局法则。

另一方面,若从视觉艺术的角度出发,大量屏风画在洞窟中的布局,则显示出时人在佛教信仰与礼拜对象方面的多样化特性,又是有唐一代长安洛阳政治、经济、文化活动中心佛寺壁画或佛殿挂幅画布局的一个真实记载。因为在张彦远的笔下,我们只看到了唐两京等地寺院名画的集中展示,寺院只是著名艺术绘画者表演的舞台,他笔下的寺院似乎是一个个展示优秀画作的展厅,是"名画"展示的空间与载体,仅此而已[1]。但是从洞窟营建史的考察和功能的关照出发,我们更关心这些绘画在一个空间架构的动机、目的和具体的实践活动。敦煌吐蕃期洞窟为我们从这方面的思考提供了非常重要的材料,留给人们更加广阔的思考空间。这大概也是大量屏风画出现的又一重要意义。

七、问题与思考

(一) 关于敦煌吐蕃期艺术的吐蕃属性

对于敦煌石窟不是十分熟悉者一提到"吐蕃统治时期"的洞窟,往往会第一反应想象中或觉得这一时期的造像和壁画艺术一定有浓厚的吐蕃风格与特色,但实际上这一时期洞窟仍然是"一派唐风",是敦煌唐前期艺术的延续,也是同时期唐长安洛阳两京地区寺院画壁的再现,仍然属于唐时代的艺术珍宝。虽然这一时期敦煌处在吐蕃统治之下,丝绸之路交通受到一定程度的影响,但是作为佛教文化的民间往来形式应该还在继续,况且吐蕃也大力推行佛教,吐蕃的佛教积极学习和吸收唐王朝汉地佛教的内容,其中敦煌佛教是吐蕃人学习的一个方向。另一方面,吐蕃统治时期的敦煌地区洞窟营建的主体人群是传统的汉人和之前已有的粟特人等,吐蕃人在敦煌人口中所占比例非常有限,他们参与营建的洞窟数量也很少,因此整体

图 8-19 榆林窟第 15 窟前室北壁库藏神天王像

---

[1] 郑岩:《压在"画框"上的笔尖——试论墓葬壁画与传统绘画史的关联》,载范景中、郑岩、孔令伟主编《考古与艺术史的交汇:中国美术学院国际学术研究会论文集》,中国美术学院出版社,2009年,第96页。

图 8-20　榆林窟第 25 窟八大菩萨曼荼罗图像

图 8-21　莫高窟第 93 窟龛内屏风画中的吐蕃装人物和"T"形框

而言真正带有吐蕃艺术特色的造像和壁画并不多，主要有榆林窟第15窟前室的库藏神（图8-19）、榆林窟第25窟的八大菩萨曼荼罗（图8-20）等，而反映吐蕃统治的内容则有像以莫高窟第158、359、361窟等的吐蕃装供养人画像，还有存在于这一时期维摩诘经变中的吐蕃赞普礼佛图，也有像出现在莫高窟第93窟和西千佛洞第15窟龛内屏风画中的吐蕃装人物（图8-21），以及吐蕃

图8-22 莫高窟第251窟中心柱西向面下方药叉北起第2、3身中间"T"形框

"T"形或"一"字横形榜题框在个别洞窟中的出现（图8-22），这些都是吐蕃文化和艺术影响的结果。

（二）吐蕃期洞窟经变画的"重构"现象

发展到中唐吐蕃统治时期，洞窟壁画的布局表现在对应关系上，发生了很大的变化，有"重构"的意义。

1. "重构"的前奏

所谓"有破有立""先破后立"，正体现在了敦煌洞窟壁画布局在吐蕃期"重构"的历史现象当中。任何反常事物或现象的发生，必有其诱因，而且往往这种诱因是必不可少的。敦煌吐蕃期洞窟中壁画布局的重构，其诱因所在即是那些"盛唐未完工、中唐补绘"洞窟的存在。

在这些洞窟中，吐蕃期补绘的内容并没有考虑到盛唐人当初开窟时的总体设计与壁画布局关系，完全打乱了洞窟原有的整体性与思想性。我们知道盛唐洞窟各壁内容的对应关系十分清楚，经变画对应经变画，千佛对应千佛。但在这些洞窟中，吐蕃期补绘时并没有遵循敦煌石窟这一基本的壁画布局法则，比较随意简单地补画了一些造像，以观音菩萨等单个尊像画为多见，也有经变画，以填充洞窟中的空白空间，象征性地完成了对前人洞窟的续建工作。

2. 探索与尝试

洞窟壁画布局法则与秩序感的被打乱并努力恢复，给中唐时代洞窟营建者以深刻的启

示,这种启示表现在其后新建洞窟秩序的探索与尝试、继承与发展,以及最终对敦煌石窟历史的"重构"等一系列行为当中。要理解这一问题和现象,从莫高窟中唐第154窟入手进行说明,最具有代表性。

第154窟位于莫高窟南区南端崖面二层位置,北侧与第152、153窟一道紧邻莫高窟第二大佛"南大像"第130窟,是属一小型洞窟,方形主室,西壁开敞口龛,覆斗顶,前室和甬道均已残不清。主室南北4.15米,东西3.8米,窟顶最高处距地面4.2米(图8-23)。窟内壁画内容如下图所示:

西　壁

	佛		佛	
	屏风画	西龛	屏风画	
史迹画两铺			观音菩萨立像	
金光明最胜王经变	法华经变	窟内地面	后代重绘供养菩萨像等	观经变
				报恩经变
	天请问经变	甬道	后代供养菩萨像	
	金光明最胜王经变	说法图	金刚经变	
		三佛像		

北壁

图8-23-1　莫高窟第154窟各壁图像布局示意图

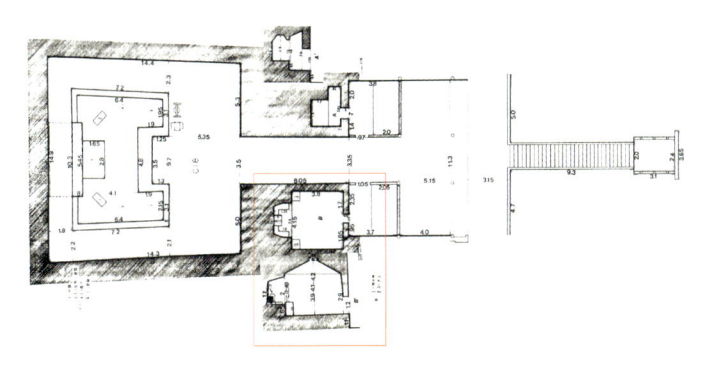

图 8-23-2　莫高窟第 154 窟平剖面图

图 8-24　莫高窟第 154 窟内经变画布局关系

莫高窟第 154 窟经变画的布局格式具有以下几个贡献与特点：

（1）每壁以"田"字格形式布局，这种经变画布局方式在之前不见，属第 154 窟首创（图 8-24）。

（2）一壁多达 4 铺经变画，同属第 154 窟首创，之前所见均为一壁一铺式。

（3）一窟之内经变画多达 12 铺之多（北壁和东壁门北下部为后代重绘，原作应为经变画),属当时及其前洞窟经变画之最。

(4)开创了完全不同的壁画对应格局。

(5)第154窟所形成的经变画布局结构并没有形成当时及以后普遍流行的模式,仅是昙花一现。

(6)诸多新题材首次出现,开创了当时新图像之最。

(7)山水屏风画在龛内出现[1]。

由此可知,在这样一个小型洞窟内,布局有大量的经变画。洞窟各壁面并没有初唐和盛唐洞窟中一壁一铺经变画的面积大小,但却由之前的一铺经变画的布局变为4铺之多,大概为了在有限的空间内容纳足够多的经变画,营建者便别出心裁,想出这么一个办法,以上下左右"田"字格的形式把要绘的经变画布局其中。

如果考虑到洞窟彩塑主尊菩萨像倚坐像特征,以及诸多全新题材与格局的开创意义,略作考察便可发现,莫高窟第154窟的最大特点,就是在洞窟营建各方面表现出的"探索"与"尝试"意义。在此定义第154窟的"探索""尝试"性格,是因为在洞窟中所开创的诸多格局特征,并没有形式一般的洞窟模式。表现出人们在开窟之初,受时人补绘前期洞窟混乱现象的启示,既然原有格局被完全打破,社会历史状况又发生了极大变化,人们开凿洞窟的思想与功德意义及信仰观念均发生了较前很大的区别,因此第154窟的开凿者以探索尝试的心理,在这里营建一所完全不同的洞窟。但是非常明显,这种布局方式无论从哪个方面似都不合理,不为后人所采纳,因此没有成为一种普遍的样式流传开来。

3.继承与发展

与第154窟同期洞窟还有第81、93、111、112、132、133、150、151、155、181、183、184、190、191、193、197、198、200、201、222、224、447、470、472、473、474、475窟等[2]。在这些同时期洞窟壁画的布局对应关系中,我们看到了中唐人开窟时对唐前期洞窟相应法则格式的继承,也看到了中唐人自己在此方面的发展关系。

对唐前期洞窟壁画布局对应法则的继承性,表现在传统经变画题材相互对应的关系当中,如第112窟龛外两侧的文殊变与普贤变对应,南北壁观无量寿经变对应药师经变、金刚经变对应报恩经变(图8-25),多属传统法则,只有金刚经变对应报恩经变较特殊少见,但并非首创,盛唐第31窟南北壁即如此对应,这一对应关系也是一种发展。第200窟龛外

---

[1] 屏风画虽早在盛唐就已出现,但是所画内容并没有一开始就如中唐一样配合经变画或龛内主尊,初步说明第154窟龛内山水屏风画的探索意义。

[2] 樊锦诗、赵青兰:《吐蕃占领时期莫高窟洞窟分期研究》,载敦煌研究院编《敦煌研究文集·敦煌石窟考古篇》,甘肃民族出版社,2000年,第182—210页。

文殊变对普贤变，南北壁观无量寿经变对应药师经变、报恩经变对应弥勒经变，东壁门两侧不空羂索观音经变对应如意轮观音经变，前两种对应法则常见，二密教图像对应是中唐人在盛唐未完工洞窟中补绘时的常见格式，只有报恩经变对应弥勒经变法则属此洞窟首创。

"重构"的继承与发展表现在另一方面，即是由一壁一铺经变画到两铺经变画的布局，其中有部分洞窟中仍是以一壁一铺的形式存在，这一点明显是对唐前期和补绘洞窟的继承。而一壁两铺格式的出现，则是对第154窟"田"字格式的部分继承与发展，即在继承了多铺一壁形式的基础上，发展为适合壁面空间的两铺而非四铺。

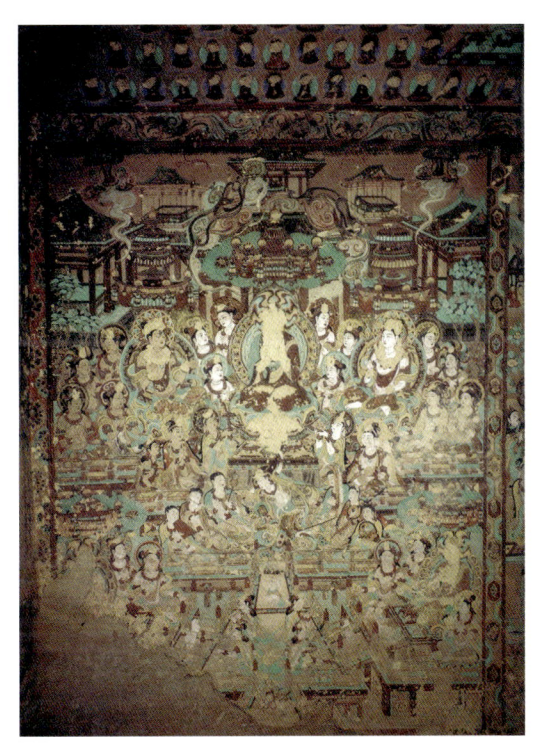

图8-25 莫高窟第112窟药师经变画

4. "重构"的基本完成及其影响

李其琼先生对莫高窟中唐吐蕃期洞窟的壁画结构布局有至为精辟之点评，十分敏锐地指出："经过一番周密构思以后，一个以佛帐龛为中心、屏风画鳞次栉比周置四壁、形式统一、内容一新的'佛殿'式洞窟的规范化布局就应时而生。"[1]所谓"规范化布局"，正是我们所论"重构"的结果。

在经过最初补绘前期洞窟时的启示，和在第154窟大胆探索尝试，以及在其他洞窟中的继承发展后，中唐人在洞窟壁画布局对应法则格式的"重构"工作终于完成，表现在以下几个方面：

（1）一壁两铺或三铺经变画布局。

（2）比较固定的对应格式。

（3）形成了具有时代共性的壁画布局法则，洞窟营建的时代模式产生了。

代表洞窟有莫高窟第144、145、147（图8-26）、159、231、237、240、358、359、360、361窟等，在这些洞窟中共性的成分大于个性差异。西龛两侧最常见即是文殊变对普贤变；东壁门两侧或为维摩诘经变两部分，或维摩诘经变对报恩经变，或不空羂索观音经变对如意轮观音经变等形式；南北壁最常见较固定的有华严经变对法华经变、药师经变对观无量

---

[1] 李其琼：《论吐蕃时期的敦煌壁画艺术》，《敦煌研究》1998年第2期，第3页。

寿经变、弥勒经变对天请问经变、弥勒经变对药师经变、药师经变对阿弥陀净土变、金刚经变对报恩经变、金光明最胜王经变对思益梵天请问经变、千手千眼观音经变对千手千钵观音经变等形式。

更为重的是，在这些洞窟壁画中所形成的布局法则，成了以后晚唐五代宋归义军时期洞窟壁画的基本模式，影响几乎遍及归义军时期的所有洞窟当中。

吐蕃期洞窟对敦煌石窟壁画"重构"的意义，也表现在另一方面，即经变画相互之间存在的模式化程式化因素。

图 8-26　莫高窟第 147 窟内壁画

第九章 归义军时期洞窟导论

一、历史背景

　　大中二年（848），随着吐蕃内乱，其在河西的统治也宣告瓦解。敦煌大族张议潮在粟特安氏家族等地方豪酋的支持下，掀开了推翻吐蕃统治的序幕。很快，张议潮率领的义军成功推翻了吐蕃的统治，他们宣布重新归顺唐王朝，为了尽快与中央政府联系，张议潮先后派遣十余队人马前往长安。这些使团历经漫漫黄沙和戈壁阻隔，以及已经占据河西走廊的回鹘人的不时劫掠，绝大多数都死在了路途之中，最终只有一队人马成功抵达了长安。唐宣宗隆重地接待了这些远道而来的使臣，接纳了张议潮进献的图籍，并封他为伊州、西州、庭州等河西十一州节度使，归义军政权得以正式建立。

　　从张议潮开始，归义军政权大体可分为张氏和曹氏两个阶段，他们都是敦煌地区世家大族的豪强。张氏归义军自张议潮开始，历经张淮深、张淮鼎、索勋以及张承奉四人。张承奉还一度建立短暂的西汉金山国，自立为"白衣天子"，但只存续大概六七年时间，随着乾化四年（914）张承奉的去世而结束，其后，权力落入其部将曹议金手中。这是归义军政权另外一位像张议潮一样的人物，高瞻远瞩，深谋远虑，很快自立为归义军节度使，并迅速出使后梁，获得了中原王朝的支持，暂时稳定住了自张承奉以来的动荡局面。此时，归义军政权只能实际控制瓜沙二州之地，伊州、西州、庭州、甘州、肃州、凉州早已落入回鹘、吐蕃、温末之手。

　　为了更好地巩固曹氏归义军政权，曹议金与东面的甘州回鹘达成了和解，迎娶回鹘天公主，同时还将女儿分别嫁给了于阗国王李圣天和回鹘可汗。通过联姻方式，与甘州回鹘、于阗王国建立了和平稳定的关系，使瓜沙地区出现短暂和平稳定的景况，为石窟营建奠定了社会基础。从曹议金开始，曹氏归义军历经曹元德、曹元深、曹元忠、曹延恭、曹延禄、曹宗寿、曹贤顺等数任，统治瓜沙地区一百四十余年。曹氏归义军时期，长期面临外部甘州回鹘、于阗，内部沙州回鹘、当地汉姓世家大族等几股势力矛盾交织的复杂局面。曹议金时期还能励精图治，对外不断开拓进取，至曹元忠时期成了曹氏归义军的鼎盛阶段。显德二年（955），后周授予曹元忠节度使衔；显德五年，他更是自称敦煌王，但归义军政权却早已日薄西山，只能在沙州回鹘的帮助下苟延残喘。在曹宗寿、曹贤顺主政归义军政权时期，尤其是甘州回鹘政权被西夏攻灭后，大量回鹘人迁居到敦煌一带，使归义军政权明显出现了回鹘化迹象，回鹘势力足以左右归义军政权的内政外交，甚至支持曹宗寿推翻节度使曹延禄的统治。曹贤顺时期，回鹘人还与归义军政权联合组成使团出使中原。但贪得无厌的回鹘人还是在1030年发动政变，杀害曹贤顺，曹贤惠率千骑投奔西夏，归义军政权从此便灭亡了[1]。

总之，归义军政权上承吐蕃，下启西夏，先后奉中原王朝唐、梁、宋为正朔，努力维持境内安定和平，促进了中原文化在吐蕃之后在瓜沙地区的复兴。同时，归义军政权积极与甘州回鹘、西州回鹘、于阗、辽、宋等政权联系，促进了双方文化的交流与互动，使敦煌石窟的营建达到了一个新高潮。尤其是随着回鹘势力的壮大，在敦煌也营建了一批回鹘洞窟，或者出现了浓郁回鹘化风格与特征的题材与样式，为敦煌石窟涂上了一抹亮色。

二、研究简史

归义军时期是敦煌石窟营建史上的重要时期，营建了一大批极富时代特色的新洞窟。关于这些洞窟的研究，学界已经取得了丰硕成果。综观这些研究论著，主要涉及石窟供养人的服饰及身份、经变画的释读、洞窟的窟型及功能、藏经洞的封闭以及典型洞窟的单窟研究。

就敦煌石窟研究史现状而言，相较于其他各时期，归义军时期洞窟研究多以单篇论文形式呈现，或个别研究专著的章节之中。对该阶段专题性的研究成果，其代表作是沙武田《归义军时期敦煌石窟考古研究》专著[2]，分为不同主题，涉及莫高窟窟前建筑、洞窟编号名称、藏经洞封闭时间及原因以及维摩诘经变、金光明经变等不同问题，是有关归义军时期石窟研究的力作。

另外，由于归义军时期营建的洞窟表现出强烈的世俗性，由归义军节度使曹议金、曹元忠等人为代表的当地豪强营建了一批大型洞窟，如莫高窟第98、100、61、55窟等。这些洞窟窟型复杂，体量较大，图像题材丰富，成为学界关注的热点，出现了一大批针对单一洞窟进行综合性研究的成果。

---

[1] 荣新江：《归义军史研究：唐宋时代敦煌历史考索》，上海古籍出版社，1996年；杨富学：《回鹘与敦煌》，甘肃教育出版社，2013年；冯培红：《敦煌的归义军时代》，甘肃教育出版社，2013年。
[2] 沙武田：《归义军时期敦煌石窟考古研究》，甘肃教育出版社，2017年。

单窟研究起源于欧美学界[1]，后来巫鸿将其上升到理论层面。巫先生认为，"石窟是一件具有历史意义的完整作品（work），……每一个石窟均经过统一设计，哪个墙面画什么题材，做什么雕塑，肯定在建造时都是有所考虑的。这种内在而具体的'考虑'是这些石窟的'历史性'（historicity）的所在。但是如果把石窟的建筑空间打乱，以单独图像为基本单位做研究的话，石窟的这种历史性就消失了"；"由于中外学者已对敦煌艺术中差不多所有重要题材进行了细致的研究，积累了大量图像学资料和成果，我感到我们可以转而鼓励和从事更多对完整石窟的研究和解释"，"挑出一批具有'原创性'（original）的石窟作为首要研究对象。所谓'原创性'，是指这些石窟的设计和装饰引进了以往不见的新样式，这些样式有的是昙花一现，未能推广；有的则成为广泛模拟的对象。一旦把这类石窟大体挑选出来，我们就可以进而确定所体现的特殊建筑和图像程序（或称'样式'）和特点和内涵，并思考这种样式产生的原因或传入敦煌的社会、政治、宗教背景"[2]。在巫鸿先生的影响下，国内也逐渐掀起了一波单窟研究的热潮。2004 年，公维章《涅槃、净土的殿堂——敦煌莫高窟第 148 窟研究》[3]、王中旭《阴家政窟——礼俗、法事与家窟艺术》[4] 等著作均是这方面研究的重要成果。美国芝加哥大学美术史系的巫鸿先生尤其提倡将单个洞窟进行整体研究的方法。

　　莫高窟第 156 窟是张议潮的功德窟（图 9-1），也是张氏归义军刚刚推翻吐蕃统治后营建的早期洞窟。沙武田、梁红对该窟进行了专题研究，尤其是对于该窟营建的时代背景、与张议潮的关系、功德主身份等问题多有创获[5]。莫高窟第 85 窟是张氏归义军都僧统翟法荣营建的功德窟，该窟也是归义军时期最早的中心佛坛窟，是翟法荣为庆贺荣升都僧统而建[6]。

---

[1] 李玉珉：《敦煌莫高窟第二五九窟研究》，《台湾大学美术史研究集刊》1995 年；何重华：《敦煌第 249 窟——维摩诘经之再现》，耶鲁大学博士学位论文，1985 年；[日] 阿部贤次：《莫高窟第 254 窟——中国早期佛教艺术实例剖析》，加州大学伯克利分校博士学位论文，1989 年；叶佳攸：《敦煌莫高窟 420 窟研究》，台湾大学硕士学位论文，1996 年；宁强：《艺术、宗教与政治：敦煌 220 窟研究》，哈佛大学博士学位论文，1997 年。

[2] [美] 巫鸿：《敦煌 323 窟与道宣》，载胡素馨编《佛教物质文化——与院财富与世俗供养国际学术研讨会论文集》，上海书画出版社，2003 年，第 333—334 页。

[3] 公维章：《涅槃、净土的殿堂——敦煌莫高窟第 148 窟研究》，民族出版社，2004 年。

[4] 王中旭：《阴家政窟——礼俗、法事与家窟艺术》，中央美术学院博士学位论文，2009 年。

[5] 梁红、沙武田：《敦煌石窟中的归义军历史——莫高窟第 156 窟研究》，甘肃文化出版社，2021 年。

[6] 郑怡楠：《敦煌法荣窟研究》，中央美术学院博士学位论文，2014 年。

图 9-1　莫高窟第 156 窟张议潮统军出行图（局部）

图 9-2　莫高窟第 98 窟画像

张氏归义军过渡到曹氏归义军后营建的第一座大型洞窟是莫高窟第 98 窟（图 9-2）。该窟具有浓厚的政治色彩，窟内供养人画像除曹氏家族及姻亲之外，还有当时敦煌僧俗界的高僧大德及高等级官员。该窟对后来归义军时期营建的大窟产生了重要影响[1]。除该窟外，曹议金还营建了莫高窟第 100 窟（图 9-3），之前一般认为该窟由回鹘天公主所营建。后来经米德昉等人考证，其为曹议金夫妻营建的洞窟，曹议金未及竣工去世后由其夫人与儿子曹元德续修完工[2]。

莫高窟第 61 窟以窟内西壁巨幅五台山图（图 9-4）而闻名

---

[1] 贺世哲：《从供养人题记看莫高窟部分洞窟的营建年代》，载敦煌研究院编《敦煌莫高窟供养人题记》，文物出版社，1986 年；沙武田：《莫高窟第 98 窟及其对曹氏归义军时期大窟营建之影响》，载郑炳林编《敦煌佛教艺术文化国际学术研讨会论文集》，兰州大学出版社，2002 年；邵强军：《图像与政权：敦煌曹议金第 98 窟研究》，甘肃教育出版社，2021 年。

[2] 米德昉：《敦煌莫高窟第 100 窟研究》，甘肃教育出版社，2016 年。

于世，其功德主是归义军节度使曹元忠。邹清泉对该洞窟做了详细考证与深入研究，尤其对该窟图像程序、视觉意象和文化内涵做了深入探析[1]。莫高窟第55窟是曹元忠营建的另一所大型洞窟，其窟内塑像及壁画题材等元素使该窟表现出浓厚的弥勒信仰，具有强烈的政治意味[2]。莫高窟第454窟（图9-5）是曹氏归义军晚期在敦煌营建的大型石窟之一，在石窟营建史上具有重要地位，反映了曹氏归义军晚期的政治、民族关系、宗教等方面的一些问题。郭

图9-3 莫高窟第100窟回鹘天公主出行图

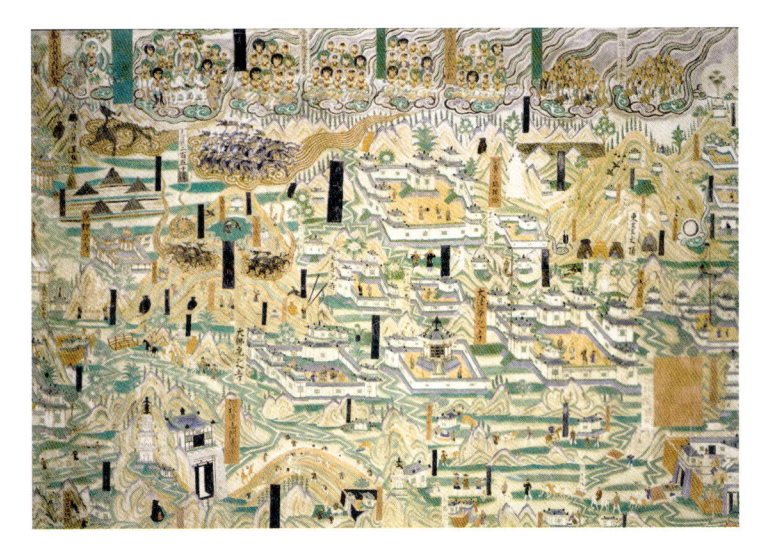

图9-4 莫高窟第61窟五台山图

俊叶将第454窟作为一个有机整体进行了综合研究，分析洞窟的功能、图像题材等方面的问题，并对洞窟整体及宗教内涵做了深入研究。另外，还在洞窟功德主、经变画释读等方面有创获[3]。

敦煌石窟作为佛教活动的场所，反映了佛教的义理、思想及实用性功能。不过，由于可资利用的材料有限，学界开展的相关研究并不充分，因而这一问题还存在很大发掘空间，尤其是藏经洞出土忏仪类文书与洞窟对应关系还有待进一步深入讨论。对于归义军时期洞窟功能的研究，也同样存在类似问题。台湾学者赖鹏举曾以归义军时期的莫高窟第14窟和塔堂为例，就华严思想对金刚界、胎藏界两界密法以及南传密法的含摄作了深入讨论[4]。另

---

[1] 邹清泉：《文殊堂：曹元忠时代佛教文化与视觉形象个案研究》，甘肃教育出版社，2016年。
[2] 高秀军：《敦煌莫高窟第55窟研究》，兰州大学博士学位论文，2016年。
[3] 郭俊叶：《敦煌莫高窟第454窟研究》，甘肃教育出版社，2016年。
[4] 赖鹏举：《敦煌石窟造像思想研究》，文物出版社，2009年。

图 9-5　莫高窟第 454 窟供养人像　　　　　　　　图 9-6　莫高窟第 61 窟于阗天公主像

外,陈菊霞等人也对莫高窟第 85 窟浓郁的禅宗思想、第 98 窟的忏法与榆林窟第 20 窟的水陆道场功能做了讨论[1]。

另外,由于归义军时期洞窟营建具有明显世俗化倾向,洞窟中都绘制了真人大小的大幅供养人画像,栩栩如生,为了解该阶段衣冠服饰、妆容等问题提供了珍贵材料。潘絜兹、谭蝉雪、竺小恩、谢静、邵强军、关燕茹等人论著中,对此时期供养人服饰均在一定程度上有所涉及[2],为后世研究奠定了资料基础和参照依据。沈雁[3]重点关注了敦煌石窟中的回鹘

---

[1] 陈菊霞:《试析莫高窟第 85 窟绘塑内容的表现思想》,《敦煌研究》2011 年第 5 期,第 35—39 页;刘永增、陈菊霞:《莫高窟第 98 窟是一忏法道场》,《敦煌研究》2012 年第 6 期,第 29—40 页;陈菊霞:《榆林窟第 20 窟是一水陆道场》,载荣新江主编《唐研究》(第 20 卷),北京大学出版社,2015 年。

[2] 潘絜兹编绘:《敦煌壁画服饰资料》,中国古典艺术出版社,1958 年;谭蝉雪主编:《敦煌石窟全集·服饰画卷》,(香港)商务印书馆,2005 年;谭蝉雪:《解读敦煌——中世纪服饰》,华东师范大学出版社,2010 年;竺小恩:《敦煌服饰文化研究》,浙江大学出版社,2011 年;谢静:《敦煌石窟中的少数民族服饰研究》,甘肃教育出版社,2016 年;谢静:《敦煌石窟中回鹘天公主服饰研究》,《西北民族研究》2007 年第 3 期,第 12—17 页;邵强军、瞿平:《敦煌莫高窟第 98 窟供养人画像探析》,《丝绸之路》2017 年第 4 期,第 26—27 页;关燕茹编:《敦煌壁画中的服饰》,清华大学出版社,2021 年。

[3] 沈雁:《敦煌壁画中的回鹘服饰研究》,东华大学硕士学位论文,2005 年;沈雁:《回鹘服饰文化研究》,东华大学博士学位论文,2008 年。

服饰，其中也涉及归义军时期洞窟中绘制的回鹘供养人画像。崔岩等人则对以莫高窟第98窟为代表的于阗国王画像服饰做了深入讨论[1]。袁梦雅则关注了莫高窟第61窟为代表的于阗天公主妆饰（图9-6）[2]。

除服饰研究外，也有一些学者则重点关注了供养人的身份，尤其是曹氏归义军统治者曹氏家族的民族身份以及此时比较特殊的于阗国王画像（图9-7）。对于前者，荣新江、冯培红、沙武田[3]等人认为是中古时期来华的中亚粟特人后裔，而李并成等人认为则是由亳州迁居敦煌的汉人[4]。对于后者，沙武田[5]、张小刚[6]等人更多地对于阗国王及公主画像的具体身份作了讨论。最近，刘人铭也对敦煌归义军时期回鹘洞窟中的供养人画像身份做了研究，尤其对回鹘王子供养人像（图9-8）的身份属性解读颇有心得[7]。除此之外，还有一些研究涉及归义军时期敦煌石窟中洞窟的编号、经变画释读、藏经洞的性质及封闭原因、敦煌壁画与世俗社会等方面的内容，都取得了巨大成就，为后世学者的进一步深化研究奠定了基础。

---

[1] 崔岩、刘元风、郑嵘：《敦煌莫高窟第98窟于阗国王李圣天供养像服饰图案研究》，《艺术设计研究》2017年第4期，第42—48页；崔岩：《圣天衣冠如中国——论敦煌壁画中的于阗国王供养像与服饰图案》，《中外文化交流》2020年第9期，第84—90页。

[2] 袁梦雅：《敦煌莫高窟壁画中女供养人的妆饰探究——以61窟于阗天公主为例》，《装饰》2014年第6期，第82—83页。

[3] 荣新江：《于阗王国与瓜沙曹氏》，《敦煌研究》1994年第2期，第111—119页；荣新江：《敦煌归义军曹氏统治者为粟特后裔说》，《历史研究》2001年第1期，第65—72页；冯培红：《敦煌曹氏族属与曹氏归义军政权》，《历史研究》2001年第1期，第73—86页；沙武田：《敦煌石窟归义军曹氏供养人画像与其族属之判别》，载《西部考古》第六辑，三秦出版社，2012年，第204—234页；沙武田：《五代宋敦煌石窟回鹘装女供养像与曹氏归义军的民族特性》，《敦煌研究》2013年第2期，第74—83页。

[4] 李并成、解梅：《敦煌归义军曹氏统治者果为粟特后裔吗？——与荣新江、冯培红先生商榷》，《敦煌研究》2006年第6期，第109—115页。

[5] 沙武田：《敦煌石窟于阗国王画像研究》，《新疆师范大学学报》2006年第4期，第22—30页。

[6] 张小刚：《再论敦煌石窟中的于阗国王与皇后及公主画像——从莫高窟第4窟于阗供养人像谈起》，《敦煌研究》2018年第1期，第48—61页；张小刚、郭俊叶：《敦煌所见于阗公主画像及其相关问题》，《石河子大学学报》2016年第4期，第6—18页。

[7] 刘人铭：《莫高窟第409窟回鹘可汗可敦供养画像阐释——以汉文化探析为中心》，《绵阳师范学院学报》2018年第4期，第142—146页；刘人铭：《莫高窟第310窟回鹘供养人画像阐释——兼论曹氏归义军的回鹘化》，载沙武田主编《丝绸之路研究集刊》第三辑，商务印书馆，2019年，第318—334页；刘人铭：《敦煌沙州回鹘石窟图像研究》，陕西师范大学硕士学位论文，2019年；刘人铭：《沙州回鹘石窟供养人画像研究》，载圣凯主编《汉传佛教与亚洲物质文明》，商务印书馆，2021年，第298—333页；刘人铭：《敦煌石窟回鹘王像身份属性再思考》，《中国美术研究》2021年第2期，第15—23页。

图 9-7　莫高窟第 98 窟于阗国王像　　　　　图 9-8　莫高窟第 148 窟回鹘王子像

三、洞窟分期

对于归义军时期莫高窟洞窟的分期，1982 年，史苇湘在《关于莫高窟内容总录》做了系统总结[1]：

张氏归义军（晚唐），大中二年（848）至天祐三年（906）：

第 8、9、10、12、13、14、16、17、18、19、20、24、54、82、85、94、102、104、105、106、

---

[1] 史苇湘：《关于莫高窟内容总录》，载敦煌文物研究所编《敦煌莫高窟内容总录》，文物出版社，1982 年；另见敦煌研究院编《敦煌石窟内容总录》，文物出版社，1996 年，第 232—233 页。

107、111、114、127、128、132、138、139、141、144、145、147、150、156、160、161、163、167、168、173、177、181、183、184、190、192、193、195、196、198、221、227、232、241、336、343、459、470、473窟，共计58窟。

曹氏归义军（五代宋），五代时期，后梁开平元年（907）—后周显德六年（959）：

第4、5、6、22、36、40、53、61、72、78、86、90、98、99、100、108、137、146、187、226、261、300、342、346、362、385、391、440、441、468、469、476窟，共计32窟。

宋时期，建隆元年（960）—景祐二年（1035）：

第7(重修)、15、25、34(宋修)、35、55、58、65、67、73、76、89、94(重修)、118、130(重修)、136、152、170(重修)、174、178、189、230、235、256、264(重修)、289、355、364、376、377、427(重修)、431(重修)、443、444(重修)、449、452、454、456、457、467、478(重修)窟，共计42窟。

除莫高窟外，榆林窟、西千佛洞也存在数量可观的归义军时期洞窟，尤其是后者的艺术水平甚至高于莫高窟。据《敦煌石窟内容总录》[1]，二窟之中归义军时期的洞窟如下：

榆林窟：第12(五代)、13(五代)、14(宋)、16(五代)、18(五代)、19(五代)、30(晚唐、宋重修)、31(五代)、32(五代)、33(五代)、40(五代)、41(五代)窟。

西千佛洞：目前残存洞窟仅有第19窟为五代新建"罗汉洞"，其他个别有五代宋重修的情况。

四、洞窟窟型

归义军时期标志着敦煌石窟营建的另一个小高潮，这一阶段由于崖面限制已经没有多余空间可供开凿新洞窟，因而此时多为重修前代洞窟，甚至部分洞窟在重修时破坏了前代洞窟。因多为重修，窟型基本沿用前期洞窟，形制未做较大改动。因而除背屏式中心佛坛窟外，其余窟型少有明显特征，相较于其他时期的洞窟性质没有明显区别。

（一）背屏式中心佛坛窟

背屏式中心佛坛窟是归义军时期，尤其是曹氏归义军统治时期开凿的代表性洞窟。此窟型一般适用于大型洞窟，在主室中间营建中心佛坛，上面安置佛、菩萨、弟子、天王、力

---

[1] 霍熙亮整理：《敦煌西千佛洞内容总录》，载敦煌研究院编《敦煌石窟内容总录》，文物出版社，1996年，第195—221页。

士等塑像。中心佛坛距离前壁空间较大，而距离南北两壁的甬道空间狭窄，只能允许一人通过，用于信徒巡礼观像。洞窟后部设置背屏，由坛上直接联结窟顶，厚1米，宽4米以上，因位于中心佛坛后部，故而又称为背屏。部分洞窟覆斗形窟顶四角设置凹面浅龛，上面绘制四大天王像。这种窟型与佛寺结构布局相同，背屏相当于佛殿中的扇面墙，相关形制出现在山西五台山晚唐佛光寺大殿、五台山南禅寺之中[1]。典型洞窟为曹元忠出资营建的莫高窟第55窟和第61窟。

（二）高僧影窟

顾名思义，高僧影窟是为了纪念高僧而营建的洞窟，因窟内绘制高僧画像而得名。这是归义军时期比较具有特色的窟型，其中以莫高窟第17窟（图9-9），即著名的藏经洞最为知名。一般而言，这种洞窟营建于大型洞窟甬道的左侧，面积较小，适合高僧在其中打坐参禅，是仿照寺院建筑的样式而建[2]。在高僧圆寂后才会重新改造为影窟。藏经洞即为纪念张氏归义军开创者张议潮的老师——著名的吴和尚洪䛒法师而营建的影窟，后来当地僧团将佛经、绢画、法器等佛教用具存放于该窟之中。直到清光绪二十六年（1900）被道士王圆箓阴差阳错地发现，从此开启了一个新学科——敦煌学。

图9-9 莫高窟第17窟洪䛒法师像

---

[1] 萧默：《敦煌建筑研究》，文物出版社，1989年，第327—328页。
[2] 梅林：《469窟与莫高窟石室经藏的方位特征》，《敦煌研究》1994年第4期，第186—197页。

五、洞窟图像及特点

(一) 经变画数量增多,图幅缩小,对应关系固定

经变画是敦煌石窟壁画内容的重要形式,在隋唐时期,洞窟之中通常整壁只绘制一幅经变画。这一传统在归义军时期发生了转化,此时的经变画不再是整壁的大幅壁画,而是不同经变画组合后共同绘制在一面墙壁上,因而图幅缩小很多。另外,此时经变画的题材较为固定,通常是华严经变、法华经变、楞严经变、无量寿经变等,北朝时期经常出现的降魔变、牢度叉斗圣变等几乎消亡。除题材固定之外,归义军时期经变画间的对应关系也逐渐固定下来。

(二) 突出世俗供养人,弱化洞窟宗教功能

供养人作为洞窟营建的赞助者与主持人,在一所洞窟的营建过程中至关重要。其经济实力、社会地位、文化素养及审美取向直接影响洞窟的壁画题材、洞窟规模、营建工艺水准等多方面内容。因而,通常供养人也会将自己及家人的容貌绘制在洞窟之内,以求

图 9-10 莫高窟第 220 窟西壁佛龛

图 9-11　莫高窟第 220 窟甬道新样文殊像

图 9-12　莫高窟第 409 窟回鹘王供养像

获得"一己之福"。莫高窟北朝时期洞窟中的供养人画像体形很小，通常出现在洞窟中心柱及四壁底部，格式化特征明显，无法表现出面部特征，只能通过榜题来进行识别。从隋唐以后，供养人画像明显增大。在位置上除原来绘制在洞窟四壁外，也开始朝甬道等位置转移。莫高窟第 220 窟（图 9-10）是敦煌石窟的代表性洞窟，也是敦煌世家大族翟氏营建的家族窟。该窟由初唐贞观十六年（642）"乡贡明经授朝议郎、行敦煌郡博士"翟通主持营建，邀请从长安来的李工等高水平画师绘制完成[1]。在该窟主室东壁门上绘制翟氏家族男女供养人画像各一身，西壁龛下也绘制供养人画像。到了五代归义军时期，翟奉达又在同光三年（925）对该窟做了重修，绘制一幅新样文殊（图 9-11），并绘制翟奉达家族七身供养人画像。到了曹氏归义军时期，供养人画像变得更加巨大，甚至如真人大小。如莫高窟第 61 窟是曹元忠的功德窟，在该窟主室南、北、东三壁及甬道南北两壁均绘制曹元忠家族供养人画像，这些画像超过真人身高，绘制精美，容貌特征明显，是曹氏家族的"全家福"写真像，突出反映出曹氏家人虔诚的佛教信仰。

---

[1] 荣新江：《贞观年间的丝路往来与敦煌翟家窟画样的来历》，《敦煌研究》2018 年第 1 期，第 1—8 页。

(三)汉、回鹘等多种风格并存

随着曹氏归义军晚期统治的衰弱,尤其是在东面西夏攻占甘州回鹘后,大量回鹘人迁往瓜沙二州,使这一地区逐渐出现了明显回鹘化迹象,甚至部分学者还认为曾短期存在过沙州归义军政权。无论这一论断是否成立,回鹘人在归义军晚期扮演过举足轻重的地位是毋庸置疑的,因而在敦煌也出现了一批具有明显回鹘风格与元素的洞窟。例如,莫高窟第409、237、148窟和西千佛洞第16窟均绘制了大幅回鹘王及可敦夫人供养人画像[1]。莫高窟第409窟回鹘王头戴王冠(图9-12),腰系蹀躞带,身着圆领窄袖长袍,脚着长靴,身后配备手持弓箭、伞盖、仗扇等器物的仪仗队;可敦夫人头戴桃形冠,身着窄袖对襟长袍,襟边用飞鸟、花朵等点缀,站立在小方毯之上。部分画像的榜题框内还书写回鹘文题记。可见,这些洞窟中的回鹘王及可敦夫人服饰上出现的龙凤纹饰以及配置的仗扇等仪仗均为吸收汉文化的产物,而小方毯则明显是回鹘文化的产物。这些回鹘洞窟将汉、回鹘两个民族元素完美地结合起来[2]。

(四)多用青绿色、土红色颜料,色彩单一

从洞窟壁画色彩来看,归义军时期洞窟壁画多用青绿色、土红色颜料,尤其是洞窟主室的壁画题材多为千佛或简化版的净土变,佛、菩萨等侍从以及供桌、帷幔等物品多用青绿色晕染,而千佛变中的千佛多用土红色晕染,营造出一种清冷的氛围,与前期尤其是隋唐时期的大幅红色基调形成鲜明对比。关于出现这一现象的原因,有学者认为与此时期由于陆上丝绸之路的断绝,造成从中亚阿富汗等地的青金石等矿物颜料减少有关,当地画工只能从河西走廊的赤铁矿提炼土红颜料,造成了这一阶段颜料色彩单一的特征。

六、对这一时期洞窟研究的问题与思考

(一)石窟功能的世俗化

石窟寺原本是僧尼修行的产物,窟内的塑像、壁画乃至洞窟窟型都是为了凸显洞窟的功能。因而,早期洞窟的营建具有很强的宗教色彩,其目的就是营造出宗教氛围浓郁的神圣空间。然而,这一理念在归义军时期却发生了改变,此时营建的洞窟,尤其是类似莫高

---

[1] 也有学者认为是西夏王,如史金波、汤晓芳、任怀晟等。
[2] 刘人铭:《莫高窟第409窟回鹘可汗可敦供养画像阐释——以汉文化因素探析为中心》,《绵阳师范学院学报》2018年第4期,第142—146页。

窟第55、61、98窟等几个大型洞窟，里面的塑像、壁画不再凸显宗教修行的氛围，更多是为了彰显供养人的世俗权势和地位。这几个洞窟最重要的共同点即开始在洞窟中绘制大幅供养人，尤其是将其绘制在出入洞窟的甬道及主室东壁之上，占据了整幅墙面，给人带来极大的视觉冲击。例如莫高窟第98窟，为带须弥佛坛的覆斗形殿堂窟，功德主为曹氏归义军首任节度使曹议金，主室南北两壁绘制报恩经变、劳度叉斗圣变、思益经变、维摩诘经变等11铺经变画。该窟最明显的特征是甬道南北壁和主室四壁下方绘制的251身供养人像。这些供养人像可分为三类：(1) 曹议金家族供养人像，包括其外祖父张议潮、岳父索勋、太夫人、夫人（回鹘天公主、钜鹿索氏、广平宋氏）、儿子（曹元德等）、女婿于阗国王李圣天、姊妹等人；(2) 归义军政权的主要幕僚；(3) 归义军政权僧团组织高级僧官。

图9-13　莫高窟第98窟于阗王后供养像

莫高窟第98窟最有特色的图像应属于阗国王李圣天及于阗王后画像（图9-13）。于阗国王头戴冕旒，身穿衮服，几乎与中原王朝天子衣冠完全相同。于阗王后头戴凤冠，顶戴碧玉珠，身穿紫褐色大袖裙襦，肩披轻纱，足踩毡毯，手捧熏炉；身后侍从抱箭囊、弓袋、捧酒壶供物等。这些以于阗国王、于阗王后为代表的供养人画像，按照尊卑、男女、长幼依次排列，共同朝向甬道的位置。张先堂将此样式称为以地方长官为中心的供养人模式，是五代归义军时期非常流行的样式，与北朝供养人朝向主室西壁的主尊样式形成鲜明对比。

(二) 石窟艺术的标准化

曹氏归义军时期，敦煌当地已经出现了协调同行之间关系的专业组织——"画行"，同时官方也仿照中原地区设置了"画院",根据不同的技能将工匠分为画师、画匠、塑匠、石匠、泥匠以及管理人员——都勾当画院使。根据敦煌文献及洞窟题记等材料可知,画匠依据个人技能水平大致分为博士、匠、师、先生等级别,还有特殊的"都料"职位。这些技能娴熟的工匠在统一管理下进行统一规划、集体创作的劳动,营建了一批内容独特、风格统一的洞窟。

敦煌画院内部管理严格,职位明确,主要有"知画手""都画匠""院生""银青光禄绘画手"等身份,这多与管理无关,主要根据绘画水平或绘画中的具体分工而定,在莫高窟与榆林窟中的一些石窟里还保存了这一时期部分画匠的题记。他们的待遇与身份等级密切相关,差距明显。据敦煌文书S.3929《节度押衙董保德建造兰若功德颂》记载,身为画行都料的董保德绘画造诣很深,"手迹临于僧繇,笔势力临于曹氏",获得的报酬和赏赐很多。"家资丰足,人食有余",才有能力出资建造洞窟。

敦煌画院内部分工明确,统一协调工作进度,因而完成的洞窟在表现手法、表现形式、题材内容、艺术风格等方面均有一定的共同点。比如,曹元忠开凿的几个大窟中的壁画题材、构图、绘制风格、色彩等方面都几乎相同。敦煌画院的建立,保证其完成的作品能够体现统治者的思想。

除此之外,石窟营建过程中也逐渐采用统一格式的画稿。首先,在建造洞窟之前,画工根据统治者要求设计不同种类的画稿;其次,画院将画稿呈报归义军政府,并征求意见进而不断修订与完善,形成最终的稿件;最后,画院组织打窟人、塑匠、画师等不同工种正式开凿洞窟,绘制壁画。在著名的莫高窟藏经洞里大量出土这一时期留下的画稿,甚至部分画稿与石窟壁画中的画面内容完全吻合。因而,由于大量使用统一格式的画稿,使归义军时期的敦煌石窟营建出现标准化现象。

(三)石窟分期的复杂化

敦煌画院成立后,在敦煌营建了一大批图像题材、营建方式、绘画风格高度相似的洞窟,成为归义军时期洞窟的重要特征。不过,随着西夏政权的兴起,经过与归义军政权、回鹘势力的反复争夺后,瓜沙地区逐渐被西夏所统治,石窟营建也开始进入西夏时代。值得注意的是,由于史料所限,西夏统治瓜沙时期的很多史事尚不清晰,加之这一时期营建的洞窟在题材内容、图像组合、绘制风格等方面并无明显特征,长期以来成为摆在敦煌学和西夏学界的主要难题之一。早在20世纪60年代,王静茹、宿白等人就组织人力开展敦煌西夏石窟的调查工作,由于种种原因,这些调查记录成果也被束之高阁,直到20世纪80年代才逐渐正式发表,极大地推动了学界对西夏洞窟的认识,最终确认西夏营建洞窟66个、重修洞窟16个。

不过，从现有成果看，这一结论还存在判定标准不统一、数量明显扩大等问题。尤其是对其中的回鹘风格洞窟，如莫高窟第409窟、榆林窟第39窟等洞窟，对其时代还存在较大争议。早年刘玉权将其判定为西夏洞窟，后来又重新修订为回鹘洞窟。除此之外，还有一些学者则认为西夏时期瓜沙一带经济落后、文化衰弱，根本没有条件营建大规模洞窟。除榆林窟第3窟、榆林窟第29窟等少数几个洞窟外，将刘玉权分期标准的早期洞窟上提至宋代，晚期洞窟则下放到元代，这样就几乎完全否定了学界多年的分期成果。

最近，刘永增也就该问题做过专门梳理，认为在这些洞窟中，"除几例汉文或西夏文的游人题记外，未发现带有开窟题记的标准纪年窟，因此在界定西夏洞窟时，只能退而求其次地向上或向下寻出相对的'标准'洞窟，然后以此为标尺进行分期。毫无疑问，这个所谓的标准洞窟，较标准纪年窟的比照效力要低。因为无论是向上还是向下，都不应该脱离该时代太远"[①]。

综上所述，归义军时期开凿的洞窟是敦煌石窟千年营建历程中的重要阶段。除新开凿大型洞窟外，还将前期众多的洞窟进行了重修，尤其是缩窄了洞窟的窟门，更有利于洞窟壁画及彩塑保护。同时，这一时期也是敦煌石窟营建的过渡阶段，在壁画题材、开凿方式、窟型、供养人绘制位置及图幅等方面均有创新之处，在敦煌石窟的研究领域具有重要意义。

---

① 刘永增：《敦煌"西夏石窟"的年代问题》，《故宫博物院院刊》2020年第3期，第4—14页。

第十章 沙州回鹘洞窟导论

一、相关历史背景

20世纪80年代之前，敦煌石窟的断代分期中无沙州回鹘洞窟。随着河西回鹘历史研究的逐步深入，敦煌石窟的断代分期进行了调整，划分出了沙州回鹘洞窟。但是由于文献记载付之阙如，相关历史不清楚，很多基本问题也还在争议当中，因此，相较于前代洞窟来说，沙州回鹘洞窟的情况较为复杂。

沙州回鹘洞窟的营建与回鹘人在瓜沙地区的活动密切关联。开成五年（840），漠北回鹘汗国被黠戛斯所灭，部分回鹘人西迁于河西、西域，相关记载表明瓜沙地区的回鹘人应该出现在9世纪中叶回鹘西迁时期[1]，也就是张氏归义军统治时期。回鹘人在张氏归义军时期于瓜沙地区的活动，不见于正史记载，多见于敦煌文书中。较早的敦煌文书记载的回鹘与瓜沙地区相关史实，多为军事冲突[2]。较前述年代稍晚的敦煌文书则已经开始反映出瓜沙地区接纳回鹘人的情况[3]。此外，相关文书还记载了张氏归义军与东西回鹘（主要是甘州回鹘、西州回鹘）的外交往来情况[4]。总之，从敦煌文书反映的回鹘人在瓜沙地区活动的零碎片段来看，其于张氏归义军时期在瓜沙地区未形成影响力。

至曹氏归义军时期，曹议金吸取张氏灭亡的教训，与甘州回鹘保持良好的关系往来，并与其结成姻亲关系。伴随着回鹘天公主进入瓜沙地区，回鹘开始在归义军政权内部产生

---

[1]《西夏书事》载"回鹘自唐末浸微，散处甘、凉、瓜、沙间，各立君长，分领族帐"。参见〔清〕吴广成撰，龚世俊等校正：《西夏书事校证》，甘肃教育出版社，1995年，第79页。此观点为高自厚提出，参见《甘州回鹘渊源考》，《西北民族学院学报》1982年第2期，第10—17页。

[2] P.3451《张淮深变文》、P.2570V《毛诗故训传》分别记有回鹘进攻瓜沙地区的史实。

[3] P.2741《于阗使臣奏本》、CH.00296《于阗使臣奏稿》记载有甘州回鹘首领逃往瓜沙地区，归义军指使回鹘在瓜沙城边成立政权的史实。参见苗盛璋：《敦煌于阗文P.2741、Ch.00296、P.2790号文书疏证》，《西北民族研究》1989年第2期，第58—59页。

[4] P.2937《洒司状》、P.3569背《光启三年四月官酒户马三娘、龙粉堆支酒本和籴会牒附判词（拟题）》、P.3633《辛未年（911）沙州百姓一万人上回鹘大圣可汗状》分别反映出张氏归义军与东西回鹘的外交往来情况。

影响，并在瓜沙地区产生实际性的作用[1]，曹氏归义军也多与甘州回鹘共同贡宋。

发展至曹氏归义军晚期，回鹘对归义军政权的影响更甚，归义军出现了严重的回鹘化倾向。

曹氏进贡之时冠以"沙州回鹘"名号，"沙州回鹘"的正式使用首次明确的记述是 976 年。关于"沙州回鹘"的来源，众说纷纭，限于史料，还不能弄清楚，但是至少在曹氏归义军晚期，回鹘在瓜沙地区有极大势力，并影响归义军政权，这一点是毫无疑问的。

关于曹氏归义军的灭亡，几乎没有记载，学界多为根据相关史料推测。由于敦煌石窟中有回鹘王以及回鹘装供养人，加之西夏灭归义军后，瓜沙地区还在独立上贡，因此，学界认为归义军灭亡后，在西夏对瓜沙进行有效统治之前，回鹘曾在敦煌进行了短暂的统治，这一时期被称为"沙州回鹘统治时期"，年代为"1030—1067 年"。

"沙州回鹘统治时期"是一个历史学分期，这一分期与沙州回鹘洞窟的营建年代并非严格对标。沙州回鹘洞窟是一个考古学上的分期，是通过考古类型学、风格学划分出一批有明显回鹘特征的洞窟以及与前述回鹘风格洞窟有发展序列关系的洞窟。沙州回鹘洞窟的风格特征并不是在"沙州回鹘统治时期"突然出现，也并非随其在瓜沙地区绝对统治地位的丧失而结束，它是伴随着西夏在瓜沙地区影响力的深入而渐亡。因此，沙州回鹘洞窟的时间上限应该为归义军晚期的回鹘化，即 11 世纪初（从曹宗寿、曹贤顺时期）；时间下限为西夏在瓜沙地区绝对统治的后几十年里，大致可为 11 世纪末 12 世纪初。

二、研究简史

与其他时期石窟相比，沙州回鹘洞窟的研究起步相对较晚，其研究处于碎片化，尚未有较为宏观、系统、整体的沙州回鹘洞窟研究著作问世。虽然如此，经过前辈先贤们的努力，学界在沙州回鹘洞窟的分期、服饰专题、壁画艺术等方面已经有一些可观成果。

（一）沙州回鹘洞窟断代分期的研究

沙州回鹘洞窟的断代研究是探讨沙州回鹘洞窟图像的重要基础，此项工作经过了反复的过程。早年，刘玉权先生在《敦煌莫高窟、安西榆林窟西夏洞窟分期》一文，以西夏统治瓜沙史实为基础，从洞窟装饰图案、造像、风格角度分析，划分出西夏洞窟 77 个，其中包

---

[1] 莫高窟第 61、98、100 窟中有回鹘天公主的供养像；榆林窟第 16 窟中出现了回鹘装侍从；归义军政权中的汉人女子开始戴回鹘女性所戴的悉悉珠；回鹘的鸟形押开始出现在曹氏归义军文书中。

含了现今所有的沙州回鹘洞窟[1]。后随学界对回鹘史研究的深入，刘玉权先生对前述分期作了修正。刘氏《关于沙州回鹘洞窟的划分》一文在77个西夏洞窟中划分出23个沙州回鹘洞窟，并且确定其大致年代约为11世纪初至12世纪初[2]。

（二）沙州回鹘洞窟壁画艺术研究

在沙州回鹘洞窟壁画艺术研究论著中，以刘玉权先生《沙州回鹘石窟艺术》一文最为宏观，最具综合性、全面性，其对沙州回鹘洞窟的题材、风格、样式、供养人像等都有不同程度的涉及[3]。其后，关有惠[4]、沙武田[5]先生的相关论著中也涉及沙州回鹘洞窟壁画艺术的相关问题。王惠民先生的相关文章论述中涉及沙州回鹘洞窟中的行脚僧图像、十六罗汉图像[6]。

近年，关于沙州回鹘洞窟以及壁画的个案、专题研究多了起来。殷博博士对莫高窟第207窟的说法图进行了考证[7]，对回鹘洞窟中的比丘像做了分类整理研究[8]。学者张世奇、郭秀文对莫高窟第245窟西龛主尊身份作了考证[9]。袁頔博士将沙州回鹘洞窟放置在丝路交流的大背景下进行研究，讨论的题材涉及水月观音、行脚僧、执扇弥勒等[10]。赵晓星先生对沙州回鹘洞窟中的"白衣观音"作了研究[11]。刘人铭博士对榆林窟第39窟主室题材组合

---

[1] 刘玉权：《敦煌莫高窟、安西榆林窟西夏洞窟分期》，载敦煌研究院编《敦煌研究文集·敦煌石窟考古篇》，甘肃民族出版社，1982年，第273—318页。

[2] 刘玉权：《关于沙州回鹘洞窟的划分》，《敦煌研究》1988年第2期，第2—5页。全文收录于《1987年敦煌石窟研究国际讨论会文集·石窟考古编》，辽宁美术出版社，1990年，第1—29页。

[3] 刘玉权：《沙州回鹘石窟艺术》，载敦煌研究院编《中国石窟·安西榆林窟》，文物出版社，1989年，第216—227页；又载敦煌研究院编《榆林窟研究论文集》，上海辞书出版社，2011年，第670—681页。

[4] 关友惠：《敦煌宋西夏石窟壁画装饰风格及其相关的问题》，载敦煌研究院编《2004年石窟研究国际学术会议论文集》（下），上海古籍出版社，2006年，第1111—1141页。

[5] 沙武田：《敦煌画稿研究》，中央编译出版社，2007年，第393—394页。

[6] 王惠民：《敦煌壁画十六罗汉榜题研究》，《敦煌研究》1993年第1期，第25—36页；王惠民：《敦煌壁画中的行脚僧图像新探》，《九州学刊》1995年卷第6卷第4期，第43—55页。

[7] 殷博：《莫高窟第207窟初说法图考》，《敦煌研究》2019年第6期，第25—33页。

[8] 殷博：《莫高窟回鹘时期比丘形象初探》，载《丝绸之路研究集刊》第四辑，商务印书馆，2019年，第300—316页。

[9] 张世奇、郭秀文：《莫高窟第245窟主尊定名考》，载《西夏学》第十五辑，甘肃文化出版社，2017年，第161—174页。

[10] 袁頔：《莫高窟第363窟壁画组合与丝路元素探析》，《西夏研究》2019年第1期，第101—110页。袁頔：《莫高窟行脚僧壁画主题思想与绘制原因探析》，载《丝绸之路研究集刊》第四辑，商务印书馆，2019年，第317—327页；袁頔：《由执扇弥勒与可汗之像看莫高窟第237窟重修相关问题》，《河西学院学报》2020年第1期，第44—52页；袁頔、沙武田：《行僧神化与图像重构——瓜州榆林窟第21窟新辨识行脚僧研究》，载《形象史学》第十八辑，中国社会科学出版社，2021年，第192—218页。

[11] 赵晓星：《敦煌晚期绘画中的"白衣观音"浅析》，载《石窟艺术研究》第四辑，文物出版社，2019年，第91—98页。

作了探讨，并对该窟供养人的身份作了推测[1]。

（三）沙州回鹘洞窟中的回鹘服饰以及供养人画像研究

沙州回鹘洞窟中保存有一定数量的着回鹘装的供养人像，给学界提供了研究回鹘服饰的可贵材料，成果也较为突出。关于沙州回鹘服饰研究成果，最具代表性的文章主要是来自谢静[2]、沈雁[3]、竺小恩[4]等学者的相关论著。这些学者的文章基本上阐明了沙州回鹘和西夏供养人服饰的区别、沙州回鹘供养人与高昌回鹘供养人服饰的联系与区别。

沙州回鹘供养人像研究中最为总括性的文章为刘人铭博士的《沙州回鹘石窟供养人画像研究》，该文对沙州回鹘的供养人像作了分类梳理，对供养人像反映出来的文化、宗教信息作了讨论[5]。在沙州回鹘供养人像中，争议较大的当为莫高窟第409、148、237窟以及西千佛洞第16窟的王像，其身份属性现今学界有五种观点，沙州回鹘王[6]、西州回鹘王[7]、西夏王[8]、西夏时期的回鹘王[9]、曹贤顺[10]。此外，刘人铭对莫高窟第310窟中回鹘装男像与汉

---

[1] 刘人铭：《榆林窟第39窟主室布局内涵探析》，载《西夏学》第二十三辑，甘肃文化出版社，2021年，第273—284页。

[2] 谢静、谢生保：《敦煌石窟中回鹘、西夏供养人服饰辨析》，《敦煌研究》2007年第4期，第80—85页；谢静：《敦煌石窟中的少数民族服饰文化研究》，兰州大学博士学位论文，2001年。

[3] 沈雁：《回鹘服饰文化研究》，东华大学博士学位论文，2008年。

[4] 竺小恩：《敦煌石窟中沙州回鹘时期的回鹘服饰》，《浙江纺织服装职业技术学院学报》2012年第1期，第38—42页；竺小恩：《敦煌服饰文化研究》，浙江大学出版社，2011年。

[5] 刘人铭：《沙州回鹘石窟供养人画像研究》，载圣凯主编《汉传佛教与亚洲物质文明》，商务印书馆，2021年，第298—333页。

[6] 杨富学：《9—12世纪的沙州回鹘文化》（后收入著作《沙州回鹘及其文献》），《敦煌学辑刊》1994年第2期，第90—100页；贾应逸、侯世新：《莫高窟409窟与柏孜克里克石窟供养人对比研究》，《吐鲁番学研究》2008年第1期，第110—119页；刘人铭：《莫高窟第409窟供养人像阐释》，《绵阳师范学院学报》2018年第4期，第142—146页；刘人铭：《敦煌石窟回鹘王身份属性再思考》，载《中国美术研究》第三十八辑，上海书画出版社，2021年，第15—23页。

[7] 刘永增：《敦煌"西夏石窟"的年代问题》，《故宫博物院院刊》2020年第3期，第4—14页。

[8] 史金波、白滨：《莫高窟、榆林窟西夏资料概述》，《敦煌学辑刊》1980年第1集，第63—68页；史金波、白滨：《莫高窟榆林窟西夏文题记研究》，《考古学报》1982年第3期，第367—386页；史金波：《西夏皇室和敦煌莫高窟刍议》，载《西夏学》第四辑，甘肃文化出版社，2009年，第165—171页；汤晓芳：《对敦煌409窟壁画人物"回鹘国王"的质疑》，《西夏研究》2018年第3期，第54—61页；任怀晟：《敦煌莫高窟第409窟、237窟男供养人像思考》，《敦煌学辑刊》2019年第3期，第91—103页。

[9] 张先堂：《敦煌莫高窟第148窟西夏供养人图像新探——以佛教史考察为核心》，载《西夏学》第十辑，甘肃文化出版社，2015年，第218—227页。

[10] 沙武田：《沙州回鹘王敦煌王曹贤顺供养像蠡测》，待刊稿。

装女像组合案例进行了研究，探讨了曹氏归义军与沙州回鹘之间的关系，提出了沙州回鹘时期实行了汉人易服回鹘装的观点[1]。

（四）沙州回鹘洞窟中的回鹘文题记释读

沙州回鹘洞窟的回鹘题记释读主要是日本学者做了相当多的工作，重要论著为松井太先生《敦煌諸石窟のウイグル語題記銘文に關する箚記》[2]、《敦煌諸石窟のウイグル語題記銘文に關する箚記（二）》[3]（《敦煌石窟中回鹘文题记箚记（二）》[4]），松井太、荒川慎太郎編《敦煌石窟多言語資料集成》[5]。松井太先生的论著中有通过回鹘题记判断供养人身份属性的研究，多为学界引用。

（五）沙州回鹘洞窟营建史

在众多敦煌石窟艺术研究的著作中，也涉及沙州回鹘洞窟营建史的讨论，但是关于这一问题无专题论述，只在相关研究中略有一提。沙武田先生《归义军时期敦煌石窟考古研究》[6]和《敦煌西夏石窟营建史构建》[7]二文，对归义军洞窟与沙州回鹘洞窟的石窟关系、沙州回鹘洞窟对西夏石窟营建的影响等问题有所涉及。

三、关于沙州回鹘洞窟分期

"1964年，敦煌文物研究所与中国社会科学院民族研究所合作，对敦煌莫高窟和安西榆林窟西夏洞窟进行了一次专门调查。调查过程中，发现原定宋代洞窟中，有一批洞窟在题材布局、艺术造型、壁画作风等方面，与瓜沙石窟群中那些明确的宋代曹家晚期洞窟有

---

[1] 刘人铭：《莫高窟第310窟供养人像阐释——兼论归义军的回鹘化》，载《丝绸之路研究集刊》第三辑，商务印书馆，2019年，第318—334页。
[2] [日] 松井太：《敦煌諸石窟のウイグル語題記銘文に關する箚記》，《人文社會論叢》人文科學編第3号，2014年，第21—50页。
[3] [日] 松井太：《敦煌諸石窟のウイグル語題記銘文に關する箚記（二）》，《人文社會論叢》人文科學編第32号，2014年，第27—44页。
[4] [日] 松井太著，刘宏梅译：《敦煌石窟中回鹘文题记箚记（二）》，《吐鲁番学研究》2019年第1期，第117—119页。
[5] [日] 松井太、荒川慎太郎編：《敦煌石窟多言語資料集成》，東京外國語大學アジアアフリカ言語文化研究所，2017年。
[6] 沙武田：《归义军时期敦煌石窟考古研究》，甘肃教育出版社，2017年。
[7] 沙武田：《敦煌西夏石窟营建史构建》，《西夏研究》2018年第1期，第3—16页。

所区别"[1]。后来，敦煌研究院在石窟分期中将其划分为西夏洞窟，共77个。

20世纪80年代"沙州回鹘"概念提出后，敦煌石窟的断代分期也随着这一学术观点的提出作了调整，以"历史上存在沙州回鹘、洞窟中有回鹘人像和题记、壁画具有回鹘佛教艺术特点"等为依据，参照新疆吐鲁番地区高昌回鹘石窟壁画风格，于"西夏洞窟"中划分出23个"沙州回鹘洞窟"[2]，以下为刘玉权先生沙州回鹘洞窟分期以及相对年代判定表。

表10-1 沙州回鹘洞窟分期及相对年代表[3]（刘玉权）

分期	石窟寺	窟号	相对年代
前期	莫高窟	306、307、308、363、399、418、244（甬道）	11世纪初至11世纪后半期
	榆林窟	21（前室甬道）、39	
后期	莫高窟	409、237（前室、甬道）、148（甬道及后室局部）、309、97、330、310、245、207	11世纪后半期至12世纪初
	西千佛洞[4]	4、9（甬道）、10（甬道）、12、13	

随着学术研究和科技手段的进步，近年，敦煌研究院保护研究所通过紫外线摄影技术发现了莫高窟第194窟壁画层下的供养人像，影像显示的男女供养人着装与刘氏沙州回鹘洞窟分期中的供养人像相同，因此，此窟应该划分至沙州回鹘洞窟中。

值得注意的是，在《敦煌石窟内容总录》中提到榆林窟第6、17、26窟，西千佛洞1、2、3、5、9窟，莫高窟第373、140、152窟等有回鹘参与重修，但是上述诸窟回鹘参与比重非常少，因此，本文认为基本能确定的沙州回鹘遗迹洞窟共24个，即刘玉权先生所划分的23个洞窟以及后来红外线探照发现的第194窟。

此外，沙州回鹘洞窟皆无纪年，无标型窟进行年代参照，故而，本文以为刘玉权先生洞窟相对年代的判断可能还需要更多证据，因此，本文不对沙州回鹘洞窟进行具体排年与年

---

[1] 刘玉权：《敦煌莫高窟、安西榆林窟西夏洞窟分期》，载敦煌文物研究所编《敦煌研究文集》，甘肃人民出版社，1982年，第273页。
[2] 刘玉权：《关于沙州回鹘洞窟的划分》，《敦煌研究》1988年第2期，第9—11页；全文收录于《1987年敦煌石窟研究国际讨论会文集·石窟考古编》，辽宁美术出版社，1990年，第1—29页。刘玉权：《敦煌西夏洞窟分期再议》，《敦煌研究》1998年第3期，第1—4页。
[3] 刘玉权：《关于沙州回鹘洞窟的划分》，《敦煌研究》1988年第2期，第4页。
[4] 刘玉权文章中采用的西千佛洞编号为敦煌研究院的旧编号，新编号分别为第4、11、12、15、16窟，后文将一律采用敦煌研究院新编号。

份划分。

表 10-2 沙州回鹘洞窟分期与年代判断（本文）

石窟寺	窟号	年代
莫高窟	97、148、194、207、237、244、245、306、307、308、309、310、330、363、399、409、418、	11 世纪初至 11 世纪末 12 世纪初
榆林窟	21、39	
西千佛洞	4、11、12、15、16	

四、沙州回鹘洞窟壁画题材概述

在前代洞窟基础上进行重绘是沙州回鹘洞窟营建的重要特点，24 个洞窟中只有 330 窟为新建，其余皆为重修。24 个洞窟中有的洞窟为整窟重绘，有的洞窟重绘一部分佛教题材，有的洞窟则只重绘供养人像部分。因此，对沙州回鹘洞窟本身的研究，多集中在对壁画题材、壁画风格的讨论，而较少涉及洞窟形制等问题的探讨。

沙州回鹘洞窟一共 24 个，佛教题材有说法图、净土变、文殊普贤（文殊普贤变）、药师图像（药师立像、药师经变）、净土变、七佛、五佛、十方佛、千佛、十六罗汉、儒童本生、千手观音、六臂观音、菩萨、水月观音、执扇弥勒、白衣观音、行脚僧、瑞像、弟子、天王等，其中以说法图、药师图像、菩萨所占比例较高；装饰题材有壶门贡宝、团花、花卉、垂幔、幢幡等，以团花、垂幔、壶门贡宝出现较多。此外，善绘供养人像也是沙州回鹘洞窟壁画中的一个特点。

总体看来，沙州回鹘洞窟的壁画题材不多，在表现方式上以简约为主，没有了唐五代时期巨幅经变以及恢宏场景的表达，并且屏风画等方式也不再采用了。但是，也有一些新的题材，比如，单行本儒童本生、白衣观音（出现在净土变中）等。

五、沙州回鹘洞窟壁画的图像学分析

（一）沙州回鹘洞窟中的供养人像

沙州回鹘洞窟中有 15 个洞窟绘制有供养人像，分别为莫高窟第 97、148、194、237、245、309、310、363、399、409、418 窟，榆林窟第 39 窟，西千佛洞第 12、15、16 窟。沙州回鹘洞窟供养人像总体上体现出以下特点：

1. 首次出现回鹘可汗可敦像

莫高窟第148、237、409窟以及西千佛洞第16窟中绘制有可汗可敦像，这四幅回鹘可汗可敦像不仅是回鹘可汗夫妇首次以供养人的身份出现在敦煌石窟中，而且规格极高，以龙纹、凤冠、仪仗队等多种元素强调地位的尊贵，既是首创也是独例。他们有别于其他沙州回鹘洞窟供养人画像，是沙州回鹘供养人画像中一类特殊的形象（图10-1）。

2. 回鹘装与汉装并存

沙州回鹘洞窟中的供养人着装为男性着回鹘装，女性着回鹘装或者汉装。男性服饰种类单一，女性服饰种类则较为多元。回鹘装与汉装是两种不同民族的服饰，它们同时出现在石窟中既是沙州回鹘洞窟营建特征的体现，也是沙州回鹘社会服饰状况的反映，同时也是民族融合的例证（图10-2）。

3. 供养人画像大小和位置排列延续传统

沙州回鹘供养人像基本上延续了前代绘制于四壁和甬道的特点，其有大有小，大的如真人或超过真人大小，小的约占壁面高度的四分之一至三分之一。供养人像的位置排列大致符合前代的男女供养人像分开的特点，以表现男女有别的观念。但是有的洞窟供养人像也并非为前述排列方式，比如，莫高窟第194、418、148、310窟中男女供养人像绘于同一

图10-1　莫高窟第409窟主室东壁门南侧供养人像　图10-2　莫高窟第409窟主室东壁门北侧女供养人像

图 10-3-1　莫高窟第 194 窟主室南壁供养人像　　图 10-3-2　榆林窟第 39 窟前甬道北壁供养人像

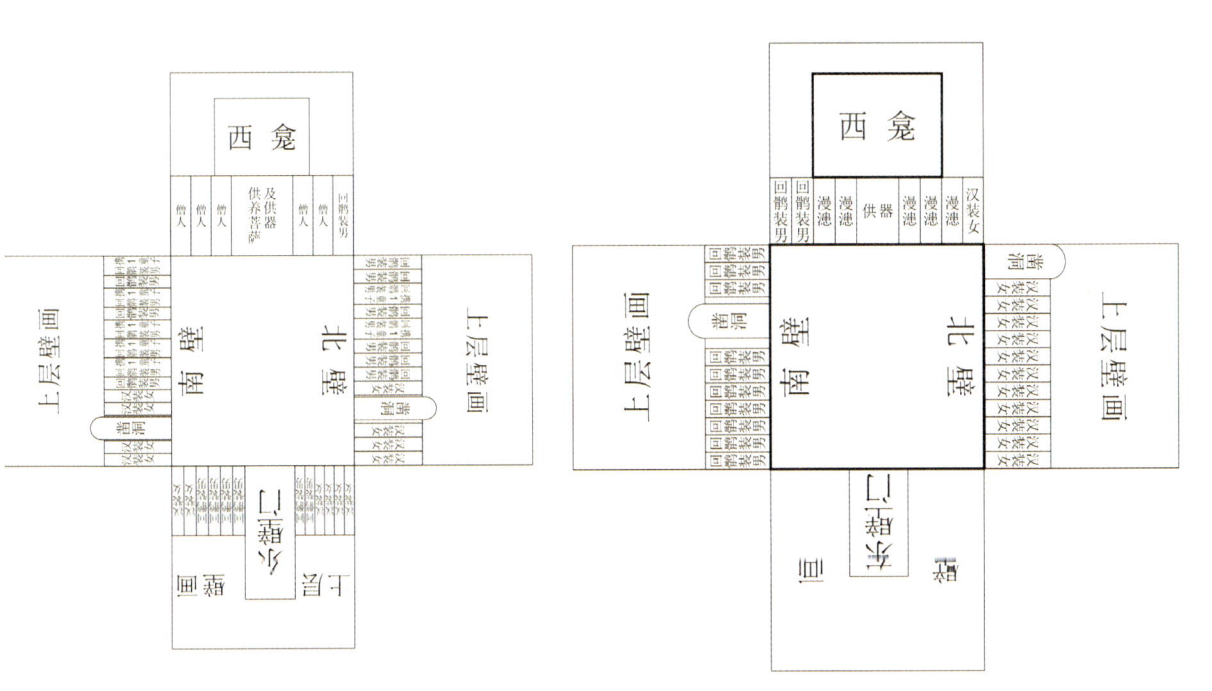

图 10-3-3　莫高窟第 418 窟供养人像分布图　　图 10-3-4　莫高窟第 310 窟供养人像分布图

壁面（图 10-3），西千佛洞第 16 窟主室几乎全是女性供养人像。

4. 回鹘文与汉文题记同时使用

沙州回鹘洞窟中的供养人题记大多数漫漶，据前人调查结果整理出沙州回鹘洞窟残存题记47 条[1]，这 47 条题记由回鹘文和汉文两种文字书写，其中汉文 42 条、回鹘文 5 条。不同于柏孜克里克石窟中回鹘文、汉文双语同时书写同一榜题的情况，沙州回鹘洞窟的回鹘文和汉文题记更多表现为分开书写。我们也不排除沙州回鹘洞窟中有双语榜题使用的情况，但限于材料，还无从定论（图 10-4）。

5. 高昌风格明显

高昌回鹘和沙州回鹘洞窟中的回鹘装供养人像在服饰样式、冠式形制上大体不差，沙州回鹘洞窟中男性供养人穿着圆领窄袖系带式长袍，分别戴尖顶花瓣形冠、扇形冠、三叉冠、翻檐帽、圆帽等冠式；女性供养人穿着对襟窄袖长袍，分别戴桃形凤冠、如角前指冠。这些沙州回鹘洞窟中的男女供养人像之装扮皆能在高昌回鹘石窟供养人像中找到来源（图 10-5）。

6. 汉装女像服饰与归义军政权中的女眷装扮表现出近似的特点

沙州回鹘洞窟中的汉装女性供养人着红色大袖襦裙袍服，鬓发包面并饰以花钿，项戴瑟瑟珠，此装扮近似于敦煌石窟壁画中曹氏统治者以及曹氏政权中高等文武官吏之女性家眷的装扮（比如莫高窟第 61 窟），说明沙州回鹘洞

图 10-4　榆林窟第 39 窟回鹘文和汉文题记

---

[1] 莫高窟第 97、148、363、399、409、418 窟，榆林窟第 39 窟残存题记。参见敦煌研究院编：《敦煌莫高窟供养人题记》，文物出版社，1986 年；[日] 松井太、荒川慎太郎：《敦煌石窟多言语资料集成》，东京外国语大学アジア・アフリカ言语文化研究所，2017 年；徐自强、张永强、陈品编著：《敦煌莫高窟题记汇编》，文物出版社，2014 年。

图 10-5-1　柏孜克里克石窟第 16 窟高昌回鹘男性供养人像

图 10-5-2　柏孜克里克石窟第 20 窟高昌回鹘女性供养人像 　　图 10-6　莫高窟第 61 窟归义军政权中的女性供养人像

窟中的汉装女像装扮延续了归义军时期汉装女性的装扮传统（图10-6）。

（二）沙州回鹘洞窟中的净土变与说法图

净土变的突变与说法图的流行，是沙州回鹘洞窟艺术的特点之一。前代洞窟中的净土变，细节完整，容易辨认，比如观无量寿经变有十六观的内容，药师经变有十二神将、十二大愿、九横死等内容，弥勒经变有三会、剃度、嫁娶等内容。沙州回鹘洞窟中莫高窟第306、307、308、399、418、363窟绘有净土变，这些净土变将经典依据的细节特征减去，留下主尊与众弟子、菩萨说法这一主干内容。第306、307、308、418窟中的净土变还带有宋窟净土变图像特点，场面宏大，三会式组合，眷属人物数量多，人物排列密集，尤其是第307、418窟中有恢宏的建筑（图10-7）。

虽然第306、307、308、418窟中的净土变具有宋窟净土变之特点，但同样也体现出净土变由复杂向简化转变的趋势，赵晓星先生已经注意到这一变化趋势[1]。第307、418窟中有宏伟建筑，人物排布密集，眷属数量多。第306、308窟则有所简化，净土变中已经没有恢宏建筑，只有栏杆、栏墙，眷属人物数量也有所减少，画面的密集程度降低（图10-8）。第399、363窟则更为简化，眷属数量更加减少，结构布局疏散，甚至都不具备完整的三会式特点，或可称之其为"复杂的说法图"（图10-9）。此外，榆林窟第39窟中的弥勒经变，简化至极，只有弥勒三会内容，因此它也只是说法图，而不具备净土变之特点（图10-10）。

总而言之，沙州回鹘洞窟中净土变的变化主要集中在整体布局和画面的排列上，人物形象上还是呈现出宋窟以来的清秀特点，在用色上善用青绿。沙州回鹘洞窟中的净土变图像内容在前代的基础上做了减法，图像内容更加简单，但是也由于缺乏相关细节，使得内

图10-7-1　莫高窟第307窟主室南壁净土变　　图10-7-2　莫高窟第418窟主室南壁净土变

---

[1] 赵晓星：《关于敦煌莫高窟西夏前期洞窟的讨论——西夏石窟考古与艺术研究之五》，《敦煌研究》2021年第6期，第1—18页。

图 10-9　莫高窟第 399 窟主室南壁净土变

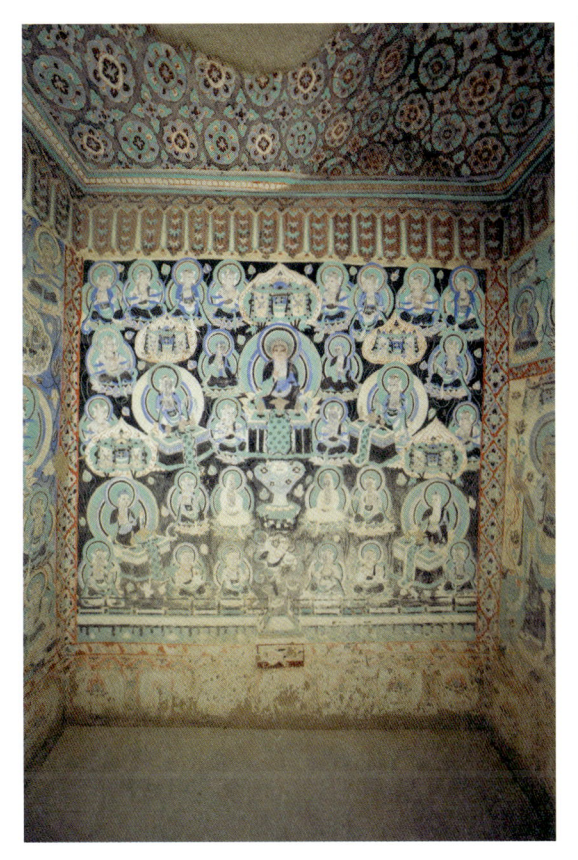

图 10-8　莫高窟第 306 窟主室西壁净土变

图 10-10　榆林窟第 39 窟主室南北壁简化式弥勒三会图（吕瑞东绘）

容考证变得困难。或许归义军晚期、沙州回鹘时期，在政局动荡、战争频仍、曹氏画院解体的背景下，民众在石窟营建中更倾向于选择小窟进行重绘，由于窟内壁面小，不能容纳大的经变画，民众只需要在图像中表达出净土之观念即可，并不过分强调是何种净土，也不强调经变画的样式。此外，这一时期说法图的流行，刺激了净土变的简化，从而使得净土变中的重要情节说法图被着重刻画、保留，而弱化了净土变的其他细节。

沙州回鹘洞窟中十分流行说法图，数量不下 30 幅。这些说法图的布局大致为中间一主尊，四周胁侍环绕，只是在不同说法图中胁侍数量和位置有所不同。沙州回鹘洞窟中的说法图主尊能识别身份的有莫高窟第 310 窟（弥勒）、莫高窟第 207 窟（释迦）、榆林窟第 21 窟（药师佛），其他的说法图则由于没有榜题，也没有特殊持物，身份难以判断。

不同于沙州回鹘洞窟中的净土变几乎为中原风格样式，其说法图可分为两种风格：中原风格、回鹘风格，此两种风格在多方面皆存在极为明显的差异。中原风格设色以传统的青绿色为主，搭配黑白二色，素淡雅致，整体给人以清瘦高雅之感，充满含蓄之美

图 10-11　莫高窟第 307 窟前室西壁门上部说法图

图 10-12　莫高窟第 310 窟主室南壁说法图

图 10-13　莫高窟第 245 窟主室南壁说法图

（图 10-11）；回鹘风格设色以土红色为主，搭配淡淡的石绿色，色彩冲击感强，醇厚明艳，整体给人以浑圆强壮之感，充满力量之美（图 10-12），这与西州回鹘地区柏孜克里克石窟说法图情况非常接近。沙州回鹘洞窟中西千佛洞的说法图基本上表现出浓厚的回鹘风格。而榆林窟的说法图则表现为更为明显的中原风格。此外，莫高窟的说法图除了在各自的洞窟中体现上述单一的中原风格或回鹘风格外，也有洞窟在同一说法图中表现了两种特征——中原特征和回鹘特征，比如莫高窟第 245 窟（图 10-13）。

总而言之，沙州回鹘洞窟中的说法图表现出两个体系，回鹘风格的说法图与高昌应该关联密切，即人物体形大、面容西域化、排列整齐。

（三）沙州回鹘药师图像

24 个沙州回鹘洞窟中有 13 个洞窟绘制有药师图像，共 25 幅[1]，以立像为主。立像中的药师佛侧面，胯部略微外顶，一手持锡杖斜靠肩上，一手托钵于腹前（或左、右上方），身着

---

[1] 莫高窟第 207、245、307、310、363、399、409、418 窟，西千佛洞第 15、16、4 窟，榆林窟第 39 窟中为立像。莫高窟第 418 窟、榆林窟第 21 窟为药师净土变和药师说法图。

覆肩袈裟，脚部踩踏莲花；或单独出现，或有胁侍侍立左右。相对于前代的药师立像，沙州回鹘洞窟中的药师立像有以下新的特点：

1. 药师图像布局呈镜像对称

洞窟内的药师像一般绘制两幅，左右呈镜像对称。药师立像自隋朝出现在壁画至归义军时期，分为与地藏、观音、卢舍那等对应出现，与阿弥陀、释迦、弥勒组成四方佛出现，持胁侍单独出现，以及组合成群像出现四种情况[1]。药师佛镜像对应是这一时期新出现的布局方式。

2. 出现着鞋药师佛的新形象

敦煌药师立像，基本为一手持钵、一手持锡杖的形象。沙州回鹘洞窟中除了继承前代药师图像的特点外，还出现了着鞋的新特征。莫高窟第207、245窟所绘着鞋药师佛是敦煌石窟中佛着鞋的孤例，也是敦煌石窟中出现的异于前期药师佛的一类新的药师形象（图10-14）。

3. 药师佛被赋予多方空间概念

第245窟药师立像榜题透露出这一时期信众已经将药师佛放入更广泛的空间中考虑，突破了药师单纯与东方联系的原则。《药师经》中"东方过此佛土十恒河沙等佛土之外，有世界名净琉璃，彼土有佛，名药师琉璃光如来"[2]记载药师为东方世界的教主。第245窟龛南北分别保存榜题"南无南方药师佛""南无北方药师琉璃光佛"，言明药师所在方位已经突破了与东方的联系，被赋予了南北方新的空间概念。

图 10-14　莫高窟第245窟药师像

---

[1] 王惠民：《敦煌净土图像研究》，中山大学博士学位论文，2000年，第78—102页。
[2] [隋]达摩笈多译：《佛说药师如来本愿功德经》，载《大正藏》（第14册），第401页。

(四)新题材——单行本儒童本生(定光佛授记)、十六罗汉、行脚僧

1. 单行本儒童本生(定光佛授记)

第39窟是敦煌唯一绘制单行本定光佛授记图像的洞窟[1],此定光佛授记图像不仅是敦煌石窟中的新题材,也是沙州回鹘洞窟营建的一种"复古"现象(图10-15)。定光佛授记图像是定光佛授记本生故事的图像化,其图像起源于犍陀罗地区,"犍陀罗式的定光佛授记的图像后来成为各地区效仿的标准"[2],最完整的图像包括买花、献花抛花、以发铺地、授记腾空四个故事情节。定光佛授记图像南北朝时期已经传入中国[3],图像与犍陀罗地区的基本一致,只是情节选取有所侧重(图10-16)。隋唐时期,随着大乘佛教中更为方便的净土法门的发展,佛传、本生等强调累世修行的图像被摒弃,南北朝之后,中原以及河西地区很少使用包括定光佛授记在内的本生故事作为造像题材了。

定光佛授记图像在敦煌石窟中的再现与回归,与沙州回鹘对瓜沙的统治密切相关。由于沙州回鹘与高昌回鹘同源之故,在图像艺术上受到高昌回鹘的影响,流行于高昌回鹘的依据《佛本行集经》绘制的誓愿画成为第39窟定光佛授记图像的粉本来源。

图 10-15 榆林窟第39窟主室东壁定光佛授记图像

图 10-16 拉哈尔博物馆藏定光佛授记图像

---

[1] 莫高窟第61窟曾绘制屏风画式佛传故事,其中定光佛授记(儒童本生)作为佛传内容的一部分出现。敦煌单行本定光佛授记图像只出现在榆林窟第39窟,且敦煌石窟中仅此一例。
[2] 朱天舒:《克孜尔第123窟主室两侧壁画新探》,《敦煌研究》2015年第3期,第3页。
[3]《高僧传》中"(罽宾人)跋摩于殿北壁手自画作罗云像及定光儒童布发之形"的记载为定光佛授记图像传入中国提供了时间下限即南朝宋时期,从出土实物来看,现今出土最早且最集中的时间是北魏时期。

图 10-17　高昌回鹘柏孜克里克石窟第 20 窟定光佛授记图像

比对沙州回鹘、高昌回鹘的定光佛授记图像，可以发现其有几处共同点：其一，二者都是单幅画，构图上皆以立佛为中心，胁侍围绕，儒童布发于侧旁。其二，定光佛袈裟覆肩右绕且佛衣下摆呈两侧散开式，菩萨着喇叭式裤且帔帛呈"S"环状垂下。其三，执拂尘金刚以及双手外展执花菩萨是二图中的共同人物，敦煌本地较少流行执拂尘的金刚像（图 10-17）。

图 10-18　莫高窟第 97 窟十六罗汉像（局部）

从图像对比中可以发现，敦煌定光佛授记图像中有"授记腾空"情节，即"菩萨以双手合十，跪在一放光的圆环里"；而高昌回鹘出土的定光佛授记图像皆无此情节。"授记腾空"在南北朝依犍陀罗粉本绘制的定光佛授记图像中是重要组成部分，此处的"授记腾空"图像与南北朝时期乃至犍陀罗地区的造像一致，应该是借鉴了前代图像，通过分析可以看出，第 39 窟定光佛授记图像粉本虽然源于高昌回鹘，但并不是完全照搬照抄，而是以高昌回鹘本为蓝本，还参考了南北朝时期的本子。

2. 十六罗汉

十六罗汉绘制于石窟中，首见于沙州回鹘洞窟中的莫高窟第 97 窟、榆林窟第 39 窟（图 10-18）。第 97 窟中的十六身罗汉像，榜题完整[1]。第 39 窟十六罗汉像绘制于后室西壁以及南北壁后半部分，未绘制有榜题，现西壁罗汉像残缺脱落，露出白色墙面。刘玉权先生指出，榆林窟第 39 窟的罗汉图像从布局情况和人体大小比例上看，似乎非十六身，其形体比莫高窟第 97 窟罗汉像高大得多，各尊之间亦没有边界[2]。虽然榆林窟第 39 窟罗汉像数量不定，但是其图像的表达（罗汉尊像中绘制山石、花卉、弟子等）较为近似，传达的当是罗汉信仰。

罗汉信仰起源于印度，在唐代玄奘翻译《法住记》前，罗汉仅仅限于观念，"迄至玄奘译出《法注记》后，十六罗汉的功德神通和特殊身份方始界定，成为我国民间罗汉信仰的真正典据"[3]。从藏经洞出土的十六罗汉榜题文书以及西千佛洞第 19 窟这一罗汉窟来看，罗汉信仰应该于五代宋初乃至之前便已经传入敦煌。

3. 行脚僧

行脚僧图中，"行脚僧头戴斗笠，身着窄袖裙衫，脚蹬木屐，背着行李、经卷，一手执麈尾、一手引虎，旁眉隆鼻，一副'梵相胡貌'，表现出禅僧们为寻师访友求道化缘，不辞长途辛劳，风尘仆仆的情状"[4]。松本荣一先生研究认为行脚僧的身份为"达摩多罗像"，王

---

[1] 王惠民指出，莫高窟第 97 窟十六罗汉的榜题底稿为藏经洞出土的 S.1589V、P.3504V、BD07650 背（北 0838V，皇字 50 号）、BD08227 背（北 0839V，服字 27 号）文书。参见王惠民：《敦煌佛教与石窟营建》，甘肃教育出版社，2013 年，第 439—440 页。

[2] 刘玉权：《沙州回鹘石窟艺术》，载敦煌研究院编《中国石窟·安西榆林窟》，文物出版社，1989 年，第 219 页。

[3] 沈柏村：《罗汉信仰及其造像艺术》，《青海社会科学》1997 年第 3 期，第 87 页。

[4] 刘玉权：《沙州回鹘石窟艺术》，载敦煌研究院编《中国石窟·安西榆林窟》，文物出版社，1989 年，第 219 页。

图 10-19　莫高窟第 306 窟甬道西壁行脚僧图像

图 10-20　莫高窟第 308 窟主室东壁白衣观音像

惠民先生则认为其身份为"宝生如来",现在意见还未统一。早年,沙州回鹘洞窟中只发现了三个洞窟绘有行脚僧图像,即莫高窟第 306、308、363 窟(图 10-19),皆绘于甬道两侧。近年,在榆林窟第 21 窟中发现了两幅行脚僧,但是残损厉害,只可见其轮廓[1]。

(五)两种敦煌石窟中罕见的菩萨——白衣观音、执扇弥勒

沙州回鹘洞窟中的单尊菩萨像主要有观音、文殊普贤、水月观音、六臂菩萨、白衣观音、执扇弥勒,白衣观音与执扇弥勒是沙州回鹘洞窟中较为特殊的题材。

1. 白衣观音

莫高窟第 306、308、399、418 窟净土变中绘制有白衣观音像,这是白衣观音首次在敦煌石窟中出现(图 10-20)。沙州回鹘洞窟中的白衣观音像皆发髻高耸,戴化佛冠,头戴披巾,披巾垂于两肩,面部圆润,五官精致,饰项圈,两胸外露,身着通肩样式袈裟或者斜披式袈裟,结跏趺坐或站立,通身白色,以供养或听法菩萨身份成组出现在净土变中。大体上看来,这种白衣观音造像与四川地区、江南地区、北方辽地的白衣观音造像呈现出一些相同的特点,比如,头顶上披风覆于冠上、外着通肩式袈裟等。沙州回鹘洞窟中出现的白衣观音像为宋辽时期白衣观音信仰与图像在敦煌传播提供了证据。

值得注意的是,虽然白衣观音是宋辽时期一种普遍流行的佛教图像,但是其在各地也

---

[1] 袁頔、沙武田:《行僧神化与图像重构——瓜州榆林窟第 21 窟新辨识行脚僧研究》,载《形象史学》第十八辑,中国社会科学出版社,2021 年,第 192—218 页。

表现出一些地域性特征。那么敦煌式白衣观音图像来源于何地？学者研究认为，白衣观音图像最早于唐代在两京地区出现，巴蜀地区是较早接受白衣观音图像的地区，中唐丹棱刘嘴第14龛以及仁寿牛角寨第62龛，是全国目前所见最早白衣观音造像的实例，是最为接近白衣观音造像最早在两京地区产生之初的原貌[1]。后来，巴蜀地区的白衣观音像出现了多竖状形高冠，披风与外衣一体。宋代后期及以后，周身装饰更为繁复。而较巴蜀白衣观音晚出现的江南式白衣观音，其出现有特定的历史与文化背景，江南式白衣观音多为化佛高髻、波浪褶皱形边缘披风，服饰简约。江南式白衣观音后来可能影响到了辽地，今辽地出现的白衣观音像与江南式白衣观音像较为相似。从形象上看，敦煌白衣观音像更为接近江南地区、辽地的白衣观音像，因此，敦煌白衣观音像的粉本源头可能是江南地区白衣观音像，与巴蜀地区的白衣观音像应该关系不大；但是从传播路径来说，可能是从江南地区直接传入，也可能从辽地传入。

此外，无论在巴蜀地区还是江南或是辽地，白衣观音几乎是作为独立造像出现；而在敦煌地区，白衣观音则作为听法或者胁侍菩萨入画，这一做法见于高昌回鹘地区，但是白衣观音形象与敦煌倒是有一定的差距。

2.执扇弥勒

敦煌宋代石窟中有一类菩萨像，头戴桶形高冠，高冠上方呈波浪形，饰小圆珠以及火焰形物，高冠两侧垂步摇，头后垂缯带，戴项圈，上衣袖口呈散开状，下束长裙，结跏趺坐于仰莲座上，一手持扇，一手于胸前结禅定印。多年以来，学界对这类菩萨像无具体定名，近年郭俊叶先生在前贤研究的基础上[2]，以翔实的文献和考古材料考证出此类画像为北宋画家高文进创绘的一种新的弥勒菩萨造型，称为"执扇弥勒"[3]。

执扇弥勒像最早出现于归义军时期营建的慈氏塔中，沙州回鹘、西夏洞窟中继续流行，沙州回鹘洞窟第237窟前室西壁门上、第363窟西壁左右两侧绘制有执扇弥勒像（图10-21）。慈氏塔、第237窟执扇弥勒像中皆有一天子、天女侍立左右；第363窟或因受限于壁面，只绘制了执扇弥勒单尊像。

肃北五个庙第1窟主室南壁门上，西夏时期绘制了一幅执扇弥勒，身着类似铠甲护胸样式的服饰。这幅执扇弥勒的服饰与沙州回鹘洞窟中的执扇弥勒像服饰有所区别，与同时期昌马下窖石窟第2窟执扇弥勒像相同，推测在西夏时期执扇弥勒像图示可能产生了一定

---

[1] 邓新航、龙红：《唐宋时期白衣观音图像在四大区域的发展与演变》，《南京艺术学院学报》（美术与设计）2019年第6期，第27—35页。

[2] 郭祐孟：《2006中国西北考察结报·石窟寺院考察篇》，《圆光佛学学报》第11期，第147—204页。

[3] 郭俊叶：《敦煌执扇弥勒菩萨图像考》，《敦煌研究》2021年第2期，第72—84页。

图 10-21　莫高窟第 237 窟执扇弥勒像

变化，但是否在西夏政治中心产生变化后影响到敦煌，这还不能确定。

（六）沙州回鹘洞窟的装饰纹样

1. 藻井以及四披

沙州回鹘洞窟中第 97、207、245、307、310、330、363 窟，以及西千第 15 窟重绘四披与藻井，除第 330 窟藻井为团花图案外，其余洞窟藻井为团龙图案。顶部方井中央的团龙，龙首昂扬顾尾，怒目圆睁，嘴巴大张，獠牙外露，头后须髯根根竖立，龙躯修长盘旋，龙足粗壮有力，龙尾纤细卷曲，示人以矫健威猛之态，动感十足。团龙多以色彩绘之，个别贴金装饰，周边饰以祥云四朵或绘有重瓣莲花。方井下方四披多以联珠纹为隔，以红色为地，多画有帷幔团花。藻井整体装饰繁复，鲜艳瑰丽（图 10-22）。

2. 西龛

对于西龛的重修，沙州回鹘洞窟一般不重修塑像，只是在龛内绘

图 10-22　莫高窟第 207 窟藻井

图 10-23　莫高窟第 97 窟西龛

图 10-24　莫高窟第 309 窟甬道顶

制图像内容。一般来说，为主尊绘制菩提宝盖，以及为胁侍塑像绘制项光，有的洞窟还会为主尊绘制胁侍。就装饰纹样而言，沙州回鹘洞窟西龛内较常见绘制花卉、花树（图 10-23）。

3. 甬道

甬道的装饰纹样一般绘于甬道顶和两披，沙州回鹘洞窟中常见的为甬道顶绘制团花图样，南北披绘制垂幔（图 10-24）。

六、沙州回鹘洞窟壁画所反映的历史与宗教现象

（一）供养人像所反映的社会、制度等状况

1. 供养人像所反映的人口阶层情况

沙州回鹘洞窟中的男性供养人着回鹘装，且分别戴尖顶花瓣形冠、三叉冠、扇形冠、圆帽、翻檐帽等不同的冠式。冠式是回鹘人身份高低的一个重要特征，不同冠式的出现表示沙州回鹘洞窟中的供养人身份有阶层、等级差别，参照学界研究，回鹘冠饰中尖顶花瓣形冠地位最高，扇形冠次之，圆帽、翻檐帽最次[1]。沙州回鹘洞窟内的供养人可能来自上层贵族统治者、官员阶层和普通阶层。

2. 供养人像所反映的民族政策

沙州回鹘时期的民族政策虽无史籍记载，但是通过分析现存供养人画像的服饰状况，大致可以得出沙州回鹘时期的服饰制度。沙州回鹘洞窟中的女性装扮呈多元发展，有的为传统回鹘装扮，有的为传统汉人装扮，相对女性服饰而言，男性服饰就显得尤为单一，所有男性都着回鹘装，故沙州回鹘可能实行了汉人男子易服的制度。莫高窟第 194、245、309（漫漶）、310、363、418 窟和榆林窟第 39 窟中都出现了汉装女性供养人画像，但却未发现汉装男性供养人画像，代之的是回鹘装男性供养人画像，这种反传统似乎说明了汉人男子已经易服回鹘装。若持汉装女性供养人和回鹘装男性供养人的组合出现以证汉人男子易服还有所不足的话，那么榜题中"王""安""石""郑"姓等敦煌当地汉、粟特姓男子皆未着汉装，而是以着回鹘装的形象出现在石窟当中，持此以证沙州回鹘时期汉人男性有易服一说，乃是颇为充足的。沙州回鹘未要求汉族女子易服或是面对强大的汉人基础所做出的妥协，抑或是回鹘人自古便对女性的服饰要求较为宽松。

（二）药师像流行的现象所反映的社会背景

沙州回鹘洞窟中十分流行药师图像，大概与药师本身具有的功能有关。药师佛所在之

---

[1] 包铭新等主编：《中国北方古代少数民族服饰研究 2（回鹘卷）》，东华大学出版社，2013 年。

处，本就为净土，《药师经》中写有"彼佛国土一向清净，无女人形，离诸欲恶，亦无一切恶道苦声，琉璃为地，城阙、垣墙、门窗、堂阁柱梁、斗拱、周匝罗网，皆七宝成，如极乐国，净琉璃界庄严如是"[1]，是故其满足了信众对往生净土的需求。此外，《药师经》关注的内容与民众生活联系密切。生老病死、避祸求福是《药师经》倡导的主旨。归义军晚期、沙州回鹘时期，社会动荡，战争频仍，民众心理上对生命的渴求和对灾难的畏惧，推动了这一时期药师造像和药师信仰的继续发展，使药师图像成为这一时期敦煌石窟中的主要题材。

（三）说法图、净土变与末法思想

史籍记载佛涅槃于周穆王五十二年，其后正法千年、像法千年、末法万年[2]。那么按此记载，推测1052年是末法之始[3]，在宋、辽等佛教考古遗迹材料中已经明确提到末法，朝阳北塔天宫出土石板上有"大契丹重熙十二年四月八日午时再葬，像法更有八年入末法"[4]的记载，元祐年间《宋石篆山佛惠寺记》中提到"生佛末法"[5]。沙武田先生曾研究认为，1052年末法开始说于归义军与辽交往过程中从辽传入敦煌，最终导致藏经洞的封闭[6]。虽然关于藏经洞封闭原因，学界研究著述颇多，大家各执一词，观点并不统一，但是从全国的佛教考古资料来看，末法思想是宋辽时期一种普遍流行的佛教思潮是没有问题的，这一思潮于归义军时期已经传入敦煌也应该没有问题。沙州回鹘洞窟中的众多图像组合和题材都对此有所反映，例如，十六罗汉这一题材本就与传法有关。此外，这一时期说法图大量流行，超过了净土变，相较于净土变更强调净土功能，说法图本身更多传达的是传法、弘法功能。

七、对敦煌回鹘洞窟研究的问题与思考

（一）沙州回鹘洞窟壁画所反映出来的瓜沙地区与外界文化交流状况

沙州回鹘洞窟壁画题材反映出11世纪初至11世纪末，瓜沙地区与外界的交往不是一个封闭的状态。白衣观音的出现反映出瓜沙地区与东部有所联系，虽然还不太能弄清楚白衣观音的具体传播路径，但是其反映了当地受到东部白衣观音信仰与图样的影响，是确切

---

[1]〔隋〕达摩笈多译：《佛说药师如来本愿功德经》，载《大正藏》（第14册），第402页。
[2] 沙武田：《归义军时期敦煌石窟考古研究》，甘肃教育出版社，2017年，第213页。
[3] 沙武田：《归义军时期敦煌石窟考古研究》，甘肃教育出版社，2017年，第213页。
[4] 朝阳北塔考古勘察队：《辽宁朝阳北塔天宫地宫清理简报》，《文物》1992年第7期，第17页。
[5]〔清〕刘喜海编：《金石苑》卷中《宋石篆山佛惠寺记》，巴蜀书社，2018年，第112页。
[6] 沙武田：《敦煌藏经洞封边原因再探》，《中国史研究》2006年第3期，第61—73页。

无疑的。

此外，儒童本生、说法图（回鹘风格）、着鞋药师图像等都反映出瓜沙地区在这一时期受到了西州回鹘的影响。虽然西州回鹘与归义军的交往可溯自张氏归义军时期，P.3569背《光启三年四月官酒户马三娘、龙粉堆支酒本和祅会牒附判词（拟题）》等文书反映出张氏归义军时期瓜沙地区与西州回鹘已经有了外交往来，但是至曹氏归义军晚期之前，西州回鹘的佛教文化都没有在瓜沙地区产生影响。而西州佛教文化在归义军晚期、沙州回鹘时期进入瓜沙地区，当与回鹘人在敦煌的统治、西州回鹘人进入敦煌有关。

另外，据藏经洞出土实物来看，十六罗汉、行脚僧等题材以及信仰晚至五代宋初已经流传至瓜沙地区，从其他地区出土或发现的上述两种材料的情况来看，此两种题材在五代宋时期流行十分广泛，尤其是十六罗汉。因此，沙州回鹘洞窟中出现的此二种题材不仅仅体现了敦煌地区自身图像系统的传承，同时也说明了瓜沙地区与其他地区的图像以及信仰在一定程度上保持着同步性。

（二）沙州回鹘洞窟与前期、后期洞窟的关系

敦煌石窟每一期洞窟的营建从来都是呈延续发展，而不是呈断裂发展。也就是说，每一期洞窟的题材、风格都具有内在的联系性，不会因为政权的重组、更迭等原因，陡然发生剧烈变化。虽然每一时期的洞窟在发展过程中会产生变化，但是这种变化的出现是逐渐浸润式的，而非突然的。沙州回鹘洞窟亦是如此，对沙州回鹘洞窟整体的观察，要将其放置于归义军时期洞窟、西夏洞窟之间去观察，不能与前后期的洞窟截然分开。

从沙州回鹘洞窟本身来看，沙州回鹘洞窟的营建呈现出两条发展线，一条是洞窟保持了传统的中原风格（或称为敦煌汉风），它与归义军时期洞窟的中原风格体现出密切的关系，属于同一风格体系。这一类洞窟中的图像在用色上善用青绿色，人物清瘦，比如第306、307、308、418、399、363窟等，完全没有回鹘风格。这样的中原风格于西夏洞窟中还能大量所见。

另外一条线是回鹘风格开始进入敦煌，洞窟壁画有明显的回鹘风格，多数洞窟不具有中原风格，比如，莫高窟第310、207窟以及西千第16、15窟等。这些洞窟壁画中的人物体形偏大，脸部圆润，有异域特点。

这两条发展线时有交叉，比如，第245窟说法图中的菩萨，既有中原式，也有回鹘式；第409窟中包括千佛在内的佛教题材皆为中原式，但是绘制了巨幅的回鹘王。而在西夏绝对统治后，敦煌的回鹘风格逐渐消失（回鹘这一条线慢慢消失），但是中原风格这一条线依然在持续发展，直至新的外来因素进入。

总之，就洞窟的整体艺术风格而言，沙州回鹘洞窟表现为对敦煌传统艺术的继承和发

展、回鹘佛教艺术的出现以及中原佛教艺术的进入,风格特征存在两条明显的主线,即"敦煌北宋式"(汉式、中原式)和"高昌回鹘式"(回鹘式),两者相互存在交融并部分穿插有"中原新样"的出现。但总体来说,两条主线风格在沙州回鹘洞窟当中,还是以并驾齐驱的发展模式为主,回鹘风格和汉式风格之间存在较为明确的分野;直至西夏统治以后,回鹘风格在敦煌石窟当中才逐渐消失,而汉式风格则在沙州回鹘时期的基础上接续演变。这就出现了一个现象,敦煌沙州回鹘时期这批特点鲜明、共性突出的洞窟,横亘于曹氏晚期洞窟和西夏早期洞窟之间,要想了解曹氏晚期洞窟的特点,必自沙州回鹘洞窟开始向上回溯。而西夏早期洞窟的特点,则理应是在延续沙州回鹘时期风格的基础上再行演进,而非远追北宋。因此,沙州回鹘洞窟分期的明确以及艺术风格的深入诠释,将是我们了解和串通整个敦煌晚期洞窟营建史的关键。同时,自沙州回鹘时期始至此后很长一段时间,敦煌莫高窟与榆林窟、西千佛洞、东千佛洞、五个庙等洞窟之间的佛教艺术风格存在尤为明显的区别,直至西夏晚期至元此类现象才有所削弱。这也提示我们,自曹氏晚期回鹘化开始,敦煌地方的政治中心似乎存在转移现象,不同地区之间的社会进步、政治建设和文化发展存在不同步的情况,需要我们结合相关史实进行深入理解。

沙州回鹘洞窟是在回鹘统治、胡汉杂居的历史大背景下营建的,时间跨越了归义军晚期、沙州回鹘时期、西夏初期三个阶段,但囿于传世和出土文献的缺失,我们对敦煌这一时期的历史发展并不明了。因此,对沙州回鹘洞窟艺术的深入诠释就显得极为重要,使我们能够从实物层面生动揭示敦煌沙州回鹘时期多元文化交融的历史史实,并从中窥见这一时期人们的思想观念、物质生活、文化认同等历史细节的变迁,为整个敦煌晚期历史的梳理以及洞窟营建史的确立提供了重要基础。

第十一章　西夏时期洞窟导论

一、历史背景

　　敦煌石窟中的西夏石窟，是指西夏占领瓜沙地区营建的洞窟，主要以重修、重绘或者补绘前代的洞窟为主，也有部分西夏时期开凿、营建的中小石窟。从狭义上来讲，敦煌西夏石窟包括敦煌莫高窟、西千佛洞，瓜州榆林窟、东千佛洞、旱峡石窟、碱泉子石窟，肃北五个庙石窟、一个庙石窟，玉门昌马石窟；从广义上来说，还包括酒泉文殊山石窟。这些石窟群是信仰佛教的西夏人留给我们最丰富的考古、历史、艺术宝库，也是西夏王国留给后人的形象历史，是研究和了解西夏历史、佛教、绘画、社会生活不可多得的实物资料。

　　西夏占领瓜沙的过程，在文献中的记载非常有限。据敦煌文献记载，曹氏归义军政权一直延续到11世纪初期。至宋天圣八年（1030），瓜州王以千骑来降[1]。《宋史》又载："景祐二年（1035），元昊遣苏奴儿将兵二万五千攻唃厮啰，败死略尽，苏奴儿被执。元昊自率众攻牦牛城，一月不下。既而诈约和，城开，乃大纵杀戮。又攻青唐、安二、宗哥、带星岭诸城，唃厮啰部将安子罗以兵绝归路，元昊昼夜角战二百余日，子罗败，遂取瓜、沙、肃三州。"[2]《长编》也有相似的记载[3]。可见，元昊解除吐蕃这一后患以后，才开始进攻肃、瓜、沙三州。西夏占领甘州后，肃州仍属回鹘，甘州部分回鹘也逃往肃、瓜、沙等地，回鹘再次以肃州为据点继续抵抗西夏的西进，又"复攻回鹘，陷瓜、沙、肃三州"。当时的曹氏归义军军事实力很弱，大概没有能力抵抗西夏的进攻，西夏攻破肃州后比较轻松地占领了瓜沙。在攻陷瓜、沙、肃三州后，西夏尽有河西故地。所以说，在景祐三年（1036），元昊就已完全收复河西，建号大庆元年。

　　元昊占领瓜沙之后，又于大庆二年（1037）升州郡，益边防，设右厢甘州路，以三万人备西蕃、回纥[4]，其中就包括瓜沙地区。《宋史·夏国传》也载，"元昊立兵制……得汉人勇

---

[1]〔元〕脱脱等撰：《宋史·夏国传》，中华书局，1997年，第13992页。
[2]〔元〕脱脱等撰：《宋史·夏国传》，中华书局，1997年，第13994页。
[3]〔宋〕李焘撰：《续资治通鉴长编》卷一一九，中华书局，2004年，第2814页。
[4]〔清〕吴广成撰，龚世俊等校证：《西夏书事校证》卷一二，甘肃文化出版社，1995年，第145页。

者为前军，号'撞令郎'。若脆怯无他技者，令往守肃州，或迁河外耕作。有左右厢十二监军司……曰甘州甘肃、曰瓜州西平、曰黑水镇燕、曰白马强镇、曰黑山威福"[1]。可见，西夏在正式立国之前，已拥有了河西和黑水城等地，右厢甘州路的管辖范围已包括敦煌在内。西夏天授礼法延祚元年（1038），元昊正式称帝，第二年遣使如宋，上表请称帝改元，实行改制。至西夏乾定四年（1227），蒙古先后攻破河西诸州，进围兴庆府；次年七月，西夏灭亡，自此结束了对河西长达近两百年的统治。

西夏统治河西之时，因瓜沙处于边陲之地，避免了大规模的战争与摩擦，为敦煌石窟的营建提供了有利条件。西夏占领河西后，在统治者极力推崇佛教的背景下，敦煌地区的佛教又进入了一个新的历史阶段。西夏统治河西时，佛教已有一千多年的发展历史，信徒众多，寺塔林立，佛教艺术兴盛，为西夏时期佛教的繁荣打下了良好的基础。河西自然环境优越，处于丝绸之路必经之地，具有良好的经济基础。西夏在河西地区还设立民族事务管理机构，以肃州为蕃和郡、甘州为镇夷郡，置宣化府，对河西不同民族实行较为平等的羁縻政策。也正是由于这种羁縻政策，使西夏政权得到境内不同民族的承认。西夏与吐蕃、高昌、辽和宋为邻，这些国家或政权都信仰佛教，彼此交往对西夏之影响是不言而喻的。

在河西地区佛教发展的基础上，加之西夏统治者的大力提倡及其他各种因素的推动，西夏时期佛教又出现了空前的繁荣。为了发展佛教，西夏初开始大规模翻译佛经，汉文、西夏文、藏文佛经在西夏境内广为传播，并建立了比较完备的僧人管理机构，对僧团实行有效的管理。河西地区佛事活动频繁，修塔建寺、开窟造像兴盛，不同民族僧众和信徒为西夏佛教发展起了重要作用。另一方面，西夏统治时期，河西地区的佛教寺院也得到了进一步发展，寺院经济发展较盛。

总之，西夏统治时期，因为其独特的历史、文化、民族背景，使得敦煌石窟的营建开始进入新的发展历史时期，洞窟中出现了前所未见的新样式和新元素，有着较明显的时代特征，开辟了敦煌石窟营建史的新时代。

二、研究简史

学术界对敦煌西夏石窟的研究，相比其他各个时期成果较薄弱，但近几年经过学者的不懈努力，有了很大推进，已有不少相关研究问世。

对于敦煌西夏石窟基础资料和总体概况的研究，始于20世纪80年代，在此之前，大

---

[1] [元]脱脱等撰：《宋史·夏国传》，中华书局，1997年，第14028—14029页。

多属于粗线条的记录和简单的分期[1]。1964年，敦煌文物研究所和中国科学院民族研究所共同组成的"敦煌西夏资料小组"，对莫高窟、榆林窟的西夏资料首次进行专题考察，认定了一批西夏洞窟，抄录并释读了一批汉文和西夏文题记，其成果直到1980年首次由当时考察组的骨干成员白滨、史金波公布，并对该批西夏石窟壁画题材、洞窟形制、佛教人物、世俗供养人、造像风格、西夏文题记、西夏纪年、地名、官制、封号、姓氏等方面作了初步研究[2]，可认为是敦煌西夏石窟综合研究的开端，也是研究敦煌西夏石窟的一手资料，在学术史上具有重要意义和地位。

敦煌西夏石窟的研究，于20世纪80年代至今，在敦煌学、西夏学、藏学、民族学、宗教学、艺术学等学人的努力之下，尤其是以谢继胜和沙武田为代表对敦煌西夏石窟，就分期断代、营建史、图像专题、藏传佛教艺术、供养人画像、造像思想及洞窟单窟个案研究等方面已向前推进了一大步。

（一）分期断代研究

敦煌研究院刘玉权在1964年考察的基础上，对莫高窟、榆林窟的西夏洞窟进行考古学分期，通过对壁画题材、造像及装饰图案等方面将88个西夏洞窟又分为三期[3]。随后，根据新资料、新发现，刘玉权又对敦煌西夏洞窟的数量进行了重新认定，并对原来敦煌西夏洞窟的分期做了调整，把原来三个阶段的分期改为前后两个时期，把原来第二期的主要洞窟划入回鹘窟。调整后西夏洞窟共计77个，其中莫高窟有62个、榆林窟有10个、东千佛洞有2个、五个庙有3个；其中前期洞窟有65个，后期洞窟有12个，并对调整的情况作了说明[4]。两者皆成为此后敦煌西夏石窟分期断代的主要依据，影响深远。张宝玺和李春元对莫高窟和榆林窟以外的东千佛洞、五个庙石窟、文殊山石窟、旱峡石窟中的西夏窟及壁画

---

[1] [英]斯坦因著，中国社会科学院考古研究所等译：《西域考古图记》，广西师范大学出版社，1996年；[法]伯希和著，耿升、唐健宾译：《伯希和敦煌石窟笔记》，甘肃人民出版社，1993年；张大千：《张大千告牛潽著莫高窟记》，台北"故宫博物院"，1985年；何正璜：《敦煌莫高窟现存佛窟概况调查》，《说文月刊》1943年第3期；谢稚柳：《敦煌艺术叙录》，上海出版公司，1955年。史苇湘：《关于莫高窟内容总录》，载敦煌文物研究所编《敦煌莫高窟内容总录》，文物出版社，1982年，第184页；另载敦煌研究院编《敦煌石窟内容总录》，文物出版社，1996年，第235页。

[2] 白滨、史金波：《莫高窟、榆林窟西夏资料概述》，《兰州大学学报》1980年第2期。

[3] 刘玉权：《瓜、沙西夏石窟概论》，载敦煌文物研究所编《中国石窟·敦煌莫高窟》第5卷，文物出版社，1987年，第175—185页。

[4] 刘玉权：《敦煌莫高窟、安西榆林窟西夏洞窟的分期》，载《敦煌研究文集》，甘肃人民出版社，1982年；刘玉权：《敦煌西夏洞窟的分期再议》，《敦煌研究》1990年第3期；刘玉权：《榆林窟第29窟窟主及其营建年代考论》，载《段文杰敦煌研究五十年纪念文集》，世界图书出版公司，1996年。

内容作了介绍[1]。直到关友惠在2000年纪念敦煌藏经洞发现100周年国际学术会议上，对敦煌西夏石窟洞窟分期提出质疑和挑战，通过洞窟壁画装饰图案风格的分析研判，把之前刘玉权划归西夏和回鹘的部分洞窟进行了调整，又把一批其分期作为西夏和回鹘的洞窟划归宋曹氏归义军时期，再次唤醒人们对敦煌晚期石窟的关注，在敦煌石窟研究的学术史上是有里程碑式的学术史地位。在此基础上，王惠民[2]、沙武田[3]、杨富学[4]、赵晓星[5]对敦煌西夏石窟断代分期问题皆有不同程度的讨论。

（二）营建史研究

对于这一时期的洞窟营建史，贺世哲就属于西夏时期的莫高窟第65、285窟等重修营建年代作了考证[6]；马德也简单地介绍了西夏时期莫高窟的营造概况[7]；刘玉权则对榆林窟第29窟的营建作了考察，包括该窟营建的确切年代及窟主问题，认为窟主应是西夏沙州监军司的官吏赵麻玉[8]；沙武田则从整体上讨论了敦煌西夏石窟的营建特征，认为集体式营建洞窟很有可能是当时西夏人重修莫高窟的重要时代特征，并且与榆林窟、东千佛洞皆有不同[9]，是敦煌西夏石窟研究的一大力作；杨冰华则对敦煌西夏洞窟营建中所涉佛事活动作了针对性的探讨，包括莫高窟第38窟的道洪题记、莫高窟第61窟的营建背景与西夏罗太后的关系、以慧聪为代表的僧团对敦煌西夏洞窟的营建活动以及榆林窟第3、29窟的相关问题探讨[10]。沙武田对西夏瓜州佛教洞窟的营建特性也有专门的讨论[11]，又指出第464窟是经

---

[1] 张宝玺：《五个庙石窟壁画内容》，《敦煌学辑刊》1986年第1期；张宝玺：《东千佛洞西夏石窟艺术》，《文物》1992年第2期；《文殊山万佛洞西夏壁画的内容》，载敦煌文物研究所编《全国敦煌学术讨论会文集·石窟艺术编》，甘肃人民出版社，1985年；李春元：《安西早峡石窟》，《敦煌研究》1996年第2期。

[2] 王惠民：《敦煌西夏洞窟分期及存在的问题》，《西夏研究》2011年第1期，第59—65页。

[3] 沙武田：《敦煌西夏石窟分期研究之思考》，《西夏研究》2011年第2期，第23—34页；沙武田：《莫高窟第55窟重绘净土菩萨对敦煌晚期石窟断代的意义》，《西夏学》2021年第2期，第312—330页。

[4] 杨富学：《敦煌晚期石窟研究的若干思考》，《天水师范学院学报》2020年第1期，第68—73页。

[5] 赵晓星：《关于敦煌莫高窟西夏前期洞窟的讨论——西夏石窟考古与艺术研究之五》，《敦煌研究》2021年第6期，第1—18页。

[6] 贺世哲：《从供养人题记看莫高窟部分洞窟的营建年代》，载敦煌研究院编《敦煌莫高窟供养人题记》，文物出版社，1986年，第232—234页。

[7] 马德：《敦煌莫高窟史研究》，甘肃教育出版社，1996年，第154页。

[8] 刘玉权：《榆林窟第29窟主及其营建年代考论》，载敦煌研究院编《段文杰敦煌研究文集五十年纪念文集》，世界图书出版公司，1996年，第130—138页。

[9] 沙武田：《敦煌西夏石窟营建史构建》，《西夏研究》2018年第1期，第3—16页。

[10] 杨冰华：《敦煌西夏洞窟营建所涉佛事研究》，陕西师范大学博士学位论文，2019年。

[11] 沙武田：《西夏瓜州佛教洞窟营建的时代特性》，《中原文物》2021年第4期，第119—130页。

两次重修时形成的集礼佛、藏经、瘗埋为一体的华严架构下的一个西夏洞窟[1]，同时也对敦煌西夏石窟营建史中供养人图像缺失的背景有深入思考[2]。

（三）西夏壁画艺术研究

关于西夏壁画艺术，万庚育将莫高窟、榆林窟的西夏壁画各分为早、中、晚三期进行了内容和艺术风格上的研究，认为西夏艺术具有承前启后的桥梁作用，是我国美术史上不可或缺的组成部分[3]。刘玉权对莫高窟、榆林窟中西夏壁画的题材及其布局方面的特点和构图、造型、线描、敷彩等方面进行了探讨，认为早期模仿继承北宋；中期吸收回鹘佛教壁画艺术，探索民族化道路；晚期在继续学习吸收中原绘画的同时，又接受了来自西藏佛教绘画艺术的影响，逐渐形成了本民族的风格特点[4]。段文杰也把西夏壁画从艺术风格上分了三种：继承中原线画风格；西藏画派，表现密教内容多用藏画手法；综合画派，既重线也重色而形象多变，并认为榆林窟西夏壁画应属一个独立的体系，内容上显密同在、汉藏并存，风格上以中原和西藏风格为主，兼有回鹘风格；西夏在佛教艺术上的高深造诣，刺激了衰落时期敦煌艺术的发展[5]。同时指出，西夏壁画中的人物形象兼有中原风格和党项民族特征，而西夏艺术最显著的特征是密教艺术的引入及其艺术成就，这种新风格打破了莫高窟晚期艺术的沉寂气氛，为敦煌艺术提供了新鲜血液[6]。陈炳应将1964年考察的丰硕成果作了高度概括，从建筑、塑像、壁画等方面就西夏石窟艺术进行了探究，集中对敦煌地区西夏洞窟中出现的我国较早的唐僧取经图、乐舞图和天象图等问题作了归纳和详细的研究[7]。

韩小忙、孙昌盛和陈悦新依据西夏考古资料，将敦煌西夏石窟的艺术品分为绘画、雕塑、建筑三大类进行了分析归纳，指出西夏洞窟壁画所具有的独特画风可以概括为浓郁的

---

[1] 沙武田：《礼佛窟·藏经窟·瘗窟——敦煌莫高窟第464窟营建史考论》，《故宫博物院院刊》2021年第7、8期，第21—38、39—50页。
[2] 沙武田：《西夏时期莫高窟的营建——以供养人画像缺席现象为中心》，《西夏学》2017年第2期，第101—128页。
[3] 万庚育：《莫高窟、榆林窟的西夏艺术》，载敦煌文物研究所编《敦煌研究文集》，甘肃人民出版社，1982年，第319—331页。
[4] 刘玉权：《本所藏图解本西夏文"观音经"版画初探》，《敦煌研究》1985年第5期；刘玉权：《榆林窟第3窟〈千手经变〉研究》，《敦煌研究》1987年第4期；刘玉权：《瓜、沙西夏石窟概论》，载《中国石窟·敦煌石窟》第5卷，文物出版社，1987年；刘玉权：《略论西夏壁画艺术》，载《西夏文物》，文物出版社，1988年，第9—19页。
[5] 段文杰：《榆林窟党项蒙古政权时期的壁画艺术》，《敦煌研究》1989年第4期，第1—13页。
[6] 段文杰：《晚期的莫高窟艺术》，载敦煌文物研究所编《中国石窟·敦煌莫高窟》第5卷，文物出版社，1987年，第161—174页；又载《段文杰敦煌艺术论文集》，甘肃人民出版社，1994年，第239—244页；又载《敦煌石窟艺术研究》，甘肃人民出版社，2007年，第116—121页。
[7] 陈炳应：《莫高窟、榆林窟西夏专题考察述论》，《丝绸之路》2011年第18期，第91—94页。

混合风格，既有中原画风的影响，又有藏传佛教艺术的特征，也可以找到印度—尼泊尔风格以及中亚回鹘艺术的影子[1]。陈育宁、汤晓芳通过对西夏石窟壁画分布、题材与艺术风格、题记、彩塑和建筑等进行详细研究，尝试构建西夏艺术体系，再次提出西夏艺术具有的多样性特性——多民族艺术元素的交流与融合，是当前关于西夏艺术研究的集大成之作[2]。对于西夏石窟艺术，沙武田[3]、何卯平和宁强[4]也有专门讨论。

（四）图像专题及供养人题记研究

西夏壁画内容作为敦煌西夏石窟研究的重要课题之一，包括壁画题材、艺术风格、装饰图案，等等，涉及面广，成果浩繁。

关于西夏时期的经变画，也是学术界着重关注的对象。王艳云对西夏时期的西方净土经变、弥勒经变、药师经变、文殊普贤经变、涅槃经变、炽盛光佛经变的产生原因与艺术特征及创新之处进行了详细论述[5]，是研究西夏石窟经变画的重要成果。赵沈亭对莫高窟、榆林窟、东千佛洞、肃北五个庙石窟中的净土图像进行探讨，认为莫高窟以重修重绘前代洞窟为主，洞窟中很难见到供养人画像与题记，内容为千篇一律的供养菩萨、说法图和形式简单的净土变，而榆林窟第3、29窟和东千佛洞第7窟的净土图像中的建筑画，从结构到造型都与唐宋时代的建筑画大异其趣；而让这些大量出现的净土图像体现了西夏民众往生净土的渴望，洞窟成为西夏民众往生信仰的礼仪中心[6]。沙武田也看到了以莫高窟汉传洞窟为主的走向极简化的西夏经变画出现的历史背景及其变化原因[7]。对此还包括一系列单篇文章，如罗华庆对药师经变艺术特点的研究[8]、彭金章对十一面观音图像的研究[9]、赵晓星对涅槃经变的研究[10]，等等。

---

[1] 韩小忙、孙昌盛、陈悦新：《西夏美术史》，文物出版社，2001年。

[2] 陈育宁、汤晓芳：《西夏艺术史》，上海三联书店，2010年。

[3] 沙武田：《试图的厚背景和被表象误导的历史图像——重新认识敦煌西夏石窟艺术史之面貌及其内涵》，载《丝绸之路研究集刊》第五辑，商务印书馆，2020年，第287—314页。

[4] 何卯平、宁强：《敦煌与瓜州西夏时期石窟艺术的比较研究》，《敦煌研究》2016年第6期，第41—49页。

[5] 王艳云：《西夏经变画艺术研究》，上海古籍出版社，2019年。

[6] 赵沈亭：《敦煌西夏石窟净土图像研究》，陕西师范大学硕士学位论文，2020年。

[7] 沙武田：《西夏佛教一面相——西夏时期净土思想对敦煌石窟功德和功能的新诠释》，《西夏学》2020年第2期，第246—275页。

[8] 罗华庆：《敦煌壁画中的〈东方药师净土变〉》，《敦煌研究》1989年第2期，第5—18页。

[9] 彭金章：《敦煌石窟十一面观音经变研究——敦煌密教经变研究之四》，载敦煌研究院编《段文杰敦煌研究五十年纪念文集》，世界图书出版公司，1996年，第72—86页。

[10] 赵晓星：《西夏时期敦煌涅槃变中的抚足者——西夏石窟考古与艺术研究之四》，《敦煌研究》2019年第1期，第20—27页。

西夏时期的水月观音图相当流行，共有 16 铺[1]；而唐僧取经图又是水月观音图中的重要组成画面，目前发现的共有 7 幅，且内容大同小异[2]。杨国学则对取经图的文本来源作了进一步探究，认为其取自《大唐三藏取经诗话》[3]；郑怡楠在考察瓜州石窟群取经图的基础上，将其与玄奘西行和观音信仰密切关联[4]；于硕对东千佛洞第 2 窟和榆林窟第 2、3 窟的所见取经图的绘制时间作了考证，且认为山西青龙寺的玄奘取经图应源于河西地区早期的取经图[5]；石建刚、杨军在考察陕北宋金石窟玄奘取经图像的基础上，指出敦煌西夏石窟群中出现的玄奘取经图直接受其影响[6]。沙武田则从西夏水月观音图着手，将其与唐僧取经图相结合，认为这一时期流行此类图像正是与西夏往生观音净土信仰的流行有关[7]。常红红以东千佛洞第 2 窟为中心，结合水月观音及整体窟室内容，对西夏玄奘取经图像进行考证[8]。

关友惠从壁画装饰纹样方面着手，将西夏时期洞窟的壁画艺术风格与北宋曹氏时期洞窟的壁画风格进行对比，认为莫高窟第 3、61 窟甬道壁画应为西夏所绘[9]。欧阳琳对敦煌石窟的藻井、平棋、忍冬纹、莲花纹、垂幔纹以及图案中的火、云、水、团花等纹饰进行了专题研究[10]，相当全面。李路珂也对榆林窟西夏后期洞窟中的装饰图案有专门的讨论[11]。沙武

---

[1] 王胜泽：《莫高窟第 95 窟水月观音图为西夏考》，载《西夏学》第十八辑，甘肃文化出版社，2019 年，第 173 页。

[2] 王静如：《敦煌莫高窟和安西榆林窟中的西夏壁画》，《文物》1980 年第 9 期，第 49—58 页。段文杰：《玄奘取经图研究》，载《1990 敦煌学国际研讨会文集·石窟艺术编》，辽宁美术出版社，1995 年，第 1—19 页；又载《敦煌石窟艺术研究》，甘肃人民出版社，2007 年，第 397—411 页。邢耀龙：《榆林窟发现西夏第七幅玄奘取经图》，《西夏学》2021 年第 2 期，第 260—271 页。

[3] 杨国学：《河西走廊三处取经图画与〈西游记〉故事演变的关系》，《西北师范大学学报》（社会科学版）2000 年第 4 期，第 40—43 页；杨国学：《安西东千佛洞取经壁画新探》，《南亚研究》2002 年第 2 期，第 56—59 页。

[4] 郑怡楠：《瓜州石窟群唐玄奘取经图研究》，《敦煌学辑刊》2009 年第 4 期，第 9—11 页。

[5] 于硕：《唐僧取经图研究——以寺窟图像为研究》，首都师范大学博士论文，2011 年；于硕：《山西青龙寺取经壁画与榆林窟取经图像关系的初步分析》，《艺术设计研究》2010 年第 3 期，第 28—34 页；樊锦诗主编：《敦煌吐蕃统治时期石窟与藏传佛教艺术研究》，甘肃教育出版社，2012 年，第 525—532 页。

[6] 石建刚、杨军：《延安宋金石窟玄奘取经图像考察——兼论宋金夏元时期玄奘取经图像的流变》，《西夏学》2017 年第 2 期，第 129—142 页。

[7] 沙武田：《水月观音图像样式的创新与意图——瓜州西夏石窟唐僧取经图出现原因再考察》，《民族艺林》2019 年第 1 期，第 5—26 页。

[8] 常红红：《西夏玄奘取经图像之研究——以东千佛洞第 2 窟图像为中心》，载《丝绸之路研究集刊》第五辑，商务印书馆，2020 年，第 315—334 页。

[9] 敦煌研究院编，关友惠：《敦煌石窟全集·图案卷（下）》14，（香港）商务印书馆，2003 年，第 219—240 页；关友惠：《敦煌宋西夏石窟壁画装饰风格及其相关的问题》，载敦煌研究院编《2004 年石窟研究国际学术会议论文集》（下），上海古籍出版社，2006 年，第 1110—1141 页。

[10] 欧阳琳：《敦煌图案解析》，甘肃人民出版社，2007 年。

[11] 李路珂：《甘肃安西榆林窟西夏后期石窟装饰及其与宋〈营造法式〉之关系初探（上）》，《敦煌研究》2008 年第 3 期，第 5—12 页。

田对莫高窟第400窟龙凤藻井图案及其所蕴含的净土功能作了专门研究[1]。

王静如[2]、王进玉[3]对榆林窟第3窟千手千眼观音经变反映农业、工业状况的酿酒图等也有专门研究。

卢秀文对敦煌西夏洞窟中背光类型、纹饰、风格、题材及其特色进行了详细研究，认为此时期背光多受周边民族影响，具有典型的少数民族文化特性[4]。

宿白则对莫高窟、榆林窟密教遗迹作了较为详细的研究，发现西夏洞窟遗迹出现较多新的东方因素与密教在东方传播的历史背景是分不开的，并推知榆林窟和东千佛洞的藏传密迹为西夏晚期[5]。还有杨森对西夏家具的研究[6]，庄壮[7]和刘文荣[8]对西夏乐器的研究等。

在西夏藏传佛教方面，刘永增对一系列藏传曼荼罗图像进行了解说[9]，其中对瓜州东千佛洞第5窟毗沙门天王与八大夜叉曼荼罗的解说，指出该题材未出现于敦煌地区其他石

---

[1] 沙武田：《具有洞窟空间含义的图像——莫高窟第400窟西夏藻井凤首龙身图案探微》，《国学学刊》2022年第1期，第65—79页。

[2] 王静如：《敦煌莫高窟和安西榆林窟中的西夏壁画》，《文物》1980年第9期，第49—58页。

[3] 王进玉：《敦煌石窟西夏壁画"酿酒图"新解》，《广西民族大学学报》（自然科学版）2010年第3期，第9—15页；王进玉：《再论敦煌石窟西夏壁画"酿酒图"》，《广西民族大学学报》（自然科学版）2010年第4期，第41—43页。

[4] 卢秀文：《敦煌石窟晚期背光研究》，《敦煌研究》1997年第2期，第14—19页。卢秀文个人或与于倩合作相继发表：《中国古代妇女眉妆与敦煌妇女眉妆——妆饰文化研究之一》，《敦煌研究》2000年第3期，第90—96页；《敦煌壁画中的古代妇女饰唇——妆饰文化研究之二》，《敦煌研究》2004年第6期，第37—41页；《敦煌壁画中的妇女红粉妆——妆饰文化研究之三》，《敦煌研究》2005年第6期，第49—54页；《敦煌壁画中的妇女面靥妆——妆饰文化研究之四》，《佛教艺术与文化国际学术研讨会论文集》，三秦出版社，2004年，第47—59页；《敦煌壁画中的妇女花钿妆——妆饰文化研究之五》，《敦煌研究》2006年第5期，第63—70页；《敦煌壁画中的妇女首饰簪花——妆饰文化研究之六》，《敦煌研究》2007年第6期，第48—58页。

[5] 宿白：《敦煌莫高窟密教遗迹札记》（下），《文物》1989年第10期，第69—79页。

[6] 杨森：《漫谈西夏家具》，载《丝绸之路民族古文字与文化学术研讨会论文集》，三秦出版社，2007年，第300—317页。

[7] 庄壮：《西夏的胡琴与花盆鼓》，《敦煌研究》1997年第4期，第45—48页。

[8] 刘文荣：《瓜州东千佛洞西夏第7窟"涅槃变"中乐器图像的音乐学考察》，载《西夏学》第十一辑，上海古籍出版社，2015年，第235—244页；刘文荣：《五个庙石窟音乐内容综述——兼及西夏铜角类乐器的考察》，载《西夏学》第十九辑，甘肃文化出版社，第115—123页。

[9] 刘永增：《安西东千佛洞第5窟毗沙门天王与八大夜叉曼荼罗解说》，《敦煌研究》2006年第3期，第1—5页；刘永增：《敦煌石窟八大菩萨曼荼罗图像解说》（上），《敦煌研究》2009年第4期，第12—23页；刘永增：《敦煌石窟八大菩萨曼荼罗图像解说》（下），《敦煌研究》2009年第5期，第8—17页；刘永增：《敦煌石窟尊胜佛母曼荼罗图像解说》，《故宫博物院院刊》2013年第4期，第29—45页；《敦煌石窟摩利支天曼荼罗图像解说》，《敦煌研究》2013年第5期，第1—11页。

窟，其经典依据也在汉译经典中无从查找，应为西夏时代受藏传密教影响的一种新题材。田中公明、刘永增对榆林第3窟绘于南壁西侧的恶趣清净曼荼罗进行了图像学上的进一步解说[1]。

关于西夏石窟中的西夏服饰研究，最初段文杰将其分为汉装、西夏装两种[2]，谢静也有诸多研究从各个方面对敦煌西夏石窟中的供养人服饰进行对比研究，并将其与回鹘服饰进行区别，探讨西夏服饰与中原服饰之间的相互影响与借鉴[3]。任怀晟、魏亚丽在对西夏服饰研究的过程中也涉及了不少壁画中的供养人服饰问题[4]，还包括徐庄对榆林窟第2、3、29窟壁画中武官、文官、僧人等供养人服饰的研究[5]。

此外，沙琛乔对西夏时期的山水画亦有专门探讨[6]。赵晓星对西夏时期的五台山图及其五台山信仰的研究[7]。赵晓星对榆林窟第2窟文殊图像的研究，认为这些图像应是以五台山文殊为中心，将《文殊师利般涅槃经》和《文殊真实名经》的相关内容组合到一起，反映出当时文殊信仰与社会现实密切结合的历史事实[8]。郭静对西夏时期榆林窟世俗图像有专门研究，包括农耕、商旅、建筑、乐器、杂技、祥禽瑞兽图像等[9]。司晶晶对西夏国师图像进行了研究[10]。

---

[1] [日]田中公明：《安西榆林窟第3窟的胎藏界曼荼罗（On the So Called Garboard tu—mandala in Cave No. 3 of Anxi Yulin Cave）》，第四届汉藏佛教美术国际学术研讨会，2009年；刘永增：《瓜州榆林窟第3窟恶趣清净曼荼罗及相关问题》，载樊锦诗主编《敦煌吐蕃统治时期石窟与藏传佛教艺术研究》，甘肃教育出版社，2012年，第231—235页。

[2] 段文杰：《敦煌壁画中的衣冠服饰》，载《敦煌石窟艺术论集》，甘肃人民出版社，1988年，第266—267页；又载《敦煌石窟艺术研究》，甘肃人民出版社，2007年，第315—316页。

[3] 谢静：《敦煌石窟中西夏供养人服饰研究》，《敦煌研究》2007年第3期，第24—31页；谢静、谢生保：《敦煌石窟中回鹘、西夏供养人服饰辨析》，《敦煌研究》2007年第4期，第80—85页；谢静：《敦煌石窟中的西夏服饰研究之二——中原汉族服饰对西夏服饰的影响》，《艺术设计研究》2009年第3期，第44—48页；谢静：《西夏服饰研究之三——北方各少数民族对西夏服饰的影响》，《艺术设计研究》2010年第1期，第49—64页。

[4] 任怀晟：《西夏服饰研究》，甘肃文化出版社，2018年；任怀晟、魏亚丽：《西夏僧人服饰谫论》，载《西夏学》第十一辑，上海古籍出版社，2015年。

[5] 徐庄：《敦煌壁画与西夏服饰》，《敦煌研究》2005年特刊，第77—83页。

[6] 沙琛乔：《敦煌西夏石窟山水画研究》，陕西师范大学硕士学位论文，2021年。

[7] 赵晓星：《西夏时期的敦煌五台山图——敦煌五台山信仰研究之》，载《西夏学》第十一辑，上海古籍出版社，2015年，第228—234页。

[8] 赵晓星：《榆林窟第2窟正壁文殊图像解析——西夏石窟考古与艺术研究之三》，《敦煌研究》2018年第5期，第16—25页。

[9] 郭静：《瓜州榆林窟第3窟世俗图像研究》，陕西师范大学硕士学位论文，2019年。

[10] 司晶晶：《瓜州榆林窟第29窟国师像阐释》，《西夏研究》2021年第2期，第49—54页；司晶晶：《西夏国师图像研究》，陕西师范大学硕士学位论文，2022年。

对于这一时期的供养人题记,主要以敦煌研究院的资料为代表,为以后的研究打下了基础[1]。史金波和白滨以表格的形式记录了莫高窟、榆林窟的西夏文题记分布情况[2],王静如则对包括供养人题记在内的敦煌莫高窟和榆林窟内的西夏文、汉文题记进行了整理译释,因为这些题记中有西夏纪年,亦有反映西夏时期瓜沙地区历史的相关记载,所以颇显重要[3]。陈炳应对莫高窟、榆林窟现存大量的汉文、西夏文题记进行了抄录、翻译和解读,认为这些题记是研究西夏社会各方面极其珍贵的资料,不仅给我们提供了史籍中没有记载的一些重要资料,而且可为解决西夏历史的某些重要环节提供重要线索[4]。日本学者荒川慎太郎、佐藤贵保重新对莫高窟和榆林窟西夏时期题记进行了调查,又发现了莫高窟第98、444、454窟有新的西夏题记[5]。李国、沙武田在考察敦煌西夏石窟题记的基础上,再次探讨了西夏占领瓜沙二州的时间问题[6]。张先堂对敦煌西夏石窟中的供养人作了专题研究,他运用图像学的方法,分别对第2窟和第5窟的供养人图像与题记进行了新的探索,解读了其中新发现的供养人题记[7]。

此外,李志军对敦煌西夏石窟造像思想有专门研究,认为末法思想、华严思想和净土思想是西夏时期洞窟营建与题材选择的重要背景,包括阐释了榆林窟第29窟作为《华严忏仪》的实践道场的功能,莫高窟第306、307、308窟则是对华严架构下对于禅修和净土的诠释,而莫高窟第3窟是依《大乘庄严宝王经》所塑四臂观音,以四臂观音含摄南北壁负责救度的十一面观音,第327窟又通过四壁贤劫千佛变与窟顶团龙藻井奠定了末法主题,第353窟通过对东壁门上七佛一弥勒所涉及渲染末法主题,第464窟则是根据《华严经·十地品》诠释大乘菩萨道精神,第365窟化生童子、海会菩萨具有鲜明净土意味的题材,还有

---

[1] 史岩:《莫高窟供养人画像题识》(手抄本,现藏敦煌研究院资料室);谢稚柳:《敦煌艺术叙录》,上海出版公司,1955年;敦煌研究院编:《敦煌莫高窟供养人题记》,文物出版社,1986年。

[2] 史金波、白滨:《莫高窟、榆林窟西夏文题记研究》,《考古学报》1982年第3期,第367—386页;又载《西夏学》第二辑,宁夏人民出版社,2007年,第80—91页。

[3] 王静如:《新见西夏文石刻和敦煌安西洞窟夏汉文题记考释》,载《王国维学术研究论集》第一辑,华东师范大学出版社,1983年。

[4] 陈炳应:《西夏文物研究》,宁夏人民出版社,1985年。

[5] 荒川慎太郎、佐藤贵保:《莫高窟、榆林窟西夏文题记再考》(未刊稿)。

[6] 李国、沙武田:《敦煌石窟西夏时期汉文题记辑录——兼谈西夏占领瓜沙的时间问题》,《西夏研究》2021年第1期,第50—61页。

[7] 张先堂:《瓜州东千佛洞第2窟供养人身份新探》,《敦煌学辑刊》2006年第4期,第24—32页;张先堂:《瓜州东千佛洞第5窟西夏供养人初探》,《敦煌学辑刊》2011年第4期,第49—59页;张先堂:《莫高窟供养人画像的发展演变——以佛教史考察为中心》,《敦煌学辑刊》2008年第4期,第98—99页。

强调文殊和五台山信仰的第164窟等代表性洞窟的单窟研究[1]。

(五) 洞窟个案研究

对这一时期石窟个案研究最重要的当属贾维维对榆林窟第3窟图像与文本对应关系的深入研究[2]，该著作集中阐释了由西夏时期重修、重绘的榆林窟第3窟中十余铺壁画的文本来源以及与其相对应的内容，是我们研究敦煌西夏石窟必不可少的参考著作。常红红亦对东千佛洞第2、5窟西夏图像进行了识读与研究[3]。总体来看，这些研究着力解决的是西夏时期以藏传佛教图像为代表，同时又融合汉传图像的汉藏融合、显密圆融的西夏艺术史，这种受到宋、辽、金和回鹘、西藏甚至东印度波罗艺术影响的西夏艺术，才是真正意义上的西夏艺术精神和面貌。

杨艳丽对榆林窟第4窟图像释读以及窟内壁画所反映的藏传佛教艺术进行了专门研究[4]。贾维维对东千佛洞第7窟的窟室结构、壁画题材内容、组合方式、图像内涵等有专门的探讨[5]。宁强、何卯平对榆林窟第29窟供养人身份的重新探讨[6]，袁頔对榆林窟第2窟普贤图像与西夏版画关系的探讨[7]。袁頔对于敦煌西夏石窟新出现图像的研究，包括行脚僧、执扇弥勒、八塔变等内容[8]。袁頔、褚丽从西夏版画方面对敦煌西夏石窟佛教图像的影响作用也有研究[9]。郭子睿对五个庙第1窟的研究，包括营建背景、壁画题材释读、图像样式的演变、

---

[1] 沙武田、李志军：《莫高窟第353窟西夏重修新样三世佛的思想内涵》，《敦煌学辑刊》2020年第4期，第63—76页；李志军：《西夏时期华严修行体系的图像演示——莫高窟第464窟修行礼佛窟功能的义理诠释》，《南京艺术学院学报》（美术与设计）2021年第5期，第129—135页；李志军：《教宗华严 行归净土——莫高窟第365窟西夏重修思想初探》，《西夏学》2021年第1期，302—316页；李志军：《敦煌西夏石窟造像思想研究》，陕西师范大学博士学位论文，2021年。

[2] 贾维维：《榆林窟第三窟壁画与文本研究》，浙江大学出版社，2020年。

[3] 常红红：《瓜州东千佛洞第2窟壁画研究》，首都师范大学博士学位论文，2015年；常红红：《甘肃瓜州东千佛洞第五窟研究》，首都师范大学硕士学位论文，2011年。

[4] 杨艳丽：《瓜州榆林窟第4窟文殊与弥勒对坐图像考释》，《西夏研究》2021年第1期，第62—70页；杨艳丽、沙武田：《瓜州榆林窟第4窟为西夏洞窟考》，《美术大观》2022年第8期，第34—40页；杨艳丽：《瓜州榆林窟第4窟壁画研究》，陕西师范大学硕士学位论文，2022年。

[5] 贾维维：《甘肃瓜州东千佛洞第7窟西夏壁画的净土主题研究》，《美术研究》2021年第2期，第54—60页。

[6] 宁强、何卯平：《西夏佛教艺术中的"家窟"与"公共窟"——瓜州榆林窟第29窟供养人的构成再探》，《敦煌学辑刊》2017年第3期，第137—145页。

[7] 袁頔：《榆林窟第2窟正壁普贤行愿图像定名考——兼论榆林窟第2窟营建背景》，《南京艺术学院学报》（美术与设计）2021年第1期，第126—133页。

[8] 袁頔：《丝路视域下敦煌宋夏石窟壁画新图像研究》，陕西师范大学硕士学位论文，2020年。

[9] 袁頔、褚丽：《新题材、功能性与造像观——试论佛教版画对敦煌西夏石窟影响的几个方向》，《艺术设计研究》2022年第4期，第16—24页。

组合关系的讨论、洞窟思想的阐释等[1]，观点新颖。朱生云对榆林窟第 29 窟的研究[2]。

学术界对莫高窟第 3 窟也关注颇多，沙武田、李国就敦煌第 3 窟为西夏洞窟进行了详细考证[3]；金忠群对该窟最为精美的北壁壁画就制作工艺、壁画人物、壁画艺术风格等方面进行了探讨[4]；李月伯则分析了其密宗壁画出现浓厚文人画风格的原因，并对该窟的形制、内容等基本情况及壁画的线条和描法作了进一步阐释，认为此窟壁画的制作方法为中国传统湿画法[5]。此外还有敦煌西夏石窟所体现的西夏官方佛教系统属性研究[6]，莫高窟第 61 窟炽盛光佛图像的仪式性探讨[7]，以及对西夏千佛图像的研究[8]。

第 465 窟作为敦煌西夏石窟中最为深奥的密教洞窟，在学者不遗余力的努力下，虽不能全面把握其精髓，但也有了初步的了解。对于该洞窟的研究，首先就是分期断代问题，虽有争议，但大多学者认为现存窟内壁画由西夏重修[9]。对于窟内的壁画内容，日本学者奥山直司[10]和国内学者谢继胜[11]、赵晓星[12]、黄英杰[13]、阮丽[14]皆有释读或者修订。勘措吉则对莫高

---

[1] 郭子瑢：《图像·历史·信仰——五个庙石窟第 1 窟弥勒经变研究》，《西夏研究》2020 年第 1 期，第 37—43 页；郭子瑢：《肃北五个庙第 1 窟八塔变考论》，《民族艺林》2020 年第 1 期，第 139—152 页；郭子瑢：《镜像的美术、思想与礼仪——肃北五个庙第 1 窟西夏水月观音图像研究》，《西夏学》2020 年第 2 期，第 306—323 页；郭子瑢：《肃北五个庙第 1 窟研究》，陕西师范大学硕士学位论文，2021 年。

[2] 朱生云：《榆林窟第 29 窟壁画研究》，陕西师范大学硕士学位论文，2018 年。

[3] 沙武田、李国：《敦煌莫高窟第 3 窟为西夏洞窟考》，《敦煌研究》2013 年第 4 期，第 1—11 页。

[4] 金忠群：《敦煌千佛洞三号窟元代壁画艺术初探》，《美术》1992 年第 2 期，第 64—67 页。

[5] 李月伯：《从莫高窟第 3 窟壁画看中国画线描的艺术成就》，《敦煌研究》2001 年第 2 期，第 36—41 页。

[6] 沙武田：《敦煌西夏藏传佛教洞窟及其图像属性探析——以西夏官方佛教系统为视角》，《中国藏学》2020 年第 3 期，第 211—220 页。

[7] 沙武田：《西夏仪式佛教的图像——莫高窟第 61 窟炽盛光佛巡行图的几点思考》，《四川文物》2020 年第 3 期，第 92—111 页。

[8] 沙武田、张世奇：《历史留恋与粉本传承——敦煌石窟西夏千佛图像研究》，《西夏学》2016 年第 2 期，第 263—275 页。

[9] 谢继胜：《关于敦煌第 465 窟断代的几个问题》，《中国藏学》2000 年第 3 期，第 75—92 页；谢继胜：《关于敦煌第 465 窟断代的几个问题（续）》，《中国藏学》2000 年第 4 期，第 75—90 页；谢继胜：《莫高窟第 465 窟壁画绘于西夏考》，《中国藏学》2000 年第 3 期，第 69—79 页；霍巍：《敦煌莫高窟第 465 窟建窟史迹再探》，《中国藏学》2009 年第 3 期，第 187—194 页；黄英杰：《从藏传佛教看敦煌莫高窟第 465 窟佛教艺术》，载樊锦诗主编《敦煌吐蕃统治时期石窟与藏传佛教艺术研究》，甘肃教育出版社，2012 年，第 420—448 页。

[10] [日] 奥山直司：《敦煌第四六五窟の壁画について（I）》，《密教図像》第 13 号，1994 年，第 24—32（L）；[日] 奥山直司：《敦煌第四六五窟の壁画について（II）》，《密教学研究》通号 27，1995 年，第 151—163 页。

[11] 谢继胜：《敦煌莫高窟第 465 窟壁画双身图像辨识》，《敦煌研究》2001 年第 3 期，第 1—11 页。

[12] 赵晓星：《莫高窟第 465 窟八十四大成就者图像考释》，第四届西藏考古与艺术国际学术讨论会，2009 年 10 月 16—19 日，未出版。

[13] 黄英杰：《从藏传佛教看敦煌莫高窟第 465 窟佛教艺术》，载樊锦诗主编《敦煌吐蕃统治时期石窟与藏传佛教艺术研究》，甘肃教育出版社，2012 年，第 420—448 页。

[14] 阮丽：《莫高窟第 465 窟曼荼罗再考》，《故宫博物院院刊》2013 年第 4 期，第 61—85 页。

窟第465窟东壁门上的藏文题记进行了再释读，内容应为"腊月二十五日全部（完整）尸林建成（绘成）"[1]。房子超也进一步探讨了帝师热巴与莫高窟第465窟的关系[2]。

文殊山石窟作为西夏时期重修的重要洞窟群之一，李甜、李晓风对洞窟时代、壁画内容、组合配置、艺术风格、主题思想等方面进行了不同程度的讨论[3]。在文殊山前山万佛洞、后山古佛洞及后山千佛洞皆有西夏重修的壁画内容，而这些壁画内容基本是在不改变原有洞窟形制的基础上进行重绘，壁画题材既包括西夏时期流行的新样式，也有直接效仿原洞窟内容的壁画，而这些壁画的艺术风格又兼有汉藏，内容涉及显密两种题材，是了解11—13世纪西夏佛教史的重要资料，更是敦煌西夏石窟壁画艺术的延续。

总之，就目前而言，学术界对于敦煌西夏石窟的研究已有初步了解与认识，对后续深入研究具有重要的参考意义。

三、洞窟分期

就敦煌西夏石窟具体分期而言，刘玉权有全面的研究[4]，使得学术界从宏观和微观两个方面初步认识到敦煌西夏石窟的基本面貌，认为莫高窟有77个洞窟、榆林窟有11个洞窟，具体分期如下。

莫高窟计77窟：

第一期：第368、356、408、65、352、327、281、142、355、354、460、70、30、27、353、430、35、29、38、265、34、6、88、87、16、350、263、291、84、83、81、78、224、450、234、376、378、348、382、169、347、165、130、223、345、365、366、151、233、351、326、328、344、252、432、400、367窟。

第二期：第237、164、140、307、308、306、363、399、418、409、244窟。

第三期：第207、310、330、309、245、97、206、491窟，4号塔。

榆林窟计11窟：

第一期：第21（后室）、22、26、13、17、14、15窟。

---

[1] 勘措吉：《莫高窟第465窟藏文题记再释读》，载樊锦诗主编《敦煌吐蕃统治时期石窟与藏传佛教艺术研究》，甘肃教育出版社，2012年，第463—471页；另发表于《敦煌学辑刊》2011年第4期，第60—66页。

[2] 房子超：《多重视角下的西夏帝师热巴研究》，《中国藏学》2022年第2期，第63—75页。

[3] 李甜：《文殊山石窟研究》，兰州大学博士学位论文，2019年；李晓风：《酒泉文殊山石窟西夏壁画研究》，陕西师范大学博士学位论文，2022年。

[4] 刘玉权：《敦煌莫高窟、安西榆林窟西夏洞窟分期》，载敦煌文物研究所编《敦煌研究文集》，甘肃人民出版社，1982年，第273—318页。

第二期：第21（前室、甬道）、39窟。

第三期：第29、2、3窟。

以上各期洞窟的年代如下：

第一期相当于西夏历史的早期，或相当于曹氏晚期到西夏统治瓜沙二州的初期。以有1085年西夏文功德题记的莫高窟第65窟为标尺窟。

第二期相当于西夏历史的中期。

第三期以建于1193年的榆林窟第29窟为标尺窟，约相当于西夏历史的晚期。

但是，随着沙州回鹘问题的深入讨论，刘玉权又将上述原定为西夏的洞窟中划分出23个回鹘洞窟[1]。1998年，刘玉权对敦煌西夏洞窟的分期做了适当调整[2]。2000年，关友惠又将部分西夏洞窟划入归义军晚期洞窟，包括莫高窟第16、130、35、165、376、378窟等原被划入西夏前期的洞窟[3]。

近年，沙武田在实地考察之后，又结合最新研究成果，将部分洞窟归入西夏时期，即莫高窟第3、6、34、61、140、164、169、206、285、351、252、355、356、368、281、408、432、460、464、465、491窟，北区第77窟及第464、465窟周围的卫星式小窟群（具体洞窟需具体分析，不可一概而论），4号塔，榆林窟第10、21、22、26、13、17、14、15窟及榆林窟第29、2、3窟，东千佛洞第2、4、5、7窟，五个庙第1、3、4窟[4]。随后，岳键、杨富学、赵晓星以考古学的方法，对敦煌西夏石窟分期问题又进行了专门讨论。以上研究对敦煌西夏洞窟时代虽有争议，但为我们把握该时期洞窟及发展变化脉络提出了具体的营建分期意见，具有重要的参考价值。

四、敦煌西夏石窟艺术的总体特征

早在20世纪50年代，美术史家谢稚柳对敦煌西夏壁画艺术进行了评价：

> 自来论绘事，未有及西夏者。西夏当宋仁宗之世，离宋自立。西北万里坐拥二百年。其画派远宗唐法，不入宋初人一笔，妙能自创，俨然成一家。画颇整饬，

---

[1] 刘玉权：《关于沙州回鹘洞窟的划分》，载敦煌研究院编《1987年敦煌石窟研究国际讨论会文集（石窟考古编）》，辽宁美术出版社，1990年，第1—29页。

[2] 刘玉权：《敦煌西夏洞窟分期再议》，《敦煌研究》1998年第3期。

[3] 关友惠：《敦煌宋西夏石窟壁画装饰风格及其相关的问题》，载敦煌研究院编《2004年石窟研究国际学术会议论文集》（下），上海古籍出版社，2006年，第1111—1141页。

[4] 沙武田：《敦煌西夏石窟分期研究之思考》，《西夏研究》2011年第2期，第31页。

但气宇偏小,少情味耳。榆林窟第一、第二、第三、第六、第二十诸窟画,俱出西夏人手。[1]

谢氏总结"自来论绘事,未有及西夏者",用语中肯,可谓一语中的,告诉我们西夏绘画在历史中的尴尬地位,从一个独特的侧面提示西夏绘画珍贵的历史价值。

对于西夏的艺术史研究,史金波也指出:

> 西夏艺术研究历程短暂,植根未深,属新兴学科之薄弱环节。西夏灭亡后,元代未为其修史,从而造成资料稀疏,在中国历史上几乎成为被遗忘的王朝。西夏历史长期处于史学边缘,少被关注,遑论西夏艺术。[2]

所以说,立足于传统绘画史的中国美术史体系当中,如同元代不修西夏史一样,绘画论著颇为繁荣的元明清三代也没有西夏绘画的专书,因此使得西夏美术史的研究有了先天不足。

20世纪初黑水城绘画艺术品与20世纪80年代敦煌石窟西夏洞窟壁画的全面公布,为西夏历史打开一扇全新的窗户,同时也掀开了西夏艺术史研究的新篇章。尤其是在敦煌石窟群中保存下来的丰富的西夏壁画艺术,使得敦煌学、西夏学、藏学、美术史学、宋辽金元史研究等领域开始重新审视西夏王朝曾经辉煌而神秘的艺术,再次思考西夏的历史贡献,重新理解西夏在中国绘画艺术史上的独特地位。

以黑水城绘画和敦煌石窟壁画为载体的西夏佛教艺术,确实让人们看到了西夏绘画惊人的艺术成就。可以毫不夸张地说,西夏艺术是构成11—13世纪宋、辽、金、夏、回鹘、西藏多民族艺术在多元文化网络关系下亮丽的一道风景,是这一时期中国多元艺术史的重要内容,不可或缺。

西夏统治瓜沙地区长达近两个世纪的时间,其间在以莫高窟为主的石窟群营建洞窟50余窟,有较明显的西夏特色。但这种特色本身并非单一的风格与样式,而是多变的多元题材、样式、风格,可以用"传统""变革""旧图""新样"这些完全相反的词语来表述其特性,提炼其精神。使用这些词汇来形容西夏艺术的表象与内涵,表面看似有矛盾的一面,实则是这一时期艺术内涵的真实现象,也彰显西夏艺术复杂性的一面。这样的艺术特性是其他任何时期或其他王朝、政权、民族所不具备的艺术品格,因此单就这一点而言,西夏艺术研究的学术吸引力和历史诱惑感油然而生,其学术价值也是非常明确的。

---

① 谢稚柳:《概述》,载《敦煌艺术叙录》,上海古籍出版社,1995年,第30页。
② 陈育宁、汤晓芳:《西夏艺术史》,上海三联书店,2010年,史金波:《序》,第2页。

总体上观察敦煌石窟群中西夏洞窟壁画内容及其艺术风格,在以西夏统治最西部的瓜沙地区为主的佛教洞窟中,可以看到受多元文化影响下,西夏艺术有传统和守旧的一面,也有新样和变革的浓厚影响,在变与不变之间追寻着佛教信仰主导下的艺术张力,极其富有时代特性。

敦煌西夏艺术的这些特性,从宏观角度可以概括出以下两个大的特征或艺术史现象。

(一)受敦煌传统艺术影响下守旧的莫高窟西夏艺术

在沙州的莫高窟,到了西夏时期,以重修重绘前期洞窟为主要营建方式,洞窟壁画内容题材和艺术风格特征,明显是受敦煌传统的曹氏归义军晚期和沙州回鹘艺术影响下的作品,以各类画面简洁的净土变为主(图11-1)。这类净土变整体风格有千篇一律之嫌,画面往往以主尊佛为中心,上下左右平行布局特征一致、有一定独立性格的供养式菩萨像;主尊佛与菩萨的莲花座相互之间通过莲茎相连接,主尊两侧或有弟子像(二身或四身),画面中间有莲花化生;有的在画面上下两端有简单的净土建筑画面,有的则对净土建筑完全不作表现。这种样式的净土变绘画在敦煌的西夏佛教艺术中属于守旧的传统艺术样式。莫高窟西夏传统样式的净土变类经变画的总体变化趋势,是对唐五代宋画面结构复杂、人物情节丰富、有建筑架构、山水环境作背景的经变画的大幅度改造,变繁为简,剥离和抽取了之前经变画中作为画面重要内容的环境、背景、辅助、铺陈、描述性的画面内容,仅以上下左右平行的供养式大菩萨环绕主尊佛的形式出现。这些绘画作品从艺术审美方面而言,远不如前,观赏性颇差,绘画语言主题不突出,佛教的感染力大不如前,画面的空间想象变得更加空泛,更多的只是以一种更具符号性和象征性的佛、菩萨组合的画面来表达并渲染特定宗教空间。洞窟营建所折射出来的复杂历史感也大打折扣,仅以简单的画面强调功德主的功德观念,或者可以把洞窟中的壁画理解为仅属特定空间的礼仪实践对象存在而已。这样的净土式经变画定名也不具体,主尊尊格特征不明,画面中没有具体的之前同类经变画的标志性图像元素,艺术风格是归义军晚期风格的延续,传统性是明显的,作为敦煌归义军旧图样式延续的线索也是清晰的。

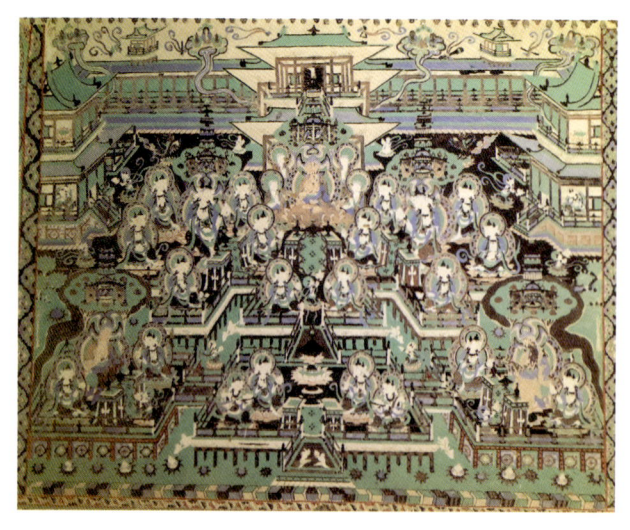

图 11-1 莫高窟第 307 窟净土变

但需要说明的是，莫高窟第 465、464、95、149、3 窟（包括第 61 窟甬道壁画），情况又完全不同，各自以全新的面貌、样式与风格呈现出莫高窟西夏艺术精彩的一面。这些洞窟基本上是这一时期新建的洞窟，除了第 95 窟和第 61 窟甬道属重修重绘壁画之外，其他几窟均有"原创性"意义。

另在沙州最西南方向的五个庙西夏重绘洞窟壁画中，经变画既有敦煌五代宋归义军时期传统经变画的样式，也有西夏时期新出现的题材画面，不变中有变化。与瓜州紧邻的玉门昌马石窟，则完全是归义军样式和题材的延续。

（二）受多种外来新样艺术影响下积极变革的西夏艺术

与莫高窟西夏壁画艺术完全不同的现象是，在瓜州的榆林窟、东千佛，在同一个洞窟中往往会同时出现分别受宋、辽、金和藏传绘画影响的艺术画面，属于全新的艺术风格和题材样式，完全没有之前唐宋时期的风格与样式，题材内容也是全新的，变化极其明显，属于西夏佛教及其艺术变革思想影响下的全新样式。其代表洞窟即是榆林窟第 2、3、4、10、29 窟，东千佛洞第 2、4、5、6、7 窟，另有莫高窟第 465 窟、第 464 窟后室、第 95 窟、第 3 窟，五个庙第 1 窟等。这些洞窟壁画题材内容与艺术风格，明显具有多元文化影响的浓厚色彩，彰显西夏佛教及其艺术复杂性的一面，也是 11—14 世纪佛教艺术重构的具体表现。

整体观察以上洞窟壁画，从题材内容和艺术风格特征的表现上虽然颇为复杂，但还是有迹可循。追踪溯源，可以分为以下几类情况：

1. 具有浓厚藏传密教坛城曼荼罗壁画

藏传密教坛城曼荼罗图出现在敦煌石窟始于西夏时期，最具代表性的洞窟即为莫高窟第 465 窟，榆林窟第 3、4 窟，东千佛洞第 2、7 窟，五个庙第 1 窟；文殊山前山万佛洞、后山古佛洞亦具有相关壁画题材，主要以金刚界、胎藏界坛城图为主。第 465 窟有可能是莫高窟享有盛名的"独煞神堂"，亦有可能被选作"烧施结坛"的密乘坛场而加以利用，窟内中央五层圆坛曼荼罗正与四壁绘画相适应，且具有浓厚的藏传佛教艺术风格；从整个洞窟图像来看，发现此洞窟的主题应是上乐金刚，中心土坛亦是上乐金刚坛城，主尊可能是金刚亥母，而其余图像则是以金刚亥母为中心，并配有几种本尊而形成的一个曼荼罗（图 11-2），在图像上属噶举派传承[1]。榆林窟第 3 窟南北壁西铺的恶趣清净曼荼罗和金刚界曼荼罗，也出现了这一时期较为常见的外圆内方式的曼荼罗形式；还有榆林窟第 3 窟窟顶（图

---

[1] 谢继胜：《西夏藏传绘画——黑水城出土西夏唐卡研究》，河北教育出版社，2002 年，第 414 页；霍巍：《敦煌莫高窟第 465 窟建窟史迹再探》，《中国藏学》2009 年第 3 期，第 194 页；阮丽：《莫高窟第 465 窟曼荼罗再考》，《故宫博物院院刊》2013 年第 4 期，第 61—85 页。

图 11-2-1 莫高窟第 465 窟后室东壁北曼荼罗

11-3)、东千佛洞第 2 窟窟顶金刚界曼荼罗，五个庙第 1 窟东壁北侧，文殊山前山万佛洞北壁门东侧的五护佛母曼荼罗，等等，可见具有浓厚藏传佛教的曼荼罗样式在西夏的流行程度[1]。

此外，还有藏传特色明王像的出现，如榆林窟第 29 窟门两侧、东千佛洞第 7 窟门两侧、五个庙第 3 窟门两侧的明王造像皆具有代表性。其中，榆林窟第 29 窟西壁南侧的不动明王像（图 11-4），主尊一面三目，怒发冲冠，脖子上挂一圈璎珞做成的花鬘；右手持剑，左手持罥索，下身着虎皮裙，显忿怒像。不动明王是一切诸佛教令轮身，在十大明王中处于上首明王地位，其奉大日如来教令示现忿怒身，降服一切恶魔，调服邪魔外道，护持正法，同样具有护持道场的功用，这也正是其出现在窟门两侧的宗教内涵[2]。

2.具有明显的藏传绘画风格和特色的壁画

在敦煌西夏石窟，尤其以榆林窟第 4 窟和东千佛洞第 2、7 窟为代表，出现以岩石为背景的说法图、经变画，具有明显的藏传佛教特色

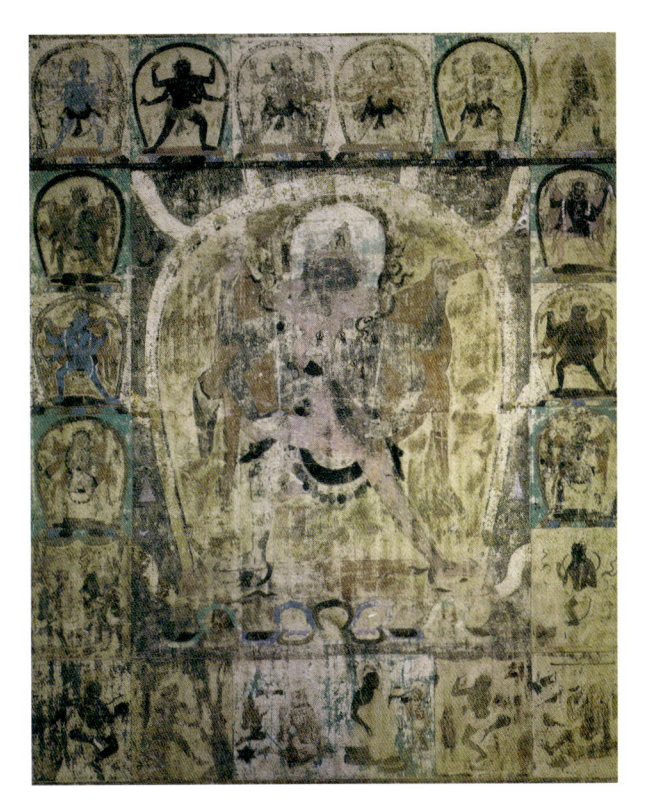

图 11-2-2　莫高窟第 465 窟南壁西铺上乐六臂金刚像

图 11-3　榆林窟第 3 窟窟顶曼荼罗

---

[1] 贾维维：《榆林窟第三窟壁画与文本研究》，浙江大学出版社，2020 年。
[2] 杨冰华：《一座显密圆融的西夏华严道场——瓜州榆林窟第 29 窟的图像与功能探析》，《文物季刊》2022 年第 3 期，第 74 页。

图 11-4　榆林窟第 29 窟不动明王像

图 11-5　东千佛洞第 2 窟释迦牟尼灵鹫山演说般若图

图 11-6　榆林窟第 29 窟文殊变

和风格。在东千佛洞第 2 窟中，大量图案和格式化的山峰形象作背景衬托予以呈现（图 11-5），简化、概括的尖楔状山峰造型，以藏传佛教惯用的红、黄、蓝、白等色涂染，形成密集排列的色块与线条[1]。在榆林窟第 4 窟大量出现的几何形条状山岩，分别出现在东壁尊像画、绿度母、般若佛母以及西壁说法图的背景中[2]。东千佛洞第 5 窟绿度母壁画上条状山岩被绘制于

[1] 卯芳：《西夏壁画中的藏密因子——以瓜州东千佛洞第 2 窟壁画为例》，《民族艺林》2020 年第 2 期，第 134 页。
[2] 杨艳丽、沙武田：《瓜州榆林窟第 4 窟为西夏洞窟考》，《美术大观》2022 年第 8 期，第 38 页。

图 11-7　夏鲁寺壁画　　　　图 11-8　东千佛洞第 5 窟毗沙门天王和八大马王像

四周的背景中，在榆林窟第 29 窟南北壁的文殊变、普贤变中（图 11-6），条状山岩被以墨勾勒，独具特色，可见在西夏时期条状山岩已经开始呈现出与西夏绘画相融合的特点。藏传绘画背景中出现大量的图案、格式化山峰形象（图 11-7），诸多的山峰被概括、简化为密集排列或组合的彩色条状，有些还在条状山峰上，绘制出小涡纹或小圆洞等装饰，成为藏传绘画艺术中的一个重要组成部分[1]。条状山石是 11—13 世纪卫藏早期绘画中的重要风格特征[2]。由此观之，这类几何形山岩也是西夏时期非常流行的藏传佛教母题。

还有在榆林窟第 3 窟北壁西侧下方和东千佛洞第 5 窟中心柱南侧出现的毗沙门天王和八大马王（图 11-8），也是这一时期具有明显藏传佛教艺术风格的图像内容。此类西夏时期毗沙门天王并八大马王造像构成，直接影响的是当时译出的汉文或西夏文密教文献[3]。

3.带有浓厚印度波罗艺术风格的题材壁画

在藏传佛教绘画史中，11—13 世纪随着阿底峡大师入藏弘法，西藏迎来佛教复兴，帕拉王朝造像风格随之传入西藏，最终形成了卫藏波罗风格，或称波罗样式[4]，其标志

---

① 王艳云：《西夏黑水城与安西石窟壁画间的若干联系》，《宁夏社会科学》2008 年第 1 期，第 105 页。
② 于小冬：《藏传佛教绘画史》，江苏美术出版社，2007 年，第 140 页。
③ 贾维维：《榆林窟第三窟壁画与文本研究》，浙江大学出版社，2020 年。
④ 胡小龙：《11 至 13 世纪西藏帕拉风格绘画艺术研究》，西藏大学博士学位论文，2021 年。

图 11-9　扎塘寺壁画中的说法图　　　　图 11-10　东千佛洞第 2 窟施宝度母像

图 11-11　榆林窟第 4 窟北壁东侧文殊、弥勒对坐图

性特征是菩萨的高发髻和多层发冠,以及菩萨身穿贴体短裙。卫藏扎塘寺壁画(图 11-9)[1]是在吸收波罗风格后,在绘画风格上又充分吸收了吐蕃传统绘画风格,以及继承卫藏"萨达玛类型"[2]外,对于印度波罗新样式的吸收成为其重要的绘画特征。在榆林窟第 4 窟正壁金刚座佛周围的八尊菩萨的高发髻和多层发冠,正是具有浓厚波罗风格的图像样式。东千佛洞第 2 窟施宝度母及观音救八难的形象,也与此如出一辙(图 11-10)。

八塔变也是敦煌西夏石窟中常见的壁画题材,如榆林窟第 3 窟正壁中央、东千佛洞第 5 窟、五个庙第 1 窟正壁皆有出现。其中五个庙第 1 窟八塔变更接近榆林窟第 3 窟,

---

[1] 谢继胜:《扎塘寺主殿造像配置及其意蕴——兼论 11—13 世纪西藏佛教与佛教艺术的构成》,《中国藏学》2018 年第 3 期,第 72—93 页;张亚莎:《11 世纪西藏的佛教艺术——从扎塘寺壁画研究出发》,中国藏学出版社,2008 年。

[2] 张亚莎:《11 世纪西藏的佛教艺术——从扎塘寺壁画研究出发》,中国藏学出版社,2008 年,第 149 页。

图 11-12　榆林窟第 3 窟西壁北侧文殊变 　　　图 11-13　榆林窟第 3 窟西壁南侧普贤变

而东千佛洞第 5 窟的八塔变透露出更浓厚的波罗艺术风格，如释尊背龛中的狮羊立兽、胁侍菩萨穿戴的犊鼻裙和璎珞臂钏耳铛等物均透露出帕拉艺术的典型特点；背龛上方两端绘制的是摩羯鱼，而非西夏常见的金鹅。此外，榆林窟第 4 窟的壁画也深受波罗艺术影响（图 11-11）。

4. 具有明显的中原两宋水墨山水风格特色的题材壁画

宋元之际山水画的变革为 10—13 世纪山水画创作带来重大影响，石窟壁画亦无例外。夏末元初，开始排斥宋末山水，形成山水画的保守潮流。董源的江南画派连带其他宋初及宋以前的画派一起卷土重来[1]，文殊变、普贤变中的五台山背景图与榆林窟第 3 窟中的文殊、普贤并侍从像（图 11-12、11-13）内容类似，但是绘画方式完全不同，榆林窟第 3 窟为水墨山水，而在榆林窟第 4 窟五台山背景中的青绿山水大放光彩，应是继承自宋金以来的传统[2]。

榆林窟第 3 窟这两铺壁画从艺术水平上来说，堪称敦煌文殊、普贤并侍从像的巅峰之

---
① [美]高居翰：《隔江山色：元代绘画（1279—1368）》，生活·读书·新知三联书店，2009 年，第 22 页。
② 沙琛乔：《榆林窟第 2、3、4 窟山水画探源》，载《敦煌西夏石窟研究青年工作坊论文集》，2021 年，第 246 页。

作,构图和技法甚佳,人物形象以线描为主,融合高古游丝描、铁线描、兰叶描等多种笔法,人物面貌生动传神。整个画面将线描与水墨山水、青绿淡彩相结合,中原两宋绘画风格的影响痕迹昭然[1]。

5.受宋、金建筑画影响下的净土经变画

与莫高窟西夏石窟简化净土经变不同的是,这一时期又出现了突出表现建筑画的净土经变画。整铺经变画利用"界画",将宫殿、楼阁、廊庑等描绘得相当细致,人物形象却不同于唐五代时期敦煌净土经变,而是将其置于建筑当中,凸显殊胜庄严的美妙场景,主要以榆林窟第3窟南北壁中央净土经变、榆林窟第29窟药师经变与西方净土变(图11-14)、东千佛洞第7窟两铺观无量寿经变、文殊山前山万佛洞东西壁弥勒上生经变与华严经变为代表。

榆林窟第3窟南北壁两铺净土变中的建筑布局几乎完全相同(图11-15),均取建筑宫殿后部中轴线附近的堂室。大殿为重檐歇山顶,面阔三间,下有须弥座,殿左右接廊庑。殿前有开阔的庭院平地,庭院左右各水池,池中各立楼阁座,均是重檐歇山顶;南壁的楼阁下层比北壁还多出个歇山面向前方的龟头屋。画面下方的三座门屋之间连以长廊,建筑形制均是单层、覆重檐歇山顶。榆林窟第3窟南北壁净土变和窟门南北两侧文殊普贤像中的亭

图11-14 榆林窟第29窟东壁北侧药师经变画

图11-15 榆林窟第3窟南壁中间观无量寿经变画

---

[1] 贾维维:《榆林窟第三窟壁画与文本研究》,浙江大学出版社,2020年。

图 11-16　文殊山万佛洞弥勒上生经变画 　　　　　　图 11-17　山西高平开化寺弥勒上生经变画

台楼阁，其构图、设色、用线以及建筑的结构、造型，和唐代样式不同，却和内地宋、金建筑风格相通。

其实，在文殊山前山万佛洞亦绘有一铺西夏时期的弥勒上生经变（图 11-16），其画面布局样式与榆林窟第 3 窟两铺净土经变如出一辙，与新疆北庭西大寺E204 龛高昌回鹘时期、山西开化寺北宋（1092—1096）绘制的弥勒上生经变（图 11-17）有异曲同工之处。由此可知，西夏出现突出建筑画净土变很有可能受到宋金时期寺观壁画的影响[1]。

6.深受中原唐宋图像影响的水月观音像、涅槃经变

水月观音图是瓜州西夏石窟东千佛洞和榆林窟的重要题材（图 11-18、11-19），共有 16 铺；唐僧取经图又是水月观音图中常见的画面，共计 7 幅。作为晚唐五代宋以来流行的水月观音图像，从敦煌莫高窟壁画中可以看到，五代宋时期莫高窟壁画中却没有出现玄奘取经图。因此，大家所关注的焦点自然也就到了唐僧取经图，可以说取经图出现在水月观音中是西夏时期观音信仰崇拜的新因素，更多体现出来的则是唐僧取经图在图像表达上的象征与符号意义[2]。值得注意的一点是，唐僧取经图很有可能是来自《大唐三藏取经诗话》，且这一造像在北宋陕北石窟中早有出现，恰好说明敦煌西夏石窟中出现的玄奘取经图直接受其影响，并非西夏原创。如此一来，在西夏水月观音图中出现玄奘取经图，也是唐宋时期水月观音图像的一种变体。

在榆林窟、东千佛洞、五个庙石窟中，涅槃经变再次兴起，共有 7 铺。这一时期涅槃经

---

[1] 刘江：《文殊山前山万佛洞与北庭西大寺〈弥勒上生经变〉的比较研究》，载《西夏学》第二十辑，甘肃文化出版社，2020 年，第 330 页；李晓风：《酒泉文殊山石窟西夏壁画研究》，陕西师范大学博士学位论文，2022 年。
[2] 沙武田：《水月观音图像样式的创新与意图——瓜州西夏石窟唐僧取经图出现原因再考察》，《民族艺林》2019 年第 1 期，第 5—26 页。

图 11-18　榆林窟第 2 窟西壁北侧水月观音像 　　　　　图 11-19　榆林窟第 2 窟西壁南侧水月观音像

图 11-20　东千佛洞第 7 窟涅槃经变线描图

变与前代相比，增加了不少情节，构图布局也有突破，如榆林窟第 2 窟创造性地将涅槃经变绘制在正壁中央上方，东千佛洞第 5 窟较小的一铺涅槃经变也与此位置相同。这两铺涅槃经变中间以释迦涅槃为主，两边对称地绘有四身侧面向释迦合十礼拜的佛与菩萨，与传统的构图形象相比更加新颖。东千佛洞第 7 窟涅槃经变（图 11-20）将七宝床前的伎乐供养安排在释迦脚后端，突出周围举哀者，与以往涅槃经变相比，西夏画师又增加了哀伤过度的抚足者，其与唐宋时期所信仰的佛教思想息息相关。此外，还创造了神异的鸟兽动物形象，这在敦煌石窟中相当少见[1]。

7. 受宋、金、西夏版画题材影响的壁画题材

在敦煌西夏石窟中，尤其以榆林窟、东千佛洞、文殊山石窟为代表，出现了较多受佛经版画影响的壁画题材。其中，榆林窟第 2 窟正壁说法图（图 11-21）并南北两端故事画就是

---

[1] 王艳云：《河西石窟西夏壁画中的涅槃经变》，《敦煌学辑刊》2007 年第 1 期，第 133—139 页。

图 11-21　榆林窟第 2 窟
　　　　　文殊与普贤祈愿图

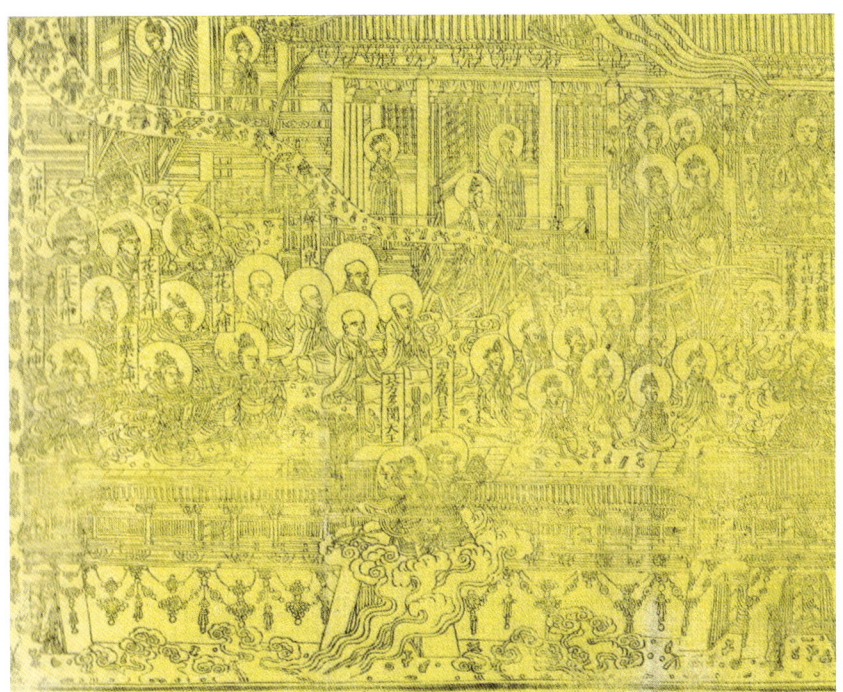

图 11-22　西夏《弥勒上生经》版画主尊说法图（局部）

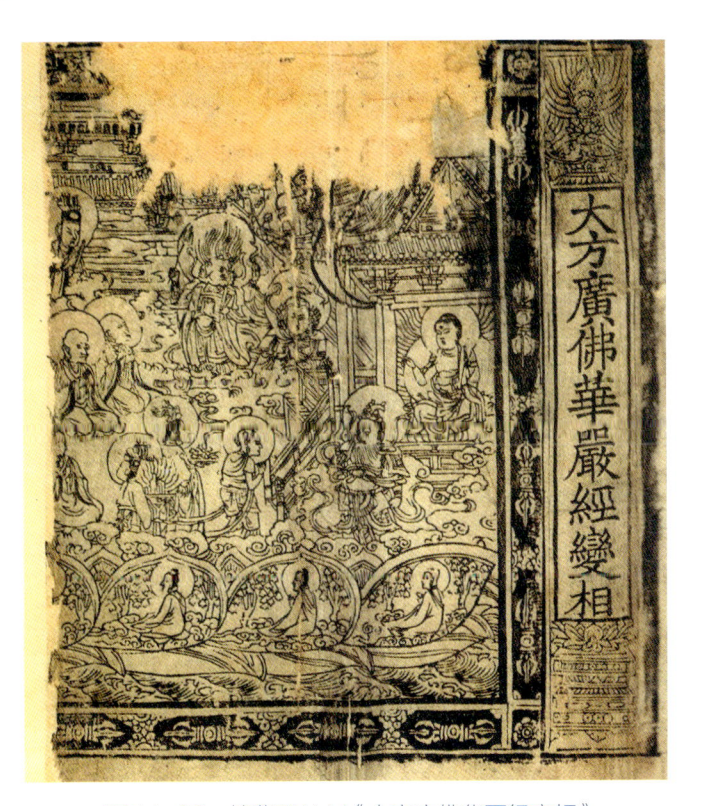

图 11-23　俄藏TK114《大方广佛华严经变相》

依粉本为西夏《普贤行愿品》卷首版画而绘，二者结合应定名"普贤行愿经变相"，由此正壁形成文殊、普贤共存的格局，以彰显佛之尊格并体现五台山信仰[1]。再如文殊山石窟前山万佛洞弥勒上生经变中也能够看出西夏《弥勒上生经》版画（图11-22）的影子，西壁华严经变中也出现了西夏《大方广佛华严经变相》版画（图11-23）的部分元素，可以称得上是西夏新样华严经变相[2]。

不仅如此，我们还可以在敦煌西夏石窟中看到诸多题材，如东千佛洞第2窟的灵鹫山说法图，榆林窟第3、4窟的文殊、普贤并侍从像，莫高窟第464窟观音化现的故事画类，以及国师（上师）图像类，等等。由此可见，敦煌西夏石窟壁画创作颇为重视对佛教版画图像的应用，在多元民族文化融汇的宏观背景下，营建者积极引入以版画为传播载体的新题材与新样式，绘制出一批格局新颖且契合窟室功能性、实践性的壁画作品，而这些版画艺术施加于敦煌石窟中的烙印实是西夏官方佛教在该地区扎根发展的图像证据[3]。

8. 受西夏自身新兴艺术影响的图像

在敦煌西夏石窟中还出现了一系列具有西夏本土特色而创作的图像内容，如这一时期流行的帝师、国师、上师、高僧像，在榆林窟第4、27、29窟，莫高窟第464、465窟，东千佛洞第4、5窟，文殊山前山万佛洞等有大量的留存。此类图像在黑水城出土的西夏唐卡中也很常见。这些高僧像的出现，让我们意识到：首先，其很有可能是参与该洞窟营建的功德主或者指导者；其次，因其在洞窟中的位置不同，所起的作用也不同，既有像榆林窟第29窟（图11-24）、文殊山前山万佛洞作为供养人出现在洞窟窟门两侧（图11-25），也有像榆林窟第27窟（图11-26）、东千佛洞第4窟作为主尊出现在中心柱或者正壁，还有像莫高窟第464窟作为壁画中的一部分出现（图11-27）；再次，除榆林窟第29窟国师像有明确题记外，其余基本无法确定其身份或级别，但是由于服饰各不相同，也决定了地位的不同[4]。因此，具有西夏特色的高僧像，也成了判断其时代的标准之一。

再如这一时期出现的淡色"蘑菇云"，如东千佛洞第5（图11-28）、7窟，榆林窟第4、29窟文殊、普贤变中所见，未曾在其他石窟中见到，应属于西夏时期特有的元素。蘑菇云，由于其以形状似蘑菇，而称为"蘑菇云"，在榆林窟第29窟中南北壁文殊变、普贤变中，众

---

[1] 袁頔:《榆林窟第2窟正壁普贤行愿图像定名考——兼论榆林窟第2窟营建背景》,《南京艺术学院学报》（美术与设计）2021年第1期, 126—133页。

[2] 李晓风:《酒泉文殊山石窟西夏壁画研究》, 陕西师范大学博士学位论文, 2022年。

[3] 袁頔、褚丽:《新题材、功能性与造像观——试论佛教版画对敦煌西夏石窟影响的几个方面》,《艺术设计研究》2022年第4期, 第16—24页。

[4] 司品品:《西夏国师图像研究》, 陕西师范大学硕士学位论文, 2022年。

图 11-24　榆林窟第 29 窟国师像 　　　　　图 11-25　文殊山前山万佛洞南壁窟门东侧国师像

图 11-26　榆林窟第 27 窟上师像 　　　　　图 11-27　莫高窟第 464 窟国师像

图 11-28　东千佛洞第 5 窟普贤变

侍从形象即是站于"蘑菇云"之上。同时在榆林窟第 4 窟中也可以看到此类"蘑菇云",出现于南壁东铺几何形岩山的上方;正壁南侧说法图中两侧净居天脚下即是蘑菇云。关于西夏时期蘑菇云的表现,王胜泽从美术史的角度进行了长时段梳理[1],可见这一时期出现的独具特色的云朵画法,正是西夏时期常见的云朵画法。

此外,还有西夏画师对火焰纹的普遍运用,如榆林窟第 4 窟主尊两侧自上而下供养的

---

[1] 王胜泽:《美术史背景下敦煌西夏石窟绘画研究》,兰州大学博士学位论文,2019 年,第 249 页

图 11-29　莫高窟第 464 窟窟顶五方佛像

净居天，往往以火焰纹形容其疾迅，正壁中铺四天王形象即是采用火焰纹身光，在东千佛洞出现的净居天形象也是此种表现形式。再如文殊山石窟后山古佛洞两壁净土变建筑周身也绘满火焰纹，以及莫高窟、榆林窟最为常见的三珠火焰纹，等等，都是这一时期极具代表性的图像样式。

9. 出现极具变革与创新意义的装饰纹样

在敦煌西夏洞窟中也出现了一些新样式，如花枝纹、龙凤纹与佛、菩萨、经变画等交错出现，这是西夏时期新出现的壁画背景处理新特色，如莫高窟第 464 窟顶五方佛曼荼罗、东千佛洞第 2、7 窟中心柱后甬道。在莫高窟第 464 窟窟顶藻井为大日如来等五方佛（图 11-29），中央的大日如来为藏传绘画风格，背龛的卷草纹装饰，龛柱中央的珠宝装饰和白色饰带。与此相似的还有东千佛洞第 2 窟中心柱后甬道，其顶部绘满花枝纹，花枝纹之间又绘五如来（图 11-30），可见相类似的组合样式在西夏洞窟也是相当流行的。

再如西夏时期常见的龙凤藻井图案，其中仅莫高窟西夏重绘洞窟中藻井绘龙凤图案的洞窟就有 32 处[1]，另有榆林窟第 2 窟团龙多层五彩叠晕纹井心，东千佛洞第 7 窟甬道顶的

---

[1] 敦煌研究院编：《敦煌石窟内容总录》，文物出版社，1996 年。

图 11-30　东千佛洞第 2 窟后室甬道顶卷草纹与跌坐佛　　　图 11-31　东千佛洞第 7 窟甬道顶卷草装饰纹样

双凤图案(图 11-31)。在这些团龙图案中,尤以莫高窟第 400 窟具有原创意义的凤首龙身藻井最富特色,该图案的出现也许与西夏皇室有关[1],但作为佛教仪式空间表现天界和宇宙空间的重要组成部分,其所代表的净土往生、灵魂升天的宗教内涵亦不可忽视[2]。

此外,还有西夏时期在敦煌石窟中所出现的莲花垂蔓纹,也极具代表性。

10. 受高昌回鹘影响的龟兹式中心柱与涅槃经变组合出现的洞窟形制

东千佛洞作为西夏时期在瓜州营建洞窟的佛教重地,以东千佛洞第 2、4、5、7 窟为例,这几个洞窟均为甬道式中心柱窟(图 11-32),形制基本一样,皆为单室窟,平面长方形,分前后两部分,后室设中心柱,但又不同于莫高窟之通道顶的中心柱,而是沿着侧壁、后壁凿出可以绕柱右旋的甬道[3]。这种洞窟形制最早可以追溯到 4、5 世纪的龟兹石窟,后来西

---

[1] 史金波:《西夏皇室和敦煌莫高窟刍议》,载《西夏学》第四辑,宁夏人民出版社,2009 年,第 169—171 页。
[2] 沙武田:《具有洞窟空间含义的图像——莫高窟第 400 窟西夏藻井凤首龙身图案探微》,《国学学刊》2022 年第 1 期,第 65—78 页。
[3] 张宝玺:《东千佛洞西夏石窟艺术》,《文物》1992 年第 2 期,第 87 页。

魏、北齐和高昌回鹘时期也先后流行。在龟兹石窟中，中心柱背后往往画涅槃像或者涅槃经变，而这一点又恰与东千佛洞西夏洞窟相一致。西夏佛教文化多数是从中原、吐蕃和西域各国输入，而回鹘僧人深受西夏统治者的礼遇和重视，有的甚至被奉为国师，而出现流行于高昌回鹘时期的洞窟形制和绘画形式，很有可能是受其传入图本影响的结果。

图 11-32 东千佛洞第 4 窟后室中心柱

以上我们看到西夏艺术极其复杂的呈现方式，符合陈育宁、汤晓芳总结西夏艺术的特点。

西夏艺术发展的轨迹是一个不断吸收各民族艺术成分以充实本民族艺术的过程。党项羌之所以在较短的历史时期创造了独特的灿烂文化艺术，开放和兼容是一个主要原因，也是党项羌的最大优点。西夏艺术从内容到形式的多样性，折射出丰富多彩、众多民族艺术个性的融合，凝聚成西夏艺术的结晶[1]。

敦煌西夏石窟之所以出现如此复杂的现象，有如此多元而丰富的艺术呈现，是和西夏自身的历史背景、佛教发展关系、文化特性密切相关联。

在同一时期之所以会出现相互之间区别如此大的艺术图样和表现方式，其核心原因是瓜沙地区跨文化、跨地域、多元的功德主网络群体和西夏多元文化网络关系所致。在沙州的莫高窟和五个庙、玉门的昌马石窟，是以传统的家族和回鹘人为主的功德主，他们抱着守旧的观念，更愿意选择传统题材与艺术样式表达他们心中传统的佛教信仰。

而在瓜州，是西夏政权最西的统治中心，有更多的党项人和跨地区的功德主。他们作为统治者和官方代表，有较强的革新思想，尽可能和政治文化中心兴庆府地区保持一致，更愿意选择来自辽、金、中原、西藏的多元网络和跨地区流行的艺术题材与样式，以彰显西夏自身的文化特点与佛教信仰，这一点和黑水城有更多的相似性。

---

[1] 陈育宁、汤晓芳：《西夏艺术史》，上海三联书店，2010年。

五、西夏汉藏美术在中国艺术史上的地位、意义和贡献

藏传佛教艺术对西夏佛教艺术产生了很大影响,熊文彬、陈悦新、孙昌盛、谢继胜等对西夏的藏传佛教绘画艺术从不同侧面进行了研究。其中《西夏藏传绘画》一书对黑水城唐卡内容与风格特征、唐卡风格与卫藏艺术的关系、唐卡的双身图像与藏密双身像的渊源、唐卡形制与起源等进行系统而深入的研究,使西夏藏传绘画艺术的研究达到一个较高水平[1]。

西夏时期引入藏传佛教美术,无疑是中国艺术史上几次大的变化、转折甚至突破中最醒目的一次。这种醒目主要表现在打破了汉唐以来一千年的绘画传统,对来自青藏高原完全不同的另一个绘画体系即藏传佛教美术的大规模和成系统的展示与运用,尤其是和汉传美术的融合,使得这一时期本来多元的艺术开始走向更加多元的艺术时代。藏传佛教绘画所表现出来的与唐宋绘画之间在人物形象、画面结构、绘画元素、色彩运用、空间表现手法、装饰手段等绘画语言方面的明显区别,显然是两个绘画传统。尤其是藏传佛教绘画中夸张的人物形象和肢体语言、变化多端的尊像神灵、方圆结合的绘画空间、深奥的画面语言,始终保持着浓厚的雪域高原色彩,一直到今天仍然是绘画艺术中的奇葩。绘画中佛国世界的神秘性及与人世间的巨大差距,均是中国汉地传统绘画所没有的特征。

之前的中国绘画虽然也曾经受到过像希腊、罗马、拜占庭、印度、波斯、粟特以及西域地区龟兹、于阗,包括吐蕃等绘画艺术的影响,但是这种艺术很快被融入汉晋传统艺术的大河之中,这些艺术原本的面貌很难完整地被保留并传承下来。而西夏人引入藏传绘画并广泛运用,成为西夏艺术的半壁江山,最后又经由元明清三代的传承和延续,使其成为晚期中国佛教绘画艺术中随处可见的内容和艺术现象,可见其历史影响之深远、历史地位之独特。

所以从这个意义上而言,西夏人把藏传佛教美术引入其宗教美术体系当中,大大丰富了汉地佛教美术的内容和内涵,成为中国艺术史上可圈可点的艺术现象。而西夏的藏传佛教美术,我们今天所能够看到的,主要集中在黑水城唐卡和敦煌石窟壁画当中,尤其是敦

---

[1] 熊文彬:《从版画看西夏佛教艺术对元代内地藏传佛教艺术的影响》,《中国藏学》2003 年第 1 期和第 3 期;陈悦新:《西夏—元的藏传佛教绘画》,载《首届西夏国际学术会议论文集》,宁夏人民出版社,1998 年;孙昌盛:《黑水城出土顶髻尊胜佛母曼荼罗木板画考》,《敦煌研究》2001 年第 2 期;谢继胜:《关于敦煌第 465 窟断代的几个问题》,《中国藏学》2000 年第 3 期和第 4 期;谢继胜:《敦煌莫高窟第 465 窟壁画双身图像辨识》,《敦煌研究》2001 年第 3 期;谢继胜:《莫高窟第 465 窟壁画绘于西夏考》,《中国藏学》2003 年第 2 期;谢继胜:《西夏藏传绘画——黑水城出土西夏唐卡研究》,河北教育出版社,2002 年。

煌石窟中的西夏藏传绘画，不仅有如同第465窟一样体系完备、原汁原味的来自西藏本土的作品，也有像东千佛洞第2、5、7窟等受汉地绘画影响下的内容，还有像榆林窟第3、4窟一样汉藏交融、显密融合的图像，这些都是敦煌石窟给我们今天认识西夏藏传美术的重要贡献。尤其是把莫高窟第465窟判定为西夏时期藏传密教曼荼罗从雪域高原移植到丝路敦煌，强调八大尸林所体现出来的藏传佛教特有的密法与修行观念，同时又加入受汉地佛教影响的窟顶全新的七佛系统，成为这一时期"神系重构"的典范，让我们看到西夏佛教建构全新佛教体系的尝试，以及对佛法修持的努力。

研究敦煌西夏石窟艺术的同时，必须要和以黑水城西夏文献为主所揭示出来的全新西夏佛教历史、佛教思想、佛教特征相结合，尤其要看到西夏时期以皇室为代表的大规模佛教活动背后的佛教历史，以及西夏人重视佛教实践的观念，诸如西夏佛教对仪式、修行、念咒、礼忏、护摩、烧施等佛教实践的重视，需要结合黑水城文献中大量从藏文翻译而来的要门、陀罗尼、真言，以及这一时期新译密续的文本，就可以理解敦煌西夏洞窟富于变化和思想深邃的真正内涵。

研究者结合西夏汉藏佛教发展的史实，对相关藏文史籍如《热巴帝师传》《洛绒教法史》《贤者喜宴》等进行了重新解读，特别是对早期进入西夏的藏僧事迹的考订，发现了很多新的史料，如对两位获得了帝师称号的上师藏巴与热巴的记载。他们二人在西夏传法数十年，这些藏地高僧与榆林窟第29窟西夏鲜卑国师互动频繁，藏夏高僧共同为皇室施造的北五台山寺开光，在贺兰山修念上乐金刚与金刚亥母，在凉州城设置胜乐坛场，在西夏王国风雨飘摇的最后时刻为抵御蒙古军进入西夏而修建吉祥胜乐轮曼荼罗，举行护摩烧施仪轨，供奉大黑天护法，等等。这些均是西夏藏传美术大行其道的宗教和信仰基础，为西夏人所热衷，并明显地影响到西夏佛教美术的发展变化。

所以说，把西夏藏传艺术归纳为汉藏多民族艺术在11至13世纪宋、辽、吐蕃、西夏、金、元美术交流的大背景下的艺术现象，重新考察西夏藏传美术的概念及其范围，可以确认此时不同的佛教艺术遵从了共同的发展路径。体系化的藏传佛教及其艺术对西夏的影响是深刻的，但同时我们也看到，藏传佛教总体上是服从于西夏艺术原本的宗教圆融理念，也就是说我们在看到西夏藏传佛教美术风格迥异的同时，要有平常的艺术心理，其宗教思想和所体现出来的信仰观念没有太大的变化，依然是汉传佛教及其思想在起主导作用，熟知这一点尤其重要。

总体而言，具有浓厚藏传佛教美术特征的西夏艺术，与敦煌总体的多民族美术图像体系有着共同的规律，是中国多民族艺术大背景下的独特产物，也是中国艺术史长河中的重大转折，是西夏在一个多中心时代对原本只局限在雪域高原本土的佛教和艺术走向更加广阔空间的伟大贡献，最终必然是对汉地艺术的扩容，正式把西藏艺术纳入汉地多民族艺术体系当中，西夏人在此方面的伟大历史意义是不能被忽视的，值得大书特书。而这个历史意义最具历史感的依托即是敦煌石窟和黑水城艺术品。把西夏艺术史置于宋、辽、金、西藏、回鹘等多元艺术体系中思考，重新认识11—13世纪多民族艺术交往交流交融的历史，高度重视西夏藏传佛教及其美术并给予其应有的历史地位，在认识这些问题上敦煌石窟地位重要，因此不能忽视敦煌石窟在西夏历史文化研究中不可或缺的贡献和意义。

六、敦煌西夏石窟研究的局限与挑战

从学术史观察，敦煌西夏石窟的研究与整体百余年来的敦煌学、敦煌石窟的研究不太相符，有诸多因素制约，概括而言，主要有以下几点。

（一）西夏时期敦煌石窟成立背景的复杂性

作为与宋、辽、金、唃厮啰、西藏等政权同时存在偏居西北的西夏政权，独特的民族、政治、宗教、文化特点，使得这一时期的佛教石窟及其壁画艺术同样呈现出颇为复杂的一面。正如学界所认同的那样，西夏的绘画艺术融合了中原宋代水墨山水画、汉地佛教艺术、回鹘艺术、辽代佛教、西夏本民族艺术、藏传佛教艺术的营养成分，同时在敦煌地区又继承了曹氏画院的地方区域传统艺术特征，最终形成多种艺术共同呈现杂糅的西夏石窟艺术，也正是这一时期佛教艺术大变革、历史性重构的体现。

另外，宋辽金夏时期，正是中国佛教界新的一轮求法热潮高涨的时代，以天息灾、施护等为代表的印度高僧入华，翻译了一批从印度新传入的经典。尤其是各类密法经典的译出，成为这一时期佛教仪轨实践的重要经典依据，在一定程度上改变了传统佛教艺术的表现内容与形式，伴随着这一现象出现的同样是佛教艺术的重构，最终在敦煌石窟得到体现。

因此，从这个意义上来讲，西夏石窟的研究还远没有结束，不同文化背景和文化因素特征的艺术发展流变关系、洞窟中反映出来的不同信仰题材相互关联、完全不同艺术表现形式的洞窟图像，诸如此类的研究仍未展开。

（二）洞窟本身历史、考古、艺术、宗教信息的局限性

西夏时期，莫高窟洞窟营建的方式方法和之前大不相同，几乎不再新建洞窟，以重修重绘之前各期洞窟为主。同时，洞窟中传统的供养人画像几近消失，只有零星的供养人画像出现。更加有趣的是，这一时期洞窟中完全不出现之前广泛见到壁画榜题、供养人画像题记、洞窟营建功德记、造像发愿文之类的文字。更需要注意的是，从洞窟表象上看，这些晚期洞窟中重修重绘的画面题材、内容、结构也大加简化，或千佛，或千篇一律的供养菩

萨,或说法图,或极简之净土变,窟顶也多是各类形式的团花装饰,完全没有了之前唐宋洞窟中的精彩、丰富、复杂与磅礴的气势,显得平淡而平庸。

(三)对真正意义上汉藏佛教美术的理解和认识的局限

敦煌西夏洞窟壁画的平淡与平庸,那只是针对莫高窟除第465、464、149、95、3窟以外西夏洞窟的传统认识,事实上并不全面,也不客观。放眼以上五个洞窟,再加上瓜州榆林窟、东千佛洞、昌马石窟、文殊山石窟,可以感受到浓厚的西夏新时代的艺术气息,其中最具西夏艺术精神的就是那些带有明显的印度波罗艺术和藏传佛教艺术特征的壁画,特别是神秘而复杂的藏传密教内容的传入,使得大多数艺术史研究者、敦煌考古学家望而却步。但是经过以谢继胜为代表的藏传佛教艺术史家的系列解读[1],我们看到出现藏传艺术题材的西夏洞窟,其核心的思想、观念往往是汉传的系统,藏传绘画只是这一时期西夏引入的新的佛教题材和内容,用以架构传统的佛教义理与思想。因此,诸如此类的洞窟壁画艺术往往可以认为是中国艺术史上的一次真正意义上的革新,即汉藏佛教美术融合形成的新的艺术形式,恰在敦煌有最精彩的呈现。

当然,对真正意义上汉藏佛教美术的理解,其中必须涉及西夏佛教自身对唐宋佛教、藏传佛教、辽代佛教接受并融合的问题。这里有汉藏融合的问题,也有显密圆融的问题,这方面又是从事历史、考古、艺术史研究者的短板。近年来,沈卫荣、索罗宁、段玉泉等在这方面有重大突破[2],可以弥补这方面的局限。

(四)研究者群体分工与关注度的受限

敦煌西夏石窟研究整体不理想,也与研究者群体分工与各自关注度不同有一定的关系。因为对于从事敦煌石窟研究者而言,很少有人会选择研究这一时间段的洞窟,其原因很明显,即受到表象上平淡而平庸的西夏艺术的影响,因为敦煌石窟可研究的问题太多,选择的空间太大。对于西夏学圈内研究者而言,受到获取资料、洞窟现场考察等实际条件的限制,只能利用敦煌研究院陆续公布的有限资料,因此要深入则很难。对于艺术史研究

---

[1] 谢继胜:《西夏藏传绘画——黑水城出土西夏唐卡研究》,河北教育出版社,2002年;熊文彬、罗文华、谢继胜:《藏传佛教艺术发展史》,上海书画出版社,2010年。

[2] 沈卫荣:《西夏佛教文献与历史研究》,甘肃文化出版社,2018年;沈卫荣:《论西夏佛教之汉藏与显密圆融》,《中华文史论丛》2020年第1期,第265—309页;索罗宁:《西夏德慧上师两种传承与汉藏佛教圆融》,《中国藏学》2021年第3期,第130—137页;索罗宁:《西夏佛教与汉藏圆融》,《世界宗教研究》2022年第4期,第18—29页;段玉泉:《西夏文〈圣胜相顶尊母成就法〉考释》,《西夏学》2017年第2期,第275—286页;段玉泉:《西夏文〈白伞盖佛母总持发愿文〉考释》,《宁夏社会科学》2016年第2期,第209—211页。

者而言，西夏艺术作为宋辽金夏民族艺术中的一支，在历史时期就被完全忽略，画史中同样没有西夏绘画的任何记载，这一传统也影响到现今的研究者。对于藏传艺术史学者而言，本身研究者群体有限，又同样受获取资料的限制，要深入下去同样是有难度的。

因此，受以上诸多因素的制约，敦煌西夏石窟的研究面临诸多局限和挑战。

七、敦煌西夏石窟研究的前景与展望

（一）基于贝叶斯模型（OxCal）的C-14测年以建立准确的洞窟排年分期

目前限制敦煌西夏石窟研究最大的瓶颈是洞窟分期断代的不清晰，对以莫高窟为主的一批学者定义的"绿壁画"洞窟，究竟是西夏重绘还是归义军晚期重绘洞窟。因为这一类洞窟中不画供养人画像，也没有留下发愿文、功德碑记等反映洞窟营建的文字，画面内容走向简化之路，风格上属于一种过渡型艺术，以重绘壁画为主的营建方式和思想观念也表现出极强的时代变动和实用主义观念，加上藏经洞洞窟营建文书中没有发现任何记录此类重绘洞窟营建的文字痕迹，实属历史之谜。受这些客观历史现象的影响，使得这一批洞窟的分期断代出现较大分歧。而对那些以榆林窟第2、3、4、10、29窟和东千佛洞第2、5、6、7窟为代表的具有汉藏共存、显密圆融特征的新建洞窟时代，近年来虽然有学者主张元代蒙古阔王家族功德洞窟之说影响颇大，但学术界主流意见，尤其是以浙江大学谢继胜教授为代表的藏传美术史学者对这些洞窟的西夏时代判断，应该说是更具历史客观性的观点。

无论如何，对这些洞窟分期断代上的分歧，在短期内似乎看不到更加可靠的结果。要取得学术定论，似乎单纯依靠传统的考古学、艺术史学的研究很难得出令人信服之结论。

在这样的情况下，由敦煌研究院联合牛津大学已经实施的基于贝叶斯模型（OxCal）的C-14测年课题研究，前期通过对莫高窟第285窟后期重修内容的测年[1]，已经取得显著成绩，以准确的数据证实了西夏重修第285窟的历史事实。另外，对第465窟的数据分析已经有了初步结论，也证实了其为西夏洞窟的观点[2]。对这两个洞窟时代判断的科学数据的得出，是和之前相关的考古学、艺术学、历史学研究相统一的，所以不存在疑问，可以成为科学的历史研究数据和证据使用。

受此启发，我们建议在条件许可的条件下，期待敦煌研究院和牛津大学有更多合作成果公布，也希望能够成立专门的课题组，对存在争议和有必要重新分期的洞窟全部进行

---

[1] 郭青林、卢春、刘容良等：《佛教石窟断代方法新进展：如何基于贝叶斯模型（OxCal）和考古信息提高碳十四测年精度》，《敦煌研究》2018年第6期，第168—176页。

[2] 引自沙武田、李晓凤：《敦煌石窟六字真言题识时代探析》，《敦煌学辑刊》2019年第4期，第82—99页。

C-14 数据测年分析。如此，相信长期困惑学术界的洞窟分期断代问题则迎刃而解，敦煌晚期石窟的分期会有一个完全不同的结果，相应的学术研究也会有全新的格局。

（二）基于西夏汉藏佛教背景下深入推进西夏"汉藏佛教美术"课题的研究

对于西夏历史、佛教、艺术史的认识，如果对西夏在对待藏传佛教发展的历史认识不当，或者说对西夏在推动藏传佛教方面的历史地位认识不够，则很难深入其堂奥。可以毫不夸张地说，西夏人在艺术史上最大的贡献就是对藏传佛教美术的引入并广泛传播，尤其是西夏人把藏传佛教及其美术与汉传佛教及其美术圆融处理，共同对待，合理搭配，最终形成汉藏共存、显密圆融的西夏佛教及其艺术的新局面。所以说，"汉藏佛教美术"是西夏艺术史的大课题，对敦煌石窟而言同样如此。

（三）莫高窟第465窟是揭开西夏佛教最神秘面纱的突破口

到目前为止，虽然学术界对莫高窟第465窟的研究，以谢继胜、奥山直司、黄英杰、阮丽等学者的接力式研究对图像内容辨识的基本问题大体上有了初步的答案，但作为至今为止具有纯正藏传密教曼荼罗组合的一个洞窟，却出现在西夏时期的敦煌莫高窟，与莫高窟传统的西夏艺术有天壤之别，也和在瓜州榆林窟、东千洞，包括文殊山在内的西夏时期有浓厚藏密特色的洞窟区别很大。作为西夏时期"秘密寺"的洞窟功能是什么？洞窟前室西壁门上的僧人身份是帝师、国师、上师，还是其他高僧？窟顶五方佛中为什么又加入药师佛、炽盛光佛而建构出全新的七佛组合？为什么会设计有完整且空间如同主室一样的前室建筑空间？这和洞窟的礼仪之间是什么关系？洞窟选址北区最北头崖面的独特位置及其意义是什么？洞窟营建功德主是谁？等等问题。如果对涉及第465窟的这些基本历史问题有个总体上较为准确的把握，相信对认识西夏藏传佛教、敦煌地区西夏时期的佛教活动、西夏藏传美术等问题会有重要的参考意义。更为重要的是，彻底解决第465窟在西夏艺术史上的地位，对揭开西夏佛教是一个突破口，也是西夏汉藏佛教及其美术一个关键的问题，同时也一定是一把破解西夏佛教和藏传佛教发展史的珍贵钥匙。

（四）以铸牢中华民族共同体意识为思想基础重新建立敦煌西夏石窟对西夏历史的新认识

西夏所处的时代是中国历史上又一个多民族政权分裂割据的时代，是中国历史上多中心的时代，也是多元一体的时代。这个多中心并不代表天下体系的崩溃，当时的天下是分而不崩的，且均以中心即"中国"自居，表明宋、辽、金、夏都是汉文化的实际执行者，各自均在追求华夏中心和正统地位，各自均在寻找和角逐作为"虚位"的"天下共主"。在这样的历史大背景下，作为党项羌的西夏人也不能例外，所以他们选择了对汉文化和唐宋制度积极学习和接受的态度。西夏人和北宋朝廷在军事和外交上的争斗，也可以看成是西夏人对作为"虚位"的"天下共主"的争夺，是西夏人在多元一体的中华民族新形态下向心力的体现。因此，今天我们认识西夏、认识敦煌西夏石窟，如果以铸牢中华民族共同体意识为思想基础，不仅是基于基本的历史史实，也是西夏多民族文化发展的基本要素，当然也是敦煌石窟的基本精神和思想观念。只有如此，相信才会对西夏石窟有全新的认识和理解。

（五）重写敦煌西夏石窟艺术史

基于以上历史判断和近年来对敦煌西夏石窟研究的一系列新的突破或新的认识，重写敦煌西夏石窟艺术史的时机基本成熟，这也是包括敦煌学高地建设、中华文明史建构、冷门绝学（敦煌学、西夏学、藏学）研究、石窟寺考古、中华多民族交往交流交融历史等新时代、新使命课题的迫切要求。我们希望能够在新的学术研究形式的驱动下，基于最新的学术认识，为长期以来被忽略或未给予应有重视和相应历史地位的敦煌西夏石窟艺术，建立一个可供敦煌学、西夏学、藏学、艺术史、中国绘画史、石窟寺考古、丝路文化交流、民族史等多学科和多领域参考的客观历史坐标，给西夏艺术史新的历史评判，当然也可以纠正历史上对西夏艺术的忽视或偏见。我们相信，经过重写的敦煌西夏石窟艺术史应该是敦煌学对历史研究的新贡献，也理应是"敦煌学高地建设"的重要内容。

第十二章　敦煌石窟洞窟建筑形制导论

敦煌石窟寺有着延绵千年的开凿历史，其间朝代更替、思想演变、内容出新、风格各异，造就了石窟寺多样的建造形式，使其成为我国石窟寺开凿的一部首尾完整，最具代表性、系统性的石窟寺建筑的编年史。在这部编年史中，保存了大量的古代建筑信息，仅就石窟寺建筑而言，它包括的主要内容就有敦煌石窟开凿与形制渊源、敦煌石窟建筑形制分类及特征、窟檐建筑、窟前殿堂建筑等。

一、敦煌石窟建筑开凿与形制渊源

(一) 石窟开凿

在崖壁上开凿石窟，最早当源于古埃及与波斯地区的崖墓。公元前300多年，亚历山大东征，将古老的希腊文化带到远远超出以后罗马帝国疆界的广阔地区，经过西亚直到印度，促使了东方和西方世界之间的直接接触。崖墓文化也影响了印度的佛教，开山凿岩最初与佛教崇尚禅修有关，清净的山林可以远离城市喧嚣，便于思考人生真谛，且石窟内还具有冬暖夏凉的好处，所以释迦牟尼在世时，常在山中的岩洞内坐禅。受希腊文化影响产生了佛教造像后，即刻意开凿石窟供养佛陀。在石窟内供奉佛像是一种纪念性建筑，其本意是佛教徒为纪念佛祖，并学佛祖的苦修而建。

在我国东汉时期，西南地区也盛行开凿崖墓；随着佛教传入，人们在占已有之的崖墓基础上接纳了石窟形式。开凿石窟的另一个原因，见于《法苑珠林》对武威天梯山石窟开凿："凉州石崖瑞像者，昔沮渠蒙逊以晋安帝隆安元年（397）据有凉土三十余载，陇西五凉，斯最久盛。专崇福业，以国城寺塔终非久固，古来帝宫，终逢煨烬，若依立之，效尤斯及。又用金宝，终被毁盗。乃顾盼山宇可以终天，于州南百里，连崖绵亘，东西不测，就而断窟，安设尊仪，或石或塑，千变万化。"而称之为石窟寺，则是由石质洞穴的建筑形式与佛教寺院的使用功能相结合而成。从此，石窟寺成为佛教建筑的一种形式，在中国广袤的大地上不断地开凿、发展。敦煌石窟寺就是随着佛教的传入与发展而产生的。

(二)石窟形制渊源

敦煌石窟形制从北凉到北魏、西魏、北周的二百年间，石窟形制有禅窟、中心塔柱窟、方形覆斗顶殿堂窟，其中禅窟仅存在于这时期。中心塔柱窟约占莫高窟全部中心塔柱窟的一半，殿堂窟也形成于此时期，后来成为石窟形制的主流。

隋代开凿有少量的中心塔柱窟、中心佛坛窟，大量的殿堂窟包含了多种形式，有人字披与平顶式殿堂窟、三龛式殿堂窟、马蹄形佛床式殿堂窟、覆斗顶殿堂窟等。其中人字披与平顶式殿堂窟经隋代发展到一个高峰，以后几乎绝迹。

唐代以后，只有少数中心塔柱窟与人字披式殿堂窟，早期出现的覆斗形殿堂窟，则根据时代的变化使内部也发生了变化。随着开窟技术的提高和发展，开大窟、造大像是唐代雄厚的经济基础与辉煌的艺术成就的反映。而中原地区大建佛寺，也影响到了石窟形制的变化，大型殿堂窟内的中心佛坛就受到木构佛寺影响，仅存的唐代寺院佛光寺和南禅寺大殿内都保存有中心佛坛。

二、敦煌石窟建筑形制分类与石窟装饰及特征

(一)石窟形制

1. 禅窟

又称僧房窟，早期窟形之一，印度称为"毗诃罗"(Vihara)，是供僧侣们生活和坐禅修行的处所。于一窟之中开多个禅室的形式只在敦煌早期洞窟中出现过，而且在窟室中有精美绘画的现仅存两座：一是开凿于十六国晚期的莫高窟第267～271窟，是一组小型禅窟（图12-1）。二是开凿于西魏大统四年（538）、五年（539）的莫高窟第285窟，为方室覆斗顶窟，后壁正中开一大龛，塑弥勒佛像；两侧各开一小龛，内塑一禅僧；南北壁各开四个小禅室（图12-2）；石窟中心地面还有一小方台。它将禅修与殿堂及右旋礼佛的内容集于一窟之中，形成了一个多功能石窟。窟形与印度阿旃陀第12窟接近。窟室壁画也与禅修相关：在覆斗形窟顶四披下部，绘出在山林中禅修的僧众36身，四披上部绘满了天空诸神灵与奇禽异兽。神灵的彩带飘舞，搅动着祥云翻卷，满壁风动，体现了禅修静思后达到"驰心八解脱，缔想六神通"的虚幻精神境界。

隋唐以后，净土信仰的流行，使修行方式改变，禅窟形制基本消失。

2. 中心塔柱窟

来源于印度"支提"(Chaitya)式石窟，又称塔庙或塔堂窟，经过长途流传到敦煌时，其空间形式与印度的支提空间已相去甚远，但它的功能依然存在，既可以礼佛，也可以围

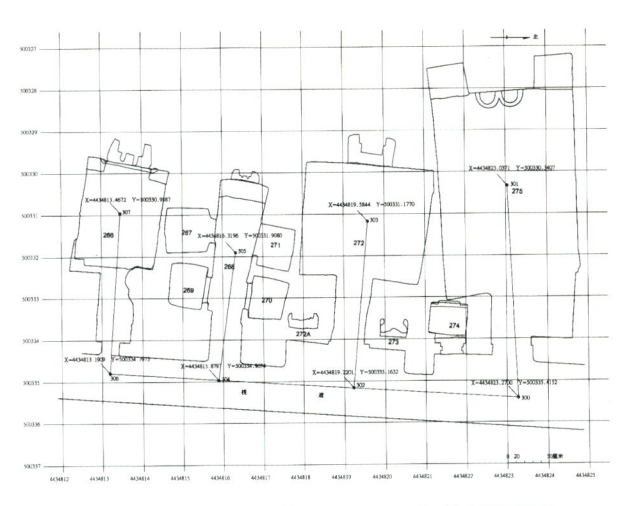

图 12-1-1　莫高窟第 267~271 窟联合平面图 　　　图 12-1-2　莫高窟第 268 窟窟型建筑结构

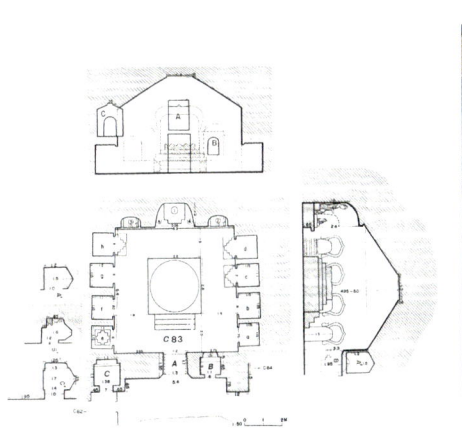

图 12-2　莫高窟第 285 窟平剖面图 　　　图 12-3　莫高窟北魏第 254 窟建筑形制

绕中心塔柱进行右旋诵经礼仪。早期的中心柱窟，采取平棊顶与人字披顶相结合的形式，将讲堂与右旋礼佛集于一堂，使一个完整的空间于无形中分为两个空间单元（图 12-3）。

在莫高窟碑刻文献中有"中浮宝刹，匝四面以环通"及"刹心内龛"的记述，说明敦煌石窟内的中心柱其本意就是塔。根据近年有壁画图像与中心柱窟的平面形式，再结合文献记载进行研究，表明中心塔柱窟的形式曾经是一种湮没在历史长河里的一种小型佛寺，其名称正如《魏书》中记载"敦煌地接西域，道俗交得其旧式，村坞相属，多有塔寺"中的"塔寺"，是早期受西域影响的小佛寺形式，在新疆和田地区、吐鲁番交河、高昌故城还有少量遗址可以看出大概（图 12-4）。

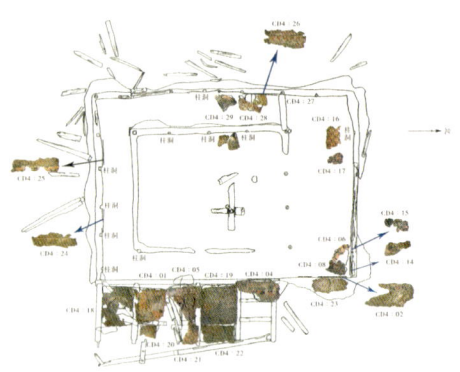

丹丹乌里克CD4出土壁画位置图

图 12-4　和田丹丹乌里克佛寺遗址

中心塔柱窟在莫高窟共有29座，隋代以前有14座，约近半数。以后开凿的中心塔柱窟，除保留了中心塔柱的基本形态外，塔柱的造型及窟室的空间也发生了很大变化。

3. 殿堂窟

这类石窟因中部没有中心柱，空间尺度上比较灵活，可以大到几十上百平方米，也可以小至仅能容身，是敦煌石窟中最多且延续时间最长的一种石窟形式。

北凉时期开凿的莫高窟第272窟，窟形介于穹隆顶与覆斗顶之间，有西域穹隆顶石窟的影响。莫高窟西魏第249窟是殿堂窟的典型形制，方形窟室平面，佛龛开在西壁，覆斗顶，顶部正中向上凸起方形藻井（图12-5），形式与敦煌及周边地区魏晋墓中的覆斗形墓室相似。

由于殿堂式石窟内部空间开敞明亮，适于信徒瞻仰礼拜，因此，覆斗顶殿堂窟成为敦煌石窟修建中的主流形式贯穿始终。

除以上三种基本形制外，还有少量其他类型的，但总体都在这些基础上变化。

石窟形制在发展中尽管早期受到较多的西域影响，但总是力求表现本民族的文化传统，因而在石窟开凿的各个时期，融合民族建筑形式就成为石窟造型的主流。

（二）石窟内的装饰变化

石窟开凿中，每一个朝代既有继承，又有发展。即使在相同的石窟形制下，也不只是简单的重复。关注局部装饰的变化，是石窟建筑研究的又一个方面。在石窟空间内，窟顶、佛龛是装饰的重点。

1. 窟顶

窟顶形式主要有人字披平棊窟顶和方形覆斗顶，少量有矩形盝顶等。人字披平棊窟顶前部的人字披源于对两披屋顶的模仿，时代越早，模仿越具体。北魏的人字披顶上，在塑

图 12-5　莫高窟西魏第 249 窟主室空间

绘出的橡檩之间又彩绘橡间望板图案。莫高窟北魏第251、254窟的檩端，还保存着彩绘的木斗和替木，在相应的墙壁上绘出大斗和柱子（图12-6）。北周开始渐变成用土红色绘出橡檩或由佛经故事或千佛取代，逐渐摆脱了对木构屋顶的模仿。

方形覆斗形窟顶多用垂帐图案装饰。帐是我国古代的一种大型家具，古文献中多有记载，《汉魏六朝笔记小说大观》中记汉武帝杂错天下珍宝造甲乙二帐，用甲帐居神，乙帐自用。因此，用豪华的帐供佛是表示对佛的尊崇。莫高窟表现帐形装饰最早是西魏第285窟，在覆斗顶中心绘华盖藻井，井心为斗四莲花纹，华盖一周由三角垂帐组成，四角有饕餮纹样的兽头饰物，从兽口中垂下长大的环佩流苏。窟室四壁上部又绘一周弧形帐纬，将整座石窟置于一个佛帐中。

图 12-6　莫高窟北魏第 251 窟人字披顶木结构斗栱

隋与初唐时，在藻井三角垂帐形的四角增加了连珠纹帐杆，通过四壁直到地面，帐杆的转角处用莲花做节点装饰。莫高窟初唐第320窟四壁拐角则直接用木棍做帐杆，帐杆下部有莲座套箍。盛唐以后，窟顶藻井依然是帐形垂幔。随着时代的推移，窟顶藻井帐幔中的装饰图案增加，使帐帏的垂幔披于四披，或延伸至四壁上部，俨然就是一座大佛帐。

2. 佛龛

在敦煌石窟中出现的佛龛形式，主要有阙形龛、尖拱券浅龛、重层龛、敞口龛（平顶敞口龛和斜顶敞口龛）、帐形龛。

（1）阙形龛　其形式是在龛外塑出殿屋，两边各有一高低错落的子母阙，殿中间安坐弥勒菩萨，表现弥勒菩萨所居住的兜率天宫。这是最早的一种佛龛形式，将西来的佛教内容包容在中国传统建筑中。阙形龛只存在于北凉和北魏时期。

（2）尖拱券浅龛　是在早期浅佛龛前装饰尖拱券形龛楣，浅佛龛中只容纳一佛或一佛二菩萨。尖拱券龛楣形式起源于印度，据宿白先生研究，龛楣本是对在山中禅修的草庐的模仿。北凉的龛楣还没摆脱对草庐的模仿，形象简单。早期龛楣多用浮塑与绘画相结合的形式。西魏第285窟内有大小11个龛楣，图案繁复华丽，使龛楣装饰达到高峰。隋代的佛龛形式发生改变，出现了重层佛龛，龛楣在加深的佛龛前逐渐消失，尖拱券浅龛也被重层

图 12-7　莫高窟隋代第 404 窟西龛龛楣（局部）

龛所取代（图 12-7）。

（3）重层龛　随着佛教经典的大量翻译和佛教的世俗化，浅佛龛已不能满足造像数量增多的现象，于是隋代出现了重层龛，大致是内龛塑佛与二弟子、外龛塑二菩萨、龛前用绘画的龛楣延伸到外龛顶上。发展到初唐，仅少数石窟沿用了重层佛龛，以后敞口龛的优势取代了重层龛。

（4）敞口龛　初唐的佛龛形式以半圆敞口龛为主，龛内更利于造像的布置。佛正面向前，两旁的弟子与菩萨沿着半圆形龛舒展排开，以半侧身扭腰转头的"S"形姿态向着参拜的芸芸众生。优美的布局和姿态，充满了世俗的人情味。菩萨身上华丽的衣饰与壁画中彩饰的佛国世界相呼应。

（5）帐形龛　将整座石窟装饰为帐形窟的同时，从盛唐开始，除窟顶的帐形藻井外，又将佛龛装饰成帐形龛，最初只将敞口龛顶绘出帐柱与帐幔，以后发展成盝顶帐形龛。中唐

图 12-8 莫高窟中唐第 361 窟西龛

是帐形龛的鼎盛期,帐形龛内,顶上是色泽艳丽、排列有序的平棊图案;龛外绘出镶板木格式的仰阳版,两端飞翘出帐外,端头伸出龙头,口衔环佩组成的花饰;顶上装饰山花蕉叶,龛两边有束莲帐柱,完全模仿木构的佛道帐形式(图 12-8)。

石窟中大量采用帐形龛形式,是寺院里大造木构佛道帐的反映,宋代将这一形式编入《营造法式》中。这种纤巧的小木建筑,在唐代曾盛行于各大小寺院内,随着寺院的兴衰,保存下来的唐宋实物极少,而石窟中大量的帐形龛形象,再现了唐宋时的佛道帐形式。

3. 地面

在石窟空间内,除了用塑绘方式装饰空间四壁和窟顶外,还用花砖作为地面铺装。用花砖铺地,曾广泛应用于宫廷、寺观、陵墓建筑中。在唐代壁画中,有很多露台地面表示有花砖铺地。敦煌唐代墓葬内使用的花砖纹样与石窟地面所见大致相同。石窟内外用花砖铺地,最早见于隋代的八瓣莲花纹砖,现在莫高窟保存有隋至元各时代的花砖纹样达几十种,以莲花纹为主要样式。用莲花纹样装饰地面,象征着清净和吉祥,行走在莲花铺设的地面上,是否也有步步生莲的寓意?石窟本身就是色彩和纹样的海洋,地面上再墁花砖,更增加了室内的华贵之感。

莫高窟保存的花砖还有一种用于建筑下部的踢脚线部位。这类花砖数量不多，但很有特色，如慈氏塔基座上镶嵌的龙、凤花砖，龙飞凤舞，造型生动。此外有麒麟砖、狮子砖、天马砖等，其他还有驯马砖和牵骆驼砖，驯马人和牵驼人都着少数民族服装，形象生动，充分反映了丝绸之路上的民族风情。

三、窟檐建筑

（一）现存唐宋时期的木构窟檐

莫高窟各时代的石窟形式可以概括为前室、甬道、主室。莫高窟绝大部分石窟的前室正面都是开敞的形式，敦煌文书中把这种三面是石壁、一面凌空开敞的前室称为"窟廠"。"廠"字，顾名思义是敞开的房屋，又称为露屋。这种形式的前室为修建窟檐提供了方便，只需在前室的外侧建一列柱子、门窗，上有斗拱椽枋，下有栈道栏杆，就形成前室完整的建筑空间。结合原有前室绘制天王等内容，可以称这种前室为天王堂或天王殿，如莫高窟第427窟前室原有二力士、四天王，就成为金刚殿或天王殿，使石窟寺建筑更加接近寺院布局。

莫高窟现存有六座唐宋木结构窟檐，集中在南区石窟最密集的第三、四层石窟崖面上。木构窟檐浅褐色的木料和比例巨大的斗拱及构件之间斑驳的壁画，透露出古色古香的历史痕迹。

莫高窟第196窟窟檐（图12-9），是晚唐的大型石窟，据研究约建成于唐景福到乾宁间（893—894）。前室地势高敞，在窟檐的门窗处，纵览唐《大历碑》记载"左豁平陆，极目远山"的风光。窟檐仅存八边形檐柱四根，柱下有栈道悬臂梁，柱上有栌斗、华拱及泥道一

图12-9 莫高窟晚唐第196窟木构窟檐复残状　　图12-10 莫高窟第427窟曹氏重修窟檐

层，四柱之间有阑额、门额、门窗立颊腰串、蜀柱等木构件。前室内部除梁栿四根外，其他上部椽檩屋面等已全部无存；当心间的两根梁栿插入前室的后壁，梁的后尾周围保存着晚唐壁画，没有修补的痕迹，说明窟檐与石窟是同时所建，比下述宋代几座窟檐要早六七十年，可惜较为残破了。

莫高窟第427窟窟檐（图12-10），是隋代所建的大窟，前室比较宽敞，容纳了六身大型塑像后显得稍许拥挤。窟檐顶部承橼枋下有红底墨书题记："唯大宋乾德八年岁次庚午正月癸卯朔二十六日戊辰敕推诚奉国保塞功臣归义军节度使特进检校太师兼中书令西平王曹元忠之世创建此窟檐记。"根据宋代的纪年，乾德只有五年，题记中的"八年"实为开宝三年（970）。窟檐仅在前室正面有八边形檐柱四根，檐柱之外有四根挑出的栈道悬臂梁，栈道木板及梁头的栏杆早已残毁不存了。窟檐只有正面结构，外形是单檐四阿顶小殿屋，檐柱直接立于木地栿之上。柱的上端有两层阑额，阑额上不用普拍枋，斗栱下最大的栌斗直接置于柱头上。四组斗栱中分为柱头铺作与拱转角铺作，均为出三跳六铺作。在第三跳华跳头上不用令，直接承托替木，替木上是橑檐枋，枋上即是檐椽，檐椽基本完好，飞头已全部损毁，所幸莫高窟第431窟尚存一根飞头，后来以此为依据得以使其复原。位于转角的斗栱上有鸳鸯交手，这种斗栱形式还见于河南少林寺的初祖庵（1125），比此窟晚了一百多年。三开间的中间开门，门扉不存，门砧尚在。两次间设直棂窗，窗上直棂无存，后根据直棂痕迹修复。

莫高窟第431窟窟檐（图12-11），石窟为北魏开凿，窟内部分壁画为初唐时重画。窟檐当心间承橼枋下有墨书题记"维太平兴国五年……归义军节度使……曹延禄之世创建此窟檐纪"，太平兴国五年为980年。该石窟前室面积较小，窟檐是单檐四阿顶的小殿堂形式，柱枋结构紧凑牢固，斗栱制作规范。八边形檐柱下没有柱础，直接立于地栿之上，檐柱上端略向内倾，古建筑称为"侧脚"，用以保持建筑稳定。在地栿之下有四根栈道悬臂梁，栈道板及外侧的栏杆早已损坏。窟檐当心间开门，阑额之上有小直棂窗，两次间设直棂窗。该窟斗栱原本只是出两跳五铺作，在20世纪50年代初维修中，

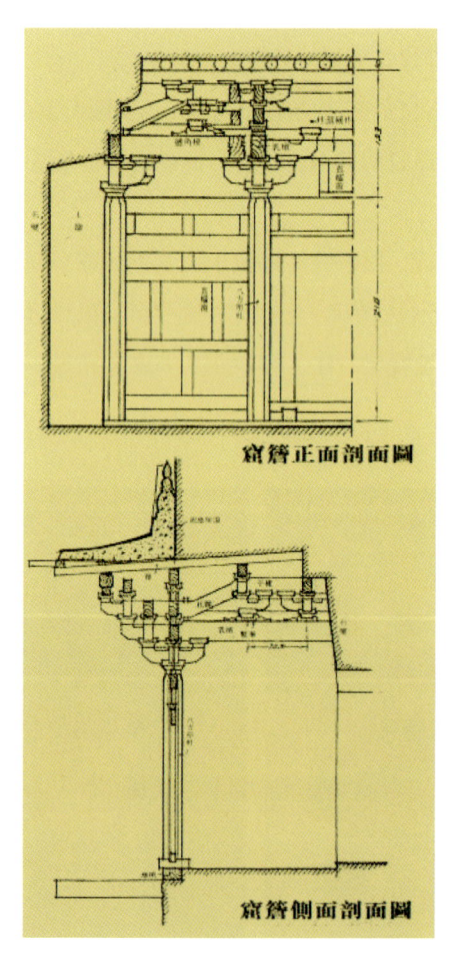

图12-11-1　莫高窟第431窟窟檐剖面图

图 12-11-2　莫高窟第 431 窟窟檐

当时懂古建的技术人员外出，临时管理人员依照旁边莫高窟第 427 窟形式做了修改，成为历史遗案。该窟在屋顶上有线脚简单的正脊，脊中部置宝瓶，两端有鸱吻。鸱吻下有龙头张口含脊，尾部向内弯起，弯起部分有眼有耳；前端有嘴如啄，似鸟非鸟，似鱼非鱼，形制较为特殊，正脊、宝瓶、鸱吻均用土坯砌成。草泥塑造成形，麻刀石灰抹面，敦煌雨量稀少气候干燥，这种建筑装饰亦是因地制宜的手法。莫高窟第 76 窟存有一个鸱吻残件与莫高窟第 431 窟鸱吻的做法相同，表面用鲜艳的色彩满画鱼鳞纹，甚为特殊。这种做法的鸱吻莫高窟也只此二例，非常宝贵。

　　莫高窟第 444 窟窟檐，建在莫高窟南区中部最高的第五层，石窟建于盛唐，窟檐很小，又高悬在崖壁高处，更显得窟檐玲珑秀丽。据窟檐题记"大宋开宝九年岁次丙子"，为 976 年。窟檐是三间四柱，出两跳五铺作。檐外还保存着四根栈道悬臂梁，北侧梁头上仅存一根栏杆望柱，望柱上留下水平构件如寻杖、卧棂、地栿等构件的卯口，为复原宋代栏杆留下可贵的痕迹。

　　莫高窟第 437 窟窟檐，窟檐"可大致认定……在 970 年，至迟不会晚于曹延恭继曹元忠为节度使的 974 年"。原是北魏所建的中心柱窟，后经宋代重绘壁画，塑像也重新上彩，同时在前室添建了窟檐，窟檐比较残破，形制与莫高窟第 427 窟窟檐大体相似，只是规模稍小一点。

莫高窟第 428 窟窟檐，为后世利用前朝不同窟檐的柱枋残件拼凑而成。四根柱子高低不同，四根梁的图案各不相同，但它们的粗细大小相似，可以看出这些散件的时代当与前面这批宋代窟檐同时期。

这些唐宋窟檐的檐柱断面用八边形，而同时代的佛教建筑已多用圆柱，但是山东沂南汉墓、四川彭山汉代崖墓、云岗、河北响堂山、山西天龙山、甘肃麦积山等墓葬与石窟的石刻窟檐通用八方形柱，是较为古老的中原建筑传统。其他如平直的屋檐，屋角不向上起翘，与壁画中的殿堂建筑风格是一致的。斗拱的加工也比较硬直，而中原建筑的斗拱加工比较圆和。莫高窟第 196、427、431、437 窟的门框上均为三门簪形式，莫高窟第 444 窟为四门簪，瓜州东千佛洞西夏壁画里也有三门簪形象，莫高窟可以看到单双数两种门簪形式，以后的古建筑上多为双数门簪，所以敦煌窟檐较多保留了中原古老传统。

此外，莫高窟第 16 窟外有清末所建三层窟檐，莫高窟第 96 窟北大像外有建于 1935 年的九层大佛阁是特殊形式的窟檐，1940 年前后建的莫高窟第 130 窟上层窟檐是窟檐中最晚的了。

（二）窟檐彩画

木建筑上用彩画装饰，是我国古建筑的一大特色。莫高窟现存的六处唐宋窟檐，其中第 427、444、431 窟窟檐内檐彩画还基本保存完好，实为难能可贵。这三处窟檐内檐彩画总体以红土暖色为主调，屋身的柱、门窗的额枋、腰串、立颊、心柱等构件通刷红土，仅在柱头及柱身中段画青绿束莲连珠纹装饰，唯莫高窟第 431 窟窟檐的上述构件上普遍作束莲纹装饰。莫高窟隋代壁画中佛龛两侧的龛柱多作束莲纹装饰，中原响堂山石窟及其他佛教建筑上亦多有用束莲柱，束莲柱用于木建筑彩画上仅见于莫高窟的窟檐上。莫高窟第 431 窟檐阑额上画一整二破的连续菱纹，两边沿画连珠纹。第一层柱头枋上画连续的龟背纹，其他的木枋、乳栿等构件上绘卷草或海石榴等连续的植物纹，花纹布局比较自由，没有严格的彩画程式（图 12–12）。斗拱的拱身多画团花或忍冬纹，拱头上的散斗遍刷石绿或是白底上点红土点，这样的色彩处理突出了建筑的节点形象。

莫高窟第 427 窟檐的上下阑额及上层柱头枋，第 431 窟檐的第二层柱头枋用红土绘七朱八白，形状是将长条形的木枋绘出一个个矩形方框。在莫高窟北凉到北周的建筑画中，殿堂墙壁的中部常画作此形，称作"壁带"，本来是建筑的重要结构，也是建筑彩画重点装饰的部位，到了宋代，建筑上演变成了一种专门的彩画形象。

图 12-12　莫高窟第 431 窟窟檐彩画临本

在窟檐的柱枋及斗拱之间普遍用红柳枝条编壁，两面用草泥抹平，用麻刀石灰抹表面，再分别绘说法图、伎乐、菩萨、飞天等佛教题材，使建筑内外无处不画。根据窟前遗存的建筑痕迹调查与前人绘制的图像统计研究，莫高窟南区 487 座石窟前除以上保留的窟檐外，"于窟前涵盖有建筑痕迹的石窟有 345 个之多，共有约 271 座窟檐。"古代对窟檐修建也有很多次重修，像在辉煌的唐宋时期，莫高窟崖面上从上到下、从东到西，有那么多大大小小的窟檐，悬挂在崖壁上，彩画或新或旧，相互映衬，展现出一幅壮观绚丽的建筑场面，把一座为佛教徒追寻清静淡泊的圣地装点得热烈而明快，富有生气与活力，把宗教与世俗结合起来了。现在存在的六座窟檐是仅存的硕果，闪耀着昨日的辉煌。

四、窟前殿堂建筑

（一）窟前寺院

在"州南有莫高窟，去州二十五里……古寺僧舍绝多"的记载中，现在所看到的古寺院却只有寥寥无几的几座清代寺院和牌坊，这就是现已经过维修的上寺、中寺、下寺三座寺院，另外还有三座牌坊。它们虽然是清代建筑，但仍然是窟前建筑的延续。上寺、中寺、下寺的名称，源自莫高窟自然地形呈南高北低的走势，依据地理位置，南边的寺院地形最高，故称为上寺，依此类推而有中寺与下寺。

上寺和中寺是两座毗邻的前后院组合的寺院，在莫高窟南区的南端，坐东朝西，距西

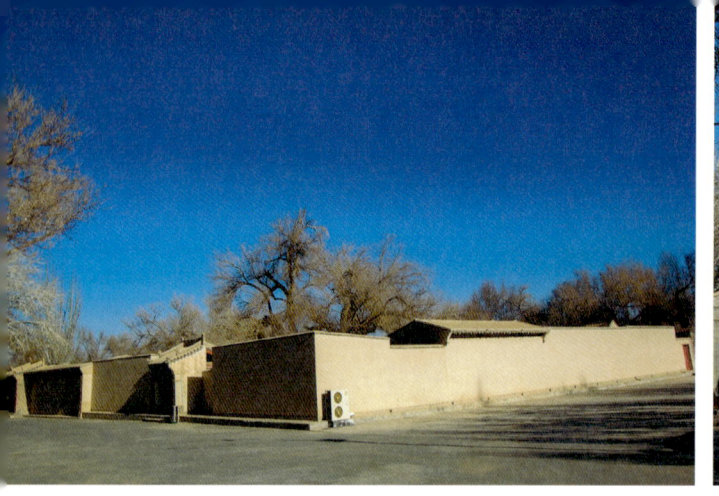

图 12-13　莫高窟上寺现今面貌 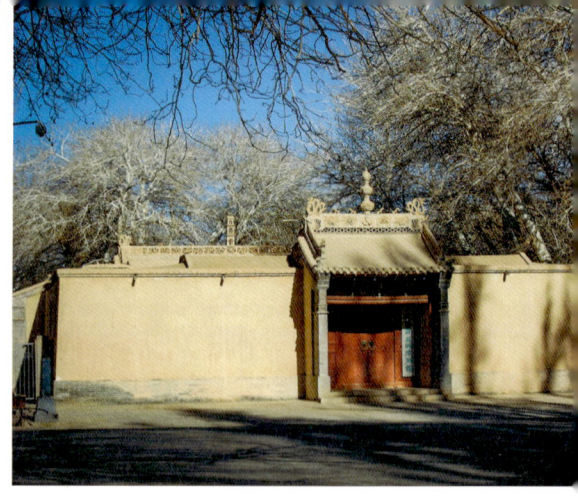　　　　　　　　　　　　　图 12-14　莫高窟下寺三清宫面貌

崖的石窟群不足 80 米，两院平行而列，建筑规模、布局大致相似。中寺山门处有一块乾隆三十七年的匾额（现藏于敦煌研究院陈列中心文物库房）题"雷音禅林"，从匾额的年代断定，寺院始建年代当早于乾隆三十七年（1772）。在道光辛卯（1831）版《敦煌县志》卷一·图考十三中，刻有千佛灵严图，图中绘有两座寺院。现在这两座寺院的大木结构、木作装修、屋面、墙体等工艺做法都很一致，因此，它们的建造年代当属同一个时期，即清中期建筑物。道光年间的县志所绘应该是它们的形象。两院中几株得由两三人合抱的大榆树也是它们年代久远的见证。

上寺、中寺的主要建筑均属传统木结构建筑形制（图 12-13），小式抬梁式木构架、无斗拱，如大殿、后大殿、配殿等。建筑物的建筑形制充分吸取地方平顶建筑建造手法：不起瓦陇与正脊、垂脊，简化平顶做法，山面墙不做博缝。由于建筑材质的局限，均做土质混水墙。倒座、厢房、配房等均建成类似地方的平顶式建筑形制，单坡单椽，开启门窗较小，没有下碱，而在一些墙基底部平铺唐宋花砖。全部建筑的随意性很强，符合敦煌的地域特点。

下寺位于莫高窟南区北端（图 12-14），距离莫高窟石窟群第 16 窟只有十几米，莫高窟第 16 窟甬道旁一个小窟即第 17 窟，就是有名的藏经洞。19 世纪末，一个流落到此的道士王圆禄发现了它，并于 20 世纪初（1908）在藏经洞的前面修建了一座四合院式的道观，称作"三清宫"。三清宫是典型的北方四合院，后殿是勾连搭式的屋顶，前面的卷棚下有宽大的长廊。两侧的厢房与倒座用卷棚屋面，屋面下用一周廊子相连。山门的门道很深，向前伸出，屋顶上起高大的脊。从各房屋的建筑形式与装饰上可以看出，山门与大殿为主要建筑，堆砌了各种装饰。

大殿和山门的屋面上有高大的屋脊，由正脊、吻兽、走兽、三层牌楼、宝顶、垂脊、兽头等各种砖雕烧制而成。屋面上不铺瓦，而是用青方砖铺面。硬山式的屋顶两侧有青方砖镶成的搏风，搏风下的拔檐用条砖的一边，磨制成内凹连续的三角形花边装饰；搏风头与前檐的墀头相连，墀头三面有砖雕装饰。墙壁全部绘满道教内容的壁画。院子里倒座、厢房、耳房的简单修建与大殿和山门繁复的装饰形成很大的反差，这些房屋屋顶全部用草泥抹面，一砖覆一瓦的走沿，就将屋面檐口处理了。房屋的墙体则用戈壁上的乱石块加草泥或土坯与草泥垒砌，这种繁复与简陋充分显示了民间建筑的随意性。

(二) 窟前牌坊

牌坊是窟前建筑的又一景观，留存下来的三处牌坊有两处在窟前，直接与石窟前的阶梯相连。莫高窟前最南端第138窟前的一座牌坊，是通向第138窟阶梯的入口，它造型简单，体量亦很小，仅两柱一间，整座牌坊正立面犹如三檩垂花门形式，侧立面如"小"字头上顶着一个两披屋顶。牌坊正立面檐下是装饰重点，用到了很多装饰形式与手法，有呈倒梯形的麻叶头穿插枋，在平板枋上雕刻不同的荷叶墩和麻叶头，正面檩垫枋上的雕刻使用三种不同图案，背面檩垫枋上用彩绘形式。底层的穿插枋前部用戗柱斜撑，组成"小"字形的稳定结构。屋顶没有脊饰，只在檐口压条砖一周。这座牌坊在三檩垂花门的构架上进行改造后，使它具有了独特的地方性。

窟前中段偏北三层莫高窟第428窟前曾经有一段宽大的楼梯，楼梯前入口有一座牌坊，俗称"小牌坊"，上书"古汉桥"。20世纪60年代初在对莫高窟的加固工程中，将莫高窟第428窟前的楼梯拆除，牌坊上现在所看到的题字是郭沫若手书的"莫高窟"三字（图12-15）。牌坊为三间四柱的三牌楼形式，每一间又可看作三檩垂花门形式。它与第138窟前的牌坊区别在于：屋顶上增加了五条绿色琉璃脊。出挑的檐口由山柱中间的平板枋上置一斗（即官式建筑上的平身斗），上有层层挑出的翘承托，檐下的出挑按官式称谓为出"踩"，该牌坊的明、次间均出七踩。牌坊的木构件上全部用彩画装饰，山柱两边用戗柱斜撑，山柱与戗柱全部坐落在一根地栿上，组成两个直角三角形，在三角形的上约三分之一处，又加一根穿插枋，使整个牌坊的构架连为一体，更加稳定。

大牌坊是20世纪50年代从敦煌城拆迁来的一座汪姓贞节牌坊，建成于道光二十六年（1846）。拆迁到莫高窟后，被安置在与莫高窟第428窟楼梯前的古汉桥牌坊对应的宕泉河岸边上，形成大小区别为"大""小"牌

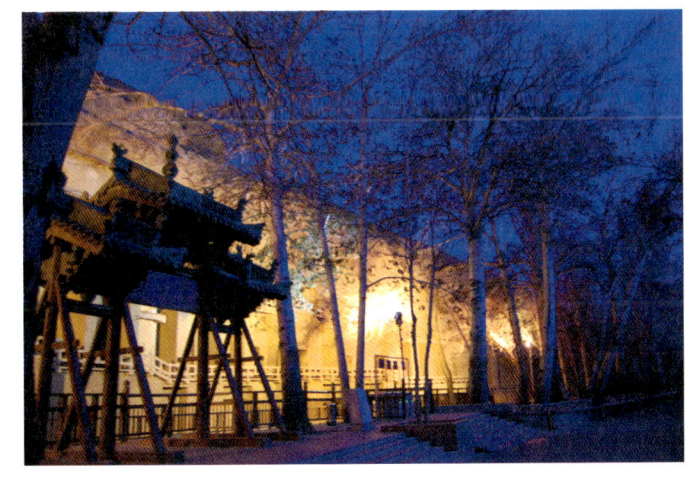

图12-15　莫高窟小牌坊夜景

坊之名。

大牌坊的平面呈两个对角三角形组成的三牌楼形式，仰视屋顶为两个三角形与一个长方形的组合。因此，从正面看，它与三间四柱的牌坊相似；从侧面看，似一间的重檐牌坊，由于呈三角形，使下层出檐深远，舒展到近乎夸张的地步。明间的八棱形山柱直达屋顶，从下到上将明间与次间的屋檐出挑、龙门枋与大额枋等全部装饰构件都套卯在山柱上，使山柱的负重很大。为了牌坊整体的稳定，山柱下用夹板石稳固，两侧又有戗柱支撑，戗柱上再用一穿插枋使山柱形成两个等边三角形，多重措施保证山柱的安全性与稳定性。

牌坊的明间檐下挑出深度达到11踩，次间檐下挑出7踩。明间屋顶为四阿顶形式，却用九条脊，成歇山屋顶。次间为三角形屋顶，装饰了七条脊（一正脊、四垂脊、两斜脊），脊头套兽是一式的五鬃兽。

牌坊的彩画装饰亦很繁复，明间与次间的花牙子全部是雕出的各种花样，层层不重样。额枋下全部用雕花的飞罩装饰，柱头、额枋等大木构件均涂彩绘，红柱绿瓦，檐角飞翘。大红色匾额配石青色堂框，中间是金色大字。这种大红大绿与翘角的鲜明个性，使整座牌坊显得更加舒展与明朗。

五、古代文献所记石窟建筑结构部位名称

一般洞窟的结构，由前室、甬道、主室三部分组成。

（一）前室

在敦煌石窟的历史上，前室被称作"窟厂"。敦煌文书P.2641v《莫高窟再修功德记》："窟厂仰画药师琉璃光佛三会，窟厂四壁画四天王。""窟"就是洞窟，即莫高窟崖壁上的佛窟。"窟厂"属于洞窟的一个组成部分。"厂"在古代汉语里是指一种建筑形式，《说文解字》云："厂者，露舍也，或曰无壁屋。"佛窟的"无壁"部分，当除前室莫属。

莫高窟的洞窟一般都是坐西向东，所谓敞开的前室，是指没有前壁（东壁）。但前室的其他三壁（西、南、北壁）俱全。这里就引发了一个问题："窟厂"之"厂"与其"无壁"之本意相悖。实际上，这里无需多做解释，因为在"厂"前加一"窟"字，那它就不是一般的露舍或无壁屋，而是洞窟的一部分。这种只无东壁但其他三壁俱全的洞窟前室，就体现着"窟厂"的真正涵义。"窟厂"分"窟厂仰"和"窟厂四壁"。"窟厂仰"即前室顶部，凡物向上者皆曰仰，仰又有仰望、仰视之意，这种名称至今仍在我国西北一带流行，如称房屋的顶棚为"仰撑"。而"窟厂四壁"则不仅与"厂"之词义不符，而且也同洞窟前室现状不合。而"窟厂"只有西、南、北三壁，因何称作"窟厂四壁"呢？因此，依据洞窟前室之现状，

我们只能将它理解为前室的南、北两壁加西壁的南、北两侧，合称四壁。这里显示出"窟厂"与一般的"厂"的区别。因此，"窟厂"是一种特殊的"厂"类建筑形制。

敦煌石窟中的"窟厂"这种建筑形制，在西魏大统四、五年间建成莫高窟第285窟之前，不仅敦煌石窟中没有出现过，而且敦煌以西所有早于第285窟的石窟，包括印度和中亚以及我国新疆的石窟中都未出现过。但在敦煌以东的云冈、麦积山、炳灵寺等石窟中，却早于莫高窟第285窟之前的北魏时代就已经出现了。因此可以断定，作为佛教石窟建筑一部分的"窟厂"这种建筑形制的源流是在中国。

这种前室形制可能是来源于我国汉代崖墓的建筑形式。作为"窟厂"的前室，一般都没有前壁及门窗等设施。但有一些特殊的洞窟，如大佛窟，在营建之初就造窟前楼阁作为配套建筑；还有一些大窟，也是在营建之时建窟檐以装饰外观。当然，这样的前室就不再称"窟厂"，尽管它的崖体部分与其他无窟檐的前室无异。到10世纪后期，莫高窟崖壁上几乎所有的洞窟前室都建造了窟檐，这就完全失去了"窟厂"的意义。在莫高窟第192窟保存的发愿文中，还将前室记为"门外额上"，这里应该指没有前室的窟门外额，与第192窟之情形相符。

窟檐的作用有二：一是装饰外表；二是扩大前室活动空间。值得庆幸的是，敦煌莫高窟为我们保存了10世纪时所建造的几座窟檐，向我们展示了当年崖壁上仙阁玉宇的风貌。敦煌文献中还有关于窟檐修建的用料记录，详细记载了窟檐及其零部件的名称，窟檐被称作各种加了形容词的楼、阁、堂、室、檐等，各部位名称有顶、壁、门、窗及柱（楹）、梁、栱等。窟檐零部件的名称，有大栿、柱、栏额、榑子、挣榑方子、承椽方子、承柱通地方、驼峰、马头、小斗子、大斗、贴、花贴、门额方子、门神、门神方子、门枇、门枇方子、门楣、鸡栖、沙窗额、沙窗额方子、窗门枇、沙窗门切、腰方、檩子等。如果说，石窟主室最早是由佛教发源地印度传来的建筑形式的话，那么石窟前室，无论是"窟厂"还是窟檐，作为石窟的外表，则完全是中国式建筑。

需要特别说明的是，同属敦煌石窟系统的安西榆林窟，有一些洞窟是由前室、中室和后室（主室）三部分组成。前室为纵券形顶，无前壁及门窗等设施；中室为平顶，前室和中室都比较小；主室则为一般的中心柱式或覆斗式；三室之间有两层甬道相连，不过甬道进深较浅，一般两室结构洞窟的前室，虽然进深浅，但面宽与主室相等；而三室结构洞窟的前室和中室，不仅进深浅，面宽也远小于主室。因为没有发现有关的文献记载，古人如何称呼前室和中室部分，为什么要分前室和中室，我们不得而知。从崖面上看，这一类洞窟主要集中在上层，而上层的窟与窟之间没有栈道连通，是在前室或中室凿洞连接甬道。这样看来，洞窟前室和中室根据在崖面上的位置，除了正常从事佛事活动外，还有一个连接窟与窟之间过道的作用。

西夏和元朝时期新建的洞窟，不论是莫高窟、榆林窟，还是在小型窟群东千佛洞、五个庙等处，一般都是一室，没有前室，有一点像是恢复北魏之间石窟形制的形式。

（二）甬道

洞窟上连接前后室的甬道，在古代文献中被称作"门"；由于一般洞窟前室没有门，前后室之间只有这一道门，所以将甬道称为门。门又分门仰、门南壁和门北壁，门仰即甬道，其意如前；门南北壁即为甬道南北壁。另外还有"门额""门内两颊""出门两颊"等，门额指窟门外之上部，门内两颊是指主室内窟门两侧，出门两颊是指窟门外两侧。下面是有关记载，见S.2113v《唐乾宁三年马德胜宕泉创窟功德记》、P.3979《某氏诸佛事功德记》、P.2641v《莫高窟再修功德记》等。

（三）主室

主室各部位的名称，除一些部位搬用佛教的专用名词，如忉利、兜率等外，一般都是古今通用，如窟顶、东南西北四壁等；在一些古代文献中，又称窟顶为"天窗"，其中心藻井为"天井"；主壁的佛龛到唐代中期以后多建为盝顶形，故依制称"帐"，围绕帐又有"帐门"之名。帐是中国传统建筑形式在佛教石窟建筑中的巧妙运用，覆斗形洞窟以及窟内的盝顶帐形佛龛，都来源于帐。但敦煌石窟的洞窟本身从未称作帐，而只是佛龛才称帐。当时人们把洞窟看作一个大的活动场所，而佛龛是这一场所的主题和中心所在。

宝刹、刹心　即洞窟中心塔柱和中心佛坛。《圣历碑》云"中浮宝刹，匝四面以环通"，《腊八燃灯窟龛名数》有"三圣刹心""内龛刹心""刹心内龛"等名。

窟顶也有称"忉利天宫""上层"者；另外，莫高窟第192窟发愿文则称窟顶为"天窗"。贺世哲先生认为即是窟顶，据窟顶千佛数量推定。窟顶的形式有平顶、盝顶、圆券（穹）顶、人字坡顶、覆斗帐形顶等类型。其中人字坡也称"人字披"，是早期洞窟的特征之一。窟顶的前部做成两面披的屋面形式，披面上塑出或绘出椽子，椽间望板上满绘各种图案。在椽子的上下绘出或塑出脊檩与檐檩，檩子的端头即窟壁上有木质插栱。栱上有斗，斗上有替木，壁面上绘出大斗与柱，完全是传统的两面披屋顶建筑形式，莫高窟北魏第251、254、259窟都是这种形式。在人字披窟顶的两披面上，以塑或绘的形式表现出椽子，椽子上多绘金釭纹，椽间望板上绘天人、灵鸟、飞天等，与莲花、忍冬、卷草、云气纹组成多种图案，形象简洁明快，富于生气。莫高窟北魏第248、251、254、257、259窟，西魏第288、430、435窟，北周第428、431窟都有椽望形象。到宋代改造前代的人字披窟顶时，椽望的椽子上绘束莲图案，望板绘西番莲枝图案，装饰性很强，却给人以滞呆之感，如莫高窟第418窟。

平顶一般出现在中心柱式窟中，位于中心柱左、右、后三方（前方一般为人字披）。平顶装饰绘千佛与平棋两种。平棋也写作"平綦"，是建筑物室内顶部的棋格状天花。早期洞窟内多用于中心柱四周的平顶上，绘以较大块的斗四方形棋格图案，图案中心绘莲花，四内角绘飞天，斗四边沿绘各种连续的花边图案作装饰。至宋、西夏时期，因为洞窟多是改造前代的，窟顶为人字披或覆斗形，在各披面上划分成小块四方棋格，绘莲花或宝相花，以达到窟顶色彩富丽的装饰效果。

覆斗形石窟顶部中心突出的方形部分称藻井，方形井心内绘莲花、三兔、宝相花、团龙、双凤、飞天、龙凤

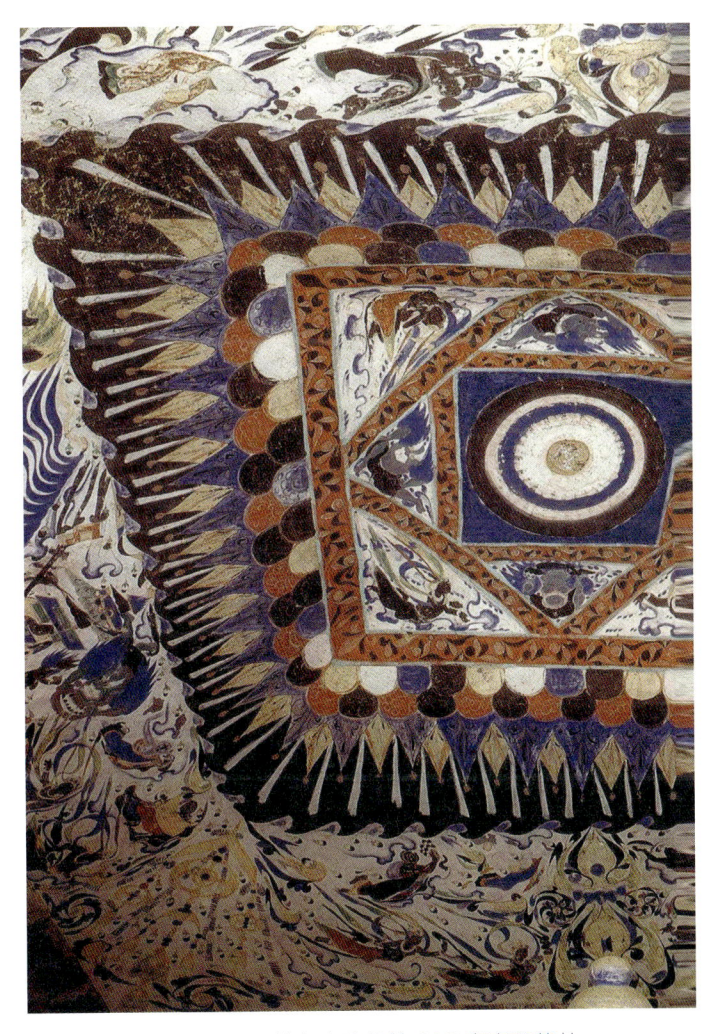

图 12-16　莫高窟隋代第 305 窟窟顶藻井

双旋等；井心外的四披面上，从内向外以层层扩大的多种带状边饰图案围成，最外层用垂幔、垂帐、璎珞、金铃结束。莫高窟西魏第 285 窟的井心于水涡纹上绘覆莲，又两重方斗分别绘火焰纹与莲花，周围重层三角形垂帐下悬珠饰，四角上饕餮纹样的兽头饰物，口衔长大的环佩流苏，悬于四披下角。莫高窟隋代第 305 窟的斗四莲花飞天井心下部也有垂幔，四角悬挂环佩流苏（图 12-16）。《邺中记》描写后赵石虎的帐"冬月施熟锦流苏斗帐，四角安纯金龙头，衔五色流苏"。又有"帐上刻作飞仙，循环右转，又刻画紫云飞腾，相映左旋，往来交错，终日不绝"。莫高窟第 329 窟的井心及外围，分两层绘有十六身飞天在蓝天紫云中左旋飞翔（图 12-17），确证了上述描写。因此，石窟藻井的形式是对佛帐的模仿。莫高窟第 407 窟和第 205 窟的井心中有三兔旋转奔跑的饼图案，以三只耳朵连接三兔头部，可是每只兔子看上去都有两只耳朵，构思巧妙，匠心独具，使神圣的佛殿内增加了活跃的气氛。

图 12-17　莫高窟初唐第 329 窟窟顶藻井

四壁：东南西北四壁，是古今通用之名。如莫高窟第 192 窟发愿文："乃于莫高岩窟龛内，塑阿弥陀像一铺七事；于北壁上画药师变相一铺，又画《天请问经变相》一铺；又于南壁上画《西方阿弥陀变相》，又画《弥勒佛变相》一铺；又于西壁上内龛两侧画文殊、普贤各一躯并侍从；又于东壁上门两侧画不空羂索、如意圣轮各一躯。"

这里讲的"龛内"，一般指西壁（主壁、正壁）佛龛。在早期石窟中，也有开佛龛于中心柱四面的，但正面的佛龛为主题龛。敦煌石窟早期佛龛的形式主要是浅佛龛：龛内的造像主要是释迦佛或弥勒菩萨的单独形象；圆拱券形浅佛龛外上部装饰的浅浮雕尖拱券形龛楣，具有西域风格，存在于北魏、西魏、北周的洞窟中。尖拱券的中部绘伎乐，两边以忍冬、卷草、莲花等纹样装饰；两侧下部向上反卷，呈龙、凤头或忍冬纹，边沿多画火焰纹，装饰效果极

图 12-18　莫高窟盛唐第 384 窟主室内外

佳。随着佛教信仰的发展变化，佛龛中塑像逐渐增多，塑出一佛、二弟子、二菩萨群像，浅佛龛中无法容纳，已不能满足造像的需求，需要加深佛龛，所以佛龛也随着发生了许多变化。隋代开始出现了重层佛龛，唐初出现了深层敞口佛龛，唐代中期又出现帐形佛龛等形式。重层佛龛的平面形式是大佛龛内套小佛龛；敞口佛龛的平面形式变为外大内小的梯形状；帐形佛龛为盝顶横长式，为帐形佛窟的帐中之帐。这几类佛龛下檐高约 1 米，在人们的视平线之下，人们进入洞窟后，看到的是一个呈心点透视状的佛龛。佛安详地端坐在中间的莲台上，两边的弟子、菩萨则以半侧身微扭腰的姿态和慈祥的面容俯视着每一位朝拜的信徒，两侧的天王、力士脚踏小鬼（图 12-18）。也是由于帐形佛龛的原因，敦煌文献中记录的佛窟建筑部位名称中，出现了"帐门"一词。帐门即盝顶帐形佛龛门，《阴处士碑》云："帐门两面画文殊、普贤菩萨并侍从。"这是一个极富中国特色的佛窟建筑结构名称。

除西壁外，一些洞窟的南北两壁也开有佛龛，形式有圆券形、阙形、敞口形、帐形等。其中阙形龛是早期洞窟的主要特征之一。阙是古代的一种礼制建筑，设置在城门、殿堂、祠墓道路两侧。到南北朝时期，建筑形式已有所变化，从阙形龛的造型中可以看出，这里将阙与殿堂相结合，成为殿阙式，它将外来的佛教内容融合在民族建筑的形式中。阙形龛在石窟中多用来表示弥勒居住的兜率天宫，所以龛内塑弥勒像。

在洞窟中，还有两个部位也应视为洞窟建筑的组成部分，一是须弥座，为佛坛或佛座的台基形式之一，是一种叠涩（线脚）很多的台座。源于印度，用须弥山作佛座，以显示佛的崇高伟大，随佛教传入中国后，常用于等级较高的建筑下。石窟内的佛床、中心佛坛下很多都是须弥座形式，如莫高窟第 61 窟中心佛坛是重层须弥座（图 12-19）。壁画中对此

图 12-19　莫高窟五代第 61 窟中心佛坛

形式的应用非常广泛,有佛座、大殿台基、配殿台基、塔等;须弥座最早在莫高窟北魏第 257 窟的塔身下已出现形式简单的基;莫高窟第 285 窟禅座内元代绘的喇嘛塔下仍沿用两层须弥座台基。二是壶门,为台基中间的一个装饰性部位,横长椭圆形,上部中间一点高起,向两边对称呈几道弯曲线滑到下部。最早见于莫高窟隋代第 303 窟的床榻下(图 12-20)。石窟内佛床、中心佛坛的须弥座中间也有壶门作装饰,壶门里绘火焰纹或伎乐等,如莫高窟五代第 61 窟。这两种建筑装饰在石窟壁画各时代的建筑类画中也被广泛应用。

六、问题与思考

敦煌石窟的开凿延续了千年之久,在不间断的开凿中,石窟建筑形式随着时间的推移发生变化,外来影响逐渐减少,本土文化影响不断加深。早期西域式的中心塔柱窟前的两披屋顶形式就是中西结合的结果,殿堂窟成为主流形式也是源自汉文化传统,究其原因,可以看出覆斗形殿堂窟的方形覆斗顶也称为盝顶,按照字义解释,"盝"是一种呈梯形状的奁盒盖,古代皇帝的印玺及官员印信都存放在盝形顶的盒子里,由此看出,用盝顶盒子盛放的东西一般都是尊贵物品。中原各地出土不少北朝墓志,其顶盖也多作盝顶形。在早于敦煌石窟开凿前的敦煌及周边嘉峪关、酒泉出土的魏晋古墓的墓室形制多为覆斗顶形式(图 12-21),新疆吐鲁番阿斯塔拉出土的北魏墓室也多有作覆斗顶形式的。看来这种四棱台的覆斗顶形式,是我国古代一种传统的结构形式,它向上的四个斜边构成的覆斗状,形成一种较为开朗的视觉空间,所以在敦煌石窟中,自西魏以后的石窟不管窟室布局如何变化,但窟顶多用覆斗形顶。其次,覆斗形的窟顶在结构上形成了拱形的稳定结构,也成为开凿石窟的重要原因。

以上两种石窟形制,一种源自印度,但在传入过程中多次演变,成为汉族民众容易接受的形式。另一种形式,本身就是汉民族所钟爱的一种高贵的形制,用它来承载佛教内容,

图 12-20　莫高窟隋代第 303 窟须弥座中心柱

更加显示了对佛教的尊崇。在石窟延续开凿中，每一个朝代既有继承，又有发展；即使在相同的石窟形制下，同一时代的石窟也不是简单的重复，总有许多细微的变化，随着各时代不同的流行趋势而变；更有敦煌曾经被不同民族所统治，受不同文化影响而使石窟形制与装饰呈现异域风格。另外，各地石窟开凿都有各自的地域特征，而敦煌石窟因为延续时间长，开凿并保留了更多的石窟形式，从中可以找寻出外来佛教石窟是如何在敦煌适应和演变的历程。

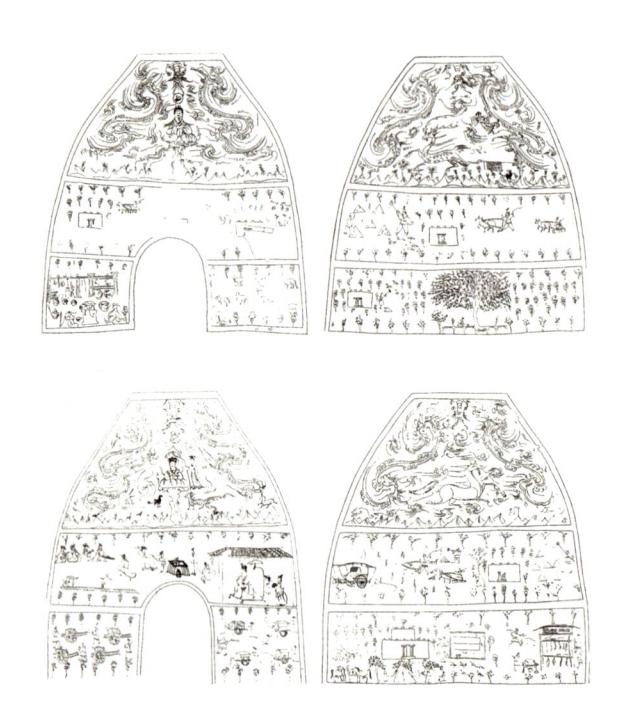

图 12-21　酒泉丁家闸五号墓墓室形制示意图

于石窟前修建窟檐建筑不是敦煌的专利，其他石窟崖壁前密布的孔洞都说明曾经的建筑痕迹，而唯有在莫高窟崖壁上保留了几座唐宋窟檐，为我国本就稀缺的唐宋木构建筑弥补了难得的实物资料。由此可见，莫高窟前也曾经是窟檐密布，根据莫高窟碑文记载盛景状况为："尔其檐飞雁翅，砌盘龙鳞，云雾生于户牖，雷霆走于阶陛。左豁平陆，极目远山，前流长河，波映重阁。凤鸣道树，每韵苦空之声；露滴禅池，更澄清静之趣。""檐飞雁翅""波映重阁"都是对窟檐建筑的描写。如前所述，莫高窟南区仅千米的崖面上就分布有近三百座窟檐，这些窟檐的修建当时是一种什么场景？就以莫高窟第432窟的重修情况显示，该窟檐至少经过了三次修建，第一次可能为西魏开窟时就修建了窟檐，第二次为初唐重修，至西夏又经过一次重修，并保存痕迹至今（图 12-22）。修建窟檐，就伴随着建筑彩画，除了留存在唐宋窟檐上的建筑彩画外，石窟内部也尽显建筑彩画的装饰，如第445窟佛龛内的木构件上有宋《营造法式》记载的锁子纹；第233窟内西夏天棚木构件上的多种彩画纹样，是西夏木构件彩画实例，因为西夏木构建筑在元代被全部焚毁，这里保存的实例就更显珍贵。还有许多被西夏改造过的石窟，也可以找到西夏彩画踪迹。在窟室内的四边、覆斗顶四角、每一画幅周边，绘出的一整两破团花纹、连续的回纹、六边形的龟背纹等，佛坛下壶门里的折枝花卉图案，等等，都被记载在宋《营造法式》里的彩画篇章中。

根据敦煌遗书中的很多记载，在莫高窟开凿的历史长河中，曾出现过几十座寺院，众多寺院里的僧人也是开窟造像的主要力量。那么，当时这些寺院建在何处？现在的寺院是否建在唐宋寺院的基础上？这一个个问题，一直萦绕在人们的脑海中。现在除了这些清代寺院，古老的建筑就是围绕在石窟河谷两边山崖的古塔了，曾经的窟前也曾有过一些建筑，只是在1943年收归国有及1949年以后的清理及石窟加固工程中进行了拆除，致使一些疑问或许无解了。与石窟伴生的窟前建筑，它们斑驳的身影装点了石窟周围的环境（图12-23），是悠久历史的见证。它们与石窟内的壁画相呼应，是敦煌石窟艺术中的一个重要组成部分。

建筑是具有使用功能的，石窟建筑是为尊崇佛陀而建的居所，里面必然包含了建筑形式与宗教礼仪

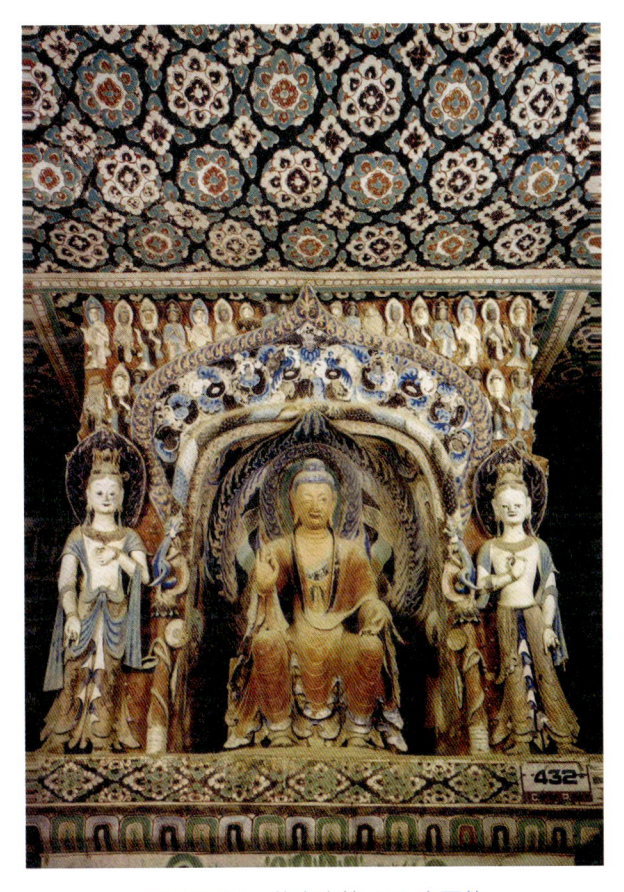

图 12-22　莫高窟第432窟面貌

的关系，不同的研究者用不同的眼光看待同一事物，会得出不同的结论。石窟建筑是雕塑与壁画的载体，建筑史学者通过考察石窟建筑的方方面面，从中找寻出石窟形制特点和历史发展以及石窟建造技术，可以为中国古建筑历史弥补许多曾经缺失的部分，另外可以为科学保护加固石窟提供重要的保护依据，使稀缺的历史信息能够与石窟永存。

图 12-23　伯希和考察团所拍莫高窟面貌（1908年）

第十三章　敦煌石窟彩塑导论

一、洞窟彩塑的主体性

敦煌石窟彩塑是敦煌石窟艺术的重要组成部分，其研究与敦煌石窟的研究同时进行的。金维诺对敦煌莫高窟的彩塑艺术进行了概括性分析[1]。常书鸿从民族传统、外来影响和新的创造、题材和创作技术、时代特征和艺术上的成就四个方面对敦煌彩塑进行了研究[2]。段文杰从早（北魏、西魏、北周）、中（隋、唐）、晚（五代、宋、西夏、元）三个时期对敦煌彩塑艺术的造像类型以及艺术风格等问题进行了分析与研究[3]。孙纪元从类型、布局以及人物动态表现、色彩以及服饰等方面对敦煌北魏、西魏、北周三个时代的彩塑艺术进行了分析，同时还对敦煌彩塑的制作方法与类型进行了研究[4]。邓健吾对敦煌彩塑的发展演变进行了研究[5]。史苇湘以时代为顺序，从艺术特色、审美特征以及服饰特点几个方面对敦煌彩塑艺术进行了研究[6]。刘玉权还重点对敦煌彩塑的特点与风格进行了分析[7]。另外，敦煌研

---

[1] 金维诺：《莫高窟的彩塑》，《文物参考资料》1956 年第 2 期；又载金维诺《中国美术史论集》，人民美术出版社，1981 年。

[2] 常书鸿：《敦煌彩塑》，原载敦煌文物研究所编《敦煌彩塑》，人民美术出版社，1960 年；另载常书鸿《常书鸿文集》，甘肃民族出版社，2004 年。

[3] 段文杰：《敦煌彩塑艺术》，载敦煌文物研究所编《敦煌彩塑》，文物出版社，1978 年；另载《段文杰敦煌艺术论文集》，甘肃人民出版社，1994 年。

[4] 孙纪元：《敦煌早期彩塑》，《敦煌研究》创刊号，1982 年；孙纪元：《谈谈敦煌彩塑的制作》，载敦煌文物研究所编《敦煌研究文集》，甘肃人民出版社，1982 年；孙纪元：《略论敦煌彩塑及其制作》，载敦煌文物研究所编《中国石窟·敦煌莫高窟》第 3 卷，文物出版社，1987 年。

[5] 邓健吾：《敦煌莫高窟彩塑的发展》，载敦煌文物研究所编《中国石窟·敦煌莫高窟》第 3 卷，文物出版社，1987 年。

[6] 史苇湘：《珍贵的敦煌彩塑》，载中国美术全集编辑委员会《中国美术全集·雕塑编·敦煌雕塑》，上海人民美术出版社，1987 年；另载史苇湘《敦煌历史与石窟艺术研究文集》，甘肃教育出版社，2002 年。

[7] 刘玉权：《敦煌彩塑的特点与风格》，载中国美术全集编辑委员会《中国美术全集·雕塑编·敦煌雕塑》，上海人民美术出版社，1987 年。

究院陆续出版了《敦煌彩塑》[1]《中国美术全集·敦煌雕塑》[2]《中国石窟雕塑全集·敦煌》[3]《敦煌石窟全集·雕塑》[4]等有关敦煌彩塑的图版资料，不仅从多方面对敦煌彩塑艺术进行了研究与探讨，而且也公布了大量的图片资料，为今后的研究提供了方便。张景峰对敦煌石窟中的影像、中心佛坛上塑像表达的思想、第85窟塑像表现的金刚经变说法图，以及敦煌石窟中的祥瑞白狼塑像等问题进行了研究[5]。

敦煌石窟艺术是建筑、彩塑、壁画三者结合统一的艺术，其中彩塑是主体。因为一个洞窟开凿，洞窟正壁的造像最能体现洞窟的主旨或主题，在敦煌石窟中，西壁一般为正壁，而西壁多数开龛，龛内均塑有不同的塑像，这种塑像及塑像组合就体现了洞窟的主题。然而，与敦煌壁画研究相比，敦煌彩塑研究的成果相对较少，究其原因，有以下几个方面。

首先，敦煌莫高窟现存有壁画的洞窟492个，彩塑2000多身，由于塑像是洞窟中最容易受"伤害"的部分，因此，塑像多有残损。有的经过后代重修或重妆；有的被破坏，只存有塑像的痕迹，随窟保存的原塑较少，这就为全面研究敦煌石窟彩塑艺术带来一定的困难。

其次，敦煌彩塑一般分布在洞窟主室的正龛内（有的洞窟南、西、北三面都开龛，三面都置塑像），由于洞窟塑像组合多残缺不全，我们无法根据塑像的整体布局与洞窟壁画结合去揭示洞窟主题思想、社会意义及其他一些相关的问题。

最后，前人研究只注重对敦煌石窟塑像、壁画内容的释读、描述，而忽略了彩塑组合之间的整体联系，洞窟建筑、彩塑与壁画的整体研究，同类洞窟塑像组合之间的相互研究等问题。这使得彩塑艺术的研究滞后，对推动今后敦煌石窟的研究十分不利。

二、敦煌洞窟彩塑造像题材

彩塑艺术是敦煌石窟艺术的重要内容，在敦煌石窟洞窟的龛内、中心塔柱四面或中心佛坛上等位置，均塑有不同类型、不同组合的彩塑。十六国北朝时期多出现一佛一菩萨、一

---

[1] 敦煌文物研究所：《敦煌彩塑（366—1911年）》，中国古典艺术出版社，1957年；敦煌文物研究所：《敦煌彩塑》，人民美术出版社，1960年；敦煌文物研究所：《敦煌彩塑》，中国古典艺术出版社，1965年；敦煌文物研究所：《敦煌彩塑》，文物出版社，1978年。
[2] 中国美术全集编辑委员会：《中国美术全集·雕塑编·敦煌雕塑》，上海人民美术出版社，1987年。
[3] 中国石窟雕塑全集编辑委员会：《中国美术分类全集·中国石窟雕塑全集·敦煌》，重庆出版社，2001年。
[4] 敦煌研究院：《敦煌石窟全集·雕塑》8，商务印书馆，2003年。
[5] 张景峰：《敦煌莫高窟的影窟及影像——由新发现的第476窟谈起》，《敦煌学辑刊》2006年第3期；张景峰：《敦煌石窟的中心佛坛窟》，《敦煌研究》2009年第5期；张景峰：《敦煌莫高窟第85窟与塑绘结合的金刚经变》，《敦煌学辑刊》2007年第4期；张景峰：《莫高窟祥瑞白狼塑像考察》，《敦煌研究》2013年第5期。

佛二菩萨、一佛二菩萨二金刚等造像形式，此期还出现了天王塑像；到了北周时期，洞窟出现了弟子塑像；唐代，完整的整铺塑像组合形式形成。从表现形式来看，敦煌石窟彩塑中有禅定、说法、苦修、三身、涅槃、弥勒等佛像，有立像和坐姿的菩萨塑像，也有迦叶、阿难及十大弟子像，还有天王、力士等塑像。另外，还存在禅僧像、天女像、羽人像、天兽像等少量塑像。为了方便大家对敦煌石窟中这些艺术形象有所了解，现对这些造像形式分类系统进行介绍。

（一）佛像

敦煌石窟艺术中表现最多的是佛像，即"佛陀"。佛像可分为立像、结跏趺坐像、半跏趺坐像、交脚坐像、并坐像、倚坐像、涅槃像等。早期洞窟多为交脚弥勒、释迦说法、降魔、苦修、禅定、释迦、多宝并坐和卢舍那等佛的形象。隋唐以后，又增加了三世佛、三身佛、阿弥陀佛、药师佛、倚坐弥勒佛、释迦涅槃等形象。在敦煌石窟的彩塑、壁画中，佛的形象窟窟皆有，并居主位，所表现的佛有释迦牟尼佛、卢舍那佛、弥勒佛、阿弥陀（无量寿佛）、药师佛、多宝佛、白衣佛、三世佛、三身佛、七佛、千佛等。

1. 交脚佛像

交脚佛像只存在于敦煌莫高窟十六国北朝的洞窟之中，位于洞窟西壁或中心塔柱东面向中央，以莫高窟北凉第268窟及北魏第254窟为代表。其中第254窟中心塔柱东面的交脚佛像，高1.90米，塑像头顶有高圆肉髻，面部涂金，内着斑点状花纹僧祇支，外着偏右袒式袈裟，薄衣透体，衣纹为帖方泥条加阴刻线式，半结跏趺坐，交脚坐于方形佛座上。此像虽面部、双臂均残，但却是莫高窟北朝时期交脚佛像的代表（图13-1）。

2. 二佛并坐像

二佛并坐像是释迦、多宝二佛并坐像的简称，内容依据《妙法莲花经·见宝塔品》。敦煌石窟中二佛并坐像壁画内容较多，塑像多塑造于主室的正龛内，代表有北魏第259窟、唐代第27窟等。第259窟二佛并坐像，位于西壁中心塔柱正龛的圆券形龛内。左侧一身高1.41米，右侧一身高1.43米，头顶均有高圆肉髻，

图13-1　莫高窟第254窟中心塔柱东面交脚佛像

图 13-2　莫高窟北魏第 259 窟主尊二佛并坐像

波浪形发髻，面相方圆，双眼细长，鼻梁扁平，薄唇大嘴，身穿红色偏右袒式袈裟，内着僧祇支，衣纹线为贴泥条式，游戏坐于佛座上。这两尊佛像充分表现了法华会上多宝塔涌现，释迦佛开启塔门，多宝佛于塔内分半座请释迦佛入塔的情景，是北朝时期典型的造像形式（图 13-2）。

3. 七佛像

一般指过去七佛。据《长阿含经》卷一记载：释迦牟尼之前有六佛：毗婆尸佛、尸弃佛、毗舍婆佛、居留孙佛、拘那含佛、迦叶佛，加上释迦牟尼佛，合称"过去七佛"，也有药师七佛的造像。敦煌塑像和壁画中均有这一类题材的作用，以壁画为最多。塑像七佛有莫高窟第 46 窟为过去七佛，而第 365 窟等则是药师七佛为坐像。第 46 窟七佛塑像现存六身，六身佛大小相同，均为立像，在莫高窟仅此一窟，同时从龛内塑作的水平来看，充分体现出盛唐时期雕塑塑造高超的水平（图 13-3）。

图 13-3　莫高窟第 46 窟北壁龛内七佛像

4. 涅槃像

又称卧佛像，是释迦牟尼在寂灭时的卧像。敦煌石窟涅槃造像始于北周，终于唐。莫高窟北周第428窟，隋代第427、280、295窟，唐代第332、130、120、185、44、92窟；西千佛洞北周第8窟，均为壁画形式。莫高窟第332、39、46、225、148、158窟，榆林窟第5窟均为彩塑与壁画结合的形式。两种表现形式的基本内容相同，释迦牟尼佛病重，在拘尸那城外跋提河边裟罗树林间为众弟子做最后的说法，然后于七宝床上右胁侧卧，涅槃。菩萨、弟子、天龙八部、世俗大众皆来供养举哀。

涅槃造像各窟彩塑与壁画结合表现的具体内容不尽相同。第332、39窟在中心塔柱主室的后龛及第225、46窟主室侧龛内均塑有群塑，以卧佛像为中心，其头前、身后、足旁有守候举哀的弟子、天龙八部众像；第46窟还塑造摩耶夫人奔丧像。群像身后的壁画绘娑罗树林，第332、39窟绘摩耶夫人奔丧。第148、158窟涅槃像均是长达10余米的大型佛像。第148窟卧佛像的周围塑造菩萨、弟子、天龙八部、各国国王举哀群像七十二身；围绕群像的壁面详细地绘出了佛说法和摩耶夫人、天龙八部听法，金棺自举和金棺自焚，四众分舍利等66个情节。第158窟围绕卧佛的壁面主要绘菩萨、弟子、天龙八部、各国国王供养举哀，彩塑和壁画和谐结合，使涅槃佛像置于佛床上，身后或塑或绘，种种夸张的哀恸之态的群像，烘托出佛涅槃至高无上、超凡入圣的意境。第158窟涅槃像是其杰出的代表作。第225、46、148、158窟的卧佛像和第46窟的舍利弗和摩耶夫人像，基本保持唐塑原貌，其余彩塑均为唐塑清修。菩萨、弟子、天龙八部、各国国王的供养举哀塑像仅第148窟尚存，其余各窟多残缺不全。第158窟的涅槃像塑造于吐蕃占领敦煌时期，塑像长15.8米，佛床长17.2米、宽3.5米、高1.43米，佛右胁累足而卧，头顶为高圆肉髻，波浪漩涡形发髻，右手平展置于大雁衔珠联珠莲花纹锦枕上，托着丰满的面颊，长眉弯弯、眼睛细长，面部表情刻画细致入微，身体瘦长，细腰肥臀，穿红色圆领通肩袈裟，紧裹全身，质薄如纱，随着身体的起伏而变化。整体比例协调，造型优美，技艺精湛，淋漓尽致地揭示了佛涅槃时那种大智大勇、沉着安详、泰然而归的内在精神境界（图13-4）。

图13-4 莫高窟第158窟佛涅槃像（局部）

5. 结跏趺坐佛像

敦煌石窟中结跏趺坐像主要是释迦佛，有禅定像、苦修像和说法像三种类型。禅定像和苦修像一般在北朝至隋代的洞窟中多有出现，而结跏趺坐的说法像在北朝时期出现较少，唐代以后的释迦佛塑像均是结跏趺坐像。

（1）禅定佛像　一般指彩塑中修禅入定的坐佛形象。敦煌石窟中北朝中心塔柱窟内，多以此像来表现释迦牟尼思惟、出家、修行、成道等修行成佛的几个主要经历。此像特征为身穿通肩或双领下垂袈裟，结跏趺坐，双手相叠施禅定印，低头做凝神思索状。莫高窟现存禅定塑像共计55身，分别位于北魏第259、254、251、257、263、260、437、435、431、248窟，西魏至北周第288、246、432、355窟（宋建第355窟内西魏像系由别处移入），隋代第427、292窟等16个洞窟。其中的代表作有莫高窟北魏第259窟禅定彩塑像和第248窟禅定像。

到了唐代，整铺的塑像组合流行，而单体造像衰落，加之佛教徒信仰、修持的方式也发生了很大变化，因此，单体造像已经不流行，致使禅定像在唐代以后没有出现，取而代之的是整铺说法像。

（2）苦修佛像　苦修像是释迦牟尼为寻找解脱人生痛苦的真谛，离家隐居于泥连禅河边丛林苦行修禅，日食一麻一米，经过六年，形貌已是"身肉为消尽，唯其皮骨存"的形象。此类造像的位置、环境、衣服、动态、神情等都有定式，苦修像与出家、成道、说法像组成四像，代表释迦牟尼一生修行成佛的四个重要经历，一般都安排在洞窟中心塔柱四面龛内的南向面或西向面，龛形为双树圆券形龛或圆券形龛。佛一般穿双领下垂袈裟，结跏趺坐，两手相叠腹前，做禅定印，低头沉思，面貌清瘦，胸部肋骨突起，形容枯槁羸弱。现存彩塑共有7身，其中北魏第257、260、248、437、435窟5身，西魏、北周第288、432窟2身。其中第248窟苦修像颇具代表性，此像是敦煌石窟释迦苦修像的代表，位于中心塔柱西面向圆券龛内。像高0.93米，头顶为高圆肉髻，波浪形发髻，面相方圆，眉骨高挑，眉毛细长，眼窝深陷，鼻梁高直，小嘴薄唇，由于苦修而肉皮松弛，衰老枯瘦，但五官仍端正，眉宇清秀；穿双领下垂式袈裟，袈裟衣摆搭在臂上，衣纹为阴刻线，结跏趺坐，双手相叠于腹前，做禅定印，低头沉思，胸部肋骨突起，形容枯槁羸弱。塑造出了佛思想深沉、坚毅果敢的性格。

（3）说法佛像　说法像是运用塑绘结合的方式进行描绘佛说法场景的形式。十六国北朝时期的佛说法像，有释迦佛和弥勒佛说法。十六国北朝时期主尊的佛说法像依据造型可分为交脚、倚坐（善跏趺坐）和结跏趺坐三种类型。交脚佛像一般被判定为弥勒佛；结跏趺坐佛一般被认为是释迦佛；而倚坐佛像争议较大，有学者认为是弥勒倚像，也有学者认为是释迦像。鉴于敦煌石窟北朝时期中心塔柱窟塔柱许多龛内南西北三面均塑有释迦的苦修、禅定等像，而东壁一般都塑有倚坐像，因此我们将十六国北朝时期的倚坐佛像暂时归入释迦佛的范围内加以命名。这里只叙述结跏趺坐的佛说法像。北朝时期的结跏趺坐佛说法像较少，代表有第248、428窟等。第248窟跌坐佛像，西魏窟，位于中心塔柱东面向，圆券形龛内塑佛像一身，结跏趺坐，头顶有高圆肉髻，面相方瘦，双眼俯视下方，鼻翼较大，嘴小唇薄，着红色通肩袈裟，衣纹线用阴刻线表现，线条细腻流畅，整体造型扁平单薄。龛外两侧各塑一身菩萨，立像（图13-5）。

图13-5 莫高窟第248窟中心塔柱东面向龛内结跏趺坐佛说法像

结跏趺坐像是隋代佛像造像的主要形式。这种结跏趺坐佛像主要体现在三类洞窟中，一是西壁开一龛的洞窟；二是三龛窟中西壁龛内的主尊造像，表现三世佛；三是中心塔柱窟各面龛内塑造的佛像，又表现为两种形式，一种是西壁开龛的主尊结跏趺坐佛，另一种是表现三世佛或三佛的主尊形式。

敦煌莫高窟隋代洞窟中塑有结跏趺坐佛像的洞窟有第56、59、206、243、244、253、262、276、278、309、311、314、378、379、380、282、302、303、305、383、389、392、396、397、398、399、401、402、403、404、407、408、411、414、434、436、412、418、417、419、420、421、425、427、433窟等，其中三世佛中结跏趺坐像有第282、302、303、305、292、383、401、420窟。另外，中心塔柱南、西、北三面龛内的主尊均是结跏趺坐佛的洞窟有第427、292、302、303窟等，其中有的属于禅定像。这一时期的结跏趺坐像，早期的塑像人体比例不协调，被塑造成头大、上肢长、下肢短、身体宽厚的形态；到了中后期，塑像身材比例开始适中。

代表作有第419窟跌坐佛像，位于西壁龛内。此像已经完全摆脱了隋代早期塑像体态粗短的特征，造像比例协调，头顶为扁平肉髻，面部丰满圆润，额头饱满，五官整齐，双眉弯曲，双眼略睁，鼻梁挺拔，嘴巴小巧，嘴唇轻薄，面相平和，神态自然，抿嘴微笑，塑造出了佛的慈悲为怀、普度众生的心态；身穿圆领式田相袈裟，内着僧祇支，袈裟一角搭于左肩，右手施无畏印，左手与愿印，左手手指略残；结跏趺坐于佛座上，右脚脚心向上，压在左脚之上，脚下及周围，袈裟衣摆形成自然的褶皱，褶皱繁多，衣纹仍作阶梯式（图13-6）。此身佛像堪称隋代结跏趺坐佛像的经典，保存完好，塑像整体形态丰满圆实，塑像手法

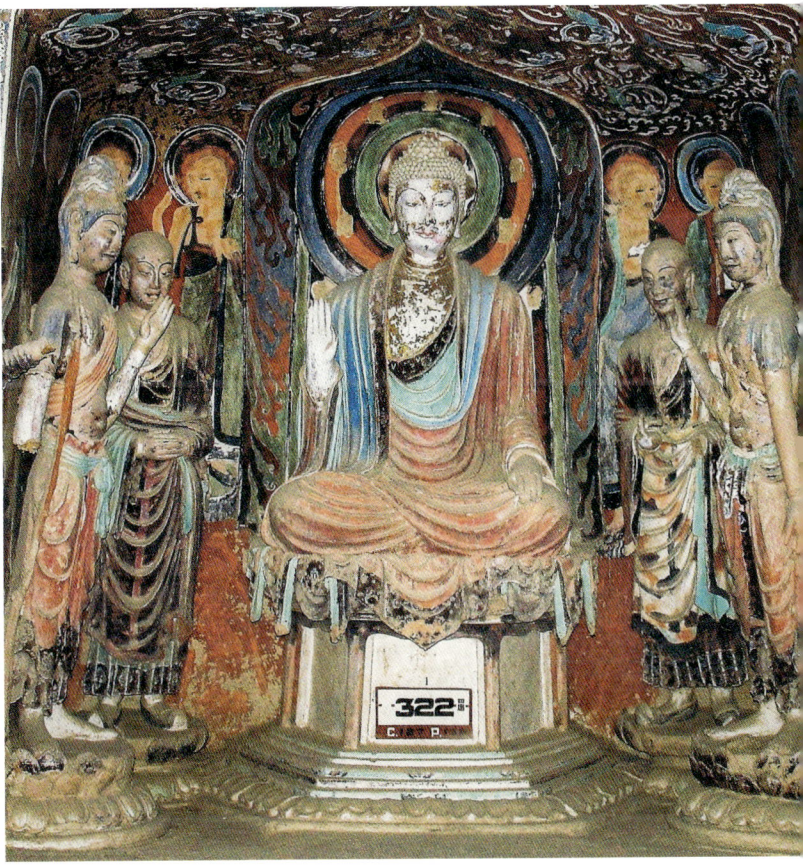

图 13-6　莫高窟第 419 窟西壁龛内趺坐佛像

图 13-7　莫高窟第 322 窟西壁龛内佛像

概括、洗练并略带夸张。

另有第 322 窟趺坐佛像，初唐塑，位于洞窟西壁龛内。第 322 窟西壁龛内塑一佛二弟子二菩萨二天王一铺七身，均保存完好。中央佛像，高 1.76 米，头顶有螺纹肉髻，目光炯炯，眼睑微垂，阔额直鼻，相貌威严；左手手臂平举，做施无畏印，结跏趺坐于莲台上；身穿通肩袈裟，线条流畅，富有厚重的质感和装饰意味。其形象和神态就像现实中的一位权贵人物，突出了佛的庄严肃穆（图 13-7）。其他如第 328 窟趺坐佛像（图 13-8）、第 45 窟趺坐佛像（图 13-9）。

唐前期趺坐佛像主要有两个特点，一是承袭隋代造像的一些特征，头大腿短，面相清秀，身体轮廓比较笼统，整体感觉较强；双脚藏于袈裟内，不显现任何痕迹；上身内着僧祇支，外披双领下垂袈裟，用隋朝流行的直平阶梯法

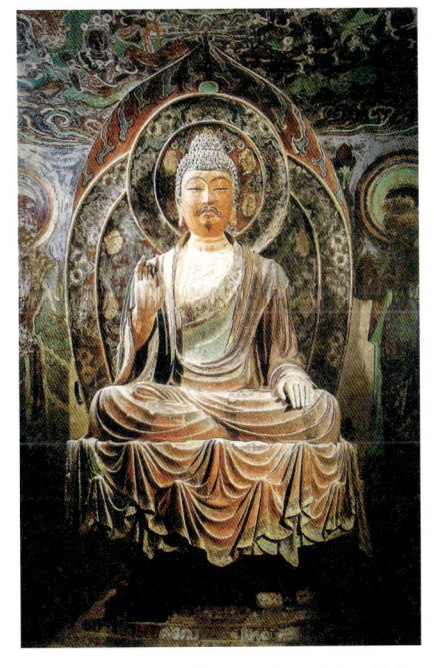

图 13-8　莫高窟第 328 窟西壁龛内佛像

图 13-9　莫高窟第 45 窟西壁龛内佛像　　　图 13-10　莫高窟第 196 窟中心佛坛上结跏趺坐佛像

表现衣纹。另一个是面型丰满圆润,身体轮廓略为清晰,双脚虽仍藏于袈裟内,但已经通过袈裟看出其大体的轮廓,表现出了衣褶的真实与细腻,较好地刻画了衣服的质量感和体积感。此期佛像主要塑造出了佛的雍容华贵和庄严肃穆。

到了晚唐时期,中心佛坛上保存大多是释迦结跏趺坐说法像,可惜保存均不太好。代表作有第 196 窟趺坐佛像。此窟中心佛坛上原塑一佛二弟子二菩萨二天王一铺 7 身,现存一佛二弟子一菩萨一天王。主尊佛像头顶有螺纹肉髻,面部浑圆,身体丰厚硕壮,广额细眉,大眼直鼻,嘴巴较小,唇上及颔下均有胡须,正襟危坐,目视前方,结跏趺坐于须弥座上;穿双领下垂式田相袈裟,双腿及脚裹袈裟下摆中,袈裟下摆紧贴佛座,形成繁缛的褶皱,以健壮硕大的身躯表现出了佛高高在上的威严之神态(图 13-10)。唐后期佛像雕塑较少,此像虽经后代重装,但不失晚唐塑像的特征。

曹氏归义军时期,结跏趺坐佛像保存下来较少,主要有第 98、40、289、263 窟等。

6.倚坐佛像

倚坐佛像（又称善跏趺坐像），就是佛坐于座上，双脚置于座前的坐姿形式。敦煌北凉至北朝隋代时期的倚坐佛像多为释迦。到了唐代，说法像非常流行，主尊倚坐像一般为弥勒佛像。

（1）十六国北朝时期的倚坐佛像　十六国北朝时期存有倚坐佛像的洞窟有北凉第272窟，北魏第257、251、260、435、437窟，西魏第431、432、438、439、249、288、285窟，北周第290、294、296、297窟等。代表作有第257窟倚坐佛像，位于中心塔柱东面向下层龛内，像高1.87米，塑像头为高肉髻，面相浑圆，面部残损，双臂微屈，双腿分开，内着土红色僧祇支，穿红色偏右袒式袈裟，衣纹用贴泥条加阴刻线加以表现。背后会有身光、项光，用火焰纹、飞天及化生装饰（图13-11）。

（2）隋代的倚坐佛像　隋代早期的倚坐像多与北周时期造像方式接近，到了中期和后期，塑像比例开始匀称。隋代的倚坐佛像分布于第250、266、304、310、315、393、405、406、410、416、422、423窟等西壁龛内和第305窟南壁、北壁龛内，其中保存较好且比较完整的倚坐佛像有第250、304、410、416、422、423窟等。代表作有第423窟倚坐佛，位于洞窟西壁

图13-11　莫高窟第257窟中心塔柱东面向龛内倚坐佛像

图13-12　莫高窟第423窟西壁龛内倚坐佛像

龛内。佛像背后绘制火焰纹头光与背光，塑像人体比例塑造适中；头顶为扁平肉髻，面形圆中有方；五官棱角较为明显，比例合适；额头宽阔平滑，双眼半睁，鼻梁挺直，鼻翼匀称；面部圆润，面带微笑；嘴角有两撇胡须，由于微笑而有轻微抖动之感；下巴平滑而不尖削，身躯宽厚而丰满，肩部宽阔，已经注意到人体的曲线；佛像衣饰较为讲究，身着双领下垂式袈裟，袈裟一角搭在左臂上，内着僧祇支，衣纹线条简单，下摆贴在佛座前；双手结印，右手施无畏印，左手触地印，手指有稍许残损；塑像胯部较宽，倚坐于方形佛座上，坐姿端正，表现出了佛像的庄严肃穆（图 13-12）。此尊佛像是隋代倚坐佛像保存最好者，同时也是隋代彩塑的精品之作。

（3）唐代以后的倚坐佛像　敦煌石窟中唐代倚坐像较少，但均比较有特点，其中以修凿于武周时期与开元时期的两座倚坐弥勒大像最具特色。第 96 窟倚坐大像，北大像，位于九层楼建筑内，塑像高 33 米，为弥勒佛像。第 96 窟及弥勒大像由禅师灵隐与居士阴祖等人于武周延载二年（695）开凿。此尊弥勒大像依崖而坐，面相圆润，眉目慈祥，仪容端庄，内着僧祇支，外着土红袈裟，左手与愿印，右手施无畏印，双腿下垂，脚踏覆莲。此像历经后代重修，现外面建筑已经修成九层，成为敦煌莫高窟标志性建筑（图 13-13）。

南大像第 130 窟倚坐大像，位于莫高窟第 96 窟北大像以南，因此也称南大像。此尊大像也为弥勒佛，高 26 米，就崖镌刻石胎，外敷草泥，然后造型上彩。佛像倚崖而坐，头微

图 13-13　莫高窟第 96 窟弥勒大像　　　　图 13-14　莫高窟第 130 窟弥勒大像

图 13-15　莫高窟第 55 窟中心佛坛上倚坐弥勒佛像　　图 13-16　莫高窟第 427 窟中心塔柱东面向立佛像

俯，双眼半闭俯视芸芸众生，脸庞丰满，略带笑意，双腿下垂，脚踏仰莲，左手抚膝，轻柔自然，右手做施无畏印，穿通肩袈裟。整个塑像比例适度，神态庄重慈祥，是敦煌石窟倚坐弥勒大像的代表作品（图 13-14）。

第 55 窟倚坐佛像，位于洞窟中心佛坛上。第 55 窟中心佛坛上塑弥勒三会，均塑三尊倚坐弥勒像。此像保存最好，头顶有螺纹肉髻，面相饱满，双眼细长，面带微笑，穿双领下垂式袈裟，内着僧祇支，左手抚膝，右手施无畏印，手指残，倚坐于金刚宝座上（图 13-15）。衣纹线的塑造与第 156 窟主尊倚坐像衣纹线的塑造方法相同。

7.立佛造像

立佛像是指立姿佛造像。敦煌石窟的立佛像最早始于北魏第 263 窟南壁后部的中层壁画中，而立佛塑像则从隋代开始流行。莫高窟隋代石窟中现存立佛塑像较多，有第 427（图 13-16）、292、282、429、280、392、244、430 窟等。初唐第 332 窟主室中心塔柱前出现立佛塑像（图 13-17），之后吐蕃占领时期的第 158 窟也出现了立佛塑像（图 13-18）。立佛多以三佛形式出现，只有第 280 窟的立佛像是特例，以单身佛像的形式表现。第 429、430 窟的立佛像为后代移入。第 282、392、244 窟的三尊佛像中，出现了立像、坐像共存的现象，题材为过去、现在、未来三世佛，其中立佛当是过去佛。第 427、292 窟的三佛像均做立姿说法状，其题材应是三世佛（三身佛）。其中第 427 窟的立像是隋

图 13-17　莫高窟第 332 窟中心塔柱东面佛立像

图 13-18　莫高窟第 158 窟南壁立佛像

图 13-19　莫高窟第 203 窟西壁龛内凉州瑞像

代立像的代表作品，在洞窟中心塔柱前面，人字披顶下方的南、西、北三方均置有一佛三身的大型立像。

8. 凉州瑞像（倚山瑞像）

初唐时期，凉州瑞像等造像在敦煌兴起，代表窟有莫高窟第 203、300、323 窟等，均是以塑像的形式在洞窟主尊的位置表现出来，这类造像均造成倚山的形状，因此称为倚山瑞像。第 203 窟倚山瑞像，初唐塑，位于西壁龛内，佛像依山而立，面相略方，头顶肉髻为波浪形，肩宽胸平，身穿偏右袒式袈裟，右手垂直下伸，左手握袈裟置于胸前，袈裟衣纹自然。左右两侧各塑一菩萨，立像，头顶高髻，面相丰满，长眉细眼，上身裸露，腰躯微扭，长裙覆足，衣纹线条流畅，立于圆形莲台上（图13-19）。

（二）弟子像

弟子，即释迦牟尼在世时的门徒，据说有五百人，其中著名者有十人，号称"十大弟子"。他们是：摩诃迦叶（简称迦叶）、舍利弗、目犍连、须菩提、富楼那、摩诃迦旃延（简称迦旃延）、阿那律（亦称阿尼律陀）、优波离（亦作优婆离）、阿难陀（简称阿难）、罗睺罗。除释迦牟尼的弟子外，敦煌石窟艺术中还刻画了许多佛教史上的著名高僧，如康僧会、安世高、佛图澄、昙延、泗洲和尚、流沙河、玄奘、洪辩等。画家在描绘这些人物时，并非只画一人像，而多是选取与之相关的某些故事情节，将人物放到特定环境中来表现。

十大弟子造像在敦煌石窟中经常出现，特别是迦叶和阿难，从北周时期开始多见于释迦牟尼塑像的两侧，并几乎成为后来塑像配置的定式。敦煌石窟全塑有十大弟子的洞窟只有一窟。从北周开始，一般只塑二弟子——阿难和迦叶。到了唐代，一般采用塑绘结合的方式表现十大弟子，在西壁龛内佛释迦牟尼的左右两侧塑二弟子迦叶和阿难，在龛内左右两壁各画四大弟子，与塑像共同组成十大弟子。这种塑绘结合的布局一直延续到莫高窟开窟的结束。

1. 十大弟子塑像

十大弟子塑像位于第412窟内。敦煌石窟中，大多数洞窟在表现弟子时只在佛左右两侧用塑像的形式表现出了两弟子，一老一少，即迦叶和阿难像。唐代在塑像之余，在西壁龛内以绘画的形式表现了其他弟子。而隋代第412窟，西壁龛内塑一佛十弟子，南北两壁还塑二菩萨。这十大弟子的彩塑，虽然经后代重修，已失去隋塑原貌，但这种全部以塑像的形式表现十大弟子的造像手法在敦煌石窟中是绝无仅有的。第412窟造像组合为一佛十弟子、二菩萨，主尊佛为结跏趺坐，西壁龛内南北两侧各塑四弟子，西壁龛外南北两侧各塑一弟子，洞窟南北两壁各塑一菩萨。弟子与菩萨均为立像，佛南侧阿难像，面相方圆，双眼下垂，脸颊丰满圆润，身穿双领下垂式袈裟，右手置于胸口；迦叶像身材瘦小，双耳较大，额头皱纹遍布，双眼圆睁，颧骨高起，面颊塌陷，面部肌肉松弛，颈部青筋暴露，胸前肋骨历历可见，身穿偏右袒式袈裟，左手上举，侍立于圆形莲花台上；龛内南壁三身弟子像，均贴南壁站立，双手合十，身穿双领下垂式袈裟，可惜经后代重修；龛内北壁三身弟子像也紧贴墙壁，毕恭毕敬站立，身穿双领下垂袈裟，此三身塑像造型稍微丰富，最外一身左手握拳置于胸前，右手抚胸，虽经后代重修，但表现了弟子们专心听法之态；西壁龛外南北两侧的二弟子均毕恭毕敬站立。这十身弟子像，表现出了佛说法而众弟子专心听法的情景，完全以塑像的形式向我们展现了一个佛说法图的宏大而壮观的场面。

2. 迦叶像

迦叶全称"摩诃迦叶",居释迦牟尼佛十大弟子之首。相传释迦涅槃后,他是第一位被付法藏的弟子,也是佛弟子第一次集结、辑录口传佛经为文字经藏的召集人。敦煌石窟中现存最早的迦叶塑像始于北周,为一个侍立于佛左侧的老者形象,具有西域梵僧特点,以第439窟塑像为代表。到了隋代,迦叶或为清瘦、枯槁、老态龙钟,而又乐观、豁达的梵僧形象;或为面丰脸圆、虔诚坚毅的汉僧形象,具有饱经世故、寡欲苦修、豁然通达的内在气质,以第419窟迦叶像为代表(图13-20)。唐以后,则多为低头沉思、略含笑意,虽嶙峋瘦骨,但仍康健神奕的老人,体现了阅历丰富、世故圆通、老成持重、哲思深沉的精神内涵,以盛唐第220、328、45(图13-21)窟彩塑,中唐第159窟的迦叶像为代表。

3. 阿难像

阿难全称"阿难陀",是释迦牟尼的堂弟,侍佛二十五年,多闻佛法,长于记忆,因此称"多闻第一"。敦煌石窟中现存阿难像始塑于北周,多塑成侍立于佛右侧之少年或青年形象。北周的阿难像为一青年沙弥形象。到了隋代,则多被塑成头大身小、眼圆嘴细、温顺虔敬、聆听佛法的孩童或少年形象,代表作有第427、419(图13-22)、244窟等造像。唐以后,阿难像多表现为略含笑意、双手抄腹、腰身微扭、面相清秀、神情或闲适潇洒或聪颖诚笃的青年形象,代表作有第328、45(图13-23)、194、159窟等造像。

4. 舍利弗塑像

敦煌石窟中还有舍利弗的塑像,只存于第46窟中,位于洞窟南壁龛内涅槃佛双足西侧,高0.47米。此像头戴维帽,闭目入定,敛神返思,嘴角含笑,面貌英俊,身穿圆领通肩袈裟,结跏趺坐,闭目禅定,表现出内心泰然自若、喜形于色的神情。这身造像以简练淳朴的雕塑语言、"意到笔不到"的手法,成功塑造了外形朴拙、内蕴丰富深刻的形象。

(三)菩萨像

菩萨为梵文Bodhisattva的音译,"菩提萨埵"之略称,意译为"觉有情""道众生""道心众生"。据《翻译名义集》卷一引僧肇释:"菩提,佛道名,萨埵,秦言大心众生。有大心佛道,名菩提萨埵。"菩萨意指修持大乘六度,求无上菩提(觉悟),利益众生,于未来成佛的修行者。敦煌塑绘中有大量菩萨形象,多身着印度或西域装,既有有名有姓的大菩萨如观世音、大势至、文殊、普贤、地藏、弥勒、日光、月光、维摩诘等,也有许无名小菩萨。对于这些无名菩萨,我们常以其所处位置、动态与佛像之间的关系,分别称作"供养菩萨"(在佛旁做供养状者)、"思惟菩萨"(坐或胡跪,面露沉思表情者)或"听法菩萨"(在佛说法旁做倾听状者)。

在敦煌石窟中,菩萨塑像按姿态可划分为交脚菩萨、思惟菩萨、立像菩萨、坐像菩萨以

图 13-20　莫高窟隋代第 419 窟迦叶像

图 13-21　莫高窟盛唐第 45 窟迦叶像

图 13-22　莫高窟隋代第 419 窟阿难像

图 13-23　莫高窟盛唐第 45 窟阿难像

及跪姿的供养菩萨几种类型。

1. 交脚菩萨像

交脚菩萨是敦煌石窟彩塑题材的重要内容。现存实物有北凉第275窟，北魏第259、254、251、257、260、437、435窟，西魏第288、246窟，北周第290窟，共11窟24身。这类题材内容有学者认为是释迦牟尼佛的前身，一般认为是弥勒菩萨。交脚菩萨像的共同特征是头戴宝冠，上身袒裸，颈饰项圈，胸挂璎珞，肩挂长巾，腰围长裙，跣足，做交脚端坐，仅手姿各异。其中第275窟西壁交脚像为主像，第275（图13-24、图13-25）、254（图13-26）窟的交脚菩萨位于南北两壁的上层龛内。而第254、251、254、251、257、260、437、435、288、246窟等的交脚菩萨像则分布于中心塔柱南北面向的上层龛内，第290窟在中心塔柱西向面的龛内。除第275窟主尊外，时代较早的第275、259、254、251、257、260、437、435窟在阙形龛内，而时代较晚的第288、246、290窟则在圆券形龛内。

2. 思惟菩萨

思惟菩萨是敦煌石窟彩塑菩萨塑像中的重要题材，主要出现在十六国北凉至北朝时期的洞窟之中，隋代也有少量塑像出现。代表窟有北凉第275窟，北魏第259（图13-

图12-24　莫高窟第275窟交脚菩萨像　　　　图12-25　莫高窟第275窟北壁上层龛内交脚菩萨像

图 13-26　莫高窟第 254 窟南壁上层龛内交脚菩萨像 　　图 13-27　莫高窟第 259 窟思惟菩萨像

27)、257(图 13-28)、437 窟等的塑造数量较多，一般绘制于中心塔柱或洞窟壁面的上层龛内。隋代思惟菩萨的塑像只出现于第 417 窟中，现存的两身思惟菩萨位于第 417 窟西壁龛外南北两侧，这两身塑像造型都比较精美，其中北侧一身保存完好，是敦煌石窟中思惟菩萨的代表作品。

其中第 417 窟思惟菩萨像，悬空坐于第 417 窟西壁与北壁的拐角处。塑像体态苗条，头戴宝冠；大耳垂肩，耳轮较厚；面相圆润，眉毛细长，大眼明亮清澈；睫毛细长，轻轻闪动，富有动感；鼻梁挺直，鼻翼有少许破损；嘴巴微张，红唇轻薄，下巴尖削；面色红润，肌肤细腻光滑，富有弹性；侧头前视，面带笑意；胸部袒露，上身穿无领短袖披巾，臂戴臂钏，无项饰、璎珞；坐于束腰莲花座上，右腿置于左膝上，右臂上举，右手托腮做思维状，左手轻轻搭在右腿

图 13-28　莫高窟第 257 窟思惟菩萨像

图 13-29　莫高窟第 417 窟龛外北侧思惟菩萨像 　　图 13-30　莫高窟第 244 窟弥勒菩萨像 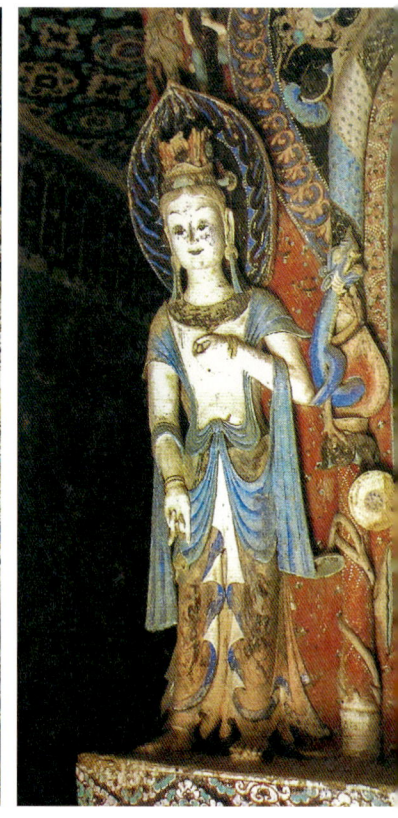　　图 13-31　莫高窟第 432 窟菩萨像

上。此像表现了菩萨在听佛说法之后，凝神微笑，略有所思之态（图 13-29）。

3. 立像菩萨

在敦煌石窟中，立像菩萨主要有两种类型，一类是主尊弥勒菩萨像，另一类是胁侍于佛两侧的菩萨立像，称之为"胁侍菩萨"。

（1）弥勒菩萨立像　弥勒菩萨是敦煌石窟彩塑中特有的题材。十六国北朝时期，弥勒菩萨就以主尊的形式出现。隋代，由于三世佛造像兴起，出现了许多三世佛造像，而有的洞窟将未来佛弥勒佛以菩萨装表现，因此，也就出现了以弥勒菩萨为主尊的菩萨像，以第 244 窟北壁的主尊弥勒立像为代表（图 13-30）。

（2）立像胁侍菩萨　敦煌石窟中的立像胁侍菩萨塑像最早出现于北魏第 259 窟，自后，北朝时期的洞窟均有塑造，一般塑造于中心塔柱四面龛的内外两侧。北朝第 259、248、432（图 13-31）、438、290（图 13-32）窟菩萨像都是这一时期的代表。

第 194 窟菩萨像，盛唐塑，位于西壁龛内南侧，像高 1.43 米。塑像头挽双鬟髻，曲眉丰颊，双目凝神下视，朱唇绿须，嘴角深陷，身体轻盈，姿态左倾，右脚略前伸，左臂半举，右臂轻垂，手指纤巧。身穿圆领无袖上衣，腰带轻束，披巾回绕，横贯于腹下，长裙覆脚，塑像亭亭玉立，娴雅含蓄，耐人寻味。衣裙色彩清淡，纹样繁华，绘制精细，富有织锦、刺绣的质感，更衬托出少女般的菩萨之柔姿丽质；因动势而垂曳的衣纹簇集成优美的弧线，形成柔丽的装饰效果，长裙上绘满了卷草婉转的蔓草和浓艳饱满的团花，作者的精工巧思，创造了塑绘巧妙结合、形质并茂的杰作（图13-33）。此像除了右手残损外，其余保存完好，是盛唐后期菩萨像的代表。

第159窟菩萨像，中唐塑，位于西壁龛内南侧，像高1.39米。塑像云髻高耸，发披两肩，面庞略方，曲眉秀眼，眼角上挑，颈项、腰肢、胯部有轻微的"S"形扭曲，一手轻轻上举，一手执握由左肩下垂经过左胯横贯

图13-32　莫高窟第290窟中心柱南向西侧菩萨像

图13-33　莫高窟第194窟西壁龛内南侧菩萨像

图13-34　莫高窟第159窟西壁龛内南侧菩萨像

图13-35　莫高窟第159窟西壁龛内北侧菩萨像

图 13-36　莫高窟第 205 窟坛上南侧菩萨像　　图 13-37　莫高窟第 328 窟西壁龛内北侧菩萨像

腿部的披巾。肩披海石榴卷草纹半臂，上着茶花纹内衣，素白如玉的胸部外露，佩挂项圈，下系团花纹红罗裙，造型端严。身躯轻微的扭曲、肢体的起伏变化、披巾的动势、衣裙的华美精致、衣料的轻软质感、色调的清丽典雅，和谐地融合在一起（图 13-34），是吐蕃时期菩萨塑像的经典之作（图 13-35）。

4. 坐像菩萨

坐像胁侍菩萨在敦煌石窟早期洞窟中多以思惟菩萨出现，隋代以后菩萨塑像多以立像姿态出现。到了初唐时期，菩萨塑像中也出现了一种坐姿听法菩萨塑像，此类菩萨坐像一般结跏趺坐于莲台上，听佛说法。到了盛唐，菩萨像半结跏趺坐于莲台上，俗称"游戏坐"。代表作有第 329、331、205（图 13-36）、328（图 13-37）、319、107、196 窟菩萨像等。

5. 供养菩萨像

敦煌石窟从盛唐开始出现了供养菩萨的造型，其造型特征一般是菩萨双手合十，胡跪于莲台上，听佛说法。代表作有第 328、384 窟菩萨像。

(四)天王像

天王是欲界六天之最下天。在须弥山半山腰的四方有天王四人,称作四大天王。他们是东方持国天王、南方增长天王、西方广目天王、北方多闻天王。四大天王是佛国镇守四方的护法神。

敦煌石窟中最早出现的天王塑像保存于北魏开凿的第257窟中,现在只保存于中心塔柱东面向龛外北侧一身,像高0.94米。此像直立,身躯粗壮,面相丰圆,双目圆睁,鼻梁扁平,嘴巴微笑,面形饱满,神情和善;上身着甲胄,绘制的甲片依稀可见,胸前左右两片胸甲为石青色;肩覆护膊,臂裹护臂,腰系绿色膝裙,下露绿色长裙,肩挂披巾绕臂而下,跣足;衣饰集武士和菩萨装于一身,色彩单纯,造型古拙,手法简朴,是莫高窟北朝唯一一身彩塑天王像,只可惜左臂大臂以下残,右臂手残,非常遗憾(图13-38)。

隋代天王造像在莫高窟大量出现,多以壁画的形式绘制于洞窟主室东壁门南北两侧,也在洞窟前室以塑像的形式出现。迄今保存的只有第427窟前室的四身天王和两身力士像。这四身天王像,头大、腿短,面部圆中见方,挺胸凸腹,两眼圆睁,或叉腰举拳,或握拳托物,或嘴唇紧闭,或张口欲吼。塑像色彩虽经后代重妆,但保存基本完好,是敦煌石窟彩塑中少有的精品。

唐代天王像一般出现于西壁龛内两侧,塑天王像两身,多为广目天王和多闻天王。广目天王梵名毗留博叉,常以净天眼观察阎浮提之众生;多闻天王梵名毗沙门,既是护法天王,兼施佛之神性。天王是佛国的护法神,唐以后在佛教艺术和佛龛雕塑中,大都于龛两侧塑南北二天王。传说毗沙门天王能随军护法,唐后期有毗沙门天王富足救安西被困之唐军之说,故唐后期各地造有大量毗沙门天王像。代表作有第322窟南北侧、第45窟南北侧、第46窟南北侧(图13-39)、第

图13-38 莫高窟北魏第257窟天王像

图13-39 莫高窟第46窟西壁北侧天王像

图13-40 莫高窟第205窟坛上北侧天王像

194窟南北侧、第159窟南北侧，以及第205（图13-40）、18、55窟天王像等。

（五）力士像

力士又称末罗，梵语malla意译为力士。有两种意思，一是指大力之男子；二是指大力之一种族。与天王一样，是佛教的护法神。

敦煌石窟中最早出现力士像是在北魏第435窟中，现存中心塔柱东面向南北两侧各一身。这身塑像是北侧一身，像高0.94米。此像棱角分明，眉骨高调；眼睛上斜，眼球鼓出；大蒜鼻，鼻孔粗大；嘴巴张开，牙齿稀松，有的已经脱落；脸部两颊塌陷，下巴尖削；脖颈粗壮，喉结粗大，青筋暴露。整个面相较为丑陋，甚至有些狰狞恐怖。双肩披巾，在胸前形成交叉状；左臂残，右臂上举，大臂与小臂的肌肉暴露，露出发达的肌肉，非常结实；腰系长裙，裙子衣纹线条明显。整个造像以狰狞恐怖的手法表现力士鲁莽暴躁的性格。

到了隋代，力士像有了一定的发展，在造型上不再狰狞，而是力图表现其孔武有力，第427、194窟的两身力士像就是代表。

（六）地鬼塑像

敦煌石窟隋代洞窟中出现了被天王踩踏的地鬼形象，这种现象在隋代造像方式中成为定式，非常普遍。到了唐代，天王踏鬼的造像方式非常流行，不管是塑像还是壁画，在天王的脚下都出现了姿态各异的地鬼形象，这种造像方式在敦煌石窟中一直延续了下来。在敦煌隋代的洞窟中，绘制、塑造四大天王的造像非常普遍，因此天王脚下踩踏的地鬼形象也非常流行，其中第427窟前室四大天王脚下的地鬼塑像姿态各异，堪称地鬼彩塑的代表作品。

第458窟地鬼像为盛唐原塑，位于西壁龛内南侧天王脚下，像高0.58米。此地鬼像头大体小，赤膊短裤，昂首挺胸，四肢撑地而坐，右膝与左臂承托着巨大的天王双脚。面部既有兽类的耳朵和眼睛，又有人类的宽鼻、大嘴和胡须，夸张的五官造型构成一副想象的地鬼面孔，其紧张而不堪重负的神情颇为耐人寻味（图13-41）。

（七）龙首塑像

龙首作为窟龛左右两侧龛梁尾部的装饰，一般采用浮塑的形式，因此也属于敦煌彩塑的素材之一。敦煌石窟中的龙首头像始于北朝时期，到了隋代，这种龙首龛极为普遍，其中第304（图13-42）、417、419（图13-43）、423窟等是此期龙首图案的杰出代表。

第423窟龙首，隋代塑，位于西壁龛外南侧。此像双爪着于柱头上，颈部向龛内扭曲，以示张望，躯体盘曲，张牙舞爪，形状凶猛，以示护法（图13-44）。

图13-41 莫高窟第458窟地鬼像

图13-42 莫高窟第304窟西壁龛外龙首像　　图13-43 莫高窟第419窟西壁龛外龙首像　　图13-44 莫高窟第423窟西壁龛外龙首像

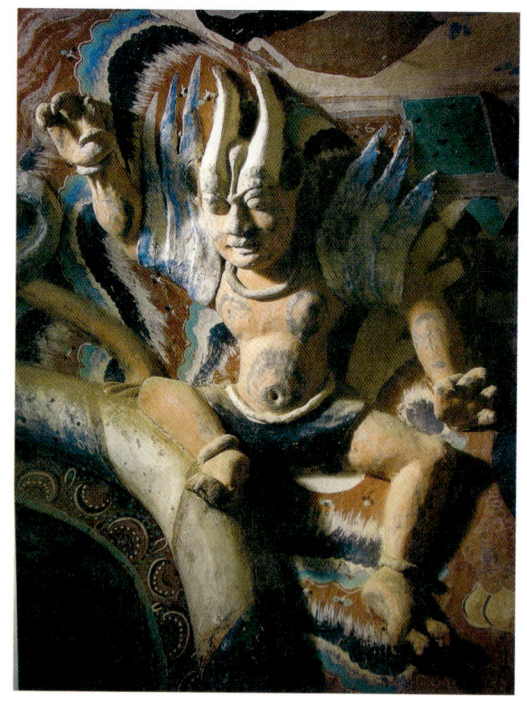

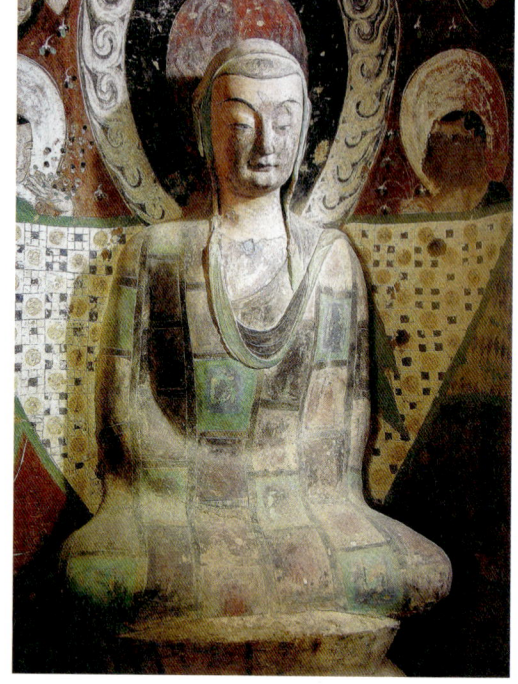

图 13-45　莫高窟第 297 窟羽人像　　图 13-46　莫高窟第 285 窟西壁南侧龛内禅僧像

(八)羽人塑像

敦煌石窟中羽人壁画常见于北朝隋代的洞窟之中,但以塑像形式表现则较少,只存在于北周第 297 窟中,位于洞窟西壁龛外北侧,高 0.59 米,塑像以浮塑的形式加以表现。羽人头顶生犄角、人面兽爪、颈系项圈、臂长羽翼,身材短小粗壮,四肢佩戴臂钏,周身是淡赭色,突出部位用赭红晕染,以增强立体感(图 13-45)。

(九)禅僧塑像

十六国北朝时期,禅修盛行,在敦煌石窟中不仅出现了许多禅窟,而且还绘塑了许多比丘禅修的内容,其中西魏第 285 窟就是典型的例子。第 285 窟洞窟四披西方不仅绘制了一圈禅僧在山林中禅修的画面,而且在洞窟西壁两侧的小龛内各塑一身禅僧形象。另外,第 273 窟内也存有禅僧塑像一身。第 285 窟禅僧像,位于洞窟西壁南北两侧的小龛内,现存两身,其中北侧一身头部已残,南侧龛内一身保存完好。像高 0.67 米,面部刻画细致,天庭饱满,肤色红润,眉清目秀,鼻直口方,头俯视,双目凝视前方,双唇轻轻闭合,身着田相袈裟,裹头缠身,双手做禅定状。造型单纯整洁,清秀俊逸,神情坦然,表达出了僧人内心平静如水、专心修禅之态(图 13-46)。

三、敦煌洞窟彩塑的时代性

(一) 十六国北朝时期的敦煌彩塑

十六国北朝时期的敦煌彩塑主要是佛和菩萨像。北魏时期,佛像一般都有菩萨胁侍左右,组成一佛二菩萨的标准形式;到北周时期,又出现了佛弟子阿难和迦叶,出现了一铺五身的造像形式。有些极个别的洞窟中出现了天王、力士像。

佛像常见的为弥勒像,还有释迦、多宝并坐像,释迦说法像、禅定像、思惟像,以及中心塔柱四面宣扬的释迦平时事迹的"四相"或"八相"的苦修和降魔成道像等。位置上,佛像一般塑于西壁龛内或中心塔四面的下层龛内;菩萨像作为主尊的只有第275窟,其余为胁侍菩萨,还有交脚菩萨和思惟菩萨。胁侍菩萨一般为立像,分布于主尊两侧;交脚菩萨和思惟菩萨一般塑于主室南北两壁上层龛内和中心塔柱南、西、北面的上层龛内。这一时期的菩萨像出现最多的是思惟像,这些菩萨和交脚菩萨一样高居天阙,半跏趺坐,右足叠于膝上,右手支颐,俯首下视,沉浸在冥思苦想之中。出现在北周时期的迦叶、阿难像,是一对具有鲜明特征的塑像,阿难类似汉族青年贵族弟子,英俊潇洒;迦叶则似"胡人",高鼻深目,双眉紧锁,反映了一个饱经风霜的智者形象。

十六国北朝时期,敦煌石窟的塑像从人物造型、衣冠服饰到艺术风格,都有比较明显的演变。可以以北魏孝文帝太和改制作为分界线,将这时期的佛像分为两个时期。改制以前的塑像,人物面相丰圆或丰满略长,鼻梁隆起直通额际,眉长眼鼓,肩宽胸平;姿势比较单调,或直立或端坐,缺少动态。佛像穿右袒式或通肩袈裟,密集的装饰性衣纹,随身衣纹圆转,给人以薄纱透体之感,这就是所谓的"曹衣出水"的手法。菩萨则高髻,戴宝冠,发披两肩,上身半裸或斜挎"天衣",腰束羊肠裙。塑像体态健硕,神情端庄,色彩明快,艺术风格趋向简朴厚重。

孝文帝改制,不仅带来了汉式衣冠,而且带来了汉族士大夫阶层的美学思想。智慧的内心和脱俗的风度表现于造型艺术上,形成了所谓的"秀骨清像"的艺术风格。在北魏东阳王元荣统治瓜州时期,塑像中面貌清瘦、眉目疏朗、身体扁平、颈项细长的形象蔚为风气。在服饰上的变化也很明显,佛像内穿交领襦,胸前束带作小结,外套对襟式袈裟;菩萨像中仍有上身半裸、腰围长裙的形象,但是大冠高履、褒衣博带的形象也已经出现。太和改制以后的塑像,表现手法逐渐丰富,性格的类型变化逐渐明显,如佛的庄严慈祥、菩萨的清秀恬淡、天王的庄严威武、力士的威猛粗犷,等等。从形象上可以清楚地看到当时风靡于士大夫阶层中间通脱潇洒的风貌。

1. 北凉时期敦煌石窟的彩塑艺术

敦煌北凉石窟指建于十六国北凉时期(401—439)的石窟,这一时期的代表洞窟有第

图 13-47　莫高窟北凉三窟崖面位置图

268、272、275窟，又称"北凉三窟"。北凉三窟位于莫高窟南区中段古汉桥以南第三层崖面，其下方分别为第57、61（图13-47）窟等，是现存敦煌石窟中开凿最早的洞窟。这些洞窟的窟形各不相同，第268窟为正壁开龛塑像、两侧壁置小禅室的平顶禅窟；第272窟为正壁开龛塑像，穹隆顶方形佛殿窟；第275窟为正壁塑像、两侧壁开龛塑像的纵向人字披顶佛殿窟。此组洞窟兼有禅行、观像、礼拜作用。各窟塑像均为单身造像，题材内容有交脚坐弥勒佛像和菩萨像，仅第275窟就有五身。主尊交脚菩萨是典型，此外还有倚坐佛像、思惟菩萨像。彩塑造像的衣冠服饰，或右袒袈裟，或高髻宝冠，上身半裸，下身羊肠裙。衣裙上装饰密集的衣纹，有薄纱透体之感，人物面相丰圆，造型雄健厚重，肩宽胸平，姿态端庄，少动态，手法简朴。此时的彩塑和壁画是中原传统艺术与西域艺术的融合。

第272窟龛内塑倚坐佛像，高1.38米。塑像头部经过重修，手臂已残，臂部动势做说法状，身材魁梧雄健，身着半披右肩的土红袈裟，饰有凸起的方形泥条纹，胸露僧祇支。佛像身光装饰火焰、忍冬、千佛和飞天，两侧绘侍立菩萨。南北两侧壁画布局上中下三段，上绘天宫伎乐，中绘说法图、千佛、供养菩萨，下绘三角垂帐纹。窟门外两侧崖壁上各凿一小龛，内各塑一禅僧（图13-48）[1]。

第275窟西壁塑交脚菩萨像，高3.34米，是早期最大的彩塑，其右手残，左手置膝上做"与愿印"，头戴化佛冠，项饰璎珞，腰束羊肠大裙，裙上褶襞中间有阴刻线纹，坐狮子座。交脚菩萨，一般认为是弥勒菩萨。塑像面部丰圆，神情静庄，一定程度上表现出

---

[1] 第272窟外北侧崖壁上的小龛，敦煌文物研究所过去编为第273窟。

图 13-48　莫高窟第 272 窟内景

西域佛教艺术的影响，具有十六国时代造像的显著特征，塑像背后有敷设锦褥的三角形背靠，两侧画斜侍菩萨和供养菩萨。南北两壁上层四个阙形龛内容和形式略同，均塑交脚菩萨，表现弥勒高居兜率天宫。北壁西端阙形龛内交脚弥勒像，头戴三珠宝冠，保存较完整，高 0.81 米。弥勒像三角形背靠后各画一对穿窄袖长袍的使者，或擎花枝，或举拂尘。被后代筑墙隔出的窟室前部南北壁上层各开一双菩提树龛，内容相同，相互对称。北壁双菩提树龛，以浮塑忍冬纹为双菩提树楣饰，龛内塑思惟菩萨像，高 0.78 米，其面部及龛内均经宋代重绘。这里的思惟菩萨像，可认为是弥勒下生阎浮提后，坐龙华菩提树下修成佛道的场面（图 13-49）。南北两壁画佛传和本生故事画，南壁龛下画佛传出游四门遇生老病死等内容，北壁龛下西起画毗楞竭梨王、尸毗王、月光王、快目王等本生故事画。

图 13-49　莫高窟第 275 窟内景

2. 北魏时期敦煌石窟的彩塑艺术

敦煌北魏石窟指北魏太平真君六年定西域到永熙三年期间（445—534）建造的石窟，莫高窟有北魏石窟 10 窟。这一时期的洞窟多为人字披中心柱窟，中心柱四面上下两层开龛，南北壁上层开阙形龛。龛内外塑释迦禅定、苦修、降魔、说法和菩萨像，塑有交脚弥勒菩萨像的上层阙形龛，象征兜率天宫。佛的塑像神态沉蕴，面和目慈，或袒臂斜披，或通肩裹体。其中第 259 窟北壁东龛内佛像结跏趺坐，笑意含蓄，恬静蕴和，是北魏塑像之佼佼者。菩萨塑像裸脚露臂，斜着络腋，云髻高耸，宝冠裹额，辫发垂肩，姿容清秀。其中彩塑造像有代表性的是第 259、254、257、260 窟等。

第 259 窟乃北魏窟，位于莫高窟崖面中段第二层，其北侧是著名的北凉三窟，其南是第 257、254 窟等（图 13-50）。单室，平面长方形。西壁龛内塑释迦、多宝二佛并坐说法像，左像高 1.4 米，右像高 1.43 米，均做"游戏坐"。法华会上，有多宝塔涌现其前，释迦依会众之请开启塔门，多宝佛于其内分半座请释迦佛入塔，二佛并坐。这是法华经见宝塔品中的情节。佛像神态沉蕴，面和目慈，或袒背斜披，或通肩裹体。西壁龛外两侧和塔柱南北两侧各塑一斜侍立菩萨像。南北两壁上凿上下两列龛，龛内造像。南壁大部分已残，北壁保

图 13-50　莫高窟第 257、259、254 窟崖面位置图

存较好，上层四个阙形龛，下层三个尖楣圆券形龛。上层为阙形龛，人字披下居中为半跏思惟菩萨，东端一龛残毁过半，西侧二龛内均塑交脚弥勒菩萨。下层为圆券龛。西起第一龛，龛内佛像高 0.85 米，着右袒袈裟，结跏趺坐，双手已残，似扬掌做说法相；两侧胁侍菩萨均为通肩大衣，其一残；龛楣饰忍冬火焰图案，两端饰龙头，下为西方陶立克式柱头。第二龛内塑一佛二菩萨，佛为善跏趺坐

图 13-51　莫高窟第 259 窟内景

说法像，高 0.96 米；二菩萨皆残；龛两侧塑束帛圆柱，以承托忍冬火焰纹龛楣，这是北魏时期普遍采用的一种形式。第三龛楣饰柱头均已残毁，龛内佛像为结跏趺坐禅定像，高 0.92 米；西侧残存胁侍菩萨一身。禅定像手法洗练，含蓄微笑的神情表现较为出色。流畅的阴线纹饰随着肢体的起伏而变化，既有薄纱透体感，又富有装饰性。窟顶前部为人字披，后部平顶。此窟应是中心塔柱的一种不成熟和不完备的形式，但充分体现了建筑、彩塑与壁画相结合的艺术特点（图 13-51）。

第 254 窟是北魏时代的代表洞窟，洞窟前部为人字披顶，后部为平棊顶。人字披南北两端有木质的斗拱和脊枋，洞窟中央有中心塔柱与地面和窟顶相连，塔柱四面开龛。东面开一大龛，为洞窟内主龛，龛内主尊塑交脚弥勒佛，高 1.90 米，波状发髻，内着僧祇支，外罩右袒式袈裟，衣纹为阴刻线，紧贴身体，给人一种薄纱透体之感（图 13-52）。南、西、北

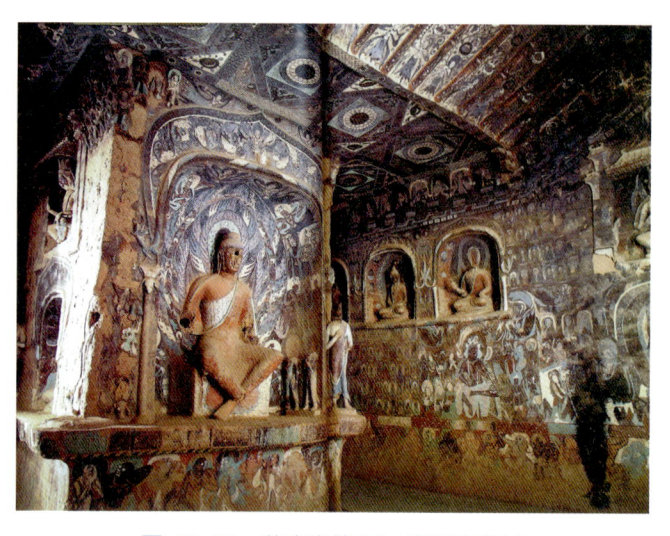

图 13-52　莫高窟第 254 窟洞窟前部

三面均开双层龛,南北两面上层为阙形龛,内塑交脚弥勒菩萨;下层为圆券形龛,内塑释迦苦修佛像;西向上下两层均为圆券龛内塑禅定佛。南北两壁人字披下开阙形龛,龛内均塑交脚菩萨像;后部各开四个圆券形龛,龛内各塑说法像与禅定像。洞窟四壁,南壁画降魔变一铺,其余画千佛;西壁中央画白衣佛,其余画千佛;北壁画说法图、尸毗王本生和难陀出家等,其余画千佛。

3. 西魏时期敦煌石窟的彩塑艺术

敦煌西魏石窟指北魏皇室东阳王元荣家族统治敦煌时期(535—556)的石窟,莫高窟现存西魏洞窟 11 个。其洞窟形制分为四类,第一类中心塔柱,有第 288、246、432 窟,前室平面横长方形,敞口,主室纵长方形,塔柱上小下大,塔身分层开龛;第二类是禅窟,有第 285 窟;第三类为殿堂窟,有第 249、247 窟;第四类是龛形窟,这一类洞窟极小,内无龛像。洞窟的性质和作用为禅修、观像和礼拜。塑像主像有佛像和交脚坐菩萨像。佛像分说法、禅定、苦修等像。说法像多为倚坐像,手施无畏印和与愿印;禅定和苦修像做结跏趺坐,施禅定印。在中心塔柱内,这些像有机地组织在中心塔柱四面的上下两层龛内,其他窟的正面龛内均为说法像。主像两侧有胁侍菩萨像,形成每铺塑像一佛二菩萨的组合,第 432、288 窟中心塔柱四面龛的上部分别粘贴影塑供养菩萨和影塑千佛用以陪衬主像。造型和服饰可分为两种风格:第一,面相长圆,身躯雄健,身着裸露较多的西域式袈裟和披巾长裙,是北魏风格的继承。第二,面相方瘦,身躯扁平,着高领大袖襦服,胸前系小结,外罩对襟式袈裟,是受南方"秀骨清相"褒衣博带风尚的影响。彩塑艺术较好的有第 248(图 13-53)、435、432 窟等。

4. 北周时期敦煌石窟的彩塑艺术

北周时期(557—581)敦煌石窟的佛像倚坐像较多,塑像出现了一佛二弟子二菩萨的塑像组合。这一时期的彩塑内容更为丰富,造型健壮,结构严谨,线描豪放,色调清新,生活气息浓厚,这是北周艺术的新成就。此期凡是成铺的塑像,皆为一佛二菩萨二弟子的组像。第 428 窟中心柱四面龛内均塑结跏趺坐佛说法像,第 290 窟中心柱后龛内是一身交脚

第十三章　敦煌石窟彩塑导论　　405

图 13-53　莫高窟第 248 窟洞窟内景

图 13-54　莫高窟第 428 窟洞窟全景 　　图 13-55　莫高窟第 290 窟中心塔柱东面塑像

弥勒菩萨。此外，多数洞窟四面龛内主尊均是倚坐说法像。中心塔柱个面和侧壁上的影塑，皆为千佛。塑像面相丰圆，方颐，但头大而下身略短。佛像服装皆为褒衣博带，衣摆层次重叠，摆褶方折；菩萨头戴花鬘冠，无宝缯，长耳饰，服装以裙披式为主。弟子服装为内穿僧祇支的襦服，外披右袒袈裟，足蹬方头履或尖头靴。弟子中的迦叶和阿难像，从一开始就较好地塑造出他们年龄和性格上的差异。本时期塑像的衣纹，多为宽平的阶梯式，阴线已很少使用。代表洞窟有第 438、428（图 13-54）、290（图 13-55）窟。

（二）隋至盛唐时期的敦煌彩塑

1. 隋代敦煌石窟的彩塑艺术

指隋文帝灭北周至隋炀帝大业十四年唐高祖灭隋期间（581—618）的敦煌石窟彩塑艺术。这一时期在莫高窟新建洞窟 94 个。隋文帝崇佛，在南北佛教合一的情况下，莫高窟隋代艺术在形式、技法和风格上，以汉晋文化为基础，吸取外来文化精粹，探索创造新的艺术风格。隋窟形制主要继承了早期人字披中心柱形及覆斗顶窟形，个别窟将中心柱改为须弥山式。窟内开始出现南、西、北三面开龛，双重内外龛等形式。龛内增设佛床，北周出现了一佛二弟子二菩萨塑像组合已普遍流行。由于大乘天台宗风行，也出现了"三身佛""三世佛"等新题材，每像高达三四米。塑像面容额宽颐广，头大，身短。神情意态胜于前代，创造了不少亲切端严的佛、菩萨和虔敬稚气的阿难、老成豁达的迦叶形象，其中第 427、420 窟的造像较为典型。这些无不反映了对南北、中外、佛教或非佛教的种种艺术进行大胆吸收、融合和革新，使敦煌艺术走上了成熟并开创了新风。

根据分期排年将隋代的洞窟分为三期[1]。第一期洞窟有 7 个，即第 250、266、302、303、304、305、309 窟等，时代相当于开皇元年至开皇九年间。第一期塑像多经过后代重修，原塑的仅有第 250、304 窟。每铺塑像的组成与北周相同，为一佛二弟子二菩萨。主尊倚坐像和结跏趺坐像各占一半，不像北周以倚坐像为主。第 302、305 窟正壁龛和南北两侧壁内的塑像，组成北朝塑像中没有的三佛。造型特点接近于北周，形体比例已趋头大、肩宽、下肢短，面部方圆丰满，额低而宽，五官集中，眼鼓、鼻小、唇薄、颏微翘。这一时期还有一种外形如同不倒翁式的坐佛像，周身轮廓线圆转，体态粗短浑圆。塑像的衣饰基本因循北周样式，佛多穿通肩或双领下垂式袈裟，菩萨头戴花鬘冠，裸上身，系长裙，披巾下垂或于胸前交叉、胸前打结，或作两道横于腹前等。衣纹亦仍作北周的浅阶梯式，并辅以阴线刻，分布较密，装饰性浓厚。

第二期的洞窟有 34 个，时代相当于开皇九年至隋末。此期石窟出现了一批绘塑精美的大中型洞窟，塑像方面除佛、菩萨、弟子之外，增加了天王、力士、地神等塑像。主尊多为结跏趺坐佛像，倚坐像数量较少。此外，还有一些大型立像。第 427、292 窟后室中心柱前的三铺立像，每铺均由一佛二菩萨组成。三佛像几乎完全相同，都是通肩袈裟，直立，右手扬掌做施无畏印，左手做与愿印。第 405、404、402 窟后室正龛塑像内塑结跏趺坐佛像，南北两侧壁说法图中分别绘倚坐菩萨像和结跏趺坐佛像，这是采用绘塑结合的手法表现过去（北）、现在（中）、未来（南）三世佛。这时期，在一些石窟的前室还增塑了天王、力士像，现保存完好的有第 27、292 窟，其他还有一些石窟（大多为中型洞窟）发现有天王、力士塑像的残痕。这表明第二期塑像的组合，除北周的佛、菩萨和弟子外，又增加了天王、力士，已为唐代石窟塑像的组合奠定了基础。

第三期的洞窟有 39 个，时代相当于武德初年。此期石窟艺术塑像向唐代初唐样式发展，壁画方面本生故事画消失，说法图成为最主要的题材，不仅数量增加，而且画面增大。一些洞窟在东壁门上还画有七佛。佛像塑像题材上面基本相同，三世佛比第二期略有增多，除第二期绘塑结合的形式外，亦有作三铺塑像的形式。过去头大身短比例不当的现象发生了变化，两肩和胯部变窄，身材变得协调匀称，趋于修长。面部造型饱满圆润，丰腴适中。菩萨像进一步女性化，面目清秀，动态轻盈。菩萨像的衣饰趋于复杂，头戴火焰三珠宝冠，上身穿双肩或一肩系带的背心（僧祇支），敞胸，披巾，戴项饰；下穿两层长裙，裙摆趋于脚面，腰带长垂。胸前至两腿垂挂长璎珞，项饰和璎珞都浮塑出珠光宝气的饰品。晚期塑像的衣纹处理手法趋于成熟，多为较圆润的线条，褶纹有疏有密，有虚有实，不仅开始表现

---

[1] 樊锦诗、关友惠、刘玉权：《莫高窟隋代石窟分期》，载敦煌文物研究所编《中国石窟·敦煌莫高窟》第 2 卷，文物出版社，1984 年，第 171—186 页。

图 13-56　莫高窟第 302 窟洞窟内景

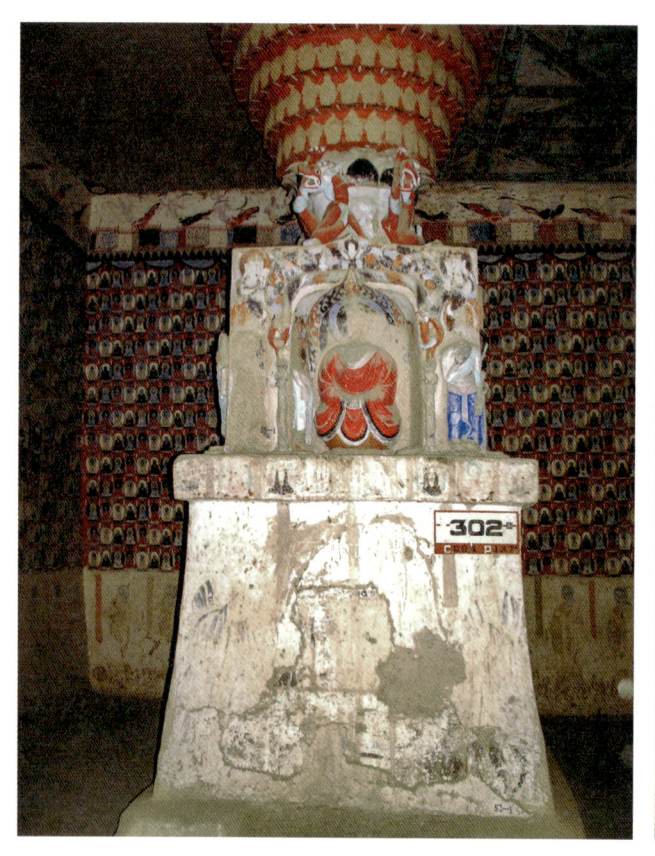

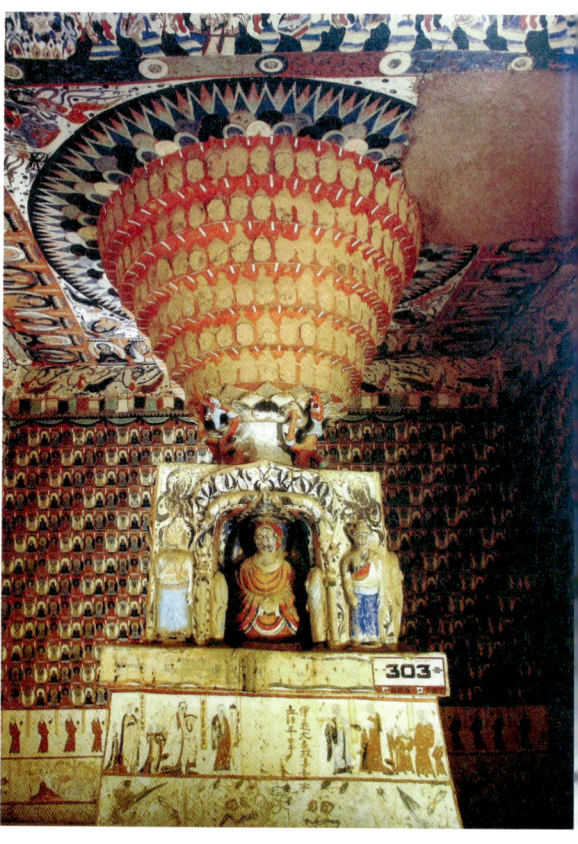

图 13-57　莫高窟第 303 窟洞窟内景

图 13-58　莫高窟第 305 窟佛坛与塑像

图 13-59　莫高窟第 419 窟西壁龛

图 13-60　莫高窟第 420 窟西壁龛

了衣服的质感和褶纹的动势，还能透过衣服看出人体肌肉的起伏，既有写实逼真，又有装饰效果，如第 244 窟菩萨像、第 390 窟佛像等。代表洞窟有第 302（图 13-56）、303（图 13-57）、305（图 13-58）、412、417、419（图 13-59）、420（图 13-60）、427、244 窟等。

2 初唐时期敦煌石窟的彩塑艺术

唐代立国近三百年，政治、经济和文化都达到了封建社会的巅峰，唐代佛法大兴，佛教艺术也得到了极大的发展。此期在莫高窟开窟 230 多个，而且在榆林窟、西千佛洞等也都保存有数量不等的洞窟。学术界将唐代石窟分为初唐、盛唐、中唐、晚唐四个时期。

莫高窟初唐时期的石窟是指唐朝立国到武则天统治结束（618—704）这一段时间在莫高窟开凿的洞窟。此期莫高窟新建洞窟 46 个，洞窟形制主要为覆斗顶殿堂窟，有些洞窟局部有变化。另外还有佛坛窟、中心柱窟，最重要的是初唐时期还出现了大像窟。覆斗形殿堂窟中有少数洞窟在龛外两侧设置了与龛底等高的方台，台上塑像。第 321 窟形制就是此期常见的覆斗顶殿堂窟，西壁龛外左右两侧就塑有与龛底等高的方台，台上原塑像为两尊

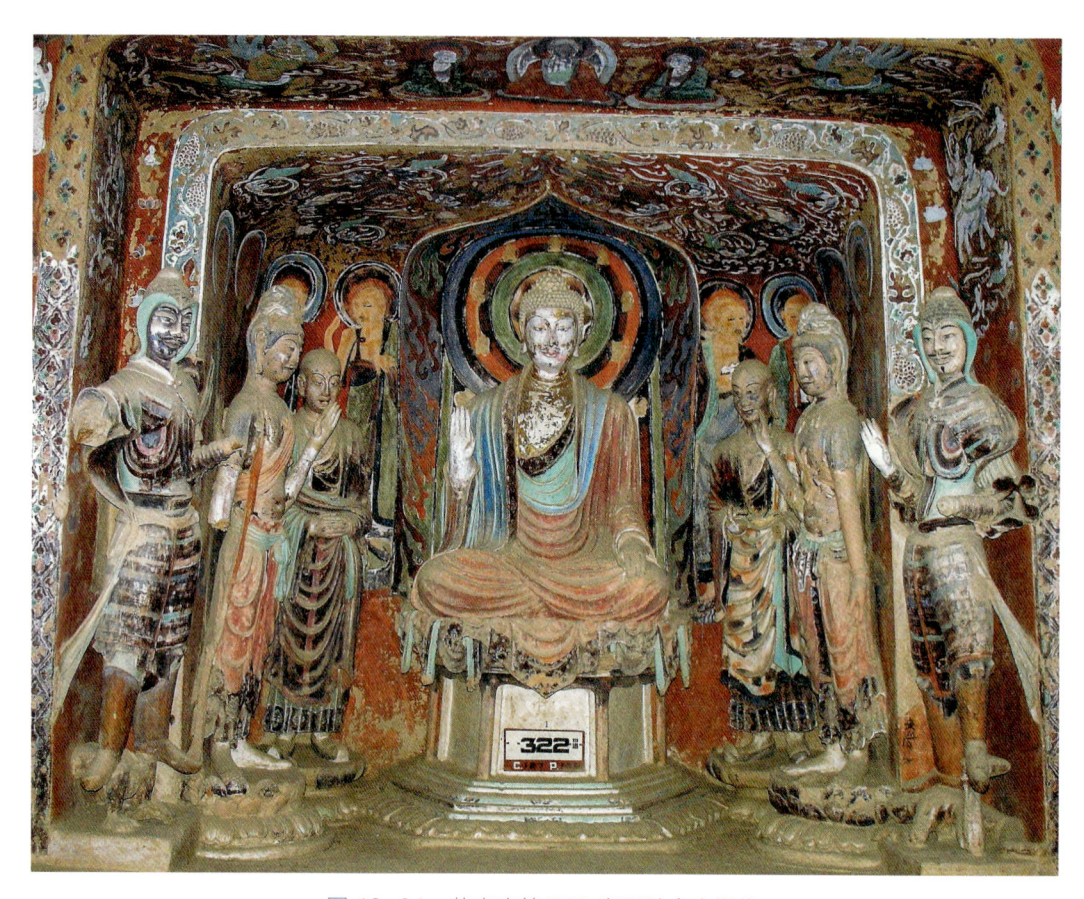

图 13-61　莫高窟第 322 窟西壁龛内塑像

天兽（白狼），被俄国人奥登堡劫往俄国，现藏于俄罗斯彼得堡东方艺术馆，现存两身狮子塑像为后代重塑。

彩塑题材有三佛造像，以第 322 窟为代表（图 13-61），这是隋代三佛造像题材的延续。还出现一类新的题材倚坐佛像，代表有第 338、77 窟等，第 96 窟中还出现了倚坐大像，这类造像可能来自中原的影响，是对弥勒信仰的表现。在第 332 窟中还出现涅槃像一身。这一时期还出现了一种依山而立的佛像，只存于第 203、300 窟两窟之中，这种造像一般依山而立，右手下垂结印，左手握袈裟衣襟，单独出现或旁边有两胁侍菩萨。这种依山而立的主尊造像形式被称为依山瑞像，或称为凉州瑞像，以第 203 窟的此身造像最为典型，保存最好。其余题材以释迦结跏趺坐说法群像表现最多。说法群像的造像中除了佛、弟子、菩萨外，还出现了二天王（第 331 窟）、二力士、二天兽（第 321、334 窟），或供养菩萨、二天兽（第 458 窟）。造像组合一般有一佛二弟子二菩萨，一铺五身；一佛二弟子四立菩萨，或一佛二弟子二坐菩萨二立菩萨，或一佛二弟子二菩萨二天王，一铺七身；一佛二弟子二菩萨二力士二瑞兽，一铺九身。

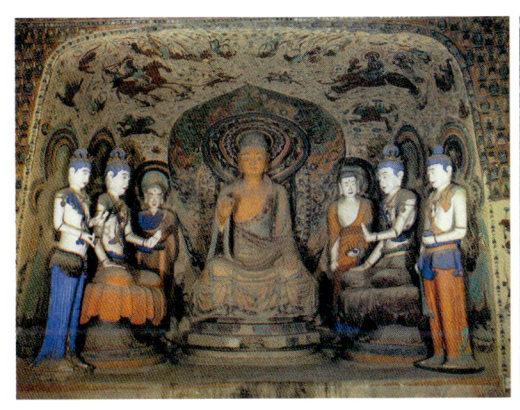

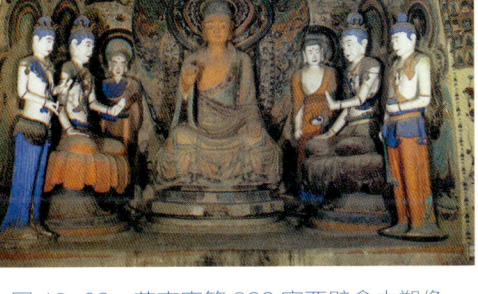

图 13-62　莫高窟第 329 窟西壁龛内塑像　　图 13-63　莫高窟第 203 窟西壁凉州瑞像

佛像的主要表现形式可分为两类，第一类是继承了隋代的旧样式，主要特点是头稍大而下肢略短，面形清秀；身体轮廓比较笼统，整体感较强；双脚藏于袈裟内，不显现任何痕迹；上身内着僧祇支，外披双领下垂式袈裟，用隋和北朝流行的直平阶梯法表现衣纹。另一类是面形丰满圆润，身体轮廓略为清晰；双脚虽仍藏于袈裟内，但已经通过袈裟可以看出其大体轮廓。表现方法上，阶梯式旧法被波浪式新法所取代，使其表现的衣褶真实细腻，较好地刻画出衣服的质量感和体积感。这种波浪式虽仍属雏形，还不够成熟、完善，但它为唐代及以后彩塑技法的进一步发展作好了坚实铺垫，影响相当深远。菩萨像的主要特点是人体比例上明显头大下肢短，身体普遍呈不太明显的"S"形曲线，胸肌比较扁平，头顶梳高髻，双肩不再披发，上身或全裸，或横巾右袒；下着长裙，腰束带，裙在腰部反搭一块；披巾不再横绕两道，而由双肩直接下垂；身上也佩戴长璎珞、戴项饰、臂钏和手镯。菩萨像面相丰满，身材均较苗条，细长眼半睁半闭。弟子像除了表现一老一少侍立佛两侧外，赋予了更多特征，但这一特征并不明显。代表窟有第 283、57、322、329（图 13-62）、203（图 13-63）、300、332、96、205 窟等。

3.盛唐时期敦煌石窟的彩塑艺术

盛唐洞窟是指唐神龙年间至贞元二年间在敦煌开凿的洞窟。这一时期，唐朝经历了"开元盛世"到"安史之乱"的政治变故，国运开始衰落。吐蕃政权趁机向唐西北地区发动军事进攻，河西地区逐步被吐蕃占领。从这时期敦煌修建的石窟来看，明显也可分为两个时期，既有开元前后开凿的第 130、45、46 窟等，也有吐蕃进攻河西地区时期修建的第 148 窟等，共计建窟 97 个，代表窟有第 215、130、45、46、66、320、444、445、446、172、171、103、79、180、185、148、194、31、123、199 窟等。

敦煌盛唐时期洞窟形制主要继承初唐殿堂窟，以覆斗形顶西壁开一龛的洞窟为多，还有第 130 窟的大像窟（南大像），第 46、225 窟三龛窟，第 79 窟长方帐形龛以及第 148 窟西壁佛床上塑涅槃大像，南北两壁各开一帐形龛的涅槃窟。第46窟窟顶为覆斗顶，洞窟南、西、北三壁各开一龛，西壁绘释迦牟尼塑说法像一铺七身，现存六身；南壁涅槃像一铺，现存佛涅槃像以及脚下的弟子像；北壁塑过去七佛立像，存六身。此三龛窟塑像布局独特，值得我们今后深入研究。

盛唐时期，敦煌彩塑进入极盛时期，与壁画形成绘塑结合的典范，是唐代泥塑艺术保存至今极为珍贵的实物。彩塑主尊一般为释迦佛或弥勒佛，两侧各塑二弟子、二菩萨、二天王、二力士，另外在塑像后的龛壁上绘出八大弟子、六菩萨、二天王，形成环侍于佛侧的十大弟子、八大菩萨、四大天王，使佛龛内产生一种层次分明、济济一堂的艺术效果。这与北朝隋代塑像追求佛性相反，盛唐已逐步在佛、菩萨像上追求生动的人性。说明在唐代，特别是盛唐时期，人们对佛教信仰的方式发生了彻底变化。弟子迦叶则被塑成深谋远虑、老成持重的形象；阿难则是相貌英俊、潇洒倜傥、谨淳忠厚、彬彬有礼的青年形象；菩萨像普遍呈现女性化，表现出了温柔亲切、善解人意之美；天王则是高大威猛、叱咤风云的形象；而力士通常被表现为肌肉暴起、孔武有力的形象。

造像类型有单身造像和成铺群像两种类型。第130窟主尊倚坐，身高26米，单身造像，即史称"南大像"。一龛窟和佛坛窟成铺群像的主尊，有结跏趺坐像和倚坐像两种，覆斗顶三龛窟和第39窟中心柱窟三龛的主尊较为复杂，第384窟为南壁倚坐像，西壁为结跏趺坐像，北壁为结跏趺坐像；第39窟为南壁结跏趺坐，中心柱东面为倚坐像，北壁为结跏趺坐像，西壁为涅槃像；第46窟南壁为涅槃像，西壁为结跏趺坐像，北壁为七佛立像；第42、225窟两覆斗顶三龛窟塑像残毁，主尊全貌已不明，但两窟中尚存善跏趺坐像，第225窟尚存北龛卧佛像。

塑像组合，一般龛外无"力士台"的洞窟中多为一佛二弟子二菩萨一铺五身，也有个别洞窟为一佛二菩萨一铺三身，龛外两侧有方台的洞窟多为一铺七身或一铺九身，第450窟出现了一铺十一身的组合，由于重妆、重塑原因，大多成铺群像虽数量明而其组成已不明。从保存完好的成铺群像来看，大致可以知道本期彩塑组合的内容多为佛、弟子、菩萨、天王。有些洞窟群像的组合中还有天兽。群像组合中的菩萨像多为立式菩萨，少数洞窟中有坐式菩萨。

佛像，在前期的造型上，形体丰满圆润而俊秀，肌骨已趋停匀，造型结实健康；神情庄重，渐有雍容华贵之风，表现手法上一步步细腻写实，技巧渐趋成熟。长圆形的脸，既丰满圆润，又肥瘦适中；一双细长眼半张半闭，脖颈上有两道颈纹，丰厚的胸部，匀称的身材；薄薄的袈裟散铺在莲花座上，形成许多组有聚有散、有疏有密的衣褶，线条相当圆润流畅，通过袈裟而看到下面的莲花，质感与体积感颇强，效果逼真，这类佛像以第328窟为代表。后期的佛像，造型方面有较为明显的差异，人体比例已调整得非常匀称适度，形体更加圆润丰满而结实，脸呈短圆形，颈间三道颈纹，肩和胸部都很宽厚，胸肌部位向下延伸而使腰部相应变短，双脚虽仍藏在袈裟之内，但比前期佛像更加清晰地显露其轮廓。佛像神情显得庄严肃穆、雍容华贵，以第41、45、46窟等佛像为代表。

菩萨像，前期多为高髻、长圆形的脸，脖子较长，有两道颈纹，胸肌隆起，细长腰，小腹、细长而半闭半张的眼、绿眉、朱唇、玉肌；衣裙装饰、彩绘非常华丽，一副贵妇人形象，明显的女性化与世俗化。后期菩萨像脸形丰满结实而俊秀，颈间三道颈纹，肌骨停匀，腰部和臀部比较宽大，腹部肌肉隆起，突出于紧束的裙腰之处，已经很好地解决了过去两期程度不同的头大腿短的比例失调问题。另外，对人体"S"形曲线美的表现已相当充分，加上多已不画胡须，因此，使佛教中本来"无性"的菩萨更充分地女性化。对衣褶的表现也更加成熟，有较强的体积感与质量感，衣纹比较细密、圆润流畅，有"曹衣出水"之势。衣饰上，于长裙之外再系短裙，一般无披巾，不再有那种繁缛的璎珞佩饰，但衣裙之花纹图案装饰使其彩画富丽起来。以第45、46窟等为代表。

弟子像一般只表现迦叶和阿难。迦叶被表现成一位老于世故、饱经风霜、庄重练达的老年弟子形象，而阿难则被塑造成一位英俊秀朗、潇洒虔敬、聪明睿智的年轻弟子形象。在表现手法上，迦叶像形象姿态拘谨，不苟言笑；而阿难像虽仍是站立，但姿态随意，扭腰提胯，神态轻松。

代表洞窟有第328（图13-64）、130、45、46、113、66、458、194、27窟等。其中第130窟，据敦煌文书P.3720v《莫高窟记》及P.3721《杨洞芊列记敦煌古事》记载，此窟由僧人处谚与敦煌人马思忠等于唐开元九年（721）始建，到天宝年间建成，历时30余年。洞窟甬道南北上部各开一盝形顶龛，下部分别为盛唐太原王氏及侍从供养像和晋昌郡太守乐庭瓌等供养像。主室覆斗顶，窟内西壁塑弥勒倚坐大像一尊，保存较好。像高26米，因位于武周时期塑造的"北大像"之南，故中晚唐时期又被称为南大像。此像就崖镌刻石胎，外敷草麻泥，然后造型上彩。佛像头微俯，双眼微合下视，脸庞丰满，略含笑意，倚崖而坐，双腿下垂，脚踏仰莲，左手抚膝，轻柔自然，右手施无畏印。整个塑像比例适度，神态庄重慈祥，作者有意加大头部比例，以适应仰视。同时在五官刻画上，夸张了形体的起伏，以利用光影的

图13-64 莫高窟第328窟西壁龛内塑像

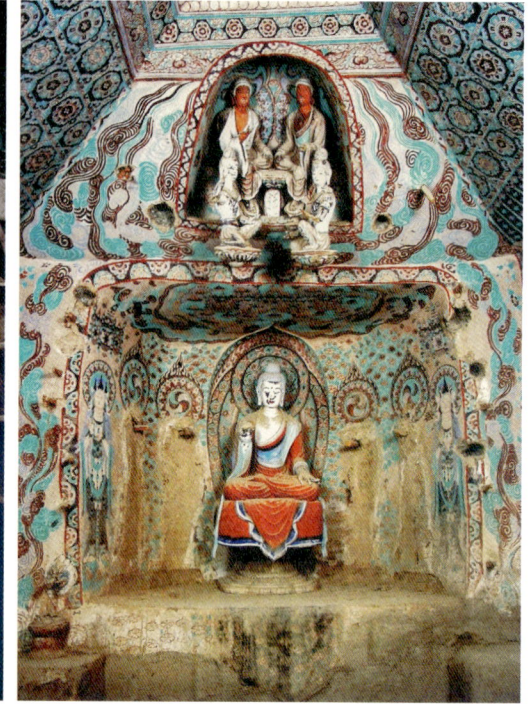

图 13-65　莫高窟第 130 窟彩塑大像　　　　图 13-66　莫高窟第 27 窟西壁龛内塑像

效果使面相格外清晰（图 13-65）。

另有第 27 窟，此窟主室覆斗形顶，西披开一龛，龛内塑释迦、多宝二佛并坐像；龛前由西壁悬空两座莲花台，其上塑二胡跪供养菩萨，神态严肃，造型写实。这种"升在虚空"的彩塑菩萨，只存在于第 27 窟中，是敦煌石窟中仅有的例子。其下方，西壁开一平顶敞口龛，龛内存一结跏趺坐佛。根据现存遗迹来看，原来上下两个龛外周围应存有数身悬浮的飞天塑像，可惜今已毁失，墙壁上只留下安插塑像的小孔以及壁面所绘制的飞天飘带的壁画（图 13-66）。南壁画西方净土变、北壁画药师经变各一铺。

（三）吐蕃统治时期敦煌彩塑

唐天宝十五载，安禄山起兵反叛，吐蕃政权也趁机入侵西北边境，河西陇右诸郡相继陷落。地处河西走廊最西端的孤城——沙州，也在苦守十余年之后，于贞元二年（786 年）陷落吐蕃。848 年，张议潮率众在敦煌起义，赶走吐蕃统治者，恢复了唐治。因此，学界将敦煌陷落吐蕃到张议潮起义这一时间段称为吐蕃统治敦煌时期。

吐蕃赞普崇尚佛教，因此，河西地区虽处在吐蕃统治之下，敦煌佛教艺术不但没有衰落，而且在继承前期艺术的基础上有所发展。这一时期修建洞窟 55 个，学术界将此期的艺术称为中唐时期的石窟艺术。

中唐时期洞窟形制主要为覆斗顶殿堂窟、涅槃窟、中心佛坛窟以及七佛窟，以覆斗形殿堂窟居多。覆斗形殿堂窟的代表窟有第112、154、159、231、361窟等。涅槃窟为第158窟，此窟平面呈横长方形，窟顶呈盝形，西壁以绘塑结合的形式表现涅槃经变，佛床上塑释迦牟尼涅槃巨像，西壁壁面上画涅槃经变的其他内容，南壁塑立佛一身，北壁塑倚坐弥勒佛一身，是中唐时期体现涅槃十方三世佛思想的特殊洞窟，其艺术特色在整个敦煌石窟之中也是独一无二的。中心佛坛窟有第234、161窟，七佛窟有第365窟。

这一时期洞窟塑像大多毁坏，保存较好的说法像均为一铺七身，以第159窟为代表。现存塑像，其技巧之精微、手法之新颖令人嗟叹不已。彩塑以说法像为主，另外还有涅槃像、七佛像。

彩塑艺术的代表窟有第158、159、365窟等。

第158窟西壁涅槃像，长15.8米，佛床长17.2米、宽3.5米、高1.43米，佛右胁累足而卧，头顶为高圆肉髻，波浪漩涡形发髻，右手平展置于大雁衔珠联珠莲花纹锦枕上，托着丰满的面颊，长眉弯弯，眼睛细长，双眼微闭，鼻梁高直，嘴唇微闭，嘴角含笑，面部表情刻画细致入微；身体瘦长，细腰肥臀；穿红色圆领通肩袈裟，紧裹全身，质薄如纱，随着身体的起伏而变化。整体比例协调，造型优美，技艺精湛，淋漓尽致地揭示了佛涅槃时那种大智大勇、沉着安详、泰然而归的内在精神境界，是敦煌石窟彩塑的代表（图13-67）。

第365窟洞窟形制也为平面横长方形，券顶，佛床横贯全窟，坛上中唐塑药师七佛禅定塑像一铺。塑像均头顶有扁圆肉髻，面部经过后代重修，穿红色通肩袈裟，手结禅定印，

图13-67 莫高窟第158窟佛涅槃像

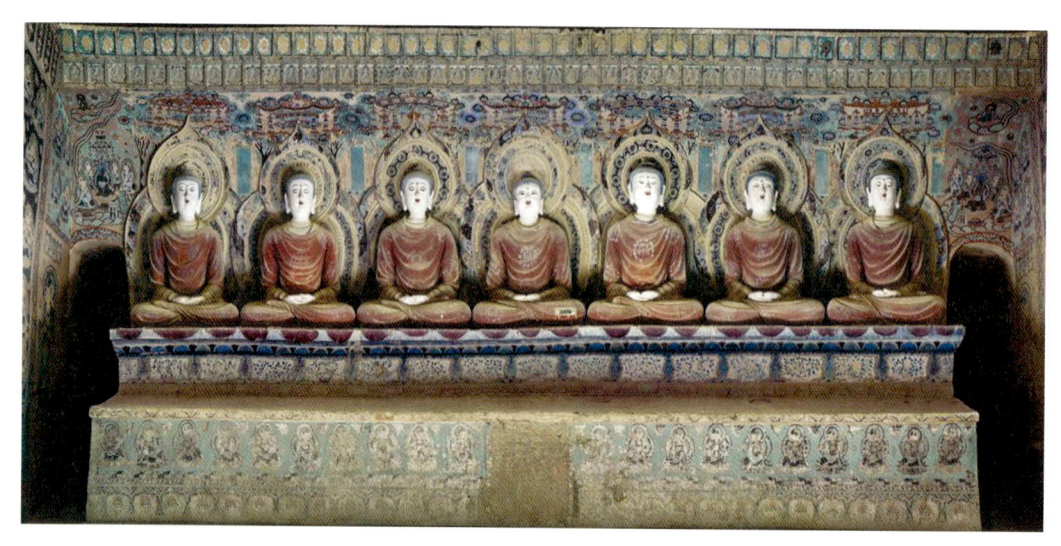

图 13-68　莫高窟第 365 窟西壁药师七佛像

结跏趺坐于长方形台上，其右侧均有一方形题记框，有的存有题记。这一铺七佛塑像，虽经后代重修，但塑像整体体现了原塑的时代特征，是吐蕃占领时期雕塑的重要代表。此类莫高窟不多见（图 13-68），另有较晚的莫高窟第 327 窟一铺七尊。

（四）归义军时期的敦煌彩塑

1. 张氏归义军时期敦煌石窟的彩塑艺术

大中二年（848），张议潮率众起义，赶走吐蕃统治者归唐，收复瓜沙二州，建立归义军政权。大中五年，唐王朝授张议潮归义军节度使职，统领河西十一州。张议潮之后，张淮深、张淮鼎、索勋、李氏兄弟、张承奉相继执掌归义军政权，直到唐亡。这个时期，敦煌石窟继续营建 70 余个，学界称为晚唐洞窟；又因为这一时期基本处于张议潮家族统治下，因此也将此期的石窟艺术称为张氏归义军时期的石窟艺术。

张氏归义军时期的石窟形制在继承前期形制的基础上出现两类新的洞窟：一是大型背屏式中心佛坛窟出现，中心佛坛窟洞窟一般面积巨大，平面方形，覆斗形顶，有长甬道，主室中心稍后砌有佛坛，坛上塑像。塑佛、菩萨、弟子、天王、力士等像，坛四周与四壁之间保持距离，可作通道。有的坛前有阶陛，可登坛上，一般坛后沿有宽 4 米以上、厚约 1 米的背屏或直接窟顶的背屏。此期的中心佛坛窟有第 16、85、94、138、196 窟。第 196 窟主室中央设佛坛，坛后沿有背屏通向窟顶，佛坛为单层马蹄形。坛上现存塑像均为原塑，原为一铺七身，现存五身，一佛、二弟子、一菩萨、一天王。佛像结跏趺坐于莲座上，身躯健硕；佛左侧的年老弟子，内穿团花镶边的衬衣和绣花长裙，外罩山水衲，袒右肩，脚蹬僧履，虔恭侍立，启唇预言。仅存的一身菩萨，"游戏坐"左手置于膝部，右手上举，头微右倾，若有所思；仅有的一身天王，叉腰、抬臂、屈腿，践踏"恶鬼"，宽厚的脸上眸子突出，怒目下视。这铺较大的塑像，伟岸耸立于佛坛上，有石雕的凝重感。

另一个特点是出现了影窟。影窟是为纪念高僧大德而修建的影室，中唐时期影窟开始出现，张氏归义军时期开始流行。影窟均附属于主窟，一般开凿于主窟的前室或甬道两侧，洞窟较小，洞窟面积大不过七八平方米，小不及一平方米；平面均近似方形，顶部覆斗顶或平顶。窟内一般塑绘有高僧影像，塑像后壁绘近侍女、比丘尼、菩提树、香袋、净瓶等图像。莫高窟现存影窟有第17、137、139、174、357、364、443窟等，其中以第17窟最具代表。第17窟即著名的藏经洞，开凿于第16窟甬道北壁，平面长宽各2.7米左右，高约3米，覆斗形顶，坐北朝南。北壁修有禅床式低坛，坛上僧洪辩像。北壁西侧树下绘近事女，左手持巾，右手执杖；东侧树下画比丘尼，双手执扇，扇上绘龙凤图案。中间画菩提树，树间挂布囊、净瓶。洪辩坐于床上，床西侧面绘双履。

图13-69 莫高窟第196窟中心佛坛及塑像

此期彩塑保存较少，唯有第196、85、156窟等中心佛坛上保存有原塑塑像，其中第196窟坛上现存结跏趺坐佛、迦叶、阿难及北侧的菩萨、天王各一身，为这一时期塑像之代表作（图13-69）。其中北侧的这身菩萨是张氏归义军时期彩塑之精品，菩萨"游戏坐"，左手置于膝部，右手上举，头微右倾，若有所思，丰肥硕壮的躯体，身躯丰厚硕壮，肌肤莹白，安详端坐，给人以很强的质感，既显示其男性魁岸的体魄，又兼有女性丰腴腻滑的肌肤。另外，这一时期还出现了一种特殊的塑像——影像。影像就是专门供奉高僧形象，供家族、门人、弟子祭祀和瞻仰的邈真像。以第17窟中高僧洪辩的影像最为经典，此像写实，身着田相袈裟，通肩裹体，结跏趺坐，手结禅定印而隐去，神态严肃庄重，头部颅顶丰隆，面部饱满，额角和颧骨轮廓豁朗，额部和眼角有皱纹，目光含蓄有神，眉头略蹙，若有所思，眉脊、眼角、鼻准、嘴角表现出中年高僧庄重矜持的神情和气派。

2. 曹氏归义军时期敦煌石窟的彩塑艺术

唐末，张承奉建立了西汉金山国政权，可是好景不长，回鹘来侵，张承奉被迫退位。五代初期，政权到了曹议金手中，曹议金重新建立归义军政权，曹氏家族中曹议金、元德、元深、元忠、延恭、延禄、宗寿、贤顺等先后任归义军节度使。此时辖区已缩小为瓜沙二州六镇，实力大为减弱，但由于曹氏政治举措得当，故而社会稳定，四邻和睦，经济繁荣，佛教文化与艺术形成地区性的繁荣景象。节度使衙门还设立了画院、伎术院，民间也成立了画行，形成了院派特色。此期的代表窟有第55、61、98、108、146、152、454窟等。

曹氏归义军时期的石窟形制基本上沿袭晚唐的中心佛坛窟，但洞窟规模更大，较晚唐窟更为宏伟壮观。第98窟是曹议金的功德窟，坛为双层坛，上层马蹄形，下层方形，无台阶，有背屏。坛上现存五代塑跏趺坐佛一身；左右两侧各存一弟子，为清代塑像。另外，还有一身道教塑像，放置于佛的前面，应该是从别的洞窟移来，不属于第98窟所有。这一时期的下层洞窟多数前修木构殿堂，中、上层窟前修有木构窟檐、栈道相通。可惜多数已毁，目前仅存四座窟檐，其中第427、444、431窟窟檐均属于曹氏归义军时期，而且三座窟檐还分别有乾德八年（970）、开宝九年（976）、太平兴国五年（980）的建造纪年。这些窟檐与壁画中的大量建筑图像资料，珠璧相映，都是研究五代、宋时期敦煌建筑的珍贵资料（图13-70）。

塑像也主要是中心佛坛上塑像。由于此时的中心佛坛窟位置大都处于洞窟崖面的第一层，均经历了从开窟到清代乃至民国的不间断利用，致使窟内塑像或被毁，或被修改得面目全非，除了第55窟坛上塑弥勒三会之外，其余塑像大多被后代重修或残毁。此期的彩塑艺术代表窟有第40、55窟等。

第40窟为一小窟，五代开凿，主室覆斗形顶。西壁前塑一佛二菩萨，佛像身着圆领敞胸通肩田相袈裟，结跏趺坐于金刚座上；二胁侍菩萨，造型矮壮，立于莲台上。这一铺三身

图 13-70　莫高窟曹氏归义军时期第 427 窟木构窟檐建筑

图 13-71　莫高窟第 40 窟西壁塑像

塑像，虽不能代表五代时期敦煌石窟的雕塑艺术，但也是此期雕塑艺术的一种体现（图 13-71）。

第 55 窟佛坛上现存倚坐弥勒佛像三身，分别塑于坛上南、西、北三面，主要表现弥勒三会。现存倚坐弥勒佛像三身，分别塑在佛坛西、南、北三边；还有菩萨像三身、弟子像一身、天王像一身，分别侍立三弥勒佛侧。弥勒像头顶有螺纹肉髻，面相饱满，双眼细长，面带微笑，穿双领下垂式袈裟，内着僧祇支，左手抚膝，右手施无畏印，手指残，倚坐于金刚宝座上。中心佛坛佛座东侧的天王像，面部宽厚结实，眸子突起，怒目而视，身着戎装，做叉腰、手抬、肩扛、头顶佛座的姿态，造型敦厚，衣饰简练，不失威猛之态，形象衣饰仍保持唐代余风（图 13-72）。此铺造像是曹氏归义军时期敦煌石窟雕塑艺术的代表性作品。

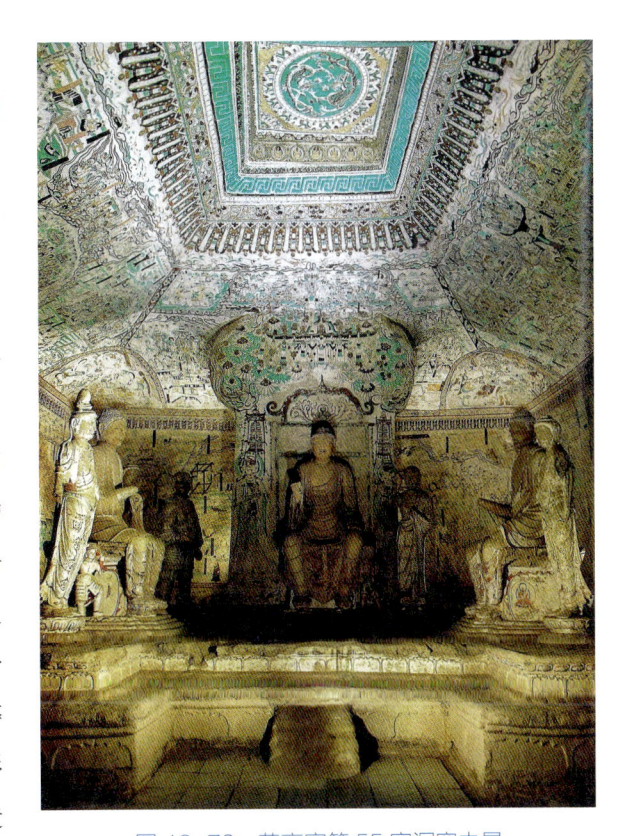

图 13-72　莫高窟第 55 窟洞窟内景

（五）回鹘、西夏、元时期的敦煌彩塑

10 世纪后期至 12 世纪初叶，世居瓜沙地区的回鹘政权逐渐形成一股强大的势力。在曹氏家族衰微、无力抵御外力入犯的情况下，瓜沙地区的回鹘势力于1030年前后掌握了瓜沙政权，史称"沙州回鹘"。1036年，党项军队夺取肃州、瓜州、沙州之时，进行抵抗力量的是沙州回鹘军队，此后沙州回鹘仍然在肃、瓜、沙等州一带活动。大概在北宋末南宋初，沙州回鹘消失。沙州回鹘时期的艺术，指居住于瓜沙地区的回鹘族于莫高窟、榆林窟、西千佛洞等处开凿或重修的敦煌石窟艺术。这个时期在敦煌莫高窟修建1窟、重修15窟，现存榆林窟2窟、西千佛洞5窟。其艺术早期沿袭宋代洞窟的遗风，后期则形成了具有简率粗放、构图疏朗、色调明快、装饰趣味浓郁、人物造型圆润丰满的民族风格。内容题材上新出现了十六罗汉图、行脚僧图、回鹘男女供养人像和一些新的装饰图案，形成题材、艺术上独具特色的沙州回鹘艺术。第409窟东壁门北的回鹘女供养人画像，是敦煌回鹘期壁画的代表。此像是重修第409窟的功德主，头戴桃形大凤冠，宽发双鬟抱面，耳垂大环，身着大翻领窄袖长袍，这种服饰是典型的回鹘装。

西夏时期的敦煌艺术，是指西夏统治瓜沙二州时期所营建、重修的敦煌石窟艺术。11世纪上半叶，党项族崛起，1036年，李元昊攻占了瓜沙二州。西夏王朝笃信佛教，在瓜沙造窟颇多（大多系重修旧窟）。在莫高窟凿建1窟、重修60窟，在榆林窟营建和重修10窟，在东千佛洞营建和重修2窟，在五个庙石窟营建和重修3窟。窟形因循宋制，彩塑出现供养天女新题材，面相服饰均如宋塑，具有西夏成熟艺术。这一时期代表性的洞窟主要是榆林窟第2、3、10、29窟等。此时石窟艺术深受吐蕃密教影响，故藏密内容增多，形成显密并存局面。壁画以大乘显教艺术为主，密教次之。窟内中央砌藏密多层曼荼罗，壁画中汉画传统多表现在大乘显教题材中，主要有文殊变、普贤变、西方净土变、天请问经变、法华经变、维摩诘经变、水月观音变等，如榆林窟第29窟水月观音图是其代表。榆林窟第3窟的文殊变、普贤变，于敦煌艺术中独树一帜，为不可多得之佳作。这一时期还出现了非正统佛教的神话题材——唐僧取经故事画。藏密题材壁画有曼荼罗、五方佛等，汉密题材壁画有不空羂索观音、如意轮观音、十一面观音、五十一面千手千眼观音等，其中榆林窟第3窟五十一面观音像最具汉密特色。供养人中，有汉族、党项族、回鹘族，有国师、贵族、官员、童仆等，其中榆林窟第29窟贵族官员像，"圆面高准"，体格魁伟，身材高大，具有北方少数民族气概。

蒙元敦煌石窟艺术指蒙古族于南宋宝庆三年占据沙州（1227）至明洪武五年（1372）冯胜西征、沙州归明的140余年期间的敦煌石窟艺术。1227年，元朝占领沙州，提倡"三教平心"。佛教倡密宗，汉密、藏密并存，这一时期莫高窟新开洞窟8个，重修洞窟19个。现在保存有当时画塑艺术品的洞窟4个，即第3、95、464、465窟。虽然第95、465窟究竟是否为元代开凿，学术界还存在很大争议，由于没有定论，因此我们还是采用传统的观点暂时将其归入元代洞窟。元代的洞窟形制以覆斗顶殿堂窟、覆斗顶圆坛窟为主。汉密以第 3 窟为代表，内容多千手千眼观音。此时观音像有十一面、四十大手，其中二大手高举化佛、二大手合掌、二手托钵，周围环绕飞天及部众，人物衣冠均为中原形式。绘画技法以多种线描塑造形象，出神入化，达到了佛教艺术线描造像的最高水平。藏密以第 465 窟为代表，此窟中央设一圆形佛坛，坛上塑像已不存，南北两壁及西壁各画密教曼荼罗三铺，东壁画曼荼罗两铺，丰富而鲜艳的色彩构成了此窟的艺术特色。

图 13-73　莫高窟第 263 窟中心塔柱东面龛内西夏塑像

这一时期保存的雕塑艺术很少，代表窟有第 263 窟西壁龛内保存的塑像一铺（图 13-73），此窟原为北魏窟，经五代西夏重修。西夏时期，于中心塔柱东面向龛内改成盝顶帐形龛，并在龛内双层马蹄形佛床上塑一佛、二弟子、四菩萨，一铺七身，龛内外壁画也为西夏时期所绘。主尊佛结跏趺坐于莲座上，穿偏右袒式袈裟，双手结印，手指残；南侧年轻弟子像，内着僧袍，外罩田相袈裟，袈裟厚重，面部被熏黑；北侧弟子年老弟子像，穿偏右袒式袈裟，立于莲台上，双手残。四身菩萨均立于莲台上，姿态僵硬，已失去唐代雕塑的神韵。

四、敦煌石窟彩塑的技法

敦煌石窟及甘肃河西地区的雕塑多为泥塑，并施有粉彩，因此也称为彩塑。由于河西地区的地质结构相同，其彩塑的制作方法也基本相同，因此，这里只对敦煌石窟中的彩塑制作方法以及类型进行阐述。

敦煌彩塑上起十六国，经北魏、西魏、北周、隋、唐、五代、宋、回鹘、西夏、元直到清代，历时千余年，现在尚存彩塑 3000 多身。由于敦煌石窟开凿在砾石上，石窟内的彩塑制作多是就地取材，塑像根据不同的功能有大小之分。

(一)彩塑的类型

依据质地可分为石胎泥塑和木胎泥塑两种类型。

1. **石胎泥塑** 在敦煌石窟中,由于佛教功能的需要,需塑造体积庞大的塑像,这种塑像很难用木架制成,因此采用石胎泥塑的方法来完成。其制作方法是:首先,根据造像类型需要,在山体凿成塑像的大体形状,再在表面抹上粗泥、细泥,然后进行精雕细刻,最后彩绘。这种塑像方法一般用于塑造形体巨大的造像。在敦煌石窟中,莫高窟第96窟北大像、第130窟南大像、第148窟涅槃像、第159窟涅槃像、第332窟涅槃像,以及榆林窟第6窟的弥勒像等,都是采用石胎泥塑的方式塑造。

2. **木胎泥塑** 利用自然长成的与佛姿势相近的树枝或人工制作成的木架上绑束苇草、芨芨草等植物,捆扎成塑像轮廓,外敷粗泥,再敷细泥,通过压紧抹光等手法,再往表层上白粉,最后进行彩绘,这种制作方法称为木胎泥塑。敦煌石窟中绝大部分彩塑都是用这种方法制作而成。由于这种塑像形体大小不同,因此制作的方法也不尽相同。在制作小型塑像时,先用木头削制成塑像的大体结构,木胎本身已经显示出人体的基本造型和动态,再上一层薄泥,刻画细部,最后上色而成。在制作大型塑像时,首先用圆木扎成骨架,骨架上捆扎芨芨草或麦秸,形成人体大体结构,然后上粗泥,做出具体形状,再上细泥表现皮肤质感,最后敷彩。有的塑像以木板制作手掌,以红柳枝条作手指,用泥省而牢固;还有的像在骨架上扎一横木桩往后伸出体外楔入墙壁,以固定塑像。

另外,塑像身体的某些局部,如头、手指、脚趾等,有时是预先制好后安置到塑像上去的。如手的制作,首先用铁丝等制成手指骨头形状,然后根据形状敷泥,再精雕细刻,最后敷彩贴金。某些装饰品,如璎珞、串珠和花冠等,则用泥范(即泥制模具)做成,然后贴到像上。

(二)彩塑的制作方法

按照制作方式来划分,敦煌彩塑的制作可分为圆塑、浮塑、影塑、悬塑几种类型。

1. 圆塑

圆塑就是指非压缩的,可以多方位、多角度欣赏的三维立体雕塑。敦煌彩塑中的圆塑,指脱离墙面的独立塑像,主要用于表现佛、菩萨、弟子、天王、力士等重要形象。中国新疆克孜尔石窟、库木吐喇石窟,酒泉文殊山石窟,武威天梯山石窟,永靖炳灵寺石窟,天水麦积山等石窟寺许多雕塑均采用此种方式塑造。在敦煌石窟中,十六国北朝的圆塑与龛、壁结合为一体,塑制成佛、菩萨、弟子、天王、力士等像,身躯紧贴壁面,其头光、冠带、披巾部分,有的续之以壁画,以绘画手法完成;有的采用浮塑、模制手法制作。这些彩塑大多被放置于龛内,其背部距离墙面很近,只能从一定的角度观赏,因此,在不易看到的部分,艺术家往往是随意处理，塑像背部往往均不经过敷彩处理，我们很容易就能看到制作塑像的草泥。隋、唐、五代、宋、西夏、元时期的圆雕多在大型龛中和佛坛上，佛、菩萨、弟子、天王、力士、供养菩萨、天兽等塑像完全离开墙壁，更具独立性和立体感，增加了观赏性。

2. 浮塑

浮塑是雕塑与绘画结合的产物，一般用压缩的办法来处理，依靠透视等因素来表现三维空间，并只供一面或两面观看。浮塑一般是附属在另一平面上的，在内容、形式和材质上与圆塑一样丰富多彩。敦煌石窟的浮塑可分为高浮塑和低浮塑两种类型。敦煌彩塑中有许多塑像后背紧贴墙面，三分之二的形体是塑造的，在莫高窟十六国北朝时期的彩塑中大量出现，多表现龛内外的佛、菩萨、弟子像等，这种造像手法我们通常称之为高浮塑。低浮塑是以泥土塑出压缩大、起伏小凸出壁面的塑像。这种低浮塑主要用于表现洞窟中附属于龛、窟顶和佛坛等的装饰部分。这些彩塑多是仿木构建筑的部件，又都施有色彩或彩绘纹样，到了五代、宋时期，有的装饰还贴金。龛的装饰有北朝和隋代洞窟中的龛楣、龛梁、梁尾、龛柱等，均以低浮塑手法塑出，代表洞窟有第268、272、275、259、257、251、254、248、437、419、420、427窟等。窟顶装饰有北凉禅窟平顶的平綦、佛殿窟穹隆顶的藻井、北魏中心塔柱前部人字披顶的脊枋、椽子等，代表洞窟有第268、272、275、259、254、248、437、431窟等。另外，五代、宋、西夏部分佛殿窟覆斗顶的中心藻井图案，如双龙戏珠、蟠龙、蟠凤等装饰，也是在低浮塑的形象上彩绘贴金，代表窟有第61、449、130、16、366、367窟等。中晚唐、五代、宋洞窟中佛坛的壸门装饰等，实物见第231、360、367、9、142、61、55、449窟等。此外，唐代部分佛像头光、身光或靠背，也以浮塑彩绘手法表现。

3. 影塑

敦煌石窟中的影塑，是以泥、细沙和麦秸作材料，用泥制模范翻制，表面经过处理，然后赋彩，通常背面粘贴于墙壁上，正面作凸起壁面的浮雕状。成群影塑的赋彩，符合均衡、对比、变化的要求，与周围背景统一和谐，浑然一体。敦煌莫高窟的影塑有佛、菩萨、供养菩萨、千佛、飞天、化生、莲花等类型，这些影塑均粘贴于北朝、隋代中心塔柱窟四壁或洞窟四壁上部，主要用以衬托主像（图13-74）。代表窟有第259、254、251、257、260、248、435、437、288、432、442、428、290、302、303窟等。一些唐代洞窟中

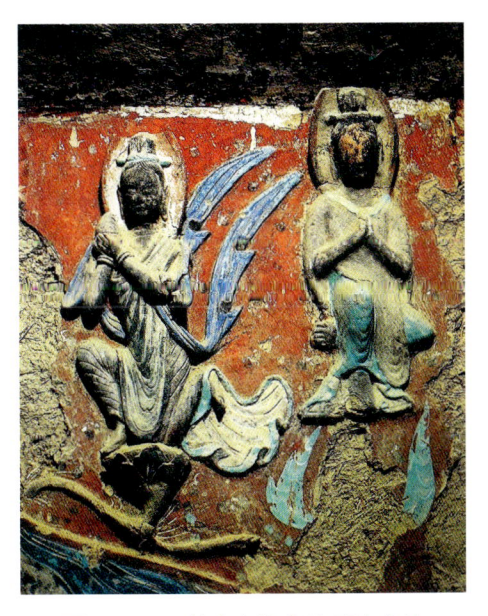

图13-74 莫高窟第248窟中心柱东面影塑供养菩萨像

的小型一佛二菩萨说法图、小型佛像也是影塑粘贴而成，代表洞窟有第 215、212、220、492 窟等。另外，圆塑塑像身躯上的璎珞、串珠，宝冠上的花饰等饰件，也都是用模制的影塑粘贴而成。

4. 悬塑

悬塑是悬插在壁面上的彩塑，莫高窟仅存有唐代第 27 窟壁面上的众赴会菩萨一例。此窟围绕正壁龛的主像圆塑和上方窟顶正披小龛的主像圆塑释迦、多宝并坐像，在两龛两侧和两龛之间的壁面上，悬塑赴会菩萨十二身，用以衬托上下两龛的主像圆塑（图 13-75）。内容据《法华经·从地涌出品》，谓众多菩萨从地涌出，在虚空中向七宝塔中并坐说法的释迦、多宝礼拜赞叹。现仅存上下两龛之间的两身悬塑，其余已毁，只留壁面上悬插过彩塑的圆孔或圆孔内的木桩。两悬塑赴会菩萨上身袒裸，长裙裹足，相对胡跪于悬空的莲座上；内侧之手置膝上，掌心向上，似托物状；外侧手臂已残，脸部向外，云髻高耸，面容恬静，目光下视。色彩乃西夏重绘。

图 13-75　莫高窟第 27 窟西壁悬塑塑像

第十四章　经变画导论

　　小乘佛教只承认一个佛即释迦佛，没有七佛、十方佛、千佛等诸佛概念，（南梁）僧祐《出三藏记集》卷五《竺法度传》记载："元嘉中，外国商人竺婆勒久停广州，每往来求利。于南康郡生儿，仍名南康，长易字金伽。后得入道，为昙摩耶舍弟子，改名法度。其人貌虽外国，实生汉土，天竺科轨，非其所谙。但性存矫异，欲以摄物，故执学小乘，云无十方佛，唯礼释迦而已，大乘经典不听读诵。"（《高僧传》卷一《昙摩耶舍传附法度传》同）所以小乘佛教时期，佛像题材限于佛传、本生等故事画，内容较少。

　　大乘佛教兴起后，偶像崇拜愈盛，凡有佛教的地方必有佛像，依据大乘经典绘制的经变画以及十方佛等佛像十分流行，甚至把佛教称作像教，（初唐）法琳《破邪论》卷上记载："自后汉明帝永平三年梦见金人已来，像教东流，灵瑞非一……像教兴行，于今不绝者，寔荷人王之力也。"造像成为佛教徒要做的四法之一，（隋）阇那崛多译《大方等大集经》卷二记载："菩萨摩诃萨复有四法，成就三昧，何等为四？一者造佛形像，劝行供养。二者书写是经，令他读诵。三者慢法众生，教令发心。四者护持正法，令得久住。"这里把"造佛形像"列为四供养之首。

　　佛像一经造作，"如视佛身"，（东晋）佛陀跋陀罗译《观佛三昧海经》卷九云："佛告阿难：'佛灭度后现前无佛，当观佛像。'观佛像者，若比丘、比丘尼、优婆塞、优婆夷、天龙八部、一切众生欲观像者，先入佛塔，以好香泥及诸瓦土，涂地令净，随其力能，烧香散花，供养佛像，说己过恶，礼佛忏悔。"玄奘译《药师经》云："若有净信善男子、善女人等，欲供养彼世尊药师琉璃光如来者，应先造立彼佛形像，敷清净座而安处之，散种种花、烧种种香，以种种幢幡庄严其处。"（唐）善导《观念阿弥陀佛相海三昧功德法门》亦云："问曰：'佛劝一切众生发菩提心，愿生西方阿弥陀佛国。又劝造阿弥陀像，称扬礼拜、香花供养，日夜观想不绝。又劝专念弥陀佛名，一万、二万、三万、五万，乃至十万者。或劝诵《弥陀经》，十五、二十、三十、五十，乃至一百，满十万遍者，现生得何功德？百年舍报已后，有何利益？得生净土以不？'答曰：'现生及舍报决定有大功德利益。'"

一、经变画定义

经变画即"按经图变",(唐)善导《观念阿弥陀佛相海三昧功德法门》记载:"又若有人依《观经》等画造净土庄严变,日夜观想宝地者,现生念念,除灭八十亿劫生死之罪。又依经画变,观想宝树、宝池、宝楼庄严者,现生除灭无量亿阿僧祇劫生死之罪。"(唐)清昼《画救苦观世音菩萨赞》序云:"乃于玉胜殿内,按经图变。只于壁上,观示现之门;不舍毫端,礼分身之国。"这里的"依经画变""按经图变"解释了"变"即"图""画"之义。

经变画通常是指依据一部佛经来绘制的反映该经主要思想的佛教绘画作品,主题鲜明,内容具体。单尊佛像也依据佛经绘制,广义上也可以称"变",但一般称"像",如"观音像""地藏像"。而情节生动的本生、因缘、戒律等故事画也依据佛经绘制,广义上也可归于经变画,但多数情节只选取佛经的一部分,不代表全经的主要内容,故而当代学者单独设故事画一类。(三国)支谦译《佛说九色鹿经》讲述九色鹿本生,全经内容单一,只有一则本生故事,一般不称"九色鹿经变",仍称作"九色鹿本生故事画"。在古代佛教资料中,有时也把佛教故事进行表演称作"变",如《法显传》记载法显印度取经时,在师子国见到了由真人扮演的"须大拿变""睒子变"等本生故事:"佛齿常以三月中出之……王便夹道两边作菩萨五百身已来种种变现,或作须大拿,或作睒变,或作象王,或作鹿、马。如是形像,皆彩画庄校,状若生人。然后佛齿乃出,中道而行。"

多数经变画有与之相对应的佛经,如华严经变与《华严经》、法华经变与《法华经》、维摩诘经变与《维摩诘经》、楞伽经变与《楞伽经》、金光明经变与《金光明经》、弥勒经变与《弥勒经》、药师经变与《药师经》等。多数经变画中题写有榜题,标内容,文字出自经文,如莫高窟第85窟楞伽经变榜题多达70余方,文字保存至今。

少数经变与佛经关系并不密切:

1. 劳度叉斗圣变

它没有与之对应的独立的佛经(《劳度叉斗圣经》),北周和初唐的劳度叉斗圣变依据《贤愚经》绘制,晚唐及以后的劳度叉斗圣变主要依据讲唱文学作品《降魔变文》,而《降魔变文》依据《贤愚经》改编。严格意义上讲,劳度叉斗圣变属于根据《贤愚经》部分内容改编的佛传故事,不能代表《贤愚经》的主要内容,所以不能称贤愚经变。但由于其在敦煌壁画上的表现形式完全等同经变画,也绘于主室,所以仍归于经变画。

2. 目连变

在敦煌石窟中仅见于榆林窟第19窟,主要依据讲唱文学作品《目连变文》绘制。该变文是竺法护译《盂兰盆经》的演绎,通过目连对父母的忠孝行为,展示地狱的阴森恐怖。

由于不是按照《盂兰盆经》绘制，所以不能称盂兰盆经变。

3. 十王经变（十王经图赞）

《十王经》是晚唐时期中土僧人编造的一部适合民众需求的伪经，非常流行。所谓十王经变应该称十王经图赞，因为除经文和图像外，一般还有赞文（一段经文后配置一图一赞文），而经变是以图为主的，榜题来自佛经，没有赞文，所以这些插图本《十王经》应该称十王经图赞更合适。如《大正藏》第45册所收宋代张商英（1043—1121）《佛国禅师文殊指南图赞》由经文、赞文、图三部分组成，此将插图本善财五十三参称为"图赞"，据此可将带有经文、赞文的敦煌插图本《十王经》称为"十王经图赞"。现在也有学者将十王经图赞称为十王经变。十王经图赞或十王经变并不见于主室经变画的位置，而是与佛教史迹画为伍，即不与各种经变画平起平坐，加之出于疑伪经，当以特殊的经变画对待。

二、经变画的起源与发展

印度与中亚地区似乎没有经变画，新疆石窟有一些，数量不多，时代也晚。经变画主要存在于敦煌及以东地区，经变画的流行是东亚佛教美术的一个特点。南北朝至宋元时期中原寺院十分流行绘制经变画，但基本没有保留下来，敦煌石窟的经变画约占各地现存经变画的百分之九十以上。韩国、日本现存佛教绘画中也有一些经变画。

佛教传入中国之初，佛教图像都是单尊像，尤以禅定佛像居多。两晋南北朝时期佛教发达，并开凿了许多石窟，因此佛教图像开始丰富起来，以维摩诘像与维摩诘经变最有代表性。

4世纪中期，维摩诘像就已流行画坛，顾恺之、张墨、陆探微等画家曾画过维摩诘像，尤其是顾恺之在瓦棺寺所画维摩诘像，家喻户晓。（唐）张彦远《历代名画记》卷五记载："长康又曾于瓦棺寺北小殿，画维摩诘。画讫，光彩耀目数日。《京师寺记》云：'兴宁中（363—365），瓦棺寺初置。僧众设会，请朝贤鸣刹注疏。其时，士大夫莫有过十万者。既至，长康直打刹注百万。长康素贫，众以为大言。后寺众请勾疏，长康曰宜备一壁，遂闭户往来一月余日，所画维摩诘一躯工毕……。'"按：上述资料只是参考，因为兴宁元年顾恺之才16岁，当时他是否已经有这样的名气是值得怀疑的。同书卷二"论画工用榻写"记载："顾生首创维摩诘像，有清羸示病之容，隐几忘言之状。陆与张皆效之，终不及矣（张墨、陆探微、张僧繇并画维摩诘居士，终不及顾之所创者也）。"同书卷五记载张墨有4幅画传于代，其中一幅是维摩像。这些维摩像似乎都是单尊像，大约到5世纪中叶开始流行维摩诘与文殊菩萨对坐像，并成为普遍流行的一种造像模式。

见于记载最早的经变是南朝袁倩画的维摩诘经变，《历代名画记》卷六记载他曾画"维摩诘变一卷，百有余事，运思高妙，六法备呈，置位无差"。同书卷二记载："陆探微师于顾恺之……袁倩师于陆。"陆探微、袁倩生卒年不详，大约活动在5世纪中后期。

美国旧金山亚洲艺术博物馆藏B60S44+永熙二年（533）赵见□（嘻？）等四人造像碑正面刻一立佛二胁侍菩萨（图14-1），下方座基刻发愿文，其中有"唯大魏岁次癸丑四月己未朔八日清信士佛弟子赵见□（嘻？）赵阿内赵□荫赵洪显四人等……"。背面刻维摩诘经变，有8条榜题，存部分文字，内容有：

《佛国品第一》（中央画禅定佛一身，下方刻香炉，表示佛说法）；

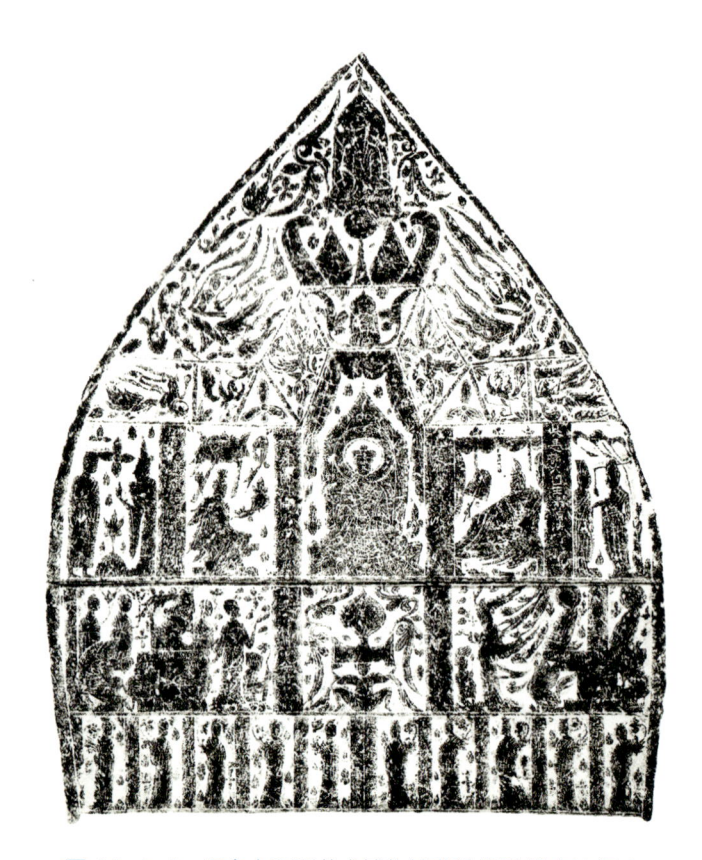

图 14-1-1　旧金山亚洲艺术博物馆藏造像碑维摩诘经变

《方便品第二》（上层右侧第一画面，维摩诘在帷帐内，左手按座、右手持麈尾，榜题1："此是维摩诘托疾方丈室时"。第二画面，刻二身贵族，身后一侍从持华盖，榜题2："此是诸大国王来听法时"）；

《弟子品第三》（下层左侧画面，七弟子围绕一房屋，似表示佛在说法。上层左起第一画面，阿难与维摩诘面对面，表示阿难乞乳）；

《文殊师利问疾品第五》（上层左侧第一画面，文殊菩萨坐姿，右手持如意，榜题3："此是文殊师利问疾□□□时"）；

《不思议品》（下层右侧画面，画一狮子座，座上有二弟子，前方画菩萨捧钵，前面跪一人）。

美国大都会博物馆藏东魏武定元年（543）李道赞等五百人造像碑的碑身上刻释迦说法会、中刻维摩诘经变、下为发愿文，维摩诘经变有《问疾品》《不思议品》《香积佛品》《观众生品》等内容，这些维摩诘经变内容与构图为后来该经变的发展奠定了基础。

到了6世纪初期，在南朝梁代出现了法华经变、弥勒经变。

成都万佛寺佛教造像中，有2件刻有弥勒经变与法华经变，时代约在6世纪初期。弥勒经变造像碑现存上生弥勒菩萨说法，下生一种七收、老人入墓、罗刹扫地、翅头末城、迦叶禅窟、弥勒三会等。法华经变造像碑有无尽意菩萨问观音名号、现身说法（三十三变化

图 14-1-2　旧金山亚洲艺术博物馆藏造像碑维摩诘经变造像线图

身)、向佛塔献璎珞、向佛献璎珞、救水难、救海难、救火难、救地狱难、救怨贼难、救罗刹难、离淫欲、离瞋恚、离愚痴等十多个情节。[1]

到了6世纪中期，在北朝北齐出现西方净土变、弥勒经变。

南响堂山石窟第1、2窟为北齐时期同时开凿的"双窟"，大小相当，窟形和题材类同。均为前室窟门上方浅浮雕西方净土变，左侧（西侧）释迦、多宝并坐说法图，右侧弥勒说法图（第2窟的西方净土变现藏美国华盛顿赛克勒博物馆）。第1窟西方净土经变的宝池中有九化生，正是表示"九品往生"。第2窟西方净土变中，下方正中莲池内有四化生，二在开放的莲花中，二在莲苞中，左右各有一宝池，内也有化生（画面残），这也是表示九品往生。

小南海石窟为北齐窟，有3个洞窟（东窟、中窟、西窟）。其中中窟和东窟刻有弥勒经变和西方净土变。中窟坐北向南，据窟门上部刻的《方法师镂石班（版）经记》，知该窟开凿于北齐文宣帝高洋天保元年至天保六年（550—555）。该窟北壁（正壁）刻一结跏趺坐佛二立弟子，主尊为释迦佛，有弗沙佛为前生尚是菩萨时的释迦牟尼授记为证。或曰为卢舍

---
① 赵卢良：《成都南朝浮雕弥勒经变与法华经变考论》，《敦煌研究》2001年第1期。

那佛，从弗沙佛图像看，此说非是。东壁刻一立佛二立菩萨，主尊为弥勒佛，北侧上部浮雕弥勒经变，刻一结跏趺坐弥勒菩萨、七听法菩萨，有榜题"弥勒为天众说法时"，属于上生内容；还刻有剃度场面，属于下生内容。西壁刻一立佛二立菩萨，主尊为阿弥陀佛，有完整的十六观浮雕，榜题12条，有9条存有文字，根据画面和榜题，我们知道中窟的西方净土是根据《观经》雕刻的。

东窟也有弥勒经变和西方净土变。东壁弥勒经变画面有三组：1.一交脚坐菩萨、五听法菩萨；2.倚坐佛为一人说法；3.一人为另一人剃度。其中画面1为上生内容，画面2、3为下生内容。西壁西方净土变比中窟简单，刻出十六观中的十观。①

三、敦煌经变画

（一）北周时期

敦煌石窟从北周时期开始出现经变画，唐宋时期经变画成为石窟壁画的主要题材。北周经变画有福田经变、劳度叉斗圣变、佛本行经变。

1.福田经变

敦煌有两铺福田经变，见于莫高窟北周第296窟、隋代第302窟（图14-2）（此窟有开皇四年题记），后来不见绘制。《福田经》有两个译本：一个是（东晋）瞿昙僧伽译的《中阿含经》卷三〇《大品福田经》，另一个是（西晋）法立、法炬合译的《佛说诸德福田经》。莫高窟的福田经变是依据后者绘制的，此经宣传施舍，经云："广施名曰福田，行者得福，即生梵天。"福田经变所画内容都是依据下述经文："佛告天帝，复有七法。广施名曰福田，行者得福，即生梵天。何谓为七？一者举立佛图、僧房、堂阁；二者园果浴池，树木清凉；三者常施医药，疗治众病；四者作劳坚船，济度人民；五者安设桥梁，过度羸弱；六者近道作井，渴乏得饮；七者造作圊厕，施便利处。"具有浓厚的小乘佛教思想。

两铺福田经变的情节大致相同，第302窟略多一点。福田经变的构图形式都是横幅连环画，第296窟分上下两排，第302窟只有一排，这与当时的故事画构图一致。

2.劳度叉斗圣变

西千佛洞第12窟有一铺北周时期的劳度叉斗圣变（图14-3），共11条榜题，但从画面看有12个情节：须达辞行、须达选地、选定祇园、太子赠地、旋风吹树、象吞池水、力

---

① 颜娟英：《北齐禅观窟的图像考》，(京都)《东方学报》1998年。李裕群：《关于安阳小南海石窟的几个问题》，《燕京学报》1999年第6期。

图 14-2　莫高窟隋代第 302 窟人字披顶福田经变

图 14-3　西千佛洞北周第 12 窟劳度叉斗圣变

士摧山、金翅唵龙、狮子食牛、火烧外道、外道跪求、外道出家。依据情节和榜题,知依据《贤愚经》绘制,严格说来,这还是属于从《贤愚经》中节选的一则故事,属于故事画(佛传故事)。

3.佛本行经变

佛传是指释迦从诞生前后至涅槃的一生事迹,有时也追溯前生(本生,主要是儒童本生)。关于佛传的经典很多,主要有(东汉)竺大力等译《修行本起经》2卷、(刘宋)求那跋陀罗译《过去现在因果经》4卷、(东汉)支谦《太子瑞应本起经》2卷、(北凉)昙无谶译《佛所行赞》5卷、(西晋)竺法护译《普曜经》8卷、(隋)阇那崛多译《佛本行集经》60卷等,另有中国僧人(梁)僧祐集各经所说而成的《释迦谱》5卷。

图 14-4 莫高窟五代第 61 窟佛传(局部)

敦煌石窟单一画面的佛传较多,如乘象入胎、夜半逾城、降魔、初转法轮、涅槃等,一般称之为佛传故事。而连续性多画面的佛传,可称之为佛本行经变,敦煌石窟有10铺。P.3317号敦煌文书是一份佛传榜题底稿,经查对,与莫高窟第61窟佛传榜题(图14-4)基本吻合。[1]

敦煌北周时期的福田经变、劳度叉斗圣变、佛本行经变尚没有脱离北朝故事画的构图,与现存南北朝时期中原经变存在较大区别,似乎南北朝时期中原的经变画没有传到敦煌。

(二)隋代

隋代敦煌经变画有8种,除福田经变在北周出现外,新出现了金光明经变、药师经变、弥勒经变、西方净土变、涅槃经变、维摩诘经变、法华经变等。

---

[1] 樊锦诗:《P.3317号敦煌文书及其与莫高窟第61窟佛传故事画关系之研究》,载《2006年饶宗颐教授90华诞国际学术研讨会文集》,上海古籍出版社,2008年。

图 14-5　莫高窟隋代第 417 窟窟顶人字披长者子流水济鱼

1. 金光明经变

《金光明经》前后 6 译,现存(北凉)昙无谶译《金光明经》4 卷、(隋)宝贵等编集《合部金光明经》8 卷,(唐)义净译《金光明最胜王经》10 卷,而以义净译本最为流行。敦煌石窟共有 11 铺金光明经变,除隋代 1 铺依据昙无谶译本绘制外,均依据义净译本绘制。《金光明经》中有许多关于天王、神王的护法描绘,并有许多密教陀罗尼,因此佛教将《法华经》《仁王经》《金光明经》称为"护国三经",可见该经在中国佛教史上是比较重要的。

莫高窟第 417 窟的窟顶西披画有《金光明经》"流水长者子品",共 7 个情节(图 14-5):城邑行医、动物趋池、注水救鱼、取食救鱼、为鱼说法、天子献宝、儿子禀父。东披画为依据《金光明经》"舍身品"绘制的萨埵太子本生。流水长者子本生、萨埵太子本生的绘画表现形式完全是早期本生故事画的式样,但由于二品同属《金光明经》,故有学者认为可称"金光明经变"。中唐至宋代的金光明经变均依据义净译本绘制,因此准确的名称是"金光明最胜王经变"。义净译本共 10 卷 31 品,约入画 20 品。[1]

---

[1] 施萍亭:《金光明经变研究》,载敦煌研究院编《1987 年敦煌石窟研究国际讨论会文集》石窟考古编,辽宁美术出版社,1990 年。

2. 药师经变

敦煌没有发现隋代以前的药师图像，但有《药师经》的抄经记录，如敦煌研究院藏的敦煌遗书中，就有4件北朝时期抄写的帛尸梨蜜多罗译的《药师经》，其中第D0713号（发表号009号）《药师经》为1943年莫高窟土地庙出土，写于太和十一年（487），首全尾缺，存7行，个别文字与通行本不同，有漏抄现象，未署译者名，卷首题记："太和十一年五月十五日。《佛说灌顶章句拔除过罪生死得度经》。"及至隋代，出现了药师图像，莫高窟第394（图14-6）、417（图14-7）、433（图14-8）、436（图14-9）窟绘有药师经变，第302窟绘有药师说法图两铺。这5个洞窟属中小型窟，在考古分期上，第302窟有隋初纪年（开皇四年，584），为第一期的标准窟，第417、433、436窟归于第二期，第394窟归于第三期。从此，药师图像绘制不绝，直到西夏时期。敦煌壁画和敦煌纸绢画中，一共为我们留下了一百多铺药师经变、几百幅药师单尊像。另外，敦煌遗书中还有3件药师经变榜题底稿和约300件《药师经》写本。还有一些与药师信仰有关的其他资料，如P.3432《吐蕃统治时期龙兴寺器物历》中就记载了该寺有两尊金铜药师琉璃像，P.3551《药师瑠璃光如来赞并序》是吐蕃占领时期都督夫人安氏画药师佛的发愿文。数量可观的图像资料和文献资料，是我们了解隋代至西夏时期敦煌药师信仰的宝贵资料。

图14-6 莫高窟第394窟东壁药师经变

图14-7 莫高窟后部平顶中下侧药师经变

唐前期药师经变仅第220窟有一铺，盛唐晚期第148窟以后开始增多，基本以中央画药师佛说法会，两侧以条幅画形式画出"九横死""十二大愿"，表现形式较为稳定。[1]

---

[1] 王惠民：《隋至唐前期敦煌药师图像考察》，《艺术史研究》2000年总第2期。

图 14-8　莫高窟第 433 窟窟顶东披药师经变　　　　图 14-9　莫高窟第 436 窟人字披
　　　　　　　　　　　　　　　　　　　　　　　　　　　　　东披药师经变

3. 弥勒经变

佛经云，娑婆世界过去依次有毗婆尸佛、尸弃佛、毗舍婆佛、拘楼孙佛、拘那含佛、迦叶佛等六佛，后释迦牟尼成为第七佛（合称过去七佛）。释迦有一弟子名弥勒，先佛入灭，生兜率天宫为菩萨。弥勒在兜率天宫居住 56 亿万岁后下生娑婆世界，先投胎为婆罗门子，后出家学道，成为第八佛，成佛后三次说法，度 96 亿、94 亿、92 亿众生。竺法护译《下生经》等云弥勒寿命八万四千岁（鸠摩罗什译《下生经》云六万岁、鸠摩罗什译《大成佛经》云六万亿岁）入灭。弥勒佛之后，有师子佛、光炎佛、柔仁佛等诸佛继任为娑婆世界的佛，绵绵无限云云。实际上，上述这些时间意义上的娑婆世界诸佛中，除释迦佛和弥勒佛确有其人外，其余各佛均为虚构，也无具体的生平事迹。释迦佛入灭后，娑婆世界有 56 亿万岁处在无佛状态（但西方极乐世界有阿弥陀佛、东方净琉璃世界有药师佛等），然后才有弥勒下生成佛。

弥勒在兜率天宫时的活动为上生，在娑婆世界的活动为下生。弥勒信徒们希望能死后往生兜率天宫，与弥勒同处一处；将来随弥勒一起下生娑婆世界。广义上的弥勒净土包括弥勒上生世界和下生世界，狭义上的弥勒净土只是指弥勒下生时的世界。弥勒信仰与阿弥陀佛信仰一个非常有趣的区别是，弥勒信仰是对本土娑婆世界的依恋，此生生活在娑婆世界，来世依然希望转生到娑婆世界；而阿弥陀佛信仰则希望死后往生到西方净土，远离娑婆世界。

南北朝时期的河北小南海石窟、成都万佛寺就开始出现弥勒经变。敦煌石窟有隋代至西夏时期的弥勒经变 106 铺（包括纸绢画中的 2 铺，一是 S.P.11、一是《俄藏敦煌艺术品》第一册第 45 图），另外还有弥勒经变榜题底稿 1 份（P.4966）。敦煌石窟中存在几乎所有弥勒的形象。存世的弥勒经变敦煌占了绝大多数，情节丰富。敦煌文献中还有《弥勒上生经

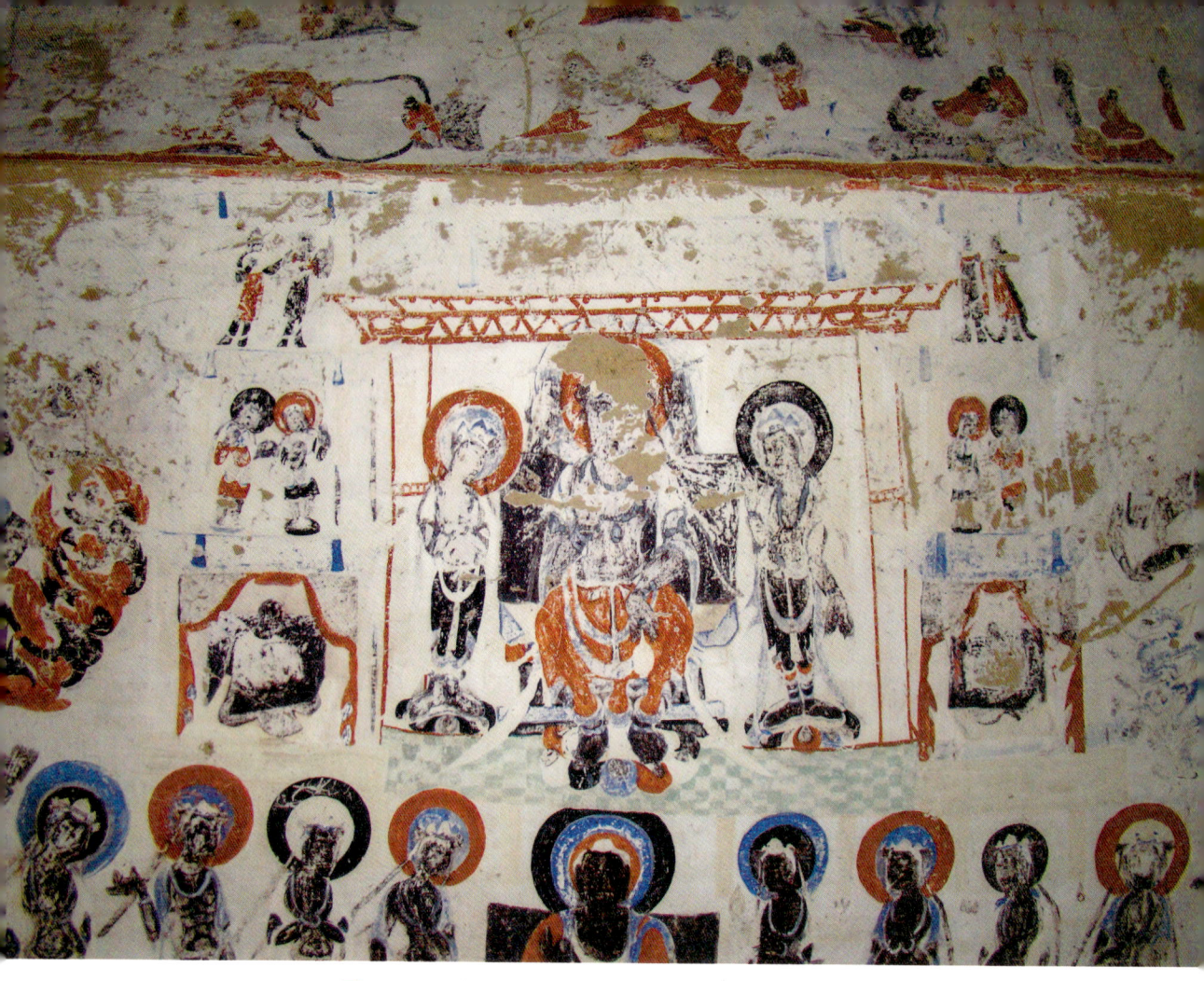

图 14-10　莫高窟隋代第 417 窟后部平顶中上侧兜率天宫

讲经文》(P.3093)、《上生礼》(S.8656+S.4451、S.5433、P.3840、俄Dx0144)等。

莫高窟隋代洞窟中有 8 铺弥勒上生经变〔第 262、416、417（图 14-10）、419、423、425、433、436 窟〕，均为描绘弥勒在兜率天宫说法情景的上生经变，弥勒菩萨形，交脚坐，有的左手持净瓶，在大殿内说法。左右侧对称画出思惟菩萨和菩萨摩顶授记（菩萨用右手抚一位跪状俗装人物头部，表示娑婆世界人往生兜率天宫，弥勒为他摩顶授记）。

下生经变只有 1 铺。莫高窟第 62 窟北壁通壁画说法图（一佛二弟子二菩萨），西侧上方绘一山中禅僧（迦叶禅窟）、下方画下方画山中一戴冠者（坐姿，似扬右掌，或双手合十），一怒发裸体药叉（立姿，持物不明），表示魔王（药叉形像者）劝化诸人修行（图 14-11）。

入唐以来，敦煌弥勒图像出现了许多变化，如执净瓶和化佛冠的弥勒形象不再出现，弥勒经变基本上由上生、下生二部分组成，注重对净土世界的描绘等。弥勒经变可分为两类：(1) 以三会为主要特征的弥勒下生经变（弥勒三会图）。这些弥勒下生经变的主要特征是绘有三会内容，虽然内容简略，但只要以较大画幅表现三会均可归于弥勒经变（或称弥勒三会说法图），主要流行于初唐时期。(2) 上下生经变。画面上方绘有兜率天宫，下方绘

图 14-11 莫高窟隋代第 62 窟弥勒下生经变

下生。初唐时期的下生内容仅有三会和剃度，后来内容越来越多，将《弥勒下生经》记载的弥勒诞生前夕、诞生时、出家时、出家后等一生事迹都入画。其中诞生前夕的娑婆世界有一种七收、树上生衣、嫁娶、龙雨、夜叉扫地、老人入墓、路不拾遗、国有七宝等欢乐生活场面。弥勒诞生场面类似释迦诞生，有梦日入怀、花园诞生、六畜远离、步步生莲、九龙灌顶、产后还宫等。弥勒长大后经历了拆幢、降魔成道、众人剃度出家、三会说法、入城乞食、见迦叶等（图 14-12）。

---

① 李永宁、蔡伟堂：《敦煌壁画中的弥勒经变》，载敦煌研究院编《1987 年敦煌石窟研究国际讨论会文集》石窟考古编，辽宁美术出版社，1990 年。

图 14-12　莫高窟盛唐第 148 窟南壁弥勒经变

4.西方净土变

佛教兴起数百年之后，才在 1、2 世纪产生西方净土信仰。但是在印度、中亚，我们几乎没有发现有关西方净土信仰的文献资料和实物资料。在中国，西方净土经典早在 2 世纪就有汉译本，而明确的西方净土信仰开始于 4 世纪，5 世纪起普遍流行于僧俗间。西方净土信仰是中国佛教的最大特色之一。净土经典很多，著名的有"三经一论"，即（三国）康僧铠译《无量寿经》（252 年），（姚秦）鸠摩罗什译《阿弥陀经》（402 年），（刘宋）畺良耶舍译《观无量寿经》（一作《观无量寿佛经》，424—442 年间译出），婆薮槃豆（世亲、天亲）著、（北魏）菩提流支译的《往生论》一卷（《净土论》《无量寿经优波提舍愿生偈》《愿生偈》，529 年译）。

西方净土变依据经名的不同可称为阿弥陀经变、无量寿经变、观无量寿佛经变（观经变），阿弥陀经变与无量寿经变较难区别，就经典而言，《阿弥陀经》没有提到往生，《无量寿经》提到三辈往生，《观无量寿佛经》提到九品往生。观无量寿佛经变较为流行，现存北朝时期的西方净土变都是依据该经绘制的。敦煌最早有具体题名的西方净土图像见于莫高窟西魏第 285 窟（538—539 年建造），此窟东壁门北绘一佛四菩萨四弟子之说法图一铺，诸尊题名均存，主尊题名"无量寿佛"（图 14-13）。西方净土图像是敦煌石窟中绘制最多的一种图像，敦煌有关西方净土的文献资料和图像资料为我们了解西方净土信仰的具体形态提供了帮助。

观无量寿佛经变大致可以分为：(1)没有未生怨，将十六观画在主尊说法图里面的观无量寿佛经变，这是北朝流行的形式，莫高窟隋代第393窟西壁也归于此类，初唐西方净土经变多数是此类观无量寿佛经变，特征是有树上宝楼阁、化佛冠观音与宝瓶观大势至、九品往生等十六观内容。(2)有未生怨、十六观画面的观无量寿佛经变，这是初唐开始流行的观无量寿佛经变的新的形式，此后的观无量寿佛经变基本采用这一形式，数量多达90余铺（图14-14）。[①]

5. 涅槃经变

涅槃图像属于佛传，是佛教造像常见题材。涉及释迦涅槃的佛经很多，（北凉）昙无谶译《大般涅槃经》40卷最为流行。有的涅槃图像只表现佛的涅槃与眷属围绕哀悼，一般称涅槃图，而有涅槃前后故事的涅槃图像则可称为涅槃经变。敦煌石窟中有北周至西夏时期

图14-13　莫高窟西魏第285窟主室东壁三铺说法图

[①] 王惠民：《陷至唐前期敦煌西方净土图像考察》，载新加坡大学2001年"7—9世纪唐代佛教及佛教艺术国际会议"论文集《唐代佛教与佛教艺术》，觉风佛教文化艺术基金会，2006年。

图 14-14　莫高窟盛唐第 171 窟观无量寿经变

的涅槃图与涅槃经变 24 组，隋代以莫高窟第 295 窟小型涅槃经变为代表（图 14-15）。

莫高窟第 148 窟西壁南北宽 17 米，壁前建高 1.4 米、宽 4.85 米宽通长大台，台上又有 0.3 米高的通长小台，形状如榻，上塑 14 米的涅槃像。南壁西侧、西壁、北壁西侧画涅槃诸场景，可分临终遗教、纯陀供养、入般涅槃、入殓、棺盖自启为母说法、金棺自举、大出殡、香楼焚棺、求分舍利、收取舍利起塔供养共 10 组，是敦煌壁画中规模最大的一幅涅槃经变。还保存有 66 条墨书榜题，为我们解读画面提供了珍贵资料。[1]

6. 法华经变

法华图像分三大类：释迦多宝并座说法、观音经变、法华经变。敦煌北朝洞窟的法华图像不多，均为释迦多宝并坐像，仅有 5 铺：北魏第 259 窟（正壁雕塑）、西魏第 285 窟、北周第 428、461 窟，西千佛洞北周第 8 窟也有 1 铺。隋代释迦多宝并坐像见于第 276、277、303、394 窟。隋代开始出现独立的观音经变（法华经观世音菩萨普门品变），见于隋第 303 窟，有 44 个画面，表现观音救苦救难、三十三变化身。隋代有 2 铺法华经变（第 419、420 窟），第 419 窟窟顶法华经变画有譬喻品、化城喻品。第 420 窟窟顶法华经变画有序品、方便品、譬喻品、见宝塔品、普门品等 5 品（图 14-16）。此后至宋代均有绘制，一共有 36 铺

---
[1] 贺世哲：《敦煌莫高窟的涅槃经变》，《敦煌研究》1986 年第 4 期。

图 14-15　莫高窟隋代第 295 窟人字披西披涅槃经变

图 14-16　莫高窟隋代第 420 窟窟顶法华经变（局部）

法华经变。

7. 维摩诘经变

敦煌壁画中有维摩诘经变 74 铺，另外，有画稿 1 件（S.P.76）。全经 14 品中，有 13 品见于敦煌壁画（最后一品"嘱累品"未见）。

敦煌石窟中可以肯定为维摩诘经变的要到隋代，主要画面以维摩诘与文殊对谈形式出现，代表有莫高窟第 276 窟（图 14-17）。有学者提出莫高窟西魏第 249 窟的窟顶西披壁画是维摩诘经变，此说恐难成立。除此之外，到了唐宋时期，维摩诘经变规模更加宏大，内容和情节也更加丰富，但主要构图形式仍然是维摩诘与文殊的对谈场面，其他内容画在周边。《维摩诘经变》经文分三卷十四品（佛国品、方便品、弟子品、菩萨品，以上为卷上；文殊师利问疾品、不思议品、观众生品、佛道品、入不二法门品，以上为卷中；香积佛品、菩萨行品、见阿閦佛品、法供养品、嘱累品，以上为卷下），除最后一品（嘱累品）没有发现有绘制外，敦煌壁画中可以见到其余十三品的内容。

佛国品。毗耶离城长者之子宝积等人持宝盖供养释迦。画面：画佛说法图，下方有若干王子持华盖供养。释迦为宝积等人讲佛土就在人们心中（"若菩萨欲得净土，当净其心。随其心净，则佛土净。"）画面：画一宝池，表示净土。

---

① 施萍亭、贺世哲：《敦煌壁画中的法华经变初探》，载敦煌文物研究所编《中国石窟·敦煌莫高窟》第 3 卷，文物出版社，1987 年。

图 14-17　莫高窟隋代第 276 窟龛两侧维摩诘、文殊立像

图 14-18　莫高窟初唐第 203 窟维摩诘、文殊像

方便品。这是维摩诘经变中最有代表性的场面（图 14-18），讲述维摩诘装病，众人前来问疾，以装病之方便，行说法之实。"其以方便，现身有疾。以其疾故，国王大臣、长者居士、婆罗门等，及诸王子并余官属，无数千人，皆往问疾。其往者，维摩诘因以身疾，广为说法。"画面：维摩诘说法，通常与对面的文殊菩萨（《文殊师利问疾品》）对应。此品入画内容较多，表示维摩诘"游诸四衢，饶益众生"诸事："入诸学堂，诱开童蒙；入诸淫舍，示欲之过；入诸酒肆，能立其志"，等等。

弟子品。释迦闻知维摩诘有病，派十大弟子前往问疾，弟子拒绝。第一个弟子是舍利弗，画面：舍利弗林中宴坐，维摩诘取笑。最后一个弟子是阿难，画面：阿难乞乳，遭维摩诘戏弄。

菩萨品。释迦派弥勒菩萨、持世菩萨、光严童子、善德居士前往问疾，四人拒绝。入画内容较少，晚唐才出现，莫高窟第 9 窟有魔女戏弄持世菩萨画面。

文殊师利问疾品。释迦派文殊菩萨前往问疾，众人随行。此品即与维摩诘像对应的文殊菩萨像。

不思议品。众人来到维摩诘居所，维摩诘以神力化现三万二千狮子座。画面很好辨认：空中飞来若干狮子座。

观众生品。"时维摩诘室有一天女，见诸大人闻所说法，便现其身，即以天花，散诸菩萨、大弟子上。花至诸菩萨，即皆堕落，至大弟子，便着不堕。一切弟子神力去花，不能令去。""结习未尽，花着身耳。结习尽者，花不着也。"画面：一天女从空中散花，落在弟子身上。

佛道品。所谓佛道即以方便之法调伏众生。"示行愚痴，而以智慧，调伏其心。"仅见于莫高窟第 61 窟。画面：维摩诘站立，手上化现彩云，云上有菩萨若干。榜题："尔时会中有菩萨，名……问维摩诘言……是谁？奴婢僮仆……方便以为父母。"

入不二法门品。文殊问维摩诘何为不二法门，维摩诘静默以待。文殊赞叹：这样无有文字语言就是不二法门啊。画面：文殊菩萨（主尊像）手举二指。仅见于第 203、220、103、61 窟。

香积佛品。时至食时，维摩诘化现菩萨前往香积佛国国土取来饭食，"钵饭悉饱众会"。画面：一化菩萨倾钵饭于地，堆积如山，这是维摩诘经变最生动的画面之一。

菩萨行品。维摩诘以神通力带众人前往释迦佛所听法。画面：维摩诘手掌化现众人。

见阿閦佛品。释迦告诉舍利弗：维摩诘是来自妙喜国的一位菩萨，妙喜国有佛，名阿閦（无动），妙喜佛国也是一个极乐世界，于是"大众渴仰，欲见妙喜世界无动如来及其菩萨、声闻之众"。维摩诘即以神通力，举右手"断取妙喜世界，置于此土"。画面：维摩诘手掌化现妙喜世界，阿修罗站立，手举日、月。

法供养品。属于佛经的流通分，释迦佛讲述信奉《维摩诘经》的种种功德。画面：三佛、千佛，表示供养《维摩诘经》即是供养过去、现在、未来诸佛："若善男子、善女人受持读诵供养是经者，即为供养去、来、今佛。""时王宝盖岂异人乎？今现得佛，号宝炎如来。其

图 14-19-1　莫高窟盛唐第 217 窟龛顶金刚经变全图

图 14-19-2　莫高窟盛唐第 217 窟金刚经变洗足

王千子,即贤劫中千佛是也。"

嘱累品。释迦佛将《维摩诘经》咐嘱弥勒菩萨:"于佛灭后末世之中,汝等当以神力,广宣流布于阎浮提,无令断绝。"此品在敦煌壁画中未见。

(三)唐宋时期

隋代出现的弥勒经变、药师经变、西方净土变、法华经变、维摩诘经变在唐宋时期继续流传,并成为经变画的主流题材,同时还出现许多新的经变画,题材与内容更加丰富,密教经变画是唐宋经变画的一个新的题材。

1.金刚经变

《金刚经》(又称《金刚般若波罗蜜经》)是佛经中相当重要的一部经典,约六千字,有鸠摩罗什、菩提流支、真谛、达摩笈多、玄奘、义净译本,以 408 年鸠摩罗什译本最为流行。据统计,单鸠摩罗什译本的注疏就有 65 种之多。《金刚经》从南北朝时期就开始流行,敦煌文献中有《金刚经》及相关文献数量 2000 件,其中 8 世纪初建造的第 217 窟西壁龛顶绘有我国现存最早的金刚经变(图 14-19)。而英藏敦煌绘画品S.P.2 为咸通九年(868)雕版印刷的《金刚经》,是中国印刷史上重要的实物,题记:"咸通九年四月十五日王玠为二亲敬造普施。"那天是夏安居开始之日,或有关联。

敦煌金刚经变存在时间较短,盛唐 2 铺、中唐 8 铺、晚唐 10 铺,唐以后不见绘制。敦煌藏经洞出土了许多禅宗文献,一些壁画题材也许与禅宗在敦煌的流传有关,禅宗信奉

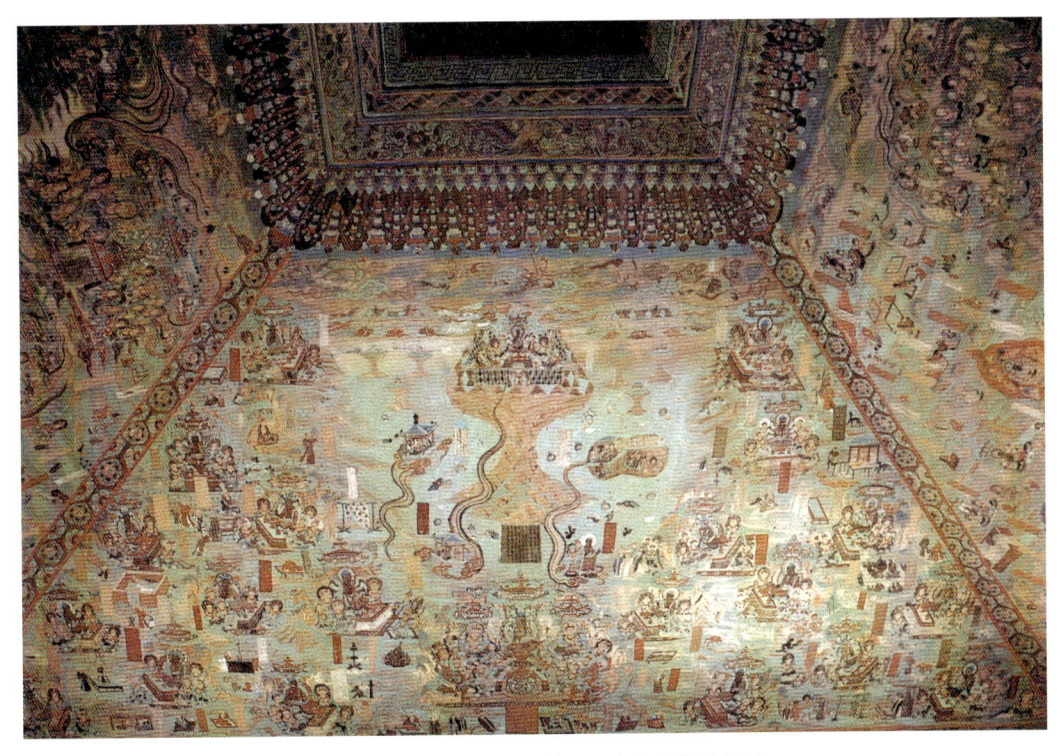

图 14-20　莫高窟晚唐第 85 窟窟顶楞伽经变

《金刚经》，敦煌金刚经变的流传可能与禅宗在敦煌的流传有一定关联。[1]

2. 楞伽经变

《楞伽经》共有三个汉译本：(1) 刘宋元嘉二十年 (443) 求那跋陀罗译本，全名为《楞伽阿跋多罗宝经》，共四卷一品，故又称"四卷楞伽"。南北朝到初唐时，楞伽师们即以此译本为研讨对象。(2) 北魏延昌时 (512—515) 菩提流支译本，名《入楞伽经》，共十卷十八品，称"十卷楞伽"，内容完整，文字是前一译本的二倍，但不甚流行。(3) 唐朝武周长安四年 (704) 实叉难陀译本，名《大乘入楞伽经》，共七卷十品，是为"七卷楞伽"。敦煌遗书中，三种译本都有，共约有 80 件残卷，其中七卷本占三分之二强，可见七卷本比较流行。

楞伽经变今仅存于敦煌莫高窟，共有 12 铺，以莫高窟第 85 窟最为典型 (图 14-20)，时代从中唐到北宋。在画史上，早在初唐时，中原就出现了楞伽经变，禅宗五祖弘忍高薪聘请"工人物及佛经变"的著名画家、宫廷内供奉卢珍来黄梅画楞伽经变，虽最后未遂，但说明当时画坛有楞伽经变的存在，时间上比敦煌早得多。莫高窟楞伽经变历中唐、晚唐、五代和北宋四个时期，上下二百年，但由于它们都依据七卷本绘制，其内容和构图形式都变化

---

[1] 贺世哲：《敦煌壁画中的金刚经变研究》（一）（二），《敦煌研究》2006 年第 6 期、2007 年第 4 期。

图 14-21-1　莫高窟晚唐第 85 窟楞伽经变明镜喻

不大。一般画面中央画楞伽山，周围画序品、众多小说法会（大慧菩萨请问）、譬喻画、断食肉（尸毗王本生等）(图 14-21)，每一部分包括若干画面，大慧菩萨请问画面以说法会加榜题表示，比较单一，其余三部分画面都很生动。

3. 密严经变

《大乘密严经》（简称《密严经》），依佛说法地点在密严净土而得名，汉译本有两种，均为三卷，一是（唐）地婆诃罗（日照）译本，二是代宗永泰元年（765）不空译本。译本均分上、中、下三卷，共八品。该经阐述一切法乃心识所变，其五法、八识、三性、二无我等哲理为法相宗所重，被列为该宗基本经典"六经十一论"中的一经。

敦煌莫高窟密严经变数量不多，只有 5 铺（中唐 158 窟，晚唐第 85、150 窟，五代第 61 窟，宋代第 55 窟）。密严经变画面中央是佛说法图，表示佛说《密严经》，下方画若干小说法图，一般是一佛二胁侍菩萨、一菩萨提问，不借助榜题很难判定小说法图的内容。一个显著特征是：所有密严经变主尊下方有一组对称的天神听法（为戴通天冠的帝王形象，帝

---

① 王惠民：《敦煌石窟楞伽经变初探》，《敦煌研究》1990 年第 2 期。

图 14-21-2　莫高窟晚唐第 85 窟楞伽经变尸毗王故事画面

图 14-21-3　莫高窟晚唐第 85 窟楞伽经变狩猎图　　图 14-21-4　莫高窟晚唐第 85 窟楞伽经变陶师喻

释天都是这样形象,这里指经中的净居诸天)、一组梵天听法(为盔甲严身的天王装束,梵天即梵天王,这里是指经中的阿迦尼咤螺髻梵王)。地婆诃罗译《大乘密严经》卷中记载:"时诸佛子各从所住而来此国,尔时净居诸天与阿迦尼咤螺髻梵王同会一处,咸于此土。"即画面表示净居诸天、螺髻梵王"同会一处",这是密严经变的一个标志性图像。第 158 窟东壁门南一铺经变曾定名为天请问经变或思益梵天所问经变,据此重新定名密严经变(图 14-22)。[1]

---

[1] 王惠民:《敦煌密严经变考释》,《敦煌研究》1993 年第 2 期。

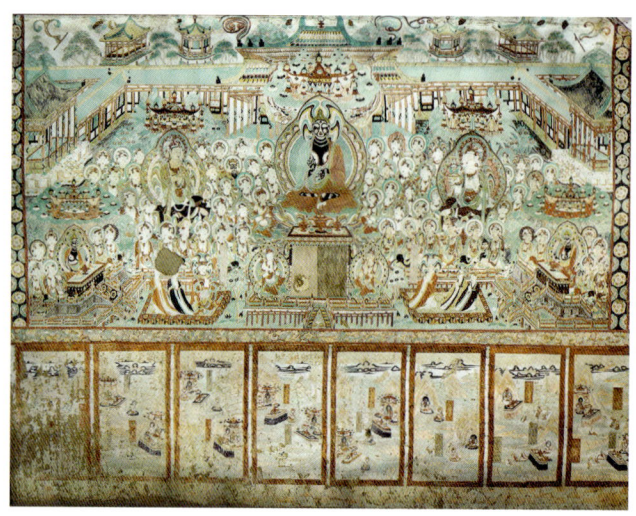

图 14-22　莫高窟中唐第 158 窟东壁门南密严经变　　图 14-23　莫高窟晚唐第 141 窟主室东壁门北思益梵天请问经变

4.思益梵天所问经变

《思益梵天所问经》(简称《思益经》)是一部比较重要的佛典,共有三个汉译本:1.《持心梵天所问经》,4 卷 18 品,竺法护译于太康七年(286);2.《思益梵天所问经》,4 卷 18 品(《频伽藏》等)或 4 卷 24 品(《碛砂藏》等),鸠摩罗什译于弘始四年(402);3.《胜思惟梵天所问经》6 卷,不分品,菩提流支译于神龟元年(518)。三译本均为同本异译,存于各大藏经中。其中鸠摩罗什译本是通行本,敦煌遗书中有鸠摩罗什译本 90 多件。

《思益经》内容通俗易懂,由于它论述了许多佛教基本思想,所以在中国佛教史上还是比较受重视的。5 世纪起,诵讲《思益经》之风就颇为流行。《思益经》对禅宗的形成与发展有重要作用,在所谓北宗神秀系的五方便思想中,《思益经》为第四"明诸法正性"之经典。按:此句出于该经的"分别品"。神秀传法普寂(大照禅师)时,也授以《思益》及《楞伽》,"约令看《思益》,次《楞伽》。因而告曰:'此两部经,禅学所宗要。'"这里把《思益经》列在《楞伽经》之上。敦煌出现该经的经变应与禅宗在敦煌流行有关。

尽管《思益经》在佛教中比较重要,但该经的经变却不见于佛教文献和画史资料。唯敦煌石窟保存晚唐、五代、宋时期思益经变 16 铺(其中榆林窟有 4 铺),此经有 18 品,入画的只有前面 4 品(图 14-23)。另外,敦煌遗书中还有该经变榜题底稿 1 份(BD02379v)。《思益经》是一部哲理性很强的佛典,经中无任何生动的故事,因而在经变中只能用众多小说法图加榜题形式来表达(图解)经文内容。[1]

---

[1] 王惠民:《论〈思益经〉及其在敦煌的流传》,《敦煌研究》1997 第 1 期。

5. 华严经变

《华严经》是佛教十分重要的经典之一，主要有三个译本：(东晋) 佛陀跋陀罗译 60 卷本，称《六十华严》；(唐) 实叉难陀译 80 卷本，称《八十华严》；(唐) 般若译 40 卷本，称《四十华严》。

敦煌石窟有盛唐至宋代华严经变 30 铺，包括藏经洞绘画品中的 2 铺绢本华严经变 (即法藏 MG.26462、MG.26465)(图 14-24)。另外，敦煌文献中还有一份华严经变榜题底稿 (S.2113)。华严经变的主要内容是七处九会和

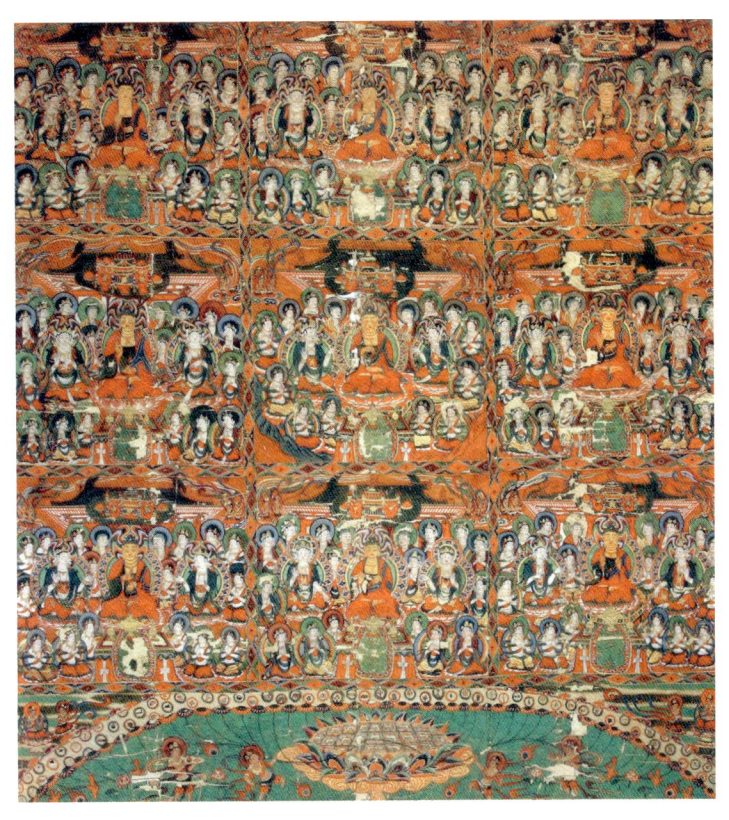

图 14-24 藏经洞绢画 MG.26462 华严经变

善财童子五十三参，七处九会是指释迦在七处说法 (第一处菩提场、第二处普光明殿、第三处忉利天、第四处夜摩天、第五处兜率天、第六处他化天、第七处逝多林)，一共说九次 (在普光明殿讲经三次)。五十三参是善财童子四处求法的故事，十分有名。华严经变构图与内容比较固定，画九铺说法图，表示九会，善财童子求法故事则穿插在说法会周围或在下方以屏风画形式表现出来。

6. 天请问经变

《天请问经》系玄奘译于贞观二十二年 (648)，经文很短，约 600 字，可谓言简意赅。主要内容是就 29 个问题分 9 次问答，内容通俗易懂，宣传"少欲最安乐，知足大富贵，持戒恒端严，破戒常丑陋"等，内容与求那跋陀罗译《杂阿含经》卷二十二接近。《杂阿含经》由 1362 部短经组成，卷二十二有 28 部短经，可能是求那跋陀罗漏译，玄奘补译。由于是玄奘翻译，所以流传颇广。敦煌壁画上有唐宋时期的该经变 39 铺，敦煌遗书中有该经写本 20 多件、经变榜题底稿 3 件 (S.1397、P.3352、BD02379) 和久已失传的经疏 3 件 (P.2135、BD00119、BD14116，其中 BD14116 首尾俱全，首题"天请问经疏，沙门文轨撰")。

《天请问经》内容介绍佛教思想，比较枯燥，天请问经变均以天神向佛请问的说法图并

配以榜题形式表示经文。在图像识读上,一个最主要的标志是有天神乘云而下(下天宫请问)、天神乘云而上(问毕返回天宫)画面(图14-25)。天请问经变在敦煌壁画上出现较多与唯识宗在敦煌的流传可能有一定关系,另外也许我们可以推测,天请问经变的内容相对比较简单,所以受到画工的偏爱。

7. 十轮经变

《十轮经》前后二译:(1)失译者名(今附北凉录)《大方广十轮经》8卷15品;(2)玄奘于永徽二年(651)重译的《大乘大集地藏十轮经》10卷8品。

图14-25 莫高窟晚唐第128窟南壁天请问经变

二译本内容基本相同,而玄奘译本更通顺流畅些,经序云:"以今所翻,比诸旧本。旧本已有,今更详明;旧本所无,斯文具载。"由于《十轮经》的流行,十轮经变也就出现在画坛,《历代名画记》卷三记载当时洛阳敬爱寺的东禅院和山亭院各画有一铺十轮经变,唐末该寺毁于兵燹。敦煌石窟有2铺十轮经变(莫高窟第321、74窟)(图14-26)。

莫高窟第321窟南壁壁画原拟为法华经变,20世纪80年代初又判定为宝雨经变,后来还有学者用《金光明经》来解释,但许多局部图像都无法用这三种佛经来进行贴切的解读。21世纪初通过对画面的重新解读并发现一方较为完整的出自《十轮经》的榜题,才知南壁画的是十轮经变。此铺十轮经变的主要内容有:释迦说法、雨宝、双手托宝珠、十方诸佛、渴仰菩萨请问、净有天神请问、三天女请问、地藏变化诸身、地藏救苦救难、十轮、象

---

① 王惠民:《关于〈天请问经〉和天请问经变的几个问题》,《敦煌研究》1994年第4期。

图 14-26-1　莫高窟初唐第 321 窟十轮经变

图 14-26-2　莫高窟盛唐第 74 窟十轮经变

图 14-27 莫高窟第 321 窟十轮经变象王本生

王本生（图 14-27）、罪犯与大象等。第 321 窟十轮经变有一条榜题尚存文字，共三行，除少数字模糊外，可将全文释读出："尔时灌顶刹利大王常与国人同其饮食而共戏乐不相疑猜心相体信共行王法是名第四轮也。"（图 14-28）初译本《十轮经》卷二"发问本业断结品"中，灌顶大王第四轮中提及这段文字："尔时灌顶刹利大王常与国人同其饮食，而共戏乐，不相疑猜，心相体信，共行王法。是名灌顶大王第四轮也。"这里的"轮"是指方法，意思

图 14-28 莫高窟第 321 窟十轮经变榜题

是英明的国王会与民同乐,互相信任,和谐相处,而佛陀也一样,在僧团中与众信徒互相信任,和谐相处,教化众生。这方榜题文字是该铺经变为十轮经变的最直接证据。经变中还有五比丘射杀大象的场面,这是表示《十轮经》卷四"刹利旃陀罗现智相品"中的"象王本生":往昔一国王敕令五贱民到雪山下取六牙白象王之牙,于是五人身着袈裟,化装成沙门,接近象王。"母象见之张弓挽箭,生怖畏心,语象王言:'此是猎师。今已张弓挽箭而来,将非我等命欲尽耶?'"象王见这些人身着袈裟,不肯相信,最后身中毒箭。象王临终得知五人意欲求象牙,即自拔象牙相与。此象王即现在的释迦,释迦讲完故事后说:"我于往昔曾见如是畜生身中,求无上道,能作如是,不惜身命,为护佛法,终不于被著袈裟者而作留难。"意思是在古代畜生见到袈裟都产生敬仰之心,而今世风日下,人们见到佛教徒都没有敬仰之心,这真是末法时期佛法衰落的表现。①

8. 梵网经变

传说梵文本《梵网经》有61品120卷,汉译《梵网经》是其中一品(卢舍那佛说菩萨心地戒品第十),译者不详(一说鸠摩罗什译,但早期经录并未提到鸠摩罗什译有此经),分上、下二卷,主要讲述戒律,本经除了提到十重戒、四十八轻戒外,也论及受戒的仪式、大乘布萨的集会作法等,为一完整的戒经,僧肇《梵网经序》云:"夫《梵网经》者,盖是万法之玄宗,众经之要旨。大圣开物之真模,行者阶道之正路。"在中国古代颇为流行。经名的意思见于卷下:"时佛观诸大梵天王网罗幢,因为说无量世界犹如网孔,一一世界各各不同,别异无量,佛教门亦复如是。"

敦煌石窟有五代、宋时期的梵网经变3铺〔榆林窟五代第32窟、莫高窟宋代第454(图14-29)、456窟〕,另外敦煌遗书BD02379中有梵网经变榜题底稿1份。梵网经变主要表现说

图14-29 莫高窟宋第454窟梵网经变

---

① 王惠民:《敦煌321窟、74窟十轮经变考释》,载中山大学艺术史研究中心编《艺术史研究》第六辑,中山大学出版社,2004年。

法会和根据卷下绘制说戒、守戒等场面，第454窟梵网经变有榜题61条，则有61个情节，内容丰富。一般经变的主尊是释迦牟尼佛，而此经变主尊是卢舍那佛，头上化现七组彩云，云中各有一佛，表示卢舍那佛"我化为千释迦，据千世界"。卢舍那佛两侧和下方为听戒的人、神、动物。①

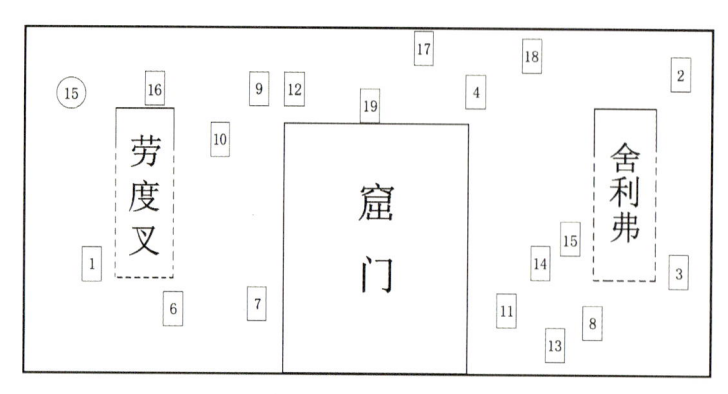

图 14-30-1　莫高窟五代第72窟劳度叉斗圣变榜题示意图

图 14-30-2　莫高窟晚唐第196窟西壁劳度叉斗圣变

9. 劳度叉斗圣变

劳度叉斗圣变是一种比较特殊的经变画，它取材于流行僧俗间的讲唱体《降魔变文》，而不是某一佛经，内容上更接近于佛传故事画。按：劳度叉意为"赤眼"，P.2344、P.3784《祇园图记》记载："有一外道，号曰劳度叉，此云赤眼，解其咒术。"《降魔变文》内容主要取自《贤愚经》，该经变描绘了舍利弗与劳度叉的6次较量。《贤愚经》记载的六个回合是：1. 树与风；2. 池与白象；3. 山与金刚力士；4. 龙与金翅鸟；5. 牛与狮子；6. 夜叉与毗沙门。P.4524残存5个画面：1. 山与金刚力士；2. 牛与狮子；3. 池与白象；4. 龙与金翅鸟；5. 夜叉与毗沙门。只缺《贤愚经》第一个情节、《降魔变文》最后一个情节：树与风。次序与《贤愚经》不同，却与《降魔变文》一致，说明是依据后者绘制。②

敦煌石窟壁画中有20铺劳度叉斗圣变（图14-30），另外，藏经洞文献中还有2件榜题底稿（P.3304、S.4257）、2件画稿（P.4524、P.tib.1293。按：P.4524为图文对照本，一面为画图、一面抄文字，可能是僧俗讲唱用的本子，P.4524可归于劳度叉斗圣变）、1件绢本变相残片（S.P.62）。

---

① 霍熙亮：《敦煌石窟的梵网经变》，载敦煌研究院编《1987年敦煌石窟研究国际讨论会文集》石窟考古编，辽宁美术出版社，1990年。
② 李永宁、蔡伟堂：《"降魔变文"与敦煌壁画中的劳度叉斗圣变》，载敦煌研究院编《1983年全国敦煌学术讨论会文集》石窟艺术编（上），甘肃人民出版社，1985年。

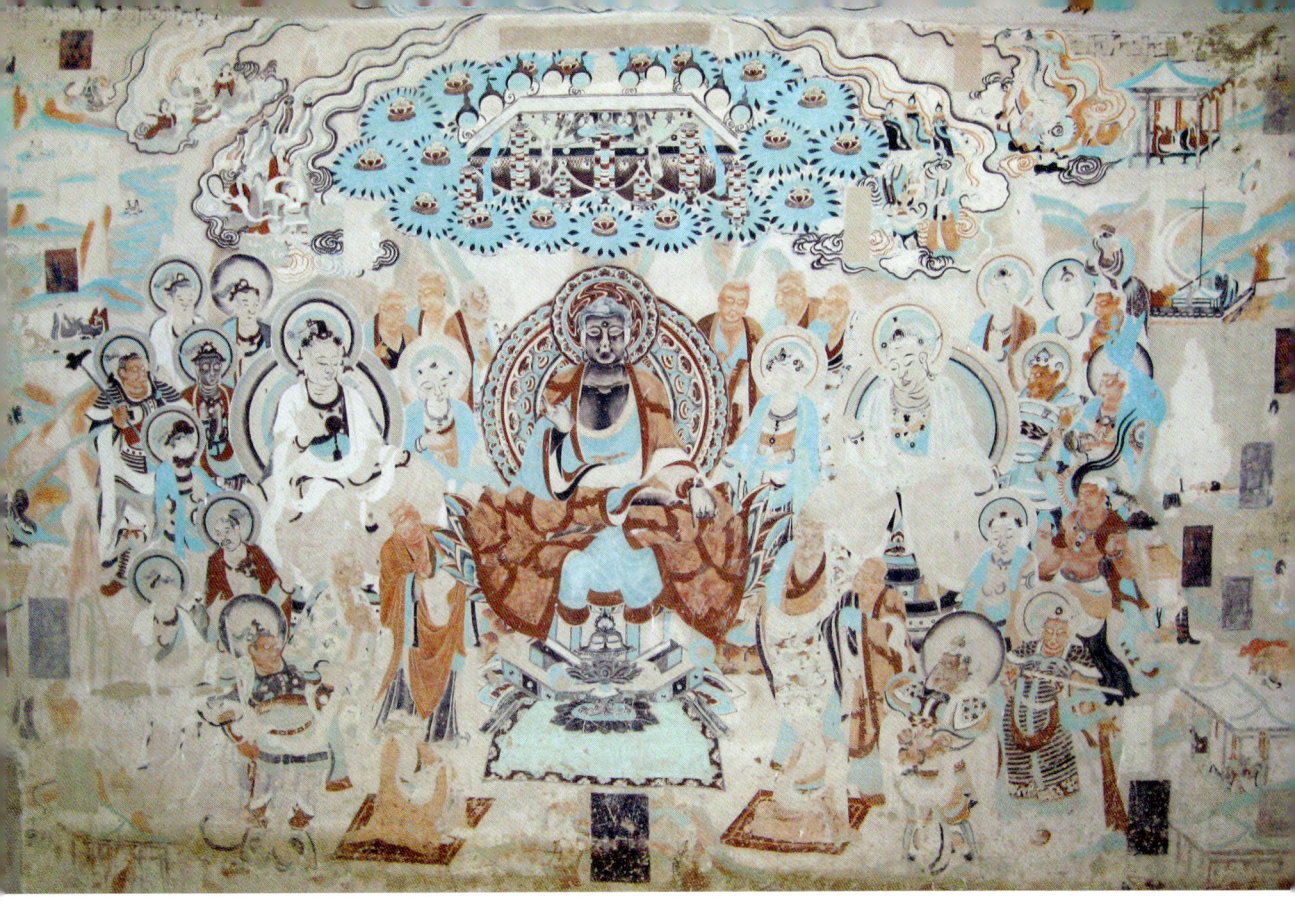

图 14-31　莫高窟盛唐第 31 窟北壁报恩经变

10. 报恩经变

《大方便佛报恩经》7 卷 9 品，形成在南朝，乃中国佛教徒根据《贤愚经》《涅槃经》等佛经编撰，内容围绕以孝事亲、以忠报主而展开，宣扬上报佛恩、中报君亲恩、下报众生恩，属于疑伪经，作者无考。由于是为了迎合中国传统思想而编撰，经中用许多佛教故事阐述佛教思想，内容生动，所以颇为流行。报恩经变最早见于玄奘《庆佛光周王满月并进法服等表》，其中提到"玄奘幸承恩宠，许垂荫庇，师弟之望，非所庶几，同梵之情，实切怀抱。辄敢进金字《般若心经》一卷并函，《报恩经变》一部，袈裟法服一具，香炉、宝子、香案、澡瓶、经架、数珠、锡杖、澡豆盒各一，以充道具，以表私欢"。山西高平开化寺有北宋时期绘制的报恩经变。

敦煌壁画中报恩经变见于盛唐晚期，一直流行到宋代，一共有 39 铺，另外，英藏敦煌绘画品中有 2 件巨幅报恩经变（S.P.1、S.P.12）。[1]

《报恩经》中有许多故事均可入画，报恩经变中最著名的内容是鹿母夫人因缘、善事太子入海求宝本生、金毛狮子施身给猎人本生。

各品均有绘制，品名及主要入画内容有（图 14-31）：

---

[1] 李永宁：《报恩经和莫高窟壁画中的报恩经变相》，载敦煌文物研究所编《敦煌研究文集》，甘肃人民出版社，1982 年。

序品：阿难乞食路遇婆罗门乞讨食物孝养父母，外道以此取笑佛教不孝养父母，佛为阿难说此《报恩经》。经变中央佛说法会可视为表现序品内容，入画的还有婆罗门乞讨等内容。

孝养品：佛前生为须阇提太子，割肉供养父母食。袈裟显示六道的释迦像也在此品。

对治品：佛前生为转轮王，身剜千孔燃千灯。

发菩提心品：佛前生也因罪孽死后轮回在地狱，在地狱时发慈悲心，救度他人。

论议品：忍辱太子施身救父本生、鹿母夫人因缘（摩耶夫人前生为鹿母故事）。

恶友品：善事太子本生、雁王本生。

慈品：月光王施头本生、五百强盗成佛因缘、华色比丘尼因缘（微妙比丘尼因缘）。

优波离品：优波离身份低贱，出家为佛弟子，佛为大众讲众生平等思想，为优波离讲佛教戒律，没有故事。

亲近品：金毛狮子本生。

11. 父母恩重经变

《父母恩重经》为中土佛教徒编撰的伪经，约形成在初唐，武周时期明佺《大周刊定众经目录》卷一五"伪经目录"收录228部419卷疑伪经目录，其中就有"《佛说父母恩重经》一卷"。开元年间智升《开元释教录》卷一八"别录中伪妄乱真录"收录392部1055卷疑伪经目录，其中记载："《父母恩重经》。经引丁兰、董黯、郭巨等，故知人造。"而后流通的版本多数删除丁兰等内容，敦煌遗书中有《父母恩重经》30多件，若干《父母恩重经》含有丁兰、董黯、郭巨等故事。另一种中土编撰的伪经《报父母恩重经》（《佛说父母恩重难报经》《佛说大报父母恩重经》）属于别本《父母恩重经》，内容与《父母恩重经》不同，但经名容易混淆，需要视具体内容判定经名。S.1189、P.3919有《父母恩重经》和别本《父母恩重经》写本，两者首、尾均题"佛说父母恩重经"，内容不同，后者权称别本《父母恩重经》（或《报父母恩重经》）。

敦煌有7铺父母恩重经变：中唐第238窟，晚唐第156窟，宋代第169、170、449窟。大英博物馆藏1铺（S.P.67+S.P.68）、甘肃省博物馆藏1铺(图14-32)，没有报父母恩重经变，但甘肃博物馆藏敦煌父母恩重经变中题有"佛说报父母恩重经变"，可见古代经名也互通，只有考察具体经文、经变画面才能确定相关内容。大足石刻有2铺依据别本《父母恩重经》（《报父母恩重经》）绘制的报父母恩重经变。P.2418、BD06412为《报父母恩重经讲经文》，其中P.2418前缺尾全，长达1090厘米，尾题"诱俗第六。天成二年八月七日□书"。[1]

---

[1] 马世长：《"父母恩重经"写本与变相》，载敦煌研究院编《1987年敦煌石窟研究国际讨论会文集》石窟考古编，辽宁美术出版社，1990年。

图 14-32　甘肃省博物馆藏敦煌绢画报父母恩重经变

图 14-33　莫高窟晚唐第 85 窟壁画布局结构图示

12.贤愚经变

《贤愚经》是北魏时凉州沙门慧觉等人编辑在高昌听闻的佛教故事集，共 13 卷 69 品。在敦煌莫高窟北朝石窟就有根据该经绘制的故事画，至于贤愚经变则最早出现在晚唐第 85 窟，一共只有 5 铺（晚唐第 85 窟，五代第 98、108、146 窟，宋代第 55 窟）。敦煌遗书中还有 2 份贤愚经变榜题底稿（S.192、BD00462）。第 85 窟主室南壁、西壁、北壁下方共以 40 扇屏风画的规模绘制贤愚经变，内容丰富（图 14-33）。①

13.大方等陀罗尼经变

莫高窟只有 1 铺［盛唐第 320 窟（图 14-34）］。《大方等陀罗尼经》4 卷 5 品（"初分""授记分""梦行分""护戒分""不思议莲花分"），北凉高昌郡沙门法众译于张掖。该经属于杂密经典，其中忏悔类内容受到中国佛教的重视，译出后较为流行。敦煌遗书中有较多北朝时期的《大方等陀罗尼经》写本。

有 2 个北朝洞窟存在《大方等陀罗尼经》的影响。西魏第 285 窟北壁画八佛，东起第一佛下的榜题称画无量寿佛，而《大方等陀罗尼经》卷二曾提到无量寿佛等十佛："佛告阿

---

① 顾淑彦:《敦煌石窟贤愚经变研究》，兰州大学敦煌学研究所 2009 年硕士论文。

图 14-34　莫高窟初唐第 320 窟南壁大方等陀罗尼经变

图 14-35　莫高窟西魏第 431 窟大方等陀罗尼十二梦王之第三（左）、第四（右）梦王

难：'若有善男子善女人修行此经者，若眼见无量寿佛、释迦牟尼佛、维卫佛、式佛、随叶佛、拘楼秦佛、拘那含牟尼佛、迦叶佛、过去雷音王佛、秘法藏佛，是诸佛前至心忏悔，当灭九十二亿生死之罪。此人于三涂永无有分，生死漏尽，实时得见现前诸佛。'"无量寿佛为第一佛，据此第 285 窟北壁八佛可能受到《大方等陀罗尼经》的影响（少画二佛）。西魏第 431 窟中心柱南向面上层龛两侧各绘骑象仙人、骑马仙人（图 14-35），原以为是佛传的乘象入胎、夜半逾城故事，现有学者认为是《大方等陀罗尼经》记载的十二梦王中的第三、第四梦王："若有善男子、善女人，于其梦中见国王大臣着净洁衣单乘白马，见如是者即是

茂持罗。若有善男子、善女人，于其梦中若见乘象渡于大江，见如是者即是乾基罗。"[1]

盛唐第320窟南壁通壁画一铺壁画，画面可以分为三组：1. 中央释迦说法图；2. 下方宝池菩萨；3. 两侧千佛。下方莲花表示佛说法是"不思议莲花"从地涌出（第320窟则从宝池涌出，更符合莲花是水生植物的特性），两侧千佛表示莲花上有"八十万恒河沙重佛"。[2]

14. 佛顶尊胜陀罗尼经变

《佛顶尊胜陀罗尼经》（简称《尊胜经》）属于杂密经典，在7世纪70年代开始翻译为汉文，该经提倡将佛顶尊胜陀罗尼"安高幢上，或安高山，或安楼上，乃至安窣堵波中"，就能解除灾难。相比于建造洞窟和建造寺院，这一佛教活动简易便捷得多；相比于纸质经文，石质经幢的保存时间更长；相比于念诵经文，树立经幢可以影响到更多的人。也就是说，这种实物供养方式将解脱苦难与死亡的方法视觉化，别具一格，所以深受欢迎。7世纪晚期以后，刻有经文和陀罗尼的经幢遍布中国。

尊胜经变很快传到敦煌，在盛唐就有4铺（第23、31、103、217窟）（图14-36），而后晚唐第156窟有1铺，宋代有3铺（第55、169、454窟）。[3]

---

[1] 马兆民：《莫高窟第431窟中的"乾基罗"和"茂持罗"》，《敦煌研究》2018年第4期。
[2] 王惠民：《敦煌莫高窟第320窟大方等陀罗尼经变考释》，《敦煌研究》2018年第1期。
[3] 王惠民：《敦煌佛顶尊胜陀罗尼经变考释》，《敦煌研究》1991年第2期。

图 14-36　莫高窟第217窟南壁佛顶尊胜陀罗尼经变

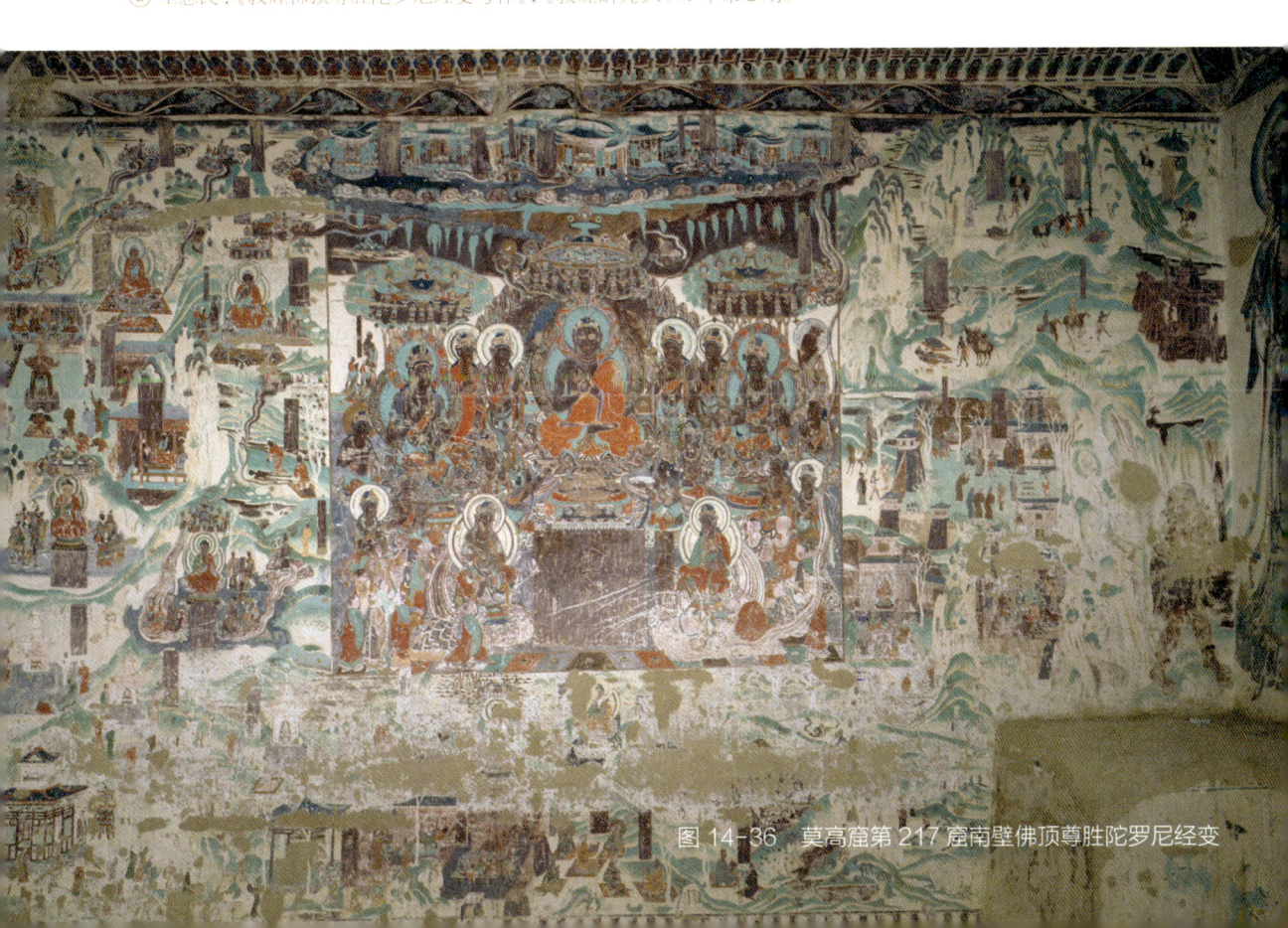

敦煌石窟从初唐晚期开始到元代还有一批纯密图像，可分为单尊像和经变画，其中十一面观音、千手千眼观音、千手千钵文殊、如意轮观音、不空羂索观音、炽盛光佛、孔雀明王、摩利支天等有独立经典，可归于经变画。此略。

四、敦煌经变画研究史

敦煌石窟与保存在藏经洞的经变画是唐宋时期敦煌壁画的主体，研究者甚众，迄今已发表论文近百篇（不包括泛论和稍有涉及者）。

20世纪70年代之前，从佛教图像学角度研究敦煌壁画的学者甚少，最主要的原因是中国没有公布足够的壁画资料，俄国鄂登堡在20世纪初、罗寄梅在20世纪40年代所拍摄的照片鲜为人知，学者们的敦煌佛教图像研究主要依据伯希和拍摄的照片和斯坦因、伯希和拿走的700多幅绘画品（伯希和1908年在敦煌拍摄了约400张照片）。其中日本学者论文较多，最重要的研究成果是松本荣一（1900—1984）的《敦煌画研究》（东方文化学院东京研究所，1937年）。该书共涉及18种经变（观经变、药师经变、弥勒经变、法华经变、维摩诘经变、涅槃经变、报恩经变、华严经变、父母恩重经变、佛本行经变、劳度叉斗圣变、十王经变、炽盛光佛经变、千手千钵文殊经变、千手千眼观音经变、如意轮观音经变、不空羂索观音经变、十一面观音经变），这些也是敦煌经变画的主要题材。松本荣一此书未涉及的经变还有十余种，如：福田经变、金刚经变、金光明经变、密严经变、思益梵天所问经变、天请问经变、楞伽经变、梵网经变、十轮经变、目连变、佛顶尊胜陀罗尼经变、孔雀明王经变等，这些经变画现在都有论文发表（主要集中在20世纪八九十年代，作者基本上是敦煌研究院的研究者）。

至于日本另一位佛教美术研究者镰仓光明寺僧人小野玄妙（1882—1939），饱学且著作极多，其有不少标示"经变画研究"的文章，但论文主要篇幅是介绍经典的翻译与经文内容，没有什么新资料、新观点，涉及经变本身的内容只有寥寥数句，并不像松本荣一那样重视敦煌资料，文章涉及的图像也很少，这是他在佛教美术研究中影响远不及松本荣一的原因。如专著《佛教の美术と历史》（金尾文渊堂，1937年。注意区别其1916年由佛书研究会出版的另一本专著《佛教之美术及历史》）第一篇"大乘美术十讲"之第六章为《弥勒上生经变与下生经变》，但主要是叙述弥勒经典的来历与内容，至于弥勒经变，所言不足千字，至于敦煌资料，只提到敦煌有弥勒经变和今第148窟大历碑所记之弥勒经变，仅二句而已。作为与松本荣一同时代的人，以他的知识若重视敦煌资料，在佛学研究和佛教美术研究上不知有多少成果问世，而他的视野依然在旧资料堆中，令人感慨。

进入20世纪80年代，以敦煌研究院为主力的一批学者陆续公布大量经变画的调查报告，内容可分两类：一是在松本荣一研究基础上作深入和全面的研究，如观经变、药师经变、弥勒经变、法华经变、维摩诘经变、涅槃经变、报恩经变、劳度叉斗圣变等；二是将松本荣一《敦煌画研究》未及部分作一考察，如福田经变、金刚经变、梵网经变、金光明经变、思益经变、密严经变、天请问经变、楞伽经变、十轮经变、佛顶尊胜陀罗尼经变、孔雀明王经变等。同时由于敦煌旅游开放和大量画册的出版，国外学者的论文也较多，八九十年代的经变画研究论文数量占总数的三分之二以上，于此可见，经变画研究成为国际敦煌学研究的一个热点。

进入21世纪，大学扩招硕士生、博士生，学位论文骤增，关于敦煌经变画的学位论文较多。

1. 日本

20世纪初以来，日本学者借助雄厚资金，积极收集敦煌资料，加上佛学底子深厚，故在敦煌学领域所出成果较多。在敦煌经变画的研究方面，他们的论文偏向于西方净土经变。就论文数量和水平来看，最著名的学者是松本荣一、秋山光和（1918—2009）。[1] 其他学者多数是蜻蜓点水般的涉及，个人基本没有连续性论文。

现在关于中国佛教美术研究较有成就的中青年学者有八木春生、胜木言一郎、肥田路美、冈田健、石松日奈子、下野玲子、大西磨希子等，但他们的成就尚不能与老一辈学者相比。在敦煌佛教经变画研究上，比较有分量的论文论著有：胜木言一郎《初唐·盛唐期の敦煌における阿弥陀净土图の研究》（创土社，2006年）、下野玲子《莫高窟第217窟南壁经变新解》（日本《美术史》第157号，2004年。中译本载《敦煌研究》2011年第2期）等。

2. 中国

20世纪70年代之前，除金维诺先生有维摩诘经变和劳度叉斗圣变论文外，独立的经变画论文极少。

20世纪80年代开始，以敦煌研究院为主力的一批学者陆续公布经变画的调查报告，数量可观，多数画面都有详细的考释。特别是梵网经变和所谓"宝雨经变"的发现，曾引起敦煌学界的轰动。按：敦煌没有"宝雨经变"，所谓的"宝雨经变"实是十轮经变。

敦煌研究院的学者对洞窟比较熟悉，所以将松本荣一研究过的大部分经变画重新作了调查、研究，涉及观经变、药师经变、弥勒经变、法华经变、维摩诘经变、报恩经变、父母恩重经变、劳度叉斗圣变、炽盛光佛经变、千手千眼观音经变、如意轮观音经变、不空羂索观音经变、十一面观音经变等，只有华严经变、千手千臂文殊经变未见单独论文。

---

[1] 关于松本荣一的佛教美术研究，参见王惠民《松本荣一先生与敦煌学研究》（《敦煌研究》2000年第3期），署名陈民。

这些研究有两个显著特点：一是增加了许多新的材料，如总数的统计，入画内容的补充等；二是将经变画放到中国文化、敦煌历史等背景下分析，比较突出的是对劳度叉斗圣变的研究，受到许多研究者的关注。

敦煌研究院学者的另一贡献是，对《敦煌画研究》未涉及的十余种经变画作了调查报告，有福田经变、金刚经变、梵网经变、金光明经变、思益经变、密严经变、天请问经变、楞伽经变、十轮经变、佛顶尊胜陀罗尼经变、孔雀明王经变等。

20世纪80年代开始，以中国学者为主，公布了许多壁画榜题底稿和壁画粉本，其中有一些与经变画有关。如王惠民新发现的梵网经变、思益经变、天请问经变的榜题底稿。在此前后，日本秋山光和、法国苏远鸣等学者公布了一些，但数量不多。

进入21世纪以后，随着高校硕士、博士的扩招，出现一些经变画研究学位论文，如：吴文星《敦煌莫高窟壁画中的维摩诘经变研究》（华南师范大学2002年硕士论文）、顾淑彦《敦煌石窟贤愚经变研究》（兰州大学敦煌学研究所2009年硕士论文）、邹清泉《维摩诘变相研究》（中央美术学院2011年博士论文）等。

台湾研究佛教图像的学者不多。1977年，陈清香出版《佛经变相美术创作之研究》（台湾历史博物馆历史文物丛刊《中华丛书》第二辑，中华丛书编审委员会出版），全书只介绍了4种经变（西方净土变、法华经变、维摩诘经变、华严经变）。而后她还著有《涅槃变相研究》（《中华佛学学报》第9辑，1987年）、《西方净土变相的源流及发展》（《东方宗教研究》第2辑，1988年）、《敦煌壁画中的维摩经变》（台湾汉学研究中心《第二届敦煌学国际研讨会论文集》，1991年）等。20世纪80年代以来，有颜娟英、李玉珉、林保尧等学者的进一步研究，李玉珉有关于药师经变和弥勒经变的论文，颜娟英有涅槃经变的论文。台湾的研究生也有一些关于佛教美术的硕士论文，其中经变画研究的学位论文有：黄幸惠《唐代初期敦煌莫高窟的西方净土变》（中国文化大学1992年硕士论文）、杨懿恭《唐代敦煌法华经变研究》（华梵人文科技学院东方人文思想研究所1996年硕士论文）、萧玉真《中国维摩造像的起源与发展——以隋唐敦煌维摩变壁画为研究重心》（台南艺术学院1998年硕士论文）、简佩琦《敦煌报恩经变研究》（2003年台南艺术大学硕士论文）等。这些研究论文所涉及的图像资料来自少数旅游开放洞窟和画册，无法将所有同类经变画进行比较研究，有一定的局限性。

3.欧美

除日本外，研究经变画的国外学者不多。1954年，J. Leroy Davidson出版他的博士论文《妙法莲华经变相》（书名首页用中、英文，中文即是此，英文是 *The Lotus Sutra in Chinese Art*, Yale University Press），这是继松本荣一的《敦煌画研究》后，第二本敦煌佛教图像研究的专著。

Willa J. Tanabe的 *Paintings of the Lotus Sutra*（1988年纽约Weather Hill出版），长达300余页，标题很吓人（《法华经绘画》），实际上这是一本日本的法华图像研究著作。按：此为哥伦比亚大学1983年博士论文，原题目稍微合适一点：*Paintings of the "LOTUS SUTRA": the Relationgship of Ritual, Text, and Picture*（Japan）（《日本法华经绘画：礼仪、经文与绘画》）。

　　2010年，香港大学出版Sonya S. Lee 的 *Surviving nirvana: death of the Buddha in Chinese visual culture*，对中国佛教美术（主要是敦煌壁画）中的涅槃图像进行综合研究。

　　20世纪80年代，法国学者苏远鸣发表了数篇关于敦煌壁画榜题的论文（汉译本见《法国学者敦煌学论文选萃》，中华书局，1993年）。20世纪90年代，美国学者中较有成就的是巫鸿。巫鸿毕业于中央美术学院，对中国美术有较深的理解，在美国以新的方法研究中国古代美术，其《武梁祠》（1989年）、《中国早期艺术与建筑中的纪念性》（1995年）等专著引起学界的关注。他曾涉足敦煌艺术，1996年发表的《什么是变相》论及了莫高窟第9窟的劳度叉斗圣变（《段文杰敦煌研究五十周年纪念文集》，世界图书出版公司，1996年）。现在欧洲学者似乎没有研究经变画的，美国汪悦进、王静芬、宁强、胡素馨等学者有一些论文涉及经变画，一些学生的博士论文也有研究经变画，如2000年普林斯顿大学J. N. McIntire的博士论文 "Visions of Paradise: Sui and Tang Buddhist Pure Land Representations in Dunhuang"。

附：西方净土变研究导论

由东汉支娄迦谶所译《般舟三昧经》以来，《阿弥陀经》和《无量寿经》等有关弥陀信仰的佛经陆续被传至中国，至于刘宋元嘉年间畺良耶舍译出《观无量寿经》（以下简称《观经》），所谓净土三经出齐。与此相应，弥陀信仰也逐渐兴起，在南北朝后期的石窟中可见现存最早的西方净土变，譬如麦积山石窟第127窟、小南海石窟中窟及东窟、南响堂山石窟第1窟及第2窟（现藏于美国弗利尔美术馆）等。但其数量极少，文献中也未见西方净土变的记载。然而，到了唐代，《历代名画录》等著作中散见"西方变""净土变"等记录，可见唐代绘制西方净土变之盛行。

在敦煌莫高窟，西方净土变开始出现于隋代，只留第393窟西壁的小型一铺（图14-

图14-37　莫高窟隋代第393窟西壁壁画

37）。在西壁全面画宝池中的阿弥陀三尊和树下的小型三尊等情景，但其画面较小，构图极其简单，宝楼等图像尚未出现。然而，到了唐代，西方净土变的绘制盛况空前，不仅数量急剧增加，绘画质量也显然发达，一堵墙壁全画复杂精美的极乐净土场景。其构图形式大致可分为两种：一则，只画净土庄严相（下亦称净土变），代表性洞窟有第 220、321、331、335 窟等；二则，除中间的净土变之外，其周围的外缘部分还画《观经》的"未生怨"[1]和"十六观"[2]各图，代表性洞窟有第 171、217、320 窟等。前者早于后者，初唐时期已出现，而后者则盛行于盛唐时期。

自松本荣一先生著《敦煌画研究》[3]以来，一般认为描绘阿弥陀佛西方极乐净土庄严相的"阿弥陀净土变相"是依据《无量寿经》和《阿弥陀经》而画的，在此之上添加《观经》要素的则是"观经变相"；其所谓《观经》要素仅限于净土变中的"九品往生"和净土变外缘的"未生怨""十六观"各图。敦煌研究院代之"阿弥陀净土变相"而使用"阿弥陀经变"的名称，"观经变相"就称为"观无量寿经变"（以下简称"观经变"）。其中"阿弥陀经变"这一名称，乍从文字看似是仅依据《阿弥陀经》，但实际上与松本先生所说的"阿弥陀净土变相"一样，其经典依据仍然为《无量寿经》和《阿弥陀经》。因此，施萍婷先生根据往生者（宝池中的莲花化生）的有无进行细分，画有往生者为"无量寿经变"，未画往生者为"阿弥陀经变"，将西方净土变分成"阿弥陀经变""无量寿经变""观经变"这三种。[4] 另外，王惠民先生根据"九品往生""宝树观"和"化佛冠、宝瓶冠"等图像而指出，敦煌隋至唐前期的"阿弥陀经变"大部分为"观经变"。[5] 总之，既往研究主要集中在于西方净土变中寻找《观经》要素，若认为有，便定名为"观经变"，不然就与《观经》无关。换言之，长期以来当研究西方净土变之时，仅关注《观经》要素的有无。况且，对于描绘西方净土庄严相的净土变部分，除"九品往生"以外，被视为与《观经》本无关联而创制的。

---

① 未生怨：《观经》序分，即阿阇世（意译为"未生怨"）太子的逆恶故事。由于他幽闭父王频婆娑罗和母亲韦提希夫人，佛陀为了未来世一切众生向韦提希夫人和阿难教导如何观想西方净土。
② 十六观：是经将阿弥陀净土的庄严相分成十六个阶段，从景物到阿弥陀三尊再进入九品往生分并详述其观想方法。
③ [日] 松本荣一：《敦煌画研究》，东方文化学院东京研究所，1937 年。
④ 施萍婷："阿弥陀经变""无量寿经变"，载季羡林主编《敦煌学大辞典》，上海辞书出版社，1998 年，第 117—118 页。施萍婷主编：《敦煌石窟全集·阿弥陀经画卷》5，（香港）商务印书馆，2002 年。
⑤ 王惠民：《敦煌净土图像研究》，载《中国佛教学术论典》81，佛光出版社，2003 年。

"九品往生"载于《观经》第十四观至第十六观,即"十六观"中的最后三观,其内容确实是《观经》所特有的。第十四观为上辈观、第十五观为中辈观、第十六观为下辈观,各观再分成三个等级,自上品上生至下品下生总有九品,分别阐述各个众生的善根和恶业以及如何往生极乐世界。"九品往生"在净土变宝池中描绘为莲花上的化生,为了表现九品之差,化生有菩萨和童子,莲花有半开和未开等区别,通常在化生旁边还绘制榜题框。[1]

除此之外,在净土变中仍有其他《观经》十六观特有的图像[2]。对此莫高窟第431窟[3]等十六观图像可供参考。其中只见于《观经》十六观经文,其他佛经未载,并且具有可辨认的形象特征的图像,有第二观水想、第四观树想、第七观花座想。

第二观图像含有涌云及其上楼阁和宝幢(图14-38、图14-39)。《观经》第二观水想载:"次作水想。想见西方一切皆是大水。见水澄清,亦令明了,无分散意。既见水已当起冰想。见冰映彻作琉璃想。此想成已,见琉璃地内外映彻。下有金刚七宝金幢,擎琉璃地,其幢八方八楞具足,一一方面百宝所成,一一宝珠有千光明。……琉璃地上,以黄金绳,杂厕间错,以七宝界,分齐分明。一一宝中,有五百色光。其光如花,又似星月,悬处虚空,成光明台。楼阁千万,百宝合成,于台两边,各有百亿花幢无量乐器,以为庄严。"[4]可知,这是自七宝升住虚空的光明台及其上楼阁和花幢。

《观经》第四观树想载:"地想成已,次观宝树。观宝树者,一一观之作七重行树想。一一树高八千由旬,其诸宝树七宝花叶无不具足,……妙真珠网弥覆树上。一一树上有七重网,一一网间有五百亿妙华宫殿,如梵王宫,诸天童子自然在中。"[5]第四观的宝树图像,正如经文,则戴有数层网,网中画有小殿(图14-40)。

第七观的标志性图像是阿弥陀佛莲花座上的四柱宝幢(图14-41)。《观经》第七观花座想载:"此莲花台,八万金刚甄叔迦宝、梵摩尼宝、妙珍珠网,以为交饰;于其台上,自然而有四柱宝幢。"[6]

---

[1] 莫高窟壁画中,"九品往生"的榜书一般无字,但第148窟"上品上生"等题记犹在。再者,日本当麻寺的所谓"当麻曼荼罗"中"九品往生"也有同样"上品上生""中品下生"等题记。
[2] [日]大西磨希子:《初唐时期西方净土变与〈观无量寿经〉》,《丝绸之路研究集刊》2020年第五辑。
[3] 莫高窟第431窟有敦煌最早的观经变,未画净土变,在长卷式构图中仅画未生怨和十六观;北壁画未生怨,西壁画十六观中自初观至第十三观的各图,南壁画第十四观至第十六观的九品接引等图。
[4] 《大正藏》第12册,第342页上。
[5] 《大正藏》第12册,第342页中。
[6] 《大正藏》第12册,第343页上。

图 14-38　宝楼观

图 14-39　宝楼观

图 14-40　宝树观

图 14-41　四柱宝幢

由此可见，净土变中包含复数《观经》特有要素。因而可以推测，唐代西方净土变的形成与《观经》之间有内在关联。值得注意的是，有关阿弥陀佛信仰的佛经中，叙述西方净土庄严相最为详细的不是《阿弥陀经》和《无量寿经》，乃是《观经》。《观经》，即《观无量寿经》（亦名《佛说观无量寿佛经》《佛说观无量寿经》《无量寿观经》《无量寿佛观经》[1]），如经名所述，是详述观想无量寿佛（阿弥陀佛）及其净土的经典。该经之所以详述如何观想西方极乐世界，其目的在于藉由观想西方净土各个景物以及佛菩萨等状貌使人得生西方净土。为了成就一一观想，是十六观的经文中详细说明构成阿弥陀净土的各个景物以及佛菩萨等状貌。譬如：净土的宝地与《观经》第二观和第三观有关，宝树与第四观，宝池与第五观，宝楼与第六观，阿弥陀佛莲花座和宝盖与第七观，本尊阿弥陀佛与第八观和第九观，胁侍观音菩萨与第十观，势至菩萨与第十一观有关。如此《观经》与西方净土变尽管表现方式不同，前者用以文字，后者用以绘画，但两者的内在意义相同，都令人观想西方净土情景。因此，我们可以认为《观经》应是西方净土形象化最重要的咨询来源。

总括而言，不论带不带外缘"未生怨"和"十六观"的条幅，唐代西方净土变本来与《观经》有关。因此，仅画净土变至带外缘条幅的变化，不是因为经典依据的变化产生的，而是形式上的发展而已。值得一提的是，对于西方净土变，唐代并没有"阿弥陀经变"或"观经变"[2]，甚至"无量寿经变"之别，唯有"西方变"或"净土变"等名称。比如，新德里国立博物馆藏的敦煌绢画，虽然在净土变的两旁画有未生怨和十六观，但其题记中明记"敬画西方净土"；归义军时期所开凿的第12窟南壁，在净土变下边画有未生怨和十六观，仍题为"西方净土变"。另一方面，仅画净土庄严相的归义军时期第156窟南壁亦有"西方净土变"题记。可知，不管有无未生怨和十六观，描绘的毕竟是以阿弥陀佛西方净土为主，因而原本都称为"西方净土变"。另外，日本神护景云元年奈良东大寺藏《阿弥陀院悔过料资财帐》载"阿弥陀净土变一铺"。阿弥陀净土就是西方净土，故当时亦有"阿弥陀净土变"之称。

自唐代一直延续到西夏时期，西方净土变成为主要经变画之一而盛行。据《敦煌石窟内容总录》，现存西方净土变的总数高达167：初唐17铺、盛唐26铺、中唐43铺、晚唐31

---

[1] 对于《观经》的经名，该经的经文中云："佛告阿难'此经名观极乐国土、无量寿佛、观世音菩萨、大势至菩萨，亦名净除业障，生诸佛前'。"（《大正藏》第12册，第346页中）
[2] 《寺塔记》载有"十六观"，毫无疑问是指《观经》十六观图，但依然未使用"观经变"之称，值得注意。

铺、五代 21 铺、宋代 9 铺、西夏 20 铺。[1] 敦煌西方净土变的画面构图和画面形式多种多样，尤其是初唐时期至盛唐初期的变化丰富多彩。可知，当时长安和洛阳等地不断创造的新形式纷纷涌入敦煌。其变化虽不单一，但可以勾勒如下演变。

（一）无外缘、仅画净土的庄严相

1. 在千佛中间绘制的小幅

第 334 窟北壁、第 340 窟北壁等。这是沿袭北朝以来的壁面构成，故就画面形式而言，无疑是最早的。其中，阿弥陀三尊所处的地方有宝池（第 334 窟）和宝地（第 340 窟）。

2. 通壁绘制的宏幅

通壁巨幅净土变在莫高窟开始出现于初唐时期。其中最早的则为第 220 窟南壁[2]，描绘得精巧细致、璀璨绚丽，无疑是代表性杰作。该铺在中间画大宝池，阿弥陀三尊及众多菩萨都画于此。与此不同，大多数无外缘的西方净土变，其主尊所处的均为平台即宝地，而且宝地的平台分成中间（主尊）、左右（楼阁）、下边（乐舞）等部分。每个平台由小桥相互连接，宝池像沟渠其间（第 321 窟、第 335 窟、第 341 窟等）。到了第 329 窟、第 331 窟，宝地的平台更加复杂，主尊所处的平台上方还加三个平台。由上可见构图上的进展。

（二）有外缘的净土变

大概初盛唐之际，在净土变的外缘部分还添加了《观经》"未生怨"和"十六观"。中间净土变和外缘"未生怨""十六观"的形式多样，据外缘部分的画面形式，可见由格子式变化至条幅式，最后至屏风式。而且，"十六观"是阶段性的观想法，本有明确的排列顺序，各观的观想内容也十分清楚。但是，在敦煌"十六观"早在盛唐时期已开始背离《观经》，失去了十六观本来的宗教意义和功能，而且年代越晚，其倾向越大。因此，根据"十六观"部分，我们可以清楚地看出该图的准确性和变迁[3]。

---

[1] 敦煌研究院编：《敦煌石窟内容总录》，文物出版社，1996 年。其中所谓"观无量寿经变"有九十，所谓"阿弥陀经变"有七十六。只不过，第 431 窟壁画没画净土庄严相，因此所谓"观无量寿经变"故有八十九，初唐西方净土变总有 16 铺；第 66 窟南壁也是无外缘的西方净土变，因而所谓"阿弥陀经变"遂有七十七，盛唐西方净土变总有 27 铺。

[2] 据窟内题记可知，此窟是初建于贞观十六年（642），完工于龙朔二年（662）的"翟家窟"。

[3] ［日］大西磨希子：《敦煌における十六観図の研究》，载大西磨希子《西方净土变の研究》，中央公论美术出版，2007 年。［日］大西磨希子：《中唐吐蕃时期的敦煌十六观图》，《佛教大学佛教学部论集》2011 年第 95 号（后收入大西磨希子：《唐代佛教美术史论攷——佛教文化的传播与日唐交流》，法藏馆，2017 年）。［日］大西磨希子：《关于吐蕃统治时期的敦煌〈西方净土变〉——以十六观图为中心》，载樊锦诗主编《敦煌吐蕃统治时期石窟与藏传佛教艺术研究》，甘肃教育出版社，2012 年。

1. 格子式

在净土变周围的外缘条幅部分,用格子再次划分各个独立小画面,描绘了"未生怨"和"十六观"。有第171窟东、南、北壁和第66窟北壁、第113窟南壁等。格子式的小画面,其前后排列都基于经文的前后关系,顺序上没有错乱。并且每个场景的描写细腻入微,除韦提希夫人和观想对象,还描绘了建筑、山树等背景,图像相当细致周到,十分说明经文内容,并与《观经》经文基本一致。可知,有外缘的西方净土变之中,该形式应为最早成立的。

2. 条幅式

此类的外缘条幅部分,在长条形画面中布置各场景。此类可分成两种:前期的是在山岳等自然景观中,绘制各观内容,其图画相当细致。与此相比,后期的背景和各观表现都极为简略,明显成为图案化。前者为第217窟北壁(图14-42)、第103窟北壁、第45窟等。后者为第320窟北壁、第172窟南壁和北壁等。值得一提的是,第217窟北壁的定位问题。一般认为,第217窟西方净土变是带有外缘的最早壁画。可是,从条幅的"十六观"来看,不仅各观的排列混乱,图像也有重复与遗漏,已经背离《观经》和十六观本来的意义。需要考虑该图的制作年代晚于第171窟和第66窟之可能。

后者的十六观图中,往往绘制与《观经》不一致的不明图像,如"宝池中的大宝珠""插莲宝瓶""比丘"等。显然,随着时代变迁,仅只沿袭已有的图画,图像本来应有的细节表

图 14-42 敦煌莫高窟第217窟北壁观无量寿经变

现逐渐被忽视,加速背离了经典。不过,这种进行图案化的条幅式图像,由于绘画简单,产生了众多后续作品。

3.屏风式

中唐吐蕃时期,在传承整壁一铺壁画的同时,还出现新的形制,即一壁绘制两三铺经变。此类经变的下面屏风画中绘制附属图像。西方净土变的"未生怨"和"十六观"也画在此屏风中。如第12窟南壁、第159窟南壁、第237窟南壁、第141窟南壁等。可是,就图像而言,基本沿袭陈规,未见新的发展。

总之,敦煌的西方净土变,由于依据外来和本地已有的绘画而绘制,因此,随着时间的推移,脱离经典的现象更加严重,一直延续到归义军时期,终于迎来了终结。

敦煌石窟研究导论

（下卷）

DUNHUANG SHIKU YANJIU DAOLUN

沙武田 —— 主编

甘肃文化出版社
甘肃·兰州

第十五章 尊像画、故事画、千佛画导论

一、敦煌石窟尊像画

尊像画,凡宗教信徒依其教义供奉的单体像或群体像,不论是塑是画是雕是刻,均可称为尊像,历代各类形式的造像碑、造像塔、木雕、壁画,以及各类形式绘画艺术中,佛教尊像画占据重要的位置。在敦煌壁画中,门类繁多,内容庞杂,主要是指佛教中佛国世界人物画,有各类佛,如释迦牟尼佛、弥勒佛、阿弥陀佛、药师佛、七世佛、三世佛、三身佛、五方佛、十方诸佛、贤劫千佛,等等;各类菩萨,如观音菩萨、大势至菩萨、文殊菩萨、普贤菩萨、地藏菩萨、供养菩萨、八大菩萨、十大菩萨等,又有如十一面观音、如意轮观音、不空羂索观音、水月观音、马头观音,等等;佛教弟子,如迦叶、阿难、舍利弗、十大弟子等,又有如四方天王、力士、金刚、药叉、天龙八部、罗汉,等等,也有佛教高僧并其他众多画像,还应包括数量庞大的历代各类飞天画像。这些佛教尊像画,均是和经变画、佛教史迹画、佛教故事画、说法图等同时出现,是构成这些画面的最基本内容,另外也有单个的尊像画壁画。

尊像画中各类佛陀的形象最多。佛,音译佛陀的简称,旧译为"浮屠""浮图"等,意译为"觉者"。按佛教的说法就是大彻大悟,觉行完满的意思,乃佛教修行中的最高境界。小乘佛教徒认为:只有教主释迦牟尼才达到了这种境界,所以只有释迦牟尼可称为佛。而大乘佛教则认为:凡是能"自

图 15-1 莫高窟北魏第 257 窟主室北壁立佛像

图 15-2　莫高窟北魏第 259 窟中心柱二佛并坐彩塑像

觉""觉他""觉行圆满"者皆可称佛。在敦煌石窟中,每一窟内都有佛像供养,并居于主位。其艺术造型为身披袈裟,头有肉髻,耳长及肩,眉间有白毫,指间有蹼,手印随说法、降魔、苦修、禅定等不同内容而不同(图 15-1)。根据姿态来划分,有立、结跏坐、半跏坐、交脚坐、倚坐、侧卧等姿态。早期洞窟多为交脚弥勒,释迦说法、降魔、苦修、禅定,释迦、多宝并坐说法与卢舍那佛等形象(图 15-2)。隋唐以后,则增加了三世佛、三身佛、阿弥陀佛、药师佛、倚坐弥勒佛、释迦涅槃等多种形象。

尊像画集中出现在历代洞窟壁画说法图当中,说法图内容以佛说法为主,通常左右有胁侍菩萨、弟子、天龙八部护法围绕佛听法,背景一般只有宝盖和树木,有的还有莲花水池,但从壁上的画面中根本无法推测出是什么佛、于何时何地、针对何种对象进行说法,所以只能概称其为说法图;而那些有明确内容、名称、说法对象的说法图则不在此列。敦煌石窟各时期的壁画均有此类题材。在早期的石窟中,说法图是窟内的重要内容,一窟内往往有数幅说法图置于正壁和两侧壁的壁面。隋代说法图的数量又有所增加,一窟内的说法图少则几幅,多者达到百余幅,有的窟内甚至通壁均为说法图,或是布满四壁(图 15-3)。唐代,由于经变画开始成为窟内绘画的主题,所以说法图的数量就日益减少,但在四壁和龛内仍有说法图的绘制,而且画内的人物又较前代增加。

图 15-3-1　莫高窟隋代第 244 窟主室

图 15-3-2　莫高窟隋代第 244 窟说法图一铺

图 15-4　莫高窟西魏第 249 窟主室南北壁千佛中说法图

　　敦煌石窟说法图代表作有莫高窟西魏第 249 窟主室南北壁千佛中说法图（图 15-4）。以北壁说法图为例，此图是兼有中原和西域两种风格的一幅作品。图中的主尊为一立于全图中央的佛，身着右袒的袈裟，左手握住衣服，右手扬起手掌，神情颇为庄重肃穆；各有二身菩萨侍立于两侧，袒裸上身，下着裙。菩萨的形象被描绘得温婉妩媚，身材苗条，体态婀娜，肢体柔软。佛的上方有华盖笼罩，其上饰有双凤和兽头图案。华盖两侧的云彩中有四身飞天，上面一对与下面一对风格颇为不同：居上者眉清目秀，大袖长袍，舞姿翩翩；处下者半裸披巾，下着长裙，双脚倒垂于头上，或是捧蕾，或是散花，动作十分奔放刚健。图的下部为宝池莲花，此构图或可认为是净土变之雏形。人物形象生动，敷色以素色调为主，显得淡雅，极富装饰性。另如莫高窟初唐第 57 窟说法图也是代表作与艺术精品（图 15-5），主室南北壁千佛中各一说法图，以南壁者为例，此画正处于由隋的艺术风格转向唐的艺术风格的过渡时期。此图的画面构图颇为紧凑，使众多的人物显得多而不乱。图中主尊为阿弥陀佛，居于整幅图的正中，结跏趺坐于宝盖、双树之下的双狮座上，作说法之相，其前有供养熏炉；迦叶、阿难二弟子侍立于佛的左右，观世音、大势至等十菩萨侍立于周围，另有二力士守护于两侧。位于主尊身后的观世音菩萨是此图菩萨画像中的上乘之作，其体态婀娜，形象秀美，柳叶细眉，含情长目，耸立的直鼻，红红的口唇，肌肤细腻润滑，神情恬静自然，在众像中更显得端丽出众。在绘画的技巧上，描绘的笔法甚是细腻精致，敷色又丰富艳丽，肌肤略施晕染而显出立体感，头冠和项饰均用沥粉堆金的手法表现，更显得华贵富丽。

在尊像画中，佛、菩萨庄严肃穆，程式化现象明显，弟子像则更具现实写实性，也更加切近生活。在佛教中指"声闻"为弟子，有别于菩萨，而其形象如比丘。其代表作见于北周第 461 窟，隋代第 276、244 窟，初唐第 57 窟，盛唐第 328、217、45、444 窟，中唐第

图 15-5　莫高窟初唐第 57 窟主室南北壁千佛中说法图

201窟，晚唐第107窟（图15-6），五代第99、6窟，西夏第65窟等。佛的弟子不计其数，释迦牟尼佛有"十大弟子"经常侍奉于左右。就塑像而论，不论是什么佛，其左右作为侍者出现的都是迦叶和阿难两弟子。敦煌的弟子画像出现得很早，十六国时期的第272窟就有，但北魏时期无此题材，北周又重新出现了塑、画的弟子像。隋唐多绘塑结合进行表现，以表现十大弟子为主，多是塑二而绘八。五代以后的洞窟则是将弟子都付诸绘画，并有榜题保存至今。十大弟子是指释迦牟尼最主要的十大门徒，据《维摩诘经·弟子品》和《翻译名义集》卷一的记载，主要为摩诃迦叶（简称迦叶，头陀第一）、舍利弗（智慧第一）、目犍连（简称目连，神通第一）、须菩提（解空第一）、富楼那（说法第一）、摩诃迦旃延（简称迦旃延，论议第一）、阿那律（亦称阿尼律陀，天眼第一）、优波离（持律第一）、阿难陀（简称阿难，多闻第一）、罗睺罗（密行第一）。敦煌历代石窟中多有绘制，或塑（迦叶、阿难）、绘（其余八位）并列，唯莫高窟第412窟存隋塑十大弟子像（图15-7）。画像最早见于十六国时期开凿

图15-6　莫高窟晚唐第107窟龛内弟子像

图15-7　莫高窟隋代第412窟西龛彩塑一铺

图 15-8　莫高窟五代第 6 窟西壁龛内十大弟子像

的第 272 窟，北魏无此题材，西魏只有单身画像。北周时期再次出现。隋唐以后，出现以迦叶、阿难为代表的十大弟子群像，代表作见于第 220、217、328、66 诸窟。五代以后，十大弟子像还配上了有姓名的榜题（图 15-8）。

敦煌各类尊像画内容丰富，数量庞大，学者们分别以专题研究的形式，成果丰富，不一而足。为了方便初学者理解和掌握此类题材的基本内容和艺术特征，以飞天为例，集中于敦煌壁画，进行说明。

飞天，又名乾闼婆、紧那罗，是佛教天国中的香神和音神，也就是专司香花和音乐的佛教专职神灵。我们在敦煌壁画中见到的飞天，均围绕在诸如说法图、经变画、故事画以及窟顶藻井、四壁边缘、龛内彩塑周围等处，几乎是无处不见飞天的影子。其形象一般为女性，上身半裸，下着长裙，天衣飘扬；或手拿各种乐器作吹乐状；或手拿花盘作散花状，周围鲜花飘荡；或作各种高难度的舞蹈动作；或上飞，或下飞，或平飞，或斜飞；或正面，或侧面，或背身；或舒展身姿，或半屈身体；也有童子飞天、僧人飞天，等等，不一而足。

敦煌飞天，自从十六国北凉开窟以来，历经十多个朝代的千余年时间，现存六千余身。早期十六国北朝时期，带有典型的西域样式和风格，显得有些健壮而笨拙，有男性的特征，飞动感不强；而到了隋唐时期，是敦煌飞天艺术发展的高峰，完成了飞天中国化、民族化、女性化、世俗化、歌舞化的历程，表现了空灵、欢乐的精神境界和雍容华贵的民族风格。总之，敦煌飞天，给人一种欢快、幸福、美好、和平的象征与精神心理世界的愉悦，是一种被艺术化了的形象，历经几千年而永恒地表达着人们的欲望与渴求。

此外，若考察敦煌飞天艺术所包含的文化成分，它不是一种单一文化的艺术形象代表，而是多种文化的复合体。敦煌飞天是综合了印度文化、西域文化、敦煌本地文化和中原传统文化等共同孕育而成的，同时又是体现中国文化特色的艺术载体。敦煌飞天不长翅膀，不生毛，也没有圆光，借助彩云却又不依靠彩云，通过长长的飘带、舒展的身姿、欢快的灵魂，和鲜花流云的衬托而凌空翱翔，把洞窟装扮得满壁风动。可以说敦煌飞天集中体现着敦煌历代工匠们天才的创造与不朽的灵魂。

图 15-9　莫高窟北凉第 275 窟壁画飞天

莫高窟北凉时期的飞天是所见最早的敦煌飞天，如第 275 窟北壁本生故事画主体人物上方的飞天（图 15-9）：头有圆光，戴宝冠，或头束圆髻，上体半裸，身体呈 U 字形，双脚上翘，或分手或合手，有凌空飞来的姿势，但这种飞行的姿势显得十分笨拙，有下落之感。U 字形的身体也显得有几分僵硬，尚不圆润，带有中亚石雕飞天的遗迹。总的看来，十六国北凉时期的飞天仍不成熟，西域印度的风格犹存，艺术水平也有局限性。到了北魏时期，飞天形象虽然还在一定程度上保存着前期的风格特点，但在逐步向中国化方向转变。特别是从西魏到隋代的飞天，这是敦煌飞天艺术各种风格相互交融发展的时期，前叙早期西风影响下的艺术形象继续存在着，但是大大向前进了一步，人物肢体的不断伸展和动感的进一步加强，是这一时期所表现的中原式飞天形象的大发展，以至于完全意义上敦煌飞天的形成。如西魏第 285 窟内的飞天（图 15-10），裸露上体、颈饰项链、腰系长裙、肩披彩带；人物形象全是中原秀骨清相形，身材修长，面瘦颈长，额宽颐窄，直鼻秀眼，眉细疏朗，嘴角上翘，微含笑意，凌空飞翔，手持各种乐器；四周天花旋转、云气飘荡，衬托着飞天迎风飞翔，有身轻如燕之感，自由欢乐，漫游于太空。

有隋一代，是敦煌飞天艺术发展的一个高峰和大转折的时代，也是一个交流、融

图 15-10　莫高窟西魏第 285 窟壁画飞天

图 15-11　莫高窟隋代第 427 窟天宫飞天

合、探索、创新与发展的时代。隋代敦煌飞天一扫此前的呆板与造型姿态的拘谨，大胆地向前迈出了一步，即飞天身姿的完全伸展与飘带运用的技法渐趋成熟，还有流云、鲜花的背景衬托，等等，一下子使得飞天艺术形象完全地飞了起来。如莫高窟第 427 窟内四壁上天宫栏墙内绕窟一周的飞天（图 15-11），共计 108 身，皆头戴宝冠，上体半裸，项饰璎珞，手戴环镯，腰系长裙，肩绕彩带，有的双手合十，有的手持莲花，有的手捧花盘，有的扬手散花，有的手持各种乐器，朝着一个方向飞去。姿态多样，体态轻盈，飘逸的长裙、飞舞的彩带迎风舒卷。飞天四周，流云飞动，天花四散，极富动感和生气。

唐代，是敦煌飞天艺术的最高峰，也是其定型化的时代。艺术风格最能体现一个时代

图 15-12　莫高窟初唐第 320 窟飞天

的政治、经济、文化等各方面的发展水平。初盛唐时期的敦煌飞天具有奋发向上、豪迈有力、自由奔放、奇姿异态、变化无穷的飞动之美,这与唐前期开明的政治、强大的国力、繁荣的经济、丰富的文化、开放的国策、奋发进取的时代精神是一致的。如莫高窟第 321 窟西壁佛龛两侧各画两身双飞天,飞翔姿态十分优美,身材修长,昂首挺胸,双腿上扬,双手散花,衣裙巾带随风舒展,由上而下,徐徐飘落,像两只空中飞游的燕子,表现出潇洒轻盈的飞行之美。又如莫高窟第 320 窟南壁大方等陀罗尼经变华盖上方两侧的四身飞天(图 15-12),每侧二身,以对称的形式出现,互相追逐,一个在前,扬手散花,反身回顾,一个在后,举臂紧追,前呼后应,极具生活气息,表现出一种既奋发向上又轻松自如的精神境界与飞行之美。飞天四周,彩云飘浮,香花纷落,同时表现出佛国天堂的自由与欢乐,意在表达人们对美好生活的向往。

唐后期和五代宋以及西夏元代的敦煌飞天艺术(图 15-13),一则表现出一种程式化倾向,变化不大,二则其艺术成就无法和前期相比,总体上是不断地表现出一种衰退的趋势。

飞天艺术,观看者喜闻乐见,为庄严宁静的佛窟增添几分欢乐祥和的气氛,所以历代绵延不绝。同样的,各式各样的观音画像也是不同时期洞窟中非常常见的题材,慈祥而又女性化的观音菩萨,以其唯美的画像吸引并教化广大信众,使其一心向善,诚心向佛。其中最具代表性的是水月观音菩萨。史载唐代著名画家周昉始将观音画在山水之中,使其形象和所处环境都更加优美,后人多模写仿照,以至流传不绝,遂成观音的主要画式之一,称为水月观音。敦煌石窟现存五代至元代的壁画和绢画水月观音 34 铺,其中莫高窟 16 铺(图

图15-13　莫高窟五代第61窟飞天

图15-14　莫高窟五代第6窟甬道顶水月观音

15-14)、榆林窟6铺、东千佛洞6铺、五个庙石窟1铺,另有5铺绢画。壁画中以榆林窟第2窟西壁窟门两侧由西夏人所画的2铺水月观音最精美也最具代表性,南侧一身妆金,北侧一身躯体已经变黑,原本应属白皙加晕染之变色。她们都头戴花冠,顶绾高髻,上身袒露,肩披绿色长巾,项下佩宝珠胸饰及璎珞,腰系纱裙,倚石端坐在平整剔透的灵岩上;前有修竹摇曳,背后灵石笔立,天空彩云浮动、灵鸟翱翔,宝池里莲花盛开,一弯新月高悬空中,与菩萨透明的周身圆光交相辉映,宁静的月夜更衬托出菩萨安详自若、闲适恬静的神情;在南侧菩萨的前面,画超尘脱俗的龙女,正在面朝观音虔恭而侍。北侧观音的对面,有一童子正乘云而来,合掌面观音礼拜,是善财童子至普陀洛迦山参拜观音的情景,即"善财童子拜观音"。北侧观音对面的另一座岩石上,有一身穿袈裟的僧人正在高举合十双手,遥拜观音,其后一身穿窄袖短衫的猴面行者,一手牵马,一手搭额遥望观音,此即《唐僧取经图》,早于《西游记》数百年。两幅水月观音又是以人物为主体的金碧辉煌的青山绿水画。

密教尊像以观音各类变化身为常见图像,其中十一面观音菩萨像颇具代表性,十一面观音是依据《十一面观音经》《十一面神咒经》等所绘。最基本的形象表现是有十一面,多臂,手持各种法器。除所见以单尊像表现十一面观音的画面之外,另有一种是以经变画的方式出现,如莫高窟第14、76窟十一面观音经变,两侧画有相应画面,表示与之有关的情节内容(图15-15)。敦煌石窟十一面观音出现于初唐,至于西夏,共计有30铺,其中莫高窟初唐4铺、盛唐1铺、中唐1铺、晚唐8铺、五代7铺、宋2铺、西夏3铺,榆林窟晚唐1铺,东千佛洞西夏3铺。

图 15-15 莫高窟晚唐第 14 窟十一面观音画像

图 15-16　莫高窟西夏第 328 窟供养菩萨

供养菩萨是尊像画中最普通但是出现最多的一类图像，"供养菩萨"的称呼，并不是来源于佛教典籍，凡是在故事画、经变画、说法图之外，所画的单身或群体的呈礼佛和供养之状的，而又无具体内容名号的菩萨均称之为"供养菩萨"。敦煌壁画中的供养菩萨是与敦煌壁画同始同终的，从北凉到元代的洞窟，这一形象随处可见。其中的代表洞窟有十六国时期的第 272、275 窟，初唐第 431、401 窟，西夏重修的第 328 窟（图 15-16），西夏第 366 窟等。其静时的姿态主要有坐、跪、胡跪三种；手中经常持有花或供器，也有双手合十的；还有的供养菩萨画成舞蹈或奏乐的状态，总之是造型各异、姿态万千的。

佛教重视通过种类繁多的尊像宣传佛教的不同思想，所以有"像教"之称。古代寺院多佛教壁画与雕塑，但随着时间推移，多数已经不存在。敦煌以外地区现存的佛教图像多数是尊像，分雕塑（以材质分，多数是石造像，如单尊石像、造像碑、石窟雕刻等，少数是泥塑、金铜、木雕）和绘画（纸、绢、泥墙上画的单尊像、说法图、曼荼罗）。敦煌石窟保留了 5 万平方米壁画，其中故事画、经变画很多，因在敦煌以外地区现存这类题材数量较少而受到重视，研究成果较多。

敦煌尊像画研究是敦煌佛教图像研究的重要领域，研究方法上需要注意结合相关图像进行整体研究。如在研究阿弥陀佛、药师佛、弥勒佛图像的时候，需要对相关的单尊像、说法图、经变画进行整体研究。由于敦煌以外的佛教图像没有敦煌的丰富，许多研究没有重视整体研究，一些论文标题为《西方净土经变研究》《药师经变研究》《弥勒经变研究》，从标题就可看出存在这一问题，更准确的题目应该是《西方净土图像研究》《药师图像研究》《弥勒图像研究》，才能涵盖单尊像、说法图、经变画，同时还要结合图像产生与流变的背景，这样才能构成某一题材的完整的图像研究。

敦煌单体造像数量多、内容丰富，学术界对单体造像研究具有较多经验，所以敦煌单体造像的研究要借鉴学术界的方法，往往会取得许多成就。如敦煌早期洞窟中有大量的天宫伎乐，其中往往有一身大头像，起初认为是"大头仙人"，后来才确定是弥勒信仰中的牢度跋提神，他在弥勒往生兜率天时为弥勒建造了善法堂。这一图像在敦煌以外地区就没有，这是把天宫伎乐图像放到弥勒信仰背景上考虑所取得的新收获。[1] 敦煌、云冈等石窟和许多造像碑中有一组持骷髅外道、持鸟外道，持骷髅外道很早就确定是鹿头梵志，而持骷髅外道一度认为是婆薮仙，21世纪初才确定是尼乾子持鸟问释迦佛生死之事。[2] 有时会对尊像的细节观察不够，导致研究滞后，如中国早期一些佛像胸口有一朵花卉，我们可以在河南博物院、山西博物院藏石雕像中见到，也可以在龙门石窟、麦积山石窟、金塔寺石窟中见到，而敦煌石窟更多，由于北朝时期流行《观佛三昧海经》，21世纪初才考证出是这部经中所描绘的"如来心相"（即佛的心脏的形状）。[3]

二、敦煌石窟佛传故事画

释迦牟尼佛是真实存在的历史人物，原名乔达摩·悉达多，成道创教后被尊称为释迦牟尼。记载释迦牟尼佛从出生、成长、出家、苦修、悟道、说法直至涅槃的种种事迹，即为佛传，又称本行。这些故事见于多部佛经，比较著名的有，《修行本起经》《太子瑞应本起经》《佛本行集经》《过去现在因果经》《佛所行赞》《普曜经》等。佛经中的故事是经过佛教徒利用宗教色彩修饰加工过的，他们赋予释迦传奇的一生和无上的神通力，使其成为一个理想化的崇拜对象，以此来震慑、感化或教育信众。现存大量佛传故事主要突出表现释

---

[1] 万庚育：《敦煌早期壁画中的天宫伎乐》，载敦煌研究院编《1987年敦煌石窟研究国际讨论会文集·石窟考古编》，辽宁美术出版社，1990年。
[2] 王惠民：《执雀外道非婆薮仙辨》，《敦煌研究》2010年第1期。
[3] 雷蕾、王惠民：《敦煌早期洞窟佛像的卍字相与如来心相》，《敦煌研究》2012年第4期。

迦生平的一些重要事迹。而纵观佛陀一生，基本可以分为五个阶段。

（一）佛陀一生的五个阶段

1. 托胎灵梦降人间

在古印度的迦毗罗卫国，净饭王和王后摩耶夫人多年膝下无子，一日摩耶夫人做了个梦：空中有一菩萨骑白象徐徐飞来，进入她的右胁。梦醒之后摩耶夫人发现怀孕。摩耶夫人怀胎十月，四月七日出游那天，右手攀扶一树枝，太子便从她的右胁降生。太子自行七步，步步生莲，举手而言："天上天下，唯我为尊。三界皆苦，吾当安之。"于是天地大动，天降瑞应，诸天神八部众皆来侍卫。龙王的两个兄弟为太子灌水沐浴，之后摩耶夫人抱着太子乘车回宫。壁画中表现这一阶段的重要事迹有"乘象入胎""树下诞生""步步生莲""九龙灌顶"等。

2. 学艺观世遂出家

释迦太子自幼在宫中长大，学习各种技艺都得心应手，可以将大象举掷墙外，与人摔跤也总能获胜。十四岁时太子离开宫城出游，在东、南、西、北四个城门分别遇到了病、老、死和僧人，回宫后倍感忧思，决心像僧人一样断绝六情，守戒修道。于是在十九岁（一说二十九岁）那年的四月七日后半夜，骑爱马逾城出家。为避免马蹄发出声响，四天神各托举一只马蹄，太子即腾虚空，越城而去。壁画中表现这一阶段的重要事迹有"太子赴学""太子掷象""出游四门""逾城出家""犍陟舐足"等。

3. 降魔成道转法轮

释迦太子出家后历经六年的寻访和禅定苦行，每日只食一麻一米，身体极度虚弱消瘦，形若枯槁，依然未得人生解脱之道。他放弃苦修，在尼连禅河中洗去身上的污秽，接受了牧牛女奉上的乳糜，恢复了元气，继续前行，来到一片清静花香之地，在一棵菩提树下安坐入定，"寂然无变，成四禅行"，即将悟道。此时魔王波旬怕释迦成道后胜过他，意欲进行破坏。他派三女装扮妖艳，以巧媚之辞欲乱释迦心智。释迦心净不污，用神通力将三

图 15-17　莫高窟第 260 窟苦修像

魔女化作丑陋的老妇。魔王又调动魔军大举进攻，释迦神情自若，道定自然，忍力降魔，魔兵退散。释迦终成正觉，修成佛陀。成道后的释尊来到鹿野苑，向憍陈如等五人宣讲"四谛""八正道"和"十二因缘"，五人欣然皈依，成为佛最初度化的五比丘，这也标志着佛教的诞生。表现这一阶段重要事迹的壁画有"降魔成道""牧女献乳""初转法轮"等，以及一些苦修像（图15-17）。

4.云游说法度众生

初转法轮之后，释迦云游四方说法，传播与实践他的思想，"教化安立无数众生"，直至涅槃，长达45年。这段时间发生的故事理论上都属于佛传，但因发生在佛一生当中特定的时间段里，题材丰富多样，主旨和功能也有其特殊性和差异性，一般将其归入因缘故事。

5.双林树下终涅槃

佛陀80岁时年老体衰，感觉自己即将入灭，路经庵婆罗村时，为诸大众作了最后一次说法，行至拘尸那迦城附近的娑罗双树间，右胁而卧，双足相叠侧卧，右手枕于头下，入无余涅槃。佛涅槃时，四海震动，众生无不哀恸。佛经记载佛涅槃后还有"荼毗""八国分舍利"等事迹，在敦煌壁画中也有所表现，甚至还出现了如莫高窟第148、158窟那样的涅槃窟。

（二）不同时期佛传故事画的特点

佛传故事是佛教三大故事之一，也是敦煌佛教艺术表现的主要题材，从初创时期的十六国一直到宋元，历代壁画中都有绘制，具有强烈的感染力。同时各个时期的表现形式和艺术特征亦呈现出不同特点。

1.十六国、北朝时期

这一时期中原北方多为少数民族统治，他们笃信佛教，不重义理而重修禅，此时修建的石窟主要为坐禅观像而凿，石窟中所绘壁画，也以生动易懂、适于禅修观像的佛教故事画为主。佛传故事则分为两类：一类是中心柱窟的四面龛内塑佛陀出家、苦修、禅定、说法内容；另一类则是壁画形式，如第275窟绘出游四门（图15-18），第254、260、263窟主室两侧壁前部绘降魔成道和初转法轮，第431窟中心柱南向面上层绘乘象入胎和逾城出家（图15-19）。北魏第254窟的降魔成道是同类题材中的精品，整个画面呈中心对称构图，以主体式"异时同图"结构把曲折复杂的情节巧妙地组合在同一画面上。佛居于画面正中，在群魔之间显得坚不可摧。佛祖周围的形象如魔王、魔女、魔军、老妪等循序出现，各具特色，尤其是魔军的刻画，奇形怪状、丑陋狰狞，更加凸显了佛祖沉稳美好的心灵境界。画面线描秀劲圆润，凹凸法晕染细腻柔和，是以传统为主，又吸收外来文化的典范（图15-20）。

初转法轮与降魔成道同为释迦生平重要事迹，在佛教史上意义重大，莫高窟北魏第263窟北壁绘制初转法轮，与南壁的降魔成道对称配置。前者图中释迦端坐说法，座前有三

图 15-18　莫高窟第 275 窟南壁东门遇老人

图 15-19　莫高窟第 431 窟中心柱南向面上层乘象入胎

图 15-20　莫高窟第 254 窟南壁降魔成道（局部）魔王三女

图 15-21　莫高窟第 263 窟北壁初转法轮

个法轮，法轮两侧各伏一鹿，这是"初转法轮"的标志性画面。在众多伎乐天的环绕中，五位比丘正在聆听佛陀说法（图 15-21）。

这一时期还出现了长卷连环画式的鸿篇巨制，展现世尊的一生，以莫高窟北周第 290 窟最为著名。第 290 窟窟顶前部东、西两披绘有一幅佛传故事画，画面分上、中、下三层，故事情节由东披上段南端开始,至北端转入中段,又到中段南端转下段,再由下段北端转接西披上段北端;西披也同样呈"S"形走向,最后至西披下段南端转接平顶,全图方告结束,画面高3米,总长27.5米。据学者研究,这幅佛传故事画依据的主要经典为《修行本起经》,共表现了87个情节(图15-22),描绘了二百多个人物。世俗人物以汉式衣冠为主,外道人物则穿胡汉混合装,人物大多以土红线画出,敷色简淡,人物面部和身体采用中国式的"染高不染低"晕染技法,建筑也几乎都是中原汉式风格,总之整体绘画技法是中国式的。

由于东晋末以来长期的战乱兵燹,社会动荡,人们的悲苦无处宣泄,在黑暗的现实生活中绝望,唯有把希望寄托于虚幻的佛国世界,盼望"舍己为人"的救世主出现,而释迦即扮演了这一救世主的角色,这也是这一时期围绕佛陀展开的佛传、本生故事兴盛的重要原因之一。

2.隋唐时期

佛教中国化在这一时期基本完成,开始出现各类内容丰富的大型经变画,这与修行方式的变化有关——从坐禅转变为更加简单易行的念佛,这是信众期盼往生佛国净土的有效方式。隋末、初唐至盛唐,连续性的佛传故事逐渐减少至基本不见,一些洞窟在佛龛内部或外部对称绘制乘象入胎和逾城出家,但目的是与龛内主尊相呼应,以此衬托释迦说法,其佛传的意义并不强烈,莫高窟隋代第397、278窟和唐代第57、283、383、322、209、329、386窟都是以主尊为中心对称配置了这两个题材。在莫高窟初唐第209窟的覆斗顶西披,我们看到火焰纹背光上方为一结跏趺坐佛,两侧绘乘象入胎和夜半逾城。整个画面飞天起舞,披帛飘拂,天花散落,云卷云舒,热烈而生动,体现了佛陀神格化的环境与氛围(图15-23)。

图15-22 莫高窟北周第290窟佛传故事画　　图15-23 莫高窟初唐第209窟窟顶乘象入胎和逾城出家

图 15-24 莫高窟中唐第 158 窟佛涅槃像

　　涅槃，是梵文"Nirvana"的音译，意译"寂灭""圆寂""灭度"，原意是指火的熄灭或风的吹散，后转为佛教全部修行所追求的最高目的——远离诸多烦恼和苦痛，达到不生不灭，脱离生死轮回而永恒安乐的境界。莫高窟中唐第158窟是典型的涅槃窟，形制为长方形盝顶，西壁设涅槃佛坛，佛像即卧其上，双目半闭，唇含笑意，丝毫没有凡人临终前的痛苦和悲哀，深刻地表现了"寂灭为乐"的涅槃境界。洞窟西壁绘制两排举哀者像，上排画19身菩萨像，下排画17身罗汉像，此外还有14身天龙八部护法神像等，在涅槃

像头部上方，有释迦牟尼的大弟子迦叶和十大弟子举哀图，佛床涅槃坛下画天王力士举哀、须跋陀罗先佛入灭以及外道谤佛等内容。画师精心设计的各种人物表情生动、神态各异、呼之欲出，艺术地烘托出涅槃这一主题（图15-24）。

3. 归义军时期

晚唐五代宋初，归义军政权统治敦煌地区，偏隅一方的敦煌政局相对稳定，统治者提倡佛教，营建石窟，佛教故事画有中兴趋势。曹氏归义军时期更是依据《佛本行集经》绘制了长篇佛传画，但其表现形式发生了很大变化，采用多幅、连续的屏风画[1]形式，并书有榜题。莫高窟第61、454窟和榆林窟第36窟首次出现屏风画佛传故事，此三窟的特征和布局相似，都是覆斗形顶，设方形中心佛坛，在主室的南、西、北三壁下部绘制长篇屏风画佛传故事，故事情节一般都从南壁中部开始，经西壁至北壁中部结束。

莫高窟第61窟是瓜沙节度使曹元忠妻浔阳郡夫人翟氏所建一大窟，以《五台山图》闻名于世，但该窟还完整保存着一组由33扇屏风组成的佛传故事，情节从燃灯佛授记[2]开始，至释迦涅槃、八王分舍利建塔结束，详细展现了佛陀的一生。全图可分为4组，共绘128个内容，表现《佛本行集经》中的二十四品，书写榜题128则，出场人

图15-25 莫高窟第61窟北壁下部（屏风画）村女献乳

---

① 所谓屏风画，是以屏风的样式画在壁面上，再在其中绘以故事画。莫高窟的屏风画来源于中原地区的绘画传统，很多图像元素也受到中原地区的影响。

② 据《佛本行集经》记载，释迦前世曾为一梵志，名云童子，跟从珍宝学道，学成后出外寻找宝物，经过莲花城，正好碰上燃灯佛前往该城游化说法，他从一青衣女婢手中买了一枝七茎莲花，见到燃灯佛后，将花散在空中以作供养。又因为道路泥泞，云童子先是用自己的鹿皮衣铺地，又解开自己的头发覆在地面，伏在燃灯佛脚下使其走过，燃灯佛授记预言云童子来世成佛，名释迦牟尼佛。该故事既可视为本生，在某种程度上也可认为是佛传的开始。

图 15-26　榆林窟第 33 窟北壁西侧佛传故事画

物共 1450 多人。此窟的佛传故事画无论从形式、内容上都更进一步民族化、世俗化，服饰方面具有鲜明的时代特征，画中保留了大量生活场景，如宫廷乐舞、出行仪仗、农耕、马技、射艺、出殡等，是研究我国古代社会生活的生动史料。如第 28 扇屏风中部所绘"牧女献乳"，牧女完全是一副普通庶民女子装扮，她跪地为太子挤牛乳，然后架起一口大锅煮乳糜，最后献给太子（图 15-25），虽是佛经故事，但展示出满满的世俗生活气息。

榆林窟第 33 窟也为曹元忠所建，但窟内的佛传故事却是以经变画的形式出现。此窟亦为覆斗顶，主室中心设佛坛，北壁显著位置为降魔成道图，两侧以长条对联式画面展现其他佛传故事，可辨识者有白马送太子出宫、太子苦修、牧女献乳、释迦度五比丘等（图 15-26）。此图突出了降魔成道这一中心内容，大抵与曹氏归义军的政治愿望有关。

4. 宋、西夏时期

这一时期出现了中国僧人第三次西行求法、翻译佛经的高潮，由于华严思想和密宗的传播与流行，佛传故事的表现形式是"八塔变相"。"八塔"又称"八大灵塔"，其上雕刻或绘画释迦一生所经历的八大圣地，每处圣地发生一个佛传故事，分别是：降生、成道、转法轮、舍卫国祇陀园现大神通、曲女城从忉利天下降（即"三道宝阶"）、佛度王舍

图 15-27 莫高窟第 76 窟八塔变相（一）　　图 15-28 莫高窟第 76 窟八塔变相（二）

城声闻（即"调伏醉象"）、广严城灵塔思念寿量（即"猕猴奉蜜"）、涅槃，第四、五、六、七都是之前不常出现的题材。宋代重绘的莫高窟第 76 窟、榆林窟西夏第 3 窟都保存有八塔变壁画，其特征是画幅中心绘佛塔，塔的内外铺排展开故事情节，塔基部分和每个事迹旁有榜题。

　　第 76 窟为覆斗顶，中心设佛坛，八塔变相绘于主室东壁入口窟门两侧，现仅存上部第 1、3、5、7 共四幅。第五塔描绘"舍卫国祇陀园现大神通"：舍卫国给孤独长者和太子祇陀共同为佛陀修建精舍，六师外道从中阻拦，劳度叉在斗法中输给佛弟子舍利弗，六师外道失败，皈依佛教。塔内有三佛表达的千佛化现，塔外有舍利弗、给孤独长者和外道等人（图 15-27）。第七塔描绘"广严城灵塔思念寿量"：佛陀回住处途中，有一猕猴向阿难求其钵，然后盛满蜂蜜献给佛陀，佛陀欣然接受，猕猴欢喜跳跃，坠入一大坑，随之命终。猕猴死后投胎于婆罗门家，出生时家里的器皿都盛满了蜂蜜，其成人后出家，得阿罗汉果。塔内绘一猕猴正在献蜜，塔外绘猕猴采蜜、跳跃的猕猴落入一木栏陷阱，以及天女散花供养（图 15-28）。总体来看，第 76 窟"八塔变相"的画面布局和印度萨尔纳特佛传雕刻比较接近，但其插入榜题的手法以及人物形象、绘画技法等，都是受中原影响的中国传统样式。

　　敦煌佛传故事延续时间长、保存数量多、时代特征鲜明，是研究佛陀生平和佛教艺术不可或缺的宝贵资料，也为进一步发掘佛教史和佛教思想内涵提供了重要的佐证。

三、敦煌石窟本生故事画

故事画是敦煌壁画众多题材中的一类，是早期洞窟中特别重要的内容，在早期石窟中非常流行，按照内容主要分为本生、因缘和佛传故事画。本生、因缘两种故事画因均绘制出释迦牟尼教化众生的故事，且在洞窟中常常一起出现，因此在以前的研究中，大多数学者都把这两种故事画一并研究。

最早开始敦煌本生、因缘故事画研究的学者当属日本学者松本荣一，他对萨埵太子、须达拏太子等本生故事进行了详细的考证。[1] 之后，金维诺以敦煌石窟为中心对本生故事的内容及形式的演变进行了研究，指出其中很多故事是依据《贤愚经》绘制的。[2] 日本学者高田修对敦煌北凉至隋代的佛传、本生、因缘故事画进行了探讨。[3] 段文杰在20世纪80年代初对敦煌石窟本生、因缘故事画作了仔细的梳理，指出这些故事画继承并发展了汉晋民族绘画传统的"左图右史"形式，主题思想是当时时代的反映。[4] 贺世哲也对十六国北朝时期的故事画作了比较系统、全面的探讨。[5] 樊锦诗、马世长在《莫高窟北朝洞窟本生、因缘故事画补考》一文后附敦煌北朝洞窟本生、因缘故事画统计表，详细地标注了这些故事画的佛经依据。[6] 马世长又对莫高窟北朝时期本生因缘故事画进行了综合研究和讨论，并对这些故事画的表现形式和艺术特点作了相关研究。[7] 谢生保以莫高窟与克孜尔石窟中内容相同的故事画为例，从表现形式、构图艺术、源流等方面作了对比分析，指出莫高窟创造性地继承和发展了克孜尔石窟中的故事画。[8] 释依淳也注意到敦煌壁画中的本生故事受到外来文化的影响，认为克孜尔本生画必然早于莫高窟，而本生图由西域克孜尔的单幅图发展为敦煌长幅多段多情节的连环画是受中原绘画影响的结果。[9] 高金

---

[1] [日]松本荣一：《敦煌画研究》，东方文化学院东京研究所，1937年，第252—290页。
[2] 金维诺：《敦煌本生图的内容与形式》，《美术研究》1957年第3期，第70—76页；金维诺：《佛本生图形式的演变》，《现代佛学》1963年第2期，第22—25页。另见氏著《中国美术史论集》，人民美术出版社，1981年，第355—378页。
[3] [日]高田修：《佛教故事画与敦煌壁画》，载敦煌文物研究所编《中国石窟·敦煌莫高窟》第二卷，文物出版社、平凡社，1984年，第200—208页。
[4] 段文杰：《十六国、北朝时期的敦煌石窟艺术》，载敦煌研究院编《敦煌研究文集》，甘肃人民出版社，1982年，第1—42页。
[5] 贺世哲：《敦煌图像研究——十六国北朝卷》，甘肃教育出版社，2006年，第169—262页。
[6] 樊锦诗、马世长：《莫高窟北朝洞窟本生、因缘故事画补考》，《敦煌研究》1986年第1期，第27—38页。
[7] 马世长：《敦煌莫高窟北朝本生、因缘故事画》，载氏著《中国佛教石窟考古文集》，觉风佛教文化艺术基金会，2002年，第265—288页。
[8] 谢生保：《克孜尔石窟故事画对莫高窟故事画的影响》，《敦煌研究》1999年第2期，第9—19页。
[9] 释依淳：《克孜尔与莫高窟的本生画之考据》，载段文杰主编《1990年敦煌学国际研讨会文集·石窟考古编》，辽宁美术出版社，1995年，第256—278页。

玉也注意到这点,同时指出,越往东,本生故事画越少,经变画越多,壁画越少,雕塑越多,希腊、印度、犍陀罗影响越少,本土影响越多。[1]《中国石窟·敦煌莫高窟》中公布了大量和本生、因缘故事相关的图片及详细的图版说明。[2]《敦煌石窟全集3·本生因缘故事画卷》以画册的形式统一介绍敦煌石窟中的本生、因缘故事画,书中公布了大量的图片并附有文章说明。[3]

在敦煌石窟中,本生故事画主要绘制于北凉、北魏、西魏、北周、隋时期的洞窟中。之后偶有单独出现,大多数出现在屏风画中,属于经变画内容的一部分。

本生故事画是表现释迦牟尼佛在过去世中为菩萨时教化众生、普行六度的种种事迹壁画,[4]主要分布在莫高窟北凉第275窟,北魏第254、257窟,西魏第285窟,北周第428、296、299、294、301、302、461窟和西千佛洞第12窟,隋代第417、419、427、423、433窟,中唐第231、237、238窟,晚唐第9窟,等等。按照时间顺序,将敦煌石窟中出现的本生故事画列表如下:

表15-1 敦煌石窟本生故事画列表

时代	洞窟	本生故事画
北凉	莫高窟第275窟	快目王施眼、月光王施头、尸毗王割肉贸鸽、虔阇尼婆梨王身燃千灯、毗楞竭梨王身钉千钉
北魏	莫高窟第254窟	萨埵太子舍身饲虎、尸毗王本生
北魏	莫高窟第257窟	九色鹿本生
西魏	莫高窟第285窟	婆罗门闻偈舍身
北周	莫高窟第428窟	萨埵太子本生、须达拏太子本生、独角仙人本生
北周	莫高窟第294窟	须达拏太子本生
北周	莫高窟第296窟	须阇提本生、善事太子入海
北周	莫高窟第299窟	萨埵太子舍身饲虎、睒子入海

---

[1] 高金玉:《克孜尔石窟"本生"壁画的艺术特色及对内地石窟壁画的影响》,《辽宁师范大学学报》(社会科学版) 2006年第2期,第103—106页。

[2] 敦煌文物研究所编:《中国石窟·敦煌莫高窟》第一卷,文物出版社,1982年,图版第186、190、191、192、193,图版说明见第220—221页。

[3] 敦煌研究院编,李永宁主编:《敦煌石窟全集3·本生因缘故事画卷》,上海人民出版社,2001年。

[4] 敦煌研究院编:《敦煌艺术大辞典》,上海辞书出版社,2020年,第190页。

续表

时代	洞窟	本生故事画
北周	莫高窟第301窟	萨埵太子舍身饲虎、睒子本生
北周	西千佛洞第12窟	睒子本生
北周	莫高窟第438窟	睒子本生
北周	莫高窟第461窟	睒子本生
隋代	莫高窟第302窟	毗楞竭梨王身钉千钉、月光王施头、萨埵太子本生、婆罗门闻偈舍身、快目王施眼、虔阇尼婆梨王身燃千灯、尸毗王割肉贸鸽、萨埵太子舍身饲虎、睒子本生
隋代	莫高窟第423窟	须达拏太子本生
隋代	莫高窟第417窟	萨埵太子舍身饲虎、睒子本生、流水长者救鱼
隋代	莫高窟第419窟	萨埵太子舍身饲虎、须达拏太子本生
隋代	莫高窟第427窟	须达拏太子本生
隋代	莫高窟第433窟	睒子本生（原壁画现藏于俄罗斯艾尔米塔什博物馆）
中唐	莫高窟第231窟	萨埵太子舍身饲虎、善事太子入海
中唐	莫高窟第237窟	善事太子入海、萨埵太子舍身饲虎
中唐	莫高窟第238窟	善事太子入海、萨埵太子舍身饲虎
晚唐	莫高窟第9窟	萨埵太子舍身饲虎、婆罗门闻偈舍身、须达拏太子本生

敦煌石窟中的本生故事画是从北凉第275窟开始绘制的，从洞窟北壁中间部位自西向东依次绘制了毗楞竭梨王身钉千钉、虔阇尼婆梨王身燃千灯、尸毗王割肉贸鸽、月光王施头、快目王施眼等本生故事。

毗楞竭梨王本生故事画，存于北凉第275窟和隋第302窟，描绘了一个婆罗门名叫劳度叉，自称可以传授妙法，如有愿在身上钉千钉者，便为其说法。毗楞竭梨王求妙法心切，欣然应允，在身上钉了一千颗钉子。得妙法的毗楞竭梨王最后终于修成佛果。这位毗楞竭梨王就是释迦牟尼的前生。画面中央，国王着菩萨装，单腿翘起，坐于方座上，上身裸露，头顶有头光，肩披长巾，左侧婆罗门一手持钉，一手挥锤向国王胸部钉钉，地上一眷属跪地，仰头，托腮，这是因不忍国王身钉千钉表现出痛苦悲伤的状态。画面突出钉钉这一主

图 15-29 莫高窟北凉第 275 窟北壁毗楞竭梨王本生故事画

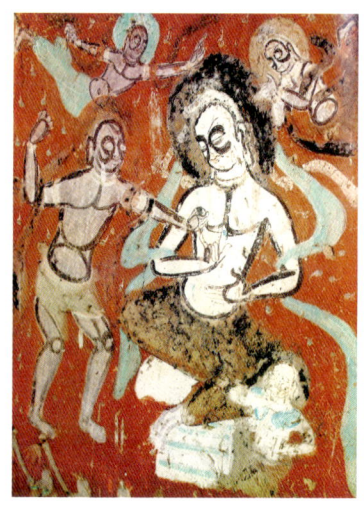

图 15-30 莫高窟北凉第 275 窟尸毗王本生故事画

题，着重渲染了毗楞竭梨王以超人的忍耐力承受着肉体的极大痛苦，突出其泰然自若、安详大度的面貌，构图简单、完整（图 15-29）。

虔阇尼婆梨王本生故事画和毗楞竭梨王本生故事画类似，亦存于北凉第 275 窟和隋第 302 窟。绘制的故事为虔阇尼婆梨王昭告天下，广求妙法。有一名叫劳度叉的婆罗门宣称，若国王能在自己身上剜一千个洞点燃千灯，便为他讲法。大家都劝国王不要这样做，国王却毫无惧色，身燃千灯。佛教护法神帝释天被其诚心感动，最后使国王身体恢复如前。这位国王也是释迦牟尼的前身。

尸毗王本生故事画，现存莫高窟第 275、254、302、72 等窟。该故事讲述了尸毗王为人善良，立志普度众生。帝释天和毗首羯摩想考验他，于是变作老鹰和鸽子，老鹰要吃掉鸽子，鸽子逃至王处祈求保护。老鹰告诉王说，若不还鸽，自己将饿死。王为了同时救老鹰和鸽子，愿割肉救鸽。老鹰要求肉的重量和鸽子同重，王将身体的肉割尽，犹不如鸽重，遂举身坐秤盘内，才和鸽肉等重。尸毗王的行为感动了天地，帝释天也现出原形并以神力使尸毗王身体恢复如初。

第 275 窟尸毗王本生故事画由两幅画面组成，左侧画面中间尸毗王坐于墩上，右手持鸽，揽入怀中，左腿斜舒展，旁边一人正在用刀割他腿上的肉；右侧画面中央一人站立，手持一杆秤，秤两端各有一盘，一侧尸毗王坐于盘中，另一侧一只鸽子卧于盘上。画面结构明了，表现了割肉和过秤这两个连续的主要情节（图 15-30）。北魏第 254 窟的尸毗王本生故事画增加了鹰追鸽、鸽向尸毗王求救、眷属痛哭等情节，增加了内容和时空跨度。画面以国王为中心，其他情节围绕中心展开，所有情节绘制于一个画面中（图 15-31）。

月光王本生故事画现存于莫高窟第275、302、98窟。该故事讲月光王乐善好施，爱民如子，驰誉诸国。有一小国国王毗摩斯那心生嫉妒，遂募婆罗门索取月光王之头。有外道劳度叉应征，至月光王处乞头，月光王不顾众人劝阻，毅然应允，并说过去已经布施过999颗头，再施一次就满1000颗了。于是他将头发系在树枝上，遂由婆罗门砍头而去。这位国王也是释迦牟尼的前身。壁画由两幅画面组成，左侧月光王端坐于束帛座上，用左手指自己的头，面前有一侍者跪捧托盘，盘上有3颗人头，表示月光王在前世已经布施过很多次头颅。右侧月光王以发系于树上，身后一刽子手举斧欲砍，表现劳度叉砍头的情节（图15-32）。

快目王施眼本生故事画，现存于莫高窟第275、302窟。该故事讲的是富迦罗拔城的国王名须掾罗，意为快目，能睹四十里景物，还能透视墙体，乐善好施。快目王属下有一小国国王名叫波罗陀跋弥，沉迷淫乐，国事败坏。快目王打算派兵去讨伐。小国王为阻止快目王讨伐，征募一盲眼婆罗门前去请求获得大王快目的眼睛。快目王答应了，剜下自己的双眼赠送给盲眼婆罗门。这位

图 15-31　莫高窟北魏第254窟尸毗王本生故事画

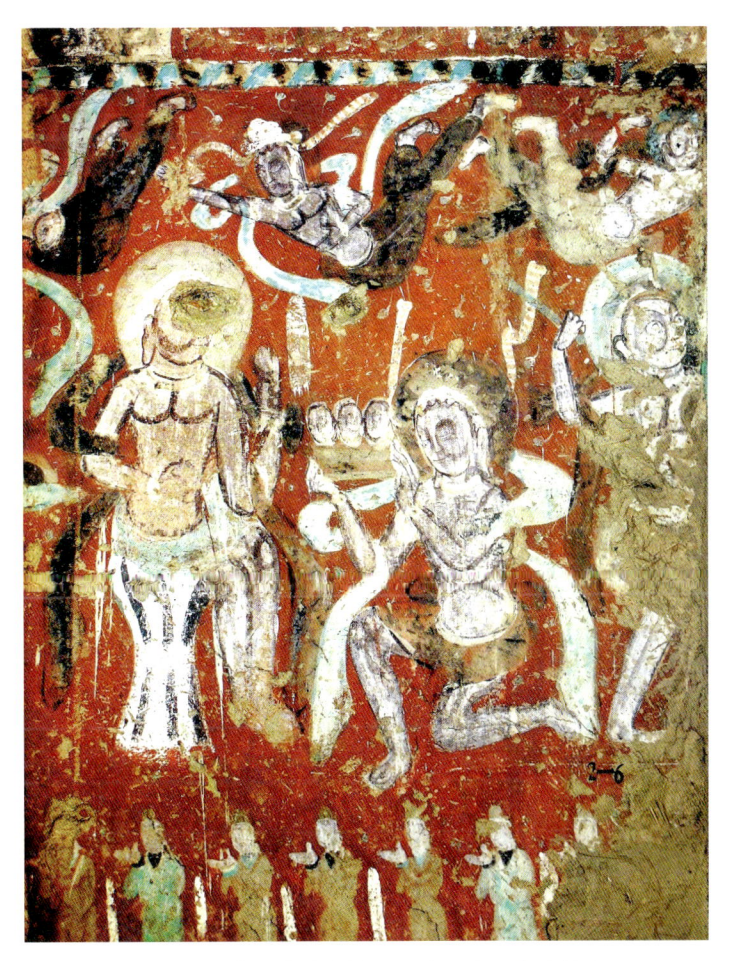

图 15-32　莫高窟北凉第275窟月光王本生故事画

国王也是释迦牟尼的前身。

这几个故事画皆依据《贤愚经》绘制[1]，但从佛教思想的角度来看，这几个故事画或许与大乘菩萨行思想相关[2]。另外，第275窟北壁的故事画和南壁的佛传故事都和主尊造像之间有着内在的必然联系，应该是借用了释迦牟尼的佛传故事和本生故事来表现弥勒的今生传记和其前生事迹是"援释迦入弥勒"，表现了第275窟是一个以弥勒信仰为主题的艺术整体。[3]

萨埵太子舍身饲虎本生故事画在莫高窟唐以前共出现7次，分别位于第254、428、299、301、302、417、419窟中，以第254窟和第428窟中最为精彩。之后，唐代第231、237、85、9窟，五代宋时期第98、72、108、146、55等窟均有绘制。晚唐五代宋时期第85、98、108、146、55窟的萨埵太子本生以屏风画的形式出现，内容依据《贤愚经·摩诃萨埵以身施虎品》，是作为贤愚经变的一品而被绘入洞窟之中。

萨埵太子舍身饲虎的故事讲述了在很久以前，有个国王有三个儿子，老大叫富那宁，老二叫提婆，老三叫萨埵。萨埵心地非常善良。一天，国王一家外出游玩。国王和王后休息时，三个王子继续前行，中途看见一只刚生下幼虎的母老虎，饿得奄奄一息，意欲吃掉小老虎。萨埵决定以身饲虎，救活母虎与小虎的生命。于是，支开兄长，躺在老虎面前让它吃。但母虎已饿得没有力气吃他。萨埵便爬上山，以木棒刺破身体，流出鲜血，跳下山崖。母虎舔血食肉，等兄长们找到萨埵时，他只剩一堆白骨。国王和王后知道后，悲痛不已，收拾遗骨，起塔供养。因为此故事画数量众多，在新疆、敦煌、麦积山等地都有出现，是众多佛教故事中较有代表性的一个，对此故事画的研究便成为学界的一个热点。早期的研究多集中在佛典依据和构图方式方面。

莫高窟第254窟中，萨埵太子舍身饲虎本生以单幅画呈现，不同情节交错出现，共绘有10个情节：1.入山见饿虎；2.投身跳崖；3.以身饲虎；4.以木刺身；5.再次投身跳崖；6.再次饲虎；7.虎啖太子；8.寻找残骸；9.抱尸痛哭；10.起塔供养。图中上段中部为三个太子看见饿虎，上段西部为萨埵刺颈和投崖，下段西部为饲虎，下段东部为二兄见残骸并告父母，

---

[1] 樊锦诗、马世长考证第275窟毗楞竭梨王本生、快目王施目本生是依据《贤愚经》绘制，参看樊锦诗、马世长：《莫高窟北朝洞窟本生、因缘故事画补考》，《敦煌研究》1986年第1期，第27—38页；赵秀荣则认为此窟北壁故事画都是依据《贤愚经》绘制，参看赵秀荣：《试论莫高窟275窟北壁故事画的佛经依据——附275窟等年代再探讨》，《敦煌研究》1991年第3期，第13—27页；刘永增考察了除快目王施眼本生之外的四个故事画，认为都是依据《贤愚经》绘制，参看刘永增：《〈贤愚经〉的集成年代与敦煌莫高窟第275窟的开凿》，《敦煌研究》2001年第4期，第70—74页。
[2] 史苇湘：《关于敦煌莫高窟内容总录》，载敦煌研究院编《敦煌石窟内容总录》，文物出版社，1996年，第256页。
[3] 张元林：《莫高窟第275窟故事画与主尊造像关系新探》，《敦煌研究》2010年第4期，第56—65页。

上段东部为父母抱尸痛哭和起塔供养。此画构图别致，造型生动，具有悲剧气息，在单幅画内，把不同时间和空间的许多情节交织编排在一起，形成主题鲜明而又有变化的整体结构（图15-33）。

第428窟的整个故事情节呈S形，共绘制出12个情节：1.辞别国王；2.骑马出游；3.林中射靶；4.歇马谈心；5.继续前行，进入深山；6.观议饿虎；7.以身饲虎，虎无力食肉；8.刺颈出血，投崖饲虎；9.二兄见遗骸悲；10.骑马报信；11.报告国王；12.起塔供养。画中以山峦、树木、屋宇表现人物活动的环境，又巧妙地以此作为故事情节的间隔，不仅使画面段落分明又衔接自然，并且富有变化，也增强了壁画的生活真实感（图15-34）。

图15-33　莫高窟北魏第254窟南壁萨埵太子本生故事画

图15-34　莫高窟北周第428窟东壁门南萨埵太子本生故事画

敦煌石窟中萨埵舍身饲虎本生故事画的佛经依据主要有两种，绝大多数学者认为依据的是北凉昙无谶译《金光明经·舍身品》[1]，另外，也有学者考证认为，萨埵舍身饲虎本生故事除依据《金光明经》外，也吸收了部分《贤愚经》内容。[2] 还有学者将第254窟舍身饲虎壁画和藏经洞出土北魏写本结合起来进行研究，发现图像与文献之间的关系。[3] 而在敦煌石窟中，萨埵太子本生故事经常和睒子本生成对出现，这是来自佛教"孝"观和中国传统儒家伦理"孝道"相互吸收、融合的结果，传达了更深层次的"孝行"理念。[4]

近年来，学界对第254窟此画的研究开始有了新的方向。王耘借助格雷马斯矩阵分析了故事文本的框架结构，阐释了画面所表达的张力和意境。[5] 陈海涛从一个美术工作者的角度对当年画工在礼仪和艺术的框架下所具有的创造性与适应性进行探索，并结合相关文献，一定程度上揭示了当时创作者的画面构思与思想表现的玄机。[6] 刘德勇以艺术欣赏为出发点对该幅壁画进行了探究。[7] 占跃海提出此画巧妙地创造了一个全新的绘画景观，建立了一个统一而具有向心性的叙事情境，形成时间上的延续和意义上的因果关系，向心结

---

[1] 松本荣一提出敦煌的萨埵本生图像主要依据北凉昙无谶译《金光明经·舍身品》绘制，参看松本荣一：《敦煌画研究》，东方文化学院东京研究所，1937年，第269—282页；樊锦诗、马世长通过考证后指出第254、428、299、301窟的萨埵太子本生故事是依据《金光明经·舍身品》绘制，参看樊锦诗、马世长：《莫高窟北朝洞窟本生、因缘故事画补考》，《敦煌研究》1986年第1期，第27—38页；上原和提出用虎子数量和是否有起塔供养内容来判断图像所据佛典，并判定莫高窟中唐以前的萨埵本生图主要依据《金光明经·舍身品》绘制，中晚唐以后的诸例则大多据《贤愚经·摩诃萨埵以身施虎品》绘制，少量据《金光明经》，参看上原和：《敦煌莫高窟における〈摩訶薩埵本生〉図の諸相と玉虫厨子の〈捨身飼虎〉図》，《美学美术史论集》，1991年第8辑第1部，第21—99页；梁丽玲从虎子数量、画面主题、情节描绘和榜题文字等四个方面考证后也认为北周这四个洞窟的萨埵太子本生是依据《金光明经》绘制。另外，她还认为隋代的第419、302两个洞窟的萨埵舍身饲虎本生故事也是依据《金光明经》绘制而成，参看梁丽玲：《萨埵太子本生故事画所据佛典之判读》，载郑炳林、花平宁主编《麦积山石窟艺术文化论文集》，兰州大学出版社，2004年，第546—567页。

[2] 贺世哲认为北周第428窟萨埵本生图是糅合《金光明经》与《贤愚经》而创作，参看贺世哲：《敦煌图像研究——十六国北朝卷》，甘肃教育出版社，2006年，第175页；樊雪崧对第419窟的萨埵太子本生图进行了补考，通过经文与图像的对照分析，认为此图主要依据《金光明经·舍身品》，个别场应参考了《贤愚经》的内容，序分画面中很可能表现了《金光明经·授记品》的内容，参看樊雪崧：《莫高窟第419窟萨埵太子本生图补考》，《敦煌研究》2020年第1期，第70—79页。

[3] 王菡薇：《莫高窟壁画与敦煌文献研究之融合——以北魏254窟壁画〈舍身饲虎〉与写本〈金光明经卷第二〉为例》，《新美术》2010年第5期，第42—45页。

[4] 高海燕：《中国汉传佛教本生故事研究》，兰州大学博士学位论文，2015年，第196页。

[5] 王耘：《舍心无倦——摩诃萨埵本生之美学解读》，《西域研究》2002年第4期，第71—75页。

[6] 陈海涛、陈琦：《莫高窟第254窟〈舍身饲虎图〉的结构分析》，载敦煌研究院编《敦煌壁画艺术继承与创新国际学术研讨会论文集》，上海辞书出版社，2008年，第209—229页。

[7] 刘德勇：《敦煌莫高窟第254窟壁画〈萨埵太子本生图〉释读》，《新视觉艺术》2009年第1期，第102—104页。

构和因果结构自然结合在一起，凸显了主题的宗教意义。陈海涛在以壁画的临摹体验及美学研究的基础上，阐述了将第254窟此画转化为数字媒体过程中的思考与探索。刘扬以此画为个案，尝试用佛教文化结合图像进行分析，试图探寻形成画面语言的因素、背后蕴藏的文化背景及其所代表的佛教思想。

北魏第257窟是非常有名的洞窟，家喻户晓的九色鹿本生故事就绘制于此窟西壁。故事讲述了古印度的恒河边，住着一只美丽而善良的九色鹿。一天，九色鹿在恒河里奋力救起一个失足溺水者，当溺水者要报答它时，九色鹿只是要求他保守见过自己这个秘密来作为回报。溺水者满口答应，发誓如果背叛就让自己浑身长疮、满口腥臭。宫殿里的王后梦见了美丽的九色鹿，一心想得到它，于是重金悬赏捕捉九色鹿。溺水者禁不住金钱的诱惑，向国王透露了秘密，并给国王和军队带路去猎杀九色鹿。九色鹿虽有好友乌鸦的报信，还是没有来得及避开。当它见到溺水者时，流下了悲愤的眼泪。它向国王说明了一切，被感动的国王从此下令不许任何人伤害、捕捉九色鹿。而那个溺水者因为自食其言，顿时浑身长疮、满口腥臭。

九色鹿本生故事在各个佛经中都有记载，第257窟该故事画融合了多个佛经内容，画面采用横卷式连环画的形式表现，情节由左右两端开始，中间结束，绘出了9个故事情节：1.溺水人呼救；2.鹿王经过水边；3.鹿王救溺水人；4.溺水人跪谢鹿王，并发誓愿；5.鹿王酣睡；另一端从北侧开始：6.王后说梦，国王悬赏；7.溺水人告密；8.溺水人做向导，国王乘马车捕捉鹿王；9.鹿王直立向国王控诉溺水人。画面中央为故事的高潮和结尾，不仅表现出了九色鹿王向国王控诉溺水人的情节，而且还绘出了溺水人因违背誓言而满身生疮的画面，情节生动，故事波澜壮阔（图15-35）。

九色鹿本生虽然在莫高窟仅仅出现过一次，却是学界研究的一个热点。段文杰指出九色鹿题材最早出于印度，经过阿富汗传入我国西域，后传入敦煌，受到了中原文化思想和艺术形式的熏陶。马青、傲东认为九色鹿故事经久不衰的原因是它的民间成分，它通过故事来表达人类精神的基本结构。占跃海从图像和叙事两个方面分析了此故事，认为此故事画叙事结构安排巧妙，画面空间的整体性与间断性结合完美，在宗教绘画的发展史上占

---

① 占跃海：《敦煌254窟壁画叙事的向心结构——以〈萨埵太子舍身饲虎〉为重点》，《南京艺术学院学报》（美术与设计版）2010年第5期，第37—43页。
② 陈海涛、陈琦：《莫高窟第254窟舍身饲虎图的数字阐释及影片创作》，《敦煌研究》2014年第6期，第55—60页。
③ 刘扬：《敦煌壁画的本生故事画研究——以北魏第254窟〈萨埵太子本生〉图像为例》，首都师范大学硕士学位论文，2013年。
④ 李小荣：《论九色鹿本生的图文传播》，《哈尔滨工业大学学报》（社会科学版）2014年第4期，第76-83页。
⑤ 段文杰：《九色鹿连环画的艺术特色——敦煌读画记之一》，《敦煌研究》1991年第3期，第116—119页。
⑥ 马青、傲东：《对〈九色鹿〉叙事结构的分析》，《西北民族大学学报》（哲学社会科学版）2008年第4期，第79—85页。

图 15-35　莫高窟北魏第 257 窟九色鹿本生故事画

有极其重要的位置。[1]李小荣从图文传播两个方面进行考察,认为此图像的传播路线是从印度到犍陀罗最后到中土,图像的叙事传播略早于文学传播,但文学传播持续时间更长,一直持续到宋元以后,图文传播都受到了中土固有文化的影响。[2]

莫高窟第 285 窟的婆罗门闻偈舍身本生故事画,位于南壁与西起第一龛楣之间。依据《大般涅槃经·圣行品》绘制,《经律异相》卷八《为闻半偈舍身》也抄录此故事。[3]故事讲述了释迦牟尼过去世曾作婆罗门,婆罗门信奉佛教,住在雪山上修行,不闻大乘佛经。帝释天变作罗刹鬼,说半偈"诸行无常,是生灭法",用来试探婆罗门的佛性。婆罗门听后心生欢喜,愿闻全偈。罗刹鬼须饮热血、吃暖肉,才为他说偈。婆罗门愿以身施舍,闻后半偈。罗刹为其说后半偈"生灭灭已,寂灭为乐"。婆罗门闻偈语后深悟佛法,随即攀登高树,投身下地,供罗刹鬼啖食。当投身半空时,罗刹鬼复现帝释天原形,举手于空中接取,安置平地。

莫高窟第 285 窟婆罗门施身闻偈品共绘两个情节,分为上下两个部分。画面下方表现婆罗门在雪山上结草庐修行,闻罗刹说一半偈语;画面上方,婆罗门为求另一半偈语,攀登高树舍身投地,帝释天举手接住(图 15-36)。[4]莫高窟现存此故事画三铺,分别位于西魏第 285 窟、晚唐第 9 窟。

在莫高窟中,须达拏太子本生画存于北周第 428、294 窟,隋代第 423、427、419 窟,晚

---

[1] 古跃海:《敦煌 257 窟九色鹿本生故事画的图像与叙事》,《艺术百家》2010 年第 3 期,第 196—202 页。
[2] 李小荣:《论九色鹿本生的图文传播》,《哈尔滨工业大学学报》(社会科学版) 2014 年第 4 期,第 76—83 页。
[3] 贺世哲:《敦煌图像研究——十六国北朝卷》,甘肃教育出版社,2006 年,第 180 页。
[4] 马世长:《敦煌莫高窟北朝本生、因缘故事画》,载氏著《中国佛教石窟考古文集》,觉风佛教文化艺术基金会,2002 年,第 305 页。

唐第9窟，宋代第454窟等。其中第419、428窟为长卷连环画式，内容丰富、情节生动，最具有代表性。故事画依据西秦圣坚译《太子须达拏经》绘制。[1]该故事讲述的是叶波国太子须达拏乐善好施，有求必应。敌国收买八位道人，向他乞讨百战百胜的白象，太子慷慨相施。国王闻讯震怒，将须达拏驱逐出国。太子携妻、子，驱马车而去，一路上遇婆罗门乞讨，于是将马、车、衣物施舍殆尽，千辛万苦来到遥远的檀特山中隐居，结庐修行。后又来一老婆罗门要他的一双儿女，须达拏趁妻子不在，以绳索绑缚儿女交与婆罗门。最后婆罗门将孩子带到叶波国出卖，为国王知悉，将孙儿赎回，并迎太子回国。

20世纪中期，金维诺指出敦煌存有须达拏本生图的洞窟有第428、423、419、427等窟，并重点对第419窟的壁画进行了释读。[2]樊锦诗、马世长对莫高窟北朝的本生因缘故事画进行考证，提出第428

图15-36　莫高窟第285窟婆罗门施身闻偈品

---

[1]［日］松本荣一：《敦煌画研究》，东方文化学院东京研究所，1937年，第252—290页。
[2] 金维诺：《敦煌本生图的内容与形式》，载氏著《中国美术史论集》，人民美术出版社，1981年，第355—370页。

和294窟的须达拏本生故事是依据西秦圣坚译的《太子须达拏经》绘制。[1]李玉珉专门对第428窟的须达拏太子本生进行了释读，认为图像来自中原的可能性较大。[2]施萍婷指出第428窟的此画受到了来自西域和中原两处的影响，中原的影响更大一些。[3]《敦煌石窟全集·本生因缘画卷》对第428、419、423窟的此故事画进行了释读，并公布出了大量的图片。[4]张景峰对莫高窟须达拏太子本生画进行了全面的梳理，并重点考释了第294窟的须达拏本生画的内容。[5]此外，一些外国学者还对印度阿旃陀石窟的须达拏本生进行了研究。[6]

莫高窟第428窟东壁门北须达拏太子本生画面分为上中下三排，用"Z"字形构图方式表现了24个情节。上排北起为：1.太子出游；2.不乐，求父布施；3.八道人索象，太子施象。中排南起为：4.道人得象；5.王怒，驱逐太子；6.布施私财；7.受施人离去；8.辞别父母；9.臣民送行；10.太子驱车前行。下排北起为：11.婆罗门索马，太子施马；12.婆罗门得马；13.婆罗门索车，太子施车；14.婆罗门得车；15.婆罗门索衣，太子施衣；16.婆罗门得衣；17.继续前行；18.太子进化城，出城；19.太子见阿周陀；20.全家安居；21.婆罗门求施，太子施儿女；22.两儿不去，婆罗门鞭笞两儿；23.曼坻急归，狮子当道；24.曼坻不见两儿，哭嚎。该壁画画面清晰，色彩明快，是敦煌石窟须达拏太子本生故事画的代表作（图15-37）。

北周时期流行的须达拏太子、睒子本生故事画在隋代继续出现，内容更多，情节更为生动，特别是须达拏太子本生故事画，最多的情节达到了43个，详细描述了须达拏太子无限施舍的全过程。

独角仙人本生故事画，绘于莫高窟第428窟东壁，敦煌石窟仅此一幅，画面采用单幅画的表现形式，独角仙人拄杖而行，淫女骑坐其肩上。情节典型，结构简单，一目了然（图15-38）。[7]内容依据《大智度论》卷十七、《经律异相》卷三九《独角仙人情染世欲为淫女所骑》。据佛经记载，波罗奈国山中有位仙人，头长一角，双足似鹿，神通广大。因雨路滑，跌倒在地，发咒语令天不雨，于是国中大旱，不生庄稼。国王悬赏募聘能人，破独角仙人之神通。淫女扇陀应募说，我能坏之，我当骑此仙人来。即时率五百美女乘五百辆车，并带淫

---

[1] 樊锦诗、马世长：《莫高窟北朝洞窟本生、因缘故事画补考》，《敦煌研究》1986年第1期，第27—38页。

[2] 李玉珉：《敦煌四二八窟新图像源流考》，《故宫学术季刊》1993年第4期，第1—34页。

[3] 施萍婷：《关于莫高窟第四二八窟的思考》，《敦煌研究》1998年第1期，第1—12页。

[4] 敦煌研究院编，李永宁主编：《敦煌石窟全集3·本生因缘画卷》，上海人民出版社，2001年，第157—179页。

[5] 张景峰：《敦煌莫高窟第294窟须达拏太子本生故事画研究及相关问题》，《敦煌研究》2010年第2期，第17—26页。

[6] [印度] A.詹姆柯德卡尔著，杨富学译：《须达拏本生研究》，《敦煌研究》1995年第2期，第157—159页。

[7] 樊锦诗、马世长：《莫高窟北朝洞窟本生因缘故事画补考》，《敦煌研究》1986年第1期，第27—38页。

图 15-37　莫高窟第 428 窟东壁门北须达拏太子本生故事画

图 15-38　莫高窟第 428 窟独角仙人本生故事画

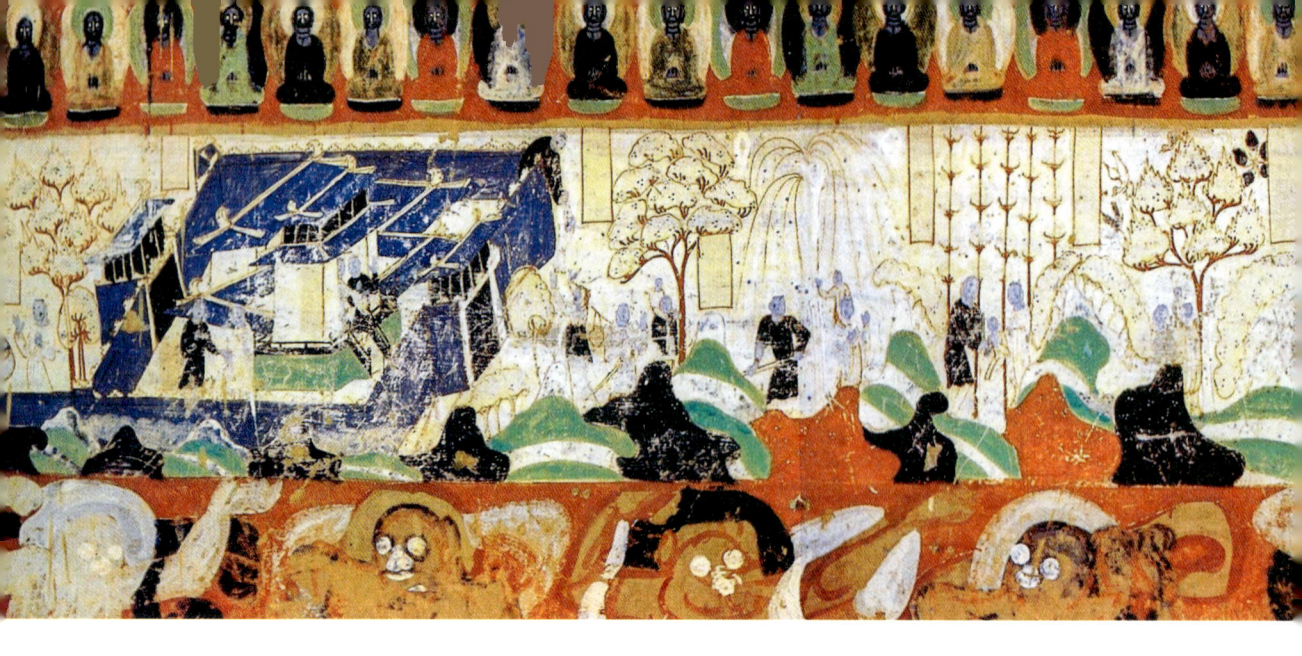

药美食入山。独角仙人被女色引诱，失去神通。天当即大雨七天七夜。最后淫女施计，骑独角仙人下山回城。

  莫高窟第 296 窟的须阇提太子本生故事画是早期敦煌石窟里唯一的一幅，孙修身、梁尉英、樊锦诗、马世长、李永宁、简佩琦等学者都认为此故事画是依据《贤愚经》绘制。[1] 顾淑彦借助《俄藏敦煌艺术品Ⅳ》中俄国人奥登堡拍摄的第 296 窟北壁须阇提本生故事画的完整照片，通过佛经和画面的仔细对比，认为此画是依据《报恩经》而非《贤愚经》绘制。[2] 晚唐五代宋时期的第 146、98、55 等窟的须阇提太子本生故事画出现在贤愚经变中，依据《贤愚经》绘制。该故事讲述大臣罗睺企图谋害国王叛乱，并准备发兵进犯。药叉向国王报信，国王闻讯，准备七日食粮，携妻子和太子逾城逃走，欲逃往他国。慌乱中误入十四日道路，中途粮尽，饥饿难忍。国王欲拔剑杀妻以保存自身和太子。太子须阇提求父亲不要伤害自己的母亲，愿意用自己身上的肉充饥。于是每日割肉侍奉双亲，维持生命。须阇提身上的肉将尽，只存骨骼，将身上剩余的肉分为三份，两份侍奉双亲，一份留作施舍。父母持肉继续前行。须阇提生命垂危之际，立誓愿，以身之肉，供养父母，以是功德，用求佛道，普济众生，天地为之震动。帝释天化作狮子、虎狼，向其乞肉，试探他的意志，太子慷慨布施。帝释天被他的诚心感动，以神通力使须阇提身体平复如故。邻国闻太子孝顺，将其父母迎入宫中供养，并发兵马协助国王平叛复国，最后，须阇提一家三人骑马回国。

---

[1] 孙修身:《敦煌莫高窟第 296 窟〈须阇提故事〉研究》,《敦煌研究》1992 年第 1 期, 第 1—10 页; 梁尉英:《三教会通——北周第二九六窟的内容和艺术特色》, 载《敦煌石窟艺术·莫高窟第二九六窟》, 江苏美术出版社, 1998 年, 第 10—25 页; 季羡林主编:《敦煌学大辞典》, 上海辞书出版社, 1998 年, 第 85 页; 马世长:《敦煌莫高窟北朝本生因缘故事画》, 载氏著《中国佛教石窟考古文集》, 觉风佛教文化艺术基金会, 2001 年, 第 274—275 页; 敦煌研究院编, 李永宁主编:《敦煌石窟全集 3·本生因缘故事画卷》, 上海人民出版社, 2001 年, 第 130 页; 简佩琦:《敦煌绘画〈须阇提故事〉之研究——以文本和图像为中心》,《敦煌学》第二十九辑, 第 221—241 页。

[2] 顾淑彦:《莫高窟第 296 窟须阇提故事画新考》,《石河子大学学报》(哲学社会科学版)2016 年第 6 期, 第 40—48 页。

图 15-39　莫高窟第 296 窟北壁须阇提太子本生故事画局部

第 296 窟须阇提本生故事画构图为横卷式，除东端略有残损外其余保存较好，共存 11 幅画面：1.夜叉报信；2.国王告诉妻子；3.逾城出逃；4.误入歧途，欲杀妻解难；5.须阇提割肉奉养父母；6.继续前行；7.身肉尽，与父母惜别；8.帝释天化猛兽试探；9.国王夫妇至邻国；10.邻国出兵平叛；11.双方作战。其余画面被毁。根据俄国人奥登堡拍摄的第 296 窟北壁须阇提本生故事画的完整照片可知，所毁画面内容为国王夫妇和须阇提三人一起回国的场面（图 15-39）。

第 296 窟善事太子本生故事画绘于窟顶，依据《贤愚经·善事太子入海品》绘制而成，故事记载宝铠国国王生有二子，一位名叫"善事"，另一位名叫"恶事"。善事太子出游时看见老人、病人和穷人，心生怜恤；看见屠宰牛羊，杀害群生来获得衣食；又看见虫鸟相食，忧念不乐，便以王宫库藏布施穷困。布施日久，国库将空，善事太子决定入海求摩尼宝珠。恶事与善事同行，善事太子取得宝珠后，恶事心生恶念，刺瞎善事双目，夺取宝珠逃回国内。善事幸得牛王及牧人相救，伤愈后流落异国，沿街弹琴，乞食为生，后为梨师跋国国王看守果园。王女在园中遇见善事，一见倾心，遂与其结为夫妇。善事终于双目复明，回到故国。敦煌石窟十六国北朝时期存有此故事画的只有第 296 窟，位于洞窟窟顶东、南、北三披（图 15-40）。

睒子本生故事在敦煌石窟中一共出现 8 次，分别在莫高窟北周第 461、438、299、301 窟，西千佛洞北周第 12 窟，莫高窟隋第 302、417、433 窟。依据秦圣坚译《佛说睒子经》绘制而成[1]，主要讲述了睒子和盲父母在山中修行时，迦夷国国王到山上打猎，误射披鹿皮

---

[1] 马世长：《敦煌莫高窟北朝本生、因缘故事画》，载氏著《中国佛教石窟考古文集》，觉风佛教文化艺术基金会，2002 年，第 265—288 页；蔡伟堂：《敦煌壁画中的睒子本生故事画——从俄藏莫高窟第 433 窟睒子本生故事画谈起》，《敦煌研究》2004 年第 5 期，第 13—19 页。

图 15-40　莫高窟第 296 窟窟顶南披善事太子本生故事画（局部）

衣在溪边汲水的睒子。睒子中箭，临终念父母无人供养。国王悔恨自责，表示愿意替睒子赡养父母，并引盲父母到睒子身边。天神被睒子孝心所感动，施药救睒子，睒子复活，父母眼睛也复明。

此故事画在印度佛塔及石窟、新疆石窟、麦积山石窟、云冈石窟等皆有出现。在敦煌地区，睒子本生主要集中在北周及隋代初期，北魏、西魏以及唐以后的洞窟里睒子本生消失不见。金维诺指出因为睒子本生是和我国封建的以儒家伦理观念为中心的思想极为吻合的一个孝子故事，所以常常与传统的孝子故事混杂在一起，被编进《孝子传》等图书里，而且睒子故事早期作品画面都比较简单。[1] 宁强也注意到印度浮雕、新疆壁画和敦煌壁画中的睒子本生故事，分析了不同地区、不同文化背景对故事性构图的影响，并对佛教艺术东渐过程中的地方化问题作了一些探讨。谢生保分析睒子故事的内容及其所据经典，认为是魏晋南北朝儒释道三教斗争的产物。[2]

隋代的三幅睒子本生故事画中第 417、433 两窟画面均较残，唯有第 302 窟画面比较完整，共有 16 个情节，现对此铺故事画介绍如下（图 15-41、图 15-42）：

［1］中央画一座建筑，两人袖手长跪于建筑内，周围画山峦，表现睒子父母在山中草庐中居住，前方有一方榜题。

［2］画一棵果树，睒子立于果树下正在采摘，身后一方榜题。

［3］一条小溪流过，睒子正蹲于溪边取水，头上一方榜题。

［4］画面左侧一座宫殿式建筑内坐国王，国王左手上举，身后立一侍从，对面三人跪地，均一手上举与国王对话，国王前面一方榜题。

---

[1] 金维诺：《〈佛本生图〉形式的演变》，《现代佛学》1963 年第 2 期，第 22—25 页。
[2] 谢生保：《从〈睒子经变〉看佛教艺术中的孝道思想》，《敦煌研究》2001 年第 2 期，第 42—50 页。

图 15-41　莫高窟第 302 窟睒子本生故事画（一）

图 15-42　莫高窟第 302 窟睒子本生故事画（二）

［5］国王与侍从骑马进入山中，持缰缓行，周围是山林树木，两位侍从前有一方榜题。

［6］国王骑马前行，看见鹿群，反身回望，向后面招手，命令追击猎物，国王头上有一方榜题。

［7］两只小鹿惊慌前奔，上面有一方榜题。

［8］国王骑马疾行，手中持弓，张弓欲射，前面一只小鹿拼命向泉边奔逃，国王前面有一方榜题。

［9］睒子身后一骑策马引弓而来，睒子一侧一只小鹿奔逃至溪边，骑马者上方画一榜题。

［10］国王下马，左手上举作说话状，其后二侍从跟随，手中牵马，对面睒子坐地，背靠小山丘，与国王对话，国王前有一方榜题。

［11］国王骑马在山中穿行，其前有一方榜题。

［12］山上，二人长跪于庐内，对面国王胡跪，双手合十，身后一侍从怀抱箭囊，牵马而立，国王与盲父母中间有一方榜题。

［13］二人牵手行进于山中，前面国王一手牵盲父母，一手前指，回头与二人对话，国王前有一方榜题。

［14］盲父母来到睒子尸体边，父抱头部，母抱两脚，痛哭流涕，二人之间有一方榜题，

上面一个天神飞下，双手持一药瓶，作倾倒状。

［15］睒子复活后，手提水瓶前行，其上方有一方榜题。

［16］盲父母居住于草庐之内，庐外睒子跪地，双手捧水壶向父母敬献，睒子身后有一方榜题。

莫高窟第302窟是现存早期洞窟中绘制故事画内容最多的洞窟，有开皇四年（584）题记，为隋朝初期的代表。窟顶前部人字披顶东西两披绘故事画，画面分作上下段横幅长卷。东披上段大体以独幅画形式一幅接一幅地成横卷，绘萨埵本生。西披绘月光王本生、快目王本生、虔阇梨婆尼王本生、毗楞竭梨王本生、尸毗王本生、睒子本生和闻偈施身的故事（图15-43）。

四、敦煌石窟因缘故事画

因缘故事画是一种在早期洞窟中常见的壁画题材，绘制释迦牟尼成佛后说法教化的种种事迹。[1] 在敦煌石窟中，因缘故事画主要绘制于北凉、北魏、西魏、北周时期的洞窟中。北周之后，因缘故事画这一题材消失不见。晚唐、五代宋时期，此种题材再次出现，但基本都出现在贤愚经变中，属贤愚经变内容。

因缘故事画在敦煌北朝石窟中非常流行，有沙弥守戒自杀缘、微妙比丘尼缘、须摩提女缘、五百强盗成佛缘、难陀出家因缘、度化跋提长者姊缘以及度恶牛缘等。在莫高窟北魏第254、257窟，西魏第285窟，北周第428、296窟等窟中均有表现。

莫高窟北魏第254窟北壁绘制有难陀出家因缘。故事梗概为：难陀是释迦牟尼的弟弟，但迷恋世俗生活。释迦度他出家后，仍然偷偷回家与妻子相会。释迦为割断其尘缘，把他带到天堂、地狱，让他看天堂之美、地狱之苦，使他专心绝世苦修。敦煌石窟中只存此故事画一幅。画面采用传统的说法图形式，中央的位置画释迦说难陀出家因缘，左右两侧下角，用对称的形式着重描绘了两幅内容相同的难陀夫妻难分难舍的画面。左侧一座建筑内，难陀迫于佛命，不得不告别他的妻子孙陀利。难陀一手握着妻子的手臂，一手搭在妻子肩头，表现出难舍难分之情；而孙陀利不忍看见丈夫，将脸转向一侧，似乎在暗暗流泪。右侧一座建筑，难陀被一侍者拉着往外走，但仍回头望着站在门口的妻子（图15-44）。

和同一洞窟的其他几个故事画相比，此画研究者甚少，目前学界对其定名仍有异议。史苇湘在《关于敦煌莫高窟内容总录》中对这幅故事画进行了定名[2]，高田修对此

---

[1] 敦煌研究院编：《敦煌艺术大辞典》，上海辞书出版社，2020年，第198页。
[2] 史苇湘：《关于敦煌莫高窟内容总录》，载敦煌文物研究所编《敦煌莫高窟内容总录》，文物出版社，1982年，第185页。

第十五章 尊像画、故事画、千佛画导论 513

图 15-43 莫高窟第 302 窟窟顶壁画布局（局部）

图 15-44 莫高窟北魏第 254 窟难陀出家因缘

提出疑问[1]。贺世哲进行深入解读后，肯定了史苇湘的定名。[2] 后来，日本学者滨田瑞美女士认为此图可能是基于《观佛三昧海经》所说的那乾诃罗降伏诸龙故事。[3]

北魏第257窟是早期绘制因缘故事画比较多的洞窟，该窟南壁画沙弥守戒自杀缘品、弊狗因缘故事，西壁北段与北壁画须摩提女因缘故事。

敦煌石窟的沙弥守戒自杀缘品出现在莫高窟北魏第257窟、西魏第285窟，都是依据《贤愚经·沙弥守戒自杀品》绘制的，是佛教为了整顿戒律，加强对不守清规戒律的僧尼进行教育的社会历史背景下的产物。[4] 故事讲述了有一位长者敬信三宝，送自己的儿子跟从德行高尚的乞食比丘出家，剃度为沙弥。比丘教诲沙弥一定要恪守清规戒律。一天，比丘遣沙弥往优婆塞家乞食，适逢优婆塞全家出门会客，留其女在家守门。少女见少年沙弥，心生爱慕，强求婚配。沙弥意志坚定，不舍佛法，不舍佛戒，宁舍生命，刎颈而死。优婆塞回家，少女如实禀告。优婆塞呈报国王，依法缴纳罚款。国王深受感动，亲自供养沙弥，将其火化起塔。

莫高窟第257窟沙弥守戒自杀缘品故事画位于洞窟南壁中部，采用横卷式连环画的形式共绘出了7个故事情节，从东至西依次展开：1.乞食比丘德行高尚，坐于方形高座上；2.长者送儿子从比丘出家，落发修行，中间表现为长者子剃度，长者立一侧；3.比丘教诲沙弥要恪守佛门清规戒律；4.沙门受比丘差遣，到优婆塞家乞食，正逢独自守家的少女开门，少女见沙弥相貌俊秀，心生爱慕，并强求婚配，沙弥不舍佛戒，持刀刎颈而死，少女见状悲痛欲绝；5.优婆塞回家，少女如实禀告沙弥自杀的事情；6.优婆塞禀报国王，并缴纳罚款；7.火化沙弥，起塔供养（图15-45、图15-46）。该故事画叙事简洁，构图完整，人物性格鲜明。

敦煌石窟中的须摩提女因缘故事画仅莫高窟第257窟中一例，依据三国孙吴时期支谦译的《须摩提女经》绘制而成。[5] 该故事讲述了须摩提笃信佛教，而父亲却把她嫁给外道家。当她的公公满财得知须摩提女信仰佛教，要求见佛，须摩提女高楼焚香请佛，佛遥知其意。第二天，佛与诸弟子前来，各显神通，满财等人见佛与弟子神通广大，遂皈依佛教。壁画绘于洞窟西壁北段和北壁西段，采用横卷式连环画的形式，表现了须摩提女夫家宴请，

---

[1] [日]高田修：《佛教故事画与敦煌壁画》，《中国石窟·敦煌莫高窟》第二卷，文物出版社、平凡社，1984年，第206页。
[2] 贺世哲：《读莫高窟第254窟〈难陀出家图〉》，《敦煌研究》1997年第2期，第1—5页。
[3] [日]滨田瑞美：《敦煌莫高窟第二五四窟北壁佛说法图——北魏时代中心柱窟礼拜空间的壁画构思》，《艺术学》2011年第27期，第317页。
[4] 蔡伟堂：《莫高窟壁画中的沙弥守戒自杀图研究》，《敦煌研究》1997年第4期，第12—19页。
[5] 李其琼、施萍婷：《奇思驰骋的"皈依"——敦煌、新疆所见"须摩提女因缘"故事画介绍》，《敦煌学辑刊》1980年第1期，第74—77页。

图 15-45　莫高窟北魏第 257 窟沙弥守戒自杀因缘（一）

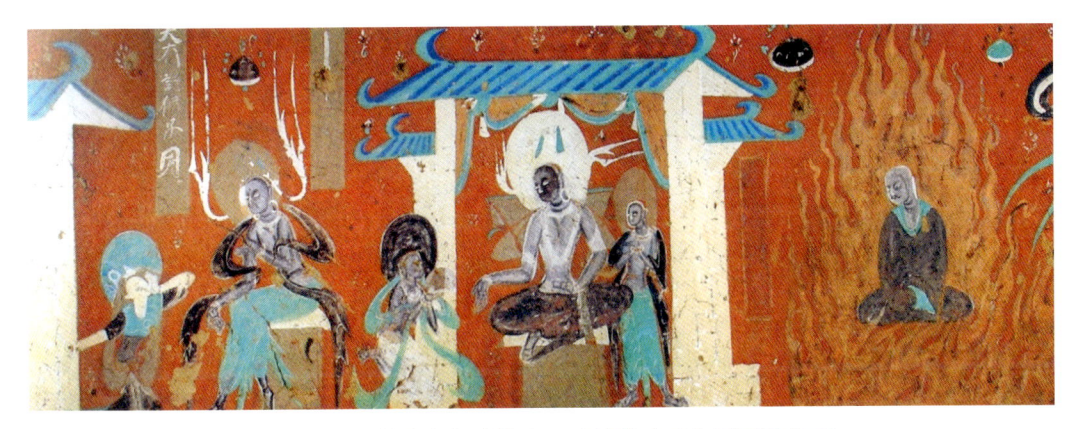

图 15-46　莫高窟北魏第 257 窟沙弥守戒自杀因缘（二）

她应要求上高楼焚香请佛，众人在大院外迎佛，接着，乾荼背负大锅飞来、沙弥均头变出五百花树飞来、周利般特变出五百头青牛飞来、罗云变出五百孔雀飞来、迦匹那变出五百只金翅鸟飞来、优毗迦叶变出五百条七头龙飞来、须菩提变出琉璃山飞来、大迦旃延变出五百白鹄飞来、离越变出五百只老虎飞来、阿那律变出五百狮子飞来、大迦叶变出五百匹马飞来、大目犍连变出五百六牙白象飞来，最后佛与阿难、舍利弗等其他弟子凌空而来。画工忠实地按照经文一一罗列，先后次序纹丝不乱（图 15-47、图 15-48、图 15-49）。

弊狗因缘故事画位于第 257 窟南壁沙弥受戒自杀因缘故事画之后，依据《经律异相》卷四七《弊狗因一比丘得生善心品》绘制[1]，画面由两个情节组成，被烟熏黑，这个题材现仅存此一例。故事讲述了一弊狗喜食人肉，偶遇一个智慧的比丘，被比丘行为感动，萌生善心，死后转生为人，皈依佛门。樊锦诗、马世长对弊狗因缘、化跋提长者姊缘、度恶牛缘、梵志夫妇摘花失命缘等几个故事画作了详细的内容考证，指出了他们的佛经依据。[2]

---

[1] 敦煌研究院编：《敦煌艺术大辞典》，上海辞书出版社，2019 年，第 201 页。
[2] 樊锦诗、马世长：《莫高窟北朝洞窟本生、因缘故事画补考》，《敦煌研究》1986 年第 1 期，第 27—38 页。

图 15-47 莫高窟北魏第 257 窟须摩提女因缘（一）

图 15-48 莫高窟北魏第 257 窟须摩提女因缘（二）

图 15-49 莫高窟北魏第 257 窟须摩提女因缘（三）

在《敦煌石窟全集·本生因缘故事画卷》中也有很多此故事的相关图片与简单考证。[1] 近年来，也有对此壁画定名不同的声音，认为不是"弊狗因缘"，也并非更早定名的"沙弥均提品"。[2]

赖文英认为敦煌石窟中的须摩提女、沙弥守戒自杀、弊狗因缘和九色鹿本生与克孜尔石窟中的须摩提女故事画的设计理念是相同的，属于整体念佛三昧中的法身观，[3] 而贺世哲认为敦煌石窟中十六国北朝时期的因缘故事画应该属于生身观[4]。

莫高窟第285窟绘制五百强盗成佛、沙弥守戒自杀缘品、度恶牛缘、化跋提长者姊缘等四个因缘故事。有学者认为南壁的故事画体现了法华三昧禅法的佛性观，彰显《法华经》"众生皆有佛性"的思想，同时强调了相关的戒律和舍身供养的修行方式。[5]

五百强盗成佛故事出现在莫高窟第285和296窟，对于这两幅故事画的佛经依据，共有三种观点：一种认为这两窟的此故事画皆依据的是《大般涅槃经》绘制而成。[6] 还有一种观点是梁尉英在《三教会通——北周第二九六窟的内容和艺术特色》一文中提到南壁五百强盗成佛图的时候，说《杂阿含经》卷四五、《中阿含经》卷二、《七日经》《高僧法显传》和《大唐西域记》卷六皆记载有得眼林的故事，文章中专门引用了《大唐西域记》中关于得眼林的缘由的文字来说明。[7] 第三种观点认为第285窟此故事画依据的是《涅槃经·梵行品》绘制而成，但第296窟的则依据《报恩经》绘制而成。[8]

五百强盗成佛故事讲述了有五百强盗到处抢劫作乱，国王派军征剿，群贼战败后被俘，受剜眼酷刑，后被放逐山林。群贼绝望，在林中呼救，佛以神通力让群贼双眼复明，并为他

---

① 敦煌研究院编、李永宁主编：《敦煌石窟全集3·本生因缘故事画卷》，上海人民出版社，2001年，第142—148页。
② 樊雪崧：《莫高窟第257窟提婆达多图像试论——敦煌"弊狗因缘"献疑》，《敦煌研究》2020年第6期，第48—56页。
③ 赖文英：《论克孜尔石窟须摩提女故事画的图像意涵》，《新疆师范大学学报》（哲学社会科学版）2014年第35卷第5期，第62页。
④ 贺世哲：《敦煌图像研究——十六国北朝卷》，甘肃教育出版社，2006年，第237页。
⑤ 张元林：《〈法华经〉佛性观的形象诠释——莫高窟第285窟南壁故事画的思想意涵》，《敦煌研究》2004年第6期，第7—13页。
⑥ 蔡伟堂：《敦煌莫高窟〈五百强盗成佛图〉研究》，载敦煌研究院主编《段文杰敦煌研究五十年纪念文集》，世界图书出版社，1996年，第109—118页；敦煌研究院编、李永宁主编：《敦煌石窟全集3·本生因缘故事画卷》，上海人民出版社，2001年，第102—103页；贺世哲：《敦煌图像研究——十六国北朝卷》，甘肃教育出版社，2006年，第252页。
⑦ 梁尉英：《三教会通——北周第二九六窟的内容和艺术特色》，载敦煌研究院编《敦煌石窟艺术·莫高窟第二九六窟》，江苏美术出版社，1998年，第10—25页。
⑧ 樊锦诗：《主要展品图版说明》，《敦煌研究》1982年试刊第二期，第33—35页；顾淑彦：《敦煌莫高窟五百强盗成佛故事画再研究》，载《丝绸之路研究集刊》第二辑，商务印书馆，2018年，第217—229页。

图 15-50　莫高窟西魏第 285 窟南壁五百强盗成佛因缘

们现身说法，最后五百强盗皈依佛门。

　　莫高窟第 285 窟南壁五百强盗成佛图共有 8 个榜题条，分为 8 个画面，题记已不存，从东至西，表现内容如下：1.众强盗常劫持路人，危害颇多；2.官兵正在抓捕五百强盗；3.官兵战胜强盗，凯旋而归；4.众强盗受刑和等待受刑的场面；5.受刑罚后的众强盗被送至丛林，向佛祖呼救；6.佛听见呼救声前来救赎众强盗；7.佛为众强盗说法；8.听佛说法后，众强盗皈依佛门并于深山修行。画面 1、2、6 和画面 8，既符合《涅槃经》也符合《报恩经》，而画面 4、5 和画面 7，只符合《涅槃经》的内容。所以，第 285 窟五百强盗成佛图是依据《涅槃经》绘制而成的（图 15-50）。

　　莫高窟第 296 窟南壁五百强盗成佛图共有 6 个榜题条，6 个画面，题记已不存，从西至东，画面内容为：1.国王向属下发布施令，讨伐五百强盗的场景；2.官兵正在去抓捕五百强盗的路上；3.官兵和五百强盗正在浴血奋战；4.众强盗被捕获后，官兵们押送众强盗回去受审；5.众强盗正在被施酷刑和施刑后众强盗呼救；6.佛听见呼救后前来解救众强盗，众强盗受佛恩惠希望可以报佛恩，最后皈依佛门并潜心修行（图 15-51、图 15-52）。

　　6 个画面中，只有画面 1 和画面 3 既符合《涅槃经》同时也符合《报恩经》，而画面 2、4、5 和画面 6，只符合《报恩经》。所以，第 296 窟的五百强盗成佛图应该是依据《报恩经》绘制而非《涅槃经》，但是个别画面吸收借鉴了依据《涅槃经》绘制的第 285 窟五百强盗成佛图。[1]

　　度恶牛因缘故事画位于第 285 窟南壁东侧禅窟龛楣东侧的下方，化跋提长者姊因缘故事画位于第 285 窟南壁东侧禅窟龛楣东侧的上方，这两个故事画过去被认为是沙弥守戒自杀因缘品。度恶牛因缘故事内容据《撰集百缘经》卷六《佛度水牛生天缘》绘制，讲述了恶牛

---

[1] 顾淑彦：《敦煌莫高窟五百强盗成佛故事画再研究》，载陕西师范大学历史文化学院、陕西历史博物馆编《丝绸之路研究集刊》第二辑，商务印书馆，2018 年，第 217—229 页。

图 15-51　莫高窟北周第 296 窟五百强盗成佛因缘（一）

图 15-52　莫高窟北周第 296 窟五百强盗成佛因缘（二）

抵突伤人，佛显神威将其降服，命终生忉利天，得须陀洹果。经佛指点，放牛人效法恶牛，出家修行，精勤修习，得阿罗汉果。[1]

化跋提长者及姊因缘绘于第 285 窟南壁，据《经律异相》卷十三《阿那律等共化跋提长者及姊》绘制。[2] 故事讲述了跋提长者及其姐不信三宝，跋提先被度化，皈依佛法。但其姐仍不信佛。佛命宾头卢度化其姐。有次其姐正在做饼，宾头卢持钵求食被拒。于是经宾头卢作身中出烟、举身燃火、倒悬虚空等多种神通后，跋提长者姊最终皈依佛法。画面采用单幅画的表现形式，描绘宾头卢倒悬空中，跋提长者之姊施饼与皈依三个情节（图 15-53）。

图 15-53　莫高窟西魏第 285 窟化跋提长者姊因缘

梵志夫妇摘花失命缘，绘于第 428 窟主室东壁，在萨埵太子本生画之后，起着填补壁面空间的作用，绘制了长者子为其妇上树摘花和递花的情节，单幅，构图简单。据西

---

[1] 敦煌研究院编：《敦煌艺术大辞典》，上海辞书出版社，2019 年，第 202 页。
[2] 季羡林主编：《敦煌学大辞典》，上海辞书出版社，1998 年，第 89 页。

晋法世和法立等译《法句譬喻经》卷四《生死品》"梵志夫妇摘花坠死缘"条绘制。故事讲述了梵志长者之子新婚，夫妇共至后园，长者子为新妇上树摘花，已取一花欲再得一花，枝折坠地身亡。佛告长者，这是因为长者父子前世恶业因缘所致。

莫高窟第296窟窟顶西披北段和北披西段的位置绘有依据《贤愚经·微妙比丘尼缘品》绘制而成的微妙比丘尼因缘故事。[1]该故事讲述比丘尼微妙现身说法，叙述自己一生备受苦难折磨、出家为尼的经历和遭受不幸的前世因缘。她成年结婚后公公和婆婆相继去世。妊娠后回娘家途中，丈夫被蛇咬死，二子被狼食、水溺。回到娘家，从老梵志处得知娘家失火，全家遇难。再嫁梵志之后，分娩之夜，丈夫酒醉回家，烹煮婴儿，逼微妙共食。微妙被迫出走，路遇丧妻上坟的长者子，微妙又与长者子结婚。新婚七日后丈夫暴病身亡，微妙被殉葬；盗墓贼盗墓，微妙获救。贼首强迫微妙结婚；贼首被处死刑，微妙再次殉葬，因狼狐扒坟而得救。最后微妙见佛，受戒，被度为比丘尼。微妙今世种种不幸遭遇，是因为她前世以钉子谋害小妇之子的宿咎业缘。微妙比丘尼因缘故事传到敦煌后，按照中国固有的思想对故事进行了变动。[2]

敦煌西千佛洞北周第12窟的劳度叉斗圣故事是敦煌石窟现存唯一的一幅，也是我国这一题材最早的故事画，依据《贤愚经》绘制。此画研究者甚多，有金维诺[3]、梅林[4]、殷光明[5]、巫鸿[6]、李晓青、沙武田[7]、简佩琦[8]等学者。画面为横卷式连环画构图，将情节分为上下两行进行绘制，共12个情节。上行主要绘制须达买园建精舍的内容，下行主要绘制双方斗法以及外道皈依的情节。不仅描绘了须达选地、购园、建精舍的内容，还一一描绘了舍利弗与劳度叉的六次斗法，当劳度叉分别变为树、水、山、毒龙、牛、外道时，舍利弗则分别变化为风、大象、金刚、金翅鸟、狮子和毗沙门天王。最后舍利弗大获全胜，外道皈依佛门。

---

[1] 史苇湘：《微妙比丘尼变初探》，《敦煌学辑刊》1980年第1期，第69—74页。
[2] 史苇湘：《从敦煌壁画〈微妙比丘尼变〉看历史上的中印文化交流》，《敦煌研究》1995年第2期，第8—12页。
[3] 金维诺：《敦煌壁画祇园记图考》，《文物参考资料》1958第10期，第8—13页。
[4] 梅林：《莫高窟第八五窟、一九六窟艺术研究的两个问题》，载敦煌研究院、段文杰编《敦煌石窟艺术·莫高窟第八五窟附一九六窟》，江苏美术出版社，1998年，第10—22页。
[5] 殷光明：《从〈祇园精舍图〉到〈劳度叉斗圣变〉的主题转变与佛道之争》，《敦煌研究》2001年第2期，第4—13页。
[6] 巫鸿：《何为变相？——兼论敦煌艺术与敦煌文学的关系》，载氏著《礼仪中的美术》，生活·读书·新知三联书店，2005年，第346—404页。
[7] 李晓青、沙武田：《劳度叉斗圣变未出现于敦煌吐蕃时期洞窟原因试析》，《西藏研究》2010第2期，第73—82页。
[8] 简佩琦：《劳度叉斗圣变之文本与图像关系》，《敦煌学》第二十七辑，第493—520页。

五、敦煌石窟千佛图像

(一) 千佛的定义与分类

千佛作为一个概念，其最早的出处目前还无从可考，但可以肯定它是佛教历史发展的产物，所体现的是相对于"天上天下唯我独尊"小乘教义的大乘佛教理念。《佛教大辞典》将千佛界定为一个集合名词，用来指同时期出现的一千位佛[1]，或者说是三世（过去、现在、未来）十方（东、南、西、北、东南、东北、西南、西北、上、下）诸佛的简称[2]。然而，事实上《过去庄严劫千佛名经》《现在贤劫千佛名经》和《未来星宿劫千佛名经》三部经中的佛名并非整数，可见"千佛"里的"千"并非确指，而只表示"多"。从以"千"喻多可以看出"千佛"的概念源自印欧语系诸语言，因为汉语中表示"多"除了"千"之外还有更常用的"万"，而译入汉语的佛教经典中只有"百千佛""亿百千佛""无量百千诸佛"等提法，我们可以认为"千佛"就是从数量视角出发表示多的一种表述。另外，在人们的心目中，甚至以为"千佛"就是一个普通名词，只要是群体的小坐佛通常都称为"千佛"，因此也就有了统计和描述中"六身千佛""八身一组的千佛画"等提法。除此之外，还可以从时间视角出发称其为过去庄严劫千佛、现在贤劫千佛和未来星宿劫千佛或三世三千佛，从空间视角出发可称其为十方诸佛，从佛教哲学的发生观念视角称其为化佛[3]等。

从千佛这个集合名词的规定性和描述性内容出发，可以首先按照是否依据千佛名经（如《过去庄严劫千佛名经》《现在贤劫千佛名经》《未来星宿劫千佛名经》和《十方千五百佛名经》）将其分为狭义和广义两类，前者有具体的名号，其群体有比较确定的数量，有相应的佛经作为参照，而后者则涵盖所有数量多但缺乏具体名号的佛像群体，包括"十方诸佛"[4]"无量百千诸佛"等。

(二) 千佛造像的历史背景

敦煌石窟群多以千佛为其名，如西千佛洞、东千佛洞，莫高窟也俗称千佛洞。千佛几乎成为佛教石窟寺的一个代名词；而千佛像也成为历朝历代十分普遍的造像，敦煌石窟中有

---

[1] 任继愈：《佛教大辞典》，江苏古籍出版社，2002年，第171页。
[2] 季羡林主编：《敦煌学大辞典》，上海辞书出版社，1998年，第160页。
[3] 化佛当分为两种情况：(1) 释迦佛化现的千释迦，这与千佛是不同的；(2) 依千佛变的描述，千佛化现于莲花之上，这从部分千佛图像的边角处能够看到化现的过程：莲花中先出现头部，再出现上身，然后成为完整的图像，如莫高窟第427窟窟顶千佛图顶端、第56窟窟顶四坡千佛图下端、第204窟窟顶四坡边角等。
[4] 《思惟略要法》中所描述的"唯见一佛结跏趺坐举手说法……如是见者更增十佛。既见之后复增百千。乃至无有边际"属观想过程，并非千佛。

些窟几乎所有图像都是千佛。这首先就从名称上反映出当地千佛信仰的流行性和持久性。这种信仰始于何时？武周圣历元年（698）《李克让修莫高窟佛龛碑》记载，前秦建元二年（366），沙门乐僔"行至此山，忽见金光，状有千佛，遂架空凿险，造窟一龛"。莫高窟第156窟《莫高窟记》也有同样的记载，可见4世纪前已然如此。

从佛教的发展历史来看，千佛是从小乘发展为众生皆可成佛的大乘佛教的一种概念，尤其是受末法思想的影响，这当中经历了从一佛即释迦牟尼佛扩展到过去、现在、未来的三世佛，以及后来的七佛、五十三佛、贤劫千佛、十方千五百佛、过现未三世三千佛，直到无量百千诸佛。提及"千佛"的佛教典籍包括《妙法莲华经》《正法华经》《大方佛华严经》《大般涅槃经》《贤愚经》《佛说维摩诘经》《梵网经》《佛说千佛因缘经》《杂宝藏经》《大般若波罗蜜多经》《放光般若经》《大宝积经》《大悲经》《佛说观药王药上二菩萨经》等多部流行佛经，如果换作"十方诸佛"，涉及的佛经更多，而含有千佛名的佛经，据井之口泰淳统计，有48种61部，从其规模可见影响之大，现存在大藏经中有14种17部，其中包括《佛说佛名经》《过去庄严劫千佛名经》《现在贤劫千佛名经》《未来星宿劫千佛名经》以及人称敦煌菩萨的竺法护于西晋永康元年（300）译出的《贤劫经》。

敦煌在丝绸之路上处于东西交通之要冲，是当时民族间相互征战的必争之处。在莫高窟的历史上，自十六国直到晚唐、五代、宋和回鹘、西夏时期，虽然有短暂的平静时期，但总体上战乱频繁发生，使百姓沦入苦海，人们普遍存在精神上意欲解脱的愿望，而佛经中所说的信乐、供养、礼敬、画像和书写千佛名号这种易实践、耗费少的信仰行为要求正好迎合了人们急功近利的追求。而晚唐、五代、宋和回鹘、西夏时期末法思想对佛教信徒有着重大影响。

（三）千佛造像的前期研究

贺世哲起先自禅观的角度出发，认为十方诸佛即千佛。[1] 后来又从佛教发展史和经典依据出发进一步探讨了千佛观念的形成，尝试对千佛进行定名，并追溯了千佛图像盛行的原因。[2] 宁强、胡同庆针对莫高窟北魏第254窟千佛图像展开系统研究，讨论了千佛的定名和佛经依据，详细分析了该窟千佛图像的结构及特点。[3] 陈慧宏在其硕士学位论文中讨论了千佛信仰及其在敦煌的发展，结合莫高窟千佛图像分析了图文的融合。[4] 赖鹏举从禅观

---

① 贺世哲：《敦煌莫高窟北朝石窟与禅观》，《敦煌研究文集》，甘肃人民出版社，1982年。
② 贺世哲：《关于北朝石窟千佛图像诸问题》，《敦煌研究》1989年第3、4期。
③ 宁强、胡同庆：《敦煌莫高窟第254窟千佛画研究》，《敦煌研究》1986年第4期，第22—36页。
④ 陈慧宏：《敦煌莫高窟早期的千佛图》，台湾大学硕士论文，1994年。

与造像的关系梳理了千佛图像形成的脉络。[1]梁晓鹏首次对敦煌莫高窟的千佛图像进行了比较全面的梳理，从文本及互文性的视角指出千佛图像与诸佛经的关联以及从佛经整体视角研究千佛图像的必要性，提出千佛图像符号学研究新视野，[2]并以莫高窟第45窟为例进行了尝试性探索[3]。张世奇、沙武田对西夏时期千佛图像从绘制方法和指导思想上进行了溯源。[4]张世奇在其硕士学位论文中针对西夏时期敦煌千佛图像进行了系统的研究。[5]陈菊霞对莫高窟第246窟进行了个案研究，指出该窟千佛图像与敦煌分卷本《佛说贤劫千佛名经》之间的关联。[6]

（四）千佛图像的结构分析

总体来说，千佛图像通常体形较小、数量较大，集中绘制于一定的空间位置，如石窟四壁、窟顶或其四披、藻井四周、龛顶四披、龛楣、甬道顶或其两披。从各个历史时期的石窟风格来看，北朝最先绘于四壁，到北周时发展至窟顶四披，隋代从四壁延伸至窟顶，唐代多绘于窟顶四披，西夏时期重修洞窟倾向于全部画千佛。

从造像方式来说，绝大多数千佛按照粉本绘制而成；个别情况，如莫高窟第428窟四壁和第302窟中心塔柱等，为影塑千佛。

从宏观结构来看，千佛图可分为中心无说法图（如莫高窟第45、57、79窟主室窟顶四披等）与有说法图两种向心式构图和无莲花并联的普通千佛图与有莲花并联的千佛变[7]〔其中又可分为始于宝瓶探筹的千佛变，如第7、121窟甬道顶（图15-54），第9窟后部平顶，第29、233、256窟主室东、南、北壁，和始于莲花的千佛变，如第196窟甬道顶，第44、

---

[1] 赖鹏举：《丝路佛教的图像与禅法》，圆光佛学研究所，2002年。
[2] 梁晓鹏：《敦煌莫高窟千佛图像研究》，民族出版社，2006年。
[3] 梁晓鹏：《敦煌千佛图像的符号学分析》，《敦煌研究》2006年第2期，第11—15页。
[4] 张世奇、沙武田：《历史留恋与粉本传承——敦煌石窟西夏千佛图像研究》，载杜建录主编《西夏学》第十三辑，甘肃文化出版社，2016年，第263—275页。
[5] 张世奇：《敦煌西夏石窟千佛图像研究》，西北师范大学硕士学位论文，2015年。
[6] 陈菊霞：《莫高窟第246窟研究》，《敦煌研究》2019年第3期，第1—16页。
[7] 据梁尉英考证，千佛变中的千佛宿世受记依据《大宝积经·密迹金刚力士会》宝瓶探筹，千佛兴世化现于千叶莲花中则依据《大悲经·礼拜品》。《大悲经》称："何故名为贤劫？阿难，此三千大千世界劫欲成时尽为一水，时净居天以天眼观见此世界唯一大水，见有千枚诸妙莲华……彼净居天因见此已，心生欢喜踊跃无量而赞叹言：'奇哉奇哉！希有希有！如此劫中当有千佛出兴于世。'以是因缘，遂名此劫号之为贤。结合依据藏文英译的《贤劫经》引言中这样描述："贤劫之先，三千大千世界遭遇洪水，成一汪洋大海，海中生出千朵莲花。净居天以其预示着拯救来世千佛的出世，千秋万代将得以聆听佛法成就如来。"洪水之后千朵莲花出现之说似与基督教信仰中的诺亚方舟有异曲同工之旨。据此绘制的千佛变，千佛以千朵莲花相连，似与末法时期信众盼望佛教得以复苏的思想正好吻合。

图 15-54 莫高窟第 121 窟甬道顶千佛变

148 窟主室窟顶,第 319 窟北壁,第 16、35、94 窟主室东、南、北壁等]两类四种。中央有说法图的可分为千佛围绕一佛说法图(如第 14 窟主室窟顶南、北、东披,第 112、175、200 窟窟顶四披等)、千佛围绕一佛二菩萨说法图[如第 292、427 窟(图 15-55),第 18、117 窟主室窟顶四披,第 20 窟主室窟顶四披等]、千佛围绕一佛二菩萨二弟子说法图(如第 7 窟窟顶南、北、东披,第 12 窟窟顶四披,第 61、98、100 窟窟顶四披等)、千佛围绕二佛并坐说法图(如第 246、259、461 窟,第 150、237 窟主室窟顶四披,第 360 窟窟顶东、南、北披,第 303 窟主室北壁等)、千佛围绕一佛多众陪侍(如第 260、288、322 窟等)和千佛围绕涅槃图(如第 280 窟人字顶西披)(图 15-56)等。

从微观视角来看,个体千佛具备了能够付诸图像的佛的特征(即三十二相和八十种好),如相对突出的头顶肉髻、眉间白毫、身端直、身金色、肩圆满、常光一丈及其行止等辅助特征,如坐姿[通常为结跏趺坐,个别是倚坐,如莫高窟第 79 窟东壁(图 15-57)]和手

图 15-55 莫高窟隋代第 427 窟东壁千佛壁画

图 15-56　莫高窟第 280 窟窟顶西披涅槃变与千佛图

印（北朝和隋代一般为禅定印，唐代以降由于经变画的引入及成熟，双手结禅定印或说法印、或右手上举持施无畏印左手抚膝持触地或降魔印，以及与愿印等），还有莲座、华盖及题榜等。北朝以至初唐时期的千佛个体之间二、四或八身一组，交替敷彩，给观者以"光光相接"的视觉效果；经变画兴盛之后，千佛体形增大，色彩丰富艳丽，且有佛名榜题，这种变化继续延伸至五代和宋代，以"千佛分身，莲花捧足"的形式表现贤劫千佛兴世（图15-58）。

（五）千佛造像的艺术特点

与其他图像一样，千佛造像遵循以下原则：

1.合理原则

表现内容有根据、有选择，即佛教经典；为了达到叙事的目的，图像这种非语言符号和语言符号排列相似，呈线性（或水平或垂直或呈S型排列）；由于线性排列，因而具有向量（有佛名榜题的千佛图总体上依据佛经中佛名顺序排列，千佛变以宝瓶探籉或巨型莲花为中心向两侧延伸展开）；参照相关经典内容所表现出的互文性（敷彩时参照《思惟略要法》和《佛说观经》中所描述的"但见诸佛光光相接"，四方四维上下亦复如是）；有了书写佛

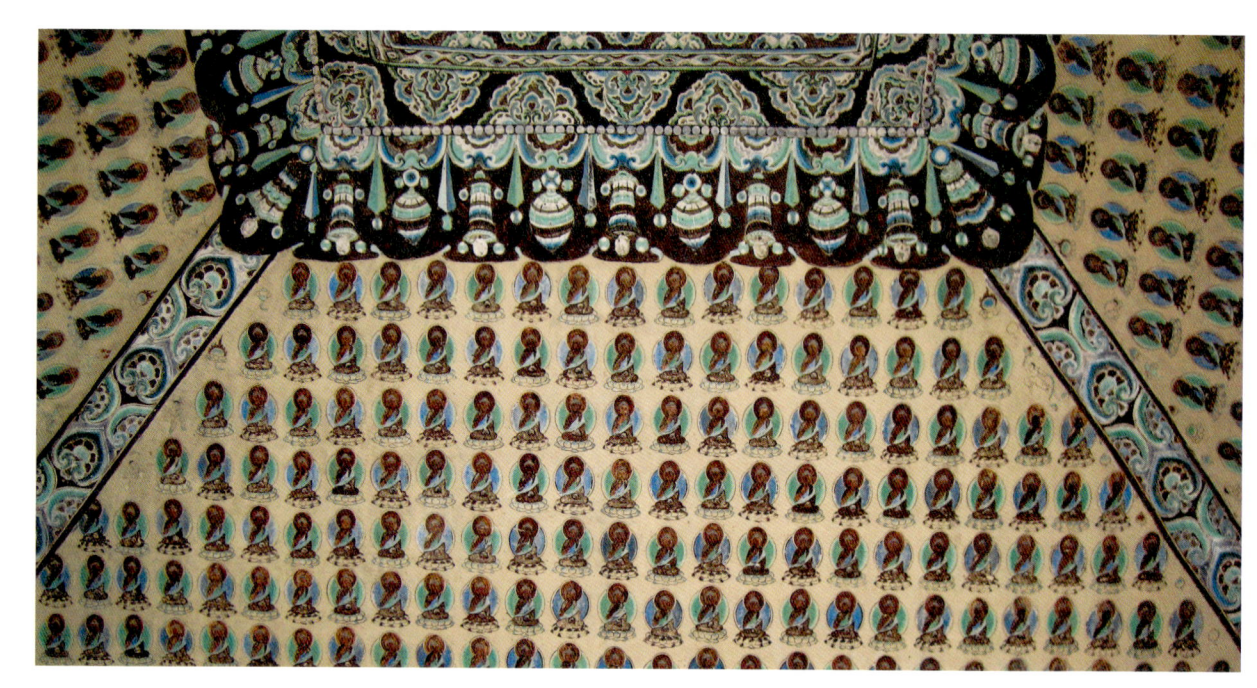

图 15-57　莫高窟盛唐第 79 窟千佛图

名的榜题就意味着一定是三世三千佛；千佛无论从全局还是从局部都绘制于空间的上部，以示境界的高尚。

2. 节俭原则

充分利用空间，因而一窟之中，一幅千佛图多种经变共享；千佛图的边角以莲花和化生填补，既利用了空间，也表现了千佛产生的过程，或以其他图案填充，也起到装饰的效果；占用空间较小的故事画，尽可能利用有限空间画以千佛，如第 285 窟北壁龛楣之间。

3. 方便原则

利用粉本制作，通过题榜中抄写佛名以示区别，而不是逐个创作；造像过程中以方便为原则，如第 254、98 窟千佛名的排列顺序反射了抄写时利用脚手架的情形，毕竟它没有在纸上抄写那样方便，因而遵守文字符号的书写规律；颜料的选取视实际情形而定，因而各个时期造像的色彩搭配有所不同；造像的多少及精细程度也视开窟造像者或供养人的经济条件而设计，经济实力雄厚则造像繁多、装饰华丽，条件有限则造像数身。

4. 美观原则

通过色彩的调配和晕染达到美的效果，并因之产生节奏感；结构布局对称平衡（或局部呈左右对称，或全窟南北壁、窟顶、龛顶、盝形甬道顶南北披对称，实现视觉效果上的稳定、安全感）；有些千佛图像肉身贴金，因而显得富丽庄重；充分利用石窟自身形成的东西南北四维上下的三维空间，通过不同色彩在视觉上形成的立体印象，辅之以不同色彩对照所形成的有节奏变化的光带，给观者以形象感和动态感。[1]

(六) 千佛图像的社会功能

从佛经中的劝谕性描述可以想见千佛名的书写和千佛像的绘制具有以下功能：

首先，基于对佛经的理解、合成和提炼，是将语言文字符号转化为图像或转化为图文

图 15-58　莫高窟宋重修第 233 窟千佛图

---

[1] 古刀图以多种手段实现立体及动态的效果，如莫高窟第 254 窟用异时同图的手法描绘萨埵太子舍身饲虎；第 257 窟以连环画的方式描绘九色鹿本生的故事；飞天飘带的舞动暗示了飞天移动的方向；佛像背光中火焰纹的向上升腾，将人们的视线从佛像引向上方的画面；第 205 窟藻井中三耳相连的三兔图案能够产生旋转的视觉效果；石窟本身的三维空间很好地表现了立体感。因此，无须西方艺术界强调的透视手法，立体效果在敦煌石窟中照样能够做到，何况经变画中已有近大远小的透视技法，彩塑的上大下小，从当代摄影者平起平坐的角度看显得笨拙，但是当信众匍匐在佛的脚下举头仰望时，由于视角的改变，便产生合乎自然的视觉效果，长短大小恰到好处。石窟艺术作品随观者视角的移动而变化，形成动态的微观透视，再辅之以色彩及其他细节的变化，形成多重透视，并利用人的特异视觉感受和想象力达到理想的动态效果。

结合文本的一种符际翻译实践,以视觉形象再现佛经内容,方便了不能阅读佛经的信众。

其次,为信众(包括禅修者)提供观想参照、礼敬的对象,使其相信自己的修行有了见证人与提携者。对于禅修的人来说,具体的佛形象是帮助入定的有效方法,比文字所表示的抽象佛名要生动易懂,尤其是画家通过色彩的调配在千佛图中实现"光光相接"的效果,当是修行者观后便难以忘怀、历历在目的场景。

再次,作为功德的表现,正如《过去庄严劫千佛名经》卷首所说,"若有善男子善女人,闻是三世三劫诸佛世尊名号,欢喜信乐持讽读诵而不诽谤,或能书写为他人说,或能画作立佛形象,或能供养香华伎乐,叹佛功德至心作礼者……后生之处历侍诸佛,至于作佛而无穷尽",整个造像过程中各个环节都是佛经中所称道的功德无量的行为。从千佛图像的细节绘制以及千佛名号书写的工整程度来看,无论是前期的设计者,还是施工中的画工或书手,都是全身心投入其中的。

第十六章　敦煌观音图像导论

一、历史背景

敦煌观音图像是在观音经典传入、翻译和观音信仰流行的背景下出现的。

相关研究表明，在最早来华传播佛教的安息国僧人安世高所译的佛经中，就已经出现了诸多与观音救世思想相一致的内容。其后，支娄迦谶所译的《道行经》《首楞严三昧经》《般舟三昧经》等，均与观音信仰相关。支曜所译的《成具光明定意经》中最早使用了"观音"的名称。三国时期支谦所译的《维摩诘经》中称为"窥音"。曹魏康僧铠所译的《无量寿经》中又出现了"观世音"。以上经典的译出，尽管存在争议，[1] 但却说明有关观音的信仰及其初步形态在汉时已经传入了中国。

西晋时期，以竺法护所译《正法华经·光世音菩萨普门品》为代表的相关经典的译出，标志着占主流地位、体系完整的观音救难信仰正式传入中国。自此以后，该经作为资料可靠、专弘观音信仰的经典，一直被流传下来。所以，《普门品》汉译本的出现，在中国观音信仰传播和发展史上具有重要的意义。也正是在这一时期，体现般若智慧的观音信仰与净土往生的观音信仰也输入中国，但在时人信仰中居于次要地位。

---

[1] 主要是指经中名称是否指代观音以及佛经，译者在年代、身份上的真实性等问题。至于观音名号在中国佛经翻译中的不同则主要有以下三种情况：鸠摩罗什之前的翻译为古译，主要翻译的名号有观音（后汉支曜译：《成具光明定意经》）、窥音（吴支谦译《维摩诘经》）、观世音（曹魏康僧铠译《无量寿经》）、光世音（西晋竺法护译《正法华经》《光世音大势至经受决经》）和现音声（西晋无罗叉译《放光般若经》）；鸠摩罗什相关年代至玄奘前的翻译为旧译，主要翻译的观音名号有观世音、观音（后秦鸠摩罗什译《妙法莲华经》、北凉昙无谶译《悲华经》、东晋佛陀跋陀罗译《华严经》、刘宋畺良耶舍译《观无量寿经》、刘宋昙无竭译《观世音菩萨授记经》）、观世自在（后魏菩提流支译《法华经论》）；玄奘时的翻译为新译，主要翻译的观音名号有观自在（唐玄奘译《大般若波罗蜜多经》、唐实叉难陀译《华严经》、唐菩提流志译《大宝积经无量寿如来会》、宋法贤译《大乘无量庄严经》）、观世音、观音（唐般刺密帝译《首楞严经》）、观世自在（唐善无畏译《大毗卢遮那成佛神变加持经》）。

及至东晋南北朝时期,分属多个系统的观音经典均被翻译过来[1],印度观音信仰的主要成分几乎全部输入中国。

隋唐五代两宋时期,印度观音经典继续向中国输入。但从种类上来讲,大都是对前一时期同类经典的补充,只有纯密系统观音经典的输入具有不同以往的新变化。至此,古代印度观音信仰向中国传播的历史走向终结,并且在之前历代信仰的基础上,出现了前所未有的普及性、简易性、适应性、渗透性和融合性。之后,随着佛教在印度的消亡,其在中国的输入也宣告结束。宋以后,观音信仰的传入基本消失。

除了经典的文本翻译之外,造像与画像是观音信仰视觉化呈现的主要方式和广泛传播的便捷途径。从相关研究和留存至今的实物来看,无论是在印度还是中国敦煌之外的其他地方,观音形象主要以雕刻造像为主。而敦煌则是现存绘画类观音图像数量最多、最集中、时间连续且跨度最大的地方。

二、研究简史

敦煌观音图像的研究主要体现在两个方面:

第一,对观音图像的刊布、介绍、分类、统计和研究性临摹。

1900 年,藏经洞被发现,国外探险家接踵而至,他们除拍摄了大量的洞窟壁画之外,还运走大量的纸、绢、麻布和幡绢绘画作品。在这些流失海外的艺术品中,观音图像占有较大的比例。因此,对流散的观音图像的刊布和介绍,就成了研究观音图像,尤其是壁画以外观音图像的首要任务。

在敦煌观音图像的图片刊布、介绍方面,伯希和的《敦煌图录》[2]、结城素明的《西域画聚成》[3]、长广敏雄的《敦煌》[4]、敦煌文物研究所编的《敦煌壁画》[5]、饶宗颐的《敦煌白画》[6]等都是早期很有价值的出版物。

20 世纪 80 年代,随着敦煌学研究的不断深入,敦煌艺术的研究也进入了新的阶段。各种介绍敦煌绘画的画册相继出版,其中的观音图像也越来越多地被刊印出来。这一时期的

---

[1] 李利安将这一时期印度大乘佛教观音信仰经典的传译划分为以下几个主要系统:一是净土往生系统,二是受记系统,三是华严系统,四是般若系统,五是救难系统,六是菩萨行系统,七是杂密系统。详见李利安《观音信仰的渊源与传播》,宗教文化出版社,2008 年,第 215—249 页。

[2] [法]伯希和:《敦煌石窟图录》全六册,巴黎,1914—1924 年。

[3] [日]结城素明:《西域画聚成》,审美书院,1940 年。

[4] [日]长广敏雄:《敦煌》,平凡社,1957 年。

[5] 敦煌文物研究所编:《敦煌壁画》,文物出版社,1960 年。

[6] 饶宗颐:《敦煌白画》,《(法国)远东学院考古学刊》,1978 年。

主要书籍有《敦煌的艺术宝藏》[1]《中国石窟·敦煌莫高窟》[2]《敦煌宝藏》[3]《西域美术》[4]《中国美术全集》[5]《敦煌石窟艺术·莫高窟第四五窟》等系列图录[6]，《西域美术》[7]《俄藏敦煌艺术品》[8]《敦煌石窟全集 2·尊像画卷》和《敦煌石窟全集 10·密教画卷》[9]等。可以说，至 21 世纪初，敦煌壁画、纸、绢、麻布画中比较经典的观音图像基本被刊布出来。其后，全世界各地的敦煌文献和绘画资料也借助网络陆续公开。尤其是"国际敦煌项目网""数字敦煌"等，都为研究敦煌观音图像提供了非常有利的平台。

在观音图像的分类和统计方面。最主要的有谢稚柳的《敦煌艺术叙录》[10]，敦煌文物研究所整理的《敦煌莫高窟内容总录》[11]，敦煌研究院编的《敦煌石窟内容总录》[12]，季羡林主编的《敦煌学大辞典》[13]，樊锦诗主编的《敦煌艺术大辞典》[14]等。

在观音图像的研究性临摹方面。最早到敦煌进行临摹工作的是俄国的奥登堡[15]，他曾临摹了盛唐第 217 窟南壁法华经变、初唐第 57 窟南壁说法图中观音、元代窟中的施钱观音等。《敦煌壁画集》[16]收入了部分敦煌观音图像临本。《敦煌壁画临本选集》[17]中有

---

[1] 敦煌文物研究所编：《敦煌的艺术宝藏》，文物出版社、三联书店，1980 年。
[2] 敦煌文物研究所编：《中国石窟·敦煌莫高窟》（五卷本），文物出版社、东京平凡社，1980—1982 年刊出日文版，1982—1987 年刊出中文版。
[3] 黄永武编：《敦煌宝藏》，新文丰出版公司，1981—1986 年。
[4] ［英］韦陀编，［日］上野阿古译：《西域美术》（三卷），英国博物馆、日本讲谈社，1982—1984 年。
[5] 中国美术全集编辑委员会编：《中国美术全集》，专门收录敦煌壁画和彩塑的共三册，《敦煌壁画》列为《绘画编》第十四、十五卷，段文杰主编，1985 年 9 月由上海人民美术出版社出版。
[6] 1993 年，江苏美术出版社出版了杨雄编著的《敦煌石窟艺术·莫高窟第四五窟》，随后，于 1994 年先后出版了梁尉英编著的《敦煌石窟艺术·莫高窟第九窟、第一二窟》、胡同庆编著的《敦煌石窟艺术·莫高窟第一五四窟附二三一窟》等，是一套具有单窟研究价值的敦煌石窟艺术丛书，其中提供了许多观音图像的所处位置以及清晰形象。
[7] ［法］吉埃编，［日］秋山光和等译：《西域美术》（二卷），法国集美博物馆、日本讲谈社，1994—1995 年。
[8] 俄罗斯国立艾尔米塔什博物馆、上海古籍出版社编纂：《俄藏敦煌艺术品》全六卷，上海古籍出版社，1997—2005 年。
[9] 敦煌研究院编，罗华庆主编的《敦煌石窟全集 2·尊像画卷》和彭金章主编的《敦煌石窟全集 10·密教画卷》，由商务印书馆分别于 2002、2003 年出版，是刊登显密观音图像最多、最集中的大型画册。
[10] 谢稚柳：《敦煌艺术叙录》，上海出版公司，1955 年。上海古典文学出版社 1957 年再版。
[11] 敦煌文物研究所整理：《敦煌莫高窟内容总录》，文物出版社，1982 年。
[12] 敦煌研究院编：《敦煌石窟内容总录》，文物出版社，1996 年。
[13] 季羡林主编：《敦煌学大辞典》，上海辞书出版社，1998 年。
[14] 敦煌研究院编：《敦煌艺术大辞典》，上海辞书出版社，2019 年。
[15] 奥登堡考察队的临摹品都收集在《俄藏敦煌艺术品》第五卷，2002 年由上海古籍出版社出版。
[16] 1957 年 6 月由北京文物出版社出版的《敦煌壁画集》，收入了部分敦煌观音图像临本，这为对照研究敦煌观音图像原作有一定的帮助。
[17] 中央美院及华东分院敦煌艺术考察队编：《敦煌壁画临本选集》，朝花美术出版社，1957 年。

詹建俊临摹的初唐第57窟《观音和众菩萨》、金浪临摹的初唐第444窟《说法图》、周昌谷临摹的初唐第220窟《净土变》部分、方增先临摹的盛唐第71窟《菩萨二身》（净土变部分）、叶浅予临摹的盛唐第45窟《观音普门品》遇盗、求女。当然，在临摹方面作出突出贡献的还数以常书鸿、段文杰、李承仙、关友惠、李琪琼等为代表的，一生坚守在敦煌的艺术家们。正是他们的临摹，为敦煌艺术包括观音图像的保护和研究打下了坚实的基础。

第二，对敦煌观音图像的理论研究。主要体现在以下八个方面：

1. 对敦煌观音的佛教渊源、信仰及相关经典的研究。主要成果有：印度洛克什·钱德拉、苏达尔沙娜·戴维·星哈尔著，杨富学译的《敦煌壁画中的观音》[1]，张鸿勋的《敦煌本〈观音证验赋〉与敦煌观音信仰》[2]，张元林、张志海的《敦煌北朝时期法华信仰中的无量寿佛信仰——以莫高窟第285窟无量寿佛说法图为例》[3]，张清涛的《试论早期吐蕃的观音信仰及与周边地区的关系》[4]，刘真的《吐蕃占领时期敦煌观音信仰研究》[5]，李小荣的《〈高王观世音经〉考析》[6]，刘玉权的《本所藏图解本西夏文〈观音经〉版画初探》[7]等。

2. 对敦煌观音的介绍、分类和历史描述。即对公私收藏及壁画中的观音像进行介绍，或从宏观上对敦煌历代观音图像的发展演变，以及不同名称的观音进行总体描述，其中兼论其艺术特色及相关教义与信仰。主要成果有：魏迎春的《敦煌菩萨漫谈》[8]，罗华庆主编的《敦煌石窟全集2·尊像画卷》[9]，谢生保、马玉华的《敦煌菩萨概述》[10]，苏进德的《敦煌莫高窟唐观音绢画问世经历》[11]，王克孝的《俄罗斯国立埃尔米塔什博物馆敦煌文物收藏品概况》[12]，

---

[1] [印度]洛克什·钱德拉、苏达尔沙娜·戴维·星哈尔著，杨富学译《敦煌壁画中的观音》，《敦煌研究》1995年第2期，第89—100页。
[2] 郝春文主编：《敦煌文献论集》，辽宁人民出版社，2001年。
[3] 张元林、张志海：《敦煌北朝时期法华信仰中的无量寿佛信仰——以莫高窟第285窟无量寿佛说法图为例》，《敦煌研究》2007年第1期，第34—39页。
[4] 张清涛：《试论早期吐蕃的观音信仰及与周边地区的关系》，《敦煌研究》2005年第6期，第84—87页。
[5] 刘真：《吐蕃占领时期敦煌观音信仰研究》，兰州大学硕士论文，2009年。
[6] 李小荣：《〈高王观世音经〉考析》，《敦煌研究》2003年第1期，第104—108页。
[7] 刘玉权：《本所藏图解本西夏文〈观音经〉版画初探》，《敦煌研究》1985年第3期，第41—48页。
[8] 魏迎春：《敦煌菩萨漫谈》，民族出版社，2004年。
[9] 罗华庆：《敦煌石窟全集2·尊像画卷》，商务印书馆，2002年。
[10] 谢生保、马玉华：《敦煌菩萨概述》，载谢生保主编、马玉华编：《敦煌菩萨》，甘肃人民美术出版社，1996年。
[11] 苏进德：《敦煌莫高窟唐观音绢画问世经历》，《敦煌研究》2007年第6期，第64—65页。
[12] 王克孝：《俄罗斯国立埃尔米塔什博物馆敦煌文物收藏品概况》，《敦煌研究》1996年第4期，第163—173页。

马德的《散藏美国的五件敦煌绢画》[1]，潘亮文的《试论敦煌观音像之形成与发展》[2]，法国劳合·福奇兀著，杨汉璋译，杨爱程译审的《伯希和在敦煌收集的文物》[3]，俄国鲁多娃M·A著，张惠明译的《观音菩萨在敦煌》[4]等。

3.对密教观音的研究。主要涉及敦煌密教观音的信仰、分布、统计及其艺术特点等。此项研究贡献较大者首推彭金章先生，其成果主要有：《敦煌石窟全集10·密教画卷》[5]《莫高窟第14窟十一面观音经变》[6]《莫高窟第76窟十一面八臂观音考》[7]《千眼照见、千手护持——敦煌密教经变研究之三》[8]《敦煌石窟不空羂索观音经变研究——敦煌密教经变研究之五》[9]《敦煌石窟十一面观音经变研究》[10]《敦煌石窟如意轮观音经变研究》（樊锦诗、彭金章）[11]等。此外，还有王惠民的《敦煌千手千眼观音像》[12]，谢生保、谢静的《敦煌艺术中的千手观音》[13]，胡文和的《四川与敦煌石窟中的"千手千眼大悲变相"的比较研究》[14]，金荣华的《敦煌多臂观世音菩萨图像所持日月宝珠之考察》[15]，刘永增的《榆林窟第36窟十一面千手千眼观音经变图像解说——兼谈与藏经洞出土绢画MG.17659、Stein painting 35.ch.lvi.0019 的关系》[16]等。

4.对观音相关的经变画的研究。主要涉及阿弥陀经变、观无量寿经变、观音经变等方面。此类研究将观音置于整个经变画中加以考察，为我们认识作为主尊的观音与作为胁侍的观音在佛典中的地位及其在绘画中的位置等提供了资料。主要成果有：罗华庆的《敦煌

---

[1] 马德：《散藏美国的五件敦煌绢画》，《敦煌研究》1999年第2期，第170—175页。
[2] 敦煌研究院编：《1994年敦煌学国际研讨会文集·石窟艺术卷》，甘肃民族出版社，2000年。
[3] [法]劳合·福奇兀著，杨汉璋译，杨爱程译审：《伯希和在敦煌收集的文物》，《敦煌研究》1990年第4期，第38—46页。
[4] [俄]鲁多娃M·A著，张惠明译：《观音菩萨在敦煌》，《敦煌研究》1993年第1期，第73—75页。
[5] 敦煌研究院编，彭金章主编：《敦煌石窟全集10·密教画卷》，商务印书馆，2003年。
[6] 彭金章：《莫高窟第14窟十一面观音经变》，《敦煌研究》1994年第2期，第89—97页。
[7] 彭金章：《莫高窟第76窟十一面八臂观音考》，《敦煌研究》1994年第3期，第42—48页。
[8] 彭金章：《千眼照见、千手护持——敦煌密教经变研究之三》，《敦煌研究》1996年第1期，第11—30页。
[9] 彭金章：《敦煌石窟不空羂索观音经变研究——敦煌密教经变研究之五》，《敦煌研究》1999年第1期，第1—24页。
[10] 敦煌研究院编：《段文杰敦煌研究五十年纪念文集》，世界图书出版公司，1996年。
[11] 古正美主编：《唐代佛教与佛教艺术》，觉风佛教艺术文化基金会，2006年。
[12] 王惠民：《敦煌千手千眼观音像》，《敦煌学辑刊》1994年第1期，第63—76页。
[13] 谢生保、谢静：《敦煌艺术中的千手观音》，《寻根》2005年第4期，第4—15页。
[14] 胡文和：《四川与敦煌石窟中的"千手千眼大悲变相"的比较研究》，《佛学研究中心学报》1998年总第3期。
[15] 金荣华：《敦煌多臂观世音菩萨图像所持日月宝珠之考察》，《大陆杂志》1982年第6期。
[16] 刘永增：《榆林窟第36窟十一面千手千眼观音经变图像解说——兼谈与藏经洞出土绢画MG.17659、Stein painting 35.ch.lvi.0019的关系》，《大足学刊》2018年第二辑，第261—274页。

艺术中的〈观音普门品变〉和〈观音经变〉》[1]、施萍婷的《敦煌经变画略论》[2]、贺世哲的《敦煌壁画中的法华经变》[3]、孙修身的《敦煌石窟中的观无量寿经变相》[4]、王惠民的《敦煌隋至唐前期西方净土图像考察——以观无量寿经变为中心》[5]、于向东的《敦煌变相与变文研究》[6]、《敦煌石窟经变组合与佛教体相用观念的关联——以莫高窟第76窟南北壁的观音题材经变为中心》[7]、张善庆的《图像的层累与〈观世音菩萨普门品〉的完整再现——莫高窟第395窟研究之一》[8]等。

5. 对水月观音的研究。主要成果有：日本松本荣一的《水月观音图考》[9]，美国哥伦比亚大学哲学院博士研究生Chang, Cornelius Patrick的博士学位论文《水月观音图像研究》[10]，潘亮文的《试论水月观音图》[11]，王惠民的《敦煌水月观音像》[12]，李翎的《藏密救六道观音像的辨识——兼谈水月观音像的产生》[13]、《水月观音与藏传佛教观音像之关系》[14]，史忠平的《敦煌水月观音图的艺术》[15]，李开福的《敦煌艺术传统在当代的视界——以榆林窟第29窟〈水月观音〉整理临摹为例》[16]，郭子睿的《镜像的美术、思想与礼仪——肃北五个庙第1窟西夏水月观音图像研究》[17]，龙红、邓新航的《巴蜀石窟唐宋水月观音造像艺术研

---

[1] 罗华庆：《敦煌艺术中的〈观音普门品变〉和〈观音经变〉》，《敦煌研究》1987年第3期，第49—61页。
[2] 敦煌研究院编：《敦煌研究文集·敦煌石窟经变篇》，甘肃民族出版社，2000年。
[3] 敦煌研究院编：《敦煌研究文集·敦煌石窟经变篇》，甘肃民族出版社，2000年。
[4] 敦煌研究院编：《敦煌研究文集·敦煌石窟经变篇》，甘肃民族出版社，2000年。
[5] 古正美主编：《唐代佛教与佛教艺术》，觉风佛教艺术文化基金会，2006年。
[6] 于向东：《敦煌变相与变文研究》，甘肃教育出版社，2009年。
[7] 于向东：《敦煌石窟经变组合与佛教体相用观念的关联——以莫高窟第76窟南北壁的观音题材经变为中心》，《丝绸之路研究集刊》2020年第七辑，第129—139页。
[8] [日] 松本荣一：《水月观音图考》，《国华》第429号，1926年。
[9] 张善庆：《图像的层累与〈观世音菩萨普门品〉的完整再现——莫高窟第395窟研究之一》，《敦煌研究》2021年第4期，第17—31页。
[10] Chang, Cornelius Patrick, A Study of the paintings of the Water—moon Kuan Yin. Printed by microfilm/serography on acid—free paper in 1986 by University Microfilms International, Ann Arbor, Michigan, USA.
[11] 潘亮文：《试论水月观音图》，《艺术学》1997年总第17期。
[12] 王惠民：《敦煌水月观音像》，《敦煌研究》1987年第1期，第31—38页。
[13] 李翎：《藏密救六道观音像的辨识——兼谈水月观音像的产生》，《佛学研究》2004年总第13期，第271—284页。
[14] 李翎：《水月观音与藏传佛教观音像之关系》，《美术》2002年第11期，第50—53页。
[15] 史忠平：《敦煌水月观音图的艺术》，《敦煌研究》2015年第5期，第20—33页。
[16] 李开福：《敦煌艺术传统在当代的视界——以榆林窟第29窟〈水月观音〉整理临摹为例》，《中国民族博览》2021年第9期，第192—194页。
[17] 郭子睿：《镜像的美术、思想与礼仪——肃北五个庙第1窟西夏水月观音图像研究》，《西夏学》2020年第2期，第306—323页。

究——兼与敦煌、延安水月观音图像的比较》[1]，王胜泽的《莫高窟第95窟水月观音图为西夏考》[2]，沙武田的《水月观音图像样式的创新与意图——瓜州西夏石窟唐僧取经图出现原因再考察》[3]等。

6.对观音粉本的研究。主要成果有：姜伯勤的《论敦煌的士人画家作品及画体与画样》[4]，沙武田的《敦煌画稿研究》[5]，饶宗颐的《敦煌白画》[6]，胡素馨的《模式的形成——粉本在寺院壁画构图中的应用》[7]《敦煌的粉本和壁画之间的关系》[8]等。

7.对观音服饰的研究。主要成果有：段文杰的《莫高窟唐代艺术中的服饰》[9]、常莎娜编著的《中国敦煌历代服饰图案》[10]、赵敏的《敦煌莫高窟菩萨披帛及隋唐五代世俗女性披帛研究》[11]等。

8.对敦煌观音图像进行的专门性综合研究。主要有史忠平的《莫高窟唐代观音画像研究》[12]等。

除以敦煌观音为研究对象的成果外，其他从不同学科与角度对敦煌以外的观音图像、造像的研究成果也为探讨敦煌观音图像提供了可资比较与借鉴的材料。主要有孙昌武、李利安、李翎、李淞、颜素慧、西上青曜（日本）、宫治昭（日本）等学者的研究成果。

三、敦煌观音图像的分布

敦煌观音图像的分布主要有两种情况。第一种是指观音图像在世界各地的散布和收藏情况，主要针对纸画、绢画、麻布画等可移动的观音图像而言；第二种是指观音图像在敦煌石窟中的位置分布情况，主要针对敦煌壁画中不可移动的观音图像而言。

---

[1] 龙红、邓新航：《巴蜀石窟唐宋水月观音造像艺术研究——兼与敦煌、延安水月观音图像的比较》，《大足学刊》2000年第五辑，第93—127页。
[2] 王胜泽：《莫高窟第95窟水月观音图为西夏考》，《西夏学》2019年第1期，第173—181页。
[3] 沙武田：《水月观音图像样式的创新与意图——瓜州西夏石窟唐僧取经图出现原因再考察》，《民族艺林》2019年第1期，第5—26页。
[4] 姜伯勤：《论敦煌的士人画家作品及画体与画样》，《学术研究》1996年第5期，第54—61页。
[5] 沙武田：《敦煌画稿研究》，民族出版社，2006年。
[6] 饶宗颐：《敦煌白画》，载氏著《饶宗颐二十世纪学术文集》，新文丰出版公司，2003年。
[7] 胡素馨：《模式的形成——粉本在寺院壁画构图中的应用》，《敦煌研究》2001年第4期，第50—55页。
[8] 荣新江主编：《唐研究》第三卷，北京大学出版社，1997年。
[9] 雒青之：《百年敦煌——段文杰与莫高窟》，敦煌文艺出版社，1997年。
[10] 常莎娜编著：《中国敦煌历代服饰图案》，中国轻工业出版社，2001年。
[11] 赵敏：《敦煌莫高窟菩萨披帛及隋唐五代世俗女性披帛研究》，东华大学硕士论文，2006年。
[12] 史忠平：《莫高窟唐代观音画像研究》，中国社会科学出版社，2016年。

从目前公布的资料来看,纸画、绢画、麻布画等可移动的观音图像主要分布在英国博物馆所藏斯坦因收集品、集美博物馆所藏伯希和收集品和俄罗斯国立艾尔米塔什博物馆等博物馆藏品中。英国博物馆所藏斯坦因收集品于1982年至1984年由英国博物馆与日本讲谈社联合在东京出版,名为《西域美术》,副题为"英国博物馆所藏斯坦因收集品",共三卷,观音画像主要集中在第一卷和第二卷中。集美博物馆的伯希和收藏品由法国集美博物馆与日本讲谈社联合,分别于1994年6月及1995年在东京出版,书名为《西域美术》,副题为"集美博物馆所藏伯希和收集品",共两卷,观音图像主要集中在第一卷。俄罗斯国立艾尔米塔什博物馆藏品由上海古籍出版社出版,名为《俄藏敦煌艺术品》,共六卷,其中有部分观音图像。这些观音图像随着近年来网络资料和出版物的丰富越来越为学界所熟知。

敦煌石窟壁画是不可移动的观音图像的主要分布地,其特点是数量大、时间连续性强、跨度大。敦煌壁画中观音图像的位置分布主要有以下几种情况:

第一,观音处于说法图中。所谓说法图,通常指内容以佛说法为主体,左右有胁侍菩萨、弟子、天龙八部护法围绕听法,背景只有简单的宝盖和树木,间有莲花水池,从画面上无法判断佛的名号、说法时间、地点及对象的壁画题材的笼统称呼。[1] 敦煌观音图像所在的

图 16-1 莫高窟初唐第57窟北壁正中阿弥陀说法图　　图 16-2 莫高窟盛唐第205窟南壁药师说法图

---

[1] 季羡林主编:《敦煌学大辞典》,上海辞书出版社,1998年,第94页,樊锦诗撰"说法图"条。

图 16-3　莫高窟初唐第 332 窟东壁门上观音说法图

说法图主要有阿弥陀说法图（图 16-1）、药师佛说法图（图 16-2）和以观音自身为主尊的说法图（图 16-3）等。

第二，观音处于经变画中。在敦煌壁画中，经变画专指将某一部分乃至几部有关佛经之主要内容组织成首尾完整、主次分明的大型绘画。[1]敦煌有观音画像的经变画主要包括无量寿经变（图 16-4）、阿弥陀经变（图 16-5）、观无量寿经变（图 16-6）、十一面观音经变（图 16-7）、如意轮观音经变（图 16-8）、不空羂索观音经变（图 16-9）、千手千眼观音经变（图 16-10）和观音经变（图 16-11）等。

第三，单尊观音图像。主要指分布在龛外两侧（图 16-12）、窟门两侧、南北壁及屏风画中的独尊观音画像。

需要说明的是，在可移动的纸画、绢画、麻布画中，观音图像要么为单尊（图 16-13），要么处于说法图和经变画中，与壁画里的情况基本一致。

图 16-4　莫高窟初唐第 321 窟北壁无量寿经变

---

[1] 季羡林主编：《敦煌学大辞典》，上海辞书出版社，1998 年，第 81—82 页，施萍婷撰"经变""变相"条。

图 16-5　莫高窟初唐第 329 窟南壁阿弥陀经变

图 16-6　莫高窟盛唐第 171 窟北壁观无量寿经变

图 16-7　莫高窟初唐第 321 窟东壁门北十一面观音经变

图 16-8　莫高窟中唐第 358 窟东壁门北如意轮观音经变

图 16-9　莫高窟中唐第 384 窟南壁不空羂索观音经变

图 16-10　莫高窟中唐第 144 窟东壁门南千手千眼观音经变

图 16-11　莫高窟盛唐第 45 窟南壁观音经变

图 16-12　莫高窟盛唐第 217 窟西壁龛外北侧持莲观音

图 16-13　绢本 Ch.0091 杨枝观音

四、敦煌观音图像的类型

印度佛教分显教与密教两部分。显教是化身佛释迦牟尼公开宣说之教，是一种显明易懂的教法；而密教则是法身佛大日如来秘密传授的深奥教旨。密教认为佛祖的真言、密语不能见诸文字，广为流传，只能对受过灌顶礼的弟子秘传，是一种秘密难懂的真言教法，故称密教。具体而言，二者的区别在于：显教注重于对理论的系统解释，其典籍主要是经、律、论、戒；密教则偏重对理论的形象表达，其主要经典除了经、律、论、戒而外，更有颂、赞、法、咒、仪轨、契印、瑜伽等。显教主张公开宣扬佛法，教人悟道；而密教则重视传承、真言和密咒，教人修持。[1]

在显教与密教分类的框架之下，敦煌的观音图像也主要有显宗与密宗两大类。显宗观音图像一般是一面、二臂、二足的常人模式。与其他泛指的菩萨相比，其身份标识主要有三点：第一，菩萨画像旁有榜题直书观音名号者（图16-14）；第二，画像中头戴"化佛冠"者（图16-15）；第三，净土经变中的胁侍。

密宗观音在图像上体现为多首多臂，主要有十一面观音（图16-16）、如意轮观音（图16-17）、不空绢索观音（图16-18）、千手千眼观音（图16-19）、六臂观音、八臂观音（图16-20）等。十一面观音是六观音之一，顾名思义，就是具有十一个颜面的观音。如意轮观音，也是六观音之一，全称"如意轮观世音菩萨"，又作"如意轮菩萨""如意轮王菩萨"，

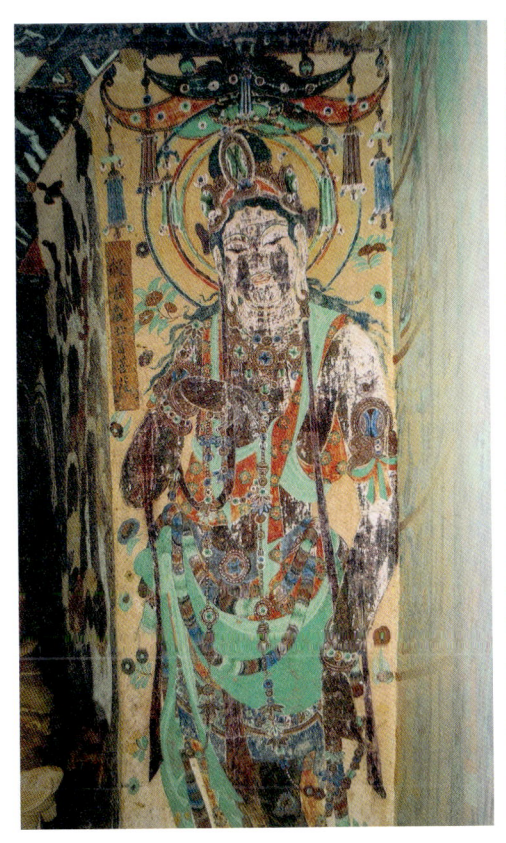

图16-14　莫高窟盛唐第66窟龛外北侧榜题观音

图16-15　莫高窟初唐第57窟南壁观音

---

[1] 参见夏广兴：《密教传持与唐代社会》，上海人民出版社，2008年，第2、350页。

图 16-16　莫高窟初唐第 334 窟东壁门北十一面观音

图 16-17　莫高窟中唐第 384 窟北壁如意轮观音

图 16-18　莫高窟晚唐第 192 窟东壁门北不空罥索观音

图 16-19　莫高窟元代第 3 窟北壁千手千眼观音

图 16-20　莫高窟宋代第 437 窟甬道顶八臂观音　　图 16-21　集美博物馆藏纸本水月观音

手持如意宝珠及法轮，以广济一切众生之苦，成就众生的愿望。不空罥索观音，又名"不空罥索观世音菩萨""不空王观世音菩萨""不空广大明王观世音菩萨""不空罥索菩萨""不空悉地王观世音菩萨"。"不空"意指心愿不空，"罥索"原指古印度战争或狩猎中捕获人马的绳索，这里用以说明此观音为救度人间众生于菩提解脱之岸的"罥索"。所以，不空罥索观音就是罥索即出，必有所获，救度心愿终不落空的观音。千手千眼观音，全称"千手千眼观自在"，又作"千手观音""千眼千臂观音""千手圣观自在""千臂观音""千光观自在""千眼千首千足千舌千臂观自在"，是密教观音中最具影响力的一位。据彭金章统计，敦煌石窟共有十一面观音经变 41 幅，如意轮观音经变 80 幅，不空罥索观音经变 80 幅，千

图 16-22　莫高窟元代第 3 窟西壁龛外南侧白衣观音　　图 16-23　莫高窟元代第 3 窟东壁门北侧散财观音

手千眼观音经变 71 幅。[1]

　　除此之外，敦煌还有水月观音（图 16-21）、白衣观音（图 16-22）、持莲观音（图 16-12）、杨枝观音（图 16-13）、散财观音（图 16-23）、甘露观音（图 16-24）等不同名号的观音图像，均是构成敦煌石窟中观音视觉文化的多彩图卷。

---

[1] 彭金章：《敦煌石窟不空羂索观音经变研究——敦煌密教经变研究之五》，《敦煌研究》1999 年第 1 期，第 1—24 页。

五、敦煌观音图像的信仰形态及功能

相关研究表明，中国观音信仰主要有三种形态，即称名救难型观音信仰、净土往生型观音信仰和智慧解脱型观音信仰。就敦煌而言，观音图像主要存在于"净土往生"和"称名救难"两个信仰形态当中。其佛经依据为《无量寿经》《阿弥陀经》《观无量寿经》《妙法莲华经》《观世音经》等。

在敦煌莫高窟，最早有明确纪年与题记的观音画像出现在西魏大统四、五年的第285窟（图16-25）。此窟北壁中部通壁绘七铺说法图，其中北壁东起第一铺为一佛二菩萨组合式说法图，图下方正中有发愿文一方，明确表明是无量寿佛说法图。另外，据早期石窟记录可知，该窟门北说法图主尊为"无量寿佛"，佛右边内侧为"无尽意菩萨"、外侧"观世音菩萨"，左边内侧"文殊师利菩萨"、外侧"大□志菩萨"。由此可知，这也是一铺无量寿佛说法图。这两幅图被认为是整个北朝莫高窟仅有的两幅无量寿佛说法图。[2]即说明魏晋以来有明确记载与题记的敦煌观音画像，已经是阿弥陀净土信仰中的主要成员。

到了唐代，阿弥陀净土信仰盛行，敦煌的阿弥陀说法图也日渐流行，并出现了三尊、五尊、多尊的组合样式。[3]随着经变画的流行和发展，以《无量寿经》《阿弥陀经》和《观无量寿经》为依据的无量寿经变、阿弥陀经变和观无量寿经变也被大量绘制，观音图像也成为其中必不可少的重要组成部分。

总体而言，在净土往生型观音信仰形态中，无论是

图16-24 莫高窟盛唐第205窟西壁南侧甘露观音

---

[1] 参见潘亮文：《试论敦煌观音菩萨像之形成与发展》，载敦煌研究院编《1994年敦煌学国际研讨会文集·石窟艺术卷》，甘肃民族出版社，2000年，第115页；张元林、张志海：《敦煌北朝时期法华信仰中的无量寿佛信仰——以莫高窟第285窟无量寿佛说法图为例》，《敦煌研究》2007年第1期，第34—39页。
[2] 敦煌研究院编，罗华庆主编：《敦煌石窟全集2·尊像画卷》，商务印书馆，2002年，第49页。
[3] 敦煌研究院编，罗华庆主编：《敦煌石窟全集2·尊像画卷》，商务印书馆，2002年，第50页。

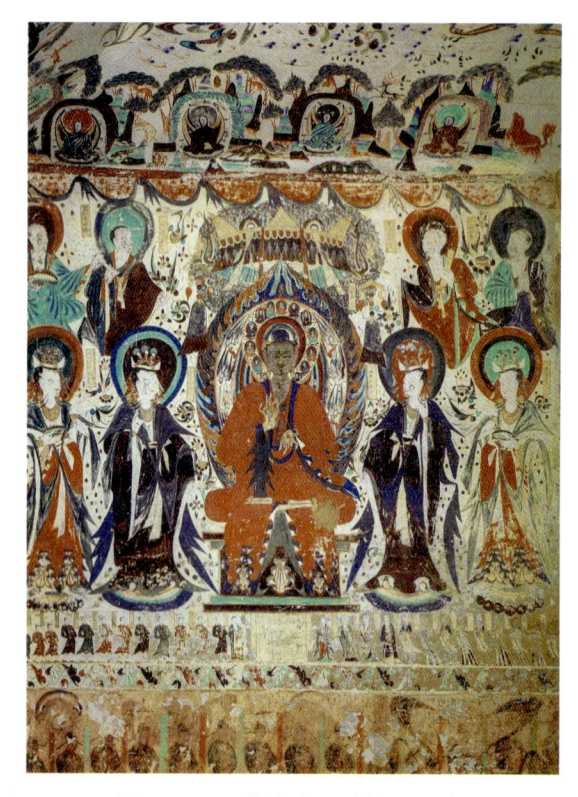

图 16-25　莫高窟西魏第 285 窟东壁无量寿佛说法图

阿弥陀说法图还是净土经变画，观音均是主尊的胁侍菩萨，其功能主要是引导众生往生极乐净土。但在称名救难型信仰形态中，观音的身份则由胁侍菩萨转换为主尊。

敦煌地区称名救难型信仰的流行，与鸠摩罗什所译的《妙法莲华经》以及北凉河西王沮渠蒙逊有着密切的关系。因为流传于河西一带的《观世音经》，主要是鸠摩罗什所译《妙法莲华经·观世音菩萨普门品》的单行本。从藏经洞所出写卷来看，敦煌流传的《观世音经》也正是鸠摩罗什之译本。根据《观世音经》的描述，观世音菩萨名号的由来就是"若有无量百千万亿众生受诸苦恼，闻是观世音菩萨，一心称名，观世音菩萨即时观其音声，皆得解脱"[1]。在这样的逻辑前提下，观音不仅可以解救火难、水难、坠难、兽难、毒虫难、雷暴难等自然界诸灾难，还可以解救刑戮难、囚难、贼难、毒药难、诉讼怨、怖畏军阵等社会灾难以及罗刹难、夜叉难等鬼怪诸难。同时，观音还能使人远离淫欲、瞋恚和愚痴；能有求必应，满足众生求子愿望；能广显应化，现三十三身说法。正因如此，观音逐渐成为解救现世各种苦难，满足众生各种需求，甚至是无所不能的化身。其地位也越来越高，以致出现"家家阿弥陀，户户观世音"的情景。正是在这样的背景下，敦煌石窟中以鸠摩罗什译本为依据绘制的《观音普门品变》和《观音经变》壁画就多达 29 铺、绢画 7 幅、纸画 5 卷。绘制时间，上至隋代，下迄西夏，历时六百余年。[2]

上述表明，敦煌观音图像主要存在于"净土往生"和"称名救难"两个信仰形态当中。其功能主要是作为阿弥陀的胁侍菩萨帮助众生往生净土，或者作为主尊，针对现世各种苦

---

[1] 〔姚秦〕鸠摩罗什译：《妙法莲华经·观世音菩萨普门品》，《大正藏》第 9 册。
[2] 罗华庆：《敦煌艺术中的〈观音普门品变〉和〈观音经变〉》，《敦煌研究》1987 年第 3 期。从藏经洞所出此类写卷来看，敦煌地区流传的《观世音经》也正是鸠摩罗什之译本。莫高窟壁画及绢画中的相关内容也主要是以鸠摩罗什之译本为依据的。

难和众生的种种需求施以解救与满足。需要说明的是，敦煌绘画中的水月观音，在一定程度上也反映了智慧解脱型观音信仰的形态，其中不乏精美的作品，但出现较晚，数量也少，并不代表敦煌观音信仰的主流。

六、观音图像的艺术特色

最早有明确纪年与题记的莫高窟西魏第 285 窟观音画像面目清瘦、褒衣薄带，完全是南朝秀骨清像的风格（图 16-25）。隋代洞窟正壁龛外两侧绘有少量的独尊观音像。进入唐代，除了分布在龛外两侧、窟门两侧、屏风及南北壁的独尊观音画像外，大量净土经变和观音经变的出现，使得观音图像处于多种群像的序列之中。自此，观音图像在构图模式、技法表现和风格样式等方面都发生了诸多变化。

首先，在构图上，净土经变多采用源自印度的"偶像式"对称模式[1]。在这一模式中，作为偶像的阿弥陀佛，以其高大的形体与庄严的相貌形成了视觉的中心，而侍立左右的观音、大势至以及周匝环绕的眷属、菩萨，还有建筑，都将观者的目光引导至中心偶像身上，形成了一种"向心式"的结构图式[2]。在以"偶像"为主导的"向心式"构图中，观音图像所处的位置虽然次于作为中心的阿弥陀佛，但相比其他菩萨与眷属，却又具备"中心"的特点。也就是说，在阿弥陀说法图和经变画的构图模式中，观音图像所处的是一种"次中心"地位。如莫高窟初唐第 321 窟主室北壁的《阿弥陀经变》（图 16-26）、第 334 窟北壁的《阿弥陀净土变》、第 329 窟主室南壁的《阿弥陀经变》，盛唐第 445 窟南壁西侧的《阿弥陀经变》，中唐第 112 窟南壁东侧的《观无量寿经变》、第 201 窟南壁中央的《观无量寿经变》等。

以观音为主尊的《观音普门品变》和《观音经变》虽然存在细微的差别，但其构图模式基本相似，主要有六种：第一是主体式对称模式。即画面正中绘观音说法像，两侧绘观音救诸苦难和三十三现身。如莫高窟盛唐第 45 窟（图 16-11）、晚唐第 14 窟等。第二是无主体

---

[1] "偶像式"构图是巫鸿在研究汉画像及敦煌艺术时经常使用的一个概念。他认为这一构图是印度佛教艺术表现宗教崇拜主题的主要方式，并在传入中国后，对西王母图像的构图及后来的绘画构图产生了深远的影响。见［美］巫鸿著，柳扬、岑河译：《武梁祠——中国古代画像艺术的思想性》，生活·读书·新知三联书店，2006 年，第 151 页。

[2] 巫鸿说偶像式构图强化了"向心式"视觉效果。见［美］巫鸿著，郑岩、王睿编，郑岩等译：《礼仪中的美术——巫鸿中国古代美术史文编》，生活·读书·新知三联书店，2005 年，第 360 页。于向东受巫鸿的启发，提出了"向心式变相"的概念。见于向东：《敦煌变相与变文研究》，甘肃教育出版社，2009 年，第 114 页。贺世哲也使用"向心式经变"的称呼，且认为此类经变是受中原影响而成的，因为初唐时净土宗的创始人善导在长安"画净土变相二百铺"，其中以"铺"为单位，即说明这些经变已非横卷式。见贺世哲：《敦煌壁画中的法华经变》，载敦煌研究院编《敦煌研究文集·敦煌石窟经变篇》，甘肃民族出版社，2000 年，第 153 页。

图 16-26　莫高窟初唐第 321 窟主室北壁阿弥陀经变

对称模式。即利用石窟门洞之形,在窟门两侧绘制救难与现身等内容。与第一类模式相比,缺少了主体说法的观音像。代表窟有莫高窟第 217 窟和第 444 窟。第三是主体式中堂模式。即画面分成中间宽、两边窄的三竖条幅,正中较宽的画幅中绘观音说法像,两侧较窄的条幅中绘观音救诸苦难。代表窟有莫高窟盛唐第 205、126 窟,中唐第 112(图 16-27)、185、472 窟,晚唐第 128 窟等。第四是覆斗形模式。即将观音说法图及救难、现身诸内容同绘于覆斗形窟顶之一披,或一披画观音说法图,相邻两披分别画现身等内容。如莫高窟盛唐第 23 窟、中唐第 468 窟、晚唐第 8 窟等。第五是落花形模式。主要针对《观音普门品变》而言,即《普门品》诸内容在法华经变中有时被穿插安排,貌似落花款。如莫高窟晚唐第 85 窟《法华经变》中的《普门品》。第六是插图形式(图 16-28)。主要指敦煌遗书中

图 16-27　莫高窟中唐第 112 窟东壁主体中堂模式

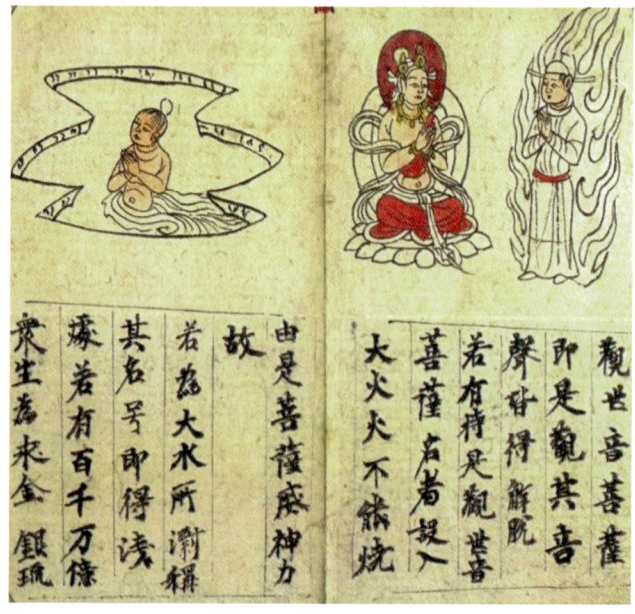

图 16-28　Ch.xxiv.003 册子本插图观音经

的纸画《观音普门品变》,这些纸画装成册子或卷子,上部绘《普门品》变相,下部配写经文,图文并茂。①

　　佛经中有诸多关于密教观音眷属的记述。因此,密教观音经变的构图有三种特殊的样式。第一是四点拱圆式。即画面为正方形,观音居中,四眷属分布在画面四角,在视觉上似四点同拱一圆,简约而稳定。第二是凹形排列式。眷属呈凹形排布在主尊周围。第三是众星捧月式。这是最常见的形式之一,众眷属围绕在主尊四周,如众星捧月一般,营造一种升腾之势。在密教观音的各种构图中,还或隐或显地存在诸多"圆"。

图 16-29　莫高窟晚唐第 14 窟主室北壁的如意轮观音与千手千钵文殊经变

首先,密教观音多首多臂的特点决定了其以圆为主的造像结构。其次是隐形圆。无论是四点拱圆式,还是凹形排列式与众星捧月式,其实都贯穿在一个约与观音圆光同心的隐形圆上。如晚唐第 14 窟的不空羂索观音经变中,眷属、华盖、宝池就贯穿在同一圆中。另一种隐形的圆就是眷属之间的组合与聚集所形成的局部隐形圆。同样以第 14 窟为例,主室北壁的如意轮与千手千钵文殊经变相连,二者的眷属也在各自所属的两个半圆相接中处在另一个圆中(图 16-29)。

　　其次,在风格与技法方面,敦煌观音图像自唐代以后形成了多元并举的局面。众所周知,在中国的佛教绘画中,张僧繇、吴道子、曹仲达和周昉的个人风格堪为"画样",分别被称为张家样、吴家样、曹家样和周家样。这四种风格在敦煌观音图像中或多或少都有所体现。

　　画史所载张僧繇的特点主要是"凸凹法"和以书法入画的疏体画风。绘于唐代的Ch.00113 和 Ch.lv.0032 观音画像(图 16-30),尽管在线条上具有中国特征,但设色浓重,晕染细腻而富有较强的立体感,体现了明显的凸凹技法。观音经变的救难图、观无量寿经变的十六观以及纸本与麻布画中的观音像里,观音均造型简率、线描疏朗、设色概括,具有一定的符号性与象征性,这又是观音画像疏体的典型代表。敦煌本 S.3292《董保德功德颂》云:"故得丹青巧妙,粉墨希奇。手迹及于僧繇,笔势邻于曹氏。"②这说明直到五代时的

---

① 参见罗华庆:《敦煌艺术中的〈观音普门品变〉和〈观音经变〉》,《敦煌研究》1987 年第 3 期。
② 马德:《敦煌工匠史料》,甘肃人民出版社,1997 年,第 69—70 页。

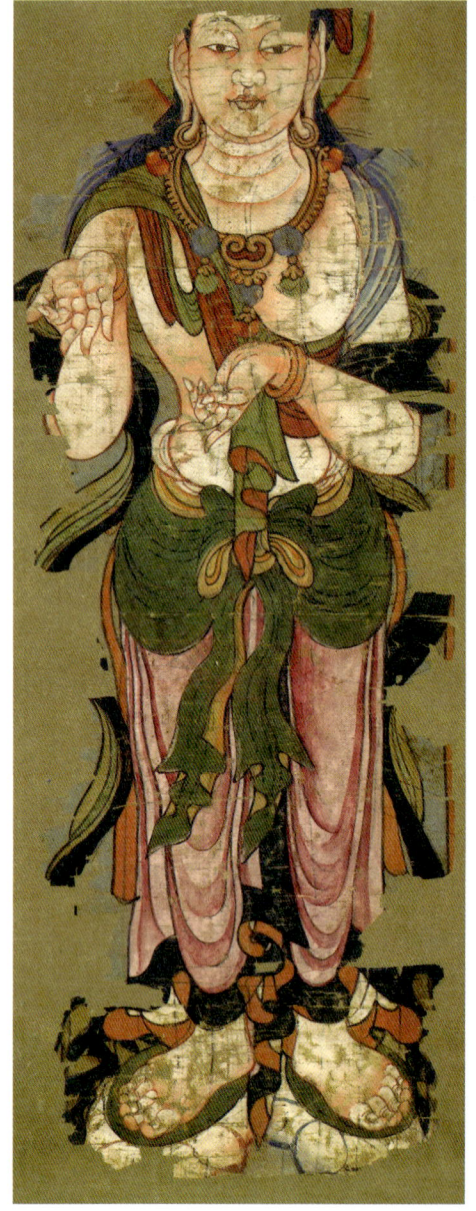

图 16-30　Ch.lv.0032 观音画像 　　图 16-31　莫高窟中唐第 172 窟东壁北侧上方观音

丹青妙手还乐于攀比张僧繇,则应为"张家样"的继承人和改进者。

《图画见闻志》卷一载:"曹、吴二体,学者所宗……吴之笔,其势圆转,而衣服飘举;曹之笔,其体稠叠,而衣服紧窄。故后辈称之曰:'吴带当风,曹衣出水。'"[1] 莫高窟盛唐第

---

① 〔宋〕郭若虚:《图画见闻志》。米田水译注:《图画见闻志·画继》,湖南美术出版社,2004 年,第 37 页。

图 16-32　Ch.xviii.003 观音画像　　　　图 16-33　后晋天福八年水月观音

172窟东壁北侧上方观音运用兰叶描，衣带翻转，加之观音静而欲动的姿态，尽显"吴带"之妙（图16-31）。Ch.0091观音（图16-13）画像色彩均匀，温和素雅，不见剥落痕迹。可以推断当初设色并非厚涂，而是以透明色分层罩染而成，颇有"吴装"之遗韵。莫高窟盛唐第103窟的《维摩诘像》被认为是敦煌壁画中与"吴家样"最为接近者。其中维摩诘右肩前倾，由于肩部牵引而形成的胳膊内部放射状的细密线条，也被认为是吴道子将阴影凸凹成功地"转译"成线条的成功范例。同样，这一以线求体积的方法也体现在Ch.0091观音像的左臂衣纹中。可以说，此画是诸多观音像中能体现"吴家样"的作品之一。

在斯坦因藏品中，绘于7—8世纪的《释迦瑞像图》线描稠密，虚入虚出，尽显"其体稠叠，衣服紧窄"之特点，堪为莫高窟"曹家样"的代表。观音画像中与之相类者有9世纪的Ch.xviii.003画像（图16-32）。这幅观音与众不同处在于，自臀至膝衣服紧窄。更重要的是，其裙子的线条迥异于其他画像中装饰性较强的长弧线，而是用细密的线条，沿腿两侧结构勾描。线描走向及以此表现人体的观念，与《释迦瑞像图》有异曲同工之妙。另外，姜伯勤注意到莫高窟初唐第321窟东壁北侧十一面观音像的左右胁侍菩萨，"形体修长，衣纹稠叠，其垂直而稠密的长裙衣纹，可与武宗元画中的曹家样遗韵相比较"。[1]若仔细品察，

---

[1] 姜伯勤：《论敦煌的"画师"、"绘画手"与"丹青上士"》，载氏著《敦煌艺术宗教与礼乐文明》，中国社会科学出版社，1996年，第45页。

图 16-34　榆林窟西夏第 2 窟西壁南侧水月观音　　图 16-35　莫高窟元代第 3 窟西壁龛内北壁观音

则不难发现，中间的十一面观音腿部裙带的造型与处理，更具曹画特点。因为，"曹家样"的主要源头是秣菟罗和笈多式造像。而笈多造像的主要特点之一就是双腿直立，薄衣贴体，裙摆处向两侧延伸，并有明显的褶皱处理。绕过臂腕的长带，一直垂至膝下，在小腿正中形成U形凸起。莫高窟初唐第 321 窟的十一面观音造型，与这些特征比较吻合（图 16-7）。

据画史记载，周昉"妙创水月之体"[1]。从现存资料来看，周昉创作的水月观音自五代开始在敦煌流行，成为五代至西夏敦煌最有特色的观音图像之一。敦煌最早有明确纪年的水月观音是后晋天福八年（943）的绢本像（图 16-33）。最有代表性的水月观音出现在榆林窟第 2 窟西壁南北两侧（图 16-34）。画面中观音菩萨倚岩而坐，凝思遐想，悠然自若，全身笼罩在明亮的月光之中，身后奇峰修竹，眼前宝池涟漪，红莲浮水，意境幽静清雅。这些都与"菩萨圆光及竹"[2]，"净渌水上，虚白光中，一睹其相，万缘皆空"[3]的记载相符。除此而外，水月观音图像中还有飞天、供养菩萨、朝拜图、取经图等配图，以及山水、花鸟等

---

[1]〔唐〕张彦远著，俞剑华注：《历代名画记》，江苏美术出版社，2007 年，第 270 页。
[2]〔唐〕张彦远著，俞剑华注：《历代名画记》，江苏美术出版社，2007 年，第 80 页。
[3]〔唐〕白居易：《画水月菩萨赞》，载刘明杰校《白居易全集》，珠海出版社，1996 年，第 725 页。

元素。在某种程度上与中原画风保持着较高的一致性。

至元代，敦煌艺术进入尾声，但对于观音图像而言，仍然出现了经典之作。莫高窟元代第3窟被称为观音窟，内画散财观音、甘露观音、白衣观音等数身。观音衣裙巾带的线描，时而笔势酣畅，如行云流水，时而劲拔顿挫，如兰叶折芦，张弛有度，富于变化，达到了线描的高峰，成为元代乃至敦煌历代观音图像的杰出代表（图16-35）。

七、问题与思考

1. 关于观音三十三现身与世俗人物画

"三十三现身"是《普门品》的主要内容。讲述观音广显应化，"以种种形，游诸国土，度脱众生"[1]的神力与功德。其中包括三圣身、七种天身、七种人身、佛门四众身、四众妇女身和八部身。[2]这些观音随缘而现的化身主要有两类，一是佛国神祇，二是世俗凡人。

从敦煌观音"三十三现身"的画面来看，观音的各种"化身"，大多在形象上经历了中国化与世俗化的转变。如"梵王身"中所说的梵王即大梵天王，他原是印度教、婆罗门教的三大神之首，其"形象是红色，有须，坐在莲花座上。他原有五个头，后被另一大神湿婆砍掉一个。剩下的四个脑袋面向四方。有四个身子、八只手"[3]。佛教产生后，他被吸收为护法神，其形象是"白脸，四面，面各三目，八臂，双足。戴天冠，着天衣，披璎珞，外罩袈裟"[4]。在莫高窟盛唐第45窟的"三十三现身"画面中，这一多首多臂多足的梵王，完全被处理成一个中国的世俗凡人。

概言之，观音的这些"化身"，在艺术领域，即以世俗人物为原型绘出，在佛教领域，当以观音视之。而作为佛教的表现形式，它还是偏向于后者。因为，对观音"化身"的绘制，本质上还是一种"奉献式艺术"，它注重的是"图像的制作"而非"图像的观看"。[5]即是说，在昏暗的洞窟中绘制如此之小的画像，其预设的观看者不仅包括前来礼拜的信众，也包括神。所以，即便是观音的诸化身被中国化、世俗化，只要她的信仰继续盛行，信众就必然将

---

① 〔姚秦〕鸠摩罗什译：《妙法莲华经·观世音菩萨普门品》，《大正藏》第9册。
② 弓书田：《全像观音》，江西美术出版社，2006年，第44页。
③ 弓书田：《全像观音》，江西美术出版社，2006年，第50页。
④ 白化文：《汉化佛教与寺院生活》，天津人民出版社，1989年，第88—90页。
⑤ 巫鸿在讨论变相与变文关系时，指出佛教艺术主要是一种奉献式艺术，其本质上是一种"图像的制作"而非"图像的观看"。巫鸿将佛教图像的制作置放在整个信仰、佛事活动、石窟设计及石窟条件等背景中加以考察，并得出这一结论，无疑是有说服力的。见〔美〕巫鸿著，郑岩、王睿编，郑岩等译：《礼仪中的美术——巫鸿中国古代美术史文编》，生活·读书·新知三联书店，2005年，第366页。

这些画中的世俗形象与观念中的观音等同起来。不仅如此，他们还深信，那个神秘莫测的观音本身，也可看见自己的种种画形，并随时都有附身其上的可能。

也就是说，尽管从形象上讲，他们都不是观世音菩萨，但从观念上讲，他们又都是观世音菩萨。所以，"三十三现身"中的观音图像其实是一种观念上的观音形象。

2. 关于女性观音画像与仕女画的关系

观音画像与仕女画的关系问题，主要是基于唐代佛教中国化、观音女性化转向以及仕女画发展等背景而做的思考。具体原因有四：一、唐代佛教中国化、世俗化背景下观音形象的女性化倾向，使其与仕女画的对接成为可能；二、观音画像在自身的发展中，既借鉴了汉晋仕女画元素，又为唐代仕女画提供了可资借鉴的因子；三、唐代的大画家张萱、周昉"把仕女画从宗教的束缚中解放出来，……同时又将仕女优美的形象运用于佛教美术中"[1]，对观音画像施以影响；四、唐代的审美风尚和工艺水平，使观音画像与仕女画在形、色观念及服饰、化妆等方面均烙以相同的时代印记。故此，自唐以来，将菩萨像，尤其是观音像与世俗女性或仕女画互喻者颇多。如《寺塔记》云：韩干画"释梵天女，悉齐公妓小小等写真也"[2]。《释氏要览》亦云："造像梵相，宋齐间皆唇厚鼻隆目长颐丰，挺然丈夫之相。自唐来笔工皆端严柔弱似妓女之貌，故今人夸宫娃如菩萨也。"[3] 而对于敦煌菩萨画像，常书鸿曾说："唐代艺术家成功地塑造了许多菩萨形象，引人注目，那精心设计出来的衣着线条，随着身体轮廓变化而轻轻起伏，有一种柔和的节奏感，更增加了娉婷婀娜、温柔优美的女性特征。"[4] 府宪展在提到一幅俄藏敦煌菩萨像时也曾说："其周围的菩萨、天神、龙王、阿修罗等形象生动，色彩明丽。和其他残存的供养菩萨一样，都是非常杰出的工笔仕女画。"[5] 由此可见，探讨莫高窟唐代女性观音画像的成因及其与仕女画之间的关系，既是我们在人物画发展链条中对二者准确定位的前提，也是从彼此影响与互借的角度深入认识二者各自发展的必由之路。

3. 关于观音图像的手姿与持物

印度是一个舞蹈的国度，在其独立之前，"所有的古典舞都是在寺院里继承发展的"[6]。并且对"眼睛、手，甚至每一个手指都有非常严格、非常规范的训练"[7]。在约2—5世纪的

---

[1] 黄均：《传统仕女画技法》，北京工艺美术出版社，2000年，第1页。
[2] 〔唐〕段成式著，秦岭云点校：《寺塔记》，人民美术出版社，1964年，第12页。
[3] 〔宋〕道诚：《释氏要览》，《大正藏》第54册。
[4] 常书鸿：《敦煌莫高窟艺术（代序）》，文物出版社、三联书店，1980年。
[5] 俄罗斯国立艾尔米塔什博物馆、上海古籍出版社编纂：《俄藏敦煌艺术品》，上海古籍出版社，1997年，第18页。
[6] 王克芬：《图说敦煌舞蹈壁画（一）》，载国家图书馆善本部敦煌吐鲁番学资料研究中心编《敦煌与丝路文化学术讲座》第一辑，北京图书馆出版社，2003年，第267页。
[7] 王克芬：《图说敦煌舞蹈壁画（一）》，载国家图书馆善本部敦煌吐鲁番学资料研究中心编《敦煌与丝路文化学术讲座》第一辑，北京图书馆出版社，2003年，第267页。

印度戏剧、舞蹈理论著作《舞论》中,就列举了各种程式化的手势(手语),并把它们作为人物画的第二表情。[1] 正因为在印度的文化里,手的姿态和表情备受关注,所以,佛教创立之后,也创造出一套在形象上具有类舞蹈性的、以手来传达佛旨的符号系统——手姿。可以说"用一双手表现丰富多彩的思想情感内容,并将之总结为一套带有逻辑结构的符号系统,而且这套体系在宗教和观念中占有重要的和普遍的意义,是印度文化的一种独创"[2]。

菩萨的手姿是根据经典仪轨记载的规范来表现的,它传达着菩萨的悲心和誓愿,也是信仰者辨别其身份的标志。手姿表现主要有两个方面:一、遵循佛教仪轨,是表意的肢体语言,正确的绘制可以将菩萨的心愿传达给娑婆世界的众生;二、按照审美原则,是菩萨的第二表情,高超的表现技巧可以将善与美一同传递给众生。观音因在众菩萨中的特殊地位而具有与众不同的手姿,而敦煌观音画像的手姿又有着明显的地域特点。据印度学者洛克什·钱德拉与苏达尔沙娜·戴维·星哈尔研究统计,敦煌绘画中二臂观音手姿的组合方式就有28种之多。[3] 其中具有代表性的有以下几种:一、两手均结印;二、一手持净瓶,一手结印;三、一手持柳枝,一手结印;四、一手持莲花,一手结印;五、一手持净瓶,一手持杨枝;六、一手持净瓶,一手持莲花;七、一手持杨枝,一手持莲花;八、一手持杨枝,一手持插有长颈莲花的净瓶。可见,敦煌观音画像中的手姿和持物组合方式多样,其中不仅有作为人的"第二表情"的手的表现,而且涉及花卉和器物图像。所以,对手姿与持物的思考也是研究敦煌观音图像的主要维度之一。

4. 关于密教观音形体的共用与互生问题

各密教观音除信仰上的混融与造型上的互借外,还有一大特点就是形体的共用与互生。共用形作为一种独特的艺术形式,备受古今中外艺术家们的青睐,尤其是在工艺美术与民间美术领域内,其作为创意图形的一种,久用不衰。而20世纪以来西方艺术心理学理论著作在中国的翻译与介绍,又为我们认识莫高窟唐代密教观音画像形体的共用与互生提供了新的视角和理论依据。

从概念上讲,"共用形是创意图形的一种,它是指两种或两种以上图形完全共用或共享同一空间,或共用同一边缘,构成相互依存的统一体图形"[4]。这一概念告诉我们,共用形分为完全共用形、部分共用形和共线共用形。而我们要讨论的密教观音造型,正是部分共用形的典型代表。工布查布在《造像量度经续补》中谈及十一面千臂观世音造像法时说:"手

---

[1] 参见王镛:《印度美术史话》,人民美术出版社,1999年,第103页。
[2] 张法:《询问佛境》,宗教文化出版社,2000年,第207页。
[3] [印度]洛克什·钱德拉、苏达尔沙娜·戴维·星哈尔著,杨富学译:《敦煌壁画中的观音》,《敦煌研究》1995年第2期,第89—100页。
[4] 张智艳、吴卫:《创意图形之共用形》,《郑州轻工业学院学报(社会科学版)》2007年第6期,第45—48页。

足虽多，根同生于一枢，其式约略似扇把横轴所拦"[1]，这就形象地说明了密教观音众多手臂共用一形的造型特点[2]。按照格式塔心理学派的理论，任何形都是建立在视觉经验之上的一种组织建构，形式自身与视觉心理的相互作用，决定了图形的最终视觉效应。那么，密教观音一形共用的视觉形式，又会对应什么样的视觉心理呢？首先，共用形使密教观音形象秩序化；其次，共用形使密教观音形象简约化；再次，密教观音之手臂与共用形是相生共用的；复次，共用形增加了密教观音形象的神秘感；最后，密教观音共用形有助于我们理解形的闭合性问题。

对于密教观音的共用形的讨论，还需说明一点，即密教观音的形象在相关经典中，原本就是多首多臂多足共用一身，其众多手臂均是为了"安乐一切众生"而从身体之中生出来的。所以，其共用形在观念上与工艺美术中的图案和民间美术中的装饰绘画是不同的。但当它作为平面的绘画形式出现时，尤其是从造像度量的严格样本来看，其所呈现的的确是一个有关共用形的视觉图像。正因如此，它就具备了形共用的视觉效应与视觉心理，也正因如此，它才成了我们从视觉艺术的角度讨论的话题。

---

[1]〔清〕工布查布详解：《造像量度经解》，《大正藏》第21册。
[2] 密教观音的共用形主要是人体的躯干部分，当然，也有一些密教形象表现千手千臂千足时，就有一个完整的人体充当了共用形。

第十七章　敦煌佛教史传画导论

一、何为佛教史传画

佛教发源于古印度，约东汉末年传入中国。在佛教传播过程中，为了更好地吸引信众，一些神异故事或传说应运而生，这些带有神异色彩的佛教历史故事画被称为佛教史传画。这类绘画中有一些非同寻常的佛教造像，因传说能够显示灵验而被称为瑞像。另外，历史上一些大力宣扬佛教的世俗统治者、著名僧人甚至佛教圣地也逐渐被神秘化，产生了一些神异传说故事，这些传说故事有的也成为佛教艺术中的创作题材。作为佛教产生地，天竺地区存在大量关于瑞像与神异故事的传说，它们也是中国信众十分关注的对象。通过东来西去的僧人、使者、商旅的传播，佛教史传故事逐渐被传入中国。在敦煌的佛教艺术中，佛教史传画有不同的称法，如感应故事画、佛教史迹画、佛教历史故事画等，大体上包括佛教历史画、瑞像图、高僧事迹画、与佛教有关的圣迹图等。

二、研究简史

史传画是敦煌佛教艺术题材的一大内容，鲜有学者研究，在莫高窟南区 492 个洞窟中有历史故事的壁画达 50 个，经学界考证确认的题材内容有数十种[1]，相对于构图宏伟、气势恢宏的大型经变画或佛传故事，史传画属于小众题材，并不绘制在主要洞窟的主要壁面，而是零星地记录着佛教传入和信仰的过程，是中国与印度、中亚文化交流的集中呈现。对于佛教史传画的研究，孙修身着力最多，他在《莫高窟佛教史迹画故事介绍》的系列论文中对敦煌莫高窟南区壁画所见史迹故事图像进行了图像辨识与文本考证，同时也对经变的构图顺序和图像特点进行了分析，对后来佛教史迹画的继续研究具有开创性

---

[1] 参见敦煌研究院编：《敦煌石窟内容总录》，文物出版社，1996 年；敦煌文物研究所整理：《敦煌莫高窟内容总录》，文物出版社，1982 年。

的意义。关于瑞像图的研究也是佛教史传画的一项重要内容，瑞像图像研究成果主要集中在张小刚《敦煌佛教感通画研究》中。《敦煌佛教感通画研究》是研究瑞像图像的集大成之作，全书共分为上中下三篇，为图像考证、综合研究、个案研究，从敦煌感通画的基础图像入手最后落脚于微观的图像考释，同时也在文末辑录了19个洞窟的感通画榜题。这些瑞像图像包含着古代中国对佛教的理解和改造，非常直接地反映出当时民众的信仰和需求，对于我们了解佛教瑞像的流布与传播具有重要意义。针对敦煌史传画中的于阗故事画，英国威廉姆斯夫人、德国格洛普、孙修身、张小刚、陈粟裕、荣新江、朱丽双等前辈学者都有深入和详尽的研究。沙武田从长安的影响、粉本传承、地方图像的选择、地方保护神的借用诸角度，对敦煌石窟中的于阗瑞像史迹画涉及相关问题进行了考证，认为敦煌石窟中出现的于阗瑞像史迹画，除了图像本身的文献来源与图本传承关系之外，其实应该更多考虑唐长安的影响。

总体而言，敦煌佛教史传画的研究仍处于个案故事的考证上，目前还未有全方位综合研究，众多的史传画题材类型模糊，研究成果较为分散。另外，这些佛教史传画的故事内容散见于古代汉文及藏文、于阗文和梵文文献中，同时在敦煌遗书中也保存有绘制瑞像图像的文字记录《诸佛瑞像记》。佛教艺术的研究离不开文献资料的佐证，期待敦煌佛教史传画与相关文献研究推出更多的成果。

三、敦煌佛教史传画内容及分类

敦煌莫高窟不仅保存了大量的佛教故事画、经变画，还保存了不少展现佛教历史的史传画。如前所述，佛教史传画，是指根据史籍记载或民间传说而描绘的佛教历史人物、历史事件、佛教圣迹和灵验故事的图像内容。佛教史传画又被称为佛教史迹画，其中既有真人

---

① 孙修身：《莫高窟佛教史迹故事画介绍》（二、三、四），《敦煌研究》1981年第1期，第98—110；1982年试刊2，第88—107页，第39—55页；《莫高窟佛教史迹画内容考释》（五、六、七、八），《敦煌研究》1985年第3期，第63—70页；1986年第2期，第34—39页；1987年第3期，第35—42页；1988年第1期，第3—8、113页。

② [英] Joanna Williams, The Iconography of Khotanese Paintings, East and West, new series, 23, 1/2, 1973, pp. 109-154. [德] Gerd Gropp, Archaologische Funde aus Khotan Chinesisch—Ostturkestan, Die Trinkler—Sammlung im Ubersee—Museum, Bremen, Rover, 1974；敦煌研究院编、孙修身主编：《敦煌石窟全集·佛教东传故事画卷》，上海世纪出版集团，上海人民出版社，2000年，第67—118页；张小刚：《敦煌佛教感通画研究》，甘肃教育出版社，2015年，第125—210页；陈粟裕：《从于阗到敦煌——以唐宋时期图像的东传为中心》，方志出版社，2014年，第94—106页；荣新江、朱丽双：《于阗与敦煌》，甘肃教育出版社，2013年，第243—318页。

③ 沙武田：《角色转换与历史记忆——莫高窟第323窟张骞出使西域图的艺术史意义》，《敦煌研究》2014年第1期，第21—29页。

真事,也有想象虚构,但它们往往有较多的现实依据,具有历史、地理、宗教、文学等多种价值。敦煌佛教史传画始于唐初,盛于吐蕃时期,终于北宋。据学界统计有40处67种之多,内容十分丰富。[1]大体可分为以下五类:

(一)佛教历史画

主要描绘佛教史中重要或特殊的事件及其相关人物。如敦煌莫高窟第323窟的张骞出使西域图(图17-1),描绘了汉武帝甘泉宫礼拜金人(图17-2),率群臣送别张骞,张骞持节西行到大夏等一系列有关张骞出使西域的情节。虽然图中有些细节不符合历史,但仍然真实地反映了中西文化交流史上这一重要历史事件和相关的重要人物。莫高窟第323窟南北壁采用连环画组的形式,共分为四个画面,生动表现张骞出使西域抵达大夏国的故事。图像上每个画面都有清晰的榜题。东上角,描绘汉武帝在甘泉宫前拜祭金人,汉武帝因不知金像名号,于是再次派张骞出使西域,对于此金人榜题说明是匈奴的祭天金人,是打败匈奴时缴获的。在图像的西侧中部,描绘张骞第二次出使西域抵达大夏国的情形。在真实的历史记载中大夏并非张骞两次出使西域的目的地,沙武田认为"张骞出使西域图"把本来属于政治外交性质的张骞出使西域历史附会为佛像传入汉地最早事件,集中反映佛像

图17-1 莫高窟第323窟张骞出使西域图　　图17-2 莫高窟第323窟汉武帝甘泉宫拜金像

---

[1] 敦煌研究院编:《敦煌石窟内容总录》,文物出版社,1996年。

传入汉地的历史,洞窟的设计者或绘画者很有可能为僧人,其目的是将"求佛名号"的使命交到中西交通开拓者的张骞身上。说明有唐一代,张骞出使西域的历史在佛教界发生了"角色转换",由政治和外交图像转换为佛教题材内容,并最终成为一种独特的图像文献,赋有"历史记忆"的功能。[1]

同样展示佛教历史故事的还有唐代的玄奘西行求法事迹。643年玄奘取经返回中国,带回梵文佛教经典五百二十夹(梵文佛经单位)六十五部。唐太宗以其精通经律论,熟知佛教圣典,赐号为"三藏法师",更为他设立译经院。玄奘翻译的佛经有《大般若经》《瑜伽师地论》《成唯识论》《摄大乘论》《俱舍论》《大婆娑论》等,在东亚地区佛教传播史上具有重要地位。记录其印度和西域见闻的《大唐西域记》也成为后世研究印度、中亚和南亚地区历史和风土人情的重要材料,藏经洞目前保存有《大唐西域记》3件:S.2695va(卷1)、P.3814(卷2)、S.0958(卷3)。玄奘圆寂后二百多年即晚唐时,已经出现他西行求法的故事,至宋以后,更多以玄奘为题材的话本(即说唱的脚本)流传于民间,而且不断的增补丰富,其内容也愈加离奇神异,逐渐演化为带有神仙传奇色彩。据段文杰、樊锦诗等学者研究,最晚至宋时,已经形成了有关的文学作品。如金院本《唐三藏书》、元吴昌龄《唐三藏书西天取经》、杂剧及古本《西游记》等,特别是明代吴承恩总括前说,创作的《西游记》小说。[2] 同时,相关的绘画作品也已出现,北宋景祐三年(1036)欧阳修与友人在扬州寿宁寺中

图17-3 榆林窟西夏第2窟主室西壁门北水月观音图

---

[1] 沙武田:《角色转换与历史记忆——莫高窟第323窟张骞出使西域图的艺术史意义》,《敦煌研究》2014年第1期,第21—29页。

[2] 段文杰:《玄奘取经图研究》,载敦煌研究院编《1990年敦煌学国际研讨会文集·石窟艺术编》,辽宁美术出版社,1995年,第1—19页;樊锦诗:《玄奘译经和敦煌壁画》,《敦煌研究》2004年第2期,第1—12页;于硕:《唐僧取经图像研究——以寺窟图像为中心》,首都师范大学2011年硕士学位论文;郑怡楠:《瓜州石窟群唐玄奘取经图研究》,《敦煌学辑刊》2009年第4期,第93—111页。

曾看到描绘玄奘取经的壁画。在玄奘取经故事的流传过程中,瓜州榆林窟西夏第2窟(图17-3、图17-4)、3窟(图17-5)、29窟(图17-6),以及东千佛洞西夏第2窟(图17-7),乃至玉门市昌马石窟都产生了许多与玄奘有关的故事画,大部分图像均为玄奘、猴行者和白马立于河边。[1]这些壁画是依据南宋《大唐三藏取经诗画》内容绘画的,内容脱离历史实质。这6幅取经图均非独立成画,而是依附于水月观音图或普贤菩萨图中。对于瓜州石窟中的这些画面,段文杰指出,"玄奘取经图看来不是独立画面,而是穿插在观音变或普贤变中的插曲",同时通过画面分析,肯定了唐僧取经图所反映出来的"玄奘与观音菩萨密不可分的特殊关系"。[2]敦煌西夏时期集中出现"唐僧取经像"实则是宋代初年中印之间频繁文化交流关系的真实写照,生动展现了10—13世纪丝路上东来西往传播佛教教义和赴印求取佛经的第二次求法热潮。

图17-4 榆林窟西夏第2窟唐僧取经图　　　　图17-5 榆林窟西夏第3窟唐僧取经图

---

[1] 关于敦煌西夏石窟"唐僧取经图"的研究成果主要有:王静如:《敦煌莫高窟和安西榆林窟中的西夏壁画》,《文物》1980年第9期,第49—55页;段文杰:《玄奘取经图研究》,载敦煌研究院编《1990年敦煌学国际研讨会文集·石窟艺术编》,辽宁美术出版社,1995年,第1—19页;另载敦煌研究院编《敦煌石窟艺术研究》,甘肃人民出版社,2007年,第397—411页;刘玉权:《榆林窟第29窟水月观音图部分内容新析》,《敦煌研究》2009年第2期,第1—3页;常红红:《西夏玄奘取经图像之研究——以东千佛洞第2窟图像为中心》;沙武田主编:《丝绸之路研究辑刊》第五辑,商务印书馆,2020年,第315—334页;于硕:《大佛与西游记壁画内容与绘制时间推证》,《敦煌研究》2011年第1期,第30—41页;沙武田:《水月观音图像样式的创新与意图——瓜州西夏石窟唐僧取经图出现原因再考》,《民族艺林》2019年第2期,第5—25页。

[2] 段文杰:《玄奘取经图研究》,载敦煌研究院编《1990年敦煌学国际研讨会文集·石窟艺术编》,辽宁美术出版社,1995年,第1—19页。

图 17-6　榆林窟西夏第 29 窟类似取经图（局部）　　图 17-7　东千佛洞西夏第 2 窟唐僧取经图

（二）瑞像图

在佛教传播的过程中，古印度地区的各种题材和样式的造像也随之而来，从而推动了佛教在中国民间的进一步传播。在佛教传播过程中，为了更好地吸引信众，一些神异故事或传说应运而生。历史上一些大力宣扬佛教的世俗统治者、著名僧人甚至佛教圣地逐渐被神秘化，产生了一些神异传说或故事，这些传说故事有些成了佛教艺术中的感通瑞像题材。

在敦煌绘画中出现了四十余种与古印度有关的佛教感通画，主要涉及中天竺的侨赏弥国（又称俱弥国）、摩揭陀国（又称摩伽陀国）、波罗奈国（又称婆罗痆斯国）、毗耶离国、侨萨罗国，南天竺的达嚫国、僧伽罗国、蒲特山，北天竺的劫比罗伐窣国（即迦毗罗卫国）、迦毕试国、乌仗那国、犍陀罗国、泥婆罗国等地方。上述地方原本不曾有专门的感通神异故事，在中国佛教大发展过程中，感通故事才逐渐形成并引起信众关注，后被集结成集。相关的佛教感通故事文本有道宣的《集神州三宝感通录》、非浊的《三宝感应要略录》，其目的正如道宣所述：

图 17-8　莫高窟第 72 窟分身瑞像

夫三宝利见其来久矣，但以信毁相竞，故有感应之缘。自汉洎唐年余六百，灵相胯向，群录可寻，而神化无方，待机而扣，光瑞出没，开信于一时。景像垂容，陈迹于万代，或见于既往，或显于将来，昭彰于道俗，生信于迷悟。故撮举其要，三卷成部云。[1]

这些故事集专门收集神州六百年来产生的佛教感通故事。根据张小刚研究，敦煌壁画感通图像，总体可以分为盛唐初步发展期以及中唐至北宋早期大发展期，在中唐吐蕃统治、晚唐张氏归义军统治、五代及北宋早期曹氏归义军统治期间，感通图像获得充分发展。中唐至晚唐早期，感通图像分布在主室西壁、龛顶四披，瑞像图占据绝大多数。一些洞窟西、东两披中央分别表现分身瑞像（图17-8）、凉州瑞像（图17-9）。晚唐中期至北宋早期，瑞像图大多分布在甬道顶部中间和南北两披，各种图像一并流行。晚唐至北宋早期，甬道顶部中间以牛头山瑞像（图17-10）和凉州瑞像为中心配置各种图像，南北两披西段对称配置于阗八大护国天王（图17-11），瑞像图像的种类和数量空前增加，其中最为典型的就是于阗瑞像。

图17-9　莫高窟第72窟凉州瑞像　　　　图17-10　莫高窟第9窟甬道顶牛头山释迦瑞像

---

[1]〔唐〕道宣：《集神州三宝感通录》卷上，载《大正藏》第52册，第404页上。

图 17-11　莫高窟第 9 窟于阗八大护国天王

于阗位于丝绸之路的南道,是印度佛教传入必经地方之一,中原地区的佛教传播大多是经过于阗传入的。于阗瑞像图在中唐时期开始出现在敦煌壁画,901 年于阗国王李圣天娶归义军节度使曹议金之女为后,于阗瑞像开始盛行于敦煌壁画。敦煌壁画中的于阗瑞像包括诸佛、菩萨和护国天王等,如莫高窟中唐第 231 窟的西壁佛龛顶之释迦瑞像,榜题写"于阗媲摩城中雕檀瑞像"(图 17-12),第 72 窟有犍陀罗观音授记成道瑞像(图 17-13),第 231 窟有"天竺白银弥勒瑞像"(图 17-14)。海眼寺的故事是于阗变成大海的神话传说,此瑞像在中唐第 231 窟有两个,分别榜题"于阗坎城瑞像"(图 17-15)和"释迦牟尼真像从王舍城腾空住海眼寺"(图 17-16)。第 72 窟亦有此瑞像,榜题写"释迦牟尼佛真容从王舍城腾空而来在于海眼寺住"(图 17-17)。另外,敦煌莫高窟也保存有释迦浴佛瑞像。用香汤沐浇佛像,是佛教礼仪之一,自佛教传入中国后,浴佛成为每年佛诞日重要的庆祝仪式,浴佛瑞像见于第 72 窟和第 98 窟(图 17-18、图 17-19)。牛头山瑞像也是敦煌瑞像图像中的重要组成部分。相传牛头山是释迦为诸天说法之处,预言此地以后将会建一个敬崇

---

① 张小刚:《敦煌佛教感通画研究》,甘肃教育出版社,2015 年,附录:吐蕃至宋初敦煌现存佛教感通画群榜题辑录,第 222 页。

图 17-12　莫高窟中唐第 231 窟于阗媲摩城中雕檀瑞像 　　图 17-13　莫高窟第 72 窟观音授记成道瑞像 　　图 17-14　莫高窟中唐第 231 窟天竺白银弥勒瑞像

佛法的国家——于阗。中唐时，敦煌开始有牛头山瑞像，到曹氏归义军时期（914—1036），牛头山故事不再只有瑞像，而是与其他佛教历史故事画一起结成了佛教圣迹图，以大幅画面出现于洞窟甬道顶部。牛头山圣迹图是印度佛教兴起后，经于阗传入中原地区的历史缩影。莫高窟第 454 窟牛头山下部是一组佛教历史故事画，描绘有阿育王一手遮天、龙神水淹于阗国等故事。根据张小刚的研究，五代时期，牛头山图的位置由甬道顶转到洞窟主室壁上，全以牛头山为中心，四周围绕诸故事，组成大型经变画，和其他佛经变相处于平等的位置，所以称为佛教历史故事变相图。五代时期的牛头山图的主角变为普贤菩萨，前后有圣众，牛头移至图的左下角，榆林窟第 32 窟东壁北侧上部的牛头山圣迹图中普贤骑白象居壁画正中，四周画构成牛头山的各种故事，如毗沙门天王和舍利弗决海、道明和尚塔等故事。这些瑞像故事只见于佛教东传后所出现的佛教传说和高僧传记中，不见于佛经，这是佛教东传外来图像逐渐中国化后的重要例证。

图 17-15　莫高窟中唐第 231 窟
于阗坎城释迦瑞像

图 17-16　莫高窟中唐第 231 窟
于阗海眼寺释迦瑞像

图 17-17　莫高窟第 72 窟海眼寺瑞像 　　图 17-18　莫高窟第 72 窟于阗浴佛瑞像

图 17-19　莫高窟第 98 窟于阗浴佛瑞像

(三) 高僧事迹画

高僧事迹画是以一些杰出、著名高僧的事迹为主要内容的高僧故事图像。敦煌石窟中的高僧故事画主要有安世高、康僧会、佛图澄、刘萨诃、释宝志、释昙延、释僧伽、玄奘等故事图迹，这些高僧所处的时代从佛教初传至隋唐时期，在中国佛教传播和发展史上都具有重要地位。莫高窟初唐第323窟南北壁的高僧事迹画占据了整个窟室的显眼位置，是该窟壁画的重要题材。这些高僧事迹画或神异故事在国内诸石窟寺壁画中均不多见，莫高窟第323窟作为高僧事迹最集中的洞窟为我们了解和研究高僧事迹在汉地传播过程中的演变和发展情况，提供了一组形象而具体的图像材料。

莫高窟初唐第323窟北壁东侧康僧会感应故事，便为描绘其为江南建第一座寺院建初寺之事迹。《高僧传》中《魏吴建业建初寺康僧会》较为详细地记述了康僧会江南行迹。[1] 吴地佛教在支谦的译经传布中获得初步发展，康僧会以其"初染大法，风化未全"，誓志使"道振江左"，便开始了其江南传教之行。[2] 第323窟壁画中康僧会感应故事描绘了以下故事情节：康僧会下江南弘扬佛法（图17-20）、康僧会为江南兴佛法、吴王孙权感圣得舍利、兴建江左第一寺院——建初寺、康僧会为孙皓讲法、孙皓受五戒、皈依佛门。其次有佛图澄事迹，佛图澄本西域人，年少出家，于晋怀帝永嘉四年（310）来到洛阳，弘扬佛法，其人精通各种神异方术，善于念诵神咒、役使鬼神，如以麻油夹杂胭脂涂手掌，千里之外所发生之事，皆可于掌中观看，

图 17-20 莫高窟初唐第323窟康僧会江南弘法

图 17-21 莫高窟初唐第323窟幽州灭大火

---

[1]〔南朝梁〕释慧皎著，汤用彤校注：《高僧传》，中华书局，1992年，第15页。
[2]〔南朝梁〕释慧皎著，汤用彤校注：《高僧传》，中华书局，1992年，第15—18页。

图 17-22　莫高窟初唐第 323 窟佛图澄听铃辨吉凶　　图 17-23　莫高窟初唐第 323 窟佛图澄河边洗肠

也可以使净洁身心、诚敬斋戒的人看见,其最为神奇的技艺便是通过佛塔之铃声来判断事物的吉凶变化,皆有应验。敦煌壁画中佛图澄故事画位于第 323 窟北壁,描绘佛图澄与后赵皇帝交往,佛图澄借用神力以酒遥灭幽州城大火的场景(图 17-21),佛图澄为石宣、石韬解铃音之事(图 17-22),佛图澄水边洗肠的场景(图 17-23)。另外,第 323 窟还绘制有昙延法师的故事场景,图像绘于南壁东

图 17-24　莫高窟初唐第 323 窟昙延法师

端,表现隋文帝问昙延法师久旱原因,恭请昙延法师入宫、隋文帝及群臣受戒、天降甘霖的场景(图 17-24)。马世长认为第 323 窟将佛图澄、康僧会和昙延以及相关的帝王感应事迹加以表现,既有颂扬往昔三个高僧弘扬佛教伟业之意,也有对几代帝王倡导佛教之功的缅怀之情,也流露出对当时佛教屈居道教之后,心中愤懑不平的情绪。[1] 莫高窟第 323 窟作为敦煌石窟中最具代表性的"原创性"洞窟,巫鸿从"历史性""原创性"两个方面有过精彩解读。[2] 沙武田结

---

[1] 马世长:《莫高窟第 323 窟佛教感应故事画》,《敦煌研究》1982 年第 1 期,第 80—96 页。
[2] [美] 巫鸿:《敦煌 323 窟与道宣》,载氏著《礼仪中的美术——巫鸿中国古代美术史论集》,生活·读书·新知三联书店,2005 年,第 418—430 页。

图 17-25　莫高窟第 395 窟宝志和尚画像

图 17-26　莫高窟第 72 窟刘萨诃因缘变相

合该窟几位灵异高僧的"胡人"背景以及邻 322 窟胡人安氏家族功德窟推测第 323 窟有可能也是移居敦煌的中亚粟特胡人功德窟，窟内集中展示唐以前中土佛教传播的重要历史故事，形成以粟特人为宣教对象的中土佛教传播的历史讲堂。[1]

敦煌晚唐五代洞窟或纸绢画中的高僧故事画，主要人物为释宝志、泗州僧伽、万回、刘萨诃以及昙延法师等，这些高僧故事画的选取，与晚唐五代社会环境的变化以及民间佛教的兴盛有着密切关系。如莫高窟第 395 窟甬道南壁绘宝志和尚的形象（图 17-25），《高僧传·宝志传》记载梁武帝询问志公如何去除烦惑，志公以"十二时"为答被传为帝王僧人交往的佳话。莫高窟中的宝志和尚"剃发冠帽""下裙纳袍"、执一锡杖，表现宝志和尚"居止无定"、风餐露宿的形象。刘萨诃事迹与凉州御容山石佛故事密切相关（图 17-26）。据道宣记载，刘萨诃于北魏太延元年（435）西行弘法在凉州番禾郡御容山（今甘肃省永昌县西北后大寺虎头山）授记，预言石佛像能够预测社会兴衰、人世治乱和民众生活福祸，极具灵验。后河西地区出现了大量有关凉州瑞像的造像、碑刻和石窟壁画等，敦煌石窟也营造了大量以凉州瑞像为主题的洞窟和绘制巨幅凉州瑞像壁画。隋唐五代宋时期，凉州瑞像信仰达到鼎盛时期。

近几年关于凉州瑞像、刘萨诃事迹研究成为学界热点。如张善庆、沙武田从有关刘萨诃、凉州瑞像的文献记载和图像艺术角度，提出凉州瑞像在西北地区形成一种巨大的信仰，一个重要的原因就是这种信仰蕴含末法观。[2]《甘肃张掖市马蹄寺千佛洞凉州瑞像再考》

---

[1] 沙武田、郑炳林：《为粟特人而建：莫高窟第 323 窟与中土佛教传播历史的图像展示》，载《文明的推动与互动——丝绸之路上的粟特国际学术研讨会论文集》，2021 年，第 353—396 页。
[2] 张善庆、沙武田：《刘萨诃与凉州瑞像信仰的末法观》，《敦煌研究》2008 年第 5 期，第 9—13 页。

则通过对马蹄寺千佛洞隋唐时期第 6 窟主尊修复前后照片资料的对比分析，确定现该窟修复后的阿弥陀佛造像原为凉州瑞像。[1] 同时《凉州建德大地震与番禾瑞像信仰的形成》一文考证出北周建德年间番禾瑞像曾经发生多次佛首掉落事件，实际上和建德年间凉州大地震存在密切的关系，而释道安和释道宣直接将其与北周政权的覆亡和北周武帝发动的灭法运动相联系，神话瑞像的"预言"功能，反映出两位高僧大德的末法思想。[2]《凉州瑞像示现之"正光说"献疑》一文提出《集神州三宝感通录》凉州瑞像因缘故事属于后代对凉州地区造像活动的比附，无首佛像的出现之所以被系在"正光"元年，与凉州瑞像的特质以及"正光"在中国佛教发展史上的特殊意义有关系，更与凉州瑞像因缘故事的撰写者密不可分。因此"正光说"大概也是《集神州三宝感通录》的权宜方便。[3] 文静、魏文斌考证甘肃省博物馆藏周圣历元年（698）宝意造圣容像、山西省博物院藏开元二十五年（737）李元封等八人造圣容像、炳灵寺石窟晚唐第 13 号龛造像、甘肃省永昌县博物馆藏刘萨诃瑞像以及张掖马蹄寺石窟群千佛洞第 6 窟造像也属于凉州瑞像。[4] 此外，敦煌研究院张小刚在研究敦煌佛教感通画时对凉州瑞像的研究也着墨较多。他从考古学角度对各类凉州瑞像图像资料进行收集分类，分析了凉州瑞像图通式、造型，对凉州瑞像体现地方性特征作了大量研究，认为凉州瑞像具有强烈的政治意义，是统一国家中央集权的象征，同时"北方"本地瑞像的出现也预示了强大的政治力量在中国北方的崛起，成果主要集中于其《敦煌佛教感通画研究》。[5] 他还依据实地调查和学界刊布的资料，对永昌县博物馆所藏的几件凉州瑞像石雕像和肃南皇城石佛崖石窟新发现的唐代凉州瑞像壁画，以及敦煌莫高窟、肃南文殊山石窟、肃南金塔寺石窟以及黑水城出土艺术品中有关西夏至元代凉州瑞像造像予以考证分析，揭出黑水城出土戴冠立佛绢画与彩塑可能为变异的凉州瑞像（图 17-27）。[6] 宁夏大学彭向前在

图 17-27 黑水城出土凉州瑞像

---

① 张善庆：《甘肃张掖市马蹄寺千佛洞凉州瑞像再考》，《四川文物》2009 年第 3 期，第 80—84 页。
② 张善庆：《凉州建德大地震与番禾瑞像信仰的形成》，《敦煌学辑刊》2011 年第 3 期，第 84—92 页。
③ 张善庆：《凉州瑞像示现之"正光说"献疑》，《敦煌学辑刊》2017 年第 3 期，第 146—153 页。
④ 文静、魏文斌：《唐代石雕刘萨诃瑞像初步研究》，《华夏考古》2011 年第 1 期，第 94—101 页。
⑤ 张小刚：《敦煌佛教感通画研究》，甘肃教育出版社，2015 年；张小刚：《凉州瑞像在敦煌——体现地方性的一种瑞像实例》，《魏晋南北朝隋唐史资料》2010 年第 1 期，第 259—268 页。
⑥ 张小刚：《关于凉州瑞像的一些新资料——兼谈黑水城出土凉州瑞像》，《西夏研究》2012 年第 4 期，第 29—35 页。

《关于西夏圣容寺研究的几个问题》中根据西夏陵出土残碑和"凉州重修护国寺感通塔碑"中西夏文圣容寺的两种写法,考证了西夏的"圣容"具有双重含义,既指凉州瑞像石佛,又指西夏帝后神御。[1] 梁松涛、杨富学《西夏圣容寺及其相关问题考证》[2],党寿山《永昌圣容寺的历史变迁探赜》[3],黎大祥、张振华等《武威地区西夏遗址调查与研究》[4]等成果,主要探究了西夏圣容寺的地理位置及其历史变迁。西夏立国后,从夏景宗元昊立国到西夏灭亡,历代统治者为了巩固其统治地位,对佛教尤为尊崇,其政治、经济、文化深受河陇文化影响。加之凉州瑞像的神秘预言功能,西夏统治者愈加重视供奉凉州瑞像,进一步推动了凉州瑞像在西夏社会的广为流传。关于凉州瑞像所形成的新的特点及其背后所附会的政治、文化等因素值得进一步思考和推进。

宋西夏时期,唐僧取经图在瓜沙地区非常流行。敦煌地区现存玄奘取经图共计6幅,研究者多以玄奘取经图命名,此类图像全部集中于瓜州榆林窟和东千佛洞内。如榆林窟第2窟西壁门北水月观音右下角,榆林窟第3窟西壁门南普贤赴会南侧,东千佛洞第2窟西壁左侧甬道北壁、右侧甬道南壁水月观音中均绘唐僧取经图。瓜州地区玄奘取经图集中出现于西夏时期洞窟中,段文杰在研究中认为这些取经图是以南宋成书的《大唐三藏取经诗话》为蓝本创作的,《大唐三藏取经诗话》是依据《大唐西域记》《大慈恩寺三藏法师传》《大唐故三藏玄奘法师行状》等文献并结合西天取经传说写成的变文。由于玄奘取经的巨大影响力,在全国各地都出现了与玄奘取经题材相关的绘画,河西陇右地区尤为丰富,从西夏时期一直延续到明清,这种现象与玄奘取经途经这些地方不无关系。西夏时期除榆林窟、东千佛洞的玄奘取经图外,尚有肃南文殊山石窟玄奘取经图壁画,画面内容与敦煌瓜州地区相似。元、明、清时期,河西陇右地区的西游题材绘画更为丰富。

敦煌壁画中的高僧皆为历史上的著名高僧,他们在佛教的传入、传播、发展等方面都发挥了重要作用,在佛教史上具有重要的地位和影响。敦煌壁画中高僧事迹图的主要题材有高僧游化、君王皈依、取经弘法等,这些故事都有弘扬佛法的意味,如刘萨诃的神奇预言,僧伽为人治疗疾病,康僧会、玄奘弘扬佛法的事迹带给信众以巨大的信仰动力。这些高僧通过求取佛经、翻译佛经、宣传佛经促进了佛教在信众中的进一步传播,提高了佛教信仰阶层的广泛性,敦煌石窟中所保存的高僧事迹图是佛教传播史上的重要图像。

---

[1] 彭向前:《关于西夏圣容寺研究的几个问题》,《西夏学》2017年第1辑(总第14辑),第20—24页。
[2] 梁松涛、杨富学:《西夏圣容寺及其相关问题考证》,《内蒙古社会科学》2012年第5期,第66—69页。
[3] 党寿山:《永昌圣容寺的历史变迁探赜》,《敦煌研究》2014年第4期,第101—108页。
[4] 黎大祥、张振华等:《武威地区西夏遗址调查研究》,社会科学文献出版社,2016年,第119—138页。

（四）佛教圣迹图

佛教圣迹图指一些佛地方志和圣迹地图。如五台山图在莫高窟佛教圣迹图中就有着特殊的地位。长庆四年（824），吐蕃王朝曾向唐朝遣使求《五台山图》。吐蕃时期所建的第159、222、237、361等窟，帐形龛内外的屏风画也绘小型五台山图。敦煌莫高窟第61窟西壁的五台山图是典型的佛教圣迹图像，也是我国最完备的佛教地志和圣迹地图（图17-28）。

第61窟壁画反映的社会情景，是10世纪社会历史的宝贵资料。莫高窟第61窟俗称"文殊堂"，其主室西壁以山水画形式绘画"五台山化现图"，内容包括五台山及各峰的景色和各种灵异圣迹佛寺，以及登山朝圣的香客和道人使节等，全面展示五台山，包括五台山周围一带的地理环境。在一定程度上，敦煌莫高窟第61窟的五台山图像可以说是一幅形象的地理图像，它是莫高窟三大史迹壁画之一，大量的历史资料证明该图绘画时代应在五代以后。壁画上部画各种菩萨化现景象，以观音、文殊、毗沙门天王、普贤为首，莅临五台山的后有菩萨、罗汉及天龙化现。中部五台山描绘五个主要山峰及山中各大寺院情况（图17-29），同时又有各种神异故事呈现。下部表现通往五台山的道路以及从山西太原到河北镇州沿途的地理情况，充满日常生活气息。整体壁画内容繁复，天上诸佛与山中诸祥瑞及山下道路共存于一个画面中，是生动展示五台山景象的绝佳图像。另外前文述及的莫高窟第9窟甬道顶部牛头山圣迹图也是目前较为完备的佛教圣迹图（图17-30），孙修身将其判定为佛教史迹画，陈粟裕在其文章中对该圣迹图进行了图像考释与图式来源分析，认为该

图17-28　莫高窟第61窟五台山圣迹图　　　图17-29　莫高窟第61窟五台山圣迹图之大福圣寺

图 17-30　莫高窟第 9 窟
甬道顶牛头山圣迹图

图 17-31　莫高窟第 237 窟
泥婆罗水火池与弥勒头冠柜

圣迹图画面中包括常见的佛教瑞像图如旃檀瑞像、牛头山瑞像、百梯山昙延法师隐处、泥婆罗水中取火、摩揭陀国菩提寺、阿育王建塔、尤填王旃檀瑞像跪迎释迦、舍利佛毗沙门天王决海等情节。[①] 莫高窟第 237 窟牛头山图底部由多个印度和中国的佛教故事组成，左下角是中国的昙延法师打坐，其上是起火的泥婆罗方柜（图 17-31），据说里面存放有弥勒下生时的头冠，牛头右侧是印度毗耶离城维摩诘住处，旁有数僧俗所在的印度阿育王所建高广塔，塔下有一人站立，据说是出使西域的王玄策。莫高窟第 454 窟也绘制有牛头山圣迹图（图 17-32），其题材内容包括象征佛教传播四方的印度波咤厘子城、印度的那烂陀

[①] 陈粟裕：《敦煌石窟中佛教圣迹图内容考证》，《形象史学》2013 年第 1 期，第 142—160 页。

寺、泥婆罗的水火油池、于阗国都城、毗遮那罗汉请于阗王修建的佛寺等传说中的佛教历史遗迹。

另外，11世纪初，伴随宋夏掀起的赴印取经热潮以及《佛说八大灵塔名号经》《八大灵塔梵赞》佛经文本的流传，代表佛陀圣迹的八塔变图像逐渐兴起，在一定程度上，这类前往印度巡礼的八塔遗迹可以看作是佛教圣迹图像的一种。在此之前东来西往的僧人巡礼八塔的事迹不绝如缕，早在前2世纪左右，即印度的阿育王时期，孔雀王朝的阿育王建四万八千塔。根据《杂阿含经》[1]《阿育王经》《阿育王传》[2]等可知这一时期的佛教信徒已经普遍去圣地巡礼，且在向导的指引下，亲自到各地的释迦牟尼圣迹遗址进行礼拜。许多佛教经典中对释迦牟尼得道处、转法轮处、涅槃处的塔都有记载。据法显的《佛国记》记载，释迦牟尼入涅槃后，弟子以及信徒相继前往四大塔处进行礼拜，分别为"佛生处、得道处、除转法轮处、涅槃处"[3]。与八塔变相关的经典记载还见

图17-32 莫高窟第454窟牛头山圣迹图

于唐代僧人前往印度圣地游记的片段中，如俄藏敦煌唐写本Ф209就记载了一位僧人在印度游历佛教圣迹的情况。该片段为一残卷，记载一位僧人从"丈室行经二月三日至舍卫国祇树给孤"到"日日来供养从师子国北行经七月"的游历行迹，该僧人曾用将近58个月的时间在印度游历诸多佛陀圣迹，其中包括"舍卫国祇树给孤独园""波罗奈城鹿野林苑""俱

---

[1]〔南朝宋〕求那跋陀罗译：《杂阿含经》卷一，上海古籍出版社，1995年。
[2] 光亮：《阿育王传》，西藏人民出版社，2017年，第158页。
[3]〔东晋〕法显著，袁维学校注：《佛国记》，三晋出版社，2017年，第10—17页。

图17-33 莫高窟宋代第76窟八塔变

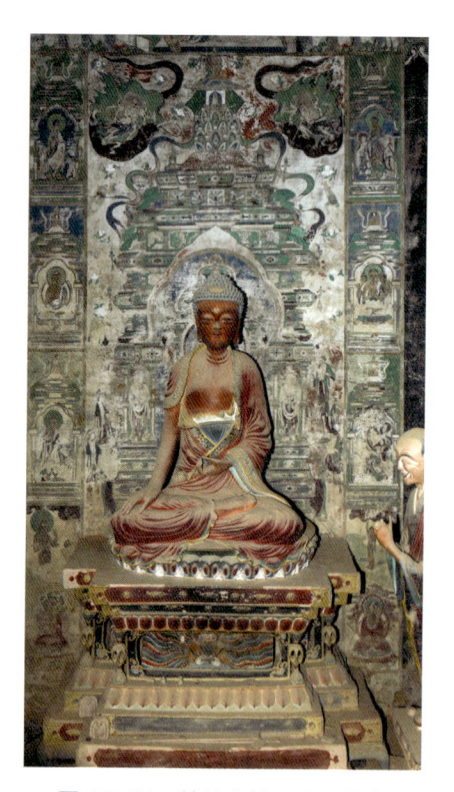

图17-34 榆林窟第3窟八塔变

尸那城佛入涅槃处""大处寺降服天魔处""婆提城悉达太子本生处"等。《大唐贞元新译十地等经记》是唐玄宗贞元时期悟空前往北天竺国游历所记，文中提到此次游历的目的，即"灵塔瑞像，其数颇多。或阿育王及五百阿罗汉之所建立也，如是巡礼，兼习梵语"。因此从"从此南游中天竺国亲礼八塔"，游历八塔名称依次为"佛降生塔""菩提道场成佛塔""鹿野苑转法轮塔""鹫峰山说法塔""广严城不思议塔""三道宝阶塔""外道塔""涅槃塔"。八塔变图像最早见于敦煌莫高窟宋代第76窟，但宋代敦煌石窟仅见此一例（图17-33）。自后，在西夏元时期的敦煌石窟壁画等佛教艺术中涌现，成为这一时期新的佛教艺术题材。西夏元时期的八塔变表现形式主要有石窟壁画、唐卡、擦擦以及版画等。石窟壁画有瓜州榆林窟第3窟（图17-34）、东千佛洞

图 17-35　东千佛洞第 5 窟八塔变 　　　　图 17-36　肃北五个庙第 1 窟八塔变

第 5 窟（图 17-35）、肃北五个庙第 1 窟八塔变壁画（图 17-36），唐卡有黑水城出土的 6 件八塔变唐卡和宁夏贺兰县宏佛塔出土的绢质八相塔图，八塔变擦擦则在宁夏、甘肃、内蒙古等地区的西夏佛寺遗址中都有出土。这些佛教图像既表现了释迦牟尼一生的佛传事迹，同时也是 10—13 世纪佛教史上文化交流融合的例证。八塔变图像起源于印度，随着丝绸之路上佛教文化的传播，这种带有异域风格的八塔样式逐渐进入敦煌，结合汉地佛传故事形

成了独具特色的八塔变佛教艺术新样式，受到西夏人的礼拜和供奉。其次，西夏与回鹘交往密切，回鹘僧人传法也在一定程度上促进了八塔变的流传。此外，西夏佛教还受到辽代密教的影响，代表佛陀圣迹的佛塔建筑融入华严世界，辽代八塔为西夏、元八塔变的形成注入多元文化因素，共同形成了西夏、元时期独具特色的八塔变佛教艺术新样式。八塔变艺术虽然是西夏时期佛教艺术的一个侧面和个案，但从中也体现出这一时期佛教艺术是多民族多元文化交融和中印佛教文化交流的结果，这一时期的佛教图像在很大程度上吸收了宋代、辽、吐蕃、回鹘以及印度佛教艺术的风格。因此，西夏和元代佛教艺术所呈现出的多元艺术风格也印证了这一时期中华文化多元一体格局的历史过程和特征。

四、敦煌佛教史传画在佛教传播史上的地位和意义

（一）对展示佛教和佛教艺术中国化进程的意义

敦煌佛教史传画内容包括瑞像、圣迹、神僧、传说等故事，题材涉及天竺、西域（于阗）、河西、中原及江南等地区，是研究中国佛教传播发展历史以及中古时期敦煌地区政治社会、宗教文化与民族交流等方面重要的形象资料。早期的佛教史传画展现的多是印度的瑞像故事，后中国本土佛教圣迹故事涌现，如凉州瑞像、张掖佛影、刘萨诃因缘变相等不断发展和演绎，这些佛教史传画对于展现佛教中国化进程具有重要意义，印度佛教文化在传入中国的过程中也不断受到中国本土文化的改造和发展，成为近世以来东西方学术界研究古代印度、中亚等国家和地区历史、地理、宗教文化的重要图像资料。

（二）对敦煌区域历史和"一带一路"文化交流的意义

敦煌石窟的营建开始于十六国北朝时期，经过隋、唐（唐前期、吐蕃时期、晚唐归义军）、五代宋归义军时期、回鹘时期、西夏时期、元，绵延一千余年时间，有完整的营建历史，是中古时期人类历史文化史上的奇观。了解和研究敦煌佛教史传画对认识敦煌的历史地位、丝路文化交流、宗教与信仰、佛的意义等有至关重要的学术价值。因此，通过对敦煌石窟佛教史传画的研究，可以进一步阐释敦煌石窟诸现象，如敦煌石窟中部分无法找到文献来源的瑞像图以及诸神来历，佛教史传画图像背后蕴含的政治、文化背景，敦煌艺术史，敦煌绘画的传承关系和时代变迁等问题。

第十八章 敦煌石窟壁画图案导论

敦煌石窟中的图案既是独立存在的一种装饰图形，也是把洞窟中壁画、雕塑、建筑等连接在一起的纽带，有了图案的衬托，各个主体壁画、塑像和建筑间显得和谐自然、浑然一体，它是敦煌佛教艺术中重要的组成部分。图案与壁画和塑像等相比，不用受佛教戒律条框的限制，绘制起来更加自由。因此，敦煌石窟的图案造型丰富，变化纷杂，历久弥新，影响深远。

一、研究简史

关友惠主编《敦煌石窟全集·图案卷》[1]是关于敦煌装饰图案最全的图册，是研究装饰图案不能缺少的资料。他的《莫高窟隋代图案初探》[2]和《莫高窟唐代图案结构分析》[3]两篇文章用考古类型学方法将隋代洞窟分为三个阶段，将唐代代表洞窟的藻井图案分为四个阶段六组。关友惠的另一篇文章《敦煌宋西夏石窟壁画装饰风格及其相关的问题》[4]总结梳理了宋夏不同阶段的图案，并结合图案渊源、时代风格与装饰特征对宋夏图案进行比较。值得关注的是，关友惠将西夏具有宋代特征的图案全部划为宋代，而将元代具有西夏特征的图案同样划为西夏。欧阳琳《敦煌图案解析》[5]主要介绍了敦煌图案的内容以及图案纹样的寓意，研究了敦煌图案的规律和技巧、线和色彩、审美与特征，分析图案中对民族传统的吸收与外来因素的影响，以及二者的关系。薄小莹《敦煌莫高窟六世纪末至九世纪中叶的装饰图案》[6]一文以敦煌6世纪末到9世纪中叶的装饰图案发展序列为纲，用考古类型

---

[1] 敦煌研究院编，关友惠主编：《敦煌石窟全集14·图案卷（下）》，（香港）商务印书馆，2003年，第219—240页。
[2] 关友惠：《莫高窟隋代图案初探》，《敦煌研究》1983年总第3期，第26—38页。
[3] 关友惠：《莫高窟唐代图案结构分析》，载马世长编《敦煌图案》，新疆美术摄影出版社、霍兰德出版有限公司出版社，1992年，第26—49页。
[4] 关友惠：《敦煌宋西夏石窟壁画装饰风格及其相关的问题》，载敦煌研究院编《2004年石窟研究国际学术会议论文集（下）》，上海古籍出版社，2006年，第1110—1141页。
[5] 欧阳琳：《敦煌图案解析》，甘肃人民出版社，2007年。
[6] 薄小莹：《敦煌莫高窟六世纪末至九世纪中叶的装饰图案》，载马世长编《敦煌图案》，新疆美术摄影出版社、霍兰德出版有限公司出版社，1992年，第50—112页。

学方法梳理了这一阶段图案的种类与型式，予以分期排比，共分为十组。陈振旺《隋及唐前期莫高窟藻井图案研究》[1]通过对隋及唐前期莫高窟藻井形制、图案类型、造型演化、文化源流和语义变迁等专题研究，探求这一时期各阶段藻井图案的特征和发展规律。张春佳《敦煌莫高窟唐代团花纹样研究》[2]研究了莫高窟唐代团花纹样的形式语言、造型演变。李路珂的《甘肃安西榆林窟西夏后期石窟装饰及其与宋〈营造法式〉之关系初探》(上、下)[3]，通过独特的视角，把西夏后期多元文化融合下的洞窟装饰与宋时期《营造法式》结合，相互印证，分析比较，具有重要的学术价值。此外，邵强军《莫高窟十六国北朝装饰图案艺术研究》[4]、王胜泽《美术史背景下敦煌西夏石窟绘画研究》[5]、李玉峰《西夏装饰纹样研究》[6]等从不同的角度对敦煌图案进行了研究。

二、敦煌洞窟图案的类型

图案是为了美化物体而用纹样、符号、色彩等进行的装饰，与绘画不同，它一般都是经过提炼而成，且具有一定的象征意义。三国时期的何晏在《景福殿赋》中说："不壮不丽，不足以一民而重威灵。不饰不美，不足以训后。"敦煌石窟中的装饰图案主要是以佛教内容为主，用缤纷多彩的图案装饰佛国世界，烘托佛国氛围，同时，也表达出对自然万物的颂扬。根据图案在石窟中的装饰部位和性质，一般将图案分为藻井、平棋、边饰、佛背光、垂幔、人字披等，以下就敦煌石窟中的一些重点图案做一探讨。

(一) 藻井

藻井在覆斗顶顶部的位置，也就是覆斗顶突起的方形部分。中心方井多绘有莲花、宝相花、飞天、三兔、团龙、双凤、龙凤等图案，四周以多层带状边饰图案为主，外围绘垂帐、璎珞、金铃等纹饰，纹样细腻、色彩富丽，组成统一和谐的方形宝盖。宋人沈括《梦溪笔谈》中指出："屋上覆橑，古人谓之绮井，亦曰藻井，又谓之覆海。"藻井上的装饰图案在整个石窟中凸显着很重要的作用，敦煌石窟藻井图案在每个不同的历史时期有着不同的变

---

[1] 陈振旺：《隋及唐前期莫高窟藻井图案研究》，兰州大学博士学位论文，2018年。
[2] 张春佳：《敦煌莫高窟唐代团花纹样研究》，中国纺织出版社，2020年。
[3] 李路珂：《甘肃安西榆林窟西夏后期石窟装饰及其与宋〈营造法式〉之关系初探》(上、下)，《敦煌研究》2008年第3期，第5—12页；《敦煌研究》2008年第4期，第12—20页。
[4] 邵强军：《莫高窟十六国北朝装饰图案艺术研究》，兰州大学硕士学位论文，2013年。
[5] 王胜泽：《美术史背景下敦煌西夏石窟绘画研究》，兰州大学博士学位论文，2019年。
[6] 李玉峰：《西夏装饰纹样研究》，宁夏大学博士学位论文，2019年。

图 18-1　莫高窟北凉第 272 窟藻井

图 18-2　莫高窟西魏第 285 窟藻井

化，显示出比较明显的时代特点。

　　莫高窟北凉第 272 窟的藻井图案是现存最早的北凉藻井图案（图 18-1），为三重方井套叠的泥质浮塑边框构架，方井中央有一朵抽象的大莲花，红色的边框内绘有云气纹、单叶忍冬连续纹、四叶连续忍冬纹，白地绘有双叶波状忍冬纹、双叶交茎套联忍冬纹。外层的四角分别绘有摩尼宝、飞天。从整个图案的风格来看，造型简单，色彩质朴。西魏第 285 窟的藻井与北凉第 272 窟形式接近，显得较为繁复一些（图 18-2）。方井的边框还是绘有单叶的忍冬纹，井心绘有重层卷瓣莲花，四角是摩尼宝火焰纹和宝莲花。方井外围的白边绘有小六纹和两重三角形垂帐，藻井的四角还绘有兽面流苏，样式具有比较明显的波斯风格。北周第 296 窟的莲花飞天纹套斗藻井的井心绿地白色莲花，边框绘有忍冬纹，四角飞天，方井外围是三角垂帐纹，有两周千佛图像。

　　隋代第 301、420 等窟的藻井（图 18-3）样式延续了北朝的套斗结构，但

图 18-3　莫高窟隋代第 420 窟藻井

图 18-4　莫高窟隋代第 407 窟藻井

主要纹饰出现了新的变化，方井中莲花的样式更加丰富，从八瓣、十二瓣到云形瓣，莲花与白兔、童子、色轮、异兽的结合，是隋朝的首次创新。此外，方井四隅的飞天、摩尼宝珠、异兽神像，边饰上的忍冬纹、联珠纹，极大地丰富了隋代藻井的内容和形式。套斗的消失是隋代藻井纹样的大创新，第 407 窟不仅脱离了三重套斗的样式（图 18-4），三兔藻井纹更是莫高窟藻井纹样的经典。藻井的中央为重层的八瓣大莲花，莲花的中间绘三只兔子同方向相互追逐，首尾相接，形成了一个稳定的三角形，同时也是一个运动不止旋转的圆，莲花四围飞天、童子、比丘环绕，彩云呈祥。三只兔子共用三只耳朵，三兔争耳，不可分离，别具一格。

据关友惠考证，藻井中的兔纹可能是"长寿吉祥"的寓意，异兽神像、三兔纹样也可能源自西域，表达另一种寓意。[1]"整体来说隋代藻井图案瑰丽多变，无定式、程式可言，是莫高窟各代图案变化最大、内容最丰富的时期，各逞奇思，各有奇妙，胡汉交融，包前孕后，正是隋代图案'继承性'和'过渡性'的折射。"[2]

初唐藻井中葡萄纹和石榴纹是这一时期出现的新内容，虽然数量不多，但较为典型。莫高窟初唐第322窟缠枝葡萄纹藻井（图18-5），叶形葡萄纹双层叠加，轮廓线条相互交织，纹样整体呈网状，方井四角绘石榴纹，形成对角"十"字架构。此外，初唐的藻井还有石榴莲花纹、莲花纹等。盛唐时期的藻井达到了自北朝以来的一个高峰，藻井形成了方井井心、四围边饰和垂幔三部分的固定形式，藻井随着覆斗顶的造型，由大到小向上收进，方井四周的边饰层次增多，由内向外逐渐变宽，再结合边沿的垂幔，整个藻井呈发散状，由方井中心向四周发散。藻井边沿的垂幔，有稠密叠加带有小白珠的三角纹，也有层次繁缛的长桶形彩幡铃铛纹，还有圆叶纹、璎珞铃铛纹等，华丽至极。藻井井心以团花纹为主，内容多为莲花，其造型有桃形瓣莲花、叶形瓣莲花、团花形莲花、杂花形莲

图18-5　莫高窟初唐第322窟葡萄石榴藻井

图18-6　莫高窟盛唐第103窟桃形瓣莲花纹藻井

花等。盛唐第103窟藻井方井内的莲花外层为桃形莲瓣（图18-6），中层和内层莲瓣均为内卷云纹，莲瓣红白两色相间，层次清晰。中唐藻井延续了前期的莲花纹装饰，有平瓣和卷瓣两种，莲花中心除了三兔之外，还有狮子、迦陵频伽等。这一时期最具特点的是出现了茶花纹。茶花由六到八朵串联成一个大花环，花环中央多绘一莲花。第201窟藻井井心六朵

---

[1] 关友惠：《敦煌装饰图案》，华东师范大学出版社，2016年，第84页。
[2] 陈振旺：《隋及唐前期莫高窟藻井图案研究》，兰州大学2018年博士学位论文，第269页。

图 18-7　莫高窟中唐第 201 窟石榴茶花纹藻井　　图 18-8　莫高窟晚唐第 14 窟四方佛藻井

茶花串联的花环（图 18-7），每朵茶花中有一石榴，绿色的缠枝叶纹衬底，疏密有度，和谐自然。晚唐藻井大多沿袭前代的纹样，也失去了前期的华丽与气度，这一时期出现了以佛、菩萨说法图为主题的藻井，第 161 窟藻井中心画千手千眼观世音菩萨坐像，第 14 窟藻井中心画十字交杵纹，四面画四方佛说法图（图 18-8）。

五代宋时期藻井多承袭唐代纹样，向着简洁和程式化发展，表现内容相对单调，色调变得冷清，失去往日气韵。但这一时期也创新发展，绘出了象征吉祥寓意的团龙纹藻井，有双龙、四龙、五龙团凤等多种。西夏元藻井图案在一方面对前期汉地纹样进行继承，另一方面出现新的藏传密教装饰样式。西夏在龙凤纹样应用与表现上得以加强，不仅造型十分精美，而且在数量上前所未有地增多。其造型多为团龙，组合形式有团龙鹦鹉、二龙戏珠、团龙莲花与云纹的组合，多应运于藻井和甬道顶。榆林窟第 2 窟藻井是西夏晚期最为经典的藻井之一（图 18-9），

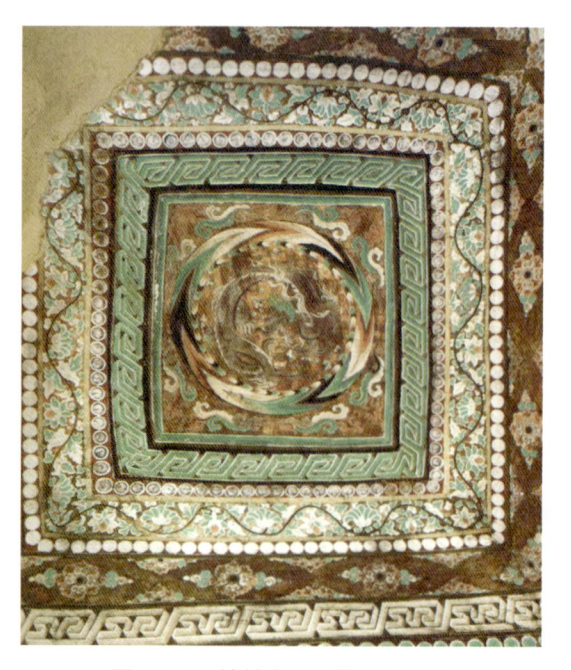

图 18-9　榆林窟西夏第 2 窟藻井

图 18-10　榆林窟西夏第 29 窟窟顶藻井

井心飞龙盘旋环绕，龙头高昂，四爪挥舞，尤其是龙的外圈以黑、白、红、绿等色绘成具有急速旋转动势的环状图案，给人以强烈的视觉艺术感受。西夏龙、凤藻井洞窟占西夏洞窟将近一半，其造型奇特新颖，绘制水平精湛。在绘制过程中使用了大量的沥粉贴金与描金，使得整个洞窟金碧辉煌、高贵富华。

此外，西夏的藻井还有团花纹、交杵纹、六字真言藻井和坛城图。榆林窟第 29 窟藻井井心为六字真言莲座纹（图 18-10），在该窟的覆斗顶藻井井心上有莲花，再在花瓣上书写了六字梵文真言。刘玉权认为"西夏人把六字真言安置在窟顶中心莲花瓣上，其宗教含义在祈求佛力加持，驱邪恶，得福祉；免除地狱之苦，得享天堂之乐"[1]。西夏中后期，吐蕃藏传佛教的传入为西夏装饰图案带来了新内容，出现了以密宗坛城图（曼荼罗）为窟顶藻井井心的装饰图案。榆林窟第 10 窟窟顶所绘的八叶莲花九尊佛藻井井心（图 18-11）具有曼

---

[1] 刘玉权：《榆林窟第 29 窟考察研究》，载敦煌研究院编《榆林窟研究论文集》（上），上海辞书出版社，2011 年，第 372 页。

茶罗的图像特点，整个井心内圆外方。方形内为同心圆，中心圆绘一坐佛，与外圆内的八尊坐佛形成了阿弥陀九品曼荼罗，八尊坐佛的背光在形式上似莲花的八瓣，由此组成了八叶九尊佛。画师的结构设计巧妙独特，别具一格。西夏人吸收了吐蕃佛教文化，形成了自己特有的装饰样式，这是西夏装饰图案非常显著的特点。

图 18-11 榆林窟西夏第 10 窟窟顶藻井

（二）平棋

平棋亦称"承尘""天花板"，指建筑物室内的吊顶，其作用主要是为了防止屋顶尘土掉落，也有装饰作用。平棋在石窟中指窟顶连续整齐的方形装饰图案。

图 18-12 莫高窟北凉第 268 窟套斗平棋

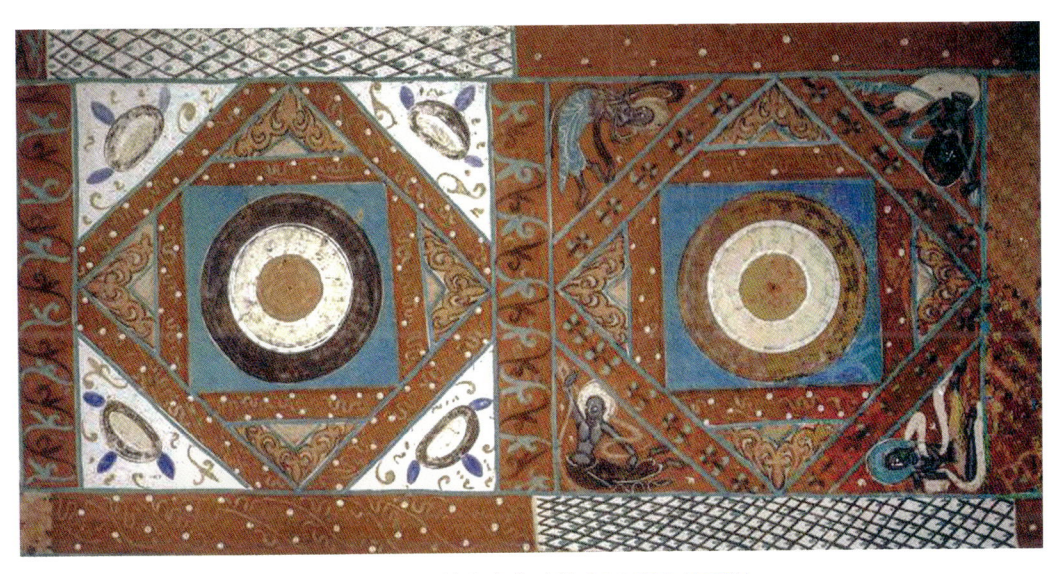

图 18-13　莫高窟北魏第 251 窟套斗平棋

图 18-14　莫高窟北周 428 窟莲花伎乐飞天纹平棋

敦煌北朝平棋图案主要绘在中心塔柱窟内，窟顶一般前部为人字披形，后部的平顶绘制平棋。平棋是北朝主要的图案形式，有泥塑彩绘与平面彩绘两种。莫高窟第 268 窟为北凉仅存的泥塑彩绘（图 18-12），由大小方井四十五度角交替套成，有三重套叠和五重套叠，外层四角绘飞天、莲花、化生童子、摩尼宝等。北魏第 251 窟为彩绘平棋（图 18-13），方井中心绘圆形大莲花，边饰纹样为忍冬纹、菱格纹、云气纹、散点小花纹，布局格律严谨、庄严祥和。土红底色与绿、白、黑色纹样搭配，鲜明热烈。北周第 428 窟平棋为这一时期图案之最（图 18-14），方井中心为白色的双层莲花，周围蓝色水池，边饰中点线菱形纹、忍冬纹、点状花纹等装饰其中，外层四角绘伎乐飞天。色彩在原来的基础上加入了蓝色，清新自然。北周以后，中心塔柱窟逐渐消失，覆斗形窟顶大量出现，平棋图案也相应地减少消失。

图 18-15　莫高窟中唐第 361 窟雁衔串珠团花纹平棋

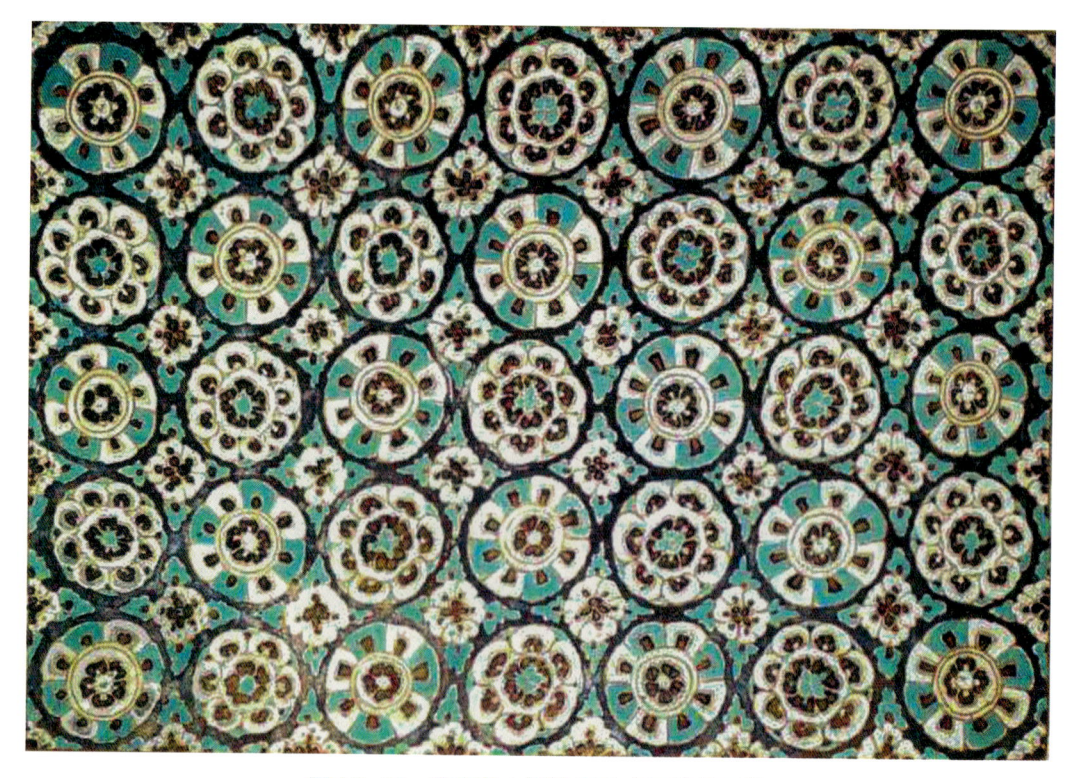

图 18-16　莫高窟宋代第 263 窟团花纹平棋

中唐至五代平棋有所兴起，这时期主要绘于佛龛龛顶，以团花纹为主要样式，平棋方格四方连续式地铺开，每个方格之间有较细的边饰为界格。团花有的由茶花连成的花环与中心平瓣小团花组成，有的外围平瓣花加联珠内绘雁衔花串联珠纹，这种禽兽联珠纹是当时吐蕃统辖地区流行的西域风格纹样。[1]中唐第361窟的雁衔串珠团花纹平棋最为典型，特征明显（图18-15）。宋代的平棋绘于窟顶四披和窟门甬道顶部，同样是团花纹为主，团花纹除了棋格样式之外，还有了无棋格团花纹。无棋格团花取掉了界格之间的边饰，团花如同四方连续纹样，每四个团花之间画一个小花填补空隙，形如十字，形成了一种视觉上格子。莫高窟第263窟团花纹平棋（图18-16），形式单调、色调清冷、千篇一律，缺少几分活力。

图18-17　莫高窟西夏第408窟窟顶平棋

西夏基本上沿袭了宋代平棋模式，莫高窟第408窟人字披上的平棋图案（图18-17），井心分别绘方瓣、圆瓣两种不同的八瓣莲花，内圆绿地花心绘四瓣花，叉角各绘一云纹，两种不同的团花图案和不同色相的底色，上下左右交替，四方连续伸展，庄重而富丽。

（三）边饰

在窟顶与四披壁画交界处，不同内容的壁画间隔处，以及龛边、莲座和藻井图案中，有大量的边饰图案起着装饰、分隔画面的作用，这些边饰形形色色，变化无穷。

北朝的边饰以大波浪形作为主体结构，向两方连续展开，以忍冬纹、云气纹和几何纹为最主要的纹饰。在形式各异的忍冬纹中间，夹杂着联珠、龙、凤、虎、鹰、猴、鸟、孔雀等动物，使规整的纹样不至于滞板。北周第296窟的忍冬莲花禽兽纹边饰（图18-18），在莲花忍冬纹饰中绘有猴子和摩尼宝。忍冬纹是西域和中原文化样式共同影响的结果，有单独适合纹样，也有带状的连续纹样。几何纹饰在这一时期绘制丰富，引人注目，与忍冬纹、云气纹等组合绘制于窟顶的藻井、平棋和四壁的带状边饰中，主要的样式有方格纹、单线菱形纹、复线菱形纹、点线菱形纹等。云气纹是中国特有的传统装饰纹样，是吉祥的象征，一

---

[1] 敦煌研究院编，关友惠主编：《敦煌石窟全集14·图案卷（下）》，（香港）商务印书馆，2003年，第118页。

图 18-18　莫高窟北周第 296 窟忍冬莲花禽兽纹边饰

般与仙人、龙密切关联。敦煌石窟中的这类纹饰主要绘于北朝中心塔柱窟的窟顶平棋和边饰中，多为"S"形的连续纹，绘制较为随意。边饰上的云气纹首尾相接反复连续，在空白的地方增加一些非常随意的小圆点，表示星辰。龟甲忍冬套联纹边饰是缠枝与忍冬、波状宽线套联的纹样，其形似龟甲。此外北朝还有以波状缠枝串联的缠枝花草纹边饰和天宫平台栏墙纹边饰等。

隋朝多沿用了前期边饰样式，但内容上有很大的变化，受到波斯织锦纹饰的影响，开始出现对兽联珠纹边饰。莫高窟第 277 窟西壁龛顶上方的对马联珠纹边饰（图 18-19），把对马绘在连环的联珠纹内，并用丰厚的忍冬花叶，间隔开两匹对马，使边饰既对称又连续。除此之外，隋朝还有飞马、团花、童子等主要边饰形式，第 427 窟横贯窟顶的波形忍冬童子边饰（图 18-20），长 10 多米，是大型边饰图案之一，以波状缠枝为构架，每分枝头布置一大莲花，莲花中有化生伎乐童子弹琴吹笛和摩尼宝珠，茎上有荷叶、忍冬叶、小荷花，华丽精彩。

唐朝边饰有卷草纹、团花纹、百花草纹、几何纹、杂花纹多种，主要盛行卷草纹，纹饰各不相同，枝叶翻转，变化多端。卷草纹边饰有单枝石榴卷草、多枝蔓草卷草、大叶石榴卷草、茶花卷草等。单枝石榴卷草纹边饰卷草中的石榴形象有不同的角度（图 18-21），姿态各异，黄白两种底色的交错涂底增强了缠枝的波状流动性。多枝蔓草卷草纹边饰（图 18-22），在波状主干枝蔓上有数条分枝，分枝上每段有一较大的石榴卷草，枝藤上下起伏，片片卷叶错落分布，形如溪流浪花。中晚唐边饰纹样基本是前期的延续，并日渐呈现出程式化、简易化的倾向，而少生气。

五代宋的边饰仍然以卷草、团花、菱形、茶花纹为主，到了西夏后期，纹样出现了一个大的转折。方井四周边饰层次繁多，满布窟顶四披，有的边饰层中画有连续坐佛。边饰纹样丰富，有几何纹、禽兽花草纹和垂幔三大类。禽兽卷草纹是西夏比较典型的装饰图案之一，主要出现在藻井边饰和甬道顶上，表现形式为花草纹中搭配了禽兽纹。榆林窟第 3 窟坛城藻井边饰波状禽兽花草纹（图 18-23），在缠枝和花草间的白色云朵上浮现着多种祥禽

图 18-19　莫高窟隋代第 277 窟对马联珠纹边饰

图 18-20　莫高窟隋代第 427 窟伎乐童子缠枝莲荷纹边饰

图 18-21　莫高窟盛唐第 113 窟单枝石榴卷草纹边饰

图 18-22　莫高窟盛唐第 148 窟多枝石榴卷草纹边饰

图 18-23　榆林窟西夏第 3 窟禽兽花草纹边饰

图 18-24　榆林窟西夏第 10 窟窟顶藻井多层边饰

瑞兽，有天马、麒麟、孔雀、虎、羚羊、牛、大象和狮子等，它们刻画生动，从舞动、飞翔、奔跑等形态中，透出一种灵气，从飘扬的装饰彩带中更显出一种瑞祥。第 10 窟的藻井边饰超过了十层（图 18-24），其中有三条禽鸟花草纹，花草与禽鸟相间，有行象、奔狮、飞马、游龙、翔凤、鹦鹉、麒麟等，它们繁琐有序、动静结合、生动活泼。

（四）龛楣图案

佛龛上部的弓形装饰纹样被称作龛楣图案。一般龛楣的上沿绘代表佛光的火焰纹，中间向上尖突，下沿龛口楣梁多绘龙纹或鱼纹，也有隆起的浮塑表现，两端塑龙头或螭首，有的则用忍冬花。北朝的龛楣图案在"坐禅苦修"的佛教思想支配下，往往绘一幅装饰性的苦修图。佛龛顶部作为供僧侣在山中打坐参禅的庐庵，中间绘五色火焰、莲花纹、忍冬纹和各种动物、化生童子、伎乐天等。莫高窟第 285 窟左右壁上有八个禅室楣饰，甚为壮观。八个佛龛楣饰样式完全相同，龛楣边缘上部为火焰纹，中部以忍冬禽鸟纹为主，但龛楣内容之间是否有化生童子、楣梁两端龙首和禽鸟是它们之间的主要区别（图 18-25、18-26）。

到了隋代，龛楣有所加大，对火焰的强调超出了以往，整个龛楣如同一团大大的火焰蹲向尖尖的龛顶,气势强烈。龛楣内部,以化生童子为中心,两侧用忍冬纹、莲花纹、火焰纹等衬托,另外缠枝莲荷纹与火焰纹搭配,丰富多彩,是隋代龛楣图案的代表。莫高窟第407窟西壁缠枝摩尼宝火焰纹龛楣(图18-27),缠枝葡萄卷藤纹中的莲花与摩尼宝相间于藤蔓中,别有情趣。摩尼宝珠是龛楣火焰纹的重要内容,第402窟西壁莲花化生摩尼宝火焰纹龛楣(图18-28),龛楣上部绘火焰纹,中央绘摩尼宝,下部为莲花纹与化生童子,形象鲜明,青绿色调夹施淡朱,黑褐的重色彩与白色勾线,交织成精美的装饰效果,使画面颜色浓郁、鲜丽,生气勃勃。初、盛唐窟佛龛多敞口形状,龛楣均以一道边饰代之。中、晚唐窟佛龛多仿床帐形式,龛口方形,龛楣多以一条方格团花纹边饰代之。五代沿袭唐代余风,宋迄西夏,多在前代窟内重绘,无新式样。

图 18-25　莫高窟西魏第 285 窟西壁龛楣 　　图 18-26　莫高窟西魏第 285 窟南壁龛楣

图 18-27　莫高窟隋代第 407 窟西壁龛楣 　　图 18-28　莫高窟隋代第 402 窟西壁龛楣

(五)佛背光图案

佛背光图案指绘于佛(菩萨、弟子)像身后的圆形装饰图案,表示佛陀的法力和威仪,象征他们常放灵光。佛背光由多层圆形边饰组成,包括佛像"身光"和"头光",一般菩

萨、弟子像只有"头光"无"身光"。"头光"均为圆形,"身光"依佛像的坐、立、卧姿态,或长圆或正圆。北朝石窟的佛背光图案多由不同形象、不同色彩的光焰纹表现,喻示着光明。身光各环一般绘多头火焰纹、天人、忍冬纹等。背光的外环层较宽,绘多头火焰纹,用石绿、白、淡赭、黑褐(变色)诸色反复连续涂饰,使同一形象的连续纹呈现鲜明的节奏感。背光的内环各层,依次向内逐渐变窄,分别绘较简的火焰纹,有的绘有化佛、化菩萨、化生。由于各环层底色不同,纹样简单不单调,环层多而不繁琐。莫高窟第257窟的佛背光(图18-29),五重光环,天人、化生童子夹在火焰环纹中,纹饰鲜明。

隋代佛背光图案外沿光焰纹逐渐增宽,内画数层色环,在色环色底上以白粉线勾画各种忍冬叶纹,或加画飞天、化生、动物等。莫高窟第407窟西壁龛内的佛背光外环层的火焰纹宽大流畅(图18-30),头光和身光的内环层绘葡萄卷藤纹和忍冬叶禽兽纹,卷藤由土红色、褐色绘制,火焰纹夹杂着蓝、绿、黑等色,色调热烈鲜明。唐代佛背光图案火焰纹逐渐减少,代之以团花纹、卷草。背光用多层同心圆来表示光圈层层外射,画面也日益丰富多彩。各层光圈之间,装饰以莲花为主的各种花卉纹样,色彩富丽,形成美丽的花环。晚唐五代宋时期的背光、头光出现了回纹和波折纹、弧形折带纹、齿形三角纹、连续勾云纹等(图18-31、18-32)。

图 18-29　莫高窟北魏第 257 窟佛背光　　图 18-30　莫高窟隋代第 407 窟佛背光

图 18-31 莫高窟盛唐第 225 窟佛背光

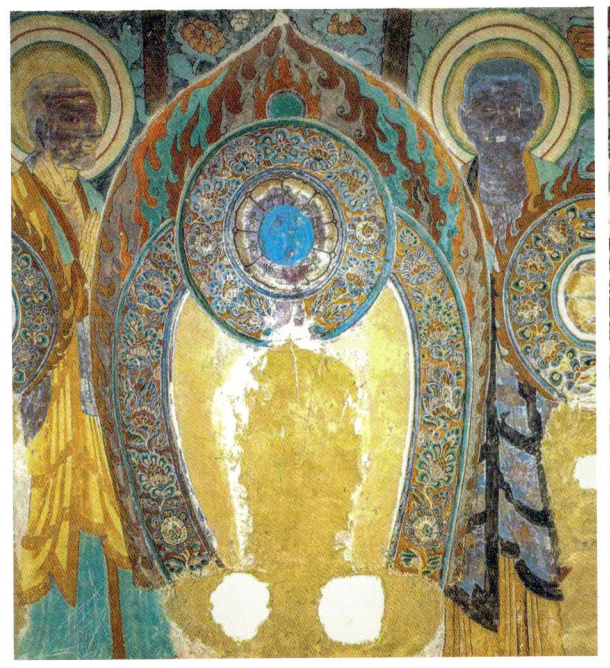

图 18-32 莫高窟五代第 6 窟文殊菩萨背光

（六）垂幔图案

垂幔纹也叫帷幔纹，是石窟在装饰中仿织物帷幔的图案，敦煌石窟中的帷幔纹最早见于北朝时期。仿织物帷幔装饰图案，主要绘于敦煌石窟北朝、隋窟内四壁上端，隋、唐、五代窟顶藻井四周，中、晚唐窟佛龛四壁上端和窟门甬道两壁上端，以及经变画中。由幔、带、璎珞和彩铃组成。四壁垂幔均为一横列连续弧弦纹形，纹样简单。藻井垂幔，隋迄唐初多为简洁的三角纹、方形莲瓣纹、璎珞彩铃纹，装饰极为华丽。佛龛与甬道壁上垂幔，近似藻井垂幔样式。经变画中垂幔纹饰简略，形式多样。西夏帷幔纹较之宋代有所创新，主要绘于藻井四边、窟内四壁上端，以布幔、五彩垂带、璎珞串珠纹组成，幔上端画有三角纹、如意云头纹，有单层与双层两种帷幔。榆林窟第 10 窟窟顶帷幔纹（图 18-33），上端画双重卷云勾联如意纹，下半画密集的帷幔，五彩带间有璎珞

图 18-33 榆林窟西夏第 10 窟窟顶帷幔纹

图 18-34　莫高窟唐代第 329 窟华盖

串珠,帷幔织物褶纹表现出一种华贵感。

除了以上藻井、平棋、边饰、龛楣、佛背光、垂幔等图案外,还有服饰图案、人字披、华盖、佛座、飞天等。精细的服饰图案,是各个时期服饰文化的反映,唐代精美服饰上除宝相团花、小簇花、对鸟、对兽等主要形式外,还有波斯的联珠立鸟纹锦、葡萄缠枝纹锦等,反映了唐代中西文化交流的盛况。唐代第 329 窟的华盖由缠枝卷草纹组成,上绘火焰宝珠,挂珠玉罗绸,熠熠生辉(图 18-34)。尤其是作为装饰图饰的飞天和伎乐天,姿态柔美,满壁飞扬,备受人们喜爱。这些装饰性的图案,是佛国世界中的一员。以牡丹、莲花为母题的宝相花图案,象征着佛、法、僧三宝的"庄严相",而圣洁的莲花、童子的化身都深有寓意。

三、敦煌洞窟各时期图案的主要特点

敦煌石窟图案跨越十个朝代,历时一千多年,内容极其丰富,来自印度、波斯、中亚、西域和中国传统的纹样在这里交流荟萃,融合发展,形成具有敦煌特色的装饰图案。由于时代、石窟形制和图案分布位置的不同,各个时期图案又呈现明显的时代特点。

随着佛教传入,敦煌北朝图案受中亚、西域文化影响巨大,中原艺术与西域文化的交融彰显出丰富多彩、多元融合的艺术特点。在北朝石窟中,窟顶的结构往往是中式的,而所绘的图案多是西域纹样（图18-35）。北朝的图案主要有莲荷纹、云气纹、几何纹、忍冬纹、火焰纹等，每种纹样在不同的装饰位置，表现出不同样式和颜色变化，窟顶仿椽式的人字披长条间绘有缠枝莲荷纹、天人持莲纹等，是这一时期中西融合的典型图案。而窟顶平棋套斗方井中的圆轮形莲荷纹、佛背光中的火焰纹以及忍冬、几何、云气纹的表现，充满了节奏和韵律感，使整个石窟如同殿堂，美不胜收。

图18-35 莫高窟北周第428窟中心塔柱窟的人字披图案

隋朝覆斗顶窟形制的变化，窟顶藻井图案取而代之平棋占据了主导地位。隋代藻井图案拔新领异、别开生面、华丽非凡。这一时期的代表性纹饰有三兔纹、莲荷纹、忍冬纹、葡萄纹、联珠纹以及翼兽神像纹等。著名的"三兔共耳"在隋代藻井出现，是迄今全世界发现最早的这一图式，它与莲荷纹结合构成的单独纹样，成为经典。而摩尼宝、伎乐化生与缠枝忍冬、莲荷纹的组合也成为藻井方井、佛龛龛楣的主体纹样。此外，联珠纹、忍冬纹等边饰花样翻新，别具一格。"隋代图案具有纤细秀丽的形象，自由活泼的性格，潇洒俊逸的风采，与北朝图案那种简明、质朴、庄重的纯真美相比，则是更具灵性的自然之美。"[1]

唐代盛世，文化艺术繁荣昌盛、光辉灿烂，反映在敦煌图案中也是恢宏大气、富丽堂皇、气度非凡，石窟装饰图案达到了高峰。纹样主要有葡萄纹、石榴纹、忍冬纹、联珠纹、宝相花和卷草纹等。初唐以西域风格的葡萄纹、石榴纹装饰藻井，尤以桃形瓣莲花藻井和缠枝卷草纹边饰最具特色。盛唐以莲花团花藻井、石榴卷草纹边饰为代表，秩序井然、绚丽无穷，构建了一个以藻井图案为代表的丰富多彩的世界。到了中唐，由于吐蕃的占领和文化的浸入，装饰图案出现了明显的变化，风格上转向雅致秀丽。由于种种原因，这一时期图案数量有所减少。晚唐图案多承袭前期，在表现形式上出现了简化与程式的倾向，凤鸟、狮子等纹样的绘制成为一大亮点，并影响了五代、宋、西夏。

五代画院的兴起，画稿的盛行，装饰图案也受到影响，简洁化、程式化特点更加突出。但以团龙为主题的新图案为当时的装饰注入新的活力。宋代石窟图案仍然沿袭了五代式

---

[1] 敦煌研究院主编：《敦煌石窟艺术全集·图案卷（上）》，同济大学出版社，2016年，第152页。

样，藻井边饰大多绘制垂幔，窟顶及四披多为平棋团花，边饰以卷草、团花纹为主。西夏及元代，图案多受辽、宋和藏传佛教装饰影响，以牡丹、凤鸟和神兽纹为特征。西夏中晚期，出现了新的中原纹样和藏传密教装饰纹样，这一时期的装饰图案又出现了一个小高潮，图案在洞窟中所占的面积之大、样式之多，在历代洞窟装饰中少见。西夏的装饰图案有龙纹、凤纹、交杵纹、几何纹、禽鸟花草纹及坛城图纹等，它们无论是在组织结构还是色彩配置方面，都表现出比较鲜明的中原、吐蕃以及西域等地的特点。关友惠指出，"西夏文化深受中原汉文化影响，佛教深受吐蕃藏传密教影响，因此西夏石窟图案明显地呈现着多种文化成分的特征"[1]。

四、问题与思考

装饰图案是敦煌艺术重要的组成部分，纹样丰富，秀美富丽，从北朝至西夏元有一条清晰的发展脉络。纵观敦煌的装饰图案，人们为了营造心中的净土，从窟顶到四壁，用各种美丽的图案装扮洞窟中所有的空白之处，使得建筑、雕塑与壁画浑然一体。且这些装饰图案的题材内容与样式也不是随意选取，而是在全窟造窟思想的统摄下进行，在每个时代都有新的表现与创造，新的形象与新的表现手法，总是随着生产和交通文化的发展，以及人民习俗的转变而丰富多样。[2] 我们可以说，石窟中华美的装饰图案，构成了世界上保存最丰富的装饰艺术图典。

（一）图案与建筑的完美结合

敦煌石窟每一时期的洞窟窟形有所不同，北朝时期，中心柱窟较多，中心柱窟窟顶前部的人字披形起脊，用带状连续纹饰示意脊、枋、檐、柱，圆椽和斗拱都仿真实的建筑用金钉纹装饰。而窟顶后部的平顶上绘套斗方井，连续成如同殿堂顶部的平棋。圆轮形莲荷纹主要绘于窟顶平棋套斗方井中，缠枝莲荷纹主要绘饰在龛楣和窟顶人字披的条椽之间，佛背光的纹样主要是火焰纹。隋代后随着覆斗顶窟形的转变，平棋为华盖形藻井所取代。初唐至盛唐时期以团花纹藻井和卷草纹边饰为代表，花卉、禽兽纹图案达到了全盛期。从纹样的构成形式来看，有单独纹样、适合纹样、角隅纹样、带状纹样、二方连续和四方连续纹样等，不同的位置根据不同的需要，可自由调整图案的构成形式。图案与建筑在石窟中得到完美的结合，以期表现建筑形象特点。

---

[1] 敦煌研究院主编：《敦煌石窟艺术全集·图案卷（下）》，同济大学出版社，2016年，第219页。
[2] 金维诺：《智思的花朵：敦煌图案的艺术成就》，《文物参考资料》1956年第8期，第5—7页。

（二）多元文化的糅合

敦煌的图案纹样有来自印度、波斯、中亚、西域和中国传统的样式，诸多纹样在这里交流融会、发展变化，形成具有敦煌特色的装饰图案。如北魏时期的圆轮形莲花纹、忍冬纹、几何纹和火焰纹主要来自西域，而云气纹、金釭纹则是典型的中原样式。北周时期，东魏、北齐的禽鸟纹、摩尼宝、忍冬莲荷纹、火焰纹与具有中亚粟特艺术风格的忍冬纹、齿条形火焰纹一并进入敦煌石窟，给北朝的图案平添几分色彩。比较典型的莫高窟第249、285窟的窟顶图案中，佛、道、神怪等内容的形象杂糅在一起，构成了一个多元文化共生的佛教天界系统图像。联珠纹源于波斯萨珊王朝，隋中期以后，敦煌石窟中出现的联珠纹饰成为隋代敦煌石窟装饰纹样的一大特点。第402、425窟龛缘的联珠翼马纹，第401、402窟藻井上的联珠禽鸟纹边饰，都是典型的波斯萨珊样式。初唐洞窟中的葡萄纹、石榴纹是具有西域风韵的代表纹样。西夏石窟装饰图案将中原汉式建筑彩画纹样、藏传密教图像以及辽金等民族的纹样进行新的转换，是多民族文化元素汇集而成的新图案样式。

（三）敦煌晚期图案发展的世俗化和实用主义倾向

被称为"装饰"的图案，长期被用于表现支撑古代与中国人理解世界的观念体系。比如，服章上的日、鸟、波涛和群山等各种图案并不是随机组合的构图，而是精心设计的图样，以使他们的拥有者与作为一个整体的宇宙关联起来。[1]艺术与装饰中相互关联的主题，都与社会的架构方式、表现方式，以及人们所居住的宇宙构成一个整体。[2]对于敦煌晚期石窟中的装饰图案而言，无不反映出设计者的有意经营以及时人宇宙观在其中的再现。

将西夏石窟内部的装饰图案放入一个整体的系统之内进行宏观研究，会发现这些图案是构建西夏人心目中完整的宇宙观框架体系不可缺少的部分。在这一框架内的图像都不是静止的，而是具有艺术造型上的动态感和时间的流动性，空间与时间相结合，是富于智慧的艺术表达。首先，它们反映了中国各种图案样式在西夏时期的一种延续和发展。其次，它们组成了一套完整的叙事图像系列，[3]又集中展示了西夏的宇宙文化观念，体现了空间的时间化，即西夏人在石窟中对于天、地二界的观念再现，以及这种图像与当时习俗、观念的联系和用何种艺术方式进行表现的问题。

西夏时期尤其到了晚期，佛教的实用性更加明显，无论从窟形的设计、图像的布局与图案的组合，都表现出了世俗化和实用主义倾向。西夏晚期的石窟图像多有表现亡灵的超

---

[1] [英]杰西卡·罗森：《祖先与永恒》，生活·读书·新知三联书店，2017年，第342页。
[2] [英]杰西卡·罗森：《祖先与永恒》，生活·读书·新知三联书店，2017年，第343页。
[3] [美]巫鸿：《礼仪中的美术》，生活·读书·新知三联书店，2005年，第212页。

度与转世，并通过佛的接引而到达净土世界。榆林窟第 3 窟窟顶边饰中的祥禽瑞兽布局和主题思想与河西墓葬中的升天意象与敦煌地区佛教石窟远继汉墓传统的渊源关系，洞窟各壁绘画内容共同体现的净土主题，西夏时期金刚界曼荼罗在瑜伽施食坛仪中的运用以及祥瑞物象的隐喻传递，所影射的思想功能都指向了传统汉族升天升仙思想与佛教往生观念的融合，祥禽瑞兽图在其中亦可能担当了护国护法的双重作用。[1]

西夏石窟窟顶的曼荼罗、飞天等构成了天界系统，各种祥瑞动物与云纹的组合是信众借以到达净土世界的方式，与四壁其他内容所展示修行方式的组合共同实现往生的愿望。这些图像也反映出了西夏多元文化混合共呈一室，秦汉以来"升天"的道家思想与神仙信仰在佛教石窟中以特殊的形式得以延续。西夏石窟窟顶图案主要构成了祥瑞与天界，对于信徒而言，面对石窟进行观瞻礼拜时，他所生活的现世、天界与祥瑞，其实也体现了一个时间的概念，期盼来世可依托于"祥瑞"图像的神奇力量到达死前所期盼的理想境界"仙境""天宫"或"净土世界"。

---

[1] 郭静：《石窟与墓葬图像在功能上的关联——榆林窟第 3 窟窟顶边饰祥禽瑞兽图像探析》，载《观念·技术·视野·视角——敦煌石窟研究方法论国际学术研讨会论文集》，2018 年，第 536 页。

第十九章　敦煌壁画山水画导论

山水是中国山水画的母题，是山水画表现的主体。中国人自古以来就对自然山水有着浓厚的兴趣，人们喜爱江河，敬畏山川，也乐于将自己的精神和信仰寄托于山林之间，以表达内心情感的变化以及思想境界的升华。中国古文化特别讲究风水，风水主要是观山察水，千百年来，神庙隐于山间，宫殿依山傍水。古代中国对山、水的崇拜，有源头上的敬畏，也有精神上的寄托。宗白华说："晋人向外发现了自然，向内发现了自己的深情。"[1]南朝宗炳在《画山水序》中提到"圣人含道映物，贤者澄怀味象""圣人以神法道""山水以形媚道"，他认为作山水画观山水画，是为了观道、体道。中国人对山水有哲学上的思考，对山水的观察非常细致，五代荆浩在《笔记法》中记载：

> 山水之象，气势相生。故尖曰峰，平曰顶，圆曰峦，相连曰岭，有穴曰岫，峻壁曰崖，崖间崖下曰岩，路通山中曰谷，不通曰峪，峪中有水曰溪，山夹水曰涧。其上峰峦虽异，其下冈岭相连。掩映林泉，依稀远近。夫画山水无此象亦非也。[2]

佛教虽为外来宗教，但是在远离世事、畅然山水方面的主张，本与中国传统文化有相通之处，自传入中土以后，不断与中国传统儒家文化和老庄文化相融汇，形成了具有中国特色的佛教文化。敦煌石窟自开凿以来，就有对山水的描绘，早期山水多置于佛教本生、佛传和经变画等内容描绘中，作为装饰和人物活动的背景出现，后又大量出现于经变画中。敦煌石窟的山水画数量众多，描绘精致，内涵丰富，历史悠久，跨越了十个朝代，是中国古代山水画发展脉络的再现，彰显了佛教绘画中中国传统山水的审美意识，为我们了解中国传统山水画的发展，以及思想文化的变迁，提供了丰富的参考资料。

---

[1] 宗白华：《论〈世说新语〉和晋人的美》，载氏著《美学散步》，上海人民出版社，1981年，第177页。
[2] 〔五代〕荆浩撰，王伯敏注译：《笔法记》，人民美术出版社，2016年，第5页。

一、研究简史

由于山水画在敦煌石窟壁画中一般以背景的方式出现，相对处于陪衬地位，所以学界对于敦煌石窟壁画内的山水图像研究还相对薄弱，仍有较大的空间可以继续挖掘。关于石窟山水画的研究，首先要提及的是王伯敏的《敦煌壁画山水研究》[1]，全书由16篇短文汇总而成，对于北朝至元代敦煌壁画山水的类型结构、绘画风格、发展演变等问题作了宏观论述，并对莫高窟第303窟、61窟以及榆林窟第25窟当中出现的山水画进行了专门探讨，在石窟山水画研究方面具有重要的指导性意义。其次，赵声良《敦煌壁画风景研究》[2]一书主要对敦煌石窟北朝至初唐说法图当中圣树造型的演变，唐代经变画当中山水图式与中原山水画的比较，以及西夏晚期水墨山水画的技法源流进行了集中讨论。图册方面，敦煌研究院主编《敦煌石窟全集·山水画卷》对北朝至元的敦煌石窟山水壁画进行了全面梳理，并配置有相关的山水画图片以及详细介绍，是研究敦煌壁画山水的必备资料。[3]

除以上专门论述山水画的专著以外，学者们多就敦煌石窟内某一时期或某一种类的山水图像进行专题探讨，以单篇文章或相关专著的部分章节为主。

关于敦煌北朝石窟壁画的山水艺术，赵声良有较为宏观的概括和说明。[4]李洋、吴滢对敦煌北朝石窟山水画的内涵进行了梳理，并指出此时出现的山水画更多是对佛教相关题材的主观描绘，而非对自然山水的客观摹写。[5]

关于隋唐五代时期的敦煌石窟壁画山水，赵声良[6]、秋山光和[7]进行了较为全面的宏观梳理。此外，赵声良以敦煌唐代石窟山水画为依据，对唐代青绿山水的构图模式、表现方式以及色彩应用等进行了概括总结[8]，并对莫高窟五代第61窟五台山图的内容含义进行了详细考证，特别强调了该图山水画风对唐前期山水画技巧的延续[9]。张建宇

---

[1] 王伯敏：《敦煌壁画山水研究》，浙江人民美术出版社，2000年。
[2] 赵声良：《敦煌壁画风景研究》，中华书局，2005年。
[3] 敦煌研究院编，赵声良主编：《敦煌石窟全集·山水画卷》，（香港）商务印书馆，2002年。
[4] 赵声良：《敦煌早期山水画与南北朝山水画风貌》，《敦煌研究》1990年第4期，第24—28页。
[5] 李洋、吴滢：《北朝敦煌石窟壁画中的山水元素比较研究》，《民族艺林》2019年第2期，第96—104页。
[6] 赵声良：《敦煌隋代山水与空间表现》，《敦煌研究》2012年第5期，第16—21页；赵声良：《敦煌石窟唐代后期山水画》，《敦煌研究》1988年第4期，第65—68页。
[7] [日]秋山光和：《唐代敦煌壁画中的山水表现》，载敦煌文物研究所编《中国石窟·敦煌莫高窟》（五），文物出版社、日本平凡社，1987年，第197—209页。
[8] 赵声良：《从敦煌壁画看唐代青绿山水》，《故宫博物院院刊》2018年第5期，第6—14页。
[9] 赵声良：《莫高窟第61窟五台山图研究》，《敦煌研究》1993年第4期，第88—107页。

则以中原山水画的发展为参考,讨论了敦煌地区隋至盛唐时期的"山水之变"。[1]于安记对盛唐至中唐时期,敦煌壁画中"水墨山水"的表现情况进行了总结。[2]

关于西夏晚期敦煌石窟山水画的研究,具有代表性意义的仍然是赵声良的《榆林窟第3窟山水画初探》,文章从艺术史的角度对榆林窟第2、3窟中的山水画画法进行了详细剖析,并特别与中原地区的山水画风进行比较,着重突出中原两宋山水画对西夏石窟山水画的影响。[3]王胜泽更加强调敦煌西夏石窟山水画所体现出的内在意涵,即对西夏"圣山"的塑造以及对水的崇拜[4];沙琛乔则认为,敦煌西夏晚期洞窟当中出现的山水画,更多是受到延续自北宋的金代山水画的影响[5];王艳云对河西石窟壁画中的屋木界画进行了宏观概括[6]。此外包括李月伯[7]、陆文军[8]、王艳云[9]、卯芳[10]等学者多在赵声良观点的基础上,对敦煌西夏晚期石窟中的山水画进行了更为细致的探讨。

除了分阶段对敦煌石窟壁画山水进行研究之外,杜元[11]、彭宗汉[12]以敦煌石窟山水画当中的树石形象为依据,对其结构形式和演变规律进行了研究,王金志对敦煌壁画山水中所体现出的"凹凸绘法"[13]进行了详细探讨。

由于山水画这一母题是在中华文化滋养下所产生的特有画种,也只有中国人习惯将自我的内心情感寄托于自然山水当中,再加之敦煌地区本属偏远,自我革新创制画种的能力

---

① 张建宇:《敦煌隋至盛唐壁画中的"山水之变"》,《南京艺术学院学报》(美术与设计)2018年第1期,第86—92页。
② 于安记:《从敦煌壁画看"水墨山水"图像之变》,《敦煌学辑刊》2020年第4期,第85—93页。
③ 赵声良:《榆林窟第3窟山水画初探》,载中山大学艺术学研究中心编《艺术史研究》(第1辑),中山大学出版社,1999年,第363—381页;赵声良:《榆林窟第3窟壁画中的亭、草堂、园石》,《敦煌研究》2004年第1期,第7—19页。两文均另载氏著《敦煌壁画风景研究》,中华书局,2005年,第179—226页。
④ 王胜泽:《美术史背景下的敦煌西夏石窟绘画研究》,兰州大学博士学位论文,2019年,第179—211页。
⑤ 沙琛乔:《敦煌西夏石窟山水画与新中原样式的形成》,陕西师范大学硕士学位论文,2021年。
⑥ 王艳云:《河西石窟西夏壁画中的界画》,《宁夏社会科学》2007年第1期,第112—115页。
⑦ 李月伯:《从榆林窟第3窟文殊变普贤变看中原文人画对敦煌壁画的影响》,载敦煌研究院编《2000年敦煌学国际学术讨论会文集——纪念敦煌藏经洞发现暨敦煌学百年·石窟艺术卷》,甘肃民族出版社,2003年,另载敦煌研究院编《榆林窟研究论文集》(下),上海辞书出版社,2011年,第701—708页。
⑧ 陆文军:《西夏壁画中的山水研究》(上),《民族艺林》2019年第1期,第27—37页;陆文军:《西夏壁画中的山水研究》(下),《民族艺林》2019年第2期,第87—95页。
⑨ 王艳云:《西夏晚期七大经变画探析》,首都师范大学博士学位论文,2003年。
⑩ 卯芳:《艺术表现的承接性——以榆林窟第三窟〈文殊变〉〈普贤变〉为例》,《西夏研究》2014年第4期,第104—105页。
⑪ 杜元:《早期山水与敦煌壁画中的树木描写》,《敦煌学辑刊》2002年第2期,第93—98页。
⑫ 彭宗汉:《山水的外化潜流——敦煌壁画树石造型研究》,上海大学博士学位论文,2019年。
⑬ 王金志:《"凹凸造型体系"初探——以敦煌莫高窟壁画凹凸法为中心展开》,西安美术学院博士学位论文,2013年。

有限。因此，敦煌石窟内的山水画与其说是单独发展的个体，更不如说是整个中国山水画史的重要组成部分。这也要求我们在探讨敦煌石窟山水画的过程当中，要对历代中原文人所创作的山水画论有较为清晰的理解[1]，同时要对宏观的中国山水画史有明确的认识[2]。

二、北朝时期敦煌壁画山水画

中国山水画的兴起发轫于魏晋而发展于南北朝，传世文献当中对早期山水画的创作已多有记载，东晋画家顾恺之在其所著《画论》一文中写道："凡画。人最难，次山水"[3]；《历代名画记》亦载晋代画家包括顾恺之、夏侯瞻、戴逵等，绘有《庐山会图》《荡舟图》《倭山图》等多幅山水作品；此外顾恺之、宗炳、王微等山水画家还能够依据自己的实践经验，对山水画的绘制、创作和意涵进行探讨，并著有《画云台山记》《画山水序》《叙画》等山水画论作品。关于此时山水画的具体面貌，《历代名画记》当中有一段高屋建瓴的描述：

> 魏、晋以降，名迹在人间者，皆见之矣。其画山水，则群峰之势，若钿饰犀栉，或水不容泛，或人大于山，率皆附以树石，映带其地，列植之状，则若伸臂布指。[4]

由此可知魏晋以降的山水画还显得较为古拙，其中山峰有如梳齿"钿饰犀栉"，水面呆板固定"水不容泛"，画面整体比例失调"人大于山"。辽宁省博物馆藏宋摹本东晋顾恺之《洛神赋图》（图19-1），就是此时的代表

图19-1　东晋顾恺之《洛神赋图》卷（局部）

---

[1] 历代山水画论的集合可参看俞剑华：《中国历代画论大观》，江苏凤凰美术出版社，2016年；陈高华：《隋唐五代画家史料汇编》，中国书店出版社，2015年；陈高华：《宋辽金画家史料》，文物出版社，1984年。

[2] 关于中国山水画史的概况可参见陈传席：《中国山水画史》，天津人民美术出版社，2019年；[英]迈珂·苏立文著，洪再新译：《山川悠远——中国山水画艺术》，上海书画出版社，2015年；石守谦：《从风格到画意——反思中国美术史》，生活·读书·新知三联书店，2015年；石守谦：《风格与世变——中国绘画十论》，北京大学出版社，2008年。

[3] 〔东晋〕顾恺之：《长康论画三种》，载俞剑华编著《中国历代画论大观》（第一编），江苏凤凰美术出版社，2015年，第32页。

[4] 〔唐〕张彦远：《历代名画记》卷一《论画山水树石》，中州古籍出版社，2016年，第37页。

图 19-2　莫高窟北魏第 257 窟沙弥受戒自杀故事画（局部）

图 19-3　莫高窟北魏第 257 窟九色鹿故事画（局部）

性作品之一，从其中的画面表现来看，基本上与《历代名画记》中的记载相吻合。

魏晋南北朝时期距今已年代久远，现在很难再见到当时的山水画作品传世，幸而在敦煌石窟壁画当中保留有一部分北魏至西魏北周时期的山水作品，能够让人们对早期山水画的面貌有一个更为全面的了解。

北魏至北周时期，丝路畅通，敦煌与中原之间的交往颇为频繁，加之西魏宗室东阳王元荣出任瓜州刺史，[1]中原地区先进的山水画法也得以流传至敦煌，并被应用于石窟壁画的创作当中。以莫高窟北魏第 257、254、251、248 窟为滥觞，至西魏北周的莫高窟第 285、290、296、299、249、299、428 等窟，中原画样的影响日胜，山水图像也开始以衬景的方式出现于这些洞窟的壁画当中。[2]

以著名的莫高窟北魏第 257 窟"九色鹿"和"沙弥受戒自杀"故事画为例（图 19-2、19-3），其故事情节皆绘于山水场景之中，画面中的山体形状皆似三角形，平涂以红、白、黑、绿、蓝等不同色彩，相连叠压排列；河流则以细线描出波浪，并以青绿色彩平涂晕染；树木仅绘有简单的树干，再于其上点染色彩以表示树叶。山水之间穿插有神灵、人物、瑞兽之属作为画面的主体出现，体形皆大于背景的山川树木，画面整体着色艳丽，不饰皴擦，造型古拙。就形制来说，此时敦煌石窟中的山水图像与中原地区保持一致，基本上符合张彦远"人大于山、水不容泛、钿饰犀栉"的绘法总结。

---

[1] 宿白：《东阳王与建平公》，载氏著《中国石窟寺研究》，文物出版社，2019 年，第 305—327 页。

[2] 张建宇：《敦煌西魏画风新论——以莫高窟第 285 窟工匠及粉本问题为核心》，《敦煌研究》2015 年第 2 期，第 4—14 页；沙武田：《敦煌画稿研究》，中央编译出版社，2007 年，第 385 页；贺世哲：《从供养人题记看莫高窟部分洞窟的营建年代》，载敦煌研究院编《敦煌莫高窟供养人题记》，文物出版社，1986 年，第 198 页；段文杰：《中西艺术的交汇点——莫高窟第二八五窟》，载敦煌研究院编《敦煌石窟艺术·莫高窟第二八五窟》（西魏），江苏美术出版社，1995 年，第 17 页。

三、隋代敦煌壁画山水画

及至隋代，山水画在南北朝的基础之上得到了较大发展。山峦、树木、河湖、人物之间的比例变得更加协调，山石的着色出现区分，树的画法也明显变得多样复杂[1]，此时亦出现了一批杰出的山水画家，如阎毗、展子虔、郑法士、郑法轮等。现藏于故宫博物院传为展子虔作品的《游春图》卷[2]，即是这一时期的代表作之一（图19-4）。作品为绢本设色、青绿勾填，描绘出春意盎然时节的美好景色。其中山峰巍峨苍翠，树木郁郁葱葱，水波荡漾，山峦叠翠，山水之间绘有人物纵情游乐。画作已经完全摆脱了两晋以来的稚拙之风，画面构图合理、景物比例恰当、树木千姿百态，这种山水风格的出现对于后世山水画的发展，尤其是青绿山水的构成，起到至关重要的影响。

隋代，中央政府非常重视河西经略，隋文帝为确保丝路畅通，曾先后出兵平息了突厥和吐谷浑的侵扰，隋炀帝更是下诏改瓜州为敦煌郡，令吏部侍郎裴矩于张掖开通关市，联络西域诸国主持贸易，后又亲赴张掖举办27国交易会，召见各国使臣。随着丝绸之路的畅

图 19-4　隋代展子虔《游春图》卷

---

[1] 陈传席：《中国山水画史》（上卷），天津人民美术出版社，2019年，第51页。
[2] 此画是否为展子虔原作，目前学界还存有争议，但可以肯定的是，画作保留了展子虔画作的基本面貌，为我们了解和认识隋代山水画提供了宝贵的参考。参见傅斯年：《关于展子虔〈游春图〉年代的探讨》，《文物》1978年第11期，第40—52页；张伯驹：《关于展子虔〈游春图〉年代的一点浅见》，《文物》1979年第5期，第83—84页；赵建中、刘国芳：《关于展子虔〈游春图〉年代的再探讨》，《艺术探索》2008年第2期，第14—17页。

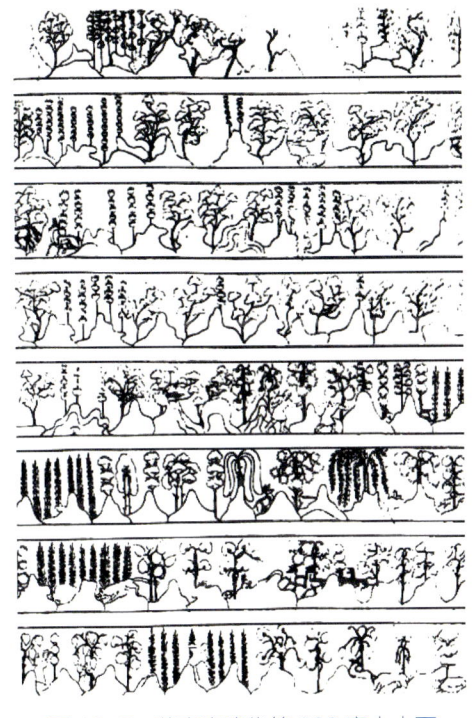

图 19-5　莫高窟隋代第 303 窟山水画　　　　图 19-6　莫高窟隋代第 276 窟山水画

通以及商贸交往的频繁，敦煌的政治、经济、文化得到了前所未有的发展，中原地区最新的山水画法也得以快速传到敦煌，石窟内山水画的树石绘法更趋合理，空间比例也更显协调，包括莫高窟第 303、419、276、420、423 等洞窟当中，都有精美且富有代表性的山水画出现。

在隋代初年的莫高窟第 303 窟当中，第一次出现了没有佛教内容的纯山水画，此幅山水画的整体结构在北朝的基础上有所进步，整体位于洞窟的最下层，高 30 厘米，全长 1345 厘米，共绘有 73 个山头、130 多棵树木、6 身人物和 19 只走兽（图 19-5）。[1] 画面作横长式，由一个个横向的山头排列而成，其中树木种类不一、枝干扭曲、姿态万千，林间穿插有黄羊、野鹿、人物等追逐其中，山石由赭石、青绿等色彩勾画并分层加染而成，略带皴擦之感，树木以色彩单勾点染。全图林木葱郁、起伏明快、气势磅礴，是隋朝山水画风格转变大背景下产生的佳作。隋代末年莫高窟第 276 窟当中出现的山水画就显得更为成熟，画面左侧描绘有奇峻的山峰，岩石突兀坚凝，以赭色线条勾出轮廓，并用赭石和淡墨分染，来表达山石的阴阳向背，山上的树木与山石比例协调，画中对于山体的描绘已经完全摆脱了魏晋以来的古拙画风，岩山的雄浑险峻之感被刻画得淋漓尽致（图 19-6）。

[1] 王伯敏《莫高窟壁画山水四探》中对于此幅山水画有详细的论述，参看王伯敏：《莫高窟壁画山水四探》，载氏著《山水画纵横谈》，山东美术出版社，2010 年，第 117—145 页。

四、唐前期敦煌壁画山水画

　　唐代山水画迈向繁荣，百花齐放，成就卓越。主要以青绿勾斫为主，也有水墨渲淡。据画史记载，杰出的山水画家有李思训和李昭道父子、王维、张璪、毕宏、郑虔、王默、王宰、卢鸿、项容、吴道子等。然存世的山水画甚少，敦煌唐代石窟绘画中的山水画成为非常宝贵的补充。至唐前期，以阎立德、阎立本、李思训、李昭道为代表的一批山水画家，多继承前代展子虔的青绿画法，将青绿山水的创作推上高峰，成熟的青绿画法成为唐前期山水绘制的主流。史载李思训画青绿山水"笔格遒劲，湍濑潺湲，云霞缥缈"[1]，"用金碧辉映，为一家法，后人所画著色山，往往多宗之"[2]。以传为李昭道绘的《明皇幸蜀图》为例（图19-7）[3]，画面以铁线勾勒山体，不饰皴擦，直接用颜色敷染；山头绘蘑菇状树丛，近处树木高大苍劲；云气以淡墨空勾，略施白粉，画面整体构图雄奇、设色明艳，基本能够反映出唐前期青绿山水画的整体面貌。

　　此时国内政局稳定、经贸繁荣，中原与西域之间往来密切，敦煌作为丝路重镇，是往来使者、官兵、僧侣、文人的必经之处，中原地区最新的艺术风格自然会对敦煌产生很大影响，敦煌石窟当中的山水画也基本能够与中原保持一致。唐前期洞窟内的山水画以青绿山水为主，尺寸明显增加，技法日趋成熟，比例也更为协调，出现了前所未见的宏大山水图景。包括莫高窟第45、79、103、148、172、205、209、217、220、321、323、329、332、431等窟，都有场面宏大、技法成熟的青绿山水出现，这些洞窟中精彩的青绿重彩风格，在某种程度上，是对唐前期山水画整体发展状况的集中体现。[4]

　　唐代初期，隋代石窟中装饰性的山峦还一直被延续，表现形式还较为单一，以平缓的山峰连叠成峰林，山体上部用青绿晕染，下部涂以赭石，山坡上整齐地排列有矮小的树木（图19-8）。莫高窟初唐第203窟山峦装饰佛龛中就可以看出早期表现山的手法。唐代出现的大型经变画涅槃经变、观无量寿经变、弥勒经变、法华经变等，在大量的故事情节中，无不使用众多的山水画来表现营造。如初唐第209窟南、北、西壁的经变当中也能够看到山水画的身影。这一时期整壁的经变画为山水画的发展提供了介质，同时经变画绘制显示出唐画家对空间处理的高度成熟，中国式的透视法从建筑、山、水与树木等中得以完美表现，

---

[1]〔唐〕张彦远：《历代名画记》卷九，中州古籍出版社，2016年，第234页。
[2]〔宋〕郭若虚：《图画见闻录》，载俞剑华《中国历代画论大观》（第二编），江苏凤凰美术出版社，2017年，第1页。
[3]《明皇幸蜀图》究竟为何人摹绘，学界仍有争论，但是可以明确其在很大程度上保留有唐前期青绿山水的基本风貌，参见杨新：《胡廷晖作品的发现与〈明皇幸蜀图〉的时代探讨》，《文物》1999年第10期，第94—100页。
[4] 赵声良：《从敦煌壁画看唐代青绿山水》，《故宫博物院刊》2018年第5期，第6—14页。

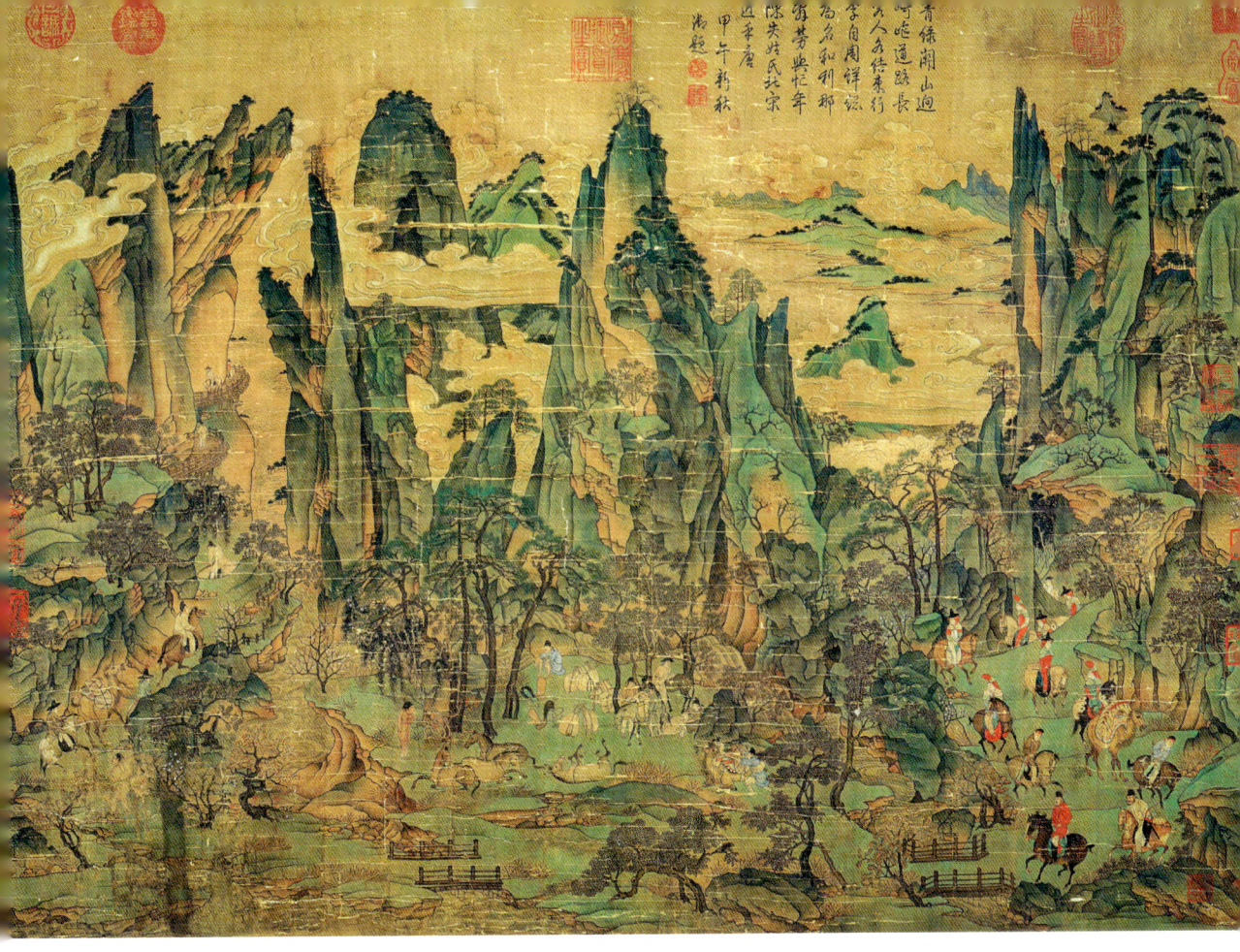

图 19-7　唐李昭道《明皇幸蜀图》

图 19-8　莫高窟初唐第 209 窟山水画

图 19-9　莫高窟盛唐第 217 窟山水画

山峰、沟壑、断崖、河谷、泉水等勾画有致，装饰性的山水色彩一改往期色调变成了青绿山水。盛唐第103、217、323等窟堪称青绿山水的代表作（图19-9），是比较完整的具有独立意义的山水画。唐中后期，吐蕃、归义军仍然沿用了青绿山水，也出现了如莫高窟五代第61窟的鸿篇巨制《五台山图》（图19-10），使山水画的发展达到了顶峰。[①] 五台山图整体构图复杂，山峰密布，人物众多，建筑繁密。此画虽然构图复杂、场景宏大，但是就山水画法而言并未有大的进步可言，依然是对唐前期青绿山水画法的延续，而且画面中的山峰形制皆似三角形，树木绘制粗糙，山水画程式化的倾向已凸显无疑。[②] 莫高窟盛唐第323窟当中，窟内南北壁均绘有佛教史迹画，画面整体以山水场景统摄全局，画中群峰突兀、矻然万仞，山峰下绘有沟壑纵横的平原，远处地平线上绘出低矮的远山。山体青绿设色，上部覆染青绿，下部饰以赭石，近山巍峨耸峙，远山漂泊淡雅，整体层次感处理得非常清晰，给人以深远清旷的空间纵深之感（图19-11），山水画的绘制水平得到了较大提升。

图19-10　莫高窟五代第61窟五台山图（局部）　　图19-11　莫高窟盛唐第323窟山水画

---

① 赵声良：《试论莫高窟唐代前期的山水画》，《敦煌研究》1987年第3期，第14—20页。
② 赵声良：《莫高窟第61窟五台山图研究》，《敦煌研究》1993年第4期，第88—107页。

在莫高窟盛唐第171、172、320等窟当中，出现了中原地区最新的"金碧山水"画法。金碧山水最早在隋代展子虔以及初唐阎立本画作当中已有体现，最终为盛唐李思训发扬光大并创立门派，[①]"李思训画著色山水，用金碧辉映，为一家法"[②]。据《绘宗十二忌》载，所谓金碧山水主要是在表达自然界中"朝暮晴景"时分，光线斜下"照耀陆离而明艳"的绚烂景色，在绘制过程中，"以螺青合绿"渲染山石树木，并以金泥染绘"石脚、沙嘴、霞彩"等阳光照射之处。[③] 以莫高窟第320窟为例，此窟北壁观无量寿经变西侧绘制有"日观想"故事场景，画中左侧山岩嶙峋突峙，右侧平原辽阔平远，远处天边一轮红日缓缓升起，左侧山岩面向太阳的一面表现出深浅不一的橙褐色，背部未受阳光的一面则表现为青绿色，体现出明显的光影变化，这种情况正与金碧山水的绘法相一致，是中原地区新兴画风传入敦煌的具体体现（图19-12）。

图19-12　莫高窟盛唐第320窟山水画

五、唐中后期至西夏前期敦煌壁画山水画

当一种绘画技法发展至极盛之时，自然会走向程式而引发变革。玄宗开元之际的山水画家们开始意识到，唐前期的青绿画法虽然线条舒朗、结构复杂，然太过工巧缺乏变化，致使画作"大亏墨彩"[④]。于是以吴道子、李思训、李昭道、王维等为代表的山水画家们，开始在青绿山水的基础上寻求山水画新的技法演变，史载"山水之变，始于吴，而成于二

[①] 陈传席:《论故宫所藏几幅宫苑图的创作背景、作者和在画史上的重大意义》,《文物》1986年第10期,第70—75页；陕西省考古研究院：《"韩休墓出土壁画学术研讨会"纪要》,《考古与文物》2014年第6期,第107—117页；康耀仁：《李昇〈仙山楼阁图〉考——兼论金碧山水的传承脉络及风格特征》,《中国美术》2016年第1期,第86—96页。

[②] 〔元〕汤垕:《画鉴》,载俞剑华编著《中国历代画论大观》（第三编），江苏凤凰美术出版社，2015年，第48页。

[③] 〔元〕饶自然:《绘宗十二忌》,载俞剑华编著《中国历代画论大观》（第三编），江苏凤凰美术出版社，2015年，第13页。

[④] 〔五代〕荆浩:《笔法记》,载俞剑华编著《中国历代画论大观》（第一编），江苏凤凰美术出版社，2015年，第175页。

李"[1]。吴道子首先将人物画当中"点、曳、斫、拂"的多变笔法应用于山水画的创作当中,将原先山水画的工整严谨改革为笔韵多变、豪纵磊落。王维在其基础上更是一改山水画青绿设色的传统,初创水墨山水,仅以水墨勾画略加皴染,用自由而随意的水墨线条,表现出自然界山川的丰富变化。唐中期山水之变背景下的具体画风,从开元二十六年(738)李道坚墓壁画山水当中可见一斑,墓壁六幅山水屏风以曲折多变的墨线勾勒轮廓兼以淡淡水墨晕染,为目前已知时代较早的水墨山水画,开后世水墨山水之先河(图19-13)。[2]

这种水墨画风"笔墨婉丽,气韵高清"[3],倍受文人画家推崇,对后世影响很大,特别是在晚唐五代,国家整体衰落、时局动荡、天下大乱的背景下,许多中下层知识分子不肯趋势,选择隐居于林田之间,摒弃一切功名利禄之杂欲,专以山水画自乐。这些隐士兼山水画家,在山水田园的隐居生活中,锤炼技巧、修养人格、沉淀性情,在山水画创作方面的素养极高。时局的动荡不安反而给艺术的发展带来了精进的契机,北方山水的用笔和南方山水的用墨相互结合,最终达到"运墨而五色具"的全新境界(图19-14、19-15、19-16)。[4] 水墨山水开始全面替代青绿山水占据画坛绝对主流,绘画技法高度成熟,勾、皴、点、染等各项技巧得到了全方位提高,产生了诸如孙位、荆浩、关仝、李成、董源、巨然等多位"百代标程""照耀千古"的大山水画家,这些山水画家的绘画理念及技巧,对于中国山水画整体的发展产生有极其重要的影响。

受五代宋初诸如李成、范宽这些山水大家的影响,宋代山水画出现了前所未有的兴旺景象,表现形式与方法更加多样。画家们不仅探秘自然山川,师法造化,还提出了"欲夺其造化,则莫神于好,莫精于勤,莫大于饱游饫看,历历罗列于胸中,而目不见绢

图19-13 开元二十六年(738)李道坚墓壁画山水

---

[1] [唐]张彦远:《历代名画记》卷一《论画山水树石》,中州古籍出版社,2016年,第37页。
[2] 井增利、王小蒙:《富平县新发现的唐墓壁画》,《考古与文物》1997年第4期,第8—11页;李坤:《唐嗣鲁王李道坚墓志》,《考古与文物》2019年第6期,第87—95页。
[3] 〔五代〕荆浩:《笔法记》,载俞剑华编著《中国历代画论大观》(第一编),江苏凤凰美术出版社,2015年,第177页。
[4] 汤哲明:《江南画派的特色及其与北方画派的融合》,《新美术》2006年第1期,第55—66页。

图 19-14　五代荆浩《匡庐图》　　图 19-15　五代宋初李成《晴峦萧寺图》　　图 19-16　宋初范宽《溪山行旅图》

图 19-17　北宋郭熙《早春图》　　图 19-18　北宋惠崇《沙汀烟树图》

图 19-19　北宋王希孟《千里江山图》(局部)

素,手不知笔墨,磊磊落落,杳杳漠漠,莫非吾画"[1],更多与当时的游乐、行旅、探险、寻幽、访道、山居及渔、樵、耕、读诸多社会生活紧密结合,反映社会风貌。尽管各人的创作意图不同,但表现的对象一致。

北宋的主流山水画风,还是以五代以来的北方全景式水墨山水为主,甚至达到了"齐鲁之士,惟摹营丘。关陕之士,惟摹范宽"[2]的程度,北宋时期郭熙、燕文贵、许道宁、翟院深等山水画家皆摹此风(图19-17)。除此之外,一批画家也在五代的基础上试图创制画意、革新技巧,如惠崇、赵令穰一派的小景山水(图19-18),以王希孟为代表的复古青绿画法(图19-19),以米芾、苏轼、王诜为代表的文人山水画派等,但北宋山水画的革新之举还未完成,就因女真人的入侵戛然而止,最终为金代文人所继承,并传递至元代散发出别样的光彩。因此,两宋山水画的笔墨与用色出现"米点落茄""淡墨轻岚""水墨苍劲""青绿巧整"及"熔金碧与水墨于一炉"多种绘画技法,山水画发展到一个高峰。

可以说,中晚唐至北宋,中原地区的山水画风经历了多次翻天覆地的改变。但由于安史之乱以后吐蕃乘西北防备空虚之际占领河西,以及此后的张氏归义军、曹氏归义军和回鹘政权(或者说是势力),皆属相对独立的边疆藩镇或民族政权,再加之西北地区回鹘、党项、突厥等众多少数民族势力的阻挡,敦煌和中原之间的交往已无法像从前那样顺畅频繁。

---

[1]〔宋〕郭熙:《林泉高致》,载俞剑华编著《中国历代画论大观》(第二编),江苏凤凰美术出版社,2016年,第47页。
[2]〔宋〕郭熙:《林泉高致》,载俞剑华编著《中国历代画论大观》(第二编),江苏凤凰美术出版社,2016年,第39页。

受此影响，中唐以后中原地区山水画风的剧烈变动并未波及敦煌，石窟绘画也沿用了前期的风格。中唐至五代时期，如莫高窟第9、36、61、72、112、154、159、196、231、238、361、369、468等窟，榆林窟第25、33、38等窟当中的山水画，仍然以延续唐前期的山水画法为主，虽然对笔墨的应用有所增加，但是传统的青绿山水仍旧占据绝对的主流，并且在其基础上还慢慢走向程式。莫高窟第112窟中的山水画是中唐时期山水画的代表，该窟南壁西侧金刚经变主尊背后绘制有奇峻高耸的山峰，山体以刚硬的墨线勾勒，山石褶皱处再用淡墨稍加渲染，整体画面设色清淡，仅以淡赭石涂染山石下部，淡石绿填色上部，给人以轻快疏朗之感（图19-20）。显然，画家在绘制此幅山水画的过程中有刻意强调对笔墨的应用，但就总体风格来说，

图 19-20　莫高窟中唐第 112 窟山水画

① 赵声良：《敦煌石窟唐代后期山水画》，《敦煌研究》1988年第4期，第65—68页。

这幅作品依然难逃唐前期青绿山水的范畴。遗憾的是这种强调笔墨的山水画风在敦煌石窟内并未继续发扬光大，只是在中晚唐时期浅尝辄止，至五代时又回到盛唐以来的青绿风格之上，绘制也更显草率。宋代洞窟中山水画也没有出现与中原绘画同步的表现，一直到西夏晚期，石窟中的山水画才出现了巨大的改变。

六、西夏晚期敦煌壁画山水画

北宋灭亡以后，女真人正式入主中原，他们对宋辽所遗留下来的文化遗产和工匠艺人表现出特有的兴趣，北宋时期一批珍贵的书画珍品和画工画匠皆流落金界，这也奠定了金代山水画延续北宋的基本前进方向。金代前期包括杨邦基、张公佐、李元素、任询等人皆摹北宋山水之遗风（图19-21），金代后期武元直、李山等人则在北宋山水画风的基础上有所演进（图19-22）。南宋山水画的发展则正好相反，受制于偏安一隅又不安现状的复杂政治背景，南宋山水画家将胸中痛苦愤懑的激烈感情诉诸画布，几乎完全放弃了对自然山川的写实性描述，追求极端的离奇景致、强烈的笔触表达和缥缈的边角风光，最终形成南宋"水墨刚劲、半角一边"的独特山水画风（图19-23）。[1]

西夏晚期，西夏从与北宋间的长期战争泥潭中脱身而出，与金之间保持了多年的和平相处，《金史》载"自天会议和，八十余年与夏人未尝有兵革之事"[2]，长期的和平交往促使西夏国力达到鼎盛[3]。西夏人对于中原艺术风格的接受，以及自身艺术体系的构建已趋成熟。这段时期也是西夏政权对敦煌统治最有力的时期，自兴庆府而来的全新中

图 19-21　金佚名《岷山雪霁图》

---

[1] 郑以墨：《谁言一点红，解寄无边春——浅谈马远、夏圭"边角山水"的形成》，《书画艺术》2005年第3期，第139—141页。
[2]〔元〕脱脱：《金史》卷一三四《西夏传》，中华书局，1975年，第2867页。
[3] 李范文：《论西夏与辽金的关系》，《固原师专学报》1992年第2期，第48—52页。

图 19-22　金武元直《赤壁图》

原画样开始批量化传入敦煌，敦煌地区一批极具特色的新式洞窟就是在此背景下开始营建的。宏大的山水场景在消失了近百年之后再次出现于敦煌石窟壁画当中，中原地区五代宋金以来的全新山水画法也开始被应用于石窟壁画的创作当中，敦煌石窟山水画在经过长期的沉寂之后，迎来新的高峰。此时敦煌石窟的山水壁画主要分布于莫高窟第95窟前室、464窟前室，榆林窟第2、3、4、29窟，东千佛洞第2、5、7窟，五个庙第1、3、4窟等洞窟当中。相比敦煌之前的山水画面貌，西夏晚期的情况几乎发生了翻天覆地的改变，山水画空间占比明显增加，不只作为简单的背景承托，而是以经变画的重要组成部分出现。山水画绘制精美，技法娴熟，绘画风格也显得极为多元，包括水墨山水、青绿山水、藏式山水、回鹘式山水以及具有特色的雪景表现等多种不同画法均已出现。

西夏的水墨山水画，如同西夏多元并蓄的文化那样充满着混搭和杂糅。通过分析我们可以这样推断：西夏人在学习他人的基础上，也努力构建自己的水墨绘画系统。

图 19-23　南宋马远《踏歌图》

榆林窟第3窟文殊、普贤变的背景山水是西夏水墨山水的代表，两幅山水画尺幅巨大，构图完美，意境深远，占据整个画面的近二分之一，相对比较完整，独立构成画面。整体构

图 19-24　榆林窟第 3 窟文殊变背景山水　　　　　图 19-25　榆林窟第 3 窟普贤变背景山水

图上留天、下留地，中间立意布景，以北方高耸的"纪念碑"式山峰为主要刻画对象，风景主次分明，脉络相连，完全能够达到北方山水可行、可望、可游、可居的绘画标准。[1]这两幅山水的样式一改敦煌地区传统的青绿画法，几乎用纯水墨形式绘制，皴擦点染、笔墨成熟，"先用长线条勾勒出山体轮廓和山石的形状，短线条皴擦细部结构，再以淡墨晕染"[2]，其中山石用粗细变化而又曲折的墨线写出轮廓，然后用中锋行笔长条皴擦，再辅以淡墨晕染，表现出浓淡干湿的渐变效果。远山景致雾带绕林、小坡岸渚、湖庄幽静，体现出特殊的乡野趣味。树木以双线勾出，用笔坚凝，轮廓灵活多变。画面整体场景宏大，气韵雄伟，山、水、树、石、屋木景致皆具，远近纵深关系明确，山势运行巨峰突兀，深泉叠涧，与中原地区水墨山水的绘制情况非常相似，显然是文人水墨画的格调（图 19-24、19-25）。

赵声良在《榆林窟第 3 窟山水画初探》一文指出，文殊变、普贤变中山水图像在唐代就已出现，而唐时期的山水只是一种点缀，而且多为青绿设色。榆林窟第 3 窟文殊变、普贤变中的山水与前期的样式发生了很大变化：一是比例变大，占据整个画幅近半；二是非青绿设色，设色轻淡，多为墨笔。这种山水样式的转变无疑是传自内地的新兴画法，说明水墨山水在石窟艺术中的兴起。随后他又从这两幅山水画的构图以及亭、草堂、园石等画面物

---

[1] 对于北方全景式山水的基本格局，北宋郭熙、郭思著《林泉高致·山水训》中有较为详细的描述："世之笃论，谓山水有可行者，有可望者，有可游者，有可居者。画凡至此，皆入妙品……谓如一尺半幅之上，上留天之位，下留地之位，中间方立意定景。"参见俞剑华：《中国历代画论大观》（第二编），江苏凤凰美术出版社，2016 年，第 36—66 页。

[2] 李月伯：《从榆林窟第 3 窟文殊变普贤变看中原文人画对敦煌壁画的影响》，载敦煌研究院编《榆林窟研究论文集》（下），上海辞书出版社，2011 年，第 702 页。

图 19-26　榆林窟第 3 窟维摩诘经变山水画

象元素去分析论证，说明了二者与中国文人画在形式与内容上的契合程度。如此成熟的山水画出现在边远瓜沙的佛教壁画中，完全可以说明善于学习的西夏人是在建立自己的水墨山水画。榆林窟第 3 窟文殊变和普贤变中的山水图，是水墨在石窟艺术中新发展的例证，同时也反映出中原传统绘画对西夏的影响和西夏画家的文人意识。值得注意的是在榆林窟第 3 窟门上出现了独立的写意性山水画（图 19-26）。

榆林窟第 2 窟两幅水月观音也受到了中原文人画影响。首先我们从构图上就可以观察到，这种半边一角的形式，出自南宋画家马远、夏圭。画面上的大片留白，造就了极其清净辽远的禅意空间。尤其是湖石与竹子的结合，是宋代文人画常用的手法，它表现的是士大夫的一种心理状态，和他们对宇宙的一种哲思。在两幅画中，画家勾皴兼用，石绿染色，蓝色分出明暗，晕染细致，设色艳丽，表现出了湖石坚硬挺拔的质感，也是西夏典型的水墨山水之作（图 19-27）。此外第 2 窟东壁

图 19-27　榆林窟第 2 窟水月观音中湖石、竹子

① 赵声良：《榆林窟第 3 窟山水画初探》，载敦煌研究院编《榆林窟研究论文集》（下），上海辞书出版社，2011 年，第 14—20 页。

的故事画中，也画有一些水墨山水，如东壁南侧的说法图背景，用墨笔勾勒出山峰的轮廓，再用水墨晕染，表现出雄奇的景色（图19-28）。

肃北五个庙第1窟文殊变和普贤变背景亦为水墨山水，两幅画山水图式基本一致，表现出崇山峻岭的景象，连绵重叠的山形构成了一个统一连续的空间幻觉。画面以线条勾勒出山脉的形状走势和纹理，用淡墨渲染出山体的阴阳向背，山顶上的树木采用写意水墨手法，画中表现的依然是北方的地域特点（图19-29、图19-30）。

图19-28 榆林窟第2窟东壁的山

图19-29 肃北五个庙第1窟普贤变背景山水

除中原地区传统的山水画以外，另有一种高度程式化的藏式山水（或者说是装饰风格），也大量出现于西夏晚期各个洞窟的藏传风格经变画当中，如榆林窟第29、4窟，东千佛洞第5、7窟都出现了这种几何形的山。此类山水画极为程式，山峰以菱形、方形等几何形的平面图形竖向排列组合而成，其间有圆形图案作为点缀。每一片山岩皆为一个独立单元，并涂有不同的色彩作为装饰，山体之上再点缀有固定的桃形树冠或

图 19-30 肃北五个庙第 1 窟普贤变背景山水

图 19-31 东千佛洞第 5 窟山水

图 19-32 五代徐熙《雪竹图》

图 19-33 宋代范宽《雪景寒林图》

分叉树冠树木，山下配合有涟漪纹水波（图 19-31）。

用较浓的墨画天空，古人使用较多，有诸多画作的例证。若天空被施以粉，则多表现雪景：五代南唐徐熙的《雪竹图》（图 19-32），背景墨色较浓重，而前景中的竹子和山石则留白较多；五代佚名《雪渔图》背景用较浓墨色涂染，竹子和渔翁的颜色较淡，形成一种反差；宋代范宽的《雪景寒林图》（图 19-33）以及活跃于 12 世纪的金代画家李山的暮年之作《风雪松山图》，画面冰峰林立，参天的树木在风雨中傲然屹立，天空用墨染，颜色较深，与山石的明度形成对比。敦煌石窟中描绘自然景象和山岳大川者较多，但雪景的描绘极为少见。肃北五个庙第 1 窟文殊变、普贤变的背景山水中，远处的天空施以较重的墨色，前景中的山岳则显得较为清爽，跟唐宋以来的雪景绘画作品很相似，该山水图应为五台山雪景图。

通过分析比对，我们不难看出肃北五个庙西夏石窟中的山水画图式与上述所列五代以来雪景图的相似性，因此可以推断，肃北石窟山水画也是画工在致力描绘雪景。"'木有四十，春英夏荫，秋毛冬骨。'春英者谓叶细而花繁也。夏荫者谓叶密而茂盛也。秋毛者谓叶疏而飘零也。冬骨者谓叶枯而枝槁也。"[1] 从树木形态来看，无绿色敷染，与雪景更加匹配，不同于敦煌石窟中其他山水画。因此，雪景的出现，有着不同寻常的意义。

《圣立义海·山之名义》记载："夏国有三（座）大山，冬夏降雪，日照不融，永积：贺兰山、积雪山、焉支山。"[2] 西夏位于我国西北，境内贺兰山、祁连山（积雪山）、焉支山常年积雪不化，这些雪山是画工们最熟悉不过的，因此，西夏石窟中描绘雪景是信手拈来的事。西夏谚语"山上积雪，可见其崇高；人有尊严，可见其高尚"，体现了西夏人自尊心强，并以之与高山积雪相比拟。元昊时来自中原的重臣张元，曾赋诗《雪》云："五丁仗剑决云霓，直取银河下帝畿。战死玉龙三十万，败鳞风卷满天飞。"两宋时期雪景山水较为流行，西夏石窟中雪景山水的出现是西夏人学习中原绘画的例证。

七、问题与思考

（一）前期山水画面貌的集中体现

中国的山水画艺术虽然起源很早，自魏晋时期就已颇具体系，但由于时间久远，真正五代以前的山水画真迹几乎消失殆尽，仅留有零星的几幅后世摹本供世人参考。敦煌作为丝绸之路要冲，伴随着中原王朝与西域诸国的频繁交往，中原核心地区的艺术风格也得以

---

[1]〔宋〕韩拙：《山水纯全集第二·论林木》，载俞剑华编著《中国历代画论大观》（第二编），江苏凤凰美术出版社，2016 年，第 74—75 页。
[2]〔俄〕克恰诺夫、李范文、罗矛昆：《圣立义海研究》，宁夏人民出版社，1995 年，第 58 页。

快速且准确地传递到敦煌，并反映在敦煌石窟的壁画当中。这也导致敦煌北朝至唐代洞窟内的山水图像成为早期山水画仅存的宝贵真迹，是了解中国早期山水画发展的重要依据。

（二）中原敦煌间风格演变的对比

由于山水画艺术是中国特有艺术传统，因此敦煌石窟内的山水画风格演变，与敦煌中原间的交往情况最为相通。中原地区每当政权更迭、格局变换之际，文人士子们对于国家的前途命运倍感失望，就会寄情于山水，托意于绘画，则山水画的格局会产生重大变化，山水画的艺术水平也会随之达到新的高度。敦煌地区则恰恰相反，作为国家地图板块上的边疆地区，敦煌始终处于文化和艺术传播的弱势地位，更多是对中原地区的模仿和借鉴，并无独立创新技法和改制风格的能力。因此，敦煌壁画山水的发展和政权的变换最为相通，每当政治稳定、经贸繁荣、中央对地方控制力加强的时候，中原最新的山水画样式得以传入敦煌，敦煌壁画山水就会呈现出一个全新的局面，反之山水画的发展就会走向衰落。敦煌与中原间在山水画演进方面所产生的风格对比，既是对整体历史背景的客观反映，也是我们探讨敦煌山水壁画所要注重的前提。

第二十章　敦煌石窟神僧图像导论

一、高僧写真像

高僧写真像是敦煌石窟中较为特殊的一类题材。在敦煌石窟殿堂中，主要的偶像是诸佛、菩萨、弟子和护法，远离现实生活，而高僧写真像描摹的对象是现实僧人，可以分为开窟造像的功德主、敦煌当地的僧界领袖、行为世范的一代高僧。

作为功德主，历代洞窟中供养人行列中的僧人画像大概都属于高僧写真像这个范畴（图20-1）。南北朝到初盛唐时期供养人图像较小，造型千篇一律，个体的相貌特征无法具体展示，但是因为具有僧人信息的榜题框，所以也应该属于写真像的范畴（图20-2）。晚唐五代宋时期，供养人画像体量增大，工匠也得以描摹人物体貌细节，所以写真的意味比较浓郁（图20-3）。

其次是敦煌当地的僧人领袖，例如河西都僧统，最具代表性的是莫高窟第17窟洪䛒写真像（图20-4），塑像体内存骨灰袋，洞窟西壁大中年立《洪䛒告身敕牒碑》。藏经洞还出土《吴僧统碑》（P.4660）。据此可知，洪䛒生活于中晚唐时期，自幼出家，848年协助张议潮起兵，851年被唐宣宗敕封为京城内外临坛供奉大德，充河西释门都僧统，摄沙洲僧政、法律三学教主。

行为世范的高僧像也可列入写真像。他们在中国佛教传播历史上作出重要贡献。一代大德道宣创立了律宗一派，并撰写《集神州三宝感通录》和《广弘明集》等巨著，声震中外，乾封二年（667）圆寂，"高宗下诏，令崇饰图写宣之真相。匠韩伯

图20-1　莫高窟第217窟主室东壁门北五代比丘洪认供养像

图 20-2　莫高窟隋代第 305 窟南壁东部下侧供养人像

图 20-3　莫高窟晚唐第 196 窟僧人供养像

通塑缋之，盖追仰道风也"。藏经洞出土过佛图澄、刘萨诃、宝志、僧伽、玄奘等高僧的赞文，同时他们也进入了敦煌壁画，部分壁画内容属于叙事性故事画，而部分属于偶像式供养像，这种偶像式供养像更加接近高僧写真像。法国集美博物馆所藏P.4070为僧伽像（图20-5），其构图模式和莫高窟第17窟洪䛒写真像组合相似。

敦煌高僧写真像的载体和表现形式较为多样，有纸画、壁画、塑像或者绘塑结合，具体构图也存在固定的"形制"。极富代表性的是藏经洞所出Stein painting 163（图20-6），该作品是当时高僧写真像制作时所依据的粉本。总体来看，写真像通常具有以下元素：首先，僧人通常结跏趺坐，结禅定印，双

图 20-4　莫高窟第 17 窟洪䛒像

图20-5　敦煌藏经洞纸本画P.4070僧伽像

图20-6　敦煌藏经洞白画Stein painting 163 高僧像

目微启，神态怡然，似是僧人坐禅入定情态的写照。面部或为四分之三侧面，或为正面。坐具为方形毯，或为矮榻。双履置于坐具前。看似简单的双履图，其实无论在佛教还是在道教语境之中都具有特殊的意涵，在历代高僧传中给高僧的圆寂蒙上一层神秘色彩。写真像通常以树为背景，或一株，或两株。这是和树在佛教艺术中所扮演的角色有关。佛陀树下降生、思惟、降魔、说法、涅槃，因此以树为背景具有特殊的意义。树上通常悬挂僧人修行和生活中随身携带的"十八物"，例如坐具、数珠、君持等。这种规范和唐宋时期写真赞一类的文学作品相互印证。唐皎然《大云寺逸公写真赞》云："渊情洞识，眉睫斯备。欲发何言，正思何事。一床独坐，道具长随。瓶执堪泻，珠传似移。清风拂素，若整威仪。"

　　佛教影堂是供养礼拜高僧写真像的场所，是寺院的一部分。中国古代建立影堂的历史较早，不仅仅佛教寺院设立影堂，世俗社会也会在私人宅邸设立家族影堂，祭祀祖先。根据文献记载，至迟到南齐，佛教影堂性质的建筑已经出现了，与此同时或者稍后的一段时间里影堂被移进了石窟寺。唐朝佛教影堂已经相当普遍。段成式《寺塔记》有载：长安安国寺建禅师法心影堂，光宅寺建有中禅师影堂。从此时的文学作品就可以管窥一斑，例如刘长卿《齐一和尚影堂》、张祜《题秀师影堂》、张籍《题晖禅师影堂》、李中《题庐山东寺远大师影堂》等。在敦煌莫高窟，具有影堂形制的洞窟包括第17、137、139、174、357、364、476、443窟等。这些影窟开凿于洞窟前室北壁或者甬道北壁，内部空间狭小，所供奉的高僧生前也多为河西都僧统。第17窟为洪䛒影堂，洪䛒身后壁画为双

图20-7　莫高窟第443窟高僧像龛

树并近事女和比丘尼。第139窟为河西都僧统阴海晏影堂，形制雷同于第17窟，唯造像并非高僧塑像，大概是从他处搬迁而来。第443窟是10世纪三界寺僧人重修的某位高僧的影堂，塑像不存，但是塑像背后的壁画比较完整，双树占据壁面，君持、经包、漉水袋等7件僧人随身携带的物品悬挂其上（图20-7）。

敦煌写真之风盛行，相关记载屡屡见于藏经洞出土遗书。P.3556《都僧统氾福高和尚邈真赞并序》载："故我大师图形留影，弟子固合奉行。遂慕（募）良匠丹青，乃绘生前影质。日掩西山之后，将为虔仰之真仪。"P.3390《张安信邈真赞并序》载："图形绵帐，绘画真容。"P.3792《张和尚生前写真赞并序》云："恐葬礼之难旋，虑门人之恳切。固召匠伯，绘影图真。帏留万代之芳，俟表千秋不朽。"

在现代照相技术还未诞生之时，高僧写真像的主要功能是描绘僧人真容，表彰僧人高行，纪念礼拜供养。

二、刘萨诃图像

刘萨诃，法号释慧达，并州离石人（今山西离石），一说咸阳三城定阳人，一说慈州人。莫高窟第72窟西壁龛外北侧上方绘制刘萨诃禅定画像（图20-8）。其生平传记充满神话色彩，他早年出家，后前往江南地区巡礼佛教胜迹，晚年曾到河西地区游化，最终圆寂于此，所以在河西地区留下大量受其影响下的图像遗存——凉州瑞像（图20-9、20-10），在莫高窟以隋末唐初第203窟主尊最早，也最为独特（图20-11）。在逐渐层累起来的历史叙述中，刘萨诃的身份经历了一个从僧人到神僧，再到菩萨化身、佛教祖师的变换过程。

据《冥祥记》《高僧传》记载，刘萨诃出身于稽胡，年轻时喜爱打猎，三十一岁暴病而死，七日之后得以复苏，并和他人讲述自己所目睹的种种地狱故事，最后巧遇观音，受到观音点化，醒后出家，名为慧达。地狱观念本是佛教概念，后随着佛教的发展传播到内地。与刘萨诃相关的记载是南北朝时期地狱观念研究的重要资料之一。日本滋贺县极乐寺现藏一组《六道绘》，审判刘萨诃的情节出现在其中。这是目前中国刘萨诃相关美术作品中所没有的内容，较有特色。刘萨诃出家之后前往江南地区巡礼。南朝梁慧皎《高僧传》之《兴福篇》非常详尽地保留了这段记载。由此传记，南朝时期江南地区的佛教胜迹一览无余，包括会稽阿育王塔、丹阳金像、吴县浮江石佛等。今福建泉州开元寺镇国塔须弥座浮雕"萨诃朝塔"，正是刘萨诃发现并朝拜阿育王塔的情景。

图20-8-1　莫高窟第72窟西壁龛外北侧上栏刘萨诃禅定像

图20-8-2　莫高窟第72窟刘萨诃禅定处

图20-9 甘肃省博物馆藏唐代凉州瑞像

图20-10 莫高窟五代宋第61窟凉州瑞像

结束江南巡礼之后刘萨诃前往河西地区的凉州、酒泉等地。这条记载不见于南朝梁慧皎《高僧传》，而是出自唐代南山律宗释道宣所撰《续高僧传》，类似的记载还见于释道宣的其他著作，例如《释迦方志》《集神州三宝感通录》《广弘明集》等。这则传记讲述的重点是凉

图20-11 莫高窟隋末唐初第203窟凉州瑞像

州瑞像的故事，按照释道宣所记，这段文字来自北周释道安所撰写的碑记。现在该碑尚未发现，或许早已无迹可寻。北魏太武太延元年（435），神僧刘萨诃到西北地区游化。经过凉州番禾郡时，远远望见御山，双手合十，虔诚礼拜。当时就有人对他的行为感到诧异，问他礼拜的原因。刘萨诃说，再过几十年，这段山崖会有佛像出现，如果佛像完备，那么天下太平，如果佛像残缺不全，那么天下百姓将会惨遭罹难。时人并未理会。此后刘萨诃云游到酒泉时圆寂。八十七年之后，在雷电交加的一天，山岩裂开，石像出现，高大庄严，只是缺少佛首。于是当地人就请来工匠，雕刻佛首，安装上去。奇怪的是，佛头安装后就立马跌落下来。如此三番，始终没有成功。此事最终不了了之。不过恰好验证了刘萨诃的预言，北魏经过河阴之变后改朝换代。到北周保定年间，有人在凉州城东的七里涧发现了佛首，怀疑可能是瑞像所缺失的头像，于是敲锣打鼓，奉送到御谷。但送行的队伍还没有到达像前，佛首早已飞升安放在佛身上了。北周后期，佛首接连三番跌落，北周武帝派遣齐王前往查验。但是这都没有能够阻止此事的发生。没过多久，北周武帝开始了中国历史上的第二次灭佛运动，随之而来的就是北周的灭亡。凉州瑞像的残损再次验证了刘萨诃的预言。此后凉州瑞像因能"预言"国家兴亡，而备受历代皇帝的重视。隋炀帝西巡之后路过凉州，还曾经前往该寺礼拜供养，并亲笔题写了匾额。番禾之行结束后，刘萨诃继续西行，最终在酒泉圆寂。至于凉州瑞像的来历，在《道宣律师感通录》，道宣对这身从道安碑了解到的佛像进行溯源。从目前已知的凉州瑞像相关美术品来看，凉州瑞像具有固定的造像模式：佛像通常为立像，着袒右式袈裟，左手抓住衣角，置于胸前，右手下垂，作如愿印；背后通常以山峦为背景。如果是塑像题材，那么佛像通常呈现后仰姿态。这种造像模式一旦形成，就延续了数百年，几乎一成不变。

在敦煌人的笔下，刘萨诃还和莫高窟有重要关联。藏经洞曾出土《刘萨诃因缘记》（P.3570、P.2680、P.3727），其中记载："莫高窟亦和尚受记，因成千龛者也。" S.2113《唐沙州龙兴寺上座马德胜和尚宕泉创修功德记》记载："萨诃受记，引锡成泉。" S.3929《节度押衙董保德等修兰若功德记》云："萨诃圣人，改形化现。"

在刘萨诃信仰兴起之后，敦煌人也开始了有关刘萨诃题材的创作。莫高窟第72窟是开凿于晚唐五代时期的大型殿堂窟，位于崖面第一层。洞窟平面为方形，覆斗顶。西壁开龛（图20-12），龛外南北两侧上栏分别绘制僧伽画像和刘萨诃画像。刘萨诃置身于山岩之中，身穿云水袈裟，作禅定印，榜题为"圣者刘萨诃和尚"。洞窟南壁绘制刘萨诃与凉州瑞像因缘变相（图20-13），其依据是武威唐代天宝元年（742）《凉州御山石佛瑞像因缘记》，除了讲述《续高僧传》中凉州瑞像的因缘故事，还续写了道宣时代之后到唐代天宝年间凉州瑞像的历史。但是根据学者分析，第72窟南壁内容远远要比《凉州御山石佛瑞像因缘记》更加丰富。敦煌藏经洞也出土刘萨诃与凉州瑞像因缘变相的绢画残片（编号Ch.0059）（图

图 20-12　莫高窟晚唐五代第 72 窟主室内景

图 20-13　莫高窟晚唐五代第 72 窟南壁刘萨诃因缘变相

图 20-14　敦煌藏经洞绢画
《刘萨诃因缘变相》残片

图 20-15-1　甘肃永昌圣容寺 　　　　图 20-15-2　甘肃永昌圣容寺凉州瑞像遗迹

20-14），原始完整的画作大概可以比肩第 72 窟南壁：刘萨诃作四分之三侧面，他深目高鼻，身穿袈裟，双手擎举香炉，背后是瑞像示现之时工匠修补佛首的场景，空中雷神敲击连鼓，正是记载中所谓"忽大风雨，雷震山裂"，形象并且浪漫。据专家考证，今甘肃永昌御山峡谷圣容寺尚有凉州瑞像遗迹（图 20-15）。除此之外，凉州瑞像还散见于山西、河西、内蒙古、四川及至日本，时代从北朝跨越到北元，其影响前后长达近千年之久，可见其在河西走廊信仰之兴盛。

三、僧伽和尚图像

僧伽大师，唐代入华高僧，自称何姓，来自古代粟特地区何国。僧伽大师画像位于莫高窟第 72 窟西壁龛外南侧上栏（图 20-16）。其事迹见于《宋高僧传》《太平广记》。年少出家，志游四方，龙朔初年（661）经西凉府来到内地，主要在江淮地区游化，创建普照寺。唐中宗景龙二年（708）奉诏赴内道场，四年（710）圆寂于荐福寺。历代僧伽大师的相关记载多充满神话色彩。他能够预测天气，降雨救灾，能够以奇特方式治疗疾病。圆寂之后唐中宗问高僧万回：僧伽者，何人也？万回答言：观世音菩萨化身。后周世宗攻打江南，僧伽大师托梦，告知泗州居民，不易轻敌。百姓出降，幸免于难。

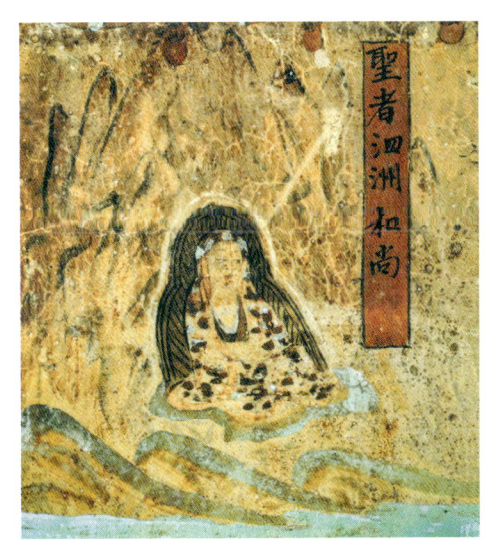

图 20-16　莫高窟晚唐五代第 72 窟西壁佛龛南侧上栏僧伽像

自此之后，天下凡造精庐必立僧伽和尚真相，榜题为大圣僧伽和尚，祈愿者多能如愿。

僧伽大师长安圆寂之后，得以归葬泗州，生前所建普光王寺成为历代信众朝拜的圣地。唐宋八大家之首的韩愈写过《送僧澄观》："浮屠西来何施为，扰扰四海争奔驰。构楼架阁切星汉，夸雄斗丽止者谁。僧伽后出淮泗上，势到众佛尤恢奇。"言辞之间，不无溢美之词。北宋欧阳修也曾经在泗州塔下写过《泗州塔下并峨眉山开启谢袷享礼毕道场斋文》。苏轼路过大师舍利塔，撰写《僧伽和尚塔》，留下"不嫌俗士污丹梯，一看云山绕淮甸"的千古名句，苏辙也写过《和子瞻泗州僧伽塔》和《僧伽塔》。

在社会各个阶层的推崇之下，本国和来华的信众纷纷前来礼拜供养。日本成寻宋熙宁五年（1072）西渡，登陆杭州后，开始了一年多的朝拜之旅，僧伽造像、舍利塔、殿堂屡屡见于其日记《参天台五台山记》。于阗高僧法藏出使北宋，向皇帝进献释迦牟尼佛真像、顶骨真身舍利、于阗白玉和细马，得以赐紫和师号；后获准巡礼五台山和泗州。

这种朝圣的热度也波及了敦煌。S.529《诸山圣迹志》记载一位高僧巡礼中原佛教圣迹的行记。行记记述了他在寿州之后进入扬州界，沿淮水东行至濠州，再东行二百五十里来到泗州。泗州之行，显然是为了朝拜僧伽大师。

此外，敦煌遗书保存着一则晚唐五代时期僧伽造像活动的记载。S.4474抄有《庆兰若》，详细记录僧伽和尚堂的修建。藏经洞还出土《泗州僧伽大师实录》（S.1624），文字寥寥，记载大师涅槃之一段。另出土《僧伽和尚欲入涅槃说六度经》（简称《僧伽和尚经》），共计4件写本：S.2565、S.2754、P.2217、散1563，此文被收入《大正藏》。

僧伽大师信仰推动了佛教美术的创作。唐代宗曾令人绘制并供养僧伽画像。燕蓟地区更是盛行。从今天考古发掘来看，僧伽造像遍布我国浙江、福建、广东、四川、江西、河南等地乃至韩国。通常他一袭僧人打扮，头戴风帽，身穿袈裟。或为单尊坐像，结禅定印，身前安置三足凭几。或与高僧万回、宝志禅师构成三圣组合。或者扮演亡者灵魂超度者的角色，出现在墓室之中。形式多样，不一而足。

绘于莫高窟第72窟西壁佛龛南侧的僧伽画像身穿云水袈裟，结禅定印，坐在草庐之中，旁书"圣者泗州和尚"，和龛外北侧刘萨诃画像构成一个组合，同时与洞窟北壁弥勒菩萨上下生经变形成一个组合，这一组合建立的基础是敦煌藏经洞出土伪经《僧伽和尚欲入涅槃说六度经》，与重庆大足北山佛湾第176和177窟组合相同。这两个洞窟位置相近，形制相同，内容相连。其中第176窟主尊背后以及左右侧壁内容为弥勒经变，第177窟主尊为僧伽造像，左右侧壁为万回和宝志和尚。

法国吉美博物馆所藏P.4070绘高僧像一身，大概也是僧伽像。他头戴风帽，着田相袈裟，置双履于榻下，趺坐于榻上；大师背后侍立两身俗装供养人，手奉君持、长巾和拂尘。

莫高窟第72窟是我们今天透视敦煌僧伽信仰的一个窗口，一把钥匙。从洞窟内容的设计布局为切入点可以看出，在敦煌社会，僧伽大师的身份具有多重性：西域胡僧、观音化身、人间导师、未来佛弥勒。

四、宝志和尚图像

志公和尚又称释宝志、保志，传记见于《高僧传·保志传》《南史·保志传》，生活在南朝宋齐梁之间。年少出家，止于建康道林寺，居无定所，食无定时，散发跣足，游走于市井之中，所说谶语，往往应验。萧梁时期曾经受梁武帝之请，讲经说法，天监十三年（514）圆寂。

南朝时期志公和尚信仰盛极一时。僧传记载："传其遗像，处处存焉。"今志公和尚像遍布我国陕西、四川、重庆以及日本等地，均作比丘相，头戴风帽，手持锡杖，与文献记载相同，《高僧传》云："杖头挂剪刀及镜，或挂一两匹帛。"

图写志公和尚画像风尚在古代颇为流行，今天我们所看到的图像遗存数量虽然不多，但不是千篇一律，而是形式多样，富有创新，每一类每件代表作品也不尽相同。

（1）三圣僧合龛　即僧伽、万回、志公三位圣僧合龛。代表是四川夹江千佛岩第91号龛、绵阳魏城镇北山院石窟第11号龛、重庆大足北山佛湾第177窟。此类遗存较多。

（2）偶像式单尊志公和尚像　以日本京都西往寺志公和尚像为代表，志公和尚面皮裂开，露出菩萨面容。

（3）志公和尚游化　代表是重庆大足石篆山第2号龛（图20-17），他头戴风帽，左手持角尺和剪刀，右手朝向身后，伸出两指；双足蹬靴，其中左脚拇指外露；身后跟随一身形较小的眷属，肩扛一杆大秤，上面悬挂方斗和笞帚，时代为北宋元丰八年（1085）。以往学界定名为"志公和尚"，今据画面内容和构图方式，暂且称之为"志公和尚游化"。

（4）《梁皇宝忏》因缘　代表是中国国家图书馆所藏《梁皇宝忏图》(图20-18)，主要描绘志公和尚与梁武帝对坐并为之说法。

（5）应身观音　代表是美国波士顿美术博物馆所藏南宋周季常《五百罗汉图》，主要描绘梁武帝诏令张僧繇为志公和尚写真；志公和尚撕裂面皮，

图20-17　重庆大足石篆山第2号龛志公和尚

显现菩萨相。

（6）志公与观音组合　代表是四川广元观音崖摩崖造像第105号龛。

（7）志公与毗沙门天王组合　代表就是莫高窟第395窟甬道作品（图20-19）。

莫高窟第395窟志公与毗沙门天王组合较为特别，因为其内容和组合方式与上述类型均不相同。高僧作四分之三侧面，头戴风帽，身穿山水衲袈裟，左手持锡杖，上悬葫芦、漉水囊和一圆形物。高僧坐在无扶手曲搭脑椅子上，以山石作背景，以小鹿为伴。画像旁边的榜题为"萧梁武帝问志（?）公（?）和尚如何修道和尚以偈答"，现已不存。第395窟甬道南壁宝志和尚画像可以看作是观世音菩萨的三十三种变化身之比丘身，只是通常情况下，比丘身是以普通比丘的形象出现，是一个"群像"的形式，但在第395窟却被具体化为宝志和尚。在这个洞窟，他与毗沙门天王画像形成一种新型组合，其背后的佛教义理是他们都拥有共同的身份——观世音菩萨三十三种变化身。这个组合又与洞窟主室观世音菩萨救助八难的情节关系密切，共同构成了一部完整的图像版的《观世音菩萨普门品》。

图20-18　中国国家图书馆藏西夏文佛经《梁皇宝忏图》

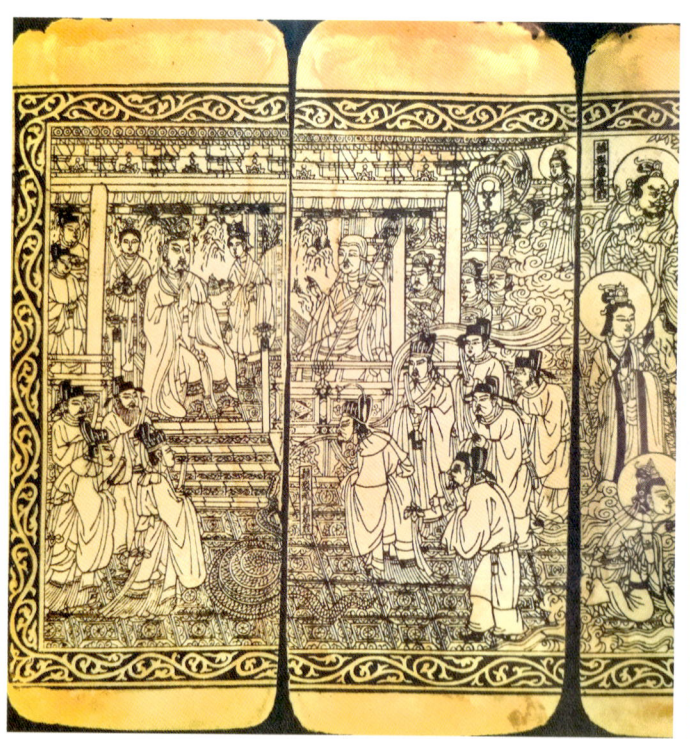

图20-19　莫高窟第395窟甬道南壁志公画像

五、行脚僧图像

敦煌壁画和纸绢画中，有一种尚未被人们认识的佛教史迹画。画面大同小异，一般为：一僧背负经囊（法国吉美博物馆藏EO.1138的经囊上有"大藏"两字），头戴檐帽，手持麈尾和锡杖，在云彩中风尘仆仆地疾行，旁有一虎相随，上方有一化佛，通常称之为行脚僧图（图20-20）。与常见的玄奘取经图（主要是著名的东京国立博物馆藏镰仓时代《玄奘三藏像》）比较，均为背负经囊、努力前行的僧人，所以许多人认为这就是玄奘取经图或常与玄奘取经图进行比较，但玄奘取经图没有化佛、没有老虎、头上不戴帽、脚下没有彩云，两者之间存在着明显的区别，所以谨慎的学者一般称之为"行脚僧"。由于形像特别，国外一些学者很早就注意到这些图像。[1]

敦煌画中的行脚僧图一共有20幅，即：

（1）莫高窟壁画有8幅，均呈对称分布。第45窟前室西壁门上残存2幅，绘于五代。第306、308、363窟甬道两壁各有1幅，约绘于11世纪上半叶。

（2）法国伯希和劫去7幅。其中3幅在吉美博物馆，馆藏号为EO.1138、EO.1141（图20-21）、MG.17683（图20-22），另外4幅保存在敦煌遗书P.3075、P.4029、P.4074、P.4518(39)中。

图20-20 藏经洞绢画EO.1138行脚僧图

---

[1] [日]松本荣一：《敦煌画研究》第4章第3节《达摩多罗像》，东方文化学院东京研究所，1937年。[日]秋山光和：《敦煌壁画中与虎为伴的行脚僧考》，《美术研究》第238期，1965年。[日]熊谷宣夫：《大谷探险队所获玄奘三藏画像图》，日本《美术史》第14号，1955年。[日]诸户文男：《敦煌画中的玄奘图考》，《丝绸之路月刊》1979年11月，此后还有续考二篇，见《东西交涉》1983年2卷1期，1984年3卷4期。[日]山口瑞凤：《与虎为伴的第十八罗汉图来历》，《印度古典研究》1984年第6卷。[法]戴密微：《达摩多罗考》，载饶宗颐《敦煌白画》，巴黎，1978年。按：此文汉译本载《国外藏学研究译文集》第7辑，西藏人民出版社，1990年。[英]韦陀：《敦煌绘画中的取经僧形象》，载敦煌研究院编《2000年敦煌学国际学术讨论会文集·石窟艺术卷》，甘肃民族出版社，2003年。

图 20-21　EO.1141 行脚僧图

图 20-22　MG.17683 行脚僧图　　　　图 20-23　Stein painting168 行脚僧图

（3）英国斯坦因劫去 2 幅，今藏英国博物馆，馆藏号为 Stein painting168（Ch.0380）（图 20-23）、Stein painting221（Ch.0037a）。

（4）俄罗斯鄂登堡劫去 1 幅。纸本彩绘，馆藏号Дx.320。

（5）韩国中央博物馆藏 1 幅。纸本彩绘，馆藏号 4018 号，来自大谷探险队。

（6）日本天理图书馆藏 1 幅。纸本彩绘，馆藏号 722-イ13。黑田当从一大谷探险队队员手中获得，而后为中山正善氏私人收藏，大约在 20 世纪 50 年代入藏天理图书馆。

（一）宝胜如来与宝胜如来信仰

大部分行脚僧图中有一云中小佛，有的榜题保存完好，知这是宝胜如来。如：

（1）莫高窟第 45 窟前室为五代重修，西壁门上正中为毗沙门天王赴哪吒会，两侧各残存一幅行脚僧图的部分画面。南侧一幅的榜题完整，为"南无宝胜如来伏虎游历救度众生"，北侧一幅残存"……胜如来……游历世界"。

（2）莫高窟第 363 窟甬道南壁行脚僧图的榜题与P.4074、P.4518 中的行脚僧图榜题均为"南无宝胜如来佛"（图 20-24）。韩国中央博物馆藏本的榜题为"□□宝胜如来佛"，所

图 20-24-1　莫高窟第 363 窟甬道南壁行脚僧画像

图 20-24-2　莫高窟第 363 窟甬道北壁行脚僧画像

缺两字当为"南无"。

（3）俄藏本和日本天理图书馆藏本的榜题为"宝胜如来佛"。

（4）法国吉美博物馆藏EO.1141的榜题字数最多："宝胜如来一躯。意为亡弟知球三七斋画造。庆赞供养。"这幅画无佛像，并且从榜题上也可看出，作者误把行脚僧当作宝胜如来佛了。出现这种错误的原因，我们将在后面讨论。

佛经中提到宝胜如来的地方不少。如实叉难陀译的《地藏菩萨本愿经》卷下记载："又于过去无量恒河沙劫，有佛出世，号宝胜如来。若有男子、女子闻是佛名，毕竟不坠恶道，常在天上，受胜妙乐。"

一些佛名经中也有宝胜如来之名，较详细的是菩提流支译的《佛说佛名经》，该经卷八记载：

东方有世界，名宝集。彼世界有佛，名宝胜阿罗呵三藐三佛陀，现在说法。南无宝胜佛。若善男子、善女人闻彼佛名，至心受持，忆念赞诵，合掌礼拜。若复有善男子、善女人以满足三千世界珍宝布施，如是日日布施，满足一百岁。如此布施福德，比前至心礼拜功德，百分不及一，千分不及一，百千分不及一，乃至算数譬喻所不及一。

北宋法护译的《大乘大方广佛冠经》卷下也有类似记载。

下面对《金光明经》信仰与宝胜如来的关系略作考述。

北凉昙无谶译《金光明经》卷四"流水长者子品"记载："宝胜如来本往昔时，行菩萨道，作是誓愿：'若有众生于十方界临命终时，闻我名者，当令是辈即命终已，寻得上生三十三天。'"义净译《金光明最胜王经》卷九"长者子流水品"中内容相同,但却把宝胜如来译作宝髻如来。《金光明经》在中国十分流行,译本、注疏、忏仪、感应传等多达二三十种。(隋)灌顶《国清百录·金光明忏法》、(宋)知礼《金光明最胜忏仪》和(宋)遵式《金光明忏法补助仪》均提到要念"一心顶礼宝胜佛"。既然《金光明经》信仰极为流行,人们对宝胜如来就不会感到陌生。昙无谶译《金光明经》卷四提到:"宝胜如来本往昔时,行菩萨道作是誓愿:若有众生,于十方界临命终时,闻我名者,当令是辈即命终已,寻得上生三十三天。"这与念一声阿弥陀佛、灭众罪进入西方极乐世界之净土信仰颇为类似。

宝胜如来后来成为密教五如来之一。天津艺术博物馆藏有一批敦煌遗书,其中津4532号是五代翟奉达于958年为亡妻写经4种,第一部经为《无常经》,尾题:"显德五年岁次戊午三月一日夜,家母阿婆马氏身故。至七日是开七斋。夫检校尚书、工部员外郎翟奉达忆念。敬写《无常经》一卷,敬画宝髻如来佛一铺。每七至三周年,每斋写经一卷追福,愿阿娘托影神游,往生好处,勿落三涂之灾,永充供养。"按:从"家母""阿娘"诸文字看,这组写经为翟奉达之子代父抄写。宝髻如来即义净在其所译《金光明最胜王经》中对宝胜如来的译名。"追福""往生好处""永充供养"等语与佛经记载宝胜如来的作用和法国吉美博物馆藏EO.1141某人为其弟知球三七斋画宝胜如来像的性质完全一样。

翟奉达在其妻刚死时,不可能在较短时间、有心情创画这铺宝胜(髻)如来像,从敦煌画中多达20幅的行脚僧图中大多有宝胜(髻)如来情况看,翟奉达只是像知球兄长一样,临摹当时流行的宝胜如来像而已。知球兄长所画宝胜如来像,实是画了行脚僧,而忽略了主角——那一身小小的云中化佛。看来他是把行脚僧当宝胜如来了,从他的错误、当时佛教史迹画流行等情况看,我们怀疑翟奉达也把行脚僧当成宝胜如来。如果此推测成立,再参考翟奉达为其亡妻一七至七七、百日、一年、三年斋写经均保存在敦煌遗书中之事实(参阅P.2055、BD04544),推测纸绢画中的12幅行脚僧图中,有一幅可能出自翟奉达之手。

从知球兄长、翟奉达题记看,他们的宝胜如来信仰出于《金光明经》。

直到五代还流行念宝胜如来佛名以禳灾,《旧五代史》卷一三三记五代楚王马希范(932—947年在位)卒,弟马希广继位(947—950年在位),希广佞佛,950年马希萼来攻:"希广素奉佛,闻之,计无所出,乃被缁衣,引群僧念'宝胜如来',谓之禳灾。顷之,府廨火起,人或纷扰,犹念诵之声未辍,其憨如此。"

(二)李通玄事迹与《李通玄随虎图》

《李通玄随虎图》中与虎为伴的行脚僧是谁呢?从背荷经卷、与虎同行等特征看,与中国佛教史上李通玄的传说最为密切。

李通玄事迹较早、较详细的记载当属咸通(860—874)时人马支撰集的《释大方广佛新华严经论主李长者事迹》：

　　李长者，讳通元，莫详所自，或有询其本者，但言沧州人。开元二十七年（739）三月望日，曳策荷笈至于太原盂（盂）县西四十里同颖乡……每旦唯食枣十颗、柏叶饼子如匕大者一枚。自尔不交外人，掩室独处，含毫临纸，曾无虚时，如是者三年。一旦……至马氏古佛堂，自构土室，寓于其侧，端居宴然，于兹十年。后复囊挈经书，遵道而去……忽逢一虎，当途驯伏，如有所待，长者语之曰："吾将著论释《华严经》，可与吾择一栖止处。"言毕虎起，长者徐而抚之，将所挚之囊挂于虎背，任其所止。于是虎望神福山原，直下三十余里，当一土龛前，便自蹲驻。长者旋收囊装，置于龛内，虎乃屡顾，妥尾而去……龛之四旁，旧无泉润，长者始来之夕，风雷暴作，拔去一古松，高三百余尺。及旦，松根之下，化为一潭……时人号为长者泉，至今澄明，未曾增减，愆阳之岁，祈之必应。长者制论之夕，心穷元奥，口出白光，照耀龛中，以代灯烛。居山之后，忽有二女子，容华绝世……常为长者汲水、焚香、供给纸笔，卯辰之际，辄具净馔，甘珍毕备，置长者前。斋罢撤器，莫知所止。历于五祀……长者身长七尺二寸，广眉朗目，丹唇紫肌，长髯美茂，修臂圆直，发彩绀色，毛端右旋，质状无伦，风姿特异。殊妙之相，靡不具足。首冠桦皮之冠，身披麻衣，长裙博袖，散腰而行，亦无韦带。居常跣足，不务将迎，放旷人天，无所拘制……长者行止元微，固难遐究，虚空不可等度，况拟求边际耶？比岁僧元觇特抵方山，求长者遗迹……又于寿阳南界解愁村遇李士源者，乃传论僧之犹子，示《长者真容图》，瞻礼而回。[1]

　　《宋高僧传》《佛祖统纪》《佛祖历代通载》等书有关李通玄的内容大都据此编撰。

　　到五代、宋时，中原仍流传李通玄像和他的事迹画。《续贞元释教录》记载："升元二年（938），僧勉昌进请编（《新华严经论》）入藏。大唐光文肃武孝高皇帝令书十本，写《李长者真仪》十轴，散下诸州，编于藏末。"按："大唐光文肃武孝高皇帝"即南唐开国皇帝李昇（888－943），他于937年建齐国，改年号为升元，次年，他"自言唐宪宗（第十）子、建王恪"的后代，所以"改国号曰唐"[2]。建国不久即写《华严经论》10部，《李长者真仪》10轴，颁行境内。当时佛经、经疏很多，为什么独钟情于这部已经"盛行于世"的经论呢？李昇的这一举动除了说明他崇信佛教外，或许与李通玄是"唐之帝胄"有关，勉昌借此为李昇登基吹鼓。庐山是南唐佛教的一个中心，宋代陈舜俞《庐山记》卷一记载："太平兴国寺……晋武帝太元九年（384）置，旧名东林。唐会昌三年（843）废，大中三年（849）复，皇朝兴国二年（977）赐今名……又有明皇铜像、《李通玄长者写真》，皆前世故物。"这幅前世留下来的《李通玄长者写真》当是李昇颁下的10幅《李长者真仪》之一。

---

① 《全唐文》卷八一六。
② 〔宋〕欧阳修撰：《新五代史》卷六二，中华书局，1974年，第767页。

宋代画家李公麟（字伯时，号龙眠居士，1049—1106）曾画过《李通玄随虎图》。葛胜仲《丹阳集》卷二二有"跋李伯时画《李元通（按：李元通系李通玄之误）随虎图》三首"，诗云："《华严》宝轴挂於菟，笑问翻经有也无？引下福山三十里，不应老马独知途。""清槭寒潭土作宫，杨枝柏叶五年中，《论》成永作将来眼，第一（按：一作"一笑"，是）功归大小空。""素幅工传长者真，龙眠端恐是前身。只留散带经行影，不貌供斋两主（按：系"玉"字之误）人。"[1]诗中的"於菟"是指虎。"两玉人""柏叶（饼）""（写论时间）五年""土作宫""散带经行"等语皆与前面提到的李通玄事迹相一致。《宣和画谱》卷七"李公麟"条还提到李公麟画有《华严会》。[2]

宋代张商英有篇《昭化寺李长者龛记》，见（清）陆增祥《金石续编》卷一七，陆增祥解题："高五尺五寸，广三尺二寸，十五行，行二十四字，正书，额题'长者龛记'四字，篆书。在山西寿阳县方山。"但（清）胡聘之《山右石刻丛编》卷一七则记为："碑高三尺二寸，广一尺七寸八分，十二行，行二十四字，正书，今在寿阳县方山下寺。"不知孰是。《金石续编》卷一七所载全文是：

长者龛记

予元祐戊辰奉使河东，行太原寿阳县，诣方山瞻李长者像。至则荒茅蔽岭数十里，前后无人烟，有古破殿屋三间，长者堂三间，村僧一名，乞食于县，未曾在山。予于破竹经架中得长者《修行决疑论》四卷、《十元六相论》一卷、《十二缘生论》一卷，梵夹如新。从此遂顿悟华严宗旨。邑人以予知其长者也，相与劝勉，择集贤岭下改建今昭化院。予去彼三十年，有住持僧宗悟来言："方山非昔日方山也，松柏林木高大茂盛，不植而生，皆应古记。又于长者造《论》处发见龛基，以砖石甃砌。前建轩阁，古迹历然，僧徒粥饭不求于外，游人士庶不绝于道。相公开其始，悟之先师政成其终，愿得相公只字以为法门之光。"予曰："予持戒人也，必不妄语，可自纪其实，以传后人。"政和戊戌十月望日观文殿大学士张商英题付宗悟。

朝请大夫直秘阁权发遣河东路计度转运使公事赐紫金鱼袋陈知庸篆额。

迪功郎前房州司户曹事圆顼、居士高淳并如志、居士范圆焯施石。

（三）行脚僧图与西藏佛教绘画中的达摩多罗像

我们从现有的资料中并没有发现李通玄出家为僧的记载，所以李通玄像应是居士装束。敦煌画中的行脚僧"首冠桦皮之冠"，韦革束腰，服饰繁富，并非袈裟，这与李通玄事

---

[1]《四库全书》文渊阁影印本第1127册，商务印书馆，1986年，第645页。
[2] 俞剑华标点注释：《宣和画谱》，人民美术出版社，1964年，第131页。

迹较为接近。问题是，莫高窟第363窟甬道南、北壁和吉美博物馆藏EO.1138、EO.1141等行脚僧图中，行脚僧均光头，明确是僧人形象。一个例外是，俄藏行脚僧图中，前额左侧露出些许头发。

在西藏佛教绘画中，有许多以虎为伴的负笈居士，名为达摩多罗。[1]达摩多罗居士一般与布袋和尚（契此）一起附于十六罗汉中，有人认为这就是十八罗汉的来源之一，[2]这是毫无根据的猜想，根据五世达赖（1617—1682）《供养十六罗汉仪轨》记载，"达磨（一作摩）多罗（法增）居士是甘肃贺兰山人，因奉事十六尊者而得到感应，每日都见有无量光佛出现在云中。他的画像常是背负经荚，身旁伏有卧虎"[3]。这里并没有把法增居士当罗汉看待。又，印度阐德拉·达斯1881年的游记《拉萨和中亚旅行记》一书中也说"（在拉萨一座寺院里，十六罗汉）由信事男达摩多罗接见的场面而排列，达摩多罗是古代中国中原最著名和最虔诚的佛教徒之一"[4]。同样也不把达摩多罗当作罗汉，而是认为是一位中原的佛教徒。

前引《地藏菩萨本愿经》中提到宝胜如来是过去佛，而无量光佛有时也被认为是过去佛。般剌密帝译的《楞严经》卷五记载："往昔恒河沙劫，有佛出世，名无量光。"有可能是五世达赖所说的无量光佛是宝胜如来之误。但是，虽然无漏曾居住在贺兰山，也常念宝胜如来佛名，但无漏事迹中未见他与虎为伴、信奉十六罗汉的记载，达摩多罗（法增）之名又出于何处呢？戴密微万余言的《达摩多罗考》没有考证出这位"古代中国中原最著名和最虔诚的佛教徒"是何许人。笔者认为，他就是唐代著名的华严三祖法藏（643—712）。

新罗崔致远撰的《唐大荐福寺故寺主翻经大德法藏和尚》记载：

> 释法藏者，梵言达摩多罗。字贤首，梵言跋陀罗室利……俗姓康氏，本康居国人……年甫十七，志锐择师，遍谒都邑缁英，慊其拙于用大，遂辞亲求法于太白山，饵术数年，敷阅方等……后于云华寺讲（《华严经》），有光明现，从口出，须臾成盖……前后讲新、旧两经三十余遍……（他参与译《八十华严》时）译堂前陆地开百叶莲花……神龙元年（705）冬，敕令写藏真仪，御制赞四章。

---

[1] 藏传佛教艺术中的达摩多罗图像，关注者众，笔者所知调查最详细的是谢继胜，见氏著《伏虎罗汉、行脚僧、宝胜如来与达摩多罗——11至13世纪中国多民族美术关系史个案分析》，《故宫博物院院刊》2009年第1期，第76—96页。

[2] 云音：《十六罗汉、十八罗汉和五百罗汉》，载张曼涛主编《现代佛教学术丛刊》第100册《佛教文史杂考》，大乘文化出版社，1980年，第126页。

[3] 参见云音：《十六罗汉、十八罗汉和五百罗汉》，载张曼涛主编《现代佛教学术丛刊》第100册《佛教文史杂考》，大乘文化出版社，1980年，第126页。未见《供养十六罗汉仪轨》原文。

[4] 参见[法]戴密微：《达摩多罗考》，载饶宗颐《敦煌白画》，远东学院，1978年。按：此文汉译本载《国外藏学研究译文集》第7辑，西藏人民出版社，1990年。

其他所有介绍法藏事迹的史籍，如《宋高僧传》《佛祖统记》等均未提到法藏名字的梵文音译，所以戴密微等人不知达摩多罗即法藏。

可以将居士形象、负笈装束理解为法藏 28 岁出家前的游历事迹，但文献上并没有他与虎为伴、念宝胜如来佛的记载。

法藏与李通玄都是与《华严经》有关的人物，他们的事迹和传说也颇类似，参见下表：

表 20-1　法藏与李玄通事迹并神异对比表

法藏	李通玄
《八十华严经》译者之一	《八十华严经》著论者
饵术数年	食枣及柏叶饼
口出光明	口出光明
译堂前陆地上开百叶莲花	风拔宅前树成池

又，(唐) 胡幽贞《大方广佛华严经感应传》记载："大唐永徽年中 (650—655)，有居士樊玄智，华严藏公之同学……专以《华严》为业，居方洲山中，初饵松叶。六十余年诵持不替，五十年前感其所地涌甘泉……有时夜诵，口放光明，照及四十余里，光色如金。"可见李通玄口出光明的神异只是袭用法藏、樊玄智等人的神异而已。李通玄著论时，风拔树成池，有"二女为之汲泉、炷香、奉纸墨"的神异也是佛驮跋陀罗译《华严经》时诸神异的翻版："义熙十四年 (418) 三月十四日，于建业谢司空寺造护净法堂，翻译《华严》。当译经时，堂前忽然化出一池，每旦日有二青衣从池而出，于经堂中洒扫、研墨给侍，际暮还宿池中。"护净法堂的二侍女是龙王化身，"此经久在龙宫，龙王庆此翻译，故乃躬自给侍耳"。而李通玄注释《华严经》时，龙王再次化身给侍。编造这些神异故事是为了抬高他所著经论的地位。因为李通玄早年"留情易道"，他的著作中渗透着道教成分，《佛祖统记》卷二九记载："其立论以十处十会盛谈法界，与藏师疏旨不同。又以教主、请主等十别对胜《法华》，而不知《法华》是开权显实之谈，不识《华严》是兼别说圆之典，故多为吾宗所斥。"《宋高僧传》卷二二"法圆传附李通玄传"记载："幽州僧惠明鸠诸伪经并《华严论》同焚者，盖法门不相入耳。"可见当时争议之大。荒诞的神异故事背后，蕴藏着深刻的佛教派别矛盾。

从画中和资料记载上看，敦煌画中的行脚僧与西藏佛教绘画中的达摩多罗均戴冠、荷经、有化佛、与虎为伴、作行走状等，两者同源，这是毫无疑问的。最大的区别是，藏传的为居士形像，敦煌的为僧人形像，藏传形像更接近李通玄事迹。笔者认为，李通玄事迹画在辗转流传过程中，夹杂进无漏、法藏的一些事迹。

敦煌行脚僧图均无具体年代记录，可能在五代时出现，出现原因可能与南唐僧勉昌有关，前揭《续贞元释教录》记载："升元二年（938），僧勉昌进请编（《新华严经论》）入藏。大唐光文肃武孝高皇帝令书十本，写《李长者真仪》十轴，散下诸州，编于藏末。"敦煌当时属于后晋天福三年，南唐皇帝敕令画的《李长者真仪》不可能直接传到敦煌，有可能后来辗转流传过程中，把居士形象描绘成僧人形象。但俄藏行脚僧图中，行脚僧有头发，服饰也非袈裟，比较接近李通玄像，但仍然有化佛和"宝胜如来佛"题记。

六、布袋和尚图像

布袋和尚，名契此，晚唐五代明州奉化（现浙江宁波）一带的游方僧，世传为弥勒之应化身。由于其生前和身后的各种灵应故事，加之被认为是弥勒化身的传说，遂在其生前江浙一带已开始出现布袋和尚的崇奉活动，其亡故后不久相关信仰就传遍大江南北。远在河西地区的敦煌西夏石窟中也很快出现了布袋和尚图像。

（一）敦煌石窟中的布袋和尚图像

据已公布资料，敦煌石窟中共发现2铺西夏时期的布袋和尚图像，均绘制于东千佛洞第2窟。另外，在距离敦煌不远的酒泉文殊山万佛洞石窟西夏壁画中亦有1铺。这3铺图像均为西夏时期作品，且地域相近，具有显著共性。

图20-25 东千佛洞第2窟右侧甬道上方布袋和尚像

1. 东千佛洞第2窟布袋和尚像

东千佛洞第2窟是一座中心柱窟，两铺布袋和尚图像对称绘制于中心柱正壁左、右两侧甬道上方。两铺图像均以绿色草地和淡灰色天空为背景，以驻足站立的布袋和尚为中心，另有花树点缀，外绘黑色边框。两身布袋和尚形象大体一致，均有圆形头光，头部较圆，低首蹙眉，嘴巴紧闭，脖颈粗短，身材矮胖，袒胸露腹，步履蹒跚，头上有化佛。右侧像（图20-25），右肩以杖荷袋，袋子硕大且高高鼓起，左手自然下垂。布袋和尚左侧像（图

20-26),左肩负杖,未见布袋(或隐于身后),右手举于胸前,似持经卷,脚穿木屐。

2. 文殊山万佛洞布袋和尚像

酒泉文殊山万佛洞石窟,是一座始建于北朝时期的中心柱窟,整窟为西夏重修,仅中心柱和左壁前面剥落处露出底层壁画。其中布袋和尚像亦为西夏时期作品,绘于洞窟前壁正中门洞上方,位置比较突出。布袋和尚席地而坐(图20-27),双眼微闭,作鼾睡状态,身体肥硕,身着宽袖大袍,腰间系带,袒胸露乳,其右手置于右膝上,一柄长杖依于右肩,左臂搭在高高鼓起的布袋上,左手持经卷状物,右腿弯曲竖起,左腿盘曲平置于地上,赤脚,身前放置一双布履,头后有圆形头光,眉宇间向右侧引出一云朵状化光,化光中现出一身莲座承托的跏坐佛(残损严重)。整铺图像疏密有度,动静结合,挺拔有力的笔法与清新淡雅的敷色相得益彰,表现出高超的绘画水平。

图 20-26 东千佛洞第 2 窟左侧甬道上方布袋和尚像

图 20-27 文殊山万佛洞石窟布袋和尚像

(二) 布袋和尚早期形象

关于布袋和尚的形象以北宋赞宁《宋高僧传》卷二一《唐明州奉化县契此传》的记载最早,且最为详细,其文曰:

释契此者,不详氏族,或云四明人也。形裁腲脮,蹙頞皤腹,言语无恒,寝卧随处。常以杖荷布囊入廛肆,见物则乞,至于醯酱鱼菹,才接入口,分少许入囊,号为长汀子布袋师也。曾于雪中卧,而身上无雪,人以此奇之。有偈云:"弥勒真弥勒,时人皆不识"等句。人言慈氏垂迹也。又于大桥上立,或问:"和尚在此何为?"曰:"我在此觅人。"常就人乞啜,其店则物售。袋囊中皆百一供身具也。示人吉凶,必现相表兆。亢阳,即曳高齿木屐,市桥上竖膝而眠。水潦，则系湿草屦。人以此验知。以天复中终于奉川，乡邑共埋之。后有他州见此公，亦荷布袋行。江浙之间多图画其像焉。[1]

自赞宁之后，佛教界在其基础上不断增加，从而使布袋和尚的故事越来越详细，神异成分亦越来越多。从这些文献记载我们可以看出，早期的布袋和尚并非我们所熟知的"笑布袋"形象，而是"形裁腲脮""蹙頞皤腹"的"愁布袋"形象。大约到南宋时期，布袋和尚的形象逐渐发生变化，"笑布袋"形象开始出现，大约到元代初期基本取代了"愁布袋"的形象，形成定式。

布袋和尚被认为是弥勒信仰受晚唐至五代时期禅宗影响下所创造出来的新式弥勒形象，亦与佛教中国化、世俗化密切相关。布袋和尚从一个普通的禅僧，不断神异化，成为弥勒佛的化身，并依据契此和尚这一原型，创造出"形裁腲脮""蹙頞皤腹""杖荷布囊"的弥勒形象。其形象受到两宋时期不同社会阶层的普遍欢迎，布袋和尚乃是弥勒化身，因其潇洒不羁的形象以及颇具禅意的理念，被文人士大夫所推崇；因其"祈祷殊有验"的灵应，在民间亦香火旺盛。对于布袋和尚的崇拜，反映出时人希望将外来佛教神祇变成中国神祇的朴素的民族主义心理，从而用中国化身代替外来神佛，使外来的佛教更加中国化，与中国人的生活息息相关。这也正是布袋和尚这一形象为何能很快传入大江南北，并获得普遍崇奉和喜爱的重要原因。

（三）敦煌西夏布袋和尚形象的特点与内涵

布袋和尚是深受中原禅宗影响而创造出的弥勒形象。与魏晋南北朝、隋唐时期代表净土信仰的弥勒相比，布袋和尚式的弥勒在禅宗体系下不再具有强烈的净土内涵，而以其放逸洒脱的形象强调禅宗所主张的"豁达、散淡"的生命存在，与南北朝、隋唐时的弥勒从形象到内涵皆大相径庭。敦煌地区的3例布袋和尚像，就人物形象来看，与两宋时期的布袋和尚禅宗绘画颇为类似，这类作品目前所知以相传为北宋时期崔白所画《布袋真仪图》（图20-28）最早，而以南宋时期最为流行。就绘画风格来看，这类绘画均笔简意足，意境空阔，超脱纯净，体现出禅宗"不立文字，直指本心"的直观简约主义思想和卓尔不群的禅境风骨。

尽管布袋和尚是在汉地禅宗影响下创造出来的新式弥勒，但在敦煌的图像实例中均未搭配与禅宗主题相关的其他图像。东千佛洞第2窟的两铺布袋和尚图像被对称地画在中心柱左、右甬道顶端与窟顶交界的位置，文殊山万佛洞的一铺布袋和尚图像被绘制在洞窟前壁窟口上方位置，均有未来佛弥勒"高居"兜率天宫之意，禅宗含义并不明显。4—6世纪

---

[1]〔宋〕赞宁：《宋高僧传》，中华书局，1987年，第553页。

的龟兹石窟壁画中，弥勒通常被绘制在窟口上方位置，与中心柱后壁的涅槃经变相呼应，以此体现释迦灭度之后"付法弥勒"的佛教内涵。这种弥勒与释迦涅槃的组合图像对后世影响很大，在我国历代佛教石窟图像中均有不同形式的表现。东千佛洞第2窟将作为弥勒化身的布袋和尚绘制在中心柱顶端与窟顶交界的位置，与中心柱后壁的涅槃变前后呼应，文殊山万佛洞石窟中布袋和尚绘制于窟口上方位置，显然均表达了同样的法脉传承理念。

同时，就布袋和尚图像的流传来看，我们还需要注意敦煌西夏石窟与陕北宋金石窟之间的联系。据考古调查，陕北宋金石窟中现存15例布袋和尚造像，其时代集中于北宋晚期至金代贞元年间，其形象较为统一，面部表情以略带愁容者为主（另有个别实例表现为不悲不喜的状态），袒胸漏腹，呈跣足舒坐（或半卧）之姿，身侧一律配置鼓鼓的布袋，没有持杖。陕北地区的安塞石寺河第1窟［宣和元年至五年（1119—1123）］、安塞龙眼寺第4窟（北宋晚期）和志丹城台第2窟（北宋晚期至金代）的布袋和尚造像均表现为成对出现的特点，其中城台第2窟布袋和尚造像大约为金代贞元三年（1155）前后作品（图20-29、图20-30），分别镌刻于洞窟前廊左右壁上层前部位置，与之相邻的前廊左右壁上部后侧位置则浮雕了一组释迦涅槃造像，左壁为一座舍利塔（上部毁），右壁为一龛释迦涅槃像（造像已佚），与之形成组合，与东千佛洞第2窟的布袋和尚图像组合颇为相似，组成"释迦灭度"与"付法弥勒"的图像配置。而在陕北地区北宋晚

图20-28 北宋崔白《布袋真仪图》摹本

图20-29 志丹城台第2窟前廊右（西）壁布袋和尚及其他造像组合

图28-30 志丹城台第2窟前廊左（东）壁布袋和尚像

图 20-31 云岩寺第 3 窟前室布袋和尚像

期的佳县云岩寺第3窟［宣和四年（1122）］布袋和尚图像中，布袋和尚头顶配置有化佛图案（图20-31），这是目前所知两宋时期唯一一例配置化佛的大肚弥勒造像，文殊山万佛洞布袋和尚或与其颇为相似。宋金时期的陕北地区，恰好处于宋夏、金夏政权的交错地带，这里生活有大量党项人，特别是前述城台第2窟、云岩寺第3窟，在其营建过程中均有党项供养人参与，因此，我们怀疑在敦煌西夏石窟中出现与陕北宋金石窟类似的布袋和尚造像组合当非巧合，或可说明两地之间存在一定的交流。

（四）小结

布袋和尚，由于其生前和身后的各种灵应故事，加之被认为是弥勒化身的传说，遂在其生前江浙一带已开始出现各种崇奉活动，其亡故后不久相关信仰就传遍大江南北，并出现在西夏民族政权境内，远在河西走廊西端的敦煌也不例外。布袋和尚形象在西夏的发现，是西夏接受中国本土化佛教的直接例证。弥勒从原典佛经上的未来佛演化成布袋和尚的过程即是印度佛教中国化的重要内容之一。在印度佛教中流行头戴天冠的弥勒菩萨形象，隋唐之后，弥勒信仰衰落，随着整个佛教与中国传统文化的进一步融合，有广泛群众基础的弥勒信仰也进一步实现中国化、民间化，宋代以后大肚弥勒形象逐渐流行。布袋弥勒这一颠覆性造像的产生，使人们不再对他的形象感到恐惧与敬畏，反而显得仁慈博爱、幽默可亲。正因为布袋和尚给人一种雍容不迫、豁达不羁与睿智大度的感觉，拉近了佛俗之间的距离。布袋和尚形象在敦煌西夏石窟的出现说明中原地区的布袋和尚信仰在河西少数民族地区已有所流布，更说明了西夏百姓对中原民间佛教信仰的积极接纳。

第二十一章 敦煌建筑图像导论

一、中国建筑历史研究的重要资料库

建筑是人类文明的综合成果，因为它与人们的生产生活息息相关，所以在绘画中反映建筑之美是人们的爱好并有着悠久的传统，早在东周漆器及战国铜器上就有关于建筑的图像，山东孝堂山及武梁祠的汉代画像石上有大量的人物及殿阙形象；江苏徐州出土的画像石上有双阙高楼、马厩庖厨、亭、树、假山等形象；河南南阳出土的汉画像石上有殿堂、殿阙的组合；四川出土的汉画像砖上已出现完整的宅院和双阙；酒泉、嘉峪关魏晋墓壁画中有坞堡和庄院，这些反映社会现实生活的形象就是中国建筑史的重要组成部分。

由于木结构建筑易于损坏，所以，至今中国广袤的土地上没有留下一座唐代以前完整的建筑。曾建于北魏洛阳的永宁寺塔是历史上非常有名的古塔，多种古籍中都曾记载，据《洛阳伽蓝记》对永宁寺塔高度的记载有："中有九层浮图一所，架木为之，举高九十丈，有刹复高十丈，合去地一千尺，去京城百里，已遥见之。"[1] 这样壮观的一座名塔，建成后仅一年就毁于大火。历代的改朝换代，战乱兵祸，往往使一座城市在瞬息之间变成废墟。佛教发展史上的三武之祸（三武灭佛事件的三武是北魏太武帝、北周武帝、唐武宗），又造成佛教文化的巨大损失，这种历史的悲剧造成了中国古建筑历史资料的贫乏，敦煌壁画中保留了从北朝到元代大量的壁画，同时又有大量的建筑图像出现在壁画里，它们虽然不是古建筑实物，但它们是不可或缺的形象资料，壁画中反映的基本上是忠实可信的，这些可以从大量典籍文献中有关建筑的描写得到佐证，另外通过大量的考古发掘也可以得到一些证明，经过壁画图像资料、文献典籍、考古发掘相结合的研究，从中还可以发现已经消失的历史建筑，它们的名称还被保留并引用。

壁画中的建筑画，不但给人们以赏心悦目的艺术享受，并以它丰富的内涵和相对准确的艺术形象，充实了我们对于我国古代建筑的模糊认识。因而建筑学家梁思成先生1951年

---

[1]〔北魏〕杨衒之撰，范祥雍校注：《洛阳伽蓝记校注》，上海古籍出版社，1978年，第1页。

在北京看过敦煌壁画展览后，专门写文称："中国建筑属于中唐以前的实物，现存的绝大部分都是砖石佛塔。我们对于木构的殿堂房舍的知识，十分贫乏，最古的只到五台山佛光寺857年建造的正殿一个孤例，而敦煌壁画中却有从北魏至元数以千计的，或大或小的，各型各类各式各样的建筑图，无异为中国建筑史填补了空白的一章，它们是次于实物的最好的，最忠实的，最可靠的资料。"遗憾的是梁思成先生终究没有来过敦煌。壁画中的建筑形象是中国古建筑历史资料中不可缺少的一章，为研究我国的古建筑发展与演变提供最直接的图像证据。

二、关于敦煌壁画建筑图像的研究简述

敦煌石窟以佛教内容为主，由于故事发展和经变内容的需要，壁画中穿插着各种生活场景，其中建筑图像就像戏剧舞台上的大布景和道具一样穿插在绘画中，既有建筑的群体组合，又有各种单体建筑及其细部描绘，种类包括了各时期大部分的建筑类型。由于时间久远，壁画中的建筑形象在历史进程中，有的已经消失，有的随着演变失去原本名称而不再被认识，所有的一切在缺少建筑实物对比，或者由于以前对于图片获取比较困难的情况下，研究起来有一定难度，所以在建筑史学界对这一研究不是很广泛。最早研究敦煌建筑图像的是中国古建筑研究的开创者梁思成先生，早在看到伯希和图录时就注意到图录里的建筑形象，在《中国营造学社》上曾就图录里的一些问题给伯希和写信，时间是20世纪30年代初，现在已收录在《梁思成全集》第二卷里。后来，梁思成先生又写了第一篇有关敦煌壁画建筑图像的学术论文《我们所知道的唐代佛寺宫殿》，通过对敦煌壁画中建筑图像的研究来探讨唐代的木结构建筑特征。1951年参观了敦煌文物展览后，应常书鸿先生之邀，将前篇文章内容扩充发展为《敦煌壁画中所见的中国古代建筑》[2]，收录在《梁思成全集》第一卷里。[3] 在以后多个版本的《中国古代建筑史》中都有建筑史学界学者引用到敦煌壁画里的建筑图像，成为中古时期古建筑研究绕不开的话题。20世纪60年代，梁思成的学生萧默先生来到敦煌工作，二十年以后出版了专著《敦煌建筑研究》，成为中国古建筑研究者手边的工具书，20世纪末至21世纪初，由敦煌研究院组织编写的《敦煌石窟全集》分为《敦煌石窟全集·建筑画卷》《敦煌石窟全集·石窟建筑卷》，由孙儒僩、孙毅华撰写，较

---

① 梁思成：《梁思成全集》（第一卷），中国建筑工业出版社，2001年，第129页。
② 梁思成：《梁思成全集》（第一卷），中国建筑工业出版社，2001年，第129页。
③ 由于常先生与梁先生都是留法归来，1951年展览后借了一些临摹品在清华大学，据1947年到敦煌的孙儒僩先生回忆，他在1948年临摹的敦煌窟檐宋代彩画就在清华大学梁先生工作的地方挂了很久。

为全面地以图版形式介绍敦煌石窟建筑与建筑图像,成为一本中国古建筑研究者可以看建筑图像的图画书。2007年孙儒僩在《敦煌石窟保护与建筑》一书中有三篇论文专门写壁画建筑图像。2010年由孙儒僩、孙毅华撰写的《中世纪建筑画》,解答了关于敦煌建筑图像中一些起因、演变等问题。后来孙毅华陆续又写出多篇专题论文发表在各类杂志中。随着科技不断发展,敦煌研究院推出了"数字敦煌",使人可以通过出版物和网络细看敦煌壁画,有东南大学刘研2009年发表在《建筑师》上的《敦煌经变画佛寺内水体与露台布局研究》、清华大学赵冬娜2013年发表的博士论文《敦煌莫高窟与6至11世纪佛寺空间布局研究》、浙江大学王洁发表在2004年第5期《敦煌研究》上的《试论古代绘画中建筑的解读方法——以敦煌壁画和〈清明上河图〉为例》,清华大学张亦驰2018年发表的博士论文《敦煌莫高窟净土变建筑图像研究》等。

以上出版的书籍和发表的论文对敦煌壁画中建筑图像的研究,是无法与敦煌壁画研究中的如佛教史研究、敦煌石窟历史研究等数量相比较的,所以现在对于敦煌壁画里的建筑图像研究还有很大的空间。

三、敦煌壁画中建筑图像的时代性

敦煌石窟在建窟之初,从石窟形制到塑像、壁画风格都明显受到外来影响。从北凉到北周的一百多年,是敦煌石窟的早期阶段,壁画中多反映佛传和本生、因缘故事,故事中穿插着殿堂、坞壁、佛塔、民居等多种建筑类型。建筑形象还存在着明显的汉魏遗风,如"殿阙""楼阙"形式,也多用人字栱和一斗三升式。受外来影响出现了西方的希腊罗马柱式(图21-1),在大屋顶上增设窣堵坡形状的塔顶,融汇中西。其代表窟有莫高窟第275、257、285、428、296等窟。

隋代在中国历史上虽然只存在了三十多年,但在敦煌石窟中留下七十多个洞窟,比北凉到北周的一百多年开凿的洞窟还多,壁画从内容到形式都有所转变。除了佛传、本生、因缘故事画外,已开始有经变画,建筑形象中出现佛寺的简单组合,以一殿二楼或一殿二堂的形式来表现寺院建筑组合。在莫高窟第423、419、420窟的法华经变画中,描画了繁简不同的院落,按照中国传统建筑的平面布局,宫廷、衙署、寺观、宅第、陵墓等都是由封闭的院落沿中轴线对称布置门、堂、殿、室,以及两厢的楼、堂等若干座建筑,组合成多进院落,即所谓的"路"大如宫廷,除中

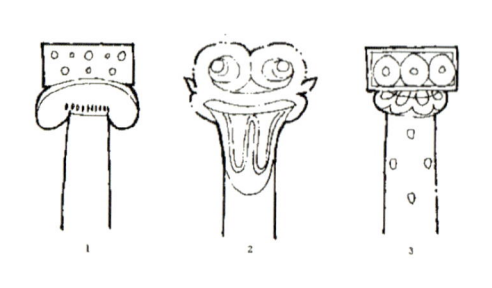

图21-1 西方柱式三种

路的前朝后寝之外，左右可以配置东、西路，形成庞大的建筑群体，充分反映了隋代的院落布置已经发展得比较成熟（图21-2）。虽然形式也逐渐变得繁复，但还没有形成一定的模式。画家把人间的宫殿府第移置到佛国世界。

唐代是中国历史上强盛的时期，也是中国古代建筑成熟的时期。唐代的历史长达289年，这期间，社会的发展，文化的进步，使艺术风格发生了显著变化，为了研究的方便，前人将唐代开凿的228个洞窟，依据敦煌地区的历史状况分为初唐、盛唐、中唐（吐蕃）、晚唐四个时期。初唐时期由于佛教净土思想的广泛传播，洞窟中多画阿弥陀净土变（西方净土变）、弥勒净土变及东方药师净土变，在建筑表现上这些经变最具典型意义，这几种经变贯穿了唐以后的各个时代。初唐的建筑画可称渐入佳境。经变中的佛寺已有对称的殿堂、楼阁，但是布局比较松散，互不相连，佛殿前"七宝池，八功德水"边的栏杆花纹华丽，中央布置平台，栏杆环绕，是佛及天人活动的场所，建筑物周围花砖铺地，"佛国世界"已初具规模，如莫高窟第329、321窟中的几幅经变画。这时期对建筑物的细部描画也清晰可见，斗栱技术日趋成熟（图21-3）。

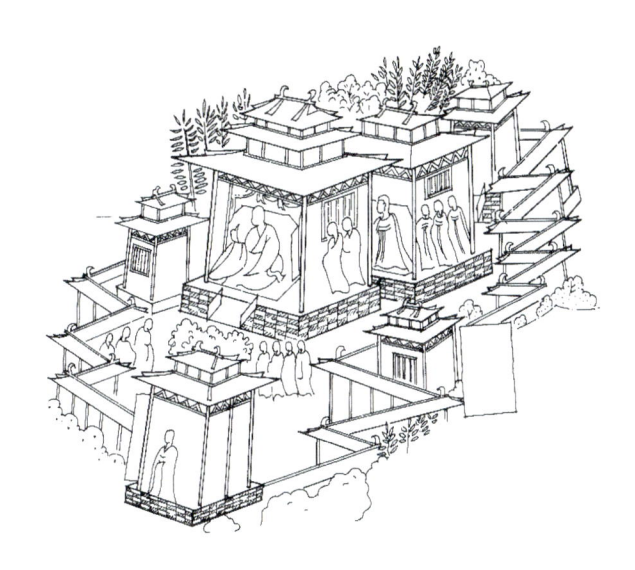

图21-2 莫高窟隋代第420窟院落组合

图21-3 莫高窟初唐第321窟经变画中的建筑

图 21-4　莫高窟盛唐第 148 窟观无量寿经变中的建筑群

　　进入盛唐，壁画中的建筑画也发展到极盛时期，这时期佛教势力因统治阶级的扶持而更加兴盛，为了装点恢宏壮丽的大型寺院，唐代许多知名画家都为寺院画过壁画，唐代的长安、洛阳，其佛教建筑及艺术活动的规模很大，影响远及敦煌，在莫高窟第 217、45、320、172、148 等窟的观无量寿经变、药师净土变等壁画上，满画殿、阁、楼、台，四周回廊环绕，中间水池、平台，组合成纵轴对称、多进院落的布局，院宇开阔，殿阁井然有序。画家们已经熟练地掌握绘画透视的基本法则，比较准确地表达建筑物的正侧俯仰、阴阳向背的立体形象，特别是表现群体建筑的远近、高低、层次的变化规律，展现规模巨大的建筑群，使其产生壮阔而深邃的空间效果，把一个庞大的建筑群浓缩在一幅经变画中，它所形成的恢宏气度和壮丽景象，令人惊叹不已（图21-4）。

中唐是吐蕃统治敦煌的时期，唐武宗灭佛时，敦煌在吐蕃的统治下正是佛教兴盛之时，壁画内容仍以经变画为主，但在数量上有所增加，在每一壁面上画二至四铺经变，如莫高窟第159、361、231窟，这无疑也使建筑画的数量增多，而且画风精致细腻，在有些单体建筑上广泛使用曲线（图21-5）。将部分药师变中以佛殿为中心的布局改为以佛塔为中心。莫高窟第158窟是一大型涅槃窟，在东壁的大幅经变画中，将建筑物繁复多变的装饰也描绘得清晰可辨。

晚唐时期，佛教有逐渐衰落的趋势，壁画也逐渐走向程式化。晚唐时，还开凿了许多大型洞窟，如莫高窟第16、85、196窟，但石窟的壮观也掩盖不了艺术走向没落的气息（图21-6）。

五代、宋时的壁画艺术是晚唐风格的延续，在建筑画中几乎没有新的创造。根据供养人题记可知，这时敦煌在曹氏家族的统治下设有画院，艺术表现的程式化也逐渐明显。壁画中为了表现寺院壮观华丽，把三门、钟楼、藏经楼、歌台等画在寺院最前面，架楼叠屋，层层密密，使建筑群拥挤繁复，受中唐影响，将经变画中心的佛殿改为覆钵形大塔（图21-7）。开凿大型洞窟仍是这时期的特点，如莫高窟第98、61、100、146、55窟。

西夏是宋代偏居西北的一个少数民族政权，有近两百年的历史，西夏早期在莫高窟

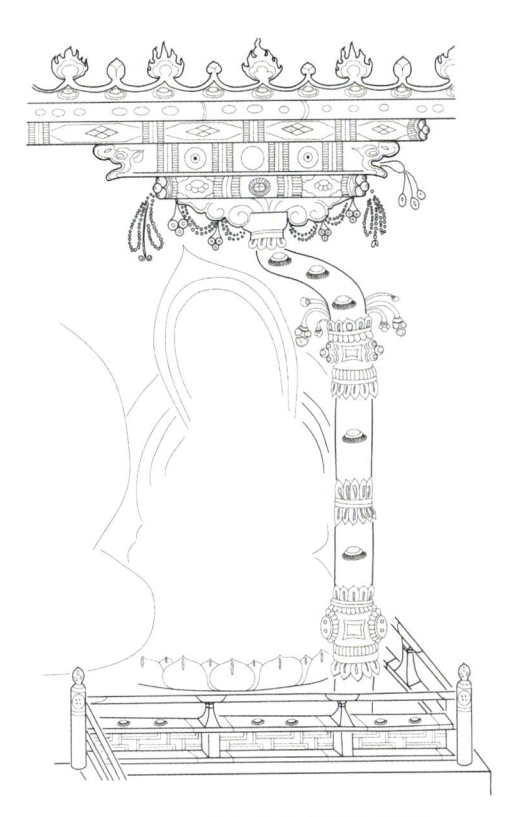

图21-5　莫高窟中唐第231窟吐蕃壁画弯柱头及托木线图

图21-6　莫高窟晚唐第12窟经变画建筑群

几乎没有建筑画，到晚期只在榆林窟第 3 窟南北壁中部绘有两幅西方净土变，经变中的建筑画一改唐宋以来的建筑风格，而与辽金建筑风格相通。此窟中还有一座塔也是独一无二的（图 21-8）。由于西夏所处的地理位置，决定了在文化上必然要融合汉、藏、回鹘、契丹、女真的各族文化，形成自己独特的风格。

元代壁画中没有大型的建筑画，只有少数几个佛塔形象。

图 21-7　莫高窟五代第 61 窟主殿为弯柱覆钵塔形的经变画

图 21-8　榆林窟西夏第 3 窟壁画中的花塔

四、敦煌壁画中建筑图像分类

（一）寺院建筑群

组合的寺院建筑群从隋代开始出现简单组合，唐时期的大型寺院建筑群，场面开阔，经典如莫高窟第 172 窟南北壁经变画中的两组建筑群（图 21-9），在中轴线前面有大小几座出于水中的露台，是佛与众菩萨观看天人伎乐歌舞表演的看台。露台后的轴线正中是一座大佛殿，之后有后殿，两侧用回廊相连，组成凹形廊院布局，通过回廊与台阶组成庭院的内在交通要道。画面中使用不同组合的殿、堂、楼、阁、台、廊等多种建筑单体作为建筑元素，形成各自错落优美的建筑天际线。早年，有日本建筑史学家伊东忠太曾说："唯中国建筑之美，为群屋之间联络，非一屋之形状美也。主屋、从屋、门廊、楼阁、亭榭等，大小高低各异，而形式亦不同，但于变化之中，有一脉之统一，构成浑然雄大之规模。"[1]

唐代的大型经变画在莫高窟第329、217、172、148、159、12窟及榆林窟第25窟等窟中。在这些壁画里，寺院群落都自成特点，同时又呈现出宏大的群落之美的共性。

五代时期莫高窟第61、98、100窟窟内的大幅经变画，在反

图 21-9　莫高窟盛唐第 172 窟经变画建筑群

映大型寺院建筑形象里，沿轴线布置有三门、殿堂、配殿、回廊、角楼等种类繁多的单体建筑，形成气势恢宏、波澜壮阔的建筑群体。但在壁画中的寺院里，楼阁充斥过多，失去了唐代寺院中的疏朗之美。

榆林窟西夏第3窟南北两壁各有一幅大型经变，运用不同的单体建筑，形成不同的寺院群。该窟的建筑画形式与以往各朝代的风格截然不同，却与宋、辽、金时期流行的建筑形式相近，是西夏在建筑形式与绘画上受中原影响的反映。人们甚至怀疑这些壁画当出自中原画师之手。

（二）佛塔

佛塔是伴随着佛教的传播与发展而产生的，是壁画中变化最多的一种建筑类型。在印度，"塔"是埋藏尸骨的坟冢，于地面上起一个大覆钵是其基本形式，梵文称为"窣堵坡"。窣堵坡的造型意匠，在于它体现一种稳定安详、永恒不灭的涅槃精神，以后覆钵逐渐高耸，塔刹部分的比例加大，随着佛教传入我国新疆，窣堵坡式的塔也随之在新疆出现，在库车、和阗、米兰、楼兰等地的佛教遗址中，都残存着土坯建造的窣堵坡，这也许就是我国最早的塔。因为它是一种外来的建筑概念，较少受到传统建筑的影响，在发展中逐步和我国传统建筑相融合并衍生出千姿百态、种类繁多的佛塔形象。

---

[1] [日]伊东忠太著，陈清泉译补：《中国建筑史》，上海书局，1984年，第48页。

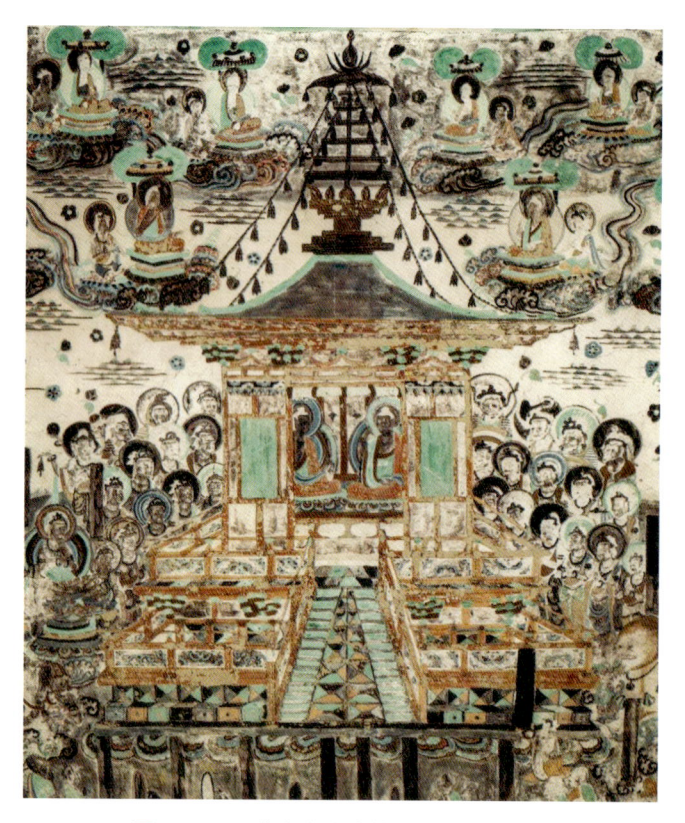

图 21-10 莫高窟盛唐第 23 窟木构大塔

从北魏开始敦煌壁画中有了塔的形象，直到元代，塔的造型各不相同。早期壁画中，既有埋藏尸骨的"窣堵坡"，也有中国传统的高楼式塔，如莫高窟北魏第 254 窟南壁和莫高窟北周第 428 窟东壁同样都表现萨埵本生故事中的舍利塔，却有窣堵坡和高楼塔两种形式。莫高窟第 257 窟南北壁千佛中央有一阙形塔，于传统的殿阙建筑上增设砖石结构的覆钵塔刹，经研究，这种形式是已经消亡了的小型塔寺组合佛寺，其名称被记录在《魏书·释老志》："敦煌地接西域，道俗交得其旧式，村坞相属，多有塔寺"[1]。如今新疆交河故城还依稀可见塔寺形象，只是已经不被人们所认识，而被称为某某小佛寺。[2] 隋唐以后，塔的形象逐渐趋于华丽，如莫高窟第 23 窟南壁"见宝塔品"中的大塔（图 21-10），由于画幅大，所以精细地描绘了塔的整体形象及细部，该塔与陕西扶风法门寺塔地宫中出土的一件铜塔模型极为相似。榆林窟第 36 窟开凿于五代，在前室有一座托在天王手中的小塔，于美丽的莲花中间有一小覆钵塔，在覆钵形的塔身上加盖了具有中国传统的四角攒尖的大屋顶，好像一顶大草帽盖在覆钵上。屋顶上有相轮塔刹，塔刹两边悬挂链与铎，整体造型好似一个精巧的工艺品。

塔在以后经变画的群体组合中又作为一个组合元素被布置在不同的位置，也作为主体占据整个画面。根据不同的需要，绘制的佛塔有的仅几厘米高，寥寥数笔绘出塔基、塔身、塔刹。有的则高达两三米，将塔的基座、踏道、栏杆、梁、柱、斗栱、山花蕉叶、覆钵、塔刹、相轮、宝盖、金铎等表现得非常具体，有的还用沥粉堆金以突出其花纹装饰。建塔的材

---

[1]〔北齐〕魏收：《魏书》，中华书局，1984 年，第 3032 页。
[2] 孙毅华、周真如：《莫高窟第 254、257 窟中心柱窟的复原研究与名称考——塔寺》，载《中国建筑史论汇刊》第十八辑，中国建筑工业出版社，2019 年，第 161—176 页。

料有木、石、砖及砖木混合、砖石混合等。根据材料的不同,建成的塔也形状各异,见于壁画中的塔大致可以归纳为六种类型:1.窣堵坡,2.单层木塔,3.楼阁式木塔,4.单层砖石塔,5.多层砖石塔,6.砖木混合塔。

(三)世俗建筑

世俗建筑主要有宫城、民居、城门、城楼、角楼、茅庵、草棚、小桥、坟墓、烽燧等。尽管壁画内容反映的是佛国世界,但壁画的制作者无法摆脱世俗的影响,将中古时期人们生活中常见的建筑形式描绘在壁画中。

北凉的城图反映了早期的阙形宫城形象,如莫高窟第275窟南壁"太子出游四门"故事中的城阙,有宫城、州城、县城之类,而以宫城为多,但其形象没有大的区别,一般通作方形平面。四周有城门,城门根据城市等级分别开一、二、三、四、五个门洞。隋唐的长安城,每面有三门,每门三道门洞,正南的明德门从考古发掘得到证实为五门道。城门上有城楼,壁画中的城台上绘有单层或重层城楼,或称门观。城墙的转角处有角楼或角台,有的城墙还设马面。城门是城市交通出入的通道,也是重点防卫的关卡所在,城楼是一个城市重点处理的地方,因此,城楼形象庄重雄伟,表现一个城市的精神风貌,是古代城市建设不可缺少的建筑。在北周和隋代的世俗建筑里,绘制了大量的院落民居建筑,清晰地反映出当时宅院里前堂后寝中分别坐着男女主人公的形象(见图21-2)。隋代开凿的莫高窟第431窟,后在初唐将下部改绘为一幅宫廷院落图,图画以横向构图方式表示,用围墙分隔出宫廷中前朝、后寝及御苑的三个组成部分。莫高窟第23窟南壁有一夯土墙围合的宅院,分前后两院,前院为乌头门,门旁有三开间偏房一座。二进院门为悬山门屋,正中有高大的三开间堂屋,两侧连接三开间偏房。这类夯土高墙的宅院形式,在西北地区一直沿用到近代(图21-11)。

唐代的弥勒经变画里,为了表现弥勒佛世界里人们丰衣足食的美好生活,绘出很多城、帐幕、芦棚、小桥、坟墓等众多的世俗生活建筑场景,如榆林窟第25窟北壁。

榆林窟西夏第3窟的普贤变与文殊

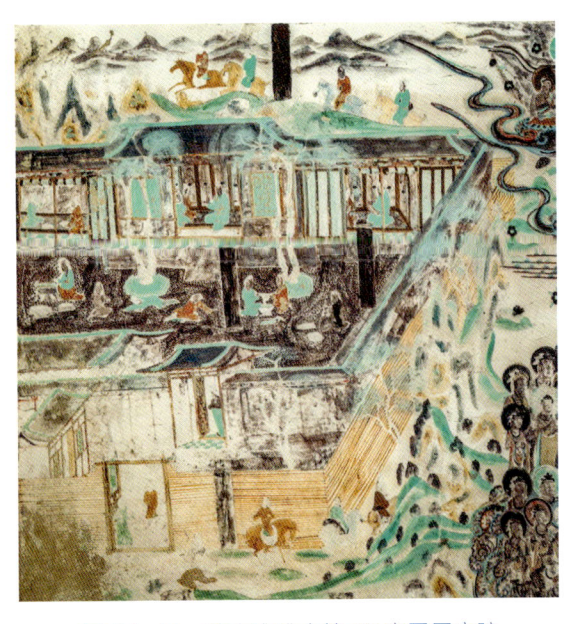

图21-11 莫高窟盛唐第23窟民居宅院

变中，有仙山琼阁隐现在深山峡谷中，建筑摒弃了城市宫廷寺观严格的轴线对称，使殿阁随山势自由组合，构成一幅优美的山水景观图画。

建筑画中除表现建筑主体外，常常在建筑内外画有远山近树、小桥流水、红花绿草，反映出浓郁的生活情趣和优美的建筑环境。

图 21-12　莫高窟北魏第 257 窟树杈式斗栱

(四)建筑细部技法特征

建筑细部主要有台基、栏杆、地面铺装、墙、窗、柱、屋面、屋脊等,通过细部技法的表现,形成一幅幅不同构件和部位的发展演变图。这里主要介绍台基、栏杆与地面铺装。

1.台基、栏杆与地面

早期的房屋多为素平台基,表面砌砖,前有台阶。佛塔的台基受佛教的影响,出现简单

的叠涩须弥座形式，边沿的栏杆形式较简单，主要有直棂，又称直棱栏杆和勾片栏杆。台基与栏杆的组合形成虚实对比，使建筑的立面形象更加丰富。隋代的台基已逐渐华丽。自唐代出现大幅经变画后，台基、栏杆与地面就在画面中起着连通、分隔和装饰的作用。建筑之间的通道，佛、菩萨讲经说法的平台和伎乐表演的舞台都由台基承载。台基有出水平座式和实心砌筑式，一幅画中有虚有实，如莫高窟盛唐第172窟中的台基。台基的立面装饰有各种图案，台基边沿多用勾片栏杆，栏杆的节点用金属包镶，形成华丽的建筑形象。有的台基地面上绘出方格与莲花图案，表示花砖墁地。石窟中大量的花砖与壁画形成呼应。可见壁画中表现的各种装饰与图案均来自现实生活，壁画里只是将人间美好的建筑形象都融汇进去，进一步美化了经变中的净土形象，感染虔诚的信众。

2. 斗栱

斗栱是斗与栱的总称，用于屋檐下，是屋身与屋顶之间的连接与过渡，它是中国传统建筑非常重要的特征之一。在有关记录建筑工程的典籍中对斗栱的制作记述十分详尽，而在实际建造中，对斗栱的运用技术如何，直接关系到整座建筑的造型和建筑的稳定性。

斗栱的起源很早，经过长期不断改进、演变，逐渐趋于完善。早期斗栱处于不断发展变化之中，莫高窟北凉第275窟中所画的斗栱图像清晰，结构特殊，为以后所不见。莫高窟北魏第257窟有一组斗栱（图21-12），形成了一枝树杈的形象。

从隋代的斗栱形式中看出，它是发展的关键和过渡时期，出现了多种形式共存的特征（图21-13）：有柱头上直接用一斗三升斗栱（莫高窟第433、419窟），之上再用栏额连接，栏额上承托人字栱；柱头之间用栏额连接，栏额上承托人字栱（莫高窟第427窟），这是一种比较古老的结构方式；柱头之间用双栏额连接，柱头上有一斗三升，中间有人字斗栱（莫高窟第423窟）。在柱子之间用额枋加强联系，放在柱头上，这是结构上的重大变革，加强了柱网的稳定性，为唐代建筑走向成熟奠定了基础。

唐代趋于写实的绘画风格，更清楚地刻画了建筑构件细部。莫高窟第172窟北壁寺院建筑上，繁简不一的斗栱分别用于不同等级的建筑，出一跳四铺作斗栱用在回廊上，出两跳五铺作斗栱用在角楼及后佛殿夹屋上，出三跳六铺作斗栱用于后佛殿的上层，位于正中的大佛殿，其转角铺作采用七铺作双杪双下昂重栱计心造斗栱。这种斗栱形式是盛唐及以后壁画中所见非常复杂和高规格的，而且画得精确合理。现存五台山唐代佛光寺大殿（857年）的斗栱即为七铺作。

榆林窟西夏第3窟南北壁大幅经变中的建筑檐下，绘制的斗栱远不如唐代的粗大雄壮，远看细小密集成一片，是明清时期斗栱的结构作用减弱而装饰作用增强的开端。

此外，壁画中还有一些小型建筑和装修，这些小型物件或已失传，或有少量保存，如平阁、障日版等，在古籍文献中曾有文字记载，但实物稀少，石窟中保留的形象更显弥足珍贵。

隋代斗栱

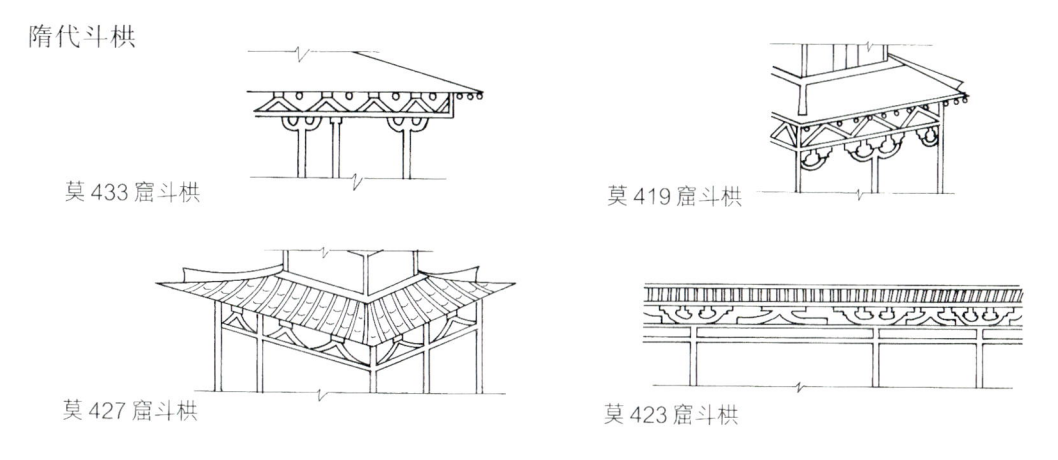

莫433窟斗栱

莫419窟斗栱

莫427窟斗栱

莫423窟斗栱

图21-13　隋代斗拱一组

五、问题与思考

（一）建筑画与建筑实物是有差距的

敦煌壁画里的建筑图像是图画，而不是实物。绘画者离不开实物依据，如隋代知名画家"杨契丹……又求杨画本，杨引郑至朝堂，指宫阙、衣冠、车马，曰，此是吾画本也，由是郑深叹服"[1]。但在敦煌石窟里的绘画，又受到一些宗教的制约而与实际不符，如隋代建筑，为突出里面的人物而将柱子画得细长，似乎不能承受大屋顶的压迫，作为观赏者多注意建筑里面的人物而忽略了建筑比例，各取所需，相得益彰。随着时间变迁，建筑图像的比例逐渐接近真实，但终究还是绘画。古代绘画有"六法"之说，其中"五曰经营位置"，在佛教石窟里，建筑图像就是佛陀讲经说法的背景，它们的位置是围绕佛与众菩萨而布置，古代画工们却依据不同场景将建筑的俯仰向背，随着观画者的视线达到步移景异的效果。如在大幅经变画中，中间佛背后的大殿都以仰视角度看到开敞的大殿内及檐下，而大殿左右伸展的长廊与两边配殿则以俯视角度看到屋顶瓦件。这样的表现方式完全与现代透视学不符，这就是古代画工的智慧体现，被今人称作"散点透视"，从而与古人造园艺术"步移景异"的境界相符。这样的建筑绘画形式却为研究古代建筑提供了建筑内外的翔实资料。

壁画中绘的寺院建筑，受佛经文内容制约，带有一定的夸张和理想的色彩，如唐代以后各时期绘西方净土的"佛国世界"，为了满足佛经上所说西方净土的"七宝池、八功德水""内外左右有诸浴池"，于是在净土变的回廊、殿阁之间的庭院里，表现了大面

---

[1]〔唐〕张彦远：《历代名画记》，人民美术出版社，1963年，第163页。

积的池水，水中满布平座、露台，大露台正中坐阿弥陀佛，周围簇拥着胁侍菩萨、天人伎乐，大露台前还有几个小露台，分别置乐队与舞蹈者于其上，在露台的间隙中，莲荷丛生，水鸟、儿童嬉戏于中，表现出幸福祥和的西方极乐世界里的佛国生活。据唐人段成式在《寺塔记》和张彦远在《历代明画记》中所记长安诸寺，都没有与净土变中相似的水池庭院，但在遗存下的古代寺院和文献相互考证下，这种有水中庭院的寺院还是有少数例子，如昆明的圆通寺，相传始建于唐南诏时，寺院里有大面积的水面。日本国宝建筑平等院凤凰堂建于平安时代，其庭院及建筑形式都与敦煌壁画中的唐代建筑形象很相似，因而壁画中的净土寺院的多种布局方式都是可信的。关于殿庭之间的露台有直接称为舞台的，壁画所画数量很多，可能有夸张之笔，但露台的存在也不是纯属画家的虚构，它来源于当时寺院的现实存在。《洛阳伽蓝记》一所佛殿内："至于大斋，常设女乐，歌声绕梁，舞袖徐转……，得往观者，以为至天堂……。异端奇术，总萃其中……，士女观者，目乱睛迷。"[1]洛阳城内宗圣寺中有"妙伎杂乐，亚于刘腾，城东士女多来此观看"[2]。宋人钱易在《南部新书》中追记"长安戏场多集于慈恩，小者在青龙，其次荐福、永寿"[3]。文献中有宣宗时万寿公主在慈恩戏场观戏的记载，唐崔令钦《教坊记》言："内妓与两院歌人更代上舞台唱歌。"[4]宫廷有舞台之设，寺院中有歌舞百戏，可见古代寺院在当时既是进行宗教活动的场所又是群众文化活动的场所。日本大阪四天王寺中，佛殿之前一石造的露台是古已有之的设施，净土变中在露台上演出歌舞供养"三宝"是源于现实的，只是画家更做渲染而已。中国的寺院文化也可以说是一种群众文化，寺院是可游、可观、可听的文化活动场所，壁画中净土寺院的形象提供了包括建筑在内的多方面研究的丰富内涵。正是敦煌壁画中有大量的寺院建筑群形象，从中不光是古代建筑的研究，更是研究古代寺院经济文化的重要课题之一。

（二）从壁画中的建筑图像里不断发掘、发现问题

敦煌壁画不间断地延续了一千多年，因而是我国古建筑研究的一部图像历史。对于敦煌壁画中建筑图像的认识，是伯希和的图录发表后才引起注视的。我国的古建筑研究起步较晚，宋代《营造法式》的发现，以及不断发现唐、宋、辽、金几个时代遗存的古建筑殿堂，才使得我们认识了唐宋建筑的大木构架，而对于古建筑的演变历程，很多就需要从敦煌壁画保

---

[1]〔北魏〕杨衒之著，范祥雍校注：《洛阳伽蓝记校注》，古典文学出版社，1958年，第52、53页。
[2]〔北魏〕杨衒之著，范祥雍校注：《洛阳伽蓝记校注》，古典文学出版社，1958年，第79页。
[3]〔宋〕钱易：《南部新书》，中华书局，2002年，第67页。
[4]〔唐〕崔令钦等：《教坊记》，古典文学出版社，1957年，第6页。

留一千年的建筑形象中找寻,这是一个很费时费力的研究过程,如前所述,壁画与实物是有差距的,在研究中如何排除?依据是什么?例如中唐壁画中出现弯曲呈S形的柱子,与木构建筑的木材力学性能完全不符,也不见有建筑实物留存于世,却在石窟壁画中从中唐直至西夏延续四百年之久,都说"艺术源于生活,又高于生活",那么这样的建筑形象究竟存在过吗?通过查找文献,仅见于在大昭寺举行迎神开光的仪式的赞美词中有:"上下两层诸木柱,绝妙如同金刚橛。柱弓梁柁如塔层,工巧变化绝其伦。"①这个形象正与莫高窟第361窟的一座位于正殿的二层塔相符,(图21-7)就延续了这种形式。所以古人是如何制作出这样弯曲的柱子?又是用什么材料制作的?为什么没有延续下去?再如,当今古建筑上大家熟知的仙人走兽为什么不见于敦煌壁画的建筑上?当时是什么形式与名称等?②

建筑的成就是与人们的生活密不可分的重要部分,不同的文化环境造就不同的建筑形象。敦煌不仅有悠久的历史,更是一个重要的交通咽喉之地,在历史上也多次被少数民族占领、统治,保留在敦煌壁画的建筑画必然也受到东西南北各民族建筑文化的影响。因而研究敦煌建筑画,首先,需要熟知敦煌壁画中的建筑画形象。其次,在熟知的情况下,需要寻找相关的历史典籍文献,甚至要深入到外国的历史文献里。再次,要开阔眼界,多看各地博物馆,多了解当今的考古发现,积累知识。最后,要多动手去绘图,通过绘图可以发现许多被忽略的细部,正是由这些不起眼的细节才能发掘古建筑的演变过程。

---

① 孙毅华:《莫高窟中唐第231、361窟吐蕃建筑画研究》,载《敦煌吐蕃统治时期石窟与藏传佛教艺术研究》,甘肃教育出版社,2012年,第473页。
② 孙毅华:《从敦煌唐代及西夏壁画看两种垂脊头瓦饰的演变》,《建筑史学刊》2020年第1期,第125—135页。

第二十二章　敦煌壁画社会生活图像导论

一、敦煌壁画饮食图像导论[①]

中国古代历史典籍浩繁汪洋，汗牛充栋，有关饮食资料洋洋大观，出现在正史、野史、笔记小说中，据此，可勾勒不同时期华夏大地饮食文化之荦荦大端。然而，由于饮食文化的特殊性，仅依据文献记载，很难知晓某种饮食器具之形状、出现之场合，饮食物之用料和形制，宴饮方式端倪，往往名物难副，这成为华夏饮食文化史研究之巨大困扰。

幸而赖于从 20 世纪初开始，不断出现的汉代画像石"庖厨图"、魏晋十六国时期墓葬出土之饮食图，以及各地出土不同时期的饮食器物，结合文献记载，可搭建那个时期人们使用的饮食器物、制作的饮食品及宴饮礼制框架。然而，对一些特殊的器具、饮食物，由于文献阙载或不屑于描述其形状、功能，饮食研究者仍然难以探究其名物之本质。

敦煌壁画中饮食图像的揭示，在相当大的程度上，弥补了中古时期饮食图像之不足，解惑了许多一直以来的不明所以，将饮食名物研究大大向前推进了一步。

和其他敦煌学分支——敦煌服饰、敦煌岁时、敦煌佛教、敦煌文学、敦煌科技等一样，敦煌饮食也是敦煌学百花园中艳丽的一支，是中华饮食文化的有机组成部分。

敦煌饮食资料分布在多个领域：敦煌藏经洞出土文献和绘画、敦煌及其周边墓葬壁画（砖画）、敦煌及其周边出土与饮食相关文物、传统史籍中的敦煌饮食资料、地方志及现当代流行的饮食事相等。其中，敦煌壁画中的饮食图像乃是敦煌饮食研究资料中的大宗。

敦煌壁画中的饮食资料主要分布在敦煌石窟壁画当中。由于藏经洞出土的帛画、纸画内容大多为石窟壁画粉本，因此，也应将其纳入敦煌饮食图像范畴。

敦煌壁画中的饮食资料是华夏饮食图像史中，除汉代画像石、魏晋十六国时期砖画、汉魏时期出土明器鬼灶上的饮食图像、宋金墓葬饮食图像外的第五块重要的图像饮食资料富集块。相比于以上四者，敦煌壁画上的饮食资料，时间跨度长，空间集中，既是区域饮食文化的集中展示，又是华夏饮食文化的有机组成部分。由于石窟壁画空间场面宏大，相比

[①] 本节主要参考高启安：《唐五代敦煌饮食文化研究》，民族出版社，2004 年。

于上述四者，敦煌壁画中的饮食资料更能反映不同时期饮食文化变化的轨迹。结合传统文献和藏经洞出土文献，可勾勒出敦煌地域饮食文化的概貌，也为东西饮食文化交流状况的研究提供珍贵形象资料。

（一）敦煌饮食图像分布

1. 壁画

敦煌石窟群包括莫高窟、西千佛洞、榆林窟、肃北五个庙石窟、玉门昌马石窟等，从前秦开始第一个洞窟，历经十六国、北魏、北周、隋、唐、五代、宋、西夏、元等时代，坊间有"开凿千年、洞窟千座"之谓，留存壁画约5万平方米。这些壁画内容虽然为说法图、经变画、佛传故事画、本生故事画、瑞祥图等，主要表现的是宗教内容，但画家受知识和时代局限，其许多内容显示的是画家所熟知的当时当地的生活，出现在画面上的生活内容多是以现实为依据、为蓝本。这就为我们研判当时的社会生活提供了珍贵的形象资料。

敦煌壁画中的饮食图像是饮食文化研究特别重要的视觉资料。

壁画饮食图像多出现在经变画、佛传故事画、本生故事画及历史故事画中，尤以经变画中为多，如：维摩诘经变画中依据《维摩诘经》"入诸酒肆，能立其志"所绘的酒肆图；弥勒经变画中依据《弥勒下生经》"女人年五百岁尔乃行嫁"所绘婚嫁图，"一种七收"中的牛耕图、田间饮食图；法华经变中的制作酥酪图；药师经变"斋僧图"中僧人饮食中的食物、铺设等；五台山图中的上供食物图；维摩诘经变中的挤奶图等，还出现了大量的饮食场面、饮食器具、饮食物品种、昭示的饮食礼仪等，填补了中古时期的许多饮食图像空白。

2. 绢画、纸画

莫高窟藏经洞出土的纸画、绢帛画及部分线描画，或为信仰方式之一，或为粉本画，或为习作，也包含了大量饮食图像资料，其中有饮食场面、食物、饮食器具等。

3. 墓葬壁画

敦煌及其周邻魏晋十六国时期的墓葬中，出土有数量不菲的饮食图像、饮食具明器及实用器，它们是敦煌饮食资料的重要组成部分，也是那个时期珍贵的饮食图像。考虑到墓葬砖画饮食图像较多，此部分内容，本书不做介绍。

（二）敦煌饮食图像内容

1. 饮食生产图像

敦煌饮食生产图像主要分布在壁画、墓葬砖画和绢帛画中。

饮食生产是饮食文化的重要一环和基础，它包含了人类对饮食原料的选择和生产方式，是人类获取食物的主要途径。

敦煌地处河西走廊西端，塔克拉玛干沙漠东缘，祁连山北麓，戈壁荒原南边，依赖以祁连山丰沛的雪水为源头的党河和大泉河形成的绿洲，发育成优良的绿洲农业区和天然牧场，境内高山、草原、沙漠中有野驼、野马、岩羊、黄羊、野兔等。因此，敦煌人的饮食生产方式除农耕外，还兼有畜牧业和狩猎。千百年来的饮食生产事相成为画家描绘佛教内容最好的蓝本，因此，敦煌壁画中出现了不少农耕、畜牧、狩猎的生产方式图画。

（1）耕作 莫高窟五代第61窟犁耕图（图22-1），一农人驾着一黑、一黄两头牛在耕地，图中农人扬鞭驱赶着耕牛，所用为单辕犁，典型的在北方使用了将近2000年的二牛抬杠，表现的是弥勒经变中的一种七收场面。有关"犁耕图"在壁画中还有许多。

莫高窟第23窟的耕作收获图（图22-2）。一农人驾着一头黄牛，扬鞭驱赶，地头边有一男两女一童在进食，显然这是在劳动间隙进餐。图像右侧是一块块田地，一农人肩挑收割的粮食运往打碾处。一幅田园劳作图。

（2）打碾脱粒 莫高窟第61窟的脱粒图（图22-3）。二人正在清理打碾脱粒后残余的草屑，女子站立在方形小榻上，手端簸箕，将粮食从高处徐徐倾下，利用风力，隔除草屑。而男子则用长扫帚在粮食堆上轻轻掠扫草屑。这种在打碾处簸扬粮食的场面在改革开放后的河西仍常见。

榆林窟第25窟的播种脱粒图（图22-4）。下方是一农人驾黑、黄两牛在播种，一女紧跟在后，往犁沟中播撒种子，这种播种方式在几十年前的河西仍存。上方左侧是打碾脱粒的画面，一男手持四齿木杈，将已经打碾后的粮食高高扬起，一女手持长扫帚，在掠除粮食中的草屑。改革开放前的河西，这是打碾必不可少的一环，称为扬场。

榆林窟第20窟的收割脱粒图（图22-5）。画面下方，两男手持镰刀，正在收割成熟的庄稼；上方，一男一女在扬场，其男手持木锨，扬起粮食，其女用扫帚掠除草屑。用木锨扬场，是打碾后去除草屑的一道工序。

莫高窟第169窟的耕作打碾脱粒图（图22-6）。画面左下方是二牛抬杠犁耕图。右上方，一男手举连枷在捶打粮食，中间是一男一女在扬场，男持四齿木杈

图22-1 莫高窟五代第61窟犁耕图

图 22-2 莫高窟第 23 窟耕作收获图

图 22-3 莫高窟第 61 窟脱粒图

图 22-4　榆林窟第 25 窟播种脱粒图　　　　图 22-5　榆林窟第 20 窟
　　　　　　　　　　　　　　　　　　　　　　　　　　收割脱粒图

扬起，女握扫帚掠草。下方是一男子在收割。右下方是一女子跪坐在一堆粮食旁簸扬粮食，这是脱粒粮食的最后一道工序。整个画面展现了农耕生产从播种、收割、打碾、簸净的数个场面。

莫高窟初唐第 321 窟表现《宝雨经》内容的一幅画面，有田园牧歌的情景（图 22-7）：山洼处绿草如茵，几头牛或立或卧，姿态悠闲；平畴处，农人正在收割，挑运收割的粮食。

莫高窟盛唐第 445 窟一种七收图（图 22-8）是敦煌壁画中画面较为丰富者，共有 7 个画面，分别为播种、收割、田间劳作时饮食、挑运粮食、堆放的粮食、装盛、储藏。

榆林窟西夏第 3 窟的踏碓舂米图（图 22-9），画面中间是一副踏碓。一男手扶支架，左脚踏在碓板的一头，碓板中间有一安有轮子的支架，起杠杆支撑作用。踏碓右是一个用来簸去糠的簸箕。画面上方是一个硕大的盆，盆中装满了收获的南瓜。

莫高窟第 465 窟的踏碓、碾磨图（图 22-10）。一男手扶支架，利用杠杆原理在踏碓舂米。右上是一男子躬身用碾槽碾磨。

（3）畜牧　莫高窟第 61 窟畜圈图（图 22-11）。图中的畜圈共有 6 个分圈，分圈与分圈有拱形门相通，两个分圈分别圈饲着马和牛。这个圈舍提供了那个时期河西圈养牲畜建筑物的珍贵资料。

莫高窟第 61 窟马坊扫除图（图 22-12）。题记谓："以善方便引穷子入至马坊喻雇倍钱籍于除粪，不离院厩，扫策其秽。"取自《法华经·穷子喻》内容。画面中，穷子手持长柄铲，在马圈中铲马粪，且睡在马坊内。这其实是当时敦煌一带马坊建筑结构和饲养牲畜者生活的写照，也说明畜牧业在当时敦煌的重要地位。

莫高窟第 108 窟马坊图（图 22-13）。一人手持扫帚清除粪便。题记谓"□□□□育子

图 22-6　莫高窟第 169 窟耕作打碾脱粒图

图 22-7　莫高窟初唐第 321 窟南壁《宝雨经》中的牧牛与收割图

图 22-8　莫高窟盛唐第 445 窟一种七收图

图 22-9　榆林窟西夏第 3 窟踏碓舂米图

图 22-10　莫高窟第 465 窟踏碓、碾磨图

图 22-11　莫高窟第 61 窟畜圈图

图 22-12　莫高窟第 61 窟马坊扫除图

方便故用入马坊除粪扫地之时"。相同旨趣的还有莫高窟第 98 窟的"马坊除粪"图。

莫高窟第 98 窟打扫牲畜圈图（图 22-14）。

莫高窟第 302 窟的桔槔汲水饮马图（图 22-15）。画面中间是一方口井，井旁支撑着一个带叉的独木，桔槔安放在叉中间，一边吊一个承重的物件，一边是伸进井中的汲水盛具，井左侧是一水槽，三人在操作汲水，一匹马缩身伸颈饮水。

莫高窟第 148 窟根据报恩经变故事"善友太子入海取宝"所绘的牧牛图（图 22-16）。画面中，有几头牛在草地上悠闲地吃草。牛不仅是农耕生产畜力，也是肉食和乳品来源之一。

莫高窟第 146 窟挤奶图（图 22-17）。画面中，一女性正在挤奶，母牛旁有一小牛。小牛在身旁会帮助母牛催乳。

莫高窟第 9 窟挤奶图（图 22-18）。一女子正在挤奶，牛后和牛侧各站立一女子。牛侧站立的女子一手搭在牛背上，其身后有一男子。旁有内容题记，但已经漫漶不清，这是《维摩诘经》中"香积佛品"中"请饭香土"的内容。有意思的是，画面中出现"挤奶"内容，说明在画家心目中，维摩诘化现的"饭"中，就有乳品。这其实是当时的敦煌乳品在饮食结构中占有一定地位的反映。

图 22-13　莫高窟第 108 窟马坊图

图 22-14　莫高窟第 98 窟打扫牲畜圈图

图 22-15　莫高窟第 302 窟桔槔汲水饮马图

图 22-16　莫高窟第 148 窟通道顶牧牛图

图 22-17　莫高窟第 146 窟挤奶图

图 22-18　莫高窟第 9 窟挤奶图

图 22-19　莫高窟第 61 窟北壁屏风牧女献乳糜图

佛传故事中牧女献乳糜是一个重要内容,出现在莫高窟第 61 窟(图 22-19):画面中,故事情节从右上到右下再左下延展:右上有白、黄、黑三头牛,一女在黑牛旁挤奶;下侧,一女在锅釜煎熬制乳糜,锅釜上热气腾腾;画左,一女跪在佛陀前手持容器,为佛陀献乳糜。乳糜即加了乳的米粥,这也是后世河西人的食法之一。题记漫漶不清。

(4)狩猎　莫高窟第 85 窟东披出猎归来图中"戒杀生"的画面(图 22-20),题记谓"大慧:衢路市肆诸卖肉人或持犬马人牛等肉,为求利故而贩鬻之,如是杂秽,云何何食?大慧:一切诸肉皆是精血污秽所成,求净人云何取食?大慧:食血之人,众生见之,悉皆惊怖,修慈心者云何取食!"但画面反映的是敦煌一地长期存在的狩猎生活。敦煌文献记载,敦煌人有定期"网鹰""捉鹰"行为,并有专门驯鹰、管理猎鹰的"把鹰人",因此,狩猎也是敦煌人用来补充肉食的生产活动之一。画面中,四位猎人似乎狩猎归来:一人背弓臂鹰,一人身背猎物,一人扛斧牵白犬,一人回首看视跟随的黑犬。从黑、白两犬大耳、长尾、细腰看,当时敦煌已经利用知名猎犬"细狗"来逐兔了。

莫高窟第 61 窟的南壁出猎图(图 22-21)。两位猎人,一人臂鹰持一长椎,一人扛斧,正在河边寻找猎物。

上图也是莫高窟第 61 窟南壁的一幅狩猎图(图 22-22)。画面有三人一猎犬:一人右

图 22-20 莫高窟第 85 窟窟顶东披出猎归来图

手戴护膊臂鹰,左手肩扛一长椎;一人右手牵犬,左手扛一长斧;一人空手。

莫高窟五代第61窟有数幅骑马追逐射猎图(图22-23),也是当时敦煌人狩猎生产活动的一个缩影。这幅画描绘的是御容山"刘萨诃因缘"祥瑞画一节。猎人李师仁骑马在山间飞奔,箭在弦上,弯弓引弦瞄准马前的奔鹿,马四蹄腾空,鹿惊恐逃跑,场面生动,富有动感。

莫高窟第321窟南壁狩猎图(图22-24),与他图不同的是多人在一个猎场狩猎,有骑马射猎野羊、追逐兔子的画面,也有捕猎的画面。

关于食生产的图像,如耕作、畜牧业、渔猎等内容,在敦煌壁画中数量很多,难以一一罗列,莫高窟第296窟善事太子入海本生故事中有一画面,将数种生产方式集于一面,可谓当时敦煌人食生产的一个缩影(图22-25)。画面分上下两层。上层从右到左分别为耕作、射鹿。下层从右到左分别为宰杀、煮食、用渔网捕鱼。

图22-21 莫高窟第61窟南壁出猎图(局部)

图22-22 莫高窟第61窟南壁狩猎图(局部)

图22-23 莫高窟五代第61窟骑马追逐射猎图

图22-24 莫高窟第321窟南壁狩猎图

图 22-25 莫高窟第 296 窟窟顶南披善事太子入海本生故事画

图 22-26 莫高窟第 417 窟人字披西披捕鱼图

图 22-27 莫高窟第 296 窟窟顶北披宰杀煮肉图

莫高窟第417窟捕鱼图（图22-26）。画面右侧，有两人骑象，一人牵象；左侧，有6人在拉一巨型网捕鱼，网中鱼儿密集。

2.饮食品加工

（1）宰杀　莫高窟第296窟窟顶北披宰杀煮肉图，表达的是《贤愚经》中善事太子入海本生故事中太子所见杀生的画面（图22-27）：一屠夫上身裸露，右手持尖刀；屠房内，宰杀翻的一头牛，已经开剥完毕，割下来的牛头放在牛皮上，旁边是一锅釜，正准备煮肉，反映了当时宰杀、分解大型动物的方式。

（2）酿造　莫高窟第321窟的酿造图（图22-28），曾被认为是手摇磨的磨面图。经仔细辨认，其中的器皿应为一细颈、侈口、鼓腹的瓮。两女子在瓮上操作，站立者似手持搅拌杆在搅拌，左边女子在辅助。由于器皿是瓮，所以亦非打制酥油，应该为酿造醋酱图。

（3）制作酥酪图　莫高窟第23窟制作酥酪图（图22-29）。藏经洞出土文献中，有敦煌的僧人食用酥酪和牧人送酥酪的记录。敦煌周边有适宜的牧场，畜牧业为敦煌人提供了肉食和乳品，因此，乳品加工就成为经变画中饮食生活的一种表达。画面右下方，一女子正跪坐在酥油桶前，手持搅拌器在打酥油。桶旁是已经凝固成型的酥油块，左上是两女性在容器中过滤奶汁。

（4）肉铺　莫高窟第61窟南壁肉铺图（图22-30），根据楞伽经变"戒肉食"所绘。画面中，一人前来买肉，屠夫在案上操作，为其选割。案旁有两只狗一卧一逡巡。场景氛围富有意趣。

莫高窟第85窟肉铺图（图22-31）也是根据《楞伽经》"戒食肉"的内容所绘，题记谓"大慧：衢路市肆诸卖肉人或持犬马牛等肉，为求利故而贩鬻之，如是杂秽，云何何食？大

图22-28　莫高窟第321窟酿造图　　图22-29　莫高窟第23窟制作酥酪图

慧：一切诸肉皆是精血污秽所成，求净人云何取食？大慧：食血之人，众生见之，悉皆惊怖，修慈心者云何取食"！画面中，肉铺外一案上有一宰杀的羊只，另一案上，一屠夫右手持刀，正在分割节解肉食，两只一花、一黑的狗正卧在案底或案旁，等待屠夫将不食用的肉扔下。肉铺的墙上悬挂着被节解的羊腿和肉条，中间一炕桌样的家具。

（5）炊爨　莫高窟第23窟南壁炊爨图（图22-32）是敦煌壁画中不多的两幅灶间操作图像之一。画面中间是一锅釜，底下是熊熊火苗，锅釜冒着热气，左右各有一女子在锅釜旁料理。

莫高窟第23窟南壁炊爨图（图22-33）。画面中，一女子正在一三脚锅釜前操作，旁有两个容器。

（6）杠子揉面图　莫高窟五代第61窟五台山图中的灵口之店图（图22-34）。关于本图，学者认为是人力推磨图，笔者认为系杠子压面图。杠子压面方式在中国北方许多地区流行，主要为制作各种饼食，需要将繁重的揉面程序用杠子压制来完成，用杠子压成的面制作的饼食一些地方称其为杠子馍，一些地方制作厚且大、不易腐败、便于携带的烙饼。画面中，两个男子各持杠子的一端，在一个两层的平

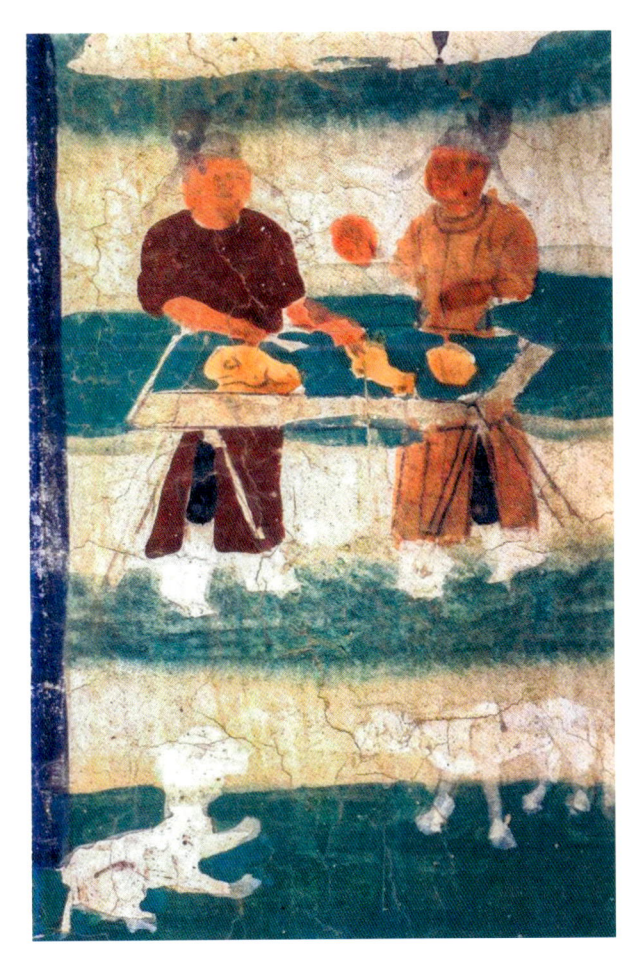

图22-30　莫高窟第61窟南壁肉铺图

图22-31　莫高窟第85窟肉铺图

图 22-32　莫高窟第 23 窟南壁炊爨图（一） 　　　图 22-33　莫高窟第 23 窟南壁炊爨图（二）

图 22-34　莫高窟五代第 61 窟杠子揉面图

台上压制已和好的面粉，为住店或行路的客人制作饼食。杠子的中间部位在平台的面粉上，可证非推磨图。

（7）酿酒图　榆林窟第3窟酿酒图（图22-35），墙壁左右各一图，画面相同。尽管对该窟绘画的时代学界尚有争论（有"西夏说"和"元代说"），但一致的看法是，这是一幅用蒸馏方式酿造酒的图像。画面中，一个塔状蒸馏炉，炊烟蒸汽袅袅，一女子在灶门前添柴烧火，其身旁有一没有执把的胡瓶，其右侧有一高足碗。炉旁有一女子，其右侧隐约可见一侈口鼓腹容器，或即酒瓮。其左侧，有一木质水桶。

3.饮食场合图像

敦煌壁画中饮食场合多多，可分为田间地头饮食、斋僧饮食、婚宴、亭子宴饮、林间野炊、宫中饮食等场面。

（1）斋僧饮食图　莫高窟第236窟东壁斋僧图（图22-36）。画面中，施主夫妇两人忙碌着，为廊下坐在氍毹毯上的四位僧人供食。一张宽大的食床上，高足盘中盛放着一种蒸食，大概率为我们今天所谓素包子，敦煌文献中称为菜饼、菜模子或蒸饼，即我们今日所谓无馅的馒头。另一状如盆的容器中则盛满了煎炸的馓子。女主人蹲坐在食床旁，正操作着三足的镬，烹煮着羹汤类佐餐食物。男主人则双手高举擎盘，盘中盛放着包子，正向僧人所在走去。四位僧人，跌坐在氍毹毯上，每人面前放有食物。从其颜色形状看为馉饳，即当代所谓发面油饼。

莫高窟中唐第154窟斋僧图（图22-37）。画面中，两女子正在为供养的僧人备办食物，从其穿着看，应当是高贵之家举办的斋僧活动。左上女子身着华丽衣服，双手端一三足木盘，盘上高垒素包子，似正送往僧人处。右下一女子两手均持物，所持物不知为何？其身后的食床上，有两个三足盘，一装盛馓子，另一装盛炒面。

（2）婚宴　莫高窟第474窟西龛北壁婚宴图（图22-38）。婚宴图是敦煌壁画中出现最多的宴饮图。据谭蝉雪先生统计有46幅之多。但时代不同，其画面内容有一定区别，反映了不同时代婚宴礼仪的变化。

这幅婚宴图显示参加宴会者人数众多，男女分坐在可坐10人的大食床两旁，男左女右，为"对坐合食"。其坐具也为与食床等高的坐床，女客均跪坐，男客则有垂足者，反映了那个时期宴饮坐姿、坐具正在发生变化的现实。食床上，可见摆放有盘状餐具，特别是筷子的摆放方式，是与食客平行。这幅画珍贵之处是真实记录了中古时期宴饮礼仪正在发生变化的轨迹。

莫高窟第113窟婚宴图（图22-39）。与上揭莫高窟第474窟婚宴图不同处在于食客均为男性，但奇怪的是他们都坐在宽大的食床边上，中间摆放着食物，一对新人为他们行跪

图 22-35　榆林窟第 3 窟酿酒图

图 22-36　莫高窟第 236 窟东壁斋僧图

图 22-37　莫高窟中唐第 154 窟斋僧图

图 22-38　莫高窟第 474 窟西龛北壁婚宴图

图 22-39　莫高窟第 113 窟婚宴图

图 22-40　莫高窟晚唐第 98 窟亭子宴饮图

图 22-41　莫高窟五代第 61 窟亭子宴饮图

图 22-42　莫高窟第 146 窟亭子宴饮图

图 22-43　莫高窟五代第 61 窟宫中饮食图

图 22-44　莫高窟第 360 窟露天野炊图

拜礼。这其实是早期人们在“筵”或“席”上宴饮进食礼仪的遗留。虽然已经有宽大食床出现，但传统方式仍然或隐或现。

（3）亭子宴饮　隋唐开始，士人有在亭子中聚会的现象，长亭迎送是那时人们情感友谊的表达。笔记小说中记载很多。敦煌壁画中也出现了不少在亭子中宴饮的场面，反映的是《维摩诘经》“入诸酒肆，能立其志”的内容，是了解当时宴饮礼仪的珍贵形象资料。

莫高窟晚唐第98窟亭子宴饮图（图22-40）。在一个林间的亭子里，手持麈尾扇、身着白衣、头戴白色宽檐帽的维摩诘与众人对坐在食床两边，亭子外，侍者端盘，盘中为酒杯，一长须老者左手持酒杯，正在舞蹈吟唱为其他客人敬酒。这种敬酒方式就是唐代流行的“著辞歌舞”或“令舞”。何为“著辞歌舞”？就是宴会参加者以一定词牌现场创作歌词并歌之舞之，以此为客人敬酒的方式。由于手持酒杯舞蹈，杯中酒极易洒在衣袖上，所以敦煌诗歌中就有“打球汗透罗裳，令舞酒沾半臂”的描写。

莫高窟五代第61窟亭子宴饮图（图22-41）。画面中，左下一人正在舞蹈，亭子中间参加宴会者分坐在食床两边。其中对面两人吹奏着笛子和笙箫，为舞蹈歌咏者伴奏，反映了当时亭子宴饮的歌舞形式。

莫高窟第146窟亭子宴饮图（图22-42）。在绿树环绕的亭子中，参加宴饮者垂足坐在与食床等高的宽大坐床上，转身观看左侧的歌舞者。歌舞者左手持酒杯，作舞蹈状，旁边的女性侍者双手持物，面向歌舞者。

（4）宫中饮食　莫高窟五代第61窟宫中饮食图（图22-43）。这是佛传故事画中的一个场面，宫中，国王让姨母抚养太子，画面分成两部分：其右侧单元为饮食图，上部，在一低矮壶门装饰的食床边上，坐着4位官员模样者，食床上摆放4副餐饮具，上有食物，一女性侍者跪坐在食床一端，上食服务。这幅饮食图与婚宴、亭子宴饮图不同处是处于城堡宫殿的建筑空间内，画家应是所本公府宴饮场合所绘，是珍贵的饮食场合的图像资料。

（5）露天野宴　莫高窟第360窟露天野炊图（图22-44）。在一片树林中，支有食床与宽大坐床，食床上有高足盘和其他器皿，上有不同形状的食物，食客手持乐器在演奏，画面右侧则是一人在歌舞。据敦煌文献中记载，当时宴会的场所有东园、南园等，应是林木茂密、环境幽雅之处。这幅画是敦煌人在园林中举办宴会的写照。

4.饮食物图像

敦煌文献中的饮食品名多矣。经统计有六七十种，计有胡饼（大胡饼、小胡饼、油胡饼）、饩饼、炉饼、水饼、白饼、薄饼、蒸饼、烧饼、乳饼、菜饼、煎饼、渣饼、䭔饼（脂䭔）、笼饼、梧桐饼、环饼、索饼、汤饼、饼餮、饼餤、龙虎蛇饼、饸饼、沙饼、菜模子、小食子、馎饦、馄饨、餢飳、馓枝（馓子）、冷淘、饤饾、小饭、饭、馃食、黍臛、糕糜、羹、粽子、须面、馒头、臛、粥、水面、煮菜面、细供、灌肠面、油面、炒面、麨、麦饭、糌粑、蒸胡食、粉、糕、苏、酪、蜜、糖、饧、饀、蘁、煮菜、油、糙、籽、资料、豉、砂基等。除去中原传入文献中的饮食品名而当地社会经济类文书中没有记载者和同种异名外，也有四十余种。虽然，这些饮食大多有名而没有图像，但壁画中仍有一些饮食物图像成为我们了解当时敦煌流行食物品种的形象资料。

（1）蒸饼　莫高窟五代第61窟五台山图中的上供图（图22-45、22-46、22-47）。虔诚信徒擎盘持壶，前往寺院，或许愿，或还愿，民间称这种上供的食物为盘，盘中应为蒸饼，即北方所谓馒头者，每盘馒头数量、大小有一定规制，从以上画面中看有8枚，形较大，其装盛容器或

图 22-45　莫高窟五代第61窟五台山图中供养、还愿的蒸饼（一）

为某种柳编或竹编盛具，所以信徒需双手端或肩扛。与现当代上供、许愿还愿时的盘规制相同。（图22-48）

（2）餢飳、馓子、包子、白饼　莫高窟第159窟斋僧图中的食物图像（图22-49）。一低矮壶门装饰的食床上有无足大木盘，装盛着4种食物，分别为白饼、素包子（菜饼）、馓子、餢飳（发面油饼）；莫高窟中唐第236窟斋僧图中，也有素包子（图22-50）。这些是敦煌文献中常常出现的食物名称。供养施主手持碗，应该是某种羹汤类佐餐食物。文献中记载，僧人佐餐食物中有浆水、米浆水、浆水粥（面粥）等。

榆林窟第25窟婚宴图中盛放在高足盘中的包子。区分壁画图像中有馅的包子和无馅的蒸饼（馒头）亦难事。从盘中高垒且数量较多分析应为包子。

莫高窟中唐第154窟斋僧图中的食物（图22-51）。有足盘中高垒，形状较小，数量较多，应为包子。由于僧人有不食肉之戒律，且敦煌文献中有菜饼的记录，因此我们判断为素包子。

莫高窟晚唐第9窟供养食物中的馓子（图22-52），装盛在一种高足、饰有覆莲的盛容器中。

（3）馃食　下列为吐鲁番唐代墓葬中出土的一组馃子实物（图22-53、22-54、22-55、22-56）。经研究，吐鲁番高昌王国时期到唐代的墓葬中出土了许多不同形状的馃子实物，目前所知有二十多种样式。大体可分为条状、不同花样、树叶状、环钏样、盘曲状及不同纹样的煎炸类，还有有馅类食物（不在馃子之列）、胡饼等。由于北凉政权残余势力西逃高昌时裹胁了许多敦煌人，高昌政权的中坚多从敦煌而来，他们带来了敦煌的很多习俗，因此，吐鲁番墓葬出土的这些食物，应该也在敦煌及其周边流行。敦煌文献中多次记载有饤饾、

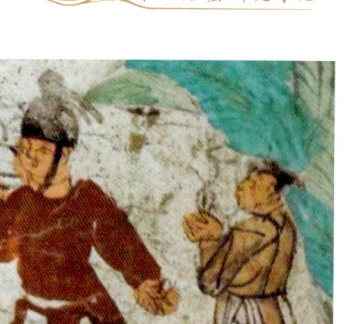

图 22-46　莫高窟五代第 61 窟五台山图中供养、还愿的蒸饼（二）

图 22-47　莫高窟五代第 61 窟五台山图中供养、还愿的蒸饼（三）

图 22-48　藏经洞出土绢画 MG.17655 降魔成道图蒸饼和大盘

图 22-49　莫高窟第 159 窟西龛内西壁斋僧图食品

图 22-50　莫高窟中唐第 236 窟包子图

图 22-51　莫高窟中唐第 154 窟斋僧图中的包子

图 22-52　莫高窟晚唐第 9 窟馓子图

图 22-53　吐鲁番出土的唐代馃子实物（一）

图 22-54　吐鲁番出土的唐代馃子实物（二）

图 22-55　吐鲁番出土的唐代馃子实物（三）

图 22-56　吐鲁番出土的唐代馃子实物（四）

图 22-57　莫高窟中唐第 154 窟斋僧图中的馓子和炒面

饤盘、细供、餜子等，应该是这些食物。

（4）炒面　莫高窟中唐第154窟斋僧图中的馓子和炒面（图22-57）。敦煌文献中多次提到当时敦煌的食物中有麨，麨即民间所谓炒面，有两种：一种是将原粮炒熟后磨成面粉，另一种是将面粉在锅釜中炒熟。炒面的特点是易保存，不易腐败，便于携带，方便食用。从三足盘中所盛食物形状看，应为炒面。

5 炊具、餐饮具图像　敦煌文献中记载了许多炊具的名称，计有锅、釜、镬、铛、鏊等，铛为平底，敞口，多为烙饼、煎炸用。鏊用来烧饼。锅、釜、镬区别较难。镬，敛口，多用来煮肉；锅釜既可煮肉也用来作饭食。餐饮具计有碗（木碗、瓷碗、漆碗、银碗等）、碟（铜碟子、花碟子、朱里碟子等）、多种名称的盘（质地有瓷盘、木盘、漆盘、铜盘，木盘又有柳木、桦木之别，其形状有擎盘、团盘、牙盘、高脚盘、荷叶盘、马头盘、中台盘、合盘等。有些属盛容具）、箸、匙、杓、食刀、钵、垒子、瓢、食氀毯、食单、食布、拭巾等；盛酒器、注酒器、饮酒器。盛酒器有瓮、樽、榼、角等；注酒器有胡瓶、注子、瓶、勺等；饮酒器有杯、屈卮杯、叵罗、盏等；温酒器有铫子等，用之于不同场合。敦煌壁画中展示了不同的炊具和餐饮具，有些与文献记载相符，有些则名物难以对应。

（1）铛（图22-58）。

（2）锅、釜、镬（图22-59、22-60、22-61、22-62、22-63、22-64）。

（3）盘碟（图22-65、22-66、22-67、22-68、22-69）。

（4）盅（图22-70）　敦煌壁画及藏经洞绘画品中有不少琉璃盅图像。琉璃盅虽然出自佛教绘画品中，且盅中为花朵，但各地出土了不少历代的琉璃盅，从东晋始琉璃盅与藏经洞出土绘画品中的样式相同。这些琉璃盅多为酒器。

图22-58　莫高窟中唐第468窟铛

图22-59　莫高窟初唐第96窟锅、釜或镬

图 22-60　莫高窟北周第 296 窟锅、釜或镬 　　　　图 22-61　莫高窟北周第 296 窟锅、釜或镬线图

图 22-62　莫高窟盛唐第 23 窟釜或镬 　　　　图 22-63　莫高窟盛唐第 23 窟釜或镬线图

图 22-64　藏经洞出土绘画品中的三足锅釜

图 22-65　莫高窟五代第 61 窟盛放食物的碟子

图 22-66　藏经洞绢画中的碟子

图 22-67　莫高窟盛唐第 39 窟飞天所捧盛仙桃的盘

图 22-68　藏经洞出土绘画品中的三兽足盘

图 22-69　藏经洞出土纸本绘画品上三兽足盘　　图 22-70　藏经洞绘画品菩萨所持琉璃盅

（5）高足盘或豆（图 22-71、22-72）。

（6）碗（图 22-73、22-74）。

（7）箸　上揭莫高窟第 474 窟婚宴图中，食床上摆放有筷子。当时的筷子摆放方向与食客平行。

（8）杯（图 22-75、22-76、22-77、22-78、22-79）　藏经洞出土绢本画高足酒杯和酒壶，特殊之处是酒壶为一种扁平的茧形壶，而类似的高足酒杯出土于吐鲁番。

（9）胡瓶　胡瓶，此时在敦煌已有了"酒注"的名称，出现在多种场合，最多者出现在千手千眼观音图中的"胡瓶手"上。器型多样，纹饰精美（图 22-80、22-81、22-82）。

胡瓶是一种鼓腹、细颈、带流的注器，大多有执把。胡瓶的传入逐渐改变了早期中原酒器主要以尊、勺（曲柄勺）盛酒、挹注方式。注酒更精准、更卫生。尊勺则主要用于挹注羹汤类佐餐食物。

（10）尊、勺（图 22-83、22-84、22-85）　榆林窟第 25 窟婚礼图中的尊和曲柄勺。尊为侈口细颈鼓腹三足，勺为曲柄。这种曲柄勺常常出现在汉代画像石和魏晋砖画的庖厨图和宴饮图中。这里的尊和曲柄勺并非用来盛酒和挹酒，而是装盛挹注羹汤类佐餐食物。

莫高窟第 236 窟斋僧图中的尊勺。尊为敛口鼓腹三兽足式，勺为曲柄，也用来装盛挹注羹汤类佐餐食物。

（11）其他盛容具：(图 22-86、22-87、22-88、22-89、22-90) 敦煌文献中记载的盛容器有盛、魁、盆、瓮、缸、柜、褐袋等，但壁画中出现的盛容器多为圈足盆、三足盘、木盘、饰有莲花纹的盘子，大多出现在供养的场合。此外，藏经洞绢画中供养菩萨手持的莲纹金属盘、药师经变中供养菩萨所端的编织盘，虽然有些出现的场合并非装盛食物，但许多也作为供盘，有些出现在斋僧场合。

（12）瓮（图 22-91、22-92）。

（13）筲（图 22-93）。

以上所列饮食图像，显然并非古代敦煌饮食名物和图像的全部，甚至敦煌壁画中的饮食图像也并未全部罗列。但由于中国古代饮食图像的稀少，敦煌壁画中的数十百种饮食图像就显得格外重要，无论饮食生产图像、食物加工图像、食物品种图像、饮食器具乃至饮食场合图像，都提供了前所缺少或没有的极为宝贵的资料。结合文献记载，可作为饮食名物研究的第一手资料，成为今人研究了解当时饮食文化的珍贵史料。

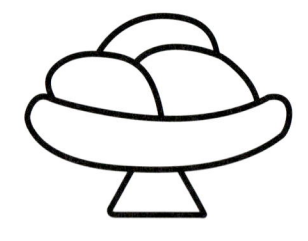

图 22-71　莫高窟盛唐第 45 窟"尽形供养"中盛食物的高足盘或豆（一）

图 22-72　莫高窟盛唐第 45 窟"尽形供养"中盛食物的高足盘或豆（二）

图 22-73　莫高窟中唐第 159 窟斋僧图中的侈口浅腹寰足碗（一）

图 22-74　莫高窟中唐第 159 窟斋僧图中的侈口浅腹寰足碗（二）

图 22-75　榆林窟中唐第 25 窟婚宴图中的酒杯

图 22-76　莫高窟盛唐第 116 窟婚宴图中的酒杯

图 22-77　莫高窟晚唐第 14 窟主室南壁壁画上的酒杯 　　图 22-78　毗沙门天王的眷属持杯图 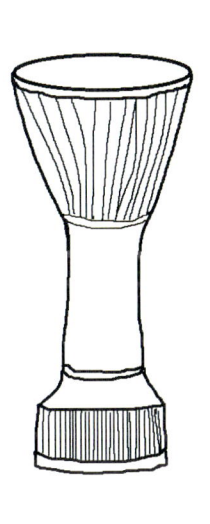　　图 22-79　莫高窟盛唐第 116 窟婚宴图中的酒杯

图 22-80　榆林窟西夏第 3 窟无执把胡瓶图 　　图 22-81　藏经洞出土纸画上的胡瓶 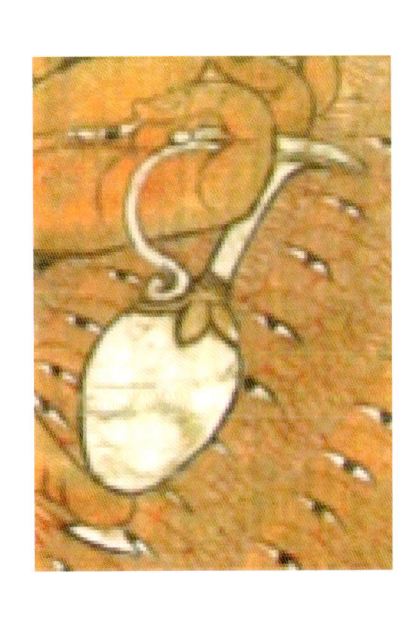　　图 22-82　藏经洞出土的绘画品中的胡瓶

图 22-83　榆林窟中唐第 25 窟之尊、勺

图 22-84　莫高窟五代第 236 窟之尊、勺

图 22-85　藏经洞出土绘画品中的曲柄勺

图 22-86　藏经洞绢画中供养菩萨手持的莲纹金属盘

图 22-87　藏经洞绘画品中供养菩萨所持竹柳或用草编织的盛物器具

图 22-88　藏经洞绘画品中供养的四曲圈足盘

第二十二章 敦煌壁画社会生活图像导论 697

图 22-89 藏经洞出土绘画品中的高圈足长方形盘

图 22-90 莫高窟五代第 146 窟西壁洗浴图中之盆

图 22-91 莫高窟初唐第 321 窟的瓮　　图 22-92 莫高窟北周第 290 窟装佳肴、甘露之瓮

图 22-93 藏经洞出土绢本画中的容器笥

二、敦煌古代游戏图像导论[①]

游戏是一种具有娱乐性和互动性的玩耍活动。所谓娱乐性，是参与者在活动中直接获得快感，获得生理和心理上的愉悦；所谓互动性，是参与者在活动中与物（如沙土、球类、陀螺）、境（如登高、踏青、翻墙）、人（如角抵、捉迷藏、下棋）等对象进行交流。

在敦煌壁画和敦煌文献中，保存有许多诸如相扑、斗鸡、玩球、骑竹马、捉蝴蝶、趁猞子、玩弹弓、叠罗汉、倒立、顶竿、堆筑，以及围棋、双陆、樗蒲、藏钩等古代人们游戏活动的图像画面或文字记载。从游戏活动的目的和功能角度考虑，敦煌古代游戏可以分为竞赛类和自娱娱他类两大类，另外根据特殊表现形式又有文字游戏一类。

(一) 竞赛类

竞赛类游戏活动分为竞力型、竞技型、竞智型三种形式。

1. 竞力型

敦煌壁画中的竞力型游戏主要有举重、相扑、斗兽、斗鸡等图像。

(1) 举重　敦煌壁画中的举重图像最早见于莫高窟北周第290窟，该窟人字披佛传依据佛经绘悉达多太子竞技娶妻的故事。画面中太子梳双丫髻，穿双襟大袖襦服，着履，挽袖，两脚分开，正轻松地用右手将一只大象高高举起（图22-94）。另外莫高窟五代第61窟西壁屏风画《佛传》故事画中也有类似的画面。

图 22-94　莫高窟北周第290窟举象图　　图 22-95　莫高窟北周第290窟相扑图

[①] 本节主要参考胡同庆、王义芝：《敦煌古代游戏》，甘肃少年儿童出版社，2012年。

（2）相扑　莫高窟北周第290窟人字披西披佛传故事画中绘有相扑活动的画面，画面中梳双丫髻、穿犊鼻裤的难陀正将全身赤裸的调达扑翻在地（图22-95）。另外莫高窟五代第61窟西壁佛传屏风画中，亦有相扑画面。

敦煌文献P.2002写卷背面有一幅唐末五代时期所绘的白描相扑图。画面中，两名赤身裸体者的腰间均系一布带兜裆，头发扎成髻并饰有两角，两人正扭抱成一团，一人抓住对方腰带，另一人则抱住对方的腿，双方重心都很低，正在奋力相搏（图22-96）。

敦煌文献Дx.02822号《杂集时要用字》"音乐部第九"，将"相扑"一词与"影戏""杂剧""傀儡""舞绾"等并列在一个类别中。

（3）斗兽　竞力型游戏不仅有人与人之间的竞力，还有人与动物之间的竞力、动物与动物之间的竞力等。敦煌晚唐第9、196窟等洞窟的劳度叉斗圣变及敦煌文献降魔变文画卷中绘有不少狮牛相斗、金翅鸟与毒龙相斗的场面（图22-97、22-98）。舍利弗与劳度叉斗法，颇有戏耍的意味，且斗法过程中一场一场的比赛，也非常具有表演性和娱乐性。

图22-96　敦煌文献P.2002相扑图

图22-97　敦煌文献P.4524降魔变文画卷狮牛斗图

图22-98　莫高窟晚唐第9窟劳度叉斗圣变金翅鸟斗龙图

图22-99　莫高窟西魏第285窟斗鸡图

图 22-100　莫高窟北周第 290 窟射箭图

（4）斗鸡　莫高窟西魏第 285 窟南壁五百强盗成佛图中有一幅斗鸡图，画面上两只雄鸡竖毛振翼，悍目发光，引颈昂首，尖嘴利爪，正相对作伺机进攻状站立于屋顶，神态乃至力量感都栩栩如生地表现出来了（图 22-99）。

佛经中将斗鸡活动与"斗驼斗牛斗人斗象""歌声、舞声、缘幢倒绝，种种伎戏"并论。

2. 竞技型

敦煌壁画和敦煌文献中的竞技型游戏，主要有射箭、玩弹弓、投壶、打马球、步打球、橦技、倒立、叠罗汉、魔术、游泳等。

（1）射箭　敦煌壁画中的射箭图像资料十分丰富。如莫高窟北周第 290 窟人字披西披佛传及五代第 61 窟西壁佛传屏风画中，描绘太子与诸释子比赛射铁鼓、铁瓮、铁猪等（图 22-100），相关经文中的"令试礼乐，宜就戏场""观看之者，悉唱呼呼叫唤之声"等内容，体现了该活动的表演性和娱乐性。

（2）玩弹弓　敦煌壁画中尚未发现玩耍弹弓的画面，但藏经洞出土文献中则有记载。如P.2598v是晚唐时期敦煌归义军政权颁发的一份榜文，榜文中说儿童们打弹弓，扰乱道场，伤人眼目，使官府不得不出面制止，可见当时在敦煌孩子们玩耍弹弓非常普遍。

（3）投壶　敦煌壁画中关于投壶游戏的画面仅见一幅，莫高窟五代第 61 窟第 21 扇佛传图中的下部左侧绘太子与四释子围绕一台，台的右上角有一壶，即太子与释子投壶。不过，该画面现模糊不清。

敦煌文献P.3866 李翔《涉道诗·卫叔卿不宾汉武帝》中有关于投壶的记载。

（4）打马球　唐宋时期敦煌地区也流行打马球运动，据P.2639《归义军衙内酒破历》、P.2568《张延绶别传》、S.5636《打球会》等敦煌文献记载：①当地设有球场；②用马球招待天使及来往官员；③当地名士多善击球；④有邀请打球的书状；⑤有纳球杖的账目。另外，S.2049、P.2544《杖前飞·马球》中还有关于球场上比赛情景的描写。另外，在莫高窟五代第 100 窟西龛下部的曹议金出行图和回鹘公主出行图中，以及莫高窟五代第 61 窟东壁的维摩诘经变中，均绘有两身执球杖供奉官（图 22-101、22-102）。

图 22-101　莫高窟五代第 100 窟执球杖供奉官

图 22-102　莫高窟五代第 61 窟执球杖供奉官

（5）步打球　榆林窟五代第 15 窟南壁中，绘一儿童伏跪在莲花座上，左手持一圆球，右手挥举一偃月形的球杖。敦煌壁画中仅见此一幅步打球图像（图 22-103）。

（6）橦技　敦煌壁画中保存了不少当时的橦技活动场面，如莫高窟中唐第 361 窟南壁金刚经变中，绘有一个三角形帷帐，中间有一形体较小的伎人头顶一长竿，长竿顶端有一人正做倒立表演（图 22-104）。另外，在莫高窟晚唐第 156 窟北壁宋国夫人出行图（图 22-105）、莫高窟五代第 72 窟南壁刘萨诃因缘变、莫高窟宋代第 55 窟窟顶东披楞伽经变等壁画中，都保存有橦技活动的图像。

（7）倒立　敦煌壁画中保存有不少反映当时倒立活动的画面，如莫高窟北魏第 251 窟四壁及中心塔柱塔座下方四周绘药叉数十身，分别做各种手舞足蹈动作，其中一身药叉双掌撑地，昂头，挺胸收腹，屈腿，正做倒立状。又如莫高窟西魏第 249 窟窟顶东披，绘一高鼻深目的力士双手撑地，挺胸，塌腰，屈腿，正在做倒立状，在向佛陀表演百戏（图 22-106）。

（8）叠罗汉　敦煌壁画中绘有不少叠罗汉的图像，如莫高窟初唐第 220 窟南壁阿弥陀经变中，一个似穿背带裤的童子屈膝颇感吃力地站在荷叶上，而一身穿红上衣、绿短裤的童子直立在其肩上，他们身后还有一个穿红衣绿裤的小孩童正仰身拍手叫好（图 22-107）。另外，在莫高窟盛唐第 217 窟北壁观无量寿经变、莫高窟晚唐第 85 窟南壁报恩经变等洞窟中，都绘有童子叠罗汉的场面。

图 22-103　榆林窟五代第 15 窟步打球图

图 22-104　莫高窟中唐第 361 窟橦技图

图 22-105　莫高窟晚唐第 156 窟橦技图

第二十二章　敦煌壁画社会生活图像导论　703

图 22-106　莫高窟西魏第 249 窟倒立图

图 22-107　莫高窟初唐第 220 窟叠罗汉图

图 22-108　莫高窟盛唐第 79 窟转盘子图

（9）转盘子　敦煌壁画中保存有反映当时转盘子表演的画面，如莫高窟盛唐第79窟窟顶北披角落，绘一童子双手高举，其中右手食指头正顶着一个旋转的大盘子，面向佛陀进行表演（图22-108）。也有将转盘表演与倒立、叠罗汉、柔术等技艺结合的，如莫高窟中唐第361窟南壁阿弥陀经变中，绘有一组儿童表演百戏的形象，中间一童子向后弯腰呈拱桥状，其腰部上立一童子双手托盘，左腿抬起，足尖托盘，三个盘子似正在飞速旋转；两侧各有一位童子拍手称快；两端还各有一个孩子在做倒立表演（图22-109）。

（10）魔术　魔术在古代又叫作"幻术"或"戏法"。敦煌壁画中保存了一些反映当时幻术活动的画面。如莫高窟初唐第323窟北壁佛图澄神异故事中，描绘了高僧佛图澄在河边抽洗肚肠时的情景（图22-110）。实际上，不管是其腹孔放光也好还是抽洗肚肠也好，都

图 22-109　莫高窟中唐第361窟转盘、倒立、叠罗汉图

图 22-110　莫高窟初唐323窟佛图澄河边洗肠图

图 22-111　莫高窟北魏第257窟游泳图

图 22-112　莫高窟宋代第 454 窟弈棋

与当时天竺传来的"吞刀吐火""刳剔肠胃""截舌抽肠"等属于同一类幻术。敦煌壁画中一些描绘橦技活动（顶竿）的画面，实际上描绘的是幻术表演场景。另外，莫高窟晚唐第 9 窟等洞窟的劳度叉斗圣变中，所描绘的劳度叉与舍利弗斗法的场面，实际上是一场规模宏大的幻术比赛。

（11）游泳　敦煌壁画中有不少表现游泳的图像，如莫高窟北魏第 257 窟窟顶平棋绘碧波荡漾的莲池中，四个裸体之人挥划双臂，双脚或后半身没于水中，正自由随意地在水中游泳（图 22-111）。另外，在莫高窟盛唐第 148 窟药师经变、莫高窟中唐第 231 窟观无量寿经变、榆林窟中唐第 25 窟观无量寿经变等壁画中，也绘有许多孩童在水中游泳、戏玩、划舟（莲叶）的情景。

3. 竞智型

敦煌壁画和敦煌文献中的竞智型游戏有围棋、双陆、樗蒲、藏钩等几种。

（1）围棋　敦煌壁画中绘有不少反映当时围棋活动的画面，如莫高窟五代第 61 窟佛传屏风画中，绘太子正与一释子下围棋。又如莫高窟中唐第 7 窟维摩诘经变、榆林窟五代第 32 窟维摩诘经变、莫高窟宋代第 454 窟维摩诘经变（图 22-112）、莫高窟第 454 窟中心佛坛清代绘屏风画中，均绘正在激烈博弈的围棋场景。

敦煌文献S.5574号《棋经一卷》，有学者认为此书是中国现存最早的围棋理论著作。另外，根据敦煌市博物馆藏《天宝年间地志残卷》等文献记载，古代敦煌不仅盛行围棋活动，同时也是围棋子的重要产地。

（2）双陆　敦煌壁画中尚未发现有关双陆博戏的图像。不过，藏经洞出土文献中有反映当时双陆博戏活动的描写，如P.2999《太子成道经》、P.3883《孔子项托相问书》等写卷中均有记载。如P.2718《王梵志诗一卷》云："双陆智人戏，围棋出专能。解时终不恶，久后与仙通。"

（3）樗蒲　樗蒲也是一种棋类游戏。敦煌文献中也有不少关于樗蒲的记载，如P.2418《父母恩重经讲经文》云："贪欢逐乐无时歇，打论樗蒲更不休。"另外，S.610《启颜录》、S.525《搜神记一卷》等写卷中也有关于樗蒲的内容。

（4）藏钩　敦煌文献中保存有不少关于藏钩游戏的记载，如S.6171《唐宫词》云："欲得藏钩语少多，嫔妃宫女任相和。每朋一百人为定……"另外，S.4474《释门杂文》、S.2049、P.2544《藏钩》诗、京河字12号《父母恩重经讲经文》等写卷也描写了当时藏钩游戏的活动场景。

（二）自娱娱他类

在敦煌壁画和敦煌文献中，自娱娱他类游戏主要保存有骑竹马、骑牛、斗草、采花、爬树、捉蝴蝶、趁猧子、聚沙成塔、嬉戏、拨浪鼓、木偶戏、假面舞、踏青、登山、滑沙等活动的图像或文字记载。

1.骑竹马

莫高窟晚唐第9窟的东壁门南，绘一群女供养人行列中，一位贵妇人的右下侧画了一个身穿红色花袍的小顽童，一条弯弯的竹竿放在胯下，其左手握竹马，右手拿着一根带竹叶的竹梢，童子抬头仰望妇人（图22-113）。另外，敦煌佛爷庙湾36号魏晋墓中，亦有一幅孩童骑竹马图（图22-114）。

2.骑牛

莫高窟初唐第323窟南壁东晋杨都金像出渚图中绘一幼童正站立在牛背上，左手扶在御牛老者的左肩上，右手遥指江中船上的佛像，描绘了孩子骑牛时的欢娱兴

图22-113　莫高窟晚唐第9窟骑竹马图

图 22-114　敦煌佛爷庙湾 36 号魏晋墓骑竹马图

图 22-115　莫高窟初唐第 323 窟骑牛童子图（一） 　　图 22-116　莫高窟初唐第 323 窟骑牛童子图（二）

奋之状（图 22-115）。同壁西晋吴淞江石佛浮江图中绘一中年男子在前面牵牛，牛背上坐着一老妇和一小童，另一中年妇人身背婴儿紧跟在牛后面。牛背上的小孙子左手紧紧抓住奶奶的腰，似有害怕之感（图 22-116）。

3. 斗草、采花、爬树

莫高窟中唐第 112 窟西壁南侧，绘七名儿童正在攀树采花：有三个童子已经爬上了树梢，或在摘花，或往树下扔花，或与同伴逗趣；有一童子正试图往树上爬；树下也有三个儿童，其中二童子正在拾取地上的花枝，另一童子则正伸手接树上伙伴扔下来的花枝（图22-117）。

敦煌文献S.6537、P.3271《斗百草》中有关于斗草、斗花的生动记载。

4. 捉蝴蝶、趁猢子

莫高窟敦煌文献中有关于捉蝴蝶、趁猢子的记载。P.2418《父母恩重经讲经文》载道："孩儿渐长成童子……捉蝴蝶，趁猢子……五五相随骑竹马，三三结伴趁猢儿。"

5. 聚沙成塔

莫高窟盛唐第23窟北壁的法华经变中有一儿童聚沙成塔的画面。画面上有四童子，其中有两童子坐在地上，另有一童子两腿叉开，一童子一腿站立、一腿跷起，四个童子都在用双手往沙塔上堆沙（图22-118）。

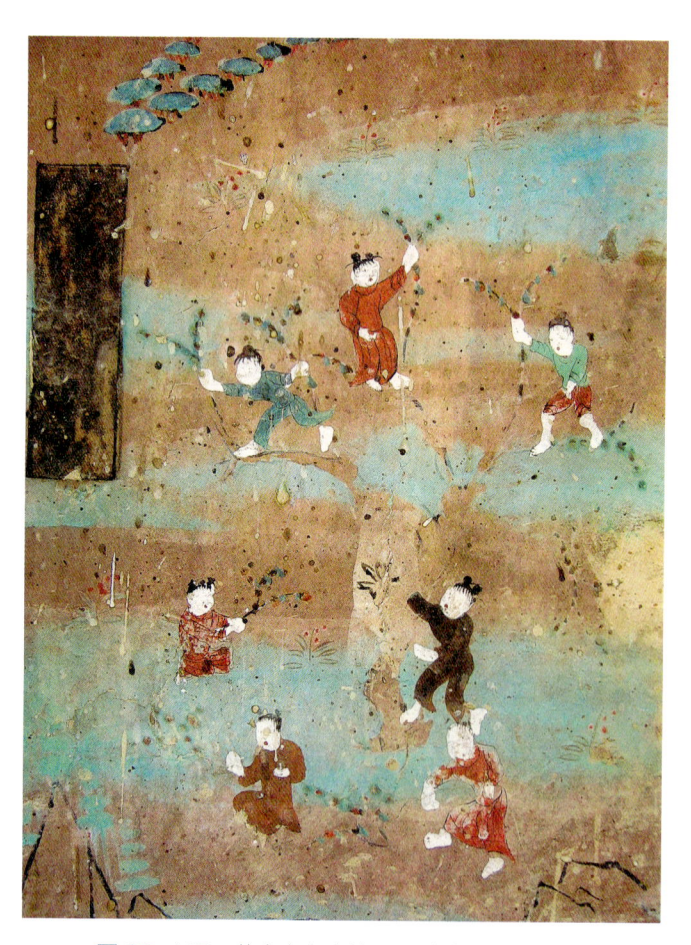

图 22-117　莫高窟中唐第 112 窟七童子采花图　　　　图 22-118　莫高窟盛唐第 23 窟聚沙成塔图

图 22-119 莫高窟盛唐第 79 窟童子嬉戏图

6. 嬉戏

莫高窟盛唐第 79 窟窟顶千佛图像的旁侧，绘两身童子手持莲花，跳跃嬉戏（图 22-119）。莫高窟盛唐第 148 窟东壁门北的药师经变中，画有十余身童子或与鸭相戏，或伏莲叶上随其飘浮，或半立水中作搓澡状，或坐莲叶舟中，或在水中推舟。

7. 拨浪鼓

敦煌壁画所绘拨浪鼓甚多，最早出现在莫高窟北周第 290 窟东壁，有一身飞天左手举摇拨浪鼓，所持拨浪鼓构造简单，杆上只有一面小鼓，杆顶端飘着缨穗（图 22-120）。拨浪鼓在敦煌壁画中多表现在乐舞场面中作为伴奏乐器出现，如莫高窟盛唐第 45 窟北壁观无量寿经变中，坐在方毯上演奏的乐伎便是左手举摇拨浪鼓，左臂夹鸡娄鼓，右手持槌敲击。另外，莫高窟盛唐第 148 窟东壁药师经变（图 22-121）、莫高窟晚唐第 156 窟北壁宋国夫人出行图等壁画中，都绘有类似的拨浪鼓图像。

8. 木偶戏

莫高窟盛唐第 31 窟窟顶东披法华经变序品画面中绘有一幅玩木偶图，画面中一个妇

图 22-120 莫高窟北周第 290 窟飞天摇拨浪鼓图

图 22-121　莫高窟盛唐第 148 窟乐伎摇拨浪鼓图

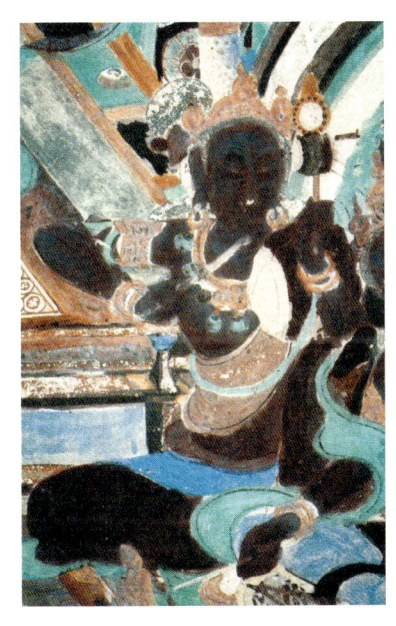

图 22-122　莫高窟盛唐第 31 窟玩木偶图

女右掌托着木偶，右臂前伸，逗弄女儿玩耍，面前的女儿梳双丫髻，张开双臂作索取状，憨态可掬（图 22-122）。

关于木偶戏，在 P.3833《王梵志诗集》、Дх.02822 号西夏文书《杂集时要用字》等敦煌文献中也有记载。

9. 假面舞

据敦煌文献《儿郎伟》记载，唐宋时期敦煌地区流行一种佩戴野兽神怪面具驱鬼禳灾的"苏莫遮"驱傩活动。据 S.1053、P.4640 等写卷记载，"苏莫遮"假面舞蹈还出现在每年二月初八佛出家成道日等佛教活动中。

莫高窟西魏第 249 窟南壁天宫伎乐中有一大头人像，高鼻大眼，头顶椎发，耳垂大环，有学者认为绘的可能就是"苏莫遮"活动时戴的舞蹈面具，但也有学者认为绘的可能是大头仙人（图 22-123）。

10. 踏青、登山、滑沙

S.2832、P.4640、S.3728 等敦煌文献中有与踏青相关的记载，特别是 S.5636《大寒食相迎屈上坟书》中将外出郊游踏青活动与上坟扫墓祭奠先人的仪式结合起来了。莫高窟盛唐第 130 窟甬道南壁都督夫人太原王氏礼佛图，画面中一片阳春三月、艳阳和煦的景象，宛然一群妇女出游踏春的生动场景（图 22-124）。

唐宋时期，敦煌流行登高、滑沙等活动，如在 S.6537《郑余庆书仪》、S.1053《寺院破历》、

图 22-123　莫高窟西魏第 249 窟大头仙人　　　图 22-124　莫高窟盛唐第 130 窟都督夫人礼佛图（段文杰临）

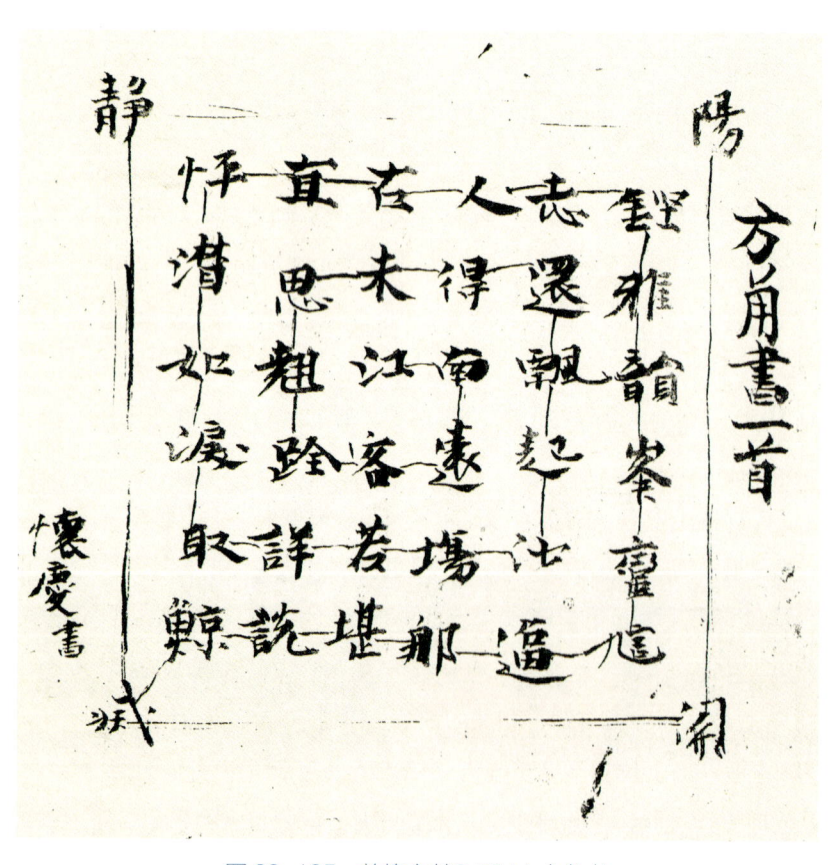

图 22-125　敦煌文献 S.5644 方角书　　　　　图 22-126　敦煌文献 S.5648 四角诗图

S.2200《重阳相迎书》等敦煌文献中都有记载。如S.5448《敦煌录》所载："风俗：端午日，城中士女，皆跻高峰，一齐蹙下，其沙声吼如雷，至晓看之，峭崿如旧，古号鸣沙，神沙而祠焉。"

（三）文字游戏类

文字游戏是利用排列组合、拆分离合、图像等形式及回文、顶真、反复、重叠、谐音、飞白等修辞方法让人猜测、联想、寻味，从中获得愉悦的一种智力游戏。

敦煌文献中有一些敦煌唐宋时期的文字游戏，如方角书、四角诗图、离合字诗图、十字诗图、谜语、重出字与叠字诗、鸟形押、药名诗等。

1. 方角书

敦煌文献S.5644《方角书》即《方角诗》，是回文诗的一种。该诗作者采用了从中央起往周围及四角环绕的文字排列形式，以四十个字组成套叠的回字形，以方角的回文形格来表现主题，即以形写意（图22-125）。释读全诗为："江南远客跧，翘思未得还。飘起沙场苦，详取泪如潸。怦直古人志，铿雅韵峰蛮。尴逼那堪说，鲸灭静阳关。"

2. 四角诗图

敦煌文献S.5648写卷中有5幅四角诗图，或方或圆，或反或正，文字相同，皆中心书一霜字，上下左右或呈圆形状依次写"出门逢白""水照先人""王女景来""路结边为"十六字（图22-126）。释读全诗为："出门逢白雨，路结边为霜，水照先人相，霜来景女王。"也可释读为："出门逢白霜，路结边为霜，水照先人霜，王女景来霜。"

3. 离合字诗图

在敦煌文献S.3835写卷中，有四首离合字诗图，利用汉字合体字的特点进行同字离合，每句首字，离之为二，合之为一，一形三字，皆竖写成串菱形状，即为垂幌挂幅之形状（图22-127）。其解读如下：

其一解读作："日日昌楼望，山山出没云。田心思远客，门口问贞人。口之足法用，不见觅之人。"（疑原图衍一"地"字）

其二解读作："白水泉当路，此木柴在深。亡心忘记忆，西女要人寻。"

其三解读作："非衣裴醋（措）大，口口吕秀才。白七皂罪过，王廿（廿）弄人子。"

其四解读作："旦之（但知）是不善，非心悲慈深。八王全法用，人曾会言语。山佳崔（催）人来。"

4. 十字诗图

敦煌文献P.3351v写卷中有一首十字诗图（图22-128），这是一首五言古体诗，中心的霜字，为全诗枢纽及破读之关键。霜字分读之为雨、相二字，合读则为霜字。该诗解读

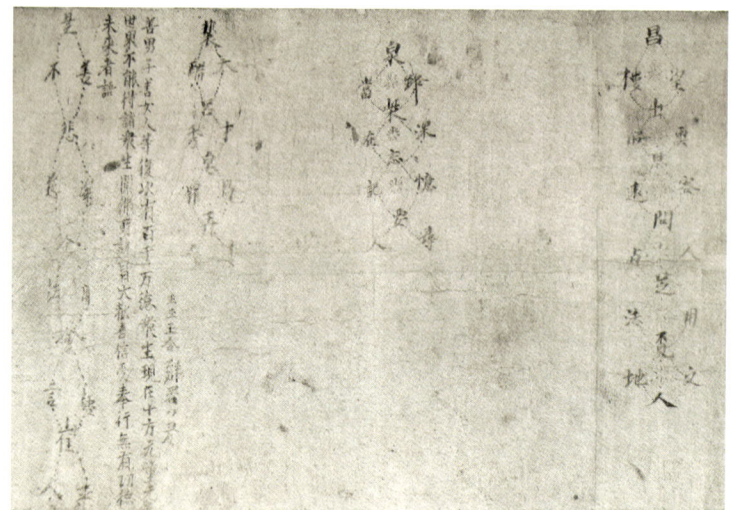

图22-127　敦煌文献S.3835离合字诗图

图22-128　敦煌文献P.3351v十字诗图

为："天阴逢白雨，寒路（露）结为霜。日照仁卿相，雨开僻文王。"

5.谜语

敦煌文献P.2555中收有16首物谜，有些谜底保存完好，有些谜底残缺。谜底保存完整的仅有"木杖""笔""葵""镜""六甲""土人""烛""钱"8首，另外8首的谜底残缺。

6.重出字与叠字诗

敦煌文献中有以重出字和叠字构思而成的诗，如P.3597、BD.07278v写卷中的两首：

其一：春日春风动，春来春草生。春人饮春酒，春鸟弄春声。

其二：高山高高高入云，真僧真真真是人。清水清清清见底，长安长长长有君。

7.鸟形押

鸟形押是花押中的一种。敦煌文献中的花押主要为鸟形押，即鸟形图案的花押，也是用作个人签名的标志符号。如S.376《某年正月廿四日尚书致邓法律书》是一封信函，信的落款是尚书的个人签名，它用鸟形押来代替。其押形状为一鸟向右侧身，身体肥大，嗉囊隆起 (图22-129)。

8.药名诗

S.328、P.2794等写卷《伍子胥变文》中，有一段文字写伍子胥夫妇以药名作问答。其中每句话内嵌一药名且用其谐音，如"槟榔"谐"宾郎"、"桃仁"谐"逃人"、"苁蓉"谐"从容"、"龙齿"谐"聋痴"。S.4508写卷中也有一首失调名的药名曲子词，其中每句内也嵌一药名且用其谐音，如"莨菪"谐"浪荡"、"乌头"谐"屋头"、"附子"谐"夫子"、"桂心"谐"闺心"等，借以抒写闺思之情。

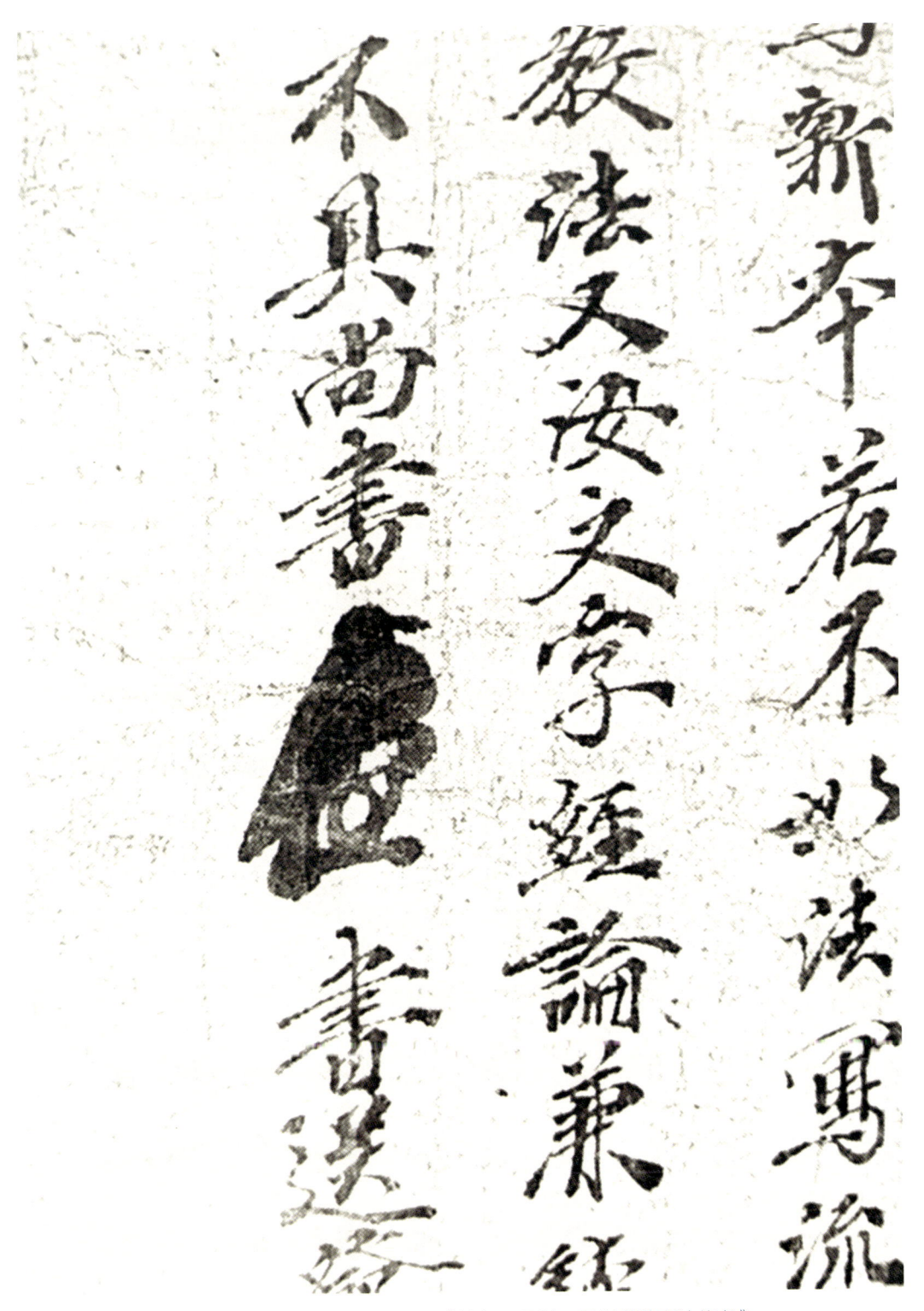

图 22-129　敦煌文献 S.376《某年正月廿四日尚书致邓法律书》

(四)研究敦煌古代游戏的意义

第一,敦煌壁画和敦煌文献中有关游戏的图像和文字资料,为进一步研究中国古代游戏提供了崭新的资料。

第二,将游戏分为竞赛类、自娱娱他类、文字游戏类,特别是把竞赛类游戏分为竞力型、竞技型、竞智型三种类型,有利于培养青少年德智体全面发展。

第三,胡同庆、王义芝《敦煌古代游戏》于2012年出版后,立刻引起社会的广泛关注。如新华社及全国数十家报刊和网站先后对敦煌古代游戏的研究情况进行了大量报道,其中《深圳晚报》和《读者欣赏》还分别用大量篇幅刊载了敦煌古代游戏中的部分内容。还有不少专家学者对《敦煌古代游戏》一书进行了评价。另外,腾讯公司文创部门在此基础上与敦煌研究院合作开发制作了有关的游戏项目,由此可看到社会各界对敦煌古代游戏的关注。

三、敦煌壁画古代交通图像导论[①]

交通是人类生存和发展的主要条件之一,交通的发达是人类文明进步的标志。而交通要道上的重镇,则是这一标志的集中体现。敦煌就是这样一处交通要塞和历史名城。自公元前1世纪末以来,在各族人民的共同开发、建设下,敦煌地区经济繁荣、商贸发达,同时形成了独特的地方文化。佛教的传播,以敦煌莫高窟为主,包括敦煌西千佛洞、安西榆林窟等处的敦煌佛教石窟群的创建和发展,又使这一独具特色的文化得以发扬光大,同时为我们留下了一笔珍贵的文化财富。从公元4世纪到14世纪的一千多年间,几十代敦煌艺术的创作大师们用他们熟悉的社会生活场景去描绘和表现佛教世界的景象,以及上自帝王将相,下至贩夫走卒的善男信女们礼佛参拜的情况,为中国古代社会生活方面留下丰富的资料,成为今天我们研究中国古代文化史的一大资料宝库。在此一千年间,作为社会生活基本内容之一的交通情况,也在敦煌石窟壁画中得以记录和保存。当然,这些资料,以中国北朝和隋唐时期为主。

中国交通的起源,可追溯到遥远的石器时代。据考古资料显示,早在170万年前,我国就出现能够直立行走和使用工具的人类,先民们为了生存,要离开洞穴去狩猎、捕鱼和采集,要集体出行,要往条件更好的地方迁徙,自然的交通活动就在先民们脚下开始了,一条条道路也在人们脚下踩出来了,这就是原始的交通。后来,随着人们掌握了农耕、畜牧、制

[①] 本节主要参考敦煌研究院编,马德主编:《敦煌石窟全集26·交通画卷》,上海人民出版社,2001年。

陶和打井等一系列技术，人们逐渐从山顶河谷移居平原或丘陵等更广阔的地区，这样就使各民族、部落之间有了来往和沟通，这是人类交通史上的第一次飞跃，它为原始人类提供了更加广阔的生存和发展空间，为完整意义上的交通打下了基础。而人类对交通工具的制造、使用和相应的交通道路的开辟，则是交通史上的根本性变革，如果说在此之前人类只是消极被动地利用自然，而从此开始是不断地征服和改造自然，交通道路和交通运输工具有一个不断进步和改善的过程，但我们不能忘记先民们的筚路蓝缕之功。至迟在新石器时代中期，先民们已经使用舟船、修筑道路桥梁、驯羊牛马，再晚一些又出现了车。可以说，中华民族早在进入文明社会之前，从资源的开发利用到各类交通工具的使用，水陆交通已经全面开启。

夏朝开始，社会的总体交通得以运行，而且在史书中也有记载："陆行乘车，水行乘船，泥行乘橇，山行乘檋；左准绳，右规矩，载四时，以开九州，通九道，陂九泽，度九山。"经过殷商时期的进一步发展，到西周时期，我国已经有了水陆交通道路网和畜驮车载的交通运输能力。当然，陆路上的车主要是马车，从出土的商周车马坑及先秦文献《考工记》的记载看，当时的马车已十分完备。也正是因为有了发达的交通环境，我国建立了以车兵为主力的军队，中国的疆域也随着交通的进步而向四周拓展。春秋战国时期，由于诸雄争霸，战争频繁，客观上促进了交通业的进一步发展，浮桥横跨黄河天险，千里栈道架设于秦岭，横贯南北连接江河淮汉的人工运河也在此间开通，水陆交通连在一起。交通工具也不断改进，马车的形制已开始由轭系驾的独车向胸带式系架的双辕车过渡。骑乘的普及和鞍具的使用，不仅促使骑兵的产生与发展，而且使远行者有了轻松快捷的交通工具。肩舆和木板船也在此时相继出现和使用。春秋战国时期发达的水陆交通网和交通工具的使用为中国古代交通打下了基础。

秦汉以来，随着统一的封建王朝的形成，中国古代交通也基本定型：以咸阳为中心通往四面八方的水陆道路，结成了全国统一的交通干线网，各类桥梁的架设将江河隔断的陆道连接起来；从这一时期开始，我国与国外也有了联系，象征中国同世界各国友好往来和经济文化交流的陆海各条丝绸之路全面开通；陆上交通工具（双轮双辕车）和水上交通工具（木板船等）也越来越多样化；以马匹为骑乘、驾车、邮递等的运输和作战能力日趋强大，中原王朝大量饲养马匹，同时从西域引进良马，有了十分完善的"马政"；另外还从西域和南越一带引进大象、骆驼、驴、骡等充作乘骑和拉车的动力；海路交通工具已出现装置完备、适应长距离航行的大型帆船，沿海地区建有大型的造船工厂……水陆交通规模空前，盛况盖世。

魏晋南北朝至隋唐时期，中国水陆交通是在秦汉的基础上进一步发展。水陆交通工具在秦汉基础上进一步完善和发展的同时，出现了专供贵族乘用享乐的豪华牛车，以及平稳舒适的高马鞍和双马镫等先进马具，还出现了适应海上远航的水密舱船、沙船等先进的航海工具；江河上架起了桥梁，开凿了世界上最长最宽的运河，先进的中华经济文化通过水陆交通传遍全世界。

横贯欧亚的丝绸之路，是历史上中国与世界各国的经济文化交流之路，是中国人民同世界各国人民之间的友谊之路。而敦煌就地处这条丝绸之路的要冲，是中西文化交流的咽喉之地。敦煌的古代文明特别是敦煌石窟留给我们的文化财富，是人类古代文明的集中展现。而古丝绸之路开拓、经营和发展的历史面貌，在敦煌石窟群现存的十六国时期至元代创建的约600座洞窟中，从各方面都有所展示。我们从石窟的壁画和彩塑中，可以看到5至10世纪，中国北朝至隋唐的六百年间，来往于这条大道上的各类人物，以及他们生活的情景，看到了为守卫这条大道付出了巨大代价的一代又一代的经营者们的形象。

公元前2世纪，汉武帝派张骞出使西域，发兵攻打匈奴，将河西全境纳入汉朝版图，列四郡，据两关，由此拉开了我国中西交通历史的序幕。河西四郡最西端是敦煌郡，而玉门关和阳关这两关均设在敦煌境内。所以，敦煌很自然成为丝绸之路的门户，被誉为"华戎所交一都会"。历魏晋南北朝、隋唐、五代、宋、元，一直保持了这种历史地位。当然，因为敦煌地处内陆，而陆上交通的盛期是在10世纪之前。这样，不论是敦煌境内现存的遗址遗迹，还是敦煌石窟壁画中表现的丝绸之路盛况，也主要是5到10世纪500年之间的陆上交通情况。

在敦煌境内，反映古丝绸之路的遗址遗迹，主要是汉至唐代的州郡古城、驿站设置、长城、烽燧等。在敦煌石窟壁画中，反映古丝绸之路壁画的内容，包括中西交通的开拓、商旅贸易、道路军政管理、邮驿、防卫交通工具、运载牲畜、马政管理等各个方面。而有些现存的遗址，如城堡、长城、烽火台等，可以与壁画所绘相对应。当然，保存下来的遗址遗迹毕竟是少数，而壁画内容则显得更丰富、更生动一些。

需要指出的是，反映古丝绸之路交通的壁画，除了早期有一部分出自福田经变外，隋唐时期的均出自法华经变。在佛教大乘经典中，《法华经》的许多内容比较贴近社会，直接论及大量与人们生活相关的问题，反映人们生存、生活的需要和意愿；人们的现实生活也为艺术家们绘制法华经变提供了素材，这就留给我们今天窥视古代社会的图像资料。

同时，我们在壁画中还看到了我国中原部分地区的古代交通状况，即马、牛、驼、象、驴等各种载人和驮运货物的牲畜。而且，在其中的百余座洞窟中，有作为交通工具的车、船及辇舆等珍贵图像资料400余幅。耐人寻味的是，敦煌是陆上中西交通的要塞，石窟壁画上绘制陆上交通状况及交通工具自然顺理成章，但壁画中还出现水上交通运输的图像资料，而且是比较系统的图像资料！在浩如烟海的中国古代文献中，有关车、船制造和使用的记载十分丰富，但留存至今的实物资料凤毛麟角，极为罕见。虽然近年考古发现了不少古代车船遗物，可惜都比较零散。相比之下，敦煌壁画中的古代交通工具图像资料则比较集中和系统地反映了 4 到 14 世纪，特别是隋唐时期交通工具的制造和使用情况，我们从中可窥视中国古代交通工具制造和使用的历史。

特别值得一提的是，在敦煌壁画展示的古代交通工具中，有向来人们认为中国古代极少制造和使用的四轮车、多轮车图像，有只是在文献中见过的牛车图像，有出现于宋代家具变革前几百年的亭屋式豪华椅轿图像，有唐代制造和使用的大型舟船图像。凡此种种，都可以印证或补证历史文献的记载。

石窟壁画中的交通图像，是用来表现佛教的义理和内容的。同时，壁画作为艺术形象，经过艺术加工，自然有很多想象的成分，特别是一些壁画的作者，并不一定见过所画物品如交通工具的实物，这就使壁画交通图像与现实中的交通有了一定的距离。而且，壁画中的古代交通形象，并不等于古代交通的百科全书，因为有很多交通工具、道路设施等在壁画中没有出现。壁画中还有一些内容，如城镇街道、宫院道路、园林道路、石窟栈道等，以及与交通有关的石窟人物形象，壁画以外有许多记载古代交通情况的文献，还有其他的遗迹等，展现出历史上社会生活的一个侧面。

敦煌历代壁画中涉及交通图像内容丰富，不一而足，大体可以分为以下几类交通图像：

（一）行旅图

从 6 世纪下半期的北周开始，壁画中出现了大量的商旅图，内容表现了商队出发、行进及途中各种遭遇、小憩的情景，引人注目的是，这类画面都极富敦煌及大漠特色。

在 6 世纪晚期的隋朝初年建成的莫高窟第 302 窟壁画中，绘有一幅极富敦煌特色的古丝绸之路水陆交通全图（图 22-130），图中既有陆上的道路、桥梁及马、驼、驼车等运输工

图 22-130 莫高窟隋代第 302 窟道路交通图景

具,也有河流及其小型水运工具(皮筏类小船),画面自左至右依次为窝秆取水(井饮)、小河及小筏、驼车过桥、驼马驮队、钉马掌,是具有西北特色的水陆交通运输全图。其中窝秆取水是现在还在一些地方可以看到的半机械性质的人工掘井及汲水方式;钉马掌是对马匹的一种管理和使用方法,旨在提高马的长行耐力;河上的小桥为木栏平桥;河中小筏可能是佛教典籍中所记"浮囊"。这些都可以帮助我们了解当时中国西北地区的水陆交通运输情况。

(二)交通道路设施图

敦煌地处大漠戈壁,戈壁上的道路虽然十分艰难,却比较平坦。然而我们在9、10世纪的敦煌石窟法华经变壁画中,看到许多栈道与行人画面,它们表现的是《法华经·观音普门品》中,观音菩萨救"或在须弥峰,为人所推堕"一难的内容,也有观音菩萨救"或被恶人逐,堕落金刚山"一难的内容。画面中的栈道悬空于峭壁上,有行人、牲畜担驮通过,十分险峻和逼真(图22-131),画面上的栈道大多是同驴驮队连在一起的,出栈道后的驴驮队伍都在休息。这些画面实际上早已脱离了佛经的原意,而较贴切地展现了古代西北地区与川蜀交通道路、运输方面的一些情景。敦煌石窟壁画中有烽火台的描绘。如榆林窟第38窟的烽火台图绘于10世纪中期的五代曹氏归义军时期,原为表现佛典《法华经·观音普门品》中观音菩萨救众生"堕落金刚山"之难的内容。夯土版筑的方形高台上有一人向远处眺望,实为古代的烽火台及守台兵士。在敦煌遗书中的图说本《法华经·观音普门品》和一些绢本观音变相中都有类似的情节和画面,但绢画题榜中有时写"堕落金刚山",有时写"或在须弥峰为人所推堕"。

另在莫高窟五代第61窟的五台山图中绘制了西起山西太原、东至河北正定五百里地域范围内,来往五台山的朝圣者们,基本分步行与乘马两种,步行者中还有不少是背负行囊和肩挑重担者,牲畜有马、驴、骆驼等,各类城镇、关隘、驿站、客栈也都地处深山,各类人马都行进和留宿于崇山峻岭之中、大河小溪沿岸(图22-132)。所以,五台山图客观反映的五代时期五台山地区的交通情况,在中国古代的长途运载工具

图22-131 莫高窟五代第98窟法华经变栈道与行人图

的使用和运输形式方面较有代表性。

(三) 各类陆上交通工具图

敦煌壁画的各类交通车辆形象齐全，主要包括：

1. 马车

建成于767年前后的莫高窟第148窟，在涅槃经变中绘有某参与分佛舍利的国王乘坐的四驾马车，车舆为箱形轺车，中竖伞幢，后挂牙旗，另有乘马的陪同官员及步行的驭手、卫士数人（图22-133）；车辕为独辀，这是先秦时期的独辀车，在东汉以后的车资料中极为罕见。但画家在这里可能是有意表现佛涅槃时期的车，即中国春秋时期的车。同前幅相比，这辆独辀画面清晰且保存完好。

2. 骆驼车

莫高窟第302窟建成于隋初的583年，窟顶所绘福田经变中有反映水陆交通的壁画一幅，驼车过桥即是其中情节之一：车为单驼驾驭之双辕双轮栈车，车舆前圆后方，无遮帘，一人端坐其中；驾辕的骆驼高抬右前蹄，左后蹄蹬地，奋力登上小桥；画面上不见有驭手（图22-134）。

图22-132　莫高窟五代第61窟五台山图中的道路交通图景

图22-133　莫高窟盛唐第148窟涅槃经变中的独辀四驾马车

3. 牛车

敦煌壁画中最早的牛车图像是作为乘用工具的牛车，从6世纪中期的西魏、北周之际开始就出现在供养人画中。西千佛洞第7窟就是这一时期所建造，窟内的供养人像列中有一辆大轮、双辕、正方形车舆及其长方圆弓形顶盖的牛车，车舆四周为全封闭式，属安车型

图 22-134　莫高窟隋代第 302 窟骆驼车

图 22-135　西千佛洞西魏第 7 窟供养人牛车

(图 22-135)。值得注意的是,这辆车的车舆周围及车顶上另设有支架和重顶盖,可能是用以施幰者。我们只是在史书中读到南北朝时期有施幰牛车,但未看到过实物或图像,而敦煌出现大量的通幰牛车也是在唐朝中期以后的事。因此,这幅牛车图具有一定的史料价值。

4.牛、鹿、羊三车

莫高窟第 98 窟的三乘均为圆顶安车,前后一排,但次序为牛、鹿、羊车,而且鹿和羊都绘成白色,同时三车的蓝色在外部装饰上有一定的特点(图 22-136)。莫高窟第 55 窟建于 962 年顷,法华经变中绘出了均为通幰车三乘,而且三车均为安车型,任何一乘车舆的

图 22-136 法华经三车图

造型和装饰丝毫不比上述莫高窟第 61 窟的通幰牛车逊色,其中牛车的车篷还是用竹篾编织而成。本三乘图与前述莫高窟第 454、61 窟的三乘及通幰牛车一道,较全面地反映了中国古代通幰车的面貌。

5. 四轮宝幢车

在敦煌石窟壁画中,6 世纪前期就出现两乘四轮神车图像,为由神兽驾系的无辕车,即建成于 539 年的莫高窟第 285 窟壁画中的四轮狮车与四轮凤车,它们也是敦煌石窟最早出现的神车,因此可视作祭祀或盛典用车。8—10 世纪,大量四轮车、六轮车图像以反映佛经内容的弥勒经变中宝幢车的形式出现,表现国王向弥勒佛供奉"宝台",或婆罗门拆毁"宝台"的内容。据佛经经文云:此"七宝台,举高千丈,千头、千轮,广六十丈"。壁画中的宝台有正在拆毁的,也有尚未拆毁的,但大多数绘成楼阁或塔楼形,塔楼形一般在顶上又绘有伞幢,因此又称宝幢,加上底部的千轮,一般称此为宝幢车(图 22-137);这些宝车的底部并不是千轮,而是按照车的原理和构造分别绘成六轮(单排前后三轮)和四轮(单排前后两轮),车轮较其他车辆为小,塔、楼等置于低围栏榻辇式车舆上。很明显,宝幢下车的形型是很规格的,有塔楼者可视其为仪仗车,如果除去上部的塔楼,仅下部即便是比较完整的四轮或六轮辇车,即古代平原地区用于民间的简便柴车,而敦煌古代的农业地区也属平原,也可以使用这种车,这就使壁画上的多轮车有了现实依据。

6. 小儿车

小儿车又称篮车,供婴幼儿乘坐和睡寝用。在明清以前的文献中,没有发现有关小儿车的记载,此车起源于何时,尚无确凿记载,也未见专门的研究成果。隋唐时期辑成的中国佛典(后世佛教徒称其为"伪经")《报父母恩重经》中在叙述父母对子女的养育之恩时,曾几次提到育婴用的篮车,但出现在《报父母恩重经变相》画类的篮车,如在一些绢画中,"栏车"实际上被绘成"篮"或无盖的箱,为不设车轮的篮、舆类型。敦煌石窟壁画中唯

图 22-137-1　莫高窟盛唐第 148 窟四轮宝幢车　　图 22-137-2　榆林窟中唐第 25 窟四轮宝幢车

图 22-138 莫高窟晚唐第 156 窟小儿车

一辆有轮的小儿车,即可称作"车"的"栏车",绘制于 865 年建成的莫高窟第 156 窟前室顶部的报父母恩重经变中（图 22-138）：四只小轮（辁轳）支撑着一架四面围遮的篮舆,在古代的记载中,这种车又被称为辁车。即使是"辁",这辆小儿车也算得上中国历史中的四轮车形象。

7. 八抬豪华六角椅轿

图 22-139 八抬六角豪华肩舆

唐代以前,不论是何种形制、等级和形式的舆轿,轿杠都设在轿舆底部,舆座均为单一的榻莘式,乘轿者盘腿"席地而坐"。宋代家具变革以后,舆轿才改变为今天这种置轿杠于轿舆中下部,乘轿者可跌跏而坐的形式,俗称椅轿。然而,在 9 世纪后期的莫高窟唐代第 94 窟的出行图,以及 10 世纪初年的敦煌莫高窟唐代第 9、138 窟壁画中,看到了轿杆安置于轿身中下部的豪华肩舆（图 22-139）,但画面上无法显示屋亭的内部结构,只是从轿杆的位置上推测它可能是立轿（因轿身较高,乘轿者可站立其中）或椅轿。

图 22-140-1　莫高窟北周第 296 窟象舆

8. 象舆

敦煌石窟壁画中最早出现的辇舆是象舆，而且 6—10 世纪的各时期洞窟壁画中都有绘制。象舆的形象，即将辇舆安置于象背上供人乘坐，舆坐（室）有低栏榻辇挂伞幢（轺车车舆）、箱包和亭屋等形式，舆身底部与待制的鞍具衔接。建于唐代后期的莫高窟第 386 窟壁画中所绘象舆，莲花铺垫上设置一方形低栏榻辇，有一人屈膝向上仰卧于辇中（图 22-140）。这幅画出现在供养人像列中，可能反映了这位躺在象辇上的贵族是来往于敦煌的西域商旅，他热衷于佛窟营造，但此时已卧病不起，作为施主又不能不在佛窟出现，只好躺在象辇上与其他施主们同入壁上供养人像列。

9. 马舆

10 世纪初年所造莫高窟第 138 窟中，绘有一幅马舆图（图 22-141），马背上设置方形低栏榻辇，二人坐于辇上。这幅画距现实太远，因为马背上无论如何也不能安置这类榻辇。画师们以马为象，因为马背上无法安置这类榻辇。这幅画是敦煌古代画师们接受外来文化而进行的修改，所以它并不能反映真实情况。

（四）各类水上交通工具图

1. 小舟

舟船的制造和使用的历史十分悠久，但敦煌石窟壁画上直到 6、7 世纪时才出现的原始

图 22-140-2　莫高窟晚唐第 386 窟象舆

图 22-140-3　莫高窟五代第 146 窟象舆

图 22-141　莫高窟晚唐第 138 窟马舆

图 22-142 莫高窟隋代第 420 窟河中小舟

第二十二章 敦煌壁画社会生活图像导论 729

舟船图像，不能代表当时中原地区发达的漕运和造船水平，这可能是由于地域的局限所致。敦煌虽是中西交通的要道，但因地处大漠戈壁，不需要漕运，人们见到的只是在内陆河湖中从事小型作业的小舟筏类。在莫高窟第420窟（600年前后建成）中，绘制的五只小舟（图22-142）比莫高窟第303窟中的小船略有改进，长方形、平底，行驶于河中，规模较小，只乘坐七人，其造型在总体上仍未脱离浮囊的构架。其中有四只绘于同一画面，左右两边各两只，也是以连环画形式表达观音救海难故事，四只小舟上均无桨、橹、楫、帆等驱动工具或驱动设施，在分别遭遇鬼魅、狂涛、礁石和张着血盆大口的海怪时，依然平稳行驶，左上角以卷草图案表现海上浪涛为本画之特色。

2. 沙船

莫高窟唐代壁画中的沙船（图22-143），方头、平底，船身较宽，舱内有单层歇山顶屋宇式建筑，船体有华丽的雕刻装饰，桅杆顶有测试风向的鸟（五两），这幅画与史书记载的沙船形体最为接近。这幅画反映的是报恩经变中善友太子入海求宝，经历千辛万苦后终于

图22-143 莫高窟唐代第31窟沙船

图 22-144-1 莫高窟中唐第 468 窟双尾楼帆船

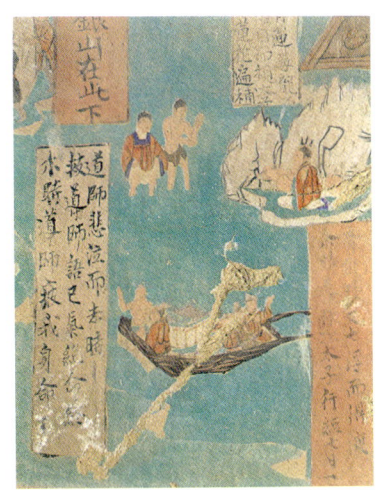

图 22-144-2 莫高窟五代第 98 窟双尾楼帆船

图 22-144-3 莫高窟宋代第 454 窟双尾楼帆船

到达宝山下的情景。从画面上看,五两所示风向(向前)与风帆鼓起的方向(向后)相一致。另外,船舱内的楼阁式上层建筑为大船壁画所仅有者。

3. 双尾楼帆船

在莫高窟善友太子入海求宝的故事画中,同绘有双尾楼帆船一幅,圆底,半圆形船头上绘虎头图案,舱内帐形四角亭式上屋建筑顶部亦为榻楚,榻上坐一人(图 22-144)。桅杆

图 22-145 莫高窟盛唐第 45 窟大帆船

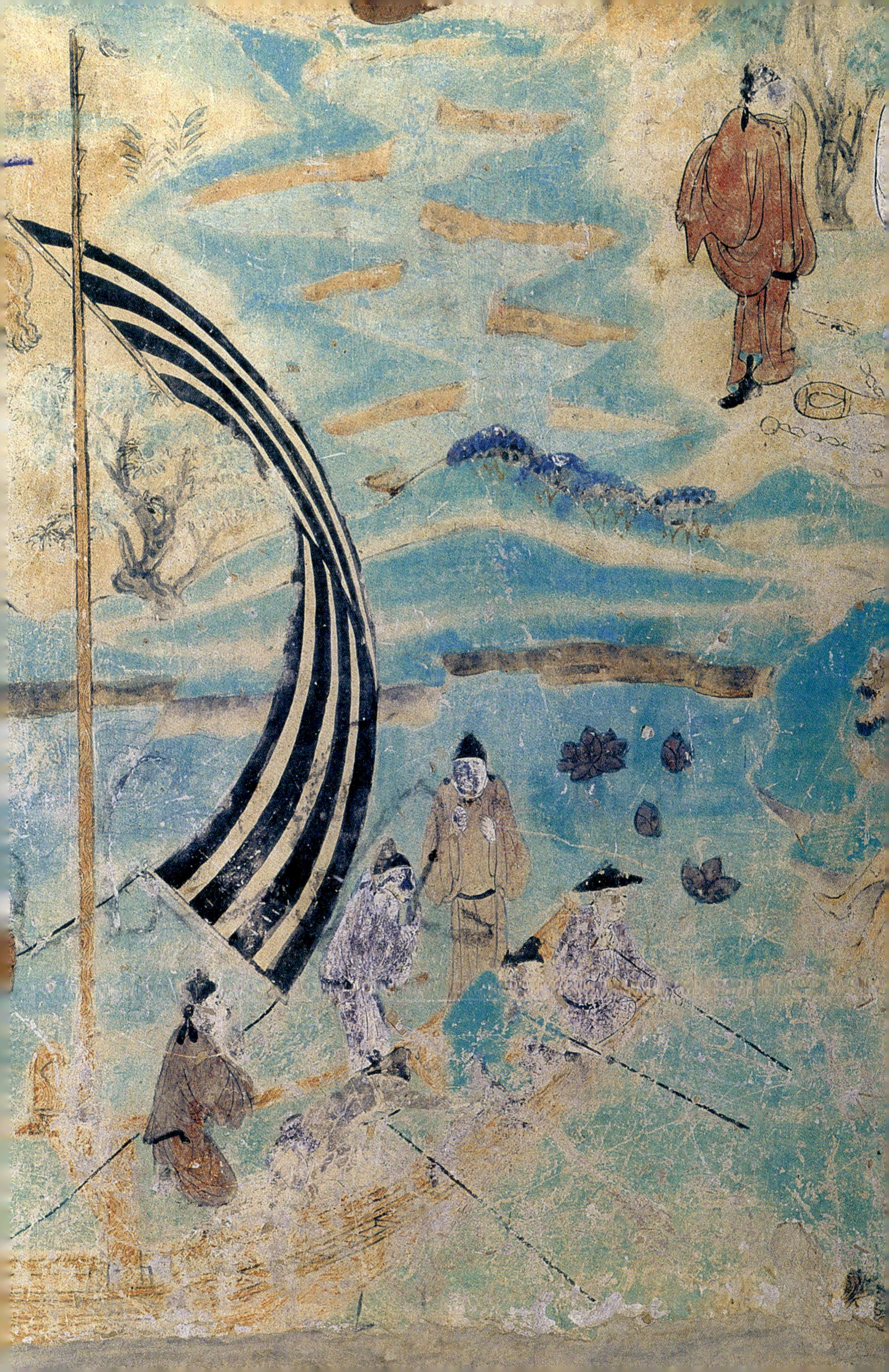

图 22-146-1　榆林窟第 33 窟穹庐船

图 22-146-2　西千佛洞第 15 窟穹庐船

竖在楼顶，五两示顶风之向，风帆向后张起，二者所示风向一致。

4.大帆船

莫高窟盛唐第45窟中绘制的大帆船（图22-145），除了生动地描绘一群撑篙、摇橹的船夫与妖魔鬼怪、狂风恶浪奋力搏斗外，还在桅杆的顶部清楚地画出五级挂帆扣，以示该船可根据风力随时调整行进速度，这在敦煌石窟所有船图像中是仅有的。在面向观众船体一侧的船帮上，绘有船夫们的操作台——廊，但可能由于乘客较少，船夫们都在舷板上操作。在船的尾部，有一船夫把棹掌握航向，此棹即有舵的作用，但只能在江河湖泊中使用。这幅画比较全面和细致地描绘了唐代舟船及其行进情景，在敦煌船壁画中很有代表性。我们可通过线图作进一步的了解。

5.穹庐船

莫高窟壁画中的穹庐船（图22-146），双头双尾、首尾上翘、低桅杆、小风帆设于船头，庐篷设于船舱中间偏后。壁画所见，蓬中坐一官员，侧立侍者，穹庐船行驶于大海中。

第二十三章　敦煌壁画乐舞图像导论

　　敦煌石窟，其营建上迄十六国下至元代，在敦煌石窟壁画上保存着内容丰富、数量庞大的乐舞图像，在莫高窟藏经洞出土的敦煌文献中，也发现了一部分与古代乐舞相关的记载，这些图像和文字就是构成敦煌乐舞的基本内容。敦煌乐舞不仅真实再现了古代乐器的形制、演奏方式、乐队编制及乐舞组合形式，而且将反映古代乐舞制度、机构、系统及传播的信息记录了下来，为考证中国古代乐舞史提供了大量翔实的材料，同时也成为研究丝绸之路乐舞交流和融合不可或缺的部分。

　　就"敦煌乐舞"这一概念而言，学界通常是将乐与舞并置叙述的，这是因为与敦煌乐舞相关的图像资料和文字记载多具有乐与舞结合呈现的特点，如敦煌石窟壁画所绘天宫乐、舞伎，化生乐、舞伎，世俗乐、舞伎及经变画乐舞组合中的乐、舞伎，一般以奏乐和起舞的形式出现在同一场景之中。又如敦煌文献P.3773V《凡节度使新受旌节仪》有"州府伎乐队舞，临时随州府现有，排比一切，像出军迎候"[1]的记载。当然，这与中国传统文化中诗、乐（歌）、舞三位一体的观念也是一致的。[2]但从另一方面来看，音乐和舞蹈是分属不同学科的，因此从专业研究角度出发，敦煌乐舞中音乐和舞蹈的部分需要分而视之，尽管二者之间有诸多的相关性，但二者的特殊性决定了我们在研究敦煌乐舞的过程中需要使用不同的方式和方法。那么在此之前，需要厘清敦煌乐舞的概念、内容、价值、难点等，以便我们能够更加系统、全面、完整地研究敦煌乐舞。

---

[1] 上海古籍出版社、法国国家图书馆编：《法藏敦煌西域文献》第二十八册，上海古籍出版社，2001年，第9页。
[2]《乐记》云："诗，言其志也；歌，咏其声也；舞，动其容也。三者本于（乎）心，然后乐气（器）从之。"吉联抗译注，阴法鲁校订：《乐记译注》，音乐出版社，1958年，第29页。

一、敦煌乐舞概念的形成

最早进行敦煌乐舞专题研究的是日本学者岸边成雄，其在20世纪30年代发表《从敦煌画中发现的音乐资料——尤其与河西地方音乐的关系》《南北朝隋唐时代的河西音乐——关于西凉乐与胡部新声》[1]等文首次将敦煌壁画音乐图像做系统的调查和考证，以音乐图像和文献资料相互印证的方式对唐代的河西地区音乐展开研究。我国学者在这一领域的先驱当属阴法鲁，其于1951年撰写《从敦煌壁画论唐代的音乐舞蹈》，[2]运用敦煌壁画中的乐舞图像，从中原乐舞的起源、西域乐舞东传、唐代乐舞盛行和壁画乐器考证等几个方面对唐代乐舞做了系统研究，另外还有刊载于1951年中华民族研究所油印本的蓝玉崧的《敦煌壁画音乐资料提要》等，上述研究属于该领域研究的发轫阶段。我们注意到此时研究对象的界定为"敦煌壁画音乐资料"，即图像，也就是说当时的研究者并未完全将敦煌乐舞作为完整的研究对象视之，它仅仅是音乐史研究所借助的材料或证据，而且所用壁画音乐资料大多来自莫高窟，对其他洞窟鲜有涉及。

20世纪80年代至21世纪初，是敦煌乐舞研究成熟期，相继出现一批极具影响力的研究专著，这些专著至今仍然是研究者案头倚仗的重要工具。如庄壮所著《敦煌石窟音乐》[3]，牛龙菲的《敦煌壁画乐史资料总录与研究》[4]，郑汝中撰写的《敦煌壁画乐舞研究》[5]，高金荣的《敦煌石窟舞乐艺术》[6]，王克芬与柴剑虹合著的《箫管霓裳——敦煌乐舞》[7]及高德祥所著《敦煌古代乐舞》[8]等。诚如先前提及，各著对于研究对象界定依然不一，《敦煌石窟音乐》偏重敦煌乐舞中"乐"的属性，《敦煌壁画乐史资料总录与研究》将其作为音乐史研究资料，《敦煌壁画乐舞研究》《敦煌石窟舞乐艺术》《箫管霓裳——敦煌乐舞》和《敦煌古代乐舞》尽管都兼顾"乐"与"舞"，但在"乐舞"前所冠词汇也不尽相同——"壁画""石窟""古代"，而且上述著作均将莫高窟壁画乐舞图像作为主要研究内容，对敦煌文献和其他敦煌石窟中的乐舞信息则提及不多。

---

[1] [日] 岸边成雄：《从敦煌画中发现的音乐资料——尤其与河西地方音乐的关系》，载《南北朝隋唐时代的河西音乐——关于西凉乐与胡部新声》；东洋音乐学会编：《唐代的乐器》，日本音乐之友株式会社，1968年。
[2] 阴法鲁：《从敦煌壁画论唐代的音乐和舞蹈》，《文物参考资料》，1951年第4期。
[3] 庄壮：《敦煌石窟音乐》，甘肃人民出版社，1984年。
[4] 牛龙菲：《敦煌壁画乐史资料总录与研究》，敦煌文艺出版社，1991年。
[5] 郑汝中：《敦煌壁画乐舞研究》，甘肃教育出版社，2002年。
[6] 高金荣：《敦煌石窟舞乐艺术》，甘肃人民出版社，2000年。
[7] 王克芬、柴剑虹：《箫管霓裳——敦煌乐舞》，甘肃教育出版社，2007年。
[8] 高德祥：《敦煌古代乐舞》，人民音乐出版社，2008年。

那么，我们来分析这一研究领域具体涵盖的内容。首先，敦煌石窟是该研究的空间范围，而此处应该包括莫高窟、榆林窟、东千佛洞、西千佛洞及五个庙在内的五处敦煌石窟。其次，时间范围等同于目前学界所共识的敦煌石窟营建的上限与下限，即十六国至元代。再来看具体研究内容，石窟壁画所绘乐舞图像当然首当其冲，但敦煌文献中也有一定数量的记载与乐舞相关，如音乐机构的设立、官方或寺院音乐的设置、音乐从业人员的使用、乐器制作行业的运行及敦煌乐谱（图23-1）、敦煌舞谱（图23-2）、敦煌曲词等，此外还包括藏经洞出土的绢画（图23-3）和画稿（图23-4）所绘乐舞图像，这些内容同样需要研究者的重视和关注。事实上，郑汝中曾经在《敦煌学大辞典》中撰写"敦煌音乐"的词条，梳理了上述内容：

敦煌音乐

敦煌遗书和石窟壁画中的古代音乐资料及其研究，包括文献和图像两个方面。前者指：（1）莫高窟藏经洞所出之曲谱以及相关的材料。（2）藏经洞所出舞谱中与音乐有关的材料。（3）敦煌变文、经卷、曲子词以及唱赞等作品中的音乐材料。（4）敦煌文献中有关历代音乐材料的探索，如节庆日的音乐风俗，寺院中的佛事活动，其中有关乐工、乐僧、音声人的编制、供给、记事以及寺院与社会之间的音乐活动记载。（5）藏经洞所出绢画上的音乐形象资料。后者指敦煌壁画中的乐舞形象资料……此外，在敦煌地区出土之墓葬壁画、画像砖中也有一些音乐图像。

对上述材料开展研究的范围包括：（1）壁画中各个历史时期的乐器研究。（2）壁画中乐伎的表现形式，其分类和布局。（3）反映宫廷、世俗生活的音乐、舞蹈内容，以及古代百戏、军乐、仪仗乐队等研究。（4）敦煌壁画乐舞内容与中原地区石窟音乐造型，与西域地区石窟乐舞图像，以及与国外石窟艺术，在音乐发展上的比较研究。[1]

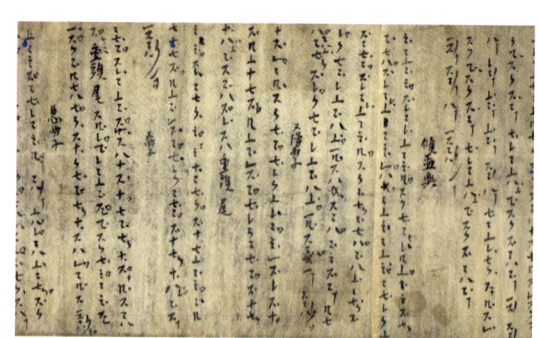

图23-1　敦煌文献P.3808vp2《琵琶谱》 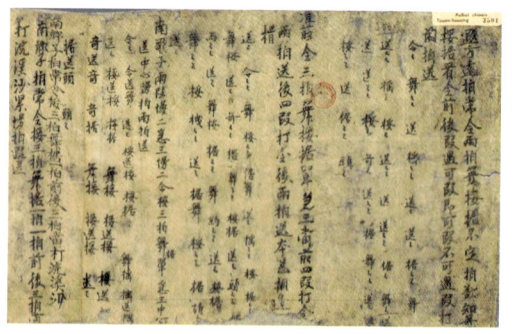　　图23-2　敦煌文献P.3501p1《大曲舞谱》

---

[1] 郑汝中撰：《敦煌学大辞典》，"敦煌音乐"词条完整解释，引文处有删节。季羡林主编：《敦煌学大词典》，上海辞书出版社，1998年，第245页。

图 23-3　敦煌绢画 MG.17673 观无量寿经变

图 23-4　敦煌文献 P.2993v《白画草图》(局部)

既然研究对象中明确包含敦煌文献、藏经洞绢画等相关内容,加之敦煌壁画、敦煌绢画所绘乐舞通常为"乐舞一体"的形式,即菩萨乐伎在主尊前部平台两侧奏乐,菩萨舞伎在平台中间起舞(图 23-5)。敦煌文献中也有单独记载舞谱的文献,如 P.3501《大曲舞谱》[1]、S.5643《上酒曲子蓦山溪、南歌子、双鹭子等打令舞谱》[2]等,因此单纯以音乐作为研究内容难以展示其全貌,综合以上,我们认为以敦煌乐舞作为研究对象之概括相对恰当和全面,一言蔽之,敦煌乐舞应包括历史上与敦煌相关的乐舞图像和文献材料,而敦煌乐舞研究是围绕该对象的时间、内容和范围全面展开的。

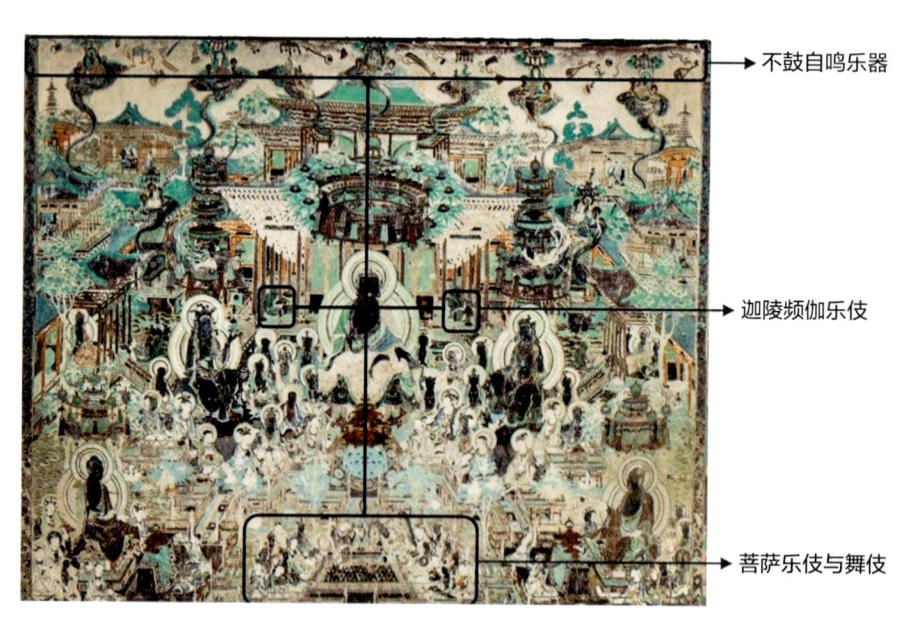

→ 不鼓自鸣乐器

→ 迦陵频伽乐伎

→ 菩萨乐伎与舞伎

图 23-5　莫高窟盛唐第 172 窟南壁观无量寿经变

---

[1] 上海古籍出版社、法国国家图书馆编:《法藏敦煌西域文献》第二十四册,上海古籍出版社,2002 年,第 362—364 页。
[2] 中国社会科学院历史研究所等编:《英藏敦煌文献》第八卷,四川人民出版社,1992 年,第 247—249 页。

二、敦煌乐舞的研究价值

既然明确研究对象的时间、内容和范围，那就有必要探讨敦煌乐舞的研究价值，因为该研究的最终目的是要解决古代乐舞史及丝绸之路乐舞文化交流史中悬而未决的问题，这是敦煌乐舞研究所具有的学术价值和历史价值的真正反映，也是近一个世纪以来敦煌乐舞研究者孜孜以求的目标。

第一，敦煌乐舞在中国古代乐舞史研究中具有特殊的价值。分析已经问世的任何一部关于中国古代音乐或舞蹈史研究的著作就会发现，中国古代乐舞史的构建和接连无非基于三类材料：文字、实物和图像。文字主要是各类历史文献中对乐舞的记载，实物一般指考古出土或传世的乐器等与乐舞相关的物件，图像则包括各类建筑、器物、绘画作品中对乐舞的记录和反映。通常，文字是乐舞史研究的主体，实物和图像是研究的主要证据。就乐舞史时期而言，在不同时期乐舞史研究中，文字、实物和图像所占的比重是不一致的，这与不同的社会、文化、政治背景密切相关，比如先秦时期主要依靠文献记载和考古发掘的各类青铜乐器，至两汉时期，除文献记载外，画像石（砖）乐舞图像又成为重要的信息来源，宋、元、明、清时期，各类音乐文献和记载逐渐丰富，唯独汉以后至宋以前的这段时期，目前的乐舞史研究基本依靠文献记载，这基于两方面的原因：首先，乐器等实物数量稀少；其次，已有对敦煌乐舞的研究成果较少，但这一时期恰恰是中国古代乐舞发展的鼎盛阶段。事实上，敦煌乐舞正好可以弥补这一时期研究材料不足之缺陷。以唐代为例，根据《敦煌石窟内容总录》《关于敦煌莫高窟内容总录》对唐代石窟数量的详细统计，莫高窟唐代石窟分初唐、盛唐、中唐和晚唐四个时期共计228个，[1]这些洞窟壁画大部分绘有唐代的乐器、乐伎、舞伎图像，而且敦煌文献中关于乐舞的记载也多集中于晚唐五代时期，这在本人《唐代莫高窟壁画音乐图像研究》[2]中已专辟章节梳理。因此，对这些图像和文字的全面整理及深入挖掘，对该时期乐舞制度、编制和传播，乐器形制、组合和使用，乐人职业、身份和属性等研究将大有裨益。

第二，敦煌壁画保存着目前已知全世界范围内数量最多、种类最全的石窟壁画乐舞图像。以下来看一组敦煌乐舞图像的调查统计数据：庄壮《敦煌石窟音乐》：“有伎乐组成的乐队达246组，有打击乐14种，管乐9种，弹拨乐12种。”[3]牛龙菲《敦煌壁画乐史资料

---

[1] 敦煌研究院编：《敦煌石窟内容总录》，文物出版社，1996年，第5—195页；史苇湘：《关于莫高窟内容总录》，敦煌研究院编：《敦煌石窟内容总录》，文物出版社，1996年，第230—233页。

[2] 朱晓峰：《唐代莫高窟壁画音乐图像研究》，甘肃教育出版社，2020年，第125—183页。

[3] 该数据来自庄壮《敦煌石窟音乐》，2008年庄先生发表《敦煌壁画乐器组合艺术》一文将统计结果增加为"乐器图像达6300件，涉及不同乐器70多种。"参见庄壮：《敦煌石窟音乐》，甘肃人民出版社，1984年，第9页；庄壮：《敦煌壁画乐器组合艺术》，《交响——西安音乐学院学报》2008年第1期，第7页。

图 23-6 榆林窟西夏第 3 窟东壁南侧五十一面千手千眼观音经变

总录与研究》中的统计结果是乐器约 54 种，乐器图像共有 4095 件。[1]郑汝中《敦煌壁画乐舞研究》："敦煌莫高窟石窟壁画上共有各种乐伎 3000 余身，有大小不同的乐队约 500 组，共出现乐器 44 种，4549 件。"[2]虽然以上三种著作的统计结果存在一定出入，这很可能是选用标准不一、图像辨识难度和实际统计误差等因素造成的，但至少可以反映敦煌乐舞图像在数量和种类上的庞大。

再以榆林窟为例，榆林窟现存石窟 43 个，其中 31 个洞窟壁画均绘有一定数量的乐舞图像，其中第 16、19、33、34、35、36、38 窟中乐舞图像的规模堪比莫高窟乐舞图像较为丰富的洞窟，[3]而且榆林窟西夏第 3 窟所绘密教经变画乐舞图像数量（图 23-6）和榆中窟西夏第 3、10 窟中拉弦乐器——嵇琴的图像也是莫高窟中未见的（图 23-7）。此外，在东千佛洞、西千佛洞及五个庙石窟中也有乐舞图像出现，而且各具特点，如东千佛洞西夏第 7 窟所绘嵇琴图像（图 23-8），西千佛洞西魏第 9 窟的飞天伎乐画稿图像等（图 23-9）。如果将敦煌乐舞图像按乐器进行分类，可以看到，中国音乐史上出现的大部分吹奏、拉弦、弹拨、打击乐器能在敦煌石窟壁画上找到相应的图像，[4]而且壁画所绘的乐、舞伎的种类和数量也非常可观，如天宫、菩萨、飞天、化生、迦陵频伽、药叉和世俗乐、舞伎，[5]以上所列均说明敦煌石窟壁画乐舞图像的丰富。

图 23-7　榆林窟西夏第 10 窟窟顶西披下沿所绘嵇琴

图 23-8　东千佛洞西夏第 7 窟东壁药师经变所绘嵇琴

---

[1] 牛龙菲：《敦煌壁画乐史资料总录与研究》，敦煌文艺出版社，1996 年，第 257 页。
[2] 郑汝中：《敦煌壁画乐舞研究》，甘肃教育出版社，2002 年，第 201 页。
[3] 朱晓峰：《榆林窟壁画乐舞图像研究》，文物出版社，2023 年，第 213—214 页。
[4] 朱晓峰：《唐代莫高窟壁画音乐图像研究》，甘肃教育出版社，2020 年，第 52—57 页。
[5] 郑汝中：《敦煌壁画乐舞研究》，甘肃教育出版社，2002 年，第 34 页。

图 23-9　西千佛洞西魏第 9 窟西壁南侧所绘飞天伎乐

↓骑射猎队　　　　　　　　　　　　　　　　　↓张议潮坐骑及随从

图 23-10　莫高窟晚唐第 156 窟主室南壁及东壁门南侧下部《张议潮统军出行图》

第三，从区域乐舞史角度讲，敦煌乐舞可以做到同一区域、同一时期内文献与图像的互证。通常，历史研究中的某个观点需要依靠不同文献间的相互证明以形成完整且清晰的证据链，或者需要将文献研究的结论与现存图像信息、考古发掘成果相结合，但各类材料间也存在同一区域不在同一时期或同一时期不在同一区域的问题，而敦煌石窟（部分）与敦煌文献由于所处空间和时间的同一性，可以在研究中避免这一问题，使形成的结论更加确凿，符合史实。

众所周知，莫高窟晚唐第 156 窟主室南壁及东壁门南侧下部三分之一位置绘有《张议潮统军出行图》(图 23-10)，画面反映的是时任河西节度使检校司空兼御史大夫张议潮于咸通二年（861）攻占凉州后率行军仪仗出行的场景，该图前部仪卫中绘有鼓吹前导、舞伎方队和乐伎方队(图23-11)。那么,该图反映的内容是否真实呢?如果借助敦煌文献以外的记载,当然也能证明其真实性,但很多细节的推定必须依靠敦煌文献。

首先,敦煌文献P. 3773V记有唐景云二年(711)所写《凡节度使新授旌节仪》,此为唐代节度使新授旌节出行仪制,现引文如下:

凡节度使新授旌节仪

天使押节到界,节度使出,先引五方旗,

后鼓、角、六纛,但有旗、幡,不得欠少弓箭,

衙官三十,银刀官三十,已上六十人,并须衣服

鲜净锦络缝褶子。卢帕头五十,大将

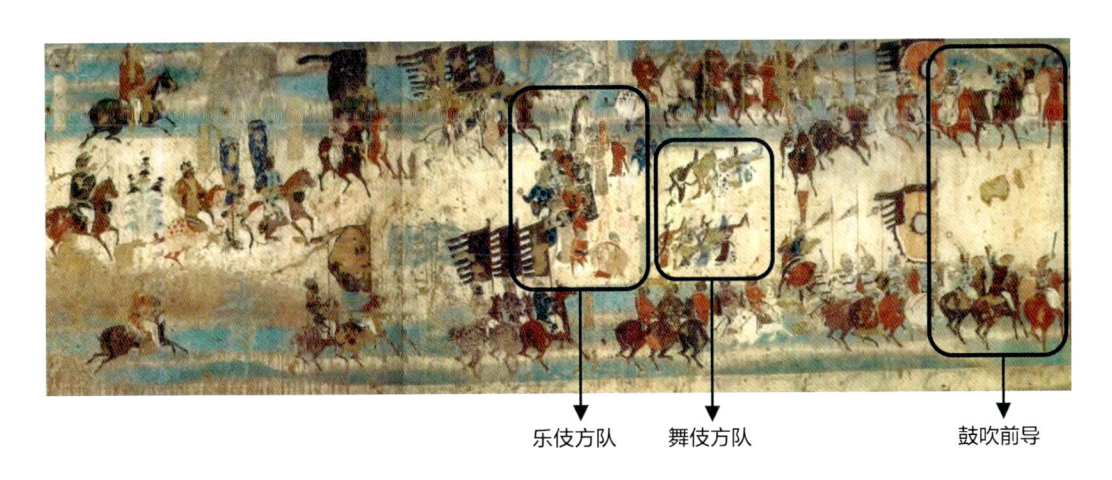

前部仪卫

乐伎方队　舞伎方队　　　　　　鼓吹前导

图23-11　莫高窟晚唐第156窟《张议潮统军出行图》前部仪卫

  引马,主兵十将,并须裤帑、袜额、玲珑、缨

  拂、金鞍镫,鲜净门枪、豹尾、

  彭排、鼓架。马骑、射鹿子人,悉须(裤)帑、抹(额)、

  缨拂、玲珑、珂佩。州府伎乐队舞,临

  时随州府现有,排比一切,像出军迎候。[1]

  根据文意,唐朝廷府为节度使授旌节时,节度使须以出行仪仗列队相迎。尽管《张议潮统军出行图》表现的是张议潮率行军仪仗出行场景,但早在大中五年(851)张议潮已被唐朝廷授予沙州归义军节度使一职,[2]所以《张议潮统军出行图》描述的仪仗配置与P.3773V《凡节度使新授旌节仪》的记载应该是相近的。引文中与乐舞相关的内容分别为"先引五方旗,后鼓、角、六纛""州府伎乐队舞,临时随州府现有,排比一切,像出军迎候"。这两部分与《张议潮统军出行图》乐舞图像基本一致,首先"先引五方旗,后鼓、角、六纛"中鼓、角所指的就是《张议潮统军出行图》中鼓吹前导部分,这一部分在图像中为大鼓四面、大角四只,唯一不同的是图像与文献中所述五方旗与鼓、角的前后次序相互颠倒。

  再来看《唐六典》对唐代行军仪仗中鼓、角使用的规定:

  诸道行军皆给鼓角,三万人以上给大角十四面,大鼓二十面。二万人以上大角八面,大鼓十四面。万人以上大角六面,大鼓十面,万人以下临事量给。其镇军则给三分之二。[3]

  在《张议潮统军出行图》的榜题中,张议潮时任官职明确记载为"河西节度使检校司空兼御史大夫",其被唐朝廷授予"检校司空"的时间距《唐六典》颁行已逾百年,而《张议潮统军出行图》鼓吹前导的鼓、角均为四,可见其编制大体与唐代仪仗制度相符。据此推测,晚唐时期节度使行军仪仗中鼓、角编制应同于《张议潮统军出行图》,即大鼓四面,大角四只。同时也证明张议潮所经营的河西地区虽然远离唐朝的中心,但其任节度使期间营建洞窟中壁画所示仪仗并没有僭越当时的仪轨。《张议潮统军出行图》中舞伎与乐伎方队应该是P.3773V中所言"州府伎乐队舞",而且"队舞"一词在P.4640V《归义军乙未(899)至辛酉年(901)布纸破用历》中也有出现:

  (二月)十四日,支与王建铎队傩(舞)额子粗纸壹帖。[4]

---

[1] 根据《法藏敦煌西域文献》第二十八册原卷照片结合陈祚龙与暨远志的录文综合而来。参见上海古籍出版社、法国国家图书馆编:《法藏敦煌西域文献》第十六册,上海古籍出版社,2001年,第9页;陈祚龙:《敦煌古抄 '凡节度使新授旌节仪' 残卷校释》,载郑学檬、郑炳林主编《中国敦煌学百年文库》文献卷一,甘肃文化出版社,1999年,第435—438页;暨远志:《张议潮出行图研究——兼论唐代节度使旌节制度》,《敦煌研究》1991年第3期,第30页。

[2] 荣新江:《归义军史研究——唐宋时代敦煌历史考索》,上海古籍出版社,1996年,第3页。

[3] 李林甫等著,陈仲夫点校:《唐六典》,中华书局,1992年,第463—464页。

[4] 上海古籍出版社、法国国家图书馆编:《法藏敦煌西域文献》第三十二册,上海古籍出版社,2005年,第260、266页。

队舞为归义军乐营下设用于官府设乐活动的舞蹈方队,而且可以确定队舞在进行表演时,有乐伎为其伴奏,此乐伎同属乐营管辖。由于图像和记载的数量有限,目前无法进一步确定《张议潮统军出行图》中舞伎方队的舞种、所用乐曲及乐队详细编制,但《张议潮统军出行图》中舞伎方队图像应该就是两件文书所言队舞参与归义军出行仪仗活动的真实再现。

第四,敦煌乐舞是研究古代丝绸之路乐舞传播与流布的重要材料。河西地区与中原、西域周边各地历来就有千丝万缕的联系,通过敦煌乐舞的研究可以梳理"中原—河西走廊—西域各地"乐舞文化融合与交流的过程,来实现对"一带一路"乐舞文化变迁、传播和流布的研究。

我们继续以唐代敦煌乐舞为例,在所有种类的乐舞图像中,只有经变画菩萨乐伎是以乐队形式出现的,因此乐队编制反映的信息就成为壁画音乐图像与现实音乐间的枢纽。通过分析,唐代菩萨伎乐队编制自始至终呈现出对打击类乐器的侧重,不论乐队规模为六身、八身一组或是十六身、二十八身一组,打击乐器始终占据乐队使用乐器的大多数(图23-12、23-13),这种特点与文献记载的唐代用乐编制是一致的,这至少可以证明文献中隋唐音乐包含大量龟兹乐、西凉乐成分的记载在壁画中得到如实反映,而且大多数菩萨伎乐乐队编制均体现出旋律快速、节奏铿锵及风格鲜明的特征,这种风格与唐代用乐相似。舞伎图像亦如此,从具"胡旋"特点的舞蹈及持长巾起舞到击腰鼓而舞和"反弹琵琶"起舞,

图 23-12 莫高窟初唐第 220 窟北壁药师经变菩萨伎乐乐队

图 23-13　莫高窟初唐第 220 窟北壁药师经变舞伎

舞蹈形象总体保持唐代健舞的典型特征，这与菩萨伎乐乐队风格甚至唐代流行的乐舞是相辅相成的。可以说，敦煌乐舞图像将唐代音乐呈现出的多民族音乐文化融合的总体趋势直观形象地展示在了壁面之上，据此我们可以梳理出一条中原乐舞文化传播至河西地区的路径，即西域地区乐舞由于政治变迁、文化交流等原因首先从发源地传播至中原地区，此后不同民族间的乐舞历经长时间的融合与交流，并被重新整理与编排，之后再以政治、经济、文化交流的方式传入河西地区，所以文化的传播永远不是单向传递，而是双向互动。

三、敦煌乐舞的研究难点

客观地讲，任何领域的研究都有其难点，而难点往往又是研究中非常核心和重要的部分，所以对难点的突破就意味着可以将研究升华到新的层次，具体到敦煌乐舞研究，如果可以找准其难点并加以重点关照，对于认识和掌握敦煌乐舞的本质会起到关键作用。

敦煌乐舞图像，不论其被绘制在石窟壁面上还是绢帛纸本上，其首要功能一定是佛教思想的表达，这一点可以从两个方面说明：首先，所有乐舞图像均来自佛教宣传或供养的经变画、说法图、佛传故事画、本生故事画和绢幡画等；其次，大多乐舞图像的主体是佛教经典中的形象，比如菩萨、飞天、化生、迦陵频伽等，甚至还有一类不鼓自鸣的天乐图像，完全就是佛法的象征和净土的装饰。但作为乐舞图像本身来讲，其形式和内容又完全是世俗音乐的翻版，因为我们看到了音乐史中曾经出现的乐器、乐队编制和乐舞组合。所以，敦煌乐舞图像是佛教语境下中国古代音乐的展现，我们无法也不能将其直接与音乐史进行一一对应式的研究，在此之前必须将敦煌乐舞中的佛教因素剥离。当然，诚如之前提及，敦煌乐舞也不全是佛教属性的图像，其中有一部分为世俗性质的乐舞，那么这部分是否可以直接与古代现实音乐对应呢？答案依然是否定的，因为我们必须进一步考察这一部分乐舞在壁画中的功能，换言之，就是需要确定图像是否是对乐舞的直接表述，如出行图，通过文献记载可以确定其真实性，但法华经变中《火宅喻品》（图23-14）和维摩诘经变中《方便品》的《酒肆图》（图23-15）乐舞其实只是经变画对于世俗生活的反映，楞伽经变中《集一切法品》出现乐队伴奏的《橦伎喻》只是用以表达"凡事皆幻"之意（图23-16），所以，在对这一部分乐舞图像进行使用和研究的过程中，同样需要谨慎对待，这不仅是敦煌乐舞研究的难点，而且是必须一以贯之的原则。

之前提到敦煌石窟（部分）与敦煌文献所处空间和时间具有同一性，但敦煌石窟与敦煌文献的具体年代范围还是有差异，目前关于敦煌石窟早期石窟确凿的时间断代依然未形成定论，按照大致的年代范围应该在四世纪至十四世纪之间。[1] 敦煌文献的年代范围基本可以确定，约从五世纪初至十一世纪初。[2] 同一时间范围中的乐舞图像与文字记载可以相

图23-14　莫高窟五代第146窟南壁法华经变所绘《火宅喻品》

---

[1] 王惠民：《敦煌早期洞窟分期及存在的问题》，《石河子大学学报》（哲学社会科学版），2015年第6期，第2页。
[2] 荣新江：《敦煌学十八讲》，北京大学出版社，2001年，第192页。

图 23-15　莫高窟五代第 61 窟东壁北侧维摩诘经变所绘《酒肆图》　　图 23-16　莫高窟晚唐第 156 窟主室窟顶西披楞伽经变所绘《橦伎喻》

互印证,这一部分主要集中在晚唐五代时期。那么敦煌早期部分洞窟和西夏、回鹘、元代洞窟中的乐舞图像如何进行研究?换言之,如果要保证文献与图像的并置研究,如何将历史背景、洞窟营建和乐器乐舞的流行与传播等各个方面结合起来做共时性研究,这是该领域面临的另一难点。

　　对敦煌壁画乐舞图像来源的考察,这是围绕壁画乐舞进行一切研究的基础,因为来源直接关系到壁画乐舞的真实性。假设我们剥离了壁画乐舞图像中的佛教因素,但依然无法确定其来源或真实性的问题,即壁画所绘乐舞图像是否是对现实乐舞的记录或再现。根据目前的研究来看,壁面所绘乐舞图像也是有画稿的,这一部分画稿囊括了各种类型的乐舞图像,[1] 但这仅能够说明壁画乐舞的绘制,再结合敦煌地区出现的画行、画院等专业绘画机构及画师、绘画手、丹青上士等绘画从业人员,[2] 我们认为敦煌应该是画稿产生的主要地方,而敦煌壁画之中又包括乐舞在内的大量社会生活描写,[3] 那么敦煌当地工匠在绘制画稿和

---

① 朱晓峰:《敦煌画稿中的音乐图像研究》,《敦煌学辑刊》2017 年第 2 期,第 82—101 页。
② 姜伯勤:《敦煌礼乐宗教与艺术文明》"艺术篇"中"图像与解释"部分。姜伯勤:《敦煌礼乐宗教与艺术文明》,中国社会科学出版社,1996 年,第 13—35 页。
③ 在《敦煌学大辞典》中,与世俗生活有关的图像除"生产生活画"章节外,在"经变画"部分亦有涉及,包括伐木、治病、造船、耕地、教学、狩猎、制陶、踏碓、锻铁、酿酒等图像。参见季羡林主编:《敦煌学大辞典》,上海辞书出版社,1998 年,第 95—199 页。

壁画中与此相关的图像时，极有可能以现实的社会生活作为参照。从这个角度讲，壁画中的乐舞图像也必然有拟其原型的乐舞活动。当然，这只是通过"壁画乐舞—画稿—画稿制作—真实乐舞"的假设性逆向推导，关于壁画乐舞真实性的问题依然需要大量文献和实物证据加以证明，所以这也是该研究的难点之一。

四、敦煌乐舞研究的思考

从客观的角度讲，在敦煌这个大的概念下，乐与舞之间是相辅相成、相互依存的，这在敦煌石窟壁画、敦煌绢画和敦煌文献中皆有反映，也正是由于这个原因，加上敦煌乐舞中乐的内容、数量都远大于舞，因此使人产生乐应该处于绝对地位的"偏见"，但当我们深入分析这个问题时就会发现，在某些情况下，这种"想当然"与事实不符。敦煌乐舞虽材料丰富，但其中出现舞蹈图像最多的依然是敦煌石窟经变画，但恰恰在经变画乐舞组合中居于主要位置的是舞而不是乐。从乐舞组合的构图方式看，舞伎位于这一区域的居中位置，而乐伎分别位于舞伎两侧。这种构图方式又是经变画中乐舞的呈现，因此这种方式应该是对真实乐舞表演的套用，即舞伎在中间起舞，两侧乐伎组成的乐队为其伴奏，只是在经变画中，乐舞的主体从现实的人转化为了佛教的形象。正是基于这个认识，我们才能够在研究乐舞组合的风格时，通过舞伎舞姿的认识获取一些重要的佐证信息。如果我们考证某个经变画乐舞组合中的乐舞类型，能够依据的主要是乐队编制，因为作为静止的、无声的体现佛教内容的图像，决定风格的首要因素——乐曲首先无法确定，也无法通过衣着、服饰等联系乐曲的地域信息，能够做的就是通过对不同门类乐器的使用来推测其音乐类型，如打击乐器数量较多或弹拨乐器数量较多等，这的确像是在盲人摸象，但这也是在敦煌乐舞特殊性下采取的有限方式。如果此时能够捕捉到舞蹈包含的信息，就可以为进一步确定乐舞类型提供有效证据，因为按前述，乐舞组合中的乐队是为舞蹈伴奏的，那么二者风格必然是一致的，因此即便无法确定具体舞种，也可以通过静态的舞姿来判断乐舞的大致风格，如具有旋转特征的舞姿就意味着乐舞具有明快的节奏，击腰鼓起舞则说明乐舞是需要突出韵律和力度的，持长巾并舒缓的舞姿主要是表现乐舞柔和、抒情的风格，所以对于乐舞二者关系的准确把握，是认识和研究敦煌乐舞的基础和前提。

从宏观的角度讲，敦煌乐舞研究需从图像与文献两部分展开，其中图像是研究有序进行的关键，文献是研究纵深度的保证。具体而言，图像包含两个重要范畴——乐与舞，其中乐包括壁画中的乐器、乐伎、乐队；舞则主要指壁画中的舞伎、舞队、舞种。文献研究同样包含两个部分，一是对敦煌文献和敦煌画稿中与乐舞相关内容的整理和考证，二是对各类历史典籍文献中与乐舞相关记载的爬梳与研究。因此，该领域需要渐次完成对敦煌石窟不同时期乐舞图像的统计与整理，不同类型乐舞图像的归类和分析，乐舞与佛教二者关系的探究，结合敦煌文献和画稿对河西地区音乐文化的考证，以及"中原地区—河西走廊—西域各地"乐舞文化传播和交流的全面研究。

  从实践的角度讲，敦煌乐舞研究亟待从石窟考古、历史文献和音乐考古等角度进行深层次综合研究。如果仅停留在"以石窟说石窟"抑或"以图像说图像"的阶段，可能无法实现其真正的学术价值。"从石窟中来，到石窟中去"才是探寻敦煌乐舞最根本的方法论。乐舞图像作为壁画乃至石窟的有机组成部分，一方面其内容是音乐或舞蹈的，这表明其乐舞的属性，也就要求我们用乐舞史学和图像学的方法加以研究；另一方面，如果视其为局部，它又是属于石窟这个整体的，而石窟形制的布局和内容安排将直接关系到乐舞图像在石窟壁面的具体表现，这又需要我们在研究过程中关注二者之间的辩证关系——"乐舞图像来自石窟，它是石窟功能的反映；石窟涵盖乐舞图像，它决定乐舞图像的性质"。如果将壁画乐舞图像简单地从石窟中剥离，忽略整体与局部的关系，很可能无法对乐舞图像来源、价值和意义做出系统化的考量和判断，也就无法做到对历史语境的真正还原，这应该是敦煌乐舞研究中需要时刻注意的。

第二十四章　敦煌壁画服饰图像导论

敦煌石窟历经十六国北朝至元代的千年营建，保存了各个时期丰富灿烂的壁画，是古代社会图景的真实呈现。其中敦煌壁画中的服饰图像丰富多彩，在中国服饰史上占有重要地位，如在敦煌莫高窟、瓜州榆林窟及东千佛洞的石窟壁画中，保存了大量的佛、菩萨、世俗人物等形象，是研究古代社会生活的第一手资料。从这些图像资料中我们既可以看到中原的衣冠服饰，也可以看到周边少数民族的服饰特点，从而形成了有特色的、丰富多彩的中华民族服饰文化。敦煌壁画中的服饰图像具有历史的延续性、人物的广泛性、文化的多元性和鲜明的地方性，其是研究我国服饰文化的重要资料宝库。

一、研究简史

敦煌壁画服饰图像的相关著作，最早为潘洁兹编绘的《敦煌壁画服饰资料》[1]，书中对敦煌壁画人物服饰进行梳理、临摹。之后谭蝉雪主编的《敦煌石窟全集·服饰画卷》[2]对莫高窟壁画中各时期的人物服饰进行了梳理介绍。罗华庆主编的《敦煌石窟全集·尊像画卷》[3]在分析人物的基础上，也对其服饰进行了简要的说明。《敦煌石窟全集·塑像卷》[4]主要整理了佛龛内佛、弟子、菩萨及天王彩塑等，其中也对彩塑的服饰结构进行了分析。段文杰的《敦煌壁画中的衣冠服饰》《敦煌唐代艺术中的服饰》对部分敦煌壁画中的服饰图像进行了讨论。[5] 常沙娜的《中国敦煌历代服饰图案》[6]在尊重莫高窟壁画人物服饰纹样原貌的基础上，对纹样进行提取和描绘，但此书主要为图像资料，对敦煌历代服饰图案仅有简略的分析。

---

[1] 潘洁兹编绘：《敦煌壁画服饰资料》，中国古典艺术出版社，1959年。
[2] 敦煌研究院编，谭蝉雪主编：《敦煌石窟全集24·服饰画卷》，（香港）商务印书馆，2005年。
[3] 敦煌研究院编，罗华庆主编：《敦煌石窟全集2·尊像画卷》，（香港）商务印书馆，2005年。
[4] 敦煌研究院主编：《敦煌石窟艺术全集·塑像卷》，同济大学出版社，2016年。
[5] 段文杰：《敦煌唐代艺术中的服饰》，载氏著《敦煌石窟艺术研究》，甘肃人民出版社，2007年，第322—362页；段文杰：《敦煌壁画中的衣冠服饰》，载氏著《敦煌石窟艺术研究》，甘肃人民出版社，2007年，第299—321页。
[6] 常沙娜：《中国敦煌历代服饰图案》，中国轻工业出版社，2001年。

竺小恩在《敦煌服饰文化研究》[1]中对十六国至元时期的敦煌壁画服饰进行了整理。谢静在《敦煌石窟中的少数民族服饰研究》[2]中对敦煌石窟中出现的少数民族服饰进行了系统的梳理。崔岩在《敦煌五代时期供养人像服饰图案及应用研究》[3]中对敦煌莫高窟五代时期供养人身份、服饰及服饰图案进行了整理。阮立则在《唐敦煌壁画女性形象研究》[4]中对敦煌壁画中的菩萨、飞天、乐舞伎、女供养人的形象特点进行了分析。赵丰《敦煌丝绸艺术全集》(英藏卷)(法藏卷)(俄藏卷)(旅顺卷)(敦煌卷)、叶娇《敦煌文献服饰词研究》、扬之水《曾有西风半点香:敦煌艺术名物丛考》均涉及敦煌服饰图案、纺织品工艺、名物考证相关的成果。[5]刘永华在《中国古代军戎服饰》[6]中对军戎服饰的形制进行了详细介绍，这对研究敦煌壁画中佛国人物中的天王服饰及世俗人物中的军戎服饰有参考价值。

总体而言，敦煌壁画服饰图像丰富多彩，它既保留了敦煌的本地服饰传统，又吸收了周边的民族服饰特点，形成了丰富的、美观的敦煌服饰文化。学界对于敦煌壁画服饰的研究硕果累累，下面，本章节从史料记载和形象资料两方面，对敦煌壁画中出现的佛陀、菩萨、天王、供养人等形象进行介绍和分析敦煌壁画服饰，以期引起对于服饰史研究者的关注和兴趣，为当前了解和熟悉敦煌壁画中的服饰文化提供一份可资借鉴的图像资料。

二、佛陀服饰图像

敦煌壁画中的佛衣样式风格多样，整体呈现吸收、融合、变革、创新的发展演变状态。据佛经记载，佛曾在寒夜中，于初夜、中夜、后夜不同时段，次第取三衣御寒，得出三衣恰好适宜生存需要，即由内而外第一衣安陀会，第二衣郁多罗僧，第三衣僧伽梨，形成佛教的"三衣"制度。[7]早在南北朝时期，便有相关佛教经典讲述佛衣的名称与来历。[8]文本传播与

---

[1] 竺小恩:《敦煌服饰文化研究》，浙江大学出版社，2006年；另见竺小恩:《敦煌服饰文化研究》，浙江大学出版社，2011年。

[2] 谢静:《敦煌石窟中的少数民族服饰研究》，甘肃教育出版社，2016年。

[3] 崔岩:《敦煌五代时期供养人像服饰图案及应用研究》，中国纺织出版社有限公司，2019年。

[4] 阮立:《唐敦煌壁画女性形象研究》，武汉大学出版社，2012年。

[5] 赵丰主编:《敦煌丝绸艺术全集·英藏卷》，东华大学出版社，2007年；赵丰主编:《敦煌丝绸艺术全集·法藏卷》，东华大学出版社，2010年；赵丰主编:《敦煌丝绸艺术全集·俄藏卷》，东华大学出版社，2014年。赵丰主编:《敦煌丝绸艺术全集·敦煌卷》，东华大学出版社，2021年。赵丰主编:《敦煌丝绸艺术全集·旅顺卷》，东华大学出版社，2021年。叶娇:《敦煌文献服饰词研究》，中国社会科学院出版社，2012年；扬之水:《曾有西风半点香:敦煌艺术名物丛考》，生活·读书·新知三联书店，2012年。

[6] 刘永华:《中国古代军戎服饰》，上海古籍出版社，1995年。

[7] 陈悦新:《佛衣与僧衣概念考辨》，《故宫博物院刊》2009年第2期，第48—72页。

[8] 《十诵律》，载《大正藏》卷二三，《四分律》《摩诃僧祇律》《弥沙塞部和醯五分律》，载《大正藏》卷二二。

图像流传并行，在佛教传入我国以后，北魏时期的佛衣样式初具特色，很快在其他风格的强烈冲击下将东来的"秀骨清像"风格所湮没，之后便一直处于融合、创新的发展之中。至隋唐时期，佛教迎来发展的高潮，相应的佛教艺术也呈现繁荣发展的趋势，来自印度的外来佛衣样式随着我国佛教的发展逐渐演变为具有中国特色的佛衣样式。

北朝时期的敦煌艺术，随着历史的演进不断融合创新，具体由北凉时期的右袒式，到北魏的贴身通肩式，到西魏褒衣博带式再到北周时期的少量露胸的通肩式四个阶段的发展样式。

第一类是右袒式。根据敦煌学界的敦煌石窟断代划分，北凉时期的洞窟有 7 个，即莫高窟第 267、268、269、270、271、272、275 窟，这组洞窟作为莫高窟现存最早的一组洞窟，具有浓郁的西域风格，相应的佛陀的佛衣样式也带有早期西域风格特征。如莫高窟北凉第 272 窟的北壁中央，释迦牟尼袈裟的为"半披式"，并没有完全袒露右肩。这是对"右袒式"完全裸露半覆遮掩的袈裟样式的改造（图 24-1）。

第二类是贴身通肩式。作为南北朝时期的第一个北方王朝，北魏的造像风格受到印度犍陀罗的影响，以通肩式、半披式为主，少数有右袒式，衣纹稠密。如第 248 窟中心柱正壁为通肩式袈裟（图 24-2）。

图 24-1　莫高窟北凉第 272 窟的北壁中央释迦牟尼"半披式"袈裟

图 24-2　莫高窟第 248 窟中心柱通肩式袈裟释迦牟尼

① 宁强：《敦煌石窟寺研究》，甘肃人民美术出版社，2012 年，第 52 页。

图 24-3　莫高窟第 285 窟西壁中央佛陀服饰

图 24-4　莫高窟第 428 窟佛陀身着露胸通肩式佛衣

第三类是褒衣博带式。这一时期的服饰非常宽大，南朝士族的穿衣风格在佛衣中得到了体现，如莫高窟第 285 窟西壁中央的佛陀（图 24-3），褒衣博带式的外层袈裟变为袒右式披覆，露出的内层袈裟顺身体自然垂下，胸前结带时有时无，形式变化较为不定，受中原风格影响，多种文化相互交织，西魏时期敦煌石窟中的佛衣样式较为多样。

第四类是少量露胸的通肩式。北周时期的佛陀造型圆润丰满，佛衣样式以少量露胸的通肩式为主。如莫高窟第 428 窟正壁的佛陀身着露胸通肩式佛衣（图 24-4），身形较圆润，内着僧祇支系带，外披通肩式袈裟，衣服紧贴身体。

隋代佛衣样式既有北朝的风格，又受南朝的影响，其佛衣样式不断变化发展。隋代的佛衣样式有通肩式和上衣重层式两种类型，通肩式是继承

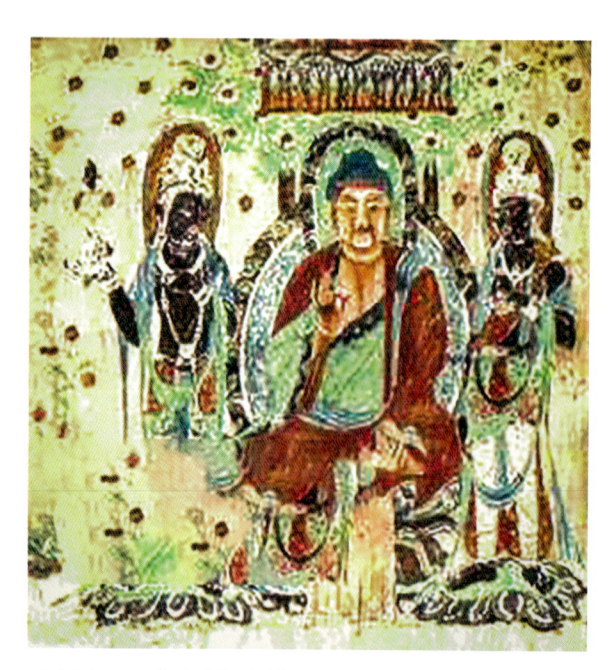

图 24-5　莫高窟初唐第 321 窟东壁南侧释迦说法图

了北朝的佛衣样式，上衣重层式是在上衣搭肘式的基础上又加了一层，这一时期的衣纹也开始向写实化迈进，流行钩钮式袒右肩式和双肩敷达下垂式，袒露的肌肉部分也开始有饱满的趋势。

唐代敦煌石窟的佛衣类型主要有通肩式、袒右式、覆肩袒右式。如莫高窟初唐第 321 窟东壁南侧释迦说法图中的佛坐在莲花座上，身形丰满，身着覆肩袒右式佛衣（图 24-5）。第 322 窟中的佛着袒右式佛衣（图 24-6），上衣自身后披覆左肩，右衣角自右腋下绕过搭左肩。由于这一时期敦煌石窟的壁画进入繁盛时期，其风格、艺术特色都呈现一种华丽、豪迈的气质，因此这个时候的佛衣具有典型的时代烙印，比如袒露的面积增大，肌体的表现力度空前，腹部隆起，胸肌强健，衣纹具有写实化等特征。

佛衣研究在整个石窟艺术研究中占有重要地位。佛教造像随着不同时期、不同地域在逐渐变化，其衣装饰物也在缓慢地发生演变，表现出由外来形式到相互交融再到本土化风

图 24-6　莫高窟第 322 窟中的佛着袒右式佛衣

格的发展脉络。从上面列举的敦煌壁画中的佛衣样式来看,其服饰在从北朝至隋唐发展的过程中还是更多地受到了中原文化的影响。敦煌莫高窟的石窟壁画中有丰富的佛教艺术图像遗存,这为我们研究这一时期的佛陀服饰提供了重要的资料,窟内塑像和壁画中的佛衣纹样、佛衣制度是我们今后关注的重点问题。佛衣作为佛教人物物质生活的载体,通过其样式及纹样,再结合藏经洞出土的与佛教服饰有关的社会活动的文书,我们可以窥见相应时期佛教的发展状况。

三、佛弟子服饰图像

在敦煌石窟丰富的壁画及塑像中,除了佛像、菩萨主尊像之外,存在最广泛的便是各类佛弟子、僧人形象,其产生的根源在于区别本教与外道,这类图像虽然并未占据敦煌艺术创作形象的主要地位,但由于其数量众多且更直观地反映了当时敦煌社会僧尼及供养人的相关情况,因此具有一定的关注价值。

(一)僧衣形制

佛教产生于古代印度,在其发展和传播过程中,由于教义、风俗、气候等原因,僧服的披着逐渐形成制度。佛在成道之初,并未制订戒律条文,只有一些原则性的规范,所以并没有僧服制度规定。佛教的僧衣制是在释迦涅槃后才完成的,佛弟子为了遵循佛陀的教化修行,便将佛陀生前的言行记录成文,其中包括佛陀僧伽衣着的理念,这些内容就成了披着僧衣遵循的规制。尽管后来因部派的分裂和时空的转变,僧衣制也随之发生了若干变化,但是佛陀对僧伽衣着的要求,无论何时何处,都被奉为圭臬。[1]

佛教的制衣即"三衣",顾名思义,僧团准许并规定个人拥有的三种衣服,其正式的名称分别是安陀会、郁多罗僧、僧伽梨,[2]三种衣服的名称略显生僻,但其总名袈裟广为人知。初期中土僧人穿着三衣,其衣式、用色、质料方面仍采用印度僧人的制衣模式。"三衣"有着多重意义——对外,是佛教僧团用以区别于当时或裸身苦行、或白衣享乐的诸多外道的显著标志;对内,则相当于受比丘学的宣称,提醒身着三衣的僧人们戒行清净、慈悲精进、远离贪念。衣和袈裟本是同物,"三衣"是从衣之数量得名,袈裟从衣色而得名。

---

[1] 蔡伟堂:《敦煌供养僧服考论(二)——僧服披着方式浅议》,《敦煌研究》2011年第5期,第22—27页。
[2]〔唐〕慧琳撰:《一切经音义》卷四一《六波罗蜜多经》,载《大正藏》第54册,第581页下栏。记载"本制此衣恐污汗三衣,先以此衣掩右腋交络于左肩上,然后披着三衣",另参考陈悦新:《佛衣与僧衣概念考辨》,《故宫博物院院刊》2009年第2期,第48—72页。

律典中多有记述，宋元照在《佛制比丘六物图》中对袈裟有清楚的诠释："上色染衣不得服，当坏作袈裟色（此云不正色染），亦名坏色，即戒本中三种（色）染坏。皆如法也，一者青色（元照释为铜青色）、二者黑色（元照释为黑泥色）、三木兰色（元照释为植物木兰皮汁之色）。然此三色名滥体别，须离俗中五方正色（谓青黄赤白黑）及五间色（谓绯红紫绿碧），此等皆非道相。"[1]上述记载显示，佛衣颜色不得用纯粹的正色，或色泽光鲜的间色，而需染成坏色，具体是通过对青、黑、木兰三色的任意选择，经印染成杂色，又称袈裟色，后人亦将此色用作佛衣或佛家弟子衣着的代称，佛弟子穿袈裟，除御寒外还有成就功德之内涵。

僧衣服饰经由古印度等地传播交融，已发生较大变化，敦煌地处丝绸之路北道要冲，是进入中原的首站门户，因此，北朝时期敦煌石窟中的僧衣变得更加丰富，且很难用单一线条来描述其中某一种出自何处，加之敦煌地理位置又远离中原，所以早期敦煌石窟佛教服饰的样式细节和发展都具有较为鲜明的特点。

（二）敦煌石窟各个时期的僧衣

敦煌石窟现存最早一组为北凉时期莫高窟第268、272、275三窟，其中第272窟两壁说法图主尊着覆肩袒右式袈裟，弟子着袒右式和通肩式袈裟，西壁龛内南侧内部首位弟子着覆肩袒右式袈裟，这几种类型的僧衣是整个北朝时期僧人穿着的常见形制。北魏时期洞窟主要有莫高窟第259、254、251、257、265、263、260、487等窟，弟子服饰类型较丰富，如第257窟沙弥守戒自杀品，僧衣样式就为双领下垂式（图24-7）。

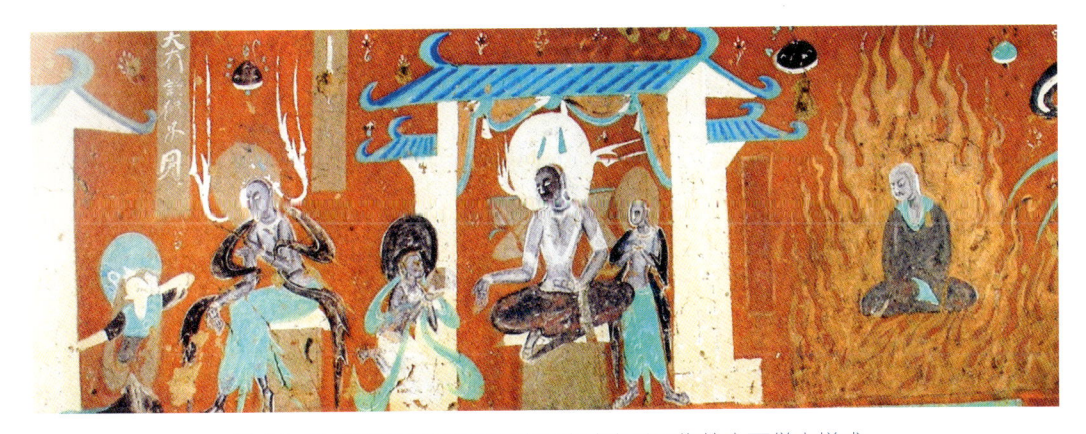

图24-7 莫高窟第257窟沙弥守戒自杀因缘故事画僧衣样式

---

[1]〔宋〕元照：《佛制比丘六物图》，载《大正藏》卷四五，第901b页；〔宋〕元照：《四分律行事钞资持记》卷一《释二衣篇》，载《大正藏》卷四〇，第368c页。

图 24-8　莫高窟第 359 窟内着交领大袖衣的供养僧尼形象

西魏时期主要洞窟有莫高窟第 437、435、431、247、248、249、288、285、286、246 等窟，这一时期由于敦煌地区佛教团体的兴盛及僧人地位的提高，弟子像尺寸较早期明显变大，僧衣样式与佛衣变化基本同步，最明显的变化是由覆右袒肩式变为褒衣博带式。由于受中原风格影响，多种文化相互交织，西魏时期敦煌石窟中的佛教服饰新旧交替，异彩纷呈。

隋唐时期，僧衣样式以覆右袒肩式、通肩式为主。石窟造像最明显的变化是一佛二弟子组合形式的出现。两位弟子为迦叶和阿难，僧衣样式以敷搭双肩下垂式为主，整体服饰较为固定。此外这一时期在壁画的供养比丘像中还出现了一种对襟式披覆的僧衣，人物数量庞大，推测这种僧衣的披覆形制可能是双领下垂式站立后的形态样式。[1] 莫高窟晚唐出现交领大袖衣裙，如莫高窟第 359 窟供养僧尼内着交领大袖衣，齐胸束带，曳地长裙，外披袈裟，帔巾长垂，蹬履（图 24-8）。莫高窟第 138 窟的供养僧尼身着交领大袖衣，束带齐胸，衣缘饰团花图案，外披袈裟，左肩前有防止袈裟滑落的钩纽，长裙曳地，穿履。西夏、元时期出现交领左衽衣裙，如莫高窟第 61 窟供养僧尼着交领内衣，外穿左衽窄袖衣，腰系带，下着裙，蹬履。（图 24-9）

图 24-9　莫高窟第 61 窟供养僧尼

---

[1] 张婉莹：《北朝时期敦煌石窟佛教服饰研究》，北京服装学院学位论文，2020 年。

(三) 僧尼服饰与世俗化关系

归义军时期依照唐朝制度确立了"都僧统—副僧统—都僧政—僧政—法律—判官"的敦煌佛教僧官体系。[1]归义军政权建立时的宗教局面是"切以河西风俗，人皆臻敬空王，僧徒累阡，大行经教"。[2]因此在当地的各个社会阶层中，出现了数量可观的世俗信徒，同时归义军政权也加强对佛教僧团的控制和管理。敦煌五代时期石窟中出现的比丘和比丘尼是供养人行进队列的带领者，其身份位于世俗供养人之上。[3]而壁画及题记中也有众多"莫供养比丘和比丘尼像及题记"。在崔岩的研究中证实，这一时期的比丘尼实际上出身于世族家庭，"寺内数个尼，各各事威仪。本是俗人女，出家挂佛衣"[4]。在对图像进行对比时发现，除了披袈裟和覆膊之外，比丘尼像的其他装束基本与敦煌世族女供养人像相仿，除袈裟形制和披搭方式遵循传统外，其内里还穿着袍、襦、衫等服装，明显融合了汉族传统服装的款式和纹样，体现出当时佛教人物和思想的世俗化特征。

总的来看，敦煌壁画中供养僧人的衣着，自开窟之始，其佛弟子服饰中覆肩袒右式及其披着方式就已经形成定制，在不违背佛教律典的情况下，为适应本土环境和民众理念逐渐创造出变通的衣着形式。同样，孝文帝改革服制后提倡汉装，禁穿鲜卑服，对服饰的影响也体现在佛教服饰中出现了褒衣博带式的大袖长袍衣装。到隋唐以后，敦煌供养僧服世俗化则进一步印证了佛教在东传过程中的汉化现象。可以说，敦煌佛弟子服饰在不同时期出现了不同的穿着方式，其样式及穿着方式都表现出外来文化与本土传统服饰文化相结合的特点，并逐渐被汉化、世俗化，形成具有敦煌佛教服饰特征的文化。[5]

---

[1] [日]竺沙雅章：《中国佛教社会史研究》，同朋社，1982年。
[2] 唐耕耦、陆宏基编：《敦煌社会经济文献真迹释录》第4辑，全国图书馆文献缩微复制中心，1990年，第32页。
[3] 崔岩、杨建军：《敦煌五代时期僧尼供养像服饰研究》，《敦煌研究》2019年第5期，第52—60页。
[4] 崔岩、杨建军：《敦煌五代时期僧尼供养像服饰研究》，《敦煌研究》2019年第5期，第52—60页。
[5] 蔡伟堂：《敦煌供养僧服考论（二）——僧服披着方式浅议》，《敦煌研究》2011年第5期，第22—27页。

四、菩萨服饰图像

菩萨是佛教中仅次于佛的尊像,其服饰造型丰富多样,不同时期的菩萨服饰在不同程度上反映了当时世俗生活的服饰审美特点。在敦煌石窟壁画中,菩萨像的变化极为丰富,他们身材修长,体态轻盈,多呈S式的曲线,面目圆润清秀,恬静安详,服饰受到印度、波斯造像的影响。菩萨多束发戴冠,宝冠依据身份不同有化佛冠、三珠冠、仰月冠、花冠等类型,上身裸露或斜披僧祇支或络腋,有左袒式和右袒式两种形式,肩覆天衣或披帛,腰带束扎腰裙、长裙或裙裤,裙带飘扬。通常佩戴耳环、项链、臂钏、手镯等首饰,身上披挂层层叠叠的璎珞,珠串有时在裙子或裙裤两侧兜揽出自然的弧线,变化生动,雍容华丽。

莫高窟现存的十六国时期所开的洞窟共7个,即莫高窟第267、268、269、270、271、271、275窟,其中第267、268、269、270、271窟,是以第268窟为主室,旁开四个禅室。所以学界目前一般称第268、272和275窟为早期三窟,[1] 早期三窟中的壁画主要是为适应僧侣禅修观像和善男信女瞻仰礼佛之用,因此,内容多为说法图、佛传故事和本生故事等,主要题材包括尸毗王割肉贸鸽、毗楞王身斫千钉等本生故事,在这些故事画中包括多幅菩萨图像,画面中的菩萨多头戴印度式宝冠,并绘以背光,长披帛,上身赤裸,腰裹长裙,也有部分穿着长裤。在装饰上,这一时期的菩萨颈饰是其装饰物的主要代表。据目前的考古资料显示,北朝时期菩萨颈饰可大致分为项链与项圈这两类,尤以不同质地的珠饰串连而成的项链饰品最为常见,从中可以真实地反映出北方民族服饰文化在佛教造像中的渗透。[2]

从整体的菩萨服饰形态来看,主要呈现出两种不同的风格。

一是西域风格,菩萨多头戴三珠宝冠、肩披长披帛,上身半裸,下裹长裙,跣足,这种明显混合了印度和波斯着装习惯的服饰在西域诸多石窟中存在,尤其北魏前期的菩萨形象基本沿袭了这种服饰传统。

二是中原风格。孝文帝太和改制之后,特别是西魏时期,莫高窟出现了面貌清瘦、褒衣博带、神采飞扬的菩萨形象,形成了这一时期潇洒飘逸的风格,学界目前一般称之为中原风格。[3]

---

[1] 樊锦诗、马世长、关友惠:《敦煌莫高窟北朝洞窟的分期》,载《中国石窟·敦煌莫高窟》,文物出版社,1981年,该文又见于敦煌文物研究所编:《敦煌研究文集》,甘肃人民出版社,1982年,第185—197页。
[2] 齐庆媛:《南北朝隋代菩萨像斜披式璎珞所反映印度笈多文化因素的东传》,《大足学刊》2019年第1期,第335—353页。
[3] 赵声良、孙志军:《中原风格菩萨·莫高窟第285窟北壁·西魏》,《敦煌研究》2014年第4期,第2页。

图 24-10 莫高窟第 57 窟壁画中的菩萨形象

中原风格是指以顾恺之、陆探微为代表的"秀骨清像"式的南朝画风，是以南朝士大夫的审美经验为基础，这种以清谈、放逸为基础的审美很快风靡全国，孝文帝太和改制后，迅速传播到了包括云冈、龙门、炳灵寺等各大石窟。后东阳王元荣和建平公于义曾先后出任瓜州刺史，在他们管辖的这段时间，也将中原文化艺术带到了敦煌。尤其在菩萨造像中出现了中原汉服或南朝名士形象，成功地突破了早期传摹西域佛教服饰形象的藩篱，形成了中原文化与西域文化相互碰撞的新样式。

隋朝时期的菩萨服饰较以往有明显的变化，主要是改着世俗装，衣饰华丽，接近现实中贵妇人的形象，说明画工在创作中是以世俗人物为原型，加以大胆的创新，在隋代的菩萨服饰中逐步摆脱了魏晋时期"空""无"的清谈境界，重新回到了现实生活，设计内容也开始面向自然与世俗生活。图案除了多以团花为主题外，还流行婀娜多姿的对称结构，纹饰花样繁密，形态丰腴，具有很强的视觉感受。

唐朝是莫高窟营建史上的极盛期，菩萨形象在这一历史时期也发生了重要变化，即菩萨形象的世俗化并以身形丰腴、庄严沉静为主要特征，这一风格主要来源于现实，以唐代宫廷贵族和上层社会的典型审美为标准。如莫高窟初唐第57窟主室南壁说法图为敦煌莫高窟的经典壁画（图24-10），特别是说法图中的菩萨形象生动优美，因此有人将此窟誉为"美人窟"，该菩萨像极具典型性，菩萨面容秀美，头戴宝冠，微微颔首，颈身垂饰璎珞，戴臂钏和手镯，左手上举至颈肩，轻拈璎珞串珠，右手托在胸前，似在慈悲施予。菩萨上身穿袒右僧祇支，束腰带，外裹裙腰和长裙，裙带束结玉环，飘垂至莲花座前，身上环绕轻薄透明的天衣。整体服饰造型上紧下松，错落有致，丝绸面料精良而考究，并有联珠纹、小团花纹和富有扎染色织物特点的图案装饰其间。尤为凸显的是菩萨身上的饰物，均用沥粉堆金的工艺制成，富丽华美又生动立体。宝冠以火焰为装饰主题，中间为化佛，两侧辅以日月装饰。同时，镶嵌各种珠宝的颈饰、耳饰、臂饰、手镯等光彩夺目，整体上给人以圆润秀雅、雍容华贵之美感。唐代的画工们赋予了菩萨以最美的女性仪容，丰腴健美、婀娜多姿、沉静智慧，菩萨形象的世俗化和女性化也是唐代菩萨造型的主要特征。

图24-11　Stein panting15 纸本水月观音像

五代宋时期，敦煌石窟艺术开始衰落，菩萨画像沿袭唐代晚期风格，但姿态神情已无唐代时潇洒生动，显得比较沉静庄严。衣冠服饰上，也无唐代时鲜艳，转而清淡素雅，这一时期的菩萨已经完全女性化，出现了大量独立的菩萨像，如杨柳观音、施宝观音、千手千眼观音、水月观音、白衣观音等。如莫高窟藏经洞出土的水月观音纸本画（图 24-11），头戴化佛宝冠，身披天衣、腰系长裙，冠带绕双肩下垂两边。北宋晚期至南宋早期的菩萨则在其宝冠上有所创新，如北宋时期的菩萨着披风及络腋（或僧祇支、帔帛）分别与裙组合，耳饰与手镯造型丰富，通身璎珞繁缛华丽。到南宋中晚期，菩萨像流行繁密的卷草纹与牡丹纹宝冠，袈裟成为主要服装形式，耳饰基本消失，手镯造型较为单一，胸饰璎珞占据主流。这一时期的菩萨像融入众多当时流行的文化因素，形象地展现佛教艺术的世俗化进程。

　　西夏、元时期，由于这两个少数民族统治者都信奉佛教，敦煌石窟中的佛教艺术继续发展，在汉传佛教继续发展的同时，藏传佛教也在这一时期得到了较大发展，表现在菩萨的服饰特征上，汉藏佛教风格并行。如榆林窟第 3 窟西壁门北文殊变（图 24-12），画面分为两个部分，上部以雄奇的山水为背景，下部则是人物出行图。画面中的文殊菩萨手持如意安详地坐在青狮背莲花座上，头戴宝冠，周身装饰璎珞、身披天衣帛带，神情优雅，具有中原人物服饰之美。此外这一时期也受到藏传佛教的影响，在一些藏传密教洞窟中的菩萨表现为 12 世纪前后的卫藏波罗式样（图 24-13）：菩萨双侧并脚、身体曲线扭转、身穿犊鼻短裙、掌心施红，这些样式的菩萨与扎塘寺壁画中的藏密胁侍菩萨风格相类似。

图 24-12　榆林窟第 3 窟西壁门北文殊变中的文殊菩萨

图 24-13　东千佛洞第 2 窟藏传密教观音

总体而言,敦煌莫高窟唐、五代的菩萨服饰特征直接影响到西夏、元时期菩萨服饰特征的诸多方面。后期的菩萨服饰部分因素间接受到敦煌莫高窟本地菩萨传统图式的影响,各个时期的菩萨服饰相互继承、相互影响。莫高窟壁画中的菩萨形象灵动鲜活的姿态和写实逼真的形象,体现了菩萨造型多样化、世俗化、生活化的历史转变。

五、天王服饰图像

佛教的护法神中,最为著名的是"四天王",亦称"护世四天王"。天王虽然是佛国人物,但其服饰仍然参考了现实生活中的军戎服饰。敦煌壁画中最早的天王形象出现在莫高窟西魏第285窟西壁龛外(图24-14),四天王皆为头戴宝冠、身着甲胄、手持武器的武士形象。四天王皆跣足立于莲花台上,上身甲胄为石青色金边乳钉纹胸甲和腰部的小甲片共同编缀而成,手臂着披膊,腰束石绿色髀裈,髀裈上依稀可见绘有甲片,下加红色百褶缘边作为装饰。

莫高窟隋代洞窟多在东壁门两侧绘制天王像。如莫高窟第380窟东壁门南北两侧分别绘南方增长天王及北方多闻天王。门南天王头戴三宝珠冠,右手持矛,左手扶腰,披帔帛,上身着胸甲,围护膊,下身外着腿裙,内着裤,穿长靴,脚踩小鬼。门北天王头戴双翼兜鍪,左手托塔,披帔帛,身着明光甲,脚踩小鬼,形象全然参考现实中的武将形象。

图 24-14 莫高窟西魏第285窟西壁龛外天王

图 24-15 莫高窟初唐第322窟主室西龛天王塑像

唐代天王图像继承并发展了隋代洞窟的布局形式。如初唐时期天王的铠甲和戎服是在继承前期的基础上，渐渐形成了具有唐代风格的铠甲。在莫高窟初唐第322窟主室西龛的天王已经发展为独立的塑像并置于龛内（图24-15），龛内两侧的天王面容皆具有西域胡人特征，浓眉大眼、高鼻厚唇，蓄八字胡，南侧的南方增长天王，头戴兜鍪，身覆顿项、护髆，上着明光铠甲，下着战裙，脚踩小鬼。北侧的北方多闻天王也戴盔束甲，这两身天王人物形象生动，反映出唐代军服的现实情况，从侧面证明当时军中多胡人将领。中晚唐由于敦煌被吐蕃所统治，洞窟中的天王服饰受到吐蕃风格的影响。如莫高窟中唐第205窟天王像（图24-16），内穿甲胄，外披虎皮大衣，足蹬战靴。吐蕃称虎皮大衣为大虫皮。[1]根据藏文文献

图24-16　莫高窟中唐第205窟
主室天王塑像

图24-17　榆林窟中唐第15窟
前室北壁北方多闻天王

---

[1] 陆离：《大虫皮考——兼论吐蕃、南诏虎崇拜及其影响》，《敦煌研究》2004年第1期，第35—41页；陆离：《敦煌、新疆等地吐蕃时期石窟中着虎皮衣饰神祇、武士图像及雕塑研究》，《敦煌学辑刊》2005年第3期，第110页。

图 24-18　莫高窟五代第 98 窟窟顶东北角北方毗沙门天王

《贤者喜宴》记载，松赞干布制定的《六大法典》中提到英雄的标志是虎皮袍。①此洞窟中的天王威武雄健，应是参考了中唐时期骁勇善战的将军形象进行塑造的。榆林窟中唐第 15 窟天王都出现在前室门两侧（图 24-17），这也是中晚唐天王图像在洞窟内的布局趋势。北方多闻天王上身裸露，下着盔甲，左手握宝鼠，右手持杵。南方增长天王，头戴兜鍪，身着铠甲，上身着带鳞片的裲裆铠，颈部护项绘有小花纹，腰部的圆护呈兽面状，左手持弓，跨坐在两小鬼身上。

五代宋时期出现窟顶四角以镇窟的天王画像，如莫高窟五代第 98 窟窟顶四角浅龛内绘四天王（图 24-18）。西南角绘南方毗琉璃天王，西北角绘西方毗楼博叉天王，东北角绘北方毗沙门天王，东南角绘东方提头赖咤天王。这几身天王皆为头戴宝冠，着金甲，手持武器的形象。敦煌壁画中的天王虽是守护佛国世界的战士，但从其所着铠甲的形制来看，人物的服饰贴近现实中的军戎服饰，反映出时代的特征。

---

① 巴卧·祖拉陈瓦原著，黄颢、周润年译注：《贤者喜宴——吐蕃史译注》，中央民族大学出版社，2010 年，第 34—35 页。

六、天人服饰图像

天人图像包括飞天、伎乐人、天女等飞行于佛国天空的形象,主要为佛讲经说法时在佛旁边奏乐散花的天人,其职能为礼拜供奉、散花施香及歌舞伎乐。飞天形象从印度传入我国的过程中,与我国道家的飞仙组合在敦煌石窟中形成具有特色的飞天形象。

(一)飞天服饰

自敦煌石窟开凿以来,飞天就出现在石窟壁画中。十六国、北朝时期为西域式飞天与中原式飞天并存及融合的时期,其典型形象可参考莫高窟西魏第249窟(图24-19)。中原式飞天受南朝瘦骨清像风格影响,人物纤瘦飘逸,披石青色帔帛,着红色袍服,饰石青色衣缘。西域式飞天,受西域风格影响,人物健壮有力,赤裸上身,披帔帛,下着白色长裤。随后,这两种飞天逐渐融合形成了统一的风格。隋唐时期是敦煌艺术的鼎盛期。受宫廷仕女画影响,此时的敦煌飞天形象倾向女性化、世俗化、歌舞化,表现出雍容华贵的风格。此时的飞天通常以上身赤裸、披络腋或帔帛、围腰裙、裹长裙的形象出现,并且盛唐时期飞天的裙子上盛行团花图案。中晚唐、五代、西夏、元时期继承了唐代以来的传统,受画院风格的影响,此时的飞天形成了统一的风格,逐渐变得程序化。飞天服饰华丽似宫娥,头戴宝冠,上身赤裸,佩璎珞、臂钏、手钏,披帔帛,围腰裙,着长裙。

(二)伎乐天服饰

伎乐天包括天宫乐伎和飞天乐伎,是围绕佛演奏乐器的天人。敦煌壁画中的天宫乐伎一般指在天宫栏墙内奏乐或舞蹈的天人,一般出现在北魏、西魏等早期敦煌壁画中,北周和隋代后逐渐消失。其上身赤裸或着袈裟,披帔帛,下着长裙,手持乐器或

图24-19 莫高窟西魏第249窟说法图飞天

做舞蹈状。飞天乐伎作为飞天的一部分,其服饰特征与飞天的服饰基本一致(图 24-20)。

(三)天女服饰

吉祥天女最早为印度教的保护神,后被佛教吸收成为护法天神之一。据记载,吉祥天女的形象及服饰为"功德天像,身端正,赤白色,二臂画作种种璎珞,环钏、耳珰、天衣、宝冠、左手当持如意珠、右手施咒无畏、当台上坐、此天具足、三明六通及八解脱"。[1]天女作为一个天人形象,代表着中国传统神话中的女神,一般着襦裙,有别于飞天及伎乐天赤裸上身的形象,体现出中国传统服饰审美观。如莫高窟初唐第 334 窟的天女持麈尾(图 24-21),梳高髻,插花钗,着红色大袖襦裙,前系蔽膝,天衣飞扬。从初唐开始,吉祥天女的发式变为高髻来体现身份地位,其身上的云肩赋予天女的服饰有了天衣的含义,使得天女的身份更富有神性。

图 24-20　榆林窟第 15 窟前室顶南端飞天伎乐　　　　图 24-21　莫高窟初唐第 334 窟西壁龛内天女

---

[1] 沙门弘赞集:《供诸天科仪》,载《大正藏》第 74 册,第 642 页。

七、帝王服饰图像

十六国、北朝时期,敦煌在五胡政权的统治下,帝王服饰虽受民族文化的影响,但总的趋势呈现汉化。尤其到北魏孝文帝的改制运动以后,敦煌也受到影响,壁画中的人物服饰具有强烈的胡汉并行的时代风貌。

莫高窟西魏第285窟南壁绘有两幅统治者与大臣、统治者与信士谈话的场景。画面中的帝王宽衣博带,着对襟宽袖大袍,内着曲领中单,手持麈尾,头戴高屋白纱冠,白纱冠顶较高,有翅状装饰(图24-22)。在汉族各类冠中规格最高为通天冠。关于通天冠,据《后汉书·舆服志》记载:"通天冠,高九寸,正竖,顶少邪却,乃直下为铁卷梁,前有山,展筒为述,乘舆所常。"

隋代重新制定服饰礼制,此时皇帝的朝服为冕服。莫高窟初唐第323窟南壁的佛教史迹画中绘有隋文帝率群臣礼佛求雨的场景(图24-23)。画面中的隋文帝头戴通天冠,着上衣下裳,腰系敝膝,足蹬舄。其身后的朝臣戴黑介帻,着袍服。

唐代服饰制度沿袭隋代旧制,至唐高祖武德四年(621),开始制定颁布服饰礼制,从此服饰礼制逐渐完备。莫高窟壁画中的帝王像常出现在维摩诘经变中,现存的帝王服饰图像反映出唐代服饰制度的规范、完善、细致。如莫高窟第220窟的东壁维摩诘经变中帝王

图24-22 莫高窟西魏第285窟主室南壁国王与信士

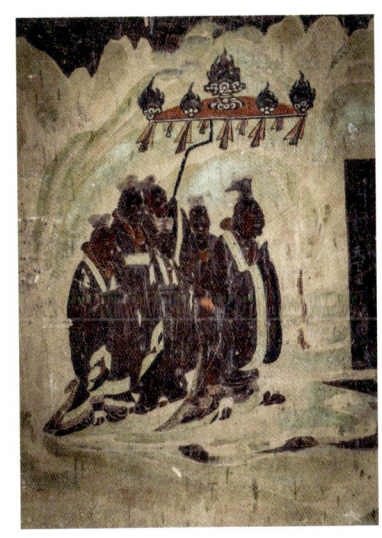

图24-23 莫高窟初唐第323窟南壁隋文帝

① [南朝宋]范晔:《后汉书》卷三〇《舆服制》,中华书局,1965年,第3665页。

图 24-24　莫高窟第 220 窟东壁帝王礼佛图

图 24-25　莫高窟第 409 窟回鹘装供养人像

礼佛图（图 24-24），其中帝王服饰的形制、颜色、纹样都与唐代记载的帝王官服样式大致相符。帝王头戴冕冠，玄衣纁裳，肩绘日月，内着白色曲领中单，腰束带，围绛色蔽膝，足蹬舄。冕服是古代帝王参与重大礼仪场合的服饰，包括冕冠、玄衣、纁裳、大带、蔽膝、素纱中单、赤舄。冕冠，顶部有冕板，冕板前后两端有旒，皇帝为十二旒，冕板下戴冠帻。蔽膝是遮盖大腿至膝盖的服饰，形似围裙，古代社会以蔽膝象征权威。[1] 帝王服饰所用的纹样以"十二章"为贵，依次为日、月、星辰、群山、龙、华虫、宗彝、藻、火、粉米、黼、黻。每一章纹暗喻帝王的风操品行，日月星辰喻照临，群山喻稳重，龙喻临变，华虫喻文丽，宗彝喻忠孝，藻喻洁净，火喻光明，粉米喻滋养，黼喻决断，黻喻明辨。在重大的场合，冕服上十二章纹齐备。[2]

此外，莫高窟中还保留了包括于阗、回鹘等许多少数民族的统治者画像，如莫高窟第 409 窟东壁门两侧绘回鹘装供养人像（图 24-25）。南侧为男性，头戴冠，后耸起一顶端较尖、形似莲花花瓣或称桃形的装饰（桃形装饰已经成为典型的回鹘式头冠），用绶带在颏下系一个结，冠后垂带一直垂至腰间。身穿圆领窄袖绛红色质地（现已变色为黑色）团龙纹长袍，高至腰部的衣叉露出了绿色的衣里。腰束带上佩有短刀、砺石、解结锥、荷包、火石袋等鞢韘。脚蹬白色毡靴，立于地毯上。手持供养香炉上方烟云袅袅。前面立一少年，衣

---

[1] 阎步克：《北魏北齐的冕旒服章：经学背景与制度源流》，《中国史研究》2007 年第 3 期，第 41—57 页。
[2] 周秉钧注译：《尚书》，岳麓书社，2001 年，第 28 页。

图 24-26　莫高窟五代第 98 窟于阗国王像

服与前者所着服饰相同,只是长袍没有图案,该少年似为王子。后面跟随八身侍从,头戴毡帽,上宽下窄,呈扇面形,用红色丝带系于颏下。身穿圆领窄袖短袍,腰结白色带,佩巾,足蹬白色毡靴,分别举着权杖、背盾、张伞盖、执龙纹扇、捧刀、弓、剑、箭、铁爪篱等武器。在莫高窟五代第98窟东壁门南绘有一身于阗装的帝王形象(图24-26),头戴冕冠,顶饰有星辰纹,前后各垂六旒。身着衮服,玄衣肩部分别有日、月章纹,左袖有上升龙纹。其左手持长柄香炉,右手拈花。敦煌莫高窟壁画中的帝王图像对于研究中国古代帝王冕服制度及人物画史具有重要的价值。

八、官吏服饰图像

北朝时期,受以老庄学说为基础的魏晋玄学和逐渐传播的佛教的影响,此时的人们追求精神、格调和风貌,体现在服饰上则是宽衣博带。受孝文帝改制的影响,在敦煌壁画上出现了许多具有南朝风格的官员形象。此时官员服饰多为头戴笼冠,宽袍大袖,褒衣博带。

莫高窟西魏第285窟主室南壁的大臣头戴笼冠(图24-27),着大袖袍,垂蔽膝。笼冠为国君及官员通行的冠帽,于汉代产生,为魏晋南北朝时期主要的冠饰,以黑漆细纱制成,也称为漆纱笼冠,平顶两边有系带进行系缚。据《隋书·礼仪志》的记载,隋代官吏服饰为白纱帽、白练裙襦、乌皮靴。[1]隋因火德,其服饰有尚赤的倾向。莫高窟隋代第303窟人字披西披图中的官员,着赤色官服,戴白纱冠,内着白色曲领中单,外披广袖宽袍。

唐代官服制度逐渐完备,不仅继承了隋代的旧制,还吸收了异族服装的成分,形成了唐代特色的服装形式。根据《旧唐书·舆服制》的记载,贞观四年(630),定三品以上官员服紫

图24-27 莫高窟西魏第285窟主室南壁大臣

---

[1] 〔唐〕魏徵:《隋书》卷七二《礼仪志》,中华书局,1973年,第255页。

图 24-28　莫高窟盛唐第 130 窟甬道北壁乐庭瓌和下属官员（段文杰临）

色，五品以上服绯色，六品七品服绿色，八品九品服青色。[1] 莫高窟盛唐第 130 窟甬道北壁龛下的供养人晋昌郡太守乐庭瓌和下属官员（图 24-28），皆头戴软脚幞头，身着圆领袍衫，下蹬乌皮六合靴，腰系革带。圆领袍衫是唐代男子的主要服装形制，为上下连属的深衣制，形制为圆领右衽。腰带也是区分身份和等级的一个重要装饰品，带身为皮质，称为鞓，饰有金、银、玉、石等牌饰，称为銙。

848 年，沙州大族张议潮率众起义，结束了吐蕃在河西的统治，收复河西政权并归附唐朝，张议潮是收复河西的英雄，张淮深为纪念其叔张议潮修功德窟第 156 窟，甬道南壁西

---

[1]〔后晋〕刘昫：《旧唐书》卷四五《舆服制》，中华书局，1975 年，第 1929—1937 页。

图 24-29　莫高窟第 156 窟主室南壁张议潮出行图

图 24-30　榆林窟第 16 窟甬道节度使曹议金

向第一身供养人题名："窟主河西节度使，金紫光禄大夫……尚书……"，即张议潮（图 24-29）。洞窟南壁画面中间的张议潮，头戴幞头，着大红袍，腰系革带，手持鞭，骑白马，气度非凡。

榆林窟第 16 窟甬道有曹议金供养像（图 24-30），头戴展脚幞头，外着圆领大袖红袍衫，内着白色中单，系革带，手持香炉供养。此时的幞头在造型上已发生变化，一是幞头顶部发展为硬胎带棱角的方形；另一是二脚已从原来的宽短型发展为窄长形的展脚幞头。画面中的圆领袍衫，虽无图案，但按照《新唐书》记载："袍袄之制：三品以上服绫，以鹘衔瑞草、雁衔绶带及双孔雀；四品、五品服绫，以地黄交枝；六品以下服绫，小窠无文及隔织、独织。"[1]这里的绫指斜纹暗花织物，所以当时的官服都有花纹。

---

[1]〔宋〕欧阳修：《新唐书》卷二四《舆服制》，中华书局，1975 年，第 532 页。

九、贵族妇女服饰图像

北朝时期,敦煌壁画中的汉族女性多是身份地位较高的贵族妇女。此时妇女的服饰主要以上襦下裙为主。襦为一种短衣,有对襟、交领两式,有宽袖、窄袖两式。襦裙为妇女服装,特征为上俭下丰、束腰较紧。莫高窟西魏第285窟北壁贵族妇女,束单丸或双丸髻,着间色襦裙,披帔帛。北朝时期,敦煌地区贵妇流行间色裙。间色裙为两种及两种以上颜色的布条有序间隔而制成,此时贵妇的服饰特色为飞襳垂髾,即衣襟边缘流行缀尖角(襳)和垂飘带(髾),随风飘动,显示出天衣飞扬和乘风登仙的韵味,凸显时代风格。

隋唐妇女服饰,沿袭北朝旧制,以襦裙为主。自天宝后,贵族妇女服饰越发华贵讲究,在敦煌莫高窟中最为代表性的贵族妇女形象为莫高窟盛唐第130窟的都督夫人太原王氏供养像(图24-31)。都督夫人礼佛图,主体人物有三位,太原王氏画像最大,身量超过真人。其次为女十一娘,再次为女十三娘。她们都是遍身罗绮,满头珠翠,附属人物有九身,均为奴婢,身份卑微,无榜题。其中一身饰抛家髻,着衫裙帔帛,执纨扇,年龄较长,似为奴婢

图24-31 莫高窟盛唐第130窟甬道南壁都督夫人礼佛图(段文杰临)　　图24-32 莫高窟第98窟东壁曹议金家族贵妇服饰(范文藻临)

图 24-33　榆林窟五代第 19 窟甬道浔阳翟氏

图 24-34　莫高窟元代第 462 窟女供养人画像

之首。其余八人均着圆领衫，腰束带。八人中有四人鬟垂双髻，这是未成年女童的发式。另三人均于发髻上戴透额罗幞头。莫高窟第 138 窟为晚唐节度使张承奉等所建的洞窟，主室北壁供养人像西向第十二身题名"河西节度使张公夫人后敕授武威郡君太夫人阴氏一心供养"，说明此窟是张承奉为其母阴氏所开凿的洞窟。洞窟中的贵妇雍容典雅，体态丰腴，重彩浓妆，头戴九支花钗冠，项饰珠链，身着翟衣。

莫高窟五代第 98 窟东壁绘归义军节度使曹议金家族的女眷（图 24-32），这几身贵族妇女华丽高贵，锦衣华服，面部装饰面靥，主要头戴凤冠、花钗冠，项戴颈饰，披大袖衫、帔帛，着曳地长裙，着笏头履。榆林窟五代第 19 窟绘归义军节度使曹元忠的夫人，上衣着襦，外披大袖衫，束高腰裙，襦领缘为半破式团花纹，披散花纹帔帛，首服为桃形凤冠，搭配梳篦、钿钗、簪、步摇和花钿，此类凤冠应是受到回鹘桃形冠的影响（图 24-33）。到了西夏时期，榆林窟西夏第 29 窟中的西夏妇女头戴四瓣莲蕾形珠冠，上插步摇，戴耳珰，项饰珠串，身着交领左衽窄袖袍，腰下开衩，露出百褶裙，脚穿尖钩鞋，具有西夏民族特色。元代蒙古贵族妇女头戴罟罟冠，身穿纹绣绞衣。这种衣服"宽长曳地行者，两女奴拽之"的服饰是蒙古贵族妇女的一种礼服（图 24-34）。

十、少数民族首领及贵族服饰图像

敦煌地处西北，自古以来就是中原民族和少数民族混居之地。敦煌地区先后被鲜卑族、吐蕃族、回鹘族、党项族、蒙古族五个少数民族统治过。

439 年，北魏灭北凉后，将敦煌纳入统治。从北魏开始，历经西魏、北周，敦煌始终被鲜卑人所统治。北朝时期，鲜卑族的服饰包括鲜卑族原有的传统服饰和鲜卑族入主中原北魏孝文帝汉化后的服饰。

隋朝对少数民族的习俗非常尊重，隋炀帝曾在张掖举办西域二十七国集会。敦煌当地各国使者、胡商云集，一派繁盛之景。在莫高窟隋代第 390 窟北壁出现两身西域贵族的服饰。两人头戴尖顶毡帽，着锦绣裤褶。其左侧供养人着联珠纹裤褶，右侧人物着联珠兽鸟纹裤褶。

唐代，维摩诘经变中维摩诘座下绘有各国王子礼佛图，保留了大量丝绸之路上各国、各民族的服饰。各国王子包括突厥、回鹘、吐蕃、高句丽、印度、波斯等国的王子，他们身着丰富多彩的服饰。如莫高窟初唐第 220 窟绘有各国王子礼佛的场面（图 24-35），画面中使臣有的头戴白皮帽，着花边圆领袍衫，有的戴浑脱帽，身穿青绿花边袍服，还有的头戴双鹖冠，着交领蓝边袍衫，以鸟羽进行装饰。

中唐时期，吐蕃统治敦煌，此时在经变画、故事画中出现大量吐蕃民族的服饰。此时各国王子礼佛图中帝王的形象被吐蕃赞普所替代。吐蕃赞普的服饰特点为大翻领素色左衽长袍，头巾缠冠，蹀躞七事，带刀佩剑，虎皮衣领，长袖及踝，辫发披发，发系珠贝，赭面。如莫高窟中唐第 159 窟（图 24-36）中的吐蕃赞普像头戴赞夏帽，着白色翻领长袍，一袖垂地，领袖为虎皮缘边，腰系革带，佩短剑，长袍开衩，着黑靴，手持香炉。

五代至宋，敦煌曹氏归义军为了稳定政权与回鹘联姻。由于曹氏祖孙三代皆与回鹘、于阗结亲，洞窟内留下了大量回鹘族、于阗族供养人图像。

图 24-35 莫高窟初唐第 220 窟东壁各国王子服饰

图 24-36　莫高窟中唐第 159 窟吐蕃赞普服饰

图 24-37　榆林窟第 29 窟南壁贵妇（敦煌文物研究所临本）

1036年，敦煌进入党项族统治时期，此时最具代表性的洞窟是榆林窟第29窟（图24-37）。《宋史·夏国传》记载"文资则幞头、靴、紫衣、绯衣；武职则冠金帖起云镂冠、银帖间金镂冠、黑漆冠、衣紫旋襕、金涂银束带、垂蹀躞"。画面中的西夏武官，头戴起云镂冠，冠后垂带，身着红色圆领窄袖袍服，腰围抱肚，腰系革带，脚蹬尖形乌皮靴。第三身戴黑漆冠，着红色长袍，脚蹬长靴。西夏结束以后，敦煌进入蒙古统治时期。榆林窟第6窟壁画中绘有蒙古贵族夫妇形象（图24-38）。二人坐在莲花座上，男者头戴莲花冠，耳后垂辫，内着窄袖质孙服，外着短比肩。夫人头戴罟罟冠，着交领右衽宽袖大袍，均为蒙古族典型的服饰。元朝的服饰制度袭用汉族封建制度，在衣冠服饰上，"近取金宋，远法汉唐"，制定了一套历代相承的法服。同时也保留着蒙古族的服装"质孙"。壁画中蒙古王公贵族着黄色毡衫，戴笠帽。双耳饰环，耳后垂发髻，穿六合靴。其冠制与《元史》天子质孙中"宝顶金凤钹笠"相似。另有男装叫搭护，在衫外套褡子，并有比肩之饰，如武士云肩，穿五色靴，所谓"鬃笠毡靴搭护衣，金牌骏马走如飞"。

综合来看，从十六国到元代的敦煌壁画中既有汉式衣冠，也有胡服，反映了多民族衣冠服饰丰富多彩的特色，也反映了各民族服饰互相影响的关系，为研究我国衣冠服饰发展史提供了许多史籍所不载的珍贵图像资料。

图24-38　榆林窟第6窟前室西壁蒙古贵族

① 〔元〕脱脱：《宋史》卷四八五《夏国传》，中华书局，1977年，第13993页。
② 关于敦煌元代服饰的研究参见谢静：《敦煌石窟中蒙古族服饰研究之二：蒙元时期汉族服饰对蒙古族服饰的影响》，《敦煌研究》2010年第5期，第30—35页；谢静：《敦煌石窟中蒙古族供养人服饰研究》，《敦煌研究》2008年第5期，第20—24页。

十一、军戎服饰图像

北朝时期，战乱相寻，几无宁岁，反而促进了军戎服饰的使用，在敦煌壁画中也留下了许多军戎服饰的图像。敦煌壁画中的军戎服饰，包括裲裆铠、筒袖铠、重皮甲、战袍等。裲裆铠，源自北方少数民族。《释名·释衣服》称"裲裆，其一当胸，其一当背也"①。裲裆铠一般为前后两片，肩部用搭襻连缀。筒袖铠，胸背相连的短袖套头铠甲，一般由鱼鳞形的甲片编缀而成。重皮甲，以皮革相连，上身作筒袖，下身着护髀，内着裤褶，腿着胫衣。

莫高窟西魏第285窟五百强盗成佛图中绘有骑兵及步兵（图24-39）。图中的骑兵皆头戴兜鍪，兜鍪顶部还有束缨，身披裲裆铠，内着裤褶，脚着胫衣，足蹬靴。此时，马甲已经普遍使用，壁画中战马也全身套铠甲。步兵用巾子束发，着裤褶，脚套胫衣，手执武器。

隋代的戎装比北朝时更为精良，与南北朝步兵的戎装相比，已经逐渐往轻便型改良，使戎装轻便又不失防护功能。莫高窟隋代第303窟步兵头戴兜鍪，顶插长缨，着护胸甲，下着髀裈，足蹬长靴，手执武器。唐代的铠甲种类增多，更加注重身体各部位的防护，制作更为精良，样式更为美观。如莫高窟初唐第321窟的骑兵头戴可护颈的长镰兜鍪，着半臂紧身铁甲，长至膝部，防护功能完备。莫高窟盛唐第217窟南壁四王子头戴宝珠头盔，着锁子甲，披护领、护肩及护膊，身后有鹘尾，脚着胫甲。铠甲华丽，展示出统治者的威仪。

唐代后期，随着战争日益增多，军装更为实用。莫高窟晚唐第156窟张议潮统军出行图中的武士，戴顿项兜鍪，顶端饰缨，披护肩、护膊，着半臂横纹长身铁甲，束腰带，持弓箭。五代的戎装基本沿袭晚唐的形制，分为实战铠及仪仗铠。莫高窟五代第61窟武士头戴兜鍪，甲身长至膝下，披护肩、护膊，背后有鹘尾，足穿靴。这种长至膝下的实战紧身铠甲大量出现并沿用到宋元。

图24-39 莫高窟西魏第285窟南壁军戎服饰

---

①〔汉〕刘熙：《释名》卷五《释衣服》，中华书局，2020年，第71页。

十二、儿童服饰图像

北朝至隋代的壁画中，儿童图像人物很小，形象简单，多出现在佛教本生、因缘及佛传故事画当中。唐代敦煌壁画中出现了来自各地、流传久远的童装，如围嘴、肚兜、半臂、短裤等。唐前期，随着大幅经变画的出现及净土思想的流行，敦煌壁画中的儿童服饰越来越世俗化、生活化。如莫高窟初唐第220窟南壁画阿弥陀经变一铺（图24-40），壁画中在莲池欢乐嬉戏的童子们，有着汉族传统服饰即红色交领半臂及绿色短裤，也有着西域特色的条纹小脚裤。晚唐五代以来，儿童题材的画面增多并逐渐程式化。此时的儿童服装包括袍衫、肚兜等。发饰包括单髻和双髻。莫高窟中唐第153窟南壁供养童子用红带束丸髻，着红地绿团花肚兜，着红色皮靴。肚兜为汉族儿童服饰，靴则来自西域，这种中原与西域交融的童子服饰反映出敦煌当地儿童服饰风俗。

十三、结语

敦煌壁画中的服饰图像作为敦煌艺术中的一部分，具有重要的文化意义和历史价值，包含巨大的精神财富和文化财富，受到多种其他文化和敦煌本地文化传统的影响。如敦煌本土文化、中原传统文化、西域地区吐蕃等少数民族文化所呈现的多元文化的碰撞，其间出现文化彼此间的交流、融合、吸收等现象，而且汉化是明显的，并出现汉文化占据主流的趋势。众所周知，敦煌莫高窟始建于十六国时期，后来莫高窟经过不断发展，逐渐兴盛。到了隋唐时期，随着丝绸之路的繁荣，莫高窟的营建更是达到了顶峰，这些洞窟中的服饰壁画蕴藏着丰富的文化内涵和时代印记，更是以图像的形式生动展现了中国古代人们的形象和精神面貌，因此，敦煌莫高窟的壁画内容和出土文物对研究中国古代服饰文化具有重要的参考价值，敦煌莫高窟壁画中的服饰文化内涵有待于进一步发掘和呈现。

图 24-40 莫高窟初唐第 220 窟主室南壁化生童子

第二十五章　敦煌密教图像导论

一、何为密教

密教是秘密佛教的简称，是佛教众多派别中的一派，其起源于大乘佛教。密教认为通过手结印契（身意）、口诵真言（口密）、心作观想（意密）三密与诸佛的身、口、意相应，便能修成正果，得道成佛。

约2世纪，原始密教即陀罗尼密教形成，陀罗尼意译作总持，是古代印度流行的一种记忆术。陀罗尼密教的形成以编纂专门的陀罗尼经典为标志，最早传入中国的陀罗尼经是《微密持经》。到4、5世纪，陀罗尼密教发展成持明密教，出现将手印与陀罗尼相配合的新式密教经典，以《持明咒藏》为代表。后来，在此基础上又加入供养法、像法、曼荼罗法等，逐渐形成一套完备的密法体系，即继原始密教之后形成的早期密教——持明密教。到唐代玄宗时期，密教僧人善无畏和金刚智先后来到我国，分别传授以《大日经》为代表的胎藏部与以《金刚顶经》为代表的金刚界两个密法系统。金刚智的弟子不空更是使密教在我国发扬光大，不空积极弘道布教，西行求法，出入宫廷，足迹遍及大江南北。善无畏、金刚智和不空三人为唐代密宗的形成作出了重要贡献，因此也被称为"开元三大士"。有唐一代密教极为盛行，在唐朝的周边地区，如西域、吐蕃及南诏也有密教遗迹，唐代密宗甚至传到日本与朝鲜。密宗在唐武宗会昌灭法时期遭受严重打击，五代两宋时期密教重新发展并达到另一个高潮，元代极力尊崇藏传密教，同时也带动了汉传密教的发展，明清时期继续发展，并与佛教其他诸宗及民间信仰、风俗结合。

敦煌位于古代中国通往西域和中亚的交通要道上，是中西文化汇聚交融的中心。在敦煌就保存有不少密教遗存，这些密教遗存既包括藏经洞出土的密教文献，又有石窟中的密教图像，二者是我们了解敦煌密教发展的重要图像资料。

二、研究简史

密教图像作为敦煌石窟艺术的重要组成部分,一直以来是学界重点关注的对象。

日本学者对敦煌密教图像的研究起步较早,如日本学者松本荣一《敦煌画研究》[1] 依据伯希和等人在敦煌拍摄的照片对敦煌石窟中的部分图像进行考释和解读,此书第五章至第七章中有对敦煌密教图像的专门性论述。第五章《曼荼罗及坛样图》主要讲述护诸童子曼荼罗、佛顶曼荼罗、四印曼荼罗、观世音陀罗尼输曼荼罗、三昧耶曼荼罗、随求曼陀罗、坛样图、尊胜法坛样图、修请观音法图等内容;第六章《各种尊像》则围绕阿弥陀曼荼罗、莲华部八尊曼荼罗、千臂千钵文殊菩萨图、千手千眼观世音菩萨图、十一面观音图、不空罥索观音图、如意轮观音图、金藏观音图、马头观音图、摩诃迦罗天图、诃梨帝母图、婆薮仙图等内容展开讨论;第七章《护符·印契图其他》探讨护诸童子护符、画符、印契图、十指异名图、三角形纸片密教图像等内容。《敦煌画研究》为敦煌密教图像研究奠定了重要的基础,此书近年也被翻译成中文并在国内公开出版。日本学者田中公明《敦煌密教と美术》[2] 一书共14章,其研究对象可分为美术与文献两部分,美术部分主要是对敦煌密教图像的具体讨论,其中包括《敦煌出土的胎藏大日八大菩萨像》《关于敦煌出土的莲华部八尊曼荼罗》《关于敦煌的不空罥索五尊》《敦煌出土的恶趣清净曼荼罗仪轨与白描图像》《关于敦煌出土的寂静四十二尊曼陀罗》等内容,而当中的部分论文亦被翻译成中文发表。

国内敦煌密教艺术的研究领域中,对敦煌密教艺术关注较早的是宿白先生,《敦煌莫高窟密教遗迹札记》[3] 整理和论述盛唐以前、盛唐时期、吐蕃时期、张氏曹氏归义军时期、西夏时期、元时期莫高窟密教遗迹的基本内容。20世纪90年代以来,彭金章先生一直致力于敦煌密教艺术的研究,尤其在密教观音图像方面成果显著,其发表的系列关于密教观音的文章,将图像与佛教文献相结合,从而解决敦煌密教观音图

---

[1] [日]松本荣一著,林保尧、赵声良、李梅译:《敦煌画研究》,浙江大学出版社,2019年。

[2] [日]田中公明:《敦煌密教と美术》,法藏馆,2000年。相关文章的中译本参看:[日]田中公明著,刘永增译:《敦煌出土的胎藏大日八大菩萨像》,《敦煌研究》2010年第5期,第59—67页;[日]田中公明著,刘永增译:《关于敦煌出土的莲华部八尊曼荼罗》,《敦煌研究》2005年第1期,第70—79页;[日]田中公明著,刘永增译:《关于敦煌出土的寂静四十二尊曼陀罗》,《敦煌研究》2002年第5期,第21—32页。

[3] 宿白:《敦煌莫高窟密教遗迹札记》(上、下),《文物》1989年第9、10期,第45—53页、第68—86页。该文亦收录于宿白:《中国石窟寺研究》,文物出版社,1996年。

像的诸多基本问题。[1] 又，彭金章先生主编的《敦煌石窟全集·密教画卷》[2]是目前学术界收录密教画像最多、最集中、最系统的图册，是研究敦煌密教不可或缺的参考书。另外，亦有不少学者对敦煌石窟中不同类型的密教图像进行了专题探讨，具体研究情况将在下文再进行介绍。

三、密教造像特征

密教造像是在大乘佛教造像的传统上发展起来的，与大乘佛教造像相比，其特征如下：

其一，佛像着菩萨装，戴宝冠，佛身璎珞庄严。

其二，菩萨像常见多首多臂形象，这类形象大都是新出现的菩萨所具有的，如十一面观音、千手千眼观音等。密教造像中多出现愤怒相的形象，尤其是明王、金刚等。

其三，造像手中持法器和宝物，种类多样。造像亦多结手印，手印的种类多而复杂，不同的佛结不同的手印。

其四，密教造像的纹样和图案中，最具特色的是金刚杵图案，有独股杵、三股杵、五股杵、羯磨杵等。

其五，密教造像的背景有一些定式，如佛像的背景一般为菩提树或双树，左右方上有诸天散花，好鸟盘旋。菩萨像一般背倚七宝绣枕，有簸箕背光。

其六，密教造像除以单尊形式出现外，还会以经变或曼荼罗的形式出现。密教曼荼罗的座次、地位的列置均有严格的规定，这与一般造像中的一佛二弟子二菩萨的固定样式有着明显的不同。

四、敦煌密教图像的分类

敦煌密教图像具体可分为单体密教尊像、持明密教图像、含有密教思想的显教经变、密宗图像及陀罗尼图像五大类。敦煌石窟中早期出现的单体密教尊像有摩醯首罗天、毗瑟

---

[1] 彭金章:《莫高窟第14窟十一面观音经变》，《敦煌研究》1994年第2期，第89—97页；彭金章:《莫高窟第76窟十一面八臂观音考》，《敦煌研究》1994年第3期，第42—48页；彭金章:《敦煌石窟十一面观音经变研究》，载敦煌研究院编《段文杰敦煌研究五十年纪念文集》，世界图书出版公司，1996年，第72—86页；彭金章:《千手照见千眼护持——敦煌密教经变研究之三》，《敦煌研究》1996年第1期，第11—30页；彭金章:《敦煌莫高窟不空羂索观音经变研究》，《敦煌研究》1999年第1期，第1—24页；彭金章、樊锦诗:《敦煌石窟如意轮观音经变研究》，载古正美主编《唐代佛教与佛教艺术》，觉风佛教艺术文化基金会，2006年，第140—144页。

[2] 敦煌研究院编，彭金章主编:《敦煌石窟全集10·密教画卷》，(香港)商务印书馆，2003年。

纽天、鸠摩罗天、毗那夜迦天等。随着密教的不断发展，许多原属于显教的佛菩萨逐步加入密教行列，如佛教的四大天王，以及东方提头赖咤天王、南方毗琉璃天王、西方毗楼博叉天王、北方毗沙门天王。持明密教图像主要包括十一面观音经变、千手千眼观音经变、不空羂索观音经变、如意轮观音经变、佛顶尊胜陀罗尼经变、十二天曼荼罗、毗卢遮那并八大菩萨曼荼罗等。在密教的发展过程中，不少显教经典的新译或重译本会受到密教的影响，在其中夹杂密教咒语或陀罗尼的内容，这样的显教经典已经不是纯粹的显教经典，这类由夹杂密教思想的经典而绘制出来的图像多以经变画为主。敦煌石窟中含有密教思想的显教经变主要有金光明最胜王经变、药师经变、密严经变等。密宗图像则包括胎藏界、金刚界、大瑜伽、无上瑜伽类。陀罗尼图像则主要是保存在敦煌藏经洞中的大随求陀罗尼、大佛顶如来顶髻尊白盖陀罗尼等。另外，单独出现的密教法器，如金刚杵、羯磨杵等亦是敦煌密教图像的组成部分。

五、敦煌密教图像的发展

中国早期密教的传入与古代印度、中亚僧人的弘法活动有着密切的关系，但在这一时期传弘密法咒术的僧人并不是单纯的密教僧人，他们大都只是把传授密法作为弘扬佛法的一种手段。西晋时期，"敦煌菩萨"竺法护就曾译出《密迹金刚力士经》《八阳神咒经》等多部陀罗尼密典，而敦煌佛爷庙湾西晋墓出土的白象画像砖（图25-1），则被部分学者认为是早期密教传入敦煌的直接依据。[1] 佛教初传我国之时，佛教被视为一种神仙方术而存在，西晋时期仙佛合一的观念已深入人心。作为佛教象征的具足神通的白象，其与道教、中国传统神灵出现于同一座墓葬中，这或许是佛教在中国走向神秘主义的表现。

图 25-1　敦煌佛爷庙湾西晋墓出土白象画像砖

（一）北朝至隋代敦煌密教图像

在敦煌石窟中，最早的密教遗存出现于西魏时期建造的莫高窟第285窟中。第285窟主室北壁发愿文中存有西魏大统四年（538）、五年（539）纪年题记，是敦煌石窟中最早有确切开凿年代的洞窟。该窟西壁龛外壁面上部画诸天外道形象，有日天、月天、

---

[1] 彭建兵：《敦煌石窟早期密教状况研究》，兰州大学硕士学位论文，2006年。

图 25-2　莫高窟第 285 窟西壁龛外密教造像

图 25-3　莫高窟第 284 窟窟顶西披多臂菩萨图像

诸星辰、摩醯首罗天、毗瑟纽天、鸠摩罗天、毗那夜迦天等（图 25-2），这些题材属于中国早期的密教图像。[①]

从西魏到隋代，敦煌石窟中的密教图像数量和题材不多，以莫高窟隋代洞窟为例，仅第 284 窟中发现多臂菩萨类密教图像（图 25-3），另外莫高窟隋代第 305 窟亦存有方坛等密教遗存。这一时期的密教图像构图简单，密教菩萨形象矮小，尚未占据独尊的地位，可见隋代及之前敦煌地区的密教信仰仍处于萌芽阶段。

（二）初唐时期敦煌密教图像

初唐时期，随着阿地瞿多、玄奘、菩提流志、义净等高僧译出大量密教经典，密教开始逐渐流行。这一时期，敦煌石窟中亦新出现了不少新的密教图像，其中以十一面观音最为盛行。莫高窟第 321 窟的十一面观音，以从下至上呈 3-5-2-1 的方式表现出观音的十一面，该观音有六臂，手结手印或持宝瓶、杨柳枝等物，十一面观音穿着罗衣立于双树前的莲花上，两侧各有一身胁侍菩萨（图 25-4）。这种以十一面观音为主尊的说法图始于初唐时期，其造型、结构具有独特的风格。纵观初唐时期敦煌密教图像，主要以观音为主，观音往往以独尊或者胁侍的形式出现，其多绘制于甬道南北两壁，或主室东壁，尚未进入洞窟的重要位置，没有出现专门绘制密教题材的窟龛。由此可知，此时密教图像在洞窟的地位不高，但与隋代以前相比，密教图像题材和数量的增多，预示着密教在敦煌的逐步发展。

表 25-1　初唐时期敦煌密教图像概况表

密教图像	数量	洞窟	位置
十一面观音	1	莫高窟第 321 窟	主室东壁门北
	2	莫高窟第 331 窟	主室东壁门北
	1	莫高窟第 334 窟	主室东壁门北
	1	莫高窟第 340 窟	主室东壁门上
	2	榆林窟第 23 窟	甬道南、北壁
珞珈山观音	1	莫高窟第 332 窟	主室东壁门上
八臂观音	2	莫高窟第 341 窟	主室东壁门上

[①] 贺世哲：《敦煌莫高窟第 285 窟西壁内容考释（摘要）》，《敦煌研究》1988 年第 2 期，第 47—49 页。

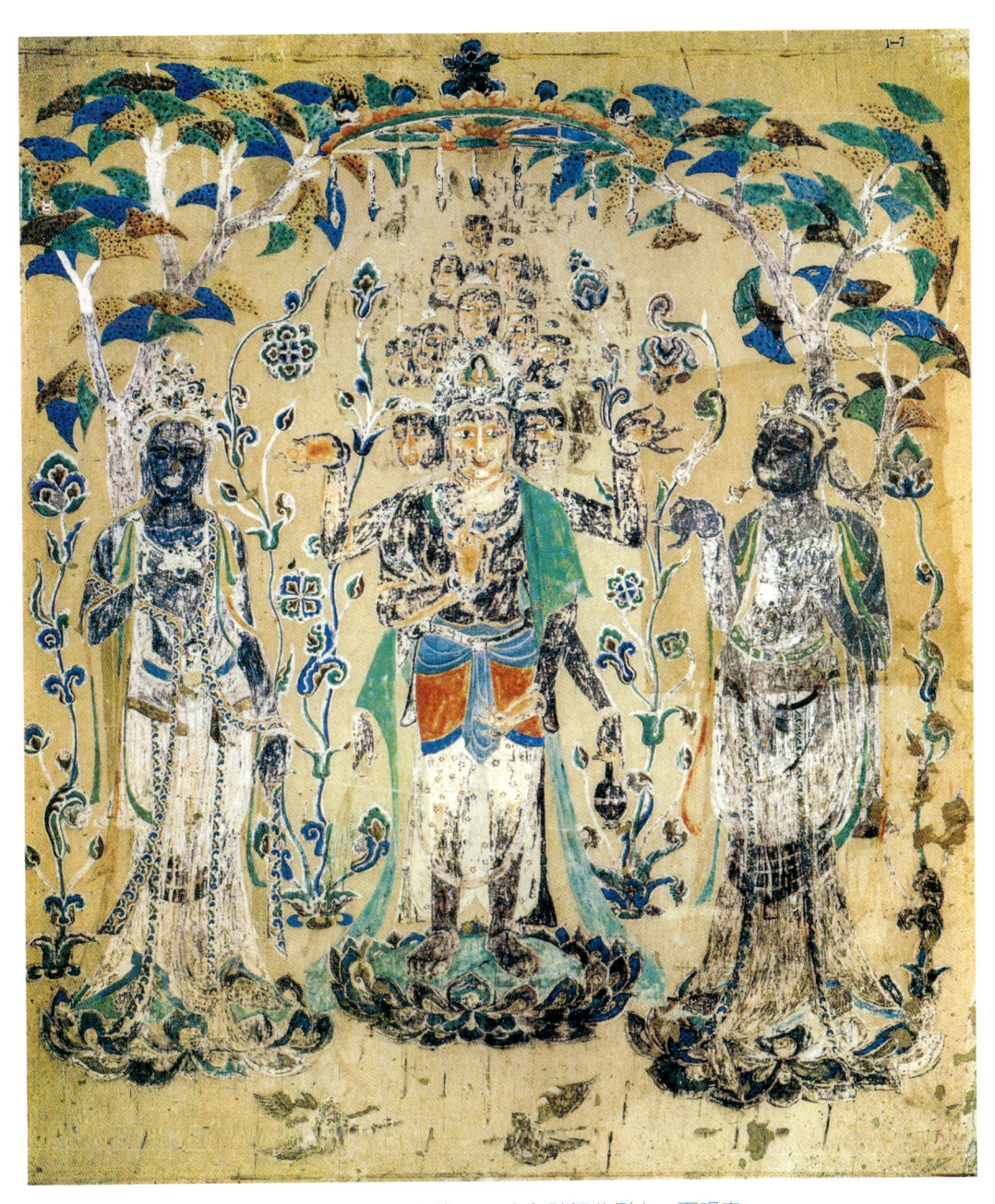

图 25-4　莫高窟第 321 窟东壁门北侧十一面观音

(三)盛唐时期敦煌密教图像

盛唐开元年间(713—741),善无畏、金刚智、不空三位密教僧人相继来到中国,他们先后翻译了密教胎藏界和金刚界的相关经典,同时译出大量密教仪轨,使密教开始在中国系统传播,为唐代密宗的形成做出重要贡献。善无畏、金刚智、不空三人亦被尊称为"开元三大士"。

天宝十二载(753),河西节度使哥舒翰上奏玄宗,请求令不空到"河西边陲,请福疆场"。玄宗准奏后,不空随即北上河西。天宝十三载(754),不空抵达武威,受哥舒翰等人迎候,住开元寺,设灌顶坛,开译经场,大弘密教。尽管史料中并没有不空及其弟子到敦煌传法的记载,但从敦煌藏经洞的写经和敦煌石窟造像可以看出,不空在河西传法对敦煌产生了极大的影响。盛唐时期,敦煌石窟中涌现了众多新的密教图像,包括佛顶尊胜陀罗尼经变、千手千眼观音经变、如意轮观音经变、不空羂索观音经变、毗沙门天王等。

《佛顶尊胜陀罗尼经》是密教的一部重要经典,该经早在周隋之际已被译成汉文,但没有流行,直到唐代才广泛流传。《佛顶尊胜陀罗尼经》在唐代有五种译本,其中以佛陀波利译本最为流行,同时另有若干陀罗尼单本和仪轨本流行于世。唐代佛顶尊胜陀罗尼信仰风行全国,各地僧俗大众更是广树尊胜经幢,在盛唐时期敦煌石窟中亦出现佛顶尊胜陀罗尼经变。莫高窟第217窟南壁通壁绘有一铺大型经变画(图25-5),该经变过去一直被认为是法华经变,直至21世纪初期,日本学者下野玲子考证其为佛顶尊胜陀罗尼经变,这一观点得到学界大多数学者的认同,这使得敦煌石窟中佛顶尊胜陀罗尼经变的出现时期由过去认为的曹氏归义军时期提前到盛唐。[1] 莫高窟第217窟的佛顶尊胜陀罗尼经变以青山绿水为背景,中部主法会以十分明确的界限划分出来,主法会东侧及下方为《佛顶尊胜陀罗尼经》正文的相关内容,主法会西侧则绘制唐代僧人志静为此经撰写的序文内容,即佛陀波利如何将《佛顶尊胜陀罗尼经》传入我国,以及该经在唐代的翻译与流传的历史。《佛顶尊胜陀罗尼经序》中记载,仪凤元年(676)罽宾僧人佛陀波利来华在五台山上遇一老人,老

---

[1] 2004年,日本学者下野玲子重新考释后认为,第217窟南壁的经变画为佛顶尊胜陀罗尼经变,这一观点得到大部分学者的认同。详参[日]下野玲子著,牛源译、刘永增审校:《莫高窟第217窟南壁经变新解》,《敦煌研究》2011年第2期,第21—32页。另外,关于敦煌石窟中佛顶尊胜陀罗尼经变的相关研究,可参看王惠民:《敦煌佛顶尊胜陀罗尼经变考释》,《敦煌研究》,1991年第1期,第7—18页;施萍婷、范泉:《关于莫高窟第217窟南壁壁画的思考》,《敦煌研究》2011年第2期,第12—20页;张元林:《也谈莫高窟第217窟南壁壁画的定名——兼论与唐前期敦煌法华图像相关的两个问题》,《敦煌学辑刊》2011年第4期,第39—48页;[日]下野玲子:《敦煌仏頂尊勝陀羅尼経変相図の研究》,勉誠出版,2017年;陈凯源:《敦煌佛顶尊胜陀罗尼经变研究综述》,《陇东学院学报》2019年第4期,第61—64页;陈凯源:《敦煌佛顶尊胜陀罗尼经变的样式演变》,载刘中玉主编《形象史学》第二十一辑,中国社会科学出版社,2022年,第233—260页。

图 25-5 莫高窟第 217 窟南壁佛顶尊胜陀罗尼经变

人称中原众生多造罪业,出家之辈多犯戒律,唯有《佛顶尊胜陀罗尼经》能灭众生恶业。在得知佛陀波利没有把佛经带来后,老人嘱咐佛陀波利回印度取经,将来在中原弘传。随后,佛陀波利回印度取《佛顶尊胜陀罗尼经》,在永淳二年(683)来到长安并翻译此经。莫高窟第 217 窟作为 8 世纪初期建造的洞窟,洞窟中佛顶尊胜陀罗尼经变的出现与《佛顶尊胜陀罗尼经》的译出仅相差短短的二三十年,可见该经传播速度之快和流行范围之广,同时可看出盛唐时期敦煌密教的兴盛。

据统计,盛唐时期出现密教图像的洞窟共有 28 个,[1]数量远远多于前一时期。在这批洞窟中,建造于盛唐晚期的莫高窟第 148 窟被认为是盛唐密教的经典洞窟。[2]莫高窟第 148 窟是一座大型涅槃窟,根据洞窟前室的《大历碑》[3]记载,该窟建成于唐大历十一年(776),碑中还记载洞窟内绘有"如意轮、不空羂索、千手千眼观世音菩萨等变各一铺",如今我们在莫高窟第 148 窟中仍然能看到这些密教观音图像。莫高窟第 148 窟的千手千眼观音经变

---

[1] 下文所用的相关统计数据,均采自敦煌研究院编,彭金章主编:《敦煌石窟全集 10·密教画卷》(香港)商务印书馆,2003 年。
[2] 关于莫高窟第 148 窟的研究,可参看公维章:《涅槃、净土的殿堂:敦煌莫高窟第 148 窟研究》,民族出版社,2004 年。
[3] 相关录文参看郑炳林、郑怡楠辑释:《敦煌碑铭赞辑释》(增订本),上海古籍出版社,2019 年,第 42—62 页。

图 25-7　莫高窟第 148 窟南壁龛如意轮观音经变

图 25-6　莫高窟第 148 窟东壁门上千手千眼观音经变

图 25-8　莫高窟第 148 窟北壁龛不空羂索观音经变

位于洞窟主室东壁窟门入口上方，主室南北两龛分别绘有如意轮观音经变和不空罥索观音经变（图 25-6、图 25-7、图 25-8）。值得注意的是，南、北两龛的如意轮观音经变和不空罥索观音经变是以绘塑结合的形式出现，此种形式在之后莫高窟的同类经变中不再出现。莫高窟第 148 窟中出现的千手千眼观音经变、如意轮观音经变及不空罥索观音经变是敦煌石窟中最早出现的同类图像，其对此后敦煌石窟密教造像的发展产生了深远的影响。同时，莫高窟第 148 窟南北两龛的龛顶中亦有大量首次出现的密教图像，经刘永增考证，这些密教图像属于金刚界与胎藏界两部曼荼罗，这是敦煌石窟中首次出现的纯密类图像。[1] 莫高窟第 148 窟作为盛唐晚期吐蕃攻打敦煌前夕，敦煌大族李大宾开凿的一个洞窟，洞窟中大量新出现的密教图像在一定程度上体现出密教护国护法的特色，在动荡的背景下密教观音的出现，反映出洞窟功德主祈求得到观音护佑，通过密法的实践和修行，进而达到息灾、往生的最终目的。

（四）中唐时期敦煌密教图像

吐蕃统治敦煌时期，由于吐蕃人崇信佛教，敦煌的密教呈现出一派繁盛的景象，不仅密教图像数量增加，还出现具有印度等地艺术风格的密教图像。[2] 这一时期新出现的密教图像有毗卢遮那佛并八大菩萨、千手千钵文殊经变、西方无量寿佛、东方不动佛、毗沙门赴哪吒会、提头赖吒天王、五台山图、密严经变、金光明最胜王经变、十二天曼荼罗等。同时，还新出现五种密教图像的组合形式，即千手千眼观音经变与千手千钵文殊经变、千手观音经变与地藏菩萨，以及十一面观音经变、地藏菩萨、天王成对对称出现。

中唐时期，敦煌密教图像逐渐成为洞窟中造像的主流并出现在洞窟的主要位置，如榆林窟第 25 窟主室正壁出现了具有浓厚印度波罗艺术风格的毗卢遮那佛并八大菩萨曼荼罗（图 25-9）。[3] 这铺曼荼罗图像的构图和装饰均具有印度波罗艺术风格的特征，是敦煌石窟首次出现的另一种艺术风格，这种风格的图像自中唐出现以后，晚唐、五代、西夏时期均有延

---

[1] 刘永增：《莫高窟第 148 窟南北龛大井图像解说》，载敦煌研究院编《敦煌壁画艺术继承与创新国际学术研讨会论文集》，上海辞书出版社，2008 年，第 518—536 页；刘永增：《敦煌莫高窟第 148 窟金·胎两部曼荼罗相关图像解说》，载吕建福主编《密教的派别与图像》，中国社会科学出版社，2014 年，第 313—323 页。

[2] 关于吐蕃统治时期敦煌密教的情况，参看赵晓星：《吐蕃统治时期敦煌密教研究》，甘肃教育出版社，2017 年。

[3] 关于榆林窟第 25 窟八大菩萨曼荼罗的研究，参看郭祐孟：《敦煌石窟"卢舍那佛并八大菩萨曼荼罗"初探》，《敦煌学辑刊》2007 年第 1 期，第 45—63 页；刘永增：《敦煌石窟八大菩萨曼荼罗图像解说》（上、下），《敦煌研究》2009 年第 4、5 期，第 12—23 页，第 8—17 页；沙武田：《榆林窟第 25 窟八大菩萨曼荼罗图像补遗》，《敦煌研究》2009 年第 5 期，第 18—24 页；席琳：《吐蕃禅定印毗卢遮那与八大菩萨组合图像研究》，《考古与文物》2014 年第 6 期，第 41—48 页；陈粟裕：《榆林 25 窟一佛八菩萨图像研究》，中央美术学院硕士学位论文，2009 年；沙武田：《榆林窟第 25 窟：敦煌图像中的唐蕃关系》，商务印书馆，2016 年。

续。榆林窟第 25 窟正壁主尊卢舍那的菩萨形象,加上和密教八大菩萨的结合,有学者认为该洞窟集中体现的是修行尊胜密法的坛场。① 另外,榆林窟第 25 窟正壁北侧有一身着田相袈裟,右手执锡杖,左手持药钵,赤足立莲花上的药师佛(图 25-10)。药师信仰作为一种与密教有密切关系的佛教信仰,在唐代随着金刚智、一行、不空等密教高僧相

图 25-9　榆林窟第 25 窟正壁毗卢遮那佛并八大菩萨曼荼罗

继译出大量药师仪轨,药师信仰的密教色彩越发浓厚。而榆林窟第 25 窟药师佛与八大菩萨曼荼罗搭配出现造像组合,反映出吐蕃统治敦煌初期文化的交流及显密佛教的融合。②

千手千钵文殊经变是继盛唐千手千眼观音经变之后,中唐敦煌石窟中新出现的千手形象的密教经变题材,这一经变主要依据不空译《大乘瑜伽金刚性海曼殊室利千臂千钵大教王经》绘制。以莫高窟第 361 窟千手千钵文殊经变为例,文殊菩萨戴化佛冠位于中央,上有宝盖,下有水池,结跏趺坐于水池中生出双龙缠绕的须弥山顶的莲花上。文殊菩萨众多小手托钵于其身后形成多重圆圈,两侧为其眷属(图 25-11)。千手千钵文殊经变一出现就与千手千眼观音构成对称出现的稳定组合形式,可见这两类题材的经变在密教中有同等重要的地位。此题材也一直延续到西夏,成为敦煌密教图像的又一主要题材。需要补充的一点是,莫高窟第 361 窟窟顶藻井是一个以金刚杵结界的完整密教坛城(图 25-12)。莫高窟第 361 窟的藻井坛城可分为三层:最外层为帷幔,帷幔与卷草之间一匝蓝色金刚杵,中层藻井向上凹进去部分每壁分别绘有一天王并二菩萨装尊形,四壁共计 12 尊神灵,内层中心的藻井井心为十字金刚杵图像。该藻井在莫高窟中唐以前的洞窟中绝无仅有,其复杂的造像一直难以定名。赵晓星通过对文献和图像的比对,认为不空所译的《供养十二大威德天报恩品》是与莫高窟第 361 窟藻井图像最为接近的一部经典,而藻井中十二尊形的布局还可能参考了中国传统文化中的五行八卦学说。③

---

① 赖文英:《唐代安西榆林 25 窟之卢舍那佛》,《圆光佛学学报》,1999 年第 4 期;赖鹏举:《中唐榆林 25 窟密法"毗卢遮那"与佛顶尊胜系造像的形成》,《中国藏学》2007 年第 4 期,第 18—23 页。
② 赖文英:《具有密法性质的药师佛:由榆林 25 窟药师佛说起》,《中国社会科学报》2011 年 5 月 26 日第 12 版。
③ 赵晓星:《梵室殊严:敦煌莫高窟第 361 窟研究》,甘肃人民美术出版社,2017 年,第 21—44 页。

图 25-10　榆林窟第 25 窟
正壁北侧药师立佛

图 25-11　莫高窟第 361 窟
东壁南侧千手千钵文殊经变

图 25-12　莫高窟第 361 窟窟顶藻井

图 25-13 莫高窟第 153 窟金光明最胜王经变

这一时期，敦煌石窟中还首次出现了金光明最胜王经变（图 25-13）。[1]《金光明最胜王经》是佛教"护国三经"之一，经中宣扬的四大天王与鬼神护国思想具有浓厚的密教色彩，此经变首次在吐蕃统治敦煌时期出现，反映了敦煌陷蕃期间，敦煌民众借此经护世免难的意图。

（五）晚唐五代宋时期敦煌密教图像

晚唐时期，敦煌密教发展达到鼎盛。敦煌石窟中的 55 个晚唐洞窟中出现共计 26 种、200 余幅的密教图像。此时新出现了如金刚三昧曼荼罗（图 25-14）、金刚萨埵曼荼罗、金刚亥母曼荼罗、八臂宝幢菩萨、毗楼博叉天王等密教图像。晚唐时期，敦煌石窟中出现一批以密教图像为主的密教洞窟，这是此前未曾有过的，其代表性洞窟有莫高窟第 14、161 窟。

第 14 窟是一个集密教经变与密教曼荼罗于一体的洞窟，该窟主室南壁自西向东绘有卢舍那佛并八大菩萨曼荼罗、十一面观音经变、不空羂索观音经变、千手千眼观音经变，北

---

[1] 沙武田：《金光明最胜王经变在敦煌吐蕃时期洞窟首次出现的原因》，《兰州大学学报》2006 年第 3 期，第 32—39 页。

图25-14 莫高窟第156窟西壁龛顶金刚三昧曼荼罗

第二十五章 敦煌密教图像导论 801

壁自西向东绘有金刚萨埵曼荼罗（图25-15）、观音经变、如意轮观音经变、千手千钵文殊经变，东壁门南北两侧为文殊变和普贤变，窟顶则是由中心的羯磨杵和内四披四方佛共同构成的五方佛曼荼罗（图25-16）。整个洞窟运用各种密教经变和曼荼罗表达佛经内涵，反映出晚唐时期敦煌密教的发展已经进入一个鼎盛时期。[①]

莫高窟第161窟被认为是张议潮的老师"大蕃国大德三藏法师"法成的功德窟（图25-17）。[②] 该窟主室设方坛，坛上有两身残损的塑像，窟顶藻井绘千手千眼观音。西壁中央绘十一面观音经变，环绕菩萨海会28组。南北两壁分别绘制文殊变和普贤变，两铺经变周围同样环绕菩萨海会28组。东壁门上绘珞珈山观音，门南北环绕菩萨海会各12组。洞窟主室图像均与密教有关，故学界认为该窟很可能是一处供奉密教观音的坛场。[③]

图25-15　莫高窟第14窟北壁西侧金刚萨埵曼荼罗　　　图25-16　莫高窟第14窟窟顶

[①] 关于莫高窟第14窟的研究，参看彭金章：《莫高窟第14窟十一面观音经变》，《敦煌研究》1994第2期，第89—97页；郭祐孟：《敦煌密教石窟主尊的毗卢遮那性格——以莫高窟第14窟图像结构为主的分析》，载郑炳林主编《佛教艺术与文化国际学术研讨会论文集》，三秦出版社，2009年，第24—46页；郭祐孟：《敦煌密教石窟体用观初探——以莫高窟第14窟为例看法华密教的开展》，《圆光佛学学报》2006年第10期，第154—160页。

[②] 沙武田：《敦煌吐蕃译经三藏法师法成功德窟考》，《中国藏学》2008年第3期，第40—47页。

[③] 关于莫高窟第161窟的研究，参看沙武田：《敦煌吐蕃译经三藏法师法成功德窟考》，《中国藏学》2008年第3期，第40—47页；郭祐孟：《晚唐观音法门的开展——以敦煌莫高窟161窟为中心》，《圆光佛学学报》，2003年第8期，第103—142页。

图 25-17　莫高窟第 161 窟主室

图 25-18　莫高窟第 98 窟天王图像

　　五代宋初时期，密教在敦煌依旧盛行。特别是北宋初年取经热潮的再次兴起，中原出现了大量新译出的密教经典，其中最具代表性的是金刚乘经典和仪轨，包括瑜伽和无上瑜伽密典。敦煌石窟中有 150 多个洞窟保存有五代宋初时期的密教图像，有 500 余幅，是敦煌密教图像最为丰富的时期。

　　这一时期，曹氏归义军家族及其族属在莫高窟开凿了诸多大型佛窟，与其他前代建造洞窟所不同的是，部分新建洞窟窟顶四角出现四天王图像，其样式独特，在之前敦煌石窟中未曾出现。以莫高窟第 98 窟为例，该窟由当时初掌曹氏归义军政权的曹议金营建，该窟主室窟顶四角呈凹进扇形弧面，每个弧面内绘一身天王及其眷属像（图 25-18）。天王为武士装束，手执法器，游戏坐于低床，天女、小鬼等随侍于左右。学者们将其称为"四角天王"图像，根据题记可知"四角天王"图像分别是，东北角绘北方毗沙门天王、东南角绘东方提头赖吒天王、西南角绘南方毗琉璃天王、西北角绘西方毗楼博叉天王。[1]宿白指出"四角天王"是五代宋初之际敦煌新流行的密教图像之一。[2]而窟顶四角天王结合洞窟中的佛坛，具有设坛作法的修行理念。四天王降临道场分守四隅，既体现"结护"作法之意，又反映四王聆听佛法欲证菩提之大乘思想。"结坛"修行是佛教密法修行法门之一，这也在一定程度上反映出"四角天王"图像的密教性质。

① 米德昉：《敦煌曹氏归义军时期石窟四角天王图像研究》，《敦煌学辑刊》2012 年第 2 期，83—92 页。
② 宿白：《中国石窟寺研究》，文物出版社，1996 年，第 293 页。

孔雀明王像亦是五代时期新出现的密教图像。《孔雀明王经》是一部较有代表性的密教经典，是"五护秘经"之一。尽管该经传入我国时间较早，但敦煌石窟中的孔雀明王像直到五代时期才开始出现。[1] 关于孔雀明王像的造像仪轨主要有不空所译的《大孔雀明王画像坛场仪轨》和义净翻译的《佛说大孔雀咒王经》。莫高窟第205窟的甬道上孔雀明王像头戴化佛冠，四臂分别持孔雀尾羽、莲花和吉祥果等物，结跏趺坐于孔雀上，两侧分别有五身眷属（图25-19）。虽然洞窟中孔雀明王像的臂所持物与相关孔雀明王造像仪轨不完全相同，但基本上还是一致的。在密教造像中，绝大多数的明王皆愤怒相示现，唯独孔雀明王以慈悲菩萨相示现，这可称得上孔雀明王在造像特征上的一大特点。与同时期巴蜀地区石窟中孔雀明王像以主尊身份出现的情况不同，敦煌孔雀明王像无一例外地出现在洞窟甬道顶或甬道两侧，这似乎说明孔雀明王信仰虽曾在敦煌流传，但其在当时并非敦煌密教的主流信仰。

五代时期敦煌的密教洞窟有莫高窟第99窟，该窟主室除窟顶和西壁龛外均为密教图像，包括不空罥索观音经变、如意轮观音经变、千手千钵文殊经变（图25-20）、千手千眼观音经变。莫高窟第99窟在严谨的密教图像对应结构中，突显出观音大慈大悲精神对敦煌民众的护佑。

图25-19　莫高窟第205窟甬道顶孔雀明王

图25-20　莫高窟第99窟南壁千手千钵文殊经变

---

[1] 王惠民：《论〈孔雀明王经〉及其在敦煌、大足的流传》，《敦煌研究》1996年第4期，第37—47页。关于敦煌孔雀明王像的研究，亦可参石［日］桥村爱子：《敦煌莫高窟及び安西榆林窟の孔雀明王（Mahamayuri）について——归义军節度使曹氏による密教受容の一断面》，《美学美术史研究论集》第25号，2011年，第27—54页。中译本另见樊锦诗主编：《敦煌吐蕃统治时期石窟与藏传佛教艺术研究》，甘肃教育出版社，2012年，第316—341页。

此外，在莫高窟南区北端山顶的平地上有一座以土坯建成的单檐式方塔，其内部有大量密教图像，学界习惯称其为"天王堂"（图 25-21）。对于"天王堂"的研究，学界多从建筑的称呼、建造年代及壁画内容进行探讨。[1] 阮丽新近的研究结果表明"天王堂"内的密教图像是依据法贤译《佛说瑜伽大教王经》的同本梵文原典《幻化网大怛特罗王》所绘的。"天王堂"内下半部主要表现的是以胎藏大日为中心与八大菩

图 25-21 莫高窟"天王堂"外景

萨、四天王像结合的图像组合，图像的传入很可能与天息灾、施护在曹延禄执政时期"从北天竺国诣中国，至敦煌，其王固留不遣数月"之事件相关。[2]"天王堂"中图像的释读对敦煌乃至中原宋代后期密教的研究有着极其重要的意义。

六、敦煌晚期密教图像

11 世纪初，党项与甘州回鹘展开争夺河西走廊的长期战争。1028 年，党项灭甘州回鹘，1030 年，瓜州王以千骑降，1036 年，党项攻占敦煌，设瓜州西平监军司管辖此地。1038 年，党项立大夏王朝，史称西夏，并在此后的二百余年间在河西地区形成了独特的西夏文化。

西夏统治者崇信佛教并多次向宋朝求赐佛经，同时不惜耗费大量人力物力兴建寺院，而这一时期敦煌石窟中亦新建或重修了不少洞窟。西夏统治之初，敦煌依然盛行汉传密教，并承袭了诸多汉传密教的艺术成分。然而到西夏中期，随着藏传密教在西夏的兴起与发展，相关图像也开始在敦煌石窟中出现，这一变化也动摇了西夏早期汉传密教的地位。

对于敦煌石窟中西夏时期的密教图像，可分为汉传密教图像和藏传密教图像两类。汉传密教图像主要是对五代宋初的沿袭，此时流行的汉传密教图像有水月观音和炽盛光佛。

---

[1] 关于敦煌"天王堂"的研究，参看沙武田：《莫高窟"天王堂"质疑》，《敦煌研究》2004 年第 2 期，第 23—27 页；寇甲、赵晓星：《莫高窟"天王堂"初探——吐蕃统治敦煌时期的密教研究》，《兰州大学学报》（社会科学版）2007 年第 2 期，第 55—60 页。
[2] 阮丽：《莫高窟天王堂图像辨识》，《敦煌研究》2013 年第 5 期，第 40—50 页。

水月观音作为佛教三十三观音之一,是敦煌晚期出现的重要密教题材。[1]榆林窟第2窟主室西壁门上南北两侧各有一铺水月观音,壁画中的水月观音背倚山石坐于岩石上,左手自然放在左腿膝盖之上,右手托钵平举于胸前,身体轻微后斜,凝思远望(图25-22)。需特别注意的是,西夏时期的水月观音往往以对称的形式出现,这种讲究对称和统一的表现形式,可称得上是一种镜像的美术,[2]别具特色。另外,炽盛光佛亦是西夏时期流行的密教题材之一,炽盛光佛信仰与占星术有着密切关系,古人认为诸星宿的运动预示着人类社会的福祸,而供养、受持炽盛光佛及其相关陀罗尼可以禳灾度厄、免除灾星恶曜的影响。莫高窟第61窟建于五代,甬道南北两壁各绘有西夏时期重修的炽盛光佛经变,主要表现出九曜、黄道十二宫、二十八宿及炽盛光佛巡行等内容(图25-23)。莫高窟第61窟炽盛光佛经变画面中所反映出来的炽盛光佛巡行和本地僧团送迎的场面,不仅是重绘壁画时受西夏仪式佛教影响的结果,还是西夏佛教重实践、重仪轨的图像记忆。[3]

与汉传密教图像逐渐衰落的情况不同,敦煌晚期石窟中流行的藏传密教图像题材异常丰富,主要以各类藏密曼荼罗为主。曼荼罗亦作曼陀罗,是梵文Mandala的音译,其意译为坛或坛城,原来指密教在修行密法时为防止"魔众"侵扰,在修法处画一圆圈,或建方形、

图25-22 榆林窟第2窟西壁水月观音　　图25-23 莫高窟第61窟甬道炽盛光佛巡行图

---

[1] 关于敦煌水月观音图像的相关研究,参看王惠民:《〈水月观音经〉与水月观音像》,载氏著《敦煌佛教图像研究》,浙江大学出版社,2016年,第139—161页;史忠平:《敦煌水月观音图的艺术》,《敦煌研究》2015年第5期,第20—33页;孟翠翠、于向东:《水月观音图像的创作依据》,《南京艺术学院学报》(美术与设计版)2011年第4期,第68—72页。

[2] 郭子睿:《镜像的美术、思想与礼仪——肃北五个庙第1窟西夏水月观音图像研究》,《西夏学》第二十一辑,甘肃教育出版社,2020年,第306—323页。

[3] 沙武田:《西夏仪式佛教的图像——莫高窟第61窟炽盛光佛巡行图的几点思考》,《四川文物》2020年第3期,第92—111页。

图 25-24　榆林窟第 3 窟主室　　　　图 25-25　榆林窟第 3 窟窟顶五方佛曼荼罗

圆形的土坛。曼荼罗是佛教吸收印度原有祭祀仪式之一种，其在印度最早出现的时间已难考究，但至少在吠陀时期已经产生。曼荼罗是密教艺术题材中最为复杂的一种，曼荼罗一般呈方形或圆形，中央画一佛或菩萨为本尊。本尊上下左右四方及四隅各画一菩萨像，形成一朵俯视的莲花，本尊位于中央莲台之上，周围八个莲瓣上各有一菩萨像，整朵莲花成为中院。中院外围又有一层或两层菩萨或诸天护法组成外院。密教最重要的两部曼荼罗是被称为"金胎两部"的金刚界曼荼罗和胎藏界曼荼罗。

藏传密教图像无论是形象还是风格均与汉传密教图像有极大的差别。在部分洞窟中，藏传密教图像在洞窟中往往对称绘制，甚至占据窟顶，反映出西夏时期藏传密教地位之高。

榆林窟第 3 窟是西夏时期极具代表性的洞窟之一，该窟具备汉传和藏传两类密教图像。[1] 榆林窟第 3 窟的汉传密教图像在洞窟主室东壁和西壁上，东壁的是对称出现的五十一面千手千眼观音经变和十一面观音经变，西壁则是普贤变和文殊变。该窟的藏传密教图像分别是窟顶的五方佛曼荼罗，南壁东侧的顶髻尊胜佛母曼荼罗，南壁西侧的恶趣清净曼荼罗，南壁西侧上方的五护陀罗尼佛母，北壁东侧的摩利支天曼荼罗，北壁西侧的金刚界曼荼罗，北壁西侧上方的不空羂索观音曼荼罗。榆林窟第 3 窟是显密两教、汉传藏传各类不同图像并存的洞窟，其是西夏时期敦煌地区多民族跨地域文化交流的体现（图 25-24、图 25-25）。

莫高窟第 465 窟是敦煌石窟中最具藏传密教色彩的洞窟，该窟过去一直被认为是元代洞窟，但随着近年来关于该窟研究成果地不断涌现，越来越多的证据表明该窟为西夏时期

---

[1] 关于榆林窟第 3 窟的研究，可参看贾维维：《榆林窟第三窟壁画与文本研究》，浙江大学出版社，2020 年；郭静：《瓜州榆林窟第 3 窟世俗图像研究》，陕西师范大学硕士学位论文，2019 年；刘永增：《瓜州榆林窟第 3 窟的年代问题》，《艺术设计研究》2014 年第 4 期，第 16—23 页；刘永增：《瓜州榆林窟第 3 窟释迦八相图图像解说》，《敦煌研究》2014 年第 4 期，第 1—16 页。

所营造的洞窟。[1]莫高窟第465窟位于莫高窟北区崖面的最北端,是一座具有前室、后室的大型洞窟。洞窟的后室中央设五层圆坛(现存四层),坛上塑像已不存,窟顶和四壁的壁画均依据藏传密教经典和仪轨绘制而成,特别是其中多铺男女双身的密教图像,属于藏传密教中的无上瑜伽密的内容(图25-26)。莫高窟第465窟的藏传密教图像内容丰富,布局考究,其佛菩萨造像有一种狰狞之美,感染力强,是藏传密教艺术的经典,其无论从形式还是内容都为敦煌艺术增添了新的品类。可以说,莫高窟第465窟是研究藏传密教不可多得的珍贵资料。

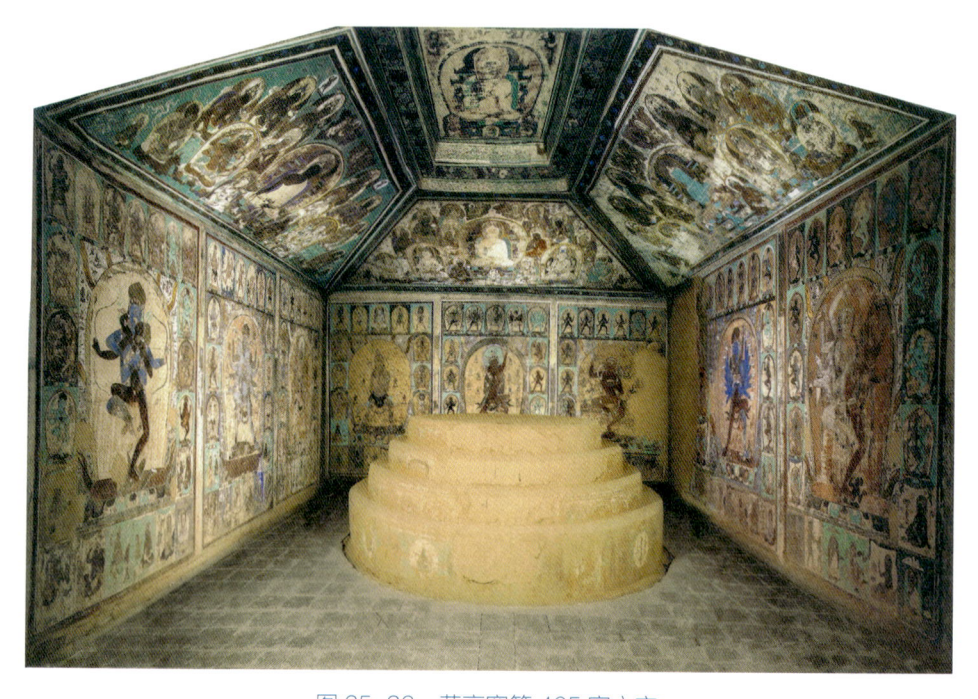

图25-26 莫高窟第465窟主室

综上,通过对不同时期敦煌石窟中密教图像的梳理,我们可将敦煌密教大致分为三个阶段:第一阶段从北朝至初唐,属于汉传密教在敦煌的起步阶段;第二阶段从盛唐至五代宋,属于汉传密教在敦煌发展的鼎盛时期;第三阶段是西夏至元代,汉传密教衰落,藏传密教异军突起并快速发展。

---

[1] 张伯元:《莫高窟465窟藏传佛教壁画浅识》,《西藏研究》1993年第1期,第83—90页;谢继胜:《敦煌莫高窟第465窟壁画双身图像辨识》,《敦煌研究》2001年第3期,第1—11页;谢继胜:《莫高窟第465窟壁画绘于西夏考》,《中国藏学》2003年第2期,第69—79页;放特根:《敦煌莫高窟第465窟断代研究综述》,《敦煌研究》2003年第5期,第3—8页;霍巍:《敦煌莫高窟第465窟建窟史迹再探》,《中国藏学》2009年第3期,第187—194页;阮丽:《莫高窟第465窟曼荼罗再考》,《故宫博物院院刊》2013年第4期,第61—85页。

第二十六章　敦煌石窟藏传图像导论

一、敦煌石窟藏传图像界定

藏传图像，顾名思义为源自藏传佛教的图像，这里包含藏传佛教考古学与藏传佛教艺术学两种范畴对图像学的阐释，且这两种范畴互相依存。从考古层面来讲，正如西藏考古与艺术学前驱杜齐所指出："藏传佛教考古不仅仅包括资料的收集及对我们所拥有的、如此有限的考古资料的使用，而且还要对艺术史这一更广泛的领域进行研究，特别是对藏传佛教艺术起源所处的环境进行研讨。"[1] 从艺术层面来讲，藏传佛教图像可分为绘画、雕塑和雕刻三大类，[2] 在这其中尤以绘画、雕塑占多数。据中国藏学泰斗王尧研究，"西藏艺术的起源，可追溯到新石器时代的昌都卡若遗址发掘出陶器上的绳文与花纹，这是西藏最早的绘画。而佛教的传入，则是藏族绘画得以发展、繁荣的根本动力"[3]。从这个意义上来说，似乎带有藏文化特征的艺术，很大程度上等同于西藏的宗教艺术，但是古代艺术品与艺术史迹所包含的意义又远远大于单纯的宗教性。[4] 以图像为代表的各类考古、艺术遗存，本身即为文化传播与发展的重要特征。

佛教传入西藏的时间至今尚无定论，影响较大的观点是六世纪左右。[5] 可以看到自6、7世纪以来，西藏的绝大部分艺术活动是围绕着藏传佛教文化展开的，佛教艺术在西藏得到了有力的发展。[6] 有国外学者提出，"我们着重强调了印度艺术影响的基本方面，西藏神像的造像系统接受了不少印度艺术的因素，印度艺术赋予了西藏艺术以活力，它们之间既有共同之处，又各具独立的性格。中原文化艺术对西藏艺术的影响是表面的。并没有对其

---

[1] 杜齐著，向红茄译：《西藏考古（穿越喜马拉雅）》，西藏人民出版社，2004年，第2—3页。
[2] 罗桑开珠：《藏传佛教造像艺术的结构体系及其象征意义》，《中央民族大学学报》（哲学社会科学版），2009年第1期，126页。
[3] 王尧：《藏学概论》，山西教育出版社，2004年，第298页。
[4] 柴焕波：《西藏艺术考古》，河北教育出版社，2002年，第6页。
[5] 王尧：《藏学概论》，山西教育出版社，2004年，第165页。
[6] 张亚莎：《西藏美术史》，中央民族大学出版社，2006年，第5页。

产生根本的影响"[1]。然而这一论断在近年被不断出现的新材料与新观点所取代,"长期以来人们认为,西藏佛教艺术的主要艺术手法、风格和构思深受印度、克什米尔的影响……暗示出西藏艺术深受中原艺术影响,或者中原艺术深受西藏艺术影响。每个人只要对任何一份中原、西藏等青铜塑像和绘画作品的销售目录瞟上一眼,会立即坚信这两种影响是同时存在的"[2]。从7世纪至20世纪,藏传佛教艺术持续东渐,与中原艺术的关系日趋紧密,风格样式互相借鉴,形成了一种具有可辨识特征的汉藏艺术风格。正如当代艺术史家谢继胜所言:"这种风格随着时代演进,其中的汉藏成分或有变化,但两者之间的界限逐渐消弭,形成一种兼有两者审美趣味并可形诸实践的绘画与雕塑手法,并将对这种样式的喜尚固化为汉藏民族的审美标准而驻留于信仰者或受众无意识的自觉之中。这种成熟的风格促进了汉藏艺术双向的发展,是我国多民族共同创造中华文明史的集中映现。"[3]

敦煌石窟是以莫高窟为主体的包括瓜州榆林窟、瓜州东千佛洞、敦煌西千佛洞、肃北五个庙等多处石窟群,位于古敦煌地区的总称。[4] 所谓的敦煌藏传佛教图像研究,即为历史上对敦煌及其附近地区的各类石窟寺及其他考古遗址、遗存中所创造、遗留的,造像思想源于藏传佛教但同时兼具汉藏艺术风格的各类壁画、唐卡、塑像、雕刻等艺术作品的研究。敦煌的藏传佛教图像,不仅仅是印度、尼泊尔等文化东渐地被动接受的产物,还是中原文化与文明西渐青藏高原、中亚河中地区,以及向南亚次大陆积极拓展的主体。

二、吐蕃统治时期的敦煌石窟藏传图像

吐蕃统治敦煌近七十年,在敦煌莫高窟、瓜州榆林窟留下了五十余所洞窟,此外还有数十幅藏经洞中出土的吐蕃统治敦煌时期的绢画。敦煌佛教艺术与藏传佛教艺术互相影响,从藏传佛教艺术整体发展角度来看,敦煌佛教艺术与后弘期以来的藏传佛教艺术史有着紧密的联系,从敦煌石窟艺术角度出发,吐蕃统治敦煌时期的佛教造像艺术风格兼容并蓄,各类型的佛教造像风格、形象进入敦煌佛教艺术体系当中,丰富了敦煌佛教艺术的内涵。有学者提出,这一时期的敦煌佛教图像风格可称之为"敦煌吐蕃波罗样式"[5]。

从历史角度考察,安史之乱后唐西北边军大量内调,吐蕃乘机进占包括敦煌在内的河西,同时敦煌石窟的营建非但没有停止,反而更加活跃。据相关研究,中唐吐蕃统治敦煌时

---

[1] 王尧主编:《国外藏学研究译文集》第一辑,西藏人民出版社,1986年,第353页。
[2] [法]海瑟·噶尔美著,熊文彬译:《早期汉藏艺术》,河北教育出版社,2001年,第2页。
[3] 谢继胜主编:《藏传佛教艺术发展史·上册》,上海书画出版社,2010年,第1页。
[4] 郑炳林、沙武田:《敦煌石窟艺术概论》,甘肃文化出版社,2005年,第219—220页。
[5] 谢继胜主编:《藏传佛教艺术发展史·上册》,上海书画出版社,2010年,第42页。

图 26-1 莫高窟第 158 窟涅槃经变赞普与部从像(1908 年)

图 26-2 莫高窟第 158 窟甬道北壁吐蕃装供养人像

期莫高窟新开和重修的洞窟有 56 个之多,[1]加上榆林窟第 25、15 窟,西千佛洞第 15 窟,合计 59 个。在这一时期,敦煌石窟的造像出现了重构现象,即石窟造像内容上出现了重新组合,大量"原创性"图像的出现,其背后原因展现出敦煌石窟在这一时期营建思想上的变化,这与敦煌中唐吐蕃统治时期的社会历史、宗教信仰、思想意识等的背景密不可分。[2]

现以一些较为典型的敦煌藏传艺术风格的洞窟造像与敦煌出土艺术品为例,进行详细说明。

莫高窟第 158 窟涅槃绘塑内容。该窟主室北壁各国王举哀图中出现居于首要位置的吐蕃赞普与侍从形象(图 26-1,现已不存,以伯希和所摄图片为据),同时甬道北壁有供养人图像(图 26-2)并存题记"大蕃管内三学法师持钵僧宜"。据人物上方藏文榜题"bod btsan po(蕃赞普)",判断该人物即为吐蕃赞普,同时赞普具有头光,推断该壁画即为吐蕃时期所绘。赞普与部从头戴典型的吐蕃式样缠头,身着团花翻领大衣,这种团花图样

---

[1] 樊锦诗、赵青兰:《吐蕃占领时期莫高窟洞窟分期研究》,载敦煌研究院编《敦煌研究文集·敦煌石窟考古篇》,甘肃民族出版社,2000 年,第 182—210 页。
[2] 沙武田:《吐蕃统治时期敦煌石窟研究》,中国社会科学出版社,2013 年,第 34 页。

图 26-3　莫高窟第 158 窟涅槃经变左一位置波罗风格菩萨像

在之后西藏中部等地的寺院造像中也有出现。同时在窟内还存一尊高发髻、戴三叶冠等特征具明显波罗风格装束的菩萨像(图26-3)。

在维摩诘经变中绘制的吐蕃赞普礼佛图是这一时期出现的原创性图像,莫高窟第159、231、237、359、360等窟内均存有此类内容,其中以莫高窟第159窟最为典型(图26-4)。该窟内吐蕃赞普及部从均头戴典型吐蕃红色缠头朝霞帽,身穿翻领长袍。我们认为,此类赞普礼佛图像应据吐蕃人带来的邈真像所绘,这一时期此类图像大量出现,固然与当时的社会、政治现实不可分割,也从侧面反映出当时敦煌石窟营建上存有相对的自由性。[1]

除此以外,这一时期修建的部分石窟中还绘有吐蕃装供养人。营建于中唐吐蕃时期的莫高窟第240窟,在主室西龛下发愿文榜题北侧画吐蕃装男性供养人一排,在莫高窟第359窟主室北壁经变画下画吐蕃装男性供养人一排,门壁北铺经变画下画吐蕃装男性供养人一排,莫高窟第361窟北壁经变画下画吐蕃装侍从三身。盛唐未完工,中唐吐蕃时期补绘洞窟的莫高窟第225窟东壁门上南侧与北侧吐蕃装男性供养人像。中唐吐蕃时期重修洞窟,如莫高窟第220窟,甬道南壁龛内下方绘吐蕃装男性供养人像。我们认为,这类吐蕃装供养人具有如下特点:一、供养人画像数量急剧减少,相当一部分洞窟未绘供养人。二、供养人画像的位置首次出现于洞窟主室东壁门上。三、吐蕃装供养人与唐装供养人同时并存,一般男性供养人为吐蕃装,女性供养人为唐装,表明这一时期敦煌汉人男性必须穿着吐蕃装,而女性穿着相对自由,唐装与吐蕃装均可。四、从供养人身份数量上来看,僧人多于世俗人物。[2]

莫高窟第365窟,系中唐敦煌著名高僧洪辩所建"七佛药师之堂",据《吴僧统碑·大蕃沙州释门教授和尚洪辩修功德(记)》中记载"圣神赞普……"[3],窟内还存一藏文题记,尽管窟内壁画系西夏时期重绘,但通过题记与史料可知,该窟修建于吐蕃占领敦煌时期。

图26-4 莫高窟第159窟维摩诘经变吐蕃赞普及部从像

---

[1] 沙武田:《吐蕃统治时期敦煌石窟研究》,中国社会科学出版社,2013年,第115页。
[2] 沙武田:《吐蕃统治时期敦煌石窟研究》,中国社会科学出版社,2013年,第69页。
[3] 郑炳林:《敦煌碑铭赞辑释》,甘肃教育出版社,1992年,第63—71页。

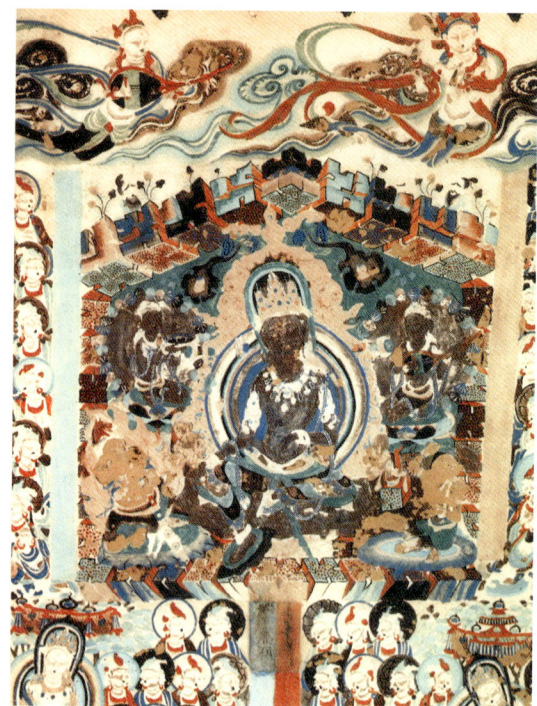

图 26-5　莫高窟第 156 窟龛顶东披金刚持菩萨　　图 26-6　莫高窟第 161 窟窟顶西披观音菩萨

　　朗达玛灭佛后，吐蕃政权分崩离析，河西吐蕃势力被迫于 848 年撤离敦煌，尽管如此，在以后的石窟营建中，依然存在很多吐蕃时期遗留的图像特征。莫高窟第 156 窟龛顶东披存有两尊波罗风格的菩萨，分别为金刚持菩萨（图 26-5）、普贤三昧菩萨，其头光、身光、发髻冠式明显与窟内其他菩萨不同。莫高窟第 161 窟内同样留下了波罗艺术风格的痕迹，谢继胜认为，窟顶西披观音（图 26-6）与卫藏早期绿度母像相似度极高，两者应有承继关系。此外，观音周身绘制的立体几何状山岩窟形装饰，在同时期的印度等地绘画中非常少见，直至 11—13 世纪开始大量出现在卫藏波罗绘画中，此类山岩窟形装饰为我们寻找北印度等地相似艺术遗存来源提供了线索。[1]

　　除了石窟造像艺术以外，在敦煌藏经洞还出土了部分具有波罗风格特点的绢画艺术品。收藏在大英博物馆的一幅敦煌绢画 Stein painting 50 大日如来与八大菩萨曼荼罗（图 26-7），其中有几尊菩萨身旁还存有藏文题记，其遵循的造像仪轨与汉译八菩萨经典内容并不一致，夹杂着金胎两界造像系统的影响。[2]

---

[1] 谢继胜主编：《藏传佛教艺术发展史·上册》，上海书画出版社，2010 年，第 45 页。
[2] 郭祐孟：《敦煌石窟卢舍那并八大菩萨曼荼罗造像初探》，《敦煌学辑刊》2007 年第 1 期，第 45—63 页。

敦煌绢画Stein painting 32 千手千眼观音曼荼罗，同样具有浓郁波罗吐蕃风格（图26-8）。作为中心神祇的千手千眼观音已残，画面大部为顶端的药师佛，故名称曾被误认为药师佛，最初这幅绢画被藏传佛教艺术史家海瑟·噶尔美在其《早期汉藏艺术》一书中刊布并释读出了藏文题记。[1] 题记显示：这幅绢画被绘制于836年，作者为白央。就画面内容来看，顶端的药师佛与二菩萨（其中一尊已确认为莲花手观音），其高发髻、三叶冠、周身璎珞等特征具有明显的波罗风格，而画面中部的文殊、普贤二菩萨风格迥异，显示出完全汉式的造像特征，这说明以白央为代表的画家，已经完全掌握了中原与吐蕃波罗风格的绘画技巧，并将二者有机地融为一体。

收藏于法国吉美博物馆的绢画EO.1131 不空羂索观音曼荼罗（图26-9），对于其定名，国外西藏艺术学者艾米·海勒根据主尊持物羂索判断定名为不空羂索观音，韦陀则根据其画面布局认为其应当为大日如来与八大菩萨，[2] 由于目前画面中只存在七位菩

图26-7 绢画Stein painting 50 大日如来与八大菩萨曼荼罗

图26-8 绢画Stein painting 32 千手千眼观音曼荼罗

---

[1] [法]海瑟·噶尔美著，熊文彬译：《早期汉藏艺术》，中国藏学出版社，1994年，第34—36页。
[2] [瑞士]阿米·海勒［西藏东部八至九世纪寺院与石刻］，载珍妮·卡西·辛格，丹伍德主编：《西藏艺术：转向神化风格》，伦敦，1997年，第86—103页。

萨，故定名为大日如来与八大菩萨似难成立。从内容来看，主尊与眷属的配饰具有明显波罗风格，与相关文献记载也能对应，但整体特征还有大量汉式绘画的痕迹，可以说是将敦煌早先流行的唐密观音形象进行了吐蕃化改造。该绢画有藏文题记，时代被推定在8世纪末。

敦煌绢画Stein painting 103 金刚手菩萨（图26-10），其三叶冠、项链、臂钏、手镯、双肩的发辫、双手手掌发红等特征具有明显的波罗风格，同时面部正面有于阗风格，贴身丝绸短裤与克什米尔风格接近，脚下莲花却又接近敦煌本地特征，绢画背面有藏文题记。

收藏于大英博物馆的敦煌绢画Stein painting 102 莲花手菩萨（图26-11）与Stein painting 101 观音菩萨（图26-12），创作于9世纪中叶到10世纪初，高发髻、三叶冠、大耳铛、双肩卷曲发辫、飘带自然垂下的裙裤等，具有十分明显的吐蕃波罗艺术风格。国外西藏艺术学者维塔利认为这两幅绢画与西藏乃东的吉如拉康相近，说明吐蕃占领敦煌时期，吐蕃与敦煌的联系非常紧密。

除了上述的三幅菩萨像以外，还有一幅吉美博物馆藏的普贤菩萨绢画MG.17770（图26-13）。尽管绘画方法与前几幅绢画略有不同，但其头饰、璎珞、发辫等具有明显的吐蕃波罗风格样式，莲座为敦煌流行样式，做到了不同风格的有机统一。[①]

在大英博物馆中保存的敦煌绢画Stein painting 57 维摩诘经变（图26-14），与莫高窟第159窟壁画维摩诘经变主题一致，但对画面下部吐蕃赞普与部从服饰的细部进行比较后，其小翻领胡服的样式更加接近莫高窟第158窟涅槃经变的样式，创作年代可能与莫高窟第158窟更为接近。此外，赞普与侍从上方的四大天王所着铠甲具有吐蕃武士特征，下文中将会与榆林窟

图26-9 绢画EO.1131 不空羂索观音曼荼罗

[①] [意]罗伯特·维塔利：《早期西藏中部寺庙》，1990年，伦敦西域出版社，第103页。

第二十六章 敦煌石窟藏传图像导论 817

图 26-10 绢画Stein painting 103 金刚手菩萨

图 26-11 绢画Stein painting 102 莲花手菩萨

图 26-12 绢画Stein painting 101 观音菩萨

图 26-13　绢画 MG.17770 普贤菩萨 　　　　图 26-14　绢画 Stein painting 57 维摩诘经变

第二十六章 敦煌石窟藏传图像导论 819

图 26-15 榆林窟第 15 窟前室北壁天王像

图 26-16　榆林窟第 25 窟东壁卢舍那佛像

第 25 窟的天王像进行对比研究。

除了敦煌莫高窟以外，瓜州的榆林窟也有一批石窟与吐蕃波罗艺术有关。安西榆林窟内容总录显示，榆林窟第 15 窟始建于中唐，覆斗顶形，吐蕃占领时期绘制内容集中于前室，北壁绘有一身天王像（图 26-15），坐须弥座，上半身袒露，未穿铠甲，右臂持棒，左臂持一吐宝鼠。从壁画位置分析，该尊神祇应为北方多闻天王。我们认为，藏传绘画中多闻天王造像的主要来源有两个：第一是印度的五娱夜叉，在阿旃陀石窟中已有例证，只不过持物为猫鼬而非吐宝鼠。第二是早期的于阗造像，具体的例证为莫高窟第 154 窟南壁西侧的毗沙门天王像、榆林窟第 25 窟前室东壁多闻天王像、莫高窟第 158 窟西壁北侧天王像、莫高窟第 12 窟毗沙门天王像等，其铠甲装束与榆林窟第 15 窟的非常接近，只不过区别在于其持物棍棒、长矛、三叉戟换为伞幢宝杖，由立像转为坐像等。榆林窟第 15 窟的这尊天王像恰好弥补了藏传佛教艺术中由早期的多闻天王像向后期的库藏神像转化过程中缺失的图像学例证。

瓜州榆林窟第 25 窟是吐蕃统治敦煌期间，绘画造像艺术的里程碑式作品。对其修建年代，学界有多种看法，国外藏学学者凯普斯坦通过语言学汉藏对音的方式，认为该窟很有可能为敦煌藏文卷子 P.t.16 与 I.O.751 中提到的"会盟寺（gtsigs kyi gtsug lag khang）建在德噶玉蔡（de ga g·yu tshal）"。[①] 我们根据对窟内北壁弥勒变左下藏文题记内容的分析，可知该窟应为生活在 803—883 年的曹僧政主持绘制。此外，窟内东壁出现的"清净法身"卢舍那佛像（图 26-16）与 9 世纪早期东印度波罗艺术风格高度接近，其三叶冠、高发髻、下

---

① [美] 马修·凯普斯坦：《德噶玉蔡会盟寺的比定与图像》，载霍巍、李永宪主编《西藏考古与艺术国际学术讨论会论文集》，四川人民出版社，2004 年，第 98—127 页。

垂的眼角、卷曲的发辫、耳铛、项链、臂钏、手镯与脚镯皆为波罗样式,再加上T字形汉藏文结合榜题框更加印证了其为吐蕃时期遗存,另外根据大英博物馆收藏的三幅纸画(Stein painting 160、168、169)信息显示也与其存在着密切联系。

三、后弘期的敦煌石窟藏传图像

随着吐蕃赞普朗达玛(约832—842)开始推行灭法运动,佛教传播在吐蕃暂时中断,社会矛盾严重激化,最终造成了吐蕃的崩溃与分裂。其后约一个世纪,随着西藏统治者的倡导,佛教开始从西部阿里方向与东部多康方向重新进入卫藏,并最终在整个西藏逐渐恢复,史称上路弘法与下路弘法,这以及之后的历史时期也被称为藏传佛教的后弘期。下路弘法的源头即早先时期卫藏佛教信众为远离宗教迫害而前往的多康地区(今甘肃、青海、四川等地),恰好与党项人世居生存在同一地区,因此多康地区也成为11—12世纪后弘期佛法复兴的重要发源地之一。敦煌位于河西走廊这一独特的地理单元,与多康地区毗邻,加之10—13世纪中原王朝一直未能在河西走廊实现完全管辖,周边各不同族群都曾直接或间接地统治过敦煌,因此这一时期的敦煌石窟也呈现出明显有别于中原的艺术风格。根据目前对敦煌石窟的统计,这一时期的藏传佛教石窟造像主要集中于西夏时期。

藏文史料表明,西夏的先民党项人在吐蕃时期就与吐蕃佛教产生了联系。[1]吐蕃灭亡后,党项人对多康地区佛教的发展复兴起到了至关重要的作用。[2]西夏建立后,藏传佛教在其境内获得了极大的发展,并最终成为绝大多数民众信仰的宗教。

现选取一些较为典型的后弘期敦煌藏传佛教艺术风格的洞窟造像进行详细说明。

作为一个标准的西夏时期石窟样本,榆

图 26-17　榆林窟第 29 窟南壁东侧国师像

① 黄颢:《藏文史书中的弥药(西夏)》,《青海民族学院学报》1985年第2期。
② 智观巴贡却乎丹巴饶吉著,吴均译:《安多政教史》,甘肃民族出版社,1989年,第23页。

图 26-18　榆林窟第 29 窟东壁南侧金刚手像　　图 26-19　榆林窟第 3 窟窟顶金刚界五方佛

林窟第 29 窟内绘有供养人与西夏文榜题。窟内南壁东侧存有一国师像（图 26-17），其所戴帽冠为西夏国师常见的通人冠（又名莲师帽），身旁有西夏文榜题："真义国师西壁智海"。该窟最具藏传佛教风格的图像例证是东壁南侧与西壁南侧的两身护法神像，分别是金刚手（图 26-18）与不动明王。金刚手发髻上扬，身着耳铛、璎珞、虎皮裙，右手高举金刚杵，左手施期克印，展右蜷左，立于莲花日轮，安住于火焰之中。不动明王头戴宝冠，发髻与金刚手相似，一面三目，璎珞庄严，右手高举宝剑，左手当胸持绢索，着虎皮裙，展左蜷右，脚下莲花日轮。此外，窟内正中还存有一圆形曼荼罗佛坛，应与藏传佛教仪轨存在密切关系。

　　榆林窟第 3 窟是同样具有藏传密教色彩的石窟，窟顶绘有金刚界五方佛（图 26-19），中央为智拳印大日如来，曼荼罗外四角饰以金刚杵。窟内的藏传密教图像主要有东壁北铺十一面千手观音（图 26-20）与东壁南铺五十一面千手观音（图 26-21）、南壁东铺顶髻尊胜佛母曼荼罗（图 26-22）、北壁东铺摩利支天曼荼罗、窟顶与北壁西铺的金刚界曼荼罗、南壁西铺恶趣清净曼荼罗等（图 26-23）。其中十一面千手观音的文本来源于德格版大藏经

图 26-20　榆林窟第 3 窟东壁北铺十一面千手观音 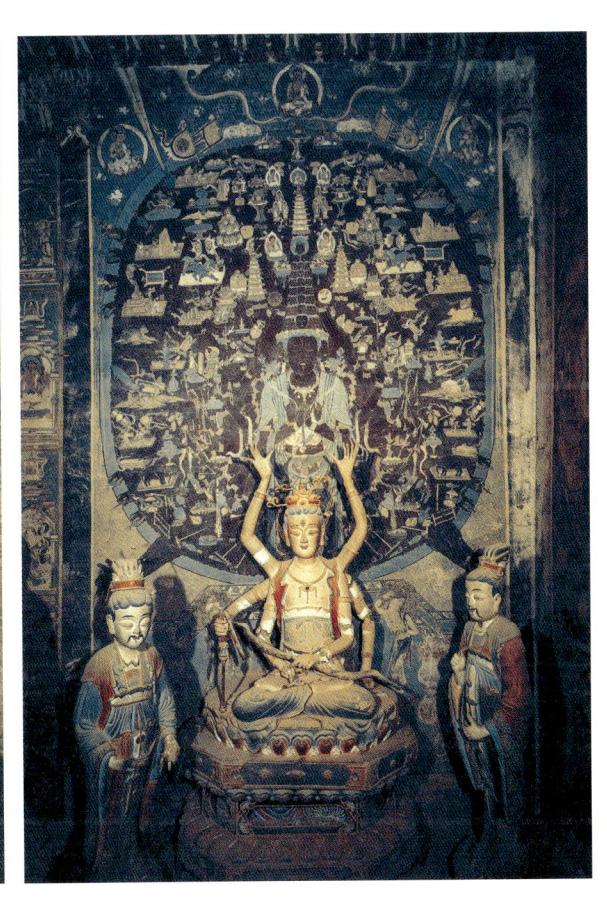　　　图 26-21　榆林窟第 3 窟东壁南铺五十一面千手观音

No.2736，系阿底峡（Atisa）撰、仁钦桑布（Rin chen bzang po）译的《圣千手观音自在成就法》。顶髻尊胜佛母曼荼罗遵循德格版大藏经No.594、595，即法军（Chos kyi sde）与巴哩（Ba ri）译的《一切如来顶髻尊胜佛母陀罗尼仪轨》。[1] 五十一面千手观音背光之内的社会生活场景与西夏的大成就者信仰高度相近。[2] 恶趣清净曼荼罗文本源于宋代法贤译《佛说大乘观想曼拏罗净诸恶趣经》。[3] 此外东壁的八塔变主题内容也频繁出现在这一时期的西夏艺术遗存中。与榆林窟第 29 窟同样，存有一佛坛基底。

尽管对榆林窟第 4 窟的建窟时间还存在不同意见，但其窟内北壁东侧的一铺文殊弥勒对坐像（图 26-24）与同时期卫藏扎塘寺遗存有着一定的顺承关系。榆林窟第 10 窟甬道北壁东侧大日如来像（图 26-25），应为西夏时期的藏传佛教造像。榆林窟第 21 窟前室窟门

---

[1] 贾维维：《榆林窟第三窟壁画与文本研究》，浙江大学出版社，2020 年，第 208 页。
[2] 谢继胜主编：《藏传佛教艺术发展史·上册》，上海书画出版社，2010 年，第 217 页。
[3] 刘永增：《瓜州榆林窟第 3 窟恶趣清净曼荼罗及相关问题》，载樊锦诗主编《敦煌吐蕃统治时期石窟与藏传佛教艺术研究》，甘肃教育出版社，2012 年。

图 26-22　榆林窟第 3 窟南壁东铺顶髻尊胜佛母曼荼罗

图 26-23　榆林窟第 3 窟南壁西铺的恶趣清净曼荼罗

图 26-24　榆林窟第 4 窟北壁东铺文殊弥勒对坐像

图 26-25　榆林窟第 10 窟甬道北壁东侧大日如来像

图 26-26　东千佛洞第 2 窟主室窟顶金刚界五方佛像

左侧降魔印释迦牟尼佛像两侧绘有藏式狮羊瑞兽。榆林窟第 27 窟内主尊位置绘有戴黑帽的高僧像，这种黑帽不同于榆林窟第 29 窟内国师像的僧帽，而是更加接近于俄藏黑水城 X.2332 药师佛唐卡中右下角的高僧像之黑帽。此外，该窟窟顶还绘制了金刚亥母与梵文种子字曼荼罗，左壁绘有四臂观音，这更加印证了藏传佛教文化对该窟内容绘制的影响。

图 26-27　东千佛洞第 2 窟南壁东铺十一面救八难观音菩萨像

图 26-28　东千佛洞第 2 窟北壁东铺绿度母曼荼罗

图 26-29　东千佛洞第 2 窟门壁南铺真实名文殊像

图 26-30　东千佛洞第 2 窟门壁北铺顶髻尊胜佛母像

图 26-31　东千佛洞第 2 窟中心柱南壁施宝度母像　　图 26-32　东千佛洞第 2 窟中心柱北壁施宝度母像

　　同一时期敦煌石窟群中的另一个藏传佛教图像集中表现的地点是东千佛洞，其中第 2 窟主室窟顶绘有金刚界五方佛曼荼罗（图 26-26），与莫高窟第 465 窟、榆林窟第 3 窟接近，内部菩萨眷属均为波罗风格。主室南壁东铺有根据西藏觉囊派高僧多罗那他撰《宝源百法》仪轨文献而绘制的十一面救八难观音菩萨（图 26-27）。与之相对应，北壁东铺有同样根据《宝源百法》而绘制的绿度母曼荼罗（图 26-28）。门壁南铺是根据《成就法鬘》中的真实名文殊成就法绘制（图 26-29），门壁北铺是根据《宝源百法》而绘制的顶髻尊胜佛母曼荼罗（图 26-30）。该窟壁画中最富有波罗风格的图像特征是窟内中心柱南北两侧的施宝度母（图 26-31、26-32），经典来源为《宝源百法》，可与黑水城唐卡等例证进行造像学比较研究，但同时也应考虑到与唐密经典文献、敦煌出土绢画的纵向联系。

　　除了东千佛洞第 2 窟以外，在东千佛洞第 4、5、7 窟都存有数量不等的藏传佛教密教主题的壁画，囿于篇幅，暂不展开。

图 26-33　莫高窟第 465 窟主室中央佛坛（1908 年） 　　图 26-34　莫高窟第 465 窟窟顶金刚界五方佛

四、莫高窟第 465 窟

纵观整个 11—13 世纪，在整个藏传佛教艺术史上占有极其特殊地位的应属莫高窟第 465 窟。从首次发现它的伯希和开始，时至今日学界对该窟的一些基本信息认识尚有分歧。考古材料显示，该窟位于莫高窟北区第三层，三室结构，由于北区整个外崖壁面曾发生过坍塌，故前室不存，现仅存中室、后室（主室），均为覆斗顶形制。[1] 中室绘有四座噶当顿觉佛塔，靠近门壁正上方还绘有一尊供养人像。主室正方形，地面正中为五阶圆坛（图 26-33，现为四阶，以伯希和所摄图片为据）。

窟顶藻井与四披绘金刚界五方佛（图 26-34）。藻井绘有智拳印大日如来。东披绘青蓝色阿閦佛，斜侍为炽盛光佛与药师佛，并与整个窟顶诸佛共同构成一种新的七佛结构。[2] 南披绘黄色制宝生佛，现已氧化变黑，斜侍为三面四臂的真实名文殊与狮吼观音，[3] 其中三面四臂的真实名文殊与东千佛洞第 2 窟门壁南铺的文殊像很接近。西披绘红色阿弥陀佛，斜侍为十一面八臂观音与顶髻尊胜佛母，十一面八臂观音的面数表现更接近于敦煌石窟样式，

---

[1] 彭金章、王建军：《敦煌莫高窟北区石窟》（第二卷），文物出版社，2004 年，第 224 页。
[2] 廖旸：《11—15 世纪佛教艺术中的神系重构（一）——以炽盛光佛为中心》，载沈卫荣主编《大喜乐与大圆满——庆祝谈锡永先生八十华诞汉藏佛学研究论集》，中国藏学出版社，2014 年，第 367 页。
[3] 阮丽：《敦煌石窟曼荼罗图像研究》，中央美术学院博士学位论文，2012 年，第 52 页。

第二十六章 敦煌石窟藏传图像导论 829

图 26-35 莫高窟第 465 窟西壁中铺胜乐金刚曼荼罗

图 26-36 莫高窟第 465 窟西壁南铺胜乐金刚曼荼罗

图 26-37 莫高窟第 465 窟西壁北铺金刚亥母像

图 26-38 莫高窟第 465 窟北壁中铺喜金刚曼荼罗

图 26-39 莫高窟第 465 窟南壁中铺黑阎魔敌曼荼罗

顶髻尊胜佛母特征与《成就法鬘》仪轨相一致。北披绘绿色不空成就佛，斜侍为两位度母。

窟内主室为正方形，分四个壁面，每个壁面又划分为三铺壁画，共十一铺（门壁有两铺壁画）。西壁中铺为俱生胜乐金刚双身5尊曼荼罗（图26-35），西壁南铺为俱生胜乐金刚单身9尊曼荼罗（图26-36），西壁北铺为金刚亥母13尊曼荼罗（图26-37），其中两铺胜乐金刚曼荼罗都与《米扎百法》仪轨有关。北壁中铺为喜金刚双身9尊曼荼罗（图26-38），北壁西铺大部残缺，但依旧可以通过残存的主尊持物与眷属数量来判断其为胜乐金刚双身62尊曼荼罗，北壁东铺为一种男女尊合一的胜乐系黑噜嘎神祇。南壁西铺为胜乐金刚双身8尊曼荼罗，南壁中铺为黑阎魔敌双身9尊曼荼罗（图26-39），南壁东铺为大幻金刚双身6尊曼荼罗（图26-40）。门壁正上方为作为本尊形象出现的大威德金刚，门壁北侧为四臂大黑天护法（图26-41），门壁南侧为独髻母、宝帐怙主（图26-42）、吉祥天母三尊护法。此外，该窟还绘制有完整的印度八十四大成就者像，成环绕状分布在各铺壁画正下方。

我们认为，该窟系一个立体曼荼罗坛场，根据藏传佛教的修行次第仪轨而修建，但同时窟顶的五方佛形象与眷属尊格也受敦煌本地汉传密教的影响。根据中室门壁正上方绘制有戴黑色法帽的高僧像这一情况，以及与武威亥母寺出土的胜乐金刚双身如意轮坛城唐卡、黑水城出土同类题材唐卡进行比对后，综合判断该窟于西夏晚期由帝师热巴（Tishri ras pa）重修绘制而成。

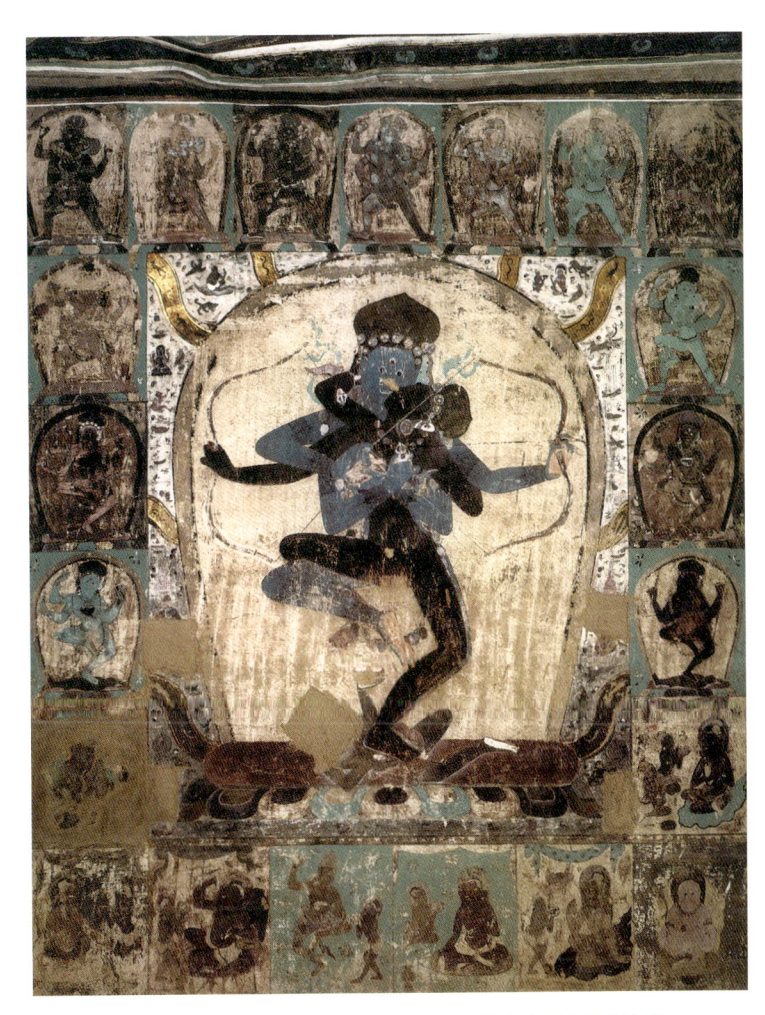

图26-40 莫高窟第465窟南壁东铺大幻金刚曼荼罗

图 26-41 莫高窟第 465 窟门壁北铺四臂大黑天像

图 26-42 莫高窟第 465 窟门壁南铺宝帐怙主像

第二十七章　敦煌石窟造像思想导论

一、敦煌石窟造像思想的重要性与必要性

随着敦煌藏经洞的发现，敦煌学逐渐发展成为一门国际显学，敦煌石窟被学界所关注。敦煌石窟壁画内容丰富、形式多样，为学界研究敦煌图像提供了丰富的形象史料。

佛教图像是敦煌石窟造像的重点，但由于佛典的依据有南北传之差，再加上各宗派高僧对佛教义学的解读，使得敦煌石窟在佛教造像中有所取舍与偏重。透过石窟造像间的不同与差异的对比，可看出敦煌僧团在造像背后取舍与偏重的考量，谓之造像思想。[1]

作为华戎所交一都会，敦煌有一批高僧在石窟造像组合的安排上发挥着较大的作用。敦煌石窟内的经变画、佛传等最可体现其佛教造像思想，如释智嶷，精通《法华经》《涅槃经》，仁寿年间奉敕往敦煌崇教寺颁送舍利，住寺多年，猜测莫高窟第420窟的开凿和其有关。莫高窟第268窟等禅窟以主尊及正壁的造像为禅观的主题，辅以四壁的本生、佛传，形成简要的禅法观像法门。仪式性的洞窟空间则绘制多铺与度亡、祈福有关的经变。以宣扬教义为主的石窟则有以卢舍那为主的华严多重造像结构，或以法华宗义为主线的法华经变。在比丘戒方面有改邪归正的五百强盗得眼故事，有外道皈依的劳度叉斗圣，有在大乘戒律方面褒大贬小的维摩诘经变等，共同体现出敦煌石窟的造像思想。[2]

因此，敦煌石窟在开窟造像之时会对洞窟进行整体规划，使得不论是洞窟形制还是造像风格皆发生了明显的变化，所以应该结合当时佛教的造像思想进行整体探究，以期对敦煌石窟造像思想做有益探索。

---

[1] 赖鹏举：《敦煌石窟造像思想研究》，文物出版社，2009年，第2页。
[2] 张元林：《北朝—隋时期敦煌法华图像研究》，甘肃教育出版社，2019年。

二、研究简史

佛教造像思想是研究敦煌石窟的重要角度，在对敦煌石窟整体解读的基础上，对整体石窟各组要素之间关系进行综合研究。对于敦煌石窟造像思想的研究，贺世哲先生首先对敦煌莫高窟北朝石窟与禅观的关系进行研究，认为莫高窟北朝石窟对于僧众来说，除了供养、礼佛外，还用来禅观。[1] 在1983年全国敦煌学术讨论会中贺世哲先生在对敦煌石窟诸多题材进行研究的基础上，提出了敦煌莫高窟隋代石窟"双弘定慧"的造像思想，这种造像思想经由中原传入敦煌。[2] 不仅如此，贺先生还对十六国北朝时期的三世佛及三佛造像的组合、盛行的原因及其变化进行了研究，认为这是三世佛信仰发展的结果。[3] 赖鹏举先生的[4]《敦煌石窟造像思想研究》《丝路佛教的图像与禅法》《北传佛教的般若学》等系列著作为我们研究敦煌佛教造像思想提供了新的角度。除此之外，前辈学者如颜娟英、[5] 李玉珉、[6] 殷光明、[7] 李静杰、[8] 赖文

---

[1] 贺世哲：《敦煌莫高窟北朝石窟与禅观》，《敦煌研究文集》，甘肃人民出版社，1982年，第122—143页。

[2] 贺世哲：《敦煌莫高窟隋代石窟与"双弘定慧"》，载《1983年全国敦煌学术讨论会文集·石窟艺术编》，甘肃人民出版社，1985年，第17—60页。

[3] 贺世哲：《关于十六国北朝时期的三世佛与三佛造像诸问题（一）》，《敦煌研究》1992年第4期，第1—20页。贺世哲：《关于十六国北朝时期的三世佛与三佛造像诸问题（二）》，《敦煌研究》1993年第1期，第1—10页。

[4] 赖鹏举：《敦煌石窟造像思想研究》，文物出版社，2009年；赖鹏举：《丝路佛教的图像与禅法》，圆光佛学研究所，2002年；赖鹏举：《北传佛教的般若学》，佛教图像学研究中心出版，2006年。

[5] 颜娟英：《北齐小南海石窟与僧稠》，《印顺导师九秩华诞祝寿文集》，东大图书公司，1995年；《北齐禅观窟的图像考——从小南海石窟到响堂山石窟》，《东方学报》，京都第70册，京都大学人文科学研究所，1998年，第375—440页。

[6] 李玉珉：《敦煌莫高窟二五九窟之研究》，《美术史研究集刊》第2期，1995年，第1—26页。

[7] 殷光明：《从莫高窟卢舍那涅槃图像的配置看地论思潮对敦煌佛教的影响》，载《庆贺饶宗颐先生95华诞敦煌学国际学术研讨会论文集》，中华书局，2012年，第113—126页；殷光明：《敦煌显密五方佛图像的转变与法身思想》，《敦煌研究》2014年第1期，第7—20页；殷光明：《从释迦三尊到华严三圣的图像转变看大乘菩萨思想的发展》，《敦煌研究》2010年第3期，第1—10页；殷光明：《初说法图与法身信仰——初说法图从释迦到卢舍那的转变》，《敦煌研究》2009年第1期，第5—15页；殷光明：《敦煌卢舍那法界图像研究之一》，《敦煌研究》2001年第4期，第1—12页；殷光明：《敦煌卢舍那法界图像研究之二》，《敦煌研究》2002年第1期，第46—56页；殷光明：《试论末法思想与北凉佛教及其影响》，《敦煌研究》1998年第2期；殷光明：《敦煌石窟中的地狱图像与冥报思想》，载《2002年麦积山石窟艺术与丝绸之路佛教文化国际学术研讨会论文集》，第27—57页。

[8] 李静杰：《唐宋时期三佛、四佛造像分析》，《石窟与研究》2021年第2期，第125—184页；李静杰：《北朝隋代佛教图像反映的经典思想》，《民族艺术》2008年第2期，第97—108页。

英[1]、郭祐孟[2]、潘亮文[3]、张元林[4]、张善庆[5]、张景峰[6]、陈粟裕[7]等对敦煌石窟造像思想研究皆有重大突破。沙武田教授对《金光明最胜王经变》在敦煌吐蕃时期洞窟首次出现的原因进行探讨分析后,认为这主要表现的是护世护法的思想主旨,这种造像思想表明了敦煌人民在经过长年战争后渴望和平的心愿。[8]而在西夏时期净土思想对敦煌石窟功德和功能的新诠释中认为,西夏人之所以在敦煌石窟中绘制简略版的净土变,与西夏人的净土信仰、末法思潮等密切相关。西夏时期重绘洞窟壁画的活动所体现出来的佛教功德思想观念,和传统的佛教供养、佛塔修造、洞窟营建等功德思想相一致。这使其重修洞窟体现出来的佛教礼仪空间的功能,或属洞窟传统功能的延续,间有净土礼忏、佛教灭罪、度亡和净土往生接引诸功能,符合西夏佛教及其信仰的特色。[9]

---

[1] 赖文英:《泾川王母宫石窟造像思想探析》,《敦煌学辑刊》2011年第2期,第140—149页;赖文英:《中唐敦煌石窟造像的涅槃思想》,《敦煌学辑刊》2007年第1期,第64—70页;赖文英:《四川地区的文殊、普贤二圣信仰初探》,《2014年大足故宫及学术研讨会论文集》,第81—96页;赖文英:《论炳灵与北魏石窟的"十方三世佛"——以126、128、132窟为例》,载《麦积山石窟艺术文化论文集(下)——2002年麦积山石窟艺术与丝绸之路佛教文化国际学术研讨会论文集》;赖文英:《唐代安西榆林窟25窟之卢舍那佛》,《圆光佛学学报》第4期,1999年,第325—349页。

[2] 郭祐孟:《晚唐观音法门的开展——以敦煌莫高窟161窟为中心的探讨》,《圆光佛学学报》2003年第8期,第103—144页;《敦煌密教石窟体用观初探——以莫高窟14窟为例看法华密教的开展》,《圆光佛学学报》2006年第10期,第139—167页;《敦煌石窟"卢舍那佛并八大菩萨曼陀罗"初探》,《敦煌学辑刊》2007年第1期,第45—63页;《敦煌吐蕃时期洞窟的图像结构——以莫高窟360和361窟为题》,载敦煌研究院编《敦煌吐蕃文化学术研讨会论文集》,甘肃民族出版社,2009年,第126—145页;《敦煌莫高窟第361窟之研究》,2009年第15期,第143—173页;《密教"心月轮观"的学理与实践——以敦煌石窟为例》,载樊锦诗:《敦煌吐蕃统治时期石窟与藏传佛教艺术研究》,第9—26页。

[3] 潘亮文:《敦煌石窟华严经变作品的再思考——以唐代为中心》,《敦煌研究》2015年第5期,第11—19页。

[4] 张元林、张志海:《敦煌北朝时期法华信仰中的无量寿佛信仰——以莫高窟第285窟无量寿佛说法图为例》,《敦煌研究》2007年第1期,第34—39页。

[5] 张善庆:《马蹄寺石窟群北朝内修型洞窟仪式空间与与院仪轨研究》,《敦煌吐鲁番眼就》第16卷,2016年,第367—389页。

[6] 张景峰:《佛教两种末法观的对抗与阐释——敦煌莫高窟第321窟研究》,《敦煌学辑刊》2014年第3期,第60—73页;张景峰:《莫高窟第431窟初唐观无量寿经变与善导之法门在敦煌的流传》,《敦煌研究》2010年第4期,第34—43页;张景峰:《敦煌莫高窟第85窟与塑绘结合的金刚经变》,《敦煌学辑刊》2007年第4期,第273—278页。

[7] 陈粟裕:《榆林25窟一佛八菩萨图像研究》,《故宫博物院院刊》2009年第5期,第56—82页。

[8] 沙武田:《〈金光明最胜王经变〉在敦煌吐蕃时期洞窟首次出现的原因》,《兰州大学学报》2006年第3期,第32—39页。

[9] 沙武田:《西夏佛教一面相——西夏时期净土思想对敦煌石窟功德和功能的新诠释》,《西夏学》2020年第2期,第246—275页。

总之，对洞窟功能意义的认识涉及洞窟的形制、造像组合等问题，但首先要考虑的是其思想方面的问题，其次是社会世俗信仰方面的问题。

三、敦煌洞窟的义理与思想

敦煌位于丝绸之路上，是华戎所交一都会，往东可以接收由长安而来的中国佛教，往西可以接收由西域而来的中亚印度佛教。据《李克让重修莫高窟佛龛碑》记载，莫高窟建于前秦建元二年（366），经乐僔法良发其宗，建平于义弘其际之后，莫高窟历经一千余年逐渐成为佛教圣地。敦煌现保存石窟 735 个，塑像 2000 多身，壁画 5 万多平方米，再加上敦煌出土文书，为我们了解敦煌石窟的思想性提供了形象的史料。

洞窟石窟的建筑空间由洞窟形制决定，如毗诃罗窟、中心塔柱窟、大像窟、殿堂窟、涅槃窟等。它们往往依据佛教信众为应对不同的佛教修行方式而开凿，是多种不同功能组成的洞窟。透过敦煌石窟不同的洞窟形制及其发展演变的规律特征，可以向我们展示出其所蕴含的宗教内涵。

不同类型的洞窟，根据其不同的洞窟形制布局，可以反映出不同的义理与思想。禅窟是供僧人进行禅修的洞窟，莫高窟第 268（图 27-1）、285（图 27-2）窟等窟内南北壁均有小禅室，仅可容身坐禅，可供僧人进行修禅观像等修行活动，即"凿仙窟以居禅"。在莫高窟北区洞窟的清理发掘中，发现数量众多的禅窟，可见敦煌僧人对修禅的重视。中心塔柱窟又称塔庙窟，多四面开龛，塔顶与窟顶连接。中心塔柱将洞窟分成前后两个空间，前部可供僧众举行佛事活动，后部可供僧众进行绕

图 27-1　莫高窟第 268 窟南北壁禅室

图 27-2　莫高窟第 285 窟北壁禅室

塔观像活动,做回绕式佛教仪式。万庚育先生指出早期的中心塔柱窟四面开龛安置四相、八相等内容的彩塑,是为了佛教徒绕塔观像。[1] 在中心塔柱窟内进行绕塔观像的佛事活动已成为学界共识,并且据宁强、胡同庆对莫高窟第 254 窟千佛榜题的研究,认为这是按照顺时针方向右旋排列的。[2] 王惠民在对敦煌石窟营建的研究中认为,中心塔柱窟同样是用来举行绕行礼拜活动的,且这种旋绕的方法是右绕。[3]

隋唐时期直到元代,敦煌石窟中心塔柱窟逐渐被覆斗式殿堂窟所替代,成为使用时间最长的洞窟形制。殿堂窟在发展的过程中基本形制没有发生较大变化,不同之处主要体现在西壁佛龛上。早期龛形是北朝流行的圆券龛,如莫高窟第 249 窟(图 27-3)。隋到盛唐,龛口外大内小,如莫高窟隋代第 305 窟、294 窟,莫高窟初唐第 220 窟(图 27-4),莫高窟盛唐第 172、103 窟等。中唐以后龛口变为矩形,西壁龛多为盝顶形,可能是对木结构佛帐的模仿,如莫高窟中唐第 112、159 窟,莫高窟晚唐第 156 窟(图 27-5),莫高窟宋代第 326 窟等。取消中心柱窟是覆斗式殿堂窟的重要特征,僧众的修行仪式被改变,根据其洞窟形制,信众可在覆斗顶洞窟内举行讲经、受戒或其他的佛事活动。覆斗形窟的发展很大程度上改变了洞窟造像的风格和布局,石窟内部空间也逐渐向中国传统宗庙式建筑空间转变,从建筑空间上满足了殿堂式宗庙空间的基本结构和信众的心理需求。[4]

---

[1] 万庚育:《敦煌壁画中的构图》,《敦煌研究》1989 年第 4 期,第 25—32 页。
[2] 宁强、胡同庆:《敦煌莫高窟第 254 窟千佛画研究》,《敦煌研究》1986 年第 4 期,第 22—36 页。
[3] 王惠民:《敦煌佛教与石窟营建》,甘肃教育出版社,2013 年,第 66—67 页。
[4] 杨赫赫:《敦煌莫高窟石窟窟顶形制演变研究》,兰州大学硕士学位论文,2020 年。

图 27-3　莫高窟第 249 窟西壁圆券龛

图 27-4　莫高窟第 220 窟西壁龛

图 27-5　莫高窟第 156 窟西壁龛

图 27-6　莫高窟五代第 98 窟背屏图　　　图 27-7　莫高窟五代第 61 窟背屏图

背屏式洞窟主要出现在曹氏归义军时期。背屏式洞窟四周不开龛，在中心佛坛放置主尊，代表性洞窟有莫高窟五代第 98 窟（图 27-6），莫高窟五代第 61 窟等（图 27-7）。

涅槃窟在敦煌石窟中特色鲜明，以涅槃像作为石窟的主尊，洞窟平面作横长方形。如莫高窟第 332、148、158 窟等都是敦煌石窟涅槃窟的代表性洞窟。窟内巨大的涅槃像体态柔软、安详宁静，体现出涅槃常乐我净的佛教思想。莫高窟第 148 窟内塑有巨大的涅槃台（图 27-8），从窟内涅槃台来看，可能在此举行佛事活动。

因此，根据不同的洞窟形制，不管是中心塔柱窟、殿堂窟、涅槃窟还是背屏式洞窟，从敦煌佛教发展及僧众需求的角度来分析，都是对中国古代各个不同阶段佛教造像思想的反映，根据不同的洞窟形制，在窟内或进行禅修，或进行讲经供养活动，都是对敦煌洞窟义理与思想的反映。

四、敦煌洞窟壁画的思想性阐释

莫高窟现存最早的洞窟为北凉三窟，[1] 即莫高窟第 268、272、275 窟。莫高窟第 268 窟在主室两侧各开两个小禅室可供僧人修禅。西壁龛内塑交脚佛，窟顶为平棋顶，正中为宝池莲花，从内到外绘制莲花、化生、飞天等造像。莫高窟第 272 窟为覆斗形顶，西壁开一龛，龛内塑倚坐佛一身（图 27-9），龛外南北侧画供养菩萨一身，南北壁四周画千佛，中画说法图，东壁门南北画千佛。南北两侧画供养菩萨。西披绘制天宫伎乐、飞天、千佛、供养菩萨等图像。根据窟内造像内容，应该和法华信仰有关，佛龛主尊是现在佛释迦牟尼在说法，佛

---

[1] 学术界对这三个洞窟的年代有争议，有学者认为开凿于北凉晚期，还有学者认为开凿于北魏早期，但不管开凿于何时，这是莫高窟现存最早的洞窟。

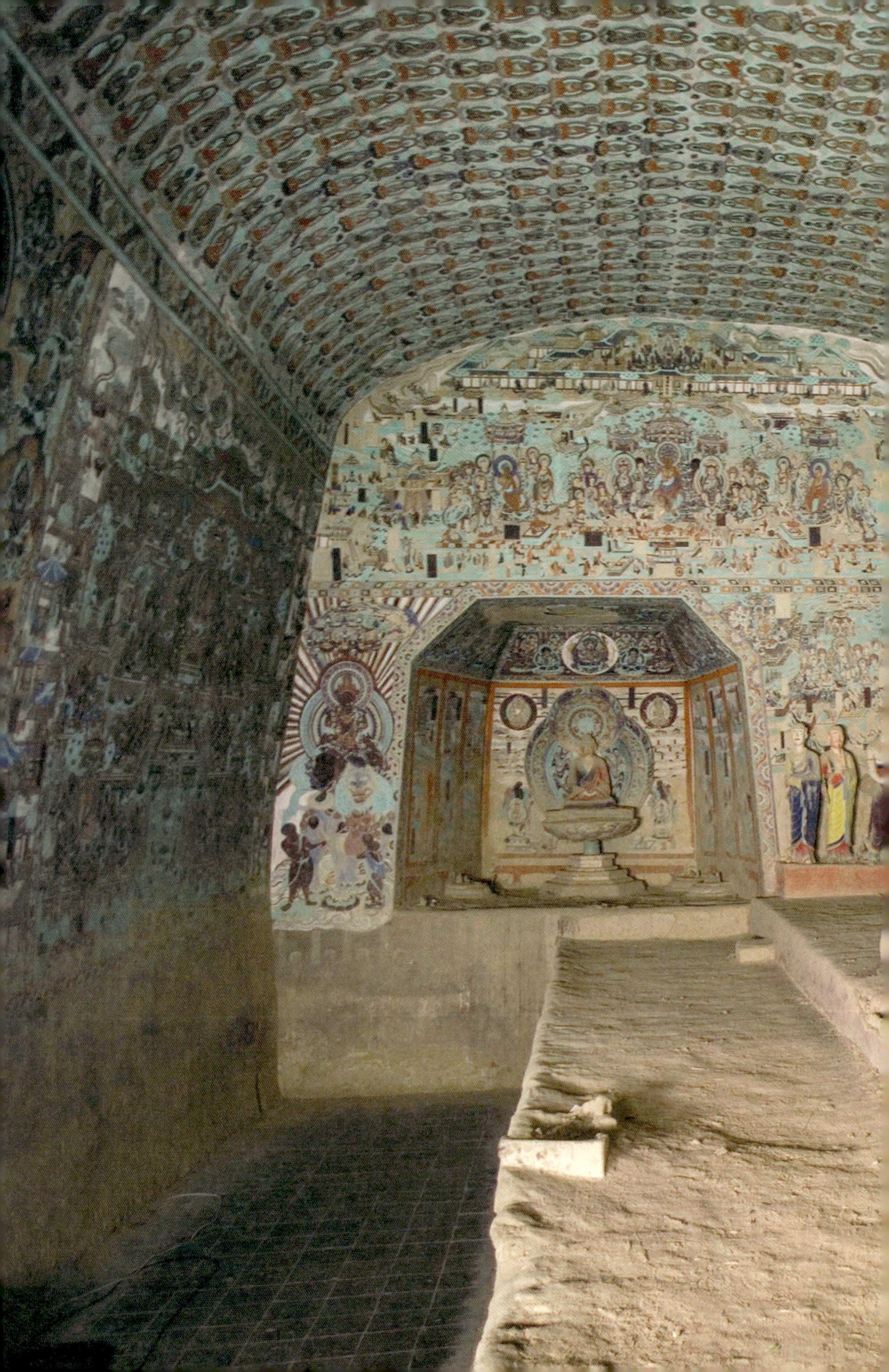

图 27-8　莫高窟第 148 窟西壁涅槃台

图 27-9　莫高窟第 272 窟西壁龛内倚坐佛　　　　　　图 27-10　莫高窟第 275 窟西壁龛内交脚弥勒

龛的南北两侧是诸菩萨作供养，窟顶的莲花比喻佛法世界，南北壁千佛及说法图表示过去、未来佛，整个洞窟是绘塑一体，表现法华三世的佛教义理。[1]

莫高窟第 275 窟为纵向盝顶，窟顶画千佛。西壁塑交脚弥勒一身（图 27-10），南北壁上部各开三龛，塑交脚菩萨、思维菩萨。莫高窟第 275 窟的佛传故事是窟中显著特点，北壁绘制毗楞竭梨王（图 27-11）、虔阇尼婆梨王本生（图 27-12）、尸毗王（图 27-13）、月光王施头（图 27-14）等本生故事，南壁绘制出游四门佛传故事（图 27-15）。从这些本生佛传故事来看，是用本生、佛传、弥勒表示过去、现在、未来的三世思想，[2] 即用三佛表示三世概念，和莫高窟第 272 窟造像思想相似，释迦在前世做功德，今世成佛，去世后往生兜率天，与弥勒下生拯救娑婆世界。[3] 同时，莫高窟第 275 窟所绘的毗楞竭梨王本生、虔阇尼婆梨王本生，以及莫高窟第 285 窟所绘的婆罗门舍身闻偈本生，都属于为获得佛法而不惜牺牲的求法布施图像，可以看作是为证得法身的表现，其南北主要壁面表现佛传、本生的做法，和由生身观到法身观的禅观思路吻合。[4] 这种本生图像的出现和流行，与大乘思想有所关联。[5]

[1] 袁德领：《试释莫高窟第 272 窟的内容》，《敦煌研究》2002 年第 5 期，第 15—20 页。
[2] 张元林：《莫高窟第 275 窟故事画与主尊造像关系新探》，《敦煌研究》2001 年第 4 期，第 56—65 页。
[3] 王惠民：《敦煌佛教与石窟营建》，甘肃教育出版社，2017 年，第 198 页。
[4] 李静杰：《敦煌莫高窟北朝隋代洞窟图像构成试论》，载云冈研究院编《2005 年云冈国际学术研讨会论文集·研究卷》，文物出版社，2006 年，第 372 页。
[5] 李静杰：《敦煌莫高窟北朝隋代洞窟图像构成试论》，载云冈研究院编《2005 年云冈国际学术研讨会论文集·研究卷》，文物出版社，2006 年，第 372 页。

图 27-11 莫高窟第 275 窟北壁毗楞竭梨王本生

图 27-12 莫高窟第 275 窟虔阇尼婆梨王本生

图 27-13 莫高窟第 275 窟北壁尸毗王本生

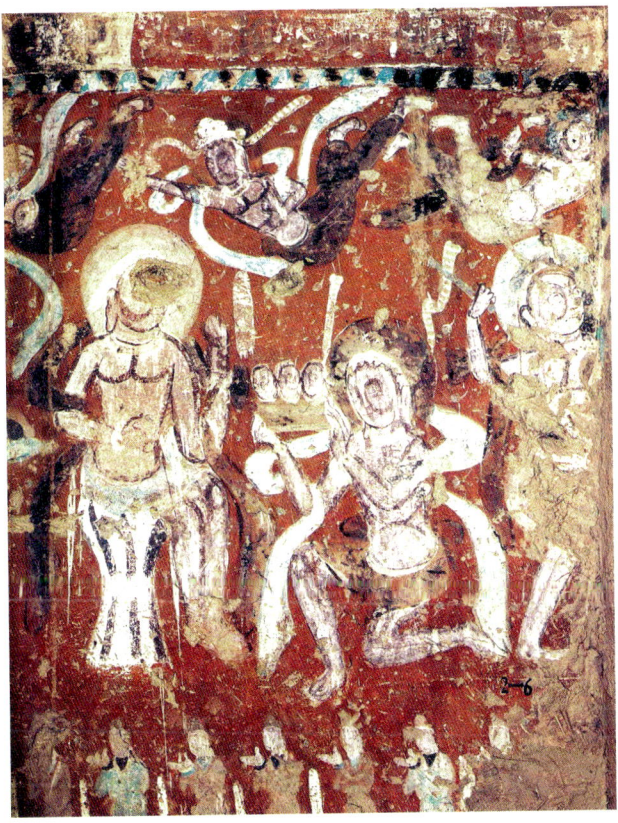

图 27-14 莫高窟第 275 窟北壁月光王施头本生

图 27-15　莫高窟第 275 窟出游四门佛传图

图 27-16　莫高窟第 254 窟前部人字披、后部平顶图

图 27-17　莫高窟第 259 窟西壁释迦多宝并坐图

439 年,北魏灭北凉,直到 581 年,隋统一北方,敦煌历经北魏、西魏、北周三朝,在莫高窟开凿有 30 多个洞窟。北朝时期本生图像的绘制在莫高窟第 254、257、301 窟,说法图绘制在窟内的凸出位置且周围环绕千佛。莫高窟第 254 窟前部人字披,后部平棋顶（图 27-16）,窟内有中心塔柱。造像内容方面,莫高窟第 254 窟南北壁上部各开 5 列龛,龛内大致绘制说法佛、禅定佛及交脚菩萨,南北壁东侧各绘制本生因缘故事画,应该是对佛教法身思想的表现。降魔成道故事和千佛的搭配构成生身观、法身观到十方佛观的造像思想。[1] 西壁千佛中

---

① 李静杰:《敦煌莫高窟北朝隋代洞窟图像构成试论》,载云冈研究院编《2005 年云冈国际学术研讨会论文集·研究卷》,文物出版社,2006 年,第 377 页。

央绘有一身白衣佛,可能是弥勒信仰过程中的一种瑞像。[1]窟内的佛传、因缘故事、千佛等造像同样可能是展示三世佛形象。[2]

莫高窟第259窟前部人字披、后部平棋顶,西壁塑出半中心塔柱,龛内塑释迦多宝二佛并坐像(图27-17)。两侧绘千佛。窟内千佛、弥勒等造像的组合反映了由生身观、法身观、十方佛观到往生兜率天净土的禅观路径。[3]西壁龛内塑释迦多宝二佛并坐像,从其造像内容来看,可能是一个以法华信仰为主题的洞窟。[4]

莫高窟第296窟为覆斗形顶洞窟,西壁开一龛(图27-18)。窟顶西披绘制微妙比丘尼品(图27-19)、善事太子入海品(图27-20)、福田经变(图27-21)。窟内绘制得眼林故事、须阇提太子本生及千佛等图像。得眼林故事、福田经变均出自大乘经典,都在强调注重行善便可成佛的思想,显然都是受到中原大乘佛教思想的影响而绘制。总之,窟内绘制的本生、因缘等图像应该与僧众的禅观修行活动有关,而千佛成为十方佛观的代表。[5]

莫高窟第249窟为覆斗形顶,西壁开一龛,塑倚坐佛一身(图27-22)。南壁绘制千佛,中央绘制说法图(图27-23),北壁和南壁相似。窟顶西披造像丰富,有阿修罗、雷神、东王公、西王母、摩尼宝珠、狩猎图(图27-24)等。东壁残损严重。莫高窟第285窟为覆斗顶窟,西壁开三龛,主尊佛龛两侧各塑一禅定僧(图27-25),南北壁下部分别开凿四个小禅室。禅定僧图像与禅窟的存在,表明其可以用来坐禅修行。[6]东壁门上方绘三佛,门两侧各绘一铺无量寿佛。张

图27-18 莫高窟第296窟西壁龛

---

[1] 王惠民:《白衣佛小考》,《敦煌研究》2001年第4期,第66—69页。
[2] 宁强、胡同庆:《敦煌莫高窟第254窟千佛画研究》,《敦煌研究》1986年第4期;贺世哲:《敦煌北朝洞窟之十方佛造像探析》,载敦煌研究院编《段文杰敦煌研究五十年纪念文集》,世界图书出版公司,1996年。
[3] 李静杰:《敦煌莫高窟北朝隋代洞窟图像构成试论》,第377页。
[4] 李玉珉:《敦煌莫高窟第259窟研究》,载敦煌研究院编《1994年敦煌学国际研讨会文集·石窟考古卷》,甘肃民族出版社,2000年。
[5] 李静杰:《敦煌莫高窟北朝隋代洞窟画像构成试论》,载云冈研究院编《2005年云冈国际学术研讨会论文集·研究卷》,文物出版社,2006年,第390页。
[6] 李静杰:《敦煌莫高窟北朝隋代洞窟图像构成试论》,载云冈研究院编《2005年云冈国际学术研讨会论文集·研究卷》,文物出版社,2006年,第384页。

图 27-19　莫高窟第 296 窟窟顶西披微妙比丘尼因缘（局部）

图 27-21　莫高窟第 296 窟窟顶北披福田经变

图 27-20　莫高窟第 296 窟窟顶东披善事太子入海品

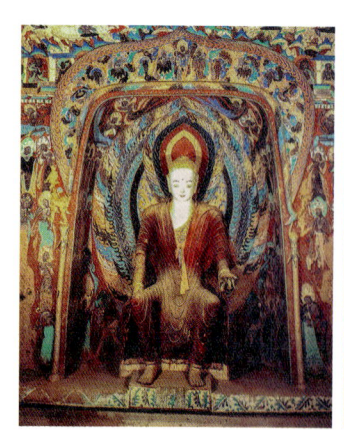

图 27-22　莫高窟第 249 窟西壁龛内倚坐佛

图 27-23　莫高窟第 249 窟南壁说法图

图 27-24　莫高窟第 249 窟窟顶西披阿修罗、雷神、狩猎图等

图 27-25　莫高窟第 285 窟西壁三龛图像及禅定僧

图 27-26　莫高窟第 428 窟中心塔柱图

元林认为，北壁的七铺说法图为释迦多宝佛+过去七佛+无量寿佛组合，七佛为法华三昧观的对象，无量寿佛体现了法华经佛寿久远的思想。[1]窟顶西披和莫高窟第 249 窟相似，绘制中国传统神话诸神和佛教护法神形象，有摩尼宝珠、力士、飞天、雷公、畏兽等图像。从北壁供养人题记来看，是为祈福消灾所造，"是以佛弟子滑黑奴上为有识之类，敬造无量寿佛一区并二菩萨。因饰微福，愿佛法兴隆，魔事微灭。后愿舍灵抱识，离舍三途八难，现在安吉，往生妙乐，齐登正觉"。总之，该窟适用于禅观实践，同时反映了对法华的信仰及对西方净土世界的向往，是多种佛教造像思想融合的洞窟。[2]

北周壁画题材较之前丰富，出现大批新题材，如卢舍那佛、涅槃像、福田经变、劳度叉

---

[1] 张元林、张志海：《敦煌北朝时期法华信仰中的无量寿佛信仰——以莫高窟第 285 窟无量寿佛说法图为例》，《敦煌研究》2007 年第 1 期，第 34—39 页。

[2] 李静杰：《敦煌莫高窟北朝隋代洞窟图像构成试论》，载云冈研究院编《2005 年云冈国际学术研讨会论文集·研究卷》，文物出版社，2006 年，第 393 页。

图 27-27　莫高窟第 428 窟西壁涅槃图像

斗圣变等,尤其在本生、因缘、佛传故事画方面,内容丰富、情节较多。新出现的有独角仙人本生、须达拿本生、须阇提太子本生、睒子太子本生、睒子本生、微妙比丘尼因缘、梵志摘花坠死因缘等。

　　北周洞窟新出现题材较多,被学界所关注,莫高窟第 428 窟便是其中之一。莫高窟第 428 窟为前部人字披,后部平棋顶的中心塔柱窟。中心塔柱(图 27-26)四面各开一龛,每龛塑一结跏趺坐佛。东壁门两侧绘本生故事,四壁上部塑千佛。西壁中部绘制趺坐佛,两边绘制金刚宝塔及涅槃图像(图 27-27),涅槃场面又与释迦多宝佛形成一个小的组合,表现出释迦诞生场面的五分法身塔。就法身塔与释迦多宝佛组合表现的情况分析,应属于初期大乘的法身思想。[1] 南北两壁前部绘制表现卢舍那法界像(图 27-28)、降魔变(图 27-

---

[1] 张元林:《北朝—隋时期敦煌法华图像研究》,甘肃教育出版社,2017 年。

图 27-28 莫高窟第 428 窟南壁前部卢舍那佛图像

29）。据贺世哲考察，卢舍那造像代表"十道"，即佛道、菩萨道、缘觉道、声闻道、天、修罗道、人道、畜生道、饿鬼道及地狱道，呼应了佛衣画出自《十住经·法云地》的观点。[1] 据殷光明研究，卢舍那佛的出现把法身、报身和化身统一起来，具有三位一体的神格。以十方一切世界诸佛代表无尽的宇宙观，又将卢舍那佛与十方佛相互含摄，卢舍那成为唯一的世尊，这种变化应与当时北朝的佛教思潮和洞窟的功能有关，卢舍那佛是末法思潮的产物，法身成了一种永恒的普遍存在。[2] 卢舍那法界像与降魔图像对称配置，似乎在于体现觉悟成佛，成就金刚不坏法身思想。东壁门两侧对称配置萨埵太子本生与须达拿太子本生表现了自我自身布施与所有物布施的两种布施形式。[3] 从总体来看，莫高窟第428窟以法华和华严思想为主体，意在教化众生成佛。

弥勒图像也是敦煌北朝石窟中出现较多的图像之一，弥勒上生图像主要有交脚菩萨和思维菩萨，弥勒下生主要是倚坐佛像，立像和结跏趺坐者较少，莫高窟第268、275窟主尊便是莫高窟早期弥勒造像的代表作。莫高窟第275窟以主尊形式表现弥勒菩萨，北壁上方还开龛塑造弥勒菩萨（图27-30）。由生身观、法身观、十方佛观到往生兜率净土，是莫高窟第275窟的造像思想之一。[4] 莫高窟第275窟以本生代表过去、佛传代表现在、弥勒代表未来，莫高窟第272窟直接用过去佛、现在佛、未来佛表示三世佛。从北凉三窟的造像题材来

图 27-29　莫高窟第428窟南壁前部降魔成道图像　　图 27-30　莫高窟第275窟北壁上方弥勒造像

---

[1] 贺世哲：《敦煌图像研究·十六国北朝卷》，甘肃教育出版社，2006年，第97—98页。
[2] 殷光明：《敦煌卢舍那佛法界图像研究之二》，《敦煌研究》2002年第1期，第46—56页。更多研究还可参见殷光明：《敦煌卢舍那佛法界图像研究之一》，《敦煌研究》2001年第4期，第1—12页。
[3] 李静杰：《敦煌莫高窟北朝隋代洞窟图像构成试论》，载云冈研究院编《2005年云冈国际学术研讨会论文集·研究卷》，文物出版社，2006年，第389页。
[4] 刘慧：《中原北方早期弥勒造像研究》，上海大学博士学位论文，2010年。

图 27-31　莫高窟第 302 窟窟顶前部东段下部睒子本生（局部）

图 27-32　莫高窟第 417 窟窟顶前部西披流水长者子故事

看,当时的弥勒信仰已经很流行,造像也相当成熟,是时人心中净土世界的体现。

589年,隋朝统一南方,结束了魏晋南北朝将近三百年的分裂局面。随着隋的统一,北方佛教和南方佛教逐渐趋向一致,"双弘定慧"的修行方式成为隋代佛教的重要特征。

由于隋朝二帝对西域的经营及对佛教的重视,敦煌地区的佛教发展迅速,莫高窟现存七八十个隋代洞窟,有中心塔柱形,如莫高窟第292、427窟;多数为覆斗形洞窟,如莫高窟第244、419、420窟等。依照樊锦诗等的分期,隋代洞窟可分为三期:第一期大致相当于隋灭陈以前,其下限应为开皇九年(589)或略晚些;第二期应在隋开皇九年(589)至大业九年(613)略后的这段时间里;第三期大致应在隋末唐初,也就是隋大业九年(613)以后的隋末至唐初武德年间。①

隋代洞窟壁画题材相对单一,千佛图像多与说法图搭配。佛传本生因缘故事多在莫高窟第302、417、419窟等少数洞窟中,表明隋代的造像思想已经发生较大变化。在这些睒子本生(图27-31)、流水长者子本生(图27-32)、须达拿太子本生等故事中,流水长者子本生是新出现的本生故事,与《金光明经》关系密切,其绘制可能和隋炀帝西巡有关。

莫高窟隋代洞窟中经变画数量增多,主要有药师经变、弥勒经变、西方净土变、维摩诘

图27-33 莫高窟第302窟南壁前部药师说法图

图27-34 莫高窟第62窟北壁弥勒下生经变中的迦叶禅窟图像

① 陈振旺:《隋及唐前期莫高窟藻井图案研究》,甘肃教育出版社,2021年。

图 27-35　莫高窟第 393 窟西壁净土经变

经变、金光明经变、福田经变、法华经变等。莫高窟第 302 窟南壁前部绘有药师说法图（图 27-33），莫高窟第 394、417、433、436 窟同样绘有药师说法图。隋代经变画较为简单，情节较多的经变画情景还没有出现。药师经变主要由药师佛、日月菩萨、十二神将、灯轮、长幡构成。弥勒经变主要绘制弥勒上生经变，分布在莫高窟第 262、416、417、419、423、425、433、436 等窟中，弥勒着菩萨装，交脚坐于天宫说法。莫高窟第 62 窟北壁绘制弥勒下生经变，主要内容有迦叶禅窟（图 27-34）、罗刹扫地等下生信仰的内容。西方净土信仰在莫高窟中出现较早，北凉三窟时就已有体现，隋代第 393 窟西壁的西方净土变是其中的代表（图 27-35）。莫高窟第 393 窟的西方净土变主尊结跏趺坐，左右各有一大菩萨，周围莲池上绘有化生，后部绘制说法图。隋代涅槃经变有 4 铺，见于莫高窟第 280、295、420、427 窟。莫高窟第 420 窟窟顶的涅槃经变和法华经变组合（图 27-36），张元林认为这是用涅槃图来表达法华佛性观的处理手法，可以共同体现出"众生皆有佛性""常乐我净"的佛教思想。[1]

---

[1] 张元林：《敦煌法华经变中的"涅槃"画面研究》，《丝路文化研究》第五辑，2020 年，第 165—185 页。

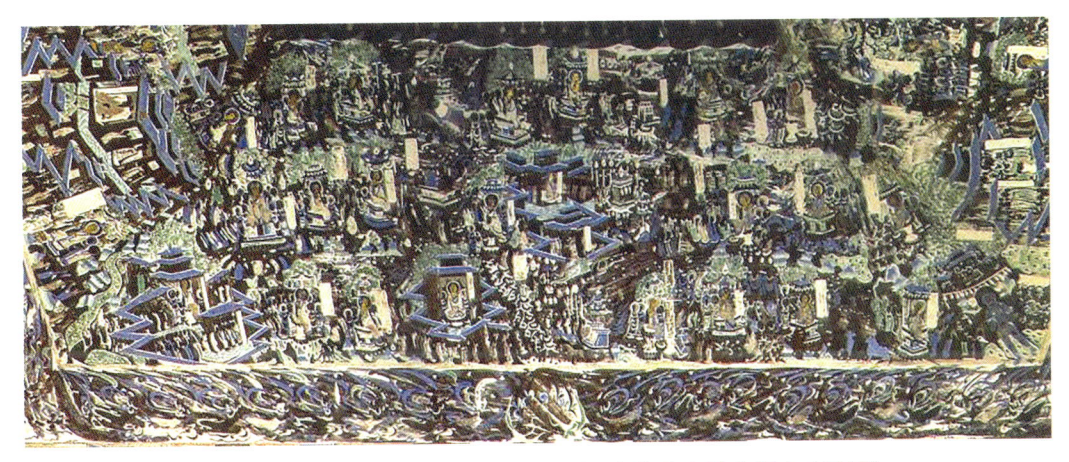

图 27-36　莫高窟第 420 窟窟顶西披涅槃经变和法华经变（局部）

维摩诘经变出现较早，有学者认为莫高窟西魏第 249 窟西披的对坐图像便有可能是维摩诘经变。隋代维摩诘经变见于莫高窟第 262、276、277、314、380、417、419、420、423、433 等窟，绘画内容有佛国品、方便品、文殊问疾品、香积佛品、见阿閦佛品等。法华经变可见莫高窟第 419、420 窟，主要绘制序品、方便品、比喻品、见宝塔品、观世音菩萨普门品等。释迦多宝与维摩文殊的组合强调了大乘佛法的重要性。[1] 莫高窟隋朝第 419 窟主尊龛外绘维摩、文殊，推测主尊为释迦佛（图 27-37）。窟顶绘

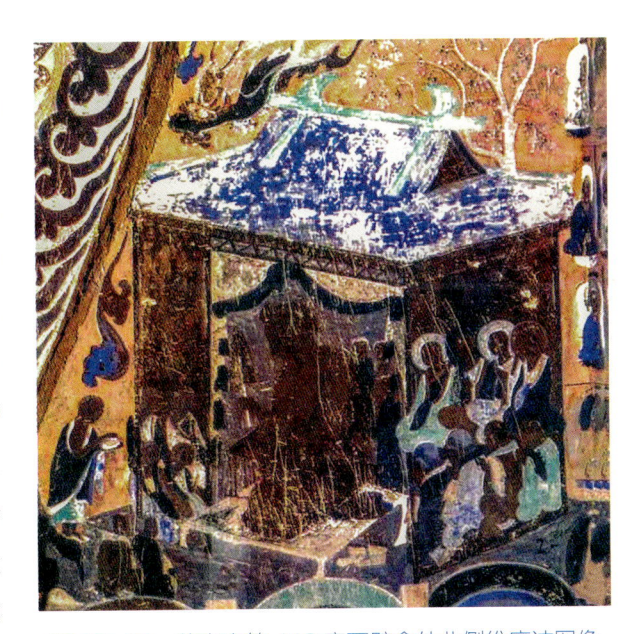

图 27-37　莫高窟第 419 窟西壁龛外北侧维摩诘图像

有法华经变，合乎法华经思想，图像由释迦多宝转变为法华经变，由弥勒菩萨转变为弥勒上生经变，反映出往生兜率天的思想。南北壁说法图周围表现千佛，反映出由观像到十方佛观的禅观路径。该窟人字披法华经变与萨埵太子本生、须达那太子本生组合，反映出《妙法莲华经·提婆达多品》叙述的自我自身布施与所有物布施思想。[2]

---

[1] 李静杰：《敦煌莫高窟北朝隋代洞窟图像构成试论》，载云冈研究院编《2005 年云冈国际学术研讨会论文集·研究卷》，文物出版社，2006 年，第 383 页。

[2] 李静杰：《敦煌莫高窟北朝隋代洞窟图像构成试论》，载云冈研究院编《2005 年云冈国际学术研讨会论文集·研究卷》，文物出版社，2006 年，第 389 页。

莫高窟第295窟为人字披顶，人字披东披画千佛，西披绘涅槃图（图27-38），南北壁画千佛，中央绘制说法图。莫高窟第280窟前部平棋顶，后部人字披顶窟，东披画涅槃变一铺（图27-39）。西壁龛内残存立佛一铺，龛两侧绘法师品与乘象入胎（图27-40）。南北东壁绘千佛。人字东披中央绘制涅槃图，周围绘千佛。将涅槃图与千佛作为一个组合表现，应是当时禅观思想的反映。[1]此时的涅槃图已经从佛传故事中独立出来，且被绘制在较高的位置，可能是表现禅观中的卧威仪形象。刘永增认为，莫高窟第280窟的"乘象入胎"图像应该定名为普贤菩萨来现图，与涅槃图相对性是《法华经》信仰的产物。[2]

隋朝国祚较短，618年李渊建唐。唐代的敦煌历史可分为四个阶段，即初唐（618—704）、盛唐（705—780）、中唐（781—847）、晚唐（848—906）。[3]有唐一代，佛教发展兴盛。莫高窟唐代壁画从内容到形式都出现了新的造像思想。主室平面呈方形，为覆斗式洞窟，室内空间较大，可供信众在窟内举行佛事活动。窟内造像塑绘精美、比例适度，菩萨形象呈现女性化的特点。窟内设计严谨，通常是西壁龛内为主尊塑像，南北两壁画大型经变画，如阿弥陀经变、观无量寿经变、弥勒经变、法华经变、药师经变等。整个洞窟成为一个有机整体，形成一个净土世界。

图27-38　莫高窟第295窟人字披西披涅槃图

图27-39　莫高窟第280窟人字披东披涅槃图

---

[1] 李静杰：《敦煌莫高窟北朝隋代洞窟图像构成试论》，载云冈研究院编《2005年云冈国际学术研讨会论文集·研究卷》，文物出版社，2006年，第377页。
[2] 刘永增：《莫高窟第280窟普贤菩萨来现图考释——兼谈"乘象入胎"的图像来源》，《敦煌研究》1995年第3期，第125—130页。
[3] 史苇湘：《关于敦煌莫高窟内容总录》，载敦煌文物研究所《敦煌莫高窟内容总录》，文物出版社，1982年，第177页。

对于唐代莫高窟造像，赖鹏举认为潜藏在唐代敦煌石窟内部的主要佛教思想是"法华""华严"，并以此含摄几乎当时存在的主要佛教内容，如净土、唯识、密法及其他佛教思想，还可进行受戒、禅修、忏法、密教仪轨等佛事活动。由于华严思想乃以卢舍那佛为中心形成对相关造像的含摄，导致莫高窟的石窟形制由原来表现"涅槃"内涵的"中心柱窟"，转变为易于彰显"华严"主尊与四壁造像相互含摄的"中心坛场窟"。

图 27-40　莫高窟第 280 窟西壁龛内乘象入胎图像

中国佛教自北魏末期正式出现卢舍那佛造像以来，有数种不同的造像方式来彰显主尊的卢舍那本质。南北两壁一边为代表"三世"的弥勒净土，一边为代表"十方"的弥陀净土，正壁主尊两侧或东壁门两侧有《华严经》的两位上首菩萨：文殊与普贤，成为卢舍那佛为

图 27-41　莫高窟第 148 窟西壁涅槃像及南壁涅槃经变

图 27-42 莫高窟第 148 窟北壁不空羂索观音经变屏风画

图 27-43 莫高窟第 148 窟南壁如意轮观音屏风画

主尊的石窟结构之一。此种结构见于莫高窟初唐的第 71、78、329、331、341 窟，盛唐的第 113、116、123、180、215、218、445、446、208 窟，以及中唐的第 91、93、112、117、129、154、155、159、191、200、231、237、238、240、358、359、360、386、369、361、222、202 窟等。还有一种形式则是南北壁造像为药师经变和弥陀净土变，两净土一在东方，一在西方，俱属"十方佛"的范畴，其含义近于弥勒、弥陀净土的"十方三世佛"，这种组合见于初唐第 220 窟、盛唐第 88 窟及中唐的第 231、240、360、112、159、202、359、361、369、471 窟等。①

唐代佛教发展兴盛，形成佛教宗派。在佛教宗派思想地推动下，密教造像也出现在莫高窟中，与莫高窟其他造像形成体用完备的结构。莫高窟第 321、331、334、148、14 等窟都有密教造像，其中莫高窟第 148 窟的密教造像是其中的代表。莫高窟第 148 窟造像以正壁的大铺涅槃像及涅槃经变揭开序幕（图 27-41），而辅以"华严"思想有关的造像，是莫高窟典型的"涅槃"与"华严"思想结合的洞窟。本窟在两侧壁与东壁引入中印密法的诸曼陀罗造像，如不空羂索观音（图 27-42）、如意轮观音（图 27-43）造像，显示出观音造像的显密圆融。

---

① 赖鹏举：《敦煌石窟造像思想研究》，文物出版社，2009 年，第 171 页。

另外，佛顶尊胜陀罗尼经变在莫高窟第 103、217、23、31 窟的出现，表明中印密法在敦煌的进入。随着莫高窟对《佛顶尊胜陀罗尼经》的引入，引起了敦煌石窟内"空""有"系经变画的绘制。在以华严卢舍那为主尊的架构下，以"金刚经变""思益梵天请问经变"为主的"空"系佛教经变画与以"佛顶尊胜陀罗尼经变"为代表的"有"系经变画也成为敦煌石窟造像的主要思想，其中莫高窟第 217 窟南壁佛顶尊胜陀罗尼经变（图 27-44）便是其中的典型代表。[①]

在归义军之后的沙州回鹘和西夏时期，莫高窟很少新建洞窟，以重修重绘前期洞窟为基本的营造模式，加之文献和供养人画像的缺失，使得这一时期洞窟的功德和功能不甚明确。[②]到西夏时期，在敦煌石窟中留下丰富的壁画，其主要方式是重修或重绘之前的各期洞窟，以莫高窟第 328 窟北壁净土变为例（图 27-45），其壁画题材单一，表现出以简略之净土变为流行的趋势，壁画结构形式程式化现象严重。这种净土变的选择，与西夏人的净土信仰对西夏佛教各宗派思想的圆融末法思潮等密切相关。西夏时期重绘洞窟壁画的活动和传统的佛教供养、佛塔修造、洞窟营建等功德思想相一致，[③] 代表者如莫高窟第 353 窟。莫高窟第 353 窟东壁门上的过去佛与弥勒的组合奠定了窟内的末法主题，窟内西、南、北三壁所塑药师、弥勒和阿弥陀造像反映了西夏人在 11—15 世纪佛教思想大融合的神系重构背景下为应对末法危机所做的一

图 27-44　莫高窟第 217 窟南壁佛顶尊胜陀罗尼经变

---

① 赖鹏举：《敦煌石窟造像思想研究》，文物出版社，2009 年，第 211—249 页。
② 沙武田：《西夏时期莫高窟的营建——以供养画像缺失现象为中心》，载《西夏学》第十五辑，甘肃文化出版社，2017 年，第 100—127 页。
③ 沙武田：《西夏佛教一面相——西夏时期净土思想对敦煌石窟功德和功能的新诠释》，《西夏学》2020 年第 2 期，第 246—275 页。

图 27-45　莫高窟第 328 窟西夏简化版净土变

种创造性组合，药师凭借其信仰的特殊性在特定的宗教空间内被塑造成末法救赎的角色。佛龛上层左右分布的六铺说法图表达的是诸方世界的佛国净土，与其下方行普贤愿求生西方净土的菩萨众之间形成华严的次第净土观，引导末法众生早日往生净土。[1]

总之，石窟中的塑像布局与壁画呈现出相互辅助的关系，塑像以空间形式引导着时间，而壁画则以构图的时间分散着空间。二者结合通过画面布局、合理构图而引导信众体验宗教价值，共同构成了"场"的艺术空间。主体身心融会于佛教艺术场景，达到互动和交流的效果，空间无形中被大大拓展，[2] 构成具有仪式性的洞窟。

五、作为仪式空间的敦煌石窟

随着佛教的发展及造像思想的变化，敦煌石窟建筑形制随之发生改变。从十六国北朝到元代，敦煌石窟先后发展出各不相同的洞窟形制，有禅窟、中心塔柱窟、覆斗形洞窟、涅槃窟、大佛窟及背屏式等。北朝时期，中心塔柱窟主要可用来进行观像、礼拜、绕塔、回向

---

[1] 李志军：《莫高窟第 353 窟西夏重修新样三世佛的思想内涵》，《敦煌学辑刊》2020 年第 4 期，第 63—76 页。
[2] 易存国：《敦煌艺术美学：以壁画艺术为中心》，上海人民出版社，2013 年，第 359—362 页。

等仪式活动。隋唐之后，覆斗形洞窟成为主流洞窟，窟内空间的扩大，使讲经、受戒等佛事活动可以在洞窟之内举行。莫高窟作为一种空间形式和宗教场所，在窟内壁画、塑像的映射下，通过可视的形象、鲜艳的色彩及宗教想象，引导僧众进入其所构成的宗教氛围，为僧众构筑了理想的佛国净土空间。

对于莫高窟空间的研究，巫鸿《空间的敦煌：走进莫高窟》为我们提供了全新的研究角度。巫鸿由远及近、从外到内巡视了莫高窟的种种空间构成，从自然和文化环境到崖面的历史变化，从窟内的建筑和雕塑空间到壁画内的经营位置都进行了探讨。在敦煌石窟中，建筑、雕塑、壁画都是构成敦煌石窟空间的要素，信众在佛教思想的支配下，配合这三种要素可以在窟内举行各种佛教仪式。

僧人是佛教寺院的主体，六时礼忏、四时坐禅是僧尼的日常修行活动，这些日常修行活动对于僧人的"六度"修行有重要的意义。坐禅是僧人重要的修行法门之一，佛经中强调坐禅修行，莫有懈怠。敦煌石窟中大量的僧人坐禅图像体现出禅修的重要性。莫高窟第254、285、296、62、281、380、321、23、33、387、445、112、85、9、138、61、72、98窟、榆林第25、33、38窟等都有僧人坐禅的图像。

敦煌莫高窟第285窟南壁有五百强盗成佛故事、二佛并坐等壁画，在其中层绘制着一幅禅僧图。山间丛林之中，一位僧人身穿红色对襟式袈裟，内穿僧祇支，在树下坐禅修行，显出山间环境之清静。敦煌莫高窟第281窟西壁南侧一位僧人身穿红色对襟式袈裟，双手结禅定印，结跏趺坐在丛林之中（图27-46）,《中国敦煌壁画全集·4·敦煌隋代》定名为禅修图。僧人头微微抬起，眼神望向前方，周围花草树木围绕，环境清静。僧人于清静处坐禅修行在莫高窟禅修图

图27-46　莫高窟第281窟西壁南侧禅修图

① 巫鸿：《空间的敦煌：走进莫高窟》，生活·读书·新知三联书店，2022年。

中体现无遗。

上节提到中心塔柱窟内，中心塔柱四面开龛，信众进入洞窟后，可以围绕中心塔柱礼拜和瞻仰佛像，当绕塔观像举行佛事活动时，信众围绕回形通道在光线的变换之中加深了对宗教的情感，从而使信众对洞窟空间结构的感受更加丰富，通过这一佛教仪式，加强了和佛国世界的联系，增强了宗教体验。如莫高窟第254窟，为了保证礼拜观像的中心功能，在主室后半部与中心塔柱柱面对应的四壁各绘有说法图，围绕说法佛、弟子则大面积绘制千佛，横成行、竖成列，加强了通道的纵深感及宗教的神秘性。说法图、千佛与中心塔柱上龛内的主佛、菩萨像及柱面上的千佛影塑，在内容和形式上相呼应，主题清晰，在空间上达到了右绕礼拜的功能。[1]

隋唐之后，在净土思想地引导下，随着净土思想的发展，往生净土的观念代替了北朝时期忍辱牺牲、持戒苦修的宗教主张，阿弥陀经变、药师经变、弥勒经变等经变画出现在敦煌石窟之中，成为主要的题材和样式，可在窟内宣讲教义、举行各种佛事活动的殿堂窟代替了中心塔柱窟。经变画以满壁经变占据整个墙壁，构图以鸟瞰俯视透视法为主，辅以其他透视法来扩展空间。开凿于盛唐时期的莫高窟第172窟北壁壁画的观无量寿经变（图27-47），在构图上，为展现理想中的佛国世界，北壁观无量寿经变亭台楼阁和圣众人物以透视角度创作，为显经变主体大殿之高大从仰视角度绘制，两侧配殿则从俯视角度绘制，后部阁楼取平视角度，使莫高窟第172窟显得更加一体化，是对现实佛寺的描绘。[2]

覆斗顶窟大都为平面方形，僧众进入主室后可将窟内空间尽收眼底，开阔的空间及大幅的经变画为信众近距离观赏壁画提供了方便。窟内造像对称有序的排列方式随着信众的移动而展现出不同的观察视角，增强了信众对佛陀的亲切感。即使在有佛坛的窟内，低矮的佛坛也可供人观赏造像，和观者处于同一空间，使得信众产生身处佛国的感受。[3]

所以，宽敞的石窟空间使得在有些洞窟内可以举行讲经、受戒等佛事法会。莫高窟第285、323、196窟及榆林窟第32窟等便可以在窟内进行授戒活动。第285窟西壁开三龛，除主尊倚坐佛外，两侧有两尊穿三衣的比丘（图27-48），赖鹏举认为，坐禅比丘不一定披三衣，肯定有其特定的含义。在重要的授戒场合中，西壁三龛的三尊正好为得戒、羯磨、教授三师。北壁下方有千佛造像，具有三世佛的含义，东壁门上的三佛并坐造像也可作为三世佛内涵，南壁西侧的二佛并坐像与西壁正中的弥勒佛也可合并为三世佛，代表三世佛在临坛授戒，亦为受戒者在诵戒时礼拜的对象。南壁得眼林故事等造像用以在扫除邪恶归于

---

[1] 巫鸿：《空间的敦煌：走进莫高窟》，生活·读书·新知三联书店，2022年。
[2] 萧默：《敦煌建筑研究》，中国建筑工业出版社，2014年，第333页。
[3] 王治：《敦煌西方变空间结构研究》，故宫出版社，2019年。

图 27-47 莫高窟第 172 窟北壁观无量寿经变

图 27-48 莫高窟第 285 窟西壁穿三衣比丘图像

图 27-49 莫高窟第 196 窟中心佛坛群像

佛法。因此，在莫高窟第 285 窟较大的空间之内，中央的方坛是受戒者登坛受戒的场所，两旁各四个小窟则是七尊证列作的地方，以显示受戒的三师七证。南壁的二佛并坐像、北壁的七佛造像及东壁的三佛造像，皆在表示此比丘戒法是过去、现在、未来诸佛所传的戒法。

莫高窟第 196 窟的造像同样如此，主室覆斗形，有中心佛坛，坛上背屏连接窟顶。中心佛坛上现存趺坐佛、阿难、迦叶、半跏趺坐菩萨、天王像（图 27-49）。南北两壁的经变画按照晚唐时期的造像思想相互对应，南壁西起为法华经变、阿弥陀经变、金光明经变，北壁西起有华严经变、药师经变、弥勒经变。窟内经变画内容具有鲜明的大乘佛教思想。窟顶南北披绘制赴会佛、飞天、千佛图像，可能和菩萨戒的忏悔、得戒思想有关。主室西壁有劳度叉斗圣变（图 27-50），以整壁大篇幅绘制。劳度叉斗圣变以劳度叉等外道的皈依为终止，表现出六师外道、受持佛教戒律皈依的场景。赖鹏举研究，莫高窟第 196 窟前后室的形制、后室地面坛场的设立、前室说戒的造像、两方有关北传"四分律"的题记、后室前壁十师引领戒子登坛的造像及四壁经变的内涵，说明莫高窟第 196 窟是敦煌地区传"比丘戒"的坛场。[1]

在莫高窟洞窟中举行的佛事活动还有多种，为使信众达到完美的宗教体验，建立一个有崇高秩序的佛国世界，在莫高窟构筑一个石窟空间便是其中的核心所在。每铺壁画的构成都要经过造像者的精心设计，在窟内空间结构南北对称的中轴线上，将佛主塑像正对东壁入口，使主尊居于窟内空间的中央位置来辐射全窟。洞窟空间与壁画具有相辅相成的关系。在佛教造像思想地支配下，僧众将敦煌石窟以立体、平面等不同的表现形式，传达着特定的视觉效果，共同建构出敦煌石窟的仪式性空间。

图 27-50 莫高窟第 196 窟西壁劳度叉斗圣变

---

[1] 赖鹏举：《敦煌石窟造像思想研究》，文物出版社，2009 年，第 321 页。

第二十八章　敦煌石窟图像体用观导论

20世纪以来，敦煌石窟图像的研究成果丰硕，在题材辨识、样式分析、断代分期等方面成绩突出，与此同时，研究视角、方法也趋于多样化。20世纪90年代后，随着对开窟目的、洞窟功能等方面的关注，有学者提出"建筑和图像程序"等新方法并取得一些比较重要的研究成果。体用观作为佛教图像研究的一种新视角、方法，具有比较重要的学术价值与意义，本章在阐述体用观方法的观照视角、对象和目的的基础上，进一步列举运用此种方法的研究个案，以期进一步拓展敦煌石窟图像研究的深度与广度。

一、佛教体用观念的内涵

体用是中国传统哲学的重要范畴之一，一般而言，体指事物的本质或本体，"用"指体的表现、产物或作用，两者关系犹如金银与金银器物，金银比喻体，以金银制作而成的器物形状、功能比喻用，用虽各不相同，体则无差别。在大乘佛教经论中，经常运用体用范畴，其体用观是建构大乘本体论的重要理论和方法。本章阐述的体用观方法，特指在佛教大乘体用观念基础上引申、发展而成的佛教图像研究方法。为了便于理解此种方法，有必要首先了解佛教体用观念的内涵。

东汉至魏晋期间，佛教体用范畴伴随佛经译介，逐渐为中土人士所了解，此范畴与相关观念无疑很早就在古印度出现。成书不晚于2世纪的《阿毗达磨大毗婆沙论》卷三就已明确提出体用范畴。伴随佛教经典的传译与注疏，此范畴及相关观念也为中土僧人继承与弘扬。隋唐高僧大德的佛经注疏中，有关体用范畴的运用可谓比比皆是。

相比而言，大乘佛教论典中使用体用范畴远比小乘论典频繁，两者对于体用观念的理解也有区别。

大乘佛教认为法身为诸佛之体，如《大乘理趣六波罗蜜多经》卷一写道："如来妙体即法身，清净解脱同真谛"。[1] 诸佛虽然在成佛因缘、所处净土及教化众生等方面不尽相同，

---

[1] 〔唐〕般若译：《大乘理趣六波罗蜜多经》卷一，《大正藏》第8册，第868页。

但是在体与用方面没有本质区别,《大乘本生心地观经》卷一对于诸佛体用做了具体阐释:"诸佛体用无差别,如千灯照互增明,智慧如空无有边,应物现形如水月。"[1]文中的"智慧如空"是对体的描述,"应物现形"是指妙用。此外,大乘佛教认为菩萨与佛的体(法身)也无差别,《胜天王般若波罗蜜经》记载:"佛言大王,今当为王譬喻显了,譬如宝珠,若有装饰或不装饰,其珠何异?佛与菩萨功德有差,法身无别。"[2]由此可见,佛与菩萨在法身层面是没有差别的,但在用(功德)方面并不相同。

值得关注的是,大乘与小乘对于法身的认识并不一致。据《鸠摩罗什法师大义》卷上记载,5世纪初,鸠摩罗什法师在与慧远法师讨论法身时明确指出,小乘诸部"以诸贤圣所得无漏功德,谓三十七品及佛十力、四无所畏、十八不共等以为法身,又以三藏经显示此理,亦名法身……大乘部者谓一切法无生无灭,语言道断,心行处灭,无漏无为,无量无边,如涅槃相,是名法身,及诸无漏功德并诸经法,亦名法身"[3]。简而言之,大乘佛教通常认为不增不减的真如实相为法身,从而有别于小乘法身观念。理解大乘法身等观念有助于准确把握大乘体用观的内涵。

大乘佛教经论中,还在体用范畴基础上引申出体相用,南朝梁真谛译《大乘起信论》中,论及"摩诃衍"(意译"大乘")时写道:"所言义者,则有三种。云何为三,一者体大,谓一切法真如平等不增减故;二者相大,谓如来藏具足无量性功德故;三者用大,能生一切出世间善因果故,一切诸佛本所乘故,一切菩萨皆乘此法到如来地故。"[4]文中对大乘体相用内涵做出具体的阐述。唐代法藏的《华严经探玄记》、澄观的《大方广佛华严经疏》等中也常见使用体相用范畴。关于体相用,铃木大拙做出通俗易懂的解释,他在《历史发展》一书中指出,体相当于实质,相相当于形色,用相当于力量或作用。[5]如果引申至佛教图像方面,体指佛菩萨等本尊的法身,诸位本尊的造型、样式即是相,发挥度化众生的宗教功能相当于用。

研究敦煌石窟图像等佛教美术的体用观方法,正是在上述大乘体用观念基础上建立的,它有其特定的研究对象、目的与意义。

---

① 〔唐〕般若译:《大乘本生心地观经》卷一,《大正藏》第3册,第295页。
② 〔南朝·陈〕月婆首那译:《胜天王般若波罗蜜经》卷二,《大正藏》第8册,第696—697页。
③ 〔后秦〕鸠摩罗什、(东晋)慧远:《鸠摩罗什法师大义》卷上,《大正藏》第45册,第123页。
④ 〔南朝·梁〕真谛译:《大乘起信论》,《大正藏》第32册,第575—576页。
⑤ 〔日〕铃木大拙著,徐进夫译:《铃木大拙禅论集:历史发展》,志文出版社,1989年版,第280页。

二、作为敦煌石窟图像研究方法的体用观

有关敦煌石窟图像的研究，根据侧重点的不同可以分为两大类型，一种是偏重风格趣味、样式特征的方法，如风格分析法及相关艺术美学方法等；另一种侧重于图像内涵、意义与功能分析，如图像学、"建筑与图像程序"与体用观方法等，它们之间既有联系又有区别。下文以敦煌石窟图像研究为例，介绍体用观方法与其他方法的区别与联系，由此明晰体用观方法的原理与价值意义。

图像学是20世纪上半叶西方流行的一种重要艺术研究方法，代表人物有潘诺夫斯基等。图像学分析方法一般分为三个阶段，即前图像志描述、图像志分析与图像学阐释，艺术作品构图等特征与图像志特征被视为深层意义的征象，图像学最终试图阐释图像的深层意义，从而揭示一个国家、一个民族、一个时代的宗教信念和哲学主张。就敦煌艺术而言，图像学方法比较适合单铺图像作品研究，运用此种方法有助于了解画面构图等形式与图像志特征，进而阐释其中蕴含的佛教观念等深层意义。譬如，敦煌石窟中的法华经变从隋代开始逐渐流行，其后历经初、盛唐及中唐的发展，至晚唐五代时形成比较稳定、成熟的构图形式与表现内容，在此过程中，图像构图与表现的经文品数等随着时代而变化，运用图像学方法可以阐释其中隐含的不同时期的法华思想与信仰观念。然而，敦煌石窟中的法华经变等，与该洞窟的建筑形制、其他题材雕塑、壁画等有着紧密的联系，图像学分析方法难以阐释此铺图像与建筑形制，以及其他图像之间的复杂关联。有鉴于此，巫鸿提出"建筑与图像程序"方法，并将此方法运用于敦煌莫高窟第323窟图像个案研究。

巫鸿认为，"建筑与图像程序"方法的基本前提，"是以特定的宗教、礼仪建筑实体为研究单位，目的是解释这个建筑空间的构成以及所装饰的绘画和雕塑的内在逻辑。虽然'图像程序'与单独图像不可分割，'程序'解读的是画面间的联系而非孤立的画面"。[1]大部分装饰有绘画和雕塑的敦煌石窟都经过统一设计，具体壁面的绘画、雕塑题材在建造时都是有所考虑的，如果以单独图像为基本单位，那么研究者就难以具体的考虑，从而难以理解石窟设计者与赞助人的原有意图，以及图像的宗教功能等。由此可见，此种方法对于研究对象有特别的界定，不是聚焦于单独图像作品，而是某个洞窟中完整的图像系统侧重于特定宗教、礼仪建筑中图像之间的联系。

---

[1] [美]巫鸿著，郑岩等译：《礼仪中的美术——巫鸿中国古代美术史文编》，生活·读书·新知三联书店，2005年，第418页。

就敦煌石窟图像而言，运用此种方法有助于揭示一个石窟寺图像象征结构、叙事模式、原初设计意图及赞助人动机。从这个角度看，敦煌那些具有"原创性"洞窟就成为首要研究对象，分析这些洞窟体现的特殊建筑与图像程序的特点、内涵，进而可以探讨其产生的种种原因或传入该地区的社会、宗教背景等。

体用观方法与上述研究方法有一定相似之处，但是在具体的研究前提、目的等方面不尽相同。体用观是在大乘佛教体用论基础上确立的一种研究方法，研究对象主要是石窟、寺院殿堂中的大乘佛教图像，强调从大乘体用视角理解图像的多样性与统一性。其基本前提是这些石窟、寺院殿堂在营建时经过统一设计，一般依据大乘佛教经典思想确定其中造像和壁画的题材内容，然后布局于相应的建筑空间位置，设计方案通常由了解大乘佛教义理、仪轨的僧侣与有经验的匠师合作完成，由此营建而成的石窟、寺院殿堂有着特殊的宗教功能，或阐明大乘佛教义理思想，或便于修习大乘礼忏、观想法门等。体用观方法关注的不是单独的图像，而是特定建筑空间中图像之间的内在联系，致力于分析大乘佛教图像与修行法门、义理思想及信仰观念的联系，试图阐释原初设计意图及图像如何具体呈现体用观念，进而思考此种图像及观念在特定时期、区域流传的原因。

根据现存佛教图像与相关文献记载来看，5世纪中国佛教图像就已与大乘佛教观念有紧密的关联。东晋时期，以庐山慧远大师为代表的僧侣已经关注大乘体用观念与相关图像的关联。慧远大师曾在庐山营建窟龛，请画师在其中描绘源自天竺的佛影图像，《广弘明集》卷一五记载慧远大师撰写的《佛影铭》，其中写道："妙寻法身之应，以神不言之化……求之法身原无二统，形影之分孰际之哉。而今之闻道者，咸摹圣体于旷代之外，不悟灵应之在兹。"[1] 文中提及的法身与不言之化正是大乘体用观念的恰当表达。由此可见，从东晋开始，大乘体用观念就对佛教图像创作与阐释产生影响，一直延续到南北朝隋唐以后。唐代慧沼法师在其《十一面神咒心经义疏》中，就把大乘体用观念运用于诸多显密观音形象的关系分析方面，他认为十一面观音的十二面，本面表示本体，也称常面、真实面；其上十一面则是为了方便度化所现，也称方便面，简言之，本面表示体，其上十一面代表度化之用。[2] 此外，从大乘体用角度论述图像组合的观点，也常见于隋唐时期高僧大德对于佛教经典的注疏中，这些观点对于理解同时期石窟、寺院殿堂图像具有重要的意义。

敦煌石窟图像一开始就与大乘佛教紧密联系，在现存的莫高窟第268、272、275窟中，主尊旁的胁侍及供养菩萨、化佛头光等已经出现（图28-1），菩萨信仰与空间维度的多佛信仰正是大乘佛教思想观念的具体表现。这些大乘佛教类型的图像在敦煌一直得以延续并

---

[1] [唐]道宣：《广弘明集》卷一五，《大正藏》第52册，第197—198页。
[2] [唐]慧沼：《十一面神咒心经义疏》，《大正藏》第39册，第1004页。

图 28-1　莫高窟北凉第 275 窟主尊交脚弥勒菩萨像

不断发展。这具体表现在如下几个方面:首先,大乘佛教经典中常见的主尊随着时代的发展,越来越多地出现于敦煌图像中。北魏至隋代期间,除了释迦牟尼佛外,释迦多宝佛(二佛并坐)(图 28-2)、卢舍那佛、无量寿佛、药师佛等已出现于敦煌石窟图像中。到了唐代以后,大乘经变中的主尊更加多样化,与此同时,观音菩萨、文殊菩萨等大菩萨也成为图像的常见主尊,这在大乘密教图像中表现得更为明显。其次,敦煌千佛图像的分布由洞窟周壁逐渐扩展到窟顶等处(图 28-3、图 28-4),结合相关题记来看,可以发现其内涵经由三世佛至方位佛、十方三世一切诸佛的不断变化,这些正是大乘佛教信仰在敦煌地区日益盛行的体现。再次,隋唐以后,大乘佛教各种主尊图像在同一个洞窟中形成复杂的组合,在吐蕃统治敦煌以后的敦煌洞窟中,很多种大乘经变图像被有机组合在一起。

有鉴于敦煌石窟图像与大乘佛教之间的内在关联,运用体用观视角与方法可以深入理解图像的内涵,便于把握图像与义理思想、修行法门之间的关联,换言之,有助于揭示敦煌石窟图像的内在联系和宗教功能。

图 28-2　莫高窟北魏第 259 窟主尊二佛并坐像

图28-3　莫高窟西魏第249窟主室南壁千佛壁画

图28-4　莫高窟初唐第322窟主室空间

三、体用观在敦煌石窟图像研究中的应用

敦煌石窟图像虽然经由画师、塑匠之手制作而成，然而其题材内容的选择、画面的布局乃至相互之间形成的特定组合，由于需要表达佛教义理思想及适应观想、瞻礼的需求，其图像样稿与设计方案通常是在熟悉义理、仪轨的法师参与下完成的。已有学者尝试运用体用观方法进行敦煌石窟图像研究，并取得一定的研究成果，郭祐孟就以莫高窟第14窟为例，深入阐释晚唐密教石窟蕴含的体用观，指出主室中轴图像为真空理体，两壁图像为妙有巧用，行者则借之完成统合。[1] 为了更好理解体用观观照视角与分析方法，如下结合敦煌石窟图像具体研究个案，进一步揭示此种方法的功能。

（一）佛佛道同：莫高窟千佛图像与说法图像组合

敦煌石窟中，千佛图像与说法图像经常组合出现在同一壁面或同一窟中，主要流行于北凉至隋代期间。莫高窟北凉第272窟南北壁千佛图像的中部，分别描绘一铺佛说法图（图28-5），此种组合样式在北魏、西魏、北周及隋代洞窟中得以延续。隋代以后洞窟中，千佛

---

[1] 郭祐孟：《敦煌密教石窟体用观初探——以莫高窟第14窟为例看法华密教的开展》，《圆光佛学学报》第10期，2006年，第139—167页。

图 28-5　莫高窟北凉第 272 窟主室南壁千佛画

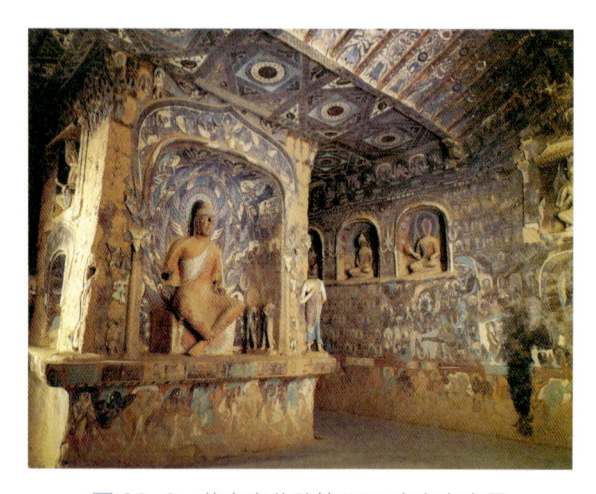

图 28-6　莫高窟北魏第 254 窟主室内景

图像不仅从主室周壁扩展到洞窟顶部，而且与说法图像的组合也趋于多样化。就一窟设计而言，主室正壁或中心塔柱正龛内的主尊说法像与周壁的千佛图像也是一种组合，具有内在的联系。

北魏至西魏，千佛及位于千佛中部的说法图常见于洞窟南西北三壁，东壁一般仅有千佛，其间没有说法图。关于此期千佛图像的定名，莫高窟第 254 窟主室四壁 1235 身千佛像中（图 28-6），783 身旁边留有墨书佛名题记，这些千佛名号出自《过去庄严劫千佛名经》《未来星宿劫千佛名经》。四壁千佛名号中没有发现贤劫千佛。中心塔柱四面龛内的佛像与交脚菩萨像，很可能与贤劫千佛紧密联系，塔柱龛内的释迦牟尼佛等可以视为贤劫千佛的代表。莫高窟第 251、435、288 窟南北壁人字披下分别描绘一铺说法图（图 28-7），图中的主尊佛与塔柱正面龛内倚坐佛构成三佛组合，很可能是作为三世佛的代表。

到了北周、隋代，千佛图像发生较大转变，与说法图像的组合样式也有所发展。隋代洞窟中，千佛图像不仅出现于四壁，也在顶部占据更大面积，部分窟顶全部为千佛。此期洞窟东壁千佛图像中也出现佛说法图。值得重视的是，北周、隋代敦煌洞窟四壁千佛间有的佛说法图留有方位佛题记。莫高窟第 419 窟北壁佛说法图旁有题记"北方相□佛"，应是指十方佛中的北方相德佛。莫高窟第 305 窟南壁千佛间圆券龛下发愿文题记中有"宝相佛"，敦煌西千佛洞北周第 12 窟南壁佛说法图旁也有"南方宝相佛"题记。由此可见，此期敦煌方位佛或十方佛乃至十方三世佛信仰开始兴盛。莫高窟隋代第 292、427 窟塔柱正面及南北壁前部均有立佛塑像一铺（图 28-8），表现的仍是传统三世佛组合，两窟千佛图与说法图表现的可能是十方三世佛，由此看来，说法图中的佛已成为十方三世佛的代表。

从体用观视角来看，敦煌说法图像与千佛图像组合，虽然不同时期的内涵不尽相同，

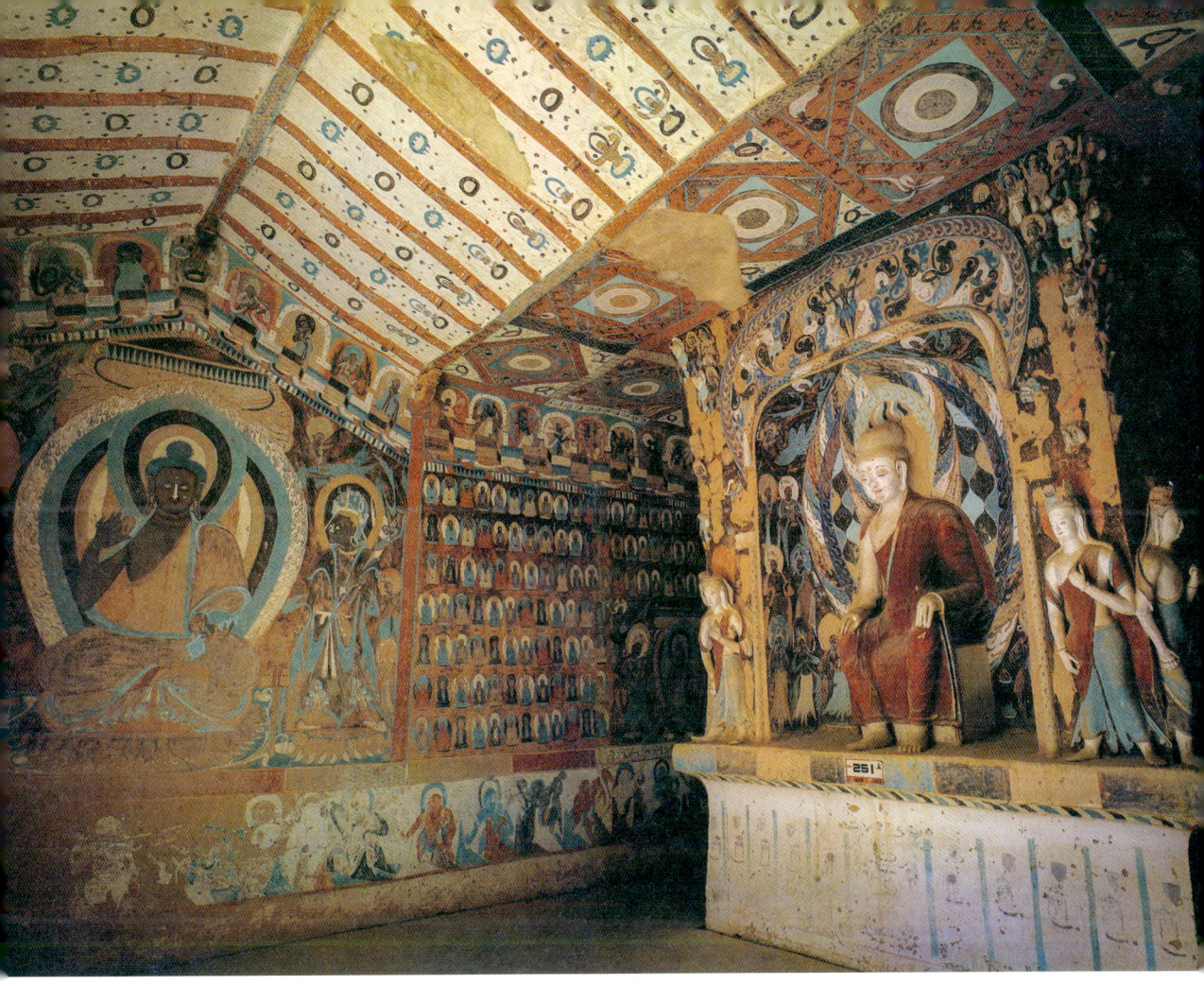

图 28-7　莫高窟北魏第 251 窟主室南壁与中心塔柱

可以视为三世佛、方位佛或十方三世一切佛等,但是此种相对稳定的组合样式正是基于大乘佛教对于诸佛体用关联的认识。图像中的说法佛与千佛体用相同,一佛说法即代表千佛说法,可以说是"佛佛道同"的形象体现。大乘经典中,有关诸佛体用相同的观点十方常见,西晋竺法护所译《佛说如来兴显经》卷一记载:"去来今佛,一切悉等,为一法身,一切诸佛行,皆平等神通之行,无所挂碍,法身慧体,究竟无相。"[1]文中明确指出三世佛同一法身,作为度化众生方便的神通妙用也没有差别。《过去庄严劫千佛名经》记载:"若有善男子善女人,闻是三世三劫诸佛名号,欢喜信乐称扬赞叹归命顶礼,复能书写,为他人说,或能画作立佛形象,或能供养香华伎乐,叹佛功德志心作礼者……是善男子善女人等已曾供养是诸佛已,后生之处历侍诸佛,至于作佛,而无穷尽。"[2]依据此类经文,佛教信众进入洞窟顶礼供养三世三劫诸佛等时,可以在作为诸佛代表的说法佛前进行顶礼供养等,只要配合观想,就可以获得顶礼供养三世三劫诸佛等的无量功德。

① [西晋]竺法护译:《佛说如来兴显经》卷一,《大正藏》第 10 册,第 592 页。
② 《过去庄严劫千佛名经》,《大正藏》第 14 册,第 371 页。

通过这些经典的翻译、传播及鸠摩罗什、慧远大师等关于法身的探讨，可以说诸佛体用无别的观念在东晋十六国以后，已为中土佛教界知晓。千佛图像与说法图之间的组合与此观念联系紧密，可以说，此种组合样式正是诸佛体用无别观念在视觉层面的呈现，在敦煌洞窟顶礼供养等礼仪活动中发挥特定的功用。

（二）心净土净：莫高窟第103窟维摩诘经变的图像构成

莫高窟第103窟为盛唐时期营造的一个重要洞窟。此窟主室是覆斗式形制，窟顶为团花井心的藻井，四披描绘千佛图像。西壁有一平顶敞口龛，内塑跌坐佛及胁侍菩萨、弟子等（清代重新修补）(图28-9)。南壁绘有一铺佛顶尊胜陀罗尼经变。北壁绘制一铺观无量寿经变，下部已毁损。东壁为维摩诘经变(图28-10)。此铺经变基本继承莫高窟第220窟的设计格局，但是在窟门上方首次描绘《维摩诘经》中的《佛国品》内容，图像构成发生较大的变化。

莫高窟第103窟维摩诘经变的《佛国品》中，画面中心描绘释迦牟尼佛倚坐说法图一铺，佛陀等人上方绘一大宝盖，说法图左下侧描绘宝积等长者子持七宝盖供佛的场面，他们侧身站立，身穿汉族衣冠。此说法图的左右两侧，还有佛跌坐说法图与维摩诘掌擎大众两个画面，后者表现《菩萨行品》中维摩诘以神通力持大众前往佛所的场面，而前者这一跌坐说法图描绘的可能是《香积佛品》的香积佛国。窟门南侧以维摩诘为中心，上部描绘《不思议品》的"借座灯王"场面，下部画《香积佛品》中献香饭的化菩萨与《方便品》的王子官属等人，维摩诘前方描绘《观众生品》中的天女与舍利弗。窟门北侧画面以文殊菩萨为中心，下部描绘《方便品》中前来问疾的帝王一行。此铺经变不仅技艺高超，画风出色，而且在图像构成中蕴含非同寻常的意匠与内涵，运用体用观方法有助于对此进行分析。

莫高窟第103窟维摩诘经变的关键人物，分别是位于窟门上方倚坐说法的释迦佛与窟门两侧对坐辩论的文殊菩

图28-8　莫高窟隋代第427窟主室南壁前部图像组合

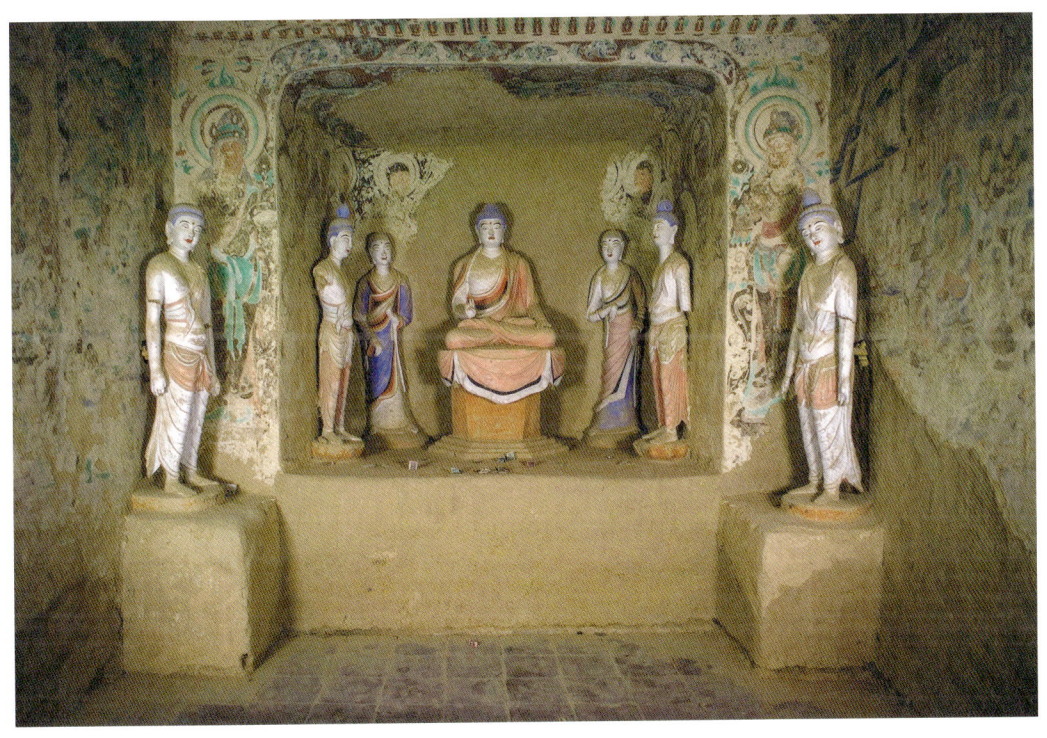

图 28-9　莫高窟盛唐第 103 窟西佛龛

图 28-10　莫高窟盛唐第 103 窟东壁维摩诘经变

萨、维摩诘居士,三者的构图呈品字形。画面中文殊菩萨与维摩诘的身形体量明显大于释迦佛,这种视觉形式迥异于一般佛说法图,这种违反常规的构图与窟门打破东壁壁面的整体性有关,从体用观的角度来看,则比较容易理解此种特殊的构图及其意匠,它并没有违背大乘佛教思想观念。

就体而言,文殊菩萨、维摩诘两位大士与释迦佛的法身无二无别。根据《维摩诘经》记载,弟子、菩萨们纷纷阐述自己无法担任代佛问候维摩诘的缘由,进而引出文殊菩萨代佛前往的缘起,由此可见,文殊菩萨与维摩诘均为佛教中地位极高的法身大士。他们对坐说法,其实正是代表释迦佛度化众生的一种善巧方便,如僧肇的《注维摩诘经》所言:"然群生长寝,非言莫晓。道不孤运,弘之由人。是以如来命文殊于异方,召维摩于他土,爰集毗耶,共弘斯道。"[1]文殊菩萨、维摩诘显然是前来助佛弘法的,与其说是他们在说法度化众生,不如说是本尊释迦佛慈悲度化众生本怀的彰显,或者说是一种妙用。莫高窟第103窟经变设计者借助独特的图像构成充分体现出此种大乘体用观念。

窟门作为进出洞窟的必由之处,莫高窟第103窟维摩诘经变的设计者,通过在窟门上方增绘《佛国品》,很可能有意凸显以窟门喻"不二法门"的设计意匠。一方面,《佛国品》中宝积等持宝盖供佛,既为奉佛居士树立供佛闻法的典范形象,又为其后的"文殊问疾"埋下了伏笔;另一方面,《佛国品》中宝积请问,"愿闻得佛国土清净,唯愿世尊,说诸菩萨净土之行"。[2]前句问佛国之"果"如何殊胜,后句则问创造佛国之"因"。佛陀由此做出精辟回答,菩萨心净则佛土净。心净导致佛土净,那么如何才能心净呢?窟门两侧维摩诘与文殊菩萨关于"入不二法门"的精彩辩论,就是对此问题的回应。

《入不二法门品》的主要内容是,随同文殊菩萨前来的诸菩萨,各自阐述如何入不二法门的见解。他们讲完之后,请教文殊菩萨的看法,于是文殊菩萨"总众家之说,开不二之门",[3]提出"于一切法无言无说,无示无识,离诸问答,是为入不二法门"。[4]文殊菩萨接着问维摩诘,而维摩诘以"默然无言"回应,由此博得文殊菩萨的高度称赞,"善哉!善哉!乃至无有文字,是真入不二法门"![5]莫高窟第103窟经变以精湛技艺表现这一戏剧性的辩论场面,画面中文殊菩萨左手举起,似乎正在向维摩诘发问,此时对面的维摩诘却默认相对,辩论时经常挥舞的麈尾被轻轻垂下于右腿之上,这一细节暗示他富有智慧的"默然无言"回应(图28-11)。

---

[1]〔后秦〕僧肇等撰:《注维摩诘经》卷一,《大正藏》第38册,第327页。
[2]〔后秦〕鸠摩罗什译:《维摩诘所说经》卷上,《大正藏》第14册,第538页。
[3]〔后秦〕僧肇等撰:《注维摩诘经》卷八,《大正藏》第38册,第399页。
[4]〔后秦〕鸠摩罗什译:《维摩诘所说经》卷中,《大正藏》第14册,第551页。
[5]〔后秦〕鸠摩罗什译:《维摩诘所说经》卷中,《大正藏》第14册,第551页。

图 28-11　莫高窟第 103 窟东壁窟门南侧手持麈尾的维摩诘

图 28-12　莫高窟宋代第 76 窟主室

以莫高窟第 103 窟为代表的敦煌维摩诘经变，通过以窟门为中心的精心布局，传达这样的设计意匠：只有了悟《维摩诘经》中所说不二法门之理，才可能充分领会大乘佛教核心的法身思想；只有通过比喻不二法门的窟门，才能进入象征佛国净土的石窟主室，犹如《佛国品》中宝积等长者子亲见释迦牟尼佛的清净庄严国土。换言之，信众穿过窟门这一行为，暗喻借领悟不二法门进入佛国净土，这也正是释迦佛与法身大士们度化众生的一种妙用。此铺经变以窟门为中心的设计，可能与其中蕴含的大乘体用观念有一定的关联。

（三）大悲妙用：莫高窟第 76 窟南北壁观音经变的组合

莫高窟第 76 窟南北壁两铺观音题材经变，以其富有特色的画面内容与对称组合呈现出大乘佛教体与用观念。

莫高窟第 76 窟始建于唐代，宋、元、清陆续重修。窟内主室中心佛坛上留存一尊说法佛塑像，宋代制作，后来在清代重修（图 28-12）。主室四壁现存壁画属于宋代作品。莫高窟第 76 窟南北壁中间各有一铺观音题材经变，下部已残损，但是留存的画面十分清晰，相关小幅画面的榜题大多可以辨识。北壁经变题记抄录自《大悲心陀罗尼经》的"不受十五种恶死"，南壁经变题记抄录自该经的"得十五种善生"。《敦煌石窟内容总录》据此将南壁经变命名为"千手千眼观音经变（十五善生）"，北壁经变命名为"十一面千手千眼观音经变（十五恶死）"。[1]

---

[1] 敦煌研究院编：《敦煌石窟内容总录》，文物出版社，1996 年，第 31 页。

图 28-13　莫高窟宋代第 76 窟南壁观音经变

莫高窟第 76 窟南壁的那铺经变主尊一面二臂,头冠有化佛,右手持柳枝,其身份无疑是观音(或称为圣观音、正观音)菩萨。相比而言,北壁经变主尊的样式比较复杂,需要做些辨析。其十一面八臂,掌心还分别描绘一眼,没有千手千眼观音必备的四十只大手与无数小手的标志性特征,因此,不宜称为十一面千手千眼观音,称为十一面观音更为恰当。就常规而言,经变中的主尊是画面的视觉焦点,也是表现的重点,莫高窟第 76 窟的两铺经变也不例外,根据两位主尊造型样式判断,其身份分别是观音菩萨与十一面观音菩萨,而非千手千眼

图 28-14 莫高窟宋代第 76 窟北壁十一面观音经变

观音菩萨。由此看来,南北壁两铺经变更适宜命名为"观音经变"与"十一面观音经变"。

莫高窟宋代第 76 窟南北壁两铺经变的形式与内容比较特别,主尊造型样式、画面构图及对称组合在继承传统的同时,也有创新之处。

莫高窟宋代第 76 窟南壁的观音经变(图 28-13),主尊为站立姿势,采用常见的显教观音造型样式,一面二臂,后有项光,上有华盖。菩萨右手上举于胸前,持柳枝,左臂下垂,因下部壁画残损,根据常规推测,左手应持一净瓶。主尊头冠中有坐姿化佛,精心描绘的璎珞、耳铛、臂钏衬托出菩萨高贵庄严的气质。主尊两侧描绘多个小幅画面，每幅旁边书写一则榜题，如"一者所生之处常逢善王""三者常值好时""五者身根常得具足"等，现存九个比较完整的情节画面，另外两个情节画面残损较多，难以辨析。

莫高窟第76窟北壁的十一面观音经变（图28-14），主尊也为立姿，项光、华盖与南壁观音经变如出一辙，两者主要区别在于，此铺经变主尊为十一面八臂，属于典型的密教观音。右上第一手上举托日，第二手执杖，第三手拈莲花于胸前，第四手因画面部分残损，持物不明，左上第一手上举托月，第二手执三叉戟，第三手也拈莲花于胸前，第四手也因画面残损难以辨识持物。存留的六手掌心分别描绘一眼，有别于常规十一面八臂观音，而与千手千眼观音手掌接近。主尊身两侧同样描绘多个小幅画面，每幅旁边书写一则榜题，如"八者不为毒药所中死""十五者不为非分自害死"等，现存八个相对完整的情节画面，四个榜题清晰可辨。

莫高窟第76窟南北壁两铺经变的主尊两侧均有多幅图解式画面，此种构图继承了莫高窟晚唐第14窟南壁十一面观音经变、北壁观音经变（图28-15）。莫高窟第76窟南北壁的观音与十一面观音周围，描绘的分别是《大悲心陀罗尼经》的"十五恶死""十五善生"情节内容，这些小幅画面题材与主尊之间无直接关联，莫高窟第76窟主尊与周围小幅画面之间的"脱节"，不仅使得这两铺经变在敦煌石窟中比较少见，而且增加了经变命名难度。

在上述分析的基础上，需要进一步探讨，图像设计者为什么将《大悲心陀罗尼经》的"十五恶死""十五善生"情节穿插于观音、十一面观音主尊的周围，此

图28-15 莫高窟晚唐第14窟北壁观音经变

种设计依据的理念是什么？两铺经变的组合传递出的主旨思想是什么？如果从体用观视角观照、分析这两铺经变，就比较容易解释上述有关问题。

就观音菩萨而言，其体当是与诸佛无二无别的法身，法身无形无相，真如、平等、不生不灭、不垢不净等是法身的特性。观音菩萨的相则是随缘示现出来的种种身形、相貌及手持法器等，每一种相都可以方便度化相应的种类众生，此即是用。

唐代以后，随着观音法门义理思想探讨的深化，观音题材经变图像也不断发展。就莫高窟第76窟而言，南北壁观音题材经变在继承晚唐第14窟相关经变构图、对称组合的基础上（图28-16），主尊样式与画面内容有了创造性发展。一方面，莫高窟第76窟北壁的十一面八臂观音的八只大手掌心分别描绘一眼（仅有七手可辨），由此有别于常规的十一面观音图像；另一方面，两铺经变将《大悲心陀罗尼经》的"十五恶死""十五善生"情节穿插于观音、十一面观音主尊的周围，使得此两铺经变形成自身的特色。图像设计者凭借形象生动的经变画面，向观者表明，这两铺经变之间具有密不可分的一体性关联，南壁主尊观音菩萨、北壁主尊十一面观音及《大悲心陀罗尼经》的主尊千手千眼观音菩萨，就体而言，本来就是"一"，不是二或三。从相的角度看，为了度化不同因缘的众生，菩萨可以变现无量无边的身形，十一面、二手、八手乃至千手千眼，十一面八手八眼乃其中一相而已，虽然不见于现存经典仪轨，但是就理而言，与经典思想并不相悖。两铺经变背景中的"十五恶死""十五善生"情节，表现的正是菩萨度化众生的慈悲妙用。如果说，初唐慧沼法师《十一面神咒心经义疏》用语言文字诠释了观音菩萨体相用的一体观，莫高窟第76窟图像的设计者则用绘画语言做出同样的表达。

现代学术研究者经常将观音图像分为显教、密教，此种分类一方面便于探讨分析，有利于认识它们之间的差别，但是这种分类视角容易让人将显教、密教的诸多观音视为两种截然不同的人物，从而忽视他们在体用方面的一致性。从体用观视角观照，则可以有效避免此类思维误区，有助于从原初情境中理解图像的组合方式与功能。

运用体用观方法，也便于理解晚唐至南宋时期敦煌、巴蜀等石窟中出现多样化观音图像组合的原因，如在大足妙高山石窟第4窟（南宋）、石门山石窟第6窟（南宋）等石窟中，均出现手持各种法器的复杂观音造像组合，这些观音样式及其组合难以从佛教经典中找到直接的创作依据，然而其蕴含的一体、多相、妙用观念与莫高窟第76窟两铺观音题材经变组合一致。可以说，正是大乘佛教体用的观念思想，为唐宋时期此类佛教图像创作注入了新的活力。

如果将"体"视为诸佛菩萨的清净法身，石窟中的各种主尊为度化各种因缘众生的"相"，他们各自所表的教义、法门乃为"用"，那么敦煌石窟图像就犹如一首交响乐，展现出诸佛菩萨以无量方便慈悲度化一切众生的佛国世界。体用观对于揭示大乘佛教图像的设计思想、宗教功能具有重要的意义。

图 28-16　莫高窟晚唐第 14 窟窟内全景

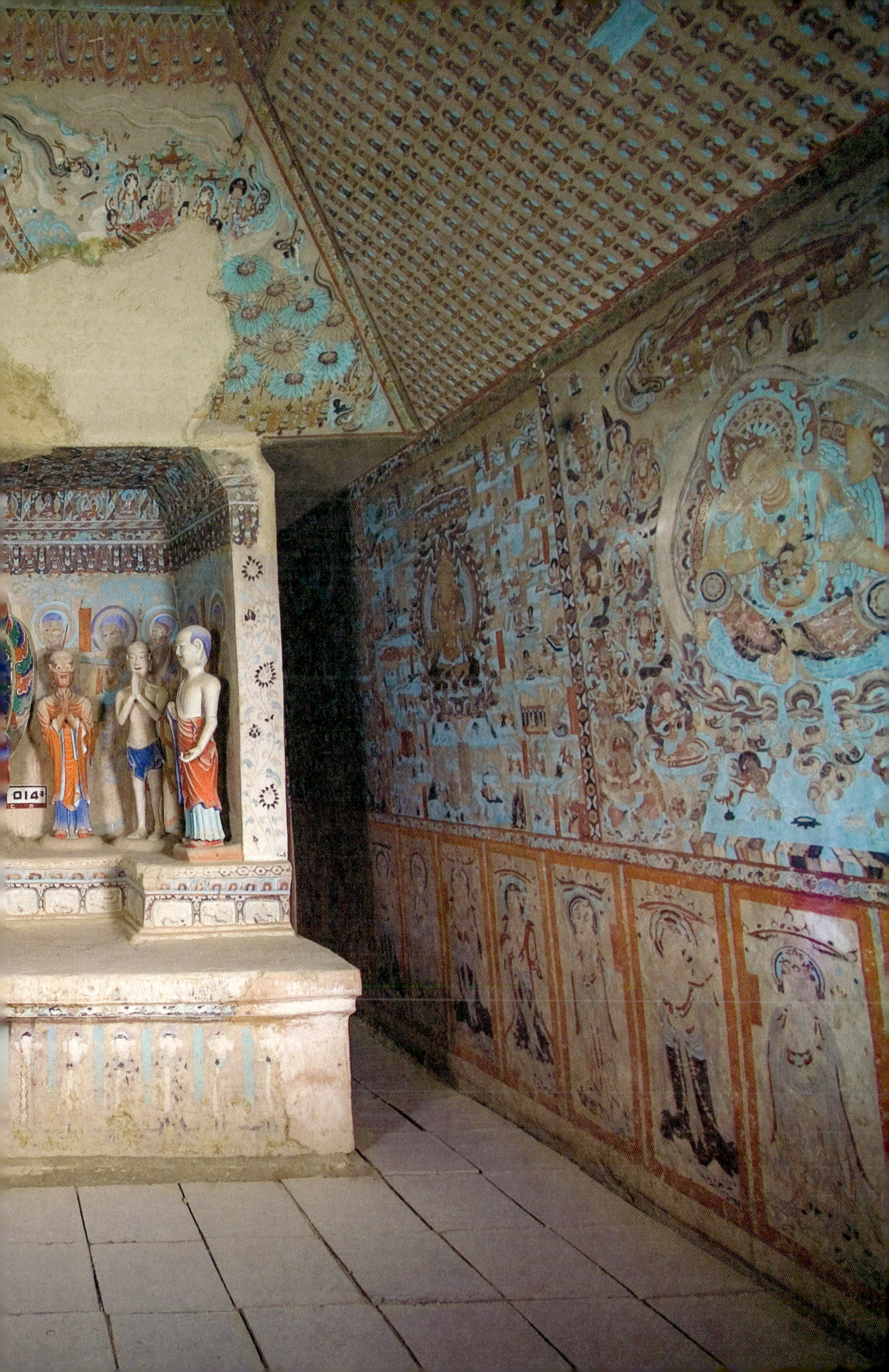
014

第二十九章 敦煌的世家大族与洞窟图像关系导论

一、敦煌世族的形成与演变

莫高窟的营造能延续千年之久，其中有一个很重要的原因，就是敦煌的世家大族集团长期占领和活跃在敦煌的社会舞台上。莫高窟主要的大型洞窟，基本上是由各个时期的敦煌世家大族所营造的，并成为他们的祖先旧业而世袭相承。十多年前，史苇湘就曾精辟地论述过这一问题。在国外学术界关于敦煌世家大族的研究方面，日本学者仁井田升、池田温早年发表过一些论文；藤枝晃在关于莫高窟营造史料的研究中也涉及敦煌大族问题；1980年出版的《敦煌讲座·3·敦煌社会》一书中对日本学者的研究成果做了总结。在国内，除上引史苇湘外，牟润孙、毛汉光等早年做过研究；唐长孺在其名著《魏晋南北朝隋唐史三论》中对敦煌大族有专门论述；姜伯勤的新著《敦煌社会文书导论》中《氏族》章及新作《敦煌邈真赞与敦煌名族》，在回顾国内外这方面研究成果的同时又提出一些新的问题。

从西汉到宋初的千余年间，敦煌先后有李、曹、张、索、翟、阴、阎、氾、罗、阚、令狐、慕容、马、王、宋、杜、吴、康等大族。他们的来源主要有四个方面：一是受朝廷赐封"从官流沙，子孙因家，遂为敦煌人也"，如翟氏；二是"徙居敦煌，代代相生，遂为敦煌望族"，如索氏；三是因发配贬谪而亡命敦煌，子孙繁衍，而成为敦煌世家，如李氏；四是归附中原王朝的一些少数民族的首领部落，定居敦煌后很快成为大姓豪族，如令狐氏、慕容氏。他们之中，有汉晋凉州经学世家，如索氏、氾氏、阴氏等；有汉晋敦煌旧族，如曹氏、张氏、翟氏等；也有在各个时期先后崛起的军事贵族，长久地、牢固地保持着他们在敦煌的政治势力和经济实力，成为不同时期的统治者们所依靠的对象：中央王朝的地方官要依靠他们，入侵的吐蕃贵族也要依靠他们，割据的小王国政权更要依靠他们。在这块汉晋世家基址上形成的封建土壤，培植了这些根深蒂固、枝繁叶茂的谱系之树。

魏晋南北朝时期，敦煌作为一块文化宝地，在敦煌大族中先后涌现出一批垂青古今中外的文化名流，如书法家张奂、张芝父子，和以索靖为首的"敦煌五龙"等，天文学家赵匪欠，地理学家阚骃，建筑学家李冲，思想家和教育家郭瑀、宋纤、刘昞等，医学家张存，音乐家索丞等。同时，由于九品中正制的实行，像索氏这样的高门子弟可直接入仕，如索靖官至司徒，索班、索迈等成为名震西域的政治家和军事家。历代敦煌地方的统治者，也大都出自敦煌大姓。5世纪初，在敦煌建立西凉割据政权的李氏，也是当时敦煌的大姓之一。

隋、唐以降，就全国范围内讲，"各地的旧门阀已丧失过去由制度所保证的政治经济特权，但……由于地域环境的差别和历史遭际的不同，各地区的旧门阀在社会政治上的地位亦各有不同"。敦煌地区由于远离中原，较少受到农民起义的打击，旧世家大族的政治地位得以保存。以至于张、曹二氏在9、10世纪先后成为归义军节度使。

然而，因为敦煌的世家大族在历史上最活跃的时期，也是文献资料最丰富的时期，是在唐代以后，具体来说，是在吐蕃和归义军时期的八至十世纪，所以根本无法同魏晋时期的门阀士族相提并论。只是出于政治上的需要，攀附高门姓望，希冀自己和自己的妻母有一种高贵而漂亮的邑号，即所谓"茅土定名，虚引它邦"，许多实际上是在南北朝以后到敦煌繁衍生息，应该是敦煌郡望的大姓，都跻身于汉晋礼教之门；标榜"夫人立身在世，姓望为先，若不知之，岂为人子"？因之而冒称郡望，不择手段地来抬高自己的门第，任意修改族谱，以保持自己在敦煌的地位。唐代以来的敦煌大姓李氏家族即如此。

敦煌李氏本为汉李陵之后，属代北李，是中原的旧门大姓。北周时期有李穆一支，其子李操因谪贬而迁居敦煌，子孙繁衍，保持大姓雄威。但所有敦煌的李姓都称"陇西李氏"。最早记载敦煌李氏资料的是《圣历碑》，碑主李克让在述其先祖时云："李广以猿臂操奇，李固以龟文表相。"这里讲李广并没有错，因为李陵也是李广之后，但李陵对李氏来说一直是羞于启齿的。后又拉上李固，就不能不使人产生疑问。稍后几年的《李庭光碑》，谓庭光为西凉李暠之后，这是敦煌李氏文献中称李暠之后最早者。到《大历碑》时，碑主（《圣历碑》碑主李克让之孙）李大宾，为了说明自己是李暠之"十三代孙"，将其族谱进行了彻头彻尾的篡改：先将自己六世祖李文保（系李穆之父）改为李暠之孙李宝，将李穆在6世纪后期的北周、杨隋之际的职务毫无根据地强行套在6世纪前期的北魏重臣李宝头上。又将自己的四世祖（《圣历碑》碑主李克让之祖父）李操的职务加在自己祖父李怀操（李克让之弟）头上，使这位生活在唐代敦煌的普通贵族担任了隋朝的"大黄府车骑将军"。一百多年后，《乾宁碑》碑主李明振（李大宾的重孙）又与李唐皇室攀为宗亲，进一步抬高了李氏在归义军政权和敦煌地区的声望。由于记载混乱，敦煌李氏到底出自何人何地，恐怕连他们自己也无法搞清楚了。但可以肯定的一点是，李庭光与李克让不是一系，《圣历碑》没有和李暠挂钩，说明作为敦煌李氏主干的李克让、李大宾、李明振一系，根本不是李暠之后。（当然也和李唐宗室不是一系，因李唐宗室亦非出自李暠。）如果说西凉王李暠唐代还有后人在敦煌的话，李庭光可能可靠一些。

李氏根据需要任意修改族谱的事例，说明这样一个问题：在唐代，敦煌世族的实际谱系已经不太明确。又据P.2005《沙州都督府图经》(图29-1)记载，唐开元年间（713—741）修建张芝庙时，把不同辈分的敦煌张姓官宦均称作张芝的第十八代孙，同样说明这一问题。形成这一现象的历史原因是，唐代地主阶级内部已无魏晋那样的士籍之别，人们攀附高门旧望，并不是像实行"九品中正"的魏晋南北朝时期那样为了直接入仕，而是按照习惯在必要时安上郡望而已。这样，就使敦煌的旧族力量不断壮大，而且不断涌现出一批批新的名门望族。我们今天所看到的各类碑、铭、赞、记资料所记载的各个阶层、各种职业的许多敦煌人，无一不是自称出自中国历史上有名的大族之家。

敦煌的世家大族中，在历史上曾经出过一些有名的政治家、军事家和文化人物，为敦煌、河西、西域乃至整个中华民族的强盛和繁荣做出过重大贡献；又如，唐朝中期吐蕃进攻敦煌时期，军政职务并不高的敦煌豪强阎朝就果断地杀死不愿抵抗的河西节度使周鼎，自领州事，以敦煌世族为主体的敦煌汉唐民众在阎朝率领下抗击吐蕃达十一年之久。又如，吐蕃统治时期，也是依靠敦煌大族，使他们的经济利益和政治势力没有受到大的损害，这就在一定程度上保存了汉唐文化和传统。而9世纪中期率领敦煌各族民众驱逐吐蕃的张议潮，自己本身出自敦煌旧族，所依靠的也主要是敦煌地方世家大族的势力。

在大一统时期，敦煌世族对中原朝廷似乎不曾构成过威胁，但在地方割据政权时期，如张、曹归义军时期，像索氏、李氏、慕容氏等家族都可以在一个时期内控制其政权，并敢与张、曹家族平分敦煌天下甚至可取而代之。所以，尽管当时已是9、10世纪，敦煌地方的世族豪强的政治势力在一定程度上似乎仍然可与魏晋时期并论。

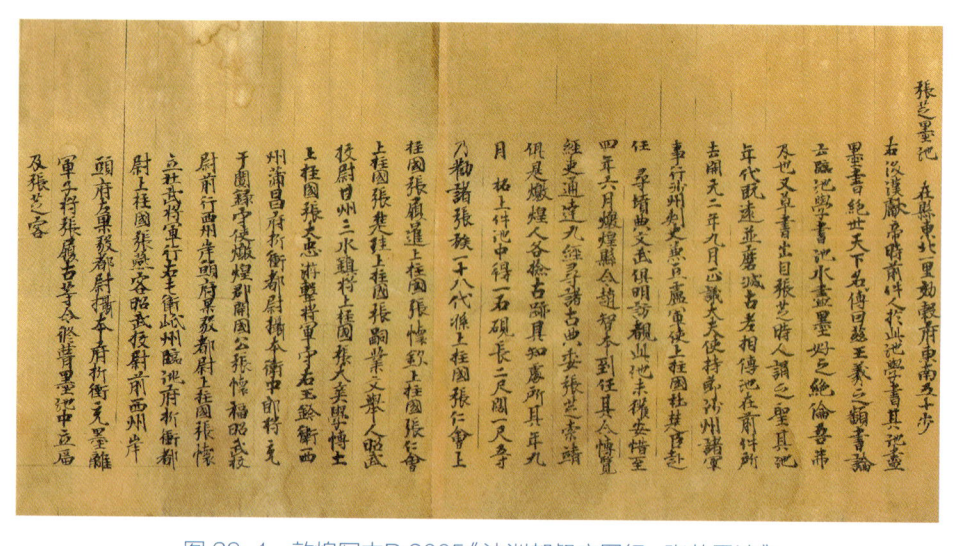

图29-1　敦煌写本P.2005《沙洲都督府图经·张芝墨池》

二、敦煌世族与石窟营造

因为敦煌在历史上实际上是世家大族的敦煌，所以从某种意义上来讲，莫高窟的营造历史实际上也就是敦煌世家大族历史的一部分。显赫于敦煌历史上的敦煌世家大族都参与过莫高窟的营造，莫高窟的大窟基本上都由敦煌世家大族所造。

首先需要说明的是，在莫高窟营造大窟的敦煌世家大族，有一般的大族，也有出自这些大族的官宦和高僧；其所造大窟之名号，包括一些以官宦之职务称号命名的大窟和一些以高僧职务命名的大窟，无一不在前面冠以这些世家大族姓氏的"家窟"；有一些高僧所造大窟则直接冠以窟主之俗姓而称为"家窟"。另外，在张、曹归义军时期，世家大族营造大型佛窟，往往是为了庆祝和纪念窟主本人（官宦或高僧大德）升迁高职，给其家族带来荣耀，同时也显示该家族的政治势力和经济实力。

敦煌的历代统治者们，中央王朝的地方官也好，割据政权的首领也好，他们基本上都是敦煌的世家大族，因此，他们对莫高窟的营造也属于敦煌世家大族莫高窟营造史的一部分；沮渠蒙逊以下，东阳王元荣、建平公于义都是皇族，他们在敦煌自然也是世家豪族；到隋代的大都督王文通、唐代的沙州刺史李庭光，都是敦煌本地的大族所出；而执掌河西归义军政权的张、曹二家族，更是汉晋以来在敦煌地区土生土长的豪强。

敦煌莫高窟的"家窟"之名，出现于唐代初期。贞观十六年（642），乡贡明经朝议郎行敦煌州学博士翟通在莫高窟建成著名的第220窟，窟内大字题写有"翟家窟"三字。100多年后的天宝十三载（754），翟氏家族于莫高窟又造一窟，并留下《浔阳翟氏造窟功德碑》一方（图29-2）；又过了100多年，翟氏家族中出了一位"名驰帝里，誉播秦京，敕赐紫衣，陛阶出众"的大德高僧法荣，他在担任归义军河西都僧统期间，建造了自己的"功德窟"——第85窟，以庆祝和纪念自己的升迁，这就是著称于莫高窟历史上的"翟家窟"；10世纪初，继其先祖之业袭任归义军节度使的随军参谋兼州学博士的天文学家翟奉达重修了第220窟，并在该窟甬道书写"检家谱"，宣称早在北周时期，敦煌的"浔阳翟氏"就在莫高窟镌龛为"圣容立像"；另外，10世纪中期，翟氏一位小姐嫁于节度使曹元忠为夫人，她协助曹元忠主持营建了像莫高窟第61、55、53窟那样的大窟，还于966年亲自主持重修了莫高窟第96窟北大像。以上都说明，敦煌翟氏家族与莫高窟有着不可分割的关系。

立于698年的《大唐李府君莫高窟修佛龛碑》（简称《圣历碑》）、767年的《大唐陇西李氏修功德记碑》（简称《大历碑》）（图29-3）及894年所刻《唐宗子陇西李氏再修功德记碑》（简称《乾宁碑》）（图29-4），分别记莫高窟第331、332、148窟的营造和第148窟

图 29-2 大唐伊吾郡司马上柱国《浔阳翟氏造窟功德碑》(正、背)

等窟的重修情况,上述洞窟都被称为"李家窟"。另外,记载敦煌李氏在莫高窟造窟者还有武周开元之际的《李庭光莫高窟灵岩佛龛碑》。

据《吴僧统碑铭》(图 29-5)记载,敦煌吴氏之先吴绪之是唐朝中期在与吐蕃的战争中率家随军移居敦煌的。绪之和他的几个儿子于吐蕃占领时期在敦煌多营佛事,其第三子即敦煌历史上有名的洪䛒和尚。在记录莫高窟崖面的历史文献《腊八燃灯分配窟龛名数》中,记载南大像南边莫高窟第 152 窟及两边的耳窟第 153、154 窟,此一组三窟虽在后代重修过,但在第 153、154 窟内还保存有原修时期的壁画,其窟主当非吴绪之父子莫属。修造这样一处大窟,充分显示了这个刚到敦煌不久的家族强大的经济实力。之后,吴和尚洪䛒又营造了莫高窟第 366、365(七佛堂)窟和莫高窟三大地面洞窟之最的第 16 窟,即吴和尚窟。几十年的时间里,吴氏家族在莫高窟崖面上给我们留下了这么多的大型和巨型洞窟,实乃壮举!

敦煌的"钜鹿索氏"在莫高窟崖面上留下的大窟,主要有建于吐蕃时期的莫高窟第

图 29-3 莫高窟第 148 窟《大唐陇西李氏修功德记碑》

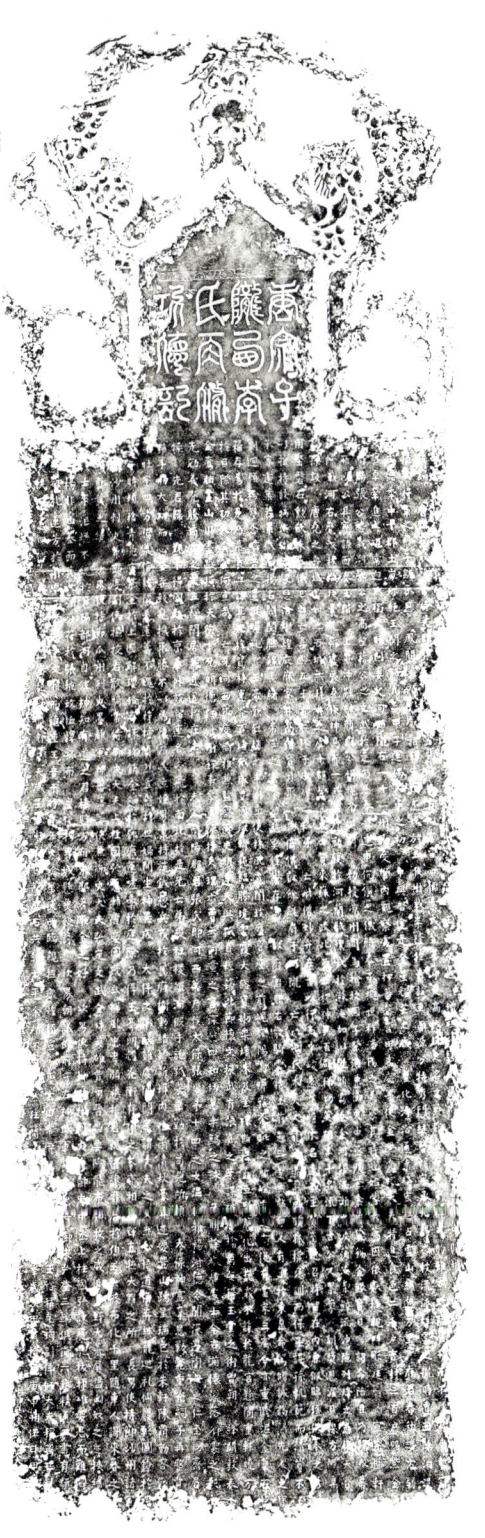

图 29-4 莫高窟第 148 窟《唐宗子陇西李氏再修功德记碑》

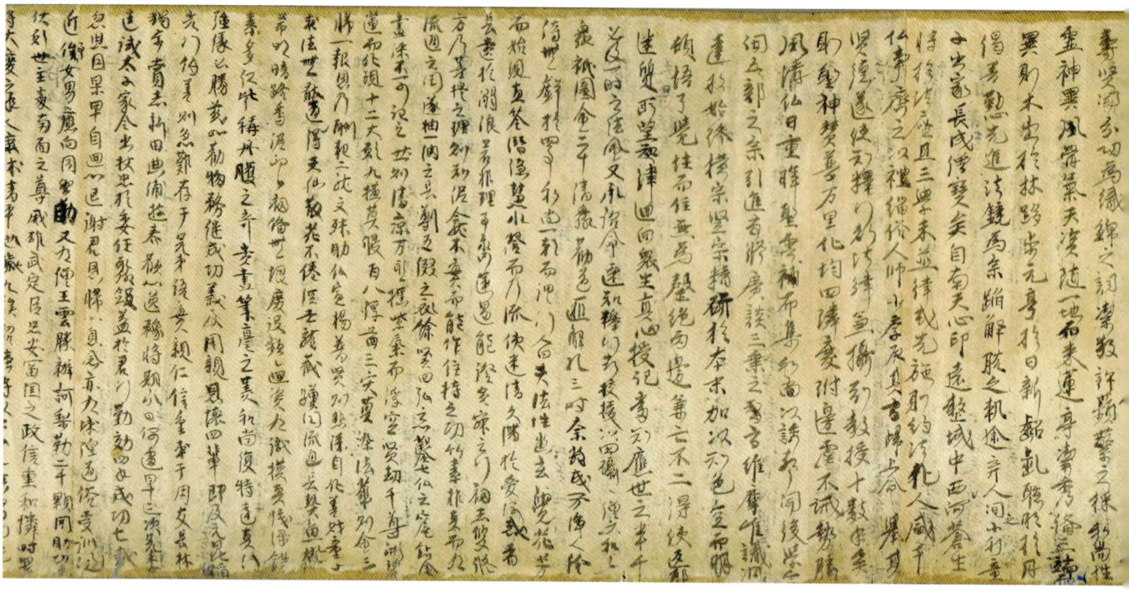

图 29-5　敦煌写本 P.4640《吴僧统碑铭》

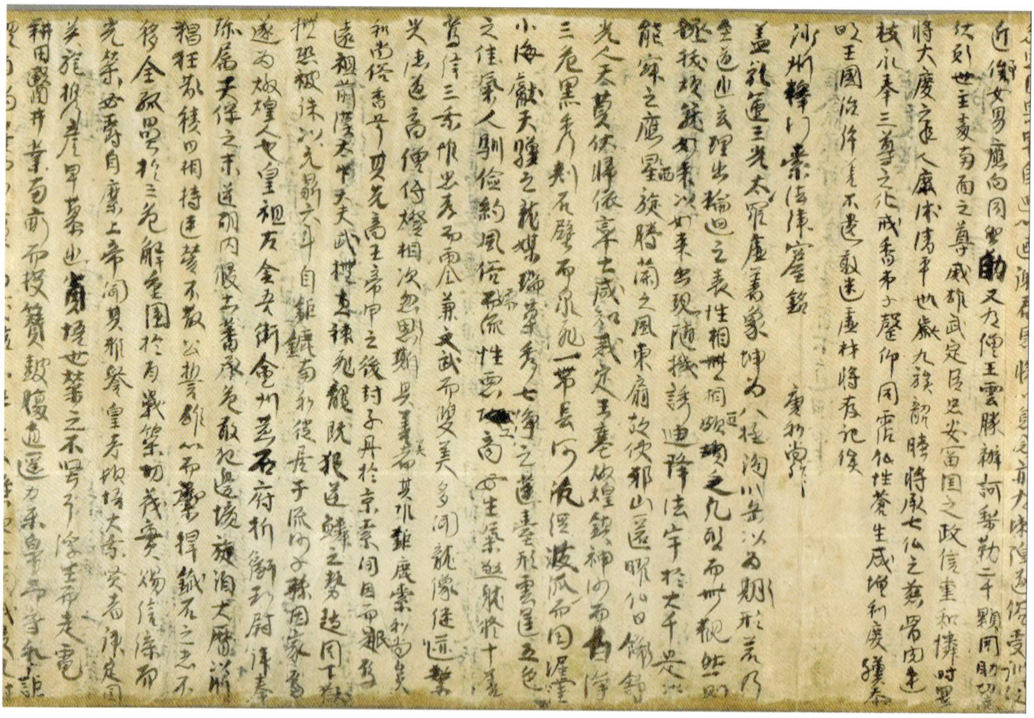

图 29-6　敦煌写本 P.4660《沙洲释门索法律窟铭》

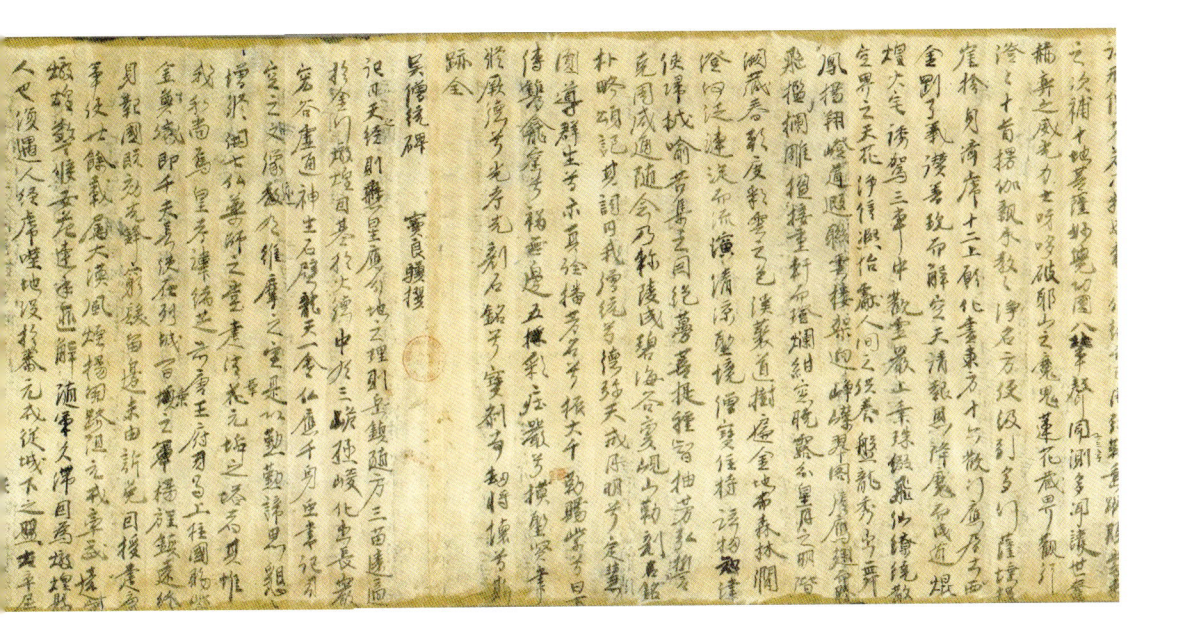

144窟和建于张氏归义军时期的莫高窟第12窟，前者为索氏家族所修"报恩之龛"；后者窟主为坐落于莫高窟的敦煌金光明寺之高僧义詧，由当时的河西都僧统悟真撰写了《沙州释门索法律窟铭》(图29-6)，同洞窟一道流传后世。

敦煌的"太原王氏"是唐朝前期因官而移居的大族。10世纪前期，王氏家族中出了一名担任河西都僧统的和尚，这位王和尚大概因年事已高，所以在职时间不过三年，这就来不及专门营造大窟，而是用重修和改修自己先前所建大窟的方法来庆祝和纪念自己的升迁，这个洞窟就是今莫高窟第143窟，它以"王家窟"之名著称于莫高窟历史上，给敦煌王氏家族带来无限荣耀。

敦煌慕容氏是唐朝前期归附唐朝的吐谷浑的一部分，有比较强大的经济实力，在敦煌定居后迅速接受了先进的汉族文化，也参加到营造莫高窟的敦煌世家大族的队伍中。曹氏归义军初期，慕容氏家族营造了莫高窟崖面上现存二层以上的最大窟第256窟，其后又多次对此窟进行重修；976年前后，该氏又协助在位只有三个年头的曹氏归义军第五任节度使曹延恭（慕容氏之女婿）重修了第454窟，并将其家族祖孙几代的巨身供养像画于该窟甬道北壁，同南壁的曹氏祖孙三代六任节度使的供养像并列起来，表现出一种欲与曹氏平分或争夺天下的气势；毋庸置疑，在当时及其后一个比较长的时期内，慕容氏是敦煌地区很有实力和影响的一个大族。

敦煌阎氏自称"太原鼎族，应质降诞于龙沙；西裔高枝，实是敦煌之大荫"。著名抗蕃首领阎朝、张氏归义军初期的首席大将阎英达均为其后。阎氏家族还出过像会恩那样的高僧大德。980年，担任曹氏归义军紫亭县令的阎员清主持重修了莫高窟第431窟窟檐；另外，阎子延曾作为杜氏家族之女婿参与杜氏营造莫高窟第5窟。这样，这个显赫于敦煌历史上的世家豪族也就在莫高窟留下了痕迹。

敦煌杜氏自称出自京兆，汉晋时期就已在敦煌安居。历史上，文士、武将代不乏人，大德僧尼更是层出不穷。莫高窟有名的"杜家窟"（第76窟）即由杜氏高僧所造。960年前后，杜彦思、彦弘兄弟等营造了莫高窟第5窟，不久，该窟又由一位新任大德的杜姓高僧对其窟檐进行了重修，更值得称道的是，此次重修为我们保存了十分珍贵的我国古代木构建筑史料《新大德造窟檐计料》。

世居敦煌的"清河张氏"在莫高窟营造了第201窟等这样的大窟。

根据《腊八燃灯分配窟龛名数》的记载，莫高窟还有如宋家窟（第146、72窟）、陈家窟（第320窟）等大窟，都是历史上雄居敦煌的"广平宋氏""颍川陈氏"等世家大族所营造。限于篇幅，兹不一一列举。

三、敦煌的家窟

敦煌是个典型的家族社会。从两汉到宋初，敦煌地区活跃着张、李、索、翟、阴、阎、氾、令狐、慕容、宋、杜、吴、罗、阚、康、马等家族，这些世家大族在敦煌历史上起着关键性的作用，而修建石窟成为他们在敦煌历史上活动的一个重要标志与象征。

敦煌石窟指敦煌及其附近的石窟，以莫高窟保存的洞窟最多，最为著名。莫高窟从十六国开始建窟到元代结束，历经北魏、西魏、北周、隋、唐、五代、宋、回鹘、西夏等朝代，是中国古代唯一一处没有中断的佛教美术馆。石窟不仅包含着艺术、宗教、社会、风俗等文化信息，也成为反映家族兴衰、地方政权消长甚至是国家政权更迭的晴雨表。莫高窟从前秦建元二年第一个洞窟的开凿[1]，到元代开窟结束，历时千年之久。在这千年的营造史中，敦煌大族起主要作用。石窟中保存了丰富的供养人画像和题记，这些供养人是活跃在敦煌历史上各民族成员的代表，有汉人、鲜卑人、回鹘人、西夏人、蒙古人，还有中亚的粟特人等。当然，还有许多供养人也参与了历代石窟的营建，由于各种原因，石窟中没有保存下来他们的记录。保存下来的这些供养人中许多来自敦煌大族，他们有的源自老牌汉族大

---

[1] 据武周圣历元年（698）《李君修莫高窟佛龛碑》载："莫高窟者，厥初秦建元二年，有沙门乐僔，戒行清虚，执心恬静，尝杖锡林，行至此山，忽见金光，状有千佛，遂架空凿险，造窟一龛。"又据莫高窟第156窟前室北壁及敦煌文书P.3720《莫高窟记》载："又在州东南廿五里三危山上，秦建元之世，有沙门乐僔杖锡西游至此，巡礼其山，见金光如千佛之状，遂架空凿岩，大造龛像。"

姓，有的则出自新崛起的家族，也有依靠少数民族政权而跻身大族行列的少数民族。他们是莫高窟各个时期洞窟的窟主，成为敦煌石窟营建者的主体之一。更为重要的是敦煌石窟中许多洞窟，特别是一些大窟都是大族修建的家窟。

"家窟"这一概念最早出现于何时，由于文献记录的缺失无从知晓。但是，敦煌石窟中最早由一家祖孙三代为施主修建的洞窟则在隋代出现。莫高窟第62窟为隋代洞窟，[1]形制为人字披顶西壁开龛式，西壁龛外北侧存千佛、供养比丘及供养人等内容；北壁上方画千佛，中间画说法图，下方画男女供养人共十五身。根据隋代洞窟的分期可知，此窟属于第三期，时代应在隋大业九年至唐初武德年间。[2]

第62窟西壁北端供养人，第一身着袈裟，持香炉，题记为"比丘普济供养"；后画一老人，着大袖裙襦，双手捧香炉，身后有侍者，题记为"亡祖成天赐供养"。北壁供养人像，第一身老人头戴幞头，身穿大袖衫，绛袍乌靴，袖手持一长柄香炉，题记为"亡父成僧奴供养"，身后一侍从，手中持一把伞；第二身男像头戴幞头，身穿靴袍，袖手持莲，题记为"亡兄……"，身后一侍从，双手持物；第三身男像，头戴幞头，身穿靴袍，袖手持莲，题记为"亡兄□□□供养"；其后还有"信士成陀罗供养"，男像，头戴幞头，身穿靴袍，袖手持莲，此人是窟主；"弟文达供养"，男像，头戴幞头，身穿靴袍，袖手持莲；"亡母赵桃根供养"，女像，身穿窄袖衫长裙，高头履，披帛，袖手持莲；"妻索玉思供养"，女像，身穿窄袖衫长裙，高头履，披帛，袖手持莲；"女阿文供养"，女像，身窄袖衫长裙，高头履，披帛，袖手持莲等供养像（图29-7）。

第62窟画出了成陀罗一家三代供养人的画像，虽然没有明确的"家窟"字样，却是以一家之力的开窟实例。如果此窟属于家窟，那么敦煌家庙窟最迟应该在隋代就已经出现了。

"家窟"之名最早出现是在初唐时期。1949年前，罗寄梅在剥落莫高窟第220窟表层宋代壁画时，露出了底层的初唐壁画。该窟西壁龛下有初唐"翟家窟"[3]三字的榜题，这则题记至今保存在此窟龛下，这应该是将莫高窟的洞窟直接定性为家窟的开始。第220窟开凿于贞观十六年（642），现可以认为，至少在唐贞观十六年时，敦煌石窟中就已经有了"家窟"这一提法，可见，敦煌石窟真正意义上"家窟"的出现与发展开始于唐代。唐以前由敦煌一个或几个家族修建或参与修建的洞窟较多，且还出现了像第62窟这样一家三代为施主修建的洞窟。由于没有"家窟"这一确切的提法，因此，我们不把唐以前敦煌大族在莫高窟修建或参与修建的洞窟称为家窟。

---

[1] 五代开凿第61窟时将该窟东壁、南壁及窟顶破坏。
[2] 樊锦诗、关友惠、刘玉权：《莫高窟隋代石窟的分期》，载敦煌研究院编《敦煌研究文集·敦煌石窟考古篇》，甘肃民族出版社，2000年，第127—136页。
[3] 敦煌研究院编：《敦煌莫高窟供养人题记》，文物出版社，1986年，第103页。

图 29-7　莫高窟第 62 窟北壁下部供养人像

敦煌大族与莫高窟的营建研究开始较晚。金维诺发表《敦煌窟龛名数考》一文，将敦研 322《腊八燃灯分配窟龛名数》中记载的家窟名号与莫高窟的洞窟进行了考证，开文书与石窟结合研究之先河，对南大像（第 130 窟）、司徒窟（第 94 窟）、张都衙窟（第 108 窟）、大王天公主窟（第 100 窟）、北大像（第 96 窟）、大像天王（第 98 窟）、灵图寺（第 444 窟）、翟家窟（第 220、85 窟）、社众窟（第 44）、令狐社众窟（第 263 窟）、文殊堂（第 61 窟）、独利神堂（第 465 窟）、阴家窟（第 231、138 窟）、太保窟（第 454 窟）、七佛堂（第 365 窟）、陈家窟（第 258 窟）、何法师窟（第 196 窟）、吴和尚窟（第 16 窟）、索家窟（第 12 窟）、天王堂（第 4 窟）、吴家窟（第 158 窟）、李家窟（第 148 窟）等予以确认，这些洞窟大多数为敦煌大族修建的家窟。[1] 藤枝晃发表《敦煌千佛洞の中興　張氏諸窟を中心とした九世紀の佛窟造営》一文，详细考察了张、李、阴、索、吴、翟、何、马等中晚唐敦煌大族营造的洞窟，与文献结合展现了大族在莫高窟开窟造像的情况。[2] 史苇湘在确定了敦煌李（第 331、332、148、当家三窟）、阴（第 285、217、231、138 窟）、张（第 94、156、108 窟）、索（第 12 窟）、曹（第 98、100、61、454、55 窟）、翟（第 220、85 窟）等家族在莫高窟营建的洞窟后，指出莫高窟之所以能延续千年之久，是古代豪门世族意识形态的一种反映。[3] 万庚育通

---

[1] 金维诺：《敦煌窟龛名数考》，《文物》1959 年第 5 期，第 50—54、61 页。
[2] ［日］藤枝晃：《敦煌千佛洞の中興——張氏諸窟を中心とした九世紀の佛窟造営》，《東方学報》（京都）第 35 册，中译本见《敦煌研究》1964 年 3 月，第 9—139 页。
[3] 史苇湘：《世族与石窟》，载敦煌文物研究所编《敦煌研究文集》，甘肃人民出版社，1982 年，第 151—164 页。

过敦煌石窟中的供养人题记对敦煌地区世家大族与各地郡望的关系及石窟开建与重修的历史进行了研究。[1]贺世哲在全面整理莫高窟供养人题记的基础上，详细考证了莫高窟部分洞窟的营建年代及窟主，重点考证了唐宋时期的一些洞窟，表明此时敦煌的大族在莫高窟的营建过程中起着主导作用，很多洞窟成为其家窟。[2]马德在金氏的基础上继续对敦研322《腊八燃灯分配窟龛名数》进行研究，确定了大王天公主窟（第100窟）、大像天王（南、北大像前面殿堂内的天王塑像）、三圣龛（第282窟）、三圣小龛（第244窟）、剎心内龛（第332窟）、三圣剎心（第427窟）、杜家窟（第76窟）、宋家窟（第72窟）、太保窟（第428窟）、陈家窟（第320窟）、王家窟（第143窟）、宋家窟（146窟）等窟。[3]马德还对河西都僧统修建的家窟进行了研究，认为第85、138、143窟分别是河西都僧统翟法荣、阴海晏及王僧统的功德窟，这些洞窟同时也具有家窟的性质。[4]马德对敦煌阴、李、吴、翟、索、王、慕容、阎、杜、张、宋等世家大族修建的洞窟分析之后指出，因为敦煌在历史上实际上是世家大族的敦煌，所以在某种意义上讲，莫高窟的营造历史也就实际上是敦煌世家大族历史的一部分。[5]马德在其专著《敦煌莫高窟史研究》第九章"敦煌世族与家窟家庙"中专门对敦煌世家大族在莫高窟的营建情况进行了研究，认为显赫于敦煌历史上的敦煌世家大族都参与过莫高窟的营造，莫高窟的大窟基本上都由敦煌世家大族所造。[6]马德在《敦煌石窟营造史导论》中也对敦煌的世家大族修建的洞窟进行了论述，并以阴、李、翟等家窟为例对敦煌家窟的社会意义进行了讨论。[7]

我们按照时期对这些家窟进行一个稍微详细的分类。

初唐时期，敦煌家窟开始兴起，目前能够基本确定为家窟的有莫高窟第220窟（翟氏），第431、217窟（阴氏），第331、332窟（李氏）。

盛唐时期有莫高窟第321窟（阴氏）、第148窟（李氏）。

吐蕃占领敦煌时期有莫高窟第365、366窟（吴氏），第231窟（阴氏），第159窟（张氏）等。

---

[1] 万庆育：《珍贵的历史资料——莫高窟供养人画像题记》，载敦煌研究院编《敦煌莫高窟供养人题记》，文物出版社，1986年，第179—193页。

[2] 贺世哲：《从供养人题记看莫高窟部分洞窟的营建年代》，载敦煌研究院编《敦煌莫高窟供养人题记》，文物出版社，1986年，第194—236页。

[3] 马德：《10世纪中期的莫高窟崖面概观——关于〈腊八燃灯分配窟龛名数〉的几个问题》，载段文杰主编《1987敦煌石窟研究国际讨论会文集·石窟考古编》，辽宁美术出版社，1990年，第40—52页。

[4] 马德：《都僧统之"家窟"及其营建——〈腊八燃灯分配窟龛名数〉丛识之三》，《敦煌研究》1989年第4期，第54—58、41页。

[5] 马德：《敦煌的世族与莫高窟》，《敦煌学辑刊》1995年第2期，第41—48页。

[6] 马德：《敦煌莫高窟史研究》，甘肃教育出版社，1996年，第241—254页。

[7] 马德：《敦煌石窟营造史导论》，新文丰出版公司，2003年，第221—227、253—262页。

晚唐时期有莫高窟第156、94窟（张氏），第85窟（翟氏），第138、139窟（阴氏），第12窟（索氏），第196窟（何氏），第16窟（吴氏）。

五代时期有莫高窟第98、100、61、454、55等窟。

中晚唐五代宋时，敦煌石窟的家窟基本上都是以家族为单位修建的。有的直接以姓氏命名，如阴家窟（第231、138、139窟）、翟家窟（第85窟）、陈家窟（第258、320窟）、王家窟（第143窟）、宋家窟（第72、146窟）等；有的是节度使的功德窟，如张义潮窟（第156窟）、张淮深窟（第94窟）、曹议金窟（第98窟），大王天公主窟（第100窟），莫高窟第61、454、55窟等；有的以都僧统命名，如吴僧统窟（第16窟）、翟僧统窟（第85窟）、阴僧统窟（第138、139窟）；有的以官职命名，如司徒窟（第94窟）、大王窟（第98窟）、张都衙窟（第108窟）、太保窟（第428窟）；[1]有的以僧职命名，如何法师窟（第196窟）、索法律窟（第12窟）；还有以主体内容命名的窟，如北大像（第96窟）、南大像（第130窟）、文殊堂（第61窟）、七佛堂（第365窟）、三圣龛（第282窟）、三圣小龛（第244窟）、刹心内龛（第332窟）、三圣刹心（第427窟）等。这些不同的命名，体现了莫高窟一些洞窟已被当时社会认可，成为约定俗成，可见这一时期敦煌家窟的社会影响之大。

敦煌大族与莫高窟营建研究中，对单个家窟的年代、窟主，以及家窟中的典型洞窟、经典图像等问题研究的成果也非常多，下面以家族为单位进行叙述。

（一）张氏

藤枝晃对吐蕃及归义军时期张氏等家族所修的洞窟进行了研究，认为莫高窟第159、156（张议潮窟）、94（张淮深窟）、9（有张承奉像）窟皆为张家窟。[2]史苇湘在对敦煌世族与石窟进行论述的过程中，确定敦煌张氏修建的洞窟有莫高窟第94、156、108窟三窟。[3]贺世哲以供养人题记为依据，在判定莫高窟一些洞窟年代的同时，也对一些洞窟的窟主进行了考证，在张家窟中，考订第156窟为张议潮的功德窟、第94窟为张淮深的功德窟、第108窟为张淮庆的功德窟。[4]邓文宽对张淮深重修北大像和开凿第94窟的年代进行了考证，认为885年改建北大像，而第94窟开凿于885—888年。[5]郑炳林对张淮深改建北

---

[1] 金维诺认为太保窟为第454窟，这里从马德的观点。
[2] [日]藤枝晃：《敦煌千佛洞の中興——张氏诸窟を中心とした九世纪の佛窟造营》，《東方学報》（京都）第35册，中译本见《敦煌研究》1964年3月，第39—41、48—91页。
[3] 史苇湘：《世族与石窟》，载敦煌文物研究所编《敦煌研究文集》，甘肃人民出版社，1982年，第153页。
[4] 贺世哲：《从供养人题记看莫高窟部分洞窟的营建年代》，载敦煌研究院编《敦煌莫高窟供养人题记》，文物出版社，1986年，第194—236页。
[5] 邓文宽：《张淮深改建莫高窟北大像和开凿第94窟年代考》，载《1990年敦煌学国际研讨会文集》，辽宁美术出版社，1995年，第121—135页。

大像和开凿第94窟的年代进行了再研究，认为改建北大像在乾符二年（875）开始，六年（879）结束，而开凿第94窟则开始于乾符六年，中和二年（882）四月结束。[1]马德从敦煌文书P.3550、张怀庆以及张氏家族的郡望三个方面对莫高窟张都衙窟（第108窟）涉及的问题进行了研究。[2]

暨远志发表系列论文，对张议潮功德窟（第156窟）中张议潮统军出行图进行了研究。[3]陈明以《敦煌归义军出行图研究》为题撰写了博士论文，重点对张议潮出行图进行了研究。[4]梁红、沙武田对莫高窟第156窟（张议潮功德窟）进行了详细的研究。[5]

（二）曹氏

史苇湘确定归义军曹氏家族修建的洞窟有莫高窟第98、100、108、61、454、55窟等窟。[6]马德对敦煌曹氏家族在莫高窟第98、100、454窟三窟营建的社会背景进行了分析。[7]郑雨对第98窟的历史背景及时代精神进行了研究。[8]沙武田分析了第98窟对曹氏归义军时期大窟营建的影响，认为这一时期在壁画内容和布局方面以第98窟为起点，开始了一个新的阶段，并对同期及后世的洞窟产生了深刻影响。[9]之后，邵强军的博士论文对曹议金的功德窟莫高窟第98窟展开全面研究。[10]贺世哲通过供养人题记等材料，将第256窟确定为曹元深功德窟。[11]王惠民认为第454窟为曹元德的功德窟。[12]郭俊叶认为第454窟的窟主是曹延恭夫妇。[13]沙武田、段小强进一步考定第454窟主室东壁门南第一身于阗

---

[1] 郑炳林：《张淮深改建北大像和开凿94窟年代再探》，《敦煌研究》1994年第3期，第37—41页。
[2] 马德：《莫高窟张都衙窟及其有关问题》，《敦煌研究》1996年第2期，第30—36页。
[3] 暨远志：《张议潮出行图研究——兼论唐代旌节制度》，《敦煌研究》1991年第3期，第28—40页；《张议潮出行图研究（续）——论沙州归义军的长行官健制和蕃汉兵制》，《敦煌研究》1992年第4期，第78—86页；《论唐代打马球——张议潮出行图研究之三》，《敦煌研究》1993年第2期，第26—36页。
[4] 陈明：《敦煌归义军出行图研究》，兰州大学博士学位论文，2001年。
[5] 梁红、沙武田：《敦煌石窟中的归义军历史——莫高窟第156窟研究》，甘肃文化出版社，2021年。
[6] 史苇湘：《世族与石窟》，载敦煌文物研究所编《敦煌研究文集》，甘肃人民出版社，1982年，第154页。
[7] 马德：《曹氏三大窟营建的社会背景》，《敦煌研究》1991年第1期，第19—24页。
[8] 郑雨：《莫高窟第九十八窟的历史背景以及时代精神》，《九州学刊》1992年第2卷第4期，第35—43页。
[9] 陈明、沙武田：《莫高窟第98窟及其对曹氏归义军时期大窟营建之影响》，载郑炳林主编《敦煌佛教艺术文化论文集》，兰州大学出版社，2002年，第165—185页。沙武田：《莫高窟第98窟及其对曹氏归义军时期大窟营建之影响》，载郑炳林主编《敦煌归义军史专题研究续编》，兰州大学出版社，2003年，第642—662页。
[10] 邵强军：《图像与政权：敦煌曹议金第98窟研究》，甘肃教育出版社，2021年。
[11] 贺世哲：《再谈曹元深功德窟》，《敦煌研究》1994年第3期，第33—36页。
[12] 王惠民：《曹元德功德窟考》，《敦煌研究》1995年第4期，第163—170页。
[13] 郭俊叶：《莫高窟第454窟窟主再议》，《敦煌研究》1999年第2期，第21—24页。

国王像不是李圣天,而是967—977年在位的尉迟输罗即从德或其他;从于阗国王像与洞窟可能的几位功德主共存时间关系来看,其窟主为曹延恭,即由曹延恭创修,曹延禄续修完成。[1]郭俊叶以莫高窟第454窟为对象完成了博士论文,对该窟进行了全面的研究。[2]另外,米德昉对莫高窟第100窟的研究;[3]邹清泉对莫高窟第61窟文殊堂的研究;[4]高秀军对莫高窟第55窟的研究,[5]这些论文对曹氏家窟的研究无疑起到了巨大的推动作用。

(三)李氏

金维诺指出莫高窟第148窟为李家窟。[6]藤枝晃也认为第148窟是李家窟,其修建于唐河西节度使覆亡前夕。[7]史苇湘考证敦煌李氏家族在莫高窟营建七窟,即初唐的第331窟、圣历元年的第332窟、大历十一年的第148窟、景福元年的第9窟,以及尚未确证窟号的"当家三窟"。[8]公维章以第148窟为研究对象完成了博士论文,从唐代敦煌的李氏家族、涅槃经变、三种净土图像、三种密教观音经变、其他几种图像,以及涅槃、净土主题对莫高窟中唐洞窟的影响几个方面对第148窟进行了研究,此文2004年出版。[9]

关于第9窟的研究。姜亮夫认为第9窟应为张氏之功德窟,开凿于大顺二年(891)索勋保辅承奉之际。[10]贺世哲则认为第9窟窟主不是张、索、李,而可能是他们的属吏。[11]梁尉英在对第9窟的内容及题材分析后,认为此窟的窟主当非张承奉,而应是敦煌的李氏家族。[12]李军亦根据第9窟没有李弘愿画像及题名,认为此窟当在张承奉称王之前建成,即乾宁四年(897)二月至光化元(898)年;认为此窟为李家窟,推测东壁门上的四身男供养人画像可能是真正的窟主李弘愿兄弟。[13]张景

---

[1] 沙武田:《莫高窟第454窟窟主的一点补充意见》,《敦煌研究》2003年,第7—9页。
[2] 郭俊叶:《敦煌莫高窟第454窟研究》,甘肃教育出版社,2016年。
[3] 米德昉:《敦煌莫高窟第100窟的研究》,甘肃教育出版社,2016年。
[4] 邹清泉:《文殊堂:曹元忠时代佛教文化与视觉形象个案研究》,甘肃教育出版社,2016年。
[5] 高秀军:《敦煌莫高窟第55窟研究》,兰州大学博士学位论文,2016年。
[6] 金维诺:《敦煌窟龛名数考》,《文物》1959年第5期,第50—54、61页。
[7] [日]藤枝晃:《敦煌千佛洞的中兴——张氏诸窟を中心とした九世纪の佛窟造营》,《东方学报》(京都)第35册,中译本见《敦煌研究》1964年3月,第25—30页。
[8] 史苇湘:《世族与石窟》,载敦煌文物研究所编《敦煌研究文集》,甘肃人民出版社,1982年,第152页。
[9] 公维章:《涅槃、净土的殿堂——敦煌莫高窟第148窟研究》,民族出版社,2004年。
[10] 姜亮夫:《莫高窟年表》,上海古籍出版社,1985年,第444页。
[11] 贺世哲:《从供养人题记看莫高窟部分洞窟的营建年代》,载敦煌研究院编《敦煌莫高窟供养人题记》,文物出版社,1986年,第214页。
[12] 梁尉英:《略论敦煌晚唐艺术的世俗化》,载敦煌研究院、江苏美术出版社编《敦煌石窟艺术·莫高窟第9、12窟(晚唐)》,江苏美术出版社,1994年,第10—34页。
[13] 李军:《晚唐中央政府对河陇地区的经营》,兰州大学博士学位论文,2008年,第175—183页。

峰对敦煌莫高窟第 9 窟甬道供养人画像年代提出了异议，并认为此窟开凿于乾宁三年初（896）至四年（897）六月九日。[1] 魏健鹏对莫高窟第 9 窟进行了全面的研究。[2]

（四）阴氏

1959 年，金维诺根据敦研 322《腊八燃灯分配窟龛名数》记载，考证其中两处记载的阴家窟为第 231 窟和第 138 窟，前者建于吐蕃时期，后者建于张氏归义军时期。[3] 1964 年，藤枝晃对吐蕃时期的阴家窟（第 231 窟）及张承奉时期所建的阴家窟（第 138 窟）进行了分析，并结合敦煌文书 P.4640《阴处士碑》对第 231 窟进行了考证。[4] 1979 年，史苇湘在对敦煌的世族与石窟进行研究时，指出第 285、217、231、138 窟均有阴氏家族人物修建洞窟的题记，而后三窟则是祖孙相传的家窟。[5] 1986 年，万庚育在《珍贵的历史资料——莫高窟供养人画像题记》一文中讨论了敦煌世族与石窟的修建，在论述第 217、231、138 窟之后，又列出了第 98 窟中敦煌阴氏的供养人题记。[6] 同年，贺世哲在《从莫高窟供养人题记看洞窟的营建年代》一文中，不仅对第 217、231、138 窟的营建年代及窟主进行了考证，还指出阴氏家族还参与营建了第 96、431、432 窟。[7] 1997 年，马德对敦煌阴氏与莫高窟的营建进行了研究，认为第 96、138、139、217、231、285、321 窟均是阴氏家族建造。[8] 2004 年，张清涛对武周时期的第 96、321、217 等窟进行了简单的论述。[9] 同年，张景峰对晚唐阴家窟（第 138 窟）的开凿年代、窟主、东壁门上的供养人画像及影窟（第 139 窟）等问题进行了探讨，认为东壁门上供养人画像与智惠性对坐的男供养人画像为阴季丰，二人均是窟主，而第 139 窟则是阴季丰之子海晏的影窟。[10] 2006 年，沙武田在对莫高窟第 138 窟主室东壁门上智惠

---

[1] 张景峰：《敦煌莫高窟第 9 窟甬道供养人画像年代再探》，《兰州学刊》2009 年第 11 期，第 20—26 页。
[2] 魏健鹏：《归义军时期吐蕃移民家窟——敦煌莫高窟第 9 窟研究》，甘肃文化出版社，2021 年。
[3] 金维诺：《敦煌窟龛名数考》，《文物》1959 年第 5 期，第 52—53、54 页。
[4] [日] 藤枝晃：《敦煌千佛洞の中興——張氏諸窟を中心とした九世紀の佛窟造營》，《東方學報》（京都）第 35 册《敦煌研究》1964 年，第 30—35、126—127 页。
[5] 史苇湘：《世族与石窟》，敦煌文物研究所编：《敦煌研究文集》，甘肃人民出版社，1982 年，第 152—153 页。
[6] 万庚育：《珍贵的历史资料——莫高窟供养人画像题记》，载敦煌研究院编《敦煌莫高窟供养人题记》，文物出版社，1986 年，第 185 页。
[7] 贺世哲：《从莫高窟供养人题记看洞窟的营建年代》，载敦煌研究院编《敦煌莫高窟供养人题记》，文物出版社，1986 年，第 201—204、207—208、215—216 页。
[8] 马德：《敦煌阴氏与莫高窟阴家窟》，《敦煌学辑刊》1997 年第 1 期，第 90—95 页。
[9] 张清涛：《武则天时代的敦煌阴氏与莫高窟阴家窟浅议》，敦煌研究院编《2004 年石窟研究国际学术会议论文集》，上海古籍出版社，2006 年 11 月，第 425—430 页。
[10] 张景峰：《莫高窟第 138 窟及其影窟的几个问题》，载敦煌研究院编《2004 年石窟研究国际学术会议论文集》上册，上海古籍出版社，2006 年，第 410—424 页。

性供养图像分析后,认为智惠性与洞窟的密切关系,同时认为此智惠性与《阴处士碑》所记阴嘉政妹安国寺法律并非同一人,而是另有所指。[1]同年,白天佑、沙武田对第231窟东壁门上的阴伯伦夫妇供养像进行了分析,认为其作为供养人画像在位置、组合关系等方面具有原创性图像的特点,认为这种独特的供养人画像在吐蕃时期也是不甚流行的,只有像阴家这样的大家族,在敦煌吐蕃入主前后均有相当大的势力、地位与影响,所以他们可以变个形式,以曲折的方式画像入窟。[2]2008年,张景峰以《敦煌阴氏与莫高窟阴家窟》为题完成了硕士论文,对敦煌阴氏家族与阴家窟进行了较为全面的论述。[3]同年,张景峰、顾淑彦首先对《阴处士碑》碑文进行研究,分析了阴氏家族在吐蕃占领敦煌前后的不同表现;同时对阴嘉政所开凿第231窟西壁龛内顶部四披所绘的瑞像图与东壁门上的阴伯伦夫妇供养像进行分析,认为二者成对应关系,其目的是借助瑞像具有神异的功能引导阴伯伦夫妇升天。[4]2009年,张景峰、顾淑彦对敦煌阴氏家族与归义军政权的婚姻关系进行探讨;同时将第138窟南壁男供养人画像与晚唐五代其他洞窟的同类题材进行对比,认为其是五代时期阴氏家族成员重新绘制而成,时间在长兴四年(933)至清泰四年(937),由此可知此窟在五代时曾两次重修。[5]2009年,王中旭以《阴嘉政窟——礼俗、法事与家窟艺术》为题,完成了博士学位论文,以吐蕃时期出现的新样式为切入点,对阴嘉政窟新样式出现的原因,图像布局的思想和洞窟的性质、功能等问题进行了研究,此文于2014年出版。[6]另外,对敦煌阴家窟中的某些图像、壁画的研究成果也较多,主要是对这些阴家窟中的一些壁画进行了重新认识与考证。2004年,日本学者下野玲子以莫高窟第217窟为主要考证对象,将第217、103、23窟原先认为是法华经变的壁画确定为佛顶尊胜陀罗尼经变。[7]同年,王惠民以莫高窟第321窟为主要考证对象,将第321窟南壁、第74窟北壁的经变画考订为十轮经变。[8]李玉珉对第321窟南壁的宝雨经变、西方净土变、十一面观音等经变画内容进行了研究。[9]2010年,张景峰对莫高窟第431窟观无量寿经变及其他壁画进行了分析,认为此窟的观无量寿经变体

---

[1] 沙武田:《莫高窟第138窟智惠性供养像及相关问题研究》,《敦煌学辑刊》2006年第3期,第83—89页。
[2] 白天佑、沙武田:《莫高窟第231窟阴伯伦夫妇供养像解析》,《敦煌研究》2006年第2期,第6—10页。
[3] 张景峰:《敦煌阴氏家族与莫高窟阴家窟研究》,兰州大学硕士学位论文,2008年。
[4] 张景峰、顾淑彦:《莫高窟第231窟新出现图像的关系初探》,载敦煌研究院编《敦煌吐蕃文化学术研讨会论文集》,甘肃民族出版社,2009年,第195—207页。
[5] 张景峰、顾淑彦:《莫高窟第138窟供养人画像再认识》,《艺术百家》2009年第3期,第17—23页。
[6] 王中旭:《阴嘉政窟:敦煌吐蕃时期的家窟艺术与望族信仰》,民族出版社,2014年。
[7] [日]下野玲子:《敦煌莫高窟第217窟南壁经变的新解释》,《美术史》,第157号,第96—115页。
[8] 王惠民:《敦煌321窟、74窟十轮经变考释》,《艺术史研究》2004年第六辑,第309—336页。
[9] 李玉珉:《敦煌莫高窟第321窟壁画初探》,《美术史研究集刊》2004年第16期,第49—78页。

现了净土大师善道的"凡夫论"思想,进而指出第431窟初唐的这次重修,建立了莫高窟最早的一个往生西方净土法事活动的道场。[1] 2014年,张景峰以《敦煌阴氏与莫高窟研究》为题完成了博士论文,对敦煌阴氏在莫高窟开凿或参与开凿的洞窟进行研究,此论文于2017年出版。[2]

(五)索氏

金维诺在对《腊八燃灯分配窟龛名数》进行分析时,指出索家窟为莫高窟第12窟。[3] 藤枝晃对吐蕃统治及归义军时期的索家窟结合文献进行了考察。[4] 史苇湘对敦煌索氏家族分析后,指出第12窟为索法律窟。[5] 马德对敦煌世族与家窟、家庙论述时,指出"钜鹿索氏"在莫高窟崖面上留下的大窟主要有建于吐蕃期的第144窟和建于张氏归义军时期的第12窟。[6]

对莫高窟第12窟东壁门上供养人画像的研究。《五卷本》第四册在对第12窟东壁门上供养人画像进行说明时,指出此窟窟主为"索义辩",但画像并非索义辩本人,而应是其祖父母,祖父索奉珍的身份与画面形象最相符。[7] 梁尉英认为第12窟东壁门上的供养人画像为索义辩夫妇的"俗家之像"。[8] 李正宇也认为第12窟东壁门上的供养人像为曾任沙州释门都法律的索义辩夫妇。[9] 范泉从第12窟新发现的题记入手,认为东壁门上的供养人像是索义辩的祖父母,而实际的窟主是索义辩,并认为该窟前室供养人画像行列是举行一种法会活动。[10] 李金娟以《敦煌莫高窟索义辩窟研究》为题完成了博士论文,对莫高窟晚唐第12窟进行了研究,论文于2018年出版。[11]

---

[1] 张景峰:《莫高窟第431窟初唐观无量寿经变与善道之法门在敦煌的流传》,《敦煌研究》2010年第4期,第34—43页。
[2] 张景峰:《敦煌阴氏与莫高窟研究》,甘肃教育出版社,2017年。
[3] 金维诺:《敦煌窟龛名数考》,《文物》1959年第5期,第50—54、61页。
[4] [日]藤枝晃:《敦煌千佛洞の中興——張氏諸窟を中心とした九世紀の佛窟造營》,《東方学報》(京都)第35册《敦煌研究》1964年3月,第36—39、111—116页。
[5] 史苇湘:《世族与石窟》,载敦煌文物研究所编《敦煌研究文集》,甘肃人民出版社,1982年,第154页。
[6] 马德:《敦煌莫高窟史研究》,甘肃教育出版社,1996年,第247页。
[7] 敦煌文物研究所编:《中国石窟·敦煌莫高窟》第四卷,文物出版社,1987年,图版第160,"图版说明"第228页。
[8] 梁尉英:《略论敦煌晚唐艺术的世俗化》,载敦煌研究院、江苏美术出版社编《敦煌石窟艺术·莫高窟第9、12窟(晚唐)》,江苏美术出版社,1994年,第10—34页。
[9] 李正宇:《晚唐至宋敦煌听许僧人娶妻生子》,载郑炳林、樊锦诗、杨富学主编《敦煌佛教与禅宗学术讨论会会议论文集》,三秦出版社,2007年,第18—20页。
[10] 范泉:《莫高窟第12窟供养人题记、图像新探》,《敦煌研究》2007年第4期,第86—90页。
[11] 李金娟:《敦煌莫高窟索义辩窟研究》,甘肃教育出版社,2018年。

（六）翟氏

除了上面敦煌大族修建石窟总论之外，学界还对初唐（第220窟）、晚唐（第85窟）的翟家窟考古、图像及艺术等方面进行了专门的研究。

对莫高窟第220窟的研究。由关友惠、施萍婷、段文杰执笔，重点对整体推移后的甬道南北两壁的壁画内容进行了公布与介绍。[1] 宁强对第220窟北壁壁画的七尊佛像、五色彩幡、燃灯供佛、歌舞乐队、十二药叉大将及其眷属、八大菩萨或十大菩萨等内容进行了研究，认为主要表现的是供养药师佛的"仪式"。[2] 河原由雄对第220窟南壁壁画进行了叙述，并依据《佛说观无量寿佛经》进行解读，认为此铺经变是没有条幅的观经变。[3] 之后，胜木言一郎[4]及宁强、王惠民等均认为此经变是观经变。[5] 公维章对第220窟南壁的观无量寿经变进行了分析，认为其定名应为无量寿经变。[6] 宁强以《中国中世纪的艺术宗教和政治——敦煌翟氏家族窟》为题完成了博士论文，重点对莫高窟初唐第220窟进行了全面、系统的研究。[7] 施萍婷先生认为观经变一般有未生怨和十六观，而第220窟至少没有表现佛说《观经》的缘起未生怨及十六观，因此不是观经变。[8] 陈菊霞也对此经变画以无量寿经变解释。[9]

莫高窟第85窟的研究。李永宁在对莫高窟的报恩经变研究时，重点对第85窟报恩经变的《恶友品》进行了释读，并对此经变的社会意义进行了分析。[10] 马德《都僧统之"家窟"及其营建》探讨了第85窟始建和重修的年代与供养人等问题，并认为其具有"家窟"的性质。[11] 梅林依据P.4660《翟家碑》在对第85窟十三铺经变画进行分析后，认为该窟是"自东

---

[1] 敦煌文物研究所:《莫高窟第220窟新发现的复壁壁画》，《文物》1978年第12期，第41—46页。

[2] 宁强:《佛经与图像—敦煌第二二〇窟北壁壁画新解》，《故宫学术季刊》（第十五卷）1998年第3期，第75—92页。

[3] [日]河原由雄:《敦煌净土变相.成立七展开》，《佛教艺术》68号，1968年，第85—107页。

[4] [日]胜木言一郎:《敦煌莫高窟第220窟阿弥陀净土变相图考》，《佛教艺术》202号，1992年，第67—92页。

[5] 宁强:《从"偶像崇拜"到"观想天国"——论西方净土变相之形成》，载敦煌研究院编《段文杰敦煌研究五十年纪念文集》，世界图书出版公司，1996年，第144—149页。王惠民:《敦煌净土图像研究》，《法藏文库》81，佛光山基金会，2003年，第326—328页。

[6] 公维章:《莫高窟第220窟南壁无量寿经变札记》，《敦煌研究》2002年第5期，第8—12页。

[7] NingQiang, Art, religion and politics in Medieal China:The Dunhuang Cave of the Zhai Family. HawaiiUniversity Press, 2004.

[8] 施萍婷:《关于敦煌壁画中的无量寿经变》，《敦煌研究》2007年第2期，第1—5页。

[9] 陈菊霞:《敦煌翟氏研究》，兰州大学博士学位论文，2008年，第197—198页。

[10] 李永宁:《报恩经和莫高窟壁画报恩经变》，载敦煌文物研究所编《敦煌研究文集》，甘肃人民出版社，1982年，第189—219页。

[11] 马德:《都僧统之"家窟"及其营建》，《敦煌研究》1989年第4期，第54—58、41页。

至西，先教后禅，先三乘方便义经变，后一乘了义经变"的反映。贺世哲以第 85 窟金刚经变为主，对敦煌中晚唐时期金刚经变进行了考释。[2] 赖鹏举认为第 85 窟的开凿是唯识与中印密教二系经变相互针对的结果。[3] 张景峰对第 85 窟中心佛坛上塑像进行了研究，认为该窟是以塑绘结合的方法，表现以《金刚经》为主旨的禅宗思想，并对翟法荣修持佛法的追寻及修建第 85 窟的构想进行了分析。[4] 陈菊霞以《翟氏在莫高窟的营建活动》为题，对第 220、85 窟等翟家窟的内容进行了简要论述。[5] 陈菊霞对第 85 窟东壁下方供养人像进行了分析。[6] 郑怡楠以《敦煌翟法荣窟研究》为题完成了博士论文，对莫高窟第 85 窟进行了研究。[7]

（七）吴氏

马德考证敦煌吴氏家族修建的洞窟有吴和尚窟第 16、17 窟（吴和尚窟），第 152、153、154 窟一组洞窟（吴家窟）。[8] 沙武田认为莫高窟第 161 窟为法成的功德窟。[9]

此外，马德对王、陈、宋、慕容、阎、杜等家族在莫高窟修建的家窟给予了确认。[10]

通过对这些研究史的梳理，为今后敦煌家窟的研究提供一些参考，也为敦煌石窟的深入研究提供了必要的研究依据。

---

[1] 梅林：《莫高窟第 85 窟、第 196 窟艺术研究的两个问题》，载敦煌研究院编《敦煌石窟艺术第八五窟附一九六窟》，江苏美术出版社，1998 年，第 10—22 页；图版说明第 216—233 页。
[2] 贺世哲：《敦煌壁画中的金刚经变研究（续）》，《敦煌研究》2007 年第 4 期，第 16—28 页。
[3] 赖鹏举：《盛唐以后莫高窟引入中印密教及唯识系经变思想关系研究》，《敦煌学辑刊》2007 年第 1 期，第 40—44 页。
[4] 张景峰：《敦煌莫高窟第 85 窟与塑绘结合的金刚经变》，《敦煌学辑刊》2007 年第 4 期，第 273—278 页。
[5] 陈菊霞：《敦煌翟氏研究》，兰州大学博士学位论文，2008 年，第 183—222 页。
[6] 陈菊霞：《从莫高窟第 85 窟供养人看地 85 窟的营建和重修活动》，载中央文史研究馆、敦煌研究院、香港中文大学饶宗颐学术馆编《庆贺饶宗颐先生 95 华诞敦煌学国际学术研讨会论文集》，2010 年，第 165—170 页。
[7] 郑怡楠：《敦煌翟法荣窟研究》，中央美术学院博士学位论文，2014 年。
[8] 马德：《吴和尚·吴和尚窟·吴家窟——〈腊八燃灯分配窟龛名数〉丛识之一》，《敦煌研究》1987 年第 3 期，第 62—64、61 页。
[9] 沙武田：《敦煌吐蕃译经三藏法师法成功德窟考》，《中国藏学》2008 年第 3 期，第 40—47 页。
[10] 马德：《10 世纪中期的莫高窟崖面概观——关于〈腊八燃灯分配窟龛名数〉的几个问题》，载段文杰主编《1987 敦煌石窟研究国际讨论会文集·石窟考古编》，辽宁美术出版社，1990 年，第 40—52 页；《敦煌的世族与莫高窟》，《敦煌学辑刊》1995 年第 2 期，第 41—47 页；马德：《敦煌莫高窟史研究》，甘肃教育出版社，1996 年，第 241—254 页。

四、归义军政权与洞窟关系

大中二年(848)吐蕃内乱,张议潮趁机率众起义,收复河西地区,建立归义军政权,敦煌世家大族积极响应,从此敦煌进入了归义军时期。在之后的两百年间,敦煌先后由张氏和曹氏归义军政权统治。

在张氏归义军时期,归义军节度使及其重要僚属在莫高窟积极参与开凿洞窟,莫高窟第156窟为归义军首任节度使张议潮的功德窟,第94窟为张淮深的功德窟,第85窟为翟法荣的功德窟,第12窟是索义辩的功德窟,第196窟是何法师的功德窟,第138窟则是阴季丰、阴海晏等的功德窟,这些洞窟是张氏归义军政权参与修建洞窟的代表,也是重要的家窟,成为晚唐张氏归义军时期敦煌石窟的经典和代表。

第156窟位于莫高窟南区崖面南段第四层,藤枝晃认为第159、156(张议潮窟)、94(张淮深窟)、9(有张承奉像)窟皆为张家窟。[1] 史苇湘确定敦煌张氏修建的洞窟有第94、156、108窟三窟。[2] 贺世哲以供养人题记为依据,考订第156窟为张议潮的功德窟。[3] 暨远志发表系列论文,对张议潮功德窟(第156窟)中议潮统军出行图进行了研究。[4] 陈明以《敦煌归义军出行图研究》为题撰写了博士论文,重点对张议潮出行图进行了研究。[5] 梁红、沙武田对莫高窟第156窟(张议潮功德窟)进行了详细的研究。[6] 第156窟为张淮深为其叔父张议潮修建的功德窟。洞窟为殿堂窟,西壁开一龛。洞窟主室四披东披绘楞伽经变、南披绘法华经变、西披绘弥勒经变、北披绘华严经变;南壁西起绘思益梵天请问经变、阿弥陀经变、金刚经变,北壁西起绘报恩经变、药师经变、天请问经变。最引人注目的是洞窟南北两壁及东壁下方分别绘制了张议潮统军出行图和宋国夫人出行图。这是张氏归义军政权在莫高窟营建洞窟的代表。

第94窟位于莫高窟崖面第一层,与莫高窟北大像(第96窟)相邻,为晚唐时期的中心

---

[1] [日]藤枝晃:《敦煌千佛洞の中興——張氏諸窟を中心とした九世紀の佛窟造營》,《東方學報》(京都)第35册,中译本见《敦煌研究》1964年3月,第39—41、48—91页。
[2] 史苇湘:《世族与石窟》,载敦煌文物研究所编《敦煌研究文集》,甘肃人民出版社,1982年,第153页。
[3] 贺世哲:《从供养人题记看莫高窟部分洞窟的营建年代》,载敦煌研究院编《敦煌莫高窟供养人题记》,文物出版社,1986年,第194—236页。
[4] 暨远志:《张议潮出行图研究——兼论唐代旌节制度》,《敦煌研究》1991年第3期,第28—40页;《张议潮出行图研究(续)——论沙州归义军的长行官健制和蕃汉兵制》,《敦煌研究》1992年第4期,第78—86页;《论唐代打马球——张议潮出行图研究之三》,《敦煌研究》1993年第2期,第26—36页。
[5] 陈明:《敦煌归义军出行图研究》,兰州大学博士学位论文,2004年。
[6] 梁红、沙武田:《敦煌石窟中的归义军历史——莫高窟第156窟研究》,甘肃文化出版社,2021年。

塔柱窟。[1]邓文宽对张淮深重修北大像和开凿第94窟的年代进行了考证，认为885年改建北大像，而第94窟开凿于885—888年。[2]郑炳林对张淮深改建北大像和开凿第94窟的年代进行了再研究，认为改建北大像在乾符二年（875）开始，六年（879）结束，而开凿第94窟则开始于乾符六年，中和二年（882）四月结束。[3]第94窟为张淮深的功德窟，洞窟内容被宋代壁画覆盖，无法窥其全貌。

在曹氏归义军时期，节度使带头在莫高窟修建洞窟，第98窟是曹议金的功德窟，第100窟是曹议金及其回鹘夫人的功德窟，第61、55窟则是曹元忠的功德窟，第454窟则是曹延恭的功德窟。这些洞窟是曹氏归义军政权参与并主持修建洞窟的代表，也是重要的家窟，成为曹氏归义军时期敦煌石窟的经典与代表。

第98窟位于莫高窟崖面第一层，莫高窟北大像（第96窟）之南并与之相邻，史苇湘确定归义军曹氏家族修建的洞窟有莫高窟第98、100、108、61、454、55窟等窟。[4]贺世哲认为第98窟是曹议金真正的功德窟，并对洞窟的供养人题记进行了分析，认为第98窟建成于同光（923—926）前后。[5]马德对敦煌曹氏家族在莫高窟第98、100、454窟营建的社会背景进行了分析。[6]郑雨对第98窟的历史背景及时代精神进行了研究。[7]沙武田分析了第98窟对曹氏归义军时期大窟营建的影响，认为此期在壁画内容和布局方面以98窟为起点，开始了一个新的阶段，并对同期及后世的洞窟产生了深刻影响。[8]之后，邵强军以莫高窟第98窟为对象完成了博士论文，对此窟展开了全面研究。[9]第98窟是曹氏归义军首任节度使曹议金的功德窟，也是一座大型的中心佛坛窟。[10]第98窟主室西壁绘通壁的劳度叉斗圣变，南壁西起绘弥勒、阿弥陀、法华、报恩经变，北壁西起绘天请问经变、药师经变、华严经变、思益梵天请问经变一铺，南西北三壁经变下方绘贤愚经变屏风画，另外，洞窟甬道及东壁

---

[1] 张景峰：《敦煌石窟的中心佛坛窟》，《敦煌研究》2009年第5期，第31—39页。
[2] 邓文宽：《张淮深改建莫高窟北大像和开凿第94窟年代考》，载《1990年敦煌学国际研讨会文集》，辽宁美术出版社，1995年，第121—135页。
[3] 郑炳林：《张淮深改建北大像和开凿94窟年代再探》，《敦煌研究》1994年第3期，第37—41页。
[4] 史苇湘：《世族与石窟》，载敦煌文物研究所编《敦煌研究文集》，甘肃人民出版社，1982年，第154页。
[5] 贺世哲：《从供养人题记看莫高窟部分洞窟的营建年代》，敦煌研究院编《敦煌莫高窟供养人题记》，文物出版社，1986年，第217—219页。
[6] 马德：《曹氏三大窟营建的社会背景》，《敦煌研究》1991年第1期，第19—24页。
[7] 郑雨：《莫高窟第九十八窟的历史背景以及时代精神》，《九州学刊》1992年第2卷第4期，第35—43页。
[8] 陈明、沙武田：《莫高窟第98窟及其对曹氏归义军时期大窟营建之影响》，载郑炳林主编《敦煌佛教艺术文化论文集》，兰州大学出版社，2002年，第165—185页。沙武田：《莫高窟第98窟及其对曹氏归义军时期大窟营建之影响》，载郑炳林主编《敦煌归义军史专题研究续编》，兰州大学出版社，2003年，第642—662页。
[9] 邵强军：《图像与政权：敦煌曹议金第98窟研究》，甘肃教育出版社，2021年。
[10] 张景峰：《敦煌石窟的中心佛坛窟》，《敦煌研究》2009年第5期，第31—39页。

图 29-8　莫高窟第 61 窟内景

下方绘张议潮、索勋及曹议金父子供养人画像等。

　　莫高窟第 100 窟位于莫高窟南区中段第一层第 98 窟之南并与之相邻。贺世哲先生认为此窟窟主是回鹘天公主，年代 935—940 年。[1] 马德先生认为第 100 窟的窟主为天公主，完工在曹元德时期。[2] 米德昉以莫高窟第 100 窟为研究对象完成了博士论文，对此窟进行了全面的研究。[3] 第 100 窟为殿堂窟，西壁开一龛，主室南壁西起绘报恩经变、阿弥陀经变、弥勒经变，北壁西起绘思益梵天请问经变、阿弥陀经变、弥勒经变，东壁门南北两侧绘维摩诘经变，南壁下方至东壁门南下方绘曹议金统军出行图，北壁下方和东壁门北下方绘回鹘公主出行图。

---

[1] 贺世哲：《从供养人题记看莫高窟部分洞窟的年代》，载敦煌研究院编《敦煌莫高窟供养人题记》，文物出版社，1986 年，第 222—223 页。
[2] 马德：《敦煌莫高窟史研究》，甘肃教育出版社，1996 年，第 127—129 页。
[3] 米德昉：《敦煌莫高窟第 100 窟的研究》，甘肃教育出版社，2016 年。

图 29-9　莫高窟第 55 窟内景

　　莫高窟第 61 窟（图 29-8）位于莫高窟南区中段第一层，位于第 98 窟及北大像之北，俗称"文殊堂"，是曹元忠夫妇为自己家族所修的功德窟。[1]邹清泉对莫高窟第 61 窟文殊堂的研究。[2]第 61 窟为五代时期的大型中心佛坛窟，主室顶部四披绘千佛，四角绘四大天王，西壁绘五台山图，南壁西起绘楞伽经变、弥勒经变、阿弥陀经变、法华经变、报恩经变，北壁西起绘密严经变、天请问经变、药师经变、思益梵天请问经变，东壁绘维摩诘经变，南西北三壁下方绘佛传屏风画。从现存佛坛背屏上残留的狮尾及西壁现行的巨幅五台山图来看，此窟反映的是文殊信仰。沙武田认为坛上造像为绘塑结合的"新样文殊变"[3]。可见，第 61 窟坛上主尊应该为文殊菩萨骑狮像。

---

[1] 贺世哲：《从供养人题记看莫高窟部分洞窟的年代》，载敦煌研究院编《敦煌莫高窟供养人题记》，文物出版社，1986 年，第 226—227 页。
[2] 邹清泉：《文殊堂：曹元忠时代佛教文化与视觉形象个案研究》，甘肃教育出版社，2016 年。
[3] 沙武田、梁红：《莫高窟第 61 窟中心佛坛造像为绘塑结合的"新样文殊变"考释》，载云冈石窟研究院编《2005 年云冈国际学术研讨会论文集·研究卷》，文物出版社，2006 年，第 441—456 页。

莫高窟第 55 窟洞窟位于莫高窟崖面南区中段第一层，建于宋建隆三年（962）前后，是曹元忠为自己修建的功德窟。[1]高秀军以莫高窟第 55 窟为题完成了博士论文。[2]第 55 窟也是大型的中心佛坛窟，坛上现存倚坐弥勒佛像三身，分别塑于坛上南、西、北三面，主要表现弥勒三会（图 29-9）。洞窟窟顶四角绘四大天王，洞窟西壁绘劳度叉斗圣变，南壁东起绘弥勒经变、观无量寿经变、报恩经变、观音经变，北壁东起绘天请问经变、药师经变、思益梵天问经变、佛顶尊胜陀罗尼经变，东壁窟门南侧上部绘金光明经变，下部已毁，窟门北侧上部有密严经变，洞窟南西北三壁下方绘贤愚经变屏风画。

莫高窟第 454 窟位于莫高窟南区第三层，也是大型的中心佛坛窟。王惠民认为第 454 为曹元德的功德窟。[3]郭俊叶认为第 454 窟的窟主是曹延恭夫妇。[4]沙武田、段小强进一步考定第 454 窟主室东壁门南第一身于阗国王像不是李圣天，而是 967—977 年在位的尉迟输罗即从德或其他；从于阗国王像与洞窟可能的几位功德主共存时间关系来看，其窟主为曹延恭，即由曹延恭创修，曹延禄续修完成。[5]郭俊叶以莫高窟第 454 窟为研究对象完成了博士论文，对该窟进行了全面的研究。[6]洞窟西壁绘劳度叉斗圣变，南壁西起绘天请问经变、报恩经变、无量寿经变、楞伽经变，北壁西起绘佛顶尊胜陀罗尼经变、思益梵天请问经变、药师经变、梵网经变，东壁绘维摩诘经变，南西北三壁下方绘本生与佛传故事画。

莫高窟第 98、100、61、55、454 窟这些洞窟成为曹氏归义军时期敦煌石窟的经典与代表。

五、敦煌粟特人家族功德窟

粟特人是中古时期活跃在丝绸之路上的重要身影，包括敦煌在内的丝路沿线均有他们留下的丰富文化遗存，更有绵延分布的粟特人聚落，构成了我们今天研究中古历史文化的重要景观。特别是近年来国内粟特人墓葬不断被考古发现，使得这种研究的热潮持续高涨。敦煌是丝路重镇，当然更是粟特商队的必经之路和他们聚落的中心之一。对此，以向达先

---

[1] 贺世哲：《从供养人题记看莫高窟部分洞窟的年代》，载敦煌研究院编《敦煌莫高窟供养人题记》，文物出版社，1986 年，第 227 页。
[2] 高秀军：《敦煌莫高窟第 55 窟研究》，兰州大学博士学位论文，2016 年。
[3] 王惠民：《曹元德功德窟考》，《敦煌研究》1995 年第 4 期，第 163—170 页。
[4] 郭俊叶：《莫高窟第 454 窟窟主再议》，《敦煌研究》1999 年第 2 期，第 21—24 页。
[5] 沙武田：《莫高窟第 454 窟窟主的一点补充意见》，《敦煌研究》2003 年，第 7—9 页。
[6] 郭俊叶：《敦煌莫高窟第 454 窟研究》，甘肃教育出版社，2016 年。

生[1]、池田温先生的研究为契机,[2] 学界的研究可谓成果累累,陈国灿[3]、姜伯勤[4]、荣新江[5]等先生的研究已清楚地揭示出中西交通史上这一至关重要的现象。

早在三国时期,敦煌就有大量的"西域杂胡"生活于此,对此《三国志》卷一六《仓慈传》有记:

> 又常日西域杂胡欲来贡献,而诸豪族多逆断绝;既与贸迁,欺诈侮易,多不得分明。胡常怨望,慈皆劳之。欲诣洛者,为封过所,欲从郡还者,官为平取,辄以府见物与共交市,使吏民护送道路,由是民夷翕然称其德惠。数年卒官,吏民悲感如丧亲戚,图画其形,思其遗像。及西域诸胡闻慈死,悉共会聚于戊已校尉及长吏治下发哀,或有以刀画面,以明血诚,又为立祠,遥共祠之。

相同记载另见于敦煌藏经洞写本P.3636。[6]

1907年,斯坦因在敦煌西北的长城烽燧遗址获取的粟特文古信札,研究的成果颇多,透过这些重要的资料,说明西晋永嘉六年[7]左右,有为数不少的以康国胡商为代表的九姓胡人在敦煌的活动状况。

使我们更感兴趣的是,在敦煌这样一个粟特人活动的重镇与中心地区,构成中古敦煌人最重要活动和记载他们历史的佛教石窟艺术中,粟特人的贡献是什么?

姜伯勤先生指出:"由于粟特商队的强大财力,由于他们往来于丝绸之路商道,他们无论作为艺术赞助人,还是作为外来艺术纹样的推荐者,在中国艺术史上都有重要的地位。"[8] 如此,敦煌当不能例外。姜先生身体力行,根据莫高窟初唐第322窟(图29-10)龛内"畏兽"图像、史姓供养人、发愿文不称"辰年"而称"龙年"等现象推断:"窟主史氏或为突厥裔,或为粟特裔。"[9] 郑炳林先生长期致力于敦煌粟特人的研究,有

---

[1] 向达:《唐代长安与西域文明》,载《唐代长安与西域文明》,生活·读书·新知三联书店,1957年。
[2] [日]池田温:《八世纪中叶敦煌的粟特人聚落》,《欧亚文化研究》1965年第1期;另见氏著:《唐研究论文集》,中国社会科学出版社,1999年,第3—67页。
[3] 陈国灿:《魏晋至隋唐河西胡人的聚居与火祆教》,《西北民族研究》1988年第1期,第198—209页;另见氏著:《敦煌学史事新证》,甘肃教育出版社,2002年,第73—97页。
[4] 姜伯勤:《敦煌吐鲁番文书与丝绸之路》,文物出版社,1994年。
[5] 荣新江:《胡人迁徙与聚落》,载氏著《中古中国与外来文明》,生活·读书·新知三联书店,2001年,第54—59页。
[6] 施萍婷:《敦煌随笔之二》,《敦煌研究》1987年第1期,第47页。
[7] 陈国灿:《敦煌所出粟特文信札的书写地点和时间问题》,《魏晋南北朝隋唐史资料》1985年第七辑,第10—18页。
[8] 姜伯勤:《中国祆教艺术史研究》"引论",生活·读书·新知三联书店,2004年,第7页。
[9] 姜伯勤:《莫高窟322窟持动物畏兽图像——兼论敦煌佛窟畏兽天神图像与唐初突厥祆神崇拜的关联》,载《中国祆教艺术史研究》,生活·读书·新知三联书店,2004年,第217—224页。

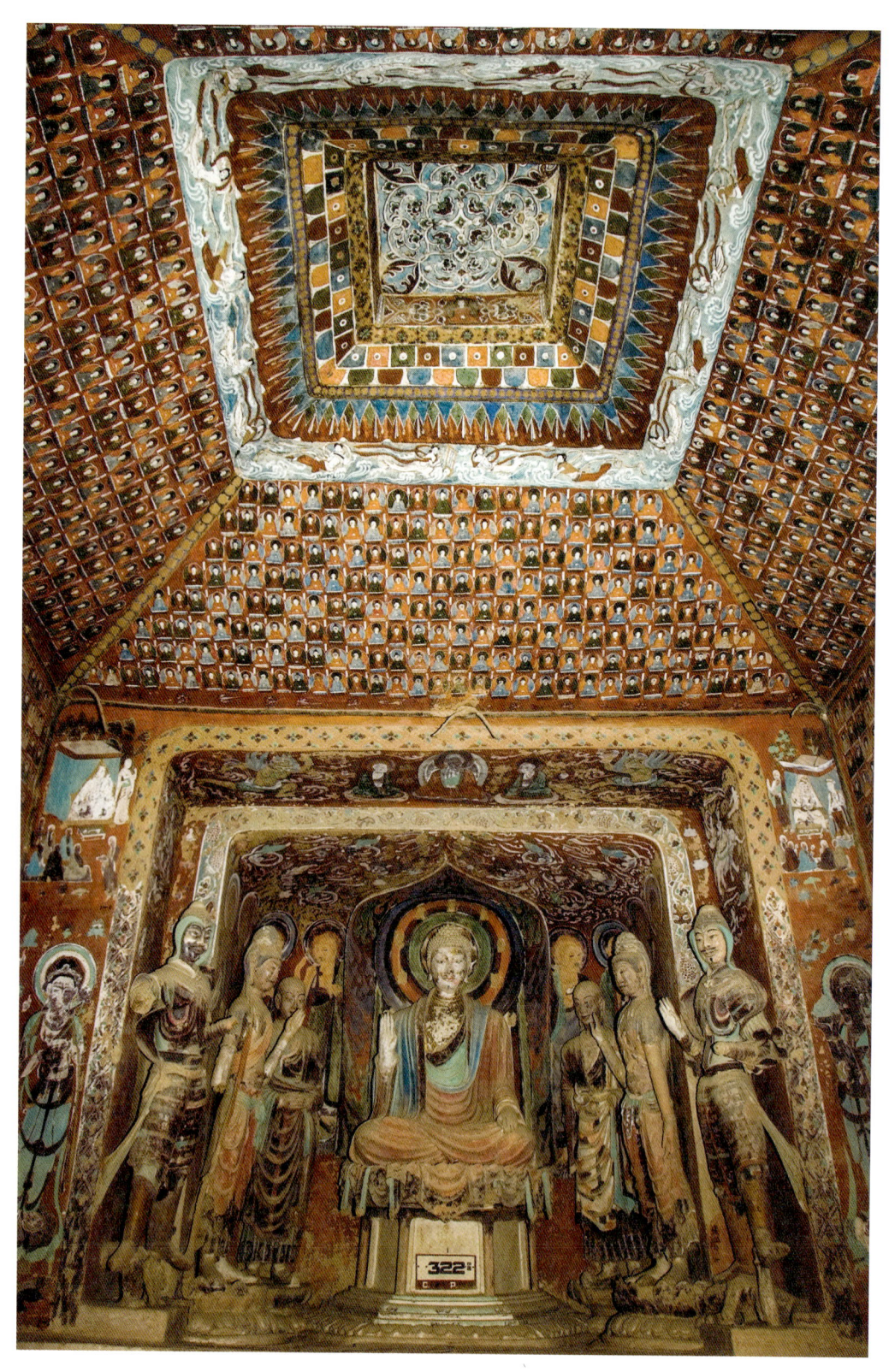

图 29-10　莫高窟初唐第 322 窟主室内景

图 29-11　莫高窟中唐第 158 窟睡佛全景

大量的成果问世，涉及敦煌粟特人研究方方面面的问题，他也曾就唐五代粟特人在莫高窟画佛开窟进行考察，为我们勾勒出一条大概的线索。[1] 荣新江先生详细考察了敦煌壁画中由"萨保"率领下来往于丝绸之路的粟特商队的形象。[2] 雷闻先生发表论文，指出了莫高窟中唐第 158 窟（图 29-11）各国王子举哀图所反映出的粟特文化对唐代社会的影响。[3] 刘永增先生发现了莫高窟中唐第 158 窟壁画中粟特纳骨瓮。[4] 张元林先生研究指出，莫高窟西魏第 285 窟即为以入华在敦煌的粟特人为主营建的洞窟。[5]

---

[1] 郑炳林：《唐五代敦煌的粟特人与佛教》，载兰州大学敦煌学研究所编《敦煌归义军史专题研究》，兰州大学出版社，1997 年，第 433—465 页。

[2] 荣新江：《萨保与萨薄：佛教石窟壁画中的粟特商队首领》，载《粟特人在中国——历史、考古、语言的新探索》（即《法国汉学》第十辑），中华书局，2005 年，第 49—71 页。

[3] 雷闻：《割耳㓷面与刺心剖腹——粟特对唐代社会风俗的影响》，载荣新江、张志清主编《从撒马尔干到长安——粟特人在中国的文化遗迹》，北京国家图书馆出版社，2004 年，第 41—48 页。

[4] 刘永增：《莫高窟第 158 窟的纳骨器与粟特人的丧葬习俗》，《敦煌研究》2004 年第 2 期，第 13—18 页。

[5] 张元林：《粟特人与莫高窟第 285 窟的营建——粟特人及其艺术对敦煌艺术的贡献》，载云冈石窟研究院编《2005 年云冈国际学术研讨会论文集·研究卷》，文物出版社，2005 年，第 394—406 页。

姜伯勤先生《中国祆教艺术史》无疑是研究入华粟特人文化与艺术的巨著，有集大成之功。[1]而先生对敦煌石窟美术中包括莫高窟西魏第285窟顶"天"图像、隋代第244窟说法图中的龙王与象王图像、隋代出现的大量波斯萨珊风格的联珠纹、初唐第322窟畏兽图像等受粟特美术影响的诸图像的系列研究，[2]另有关友惠先生、薄小莹先生、梁银景博士对隋代联珠纹的研究，[3]安加瑶先生对敦煌壁画中玻璃器的研究，[4]让我们看到了唐代中叶以前敦煌美术中粟特美术的营养成分。

陆庆夫先生、郑炳林先生、荣新江先生、冯培红博士、王腾氏等对晚唐五代宋归义军时期敦煌地区粟特九姓胡人方方面面的研究，更是从文献资料的角度深入分析了流寓敦煌地区的粟特九姓胡人后裔对归义军历史、政治、经济、文化所作出的不可磨灭的贡献。[5]

结合以上的历史背景和前贤们开拓性的探索，提醒我们敦煌艺术研究是一个重要课题，也促使我们不得不重新检讨敦煌艺术的营养成分与影响因素。在此视野下，在敦煌石窟艺术当中，我们的确看到了更多更为生动的与粟特九姓胡人有密切关联的实例。笔者曾就以下几个具体的实例和问题，以敦煌石窟中的粟特美术图像为切入点，围绕粟特人及其美术与敦煌石窟的关系，作过一些尝试，基本上看到了敦煌石窟营建过程中粟特九姓胡人的积极参与，及粟特美术对洞窟图像的深刻影响，提示我们敦煌美术史研究有一个复杂而有趣的历史背景。

无疑，供养人问题的探讨构成此问题研究的首要问题，如果没有粟特九姓胡人供养人的存在，离开洞窟和图像产生的基本前提，其他的问题就无从谈起，经过我

---

[1] 姜伯勤：《中国祆教艺术史》，生活·读书·新知三联书店，2004年。

[2] 分别参见姜伯勤《敦煌艺术宗教与礼乐文明》（中国社会科学出版社，1996年）、《中国祆教艺术史研究》相关文章。

[3] 关友惠：《莫高窟隋代图案初探》，《敦煌研究》1983年创刊号，第26—37页；姜伯勤：《敦煌与波斯》，《敦煌研究》1990年第3期，第1—15页；薄小莹：《敦煌莫高窟六世纪末至九世纪中叶的装饰图案》，载北京大学中古史研究中心编《敦煌吐鲁番研究论集》，北京大学出版社，1990年，第355—432页。

[4] 安家瑶：《莫高窟壁画上的玻璃器皿》图六，载北京大学中国史研究中心编《敦煌吐鲁番研究论集》第二辑，北京大学出版社，1983年，第425—464页。

[5] 分别参见陆庆夫：《唐宋间敦煌佛教人之汉化》，《历史研究》1996年第6期，第25—34页；郑炳林：《唐五代敦煌粟特人与归义军政权》，《敦煌研究》1996年第4期，第80—96页；郑炳林：《唐五代敦煌的粟特人与佛教》，《敦煌研究》1997年第2期，第151—168页；郑炳林、王尚达：《吐蕃统治下的敦煌粟特人》，《中国藏学》1996年第4期，第43—53页，以上各文均收入《敦煌归义军史专题研究》，兰州大学出版社，1997年。荣新江：《敦煌归义军曹氏统治者为粟特人后裔说》，《历史研究》2001年第1期，第65—72页。冯培红：《敦煌曹氏族属与曹氏归义军政权》，《历史研究》2001年第1期，第73—86页。王腾：《隋唐五代西域罗氏流寓中国与敦煌罗氏家族研究》，载《敦煌归义军史专题研究三编》，甘肃文化出版社，2005年。

们对敦煌石窟中粟特九姓胡人供养像的检索,发现了一些有趣的现象,如这些供养人画像的时代特点、原创性特点、写真特点、性别特点、职业特点等,同时揭示出粟特胡人供养人洞窟的整体观念差、突出供养功德、以重修洞窟功德为主等供养特征。[1]

涉及具体洞窟的营建和图像的考察,主要是对以下几个洞窟的考察:

对姜伯勤先生[2]曾经有过精彩论述的莫高窟初唐第322窟图像艺术所表现出的与粟特九姓胡人的关系问题,结合敦煌文物研究所的专家们对第322窟窟主"胡人"身份的推测[3],通过对大量的带有浓厚粟特美术因素图像的考察,联系洞窟的画工类题记,可推测莫高窟第322窟很有可能是唐代初年活跃在河西的中亚移民粟特九姓胡人安氏集团主导下营建的功德窟[4],正是唐代初年河西的实际社会状况、人员构成及政治面貌在图像方面的有力佐证,也为8世纪中叶敦煌沙州城东300余户、1400余口粟特九姓胡人聚居地"从化乡"的出现及莫高窟洞窟营建方面提供合乎情理的逻辑思考。

敦煌的历史进入吐蕃统治时期(瓜州776—848年,沙州786—848年),随着吐蕃人的进入,敦煌的社会发生重大的变化,单就粟特人而言,吐蕃的战争和统治虽然使得"从化乡"解体,但并没有影响粟特人的力量,随着石城镇康艳典率部迁入敦煌,敦煌的粟特九姓胡人反增未减,加上一部分粟特人的升迁,一部分人并入寺院为寺户等现象的推动,粟特人对洞窟的营建还在继续,粟特美术对敦煌石窟图像的影响仍可看到蛛丝马迹,集中体现在莫高窟中唐代表大窟第158窟,其中像各国王子举哀图所反映出的民族属性、佛枕装饰画中出现的波斯萨珊风格的联珠雁衔珠纹、举哀弟子像手捧的两件粟特纳骨瓮所表现的祆教文化意含、洞窟建筑形制与入华粟特人的丧葬习俗、对涅槃经变和经光明最胜王经变的选择性等,均表出与粟特人密切的关系。[5]

莫高窟中唐第359窟(图29-12)属粟特人营建的功德窟,则得到了洞窟中新发现的"石"氏家族供养像题记的有力佐证,特别是东壁门上出现的带有鲜明胡人特征面貌的窟主祖先供养像,更是敦煌壁画粟特人画像的典型例证,而其服饰及在洞窟供养人画像中其他

---

[1] 沙武田:《敦煌石窟粟特九姓胡人供养像研究》,《敦煌学辑刊》2008年第4期,第132—144页。
[2] 姜伯勤:《莫高窟322窟持动物畏兽图像——兼论敦煌佛龛畏兽天神图像与唐初突厥祆神崇拜的关联》,载《中国祆教艺术史研究》,生活·读书·新知三联书店,2004年,第217—224页。
[3] 敦煌文物研究所编:《中国石窟·敦煌莫高窟》第3卷,文物出版社,1987年,第223页。
[4] 沙武田:《莫高窟第322窟图像的胡化因素——兼谈洞窟功德主的粟特九姓胡人属性》,《故宫博物院院刊》2011年第3期,第71—96页。
[5] 沙武田:《敦煌莫高窟第158窟与粟特人关系考》(上、下),《艺术设计研究》2010年第1、2期,第16—22、29—36页。

图 29-12 莫高窟中唐第 359 窟全景

现象的出现，也让我们看到了吐蕃统治时期粟特人对吐蕃统治的态度，从一个有趣的侧面以形象的资料说明了流寓敦煌的粟特九姓胡人对唐文化的认同。[1]

除洞窟营建之外，另如从隋代洞窟中出现的大量联珠翼马纹图像，以及像莫高窟第244、390窟图像构图形式（图29-13）的粟特美术样式特征，莫高窟北区洞窟出土的波斯银币[2]、胡人木俑，敦煌唐墓中出土的胡商牵驼砖等，均属粟特美术影响下敦煌地区反映中西文化交流的重要文物图像。而像在莫高窟初唐第220窟经变画中的"胡旋舞"则是唐长安洛阳两京地区胡风影响下的最具代表性的粟特美术流行的真实反映，随着两京及内地相类图像的消失，保存在敦煌洞窟中的此类图像无疑成为我们了解唐长安城作为国际性都市最佳的形象资料。

图 29-13　莫高窟隋代第390窟北壁说法图构图形式

---

[1] 沙武田：《莫高窟吐蕃期洞窟第359窟供养人画像研究——兼谈粟特九姓胡人对吐蕃统治敦煌的态度》，《敦煌研究》2010年第5期，第12—24页；《莫高窟吐蕃期洞窟第359窟供养人画像研究——兼谈粟特九姓胡人对吐蕃统治敦煌的态度》，载《中国美术研究所年度报告2010》，人民美术出版社，2011年，第3—25页；沙武田：《敦煌的粟特胡人画像——莫高窟第359窟主室东壁门上新释读一身石姓男供养像札记》，载樊锦诗、荣新江、林世田主编《敦煌文献、考古、艺术综合研究——纪念向达教授诞辰110周年国际学术研讨会论文集》，中华书局，2011年，第262—276页。
[2] 沙武田：《莫高窟北区石室瘗窟随葬波斯银币与中古敦煌佛教》，《西夏研究》2013年第4期，第76—83页。

除以上之外,在敦煌石窟中,还有更多粟特人参与洞窟营建活动,以及受粟特美术影响的图像保存于洞窟壁画中,构成敦煌石窟粟特美术研究课题新的延伸。

六、敦煌寺院与洞窟关系

敦煌石窟是佛教圣地,因此敦煌石窟的开凿与营建自始至终都与佛教、佛教信徒、寺院有着极大的关联。据李正宇研究,敦煌的寺院有仙岩寺、建文寺、唐儿寺、法海寺、招提寺、普济寺、城门寺、龙泉寺、永晖寺、阿育王寺、光严珠宝寺、大乘寺、大业寺、福祥寺、崇教寺、慈悲宝函寺、永隆寺、大云寺、灵图寺、灵修寺、龙兴寺、报恩寺、开元寺、莲台寺、永安寺、乾元寺、金光明寺、普光寺、潘原堡寺、安国寺、兴善寺、圣光寺、永寿寺、永康寺、禅定寺、三界寺、永康寺、净土寺、天王堂寺、奉唐寺、城东寺、军将寺、定国寺、瓜州开元寺、大悲寺、法门寺、圣王寺、显德寺、永兴禅院、妙高宝龛寺、圣寿寺、广化寺、观音庵、端严寺、乾明寺、文殊舍利塔寺、皇庆寺、雷音寺、上寺、中寺、下寺等众多寺院。①仙岩寺、崇教寺、皇庆寺、雷音寺(上寺)、中寺、下寺等明确记载在莫高窟,其中下寺是道士王圆箓所居住的道观三清宫。也有学者认为三界寺、天王堂寺等寺址也在莫高窟,而三界寺的道真曾签发的《辛亥年腊八燃灯分配窟龛名数》②是寺院管理莫高窟的最直接证据。

寺院、僧人及信众等出资开凿修建洞窟的记载比比皆是,不仅存在于敦煌文书的记载中,莫高窟、榆林窟、西千佛洞等敦煌石窟中大多都留下了他们的题名与身影。可以说,没有敦煌佛教、寺院就没有莫高窟。

另外,值得一提的是敦煌一些高僧大德(如河西都教授、河西都僧统等)凭借自己及其家族在敦煌的地位,在莫高窟直接主持修建了一些洞窟,这些洞窟成为莫高窟各个时期的代表洞窟。据《莫高窟记》(图 29-14)记载:"延载二年

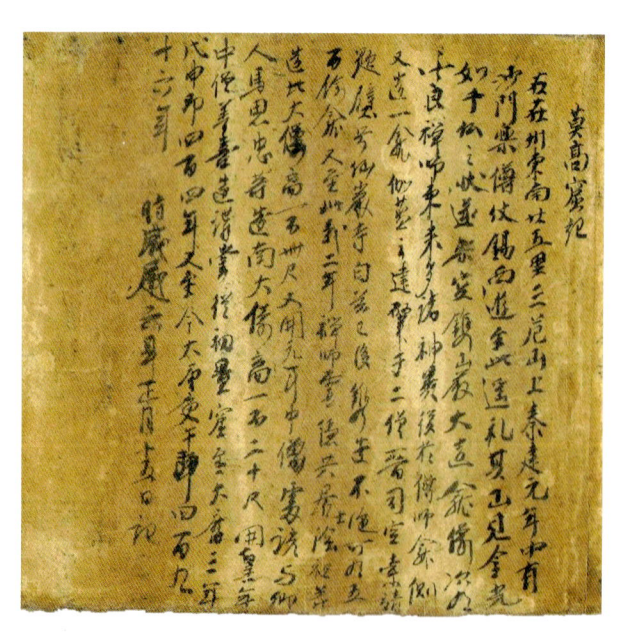

图 29-14 敦煌写本 P.3720《莫高窟记》

---

① 李正宇撰"寺院"条,参见季羡林主编:《敦煌学大辞典》,上海辞书出版社,1998 年,第 627—633 页。
② 吴公曼:《敦煌石窟腊八燃灯分配窟龛名数》,《文物》1959 年第 5 期,第 49 页。

禅师灵隐共居士阴祖等建北大像，高一百卌尺，开元年中，僧处谚与乡人马思忠等造南大像，高一百廿尺。"延载二年即695年。据《瓜沙两郡大事记》载，开元中应当为开元九年即721年。禅师灵隐与僧人处谚应该是僧人带头主持修建洞窟的明确记载。在吐蕃占领时期（825—932），释门都教授乾元寺僧张金炫在莫高窟主持修建第155窟。[1] 832—834年，释门都教授灵图寺僧吴洪辩主持修建了"七佛堂"莫高窟第365窟。在张氏归义军时期（851—862），河西都僧统吴洪辩开凿了莫高窟第16、17窟（图29-15）。咸通三年至八年（862—867）第二任河西都僧统龙兴寺僧翟法荣开凿莫高窟第85窟。咸通十年（869）之前，释门都法律金光明寺僧法律索义辩开凿第12窟。[2] 892—894年，沙洲净土寺僧"何老宿"开凿第196窟，后经释门都法律乾元寺僧何戒智重修。[3] 900—910年，乾元寺僧阴海晏及其父阴季丰等开凿第138窟，[4] 五代时升任河西都僧统的阴海晏重修第138窟并开凿第139窟。[5] 马德认为，王僧统在任河西都僧统时重修了其家窟第143窟。[6]

图29-15　莫高窟第17窟《洪辩告身碑》

可见，敦煌的寺院及寺僧在莫高窟洞窟的营建过程中起着举足轻重的作用，不仅主持、参与洞窟的修建，许多洞窟内容的设计布局也有可能出自这些高僧大德之手。

---

[1] 郑炳林：《都教授张金炫和尚生平事迹考》，《敦煌学辑刊》1997年第1期，第96—102页。
[2] 贺世哲：《从供养人题记看莫高窟部分洞窟的年代》，载敦煌研究院编《敦煌莫高窟供养人题记》，文物出版社，1986年，第207—212页。
[3] 梅林："何法师窟"的创建与续修——莫高窟第196窟年代分论》，《艺术史研究》2006年第八辑，第413—432页。
[4] 张景峰：《关于莫高窟第138窟及其影窟的几个问题》，载敦煌研究院编《2002年敦煌石窟研究国际学术会议文集》，上海古籍出版社，2006年，第410—424页。
[5] 张景峰、顾淑彦：《莫高窟第138窟供养人画像再认识》，《艺术百家》2009年第3期，第17—23页。
[6] 马德：《都僧统之"家窟"及其营建——《腊八燃灯分配窟龛名数》丛识之三》，《敦煌研究》1989年第4期，第54—58、41页。

第三十章　敦煌壁画造型技法导论

壁画，是绘画造型语言中一种不可移动绘画的表现形式，指绘制在土、木、砖、石等各种质地较为坚硬载体上的绘画，与建筑的关系很密切。按其所绘场所可分为：殿堂、寺院、石窟建筑室内户外的墙体壁画、墓室壁画、画像砖、摩崖石刻等。另外，壁画是最早的绘画形式之一，是绘画语言分类的一个代名词，分干画法和湿画法两种。干、湿壁画的地仗制作材料及绘制方法有所不同，敦煌壁画属于干画法的一种。

早在公元前3000年，古埃及的贵族墓室及古希腊、古罗马的王宫遗址里皆遗存有壁画。欧洲中世纪后各时期，亚洲、美洲一些地区的某些时期都有壁画流传，包括摩崖石刻[1]等。

中国壁画起源也很早，据中国绘画史与古代文献《说苑·反质篇》引《墨子》佚文载，在殷纣时期就有"宫墙文画"和"锦绣被堂"的壁画之说；据郭沫若对江苏丹徒出土的《矢毁》铭文的考释，在西周初年曾有"武王、成王伐商图及巡省东国图"；《孔子家语·观周》有"孔子观乎明堂，睹四门牖，有尧舜之容，桀纣之相，而各有善恶之状、兴废之戒焉……独周公有大勋劳于天下，乃绘像于明堂"[3]；据《周礼》和东汉王充的《论衡·订鬼》中记载，[4]早在四千多年前的轩辕黄帝时期就已出现。考古资料显示：咸阳秦宫殿建筑遗址出土了壁画残片，西汉卜千秋墓、洛阳王城公园墓等处保存有完整的墓室壁画[5]等。可见，中国古代壁画遗迹分布地域广泛，数量可观，时间上下延绵数千年。其中现存最完整，数量最多、面积最大，连续绘制时间最长久的当为敦煌壁画。

---

① 沈柔坚主编：《中国美术辞典》，上海辞书出版社，1987年，第2页。
② 〔汉〕刘向：《说苑校证》，中华书局，1987年，第515页。
③ 郭沂编撰：《子曰全集》第三卷，中华书局，2017年，第152页。
④ 〔东汉〕王充：《论衡·订鬼》，上海人民出版社，1974年。
⑤ 邵洛羊著：《中国美术辞典》，上海辞书出版社，1996年。

一、敦煌壁画中的绘画语言

敦煌壁画是中国绘画中的一个重要组成部分,其基本形式语言以表现佛教经典内容为主,如经变、说法图、喻品、故事画、风俗画及千佛等;其绘画语言包括佛像画、仕女画、供养人肖像画、山水画、花鸟画、界画、连环画、屏风画、边饰图案画、装饰画,以及彩塑等融为一体的绘画形式(图 30-1、30-2),是东方宗教文化艺术的表现形式;敦煌壁画的造型技法与中国画造型技法的发展变迁基本相同,另从历史意义方面看,更是现存十六国、北朝至元代中国绘画发展史中不可替代的承载体,它完整保留了中国古代绘画和彩塑造型的基本形式;就不同阶段的各种技法和发展轨迹而言,更为现代中国绘画及造型艺术的发展变迁提供了珍贵的历史资料。

敦煌壁画的造型语言,是各时期佛教绘画绘制与创作所体现出来的语言表达形态。其技法步骤分为壁画地仗制作和壁画绘制两部分。一是地仗制作:地仗,是绘画的专用术语,即造型艺术的载体,中国画的载体有绢、帛、麻、纸、版画(包括木版、石版、水印木刻)、石、砖(画像石、画像砖)、壁画及岩画(包括岩画阴刻、阳刻、浮雕雕刻)等。二是壁画绘制:根据宗教经典故事内容在经过加工制作的墙面上起稿和设色绘制。随着社会科学的发展,近现代绘画的制作材料、技法、工艺等造型艺术语言也有了许多新的发展变化。

敦煌壁画的造型语言是在工笔人物画的基础上逐渐形成的,由于敦煌壁画属于宗教绘画中极为专业的命题性创作,其绘画形式、构图与题目、内容的布局有着严格的规范,即必须围绕佛教经典的主题思想、某一个经典故事的品喻内容、人物造型、具体事件和事件发生地点等进行创作,不似其他绘画可以由画家任意发挥。

图 30-1 莫高窟晚唐第 12 窟主室北壁经变画   图 30-2 莫高窟晚唐第 12 窟主室南壁经变画

图 30-3　莫高窟盛唐第 66 窟藻井壁画脱落地仗外露

二、石窟壁画地仗制作技法

  地仗制作是壁画创作的一个关键环节，与壁画的成功创作和能否长期保存关系密切。敦煌壁画属于干壁画，其地仗是在石窟内外雕凿较平整的锈砂岩崖壁和简约的雕塑石胎表面，用数层附着力强又比较薄的麦秸草土泥和麻刀泥制作成平光细腻且具有吸水性、渗透性、色彩敷着性若宣纸的土质墙壁。莫高窟崖壁的锈砂岩为 6000—4000 万年前冰川消融的河水冲击形成，[1] 石质粗糙而又坚硬，不能直接用来雕凿细致的石雕和绘制精美的壁画。但华夏先民于旧石器时期就在彩陶的制作中逐渐掌握了在硬材质地仗上绘制色彩图案的流程技法。所以，古人在敦煌三危山谷岩泉河畔的鸣沙山崖壁开凿石窟后就因地制宜，用河床沉积黏土（民间俗称"澄板土"）和细碎麦秸草拌成粗细不同的草泥，分先粗后细，即比较薄的草泥一层层附着于雕凿平整的洞窟岩壁和简约的石胎雏形上，再以黏土掺入麻绒或棉绒的麻刀泥压平抹光（图 30-3）[2]，使壁面干后平光细腻如中国画所用

---

[1] 1981 年地质学家杨联康先生赴莫高窟考察时的结论。
[2] 这种墙壁表泥制作方法，20 世纪 70 年代末期在敦煌和西北地区农村住房的墙面、屋顶仍在使用。

的宣纸，此即敦煌壁画地仗的制作过程。彩塑则是在雕凿好的石胎上造型，或用木棍绑扎成人物四肢的造型，再用粗草泥塑造形体，待其半干时再逐渐用细草泥、麻刀泥或棉绒泥一层层塑造雕塑造型和墙壁平面，待其干后于表面起稿、布局、构图、造型和设色（图30-4）。

地仗着色是布局绘制壁画的第一个步骤，画面内容的构图草稿要在地仗表面根据需要一步步"因地制宜"地敷设具体的造型色彩，即谢赫《古画品录》中的"虽类赋彩……"敦煌壁画的地仗色彩在十六国及北朝时期主要用土红色敷色，唯说法图和描写天宫的壁画底色为白色，中国古人将粉刷墙壁的白垩、高岭土等称作"白粉"，而中原的古代祠堂、宫殿明堂及墓室壁画的底色多用白色，因此古人将壁画称作"粉图"，这在唐诗中即可见一斑[1]。唐代以后各时期的敦煌壁画也有用石绿、石青色或调和色作底色的，但使用调和色的壁画造型和部分地仗色彩大部分都出现了变色的现象（图30-5）。

值得一提的是，敦煌莫高窟前大泉河的水主要发源于冰川消融（图30-6），所以河床的沉积黏土中含盐碱量都比较高，致使壁画地仗所用的土质都含有较高的碱量和其他有机元素，这也是敦

图 30-4　莫高窟中唐第 197 窟前室北侧力士残像

图 30-5　莫高窟初唐第 331 窟龛顶变黑壁画

---

[1] 唐代李白诗《当涂赵炎少府粉图山水歌》，及杜甫等诗人多有山水粉图题画诗，将白色做底色的壁画称作"粉图"。

煌壁画今天出现起痂、脱落、霉变、"疱疹"等病变的重要因素之一。尽管如此，古代画师工匠经过长期制作积累，总结出了一套耐久实用的壁画地仗、材料制作比例配方等经验和方法，使得敦煌壁画这个古代绘画艺术保存至今，成为中国和世界绘画史上的一大奇迹。

图 30-6 莫高窟大泉河风景

三、敦煌壁画的构图布局

敦煌壁画的绘制是依据佛经内容对绘画造型进行合理的安排。南齐画家谢赫在 530 年左右所撰《古画品录》的开篇曰："夫画品者，盖众画之优劣也，图绘者莫不明，劝诫著升沈千载寂寥披图可鉴。虽画有六法，罕能尽该，而自古及今，各善一节。六法者何？一气韵生动是也，二骨法用笔是也，三应物象形是也，四随类赋彩是也，五经营位置是也，六传移模写是也。惟陆探微、卫协备该之矣，然迹有古拙艺无古今……"[1]其中的"经营位置"是绘画和佛教壁画创作布局构图不可忽视的法则。从绘画创作落笔次序而言，"经营位置"是画面构图布局必不可少的环节。任何一幅敦煌壁画的创作，都必须根据佛经的内容、石窟建筑墙面的尺寸，以及壁画彩塑的主次关系等来整体布局，其中包括造型艺术形式与宗教理念之间，风俗题材、经典题材与具体画面之间的排布，壁画内容与空间环境的统一协调等。

敦煌壁画的构图形式，大致有如下几种：

图 30-7 莫高窟十六国北凉第 275 窟佛本生故事画

---

[1]〔南朝齐〕谢赫撰，沈子丞编：《历代论画名著汇编·古画品录》，北京文物出版社，1982 年，第 17 页。

图 30-8 莫高窟北魏第 254 窟降魔变

（一）主大宾小的"主体式"

经变画和说法图人物以佛像等为主，所以形象造型较大（图 30-7），色彩也比较鲜亮突出，而菩萨、弟子侍臣形象则次之，飞天、伎乐又次之，千佛、供养人再次之。莫高窟第 254 窟为北魏的典型洞窟，其壁画人物造型与构图形式在北朝洞窟中具有强烈的代表性，是隋代以前敦煌北朝壁画中说法图、佛传故事、经变画的典范之一（图 30-8）。在彩塑方面为了突出主题，主尊彩塑往往被安排于洞窟门对面佛龛的正中间或整幅墙壁的中心位置（图 30-9），以及中心塔柱的四周佛龛中央。另外，北朝洞窟南北两壁上部也有阙形龛（图 30-10）和拱形佛龛。主题

图 30-9 莫高窟北魏第 257 窟中心柱

图 30-10 莫高窟第 257 窟南北两壁上部阙形龛

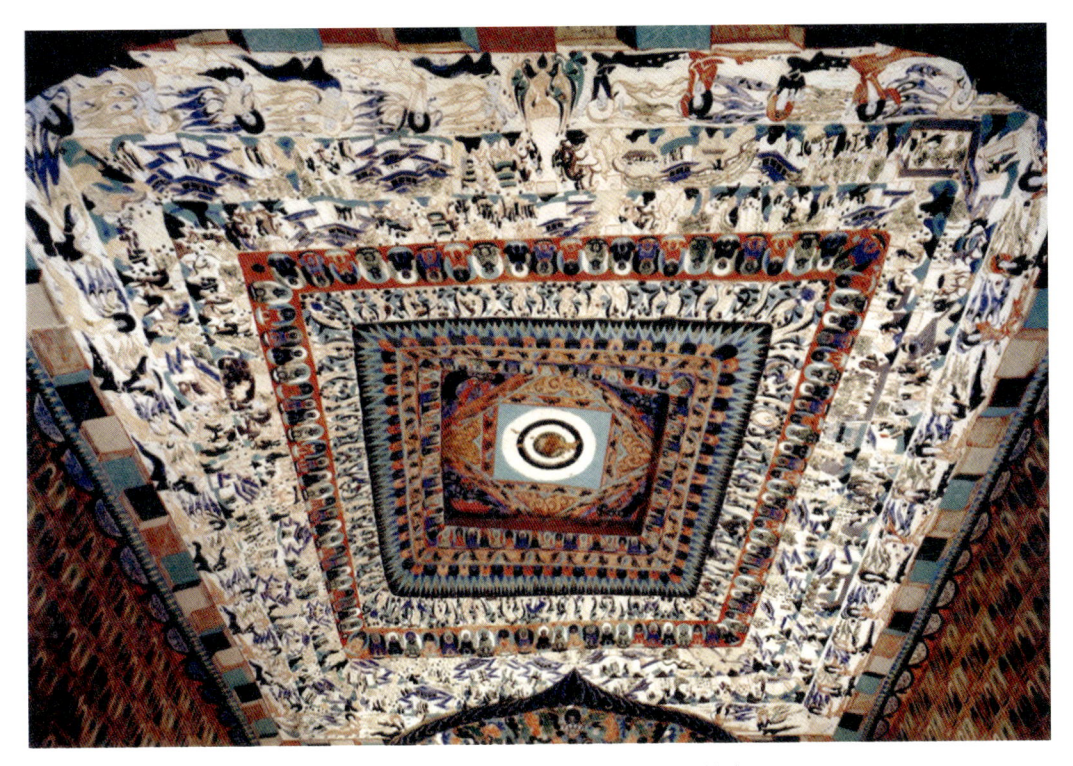

图 30-11　莫高窟北周第 296 窟窟顶故事画

画面的四周用浓重的色彩及小型菩萨弟子图像和彩塑造型来衬托，如用土红色铺底，以密集整齐排列的千佛来烘托主题，这种烘云托月的构图形式在敦煌壁画中，无论说法图还是经变画，从北朝至元代贯穿始末。

(二)"之"字形和"品"字形构图

用"之"字形和"品"字形横向叙事的构图布局，到了唐初更有了以整壁巨幅经变绘画的形式来叙述故事情节的"长卷式"，这种形式以故事情节的连续叙事和构图为特点，这种构图形式在北朝的本生故事画、因缘故事画的构图中比较多见（图 30-11）。到隋唐时期还一直沿用，但其内容布局有所改变，如供养菩萨、供养人、金刚力士等单一内容开始呈现依次排列的形式。

(三)"立轴式"

这是一种从上下或左右两端开始，叙事向下或向上延伸的长方形构图，如隋代至初唐佛龛两边的夜半逾城、乘象入胎和维摩诘经变等题材（图 30-12），在隋唐时期的壁画中，绘制在佛龛两边的菩萨像也属这种形式。

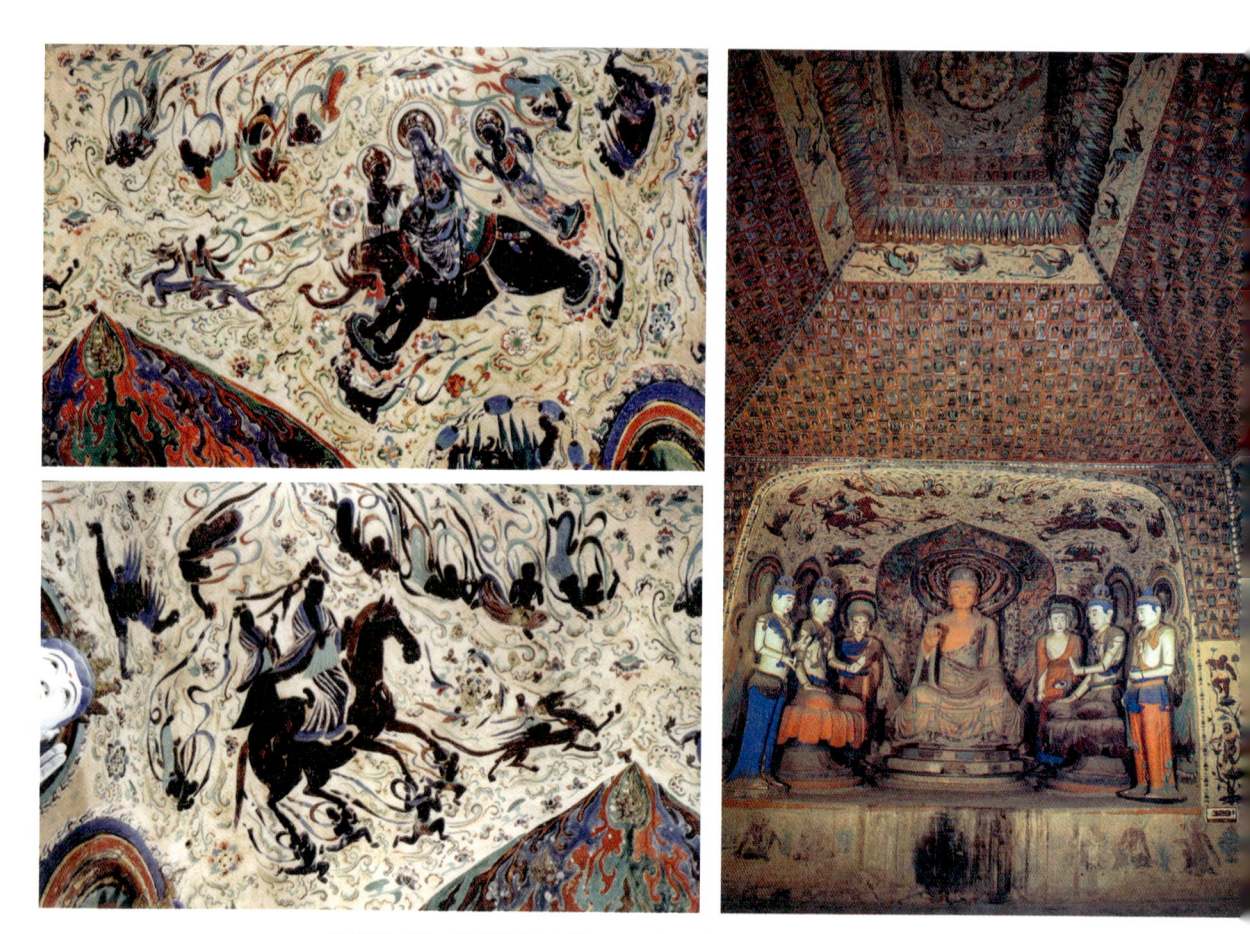

图 30-12　莫高窟初唐第 329 窟西龛及佛传故事画布局位置

（四）"三联式"

在"主体式"两侧辅以"立轴式"形成一个整体的"三联式"。此种形式多出现于初唐以后，如观无量寿经变、弥勒经变等。经变画的内容复杂繁多，既要突出大场面的主体，又要表现多样的情节。为突出表现主题的效果，往往左右各绘构图较窄的连轴式十六观与未生怨作为辅助（图 30-13），以求供养、叙事的交叉互补。

（五）"屏风式"

用多幅尺寸相同的"立轴式"并列安排形成叙事结构的"屏风式"多见于盛唐至宋西夏时期，往往出现在佛龛内壁或巨幅经变的下方，以近似现代连环画的连续性叙事绘画为特点，画幅与画幅之间的衔接部位还有明显的连接屏风折合器件图案。这种形式的壁画构图篇幅都比较小，如莫高窟盛唐第 148 窟、中唐第 158 窟、晚唐第 196 窟、五代第 72 窟、宋代第 55 窟及榆林窟西夏第 3 窟等，有各时期的佛传故事、佛本生故事、经变画、供养菩萨等内容。

在敦煌壁画中，隋代以后出现了多种经变画构图形式，部分现代艺术评论家和学者把这些构图形式冠以"散点透视"或"多点透视"的名称。其实，中国绘画的构图法则与西方绘画的透视法是完全不同的两种文化理念所致。西方绘画的透视学形成于文艺复兴时

图 30-13　莫高窟宋代第 55 窟南壁观经变

期（即 14 世纪末至 16 世纪初），透视法则要求绘画者站在地面静观自然景色和所要描绘的物体对象，以视平线为准绳取景，使画面形成近大远小、近高远低、近实远虚的构图造型，把所描绘的物体划分为目光所能看到的无数个面在光线作用下所造成的空间、光阴、色彩冷暖等视觉效果，来客观描绘、微观表现、对景写生的表现形式，反映了西方文化中敬畏自然、崇尚分析的自然哲学观点。敦煌壁画中呈现的中国绘画技法形成于初唐贞观年间（627—649 年），其绘画构图的法则要求作者将自然山川、社会万象纳于胸中，在绘画创作时以鹰击长空的"鸟瞰"式不断移动视角，用宏观罗列布局、微观塑造个体的手法展现画面的构图，反映了老庄哲学中唯心而是、唯物而用、俯仰天地、随心所欲的美学意蕴。所以，中国画和敦煌壁画的构图法则与西方风景画的透视学完全是两个层面上的造型艺术理念，且中国画的构图布局理念要早于西方的透视学将近一千年之久。

四、敦煌壁画的颜料组成与色彩

在古代，敦煌壁画及彩塑敷彩所用颜料以天然矿石颜料为主，其中部分颜料为敦煌就地取材，就地加工。在北朝时期，大部分颜料是通过丝绸之路随着佛教艺术的东西交融由僧人、画师、商人等从中原或西域运来。

在绘画艺术语言中，天然矿石颜料简称"石色"，为古代中国绘画的主要采用颜料。矿物颜料由自然形成的各色天然彩矿石打磨、研制而成，其发色亮丽而纯朴，不易变色。天然矿物颜料的制作方法工序繁杂，成色好的颜料矿石实际上就是珠宝矿石，所以价格极为昂贵。到了唐代以后，中原绘画逐渐从工笔重彩发展到工笔淡彩、写意画和更有诗情画意的文人画。宋元以后水墨淡彩更是占据了中国画界的主导地位。从绘画造型艺术语言发展的眼光看，这是中国绘画在造型立意方面的变革与发展。从社会经济与资源的来源来看，应该与陆路丝绸之路的中断、社会经济和石色原料的缺乏有一定的关系，相反又促成了新画风的诞生。但从远在西北的敦煌壁画整体设色布局来看，却失去了中唐以前壁画的金碧辉煌。

敦煌壁画之所以悠悠千年而色彩丰富、色泽亮丽，其主要原因就是色彩颜料的单纯性和天然性。当然，敦煌壁画中的色彩颜料，除了矿物颜料以外也有部分植物颜料和化学合成颜料，其中变成黑色、灰色、褐色的色彩，即是化学颜料所致。现存敦煌壁画中常见的矿物颜料如高岭土、白垩、石绿、青金石、石青、朱砂、朱磦、赭石、土红、石黄、云母粉、金粉、金箔等，大部分都是用性能稳定的天然无机矿石磨制成粉状，有些还运用水漂法将其分离成同一色系，形成不同粗细、深浅、亮度的色彩，如将打磨研制好的朱砂矿石粉，以水漂法将其分为颗粒比较粗、色泽较暗的辰砂，颗粒逐渐细腻、色泽稍微艳丽一些的朱砂，以及颗粒最细、色泽最为艳丽的朱砂、朱磦（红）色系；又如色泽陈朴而又亮丽的石青（包括青金石），石青分为头青、二青、三青，头绿、二绿、三绿等。绘制敷色的方法一般用适量的桃胶或骨胶熬制、稀释调制即可。

现在有一些中国画家也将从日本学来的矿物颜料绘制造型技法加以利用，并将用矿物颜料绘制成的绘画称为"岩彩画"，作为与传统中国画的区别，认为是绘画形式语言的创新。纵观中国绘画之历史长河，这种设色技法、造型艺术语言，早在1600多年前的敦煌北朝壁画中就已运用得非常纯熟了。我们现在对这种技法的沿用只能是一种造型理念的自然回归和推陈出新，并不是什么新文化理念、造型技法的创新。

与中国画同样，在敦煌壁画中还有化学合成颜料和植物颜料，其中植物颜料如花青、藤黄、胭脂、玫瑰红、松烟墨等。由于植物颜料属于性能不稳定的有机植物色，所以经长时

图 30-14　莫高窟隋代第 276 窟维摩诘画像（左）、文殊问疾图（右）

间自然氧化后比较容易挥发，所以在现存敦煌各时期的壁画中很少发现其存在。由于中国画色彩敷色技法自形成以来就有三矾九染的设色技法流传至今，而所谓九染本身就包括用植物色作为石色底层衬色敷染和外层表面色的罩色等敷色技法形式的存在。特别是到了隋代以后，以展子虔为代表的山水画成为中国绘画中一支突起的绘画形式。从隋代出现的浅绛山水，如敦煌隋代第276窟四壁，尤其是西壁佛龛两侧的文殊问疾图和维摩诘画像，是迄今为止世上保存最早的浅绛山水画面，以及打破"人大于山，水不容泛"的画面（图30-14）。发展到唐以后的大小青绿山水画等，中国绘画敷色技法语言更加为敦煌壁画的画师们所采纳，并成为敦煌壁画中所常见的设色技法造型语言。如现存莫高窟中唐第159窟普贤经变中的山水画所保留的衬色（图30-15），即树冠石绿色下层所显露出的淡赭石色，以及罩色即上方山头上敷染的花青色等可见一斑。当然，这种衬色、罩色技法并不是在中唐壁画中才有的，实际上在北朝至盛唐的敦煌壁画中，笔者在临摹时也发现过。

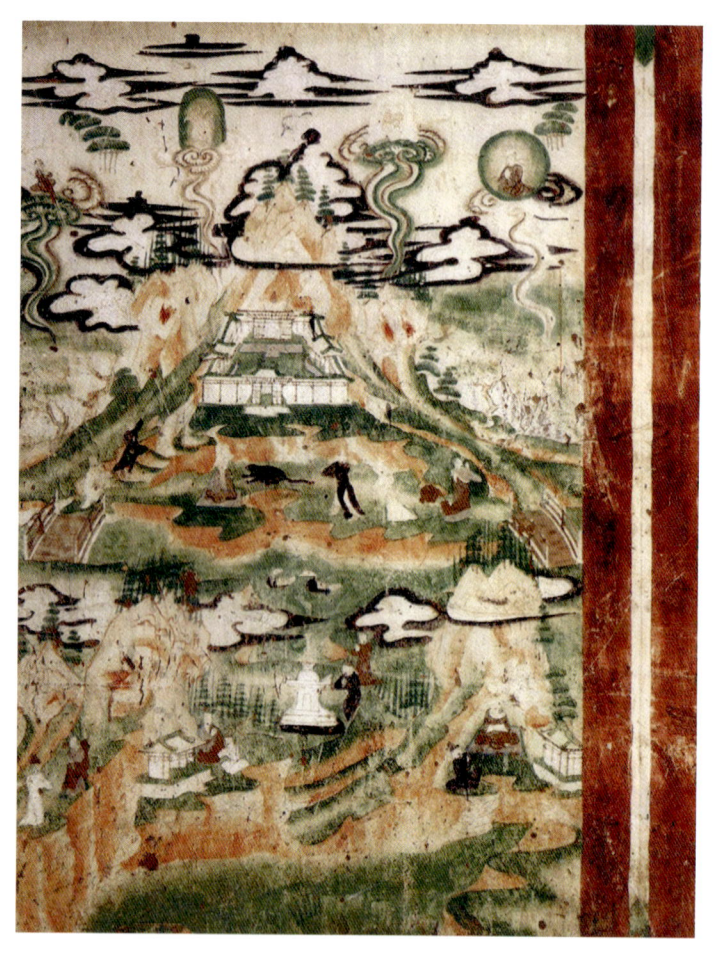

图30-15　莫高窟中唐第159窟西龛龛内屏风画

关于有些北朝壁画中变成黑色、铅灰色或唐代以后变成深褐色的颜料中也有矿石颜料（图30-16），据化学分析：其中都含有铅化物。从色彩效果的分析证明：二至三种颜料混合，形成一种新的色彩，这种混合颜料中有铅丹，因氧化变色，或因有些颜料的性能不稳定，造成有机活性物质之间发生化学反应。

敦煌北朝壁画中变色比较多的是人物画的肤色和与肤色成分比较近似的色彩，变成黑色和铅灰色的是因为其颜料中含有朱丹（即铅丹）与白色颜料调和；而唐朝以后变成深褐

图 30-16 莫高窟盛唐第172窟经变画及其中变黑的菩萨像

色的则是因为其色彩颜料中含朱丹、朱磦或有土红色与白色颜料的调和色，经自然氧化后，鲜亮的朱丹色变成了黑色[1]。这些结论在 20 世纪 80 年代已经专家试验分析研究证实。[2]

五、敦煌壁画的线描体系

敦煌壁画的造型绘制技法并不是其独有的，在敦煌石窟营造的一千多年间，所使用的造型语言就是中国画中"工笔画"造型的技法。

工笔画亦称"工笔""细笔"，是中国画形成较早的一种绘画形式语言，属于工整细致一类的密体画法或画种，有工笔重彩和工笔淡彩之分，而中国画最基本的造型语言便是"以线造型"。

古人将人物画造型的线描总结为"十八描"，包括高古游丝描、琴弦描、铁线描、行云流水描、蚂蝗描（亦即兰叶描）、钉头鼠尾描、混描、撅头描（也称"撅头丁描""秃笔线描"）、曹衣描、折芦描、橄榄描、枣核描、柳叶描、竹叶描、战笔水纹描、减笔描、柴笔描、蚯蚓描。敦煌现存壁画从十六国时期到元代的千余年间，将中国画线描的发展轨迹以实物的形式展现在了世人面前。虽然由于石窟壁画的开窟、营造、时代、内容、绘画风格等的限制，没有将线描十八法皆展现于壁画中，但也基本看到了中国画的线描及绘画风格发展的脉络和变化的轨迹，即北朝时期的敦煌壁画比较工细。隋朝以后的壁画造型用线逐渐有了粗细变化和动感变化，更体现出了质感的变化。

线描在敦煌壁画中的分量是至关重要的。其语言特点是北朝时期多用曹衣描、琴弦描、高古游丝描、行云流水描，隋代以琴弦描和铁线描见长，唐宋时期流行兰叶描、柳叶描、行云流水描和铁线描，到了夏元

图 30-17　莫高窟西夏第 3 窟千手千眼观音变

---

[1] 吴荣鉴：《敦煌壁画色彩运用与变色原因考释》，《敦煌研究》2003 年第 5 期，第 44—50 页。
[2] [美] 罗瑟福·盖特斯、江致勤、王进玉：《中国颜料的初步研究》，《敦煌研究》1987 年第 1 期，第 98—103 页。

图30-18　榆林窟西夏第3窟西壁南侧普贤变（局部）

图 30-19　莫高窟盛唐第 217 窟山水画　　　　图 30-20　莫高窟西魏第 249 窟窟顶狩猎图

时期更是将高古游丝描、行云流水描、琴弦描、铁线描、兰叶、折芦描、钉头鼠尾描等结合应用。如莫高窟西夏第 3 窟的千手千眼观音（图 30-17）等和榆林窟第 3 窟之文殊、普贤变（图 30-18）堪称中国壁画中为数不多的工笔淡彩画的杰作。

行云流水描在敦煌北朝壁画中多用以表现云彩、流水、山、树等，如莫高窟第 257 窟之北魏壁画中的"鹿王本生"故事中的水纹线描，以及唐代莫高窟第 217、220 窟等壁画的西方净土变中之水纹、云纹线描即是比较典型的范例（图 30-19）。

高古游丝描为东晋画家顾恺之首创，莫高窟第 285 窟东北二壁的壁画，造型秀骨清像，褒衣博带，线描周密，紧劲连绵，设色敷染容貌，以浓色微加点缀，不求晕饰，更使其飘飘如仙，皆存顾恺之"洛神赋图"之遗风。另外，莫高窟第 249 窟窟顶的西魏狩猎图中之"群猪觅食图"是敦煌壁画中高古游丝描之典型作品（图 30-20）。

琴弦描主要出现在敦煌北朝壁画的各种造型中，在中、晚期的壁画中也有用之。高古游丝描和琴弦描又称"春蚕吐丝"，是一种比较细而有弹性的线描，与铁线描相比有柔美与刚挺之分。

铁线描比琴弦描粗一些，敦煌北周与隋代的壁画中主要用此线描。

兰叶描出现于唐代，为著名画家吴道子所多用。在敦煌唐代壁画中以"兰叶描"占主导地位，此后各时期的壁画中亦有多见。

折芦描是南宋梁楷从吴道子、李公麟笔意中化出。流行于宋元以后，清任颐也多用之。敦煌只在西夏和元代壁画中有使用，如莫高窟第3窟元代千手千眼观音图和榆林窟第3窟西夏文殊、普贤经变等壁画。

钉头鼠尾描，其特点犹如宋徽宗的"瘦金体"，落笔先行顿挫，力透纸背，形如钉盖，行则中锋顺行，运笔疾速，收笔轻起，线形头粗尾细，犹如鼠尾。南宋马远多用于山水画中，所以又称为钉头鼠尾皴。清代任颐多用此线描画人物的衣折，敦煌只在莫高窟第3窟元代壁画和榆林窟第3窟西夏壁画中有见使用。

敦煌壁画中的线描在北朝时期广泛运用"曹衣描"，此线描为曹不兴或曹仲达曾用而得名。敦煌莫高窟第272、275、254窟等北凉、北魏壁画、雕塑中运用得比较典型。[1]

六、敦煌壁画中六法的体现

"虽画有六法，罕能尽该，而自古及今，各善一节。六法者何？一气韵生动是也，二骨法用笔是也，三应物象形是也，四随类赋彩是也，五经营位置是也，六传移模写是也。惟陆探微、卫协备该之矣。然迹有巧拙，艺无古今……"[2]这是南齐谢赫在所撰《古画品录》中品评中国人物画的标准。"六法"在敦煌壁画中的体现与清代邹一桂谈"六法"的论点在某些方面有相似之处。即一是经营位置；二是骨法用笔；三是随类赋彩；四是应物象形。此四种表现，他俩的论点是相同的，但五"气韵生动"和六"传移模写"，在敦煌壁画的绘制中也是不可缺少的，唯次序不同而已。

（一）经营位置又称布局、构图等

对敦煌壁画来说是画师根据佛经内容和"功德主"的要求，在创作或绘制前的总体构思及安排；或依据题材和主题思想的要求，将所要表现的形象、造型等加以适当布置，构成一个完整协调的整体布局，使画面的造型、色彩与立意相统一。

（二）骨法用笔

骨法用笔，即中国画的以线造型。敦煌壁画的造型、线描与敷色技法上追顾恺之、张僧繇，中承吴道子、周昉之法，线描淡雅、细致、成熟、严谨。如敦煌莫高窟隋代第276窟的维

---

[1] 吴荣鉴：《敦煌壁画中的线描》，《敦煌研究》2004年第1期，第42—48页。
[2] 〔南朝齐〕谢赫撰，沈子丞编：《历代论画名著汇编·古画品录》，文物出版社，1982年，第17页。

图 30-21 莫高窟隋代第 276 窟西壁龛外北侧维摩诘像

图 30-22 莫高窟隋代第 305 窟窟顶壁画色彩

摩诘图，其造型、神态为敦煌壁画中现存最早的唯一一幅在中国美术史中所描述的隋朝展子虔山水画之特点，打破了北朝时期"人大于山，水不容泛"的山水树石为装饰图案式的配景画面，形成山水树石大于人，接近自然的山水人物画造型。如莫高窟隋代第 276 窟西壁北侧维摩诘画像整理临摹全图，工笔淡彩，是浅绛山水画之珍品（图 30-21）。而西魏第 249 窟壁画中的虎、猪群与山林白描图，更体现出了中国画骨法用笔的时代精神。

（三）随类敷彩

敦煌壁画的敷彩技法历代有所不同，如隋代以前多以土红色画起稿线并刷底色（图 30-22），然后据造型需要用晕染或叠染法敷以石青、石绿、朱磦、朱砂、赭石、少量石黄、黑和白色等，形成古朴而独具地方特色的画风。隋代的敦煌壁画在北朝壁画造型、构图、色彩运用的基础上融合中西方绘画的特点，使其逐渐形成地区化、敦煌化的地域风格。即在设色程式化的基础上使人物艳丽多姿，构图随意多变，色彩丰富而金碧辉煌。其中包括构图的设计、上底色、填色、平涂、晕染、叠染、叠晕、贴金、沥粉堆金等。

图 30-23　莫高窟初唐第 328 窟西龛内北侧菩萨像

(四)应物象形

应物象形,在中国画和敦煌壁画的造型述语中简而言之,就是"形似"。各时期敦煌壁画和彩塑中佛的庄重、弟子的谦恭、菩萨的祥和(图30-23)、金刚力士的威武、供养人的虔诚等,虽然这些形象都出自民间画师之手,但并不是千篇一律的人物形象,皆体现了同时期所喜闻乐见的,以及佛教经典所描述和幻想中庄重自然的形象。

(五)气韵生动

气韵生动,即是中国画中常说的"神似"。在绘画中起着"画龙点睛"的作用,在"形似"淡墨线轮廓的基础上,用浓墨提神点睛,即勾勒有深浅变化,起到突出效果的线条,给所绘作品以生命力,所以又称"提神线",是达到"气韵生动"效果的绘画手法之一,在敦煌壁画中从北朝至元代都极为重视。

提神线,在敦煌壁画中亦称"装饰线",多出现在人物的眼睑、口角、口缝,以及菩萨的首饰、背光、衣纹飘带、装饰图案上,其运用方法是在画好定型线后再勾勒白色线、浓墨线、红色线、金线等。这在敦煌盛唐以前的壁画中较为多见。另外,有些唐代壁画人物的面部、

图30-24 莫高窟中唐第199窟经变画中的建筑画

手脚,以及衣纹,均以朱红线勾勒,起到提神装饰的作用,使画面更加生动鲜亮(图 30-24)。

(六)传移模写

传移模写为"六法"中最后一条即复制临摹,唐张彦远说:"古时好画,搨十得七八不失神彩……"其"画"便是复制的手段。另"搨画"也当"传移"讲,"模写"亦即"临画",所谓观其形势仿其笔意。"模写"即"临摹",实际上是敦煌壁画中各时期常用的技法。这是因为,佛教壁画最初是随佛教东传的西域艺术,敦煌壁画的内容及画稿便是由西域佛教艺术逐渐融合中原文化和绘画风格发展而来的,所以此法不可缺少,只是在绘制壁画的历史过程中不断有所演变。

七、敦煌彩塑造型艺术

雕塑在"造型艺术"中属于"视觉艺术"范畴的"立体造型艺术",是雕刻和塑造立体造型艺术语言的简称。其中包括石、木、象牙、兽骨、陶、砖金属(包括青铜、铸铁、金、银等)、糖塑、面塑、泥塑,圆雕和浮雕及彩塑中的影塑、浮塑、悬塑等,早在新石器时代末,人类开始进入金、石并用时代,埃及人已能用多种材料——黏土、石、骨等制作各种雕塑了,只是其时的作品中动物的艺术造型比人物造型的刻画更为成熟,浮雕比圆雕生动。

埃及出土的公元前4000年的象牙柄石刀上的浮雕以裸体人物、船只、狮子、犬、羊、牛和调狮老人等造型,写实而生动,雕刻艺术技巧较为高超,是迄今为止发现早期雕塑中的典型作品。埃及古王国时期特别是第四、第五王朝时期,雕刻艺术已达到了鼎盛时期。

中国的雕塑早在新石器时代就出现了,如彩陶、木刻、骨雕等,到殷商时期,玉雕、石刻、青铜器、木俑等雕塑技术就有了很大的发展。其主要的发展脉络为比较接近生活的造型艺术语言以工艺装饰的手法出现,形式以生活及祭祀用品的逐渐演变为主,表现古人对自然、对世界、对宇宙的探索和认识,对生活的渴望。从本民族的处世哲学和理想追求的角度发展,从理想主义到现实主义的转换。材料以泥塑、烧陶、铸铜、铁为主,石雕为辅,所以石雕作品发展较为缓慢,这也是中国早期雕塑艺术语言与西方雕塑所不同的原因。所以现在保存下来的早期雕塑多为彩陶、青铜器工艺的生活用品和祭祀用品,如四川广汉的三星堆古蜀文化遗址出土的青铜像、玉雕、陶器及河南安阳的殷墟文化遗址出土的司母戊大方鼎等。公元前3000—前1000年,即新石器时代晚期至商末周初时期的雕塑作品,是至今中国境内发现最早的、具有代表性的部分雕刻作品。陕西临潼出土的秦兵马俑,更预示着中国彩陶艺术和雕塑的高超造型能力和惊人的艺术成就。

泥塑是中华民族在有了制陶工艺之前就已出现的一种艺术造型语言方式,所以泥塑也是一项重要的艺术创作形式，是彩陶、青铜雕塑和彩塑的首项造型过程。彩塑的制作工艺在壁画底仗制作中浇到过，是以特制的黏土泥在洞窟岩石石胎上和绑扎好的骨架上一层层塑出造型，再敷以色彩，是雕塑艺术语言的一种表现形式。

敦煌彩塑虽是世界现存优秀雕塑艺术之林的沧海一粟，但也占有举足轻重的位置，更是中国古代雕塑艺术中的代表作品，亦是敦煌艺术的一个重要组成部分。在敦煌现存有壁画和彩塑的492个洞窟内，留存较完整的彩塑现有1400多身，其中大部分彩塑因依附在洞窟、佛龛的墙壁上，或依靠崖壁原地塑造，所以只有三面立体形象塑造，绘制得比较细致，而背后只是做出大形，不做彩绘，或者如敦煌第96、130、148、158、275窟等洞窟的大型彩塑和早期佛龛中的彩塑以岩石为胎，插绑木制骨架裹泥敷彩，与石窟、壁画巧妙地合为一体。

影塑是敦煌彩塑中浮塑造型形式语言之一，其形式在高浮雕与浅浮雕之间，在敦煌莫高窟多出现于北朝时期，犹以北魏中心塔柱四面佛龛外上部为最多，大部分头部与头光是统一制模，安装在不同的动态肢体上，由于是在无支托条件下，经过千年的自然损毁，现已残存为数不多。其内容有供养菩萨、伎乐、飞天、化生童子、龛眉、龙头、凤首龛柱等。敦煌影塑造型生动、质朴、五官端庄、面形丰腴、身材秀丽，其中供养菩萨影塑以莫高窟第248窟的中心塔柱南向佛龛外上部西侧的残存影塑为上品；莫高窟第437窟中心塔柱东向龛外上侧的飞天影塑，身材修长，面相清秀，身着汉装，随风飘舞，体态轻盈，显然是已经汉化了的，受顾恺之画风影响表现出秀骨清象、褒衣博带、色彩质朴的造型特点，是敦煌影塑中的上乘作品。

敦煌彩塑的制作技法。从北朝到元代，随着时代的变迁，敦煌彩塑的造型、风格和特点不断发展演变，但敦煌彩塑独特的塑造方法未曾改变：一是制作骨架，较大的敦煌彩塑多为就崖体壁面以岩石为胎，致使塑像同岩石形成了一个整体，骨架的制作只限于部分彩塑的头、手、胳膊，所以须先制作石胎，然后将制作好的木质骨架插入石胎的颈项、肩孔内并黏接牢固；二是绑扎木棍、麻、绳、草捆以利于草泥的黏合；三是敷着较粗的草泥，形成肢体胚胎；四是培塑粗草混泥，塑造大形；五是敷着定形泥；六是着色；七是在表面色彩干后摩擦打蜡等。

（一）制作骨架

即将去了皮的树干、木棍用麻绳或草绳绑扎成塑像动态造型的躯干、四肢，甚至手指的形体动态骨架，形成具有人体动态的简易肢体语言，是敦煌彩塑制作过程的第一步。敦煌彩塑骨架的扎制因时代和大小的不同，其方法也不同。具体如下：

北朝至隋代的敦煌彩塑与壁画的造型语言相同，由于这个时期佛教艺术与中国文化艺术还处于相互融合的初级阶段，其人物造型、色彩构成都体现出比较突出的西域特征和艺术理念。彩塑的布局也大部分因背部紧贴窟室墙壁、中心塔柱、佛龛内墙壁,使之与壁画形同一体,形成纪念碑式的主体形式。所以泥塑骨架的制作特点:一是将代表躯干的骨架底端固定在靠近墙壁的地面或龛底地面内;二是将代表双肩和臀部的横向骨架与躯干骨架的相交处绑扎并固定于墙壁内,使之与壁面形成平行的"十"字架形状;三是将双臂肘部、腰或臀部骨架的交叉处固定于墙壁内,根据动态需要连接双肩、上臂肘部等骨架;四是将双腿的骨架上端与臀部连接,把脚部固定于地面内与躯干下端的固定点,使骨架的四肢与躯干稳固于台面;五是根据动态的需要绑扎出手、足的大概骨骼结构等。

随着佛教艺术在中原的不断传播与发展,中土画家在逐渐解读、熟悉佛教义理的基础上,开始了具有中国文化内涵的佛教艺术创作活动。特别是隋代中期至唐、宋、西夏、元时期的敦煌壁画、彩塑逐渐步入追求写实主义的造型风格,而具体创作佛教壁画、彩塑的工匠已逐渐是中国本土的画家匠师。为了迎合佛教徒、窟主、信徒们虔诚的崇拜心理,敦煌彩塑的造型开始强调形体的动态美、服饰的质感、佛教壁画彩塑人物表情的变化,如静、动、善、恶,以及朴实、凶悍的对比。因此敦煌彩塑从骨架制作开始就有了改进,如彩塑逐渐离开墙体壁面,并出现将彩塑设置于屏风式中心祭坛佛台上的形象,所以盛唐以后的敦煌彩

图 30-25　莫高窟盛唐第 205 窟中心佛坛彩塑菩萨像(正、背)

图 30-26　莫高窟盛唐第 158 窟大型彩塑

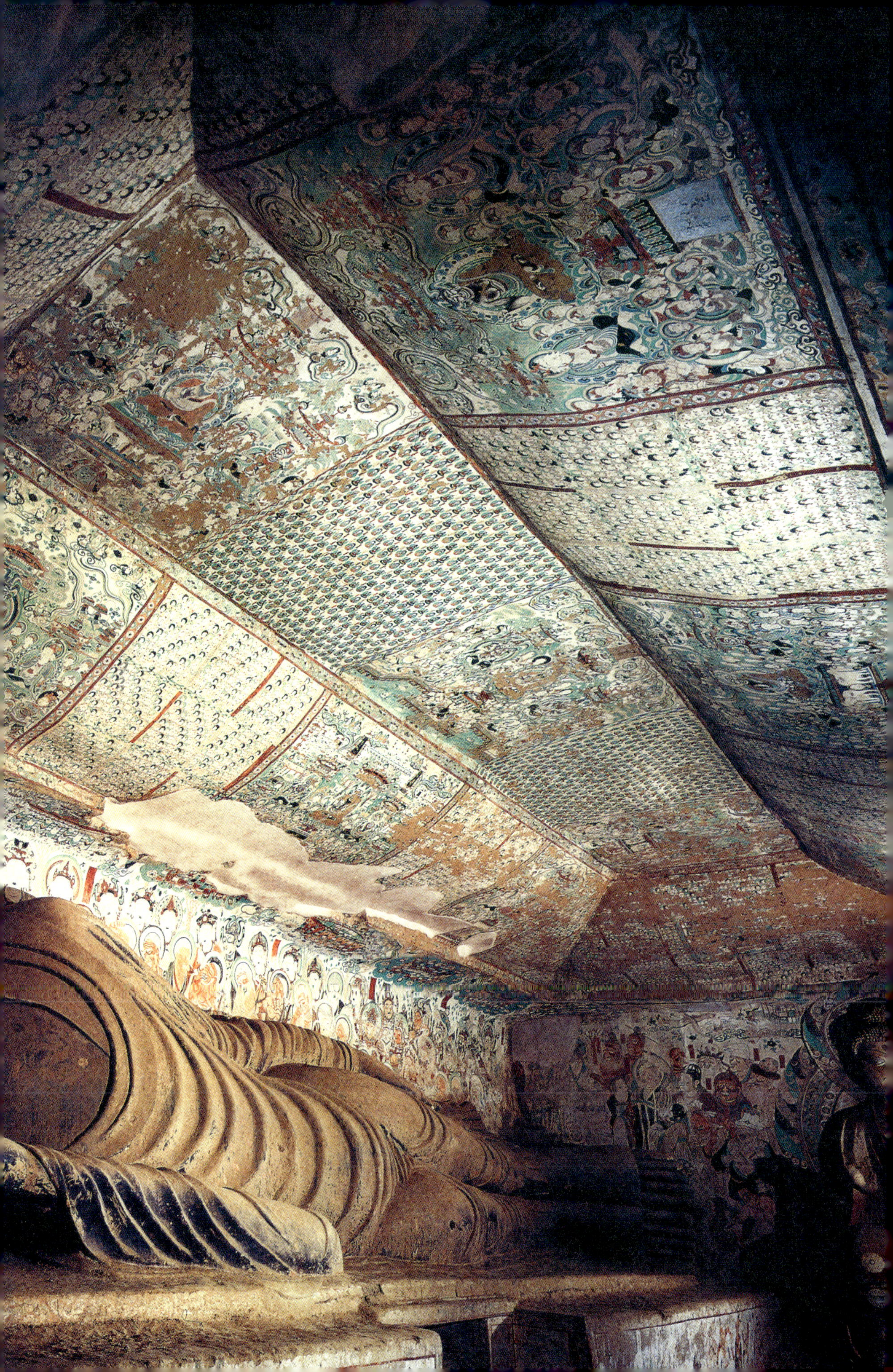

塑开始走向圆塑形式，如莫高窟第 328、384、27、205 窟等（图 30-25），以及千像塔出土的彩塑等。其骨架的制作将躯干、双腿或足部底端固定在地面内，其他部位固定在墙面的比较少。甚至有些彩塑是与地面、墙面完全脱离开的，可以随意移动，不存在与地面、墙面的固定，所以在制作骨架时，特别是动态比较大的菩萨和力士造像着重泥塑作品重心的平衡。

敦煌彩塑中还有一种较为特殊的骨架制作方法，如莫高窟第 275、96、130、148、158 窟等的大型彩塑（图 30-26），由于其窟形和彩塑较大，鉴于敦煌地区粗糙的崖面石质不能雕凿较细微的造型，所以在窟室开凿的同时将塑像的主要躯干根据动态的需要雕凿出来，并将四肢、衣裙、飘带、颈部及光圈等部位用木棍固定在躯干的石胎内，或者墙壁和地面上，双脚与手的骨架一般制作得比较细致，特别是胳膊、腿的骨架与岩石胎体形成石木混合骨架，也有以青砖和土坯用草泥等黏合制作出躯干，并用木棍固定形成砖木、土木混合骨架的。此种骨架结构在被拆除的敦煌月牙泉岳王庙彩塑中发现过。

（二）绑扎草把

为了能使草泥较为牢固地敷着在石胎和骨架上，塑造出细致的彩塑形象，在已制作好的木制骨架上绑扎草捆和缠绕草绳、麻绳等，是古代敦煌彩塑制作的第二个重要环节。其中用来绑扎和缠绕的草皆为本地常见的谷秸、麦秸、芨芨草等。由于敦煌地区历来雨水少，气候比较干燥，所以敦煌彩塑虽然经过一千多年，但这些被裹在泥塑中的草仍然有着较强的拉力，使彩塑形体依旧保持着相对比较完整的塑造形象。

（三）敷着草泥

敷着草泥是敦煌彩塑制作过程中的必需环节。其材料是用莫高窟前宕河水带来的沉积黏土（即民间所称的"澄板土"），掺入适量比例的上选麦秸草，用适量的水搅拌并捂盖，使之有一定的软硬度，形成较强的黏度和拉力，叫"粗草泥"，将粗草泥敷着在绑扎好的骨架上，待半干时再一层层逐渐塑造出造型结构的雏形，这种草泥有一定的敷着力和拉力，干后不裂缝。另外，在敷着第二层、第三层草泥中的草要比第一层的草短细一些，因此叫"细草泥"，也叫"结构泥"，这种泥也是敦煌壁画载体的第一层用泥。20 世纪中期以后，西北和敦煌地区民间住房的屋顶及墙泥制作工艺中亦一直使用此法。

（四）麻刀泥

麻刀泥是敷着在草泥表面的特用泥。即将纤维细、拉力强的亚麻茎皮处理成比较短、细、软的绒状，按一定比例与澄板土、水混合搅拌后捂盖一定时间（一小时左右），再用刀等工具反复拍剁，使其产生极强的敷着力和黏结力（达到干后不会掉落和产生裂缝的效果)。因此,敦煌彩塑和壁画在千百年来尚能达到保存基本完整的程度。另外,在没有细麻绒时,也可将棉花剪成细绒状,掺入麻刀泥中进行搅拌,捂盖后即可达到造型泥和定形泥同样的作用。所以,这也是敦煌壁画和彩塑的特用纤维泥,也叫"造型泥"。

(五)定形泥

为使泥塑的外形刻画更为细腻、光滑,并有皮肤、绢、丝绸制品及纸的质感。这种泥的特点是着色容易,色彩敷着力和表现力强,所以也叫"表泥""面泥""着色泥"。其操作方法是将棉花加工成蓬松、短散的棉绒,按比例与澄板土、水搅拌成软硬适度的泥团,经多次糅合后用浸湿的布等经过一两天的蒙盖,使绵绒、土、水真正合为一体,再根据所塑造型的结构和形象,敷着在麻刀泥的表面,塑造出人物等的外形结构及形体外表的质感,是一种极富表现力的细纤维合成泥,更是泥塑造型工作最后一层刻画造型的泥。

(六)着色

着色是敦煌彩塑色彩绘制的过程。方法与敦煌壁画的敷色技法一样:一是上底色,其底色一般为白色;二是铺设造型色,如各种人物的肤色、发冠、服装、飘带、铠甲、首饰等造型的各种色彩;三是贴金、涂金、立粉堆金,包括佛像的肤色、服饰图案、铠甲、首饰、法器部位等的金色;四是勾勒造型装饰线,包括服饰图案及丝绸质感等所需的各色线条。所不同的是壁画为以线造型,着色分平涂、叠染、晕染,并以淡彩、重彩等方法在平面上绘出立体的凹凸效果;而彩塑则是在立体结构上着色,只追求色彩的深浅、冷暖对比,不需要刻意追求凹凸感、叠晕着色,线条只勾勒服饰、飘带上的图案装饰线,不需要勾勒造型的轮廓线。

值得一提的是彩塑的着色同壁画着色一样,两种以上的调和色多用来绘制人物的肤色。由于受到各时期造型风格、画师和窟主的不同爱好、颜料产地的来源等因素的限制,彩绘使用的颜料色彩也不尽相同。如白色就有高岭土、白垩、蛤粉、铅白等有机色和无机色之分;而在服饰等其他形体上则用其他色彩的石色和植物色的单色平涂,所以彩塑色彩在初绘时是比较艳丽而又和谐的色彩。现在呈现在我们眼前的彩塑与壁画的色彩是经过千百年的自然风化变色、上下层色彩和调和色本身的化学反应及颜料薄厚不均匀等所造成的色彩变化,其中以肤色变色的最多,由于彩颜料成分不同,其变色后色彩的深浅及色向也不同,如深褐色、铁灰色、黑色等因颜料薄又没加入其他颜色,所以未氧化变色,以及某些部位不规则地稍露出底层土色的色彩等,而形成自然的、古朴的艺术美。

从敦煌彩塑、壁画现存的造型艺术效果来看,可分为北朝的稚拙古朴,隋代的圆润华丽,初唐的丰腴俊秀、富丽华贵,中晚唐的清淡素雅,五代、宋、西夏、元代的闲淡安逸,接

图 30-27　莫高窟晚唐第 196 窟佛坛北侧彩塑一组

近文人画世俗化的时代特征。从其色彩效果来看，盛唐以前的彩塑风格为重彩着色，中唐以后为淡彩画风。

（七）打蜡

打蜡是在彩塑的色彩绘制完成后，为了加强人物皮肤的质感、色彩的光洁度，并起到防潮、防霉变的效果，特意在彩塑表面打磨一层极薄的石蜡。这种技法出现于唐代中晚期的敦煌彩塑中，如莫高窟第 159 窟与第 196 窟的彩塑（图 30-27），其外表光亮平滑，只有经打蜡处理后才能出现这种效果比较特殊的彩塑作品。由于这时期的彩塑色彩基本属于淡彩形式，因此在人物造型和敷色等方面更显出清新淡雅的风格，并与壁画形成和谐的统一体。另外，据 1980 年研究人员的化学分析证实：敦煌彩塑的色彩表层除打蜡上光外亦有用鸡蛋清刷涂来替代打蜡上光的现象。

中国画本身就是中国文化艺术中的一种语言表现形式，即人们常说的绘画语言。那么各种绘画作品所展示的造型技法，以及文人墨客、画家匠师们运用这种艺术语言抒发情怀、品尝观赏，同样也是一种语言的表达方式。敦煌壁画、彩塑就是以佛教经典所阐述的内容，教佛教徒们修身养性，学习、禅悟佛法这个主题的语言表达方式。所以，敦煌的每一个洞窟又被画师工匠以造型艺术语言塑造成一个多维的空间,一个个现实社会中生活与思考的场景……古代艺术家、画师工匠们将心目中所理解的善与恶、美与丑、爱与恨、佛教的经典义理、各时期现实社会的生活等艺术语言巧妙地结合在一起,使观者进入洞窟后便不由自主地置身其中,希冀从人间步入理想的净土世界。

附:敦煌的画工与画匠[1]

敦煌画匠作为敦煌石窟艺术的创造者,4—14世纪的1000多年,几十代人为敦煌石窟作出了巨大贡献。但是,由于画匠在古代是普通的手工业劳动者,所以敦煌石窟和文献中极少留下他们的姓名。但让我们感到欣慰的是,古代文献中对画匠的劳动和成就也作了热情的赞颂和充分的肯定。画匠虽然属于普通的手工业劳动者,但他们与其他手工业者不同的是:画匠从事的是艺术劳动,是美的使者,他们的成就是美的象征。因此,对他们的称谓也就不同于其他的工匠而显得比较丰富。

(一) 普通画工画匠的称谓

敦煌文献中对敦煌古代普通画匠的称谓,一般来说都是对画工画匠的称颂,主要有通称、专称和尊称三类。

第一类是通用的誉称,如"良工""巧匠"。从现存最早的唐人所撰莫高窟营造史料中即可得知,这一类的称谓最为丰富。良工,在古代泛称技艺高超的人;巧匠,古代指技艺精湛的工匠。画工、画匠在古代也属于手工业工匠一类,所以上引敦煌文献在叙述研究营造者和壁画制作者时,使用了"良工""巧匠"这类通用的誉称。

第二类是专用的称谓,如"丹青""丹笔""知画手""绘画手""画人"等,多见于壁画、绢画等美术作品的制作记录中,特别是邈真赞类作品中称颂最多。丹青作为名词,有时指为人画像或人像画,有时也作画工的代称,还可以作形容词使用,谓使增辉、生色,敦煌文献中就有相关描述。丹笔也指画匠。画人应该是指普通画匠。院生、伎术子弟等可能是指作为学徒的画工。而彩画本来是作动词使用,指绘画,作画。但在敦煌写本Дх.02822《杂集时用要字·诸匠部第七》中,"彩画"一词直接作为画匠的代名词。在一些文献中,往往将第一、第二类即通用称谓与专用称谓共同使用,如工人巧匠、丹青巧匠、良匠丹青等。

第三类为尊称,如"匠伯""画师""丹青上士"等。画师及丹青上士均好理解,而"匠

---

[1] 本部分主要参考马德:《敦煌工匠史料辑释》,甘肃人民出版社,1997年;马德:《敦煌古代工匠研究》,文物出版社,2018年。

"伯"原本专指古代名石的巧匠，后来用以泛称能工巧匠或擅长写作的人。另外，我们从"伯"字的意义上来理解。伯，是旧时对以文章或道义而闻名于世，并足以做他人表率者的尊称。由此可知，匠伯也指匠人当中声名显赫、成就显著者。画匠中的匠伯亦然。古代敦煌称画匠为匠伯，显示出敦煌社会对画工的普遍尊崇。

（二）官吏画匠与画匠官吏之称谓

10世纪的瓜沙曹氏归义军时期，敦煌还活跃着一批官吏画匠，被称为"知画手""绘画手"等。被称为"绘画手""知画手"的这些人，他们首先是节度押衙，即官吏，然后才是画匠。实际上，节度押衙属于归义军机构内的下层官员，即我们理解的现代意义上的普通办事员一类，本身没有什么实质性的职权，只是进入归义军官府的一种身份标志。他们的名字前面虽然被冠以府的头衔，实际上还是以绘画为业。可以肯定的是，他们的画技未必比普通画工画匠们高超多少，只是他们原本可能就出身于官宦之家，"画手"的敬称只为区别他们与普通画匠身份和地位的不同。

敦煌的曹氏时期，有一些画匠中的部分工匠成为归义军府衙的下层官吏，而那些节度押衙、沙州押衙也都是曹氏归义军节度府衙中的下层官吏。他们的画匠职衔前面大多冠以"都"字，这类都匠类的画师应该为行会的首领。10世纪时，敦煌的手工业行会非常普遍，而行会的首领挂上节度押衙之衔，是便于官府更好地对各类手工业行会进行有效控制。但有一点，这些行会的首领包括画师在内，应该是同行业中技艺最精者。

敦煌文献中所记载的画工、画匠称谓显示，在画匠画工地位十分低下的封建专制时期，那些地方文人们还能如此热情地歌颂他们及他们的作品，这在当时有一定的进步意义。艺术创造者们是美的使者，无论什么时期，无论社会制度如何，他们和他们的劳动成果都是值得充分肯定的。

（三）画匠即艺术大师

今天，许多看过敦煌彩塑和壁画的人，或者是在谈到敦煌工匠的时候都说，敦煌的艺术品不像是出自民间匠工之手，更像是出自大师之手，因为这些作品与他们同时期大师的作品相比毫不逊色。人们常常用当代美术界认定的"艺术家"与"民间工匠"去比对敦煌古代工匠。中国美术史上，在宋代的文人画兴起之前，就艺术作品来讲，特别是寺观壁画类的艺术作品，其作者可以是艺术大师，也可以是民间工匠。因为许多艺术大师都要到寺观绘制壁画，这些都已经在画史上留下了不少记载，如《历代名画记》《寺塔记》等画史资料。基于此，有好多人都认为，敦煌艺术绝对不是民间小手工业者能够创造出来的，都应出自艺术家之手，甚至是大师级的艺术家们绘制的。然而，不能否认的是，各个时期的普通工匠虽然绘制得更多，其作品的水平与同时期的大师们不相上下，但都默默无闻。原因没有别的，就是大师与普通工匠之间身份和地位的差别。我们在敦煌并未发现有关历史上的那些艺术大师们创作石窟艺术的只言片语。而关于工匠的描述虽然数量不多，但足以说明敦煌艺术都是出自那些默默无闻的普通民间画匠之手！这些画匠中并不乏伟大的艺术家，但他们都没有机会扬名后世，他们的身份是处于社会最底层的手工业者。然而在后人眼里，他们都是大师级的作者，因为他们的作品都是大师级的。我们从古代社会对手工业的管理制度方面可以觅得工匠与大师作品之间的一些奥秘。

中国古代的手工业，从工匠的培训、考核，到产品的规格、式样、标准，以及对不合格产品及其制造者的惩罚等方面，一直有详细而严格的管理制度。学徒达不到一定的水平就不能出师，产品达不到标准就不能面世，制造不合格产品的工匠会受到不同程度的惩罚，直至被判死罪。这样就决定了一个时期的手工业者及其产品都具有当时的标准、水平和时代风格，只是在封建制度下，一切都显得比较呆板、缺乏活力。塑匠、画匠也属古代手工业之一类，特别是敦煌的画匠与塑匠，敦煌石窟题记和敦煌文献将"画行"与"金银行""木行""弓行"等行业同等对待，如"知画行都画匠作""沙州工匠都勾当画院使"等的记载，可以想见，他们与其他手工业者一样，也必然受到手工业管理制度的制约，使一般塑匠、画匠的水平，以及其作品的时代风格，都必须达到当时所要求的标准，这就使得一个时期内大师的作品与一般工匠的作品在艺术风格及水平方面没有多大差距。这样看来，决定一个艺人能否成为大师或成为一般工匠的因素，并不完全在艺术水平方面，而在于他的身份、地位、所处环境、所遇机会等诸多方面。当然，无论作为工匠还是作为大师，基本的素质和条件是不能少的。如果不具备基本的素质，即使机会再好也不可能成为大师。

所以，敦煌石窟不论建筑、彩塑还是壁画，虽然都出自无名匠工之手，但在我们今天看来，这些默默无闻的工匠们同样都是伟大的艺术家！他们所创造的敦煌石窟艺术，自然是中国艺术史的重要组成部分。

(四)《董保德功德记》的意义

曹氏归义军时期，画工董保德聪明能干，他不断得到出资人的委托，其中有贵族也有普通信众，这种有定件的日子持续不断，于是董保德的名声日隆，成为当时名噪一时的"良工"。从敦煌文书S.3929(图30–28)对画师董保德的描写来看，董保德在敦煌也可算作一位大师级的画师，但该文只是说他"廉和作志，温雅为怀，守君子之清风，蕴淑人之励节""经文粗晓，礼乐兼精"，以至于受到曹氏政权的赏识得封"节度押衙知画行都料"，家财变得丰足起来，于是有钱有势的画工董保德也想建个庙风光风光，他与家中上下合计，建一兰若，并于其内画塑佛像。但这种情况十分特殊，在出身卑微的画工中并不具有代表性。敦

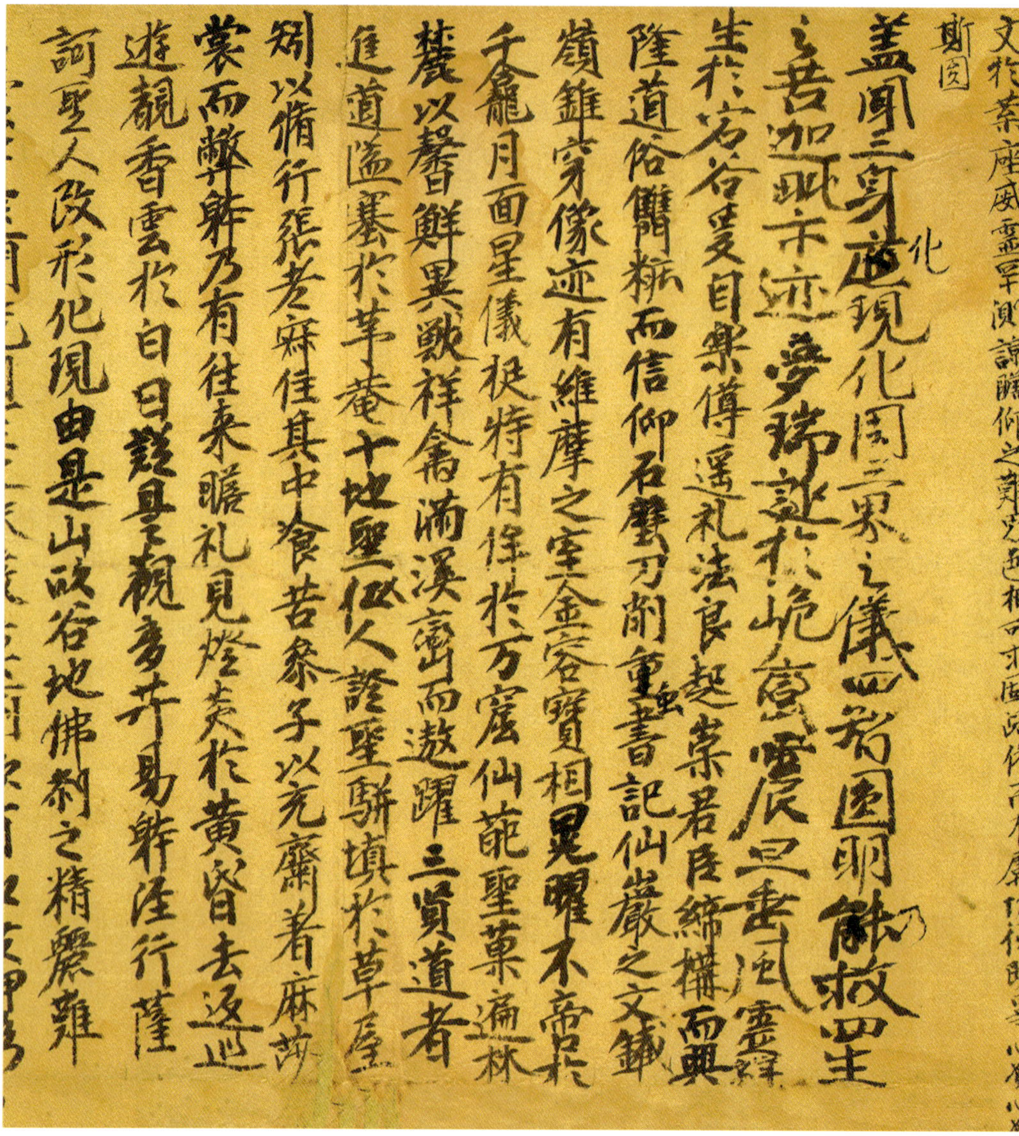

图30-28 敦煌写本S.3929《董保德功德记》

煌文献中有关董保德于戊辰年活动的记载,应该是宋乾德六年(968)。

《董保德功德记》也可算是敦煌石窟艺术史上的重要文献之一,它出现于敦煌石窟佛教艺术的后期。因此它在赞颂董保德的同时,对敦煌石窟从创建到发展的几百年的历史用简短的语言进行了高度概括,其中有一些语句是照抄前代文献的。但在称颂董保德的画技时,十分引人注目地写道,董保德"手迹及于僧繇,笔势邻于曹氏"。这是当时敦煌社会对佛教艺术创作者们的一般概念,是一个中国式的概念,它道出了敦煌石窟佛教艺术中国化的历史渊源。这里的曹氏指曹不兴(姜伯勤先生认为是曹仲达),僧繇为张僧繇,两位都是中国佛教艺术的代表人物，代表中国化佛教艺术的两个阶段，即曹不兴时期的"秀骨清像、褒衣博带"和张僧繇时期的"面短而艳""秾丽丰肥"两个大的发展阶段，而这两个代表人物都活动于中国江南地区，这两个阶段也都是在东晋、南朝形成的。这是因为，传入中国江南一带的佛教造像，一开始就被按中国传统文化艺术形式得以改造，成为中国化的佛教艺术，产生出曹、张两位佛教艺术大师。而敦煌佛教艺术作为中国的佛教艺术，它也经历了一个过程之后才得以中国化，即南朝化，而中国化了的敦煌佛教艺术同样也经历了曹氏与张氏两个阶段。

这里需要说明一点的是：敦煌的许多历史文献，在行文方面都采取倒叙的手法，如这里的曹氏和僧繇，就是时间上前后颠倒。董保德的画技是否达到了记文所述水平，另当别论。但在记文作者眼里，这位工匠出身的押衙是一位美术大师，可与僧繇、曹氏并列。

纵观《董保德功德记》，实际上讲的是以董保德为首的一个时期的画家群体，而且大多为无名工匠，创造和反映的是集体成果，而这正是它的中国美术史意义，也是敦煌佛教艺术的中国美术史意义。

第三十一章　敦煌藏经洞美术绘画品导论

一、敦煌藏经洞绘画品导论

1900年，敦煌莫高窟"藏经洞"出土了3—10世纪的写本文书和大量美术品、印刷品等，为近代世界考古史上伟大的发现之一。藏经洞出土的敦煌美术品中，有丰富多彩的绢画、纸画、麻布画、剪纸（窗花、覆瓣莲花）、刺绣、画幡、画稿、插图等，以及集艺术史、经济史与科学技术史价值为一体的版画（雕版印画）等，以往的研究者们称敦煌绢画、敦煌遗画、敦煌美术品等，本章通称敦煌藏经洞佛教图像文献。这些艺术品内容丰富、历史悠久，在国内外其他各地极其少见，不仅是美术史研究方面的重要实物，也是研究中国古代社会生活、宗教信仰、风土民情等各个方面的珍贵文献。

敦煌藏经洞出土的艺术珍品大部分属于佛教类绘画，当时主要是作为佛前的供奉品。它们种类繁多、内容丰富、风格多样，主要有绢画、纸画、麻布画三大类。绢画数量最多，约占百分之六十；纸画约占百分之二十，主要散存于佛教典籍中；麻布画约占百分之十八。在绢画和麻布画中以具有三角形幡头的绘画幡数量最多。此外，还有其他一些具有"准绘画"性质的作品，如刺绣，绘在纸上的护符、白描、粉本、小样，以及法会仪式上用的纸质宝冠、黑白剪纸、彩绘剪纸等，还有雕版印刷的尊像画和为数不多的木雕佛像。这些艺术品内容丰富、历史悠久，在国内外其他各地极其少见，是研究中国古代社会生活、宗教信仰、民俗风情等各个方面的珍贵实物。

藏经洞艺术珍品的每一个种类，都是敦煌艺术中不可分割的一部分，每一个类别都可以和敦煌壁画、敦煌彩塑、敦煌建筑等艺术种类并列，共同构成辉煌灿烂的敦煌艺术。其在历史文献价值方面意义更为丰富，如版画、刺绣等，不仅是艺术品，还是科技产品和手工业产品，除了艺术价值之外还有经济史和科技史的价值意义。

藏经洞出土艺术品按材质来分可以分为以下几类：以布帛为材质的织物画，如绢画、麻布画、幡；以纸本为材质的纸本画，如彩画、白描画、儿童画；以纸本为材质的雕版印画，如敦煌版画；以丝绢为材质的刺绣艺术品，如敦煌刺绣艺术品；以木头为材质的雕刻艺术品，如敦煌木雕佛像；以纸本为材质的剪刻艺术品，如敦煌剪纸艺术品。

(一)敦煌藏经洞艺术品的流散、收藏与编目

1. 流散

藏经洞发现的敦煌遗画与敦煌遗书写本的命运是一致的,其关键人物也是当时为莫高窟主持并发现藏经洞的王道士,以及从1907年以来先后进入莫高窟的英人斯坦因、法人伯希和、俄国人奥登堡等,因此藏经洞绘画美术作品大多流散于英国、印度、法国、俄罗斯等地。

另外,王道士送给地方官员和地方绅士的也有相当一部分是绘制十分精美的绢画类,这一情况我们在当时任甘肃学台的金石学家叶昌炽的《缘督庐日记》可以找到相关的线索,如当时的敦煌县令湖南人汪宗翰就从王道士那儿得到过绢画,后又转送于甘肃学台叶昌炽。现在看来,从王道士手中零星流散的绢画等多已流失国外,如美国、日本等地。1912年来敦煌的日本大谷探险队也从王道士手中和敦煌地方收购了一批经卷文书,推测其中也应有美术绘画作品。

2. 收藏

藏经洞出土敦煌遗画的收藏情况,斯坦因所获绘画品共计536件,其中282件收藏在英国伦敦大英博物馆,254件收藏于印度新德里博物馆,这是按斯坦因进行探险前的协议而定,因为斯坦因工作的支持者和经费分别由英国和印度政府提供。斯坦因所获536件绘画品中,绢本画有335幅,麻布画94幅,纸本画107幅。对于斯坦因所获敦煌绘画品中后来分藏于印度的部分,1958年以前藏于中亚古物博物馆,现藏于新德里国立博物馆,2012年出版,共142幅。伯希和所获敦煌绘画品现藏于法国巴黎吉美博物馆,共计216件,其中绢画136幅,麻布画47幅,纸本画33幅。此外,藏于俄罗斯圣彼得堡东宫博物馆东方部的敦煌文献和敦煌艺术品中,敦煌绘画品以麻布画为主,也有不少的绢画、纸本画等,数量仍不十分清楚,由上海古籍出版社整理出版,其中较为完整的有244幅,另有60余幅残片。

这些藏品中以斯坦因收集品最佳,主要是斯坦因第一次即1907年来莫高窟时,骗取王道士的信任,从藏经洞获得的,斯坦因所获绘画品共计536件,其中282件收藏在英国伦敦大英博物馆,254件收藏于印度新德里博物馆。斯坦因所获536件绘画品中,绢本画有335幅,麻布画94幅,纸本画107幅。斯坦因所获敦煌绘画品的编号,在本章全以魏礼在《斯坦因敦煌所获绘画品目录》一书中的顺序编号为准,即大英博物馆的馆藏号,如藏于大英博物馆的绘画品以"BM.SP."编号,同时尽可能地附有其他如原始编号等,而后藏于新德里印度国立博物馆的部分则以原在大英博物馆的编目号方式"Stein painting"编号。主

要参考书目为《塞林迪亚》[1]《千佛图录》[2]《斯坦因敦煌所获绘画品目录》[3]《西域美术——大英博物馆斯坦因所获敦煌绘画品》[4]、松本荣一《敦煌画之研究·图像篇》、韦陀和法瑞尔《千佛洞——丝绸之路上的中国艺术》[5],以及现藏于敦煌研究院资料中心的张德明的手译稿《斯坦因劫画录（及索引）》[6]。

伯希和所获敦煌绘画品,现藏于法国巴黎吉美博物馆,共计216件,其中绢画136幅,麻布画47幅,纸本画33幅。对于这部分绘画品的编号,以其馆藏号即"EO."或"MG."进行编号,顺序仍沿用旺迪埃先生《集美博物馆所藏敦煌绢幡绘画解说》一书中的顺序号进行,在行文过程中使用集美博物馆馆藏原编号。主要参考书目为旺迪埃《集美博物馆所藏敦煌绢幡绘画解说》《集美博物馆所藏敦煌绢幡绘画解说图版》[7]《西域美术——法国集美博物馆藏伯希和敦煌所获绘画品》[8]、松本荣一《敦煌画研究·图像篇》[9]等。

以上是当今在世界范围内收藏敦煌绘画最多也是最为集中的四处地方,总共有近千件。其他在诸如美国哈佛大学艺术博物馆、华盛顿弗利尔美术馆、波士顿美术馆、日本白鹤美术馆等地均有零星敦煌绢画的收藏。在中国国内,所见极少,如甘肃省博物馆藏宋淳化二年父母恩重经变白描画本,中国历史博物馆、故宫博物院、四川省博物馆等均藏有敦煌绘画。

---

[1] M.Aurel Stein, Serindia-detailed report of explorations in central Asia and westernmost China, K.C.I.E.By arrangement with Oxford University Press,London,First Edition:Oxford 1921.Reprint:Delhi,1980.斯坦因著,中国社科学科院考古研究所译:《西域考古图记》,广西师范大学出版社,1996年。

[2] M.Aurel Stein,K.C.I.E，The Thousand Buddhas,Bernard Quaritch,LTD,London,1921.

[3] Arthur Walley,A Catalogue of Paintings Recovered from Tunhuang by Sir Aurel Stein-preserved in the sub-department of oriental prints and drawings in the British Museum ,and in the museum of central asia antionuities,delhi. London,Printed By Order of The Trustees of The British Museum and of The Government of India,1931.

[4] 韦陀主编:《西域美术·英国博物馆藏斯坦因收集品》(三卷),日本讲谈社,1982—1984年。

[5] Roderick Whitfield and Anner Farrer,Caves of the Thousand Buddhas-Chinese Art from the Silk Route,Published for the Trustees of the British Museum,by British Museum Publications,1990.

[6] 敦煌研究院资料中心藏有张德明译稿和手稿：L631/4246《千佛洞遗画》（斯坦因收集品）、L64/2642《伯希和劫画录》、L641/4246《敦煌遗画总目索引译义选》（斯坦因劫画录题记汇编）、L641/4246《"描述清单"及索引》、L641/4246《斯坦因劫画录》、L641/4246《西域美术》图录及索引四种》。

[7] N.Vandier and M.Mailland,Grottes de Touen-houang :Carnet de notes de Paul Pelliot,inscriptions et peintures murale,I-Ⅵ, Paris, 1920-1924.

[8] 古埃纲、秋山光和译：《西域美术·吉美博物馆伯希和收集品》(二卷),日本讲谈社,1994—1995.

[9] 松本荣一《敦煌画研究》,东方文化学院东京研究所,1937年。

3.编目

斯坦因所获敦煌绘画美术品的编目,最初斯坦因编号为"Ch.",是Ch'ien-fo-tung千佛洞的缩写。敦煌藏经洞内的遗书、绢画、丝织品等原本都是一包一包存放的,汉文经卷放在帙中,藏文等其他语文献和艺术品则放在较大的包袱中,斯坦因在初次全面翻检时,无暇全面编号,只是将每一包在Ch.标示下给一个小写罗马数字如i、ii、iii等。这些收集品入藏英国博物馆后,馆方又将包中的每一件写本或其他材料在罗马数字后编入序号,而汉文写本则统编入"S."号下,以致失掉其原有的"Ch."号。以后,随着斯坦因收集品分藏于英国博物馆、英国图书馆、印度事务部图书馆、新德里印度国立博物馆,英国图书馆已全用S.号,其他三馆仍用Ch.号,但同样又有目录编号和馆藏号,其中英国博物馆绘画的原编号可以从韦陀《西域美术》后索引中见到,印度国立博物馆编号见魏礼《斯坦因敦煌所获绘画品目录》和*Lokesh Chandra and Nirmala Sharma:Buddhist Painting of Tun-huang:In the National Museum*一书编号。

Ch.的斯坦因敦煌绘画品编目,在《描述清单》即《塞从迪亚》第二卷第二十五章第二节(第937—1088页)中有斯坦因所获敦煌绘画品目录编号,原文题目为《斯坦因从千佛洞获取之绘画之木刻、织物及其它杂物的描述清单》。《塞林迪亚》一书中也有自己对敦煌美术品的编号。

Ch.的斯坦因本人编目现在已经多不使用了,现在通常使用的斯坦因绘画品编号为"Stein Painting",也见有以"S画"的形式来表现的,这是大英博物馆的新编号,而对现藏于大英博物馆的部分绘画品一般通行为"BM.SP.",藏于印度新德里国立博物馆的部分绘画品由于资料未见公布,因此新编目情况不清,详细资料更是难以找到,因此现只有以原大英博物馆编号为准,即"SP."。

EO.是法国吉美博物馆藏敦煌艺术品编号,这些艺术品最初是入藏于罗浮宫的,后来部分材料转移到了吉美博物馆。1947年,吉美博物馆成为法国巴黎国立博物馆的亚洲艺术部,收藏在罗浮宫的敦煌资料全部被移入吉美博物馆,约有百件。

MG.是1947年以前从罗浮宫流入吉美博物馆的敦煌艺术品编号。通常以"Pelliot Painting"的形式表述,也有个别研究者以"P画"的方式进行使用,是按旺迪埃的顺序编号进行说明,总共216件。不过学界通行的仍是原编号"EO."与"MG."的编号方式。

现藏于俄罗斯圣彼得堡冬宫博物馆东方部的敦煌艺术品,如麻布画、绢画、幡画等是以俄文"敦煌"二字的缩写"Дх."编号,在上海古籍出版社出版的《俄藏敦煌艺术品》第一卷和第二卷中有其编号[1]。

---

[1] 俄罗斯国立艾尔米塔什博物馆、上海古籍出版社编纂:《俄藏敦煌艺术品》,上海古籍出版社,1997年。

4.各地所藏敦煌文献中

我们知道敦煌藏经洞发现以后，除有明确记载的诸如斯坦因、伯希和、奥登堡等探险家们的大量劫掠之外，其他一些零星的和通过各种途径流散的数量也很大，就目前所知，除几处大宗的收藏外，二十多个国家的四十多个地区的博物馆也有不同程度的收藏，其中有相当一部分已有目录介绍或图版发表，可供我们参考使用，诸如有施萍婷先生对日本公私收藏敦煌文书目录的公布，《北京大学藏敦煌文献》《天津艺术博物馆藏敦煌文献》《上海博物馆藏敦煌文献》《上海图书馆藏敦煌文献》《浙江藏敦煌文献》《甘肃藏敦煌文献》，及其他对各地零星藏品的公布，其中包括各种写本与绢画、麻布画等。

（二）藏经洞绘画品的主要内容

敦煌藏经洞所出的绘画品是7—10世纪的遗物。斯坦因所获绘画品中纪年最早的是唐咸通五年（864）的《四身观音、文殊、普贤菩萨像》，纪年最晚的是宋太平兴国八年（983）的《大慈大悲救苦观世音》。伯希和所获的绘画品中，纪年最早的是唐开元十七年（729）的《高僧像》，纪年最晚的是宋太平兴国八年（983）的《地藏十王图》。而事实可能会有更早时期的绘画品存在，只是没有确切的题记证明而已，也正如大量的敦煌遗书当中有早到西晋的写本一样。

敦煌藏经洞绘画品，其题材主要是佛像、菩萨像、护法神像、佛传故事、经变画及曼荼罗等。其中佛像有释迦牟尼佛、阿弥陀佛、弥勒佛等独尊说法图，如释迦牟尼灵鹫山说法图、阿弥陀佛八菩萨图等。经变画有降魔变、观无量寿经变、阿弥陀净土变、药师经变、维摩诘经变、法华经变观音普门品、弥勒经变、劳度叉斗圣变、父母恩重经变等。数量众多的是各种菩萨像，其中尤以观音像最多，有圣观音、千手千眼观音、大悲观音、如意轮观音、不空绢索观音、观世音菩萨、延寿观音、引路观音、水月观音、马头观音、十一面观音，其他的菩萨像有文殊、普贤、地藏、金刚藏、多罗、日曜等。护法神像有天王、金刚力士、行道天王、明王、那延罗天等。另外还有地藏十王厅、观音曼荼罗、尊者像、高僧像、佛传图，以及狮子、骆驼和各种花卉图案、迦陵频伽等。

敦煌藏经洞绘画品数量大，内容丰富，其中不乏艺术精品，代表作如Stein painting6（Ch.liii.001）树下说法图绢画（图31-1）[1]，这幅画为目前学术界和美术界认定为绘制时间最早的敦煌绢画，高139厘米、宽101.7厘米，画面内容比较简单，接近于敦煌壁画中早期

---

[1] 本章图版主要采自韦陀主编：《西域美术·英国博物馆藏斯坦因收集品》（三卷），日本讲谈社，1982—1984年。吉埃编，秋山光和译：《西域美术·吉美博物馆伯希和收集品》（二卷），日本讲谈社，1994—1995。

的说法图构图：佛祖身穿通肩朱红袈裟，端坐于菩提宝盖下的莲花座上，双手作说法印，左右各画一胁侍菩萨、三比丘绕佛而坐听法，二菩萨下方各画一供养菩萨；宝盖上方左右原各画一飞天乘云而下作散花状，现仅存右侧一身；画面左右下部原各绘供养人一身，现仅存左侧一身，女性，穿紧身窄袖衫手捧莲花作胡跪状。下方中部存题榜牌，文字不存或原未书写。画面除部分残损外，余皆保存完好，线描流畅，色彩艳丽，佛、菩萨、飞天等人物形象风格接近莫高窟第220窟贞观壁画，供养女像人物造型及风格与莫高窟第329窟供养女像极为相近。

另如Stein painting47（Ch.lvii.002）引路菩萨图绢画（图31-2），敦煌绢画中，以"引路菩萨"为题材的作品较多，内容一般比较简单，即

图31-1 绢画 Stein painting 6 树下说法图

亡者由菩萨引导走向天堂之路。亡者有男有女，有老有少，其中以本图最为著名。这幅高80.5厘米、宽53.8厘米的绢画，与壁画人物对比来看，应该是盛唐时期，即开元天宝年间的作品。画的左上角绘彩云，云上有楼阁长廊，以示净土世界；引路菩萨和身后的贵妇亡灵均立于下层云端，菩萨占据了整个画面的一半：上身半裸，胸颈袒露，腰围长裙，披帛有层次地交垂胸前，高髻宝冠，褒衣博带，冠饰珠璎，髻插金钿，面色莹洁，曲眉丰颊，修眉流眄，目光下视，绰约妩婉，招引着紧随而来的亡者——一位盛装的民间贵妇：高髻大发，头上簪有金钿，髻饰花、簪钗、小梳栉等；而最有特点的是她额间的两条大眉，又浓又粗，似两滴倒悬的水珠，当为妇女画眉的范本之《十眉图》中的"垂珠眉"，反映唐代妇女独特的眉毛修饰水平；贵妇面部还施有朱粉与口脂一类的化妆品，口唇是用胭脂妆点，恰好与整个脸盘隐隐相称。贵妇形象展现了繁花似锦的唐代世妆，丰富多彩，变化异常，它不仅表现出本民族的服饰传统，而且与西域和外国的交往中"兼容并蓄""博采众长"，不断创造出"新装

图 31-2　绢画 Stein painting 47 引路菩萨

巧样"。《引路菩萨》为我们展示了当年盛世时期社会生活之一角。

法国吉美博物馆藏编号MG.17659千手千眼观音菩萨绢画（图31-3），太平兴国六年（981），时任归义军节度都头银青光禄大夫检校国子祭酒兼御史中丞的施主樊继寿所造，画面分上下两部分，上部千手千眼观音菩萨变占总画的四分之三，内容为千手千眼观音菩萨成身会，各方诸佛菩萨及各路神仙来贺；下部四分之一的画面用中间二分之一由节度押衙知上司书手银青光禄大夫检校国子祭酒彦兴书写《绘大悲菩萨铺变邈真功德记并序》，其正文内容的四分之三为施主樊继寿本人的颂词；《功德记》的左边是樊继寿的持炉供养像，榜书题记云"施主节度都头银青光禄大夫检校国子祭酒兼御史中丞樊继寿一心供养"。因为《功德记》的标题明确为"绘大悲铺变""邈真"两个内容。

图 31-3　绢画 MG.17659 千手千眼观音菩萨

国内藏敦煌藏经洞绘画品数量极其有限，其中的精品和最大者为甘肃省博物馆藏北宋淳化二年（991）绘报父母恩重经变绢画（图31-4）。这是一幅内容最为丰富的绢画。画面内容自上而下可分为四个部分：第一部分即画面的最上面为一排七身结跏坐佛像，又称过去七佛。第二部分画"七宝"，反映的主题应该是弥勒降生与转轮王治世，两部分的内容表现七佛寂灭后弥勒下生于转轮王国。第三部分报父母恩重经变是这幅画的主题：布局是以佛说法图为中心，图下正中书《报父母恩重经》经文（节录）及听法四众，说法图与经文两边以连环画的形式绘十五幅表现父母养育之恩的经文情节，其中四众听法与报恩故事情节均有榜书。说法图的主尊佛、菩萨为"西方三圣"：正中的阿弥陀佛身着半披肩大衣，半结跏坐于莲花座上，肉身金色，结说法印，身后为火焰纹头光与三角纹背光，神情庄重，面目慈祥。两边的观世音菩萨和大势至菩萨各坐莲台，头戴金色宝冠，上身及腹部袒露，项挂璎珞，臂饰玉钏，肌肤丰雍，体态丰盈，面部圆润丰满，细眉长眼，高鼻小唇，表情庄严镇定，和蔼可亲。"三圣"身后均竖二层豪华伞幢。"三圣"周围簇拥十四身菩萨，佛座两边及前方为十大弟子，这些菩萨和弟子均双手合十作礼佛状，身后均绘有头光，部分菩萨绘有背光，其中佛座前方的四位弟子前的供桌上，中间置金色香炉一具，两边各置金灯一盏。第四部分在画面上分为左中右三块,中间三分之一的画面为墨书榜题,榜题的右边连着榜题的是一身引路菩萨,菩萨脚踩祥云,一手持引魂幡,一手向后作招引状。再往右为记文中所歌颂的已故比丘尼戒行的供养榜、供养像及身后的近事女三身。榜题云"故大乘寺阿师子戒行仃一心供养"。戒行着黑色僧服,配红色披肩,双膝跪于胡床上,手举长柄香炉作礼佛状。三位近事女分别持花、扇和举伞。这就是戒行的"邈影",由菩萨接引、侍女护送而进入佛国天堂。记文榜书的标题《绘佛邈真记》用了很少的文字颂扬佛法后,主要歌颂那位已经仙逝的比丘尼戒行(或云戒行仃),文中喻用释迦牟尼和孔子二位巨圣之死来说明自己死亡的必然规律。正是为了纪念这位故人,才"命良工巧匠,彩画装金;上图佛会而千融,下邈真影而一样"。"上图佛会"是手段,"下邈真影"才是目的。

图 31-4 甘肃省博物馆藏绢画报父母恩重经变

二、敦煌版画导论[①]

从目前搜集到的资料来看,敦煌版画共有大小 30 多个种类。其中主要者有单体(捺印)佛、菩萨(千体观音、地藏)像;用于悬挂的西方三圣、说法图、阿弥陀、四大菩萨四十八阿弥陀佛、药师千佛、圣观音、圣文殊、圣普贤、圣地藏、毗沙门天王等;供悬挂、带持、念诵

---

① 本节主要参考《敦煌研究》2005 年第 2 期"敦煌版画研究专题"系列文章:马德《敦煌版画的背景意义》、邰惠莉《敦煌版画叙录》、余义虎《敦煌版画的性质与用途》、吴荣鉴《敦煌版画制作的几个问题》、王怡、邹晓萍《敦煌版画艺术的风格特点》、周安平《由敦煌雕版佛画管窥中国古代版画的美术历史作用》、王锡臻《敦煌版画与民间美术研究》、谢生保、谢静《敦煌版画对雕版印刷业的影响》。

的无量寿陀罗尼、圣观自在千转灭罪陀罗尼、大随求陀罗尼，以及插图本佛经与佛经扉画；捺印佛、菩萨像和雕版印佛画，也是敦煌白描画的重要组成部分。这种画制作简单，又便于携带，很适合于人们普遍的供养和尊像崇拜的心理，因此在晚唐五代宋时大为流行。

敦煌佛教版画作为敦煌艺术一个独特的艺术类别（画种），是敦煌佛教艺术发展到一定阶段的产物，它不仅是敦煌佛教美术品中最富有特色的画种，而且具有其他画种所不具备的科技史和经济史意义。

艺术史方面，敦煌佛教版画作为仅存的中国古代版画中的珍品，在中国艺术史上具有重要的价值意义。因此，它的研究可以填补中国版画史研究的部分空白，并可以为当代版画艺术提供历史的借鉴。同时作为中国古代版画的代表作品，将中国套色版画提前了七八百年。中国套色版画是日本浮世绘的直接起源，日本浮世绘对西方美术影响巨大——由此可见敦煌版画在世界美术史上的地位。

科技史方面，敦煌佛教版画对研究中国印刷科学技术的起源及发展有重要作用，是中国科技发展史上的珍贵文献。虽然它作为艺术品在敦煌出现较晚，但作为印刷品，是中华民族对世界人类的重大贡献——印刷术现存最早的实物，填补了中国印刷科技史的部分空白，并可为当代印刷事业提供历史的借鉴。

经济史方面，版画及其所展示的印刷手工业，是封建经济发展进步的标志。敦煌版画在制作方面，特别是版式设计方面，继承敦煌壁画、敦煌绢画的传统，但作为印刷品的版式设计，为当代新兴起的版式设计学提供了历史的借鉴。

敦煌佛教版画作为印刷品，在大众传播学和中国传播学史上有十分重要的意义。它具备了适应社会环境、维持和发展社会关系、体现社会价值、吸引大众注意、形成社会议题的舆论引导等诸多方面的传播功能，是当时最先进、最便捷、最简单易行，也最为大众喜闻乐见的传播媒介和传播形式。传播者利用印刷传播的优势，在传播佛教信息的同时，对形成规范化的民间佛事活动也有一定影响。

当然，同其他事物一样，敦煌版画无论作为艺术品、科技产品还是手工业成品，均不可避免地受到当时社会制度的影响和制约。

（一）金刚经扉页版画

英国图书馆藏（B.M.8083）唐咸通九年（868）《金刚般若波罗蜜经》扉页部分的《祇树给孤独园图》（图31–5），此类佛经扉画在敦煌版画中只出现此一幅，是目前已知世界上最早有明确纪年的印刷品及其版画作品。卷末有"咸通九年四月十五日王玠为二亲敬造普施"题记。画幅尺寸长28厘米、宽24厘米。这幅作品所表现的内容是释迦牟尼佛率众弟子在给孤独园讲经说法的场景。画面中释迦牟尼处中央偏右的位置，面前设一案，左右有天王

图 31-5 《金刚般若波罗蜜经》扉画《祇树给孤独园图》

力士和两只神兽;身后有众弟子及右下方的国王、大臣及侍者五人;背景上方还有两个飞天;左下角为长老须菩提。左上角方框中刻小字"祇树给孤独园",其下框中刻"长老须菩提"。以上内容采用花纹地板格以倾斜立面做大面积的背景装饰,形成对角交叉形式的封闭式构图。画面人物众多,场面热烈,在早期版画作品中应该算得上是一幅场面宏伟、人物众多、刻画细腻的作品。

(二)净土变相版画(图 31-6)

法国国家图书馆藏,编号P.3024。画面线条繁复,人物众多。其内容分为上中下三部分。上部天空,有不鼓自鸣的天乐、相向而飞的飞天和对称的宝幢、宝楼阁、大殿。中部水上平台,佛结跏趺坐于束腰形莲台上,双菩提树形成宝盖。佛双手胸前结说法印,着圆领袈裟。左右两侧是大势至、观音二大菩萨。坐于右华座的大势至菩萨,一手抚膝,倾身向佛。

图 31-6　P.3024 净土变相版画　　　　图 31-7　P.3954 佛像与佛塔印本（局部）

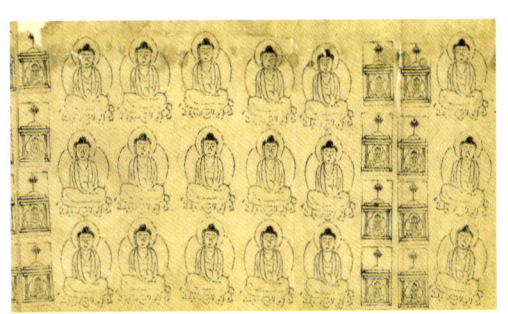

左华座观音菩萨正襟端坐。二菩萨皆斜披天衣，饰有璎珞、项圈、臂钏。二大菩萨左右各有二身侍立供养菩萨。佛下方近水平台左右各有一组菩萨，中间为乐舞。下方为七宝池，中生莲花，有化生童子。整幅画面结构紧凑，艺术手法娴熟。中国藏、英藏、法藏还分别有同版印画多幅。

（三）捺印佛像与佛塔排列长卷版画（图 31-7）

法国国家图书馆藏，编号 P.3954。长 288.9 厘米、宽 28.3 厘米。千佛与佛塔间隔有序排列。佛像 3 排 5 身，隔以佛塔，塔 4 排 2 座。佛结跏趺坐莲座，结禅定印。内着僧祇支，外着通肩袈裟，在腹前形成双椭圆形结。佛像无边框。塔为平面方形，中空，内置禅定佛。塔基为二层素平台基，覆钵形塔顶，上有高耸的塔刹。中国藏、英藏、法藏分别有此图多幅。

（四）捺印游戏坐菩萨、禅定佛像（图 31-8）

法国国家图书馆藏，编号 P.3880。长 43 厘米、宽 28.5 厘米，无边框；两纸，前一纸坐菩萨，3 排 33 身；后一纸禅定千佛，3 排 25 身。其中禅定千佛单尊长 5.5 厘米、宽 9.1 厘米。佛正面结跏趺坐束腰莲台，内着僧祇支，外着通肩袈裟，衣纹线条在腹部形成菱形结。手在腹前被衣纹遮盖。火焰纹头光、背光。另外 P.4087，宽 28.5、长 37.1 厘米。存 16 身游戏坐菩萨。

（五）四十八愿阿弥陀佛版画（图 31-9）

法国国家图书馆藏，编号 P.4514-4。阿弥陀佛像，版面长 41.7 厘米、宽 29 厘米。上图下文，上图右榜题"四十八愿阿弥陀佛"，左榜题"普劝供养受持"。阿弥陀佛结跏趺坐莲台上，偏袒右肩，双手于腹部结禅定印。圆形头光和背光相叠成桃形火焰状。下部发愿文 12 行："夫欲念佛修行求生净国者先于净/处置此尊像随分香花以为供养/每至尊前冥心合掌离诸散动专注/一缘称名礼敬/南无极乐世界四十八愿大慈大悲/阿弥陀佛愿共诸众

图 31-8　P.3880 游戏坐菩萨、禅定佛像印本

生一心归命礼＋拜/南无极乐世界大慈大悲诸尊菩萨/一切圣贤一拜/然后正坐一心专注念阿弥陀佛或万或千/观世音大势至诸尊菩萨各一百八（念已/称云)/以此称杨念佛功德资益法界一切/含生愿承是善声同得正念往生无/量寿国更礼三拜即出道场。"另英国博物馆S.P.232等保存多幅此画。

（六）文殊师利菩萨、四十八愿阿弥陀佛组合版画

法国国家图书馆藏，编号P.4514-3。同一幅画面上并列印制了两幅雕版画作，版式皆为上图下文式。其中左图为文殊师利菩萨像，图右榜题"大圣文殊师利菩萨"，左榜题"普劝志心供养受持"。右图为阿弥陀佛像，左榜题"普劝供养受持"，右榜题"四十八愿阿弥陀佛"。在画面两边的空白处有手书墨迹题记二款，左书墨迹为"甲申年三月六日弟子比丘智端安置文殊利菩萨"；右书墨迹为"甲申年三月六日右壹次大师流次功得记"。两款手书题记，观其字形，犹如初习书的

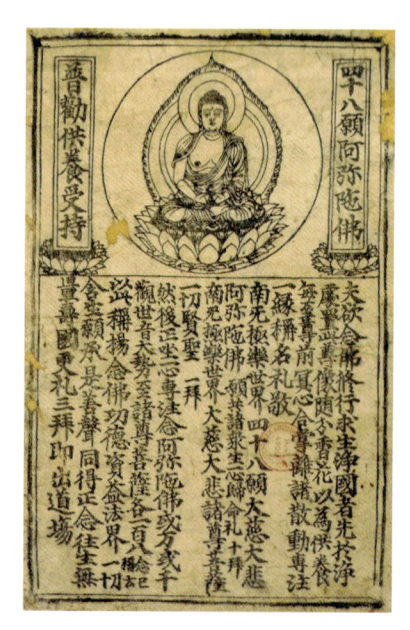

图 31-9　P.4514-4 四十八愿阿弥陀佛版画

孩童之字体，此题款的作者或是位文化水平较低的出家人，为表诚心而自题的落款，其中左书墨迹中"文殊利菩萨"少一"师"字，当为"甲申年三月六日弟子比丘智端安置文殊师利菩萨"，右书墨迹之"右"为"有"字的误笔，"流次功得"是"留此功德"之意的同音借字。

（七）圣观自在菩萨版画（图31-10）

法国国家图书馆藏，编号P.4514-3。长19厘米、宽30.4厘米。上图下文，画面处于一个大圆轮中，观音结跏趺坐于莲台上。面容丰满慈祥，头戴化佛宝冠，身饰璎珞、臂钏、手镯，双手曲置胸前执莲花。火焰纹头光、背光。右榜题"圣观自在菩萨"，左榜题"普施受持供养"。下发愿文14行："圣观自在菩萨心真言念诵略仪/夫欲念诵请圣加被者先于净处置此/尊像随分供养先应礼敬然后念诵/一心归命礼一切如来离染性同体大悲/圣观自在菩萨摩诃萨（愿共诸众生一心头/面礼十礼）/次正坐冥心专注念诵/圣观自在菩萨莲花部心真言曰/唵引阿引络引力迦（半音呼）婆缚（二合引）贺引/此心真言威德广大灭罪除灾延寿增/福若能诵满三十万遍极重罪业皆得/除灭一切灾难不能侵害聪明辩才随愿/皆得若能诵满一千万遍一切众生见/者皆发无上大菩提心当来定生极/乐世界广如本经所说。"英藏、法藏还分别有此图数幅。

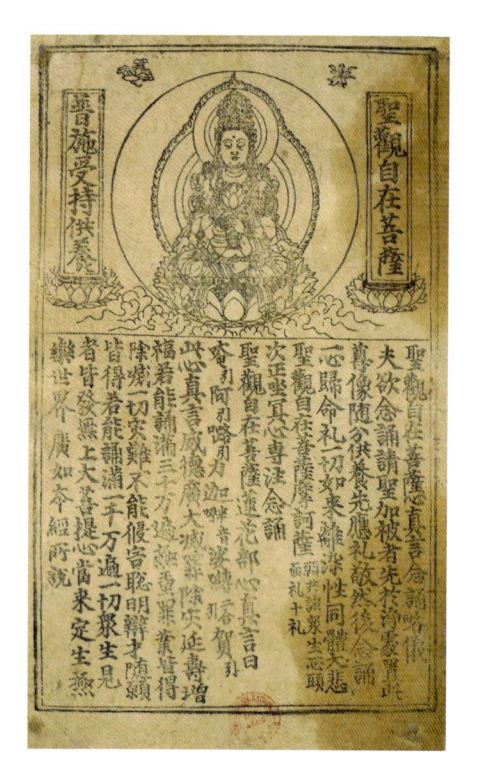

图 31-10　P.4514-3 圣观自在菩萨版画

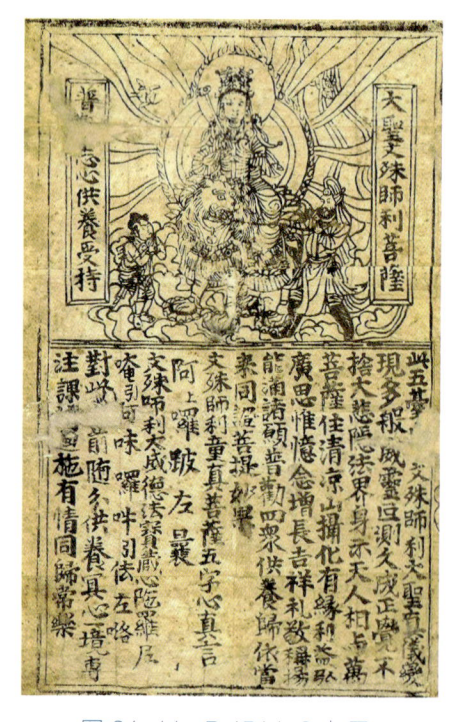

图 31-11　P.4514-2 大圣文殊师利菩萨版画

（八）大圣地藏菩萨版画

法国国家图书馆藏，编号P.4514-5。宽29.6厘米、高42.7厘米。上图下文，地藏菩萨结跏趺坐莲台，头戴宝冠，左手于盘腿上托如意宝珠，右手结施无畏印。火焰纹头光、背光。右榜题"大圣地藏菩萨"，左榜题"普劝供养受持"。下发愿文10行："地藏略仪/一心归命礼一切如来平等性同体/大悲圣地藏菩萨摩诃萨/愿共众生咸归命回愿往生安乐国十礼/次冥心一境专注身灭决定业障真言/唵引阿引钵啰（二合）沫（弹舌）他上口娑缚（二合引）贺引/此真言明有大威力能灭决定重罪业/障能除灾患延寿护身普劝四众志/心念持回愿同生无量寿国。"

（九）大圣文殊师利菩萨版画（图 31-11）

法国国家图书馆藏，编号P.4514-2。长19.7厘米、宽31.5厘米。上图下文。主尊文殊师利安坐狮舆莲座上，头戴宝冠，身着天衣，手持如意。圆形火焰纹头光、背光相叠，外围为放射状光带。坐狮足踩莲花，转头直视右前方。驭者着软角幞头，穿及膝衣，足蹬皮靴。供养童子与驭者相向而立，半裸上身，双手合十仰视文殊。图右榜题"大圣文殊师利菩萨"，图左榜题"普劝志心供养受持"。下发愿文13行："此五台山中文殊师利大圣真仪变/现多般威灵叵测久成正觉不/舍大悲隐法界身示天人相与万/菩萨住清凉山摄化有缘利益弘/广思惟忆念增长吉祥礼敬称扬/能满诸愿普劝四众供养归依/当来同证菩提妙果/文殊师利童真菩萨五字心真言/阿上啰跛左曩/文殊师利大威德法宝藏心陀罗尼/唵引阿味啰吽佉左络/对此像前随分供养冥心一境专/注课持回施有情同归常乐。"此图印本在英、法两国国家博物馆和图书馆等地共保存有40多幅，国内北京大学图书馆等地也有保存。

(十)大圣普贤菩萨版画

英国图书馆藏,编号S.P.246(Ch.00205)。纸面长13.5厘米、宽25.1厘米。版面宽13厘米、高20.6厘米。普贤菩萨舒右腿半跏安坐于莲座上,右手置胸前呈执戟状,左手曲臂托三钴杵。头戴宝冠,胸饰璎珞。火焰纹头光、背光。外围祥光四射,左右有两丛菩提树叶。左下角供养天女,双手合十,虔诚向菩萨;右下角半裸驯象奴。右榜题"大圣普贤菩萨",左榜题"普劝志心供养"。下部祥云缭绕。下归义军节度押衙杨洞芊雕版发愿文11行:"弟子归义军节度押衙/杨洞芊敬发诚志雕此真/容三十二相俱全八十之仪/显赫伏愿三边无事四塞/一家高烽常保于平安海内/盛称于无事/府主太保延龄鹤算谐/不死之神丹莅推阳关/育长生之鹰凤缁徒/兴盛佛日昭彰社稷/恒昌万人乐业是芊心愿也。"从他的发愿文内容和其虔诚的心情可以看出,这幅作品是信徒用来祈福、造功德田的受持笺。从文中"杨洞芊敬发诚志雕此真容"的字面内容,以及作品中所刻之菩萨造型、刀法的功力和文字体形来分析,此木刻印版缺乏专职雕版木匠的匠气,在生疏的古朴稚拙感中透出文士的一些灵气,很有可能就是杨洞芊自己亲手雕刻制版的作品。目前所见敦煌版画印本中仅此一幅。杨洞芊在五代后汉和后周年间曹氏节度时期充任节度孔目官兼御史中丞等职,曾编撰《瓜沙史事系年》一书。

(十一)大慈大悲救苦观世音菩萨立像版画(图31-12)

法国国家图书馆藏,编号P.4514-9。并排两幅。版面各宽9.6厘米、高30厘米。观音微侧身立于六面束腰莲台上,左手持杨柳枝,右手提净瓶。头束高髻,面容秀美慈祥,身材高挑。桃形水焰纹头光。胸饰璎珞,戴臂钏、手镯。帛巾系于胸前,披巾飘动。四周有装饰性图案,左右为金钉纹,上下为卷草纹。右题"大慈大悲救苦观世音菩萨

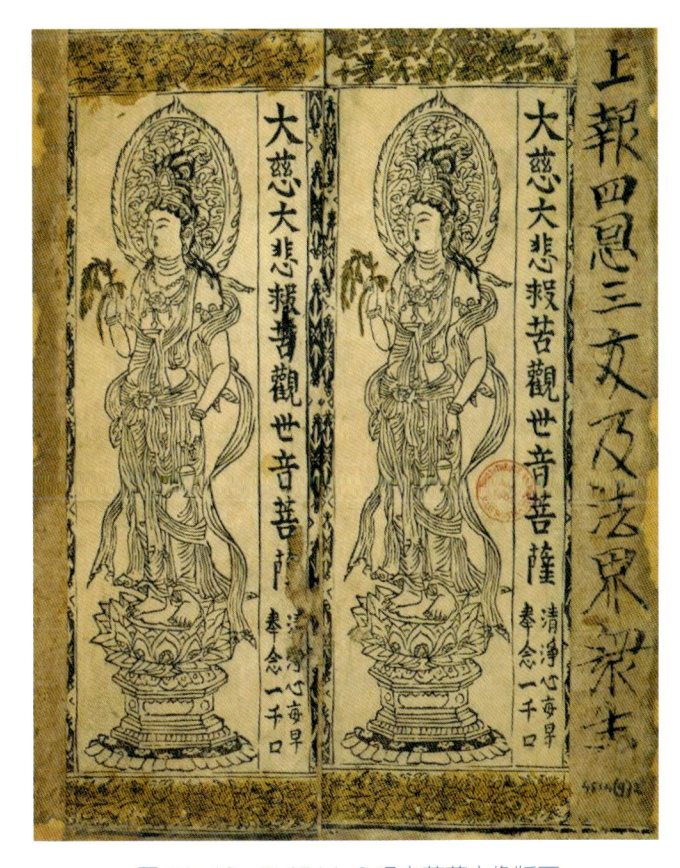

图31-12 P.4514-9观音菩萨立像版画

清净心每早/奉念一千口",右边手写题款"上报四恩三友及法界众生"。此画多为单幅图。英藏、法藏多有收藏。从榜书看,此画用于悬挂和念诵:"大慈大悲救苦观世音菩萨,清净心每早/奉念一千口。"就是对信众如何供养、诵念等佛事活动的具体规定,这正是该版画的特殊之处。可以看出,此版画对当时当地佛教活动的规范有一定的作用和意义。另外,P.4514-9(12)单幅观音头光和P.4514-9(13)两幅观音像的上下边饰及右手所持杨柳枝均施以淡绿色彩,具有填色版画的因素。

(十二)毗沙门天王版画(图31-13)

法国国家图书馆藏,编号P.4514-1。长28.6厘米、宽42.0厘米。上图下文。左榜题"大圣毗沙门天王"。毗沙门天王居中,身着盔甲,相貌威严,右手执戟,左手托塔,顶有华盖,足踩药叉女。天王右侧吉祥天女托盘供养,右侧哪吒和婆薮仙。哪吒手提金鼠,婆薮仙右手托一孩童。据《北方毗沙门天王随军护法真言》,毗沙门天王可领天兵守卫疆界拥护国土。造毗沙门天王像要"七宝庄严衣甲,右手执戟,左手托腰上。其神脚下做二夜叉鬼"。下文为晋开运四年(947)曹元忠雕造题记14行:"北方大圣毗沙门天王/主领天下一切杂类鬼/神若能发意求愿/悉得称心虔敬之徒/尽获福佑弟子归义/军节度使特进检校/太傅谯郡曹元忠/请匠人雕此印板/惟愿国安人泰社/稷恒昌道路和平/普天安乐/于时大晋开运四/年丁未岁七月/十五日纪(记)。"《大圣毗沙门天王像》是敦煌版画中幅面比较大者,英藏、法藏分别收藏多幅。从装裱形式看,主要是用于悬挂和张贴,以供人们顶礼膜拜。发愿文所表达的意图十分明显,就是让这位佛教的护法神也成为敦煌社会的保护神,以保国泰民安。

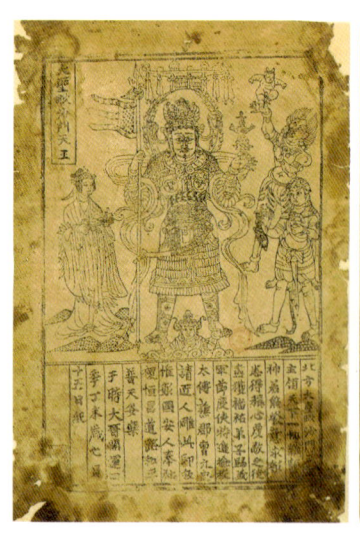

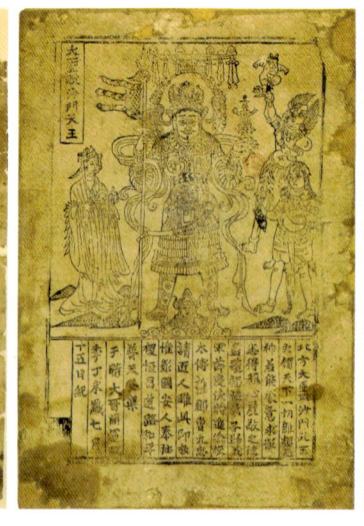

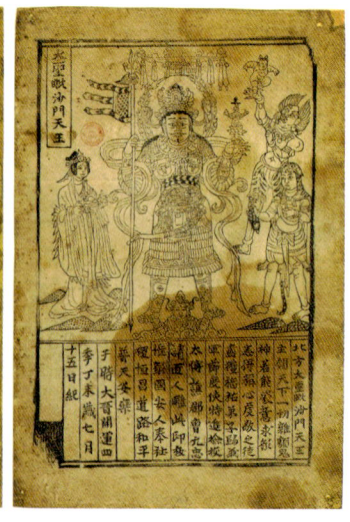

图31-13 P.4514-1毗沙门天王版画

（十三）大佛顶如来陀罗尼

法国国家图书馆藏，编号P.t.1。为内圆外方形图案，内城正中菩萨结跏趺坐，头戴宝冠，身着天衣，身处圆轮之中，周围排列七层梵文，四角点缀四朵莲花种子图案。中城为长方形，东西排列九层，南北排列十五层梵文咒语。外城东西两边上下各一天王，两两相向而立。天王头戴盔，身着铠甲，四天王手持之物不清。外城四边为结跏趺坐禅定千佛，著交领裂裟。千佛之间隔以三钴杵。四角及四边中间各一朵圆形莲蓬图案。下部有雕版发愿文31行，每行1—3字："大佛顶/如来放/光明白/伞盖/悉怛多/钵怛啰/大佛顶/陀罗/尼/经云/佛告阿/难若/诸世界/一切众/生书/写此咒/身上带/持或/安宅/中一切/诸毒/所不/能害/十方如/来执/此咒心/成无上/觉/开宝四/年（971）十月二/十八日记。"

整幅图简洁明快，刻工精湛。细观图，恰似敦煌石窟的覆斗形藻井图案。菩萨居中心，外围是7层放射状同心圆梵文咒语，更显菩萨的高深幽远。外圆四角四朵莲花与种子字完成了圆形至方形的过渡。外层9—15层梵文咒语，逐层递增，四角形成对角线，似洞窟藻井的四坡。四周的千佛法器图饰使坛城完整，而四角的护法天王忠实地守护着佛国世界。

（十四）无量寿陀罗尼

英国图书馆藏，编号S.P.247。宽13.7厘米、高18.9厘米。无量寿佛结跏趺坐莲台，结禅定印。面带微笑，神情愉悦。四周排列三层梵文。左有4行汉文发愿文："此无量寿大誓弘广随求心所愿眼从佛眼母殊/胜吉祥灌顶光能灭恶趣唵苾谎摩密句置之/处龙鬼护持法舍利之伽他佩之者身同诸佛/普劝四众持带结缘并愿同登真常妙果。"

（十五）圣观自在菩萨千转灭罪陀罗尼（图31-14）

英国图书馆藏，编号S.P.248。主尊观世音菩萨，头戴化佛冠，垂发披肩。斜披条帛。胸饰璎珞，戴臂钏腕钏。结跏趺坐于莲台上，火焰纹头光背光。容貌慈祥，双目下视。双手曲臂胸前，十指交叉内扣为内缚拳。外三层由梵文排列成圆形。四角为莲花，再外两层由梵文组成方形。左边3行汉文发愿

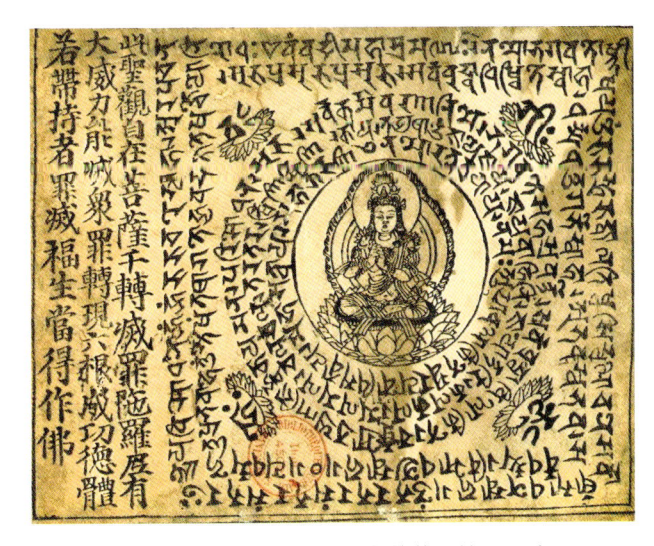

图31-14　S.P.248圣观自在菩萨千转灭罪陀罗尼

文:"此圣观自在菩萨千转灭罪陀罗尼有/大威力能灭众罪转现六根成功德体/若带持者罪灭福生当得作佛。"

(十六)救产难陀罗尼

法国国家图书馆藏,编号P.4514-9。是一幅比较特殊的《圣观自在菩萨千转灭罪陀罗尼》,此图除了中心主图外,在其两边及下部还整齐、对称地捺印了11幅纵向长方形画咒,咒文字也是左汉右梵,左边的汉字是"念尼千陀菩萨普愿一切分解平善",在梵文咒语前面有六个汉字为"救产难陀罗尼"。据此可知,这类需随身"带持"的陀罗尼,"千转灭罪"是为了妇女生产顺利,用于救助产难。

(十七)北宋太平兴国五年(980)《大随求陀罗尼轮》(图31-15)

英国博物馆藏,编号S.P.249。《大随求陀罗尼曼陀罗》长34.0厘米、宽43.0厘米。画面上方左右两边采用汉字的榜题和落款,右题"施主李知顺",左题"王文沼雕板"。发愿文有"……太平兴国五/年(980)六月二十五日雕/板毕手记"。画面主要以梵文与绘画结合,构成藏传佛教艺术中的曼陀罗形式。在画面比较显眼的位置以榜题与落款的形式、平等的身份,用汉字刻出施主、雕版匠的名号,在画面的下方用榜题的形式安置发愿文和刻制时间,是敦煌木刻版画中在五代后期和宋代出现的一种版式风格。

(十八)《大随求陀罗尼轮曼陀罗》

法国吉美博物馆藏,编号MG.17689。《大随求陀罗尼轮曼陀罗》,画面中间为一尊八臂菩萨,手中各持法器,周围用二十圈排布整齐的梵文组成放射状圆形图案;外围是二十五个圆形种字画组成的圆形图案,内部为阳刻种字画,外部用阴刻金刚杵。其上方的中间为一组华盖形莲花,两侧各有一云气托起的阴刻种字画图案;上部两角二身撒花飞天背向而飞。陀罗尼轮下的水中,中间为蘑菇状云气,两侧是四天王共托法轮。下方榜题贯通左右,两边为阴刻发愿文,汉字内容看不清,是否有施主名号和纪年,现不得而知,末尾落款有"杨法□雕印施"等字迹。画面采取对称形构图,以阴刻的深色衬托阳刻的手法,形成疏密、黑白、动静的对比,将极为严肃刻板的佛教经文,刻画出生动的活力,专业很成熟、绘画感极浓,并具有强烈现代木刻版画艺术感。

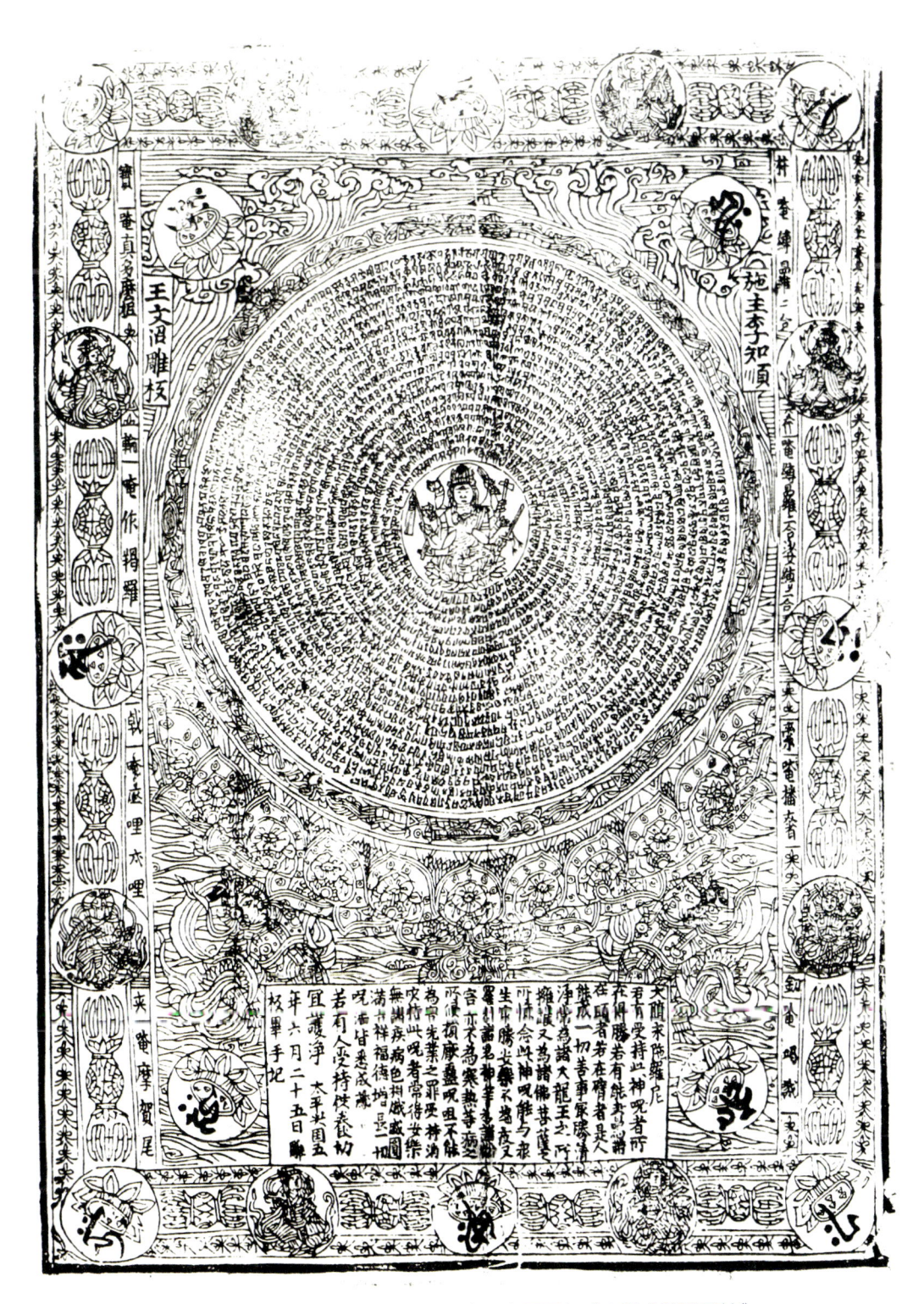

图 31-15　Stein painting 249 太平兴国五年《大随求陀罗尼轮》

三、敦煌工艺美术品导论

（一）敦煌藏经洞发现的刺绣艺术品

虽然中国史籍关于刺绣的记载很丰富，但保存下来的实物却寥寥无几。敦煌便是发现古代刺绣最多最集中的地方。1965年，在敦煌莫高窟发现了北魏的一佛二菩萨说法图刺绣残片，用几种彩色丝线绣出佛像、菩萨、供养人和发愿文题记，其中有太和十一年（487）广阳王字样；供养人的长衫上绣有忍冬纹和卷草纹，示意着以佛教为代表的外来文化与本土文化的相互交融，并在刺绣中得到反映，这是唯一一件魏晋南北朝时期的刺绣。另外，敦煌莫高窟藏经洞出土的一批唐代的刺绣作品，现分藏在世界各地，从已刊布资料统计，约30件。有巨幅刺绣《凉州瑞像》，还有小型绣佛、花鸟图案的绣袋、袈裟等，其内容有佛、菩萨像，也有各种花鸟装饰图案。

敦煌的刺绣艺术品主要有三个来源约40件，一是现存敦煌刺绣艺术品主要是出土于敦煌藏经洞遗画中的少量刺绣佛画；二是20世纪在敦煌莫高窟窟前发现的北魏刺绣佛像和供养人绣像；三是在莫高窟北区石窟遗址中发现的刺绣日用品。

在这里重点介绍一件斯坦因1907年从敦煌掠走的敦煌藏经洞中的文物，是一件巨幅凉州瑞像刺绣艺术品（图31-16），高241厘米、宽160厘米，编号为MAS.0.1129（Ch.00260），这是目前所见中国古代刺绣中最大的一幅。这幅丝质绣画原始编号为Ch.00260，麻布为底，以彩色丝绣成。盛唐（8世纪）制作，画面是以释迦牟尼为中心构成的五尊像，在蓝色华盖下释迦牟尼跣足立于莲花座上，有头光和背光，背光后面绣有岩石，释迦牟尼身着朱红袒右肩袈裟，右手下垂，左手握袈裟衣角于胸前，主尊左、右分别为二菩萨、二弟子。这幅作品最初折叠放置于藏经洞内，折叠的位置正好处于左、右二弟子像处，因此弟子像残损严重，仅残存上半身。菩萨像为观音菩萨和大势至菩萨，亦跣足侍立在莲花座上。释迦牟尼头上方有镶宝石华盖（帷幔），帷幔左、右各绣一飞天。画之底部左、右各有一组供养人像，女左男右。底部中间有一长方形空位，上

图31-16　Ch.00260 凉州瑞像刺绣

已打上界栏，应是书写发愿文的部位，但未写文字。供养人像旁有一长条状写供养人名，共8条，但仅2条上有文字，已漫漶不清，难以辨识。

这幅刺绣作品色彩丰富、历史悠久，从作品的尺寸和工艺来看都是敦煌藏经洞刺绣艺术品中最优秀的一幅。从刺绣艺术品的角度来看，它可以和日本奈良博物馆藏（观修寺旧藏）8世纪制作的与之尺寸大约相同的释迦牟尼说法图绣帐相媲美。大英博物馆现藏的斯坦因收集品中的刺绣艺术品多具有装饰功能，而这幅刺绣说法图与藏经洞出土的精美的绢画净土图一样虽都具有宗教的功用，但就其具体的佛教功用，如此精致的巨幅绣帐可能是在水陆法会上悬挂的供养像。

关于这幅刺绣的研究，最早在1921年，斯坦因在其所著《塞林底亚》一书中刊布此刺绣的图片并作简单说明。其后，松本荣一先生《敦煌画研究》曾对敦煌《灵鹫山释迦说法图》作过简略介绍。1983年，史苇湘先生在讲述"敦煌石窟中的瑞像图"时就谈到这幅刺绣的名称[1]。1984年，英国图书馆与日本平凡社合作出版了由英、日两国专家合著的《西域美术·大英博物馆斯坦搜集品》，在第三卷刊出了这幅刺绣的彩图全图及细部特写，定名为《灵鹫山佛说法图》，又以相当的篇幅对该刺绣品的内容、风格、技法、制作的大致时期作了详细介绍，并与相关的敦煌石窟壁画、日本奈良国立博物馆相关的藏品进行了对照研究，指出其制作时间大致在8世纪。

2008年，马德先生也依《西域美术》图版资料撰文将这幅艺术品定名为"灵鹫山说法图"；2016年，马德先生又撰文重新对这幅刺绣艺术品进行了探讨和研究，结合莫高窟凉州瑞像的图像范式与这幅刺绣佛像图进行了比较研究，证明刺绣与洞窟之间有着比较密切的关系。另外，《圣历碑》正是记载莫高窟第332窟创建的"功德碑"，又进一步结合刺绣佛像图中供养人题记，认为《圣历碑》记载的"崇教寺"也就是刺绣"凉州瑞像"题记中的崇教寺，进一步展示了莫高窟第332窟及其壁画"凉州瑞像"与刺绣"凉州瑞像"的渊源关系。文章也进一步由此推定了刺绣"凉州瑞像图"与莫高窟第332窟及其壁画"凉州瑞像图"为同一时期作品，其年代为圣历前后，即7世纪末[2]。

因为敦煌出土的古代刺绣都是极为罕见的刺绣珍品，因此，敦煌刺绣也应该成为一个独立的敦煌艺术门类。从时间上讲，敦煌刺绣上迄北朝，下至唐宋，保存较为完整的40多件作品跨越五六个世纪，仍然可以自成体系。虽然均属于艺术，但刺绣在具备一般的艺术因素之外，还有自己独特的风格和特点。刺绣是一种原发性的艺术，是介于壁画雕塑之间的特殊美术工艺，有各种各样的特殊的材料与技法。在敦煌古代刺绣作品

---

[1] 史苇湘：《刘萨诃与敦煌莫高窟》，《文物》1983年第6期，第5—13页。
[2] 马德：《敦煌刺绣〈灵鹫山说法图〉的年代及相关问题》，《东南文化》2008年第1期，第71—73页。

中都体现着这些特色，它的材质丰富，仅地仗材料就有丝、绢、麻、布等。技法上，也是辫绣和平绣都有。用途性质方面，则佛像、民间服饰及日用品兼备。敦煌古代刺绣作品首先是中国刺绣史的实物见证，是中国工艺美术史与工艺美术特色的珍贵史料，也是中国美术史的重要实物资料。与敦煌艺术的其他种类相比，敦煌刺绣又展示出它的民间艺术特色。

敦煌刺绣艺术品的主要表现形式是彩色丝线刺绣或织出的佛像、说法图、花卉图案、经袱和少量鸟兽图案等。敦煌刺绣艺术品是敦煌藏经洞遗画的一个组成部分，它与藏经洞出土的绢画、纸本画、麻布画、白画和版画一样是敦煌佛教艺术表现中的一个独立方面。敦煌佛教艺术的主体是石窟壁画、雕塑和建筑，这是不可移动的绘画艺术，而藏经洞发现的刺绣艺术品，画幅等方面都比石窟壁画面积要小，属于可移动的单幅画作。正因为如此，其中部分画作可能绘制或绣制在敦煌以外的地区，其多在佛教法会上用于装饰道场。

（二）敦煌藏经洞出土的木雕艺术品

20世纪初，英国的斯坦因与法国的伯希和从敦煌盗走的各种文物中，有一部分是木雕像。这些木雕像有的出自藏经洞，有的则可能原存于莫高窟其他洞窟中。在《西域美术》的图录中共收录了伯希和从敦煌获得的10余件木雕像作品。包括佛、菩萨、天王、夜叉等像，这些木雕像现保存在法国吉美博物馆。随着近年来各地对敦煌藏经洞图像文献资料的刊布，现存敦煌佛教木雕大约有40件，大部分出自莫高窟南区洞窟中，少数出土于莫高窟北区的洞窟中，还有个别出土于莫高窟周边的古代佛教遗址或瓜州榆林窟。这些木雕佛教神祇像是佛教徒礼拜供养的对象，有佛像、菩萨、天王、金刚力士、夜叉、飞天、迦陵频伽、天女、龙等题材。就目前收集到的文献资料来看，有关敦煌莫高窟发现的木雕佛像研究的成果非常少，因为这类手工艺品的数量有限，大多为研究者所忽略。2008年，郭俊叶对莫高窟发现的木雕像和木板画资料进行了初步整理，文中将敦煌发现的木雕像按其功能分成四类：一是供养尊像，二是建筑构件，三是随葬物品，四是日常用具。2016年，张小刚对敦煌木雕像中的佛教造像做了一些介绍和研究，将佛像资料统计为16件，按其姿势再分为坐像与立像两类。菩萨像统计为12身，按其性质分为大菩萨像和供养菩萨像。天王像4尊，金刚力士像1身，夜叉像3身，飞天像8身，天女像1身，迦陵频伽像1身，合计木雕像46件，并对木雕像的制作年代和大致功能进行了探讨。

木雕是雕塑的一种，在我国常被称为民间工艺，木雕可以分为圆雕、根雕和浮雕三大类。从制作工艺上来看，敦煌木雕佛像其制作工艺多为圆雕，少数为高浮雕，还有的在木质表面进行了敷彩贴金。敦煌莫高窟发现的木雕像部分源自洞窟内，也有一些应该出自藏经洞。

藏经洞发现的这两天王像是一对木雕天王力士像(图 31-17、31-18),现藏法国吉美博物馆,馆藏编号为 MG.17761 和 MG.17762,时期为 8 世纪。

《长阿含经·典尊经》载:"四天王随其方面,各当坐位,守护正法,不使魔挠。"即东方持国天王,持琵琶;南方增长天王,持宝剑;西方广目天王,持三叉戟或手缠一龙;北方多闻天王,持舍利塔或银鼠。云冈石窟中,天王只戴天冠不披甲胄,特点尚不明显。隋唐后始流行披甲胄、戴天冠的武士形象。

藏经洞发现的这两身木雕是四天王像中的两身,但因其手中持物已失佚,无法断定其名号。两身木雕力士身着甲胄、戴天冠的武士形象,这两身单腿站立的木雕力士像时期应稍晚,制作年代应在唐末。左侧这身天王(MG.17761),方面大耳,浓眉高扬,双目圆睁,鼻子硕大,双唇紧闭,胡须上翘,宽大的下巴及粗壮的脖颈,浑身铠甲严身,右手叉腰,左手握拳,眉头攒起,右腿直、左腿曲,手臂上有兽头含臂等装束,铠甲的表现细致,色彩略显退变,姿态威武,令人望而生畏。

右侧这身天王(MG.17762)两眉上挑,眉棱双眼突出,鼻翼宽阔,面部肌肉紧张而不呆板,双唇紧闭,塑造了天王挥动手臂的一瞬间,右腿曲、左腿直。铠甲严身,在铠甲下面,

图 31-17　MG.17761 木雕天王力士像　　　　图 31-18　MG.17762 木雕天王力士像

是饱含神力且结实的腰部。

从服饰细节来看,两身力士身着甲胄十分相似,上身着龙头形肩甲与胸甲,下身着护腿长勒靴。腰带中部平挂一小刀。甲胄是比较硬的东西,难以表现其生动的一面,而这两身天王像却塑造得一身威风,战裙下摆是天王身上衣甲中轻而柔软的部分,在一曲一直的双腿之间飘向身后,在通身硬挺的甲胄中加了一些轻柔的线条,表现出天王栩栩如生的律动感,战裙上绘有精致的图案,色彩保存鲜艳,使我们可以从中看出当年的风貌。

这两身木雕力士像从图像学的角度来看,其人物尊格并没有什么不同。力士像表情丰富、刻画细腻,木雕天王力士像的最大特征体现在力士的身体平衡性上,身体重心倾于力士的一只脚上,其造像特征与莫高窟第45窟正壁龛内左右的力士姿态相似。莫高窟第45窟正壁龛内左右的力士也是身体重心集中在一只脚上,另一只脚踩地神。其中,北侧天王脚下踩着地神,地神用双臂撑起仰上半身,俯着的下半身仅着犊鼻裤,臀部承受天王的左脚,双膝及腿被压得贴到地面上,以右臂承受着天王的右脚,一副不堪忍受的苦相,地神肌肉发达,特别是胸肌高高隆起;南侧地神鼻大而高,下巴方而扁,一头红卷发,头部在颈部被踩的情况下仰头向上,承受天王脚的重压,牙关紧咬、睁眼向上,似乎在乞求天王。由此可见,这两身木雕的特殊姿态应该来自唐代洞窟的天王力士形象。

(三)敦煌藏经洞出土的剪纸艺术品

敦煌莫高窟出土的古代剪纸艺术品分别来自两个地方:一处是藏经洞;另一处是莫高窟北区洞窟。藏经洞出土的剪纸和彩色纸花属于功德剪纸,数量约20件:佛塔剪纸3件、菩萨像剪纸2件、彩绘菩萨立像幡剪纸2件、彩绘佛头冠剪纸2件、彩绘佛塔剪纸1件、佛背光剪纸1件、纸花剪纸7件。在莫高窟北区瘗窟中发现的丧葬剪纸共计9件,分别出土于北区第43、47、48窟,纸钱剪纸2件、植物纹样剪纸6件、绸幡剪贴1件。

敦煌古代剪纸是随着20世纪初藏经洞的发现而陆续公诸于世的,许多剪纸图样大多是夹贴在敦煌文书中,伴随着藏经洞文物的流散而流布到世界各地的博物馆中。民俗艺术研究专家陈竟对敦煌藏经洞和北区石窟出土的剪纸从内容题材方面进行描述。[1]日本讲谈社出版的《西域美术》第三卷中公布了大英博物馆藏斯坦因从敦煌莫高窟藏经洞窃取的剪纸艺术品概况。仇凤皋介绍了大英博物馆珍藏的唐代瑞兽剪纸,也从剪纸形式、内容、保存情况等方面做了描述。赵声良在敦煌大展目录中记述了伯希和劫走的两件剪纸藏品,从内容和技法上做了概述。[2]

---

[1] 陈竟:《新疆出土古剪纸研究》,《新疆社会科学》1984年第4期。
[2] 赵声良:《丝绸之路大美术展巡礼》,《敦煌研究》1996年第3期。

比较全面地对藏经洞出土剪纸进行研究的学者是敦煌民俗专家谢生保,其对敦煌吐鲁番地区出土的古代剪纸艺术品进行了资料梳理,[1]但是仅谈到两件藏经洞剪纸艺术品。王伯敏对唐五代时期出土剪纸的内容整理也是依据谢生保提供的资料。[2]因此,王伯敏和谢生保先生的文章并没有全面反映出敦煌藏经洞剪纸的全貌。

2014年,西北师范大学的张玉平硕士论文《敦煌吐鲁番出土古代剪纸艺术品研究》一文对敦煌藏经洞剪纸艺术的溯源与发展、类型与用途,以及价值意义进行了全面阐述,是目前比较全面的关于敦煌剪纸研究的文章。但是,这篇硕士论文对藏经洞剪纸艺术品的资料挖掘还不够,在此文中仅涉及剪纸的为15件。2016年,笔者以《丝绸之路上的敦煌古代剪纸——莫高窟发现的古代剪纸艺术品漫谈》一文中对敦煌古代剪纸的遗例扩展到30余件,并做了图像文献叙录。

目前所知国内外藏敦煌剪纸艺术品共计30余件,以下按名称、编号、内容等项进行简要说明:

1.佛塔剪纸一件(图31-19)

P.4518-38,麻纸。10世纪。保存完整无损,现藏于法国国家图书馆,1908年伯希和在敦煌获得。其剪法是将纸对折,剪成对称图案。三角形塔顶单层剪纸佛塔,塔顶上有法轮和刹杆,刹顶作宝珠相贯,塔檐是人字披,双向上翘,檐上两边各悬风铎四只,檐楣为对称变形云

图31-19 佛塔剪纸　　　　图31-20 对鹿拜塔剪纸

---

[1] 谢生保:《丝绸之路上的剪纸艺术》,《丝绸之路》1980年第4期。
[2] 王伯敏:《中国民间剪纸史》,中国美术学院出版社,2006年。

图 31-21　群塔对鹿剪纸

图 31-22　忍冬、火焰纹背光剪纸花样

纹。中为塔身，塔中心有门阙栏柱，门两侧各有一窗，佛塔基座下亦作对称变形云纹。

2.对鹿拜塔剪纸一件（图 31-20）

编号暂缺，麻纸。10 世纪。出土于莫高窟第 17 窟（藏经洞），保存完整，现藏于印度新德里博物馆。其剪法是将纸对折，剪成对称图案。上为三角形塔顶，顶上有法轮和刹杆，中为塔身，有门阙栏柱，塔身两边是前肢向上的对鹿，对鹿颈系飘带随风飘扬，颇具动感。塔基两边是对鸟，中间一对小鹿。塔身构图对称工整，动物造型栩栩如生。

3.群塔对鹿剪纸一件（图 31-21）

编号暂缺，麻纸。10 世纪。出土于莫高窟第 17 窟（藏经洞），保存完整，现藏于印度新德里博物馆。其剪法是先剪后贴的方式，即先将纸对折剪出主塔，主塔造型与图 31-20 对鹿拜塔的剪纸造型相同，在其上方又分别剪出三个小塔，然后将这三个造型较为简单的小塔分别粘贴于主塔上方。强调了画面的丰富性。

4.忍冬、火焰纹背光剪纸花样一件（图 31-22）

P.4518-30，麻纸。出土于莫高窟第 17 窟（藏经洞），保存完整，现藏法国国家图书馆，1906—1909 年伯希和探险队发现于敦煌莫高窟，此件剪纸属于还未剪贴前的植物纹样剪纸花样之一。背光为火焰纹、头光为忍冬纹，身光为忍冬纹，在麻纸以上墨线绘出纹样的轮廓，线条流畅优美。

5.持幡菩萨立像剪纸一件（图 31-23）

P.4518-32，麻纸。10 世纪。出土于莫高窟第 17 窟（藏经洞），保存完整，现藏法国国

图 31-23 持幡菩萨立像剪纸

图 31-24 镂空水涡纹背光菩萨立像剪纸（一）　　图 31-25 镂空水涡纹背光菩萨立像剪纸（二）

图 31-26　镂空持幡菩萨像剪纸　　　　　　图 31-27　彩绘佛塔剪纸

家图书馆，1906—1909 年伯希和探险队发现于敦煌莫高窟。高 30 厘米、宽 21.2 厘米。画面中菩萨的形象及五官先以墨线绘制，然后将菩萨的眼、鼻、口、胸饰、裳襞、背景轮廓都剪切出来。从持物、姿态上看，应是引导死者前往阿弥陀净土往生的引路菩萨。

6. 镂空水涡纹背光菩萨立像剪纸两件（图 31-24）（图 31-25）

P.4517-7、P.4517-8，出土于莫高窟第 17 窟（藏经洞），现藏法国国家图书馆，1906—1909 年伯希和探险队发现于敦煌莫高窟。两幅剪纸菩萨像均为高 30 厘米、宽 20 厘米。两幅剪纸均先以墨线绘出菩萨及水涡纹身光两道，然后沿墨线镂空刻出菩萨和纹样的外轮廓，并保留了墨线痕迹。

7. 镂空持幡菩萨像剪纸一件（图 31-26）

P.4517-1，出土于莫高窟第 17 窟（藏经洞），现藏法国国家图书馆，1906—1909 年伯希和探险队发现于敦煌莫高窟。高 30 厘米、宽 20 厘米。以上三件镂空剪纸菩萨像的制作工艺是先以墨线勾勒菩萨图样，再沿着墨线边沿剪出形象，但又保留部分墨线，剪纸技法工艺已相当精湛。

8. 彩绘佛塔剪纸一件（图 31-27）

P.4517-9，出土于莫高窟第 17 窟（藏经洞），现藏法国国家图书馆，1906—1909 年伯希和探险队发现于敦煌莫高窟。塔顶为两层覆钵形，塔身为圆券形，中有塔门两扇左右大开，门中间绘制一身带身光的站立佛像，门顶有花栏门楣，塔基为三层台阶。佛像着土红色通肩袈裟，脚底踩土红色莲花座。覆钵形塔顶和两扇塔门均以土红色添色绘制。这幅彩绘佛塔剪纸先以墨线勾勒塔形和佛像轮廓，仅剪出佛塔外轮廓和台基。然后以土红色进行了着色描绘，剪绘结合的工艺技法使剪纸整体画面更具立体感和富有表现力。

9. 彩绘五佛宝冠剪纸一件（图31-28）

MG.17781，厚麻纸。出土于敦煌莫高窟第17窟（藏经洞），现藏法国巴黎吉美博物馆，1906—1909年伯希和探险队发现于敦煌莫高窟。高28.07厘米、宽54.0厘米。材质为剪纸轮廓为五瓣形的厚纸、两头结绳系于头后的纸制宝冠，是密教中的阿阇梨在法事之际戴的五智宝冠的代用品，或者是灌顶仪式上受法者戴的纸制头冠。正面的莲瓣上绘制了头戴同样宝冠的跏趺坐、结定印的大日如来像，其他四个莲瓣分别绘制了四身如来像。中央的如来像裸形，仅腰部着赤褐色腰衣，头戴两侧有垂饰的五瓣宝冠，头光与身光为青色，头光外缘为火焰纹边饰，莲瓣为赤褐色，着色简略，大日如来的周围还绘制了装饰用的花卉。主尊的两侧为半圆形的莲瓣，分别绘制了着赤褐色通肩袈裟的小型如来像，周围的装饰花卉、身光都与主尊的表现形式相同。在这三个莲瓣之间的两个小型莲瓣上也绘制了着赤褐色通肩袈裟的如来像。以上这五身如来像赤褐色袈裟都是用氧化铁红涂制的，着色相当简略，可见敦煌地区在10世纪后期这种纸制头冠是根据当时民众的需要而大量生产的。

10. 彩绘五佛宝冠剪纸一件（图31-29）

P.4518-7，出土于敦煌莫高窟第17窟（藏经洞），现藏法国国家图书馆，1908年伯希

图31-28　MG.17781彩绘五佛宝冠剪纸

图 31-29　P.4518-7 彩绘五佛宝冠剪纸

和在敦煌获得。剪纸轮廓为五瓣形的厚纸、两头结绳系于头后的纸制宝冠，这幅宝冠剪纸与图 31-28 剪纸相似，也是密教中的阿阇梨在法事之际戴的五智宝冠的代用品，或者是灌顶仪式上受法者戴的纸制头冠。在五个莲瓣上绘制了头戴同样宝冠的跏趺坐、结定印的大日如来像，中央的如来像身着通肩袈裟，头戴两侧有垂饰的五瓣宝冠，头光与身光为青色，头光外缘为火焰纹边饰，内缘为连珠纹边饰。莲瓣为土红色，着色简略，头冠的底边为排列整齐的连续莲瓣。应是先以墨线起稿，剪出五个莲瓣轮廓，然后对佛像的五官、纹饰进行了细致描绘。以上两幅头冠剪纸造型相似，着色相近，工艺相同，应是同一时期的作品。

11. 彩绘引路菩萨立像剪纸幡一件（图 31-30）

MG.17697，厚纸。出土于敦煌莫高窟第 17 窟（藏经洞），现藏法国巴黎吉美博物馆，1908 年伯希和敦煌获得。高 73 厘米、宽 42 厘米。这是一幅绘制在被剪成尖头形的厚纸上的引路菩萨图，菩萨占据了大幅画面，右下方有一女性往生者，但是现在形象已大部分缺失。本幅幢幡是由四

图 31-30　MG.17697 彩绘引路菩萨立像剪纸幡

部分断纸拼接而成，画面四周以两条墨线勾画了边饰，简洁的粗墨线勾勒出菩萨的像容、乘云及持物等，然后进行了敷色，虽然没有再勾勒定型线，但是从画面可以看出本图出自熟练画工之手。画面中描绘的菩萨身形修长、细腰微曲、左手伸开做引导往生者手姿，画面构图布局平衡。菩萨面容椭圆持重、宝髻高耸，左手结安慰印位于往生者手持香炉的上方，右手持幢幡的长柄，长柄上端有龙头饰物，幡身斜挂于长柄顶端随风摆动，在构图上正好占据了厚纸尖形的上部。菩萨红色的冠缯系带向上呈"S"形翻卷，背后的天衣自两肩搭至两腕自然下垂，仍然具有传统的形式化特点，线条流畅具有动感韵律。紧随菩萨之后的女性像，包括容貌在内大部分都已缺损，仅残留部分黑色礼服的边

图 31-31　EO.1398 彩绘引路菩萨立像剪纸幡

缘和手中的香炉。在女性往生者头顶上方有一带台座的长方形绿地榜题框，但并未记入文字。

12. 彩绘引路菩萨立像剪纸幡一件（图 31-31）

EO.1398，纸。出土于敦煌莫高窟第 17 窟（藏经洞），现藏法国巴黎吉美博物馆，1908 年伯希和敦煌获得。高 43 厘米、宽 31 厘米。因画面周边缺损，原图形状轮廓不得而知。画面笔触流畅自由，从画面内容来看，中央绘制了与画幅等大的引路菩萨与一男性往生者像，本图应与 MG.17697 为同一系统的粉本直接描绘底稿，在其之上仅以赤褐色和墨色淡彩敷色。而且，这两幅图是同一粉本，又因为此幅较前一幅在高度上略少 30 厘米，因此，可以断定本图的原始外形轮廓应为尖头形的幡状。具有韵律感的粗墨线条描绘了生动的引路菩萨形象，容颜饱满，眼鼻以简略笔触刻画了菩萨的表情。菩萨左手第二、第三指伸展举至往生者头顶，右手向下持黑色长柄幢幡，幡柄上部末端直接挂幡，幡身向右下方飘扬翻卷。幡身分为五区，以红白二色相间敷色。菩萨衣着以线条韵律感和淡彩表现出徐徐前行的动感，裙裳的衣褶和朱色晕染的方法体现出画工熟练的绘画技法。引路菩萨站立于莲台之上，在其身旁有一合掌男性往生者像，身着黑色阙腋袍，头戴硬缨幞头。由此可见，此幅幢幡中的男性往生者像的服制应是北宋时期的。

除此之外，藏经洞还出土了数量极为罕见的纸花作品，有方形多层团花、圆形多层莲花，以及方形多层莲花等七件。材质均为麻纸。这些剪纸艺术品现藏大英博物馆。另外还有一件对鹿夹缬幡剪贴，现藏俄罗斯国立艾尔米塔什博物馆。北区石窟发现的剪纸种类有四种，分别为纸钱剪纸、装饰纹样剪纸、纸鞋剪纸、绸幡剪贴。北区剪纸遗例应是埋葬时用的纸制明器，即"丧葬剪纸"的一种。32件莫高窟发现的剪纸艺术品中有30件材质为纸，仅有两件材质为丝绸。时期多为唐至五代时期，少数晚至宋代。

莫高窟藏经洞和北区瘗窟发现的30余件剪纸艺术品时期跨越唐、五代、宋初，也就是8—10世纪的作品。从现存的敦煌剪纸遗例来看，唐五代时期敦煌地区发现的剪纸在工艺和技法上有四个特点：

一是单纯的剪纸。如北区石窟发现的纸线和装饰纹样剪纸等，仅仅通过单纯的剪贴这样一道工序就可完成。

二是单色阳刻剪纸。藏经洞发现的古代剪纸多属于单色阳刻剪纸，如佛塔剪纸。敦煌剪纸多是单色黑白剪纸，即一种颜色的剪纸，黑白色，是流行最广、数量最多的一种剪纸。敦煌剪纸在形象线条的取舍上保留了形象轮廓的造型线条，剪去或刻去线条以外的块面部分，使佛塔及佛像效果紧凑明快，制作亦较方便。敦煌单色阳刻剪纸构图图案化、形象概括、简练清晰、虚实对比强烈、线条规整流畅、黑白明快醒目、作风单纯大方、感染力强。

三是镂刻剪纸。藏经洞发现的剪纸艺术作品已用墨线起稿，以刀镂刻，这种工艺与雕版相似，是民间艺人为了多产省工，一次刻出多张效果相同的剪纸作品。由此，我们可以推知当时可能已有专门生产功德剪纸的工房和民间艺人。

四是绘色剪纸。藏经洞发现的彩绘佛塔剪纸、彩绘佛菩萨头冠、彩绘菩萨立像幡剪纸等，都是在纸上先以墨线勾勒剪纸的形象轮廓，然后进行剪刻，最后进行着色处理，尤其是菩萨佛纸质头冠和持幡菩萨立像剪纸来看，着色绘制的工夫比起剪贴刻画得更加细致，描绘得更加到位。

四、藏经洞绘画及各类艺术品研究的意义

藏经洞敦煌绘画品在艺术风格、内容题材等各个方面均与敦煌壁画艺术是相一致的，同属一个系统流派的绘画艺术，因此从这个意义上来讲，了解和研究这一部分绘画显得二者有相同的意义与价值。

更为值得注意的是，藏经洞绘画在表现形式和材料上是以诸如绢、麻布、纸等为主，这是敦煌绘画艺术的另一重要表现形式，大大弥补了洞窟壁画的单调性，也让我们知道在历史上，敦煌艺术的表现形式在以洞窟壁画为主的同时，其他诸如绢画、麻布画、纸本画等

也广为流传。如了解敦煌当地人进行佛教信仰和供养的另一种表达方式。

此外，存在于藏经洞遗画中的画样画稿，即洞窟壁画底稿，有独特的艺术史价值和学术研究意义。因为了解敦煌壁画艺术的制作是一个十分有意义和大家感兴趣的课题，而在敦煌洞窟资料和藏经洞的文字资料中均对这些的记载十分有限，甚至可以说是一片空白，而恰恰藏经洞白描稿为我们提供了一个十分有价值的参考资料，让我们从一个侧面对洞窟壁画的绘制有了了解和认识。

随着对敦煌藏经洞绘画研究的深入，对我们认识现今来讲仍不是十分清晰的敦煌画工画匠及其组织画院、画行等有所帮助。另外，藏经洞绘画品本身存在着诸如题记、供养人画像、服饰资料、经变画题材及其与壁画的关系等方面的资料价值，对我们进一步研究敦煌历史与敦煌佛教艺术都将产生深远的影响。

从其功能性而言，藏经洞绘画品一般是作供养用，主要用于供养礼佛和还愿、追思，画面上所画的供养人和供养人题记、发愿文等就说明了这些绘画品的目的和意义。大者一般是悬挂于壁，而一些小块画作一般是人们随身带持，实际上也是一种供养。从供养人题记及发愿文可知，绘有供养人的画一般是悬挂于家族内部的特定地点，如祠堂或固定的供奉场所，以接受家族的供养。由于这些绘画的可移动性，所以接受供养地点也可以变动，即经常被"请"到特定地点作短期供养。供养的地点可以在家里，也可以在寺院，而大部分的尊像画多用于道场，在做法会时集中悬挂，以渲染气氛，同时也供人们瞻仰。道场的地点一般在寺院，同时也有寺院之外的其他特定场所。另外，绘画品中还有一种特制的画幅，即用绢、麻布、棉布等拼起来的长幡，一般为尊像画，多经常高悬于道场内外。一般情况下，用于悬挂的尊像画在道场法会结束后可收卷起来包好存在寺院或特定的地点，待下次法会时再请出来悬挂。而用于家族供养的织品画，一般是上半部绘经变画或尊像画、下部绘供养人像并书写发愿文的绢画，除了宣扬佛教之外，还有另外一项与佛教信仰无关的功能，即对绘画的"功德主"自身的炫耀或对先祖的追思。这就是敦煌佛教绢画既用于敬佛又用于纪念祖宗和长辈的双重功能。

敦煌佛教艺术的主体是石窟壁画、雕塑和建筑，这是不可移动的绘画艺术，而藏经洞出土的种类繁杂的古代历史遗物，诸如文中所述的刺绣、木雕和剪纸这种手工类的艺术品，从画幅、尺寸的局限来看，属于便于移动、便于携带的单幅民间工艺品。因此，从这个意义上来说，这些来自民间大众的手工艺品多作为佛教节日装饰佛堂和供来往香客做布施之用。

敦煌藏经洞发现的刺绣、木雕和剪纸手工艺品属于唐五代宋时期民间工艺研究的范畴，而民间工艺是劳动人民为适应并满足自己的生活需要和审美要求，就地取材而付诸手工生产的一种工艺美术，这些艺术品既是生活用品，有些又是祭祀用品，与民间民俗息息相关；

同时，其中一些刺绣、木雕像和剪纸又是佛教供养具，又兼具浓厚的宗教意味。敦煌莫高窟出土的刺绣、木雕和剪纸艺术品是敦煌藏经洞遗画的一个组成部分，它与藏经洞出土的绢画、纸本画、麻布画、白画和版画一样是敦煌佛教艺术表现中的一个独立方面。

佛教认为开龛画壁，抄印佛经，供养佛陀、菩萨，弘扬佛法是种"福田"、做"功德"的善事。因此，达贤贵人捐资开窟修建家宙，题龛画壁，并画上家族成员的供养像以示功德；而民间大众亲自参与绣佛、雕像，剪刻佛塔、佛像、菩萨献于石窟佛坛，或用于装饰佛教道场以表自己虔诚的供养。藏经洞发现的唐五代宋时期的刺绣、木雕和剪纸等艺术品实物反映出丝绸之路上的敦煌民间艺术具有浓烈的佛教色彩，这些佛教艺术品表明了当时民众广泛参与了佛教活动，不仅反映了莫高窟佛教殿堂所具有的教化功能，其表现出的灿烂辉煌的艺术才是吸引人们参与并沉浸其中的永久魅力。

第三十二章　敦煌画稿导论

一、研究专题的界定

敦煌绘画艺术，包括壁画、绢画、麻布画、纸本画等，从内容上讲主要反映的是佛教艺术，是一部图画版的佛教《大藏经》，如莫高窟晚唐第 14 窟（图 32-1）。敦煌石窟群中有近六百所洞窟保存有壁画约五万平方米，约七八百幅绢画、麻布画和纸本画所构成的敦煌绘画艺术，保留了十六国北凉至元代十多个朝代一千余年的绘画真品，可谓洋洋大观，其价值与意义无法估量。这些壁画构成了中国绘画史长河中最为奇特的现象，也是最为珍贵的资料，是研究中国画史中诸多问题最为丰富和最为宝贵的史料，而"敦煌画稿"的研究就是一例。

在敦煌，今天我们看到的是完整的绘画作品，而每一幅作品都是历代的画工画匠们艺术的结晶，是他们辛勤劳动的产物，是他们一笔一画描绘出来的（图 32-2）。南齐著名画家，也是中国古代著名的绘画理论家谢赫，第一次在他的《古画品录》中系统地提出了绘画创作之根本"六法"，流传千古。六法者何："一、气韵生动是也，二、骨法用笔是也，三、应物象形是也，四、随类赋彩是也，五、经营位置是也，六、传模移写是也。"[1] 提出了绘画所必须具备之六种要素，亦即告诉画家们在作画时所必须注意的六条法则。其中的"经营位置"者，既包括绘画之总体结构布局，又可以说是对绘画的构思与设计，其中很重要的一点就是打草稿。或云："每作一画，必先起草，按文挥洒。"[2] 可见草稿与绘画不可分割，作画必有画稿，无论是以何种形式出现。又张彦远《历代名画记》卷二《论画体工用拓写》有云：

> 好事家宜置宣纸百幅，用法蜡之，以备摹写（顾恺之有摹拓妙法）。古时好拓画十得七八，不失神采笔踪。亦有御府拓本谓之官拓。国朝内库翰林集贤秘阁拓写不辍。承平之时此道甚行，艰难之后斯事渐废。故有非常好本，拓得之者所宜宝之，既可希其真踪，又得

---

[1]〔唐〕张彦远：《历代名画记》卷一，人民美术出版社，1963 年，第 13 页。
[2]〔宋〕张舜民：《画墁集》卷五，载文渊阁《四库全书》第 1037 册，上海古籍出版社，2003 年，第 155—179 页；陈高华：《隋唐画家史料》，文物出版社，1987 年，第 104 页。

图 32-1　莫高窟晚唐第 14 窟窟内全景

图 32-2　莫高窟隋代第 302 窟福田经变中画匠画壁和工人建塔场景

留为证验。

唐弘文馆有拓书手六人，集贤殿书院有拓书六人。就是说至少在唐时就有专门的摹拓手制作粉本画稿，粉本画稿在当时比较流行。

画稿是绘画过程中一必不可少的组成与过程。明代唐志契撰《绘事微言》："宋画院众工，凡作一画，必先呈稿本，然后上其所画山水人物花木鸟兽，多无名者。明内画水陆及佛像亦然，金碧辉煌，亦奇物也。"其实不仅仅是宋朝画院众工作画需要稿本，而是传承了更早时期历代作画之方法，也是作画之基本要求。由此可见古代对绘画稿本之重视，"每作一画，必先起草"，要求画家们严格遵守绘画"六法"，每一步都不可或缺。敦煌绘画也必当不能例外。

所谓"敦煌画稿研究"，就是对敦煌壁画、绢画、麻布画、纸本画等绘画品所产生依据之画样画稿的探讨，是要以这些完整作品作为基本资料，力图看到敦煌绘画产生的详细过程，把握敦煌艺术的脉搏，为敦煌研究提出一个全新的领域，更主要的是为中国绘画史研究提供不可多得的资料。

画稿之意古有定义，元代夏文彦《图绘宝鉴》谓"古人画稿谓之粉本"，其法有二：

一是用针按画稿墨线（轮廓线）密刺小孔，把白垩粉或高领土粉之类扑打入纸，或者用透墨法印制，使白土粉或墨点透在纸、绢和壁上，然后依粉点或墨点作画。二是在画稿反面涂以白垩、高领土之类，用簪钗、竹针等沿正面造型轮廓线轻划描印于纸、绢或壁上，然后依粉落墨或钩线着色，此法犹如现今常用的敷写纸功效。

元代汤垕《画论》云："古人画稿谓之粉本，前辈多宝蓄之，盖其草草，不经意处有自然之妙，宣和绍兴所藏粉本多有神妙。"清代邹一桂《小山画谱》：

古人画稿，谓之粉本。前辈多宝畜之，盖其草草不经意处，有自然之妙也。宣和绍兴所藏粉本，多有神妙者。可见画求其工，未有不先定稿者也。定稿之法，先以朽墨，布成小景，而后放之，有未妥处，即为更改，梓人画宫于堵，即此法也。若用成稿，亦须校其差谬损益，视景之广狭大小而裁定之，乃为合式。今人不通画道，动以成稿为辞，毫厘千里，竟成痼疾，是可叹也。

---

① [唐] 张彦远：《历代名画记》卷二，人民美术出版社，1963年，第28页。
② [后晋] 刘昫：《旧唐书》卷四三《职官志二》，中华书局，1975年，第1852页；[宋] 欧阳修等：《新唐书》卷四七，《百官志》，中华书局，1975年，第1213页。
③ [明] 唐志契：《绘事微言》，载于安澜《画论丛刊》上卷，人民美术出版社，1962年，第127页。
④ [元] 夏文彦：《图绘宝鉴》，载于安澜《画论丛刊》上卷，人民美术出版社，1962年。
⑤ [元] 汤垕：《画论》，载于安澜：《画论丛刊》上卷，人民美术出版社，1962年。
⑥ [清] 邹一桂：《小山画谱》"定稿"条，载于安澜《画论丛刊》上卷，人民美术出版社，1962年，第796页。

为画稿做出了详细的解释,其实是一幅可以改动之草稿。

敦煌绘画之丰富多彩,自不待言说,更幸者,在藏经洞发现了为数不少的粉本画稿,结合其他如敦煌藏经洞文献资料,以及敦煌绘画可见画稿蛛丝马迹,为"敦煌画稿研究"提供了可能。

学术界一般对"敦煌学"的定义是指以敦煌石窟艺术、藏经洞文献文物、敦煌地区其他历史遗存与资料为主要研究对象的一门学科,因此从表象上"敦煌画稿"研究课题必当属于藏经洞文献文物的研究范畴,而事实上并不仅仅如此,作为绘画艺术,特别是出自敦煌的绘画艺术品,因此就必然与敦煌石窟艺术,特别是敦煌壁画艺术有着千丝万缕的关系,是不可以分开的同一体系下的绘画艺术、佛教艺术。

从现有的资料出发,敦煌绘画艺术品主要有壁画、彩塑、绢画、麻布画、纸本画、各类纺织品、幡画等,因此画稿构成了敦煌艺术特别是绘画艺术极为重要和不可分割的一部分,而且它们之间关系密切,加上画稿由于所用材料的质地与特性,使得绘画艺术更加灵活多样,内容丰富多彩,绘画艺术家成分构成更为复杂,技法也不拘一格,从各个方面来讲深浅不一,这样可以使学者以敦煌画稿的研究为起点,进而深入了解和研究敦煌其他绘画艺术。由此看来,敦煌画稿研究是敦煌艺术研究的基础,也是可以通过对纸本画的研究加深对其他绘画艺术的认识与理解,为广泛的敦煌艺术研究积累资料、方法、思路与线索。

当然学科建设的分工并不能割裂敦煌学本身在一个大框架内的紧密联系,敦煌画稿的研究表面看是一种学科的细化,实际上应是学科的大联合,因为要进行敦煌画稿研究,如果离开了敦煌石窟艺术、敦煌藏经洞文献、敦煌佛教、敦煌历史等的研究必将陷入空谈。

作为敦煌画稿课题界定,有必要就"画稿"作进一步说明:

清方薰《山静居画论》卷上载:"画稿谓粉本者,古人于墨稿上,加描粉笔,用时扑入缣素,依粉痕落墨故名之也。"[1] 显然是墨稿上有刺孔,可以落粉,与敦煌之P.4517粉本刺孔一致(图32-3)。而与邹一桂之言虽均为粉本,但邹氏所言范围要广泛得多,不必定为有刺孔可以落粉之墨稿,而是一般草稿,如敦煌之经变画底稿类。最早所见日本秋山光和先生研究敦煌画稿,就以"粉本"命名,如S.0259v弥勒下生经变白描粉本[2]、P.t.1293劳度叉斗圣变白描粉本(图32-4)[3],但此二份敦煌画稿"白描粉本",实是一般之画样画稿,而

---

[1] [清]方薰:《山静居丛稿》,载于安澜《画论丛刊》上卷,人民美术出版社,1962年,第437页。
[2] [日]秋山光和:《弥勒下生经变白描粉本(S二五九V)和敦煌壁画的制作》,载《西域文化研究(六)·历史与美术的诸问题》,1963年。
[3] [日]秋山光和:《劳度叉斗圣变白描粉本(P.1293)与敦煌壁画》,《东京大学文学部文化交流研究设施研究纪要》1978年第2、3号。

图 32-3　敦煌藏经洞出土P.4517粉本刺孔　　　图 32-4　P.t.1293 劳度叉斗圣变白描粉本

非刺孔类粉本，符合邹氏所言，非方氏所指。对此饶宗颐先生把敦煌画稿全归入"敦煌白画"，诸如有素画、起样、白画、白描、粉本、模拓、刺孔等。[1]使画稿的范围扩大，也更加接近于事实，是我们本课题研究界定的基本参考，只是略有出入而已。但是要以"白画"囊括所有可以归入画稿类粉本画稿，似乎有些勉强，因此还是以"画稿"对待，当大致不误。虽然后有姜伯勤先生[2]、胡素馨女士[3]均仍以"粉本"统称敦煌画稿，考虑到"粉本"有广义和狭义之分，分别为本来意义"刺孔"类画稿和一般意义画样画稿。因此本章采取较为大众化之意义和"粉本"之广义的一面，按元明清以来画论诸家所言"古人画稿谓之粉本"，取"画稿"一词，综合考察"敦煌画稿"。

因此本课题在敦煌绘画资料中界定敦煌画稿，主要是藏经洞纸本画[4]中可以作为洞窟壁画、绢画、麻布画、纸本画等绘画之画稿者，综合多年来敦煌学界之称谓，主要有诸如白画、白描、粉本刺孔、草稿等。按施萍婷先生在《敦煌遗书总目索引新编》中对敦煌纸本画之分类，主要有彩绘、五彩绘、淡彩绘、白画、白描、刺孔、草稿、底稿、画稿、墨绘、印本等，[5]其中可为画稿者有白画、白描、刺孔、草稿、底稿等，其实不仅如此，画稿中也有部分如手印图、坛城设计图等内容题材较为特殊者，以及其他类似资料。其中所谓白画者，就是白描画中的精品，工整而精美，完全是一幅成功的作品；白描，就是一般之线描不设色作品，较为草率粗糙；粉本刺孔，以针刺孔形成图形的线条轮廓的图画作品；草稿，也可称为草图，是十分草率的白描作品，或只画出人物的大概而已，不进行详细描写；墨本，就是以

---

[1] 饶宗颐：《敦煌白画》，《（法国）远东学院考古学刊》，1978年；中文本由香港大学饶宗颐学术馆、饶宗颐基金有限公司、香港国际创学会出版，2010年。
[2] 姜伯勤：《敦煌的"画师"、"绘画手"与"丹青上士"》，载《敦煌艺术宗教与礼乐文明》，中国社会科学出版社，1996年，第32—54页。
[3] 胡素馨：《敦煌的粉本和壁画之间的关系》，《唐研究》第三卷，北京大学出版社，1997年，第437—443页。
[4] 对于"敦煌纸本画"课题，笔者另有专题研究，"敦煌画稿研究"是该课题之子课题。
[5] 敦煌研究所编：《敦煌遗书总目索引新编》，中华书局，2000年。

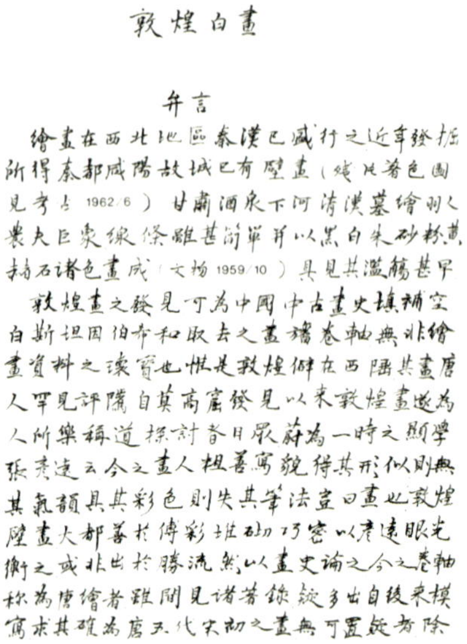
敦煌白畫

弁言

繪畫在西北地區秦漢已盛行之近年發掘
所得秦都咸陽故城已有壁畫（綫及著色圖
見考古 1962/6）甘肅酒泉下河清漢墓繪羽人
畏獸巨象綠條雕甚簡單并以黑白朱砂粉黄
赭石諸色畫成（文物 1959/10）具見其濫觴甚早
敦煌畫之發見可為中國中古畫史填補空
白斯坦因伯希和取去之畫囊卷軸無非繪
畫資料之瓌寶也惟是敦煌僻在西陲其畫唐
人罕見評騭自莫高窟發見以來敦煌畫遂為
人所樂稱道探討者日眾蔚為一時之顯學
張彥遠云今之畫人粗善寫貌得其形似則無
其氣韻具其彩色則失其筆法豈曰畫也敦煌
壁畫大都善於傅彩班斕巧密以彥遠眼光
衡之或非出於勝流然以畫史論之今之卷軸
稱為唐繪者雖間見諸著錄疑多出自後來摹
寫求其確為唐五代宋初之畫無可置疑者除

图 32-5 《敦煌白画》弁言

墨绘绘画作品作为画稿。这些资料主要是敦煌藏经洞绘画品中属于画稿的部分，也就是发现于敦煌藏经洞，现藏于英国博物馆、印度新德里国立博物馆、法国吉美博物馆、俄罗斯圣彼得堡东方学研究所和国立艾尔米塔什博物馆及世界其他博物馆的绘画品中的画稿，以及存在于敦煌文献中的画稿，如主要存在于英国图书馆藏敦煌文献中、法国国家图书馆藏敦煌文献中、俄罗斯圣彼得堡东方学研究所等地藏敦煌文献中、北京中国国家图书馆藏敦煌文献中及其他世界各地藏敦煌文献中，也就是说敦煌画稿的保存和编目方式部分是以绘画品出现，而有相当一部分却是以文献的形式出现，因此要全面、客观、真实地反映敦煌纸本画的情况，就不得不对敦煌藏经洞所有文献文物艺术品进行逐一检索，这样才可以反映其全貌。正因如此，本次研究所用资料“敦煌画稿”显得较为复杂，首先是白描画，即纯线描画，或部分的墨绘画，还有粉本刺孔，其次还涉及一些彩绘画。

饶宗颐先生在《敦煌白画》(图 32-5) 的研究当中，似乎把画稿的定义与范围扩大化，如将墨绘画、淡彩绘画均归入了画稿的范畴。其实如果我们理解不错的话，饶先生此举只是认为此二类绘画可作为画工画师们作画时的参考，或为作画的样本画使用，和今天美术史界一些专家学者的意见相一致，也符合传统绘画可作为样式稿本的性质特点。[1] 如果以画稿而论，一定是事先设计草图，然后勾勒上色成画，绝对不仅仅是参考的价值。因此，界定画稿一定要与相似之绘画区别开来，分清各自绘画的功能与目的，以及各自性质的主要方面与次要方面，画稿就是画稿，一般绘画绝不可以也无法替代画稿的性质与功能。

① 王朝闻主编：《中国美术史·隋唐卷》，齐鲁书社，2000 年，第 75—93 页。

总之，虽然画稿情况略有复杂，但是最基本一点就是不设色之线描画，内容情节或多或少，有完整者，有仅存部分者，以便于书画的纸本为主要材料，又多在佛经、写本之背面，系第二次利用，以草图为主。

二、绘画史之画稿检讨

唐张彦远《历代名画记》云："每作一画，必先起草，按文挥洒。"正是所谓凡作画必有稿本，且先有画稿然后按稿作画，此是绘画之基本常识。此语虽出自唐人之言，但作为在中国绘画史上有崇高地位和伟大影响之画论名家张彦远的精辟论述，是有道理的，也是可信的，符合绘画之一般规律。

画稿是绘画的基本构成要素，考察画史资料记载，有明确之画稿记录者比比皆是，无论是名家高手，或是一般画工画匠，每作画都有画样画稿可依，绝非无本之木，无源之水。无论是中国古代还是印度均是如此：

> 印度绘制壁画，先由画工将所欲画者在石灰面上用红色打一粗样，粗样打就后加一层半透明之绿色，使所画轮廓从绿色中可以隐约透现。然后上手画师于半透明之绿色地上用黑色或棕色为之描摹修正。粗样线条可以草率，修正者则必须明快深厚，线条修正竣事始施彩画。因一画出于众手，故往往可见修正痕迹。壁画以及普通绘画，俱有粉本，画家收藏粉本，父子相承，往往视为至宝。此种备摹拓用之粉本或画范制以鹿皮，于所画人物轮廓上刺以细眼，铺于画纸或画壁上，洒以炭末。画纸或画壁经此手续留下黑色细点，再用黑或朱笔连缀，即得所欲画之轮廓。印度画家绘制壁画及普通绘画，其初步手续大概如此。中国自六朝以迄隋唐画家亦用粉本。"[2]

敦煌亦如此，这是向达先生对粉本画稿之精辟见解。

（一）画稿的几种基本表现形式

画稿在历史上的表现可以归纳为以下几种情形：

第一，是有明确之画稿者。或记画前画稿，或记画后画稿留存下来，或有专门之画稿留存于世，以供后人依样习绘。此类画稿在画史文献中记载较为普遍，名称不一而足，"粉本"最为常见，也有其他如画样、画稿、画本、草样、小样、朽画、墨笔、模拓等者。《宣和画谱》卷一三《畜兽一》：

---

① 〔宋〕张舜民：《画墁集》卷五，载文渊阁《四库全书》第1037册，上海古籍出版社，2003年，第155—179页。陈高华编：《隋唐画家史料》，文物出版社，1988年，第104页。
② 向达：《莫高、榆林二窟杂考》，载《唐代长安与西域文明》，河北教育出版社，2001年，第398页。

忽一夕，有人朱衣玄冠扣（韩）干门者，称："我鬼使也，闻君善图良马，欲赐一匹。"干立画焚之，他日有送百缣来致谢，而卒莫知其所从来，是其所谓鬼使者也。建中初，有人牵一马访医者，毛色骨相，医所未尝见，忽值干，干惊曰："真是吾家所画马！"遂摩挲久之，怪其笔意冥会如此。俄顷若蹶，因损前足，干异之，于是归以视所画马本，则脚有一点墨缺，乃悟其画亦神矣。[1]

《德隅斋画品》：

番客入朝图：梁元帝为荆州刺史日所画粉本，鲁国而上三十有王国，皆写其使者，欲见胡越一家，要荒种落，共来王之职。其状貌各不同，然皆野怪寝陋，无华人气韵。如丁简公家凌烟功臣、孔子七十门人小像，亦唐朝粉本，形性态度，人人殊品，画家盖以此为能事也。此图题字殊妙，高昌等国皆注云：贞观某年所灭。又落笔气韵，阎立本所作《职贡图》亦相若，得非立本摹元帝旧本乎？或以谓梁元帝所作，传至贞观，后人因事记于题下，亦未可知。[2]

《志雅堂杂钞》卷下《图画碑帖续钞》：

辛卯六月十三日，郭北山右之细观书画于锶子井提控家，画之佳者，有吴道子《药师佛》，绝佳。其次粉本《侍神》《三天王像》，有刘大年收藏题字，仲元收附。……壬辰四月十日，偕修竹访……郭右之，出三天王画，一吴道子，纸粉本，仅盈尺，而作十一人，凡数百笔，繁而不乱。上有题字云：曹仲元，吴生画本。[3]（图32-6）

图 32-6 敦煌绢画Stein Painting 26 行道天王图

第二，是以腹稿的形式存在者。腹稿是画稿的一种特殊表现方式，董启乐闲撰《养素居画学钩深》："腹稿不充，笔无适从，失之凝滞。起讫不明，手不虚灵，失之塞钝。……作画胸

---

[1] 陈高华编：《隋唐画家史料》，文物出版社，1988年，第152页。
[2] 陈高华编：《隋唐画家史料》，文物出版社，1988年，第55页。
[3] 陈高华编：《隋唐画家史料》，文物出版社，1988年，第219页。

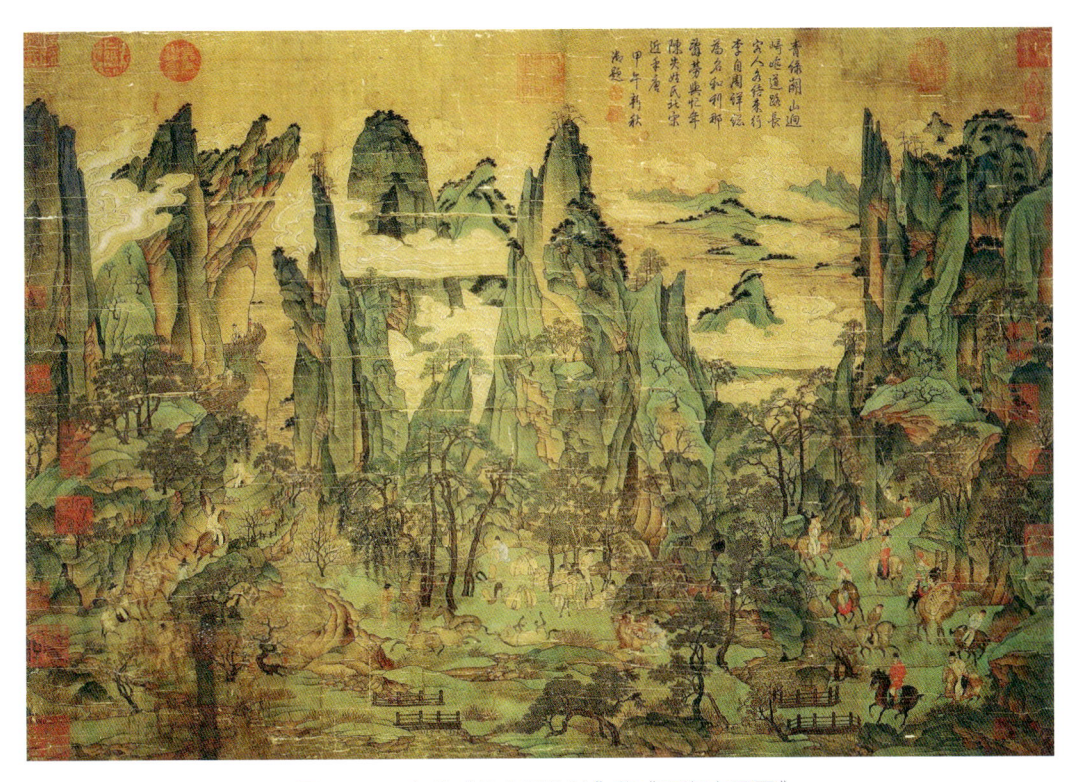

图 32-7　台北"故宫博物院"藏《明皇幸蜀图》

有成竹，用笔自能指挥。"①所谓腹稿者是指没有绘画成形的画稿，但是在画家的脑海中早已有之，其来源就是日常生活中的所见所闻，也就是说画家生活的社会或环境就是绘画的画稿。《历代名画记》卷八《隋》：

> 昔田（田僧亮）、杨（杨契丹）与郑法士同于京师光明寺画小塔，郑图东壁、北壁，田图西壁、南壁，杨画外边四面，是称三绝。杨以簟蔽画处，郑窃观之，谓杨曰："卿画终不可学，何劳郸蔽！"杨特托以婚姻，有对门之好。又求杨画本，杨引郑至朝堂，指宫阙、衣冠、车马曰："此是吾画本也。"由是郑深叹服。②

《唐朝名画录》：

> 又明皇天宝中忽思蜀道嘉陵江水，遂假吴生驿驷，令往写貌。及回日，帝问其状，奏曰："臣无粉本，并记在心。"后宣令于大同殿图之，嘉陵江三百余里山水，一日而毕。时有李思训将军，山水擅名，帝亦宣于大同殿，累月方毕。明皇曰："李思训数月之功，吴道子一日之迹，皆极其妙也。"③（图 32-7）

---

① 于安澜：《画论丛刊》下卷，人民美术出版社，1962 年，第 469 页。
② 陈高华编：《隋唐画家史料》，文物出版社，1988 年，第 25 页。
③ 陈高华编：《隋唐画家史料》，文物出版社，1988 年，第 182 页。

第三，是以前人作品为样本画稿。或临或摹，早已熟悉。张彦远《历代名画记》论画体工用拓写：

> 好事家宜置宣纸百幅，用法蜡之，以备摹写（顾恺之有摹拓妙法）。古时好拓画，十得七八，不失神采笔迹，亦有御府拓本，谓之官拓，国朝内库翰林集贤秘阁，拓写不辍，承平之时，此道甚行，艰难之后，所事渐废。①

《补笔谈》卷三《异事》："熙宁五年，上令画工摹拓携板，印赐两府辅臣各一本。是岁除夜，遣入内供奉官梁楷就东西府给赐钟馗之象。"②刘道醇《宋朝名画评》：

> 高文进，蜀中人，太宗时入图画院为祗候。……相国寺高益画壁，经时圮剥，上惜其精笔，将营治之。诏文进曰："丹青谁如益者？"对曰："臣虽不及，请以蜡纸模其笔法，复移于壁，毫发较益无差矣。"遂与李用及李象坤翻传旧本于壁，尽得益之骨气。③

敦煌的情况应该是个典型，因为敦煌有制作此类画稿最好的条件，在这里汇集了十多个朝代一千多年的五万余平方米壁画。以佛教为中心的各类绘画作品，基本上每一时期都有前人大量的同类作品可供研习，或临或摹，因此使敦煌绘画在总体上无论是内容、形式、构图、技法等各方面表现出极大的一致性，主要是后代的绘画使用前人的作品为画稿所致。

第四，先是名家高手画稿，然后由工人、弟子、画工布色完成。高手所画稿即为画稿，其实是为白描画。此类情形主要见于寺院壁画的绘画。初唐著名画家吴道子、周昉、韩干等都是这方面画稿绘制的代表人物，《历代名画记》卷三《记两京外州寺观画壁》载："（长安）胜光寺……塔东南周昉画水月观自在菩萨掩障，菩萨圆光及竹，并是刘整成色。"④又《历代名画记》卷三《记两京外州寺观画壁》载："宝应寺多韩干白画，亦有轻成色者。佛殿东西二菩萨，亦干画，工人成色，损。"⑤《毗陵集》卷下：

> 山水一变于吴道玄、李将军父子，遂度越前辈，至摩诘尤为擅场。张彦以谓人家所蓄多是右丞指挥工人布色，在当时已如此，则今人所藏可知矣。《疾风送雨图》精深秀润，未尝设色，非有胸中丘壑不能办也。所谓云峰石色，绝迹天机，顾岂工人能措笔耶！知音者稀，真奇殆绝，临本之获厚币，宜哉，使出真迹，未必售也，为之一叹。⑥

第五，将名家高手所画宗为一体，然后以之为画稿，供后人传摹绘画。这方面主要表现在佛像或菩萨像的绘画，其中典型即为绘画史上著名之"四家样"。黄休复《益州名画录》

---

① 〔唐〕张彦远：《历代名画记》卷二，人民美术出版社，1963年，第24页。
② 陈高华编：《隋唐画家史料》，文物出版社，1988年，第209页。
③ 云告译注：《宋人画评》，湖南美术出版社，1999年，第34、35页。
④ 〔唐〕张彦远：《历代名画记》卷二，人民美术出版社，1963年，第64页。
⑤ 陈高华编：《隋唐画家史料》，文物出版社，1988年，第155页。
⑥ 陈高华编：《隋唐画家史料》，文物出版社，1988年，第265页。

图 32-8　敦煌绢画 Stein Painting 15 水月观音像

载:"前辈画佛像罗汉,相传曹样、吴样两本。曹起曹弗兴,吴起周昉。曹画衣纹稠叠,吴样衣纹简略。其曹画,今昭觉寺孙位《战胜天王》是也;其吴画,今大圣慈卢寺卢楞伽《行道高僧》是也。"[1]周昉又创水月观音一体,《历代名画记》卷一〇《唐朝下》载:"(周昉)菩萨端严,妙创水月之体。"[2] (图32-8)大梁刘道醇纂《五代名画补遗》载:"王温……往濮阳成寺,得弥勒瑞像样,高一丈八尺,后归寺铸成,欲于安业安置。"[3]

第六,到了五代宋时期,由于宫廷"画院""图画院"的设立,每作画必先出画稿,"宋画院众工,凡作一画,必先呈稿本",是画稿发展的极致。本课题研究敦煌画稿,就多出自"曹氏画院"时期作品,应为"画行""画院"的画师、画工、画匠所作。

(二)各历史时期画稿之简况

以上是历代有记录之画稿绘画史之考察,主要是唐宋以来的情况,其实不仅如此,我们也可以通过考古发现新的资料,对更早的画稿发展史作出粗略的勾勒。

绘画艺术是随着人类社会的发展而同步出现的,早在原始社会时期,我们就在我国北方境内的仰韶文化、马家窑文化彩陶绘画中看到了先民们非常成熟的绘画作品,如一些极具抽象性的水涡纹、蛙纹、人面鱼纹、舞蹈纹,以及一些几何纹、动物、植物和自然界现象的变体纹,都是一些极为草率和高度概括性的图案,其实也就是当时人们把自己对自然的认识用草稿草图的形式表现了出来。同样的情形也表现在原始先民们创作的岩画、地画当中,都是一些略具其形的绘画。其实在我们今天看来,这些先民们的绘画作品作为绘画艺术的源头,主要体现的是画稿的关系与特性,因为在绘画艺术的萌芽期,所表现出来的是人们对自然、社会及思想意识的自由图像形式,也就是他们创作的一幅幅画稿。这些人类初创期的艺术品开启了人类文明的艺术源头。

如果说原始时期绘画艺术对于画稿的定义还比较困难或极其不明确的话,那么人类历史的长河进入到青铜时期的情况又是如何呢?夏商周三代是一个青铜文化高度发展的社会,青铜器构成了这一时期的文化特征,规模巨大的各类铜"礼器"的铸造,特别是青铜器上内容丰富、情节复杂、造像特殊的图画,达到了登峰造极的地步,有动物纹、自然气象纹、几何花纹,其中常见的有饕餮、夔、龙、蟠螭、虺、象、凤、鹤、蝉、蚕、云、雷、波浪、三角、方格、菱形、联珠、垂幛,以及以写实手法表现现实生活的车马、狩猎、乐舞、战斗等,要将如此复杂的图像精致地表现在铜器上,是一件技术性要求特

---

[1] 李来源、林木编:《中国古代画论发展史实》,上海人民美术出版社,1997年,第79页。
[2] 〔唐〕张彦远:《历代名画记》卷二,人民美术出版社,1963年,第24页。
[3] 云告译注:《宋人画评》,湖南美术出版社,1999年。

别高的工作。单就这些图像而言，一定是事先有一幅十分完美的画稿，否则是制造不出来如此精美的器物的。因此我们可以有足够的理由相信在当时的青铜铸造行业当中，有一批绘画艺术造诣十分高超的工匠，专门从事器具纹样的绘画设计，又由于他们的设计最终是要反映在青铜器表面，就意味着要有一种媒介作为表现的方式，诸如铜范就是一例，这种作品，从某种意义上可以看作是画稿的一种早期表现形式，如同唐宋以来版画之雕版。

秦汉时期是绘画发展的又一个高峰，大量的宫殿建筑壁画、墓葬绘画、漆木器等绘画的需要与发展，使这一时期的绘画艺术走向多样化，各种形式的绘画都有所发展，如有壁画、画像石、画像砖、漆木画、帛画等。从内容上来讲，反映人们现实生活的画面成为主流，如有历史故事画、车马图、战斗图、出行图、宴饮图、狩猎图、农作图等，情节与场面更加丰富。这样就意味着要有新画稿的出现，也表明了画稿设计的进一步发展。《史记·秦始皇本纪》载："秦每破诸侯，写放其宫室，作之咸阳北陂上。"就是让专门的画人描画各国宫殿的样式，然后按原样建于秦咸阳宫。实际上反映的就是画稿的问题。秦始皇兵马俑全为写实作品，也是工匠们按照秦始皇生前的军队制作，每一个俑都是一个关中大汉的写生像，如此庞大之建筑如果没有设计稿，没有画稿是不可以想象的。汉代宫廷画家画工的文献记载，为画稿的存在提供了可能与事实。

魏晋南北朝以来，佛教寺院壁画的兴起与发展是一个显著的特点，推动了绘画艺术的又一个高峰，新样题材的出现意味着不同画样画稿的进入与创作。这一点我们可以在敦煌壁画中得到最深刻的体会，画风的独特与多变，说明了画样画稿的推陈出新。到了隋唐五代，洞窟壁画之风格仍在不断变化，"新样"层出不穷，藏经洞大量画稿的发现对此作出了最好的注脚，正是本节所要讨论的问题。魏晋南北朝，以至隋唐五代宋及其以后各代，由于画史与文献资料的丰富，对于画稿多有反映，我们在本节也多有引用说明，因此不再一一说明。[①]

由此可以发现画稿与绘画史同步，因此考察画稿发展史显得意义重大，是我们了解和从事中国绘画史研究必不可少的一步。

（三）画史所记画稿之称谓

作为画史画稿考察的另一结果，欲就画史中对画稿之称谓分类介绍：

粉本。粉本原始的意义是指"古人于墨稿上加描粉笔，用时扑入缣素，依粉痕落墨故

[①] 以上详细请参见王伯敏：《中国绘画通史》，生活·读书·新知三联书店，2000年；孙英民、李友谋：《中国考古学通论》，河南大学出版社，1990年；《中国大百科全书·考古学卷》，中国大百科全书出版社，1986年。

名之也"。[1]或如今人解释："古人作画，先施粉上样，然后依样落笔。"[2]后来约定俗成，粉本意为画稿，文献记载较多，略举几例。如《图绘宝鉴》卷二《唐》："滕王元婴，唐宗室也。善丹青，喜作蜂蝶。朱景玄尝见其粉本，谓：能巧之外，曲尽精理。"[3]《画鉴》："在京师见《明皇试马图》《三马图》《调马图》《五陵游侠图》，《照夜白》粉本，上韩干自书：'内供奉韩干照夜白粉本'十字。"[4]《唐朝名画录》："（周昉）又画《浑侍中宴会图》《刘宣按武图》《独孤妃按曲图》粉本。"[5]

粉绘（粉图）。饶宗颐《敦煌白画》有云："画稿古习称粉本，又曰粉图，陈子昂有《山水粉图歌》，李白有《当涂赵炎少粉图山水歌》（《文苑英华》卷339），又称粉绘。"[6]李白有《观博平王志安少府山水粉图》[7]。

稿本。《绘事微言》："宋画院众工，凡作一画，必先呈稿本。"[8]《画鉴》："李升画山水常见之，至京师见《西岳降灵图》，人物百余，体势生动。有未填面目者，是其稿本。上有绍兴题印，若无之，则以为唐人稿本也。"[9]

画稿。《山静居画论》卷上："今人每尚画稿，俗手临摹，率无笔意……画稿谓粉本者，古人于墨稿上，加描粉笔，用时扑入缣素，依粉痕落墨故名之也。"[10]

画本。《历代名画记》卷八《隋》：

昔田（田僧亮）、杨（杨契丹）与郑法士同于京师光明寺画小塔，郑图东壁、北壁，田图西壁、南壁，杨画外边四面，是称三绝。杨以簟蔽画处，郑窃观之，谓杨曰："卿画终不可学，何劳郭蔽！"杨特托以婚姻，有对门之好。又求杨画本，杨引郑至朝堂，指宫阙、衣冠、车马曰："此是吾画本也。"由是郑深叹服。[11]

画样（图样、起样、稿样），即样本样稿。《五代名画补遗·人物门第一》："时处士跋异，号为绝笔，乃来应募。异方草定画样，（张）图忽立其后，长揖而语曰……"[12]

---

[1] 于安澜：《画论丛刊》下卷，人民美术出版社，1962年，第437页。
[2] 云告译注：《宋人画评》，湖南美术出版社，1999年，第231页注释。
[3] 〔元〕夏文彦：《图绘宝鉴附补遗》卷二，载《丛书集成初编》，中华书局，1985年，第19页。
[4] 陈高华编：《隋唐画家史料》，文物出版社，1988年，第177、178页。
[5] 陈高华编：《隋唐画家史料》，文物出版社，1988年，第318页。
[6] 饶宗颐：《敦煌白画》，《（法国）远东学院考古学刊》，1978年，第11页。
[7] 〔清〕彭定求等编：《全唐诗》卷一八三《李白集》，中华书局，1960年，第1869页。
[8] 于安澜：《画论丛刊》上卷，人民美术出版社，1962年，第127页。
[9] 陈高华编：《隋唐画家史料》，文物出版社，1988年，第399页。
[10] 于安澜：《画论丛刊》上卷，人民美术出版社，1962年，第437页。
[11] 陈高华编：《隋唐画家史料》，文物出版社，1988年，第25页。
[12] 陈高华编：《隋唐画家史料》，文物出版社，1988年，第411页。

裴孝源《贞观公私画史》中有关画样画本并摹本等资料：

杂竹样，顾景秀画，隋朝官本。

龙头样四卷四头，夷子蛮兽档一卷，隋朝官本。

白马寺宝台样，姚昙度画。

灵嘉塔样，张善果画，隋朝官本。

五天人样二卷，隋朝官本。

弗林图人物器样二卷，鬼神样二卷，西域僧伽佛陀画，杨素家藏本。

名马样一卷，隋官本。

杂台阁样一卷，隋官本。

洛中人物车马图样一卷，贵戚屏风样二卷，隋朝官本。

屋宇样一卷，孙尚子画。

杂鬼神样二卷，隋私家搜访所得。[1]

小样，多指一些绘画的建筑或地理图样之缩影画稿。《宋朝名画评》：

刘文通，京师人，善画楼台屋木。真宗朝入图画院为艺学，大中祥符初上将营玉清昭应宫，敕文通先作一小图样，然后成茸。丁朱崖命移写道士吕拙郁罗萧台样，仍加飞阁于上以待风雨。画毕，下匠氏为准，谓之七贤阁是也，天下目为壮观。[2]

吐蕃人求五台山小样。[3]

朽笔（朽画），即作画时用土笔或木炭勾勒草图。《五代名画补遗·人物门第一》：

时处士跋异，号为绝笔，乃来应募。异方草定画样（云用朽木描画），（张）图忽立其后，长揖而语曰："知跋君敏手，故来赞贰。"异方自负，乃笑而答曰："吾尝谓画之圣在吾手笔，自余画者不得其门而入，又安得至于圣乎？尔不知跋异之名！且顾、陆吾曹之友也，吾岂须赞贰，然后为功哉！"图亦欣然，复曰："愿绘右壁，或不克意，则请朽墁之。"异愈怒，乃授朽木大笔于图。图捧之，遂投朽木于地，就西壁不假朽约，搦管挥写，倏忽成折腰报师事者，从以三鬼。

《山静居画论》："今人作画，用柳木炭起稿，谓之朽笔，古有九朽一罢之法，盖用土笔为之，以白色土淘澄之，裹作笔头，用时可逐次改易，数至九而定，乃以淡墨就痕描出，拂去土迹，故曰一罢。"[4]

---

[1] 何志明、潘运告编著：《唐五代画论》，湖南美术出版社，1997年，第12—22页。
[2] 云告译注：《宋人画评》，湖南美术出版社，1999年，第102页。
[3] 〔后晋〕李昫等撰：《旧唐书》卷一九六，《吐蕃传》，中华书局，1975年，第5266页。
[4] 于安澜：《画论丛刊》上卷，人民美术出版社，1962年，第437页。

草本（草稿），《朱文公文集》卷八四："跋吴道子画：顷年见张敬夫家藏吴画昊天观壁草卷，与此绝相类，但人物差大耳。此卷用纸而不设色，又有补画头面手足处，应亦是草本也。"[1]

白画（白描、素画），饶宗颐先生把此类绘画均归入画稿。《历代名画记》卷三《记两京外州寺观画壁》："（西京）菩提寺佛殿壁带间亦有杨庭光白画。千福寺（东塔院）门屋下内外面，杨庭光白画鬼神，并门屋下两面四五间。"《历代名画记》卷三《记两京外州寺观画壁》："（西京）慈恩寺大殿东廊从北第一院，郑虔、毕宏、王维等白画。"[2]

饶先生有附唐以前白画表：

汉　墨绘回龙（武威张伯升枢上铭锦）

吴　曹不兴　一人白画

晋　张墨　杂白画一

　　卫协　白画上林苑图

　　顾恺之　白画司马宣王像　谢安像

　　戴逵　尚子平白画图

宋　宗炳　嵇中散白画

　　袁倩　天女白画　东晋高僧白画

　　史粲　马势白画

陈　诸佛帝真白画

隋　展子虔　杂宫苑南郊白画[3]

另《寺塔记》也多记有两京寺院白画多处。[4]

腹稿，顾名思义即为画家脑海中的画稿。《养素居画学钩深》："腹稿不充，笔无适从，失之凝滞。起讫不明，手不虚灵，失之塞钝。……作画胸有成竹，用笔自能指挥。"

墨画（墨图），单纯墨绘画多为画稿，并非全为如此。《益州名画录》："赵德玄者，……德玄将到梁、隋及唐百本画，或自模拓，或是粉本，或是墨迹，无非秘府散逸者，本相传在蜀，信后学之幸也。"苏轼《东坡评画》："书黄鲁直画跋后：此画本出国手，止用墨笔，盖唐人所谓粉本。"[5]

模拓（摹本），就是说模拓之画本又作为继续绘画的临摹本，充当了画稿的作用。《历

---

① 陈高华编：《隋唐画家史料》，文物出版社，1988年，第219页。
② 陈高华编：《隋唐画家史料》，文物出版社，1988年，第233、288页。
③ 饶宗颐：《敦煌白画》《（法国）远东学院考古学刊》，1978年，第7页。
④〔唐〕段成式：《寺塔记》，人民美术出版社，1964年。
⑤ 云告译注：《宋人画评》，湖南美术出版社，1999年，第142、143、299页。

代名画记》卷二《论画体工用拓写》：

> 好事家宜置宣纸百幅，用法蜡之，以备摹写（顾恺之有摹拓妙法）。古时好拓画，十得七八，不失神采笔迹，亦有御府拓本，谓之官拓，国朝内库翰林集贤秘阁，拓写不辍，承平之时，此道甚行，艰难之后，所事渐废。[1]

《益州名画录》："德玄将到梁、隋及唐百本画，或自模拓，或是粉本，或是墨迹，无非秘府散逸者，本相传在蜀，信后学之幸也。"[2]

此外饶宗颐先生认为一些淡彩绘画也是作为画稿使用，是有一定道理的，只是需要区别对待，具体问题具体对待，要联系实际，不可一概而论。

三、敦煌画稿内容简介

画史中画稿的基本情况如此，那么作为传承并保存有中国古代十多个朝代一千多年数万平方米的敦煌绘画，就更是了解和研究绘画之画稿绝无仅有的资料了，更何况在敦煌藏经洞发现有本身就可作为画稿形式存在的作品，这是其他各类绘画形式和各地绘画所不见者，大概也可以算作敦煌的特色，是敦煌藏经洞的贡献之一吧，因为对于画史和绘画的历史收藏而言，作为草稿和半成品形式的底稿草图、画样画稿不是人们关注的对象，很难被记载或留存下来，而敦煌藏经洞却正好收藏了正史和其他历史文献所不收者，特别是那些在当时社会人们眼中来讲为作废或垃圾类的东西，在这里得到意外保存，成了今天我们研究的第一手资料。

既然如此，那么在包括藏经洞绘画品在内的大量敦煌绘画作品中，我们究竟可以搜集到多少有关画稿的资料，基本内容或表现形式又是如何，在此作简要之说明：

（一）藏经洞发现白描类画稿

此类画稿就是秋山光和所谓之"白描粉本"。因为有实物的存在，因此本部分画稿是本节研究的重点。对于白描画类作品作为画稿的界定和画史考察，前文已有说明，不再赘述。

在敦煌藏经洞发现的绘画品当中，其中有一部分纸本画为白描画，或草率或工整，有壁画底稿草图，包括经变画底稿，如有Stein painting76、P.2671观无量寿经变画底稿、S.4644v、P.4514j无量寿经变画底稿，P.2868v药师经变画底稿（图32-9）、S.0259v、P.2869v弥勒经变画底稿，P.4514-16净土变说法会草稿，Stein painting83、P.3998金光明最胜王经

---

[1] [唐]张彦远：《历代名画记》卷二，人民美术出版社，1963年，第24页。
[2] [宋]黄休复著，何韫若等校注：《益州名画录》卷上，四川人民出版社，1982年，第37、38页。

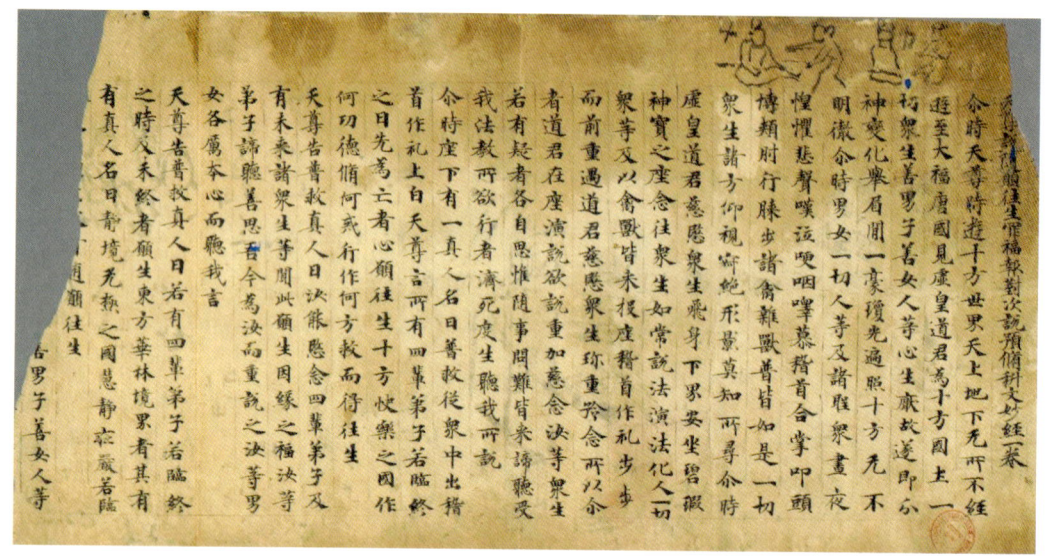

图32-9　P.2868 药师经变画底稿（正、背）

变画底稿（图32-10），P.t.1293劳度叉斗圣变画稿，Stein painting76维摩诘经变画底稿，P.4049反映的新样文殊画稿，P.t.1293v南方天王变画稿，以及P.t.1293-3正背面、P.2725v、P.2993v、P.3652、P.4514-4v、S.1113v等未知名经变画草稿，还有以P.4517、Stein painting72为代表的粉本刺孔所体现的千佛变特殊性画稿，集中体现了敦煌画稿中经变画稿样的情况。经变画是敦煌壁画中最丰富者，也是敦煌壁画艺术最为精美和最富有特色的作品，因此在画稿中同样以经变画底稿遗存最为丰富，成为藏经洞画稿中最多者，因此也成了本节研究和考察的中心，解决了历史上经变画丰富而画稿空白的矛盾[1]。

经变画稿之外，画面内容较为复杂的如S.4193洞窟壁画结构布局草稿，以P.3939、Stein painting 72为代表的规范的说法图画稿，以及由坛样图Stein painting 172所折射出的窟顶画设计稿，均是我们了解敦煌归义军时期画院组织在洞窟壁画绘制和画稿使用方面的珍贵资料。

此外，人物尊像画画稿是敦煌画稿又一重要内容，其中最多见者也正是洞窟壁画中最丰富的佛像、菩萨像类画稿，以P.4518画稿集为代表，另有佛像画稿如S.6110、S.6099、P.43、P.2926v、P.3940、P.3991等，而菩萨像、观音像、天王力士像、飞天伎乐像、高僧像等各类画稿也都有发现。P.2002则是各类壁画人物的画稿集（图32-11），显而易见是画家们在上壁前练习和绘制的各类人物草图，以供上壁时参考。其中如Stein painting 163坐禅高僧像、P.4522v男子头像、P.2002v人物画稿集中的一男子像及其头像三份画稿为人物邈真像画稿，属写实作品，为我们了解古代画史所记大量画家所擅长的写真技术和进

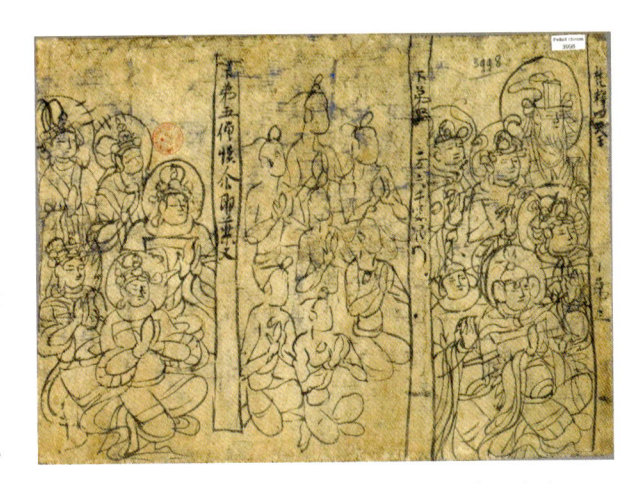

图32-10　P.3998金光明最胜王经变画底稿

一步研究藏经洞发现大量敦煌人物邈真赞类写本提供了可靠的第一手资料，显得极其宝贵。

在敦煌画稿资料中也可以看到一些内容独特，或者说是洞窟壁画中较为特殊画面的样稿，如P.4518-30佛像之背光与头光样稿、P.4518-14佛教七宝之象宝画稿、P.4082文殊与坐骑狮子画稿等。也可以零星见到一些动物图案画稿，其中动物画稿中以马最多见，如P.3652v、P.2998a、P.3614v、北5803v等，Stein painting 77白描车二人各牵一马一骆驼，较为独特。

（二）为特殊性需要之设计示意图稿

如S.4193洞窟壁画布局草图，如果断定不误，可说是画稿中少见者，更是画史中不记者，因为画史所记只是一幅幅绘画的关系，而不涉及一空间内或一平面内的不同画面的布局。

---

[1] 在画史如《贞观公私画史》《历代名画记》《宣和画谱》及《寺塔记》中均有大量的唐宋以来经变画绘画于寺院或公私收藏的记载，但是均没有画稿的蛛丝马迹，而藏经洞经变画底稿正好解决了这一历史悬案。

图 32-11　P.2002 人物画画稿集

另如S.2139坛城曼荼罗、S.2498坛咒图、S.4690坛城图、S.5626坛城曼荼罗咒、S.6264莲花中心坛城、S.6345坛城曼荼罗、S.6348坛城经咒、P.389坛城曼荼罗、P.3937曼荼罗、P.3955莲花曼荼罗、P.3982方形莲花中心佛经曼荼罗、P.5590莲花中心坛城白描等密教坛城曼荼罗设计稿或示意图稿，这是一类特殊的图稿，主要是为在一定的现实空间布置一处坛城，或用于一时作法设坛的图示，也有可能是本身就用于特殊之坛城便于个人一时供养，但仍可以说是样稿，并不是实用者，因为一处密宗修习与作法的坛城，是在一特定的场合，摆设各种各样的尊像与法器用物，显然在一张纸上永远达不到要求，因此在藏经洞所见大量的此类绘画作品，基本上可以认为是设计稿示意图类，并无法代表真正意义上的实体。不过对于此类资料，由于笔者未有涉猎，加上密宗资料本身的神秘性，研究难度较大，又考虑到为非常规画稿，因此本节暂不详细研究，以待后补。

P.2012白描稿，姜伯勤等认为是画稿，[1]因为画稿中有类似坛城曼荼罗的内容，又在两侧画有各菩萨像，分别标明顺序号、所处位置、菩萨像的颜色，完全是一设计示意图稿，是用于法会道场类的布置示意图稿，与一般意义上的粉本画稿是有一定区别的。

还有一类就是尊像手印示意说明图，主要有如Stein painting83（Ch.00143）白描纸本画，画的是佛像手印和菩萨手臂姿势示意图，共画有38双手、11尊菩萨像。Ch.00146白描纸本画，画观音菩萨的各种手形，持各类法器，背面也画了几个手形，还有三行不连续的汉字，不清。P.3835、P.3905手印画稿集（图32-12），此类作品由于是相当数量的各式各样手印的合集，又有相应的文字说明，有的还有相应的尊像配合，因此毫无疑问与某一单尊的尊像画关系不大，而是画师们为了在如洞窟壁画中等实地作画时的使用，也就是一种教材类样稿，以供画工画匠学习之用。

（三）藏经洞绢画、麻布画、纸本画、版画类绘画反映出的画样画稿

绢画、麻布画、纸本画、版画等可携带类绘画，从现存于英国、法国、印度等地的藏经洞精美作品考察，也可以发现一些相关的画稿资料，此类画稿与洞窟壁画画稿虽然同为画稿，有很大的相似性，但有一点区别较大，就是此类画稿基本上是精美的白画类作品，与相对应的作品可以有更多的一致性，或者说完全一样，使用的基本绘画技法就是"临"与"摹"，如P.5018就是典型的绢画毗沙门天王Stein painting45的画稿，S.9137与Stein painting 14中的菩萨像没有区别，P.3050v供养菩萨像画稿在绢画中有多份原样的复制品，印度新德

---

[1] 姜伯勤：《论敦煌的"画师""绘画手"和"丹青上士"》，载《敦煌艺术宗教与礼乐文明》，中国社会科学出版社，1996年，第39、40页。

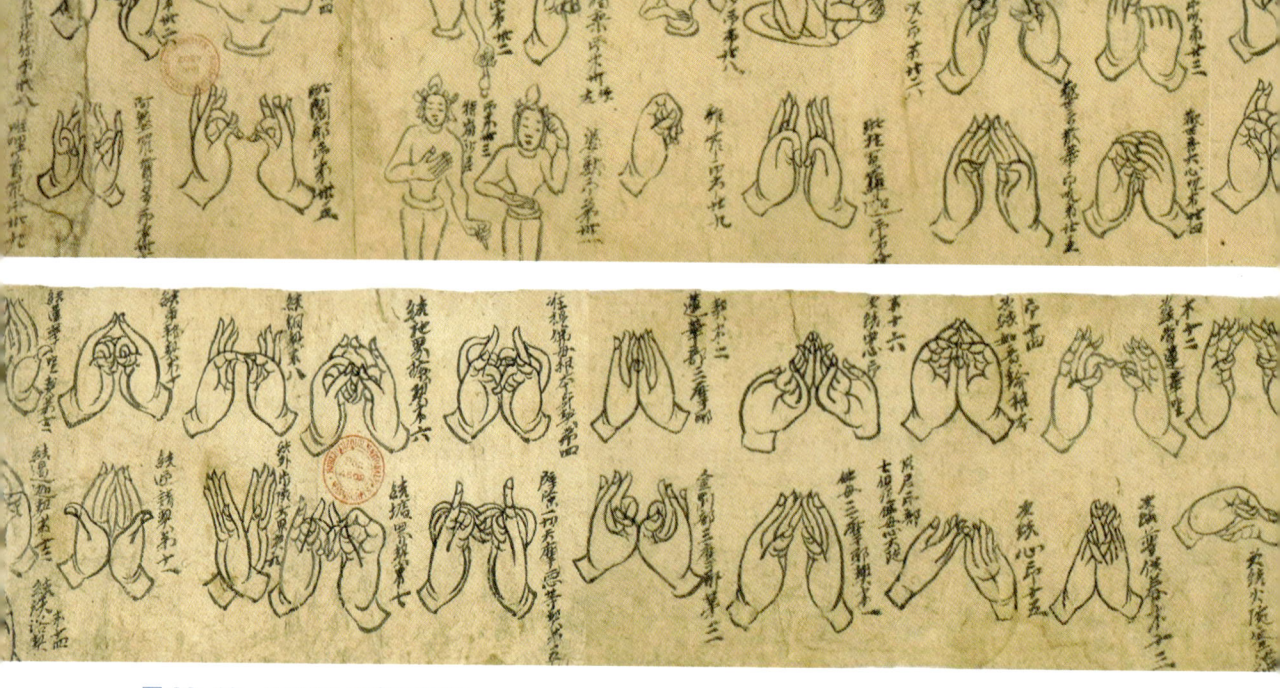

图 32-12　P.3905 手印画稿集

里藏十王经绢画[1]，为一半成品，只有线描结构与人物轮廓，没有上完色，其实是一幅绢画的白描画稿。事实上由于这些作品相对壁画更宜作画，为临与摹技法的使用提供了最好的条件，因此，我们可以在大量的藏经洞绢幡类作品中见到完全一样或大致相同的多数表现同一题材内容的造像，说明了相同画稿的广泛使用，或者说作品之间的仿制。如 P.4518 类尊像集，虽然并不全是画稿，但是又都完全可以作为画稿使用。大量的版画如毗沙门天王、新样文殊、四十八愿阿弥陀佛、观音、普贤等造像，各自使用同一种雕版，在法国藏有一份木雕版样，此类木雕版样就是这些版画的画稿。另外，考虑到绢画等作品的特殊性，画家们要尽可能地通过"模拓""临摹"等方法得到同样的画稿，以供更多绢画类作品绘制，或也可以使用到壁画中，这也就是绢画或壁画中有好多作品十分相似或完全一致的另一个原因。

（四）洞窟壁画中所反映出的壁画绘制与画稿

从洞窟壁画中看画样画稿，是考察敦煌画稿基本内容的另一途径。主要表现为以下几个方面：

1. 直接表现为白描画稿形式的洞窟壁画

此类画稿，也就是洞窟壁画中的白描画资料，代表作有莫高窟西魏第 249 窟顶北坡之纯线白描各类动物，有寻食的猪群、受惊的野牛等，不着色；另一幅著名白画就是晚唐第 9 窟中心柱北向面之嵩山神送柱图（图 32-13），是典型的白描画稿类作品，是壁画作成上色

---

[1] 现藏印度新德里国家博物馆，图版见松本荣一：《敦煌画研究·图像篇》图版第 109，日本东方文化学院东京研究所刊，法藏馆，1937 年。

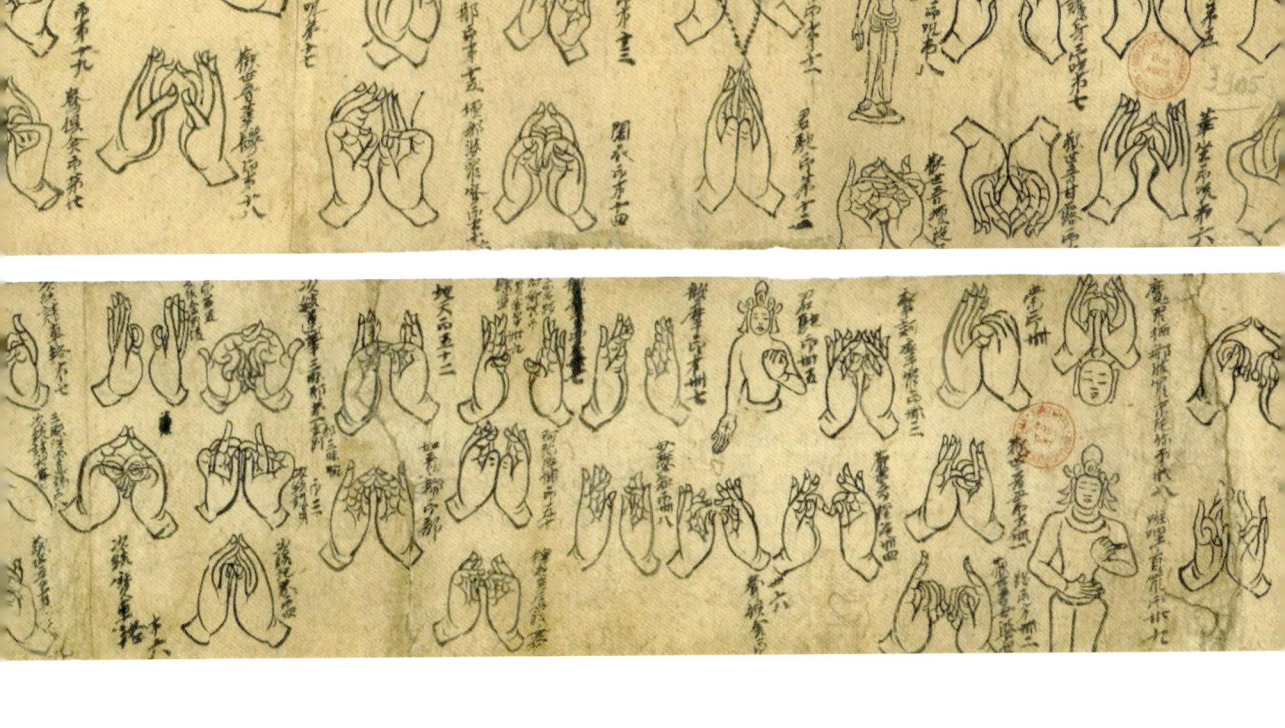

前的底稿，只待上色。此外在莫高窟"盛唐未完工，中唐补绘"的一些洞窟壁画中，就有一些白描画类或近似的作品，代表作如莫高窟第201窟南壁菩萨像，由于战争与吐蕃人的进入，这些洞窟完全中止了正常营建，破坏了本有的整体结构与布局关系，只是由当时的人们以个人名义补绘个别小画面，因此多为草率之作，仅表现为白描画类作品，这也正好让我们看到了洞窟壁画中之画稿存在的原始情形。[1] 虽然在洞窟壁画中很少见到有明显的或完整的大面积白描画稿类作品的存在，但是以白描形式存在的一些小画面仍多有发现，主要表现为人物小像、图案等，如莫高窟盛唐第386窟主室顶上之白描莲花、盛唐第79窟顶四坡边缘之化生童子等。此类作品段文杰先生就曾以白描画稿论之。[2] 莫高窟隋代第276窟维摩诘与文殊菩萨像，以线描为主，施淡彩。另外，莫高窟第103窟维摩诘经变基本上是以墨绘而成，均近似于白画线描图，这些作品也是研究壁画中画稿很好的参考资料。

2. 从破损的壁画中发现壁画绘制即画稿使用的情况

此类情形，广泛见于莫高窟早期洞窟壁画中，一直到隋代的部分洞窟中仍可以看到，从壁画中或破损的地方可以看到当时绘制壁画的过程，或画稿时留下的蛛丝马迹，隋代以前的洞窟壁画底下均有用于绘画千佛类作品的比例格，用于定位各个小佛像的具体身形和比例关系，说法图也是如此。而色标则是画师们利用画稿起草又依样标明色彩，以便设色者工作。

---

[1] 对此类洞窟的详细研究请参见沙武田：《莫高窟盛唐未完工中唐补绘洞窟之初探》，《敦煌研究》2002年第3期，第14—18页。

[2] 段文杰：《唐代前期的莫高窟艺术》，载《段文杰敦煌艺术论文集》，甘肃人民出版社，1994年，第190页。

3. 从完好的壁画中找出粉本画稿使用的情况

此类情况是以后从事敦煌画稿研究的主要研究途径和方法，就是从壁画入手，而不是从画稿入手研究画稿，代表是日本山崎淑子的研究。

（五）敦煌画稿中，各类绘画的关系

这类画稿主要有佛像、菩萨像、天王像、力士像等尊像画。胡素馨指出了敦煌粉本画稿中属于绢画画稿的一类，与本节读者论述相似，但我们认为在胡素馨文章中的此类画稿，有着更为广泛的使用范围与空间，从而构成敦煌画稿的一大特色。这种特色的形成，主要与敦煌本身的特殊性相一致，并密切相关。因为敦煌的绘画品除占主要位置

图 32-13　莫高窟晚唐第 9 窟中心柱背向面嵩山神送柱图

的洞窟壁画外，在藏经洞发现了大量的绢画、麻布画、纸本画，它们之间在地域、性质、时间、内容题材、产生的背景与原因、画工画匠、构图布局形式、流通范围与功能意义等方面都是一致的。由此推导，在使用的画稿方面也应密切相关，而我们的分析研究也表明的确如此。此类画稿的遗存，及其作为敦煌一般之稿样，主要就是我们所要研究的尊像画画稿。

综合分析表明，此类画像的时期可早至初唐时期，以归义军时期为多见。从画面特征上来讲，与洞窟壁画底稿有一定相似之处，但也表现出作为另一类画稿特殊性的一面。从内容与题材上来看，主要以构图简单的尊像画为主，且一尊像构成一幅画稿，而不像洞窟壁画底稿，以构图复杂、人物情节丰富的经变画或说法图为主。在绘画技法的表现上，以较为工整的线描技法进行人物画像的勾勒，近似于白画，事实也是完全可以认为是一般之白画，这一点也与洞窟壁画底稿以随意的线条技法形成草稿画的方式有明显区别。在洞窟壁画中人物的细部一般不作勾勒，只是一个大概的交代与粗略的表现，但在这里就完全不一样了，人物细部详细描绘，一丝不苟。因为作为单个尊像画稿，本身反映的绘画对象就相对经变画而言简单得多，中心与主题就是一尊人物像，不存在结构与画面布局等像经变画一样复杂的问题，这样的画稿也必须要求对人物的细部详细表现，否则跟不画草稿一样，显得毫无意义。

其实以上这些画稿，除作为画稿之外，也是完全可以作为一般的供养功德画而由信众

供养，因为每一幅画稿所反映的尊像画人物身份确切，画面完整，只是没有上色而已，完全可以当作尊像白描画进行供养。

四、敦煌画稿分类概况

对于敦煌画稿的分类，胡素馨首次进行了详细科学的分类，把敦煌白描稿分为壁画的草稿、绢幡画的草稿、在石窟藻井上做千佛的"刺孔"、曼荼罗和画像手册、练习草稿五大类。[1] 其实这也就是敦煌画稿的基本分类情况。杨泓推断认为："当时除有将全壁整铺经变汇于一卷的大型粉本外，常是利用化整为零的办法，把它分为若干局部构图，以便于携带使用。对于图中主要人物，又多有具体的细部写照。这两类粉本相互补充，画工先据前一类粉本安排构图，然后依照后一类粉本细致地去勾勒图像中的具体形象。"即分别为整体大画稿和局部小画稿。[2] 另外，史苇湘则从宏观的角度指出，在敦煌，粉本实际上只有两种，一种是"仪轨粉本"，是把经典上抽象的内容形式化、格式化表现出来以供画工画匠们直接作画使用；一种是"艺术粉本"，也就是那些大经变画的草图或草稿类画稿。[3] 各家之言并不矛盾，只是概念的大小区别而已。

结合以上基本的画史画稿检索与敦煌绘画中见到的画稿及其基本内容，对敦煌画稿的分类，大概有以下几种。

（一）按画稿的画面内容所反映的相应绘画类别

这种分类方法和敦煌壁画、绢画等的分类一致，因为画稿是为壁画、绢画等绘画而用，二者之间是一种因果关系，因此画稿分类主要有：

1. 经变画底稿

所谓经变画底稿，就是指专门用于敦煌石窟壁画艺术绘画之稿样。当然画面内容反映的一定是相关经变画内容，也一定可以在洞窟壁画中找到与之有因果关系或关系密切之画面。但我们在藏经洞绘画资料中检索到的壁画底稿均为相应经变画之一部分，还没有看到有设计一幅经变画的整体画稿。同时这些底稿也仅是大量敦煌壁画底稿中的一小部分，无法反映全部内容，但也从一个侧面为我们认识敦煌画稿与洞窟壁画绘画提供了极为宝贵的资料。敦煌石窟经变画有40多种，在藏经洞资料中我们发现了其中10余种的画稿。即使

---

[1] 胡素馨：《敦煌的粉本和壁画之间的关系》，载《唐研究》第三卷，北京大学出版社，1997年，第427—443页。
[2] 杨泓：《意匠惨淡经营中——介绍敦煌卷子中的白描画稿》，《美术》1981年第10期。
[3] 史苇湘：《临摹是研究敦煌艺术的重要方法》，载《敦煌历史与莫高窟艺术研究》，甘肃民族出版社，2003年，第676页。

图 32-14　P.3939 说法图白描稿

如此,也不能认为这些画稿就是相应的某一类经变画之底稿,事实上,一幅画稿只反映该类经变画在较短的一个时间段的设计绘画情况,或者说只是对有限的部分洞窟壁画的反映。由于敦煌石窟壁画艺术的模式化及各时期间的相互影响,加上各时期洞窟壁画处于同一空间,因此我们也可以通过对仅有画稿的研究,了解大部分经变画的相关信息。

包括有Stein painting76、P.2671观无量寿经变画底稿,S.4644v、P.4514j无量寿经变画底稿,P.2868v药师经变画底稿,S.0259v、P.2869v弥勒经变画底稿,P.4514-16净土变说法会草稿,Stein painting83、P.3998金光明最胜王经变画底稿,P.t.1293劳度叉斗圣变画稿,Stein painting76维摩诘经变画底稿,P.4049反映的新样文殊画稿,P.5018毗沙门天王变画稿,P.t.1293v南方天王变画稿,以及P.t.1293-3正背面、P.2725v、P.2993v、P.3652、P.4514-4v、S.1113v等未知名经变画草稿,P.4517、Stein painting72粉本刺孔千佛变画稿等。

2.说法图稿

说法图是敦煌壁画中一直流行的基本题材,各时代均有表现,数量也至为丰富,相应画稿以P.3939(图32-14)、Stein painting72等为代表。

3.故事画稿

此类画稿虽然没有见到有单独保存下来的,但是一些经变画底稿就是以故事的形式表现,如Stein painting76、P.2671观无量寿经变画底稿,P.2868v药师经变画底稿,S.0259v、P.2869v弥勒经变画底稿,可以相互参考。

4.窟顶画设计参照稿

以Stein painting172 坛城样图为例（图32-15），从一个侧面或可让我们看到此类画稿的一个影子。

5.尊像画稿

此类画稿是敦煌画稿除经变画底稿外，保存下来的另一重要而丰富的内容，基本上包括了敦煌绘画中的各类尊像内容，如佛、菩萨、天王、力士、金刚、各类观音像及飞天、供养人画稿等，而且此类画稿由于性质与形式一致的关系，也集中表现在同一份画稿当中，代表作如P.2002v。

6.人物写真像稿本

这是敦煌画稿中保存下来的画稿当中较为特殊的一类画稿，带有很强的世俗性。

7.其他

如背光头光样稿、动物画草稿、图案草稿等。

除以上还有坛城曼荼罗设计示意图稿、手印示意图稿、寺院小样（P.t.993）、三界九地图解样（P.2824）等一些特殊性稿本（图32-16）。

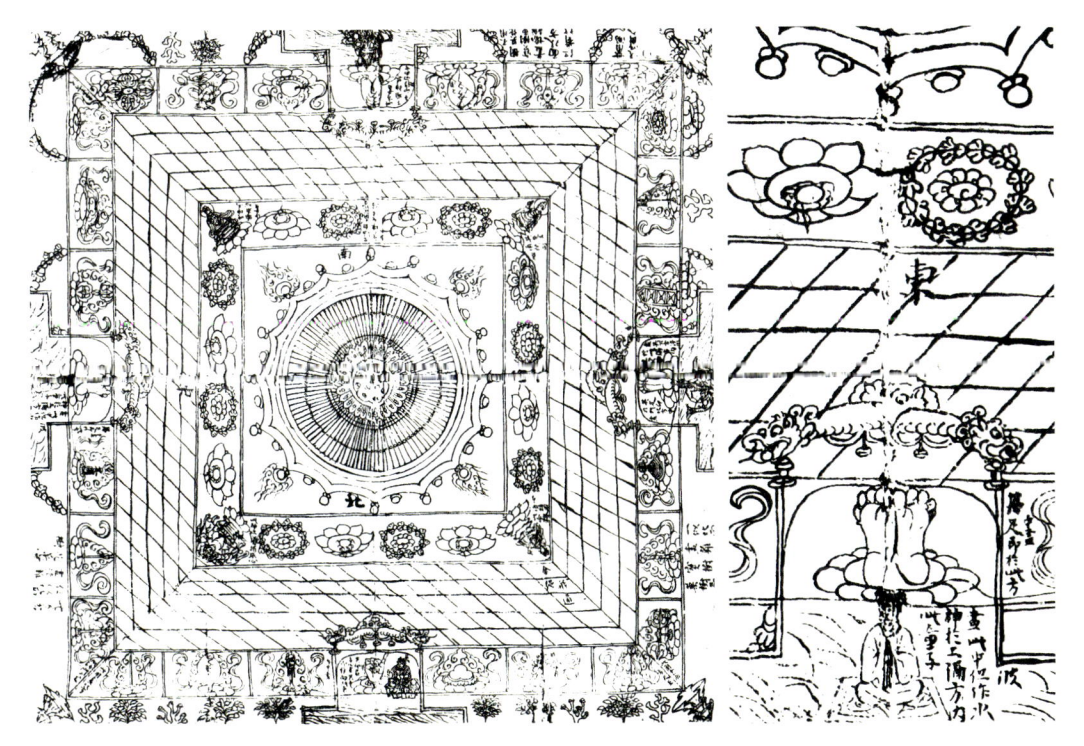

图32-15　Stein painting172 坛城样图

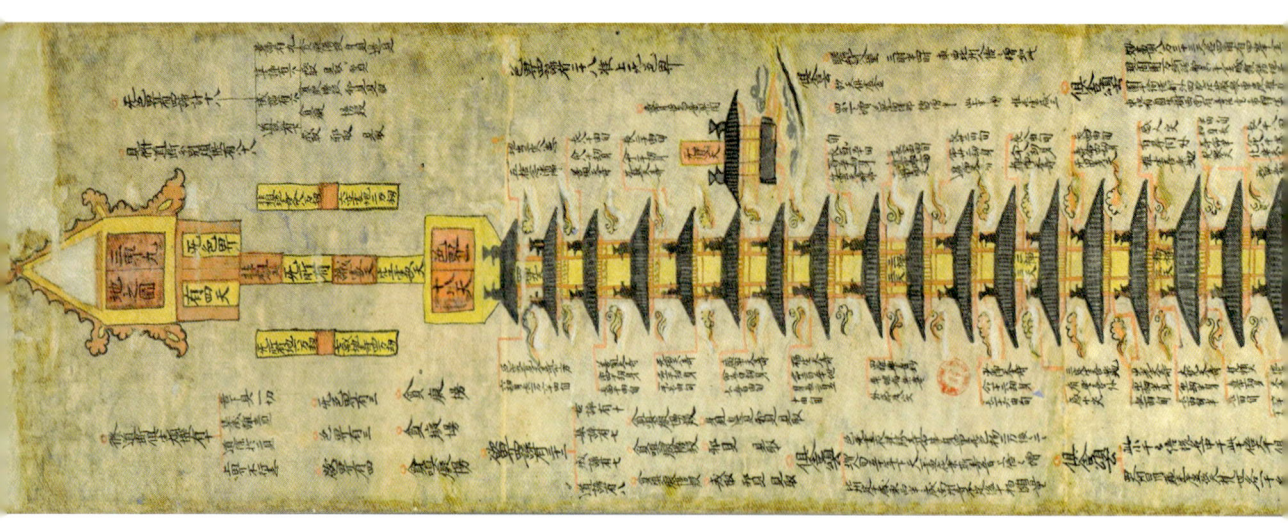

图 32-16　P.2824 三界九地图解样

（二）按画稿的基本表现形式，结合画史记载分类

以此方法分类敦煌画稿，是施萍婷先生在对敦煌遗书编目时使用的基本原则和一般分类方法，主要分为以下几种。

1. 白描类画稿

此类画稿绘画较为草率，仅勾勒出人物轮廓或事物大概的底稿、草稿、草图，以本节所列大量经变画底稿为主要内容。

2. 白画类画稿

此类画稿绘画特别工整，画稿本身就是一幅完整精美的作品，如 P.5018 毗沙门天变画稿，以及部分尊像画稿、人物写真像画稿。

3. 粉本刺孔类

此类画稿有严格要求，上有刺孔，为专门之一类画稿，以 P.4517（图 32-17）、Stein painting 72 为代表。

4. 墨本画稿

即墨绘画，以 P.4518 画稿集为代表，此类作品兼画稿、绘画的特征和功用于一身。

5. 模拓稿

此类画稿就是依照已有的前人绘画作品依样临摹一份画稿，S.9137 有可能就是从绢画 Stein painting14 模拓而来，Stein painting125 与 Stein painting136 二幅菩萨像绢画明显是相互模拓的结果。在敦煌绘画中有好多作品极其相似，此类情形的产生就是画师们使用了模拓样稿的结果。

6. 小样、样稿

此类画稿就是前文所言坛城示意图稿（图 32-18），包括 P.993 寺院小样图。

(三）按画稿主要作用对象的不同划分

此种分类方法，较为简单，也较好理解，即为壁画画稿，绢画、麻布画、纸本画稿，坛城等设计稿，以及画工画匠们的练习草稿，其实正是胡素馨女士的分类方法与基本思路，不再赘述。

（四）按画稿的相互从属关系分类

这是一条粗线条分类法，并不明确，只是一个大概而已。结合杨泓先生的分类，[1]表明了从大的方面讲，在敦煌画稿中有三类画稿，分别为总体设计洞窟壁画结构布局稿样（S.4193v）、一铺经变画的整体稿本（P.4514-16）、经变画中局部情节和人物底稿（各经变画底稿类），设计、使用和绘画顺序也基本如此，从大到小，从整体到局部。

图 32-17　P.4517 刺孔画稿

---

① 杨泓：《意匠惨淡经营中——介绍敦煌卷子中的白描画稿》，《美术杂志》1981 年第 10 期，第 46—49 页。

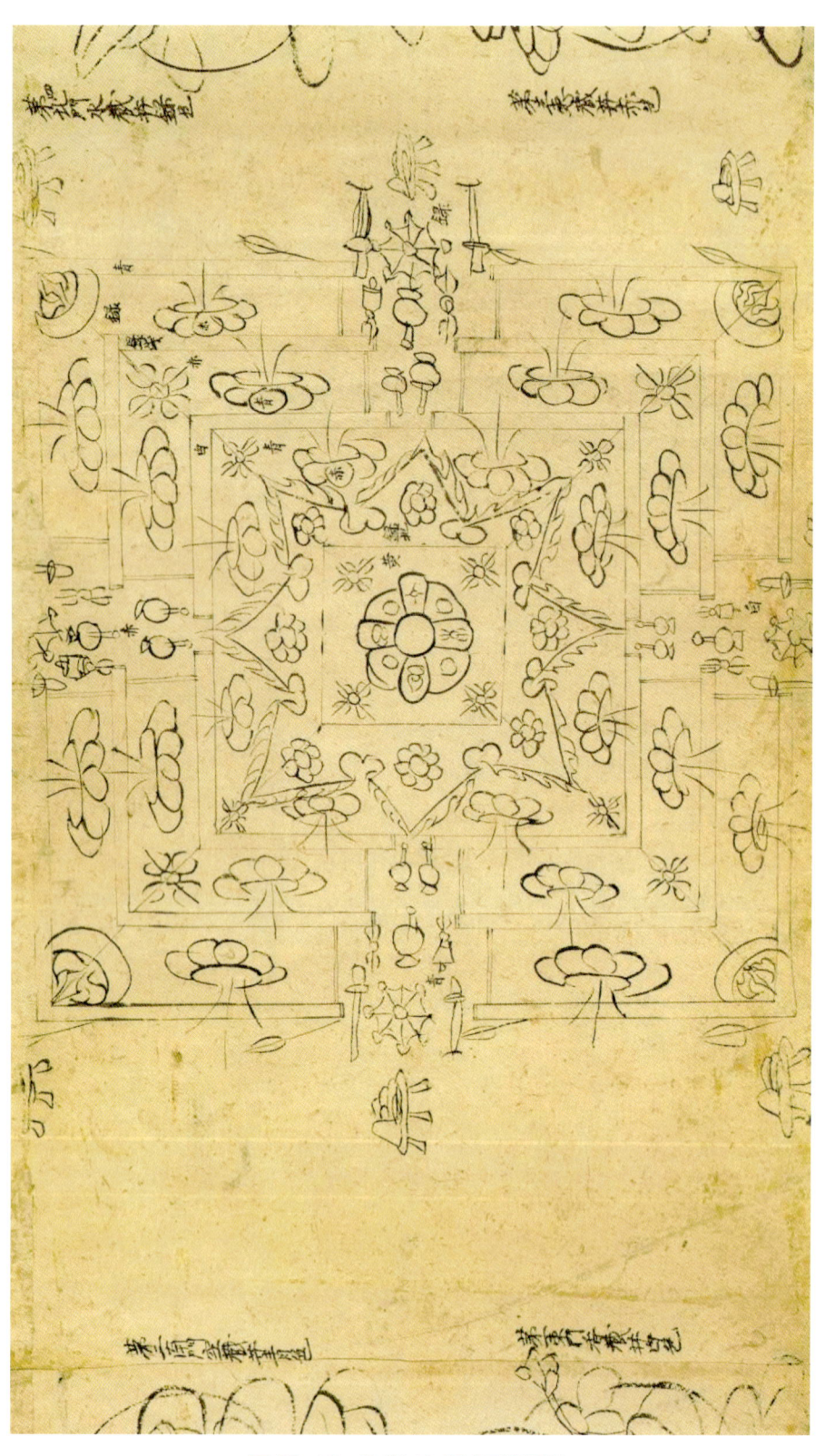

图 32-18　P.2012 坛城示意图稿

第三十三章　敦煌石窟中的丝路图像导论

一、敦煌在丝绸之路上的地位

19世纪，德国地质学家李希霍芬在《中国：亲身旅行和据此所作研究的成果》(*China: Ergebnisse Eigener Reisen Un Darauf Geründeter Studien*)[1]的第一卷，首次将中国与中亚、中国与印度间的贸易通道命名为"丝绸之路"(*Seidenstraßen*)。由此，这条以商贸、文化交流为主的道路逐渐受到学术界的重视。敦煌作为丝绸之路上的关键性环节，不仅是西陲重镇，积极向西域、周边传播汉文化；还是丝路各民族文化艺术交流、交融的集大成之地。《耆旧记》称此地为"华戎所交，一都会也"[2]，可见敦煌的文化特点在南北朝时即已被世人认知。放置于当代全球化的学术视野中，敦煌的地域特征则更为明显，季羡林称：

> 我们知道，世界上历史悠久、地域广阔、自成体系、影响深远的文化体系只有四个：中国、印度、希腊、伊斯兰，再没有第五个；而这四个文化体系汇流的地方只有一个，就是中国的敦煌和新疆地区，再没有第二个。[3]

季羡林放眼于世界文明的传承体系，将敦煌放于世界文明交汇的枢纽位置，从全球化文明互动的角度昭显了敦煌的地位。2019年，习近平总书记考察敦煌莫高窟之后，提出"敦煌文化是各种文明长期交流融汇的结晶"[4]，昭显了敦煌作为文明汇集点的意义。

作为敦煌文化的重要载体，石窟壁画里生动反映了中古时期丝绸之路上民族、宗教和义化的交流。这些交流主要体现在两类图像中：一为直接对丝路场景的刻画，二为敦煌壁画展现出的丝绸之路上各民族的交流。

---

[1] F. Richthofen, *China: Ergebnisse Eigener Reisen Un Darauf Geründeter Studien*, Vol.1, Verlag von Dietrich Reimer, 1877.
[2] 〔南朝·宋〕范晔撰：《后汉书》，中华书局，1965年，第3521页。
[3] 季羡林：《敦煌学、吐鲁番学在中国文化史上的地位和作用》，载《季羡林学术精粹》第1卷，山东友谊出版社，2006年，第105—111页。
[4] 习近平：《在敦煌研究院座谈时的讲话》，《求是》2020年第3期。

二、相关学术史

关于敦煌石窟艺术中展现的丝路文化交融，贺昌群、金维诺、段文杰等早期从事敦煌壁画研究的学者已有关注。1931年，贺昌群所著《敦煌佛教艺术的系统》一文讨论了沿着丝绸之路传来的外来艺术，特别是犍陀罗的佛教艺术对敦煌雕塑和壁画的影响。[1] 金维诺的《沙漠上的艺术之宫——敦煌石窟概述》[2]、段文杰的《丝绸之路上的瑰宝——敦煌艺术》[3] 等都以综论的方式谈到了敦煌艺术在丝绸之路上的地位。随着国内敦煌学研究的逐步壮大，很多学者都注意到敦煌图像里反映的丝绸之路上的交往、交流、交融。在这方面贡献最大的当为荣新江，在他与张广达合著的《于阗史丛考》[4] 中就专门讨论了石窟壁画与藏经洞绢画中的瑞像图，而后在其所著的《敦煌学十八讲》[5] 中多次论及敦煌壁画在丝绸之路研究中的作用。与以往学者偏重敦煌丝路图像风格、来源的考证所不同，近十年来的学者们具有更为广阔的视野，将敦煌纳入丝绸之路的重要环节，从佛教传播、民族迁徙等角度来讨论。研究方法也从风格学、图像学延展到历史学、文献学、考古学等多种方法的并用。共建"一带一路"提出以后，丝绸之路研究成为学界热点，作为丝绸之路的重要组成部分，敦煌与丝路的关系也被学界从多角度进行深入探讨。《丝绸之路研究集刊》应运而生（图33-1），以学术集刊的方式汇集了国内外学者研究丝绸之路相关图像的专题文章，从一个个细节的讨论入手，串联起丝绸之路上图像交流的各种面貌。

图 33-1 《丝绸之路研究集刊》书影

---

[1] 贺昌群：《敦煌佛教艺术的系统》，载《贺昌群文集》第1卷，商务印书馆，2003年，第171—201页。
[2] 金维诺：《沙漠上的艺术之宫——敦煌石窟概述》，《美术研究》1959年第4期，第11—15页。
[3] 段文杰：《丝绸之路上的瑰宝——敦煌艺术》，《敦煌研究》1994年第1期，第9—10页。
[4] 张广达、荣新江：《于阗史丛考》，上海书店，1993年；中国人民大学出版社，2008年（增订版）；上海书店出版社，2021年（新增订版）。
[5] 荣新江：《敦煌学十八讲》，北京大学出版社，2001年。

三、敦煌艺术中表现丝绸之路的图像

西汉元朔三年（前126），出使大宛的张骞几经生死回到长安，自此以后，从长安经河西走廊、敦煌再贯穿西域的道路呈现在人们的面前。在后世佛教信众的眼中，张骞的出使还有更为特殊的意义。据《魏书·释老志》载："汉武元狩中，遣霍去病讨匈奴，至皋兰，过居延，斩首大获，昆邪王杀休屠王，将其众五万来降，获其金人，帝以为大神，列于甘泉宫。金人率长丈余，不祭祀，但烧香礼拜而已，此则佛道流通之渐也。及开西域，遣张骞使大夏还，传其旁有身毒国，一名天竺，始闻浮屠之教。"① 霍去病获休屠王金人一事，② 被认为是早期佛教传入中国的重要证据。《魏书·释老志》的记录却改变了张骞出使西域的目的，将政治外交转换为宗教交流。莫高窟初唐第323窟北壁上段绘制的《佛教史迹故事》即以此情节作为开头。

张骞出使西域的故事绘制于东侧，共分三个场景：画面的右上角绘有一座殿堂，内有两个站立的佛像，殿堂正面额匾上题有"甘泉宫"，下画帝王、臣属持香炉或笏板拜谒，下方有榜题"汉武帝将其部众讨/匈奴并获二金/余列置于甘泉宫帝为/大神常行拜谒时"，可知为汉武帝在甘泉宫供奉休屠王金人的场景。画面下方为皇帝装人物骑在马上，左右共有侍从八人，一人手持曲柄华盖，与之相对的前一人持笏跪拜，后有从者持节牵马，两组人物中间有榜题"前汉中宗既获金人莫知名号/乃使博望侯张骞往西/域大夏国问佛名号时"，西汉中宗即汉宣帝刘询，与张骞活动的年代不符，当为谬误。之后的情节为张骞带着持节的侍从行进在青绿山水中，画面的左上角为一城池，城中有一座佛塔，二僧人立于门外，当为榜题中提及的目的地——大夏国，张骞与侍从正向此地前行。整个画面采用建筑、山水、人物交错的方式，生动地表现出张骞出使西域的艰辛（图33-2）。

图33-2 莫高窟初唐第323窟张骞出使西域图

---

① [北齐]魏收撰：《魏书》，中华书局，1974年，第3025页。
② [东汉]班固：《汉书》，中华书局，1964年，第2479页。

这幅介绍佛教东传的画作也是目前发现的最早表现丝绸之路的图像。画面左侧，张骞与两位持节侍从的形象出现了三次，自下而上、从大到小。背景为气势雄健的青绿山水，行人隐没其中，这即是唐代人们对丝绸之路的浪漫想象。

敦煌还有大批表现丝路交通贸易的图像，其表现手法与张骞出使西域故事画相近，多为山水背景之下的前行队伍。此类图像主要集中在福田经变、法华经变、《观世音普门品》及观音经变里。福田经变根据西晋法立、法矩所译的《佛说诸德福田经》所绘，敦煌石窟中共存有两铺，分别位于北周时建的莫高窟第296窟和隋开皇四年（584）所建的莫高窟第302窟内。根据《福田经》的记载，获得无限福田果报的"广施七法"中有"安设桥梁，过度羸弱""近道作井，渴乏得饮"①之法，此内容用丝路上的商队图释是非常适宜的。第296窟窟顶北披上段绘有群山之间的商人、马、骆驼在水槽边痛饮清水，下段则是休整好的商旅赶着驮有货物的牲畜排队过桥的场景（图33-3）。此作品虽为图解佛经，但实为丝绸之路上行旅的忠实写照，充满了生活化的气息。

法华经变、观音经变中的"怨贼难"情节就常用丝路商旅遇盗的场景来表现。敦煌石窟中绘此题材的洞窟有莫高窟第303（图33-4）、420、45、217、23、444、205、112、185、7、231、359、14、128、141、18、468、288、396、55、76窟，西千佛洞第15窟，榆林窟第2窟，以及藏经洞绢画Stein painting 63、Stein painting 24、EO.1142、S.5642、S.6983、P.4513等。

图33-3 莫高窟北周第296窟福田经变中的丝路行旅图

---

① 〔西晋〕法立、法矩共译：《佛说诸德福田经》，《大正藏》第16册，第777页。

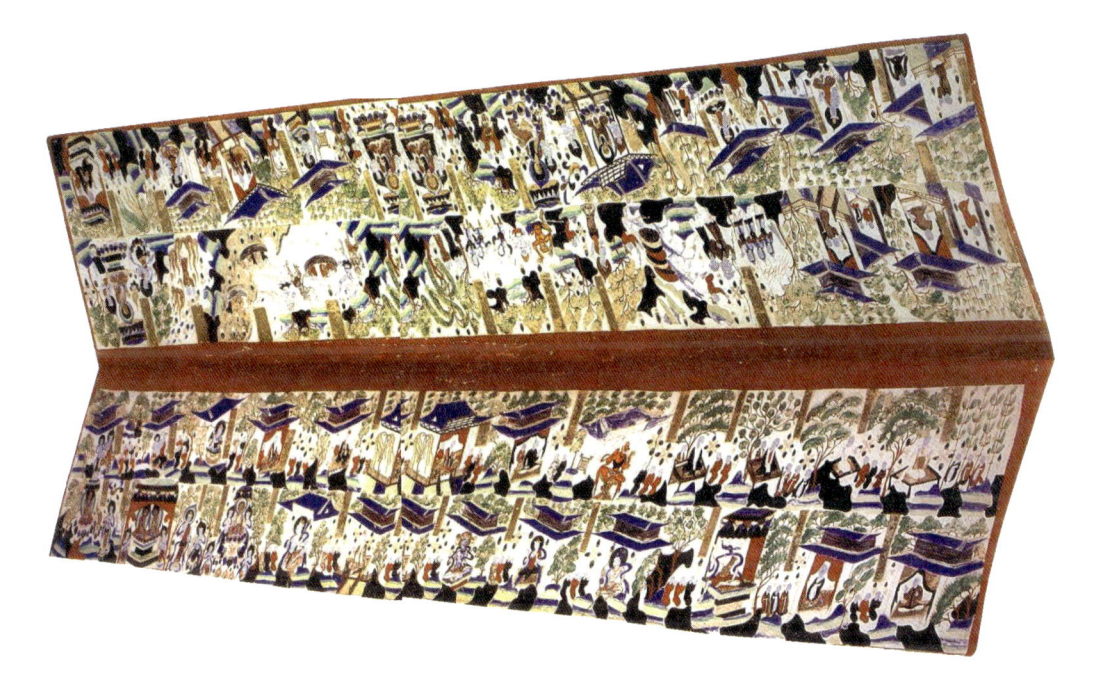

图 33-4　莫高窟隋代第 303 窟窟顶人字披观音经变

现存最早的此题材壁画，为隋代所建的莫高窟第 303 窟窟顶人字披东披。崇山峻岭之间，一支商队正在行进，三头负重的毛驴奋蹄前行，后面跟一位高鼻深目的胡人，头戴尖顶卷檐帽，身穿红色圆领小袖紧身袍，作驱赶状。毛驴前一位身形高大的胡人，头戴尖帽，身穿红黑色的翻领窄袖袍，正面对着三个身着铠甲的兵士，两组人物作谈判状（图 33-5）。显然这正是表现"若三千大千国土，满中怨贼，有一商主，将诸

图 33-5　莫高窟隋代第 303 窟观音变中的商人遇盗图

商人，赍持重宝、经过险路，其中一人作是唱言：诸善男子！勿得恐怖，汝等应当一心称观世音菩萨名号。是菩萨能以无畏施于众生，汝等若称名者于此怨贼当得解脱"①的场景。生

①〔姚秦〕鸠摩罗什译：《妙法莲华经》，《大正藏》第 9 册，第 56 页。

图 33-6　莫高窟盛唐第 45 窟南壁胡商遇盗图

图 33-7　莫高窟五代第 61 窟五台山图中毛驴远行驮运的场景

动反映了丝绸之路上商旅面临的艰险，自然环境的恶劣之外还有杀人越货的贼人威胁生命。恶劣的旅行环境也在一定程度上促进了法华信仰与观音信仰在丝绸之路上的流行。

商人遇盗场景最精彩的表现，当为盛唐时建造的莫高窟第 45 窟南壁的观音经变局部。该画面位于壁面西侧：青绿山水营造的山谷中有一队商旅带着两头驮着货物的毛驴前行，山前突然闪现出三名手持长刀的贼人，商人们面露惊恐之色（图 33-6）。整个画面在技法、情景渲染上较隋代同题材作品有了鲜明的进步，商人们头戴尖帽、穿圆领窄袖袍服的胡人形象却延续了下来。足显敦煌画匠们对行走在丝绸之路上的粟特商人形象的熟知。

作为交通工具的动物也伴随着粟特商人们行走在丝绸之路上。最常见的为骆驼、马和驴。骆驼有"沙漠之舟"的美称，早已被敦煌画匠绘在壁画之中。如莫高窟第 296 窟里的骆驼驮着重物或拉着车、第 61 窟（图 33-7）西壁五台山图中被人牵领的驼队在山川间迈步前行，种种形态突出了骆驼负重耐劳的能力。马更是敦煌壁画中随处可见的动物，活动在丝绸之路上的使臣、兵士、商旅无一不依靠马长途跋涉。驴的形象由于跟马接近，常被混淆。丝路图像中，驴常跟随商队，功能以负货为主。

行进在丝绸之路上的商旅在很大程度上促进了文明、文化的交流与交融，敦煌的画匠们将他们的形象记录下来，也绘下了中国古代丝绸之路的重要历史细节。

四、敦煌艺术中展现的丝路各民族的交流

张骞凿通西域，丝绸之路的开启也使得各个区域、各个民族间的交往更为便利。汇集在敦煌的除了各地商旅，还有西域诸国、诸部落的使臣。敦煌的悬泉驿作为两汉时期的著名驿站，出土了大量记录西域使者信息的简牍，涉及大月氏、大宛、康居、乌孙、疏勒、莎车、于阗、渠勒、精绝、扜弥、龟兹等数十个西域国家。[1]各国使臣的形象在敦煌壁画中也有忠实的反映，如维摩诘经变中的"藩王使臣问疾图"、涅槃经变中的"各国王子举哀"均是以佛经故事表现各国帝王、使臣形象的重要例证。

"藩王使臣问疾图"源自《维摩诘经·方便品》中的"国王、大臣、长者、居士、婆罗门及诸藩王，并余官属，无数千人，皆往问疾。其往者，维摩诘因以身疾，广为说法"[2]。敦煌石窟中，对此情节的图绘始于初唐，通常以维摩诘下方及身后簇拥的各国国王、使臣的形象来展现。绘有这一场景的洞窟共有47个，其中初唐11个、盛唐3个、中唐9个、晚唐11个、五代13个。各个时期在人物数量、类型上有所增减。艺术上尤以莫高窟第220窟东壁南侧的"藩王使臣问疾图"为胜（图33-8）。维摩诘座下听法的藩王与各国群臣共计11人。以璎珞绕身的南海藩王及两位侍从为前引，其后跟着一排五人，两身为高鼻深目、头戴毡帽，身穿圆领窄袖长袍、

图 33-8　莫高窟初唐第 220 窟东壁南侧"藩王使臣问疾图"

---

[1] 殷晴：《悬泉汉简和西域史事》，《西域研究》2002 年第 3 期，第 10—17 页；刘春雨：《从悬泉汉简中的使者看西域与内地的关系》，《中州学刊》2013 年第 6 期，第 122—127 页。
[2] ［姚秦］鸠摩罗什译：《维摩诘所说经》，《大正藏》第 14 册，第 539 页。

图 33-9　莫高窟中唐第 158 窟涅槃经变中各国王子举哀图

图 33-10　1908 年伯希和拍摄莫高窟第 158 窟各国王子举哀图

足蹬长靴的使臣，从服饰上看可能来自中亚、波斯地区。正中间着宽袖袍服，头戴三尖金冠的当为高句丽藩王，最右两身作交谈状的人物穿长袍，头戴鹖冠，当为陪同宾客的朝臣。他们身后的人物已经漫漶不清，当同属各国使臣。壁面上人物的精准刻画充分说明了敦煌画匠们对南海、西域各地使臣形貌、服饰的熟知。

同样表现了各国藩王、使臣的还有涅槃经变中的各国王子举哀图。莫高窟中对此细节最精彩的表现，当为莫高窟第 158 窟佛足旁的举哀众，通称各国王子举哀图（图 33-9）。根据伯希和 1908 年拍摄的照片，可以清楚地看见画面共有 18 人（图 33-10），站在画面最前列低头痛哭的为吐蕃赞普，旁有侍者搀扶。其右侧为头戴冕旒的汉装帝王，扬首号啕，由二宫女扶其双臂。帝王身旁的人物身穿团花圆领窄袖袍，头戴小帽，正在用刀割耳，从其服饰、习俗上看，可能是中亚的滑国人（今阿姆河以南）。再往右头戴白色卷檐帽、扒开衣服露出胸膛、正持双刀欲刺心者可能是粟特人。[1] 最右边的一身人物头戴黑帽，赤裸上身，正手持长剑弯腰刺入腹内。其后的 10 人有突厥、回鹘等多种民族装扮，皆为张口哭泣状。整个画面不但体现了各国、各民族的服饰，还着力表现了中亚、西北民族葬礼中寄托哀思的方式，是研究民俗的珍贵资料。

使臣形象之外，敦煌与丝路沿线的城邦、区域还存在着非常深厚的文化交流。如曹氏归义军时期，沙州曹氏家族与甘州回鹘、于阗互为婚姻。彼此间的交往加剧了图像、艺术的传播，这些同样在壁画中得以体现。

---

[1] 雷闻:《割耳劓面与刺心剖腹——从敦煌 158 窟北壁涅槃变王子举哀图说起》,《中国典籍与文化》2003 年第 4 期，第 96—104 页。

天复四年（904）之前，曹议金为了缓和沙州政权与甘州回鹘间的关系，迎娶回鹘天公主李氏，这位女性在维护区域和平、民族团结方面起到了重要作用。曹氏归义军时期凿建的洞窟中，作为供养人，她的身影多次出现。莫高窟第401、98、100、108、22、61、55、22、25、121（图33-11）、205、428窟，榆林窟第16窟等洞窟中均有她的画像。很多洞窟还有榜题，便于进一步确认她的身份，如曹元忠营建的莫高窟第61窟中榜题为"故母北方大回鹘国圣天的子敕授秦国天公主陇西李氏一心供养"。其服饰特征也非常明显：头戴桃形凤冠、面部有赭红色晕染，身着翻领窄袖长袍，衣领和袖口上绘有精美的凤鸟花纹（图33-12）。此外，还有回鹘天公主骑马戴帷帽的形象出现在莫高窟第100窟的曹议金夫妇出行图中。迎娶回鹘公主之后，曹议金还嫁女于甘州回鹘可汗，莫高窟第100、98、61窟的供养人队列里均有她的身影，服饰与天公主相近，只是身形略小，其榜题为"姊甘州圣天可汗天公主一心供养"。这位曹家女子嫁给回鹘阿咄欲可汗后还生了三个小公主，她们的供养像在莫高窟第61窟东壁出现，榜题均为"外甥甘州圣天可汗的子天公主"，同样戴桃形冠、身穿翻领长袍。以上三代女眷足见曹氏家族与甘州回鹘王族互为依靠、盘根错节的关系。

同样与曹氏家族保持长久且良好姻亲关系的还有位于丝绸之路西域南道上的于阗。这里是西域大乘佛教的重镇，3—11世纪时对汉地佛教产生深远的影响。9世纪上半叶，敦煌为吐蕃所统治，石窟中即已出现于阗传入的瑞像。而于阗与敦煌当地政权的正式交流则是

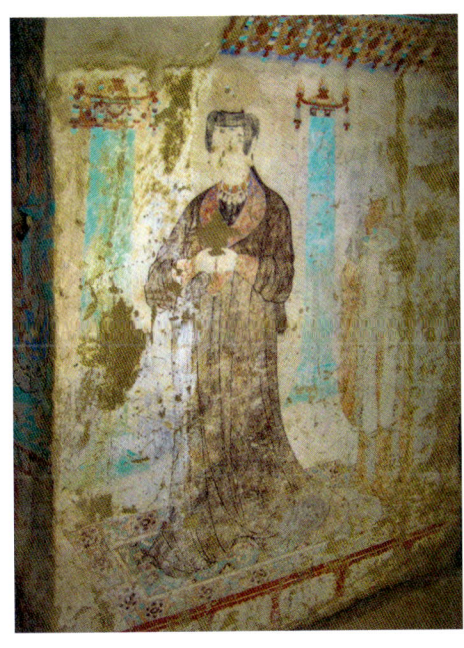

图33-11　莫高窟第121窟甬道五代重绘天公主供养像　　图33-12　莫高窟五代第61窟回鹘天公主供养像

图 33-13　莫高窟五代第 98 窟于阗国王李圣天供养像

图 33-14　莫高窟五代第 98 窟李圣天曹氏夫人供养像

在 901 年[1]，此后张氏、曹氏归义军政权与于阗交往密切，特别是曹议金清泰元年（934）将女儿曹氏嫁与于阗王李圣天之后，直到 11 世纪初，大量于阗人居住在敦煌。故而敦煌壁画中不仅有于阗王族的供养像，还出现了不少带有于阗佛教特色的图像。

与甘州回鹘王族供养像在敦煌石窟里多为女眷所不同的是，于阗王李圣天、他的妻子曹氏、女儿曹延禄姬、儿子从德太子等人都能在敦煌壁画中发现。于阗王像在敦煌石窟中分别出现在莫高窟第 4、98、454 窟，以及榆林窟第 31 窟之中。除第 454 窟中为一单身帝王外，其余都是夫妇供养像。第 98 窟东壁的供养像堪称李圣天的标准像（图 33-13）：他立于华盖之下，头戴冕旒，冠卷呈筒状，较高，数条龙盘绕其上，玉珠点缀其间，其头侧系有冠带。其面白有短须，佩戴耳环，身着黑色衮服，肩部左右绘有金乌与桂树的日月图案，衮服上装饰着四爪龙，下裳白色，同样绘制着飞翔在山、云之间的四足龙。右手捻一朵金色花

---

[1] 张广达、荣新江：《关于敦煌出土于阗文献的年代及其相关问题》，载《于阗史丛考》，中国人民大学出版社，2008 年，第 85—86 页。

枝，左手持一长柄托板，其上放有香炉，腰间佩有拳头状手柄的宝剑，双足间有一菩萨装地天托足。旁有榜题"大朝大宝于阗国大圣大明天子 即是窟主"。李圣天的形象充分体现远在丝路边陲的于阗人遥慕汉文化的心态，其服饰基本上遵循的是中原帝王的服饰传统，如前后各六串旒珠，合为"十二旒"[1]，衮服上的日月、升龙，下裳绘的山川、云朵、升龙均来自《旧唐书·舆服志》[2]中对帝王服饰的规定。另外，李圣天的形象上还体现了浓厚的于阗因素，主要体现在承托其双足的地天，是他作为毗沙门天王的胤嗣的象征，在图像上受到毗沙门天王像的影响[3]。

李圣天的夫人于阗皇后曹氏、女儿曹延禄姬、儿子从德太子的服饰也都体现了汉文化的深入影响。曹氏的供养像在莫高窟第98、61窟，榆林第31、32窟中均有出现。其中第98窟榜题为"大朝大于阗国大政大明天册全封至孝皇帝天皇后曹氏"，她的服饰较有特点，头梳双博鬓，戴莲花立凤冠，插八柄花钗，其中两柄为步摇，面装花钿，身着黑色交领广袖长袍，内束抹胸，胸饰多层项链，淡黄色的帔帛搭于双臂或绕于胸前，黑色的长袍与帔帛上绘制着缠枝花鸟纹（图33-14）。这位远嫁于阗的皇后周身装饰着美玉，头冠、耳饰、项链均由玉石镶嵌而成，显示出了于阗的地域特色。但其衣冠与李圣天一样，可能都学习了汉地的服饰制度。曹氏佩戴的莲花立凤冠当是其皇后身份的象征。衣裙、帔帛上的缠枝鸟纹，鸟身纤细，尾羽修长，可能即是《旧唐书·舆服志》中皇后礼服上的"翚翟之形"[4]。

于阗公主的画像主要见于莫高窟第4、7、12、61、202、220、449窟，天王堂，西千佛洞第18窟，榆林窟第6、32、35窟，这些画像绝

图33-15 敦煌绢画《地藏菩萨及侍从图》

---

[1]〔后晋〕刘昫：《旧唐书》，中华书局，1975年，第1938页。
[2]〔后晋〕刘昫：《旧唐书》，中华书局，1975年，第1936页。
[3] 沙武田：《敦煌石窟于阗国王画像研究》，《新疆师范大学学报》2006年第4期，第22—30页。
[4]〔后晋〕刘昫：《旧唐书》，中华书局，1975年，第1955页。

图33-16 莫高窟中唐第154窟于阗史迹故事图（上部、下部）

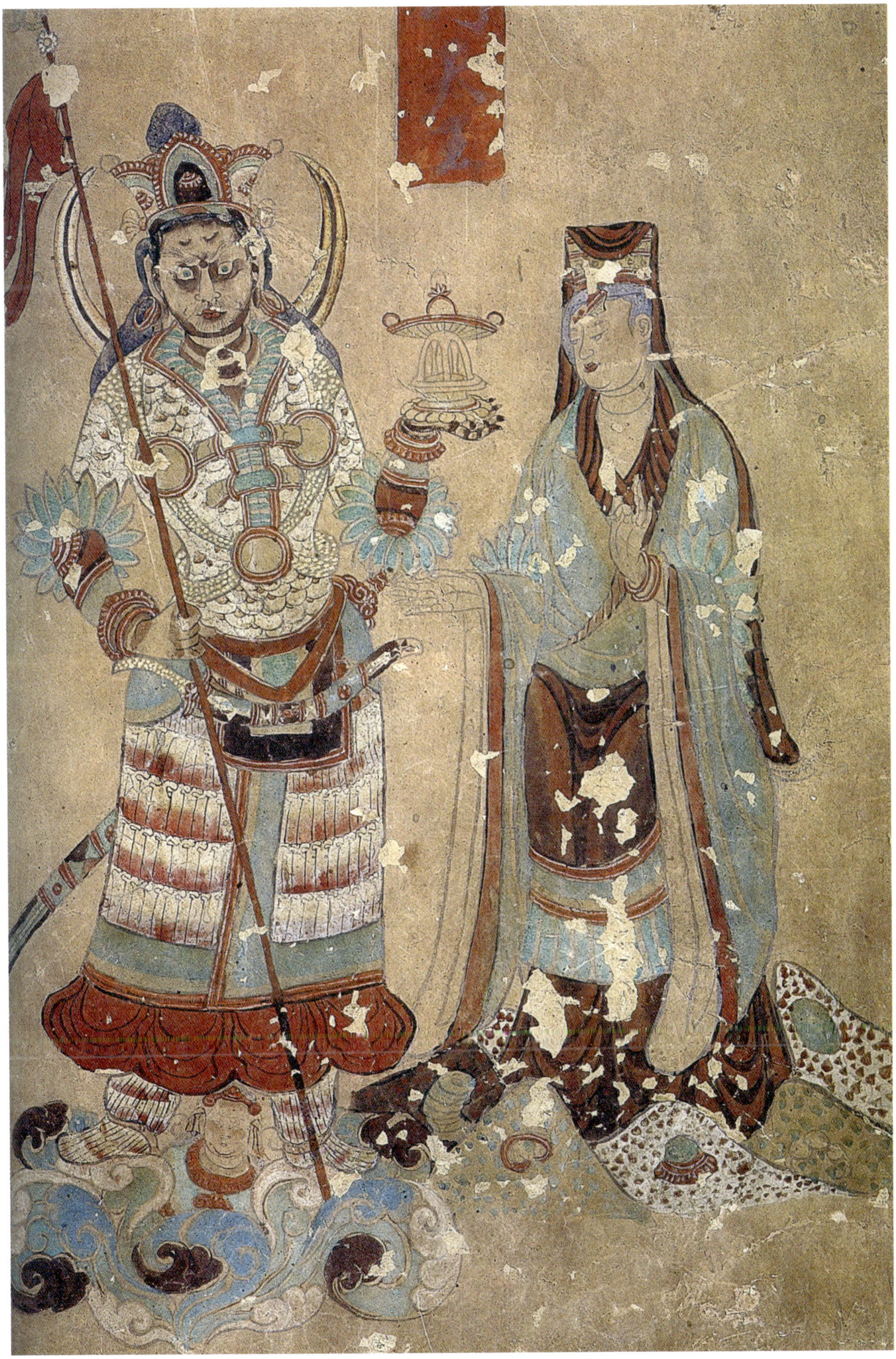

大多数是嫁给曹延禄的曹延禄姬。另外，美国国立亚洲艺术博物馆藏有一幅《地藏菩萨及侍从图》(图 33-15)，下方有身着红衣头戴金凤冠的女子，榜题为"故大朝大于阗金玉国天公主李氏供养"，当为曹延禄姬无疑，因而此画为曹延禄姬身后追荐之物。咸平五年（1002）"当道二州八镇军民，自前数有冤屈，备受艰辛"发生政变，"曹延禄等知其力屈，寻自尽"[1]。曹延禄姬可能亦随其夫而去。于阗公主的服饰与于阗皇后曹氏的服饰基本一致，只是发间所戴的花钗数量为四枚，其中两枚为步摇，从中可见两者之间的等级差异。

于阗太子从德的供养像题记见于莫高窟第 244 窟甬道北侧。西起第二身供养像下方有一小像，为一身穿白衣，头梳双髻的男孩，双手于胸前持一长杆状物，其身侧榜题为"德从子□德太子"，与其相对的南侧西起第二身供养像下方亦有一身装束相同的男孩，榜题为"戊□□五月十□日□□太子"，可能为从德的兄弟。

于阗王族留影敦煌，于阗佛教文化也深入影响了敦煌石窟中的壁画题材。8 世纪下半叶，吐蕃赞普赤松德赞（742—797）即位之后，迅速扩充了吐蕃的军事力量，先后占领于阗、敦煌等地。于阗佛教在一定程度上对吐蕃佛教产生了影响，进而由吐蕃人传播到敦煌。敦煌藏经洞中发现有藏文抄写的《牛角山授记》《于阗教法史》，以及吐蕃高僧法成翻译的汉文《释迦牟尼如来像法灭尽记》(藏文版为《于阗阿罗汉授记》)，这几篇文献着重讲述了释迦牟尼付嘱众菩萨与守护神守护于阗、于阗像法灭尽的故事，为 8 世纪后期至 9 世纪初于阗社会动荡、佛教衰微的写照。护持国土的毗沙门天王像、瑞像就是在这样的背景下传入敦煌的。

汉地文献中，于阗毗沙门天王像的传入是在天宝年间，密宗高僧不空做法，延请毗沙门天王解安西兵厄，随后毗沙门天王显圣，以得图样，而后此图在玄宗的旨意下图写于各地城楼。[2] 相较于汉地天王像，于阗毗沙门天王具有身穿及膝长甲、地天捧足的图像学特征。敦煌石窟中最早出现该图像，是在吐蕃统治敦煌早期营建的莫高窟第 154 窟。此窟南壁西侧的空余处，绘制有上下两组尊像，上部为毗沙门天王与观世音菩萨的组合，下部为毗沙门天王与功德天女的组合 (图 33-16)。两尊毗沙门天王皆为头戴莲花冠，身披长及小腿的铠甲，肩上有月牙状的焰尖。右手持长矛，左手托宝塔，两足之间有菩萨装的地天托足，为典型的于阗毗沙门天王样式。尊像之外，敦煌壁画中还有毗沙门天王与舍利弗决海的场景，最早出现在吐蕃统治敦煌晚期建造的莫高窟第 231、237 窟中。长甲戴莲花冠的毗沙门天王与比丘装扮的舍利弗相对而立，长矛与锡杖相互交叉，一条河水从兵器间蜿蜒流过，河流的上方为一座绘制简单的城池，下方为一方海水，海上盛开朵朵莲花，数身结跏趺

---

[1]〔清〕徐松：《宋会要辑稿》，中华书局，1957 年，第 7767 页。
[2]〔唐〕不空：《毗沙门仪轨》，《大藏经》第 21 册，第 228 页。

坐佛坐于莲花之上（图33-17）。表现的是于阗初为海子，释迦牟尼令毗沙门天王与舍利弗决海，此地转为桑田的故事。这一古老的传说，在关于于阗的藏文文献中多有记录，展现了于阗传说由吐蕃人传至敦煌的过程。张氏、曹氏归义军时期，这一题材成为《佛教圣迹图》中的重要组成部分，一直持续到10世纪末。

瑞像主要指有灵异现象的佛教造像，传说释迦上兜率天为母说法，优填王思慕释迦牟尼，以旃檀造释迦牟尼像，此像在释迦牟尼归来时躬身相迎。[1] 优填王造释迦牟尼像即为最早的瑞像。敦煌藏经洞中的著名绢画《瑞像图》（Ch.xxii.0023、Ch.xxii.0025）即是印度、西域、中原瑞像的集结。吐蕃统治敦煌后期的莫高窟第231（图33-18）、237（图33-19）窟西龛盝顶四披同样也绘制了各地的瑞像，并且有清晰的榜题，从中可以发

图33-17 莫高窟中唐第237窟龛顶的舍利弗与毗沙门天王决海故事画

现第231窟有12身来自于阗，第237窟则有7身于阗瑞像。从榜题上看，这些瑞像大多是从印度腾空至于阗的，形式分为手把袈裟式瑞像、装饰瑞像和菩萨像三类，造像样式与佛像装饰均体现了于阗佛教造像的特色。据《牛角山授记》等于阗藏文典籍，释迦牟尼付嘱各种瑞像在战争侵扰、佛法衰微时守护于阗各个城邦，突显了瑞像护持国土的功能。而包括于阗瑞像在内的天竺、河西瑞像出现在敦煌石窟中显然也是于阗特有的瑞像护国思想在敦煌的图像呈现。

---

① [东晋] 佛陀跋陀罗译：《佛说观佛三昧海经》，《大正藏》第15册，第678页。

图 33-18　莫高窟中唐第 231 窟龛顶的瑞像集

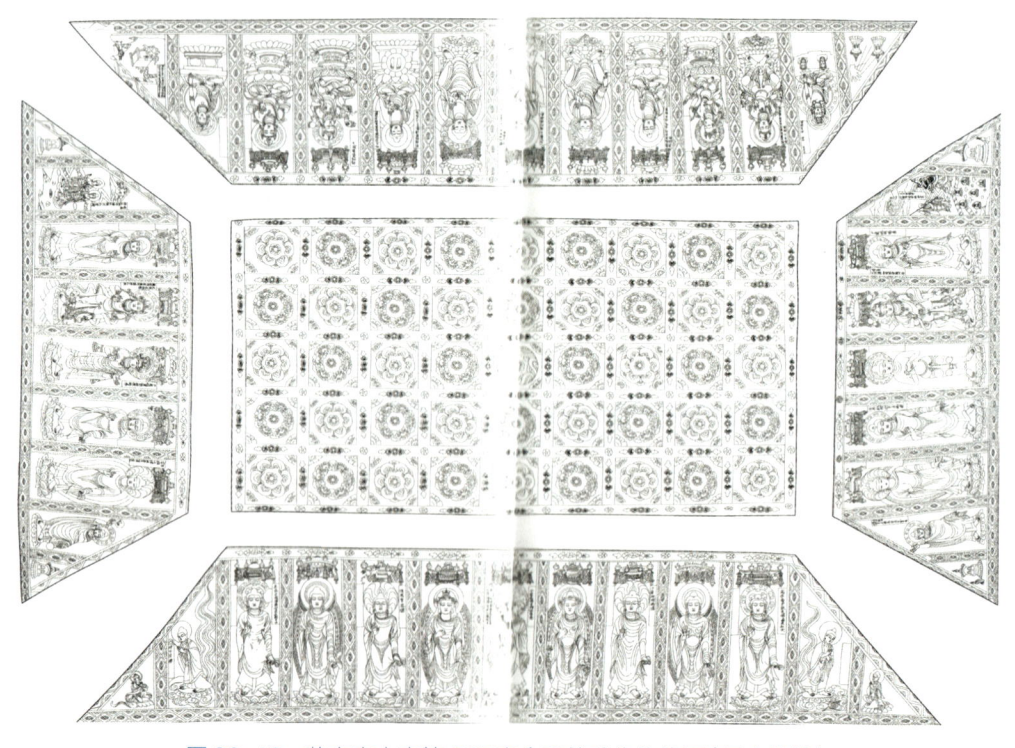

图 33-19　莫高窟中唐第 237 窟龛顶的瑞像集线图（吴晓慧绘）

根据《牛角山授记》《于阗国授记》等文献，社会动荡不安时与瑞像一同出现，护持国土的还有众多守护神，他们也同样东传至敦煌。晚唐五代时的敦煌石窟中出现的于阗八大守护神分别是：迦迦那莎利神、莎那末利神、莎耶摩利神、阿隅阁天女、毗沙门天王、阿婆罗质多神、摩诃迦罗神、悉他那天女，他们的名号后面固定有"守护于阗国"的字样。按照他们的身形，可分为将军（天王）形、夜叉形、女神形，其图像特征体现了于阗因素与中原因素的杂糅。石窟中，他们与瑞像、佛教圣迹图形成固定的图像组合，出现在长甬道的顶部及窟内壁面上。根据洞窟壁画遗存与伯希和拍摄的老照片，莫高

图 33-20　莫高窟晚唐第 9 窟通道顶瑞像集

窟与榆林窟共有 14 个洞窟绘有于阗守护神，分别为莫高窟第 9（图 33-20）、340、98、108、39、146、397、401、126、25、454、342 窟，榆林窟第 33 窟，莫高窟第 220 窟（已剥落）。时间上从 9 世纪晚期持续至 10 世纪末。

　　守护于阗的瑞像、守护神在传播到敦煌之后，成了敦煌的守护神。依靠文本传播而来的于阗圣地牛头山，在敦煌也有了新的含义。关于牛头山最早的记载见于玄奘的《大唐西域记》："王城西南二十余里，有瞿室㚖伽山（唐言牛角）。山峰两起，岩隒四绝，于崖谷间建一伽蓝，其中佛像时烛光明。昔如来曾至此处，为诸天、人略说法要，悬记此地当建国土，敬崇遗法，遵习大乘。"[1] 藏文文献《牛角山授记》《于阗国授记》中释迦牟尼说法、授记均在此地，足见此山在于阗的地位。与毗沙门天王、瑞像等作为固定的图像样式传播所不同，敦煌石窟中的牛头山图像源自敦煌民众的想象，通常被绘制成释迦结牟尼跏趺坐于一个山石堆叠而成的牛头之上，有的牛口中还绘有可攀爬的天梯，展现了释迦牟尼授记于

---

① [唐] 玄奘、辩机原著，季羡林等校注：《大唐西域记校注》，中华书局，1985 年，第 1013—1014 页。

阗的场景。该图像除了一例之外，基本位于佛教圣迹图的下方，图像与形式比较固定。唯一的特例为曹氏归义军时期绘制的榆林窟第32窟东壁门北侧的普贤并侍从图（图33-21）。画面中，普贤端坐于六牙白象之上，左右各有五身伎乐菩萨。画面南侧前景为牛头山，口中有天梯，有人行走其上，顶上有佛塔一座。其后方有一座院落，两人立于门前，拱手做礼拜状。后景为毗沙门天王与舍利弗决海的场景，身后的湖泊中有五身化佛。普贤脚下为群山，数座佛塔点缀其间。显然，此处的牛头山是作为普贤菩萨的住地出现的，与南侧文殊身后的五台山相对应。菩萨住地思想源自《华严经》"菩萨住处品"，但是普贤菩萨住于牛头山却不见于典籍记载，故而可能是于阗牛头山崇拜传至敦煌后与普贤信仰相结合的产物。

以回鹘、于阗为代表的丝路城邦在不同题材、不同程度上影响了敦煌壁画的绘制，从图像角度忠实再现了敦煌与丝绸之路沿线各地的交流状况。这种交流包括政治、宗教、文献、艺术等多个维度，成为我国唐宋之间多民族、多区域交流不可多得的珍贵资料。

图33-21　榆林窟五代第32窟普贤变

五、敦煌丝路图像的意义

敦煌作为丝绸之路上的重要一站,在沟通中西方交通的同时保留下大量珍贵的图像资料,从再现丝路场景、体现丝路文化交流两个方面展现了中国古代丝绸之路的基本面貌。在"一带一路"倡议的宏观背景下,敦煌的丝路图像具有如下意义:

第一,尽管敦煌壁画以佛教题材为主,但是丝绸之路上商旅们的行进、生活方式还是以润物细无声的方式进入了壁画之中,如福田经变、法华经变、观音经变中都不同程度地表现了丝绸之路上行旅的细节。这部分图像直观再现了丝绸之路的基本生态,是了解、研究丝绸之路的第一手资料。

第二,丝绸之路在一定程度上是国家、民族、区域间的交流。敦煌壁画从多重视角生动展现了丝路沿线城邦与敦煌的交流。这种交流不局限于使臣、帝王形象,也不囿于固定样式的传播,而是彼此间对文化的互相吸纳,由此形成不同民族、不同文化带间的交流与互动。如敦煌当地归义军政权与甘州回鹘、于阗之间形成的婚姻联盟,加剧了汉文化与西域文化的深入交流。这部分的图像材料生动地展现了多个区域乃至文化带立体化、多元化交流的方式。

第三,中华优秀传统文化的形成,实际上是以汉文化为主体、不断吸纳周边文化、与周边文明不断交流的过程。而这种文化上的交往、交流、交融实际上也造就了中华民族共同体意识的形成。敦煌丝路壁画也正是这种中华民族共同体意识形成过程中的图像化体现。

第三十四章　敦煌丝路图像中的朝贡使者导论

一、敦煌壁画中的诸蕃客使群像

敦煌莫高窟贞观十六年至龙朔二年（642—662）开凿的"翟家窟"第 220 窟东壁窟门两侧绘有一幅"贞观新样"维摩诘经变（图 34-1），窟门左侧上部为身姿前倾、露齿笑语的维摩诘，其身后坐榻立着当时风靡长安的法书屏风，维摩诘下方则有数尊衣冠各异的外国人物；窟门右侧上部为文殊菩萨，其下方是身着冠冕、由侍从搀扶的中原帝王，反映的是每年元日朝会"万国衣冠拜冕旒"的场景。从第 220 窟起，到归义军曹氏画院结束为止，敦煌除了龛内绘制的小幅维摩诘经变外，还有各国王子图，是一幅专属唐朝的职贡图绘。这幅新样附会的是《维摩诘所说经·方便品》所云："长者维摩诘，以如是等无量方便饶益众生。其以方便，现身有疾。以其疾故，国王大臣、长者居士、婆罗门等，及诸王子并余官属，无数千人，皆往问疾。"[1] 由多种长安画样重组而成，[2] 为大唐长安珍贵的历史影像。其中表现"万国来朝，至于此辈章服，实可图写"的客使群像与中原帝王两相对望，成对称构图，研究者根据经文将这组人物定名为"各国王子图"。这群奇装异服的胡人形象正是长安诸蕃客使的写实，[3] 体现了唐代中外交流之繁盛。

莫高窟第 220 窟维摩诘经变的独特、创新性带动了数个学术热点。首先，在相似的粉本画样中，这群客使图像组合无一重复，且变化多端、衣冠独特，引起了研究者的关注。段文杰先生曾数次撰文梳理敦煌壁画中的衣冠服饰，兼论胡人形象，他指出各国王子图中的人物造型各异、位置屡有变换，但由于各民族文化相互影响，仅透过壁画的人物相貌、服饰，具体的民族和国家颇难一一详考。[4] 也有一些研究者专文考证其中的人物身份，影山

---

[1] 〔姚秦〕鸠摩罗什译：《维摩诘所说经》，CBETA, T14, no. 475, p. 539, b8—12。
[2] 李昀：《敦煌壁画中的职贡图绘研究之一——维摩诘经变与贞观《王会图》》，《艺术工作》2021 年第 6 期，第 79—96 页。
[3] 贺世哲：《敦煌莫高窟壁画中的〈维摩诘经变〉》，《敦煌研究》1982 年第 2 期，第 67 页。
[4] 段文杰：《敦煌壁画中的衣冠服饰》，载《段文杰敦煌石窟艺术论文集》，甘肃人民出版社，1994 年，第 250—272 页；段文杰：《莫高窟唐代艺术中的服饰》，载《段文杰敦煌石窟艺术论文集》，甘肃人民出版社，1994 年，第 273—317 页。

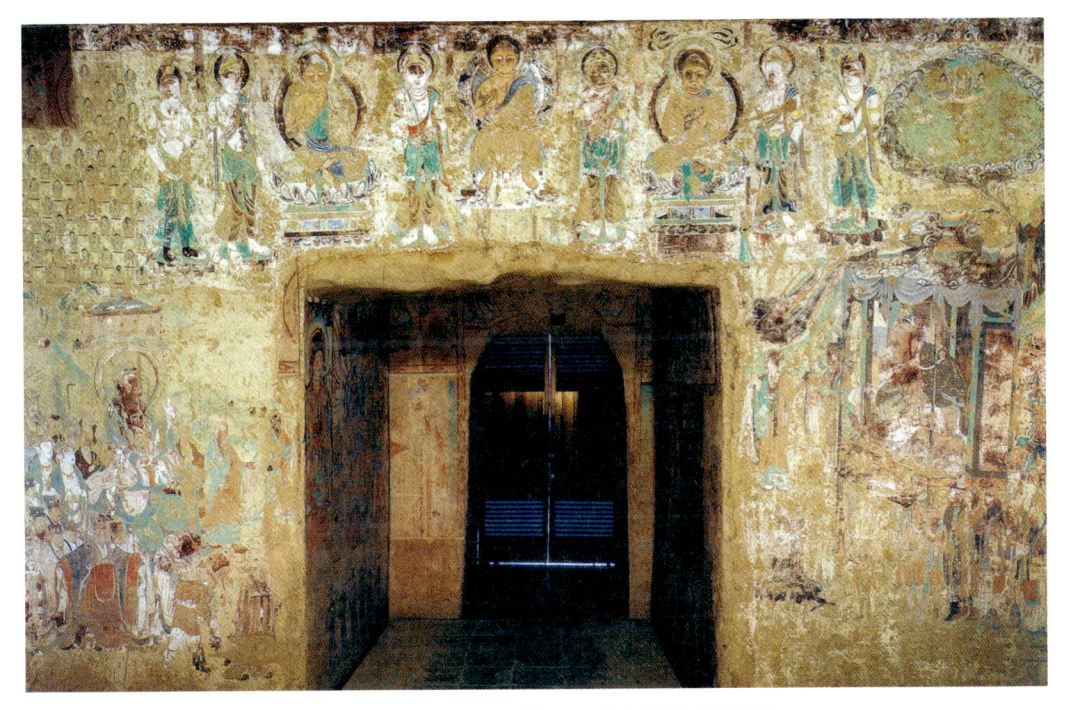

图 34-1　敦煌莫高窟第 220 窟东壁维摩诘经变

悦子将人物冠帽分类归纳，分析其中人物的身份，并点明这些人物是外国使节；[1]李昀进一步作了分型分类、族属考证工作。[2]民族服饰方面涉及这组客使者的研究相当可观，在此不一一罗列。其次，与使者们面对面的帝王像研究成果也很丰富，王中旭梳理了莫高窟第103、220、332、335窟中的维摩诘经变"新样"，主要关注的是壁画与贞观年间长安流传的帝王图像、蕃王使臣之间的关系；[3]宁强、陈菊霞对莫高窟第 220 窟都有深入的研究，关注点也集中在帝王图上；[4]赵燕林进一步指出画中的帝王冠冕具有北齐、北周或隋初的服制特征。[5]此外，研究者也对这件长安画样的来源与传播提出多种设想，与几种初唐长安流行的

[1] ［日］影山悦子：《敦煌莫高窟维摩诘经变相图中的外国使节について》，载《神户市外国语大学研究科论集》1，神户市外国语大学，1998 年，第 65—81 页。
[2] 李昀：《万国衣冠拜冕旒——敦煌壁画中的朝贡者形象》，《艺术史研究》第十九辑，中山大学出版社，2017 年，第 169—205 页。
[3] 王中旭：《敦煌翟通窟〈维摩变〉之贞观新样研究》，《艺术史研究》第十四辑，中山大学出版社，2012 年，第 369—397 页。
[4] Ning Qiang, *Art, religion, and politics in medieval China: the Dunhuang cave of the Zhai Family*, University of Hawai'i Press, 2004, pp. 50–63；同氏：Imperial Portraiture as Symbol of Political Legitimacy: A New Study in the Portraits of Successive Emperors, *Ars orientalus*, Vol. 35, 2008, pp. 97–128. 陈菊霞：《敦煌翟氏研究》，民族出版社，2012 年。
[5] 赵燕林：《莫高窟第 220 窟维摩诘经变帝王像研究》，《敦煌研究》2018 年第 6 期，第 20—31 页。

画样产生联系。[1]荣新江则根据当时的历史背景，对这件长安画样传播到敦煌的历程提出多种可能。[2]可以说，这件新样的信息量非常大，研究价值可观。

二、客使图像的编纂传统

《唐六典》记载："《周礼》夏官有职方氏中大夫之职，掌天下之地图，主四方之职贡。"[3]职贡是王朝外交重要的一环，从方位、远近、轻重到次序，都有详细的规定。职贡礼仪是一种官方强调国家主义的形式，规章繁琐，而且不可踰矩。《唐会要》卷六三"诸司应送史馆事例"条规定："蕃国朝贡，每使至，鸿胪勘问土地、风俗、衣服、贡献、道里远近，并其主名字报。"[4]在唐代，由鸿胪寺负责收集记录外蕃的土地风俗、衣冠样貌，形成惯例。宫廷画师则根据档案或亲临现场，将某些职贡活动描绘成图。这些由官方制作相类题材的绘画作品可统称为职贡图绘，有其独特而规范的编纂传统，与帝王的形象塑造、帝国的秩序建构存在密切关系。由官方制作职贡图绘的传统可追溯至南朝，《梁书》卷三〇《裴子野传》记载当时未曾入贡的白题和滑国遣使朝梁，众人均不知二国来历，裴子野却能说出二国的由来，引起梁武帝的赏识，故命其编纂《方国使图》，其中收录有二十国，载诸国风俗、掌故，并绘使者图像。[5]及至梁元帝萧绎任荆州刺史时，作著名的《职贡图》，为国祝寿，《艺文类聚》卷五五收录梁元帝《职贡图序》，云其"款开蹶角，沿沂荆门，瞻其容貌，诉（讯）其风俗。如有来朝京辇，不涉汉南，别加访采，以广闻见"[6]，陆续搜集完成《职贡图传》。现今传世摹本有三件，清代摹本职方志录文有一件。[7]1960年，金维诺先生《"职贡图"的时代与作者——读画札记》一文指出，当时展于中国历史博物馆的传阎氏兄弟作《职贡图》，实际当为梁元帝《职贡图》摹本。该图传所收国名、使者，俱属南北朝，且图中人物左侧所附职方志内容、用字、缺笔等，说明其属宋代摹本。[8]这幅宋摹《职贡图》也是一幅图谱，每位使者图像都搭配有职方志一则。根据榎一雄的观点，《职贡图》就是《方国使图》

---

[1] 邹清泉：《虎头金粟影——维摩诘变相研究》，北京大学出版社，2013年。史睿：《隋唐法书屏风考——以敦煌莫高窟220窟为例》，载荣新江主编《唐研究》第23卷，北京大学出版社，2017年，第339—360页。李昀：《敦煌壁画中的职贡图绘研究之———维摩诘经变与贞观〈王会图〉》，《艺术工作》2021年第6期，第79—96页。

[2] 荣新江：《贞观年间的丝路往来与敦煌翟家窟画样的来历》，《敦煌研究》2018年第1期，第1—8页。

[3] 〔唐〕李林甫等撰，陈仲夫点校：《唐六典》卷五"职方郎中"条，中华书局，1992年，第161页。

[4] 〔宋〕王溥撰，何泉达等点校：《唐会要》卷六三，上海古籍出版社，2006年，第1285页。

[5] 《梁书》卷三〇《裴子野传》，中华书局，1973年，第443页。

[6] 〔唐〕欧阳询撰，汪绍楹校：《艺文类聚》卷五五，上海古籍出版社，1982年，第997页。

[7] 赵灿鹏：《南朝梁元帝〈职贡图〉题记佚文新发现》，《文史》2011年第一辑，第111—118页。

[8] 金维诺："职贡图"的时代与作者——读画札记》，《文物》1960年第7期，第14—17页。

扩充而来。

记录周边诸国来历、人物形貌、朝贡年次、国书内容，甚至贡物品项等，成为王朝的重点项目。隋统一南北后，中国走向繁荣。隋炀帝将通西域、经略四夷的任务交给当时的黄门侍郎裴矩，裴矩"寻讨书传，访采胡人，或有所疑，即详众口。依其本国服饰仪形，王及庶人，各显容止，即丹青模写，为《西域图记》，共成三卷，合四十四国"。到了唐贞观年间，张弼作为唐朝使者，"历聘卅国，经涂（途）四万里"，并"使返奏闻"。经历隋末唐初的战争纷扰，当时人对西域诸国的认知出现空白，因此张弼出使西域对唐朝与西域交流史具有重要意义。《旧唐书·玄奘传》也记载："贞观初，随商人往游西域。玄奘既辩博出群，所在必为讲释论难，蕃人远近咸尊伏之。在西域十七年，经百余国，悉解其国之语，仍采其山川谣俗，土地所有，撰《西域记》十二卷。"贞观三年（629），又有颜师古倡议作《王会图》，绘制来使图像。到了会昌三年（843），吕述奉命作《黠戛斯朝贡图传》一卷。

宋代时这项传统仍然保持。《续资治通鉴长编》记载大中祥符八年（1015）权判鸿胪寺、刑部郎中、直史馆张复上言："请纂集大中祥符八年已前朝贡诸国，缋画其冠服，采录其风俗，为《大宋四裔述职图》，上以表圣主之怀柔，下以备史臣之广记。"《元史》卷一五记载至元二十五年（1288）三月："壬寅，礼部言：'会同馆蕃夷使者时至，宜令有司仿古《职贡图》，绘而为图，及询其风俗、土产、去国里程，籍而录之，实一代之盛事。'从之。"至明代，天启五年（1625），正使姜曰广、副使王梦尹出使朝鲜，《丙寅皇华集》收录二人诗作，王梦尹《过嘉山岭纪怀》诗曰："触石朝霏云乍合，濯枝夕润雨初酣。駪駪靡及怀周道，问俗西门译语喃。"又有《大平馆旧有张芳洲六十韵，归途次之》云："皇灵遐邕遍玄穹，四海讴歌德教通""问俗时呼村内叟，观风但看道傍佣。"可见出使过程，采风问俗亦为重点任

① 〔日〕榎一雄：《梁职贡図について》，《东方学》第二十六辑，1963年，第31—46页，收录于《榎一雄著作集》第7卷《中国史》，汲古书院，1994年，第106—128；〔日〕榎一雄：《滑国に关する梁职贡図の记事について》，《东方学》第二十七辑，1964年，第12—32页，收录于《榎一雄著作集》第7卷《中国史》，第132—161页；〔日〕榎一雄：《梁职贡図の流传について》，原刊《镰田博士还历记念历史学论丛》，1969年，后收录《榎一雄著作集》第7卷《中国史》，第175—189页。
② 〔唐〕魏征等撰：《隋书》卷六七《裴矩传》，中华书局，1973年，第1579—1580页。
③ 《大唐故始州黄安县令南阳县开国公张府君墓志铭》，载胡戟、荣新江主编《大唐西市博物馆藏墓志》，北京大学出版社，2012年，第224—226页。
④ 荣新江：《唐贞观初年张弼出使西域与丝路交通》，《北京大学学报》2020年第1期，第113—118页。
⑤ 〔后晋〕刘昫等撰：《旧唐书》卷一九一《玄奘传》，中华书局，1975年，第5108页。
⑥ 〔宋〕司马光著，胡三省音注：《资治通鉴》卷一九三，中华书局，1956年，第6068页。
⑦ 〔宋〕欧阳修、宋祁撰：《新唐书》卷五八《艺文志》，中华书局，1975年，第1508页。
⑧ 〔宋〕李焘：《续资治通鉴长编》卷八五，中华书局，2004年，第1951页。
⑨ 〔明〕宋濂等撰：《元史》卷一五《世祖本纪》，中华书局，1976年，第310页。
⑩ 收录于赵季辑校：《足本皇华集》，凤凰出版社，2013年，第1450、1501—1504页。

务。清代皇帝则命军机处统筹，要求边境总督、巡抚搜罗与清王朝有往来的国家、民族衣冠状貌，绘其图像上缴。[1] 换句话说，由官方记录四夷的衣冠形貌已成惯例，这些档案中的图像材料就是多数职贡图绘的根本依据。因此，可以将出自宫廷画师之手的职贡图绘视为一种比肩正史的图传史料，诸如《客使图》《朝贡图》《王会图》或《职贡图》等。敦煌壁画中的客使群像十分写实，追本溯源，其母本应当就是来自长安宫廷的创作。

三、帝国形象的塑造与敦煌

(一)"天可汗"与贞观新样

在隋唐盛世丰富的对外交流背景之下，沿着丝路进入长安，其间重要的城市据点便化身为国际都会。《隋书·裴矩传》中保留了裴矩所撰《西域图记序》，记录当时丝绸之路的三条主要通道，自敦煌出发，最终抵达西海（即地中海）。

北道从伊吾，经蒲类海铁勒部，突厥可汗庭，渡北流河水，至拂菻国，达于西海。中道从高昌，焉耆，龟兹，疏勒，度葱岭，又经钹汗，苏对萨那国，康国，曹国，何国，大、小安国，穆国，至波斯，达于西海。南道从鄯善，于阗，朱俱波、喝盘陀，越葱岭，又经护密，吐火罗，挹怛，帆延，漕国，至北婆罗门，达于西海。[2]

东西三道上的诸国之间，南北往来亦有通路。裴矩将伊吾（哈密）、高昌（吐鲁番）、鄯善，称为西域的门户，而总凑西域三道的敦煌，迎接往来僧侣、过客、商人和异方客使，正是其咽喉之地，显示敦煌在隋唐中西交往过程中的重要地位。在这样特殊的历史背景之下，敦煌的佛教艺术中融入了一组具备现实意义，且十分写实的图像，即所谓的职贡图绘各国王子图。不同的职贡图绘作为执政者的图像纪功碑，因应重大历史事件的发生而创作，代表的是一种官方叙事，莫高窟第220窟新样正是在这样的背景下产生。根据《册府元龟》卷九七〇《外臣部》记载，贞观元年有西突厥、高昌、吐谷浑、何国、康国、新罗等来朝。二年四月西突厥入贡，[3] 九月高丽王建武贺破突厥，上《封域图》，同年还有林邑、真腊、粲半、殊奈、颉利可汗及铁勒等来贡。到了贞观三年，契丹渠帅、高昌、薛延陀、高丽、百济、新罗、拔也古、仆骨、同罗、奚等渠帅，以及西突厥并高昌，西赵夷子、牂牁、兖州蛮、靺鞨

---

[1] 赖毓芝：《图像帝国：乾隆朝〈职贡图〉的制作与帝都呈现》，《中央研究院近代史研究所集刊》2012年第75期，第1—76页。
[2] 〔唐〕魏征等撰：《隋书》卷六七《裴矩传》，中华书局，1973年，第1579—1580页。
[3] 根据荣新江的观点，张弼于贞观元年随西突厥来使"报聘"，回访西突厥，贞观二年四月西突厥复入贡，显示交好，可能是因为张弼已抵达西突厥汗廷的结果（《唐贞观初年张弼出使西域与丝路交通》，第116页）。

别部、东谢渠帅、牂国君长、室韦等先后来朝,[1]这一年,中书侍郎颜师古奏言:"昔周武王时,天下太平,远国归款,周史乃书其事为王会篇。今万国来朝,至于此辈章服,实可图写,今请撰为《王会图》。"获得唐太宗的许可。[2]贞观四年,东突厥颉利可汗被擒,西北诸蕃咸请上尊号为"天可汗"[3]此后数年,唐朝几次出使、出兵,表明经营西域的决心,唐太宗致力势力扩张的同时也进行自身形象的塑造,莫高窟第220窟"新样"维摩诘经变可以说是贞观初年唐太宗"天可汗"形塑的一环。这个新样的下部分区块是元日朝会"万国衣冠拜冕旒"的写实描绘,其中的使者图像源自鸿胪寺"图其容状"的官方档案。

(二)贞观新样维摩诘经变的组成

这件"新样"主要有两大区块,上部A区块为文殊与维摩诘,下部B区块为中原帝王与各国王子,融合了南北朝、隋乃至初唐的多种题材重构而成,创作于长安。

1.上部A区块

主要特征在于维摩诘坐姿与坐榻屏风的变化,根据史睿对此"新样"的研究,画中的维摩诘背靠法书屏风的图像源自隋代画家孙尚子首创于长安定水寺的新样,创新之处在于融入了江南风尚法书屏风(图34-2)。[4]这区块的画样出现于两大类维摩诘经变中,其一为莫高窟第220窟,以及年代接近的莫高窟第103、332、335窟,包括窟门对坐式与完整壁面式两种构图。其二为洞窟西壁龛内诸铺维摩诘经变,包括莫高窟第68、242、334、341、342窟,属龛内对坐式构图,由于龛内面积较小,坐榻下方并未见典型的B区块,但仍可见到数量较少的异国人物身影。这种类型的维摩诘经变均没有准确年代信息,谢稚柳指出莫高窟第68窟与第332窟风格颇近,或稍后;[5]金维诺将第68窟定为650年以后的盛唐窟,[6]贺世哲则定为705—781年盛唐窟,[7]各种推论均晚于贞观第220窟。与第220窟一系粉本不同的是,龛内部分维摩诘经变的法书屏风上有北朝流行的流苏帐,如莫高窟第341窟[8](图34-3);莫高窟第334窟的屏风则为独特的格子加团花(图34-4)。格子加团花显然是一种

---

[1] [宋]王钦若等编,周勋初等校订:《册府元龟》卷九七〇《外臣部》,凤凰出版社,2006年,第11228页。
[2] [后晋]刘昫等撰:《旧唐书》卷一九七《南蛮传》,中华书局,1975年,第5274页。
[3] [后晋]刘昫等撰:《旧唐书》卷三《太宗本纪》,中华书局,1975年,第39—40页。
[4] 史睿:《隋唐法书屏风考——以敦煌莫高窟220窟为例》,载荣新江主编《唐研究》第23卷,北京大学出版社,2017年,第339—360页。
[5] 谢稚柳:《敦煌艺术叙录》,上海出版公司,1955年,第129页。
[6] 金维诺:《敦煌壁画维摩诘经变的发展》,《文物》1959年第2期,第9页。
[7] 贺世哲:《敦煌莫高窟壁画中的〈维摩诘经变〉》,《敦煌研究》1982年第2期,第66页。
[8] 石璋如:《莫高窟形》(三),"中央研究院"历史语言研究所,1996年,图版189。

图 34-2-1　莫高窟盛唐第 103 窟东壁维摩诘与法书屏风

图 34-2-2　莫高窟初唐第 332 窟北壁维摩诘与法书屏风线图

图 34-2-3　莫高窟初唐第 220 窟东壁维摩诘与法书屏风　图 34-2-4　莫高窟初唐第 335 窟北壁维摩诘与法书屏风

图 34-3　莫高窟初唐第 341 窟西壁流苏帐与法书屏风

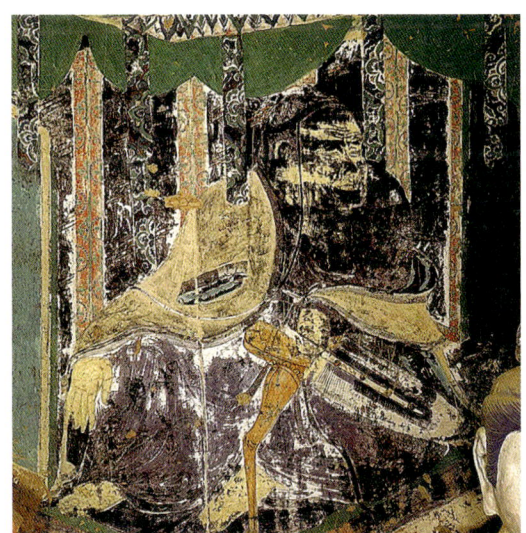

图 34-4　莫高窟初唐第 334 窟西壁格子团花屏风

法书屏风的绘制错误,法书屏风源于江南,江南法书鉴藏,帝王、贵胄、山野文士皆好之,而书屏风尚也就随之遍及朝野,乃至渐传北地。隋唐皇室已接纳江南书屏风尚,法书屏风的展示功能在皇室、贵戚和高官之家最为重要,他们若想炫耀自己的法书收藏,装裱为屏风最为适宜。[1] 这样的江南风尚快速从长安传播至敦煌,但由于敦煌当地的平民画匠恐难有机会接触书屏实物,故虽见长安粉本,却不明"法书屏风",因此产生第 334 窟这般绘图

---

[1] 史睿:《隋唐法书屏风考——从莫高窟 220 窟维摩诘经变谈起》,载荣新江主编《唐研究》第 23 卷,北京大学出版社,2017 年,第 354—355 页。

错误,也成为隋代画家孙尚子创于长安定水寺的"维摩诘新样"失传的转折点。到了大历年间的莫高窟第194窟,长安流行的法书屏风已为团花屏风所取代,维摩诘座榻下方的朝贡使者群像也转向另一种粉本系统。

2. 下部B区块

这区块由中原帝王、百官、诸州朝集使与各国王子(诸蕃客使)所构成。最典型的是东壁窟门对坐式莫高窟第220(图34-5)、103窟(图34-6),以及北壁完整壁面式莫高窟第332(图34-7)、335窟(图34-8)。其中的帝王形象与《洛神赋图》中的曹植、梁《职贡图》中的东魏使者,以及《历代帝王图》中的后周武帝非常相似(图34-9),据考古学者研究,《洛神赋图》的时间限度在六朝是可信的,但其中的人物衣冠、风景表现手法与南朝的出土文物更相符,[1]是南朝流行的题材。北朝方面,山东北齐崔芬墓西壁墓主夫妇出游图也应用了同类粉本,但这类粉本应用于世俗人物出行中十分罕见,[2]画样的流传脉络有迹可循。莫高窟第220窟中的帝王冠冕具有前代的服制特征,体现的正是贞观初年因袭前朝旧礼的帝王服制,直到贞观十一年(637)颁布《贞观礼》以后,唐朝方才建立起专属自己的礼仪制度。各国王子表现的则是每年元日朝会前来贺正、朝贡的诸蕃客使形象,主要特征在于王子的排列组合上(图34-10)。

贞观新样《维摩诘经变》融合了A区块长安流行的法书屏风,加上B区块各国使者到长安向帝王朝贡的职贡图绘,是一件创作于长安、体现长安景象的新型画样。研究者根据时间节点与历史背景推想,这件画样或许是贞观十八年(644)前往敦煌迎接东归玄奘的使臣

图34-5 莫高窟初唐第220窟东壁窟门对坐式   图34-6 莫高窟盛唐第103窟东壁窟门对坐式

---

[1] 韦正:《从考古材料看传顾恺之〈洛神赋图〉的创作年代》,载中山大学艺术史研究中心编《艺术史研究》第七辑,中山大学出版社,2005年,第269—279页。
[2] 山东省文物考古研究所、临朐县博物馆:《山东临朐北齐崔芬壁画墓》,《文物》2002年第4期,第4—26页。

图 34-7　莫高窟初唐第 332 窟北壁完整壁面式

图 34-8　莫高窟初唐第 335 窟北壁完整壁面式

图 34-9-1 辽宁本《洛神赋图》中的曹植 　　图 34-9-2 莫高窟第 220 窟维摩诘经变中的中原帝王 　　图 34-9-3 台北"故宫博物院"藏传唐本《职贡图》中的虏国（东魏）使 　　图 34-9-4 《历代帝王图》后周武帝

图 34-10-1 莫高窟盛唐第 103 窟东壁朝贡者群像 　　图 34-10-2 莫高窟初唐第 220 窟东壁朝贡者群像

图 34-10-3 莫高窟初唐第 332 窟北壁朝贡者群像 　　图 34-10-4 莫高窟初唐第 335 窟北壁朝贡者群像

所带来的长安画样,¹ 若果真如此的话,此画样便具有里程碑意义,用前人耕耘的外交成果职贡图绘贞观新样,在敦煌迎接另一努力耕耘的西行者归来。

(三)长安粉本的再更新

粉本并非一成不变。史苇湘基于敦煌政权更迭的时间与中原地区有所不同,依照敦煌的历史特殊性划定了敦煌的历史时代分期,将武德元年(618)至长安四年(704)划为初唐;神龙元年(705)至建中元年(780)为盛唐;建中二年(781)至大中元年(847)为吐蕃时期(即中唐);大中二年(848)至天祐三年(906)为晚唐。² 然若粉本来源于长安,则必须考虑中原地区的政治状态。在被划为盛唐窟的大历年间莫高窟第194窟中,象征盛唐意象的贞观新样已然产生变化,是一次来自长安的粉本更新。

上部A区块,绘于南壁的维摩诘和文殊首次左右对调,³ 之后屡有变换,似无规律。同时,源自南朝的长安风尚法书屏风为团花或山水屏风所取代。孙尚子所创身体前倾、精神矍铄、双目炯炯有神,并开口显齿,似语哕之相的维摩诘也消失了,取而代之的是闲适倚坐貌的维摩诘,这个形象为中晚唐所沿用(图34-11)。

图34-11-1 莫高窟大历第194窟维摩诘与团花屏风

图34-11-2 莫高窟中唐第237窟维摩诘与团花屏风

---

① 荣新江:《贞观年间的丝路往来与敦煌翟家窟画样的来历》,《敦煌研究》2018年第1期,第1—8页。
② 史苇湘:《关于莫高窟内容总录》,载敦煌文物研究所整理《敦煌莫高窟内容总录》,文物出版社,1986年,第177—182页。
③ 贺世哲:《敦煌莫高窟壁画中的〈维摩诘经变〉》,《敦煌研究》1982年第2期,第71页。

图 34-11-3　莫高窟晚唐第 156 窟维摩诘与团花屏风

图 34-11-4　莫高窟晚唐 Ch.00144 维摩诘与团花屏风

图 34-12-1　莫高窟大历第 194 窟南壁客使四方列位线图

图 34-12-2　莫高窟中唐第 237 窟东壁客使四方列位

图 34-12-3　莫高窟晚唐第 85 窟东壁客使四方列位

下部B区块最大的变化则在于客使群的排序方式趋向程序化，衣着各异、队伍庞大的各国王子们，依照国家方位排成数列（图 34-12）。以莫高窟第 194 窟为例，图中编号 1—6 的使者多数具备东北民族特征，编号 9—13 的使者则带有明显西域特征。这种排列方式有着文献依据，显示出长安粉本的再影响，根据《大唐开元礼》卷九七《嘉礼》"皇帝元正冬至受群臣朝贺"条规定：

图 34-12-4　莫高窟晚唐第 156 窟东壁客使四方列位

设诸方客位：三等以上东方南方于东方朝集使之东，每国异位，重行，北面西上；西方北方于西方朝集使之西，每国异位，重行，北面东上；四等以下分方位于朝集使六品之下，重行，每等异位。

客使依照三等以上、四等以下分两大类，东方、南方三等以上客使，朝贺时位东方朝集使之东，面向北边，各国分开，排成两列；西方、北方三等以上客使则位西方朝集使之西，面向北边，各国分开，排成两列；四等以下客使按相同原则排列于六品朝集使之下。其排列

①《大唐开元礼》卷九七《嘉礼》，民族出版社，2000年，第454页。《通典》卷一二三，中华书局，1988年，第3151页。

规则与国家的地理方位有关，次序则依照政治地位而定。在诸国重要性此消彼长的变化中，详细客使位缺乏记载。其他重要场合如封禅或节日，也依照相类客位排列。开元二十三年（735），玄宗作封禅之礼，据记载：

> 玄宗御朝觐之帐殿，大备陈布。文武百僚，二王后，孔子后，诸方朝集使，岳牧举贤良及儒生、文士上赋颂者，戎狄夷蛮羌胡朝献之国，突厥颉利发，契丹、奚等王，大食、谢䬿、五天十姓、昆仑、日本、新罗、靺鞨之侍子及使，内臣之番，高丽朝鲜王，百济带方王，十姓摩阿史那兴昔可汗，三十姓左右贤王，日南、西竺、鑿齿、雕题、牂柯、乌浒之酋长，咸在位。[1]

东方、南方的昆仑、日本等为一列，西方、北方的契丹、大食等为一列，确实符合《开元礼》的规定。换句话说，这件来自长安的客使图像母本是基于唐朝官方档案而制作的，于贞观年间传到敦煌，绘制于莫高窟第220窟，之后经过不止一次的粉本更新，说明长安与敦煌交流的频繁。大历年间的莫高窟第194窟则是一次明确的长安粉本更新实例，但非常可惜的是，由于敦煌洞窟并非完好无损，各个洞窟也未必有明确纪年，从盛唐到大历之间的壁画流传脉络有一定的空白。

四、长安客使图像在敦煌的本土化

（一）吐蕃统治时期客使图像的本土化历程

这件来自长安的盛世画样在敦煌传播百余年后，开始了本土化并局部更新的历程。《元和郡县图志》云：沙州"建中二年（781）陷于西蕃"[2]，《太平寰宇记》载："自天宝末陷于西戎。"[3]《新唐书·地理志》云："自禄山之乱，河右暨西平、武都、合川、怀道等郡皆没于吐蕃，宝应元年（762）又陷秦、渭、洮、临，广德元年复陷河、兰、岷、廓，贞元三年（787）陷安西、北庭，陇右州县尽矣。"[4] 学界基本认同沙州于贞元二年陷于吐蕃。吐蕃统治时期流行的粉本更重视敦煌统治者的政治宣传，维摩诘经变中大篇幅地描绘吐蕃赞普礼佛的场景，B区块的各国王子图增加了吐蕃赞普及其侍从为首的部分，成为吐蕃赞普礼佛图（图34-13）。

这种新题材表现的是本土化、当地化特点，见于莫高窟第159、231、237、359、360窟

---

[1]〔后晋〕刘昫等撰：《旧唐书》卷二三《礼仪志》，中华书局，1975年，第900页。
[2]〔唐〕李吉甫撰：《元和郡县图志》卷四〇，中华书局，1983年，第1025页。
[3]〔宋〕乐史撰：《太平寰宇记》卷一五三，中华书局，2007年，第2955页。
[4]〔宋〕欧阳修、宋祁撰：《新唐书》卷四〇《地理志》，中华书局，1975年，第1040页。

图 34-13　莫高窟第 237 东壁门南维摩诘与吐蕃赞普率诸蕃客使　　图 34-14　英藏敦煌中唐绢画Ch.00350（局部）

等，与大英博物馆藏敦煌绢画Ch.00350（图 34-14），以及法国吉美博物馆藏敦煌纸本彩画MA6277（图 34-15）和英藏Ch.0054画面安排雷同。然而，以吐蕃赞普礼佛为主题的各国王子图，已经背离了皇帝与朝贡诸使会面的画样母本，转变为吐蕃赞普率领诸蕃客使与中原帝王会面的场景。以中原王朝的视角，"位列诸蕃之长"代表一种特殊荣誉，如中晚唐时，突厥汗国破灭，回纥强盛，又因助平安史之乱有功，肃宗至德二载（757）诏："回纥叶护，特禀英姿，挺生

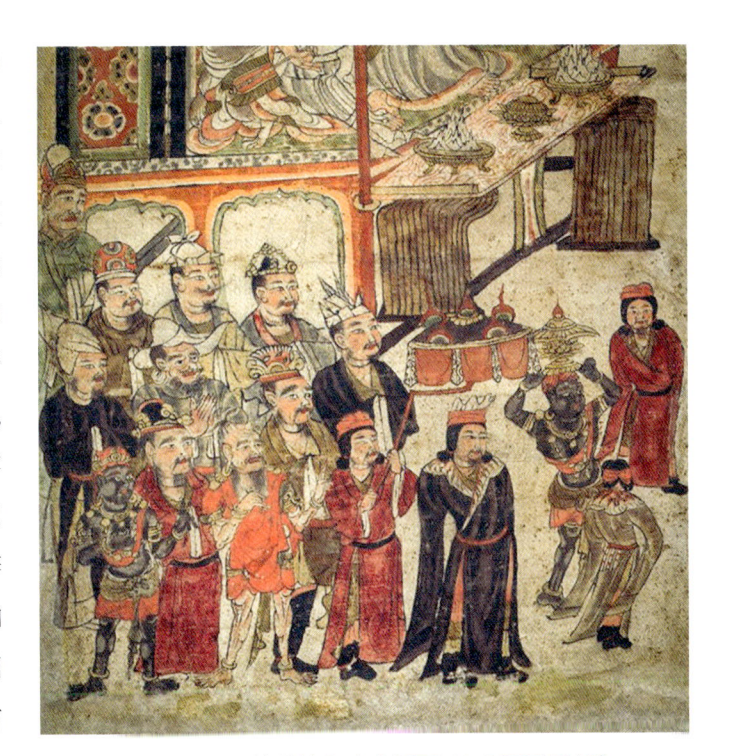

图 34-15　法藏敦煌中唐纸画MA.6277（局部）

奇略，言必忠信，行表温良，才为万人之敌，位列诸蕃之长。"[1] 会昌三年，黠戛斯破回鹘来朝，令画工将黠戛斯使者注吾合素的图像"以冠篇首""列于传前"[2]。吐蕃统治者以自身

---

[1]〔后晋〕刘昫等撰：《旧唐书》卷一九五《回纥传》，中华书局，1975 年，第 5199—5200 页；〔宋〕宋敏求编：《唐大诏令集》卷一二八《回纥叶护司空封忠义王制》，中华书局，2008 年，第 690 页。

[2]〔唐〕李德裕撰，傅璇琮、周建国校笺：《李德裕文集校笺》卷一八，河北教育出版社，2000 年，420 页。

图34-16　莫高窟中唐第237东壁门北中原帝王　　图34-17　英藏敦煌中唐纸画Ch.0054（局部）

"位列诸蕃之长"，用意究竟为何，仍存争议。部分研究者指出这种新题材的出现，显示"吐蕃的高压统治与极端民族政策"[1]；但也有研究者认为将吐蕃赞普与汉族帝王同时绘于画面上，是一种缓和唐蕃冲突的妥协政策。[2]

吐蕃赞普率领诸蕃客使的构图，与北魏以来流行的礼佛主题艺术作品更为接近，并且B区块文殊一侧的中原帝王姿态也发生变化。从目前已刊布的图版来看，莫高窟第159、231、237、359等窟（图34-16），以及英藏纸画Ch.0054（图34-17）的中原帝王改为双手合十貌，不再依循贞观新样中南朝流行双手敞开由侍从搀扶的帝王样式。这个区块的粉本更新另有传统，早在莫高窟盛唐前期第323窟昙延法师感通故事中，祈雨的隋文帝便作双手合十礼拜貌，身后有随从四人，其中一人手持曲柄华盖（图34-18）。这类北朝礼佛主题作品最早见于北魏龙门石窟宾阳中洞，其东壁窟口第三层就是著名的"帝后礼佛图"浮雕，南侧为文昭皇太后礼佛仪仗图，

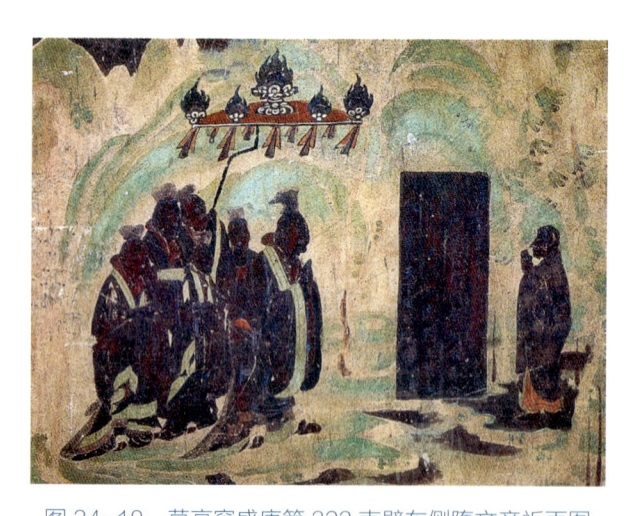

图34-18　莫高窟盛唐第323南壁东侧隋文帝祈雨图

---

[1] 史苇湘：《敦煌历史与莫高窟艺术研究》，甘肃教育出版社，2002年，第410页；沙武田：《吐蕃统治时期敦煌石窟供养人像考察》，《中国藏学》2003年第2期，第80—93页；沙武田：《吐蕃统治时期敦煌石窟研究》，中国社会科学出版社，2013年，第59—69页。
[2] 郑颖：《莫高窟吐蕃时期维摩变及其信仰》，《法音》2013年第8期，第49—57页。

图 34-19-1　龙门石窟宾阳中洞东壁窟口北侧孝文皇帝礼佛仪仗图

图 34-19-2　龙门石窟宾阳中洞东壁窟口南侧文昭皇太后礼佛仪仗图

北侧为孝文皇帝礼佛仪仗图，刻画的是北魏皇家礼佛的庄重场景（图 34-19）。附近的巩县石窟寺第 1、3、4 窟等多处也见有帝后礼佛图，在风格、构图及配置上显然受宾阳洞的影响，[1] 为北魏王室的礼佛场所。

美国克利夫兰艺术博物馆（Cleveland Museum of Art）藏有一件定为北宋赵光辅（约923—976）所绘的蛮王礼佛图（Barbarian Royalty Worshiping the Buddha）（图 34-20），[2] 则

图 34-20　美国克利夫兰艺术博物馆藏蛮王礼佛图（局部）

---

[1] 陈明达：《巩县石窟寺的雕凿年代及特点》，载河南省文物研究所编《巩县石窟寺》，文物出版社，2012 年，第 184 页。

[2] 相关研究有何卯平：《〈番王礼佛图〉创作年代考》，《中国国家博物馆馆刊》2019 年第 3 期，第 81—95 页，认为该画制作于西夏时期，是北宋画家赵光辅为元昊绘制于 1033—1043 年的作品。

图 34-21　台北"故宫博物院"藏传大理国张胜温画《梵像》利贞皇帝礼佛图

明显承自敦煌吐蕃赞普礼佛图,年代有点差距,两种画样的演变或许是更间接的关系。

台北"故宫博物院"藏品编号"故-画-001003"的传大理国(937—1254)张胜温画《梵像》,卷长16米左右,卷后有盛德五年(1180)大理国沙门释妙光题跋。其第一段绘利贞皇帝段智兴(1172—1199)礼佛图(图34-21),榜题作"利贞皇帝骠信画"。在构图上也同样有吐蕃赞普礼佛图的影子,应当是受了唐朝影响,参照关联粉本而作。

(二)归义军统治时期客使图像的程序化与特殊化

大中二年(848),沙州土豪张议潮起义,率土来献。《敕河西节度兵部尚书张公德政之碑》(张淮深碑)记载:"沙州既破吐蕃,大中二年,遂差押牙高进达等,驰表函入长安城,已(以)献天子。"[1] 当时瓜沙以东仍受吐蕃控制,河西走廊交通纷乱,往来中原并不容易,于大中五年才抵达长安。《旧唐书》记载:"(大中五年)沙州刺史张义潮遣兄义泽以瓜、沙、伊、肃等十一州户口来献,自河、陇陷蕃百余年,至是悉复陇右故地。以义潮为瓜沙伊等州节度使。"[2] 然而"宣懿德微,不暇疆理"[3],十一州观察使仅为虚衔。这一时期,陷蕃之前莫高窟第194窟根据四分列位的客使群像粉本回归主流,但贞观的风尚与开元的礼仪尽失,当时的画师恐怕已难知晓此画样的皇家来历。张氏归义军时期的维摩诘经变主要见于莫高窟第9、12、18、85、138、156窟等;曹氏归义军时期则见于莫高窟第98、100、108、61、146、454窟等。

---

[1]《敕河西节度兵部尚书张公德政之碑》由S.6161 + S.3329 + S.11564 + S.6973 + P.2762相缀合,录文参见荣新江:《敦煌写本〈敕河西节度兵部尚书张公德政之碑〉校考》,载《周一良先生八十生日纪念论文集》,中国社会科学出版社,1993年,第206—216页。

[2] 〔后晋〕刘昫等撰:《旧唐书》卷一八《宣宗本纪》,中华书局,1975年,第629页。

[3] 〔宋〕欧阳修、宋祁撰:《新唐书》卷四〇《地理志》,中华书局,1975年,第1040页。

此阶段人物的排列基于程序，若其中出现违反程序或不同于程序之处，便体现出窟主社交、信仰情况与政治归属。莫高窟晚唐第9窟就是一个特殊的个案，其使者群像以两身较大的人物列于队伍之首，其中一位头戴赞夏帽或称为朝霞冠，身着吐蕃装的显然是吐蕃人；另一位头戴三叉冠，该冠是回鹘贵族的典型冠饰，[1]三叉冠又出现于莫高窟第12、61、138、156、158窟中，在高昌故城、柏孜克里克也可以见到。莫高窟第9窟（图34-22）于景福元年（892）左右建成，当时甘州回鹘与沙州政权摩擦激烈，这样的安排具有特殊意义。除了这两位人物，其后的队伍基本上承自莫高窟第194窟的粉本。研究者对于这个洞窟功德主与吐蕃的关系作了相关探讨。[2]

图 34-22 莫高窟晚唐第 9 窟北壁吐蕃与回鹘人物率诸蕃客使

---

[1] 包铭新主编，沈雁分卷主编：《中国北方古代少数民族服饰研究·回鹘卷》，东华大学出版社，2013年，第87—128页。
[2] 魏健鹏：《归义军时期吐蕃遗民家窟》，兰州：甘肃文化出版社，2020年。

五、敦煌壁画贡使群像的研究价值

解读敦煌壁画中职贡图绘所蕴含的多重信息，必须层层剥离其上覆盖的历史信息，包括年代、制作背景、功德主的意志，以及画稿的传承等，只有对该作品表面附加的信息进行梳理，才能厘清该图像文本自身所蕴含的历史线索，最终方能碰触职贡图绘的"内在"，也就是制作者想要传达的信息。从传世文本到出土文书，从传世图像到考古艺术，这项研究跨越二维与三维，包含文本与图像，除了要穷尽跨媒材的相关史料，更需要交叉学科的支持。

（一）官方档案与职贡图绘

郑樵《通志·图谱略》说道："古之学者，为学有要。置图于左，置书于右，索像于图，索理于书。"现藏中国国家博物馆的宋摹本梁元帝《职贡图》也以一身使者图像对应一则职方志，这则职方志的编纂和《梁书·诸夷传》关系密切；唐会昌年间制作《王会图》(也称为《黠戛斯朝贡图传》)，虽然文本已佚，但根据《太平寰宇记·黠戛斯》引《王会图》云："其国每有天雨铁，收之以为刀剑，异于常铁。"[1]说明这件作品也由图像加上史传组成。这种与正史对读的使者形象来自官方档案，性质同于国史，并非单纯的艺术作品。前面我们谈了历代编纂职贡图绘的传统，也根据礼仪典制说明了相关机构对于使者图像的搜集与管理，在透过前辈学者对敦煌莫高窟第220窟贞观新样的研究与制作历史背景的梳理后，我们相信这件基于宫廷编纂的职贡图绘而创作的佛教经变画蕴含着丰富的历史信息，不仅刻画了唐代长安宫廷的珍贵影像，更隐含着当政者的政治宣传目的。在这样一件反映政治的粉本中，客使的增减与排列都具备可发展性的研究价值。

（二）贞观新样与国家立场

《大唐开元礼》卷九七《嘉礼》"皇帝元正冬至受群臣朝贺"条记载："于客使初入，户部以诸州贡物陈于太极门东西厢；礼部以诸蕃贡物量可执者蕃客手执入就内位，其重大者陈于朝堂前。"[2]唐代领地诸州朝集使与诸州常贡、四夷诸蕃客使与诸蕃贡献将贡品以一内一外的方式陈设于承天门，展现出富有政治意图的礼仪空间，这样的意象在莫高窟第220窟贞观新样维摩诘经变中完整的呈现。贞观新样文殊下方的中原帝王率领

---

[1]〔宋〕乐史撰：《太平寰宇记》卷一九九，中华书局，1975年，第3822页。
[2]《大唐开元礼》卷九七《嘉礼》，民族出版社，2000年，第454页。

图 34-23 莫高窟初唐第 220 窟中原帝王与文武百官身后的异国人物

文武百官,其文官身后还跟随着数位异族人物,其中一位头戴覆耳皮帽,另一位则戴着卷檐毡帽(图 34-23),他们可能是入仕中原的异国人物,也可能是边疆属地的朝集使,如此写实的景象说明画师对两方人物的身份属性具有明确的认知,这也体现了当时的国家立场。

(三)佛教艺术中的世俗故事

敦煌维摩诘经变中的中原帝王与诸蕃客使是佛教壁画中的世俗故事,为研究历史的一手史料。代表贞观新样的莫高窟第 103、220、332、335 窟,客使人物不尽相同,排列组合多有变化，显示出更少的程序化与更高的写实性。职贡图绘的创作一般是因重大外交事件的发生，不同的职贡图绘蕴含着不同的制作背景与特定的政治目的。我们相信，粉本画稿传承中变化多端的各国王子图，便是不同历史背景下的政治宣传画。这件画稿就算在长安的影响淡化、敦煌本土势力茁壮的中唐以后，仍然体现了敦煌执政者或窟主的自主意志，是佛教壁画中的世俗故事，也是研究历史的最佳史料，敦煌的每一铺维摩诘经变中各国王子图都有它的丝路故事等待人们去发掘。

第三十五章 敦煌石窟供养人图像导论

石窟供养人，字面理解，就是在石窟营建过程中，布施财、物、力的个人或群体。据《敦煌学大辞典》，供养人画像就是"出资造窟功德主为求福祈愿，在所建窟内彩绘的功德主（窟主）和其家族的画像及出行图"[1]。因而供养人有时候也被称为功德主，即为洞窟的营建做功德的人。敦煌石窟从十六国北朝至西夏元时期，保留有大量的供养人画像及题记，为我们了解洞窟的营建背景乃至同期的历史提供了丰富的第一手形象材料，本章即大致分十六国、北朝、隋、唐前期、中唐、归义军政权时期和西夏、元几个时期，对敦煌石窟的供养人相关内容进行简要介绍。

一、敦煌石窟供养人的滥觞

供养人的绘制，几乎伴随敦煌石窟营建的始终，现存的早期三窟——莫高窟第268、272、275窟中即绘有供养人。在莫高窟第268窟西壁龛下（图35-1）和第275窟北壁中段（图35-2）皆绘有供养人像。以第268窟西壁龛下的供养人为例，供养人以中间的发愿文榜题框为中心对称绘制，两侧上、下层各3身，共12身。各自面向榜题框相向排列，北侧为男供养人，南侧为女供养人。上排男供养人面向榜题框由北向南排列，首位为比丘，作为前导，着深红色覆肩袈裟，其后两身供养人着红色交领宽袖曳地长袍。上排榜题框南侧绘女供养人，由南向北排列，首位为比丘尼，作为前导，着土红色覆肩袈裟，其后两身女供养人分别着绿色和红色长裙。榜题框架两侧下排供养人仅可见人物迹象，身份不明。

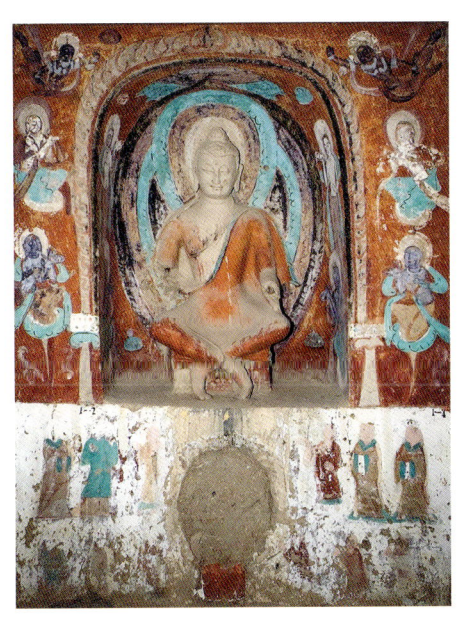

图 35-1 莫高窟北凉第 268 窟西壁龛下部供养人像

---

[1] 季羡林主编：《敦煌学大辞典》，上海辞书出版社，1998年，第177—178页。

图 35-2　莫高窟北凉第 275 窟北壁供养人像

图 35-3　莫高窟西魏第 285 窟北壁说法图及供养人像

莫高窟第 275 窟北壁绘有表现释迦牟尼前世善行的本生故事画，其下绘有供养人像，以白线隔开，以示区别，供养人皆为男性，每人前方有白色榜题框，但无字迹留存。供养人面向西壁佛龛一字排开，皆头裹巾帻，上身穿交领窄袖长衣，下身着宽腿裤，或手持乐器，或双手合十持花供养。

二、北朝时期东阳王元荣与建平公于义可能参与营建洞窟中供养人像

莫高窟西魏第 285 窟北壁的七铺说法图下方，各有一组供养人画像隔功德记榜题框相向排开（图 35-3），成为敦煌石窟现存最早有纪年的供养人像和题记。根据供养人题记的记载，这些说法图的供养人，既有比丘昙化、昙珠，比丘尼道容等多位出家弟子，同时也有敦煌名门阴氏家族和胡人滑氏家族的成员，属于僧、俗、胡、汉各类人员共同组成的几组供养队列。

另外，说法图佛座下功德榜题的纪年时间也呈现出自西向东渐晚的规律，目前以第二铺（图 35-4）下方的西魏大统四年（538）八月中旬榜题为最早：

夫至极阔旷，正为尘罗所约，圣道归趣，非积垒何能济拔。是以佛弟子比丘昙化，仰为七世父母、所生母父，敬造迦叶佛一区并二菩萨。因此微福，愿亡者神游净土，永离三途，现在居眷位，太安吉普，及蠕动之类，速登常乐。大代大魏大统四年（538）岁次戊午八月中旬造。比丘昙化供养时。

图 35-4　莫高窟西魏第 285 窟北壁中部自西向东第二铺说法图及部分供养人像

最晚为第七铺一佛二菩萨说法图组合大统五年（539）五月二十一日的榜题：

> 夫从缘至果，非积集无以成功。是以佛弟子滑黑奴，上为有识之类，敬造无量寿佛一区并二菩萨。因斯微福，愿佛法兴隆，魔事微灭。后愿含灵抱识，离舍三途八难，现在老苦，往生妙乐，齐登正觉。大代大魏大统五年五月廿一日造讫。

同时，还有第五铺说法图佛座下功德榜题纪年为大统五年四月二十八日，表明七铺说法图及下方的供养人，可能并非同时绘成。2012—2016年，敦煌研究院美术研究所工作人员对莫高窟第285窟进行了整窟现状临摹，根据北壁说法图及供养人像临摹者徐铭君对壁画的色彩、造型、线条痕迹等内容的绘制体验，七铺说法图和供养人在次序上大体为1、234、5、67，由不同的绘制者分四次完成。日本学者石松日奈子女士亦从图像、样式、技法、色彩及服饰和题记等内容入手分析，认为七铺说法图系由四个不同的画家团队自西向东依1、234、67、5的次序绘制完成。[1] 整体而言，供养人身份的多元性和不同纪年发愿文榜题的存在，都从侧面反映出该窟的营建过程似乎并不顺利。

以往研究多将莫高窟第285窟的营建和北魏至西魏时期瓜州刺史东阳王元荣联系起来，主要根据莫高窟初唐第332窟留存下来的造像功德碑《沙州效谷府校尉李君莫高窟佛龛碑》（《圣历碑》）中关于元荣建窟的记载：

> 莫高窟者，厥初秦建元二年，有沙门乐僔，戒行清虚，执心恬静。尝杖锡林野，行止此山，忽见金光，状有千佛，遂架空凿岩，造窟一龛。次有法良禅师，从东届此，又于僔师窟侧，更即营建。伽蓝之起，滥觞于二僧。复有刺史建平公、东阳王等，各修一大窟。……爰自秦建元之日，迄大周圣历之辰；乐僔法良发其宗，建平东阳弘其迹；推甲子四百他岁，计窟室一千余龛；今见置僧徒，即为崇教寺也。

研究者通常将莫高窟第249、285窟中新出的南朝风格（图35-5）与元荣的到来相联系，因此，主流观点将莫高窟第285窟视为其参与营建的洞窟，如贺世哲先生指出第285窟南壁的五百强盗成佛图与西壁的密教图像在功能上有使恶贼退散、巩固统治的作用，符合元荣巩固地位的意愿，并且北壁西起第一铺说法图下方的供养人可能就是东阳王家族成员；[2] 段文杰先生进一步指出该窟壁画涉及《法华经》《大般涅槃经》和《无量寿经》等，与元荣抄经内容一致。[3] 宿白先生则认为莫高窟第249窟覆斗顶南北披的图像为帝释天和帝释天妃乘

---

[1] [日]石松日奈子著，筱原典生、于春译：《敦煌莫高窟第285窟北壁供养人像和供养人题记》，《敦煌研究》2016年第1期，第15—16页。

[2] 贺世哲：《从供养人题记看莫高窟部分洞窟的营建时代》，载敦煌研究院编《敦煌莫高窟供养人题记》，文物出版社，1986年，第198页。

[3] 段文杰：《中西艺术的交汇点——莫高窟第二八五窟》，载敦煌研究院编《1994年敦煌学国际研讨会文集·石窟艺术卷》，甘肃民族出版社，2000年，第53页。

图 35-5 莫高窟第 285 窟覆斗顶东披南朝风格壁画

图 35-6-1 莫高窟第 249 窟覆斗顶东披壁画　　图 35-6-2 河北湾漳壁画墓甬道入口处上方图像

午去礼佛的场景，由于帝释天与梵天王常住佛左右，故可代表释梵四天，因此该窟的营建目的和元荣出资抄写与天王相关的佛经相同，都是为天王建功德。[1]整体而言，后来学者的相关研究中，多将莫高窟第 285 窟视作元荣的功德窟。然而鉴于前述该窟北壁说法图的绘制，存在近一年的断续过程，由多人分四次绘制而成，在形态上似乎与作为元魏宗室的东阳王元荣的身份不详。

与莫高窟第 249、285 窟南朝风格相近的图像，在山西忻州九原岗的北朝壁画墓和河北磁县湾漳大墓可以找到（图 35-6），以往研究者也多将这些墓葬壁画与敦煌壁画进行对比

---
[1] 宿白：《中国石窟寺研究》，文物出版社，1996 年，第 250—251 页。

图 35-6-3　山西忻州九原岗北朝壁画墓图像

研究。[1]湾漳大墓的考古报告根据墓葬形制、出土遗物和壁画特点指出，该墓应当建于560年前后，很可能是北齐文宣帝高洋的陵墓，[2]九原岗壁画则被认为可能是在东魏至北齐早期，墓主应是东魏或北齐统治集团的一位重要人物。[3]其他绘南朝风格的狩猎图与升天图

---

[1] 扬之水：《忻州北朝壁画墓观画散记》，《大众考古》2014年第3期，第74页；翟鑫：《山西九原岗北朝壁画墓研究论》，兰州大学中国史硕士学位论文，2019年，第21—23、42—48页；李雅君：《九原岗墓室壁画中的佛教因素》，《美术观察》2019年第5期，第49—51页。

[2] 中国社会科学院考古研究所、河北省文物研究所编著：《磁县湾漳北朝壁画墓》，科学出版社，2003年，第198—200页。

[3] 山西省考古研究所、忻州市文物管理处：《山西忻州市九原岗北朝壁画墓》，《考古》2015年第7期，第72页。

组合的壁画墓，也多见于东魏北齐时期，鲜见可早至北魏时期的作品。因此，莫高窟西魏第249、285窟的壁画与这些墓葬壁画应当存在一定的关联。

元荣在孝昌元年（525）就任瓜州刺史并终老于敦煌，而莫高窟第285窟相关供养人功德记的纪年，多在西魏大统四年至五年（538—539），因此敦煌西魏洞窟中新壁画风格的出现，可能不一定与元荣有直接关联。梳理敦煌遗书中多处保留的元荣抄经题记，其中有一则是关于其子叔和前往京师洛阳"谒阙修定"的记载。普泰二年（532）三月二十五日，元荣出资抄写《维摩疏》百部，祈望叔和早日归来。上图111《维摩疏》的尾题即是该次抄写活动的记录：

> 大代普泰二年岁次壬子，三月乙丑朔，廿五日己丑，弟子使持节散骑常侍都督领西诸军事车骑大将军开府仪同三司瓜州刺史东阳王元荣。惟天地妖荒，王路否塞，军臣失利，于兹多载，天子中兴，是得遣息叔和，谒阙修定。弟子年老疹患，冀望叔和早得回还。敬造维摩疏百部供养。

相对而言，莫高窟第249、285窟南朝风格和新题材的出现更接近于叔和的返回时间，可能是叔和从洛阳返回时带来了中原的工匠或粉本。不同于第285窟出现数次绘制中断的情形，第249窟的整体内容和风格更为统一完整，应当为一次性绘制完工的洞窟。第249窟的供养人分别绘于南北壁中央说法图的下方（图35-7），着装较为统一，应当属于同一个群体。在数量和排列方式上，较第285窟北壁的供养人排列更为有序。因此，倘若两个洞窟南朝风格和新题材的出现与元荣家族有关，作为这一时期敦煌最有地位的执政者，可能第249窟更符合元荣家族作为洞窟功德主的身份。

敦煌石窟供养人最多的洞窟当属莫高窟北周第428窟

图35-7　莫高窟第249窟南北壁说法图及供养人像

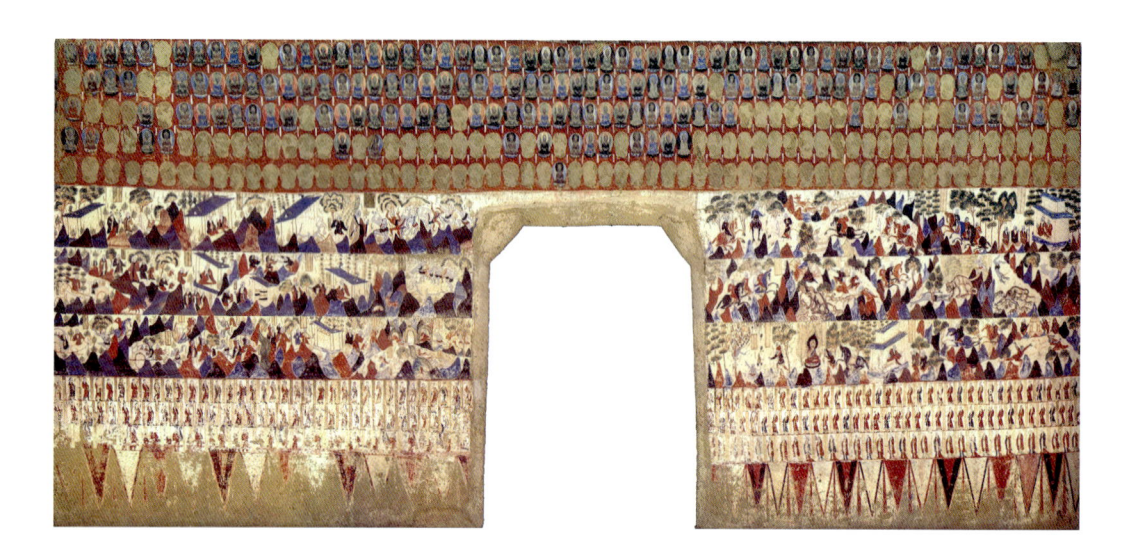

图 35-8　莫高窟北周第 428 窟东、南、北壁壁画及下层供养人像

（图 35-8），据统计，仅表层供养人画像就有 1242 身，其中僧侣 732 身。①这些供养人的身份相对较为多元，虽然有较多世俗人士，但是以出家僧侣为主，除敦煌本地僧侣以外，还有来自甘州、凉州、瓜州的僧侣。研究者认为这种现象的出现，一方面是北周寺院经济的繁荣

图 35-9　莫高窟北周第 296 窟东壁门北侧千佛图像、供养人像及下方力士（局部）

① 范泉：《周武灭法与敦煌北周石窟营造的关系——以莫高窟第 428 窟供养人图像为中心》，《敦煌学辑刊》2008 年第 4 期，第 116 页。

图 35-10　莫高窟隋代第 303 窟南壁千佛图像、供养人像及下方山林风景（局部）

图 35-11　莫高窟隋代第 298 窟西壁佛龛及下方供养人像

的体现，另一方面也与北周武帝废佛导致大量僧人外逃至敦煌有关[1]。以往研究多将莫高窟第 428 窟的营建和北周时期瓜州（即敦煌）刺史于义联系起来，同样也是依据前述莫高窟初唐第 332 窟《圣历碑》的记载。于义是北周太师于谨之子，历仕北周和隋两朝。据施萍婷先生考证，于义任瓜州刺史的时间约为北周保定五年至建德五年（566—576），根据莫高窟第 428 窟东壁门南上排第二身供养人的榜题"晋昌郡沙门比丘庆仙供养"，并结合敦煌遗书 S.2935 中保留的比丘庆仙的天和四年（569）抄经题记，推测莫高窟第 428 窟的营建年代应是建平公于义赴任瓜州刺史之时。由于该窟是北周时期规模最大的洞窟，从规模上看，符合于义的身份。因此，结合前述《圣历碑》相关记载，推测莫高窟第 428 窟的营建应是由于义首先发起，做大施主，其余人踊跃响应，做随喜功德[2]。

整体而言，十六国北朝直至隋代，敦煌石窟的供养人图像并无太多写真意义，仅可辨明其身份与性别。与此相应，供养人的题记也较为简单，主要说明性别和姓名，时而加上籍贯，其他身份信息相对较少。在绘制位置上，多位于壁面偏下部的位置，但与地面仍保持一定的距离，供养人以下还绘有几何图样（图 35-2、35-8）、力士（图 35-9）和山林风景（图 35-10）等。大约从隋代第三期（约隋末唐初）洞窟开始，供养人逐步转移到壁画最下部较为接近地面的位置（图 35-11），一直延续至晚唐。

---

① 陈培丽：《莫高窟第 428 窟供养人画像及其相关问题研究》，《敦煌学辑刊》2022 年第 1 期，第 153 页。
② 施萍婷：《建平公与莫高窟》，载《敦煌石窟与文献研究》，浙江大学出版社，2015 年，第 40—43 页。

三、唐前期供养人的生动写真化发展

进入到唐代以后,供养人画像在位置上延续了北朝以来的传统,多位于洞窟的下层,因为风沙侵蚀和壁画剥落等原因,多数供养人的形象都未能完整保存下来。从有限的资料中,仍然可以感受到供养人的形象开始具备一些肖像画的写真意义,服饰上开始出现较为明显的衣纹褶皱变化。供养人的神态及组合方式也开始多样化,除了常规的供养人像列以外,还出现车马同行的场景。莫高窟初唐第 329 窟的供养人绘于东壁门两侧下部靠近地面的位置,分别以背朝窟门、面向佛龛的方向排列(图 35-12),门北为男供养人,最前方一人着绿色长袍,跪于毯上,其后可能为侍从或其他身份人员,以牵马或骑马的形象出现;门南为女供养人,最前列一人,上身着红色短衣,下身着绿色长裙,跪于毯上,呈双手合十持花供养的状态(图 35-13)。类似的供养人排列形态,还见于初唐重修莫高窟第 431 窟时绘于南北壁下方的供养人像,在供养人像中出现了牵牛和驯马者(图 35-14)。与图像的生动表

图 35-12 莫高窟初唐第 329 窟东壁壁画及下方供养人像

图 35-13　莫高窟初唐第 329 窟东壁下部男、女供养人像

图 35-14　莫高窟第 431 窟西壁下部牵牛、驯马供养人像

现相对应，供养人的题记也开始增加了表现其在家庭内身份和地位的称谓，如莫高窟初唐第 331 窟东壁门北侧的男性供养人中，有"三男义基一心供养"，北侧的女性供养人中也有"孙女恭姜一心供养"，邻近的莫高窟初唐第 334 窟南壁的女供养人中，保留有"妻……""新妇……□氏……"等，这种形式的出现与唐代以后家族性的供养密切相关，以家族为单位进行石窟营建的供养自唐代开始日渐寻常，在较长的一段时期内成为洞窟供养出资群体的重要组成单元。

唐前期最具有代表性的家窟，当属莫高窟初唐第220窟。根据洞窟东壁门上的题记，该窟约营建于贞观十六年（642）。洞窟佛龛下方依稀可辨初唐书写的"翟家窟"三个字（图35-15），由此以后，各姓家窟出现在各类题记和记载中，先后有阴家窟、宋家窟、李家窟、吴家窟、陈家窟、杜家窟等，都是以家族为单位出资营建的供养洞窟。这些家族多为敦煌的名门望族，因而

图35-15 莫高窟第220窟翟家窟重层甬道

所营建的洞窟也时常被同一家族内的几代成员延续供养，从实质上开始具备佛教功德窟和家族宗庙融合的情况，第220窟即是此中的典型代表。第220窟由于数次重修，并无清晰的初唐供养人留存，仅可从一些人物痕迹上辨别初唐时期的人物形象。在该窟营建以后的一个多世纪，天宝十三载（754），翟氏后人又加立了一方石碑，纪念祖上修窟的功德，名为《大唐伊吾郡司马上柱国浔阳翟府君修功德碑》，残碑于1963年在莫高窟前发现，碑阳的文字片段有"记镌诸佛、菩萨，记先亡……"，反映出立碑的目的，一是做佛教功德，二是追忆或纪念亡故亲人的业绩，具有一定的荐亡意义。①

中晚唐和五代时期，翟氏家族的后人数次对洞窟进行重修，并留有供养人形象和题记。宋以后在重修该窟时，缩小改建了洞窟甬道，原有壁画内容被封闭其中长达千年。1975年，敦煌文物研究所对此窟重层甬道进行了整体搬迁，使原甬道中唐和五代重绘的内容得见天日，因此保存较为完好。

中唐时期敦煌被吐蕃占领，翟氏家族的成员继续对该窟做了局部的修整和绘制，主要体现在洞窟甬道南壁正中的方形龛中。龛中正壁绘有药师佛说法图，龛内西壁下方绘有吐蕃装男供养人二身（图35-16）、唐装女供养人一身，龛外东侧有中唐绘男供养人，西侧有

---

① 马德：《敦煌莫高窟史研究》，甘肃教育出版社，1996年，第87页；陈菊霞：《〈大唐伊吾郡司马上柱国浔阳翟府君修功德碑记〉考释》，《敦煌研究》2003年第2期，第9页。

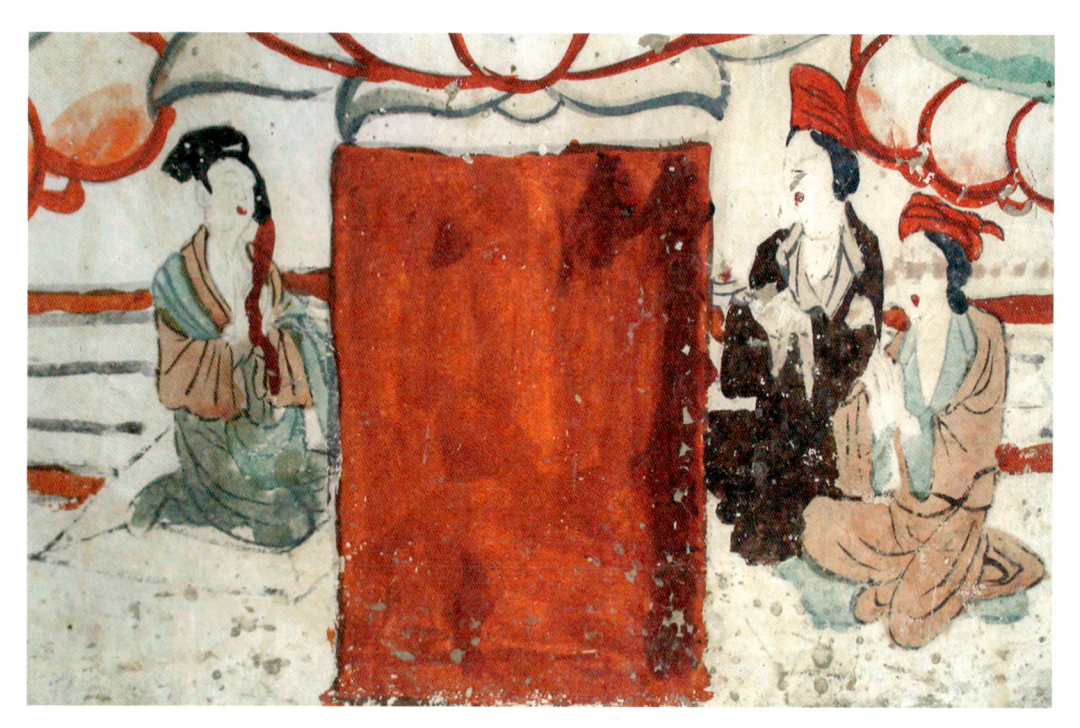

图 35-16　莫高窟第 220 窟甬道南壁龛内西壁吐蕃装供养人像

图 35-17　莫高窟第 220 窟甬道南壁佛龛及两侧中唐供养人像

中唐绘女供养人（图35-17），这些既反映了吐蕃统治敦煌的现实，同时也是敦煌与吐蕃文化交流的重要见证。

晚唐时期大中十一年（857）又在南壁的龛下绘女供养人三身，男供养人四身（图35-18），西侧男性供养人题记中可辨识者，有"亡弟一心供养"，同时在男女供养人像中间有题记"大中十一年六月三日信士男力一心供养/并亡母/造窟一所并卢那□□（佛）"。

五代时期，翟氏第九代孙翟奉达出资绘制甬道北壁的新样文殊变，并在北壁佛龛的右侧书写了功德题记：

  大成元年己亥岁□□迁于三峗□□，镌龛□□□圣容立□(像)，唐任朝议郎敦煌郡司仓参军□□子翟通，乡贡明经授朝议郎、行敦煌郡博士，复于两大像中□造龛窟一所，庄严素

图35-18　莫高窟第220窟甬道南壁龛下晚唐供养人像

图35-19　莫高窟第220窟甬道北壁下方五代供养人像

质,图写尊容。至龙朔二年壬戌岁杂伞即此窟是也。……九代曾孙节□□□守随军参谋兼侍御史翟奉达检家谱……

甬道北壁为五代绘制的新样文殊变,其下方绘有六身成年男供养人像和一身儿童供养像(图35-19),自东向西面向主室佛龛排列,题记也清晰可辨。前四身首服为黑色展脚幞头,身穿黑色袍服,后两身首服为进贤冠,身穿黑色袍服,儿童像位于最后两位男供养人之间,散发,身穿白色长袍。六身供养人的题记自西向东分别为:

亡父衙前正兵马使银青光禄大夫检校太子宾客翟讳信供/养

亡兄敦煌处士翟温子一心供养

施主节度押衙行随军参谋兼御史中丞翟奉达供养

弟步军队头翟温政供养

乐住持行者宗叔翟神德敬画观音菩萨一躯

亡孙定子一心供养

亡男善□一心供养

通过这些题记,可以发现人物是以家族内辈分的高低排列,分别为亡父、亡兄、施主、弟弟、家族内同宗的叔叔,即图像绘制者翟神德、亡孙、亡男。七人中有四人已不在世,表明五代时期翟奉达出资绘制新样文殊变,在很大程度上有为亡者荐福的意味。由于子孙皆亡,家族内同辈人中只有翟奉达和弟弟翟温政二人,似乎也以图像的形式显露出翟氏家族在五代因为人丁不旺等原因可能开始没落。以至于宋代以后,该窟甬道被缩小重建,洞窟各壁也被千佛图像覆盖。幸得1944年敦煌艺术研究所剥去四壁上层壁画,使底层初唐杰作完璧现世。莫高窟第220窟保留的初唐至五代翟氏数代子孙的供养人像及各类题记,也形象地记录了翟氏家族在敦煌三个多世纪的兴衰历程。因此,洞窟在功能上,既是佛窟,也是家庙。

图35-20 莫高窟盛唐第130窟甬道两壁乐庭瓌夫妇供养像(现状)

图 35-21　莫高窟盛唐第 130 窟甬道两壁乐庭瓌夫妇供养像（段文杰临）

虽然唐前期敦煌石窟的多数供养人皆是以较小的尺寸出现于洞窟壁画下部，但同时也有真人大小、具备高度写真意义的大型供养人画像，如莫高窟著名的南大像，即今莫高窟第 130 窟甬道南北两壁绘制的瓜州晋昌郡太守乐庭瓌夫妇的供养像。由于北大像主尊高 26 米，因此绘制真人大小的供养人亦非逾制，但终归是敦煌石窟自前秦兴建以来最大的供养人像，非常值得关注。遗憾的是，宋代曹氏归义军晚期对洞窟的重修中，将南大像甬道两壁的壁画划伤并重新敷泥绘制壁画，直至 1941 年，张大千先生到莫高窟考察时，揭开表层壁画，使乐庭瓌夫妇残损的供养像得以显露（图 35-20）。敦煌研究院第二任院长段文杰先生的复原临摹工作，使我们得以完整地瞻仰敦煌石窟营建至唐前期规格最高的供养人原作风貌（图 35-21）。

乐庭瓌与诸子及侍从绘于北壁，乐庭瓌顶上有华盖，头戴双脚下垂式幞头，身着蓝色袍服，手持长柄香炉站于毯上。其后诸子及侍从亦着各色袍服，双手持笏板或托盘持瓶等立于乐庭瓌身后。乐庭瓌供养人题记保存完好，内容为"朝议大夫使持节都督晋昌郡诸军事守晋□（昌）□（郡）太守兼墨离军使赐紫金鱼袋上柱□（国）乐庭瓌供养时"。乐庭瓌夫人王氏与诸女及侍女绘于南壁，夫人王氏顶上同样有华盖，头上饰有鲜花和宝钗等，身穿碧衫红裙，身持香炉，虔心向佛，其后为类似王氏盛装打扮的两个女儿，身后跟随九身侍女。王氏供养人题记为"都督夫人太原王氏一心供养"。

莫高窟第 130 窟供养人像的组合形式甚至对后来洞窟壁画的绘制产生影响。中唐吐蕃统治时期，敦煌石窟中的维摩诘经变中，维摩诘下方的诸王听法图中增加了这一时期特有的吐蕃赞普和侍从听法的场景，赞普和侍从的排列（图 35-22）似乎明显受到了莫高窟第 130 窟甬道北壁乐庭瓌供养像排列形式的影响。赞普居于画面中诸王靠前的位置，顶上有

图 35-22　莫高窟中唐第 159 窟东壁维摩诘经变诸王听法图

第三十五章　敦煌石窟供养人图像导论　1079

华盖，头戴朝霞冠，身穿翻领长袍，手持长柄香炉立于台上。赞普身后举华盖的侍从着类似服饰，在其后方为两三位侍从和其他诸王。整体而言，中唐吐蕃统治时期维摩诘经变中的赞普和侍从听法图，除了人物形象不同之外，其基本组合状态可能受到乐庭瓌与诸子及侍从供养像的影响。

四、中唐吐蕃统治时期主流供养人的缺位与其他供养人的新特征

安史之乱以后，陇右、河西渐次被吐蕃占领。敦煌约于贞元二年（786）进入吐蕃统治时期，吐蕃在敦煌推行了一系列的统治政策，包括易服辫发、推行部落制度、清查户口等内容。[1] 易服辫发，即要求民众改唐装而穿吐蕃装，仅在每年祭祀先祖时允许穿唐装，正如《新唐书·吐蕃传》所载："州人皆胡服臣虏，每岁时祀父祖，衣中国之服，号恸而藏之。"[2] 明人曾棨《敦煌曲》也对此有所描述："当时左衽从胡俗，至今藏得唐衣服。年年寒食忆中原，还着衣冠望乡哭。"[3] 在这种历史背景下，可能是出于以穿吐蕃装出现于壁画中为耻的心理，吐蕃统治时期的多数洞窟都未将供养人像画出。与此相应，将亡故亲人的供养像绘于主室东壁窟门上方，皆以在世时的唐装形象相对而坐。莫高窟中唐第231窟东壁门上绘有一组夫妇对坐供养人像（图35-23），根据该窟营建相关的功德记P.4638《大番故敦煌郡莫高窟阴处士公修功德记》（以下简称《阴处士碑》）记载，洞窟的窟主为阴嘉政。东壁门上供养人之间，有一长条形榜题框，对应男女供养人前方，分别题"亡考君唐丹州长松府左果毅都尉……""亡慈妣唐敦煌录事孙索氏同心供养"，与《阴处士碑》中所记窟主阴嘉政父阴伯伦、母索氏一致。图像中阴伯伦夫妇均跪于方毯上持香炉供养，南侧为阴伯伦，头戴双脚下垂式幞

图35-23 莫高窟中唐第231窟东壁门上阴伯伦夫妇供养像

---

[1] 史苇湘：《丝绸之路上的敦煌与莫高窟》，载敦煌文物研究所编《敦煌研究文集》，甘肃人民出版社，1982年，第43—121页。

[2] 〔宋〕欧阳修、宋祁撰：《新唐书·吐蕃传》，中华书局，1975年，第6101页。

[3] 〔明〕曾棨：《敦煌曲》，载〔清〕钱谦益撰集，许逸民、林淑敏点校《列朝诗集》，中华书局，2007年，第2222页。

图 35-24　莫高窟晚唐第 9 窟东壁门上供养人像

头,身着圆领长袍,双手持一长柄香炉;北侧为索氏身着襦裙、帔帛,头饰花钗等物,双手持无柄香炉;二人身后分别立有男女童子,均着圆领长袍,双手各持盘,盛有供养物。根据沙武田的相关研究,认为将供养人绘于东壁门上,无疑在抬高供养人的地位,把他们作为佛教造像的一部分看待,既逃避了吐蕃服饰制度的约束,又让供养人画像也可以堂而皇之地穿上了传统唐装。[1]主室东壁窟门上方绘供养人像的做法,直至晚唐仍在以大体相近的方式延续,莫高窟晚唐第 9、12 窟的东壁门上方,都绘有对坐的供养人组合(图 35-24、35-25)。

莫高窟第 231 窟除了东壁门上的阴伯伦夫妇供养像以外,另在佛龛内南北两壁东下角绘有家族成员中的僧人和侍从的供养像(图 35-26),其中南侧供养人的题记为"伯僧甘州报林寺上座兼法师□□悟因一心供养"。除此之外,再无其他形式的供养人出现,这表明吐

图 35-25　莫高窟晚唐第 12 窟东壁门上索奉珍夫妇供养像

---

[1] 沙武田:《吐蕃统治时期敦煌石窟供养人画像考察》,《中国藏学》2003 年第 2 期,第 89 页。

图 35-26　莫高窟中唐 231 窟西壁龛内南北壁东下角僧人及侍从供养像

图 35-27　莫高窟中唐第 361 窟北壁下部僧人及侍从供养像

蕃治下的敦煌人一方面以着吐蕃装作为供养人入画为耻，另一方面可能也将出家作为对抗吐蕃统治的一种方式。中唐以前，僧人像在敦煌石窟中，一般多作为供养人像列的前导，如前述莫高窟第 285、268 窟的供养人像列等。中唐吐蕃统治敦煌以后，类似莫高窟第 231 窟这种将僧人和侍从作为主要供养人的情形开始较多出现，莫高窟中唐第 361 窟北壁下部，也出现了类似莫高窟第 231 窟的僧人并侍从的供养人像（图 35-27），似乎表明洞窟供养人

图 35-28　莫高窟中唐第 159 窟佛龛下供养人像

的家族成员出家的现象较为普遍。

莫高窟中唐第 159 窟西壁佛龛下的供养人像列中（图 35-28），以中部榜题框为中心，南侧为家族内的女性出家人，现存自北向南第一、二、四身像的题记分别为"侄尼灵修寺法律惠性、孙尼灵修寺法律贤胜、孙灵修寺尼灵真"；北侧为家族内着唐装的女性成员，现存自南向北第一、三身题记分别为"侄孙张氏十三娘、新妇河内郡……"，而男性成员的供养人则缺位，从侧面反映出吐蕃"易服辫发"的规定对女性的约束可能相对松弛，类似的例子还见于中唐粟特石姓家族营建的莫高窟第 359 窟，供养人以西壁佛龛下的香炉为中心，男性供养人绘于香炉北侧及北壁下部和东壁门北侧下部，以约 7 身僧人为前导，其后男性供养人绝大多数着吐蕃装（图 35-29）；女性供养人绘于香炉南侧及南壁下部和东壁门南侧下部，亦以 7 身女尼为前导，其后的女性供养人绝大多数为唐装服饰和妆容（图 35-30）。由于吐蕃服饰的形成可能是受波斯、粟特、突厥等胡人服饰的影响，[1]基于此，沙武田指出石姓粟特家

图 35-29　莫高窟中唐第 359 窟北壁男性供养像

---

[1] 杨清凡：《藏族服饰史》，青海人民出版社，2003 年，第 56—57 页。

图 35-30　莫高窟中唐第 359 窟南壁女性供养像

族的男性成员大量着吐蕃装,可能是吐蕃装本身的翻领样式在一定程度上保留了胡人本民族的服饰特点,因此从心理和生活习惯方面,都是可以勉强接受的。[1]

五、归义军政权时期敦煌石窟供养人与政权、宗教和家族的合一

吐蕃统治敦煌期间,836 年吐蕃末代赞普达磨(朗达玛)上位,841 年在反佛大臣韦·达纳坚等人的鼓动下,达磨赞普开始一系列灭佛活动,次年即被刺杀于逻些(拉萨)唐蕃会盟碑前。此后,吐蕃贵族分别挟持达磨二子云丹和沃松争取王位,引发连年内战,吐蕃局势大乱。会昌六年(846)以后,唐朝逐渐收回河西、陇右各地。在这一历史背景下,大中二年(848),沙州望族张议潮率众起义,结束吐蕃统治,并在其后渐次收复河陇十一州献于唐朝,获封归义军节度使。此后,敦煌历史进入归义军政权时期。莫高窟晚唐第 156 窟就是张议潮的功德窟,该窟被认为是莫高窟营建史上和归义军发展史上有重要意义的洞窟。[2] 以张议潮为代表的供养人像的绘制方式,也开启了归义军时期供养人绘制的新传统。莫高窟第

---

[1] 沙武田:《莫高窟吐蕃期洞窟第 359 窟供养人画像研究——兼谈粟特九姓胡人对吐蕃统治敦煌的态度》,《敦煌研究》2010 年第 5 期,第 21—22 页。
[2] 梁红、沙武田:《石窟中的归义军历史——敦煌莫高窟第 156 窟研究》,甘肃文化出版社,2021 年,第 67 页。

156窟主室东壁门两侧和南北两壁下部,分别绘有张议潮及夫人宋氏的长卷式出行图(图35-31)。画面自西往东,依次画有鼓、角手、武骑队、文骑队,两队文骑之间有两组舞乐人员对舞,旁边立有乐师,其后跟随执旗者。张议潮位于画面中部,身穿圆领红袍,骑白马,其后为各类兵士和射猎、驮运等人员。整幅画共绘制各类人员两百余人,生动地展现了作为归义军节度使的张议潮及夫人出行的壮观场面。暨远志根据敦煌遗书P.3773《凡节度使新授旌节仪》,对张议潮出行图做了深入的研究,认为图中从前到后出现的仪仗配置、人物组合、职官排列、服饰装备等,均与此写本所记录为节度使新授旌节时的仪式相吻合。[1] 沙武田则对张议潮的题记"河西节度使检校司空兼御使大夫张议潮统军□(扫)除吐蕃收复河西(十)一道出行图"进行分析后认为该题记系后来收复河西时新增内容,并非最初绘制,据此认为洞窟的营建时间应是张议潮获授节度使旌节的大中五年(851)。张议潮及夫人以车马仪仗出行图作为供养人队列的绘制形式,开启了敦煌石窟车马出行图供养人队列绘制的新时期,此后在莫高窟晚唐第94窟有张淮深夫妇出行图、五代第98窟有曹议金和天公主夫妇出行图(图35-32)、瓜州榆林窟第12窟有慕容归盈夫妇出行图等,都是以此为起点,借助石窟空间,对重要的政治事件或象征人物权力地位的仪仗队伍进行生动描绘。敦煌洞窟营建至此时,洞窟的核心功能开始向政权、宗教和家族合一转型。

图 35-31 莫高窟晚唐第 156 窟张议潮出行图

---

[1] 暨远志:《张议潮出行图研究——兼论节度使旌节制度》,《敦煌研究》1991年第3期,第28—40页。

图 35-32　莫高窟五代第 98 窟曹议金夫人回鹘天公主出行图长卷

图 35-33　莫高窟晚唐第 156 窟甬道南北两壁供养人像

在出行图之外，莫高窟第 156 窟甬道南北壁绘有真人大小的供养人像（图 35-33），也正式开启归义军政权时期敦煌石窟大型供养人像绘制的传统。南壁画男供养人五身，自东向西面朝佛龛排列，以张议潮为首，人物上方有华盖，头戴翘脚幞头，身穿红色圆领长袍。大型供养人像的出现，一方面可能是基于中唐吐蕃统治以来半个多世纪洞窟营建不绘供养人像的传统的影响，使营建者变得比以往任何时期都更重视供养人的地位；另一方面亦有可能是在中晚唐以来藩镇割据的历史环境下，敦煌归义军虽然尊唐长安为正朔，实质上也是诸多割据势力的一支，在相对独立自治的环境中，作为地方领导者的归义

图 35-34 莫高窟晚唐第 196 窟甬道南北两壁供养人像

军节度使等人,也越发在洞窟的营建中强调自身的特殊地位。在这些因素的影响下,归义军时期大型供养像的绘制传统盛行,中等规模的洞窟多将重要或特殊人物以大型供养像绘于甬道南北两壁,其他人员仍多以此前常见的小型像出现,大型窟则全部以大型供养人为主。

莫高窟晚唐第 196 窟营建时期约在 893 年,洞窟甬道北壁第一、二身供养人为时任敦煌节度使的索勋和索承勋父子二人,南壁人物身份不明(图 35-34),该窟窟主何法师在索勋作节度使后,将自己的供养像抹去而绘上索勋供养像,[1]梅林先生进一步指出何法师供养像被转绘于前室南壁。[2]此外,莫高窟第 196 窟主室东壁门两侧则各绘有小型供养人像,窟门北侧下部为十一身俗装男供养人像,全部头戴硬脚幞头,身穿红色圆领长袍,门南侧为十一身僧侣装男供养人像。两侧的僧俗小型供养人像,改变了以往面朝西壁龛方向的排列方式,各自持供养物或双手合十面朝窟门的方向排开,在作为石窟供养人礼佛的同时,也兼具对甬道大型供养人的礼敬。因此,供养人像中体现出的政治意味已经较为明确。

五代宋曹氏归义军时期,在曹氏首任节度使曹议金的功德窟——莫高窟第 98 窟,甬道南壁绘曹议金父子供养像八身,甬道北壁绘前代各任归义军节度使张议潮、张淮深、索勋等供养像八身,显然这种排列方式明显具有强调自身政治传统和政权合法性的作用。主室东壁门南北两侧及南北壁东侧下部,主要绘女尼和家族内女性供养人,但由于洞窟营建好以后曹议金将女儿嫁给于阗国王李圣天,应当是出于联姻和示好,又在窟门南侧的女性供养人像列最前方加绘了于阗国王的供养像(图 35-35),与此相应,东壁门北侧第一身供养像又是曹议金的回鹘夫人天公主,二人及身后相关眷属成为

图 35-35 莫高窟五代第 98 窟主室东壁门南侧于阗王供养像

---

[1] 萧默:《敦煌建筑研究》,机械工业出版社,2003 年,第 337 页。
[2] 梅林:《"何法师窟"的创建与续修——莫高窟第 196 窟年代分论》,载《艺术史研究》第八辑,中山大学出版社,2006 年,第 423—424 页。

曹氏归义军政权东西联姻的形象体现，政治意味深厚。主室南北壁西侧及西壁下部全部绘男性供养人，主要为曹氏归义军政权的幕僚和僧官，共计二百余身，多数题记保存完好，详记每个人的身份信息，北壁贤愚经变下端供养人像列自西向东第一身题名为"节度押□（衙）银青光禄大夫检校国子祭酒兼御史□（中）丞上柱国阴又明一心供养"，诸如此类，有近150身男性供养人题记的书写以"节度押衙"开头，应当囊括了曹氏归义军政权的核心力量。整窟的供养人像列以佛坛背屏后的中心为起始点，各自朝甬道窟门的方向排列（图35-36），反映出整体供养人像列礼敬甬道所绘诸供养人的成分已经更甚于礼佛，宗教和家族都空前致敬于政权，表达对政权的向心力，以起到凝聚人心的作用。

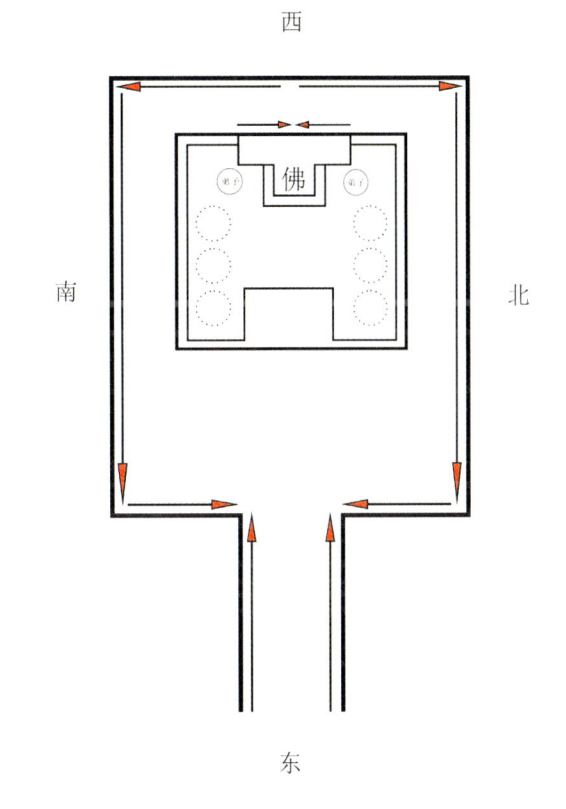

图 35-36　莫高窟第 98 窟供养人画像方位朝向示意图（邵强军绘）

六、西夏时期敦煌石窟的供养人像

归义军政权晚期至西夏时期，敦煌石窟大量流行在前代壁画之上重绘绿底的千佛图像和简化的净土经变，总数多达 50 余窟，以形象的方式显示出时人对千佛和净土相关信仰的极大热情，但与此同时，供养人数量却大为减少，形成一种类似中唐吐蕃统治时期敦煌石窟供养人像缺位的独特现象。曹氏归义军晚期，可能受到沙州回鹘势力的影响，在政治、文化、宗教等方面都受制于人，亦可能出于对回鹘服饰和装饰的回避，而做出类似吐蕃统治时期一样不绘制供养人像的行为。[2] 至西夏时期，虽然在服饰上深受唐宋服饰的影响，但可能同时仍保留有髡发戴耳环等形象特征，加上此后佛教末法思潮、沙州传统佛教地位的下

---

① 邵强军：《莫高窟第98窟研究》，兰州大学中国史博士学位论文，2017年，第59—60页。
② 沙武田：《五代宋敦煌石窟回鹘装女供养像与曹氏归义军的民族特性》，《敦煌研究》2013年第2期，第74—83页。

降、集体功德的可能性,以及藏传佛教及其图像的传入等方面的影响,使西夏时期敦煌和瓜州地区的石窟营建题材和对供养人像的看法上也出现了分化。①

相对而言,西夏时期敦煌地区的石窟营建较少,在题材和技法上有所创新,多延续重绘此前的绿底千佛和净土图像,亦因此省略了供养人像。现可见供养人像相关者,大致仅有西夏时期重修的莫高窟第61窟甬道,在南北两壁皆绘炽盛光佛出行和众僧迎接炽盛光佛及众神的场景,由于画面破损,南壁僧团及领袖内容损毁,北壁炽盛光佛乘牛车的场景也已损毁,由于两幅图炽盛光佛的行进方向相反,研究者将南壁图像定名为"炽盛光佛出行图"(图35-37),北壁定名为"炽盛光佛回归图"(图35-38)。②南北壁炽盛光佛主题壁画的创作中,画家创造性地将供养人画像融入画面,根据现有题记可辨识者,主要有索智尊、吴慧满、嵬名智海、尽慧嵩、杂谋惠月、梁惠觉、讹特惠明、李□□、翟嵬名丸、杯氏愿月明、沙门翟智宝、法师惠善等人,从姓氏来看,多数都是西夏人,且基本皆为以"助缘僧"为身份的出家人(图35-39)。

与敦煌地区石窟营建偏重传统风格和题材相比,西夏时期瓜州地区榆林窟和东千佛洞的营建,则体现出形制独特、内容新奇、风格迥异的原创新窟,集中展示了西夏石窟艺术的民族特色。③与此相应,可能这些创新性的图像需要投入更多的人力和物力,往往都绘有供养人画像,如榆林窟第3窟甬道南北壁的供养人等(图35-40),但往往保存不佳,相对而言,

图35-37 莫高窟第61窟南壁西夏绘炽盛光佛出行图

---

① 沙武田:《西夏时期莫高窟的营建——以供养人画像缺席现象为中心沙》,《西夏学》2017年第2期,第102—128页。
② 孙博:《炽盛光佛图像的"祠神化"——以敦煌莫高窟61窟甬道壁画为中心》,载《艺术史研究》第二十二辑,中山大学出版社,2019年,第71—98页。
③ 何卯平、宁强:《敦煌与瓜州西夏时期石窟艺术的比较研究》,《敦煌研究》2016年第6期,第41—49页。

图 35-38　莫高窟第 61 窟北壁西夏绘炽盛光佛回归图

图 35-39　莫高窟第 61 窟北壁供养人"助缘僧"队列

图 35-40　榆林窟西夏第 3 窟甬道南北壁中部西夏供养人像

众人所熟知的榆林窟第 29 窟供养人保存较为完整。榆林窟第 29 窟四壁皆绘有供养人，其中西壁窟门两侧的高僧像、男女供养人像及大量西夏文题记都保存较完好。根据供养人题记等信息，可知该窟营建是西夏乾祐二十四年（1193），沙州监军司赵麻玉家族的功德窟[1]，也是敦煌石窟极少数有明确纪年的洞窟，为我们了解西夏历史文化提供了重要资料。洞窟西壁窟门北侧上部绘有国师像和两排男供养人像（图 35-41），国师单独绘于红边矩形框中，面相丰圆，戴莲花帽，白色头光，上身内着圆领短袖右衽紧身小衫，外左肩斜披袈裟，左后方一幼童撑一伞盖，国师结跏趺坐于佛床，佛床下右侧有一位站立持物品的普通僧人，国师前方共有 9 位僧人，其中 8 位僧人为坐姿，皆双手合十于胸前，有头光。国师右上方有墨书西夏文题记"真义国师西壁智海"，史金波先生认为"西壁"是党项化了的鲜卑人[2]，而谢继胜先生认为"西壁"是党项人的大姓，并非外族僧人，而是西夏自己的国师[3]。国师之后，供养人第一身为窟主赵麻玉，后面的人物均为赵氏家族成员，气宇轩昂，造型丰满，线描圆润流畅，前两人地位应较高，头戴金帖云镂冠，身着圆领长袍，腰间有护髀系革带，足踏乌靴，三人身后有三身生动活泼的髡发孩童嬉戏图。另外，第二人身后，有一贴

[1] 刘玉权：《榆林窟第 29 窟窟主及其营建年代考论》，载《段文杰敦煌研究五十年纪念文集》，世界图书出版公司，1996 年，第 130—138 页。
[2] 史金波：《西夏佛教史略》，宁夏人民出版社，1988 年，第 149 页。
[3] 谢继胜：《西夏藏传绘画：黑水城出土西夏唐卡研究》，河北教育出版社，2002 年，第 257 页。

图 35-41　榆林窟西夏第 29 窟西壁门南侧国师及男性供养像

图 35-42　榆林窟西夏第 29 窟西壁门南侧粘贴儿童供养像

纸孩童供养人像（图 35-42），根据题记可知为赵麻玉之孙，应为洞窟营建完工之后再补绘于纸上粘贴而成，在敦煌石窟的供养人绘制史中较为少见。窟门北侧绘带头光比丘尼像及两排女供养人像（图 35-43），比丘尼身份不详，身后女供养人应为赵麻玉家族女眷及侍从等。

整体而言，西夏时期敦煌和瓜州两地石窟中供养人绘制情况的差异化发展，正是瓜沙地区在面对全新的藏传佛教等相关图样时，体现出不同的文化认同和心理选择，对其进行对比研究，也为我们认识西夏佛教及其造像艺术提供了重要的门径。

七、元明清时期敦煌石窟的供养人像

元朝时期敦煌石窟的营建步伐相对缓慢，主要为重绘部分壁画或供养人进行供养，基本没有大规模新建洞窟的行为，与此相应，石窟供养人的绘制也明显减少，多是在前代洞窟的下层绘制蒙古服饰的供养人像列,[1]如莫高窟第332窟和榆林窟第3、4、6窟等。莫高窟第332窟在元代重修时,仅以较薄的颜料涂去甬道南北壁下层原五代重修洞窟时所绘供养人像,在其上新绘元代男女供养人像,均面向西壁佛龛排列,有明显的主从和尊卑关系。男性供养人位于北壁(图35-44),前三身应为主人,身形较大,后两身为侍从,形体较小,主人头戴卷檐斗笠,身穿交领右衽窄袖衫,脚穿高腰靴,腰系带,上挂有长刀等物件,或手持香炉,或双手合十夹鲜花,作礼拜供养状,为敦煌石窟少有的蒙古族骑士供养人形象,类似装束的供养人也见于榆林窟第3窟甬道北壁下层(图35-45),但人物神态欠勇猛,相对较为温和;女性供养人像列位于南侧(图35-46),前两身形体较大,应为主人,头戴具有蒙古族特色的顾姑冠,身着右衽交领长袍,双手似乎笼于袖中持香花供养,应为蒙古贵族妇女形象,类似的形象还见于榆林窟第4窟西壁门南侧元代所绘供养人像(图35-47)。

榆林窟第6窟明窗前室西壁门南北两壁的宋代说法图下方,各有一铺内容相近的元代男女供养人对坐像(图35-48),画面中一对男女相向盘腿坐于胡床之上,胡床后面有宽大

图35-43 榆林窟西夏第29窟西壁门北侧比丘尼及女性供养像

图35-44 莫高窟第332窟甬道北壁元代绘男性供养像

---

[1] 杨艳丽、沙武田:《瓜州榆林窟第4窟为西夏洞窟考》,《美术观察》2022年第8期,第36页。

图 35-45　榆林窟西夏第 3 窟甬道北壁下层男性供养像

图 35-46　莫高窟第 332 窟甬道南壁元代绘女性供养像

图 35-47　榆林窟第 4 窟西壁门南侧元代绘女性供养像

图 35-48　榆林窟第 6 窟明窗前室西壁门南北两壁下方元代绘男女供养人对坐像

的屏风。男子头戴莲花帽，身着交领右衽窄袖长袍，双手各持一金刚杵在胸前交叉，女子头戴莲花底座形顾姑冠，身着交领右衽宽袖长袍，双手可能分别持一金刚杵和金刚钺在胸前交叉。两人身后各有一身型较小的男女供养人像，可能为侍从像。由于男女供养人手中皆持金刚杵，在其上方还有一组一佛二高僧像，表明此类供养像组合当非寻常做功德之供养行为，或兼具在佛及高僧的加持下，祈祷降伏一切魔障等内容的特殊内含，亦可能与一些特定的修法仪轨有关。

另外，敦煌研究院敦煌石窟文物保护研究陈列中心藏有六字真言碑（图 35-49），为元至正八年（1348），由西宁王速来蛮妃子屈术等人，出于供奉的目的命人刻成。碑中央阴刻四臂观音坐像，周围刻有梵、藏、汉、西夏、回鹘和八思巴蒙文的六字真言"唵嘛呢叭咪吽"。在碑下方刻有参与此次活动人员的名单，包括蒙古、汉、西夏、吐蕃、回鹘等男女僧俗功德主、刻石者、立石者，以及沙州路河渠司等五部分，共计80多个人的题名。由于这些人分工明确，可能是有佛教界人士参与的敦煌地区世俗社会的一次驱魔消灾的宗教崇拜行为。①这些参与者的姓名，应当也属于供养人范畴，但该碑的尺寸与如此众多的供养人规模明显不相符，反映出这一时期人们出资进行佛教物质文化创造的热情仿佛已经大不如从前。

至明代中后期，西北边防累年积弱，敦煌长期不得安定，在正德十年（1515）被吐鲁番占据后，明廷于嘉靖三年（1524）和十八年（1539）两度关闭嘉峪关，弃敦煌于关外，使之成为游牧民族的活动区域，旷无建制近二百年，敦煌石窟的营建进度和供养人的绘制也就此止步。此后，清代雍正元年（1723）虽在敦煌设沙州所，佛教事业有所恢复，但已再无昔日的盛大辉煌，与河西走廊的小型绿洲城市并无二致。加上清代以来闭关锁国的现实，石窟营建事业在敦煌赖以存在的经济和文化基础也一去不返，时人对洞窟的重修多集中于用鲜艳的颜料对前代塑像进行修补，基本再无供养人和相关题记保留，更多则以游人题记的方式在敦煌石窟中广泛出现。

---

① 敖特根：《〈莫高窟六字真言碣〉研究》，《敦煌研究》2005年第6期，第82—83页。

图 35-49　敦煌石窟文物保护研究陈列中心藏六字真言碑

八、敦煌数字供养人

近年来，敦煌石窟的保护和弘扬机构敦煌研究院从敦煌供养人的历史渊源出发，通过各种方式鼓励大众，尤其是作为互联网重要参与者的年轻人，通过公益、游戏、动漫、文创等方式，参与到敦煌石窟壁画数字化保护的事业中来。如 2018 年，敦煌研究院通过一些网络平台倡导社会力量进行 0.9 元捐赠，用于莫高窟第 55 窟的数字化保护，捐赠即获得一份"数字供养人"证书，并附赠"智慧锦囊"，将敦煌壁画故事与现代人熟悉的生活场景和喜闻乐见的语言形式相结合，使参与者不仅可以了解到敦煌壁画的历史和艺术之美，还可以感受到敦煌文化智慧的启发，引发对现代生活的思考。[1] 据敦煌研究院网站公布的统计结果，3 年间，累计超过 2.5 亿人参与了"数字供养人"相关线上互动。[2] 就此而言，"数字供养人"概念的出现，无疑是社会力量参与到文化遗产保护的重要契机，并将在更深层次上帮助大众深入了解中国传统文化，为提升文化自信起到重要的支撑作用。

---

[1] 杨秀清:《社会力量保护文化遗产的新尝试——以"敦煌数字供养人"公益项目为例》，载中国文物保护基金会《活化利用 创新驱动——第三届社会力量参与文物保护利用论坛文集》，文物出版社，2018 年，第 76—77 页。
[2] 赵声良:《话"数字丝路"：让敦煌故事泽遗百代》，https://www.dha.ac.cn/info/1019/1306.htm，2021 年 3 月 25 日。

编后记

　　敦煌石窟包罗万象，延续时间之长、题材内容之丰富、保存之完整，在人类文化遗产中是独一无二的，因此著名的敦煌艺术学者、敦煌研究院原院长段文杰先生称其是一部"形象历史"。对敦煌石窟的研究，就学科而言，包括历史学、考古学、艺术学、宗教学、民族学、文学、语言文字学、文物保护科学、博物馆学等等，可见其在学科属性上的复杂性和多元性，非单一的学科所能精准把握。另外，敦煌石窟作为珍贵的人类文化遗产、丝路明珠、文化宝藏，对普通的社会大众而言，具有独特的历史和文化魅力，了解及认识敦煌石窟基本内容和特有的历史属性，是其最基本的文化需求。但大家能够阅读到的有关敦煌石窟的书籍，要么是普及读本，要么是专家学者的专题研究，或过于简单片面，或过于专业单一，很难满足专业以外人们的需求，更无法满足入门学习者。

　　鉴于此，编写一本可以供大学本科生、研究生学习敦煌石窟的入门教材，或供社会大众作为基础读物使用的全面讲述敦煌石窟的专著，既保证了专业性，又属基础入门类；既有大学教材属性，又有专业研究水准；还能够满足社会文化爱好者的需求。这是我从事敦煌石窟研究以来的想法。后来到大学当了教书匠，这个想法就越来越迫切了。

　　考虑到敦煌石窟内容的庞杂性、个人研究方向的有限性，由自己单独编写这样一本书，显然达不到应有的水准，质量无法保证，所以我的想法是最好分别邀请在敦煌石窟各个领域学有所成的专家学者，至少是在研究过程中涉及敦煌石窟相关专题的人，根据每个人的研究专长，分门别类撰写文稿。这样会较准确地把握各个方向的前沿，尽可能地保证各自专题导论的可靠性，学术质量能够得到保证。

　　2018至2019年，由于出版业务往来关系，和甘肃文化出版社社长、总编辑郧军涛先生见面的机会多，我便把这一想法讲给他听，征求意见，第一时间得到他的认可和支持，后来每次见面他都会鼓励并敦促我组织专家队伍尽快实施这一计划，并承诺甘肃文化出版社可以投资出版，让我不需要为经费操心，还可以给作者们付一些稿费。有了他的坚定支持，我便开始着手推动本书的编纂计划。

经过前期的筹备工作，2020年7月4日，由甘肃文化出版社和陕西师范大学人文社会科学高等研究院共同主办的"《敦煌图像学导论》教材编写启动会"在兰州召开。启动会邀请了海内外从事敦煌石窟研究的专家学者40余人，采取线上线下相结合的方式，其中兰州地区的作者和部分外地作者约20人在线下，其余20多位作者在线上。会议中，作者们围绕我事先草拟的编写大纲和编写方案展开广泛讨论并进行完善，大家积思广益，每个人都发表了对书稿编写的想法，最后形成新的编写大纲和编写方案，并把书名定为《敦煌石窟研究导论》。

从启动会至今，经历了4年之久，不可谓不长，其中一个主要原因是作为主编的我督促不力。因为我觉得大家能够答应参与这样一部几乎没名没利的集体书稿的写作，已经是对我莫大的支持，实在不愿再去打扰大家，想着那就顺其自然吧。但还是要感谢作者们的鼎力支持，到了2021年8月大多数章节的负责人交来了样稿，之后的时间由我进行了统稿工作，其中有一部分章节的配图也是由我来完成的。由于我对敦煌石窟整体较为熟悉，无论是哪一章节我都可以提供较为合适的图版，最后也得到了作者们的认可。但这个过程进行得较为缓慢，远远超出预期的时间，一直到启动会两年后的2022年9月底，定稿才交付出版社。

值得一提的是，在甘肃文化出版社的精心组织策划下，本项目成功入选2023年度国家出版基金资助项目。这无疑对我和作者们是一个大大的鼓励，一定程度上也减轻了出版社的资金压力。

《敦煌石窟研究导论》终于要和读者见面了，呈现在我们面前的是上、下两卷，彩印精装，规模远远超出了我当初的设想，也不完全是原本设计的"教材稿"的内容与形式。可以说在郧社长的支持下，在作者们的集体努力下，无论是内容还是装帧设计、印刷，我认为能够体现集体成果的分量，作为主编的我感到欣喜的同时也满怀感激之情。回想这4年间，约稿、催稿、收稿、统稿、校对、配图、出版协调、申请国家出版基金资助项目、版式设计等工作，对我是一次历练，综合能力精进了不少。

要真诚感谢各位作者，有他们对学术的万分热爱与高度负责，对敦煌石窟研究美好前景的无限期待，对敦煌石窟在高校教学和人才培养方面不可替代地位的准确认知，对敦煌石窟与民族文化自信的高度认同，才使得这本《敦煌石窟研究导论》圆满、顺利地完成。

感谢陕西师范大学人文社会科学高等研究院对我这个属于完全自设的学术规划与学术活动的大力支持，感谢李胜振副院长对我一直以来的鼎力扶持！

感谢陕西师范大学研究生院把这套《敦煌石窟研究导论》列入"陕西师范大学研究生教材建设规划项目"（2024年度）。

感谢我的硕士、博士研究生及博士后、交流访问学生在本书部分写作和校对过程中的协力,他们是:魏健鹏、李昀、吴雪梅、刘人铭、房子超、李晓凤、焦树峰、陈凯源、杨艳丽、司晶晶、丰悦华、袁顿、李志军、郭子睿、白日、史文文、朱晓兰、包明杰、朱希帆、朱全稳、曾发茂、朱顺顺、乔梓桐、蔡艺源、刘慧娟。

最后,希望这本凝聚了众人心血的作品,能够在中古史、敦煌学、石窟寺考古、艺术史、传统文化、丝绸之路等方向的教学和人才培养方面发挥增砖添瓦的作用,则足矣!并诚挚期待读者的批评意见!

沙武田　谨识
于陕西师范大学图书馆
2024 年 3 月 19 日